这个希腊字母"psi"（发音类似于sigh）通常用于指代心理学科。　　(p.3)

西格蒙德·弗洛伊德(1856-1939)　(p.8)

本文主要描述了验证这样一个假设的实验设计，即开车时使用手机会妨碍驾驶技能并导致交通事故。

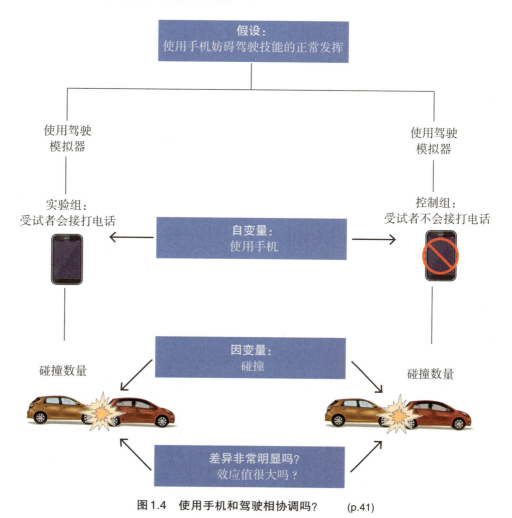

图1.4　使用手机和驾驶相协调吗？　(p.41)

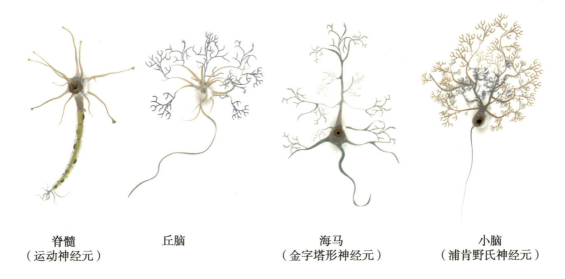

| 脊髓 | 丘脑 | 海马 | 小脑 |
| （运动神经元） | | （金字塔形神经元） | （浦肯野氏神经元） |

图2.3 不同类型的神经元

神经元在大小和形态上都有差异，这与它们的位置和功能有关。目前，在哺乳动物中已经发现了200多种类型的神经元。　(p.69)

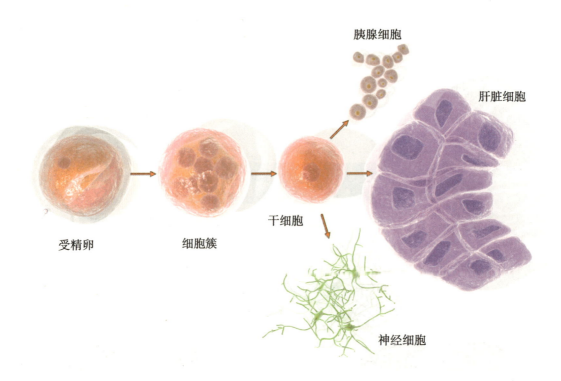

图2.5 干细胞的产生

胚胎干细胞（ES）有发展成多种成熟细胞的能力。当胚胎形成几天之后，胚胎干细胞就出现了，大约由100个细胞组成。　(p.72)

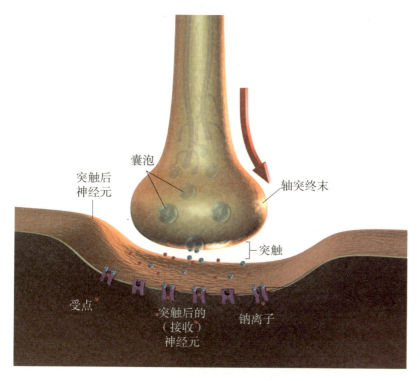

图2.6 神经递质穿过一个突触

神经递质分子由传递神经元轴突末梢内的囊泡(室)释放到两个神经元的突触间隙,然后神经递质分子与接受神经元的受体位置相结合,结果导致接受神经元的电位状态发生变化。根据神经递质的类型,神经元变得更加可能或者不可能发放神经冲动。神经递质分子随后通过重摄取过程重新返回到释放细胞。 (p.74)

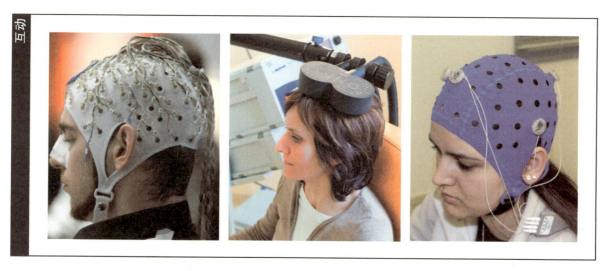

使用头皮电极(左)来绘制大脑不同区域电活动的整体图像。经颅磁刺激TMS(中)通过人头上的线圈产生大电流,可被用于暂时激活或不激活某大脑区域。经颅直流电刺激tDCS(右)将直流电施加于皮层的特定区域,该区域是被激活还是抑制由电流的方向决定。 (p.82)

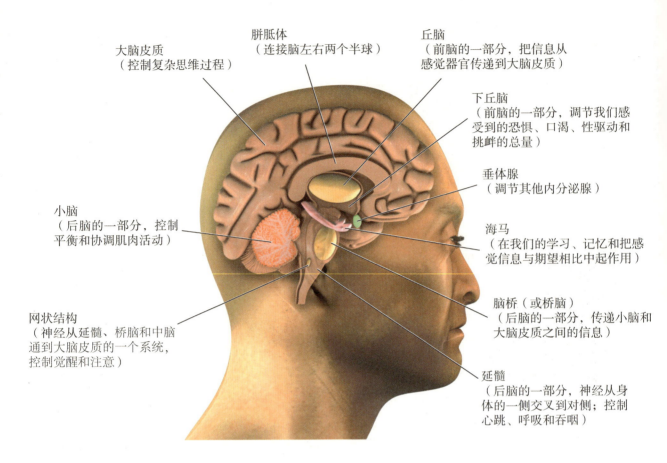

图2.9 人类脑的主要结构

此横切面图描绘的是从中间割裂开的大脑。图中显示了下文描述的结构。 (p.86)

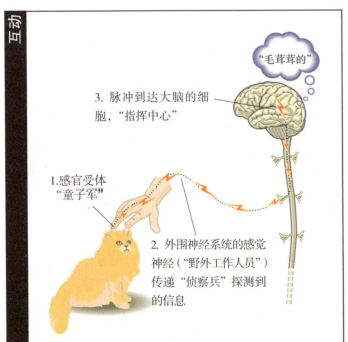

图3.1 感觉的一般过程

虽然个体感觉是对世界上的不同能量有反应,但感觉的整体过程是一样的。 (p.119)

不同物种感知世界的方式也不同。上边的花朵是在正常的光线下拍摄的。右边的是在紫外线下拍摄的,这是蝴蝶能够看到的,因为蝴蝶有紫外线感受器。 (p.122)

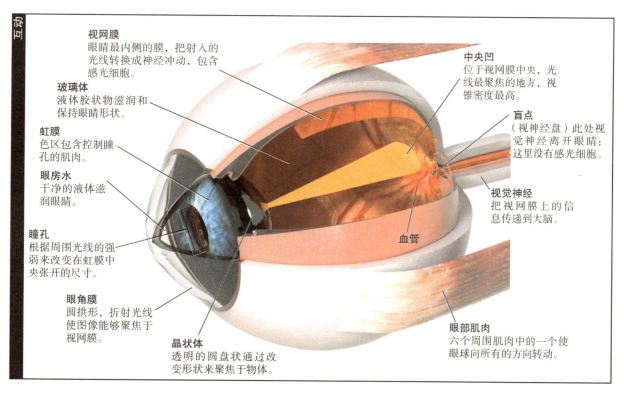

图 3.4 眼睛的主要结构

光线通过瞳孔和晶状体聚焦于眼睛后面的视网膜。最敏锐的视觉点在中央凹。 (p.129)

图3.8　心形的变化

对立性过程细胞当绿色信息被移除时打开或者关闭绿色信息发送相反信息——红色,产生了消极的后图像。盯着心形中间的黑点至少20秒,然后把你的目光转向一张白纸或者一堵白墙,你得到"心形的变化"了吗？你应该看到一个蓝色边框的红色或者粉色的心。　　(p.133)

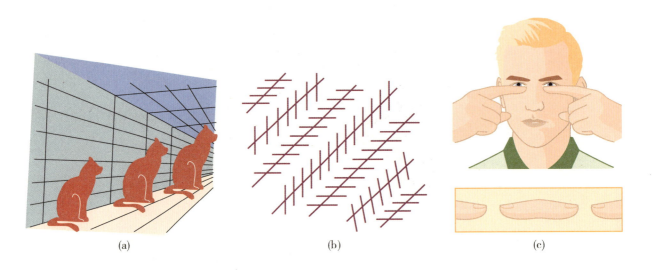

图3.12　愚弄眼睛

虽然感知通常是准确的,但我们依然可以被愚弄。在(a)中,所画的猫大小完全相同;在(b)中,对角线都是平行的。看到(c)中描绘的幻觉,如图所示,将食指放在眼前5至10英寸,然后直视前方。你看到一个漂浮的"指尖",你能使它缩小或扩大吗？　　(p.140)

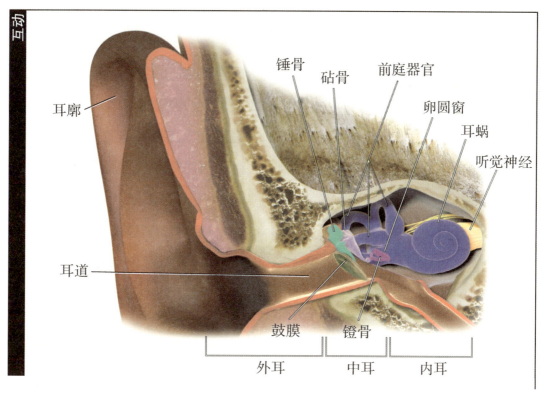

图 3.13　耳的主要结构　(p.144)

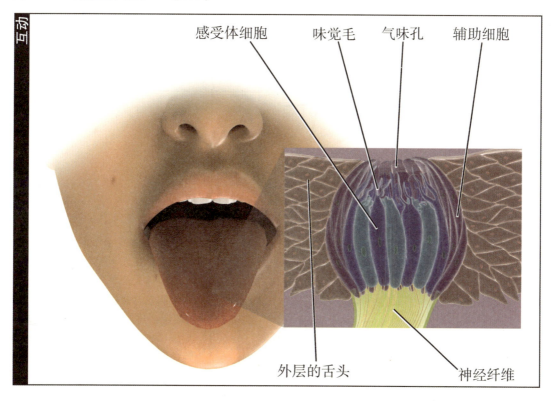

图 3.14　味道的受体　(p.149)

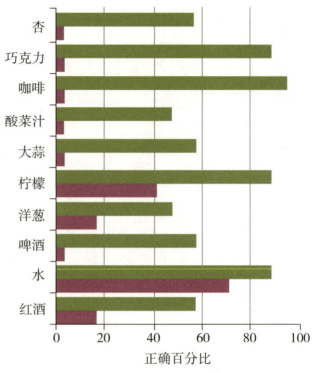

图 3.15 味觉测试

绿条显示了当人们闻到舌头上的物质时,他们能识别出的物质的百分比。紫色条形图显示了当它们被阻止嗅出这种物质时,能够识别出物质的百分比 (Mozeli et al., 1969)。 (p.150)

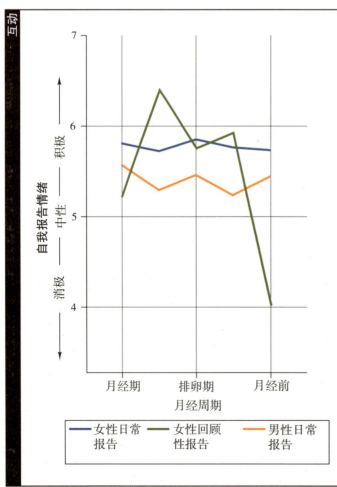

图 4.1 男人和女人的情绪变化

在一项对经前综合征的普遍刻板印象的研究中,男女学生在不知道研究目的的情况下,连续 70 天每天记录他们的情绪变化。在研究结束时,这些女性回忆说,她们在月经到来之前的情绪比这个月的其他时间更消极(绿色线),但她们每天的日记却显示出相反的情况(蓝色线)。男性和女性在每个月的任何时候都只经历了适度的情绪变化,而女性和男性之间没有显著的差异(McFarlane, Martin, & wilhams, 1988)。 (p.173)

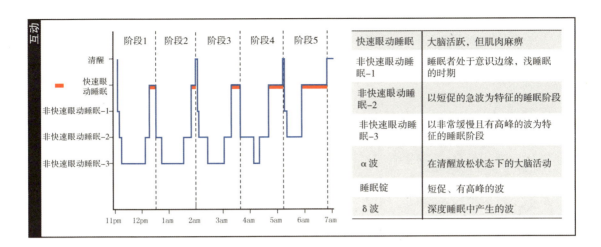

图 4.2 青年人的典型夜间睡眠

在这张图中,水平红色线条表示在快速眼动睡眠中花费的时间。随着时间的推移,睡眠时间会延长,但在非快速眼动睡眠中占主导地位的第三阶段,可能会随着早晨的到来而消失。 (p.177)

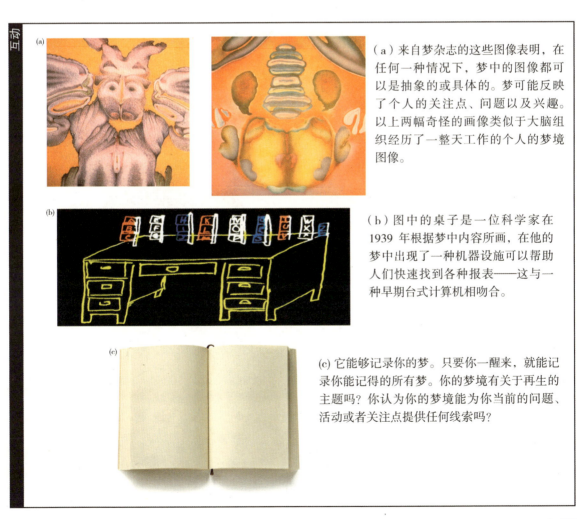

(a) 来自梦杂志的这些图像表明,在任何一种情况下,梦中的图像都可以是抽象的或具体的。梦可能反映了个人的关注点、问题以及兴趣。以上两幅奇怪的画像类似于大脑组织经历了一整天工作的个人的梦境图像。

(b) 图中的桌子是一位科学家在1939年根据梦中内容所画,在他的梦中出现了一种机器设施可以帮助人们快速找到各种报表——这与一种早期台式计算机相吻合。

(c) 它能够记录你的梦。只要你一醒来,就能记录你能记得的所有梦。你的梦境有关于再生的主题吗?你认为你的梦境能为你当前的问题、活动或者关注点提供任何线索吗?

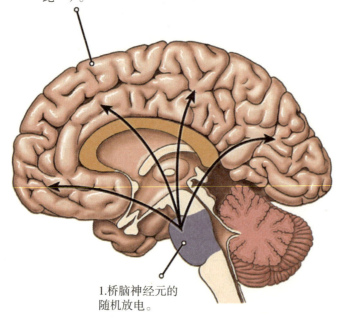

2.大脑皮层整合信号,并且试图解释这些信号("我在森林中奔跑")。

1.桥脑神经元的随机放电。

梦的激活——整合理论
(p.188)

图4.7 可卡因对大脑的影响

可卡因会阻碍大脑对多巴胺和去甲肾上腺素的再吸收,所以这些神经递质的突触水平会上升。结果是某些大脑受体的过度刺激和短暂的欣快感。然后,当药效消失时,多巴胺的消耗可能会导致使用者"崩溃",变得困倦和抑郁。 (p.204)

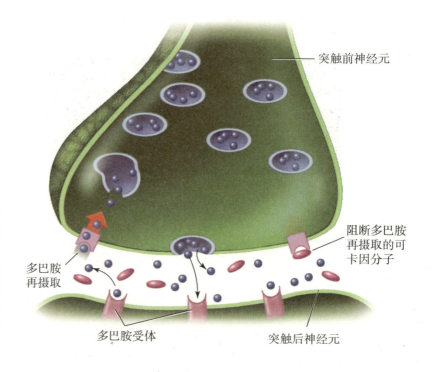

图 5.1 巴甫洛夫采用的方法

左边的照片中最中间的是巴甫洛夫（留着白胡子），两侧是他的学生和一只被用于实验的狗。右边的装置是根据伊万·巴甫洛夫的技术设计的，唾液从狗的脸颊流到试管中，唾液量是通过与转鼓相连的指针的运动测量的。 (p.216)

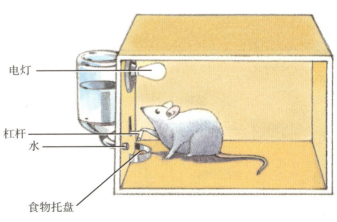

图 5.4 斯金纳箱

当斯金纳箱中的老鼠按压杠杆时，会自动释放一粒食球或一滴水。右为斯金纳在斯金纳箱前训练被试的照片。 (p.236)

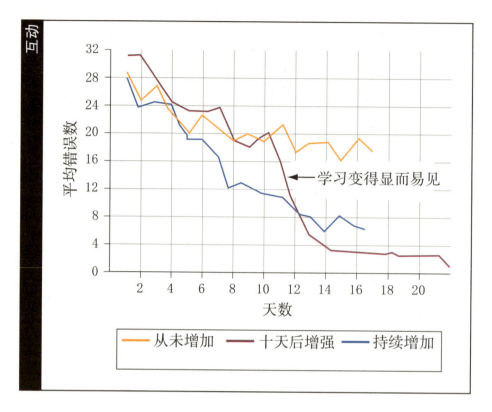

图 5.6 潜伏学习

在一项经典实验中,总能在迷宫中发现食物的老鼠在找到食物的过程中会越来越少地犯错误(一直强化组),从未发现食物的老鼠几乎没有显示进步(从未强化组)。第三组老鼠前 10 天没有得到食物,从第 11 天开始得到食物(10 天后强化组)。从那时起,第三组老鼠就表现了快速进步,很快和总能找到食物的老鼠表现得差不多。这种结果表明,学习和认知改变可以在缺乏强化时发生,并且直到能得到强化物时才付诸行动(Tolman & Honzik, 1930)。 (p.251)

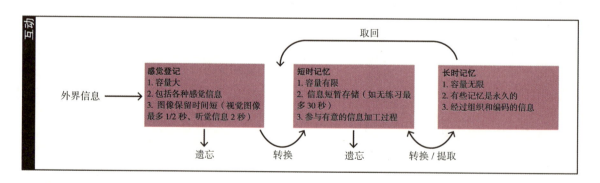

图 6.1 三个记忆系统

在传统的三盒记忆模型中,不脱离感觉寄存器或工作记忆的信息被认为是永远被遗忘。一旦进入长期记忆,信息就可以被检索出来,用于分析新的感觉信息或在工作记忆中进行心理操作。 (p.268)

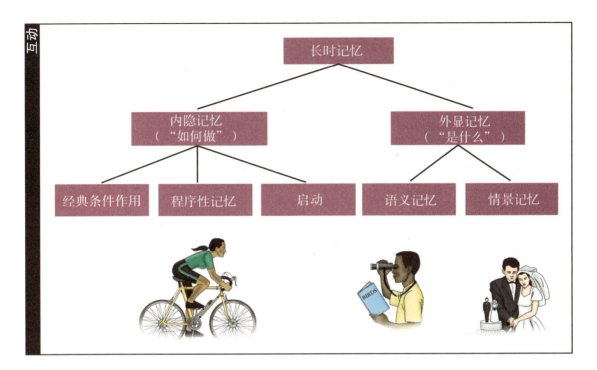

图 6.3　长时记忆的类型

该图总结了长时记忆之间的区别。"在某个电影中看到的一段舞蹈的舞步"是内隐记忆;"坦帕是佛罗里达州第三受欢迎的城市"是外显记忆。你是否能想出每种类型的其他例子?　　(p.276)

图片排序
(对图片进行重新排序来组成一个有意义的故事)

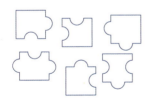

物体装配
(将拼图拼在一起)

数字符号
(采用上面的密匙,将对应的
符号填在下面的空格中)

图片补全
(补充缺失的部分)

图 7.6　韦氏智力测验中的任务

非文字的项目对于测量在听力上有障碍、无法流利使用测验语言、受教育程度有限或者抗拒完成类似作业的任务的被试身上非常有用。如果一个人的语言测验分数和非语言测验分数之间相差巨大,那么说明他可能存在特殊的学习困难。　　(p.339)

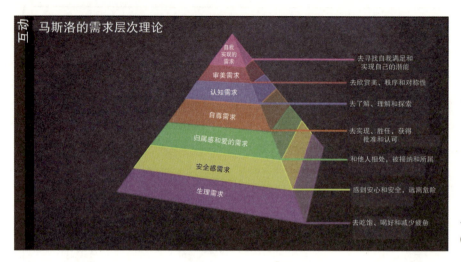

马斯洛的需求层次理论 (p.397)

图9.1　一些普遍情绪

不管情感传达者的年龄、文化、性别或历史时代如何,世界上的大多数人都能很容易地识别愤怒、快乐、厌恶、惊讶、悲伤和恐惧的表情,你能把情绪和每个表情相匹配吗?　　(p.409)

免疫系统由战斗细胞组成,它看起来比好莱坞设计的任何外来生物更具想象力。这是一种将要吞噬并摧毁一种导致热带病的香烟状寄生虫。 (p.431)

图13.6 青少年的大脑和精神分裂症

这些戏剧性的图片强调了在青春期时期的5年间患上精神分裂症造成大脑组织缺失的情况。缺失区域最多的部位用红色和品红色标出(这些区域负责掌控记忆、听觉、运动功能和注意)。而没有患上精神分裂的个体的大脑(上方)看上去基本上是蓝色的(P.Thompson et al., 2001b)。 (p.665)

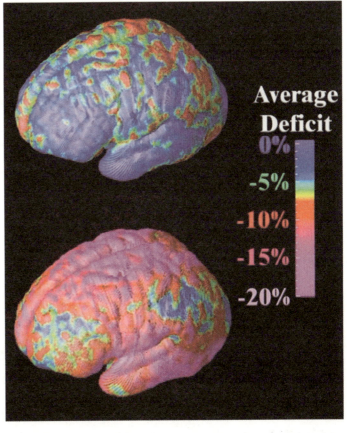

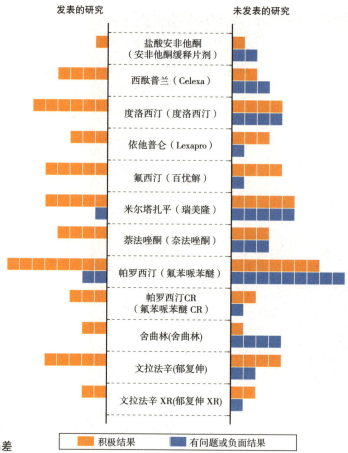

图14.1 药物和发表偏差

为了获得食品药品监督管理局的新药批准,制药公司必须提供药物有效性的证据。在这个图表的栏中,每一个框代表了一个研究。在左边,你可以看到大多数发表的研究都支持12种抗抑郁药物的有效性。但当独立研究人员掌握了提交给食品药品监督管理局的所有数据后,他们发现许多未发表的研究存在问题或负面结果(基于Turner et al., 2008)。　　(p.680)

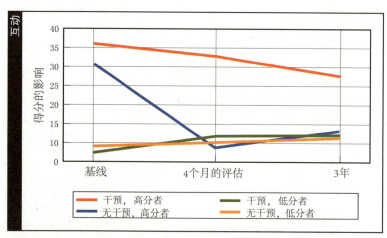

图14.2 创伤后干预措施有帮助吗?

4个月后和3年后,我们对严重车祸的受害者进行了评估。一半的人接受了一种称为关键事件压力汇报(CISD)的创伤后干预;一半没有接受任何治疗。正如你所看到的,几乎每个人都在4个月内康复了,但有一组人的压力症状比其他人都高,甚至在3年之后:在事故发生后情绪最痛苦的人,他们接受了CISD。这种治疗实际上阻碍了他们的康复(Mayou et al., 2000)。　　(p.701)

Pearson | 心理学经典译丛

心理学的邀请

[美]卡萝尔·韦德
Carole Wade

[美]卡罗尔·塔佛瑞斯
Carol Tavris

[美]塞缪尔·萨默斯
Samuel Sommers

[美]莉萨·辛
Lisa Shin

著

白学军 等 译

（第7版）
上

 华东师范大学出版社
全国百佳图书出版单位
上海

图书在版编目(CIP)数据

心理学的邀请:第7版/(美)卡萝尔·韦德等著;白学军等译.
—上海:华东师范大学出版社,2022
(心理学经典译丛)
ISBN 978-7-5760-3210-9

Ⅰ.①心… Ⅱ.①卡… ②卡… ③白… Ⅲ.①心理学
—研究 Ⅳ.①B84

中国版本图书馆 CIP 数据核字(2022)第 161117 号

心理学经典译丛
心理学的邀请(第7版)

著　　　者	[美]卡萝尔·韦德　　[美]卡罗尔·塔佛瑞斯
	[美]塞缪尔·萨默斯　[美]莉萨·辛
译　　　者	白学军　等
策 划 编 辑	王　焰
责 任 编 辑	曾　睿
特 约 审 读	翁晓玲　孙弘毅
责 任 校 对	曾　睿　时东明
装 帧 设 计	膏泽文化
出 版 发 行	华东师范大学出版社
社　　　址	上海市中山北路3663号　邮编　200062
网　　　址	www.ecnupress.com.cn
电　　　话	021-60821666　行政传真　021-62572105
客 服 电 话	021-62865537
门市(邮购)电话	021-62869887
地　　　址	上海市中山北路3663号华东师范大学校内先锋路口
网　　　店	http://hdsdcbs.tmall.com
印 刷 者	青岛双星华信印刷有限公司
开　　　本	16开
印　　　张	55
字　　　数	1076千字
版　　　次	2023年5月第1版
印　　　次	2023年5月第1次
书　　　号	ISBN 978-7-5760-3210-9
定　　　价	198.00元

出 版 人　王　焰

(如发现本版图书有印订质量问题,请寄回本社客服中心调换或电话021-62865537联系)

Authorized translation from the English language edition, entitled INVITATION TO PSYCHOLOGY, 7th Edition by WADE, CAROLE; TAVRIS, CAROL; SOMMERS, SAMUEL R.; SHIN, LISA M., published by Pearson Education, Inc., Copyright © 2018. Pearson Education, Inc. or its affiliates.

All rights reserved. No part of this book may be reproduced or transmitted in any form or by any means, electronic or mechanical, including photocopying, recording or by any information storage retrieval system, without permission from Pearson Education, Inc.

CHINESE SIMPLIFIED language edition published by EAST CHINA NORMAL UNIVERSITY PRESS LTD., Copyright © 2023.

本书译自 Pearson Education, Inc. 2018 年出版的 INVITATION TO PSYCHOLOGY, 7th Edition by WADE, CAROLE; TAVRIS, CAROL; SOMMERS, SAMUEL R.; SHIN, LISA M.。

版权所有。未经 Pearson Education, Inc. 许可,不得通过任何途径以任何形式复制、传播本书的任何部分。

简体中文版 © 华东师范大学出版社有限公司,2023。

本书封底贴有 Person Education(培生教育出版集团)激光防伪标签,无标签者不得销售。
上海市版权局著作权合同登记 图字:09－2018－635 号

译者序

在新时代,我国心理学事业取得了长足的发展,人才培养的数量和质量明显提升,心理学工作者在全面建成小康社会的过程中发挥了重要的作用。这其中与心理学教材建设工作取得的成就有关。

党的二十大报告明确指出:"教育、科技、人才是全面建设社会主义现代化国家的基础性、战略性支撑。"建设教育强国是中华民族伟大复兴的基础工程,必须把教育事业放在优先位置。要办好人民满意的教育,必须重视教材建设。教材是人才培养的重要支撑、引领创新发展的重要基础,教材内容要不断升级、与时俱进,更好地服务于高水平拔尖创新人才培养。

好的教材,一方面有利于学生掌握基本概念、知识和原理,为夯实学生的理论功底和专业能力提供支撑;另一方面有利于激发学生浓厚的专业兴趣,塑造其高尚的职业理想和职业道德,勤于善于将知识原理应用于社会实践。怎样才能建设好中国心理学的教材,是时代为我们心理学工作者提出的一个重大命题。我们必须用实际行动来回答好。

第一,心理学教材建设工作,必须坚持以习近平新时代中国特色社会主义思想为指导,这是落实立德树人,培养德智体美劳全面发展的社会主义建设者和接班人的根本遵循。

第二,心理学教材建设工作,必须突出中国特色,要坚定文化自信,要在教材中充分反映中华民族的优秀传统文化、精神信仰、价值观念、道德追求,同时还要充分反映中国学者的研究成果,改变"言必称欧美"的局面。

第三,心理学教材建设工作,必须贯彻"不忘本来、吸收外来、面向未来"的思想方法和工作方法。我国心理学教材建设与发达国家相比,还有一定的差距。我们务必要保持谦虚谨慎的态度来学习,通过学习,经过努力,在保持并跑的基础上,实现领跑。

为了实现此目标,我带领本单位的同事们,承担了本教材的翻译工作。每一位翻译者都是从事所译内容的专家,他们不仅长期从事这方面的科研工作,而且承担与翻译内容相关的课程的教学工作。具体参加本书翻译工作的人员有:白学军(前言、第一章)、金花(第二章)、胡伟(第三章)、何丽媛(第四章)、李馨(第五章)、李士一(第六章)、李琳(第七章)、赵黎明(第八章)、刘芳(第九章)、郝嘉佳(第十章)、王锦(第十一章)、李骋诗(第十二章)、毋嫘(第十三章)、周广东(第十四章)。

这本教材的优点很多,主要体现在以下几个方面:

第一,目标导向明确。这是一本心理学的入门教材,就是要让学生知道心理学是什么,学习心理学后对自己日常的学习、生活有什么益处,同时还教学生如何将心理学知识应用到生活、学习中的方法。

第二,突出能力培养。心理学知识和原理的学习,如果不与实际生活中遇到的问题结合,即不运用所学知识解决问题,能力就不会提高。本教材突出学生批判性思维能力的培养。

第三,以学生为中心。本书的作者都是长期从事心理学本科教学的专家,在撰写教材过程中,充分考虑怎样让学生学习起来更方便,更易于理解。为此,在每一节后,有相应的练习题,供学生检验自己学习的效果,帮助学生对重要内容的掌握。

对比国外和国内心理学入门教材的内容,也能发现我们现有心理学教材内容的差距,即:(1)容量上的差距。国外教材容量大,我们的教材容量小;(2)内容涉及面上的差距。国外教材涉及面广,包括心理健康、心理发展、社会心理、心理治疗,我们的教材涉及这方面内容还不多;(3)课程目标与课程内容对应上的差异。国外教材的课程目标与课程内容有非常强的对应关系,特别是与学生能力培养之间,我们的教材也强调,但不够突出。

我觉得,有差距不可怕,可怕的是不知道差距在哪里。只要我们找到与他人的差距,就能迎头赶上。

翻译教材是一项非常有难度和挑战度的工作。全体翻译人员认真负责,相互校对,我再最后审核。但是,我们深知自己在学识和能力上的不足,翻译之中可能存在一些不妥之处,请及时给我们指正,我们将不胜感激。

白学军

来自作者的话

卡萝尔·韦德和卡罗尔·塔佛瑞斯的话

从本书的第 1 版到这一版,我们的目标就是将批判性思维和科学思维融入我们的写作之中。在这个充斥假新闻和"另类事实"的时代,这个目标比以往任何时候都显得更为重要。虽然学生要学会通过包含大量信息的互联网和社交媒体与他人进行商讨,但是互联网和社交媒体也充满了阴谋论和谎言。心理科学可为学生提供将事实与虚构、伪科学区分开来的工具以及将一厢情愿的想法和明智的思考区分开来的工具。因此,一本好的教科书,不应该成为心理学定义与研究的细目清单,作者也不应把研究成果简单地报告一下。对于我们来说,作为教科书的作者,最重要的工作是帮助学生像心理学家那样思考,并让学生喜欢上这一过程。

这就是为什么我们非常欢迎塞缪尔·萨默斯和莉萨·辛参与撰写这本书的原因。他们是专业非常精湛的科学家,其中塞缪尔是社会、认知、应用领域的专家,莉萨是神经科学、情绪、临床心理学领域的专家。他们为我们提供了心理学各领域研究间的完美平衡。他们是有天赋的教师,同时还是知道如何更好激发读者兴趣的作者。感谢他们把我们对心理学的认知视野向前推进,并为今天的课堂赋予新的教学方法和学习动力。他们让忠实的读者保持对本书众多版本的关心,同时引领本书未来的走向。我们希望读者能享受本书新增的、令人感兴趣的内容。

塞缪尔·萨默斯和莉萨·辛的话

在我们系,心理学概论课拥有一个教学团队。考虑到心理学是多样化的领域,以团队为基础的教学方法是一种非常理想的方式,这样可让学生了解不同专家的观点,从而实现不同观点间的平衡。事实上,我们在此之前多次一起教过这门课。现在我们非常激动地加入一个新的课程团队,即以卡萝尔·韦德和卡罗尔·塔佛瑞斯所创立的教科书团队。卡萝尔两人所著这本教科书一直以使科学心理学更容易理解而闻名于世。该书的特点是一直保持以坚实的研究为基础以及促进学生的批判性思维,其写作风格采用引人入胜的描述和对当下事件的深入分析。这本书在安排上充分考虑了每一所学校里想学心理学的学生的需求。这本教科书特别重视体现心理学是一门研究人们每日生活的科学。这同样也是多年来我们作为一支教学团队的目标。

对于那些过去使用卡萝尔·韦德和卡罗尔·塔佛瑞斯教科书的人来说,我们坚信你们会发现核心标签仍然完好无损:对研究设计和发现的详细评论、强调批判性思维和主动学习;愿意面对有争议的话题;贯穿始终的文化和性别主题。我们相信,无论是老读者还是新读者,都会从新设置的科学鉴赏策略中获益。在我们的互动狂欢课中的每一章都以一个调查问题开始,这个问题促使学生们去探索将其应用于自己的生活之中。我们对流行文化进行了详细的分析,目的是使读者能够认识到个人认知和行为倾向在形成和表现时文化的作用。我们还制作了可直接嵌入互动狂欢课中的视频系列,尝试通过重演、临床访谈和参与演示来详细介绍生活中的研究细节。我们一直在努力用自己数十年来在这一领域积极研究所获得的成果于教学之中,实现我们的信条:教学能够促进更好地开展研究,研究能让我们的教学更好。我们很高兴能与大家同舟共济,期待着与大家一起度过下一个学期。

第 7 版的变化

在《心理学的邀请》一书的第 7 版中,我们保留了先前版本中的核心概念,强调批判性思维、不同文化和人群中的应用,了解从生理学和神经科学到新近的临床和社会科学成果,同时还增加了学生自我检测学习结果的内容。在每一章有"与你一起学习心理学",我们希望读者能够将这些课程应用到自己的生活中,学会如何提高自己的批判性思维能力、如何睡得更好、如何让自己成为更合格的心理社团成员或者如何认清心理障碍的本质等。在本书第 7 版中,我们重新编排了部分章节,目的是使其更符合最常用的课程大纲。我们更关心的是在互动狂欢课或无论你怎么教这门课时,这样重新编排的效果如何。

像过去一样,在每一章中,我们更新了新的研究成果,删除了旧的内容。这里有几点需要强调:

- 讨论了作为枢纽科学的心理学。

- 研究了动手做笔记要比用笔记本电脑做笔记的好处,以及在课堂上多任务的结果。
- 研究大脑功能的新兴技术,如经颅直流电刺激(tDCS)、经颅磁刺激(TSM)和深部脑刺激(DBS)。
- 批判性地分析了年轻人中的"勾搭"文化概念和用快速约会的新数据来科学地研究人际关系。
- 对性取向和变性个体体验(和流行文化描述的)的新讨论。
- 多民族认同的研究,包括多民族认同与认知结果的关系。
- 新包括了 DSM 潜在诊断不准确和研究心理病理学转变。
- 扩展侧重于新近现实世界的事件和流行文化,以阐明心理学原理并激发学生的好奇心。

此外,所有内容与修订后的学习目标,即每一章所强调的主要概念,相对应。每一章中完整的学习目标能够从《教师教学资源手册》中找到。测试题库项也与这些学习目标相关联。

目的和原则

从本书第 1 版到现在,有五个目的和原则指导着本书的写作。它们是:

1. 批判性思维的思考栏

在教科书中,真正的批判性思维不可能是简单化为一系列的疑问句或是分析学习的一种形式,它必须融入完整的叙述过程中。我们进行批判性思维和创造性思维的主要方式是通过三管齐下:首先,我们界定什么是批判性思维;其次,我们建立模型;最后,我们给学生创造练习的机会。

第一步,我们界定什么是批判性思维和什么不是批判性思维。在第一章,我们介绍了批判性思维的八条准则,用来评估全书从头到尾的研究和大众观点。

第二步,基于准则建立用于评价研究和大众观点的模型。你将会发现,在本教科书中从头到尾地讨论批判性思维准则。为此,我们给读者创设挑战思维的机会,即要求他们对一些特殊现象的重要证据已揭示了什么、没有揭示什么进行评估。光电字幕、书写提示,以及讲述本身也给学生提供提高批判性思维技能的机会,让他们成为心理学的积极阅读者和积极学习者。

第三步,给学生创造练习的机会。这主要是通过设置结束模块和章节结束评估的形式来实现的。这些测验不仅要记住定义,还能帮助学生检查自己的进步,检测学生对所学内容的理解,鼓励学生课后复习他们没有记住或理解的内容。许多小测验问题包括了批判性思维项目,这会使学生进一步思考研究结果的意义,并想着用心理学原理解释现实生活中的问题。

2. 探索生理学和神经科学的新研究

人类基因组计划的研究成果,学习行为遗传学和发生学,关于大脑和fMRI这类技术的发现,治疗心理障碍药物的广泛使用,所有这些方面的发展已经深刻地影响了我们对人类行为的理解,并已介入到帮助慢性病患者。我们在本书的相关内容中会报告一些生理学和神经科学的成果,以讨论脑神经的形成、记忆、情绪、压力、儿童发展、老化、心理疾病、人格和其他心理方面的问题。

一方面我们要提醒学生忽视生理学研究是危险的,另一方面我们也提醒学生仅根据生理学有限资料过度概括,且不考虑其他的解释,过分简单化地解决复杂行为问题会更加危险。我们的目的是给学生提供一个解释框架,使他们将来在听到或读到越来越多的研究结果时加以使用。

3. 聚焦文化和性别

从本书的第1版起,我们的目标之一就是将性别和文化的研究介绍到心理学导论中,这在当时是非常前卫的。这一考虑要么是向政治正确性的让步,要么是肤浅的时髦。现在的问题不在于是否要包含这些主题,而在于如何最好地解决这些问题。从一开始,我们关于性别和文化研究的答案就包括在整本书中。我们从脑、情绪、动机到英雄主义、性、爱、饮食障碍等方面分析性别的共同之处和不同之处。

许多年以来,绝大多数心理学家认识到人类生活的方方面面都受到文化的影响。这种影响既包括对非语言行为的,又包括如何看待世界的深层次态度上的。我们在本书中也展示了文化人类学的研究成果。特别是在第十一章,介绍了心理学的社会文化观,同时,还进一步讨论了人际冲突、偏见和跨文化的关系。

4. 直面矛盾

心理学与人们的现实生活密切相关,有时让人愤怒,有时让人争吵,这让学生常常感到无所适从。同时,正是这些矛盾冲突使心理学变得如此有趣!在这本书中,我们坦率地讨论心理学领域的争论,试图展示为什么会发生争论,并尝试给出各类问题可能有用的答案。例如,我们讨论了过分简化的脑扫描技术(见第十二章)、成瘾的疾病与学习模式(见第十三章)、父母对儿童人格发展影响的程度(见第十章)和心理障碍药物研究中值得关注的问题等。

5. 应用和主动学习

最后,我们要记住贯穿本书关于学习的最佳发现,即对所学内容主动编码。特别鼓励学生主动融入所读内容的几个教学特征,包括:(1)每章开始的调查问题,允许学生比较自己对心理学话题理解与其他同学理解的异同;(2)交互式审查表;(3)行文间术语表为技术术语,已加粗,以便于学生参考和研究;(4)每一章中精心选择的视频,包括作者创建的新系列;(5)每章纲要;(6)通过一段章末总结有助于学生复习。正如上文所述,活学活用心理学(taking psychology with you)的重要特征之一是在每章说明心理学研究对个体、群体、机构和社会的实践价值。

边学习边测试真的很重要

在我们多年的教学生涯中,发现有一些学习策略能够极大地提高学习效率,在此,我们将这些策略介绍给你,我们亲爱的读者。不要像平时坐着大快朵颐地吃东西,即按读小说的方法来读本书。如果你像大多数同学一样,虽然最喜欢的学习策略是读课本,做笔记,之后再简单地读一遍,但是这种学习方法真的不是最好的策略。

如果你在学习过程中坚持做一件事,不仅能够提高学习效率,还能提高学习的成绩。那就是在学习时越早测试自己越好,越经常测试自己越好,越重复地做越好。自己提问,然后回答,接着复习和再学习没有掌握的内容。一而再,再而三地测试自己,直到完全掌握。即使已经学会了,也需要继续在整个学期里有固定时间来测试自己,直至最终完全掌握。在第一章里,我们给读者提供了一些其他行之有效的技术来帮助自己学习。

为了使你从学习中获益最多,我们认为每次只读一章中的一部分内容。同时在读完每一部分时,你要用自己的话来重述所读的内容,而不是简单地默念、自言自语地"嗯嗯"。在每一章的特定处你将看到"期刊书写提示"栏目,它不仅会挑战你所学的内容,而且还非常有助于你对所读内容的理解。这些练习将有助于你发现自己知道了什么,还有什么内容理解一般。

  我们一直不能忘却自己首次接触心理学时的激动心情,我们做的每一件事,其目的都是想让你被心理学所吸引并爱上心理学。然而,你所学的内容与我们所写的内容是同等重要的。在这本教材中仍然保留着所收集的短篇报道,目的是让你主动阅读,为此我们提供用于多种主动学习的活动和批判性活动。

  心理学真的可以使自己的生活与众不同,我们希望你将喜欢学习这本书。

  心理学欢迎您!

卡萝尔·韦德
卡罗尔·塔佛瑞斯

批判性思维概览

学习心理学最大的好处之一是你不仅了解了心理学研究的发现成果,而且还建立了批判性思维。下面八条原则贯穿全书,将有助于你从伪科学中区分什么是好的心理学(完整的描述见第一章)。

关于批判性思维和创造性思维的八条基本指导原则:

1. 提问和质疑

为什么肥胖的人随处可见?(第八章)

绝大多数青少年都会经历青春期混乱吗?(第十章)

2. 界定你的概念

我们如何定义"偏见"?是面对另一类不熟悉群体的不愉快感从而对他们产生偏见和反感?是一种消极无意识与特定群体刻板印象而产生的外显敌意?(第十一章)

一般来说,虽然每个人在感到自己生活可控时,觉得很幸福,但是这里的"可控"具体意思是什么?确信一切事情尽在可控之中就好吗?(第九章)

3. 检查证据

在诸如飓风和恐怖活动等灾难之后,常会给幸存者提供"创伤后治疗"。这些干预是有帮助的吗?或干预不干预无所谓还是有时会使情况更差?(第十四章)

在催眠状态下,吉姆记得自己的前世是14世纪法国王子。这是有证据支持的回忆吗?吉姆能说出14世纪法国的情况并能准确说出法国宫廷的生活吗?

4. 分析假设和偏见

心理科学家与心理治疗学家是如何确定他们在有关临床实践的研究的假设的?(第十四章)

许多人认为,女性有更加情绪化的性活动,这种观点正确吗?(第九章)

5. 避免情绪化推理

大多数人对宗教和政治问题有很强的个人看法。他们的情绪和不同价值观会影响

他们支持或反对其看法的能力吗？（第十一章）

许多人冲动地致力于他们所信仰的超心理能量和超感知能力。他们是掩耳盗铃吗？（第三章）

6. 不能过分简单化

许多人狂热地使用脑扫描作为了解大脑工作的窗口。如果在一个人正在乱写乱画时，扫描显示大脑某个区域活动了，是否意味着我们就发现了大脑"乱写乱画"的中枢？（第二章）

在询问儿童是否被性侵时，他们的回答总是不真实或是真实的吗？（第六章）

7. 考虑另一种解释

虽然许多人相信脑功能异常引起酗酒，但是过度饮酒会引起脑功能异常吗？（第五章）

看电视引起儿童攻击行为，还是攻击性的儿童看电视更多？或者是有第三个因素在其中起作用？（第五章）

8. 容忍不确定性

梦的意义是什么？人们已将梦的意思深深地隐藏还是睡眠中大脑随机产生的信号？

如果你认为自己很清晰地记得四岁生日晚会的情况，你敢肯定自己记得对吗？（第六章）。

来自出版商的话

教与学

综合、有意义、容易运用的活动

好教材的价值之一是综合学习材料汇集。在培生出版社,我们尽力提供高质量的教学和学习辅助资料,这将会节省你的准备时间并将提升你的课堂经验。

为了获得所有教学的辅导材料,在韦德、塔佛瑞斯、萨默斯和辛所著的《心理学的邀请(第7版)》,简单地访问 www.pearsonhighered/com/irc 之后进行注册(输入自己的用户名和密码)。你注册后,作为老师的身份需要验证。你需要发一封邮件获得注册的用户名和密码。然后输入你的用户名和密码,进入目录。点击在线的目录然后进入子目录:心理学,普通心理学,心理学导论,韦德、塔佛瑞斯、萨默斯和辛《心理学的邀请(第7版)》。下面描述的每一个辅助材料是允许你下载和保存在电脑上的。

通过培生公司销售代理商可获得这些辅助材料的纸本。如果你不知道哪里有该公司的销售代理商,访问下面的网址:http://www.personhighered.com/replocator/ 和下面的指示。你的培生公司的产品的技术支持,你和你的学生都可上 247.pearsoned.com 联系。

韦德、塔佛瑞斯、萨默斯和辛《心理学的邀请(第7版)》,可获得下列出版物:

平装本书:0134550102/9780134550107

Revel:0134635876/9780134635873

Books a la Carte:0134636007/9780134636009

Revel™

为当代学生阅读、思考和学习而做的教育技术设备

当学生在其课堂上投入越多,他们的学习越有效,成绩也就越好。这一简单的事实激发我们研制 REVEL:一种为当代学生阅读、思考和学习的浸入式学习体验的设备。建立教育者和全国学生合作的实验室,REVEL 是最新的、全数字方式传递培生资料的内容。

REVEL 通过媒体交互评估而形成的课程内容,直接将作者的叙述综合,能为学生提供阅读

内容与实践内容相一致的课程材料。这种浸入式教育技术助力学生的参与,从而促进他们更好地理解概念和提高课程学习的成效。

更多地了解 REVEL

http://www.pearsonhighered.com/revel/

我的心理实验室

我的心理实验室(MyPsychLab)是一个在线的、真正有利于促进学生学习的课堂作业、指导和评估程序。它有助于学生更好地课前预习、测验和考试,使本课程学习成绩更好,给教师提供评估每个学生和班级进步情况的动态工具。我的心理实验室来自培生,它是为你提供最好数字学习经验的好伙伴。

写作空间

写作空间(Writing Space)是一个很好的学习者,在课堂上有更好的表现。我们在我的心理学实验室中发明写作空间,目的是通过写作,帮助你发展和评估对概念的掌握和批判性思维能力。它是一个创建、跟踪和分级写作作业、提供写作资源、交流思想和给学生个性化反馈的场所,便捷且易用,包括自动记录练习写作的尝试。此外,写作空间还整合了防止剽窃的全球领军企业 Turnitin 公司的学术不端文献检测系统。

学习催化剂

学习催化剂(Learning Catalytics)是一个"带上你自己的设备"的学生来参与、评估的课堂信息系统。它通过实时诊断来让教师把学生吸引到课堂。学生可使用任何现代的网络设备(智能手机、平板电脑或笔记本电脑)来访问它。

培生作家

写作是一项重要技能,无论你在学校还是工作,它将为你开启新的大门。培生作家(Pearson writer)给每一个人提供写作支持,无论其写作水平、主题或学科背景如何。它经济实惠,专为移动设备设计,使用方便,所以不用花多少时间学习新的软件,使自己只专注于自己的想法上。培生作家考虑到写作是一项高强度工作,需要收集资料、引用资料、语法和用语的校对和构思,所以你只集中于你要做的事。它将提高你的成绩,使写作思路更清晰,并成为更好的作家。

展示和教学资料

教师资源中心(www.pearsonhighered.com/irc)提供信息,后续可下载补充。

题库

题库(Test Bank)包括了 2700 道多选题、正误判断题、匹配题、简答题和论述题,并指出其在课本中的具体页码。题库的另一个特点是包含了概念和应用多重选择问题的参考答案。参考答案帮助教师评估考试所选择的问题,也是教师选择用其作为学生回答的要点。

"全面评估指南"一章总结了通过列出易于引用的表格中所有测试项,使生成试卷变得更容易。所有的多项选择题被归成与每章学习目标相关的事实、概念或应用。题库通过教师资源中心的网站 www.pearsonhighered.com/irc 来下载。

我的测试(ISBN 0134625714)

在本教材的第7版,题库可通过培生我的测试(Pearson Mytest)获得(www.pearsonmytest.com),一个强大的评估生成程序可帮助教师轻松创建和打印小测验和考试题。教师能在线出问题和考试题,允许教师在任何时间和地点都能灵活而有效地管理评估。教师能够提取已有问题并编辑、生成和使用简单的拖放和文字处理软件来存储自己的工作。每个问题的数据包括答案、教材中的页码、问题类型和与学习目标的达成度。

教师资源手册(ISBN0134635949)

教师资源手册包括第一章的详细讲授大纲,讲授导师(lecture launcher)的建议来自经典和当前的研究成果、学生课堂活动、每一章的学习目标,更多的是促进你课堂效果的资源。

交互式幻灯片(PPT)(ISBN0134733517)

设计进入课堂,吸引学生参与听讲,提供有吸引力的互动活动、视觉材料和录像。围绕教材学习目标制作的这些幻灯片,提供多种直接联系的交互式练习、模拟和活动。

标准教学 PPT 幻灯片(ISBN0134635868)

这些 ADA PPT 幻灯片提供了一种主动的格式,用于展现教材每一章中的概念、相关的图、表。

艺术化 PPT 幻灯片(ISBN0134733525)

这些幻灯片只包括教材中的照片、图和细条画。

心理呓语和生物障碍:用心理科学对大众心理学进行批判性思考(第3版)(ISBN978-0-205-01591-7)。

作者是卡罗尔·塔佛瑞斯:这本更新的书评和论文集是根据第7版所描述的批判性思维原则而设计的。

学习结果和评估

目标和标准

近年来,许多心理学系注重核心能力的培养和制定能增进学生学习的评估方法。为了应对这一需求,2008年美国心理学会(APA)提出了心理学本科专业需达到的十个目标。2013年对这些目标又进行修订,主要包括五个目标。该标准确立了每一个目标的对应学习结果以及对这些目标达成情况如何开展评估活动的建议。在本教材写作时,我们采用了APA目标和评估要求作为结构内容以及教学效果和学生课后作业综合考虑的指南。有关APA关于学习目标和评估指南请访问www.apa.org网站。

基于APA的评估要求,每一章都是围绕详细学习目标而展开的。所有教师和学生的资源也都按学习目标来组织的,因此教材与资源都基于学习目标达成统一。这些资源可以让教师在课堂上灵活选择哪些是重要的学习目标和学生应关注的内容。

APA与韦德、塔佛瑞斯所著《心理学的邀请(第7版)》的相关性	
APA制定的本科心理学专业指南,第2版	
APA学习结果和目标	教材学习的目标和特征
目标1　心理学的知识基础	
了解基本知识,理解主要概念、理论观点、历史趋势,讨论心理学原理如何应用于行为问题的实证研究结果	
1.1 描述心理学的关键概念、原理和总的主题	

1.1a 运用心理学的术语、概念和理论来解释行为和心理过程	学习目标： 1.1b,1.1c,2.1a,2.1b,2.4a,2.4b,2.4c,2.4e,2.4f,2.4g,3.1a, 3.1b,3.1c,3.2b,3.3b,3.4b,3.4c,3.4e,4.1a,4.3a,4.4a,4.5a, 5.1a,5.1b,5.1c,5.2a,5.2b,5.2c,5.2d,5.3b,5.4a,5.5a,5.6a, 5.6b,6.1b,6.2a,6.2b,6.2c,6.4a,6.5a,6.6a,7.1a,7.1d,7.2d, 7.3a,7.3b,7.3c,8.1a,8.2b,8.3a,8.4a,9.1a,9.2a,9.3a,10.1b, 10.1c,10.2a,1.3a,10.4a,10.6a,11.1b,11.1c,11.2a,11.2c, 11.3a,11.3b,11.3c,11.3c,11.3d,11.4a,11.4b,11.5a,12.1a, 12.1b,12.1c,12.2b,12.3a,12.3b,12.4a,12.5a,12.6a,12.6a, 13.1a,13.1b,13.2a,13.2b,13.2c,13.3a,13.3b,13.4a,13.4b, 13.5c,13.6a,13.6b,13.8a,13.8a,13.8b,14.1a,14.1b,14.2a, 14.2b,14.2c,14.2d,14.3a,14.3b
1.1b 用心理学的主要目标是观察、解释、预测和控制行为和心理过程来解释为什么心理学是一门科学	学习目标： 1.1a,1.1b,1.1c,4.3b,4.4b,5.4b,12.1c,12.6c
1.1c 在适当的复杂水平上解释行为和心理过程	学习目标： 1.2a,3.1c,3.1d,3.2c,4.5a,4.5b,4.5c,5.1a,5.1b,5.3b,5.4a, 5.6a,5.6b,6.3a,6.3b,6.5b,6.5c,6.6c,7.3b,8.1d,8.3a,8.3b, 8.3c,8.3d,9.1b,9.3a,10.1b,10.4a,10.4b,11.1a,11.1d,11.2d, 12.1a,12.2a,12.4a,12.5b,12.6c,13.1a,13.6a,13.6b,13.7a, 13.7b
1.1d 认识到情境在个体行为形成中的作用	学习目标： 1.2a,2.2d,2.2e,6.5c,7.3b,8.3d,9.2b,11.1b,11.1c,11.1d, 11.2a,11.3a,11.4b,11.4c,11.5a,11.5c,12.4a,12.4b,12.5a, 12.5b,14.3d
1.1e 识别心理学之外的领域对行为问题的解决	学习目标： 1.1d,2.2c,4.2b,5.2a,5.2b,5.2c,5.5d,5.5b,5.6b,5.6c,6.6b, 6.6c,7.3d,7.4a,7.4b,7.4c,8.1b,8.1c,8.1d,9.3b,9.4a,9.4b, 9.5a,9.5b,10.1a,10.2b,10.3b,10.5a,10.5b,14.1a,14.1b
1.2 发展心理学内容领域中的实用知识	

1.2a 识别心理学主要内容领域内的关键特征(如认知与学习,发展的、生物学的和社会文化的)	学习目标: 1.1b,1.1c,2.1a,2.1b,3.2a,3.2b,3.2d,3.2e,3.3a,3.3b,3.3c,3.4a,3.4b,3.4c,3.4d,3.4e,4.2a,4.4a,4.5a,5.1a,5.1b,5.3b,5.4a,5.5a,5.6a,5.6b,6.1a,6.1b,6.2a,6.2b,6.2c,6.4a,7.1a,7.1b,7.1c,7.1d,8.1a,8.4a,9.1a,9.2a,10.1c,10.2a,10.4b,11.1a,11.2c,11.3a,11.5a,12.1a,12.2b,12.3b,12.4a,12.6a,13.2a,13.2c,13.2c,13.3a,13.3b,13.4a,13.4b,13.5c,13.8a,13.8b,14.1a,14.1b,14.2a,14.2b,14.2c,14.2d,14.3a,14.3b
1.2b 识别主要研究方法和在特定内容领域中出现的问题类型	学习目标: 1.3b,1.4a,1.5c,1.6b,2.3a,2.3b,2.5a,3.1b,3.1c,3.1d,5.3a,5.4b,6.5c,8.3a,9.1a,9.2a,9.2b,10.2a,11.5b,12.2a,13.1c
1.2c 认识主要的心理学事件,理论观点和人物,以及与当代心理学研究趋势的关系	学习目标: 1.1b,1.1c,2.2c,2.3a,2.3b,2.6a,3.1b,3.2d,3.3c,4.3a,5.3a,5.4b,7.3b,8.3a,9.1a,10.2a,11.1b,11.1c,11.3a,12.1a,12.1b,12.6a,13.1b,14.1a,14.1b,14.2a
1.2d 提供内容领域对理解复杂行为问题的独特贡献的示例	学习目标: 1.2b,2.5a,2.5b,2.6a,2.6b,2.6c,4.4b,4.5a,5.2a,5.2b,5.2c,6.5c,6.6c,7.3c,8.3b,9.3a,10.4a,10.4b,11.1b,11.1c,11.2c,11.3a
1.2e 认识内容领域中具有独特的社会文化起源和发展	学习目标: 2.6b,4.1b,6.5c,7.3b,9.2b,9.2c,10.4b,11.4a,11.4b,11.4c,12.5a,12.5b,13.7a,13.7b,14.3d
1.3 描述基于某一原理的问题解决应用	
1.3a 描述应用心理学原理应用于日常生活的实践案例	学习目标: 1.2a,1.2b,2.2c,2.2e,2.3a,2.3b,2.6a,2.6b,2.6c,3.1d,3.2e,3.3c,3.4d,4.2b,4.4a,4.5a,4.5c,5.1c,5.2a,5.2b,5.2c,5.2d,5.4b,5.5a,5.5b,5.6a,5.6b,5.6c,6.3c,6.4a,6.6b,6.6c,7.1c,7.2b,7.3c,8.1b,8.1c,8.1d,8.2a,8.2c,8.4b,8.4c,9.1c,9.3b,9.4a,9.4c,9.5a,9.5b,9.5c,10.3b,10.6b,10.6c,11.1d,11.2a,11.2b,11.2d,11.3a,11.3c,11.3d,11.4b,11.4c,11.5a,11.5c,12.2a,12.3b,12.4b,12.4c,13.2c,13.3b,13.4a,13.4b,13.6a,13.6b,13.8b,14.1a,14.2b,14.2d,14.3b,14.3c,14.3d

1.3b 总结能够影响人们追求健康生活方式的心理因素	学习目标： 4.1a,4.2b,4.5a,8.1b,8.1c,8.1d,9.3a,9.3b,9.4b,9.4c,9.5a,9.5b,9.5c
1.3c 正确认识行为和心理过程的前因与后果	学习目标： 4.3b,4.4b,6.5b,6.5c,6.6a,7.3d,8.3c,8.4c,9.3a,11.1b,11.2c,12.1a,12.4a,12.6a,13.7a,13.7b,14.3a,14.3b,14.3c
1.3d 预测个体差异如何影响信仰、价值观、与人交往，包括潜在的对他人或自己的偏见和歧视	学习目标： 11.4a,11.4b,11.4c,11.5a,11.5b,11.5c,12.5a

用写作空间、实验模拟器、我的心理学实验光盘系统、视觉脑、教师的教学和评估包等学习工具来强调主要概念。如评估观点、事实与虚构等教材的特征也可加强学习目标

目标2 科学研究和批判性思维

理解科学思维和问题解决，包括有效的研究方法

2.1 运用科学思维来解释行为

2.1a 认识行为解释的基本生物学、心理学和社会学的内容（如推理、观察、操作性定义和解释）	学习目标： 1.6a,2.2a,2.2b,4.1b,5.1c,5.3a,6.3a,6.3b,7.3b,7.4c,8.1d,8.3a,8.3b,9.1a,10.1a,10.1c,11.1a,12.1c,12.6c,13.2c,13.5b,13.5c,13.6a,13.6b,13.8b,14.1a,14.1b
2.1b 运用心理学概念来解释个人经验以及认识到基于过于简单的和个人化的理论在对行为解释时可能会犯的错误	学习目标： 1.2a,1.5a,1.5b,5.5b,7.2a,7.2b
2.1c 运用相当水平的复杂性来解释行为和心理过程	学习目标： 12a,1.3a,44a,5.6a,5.6b,7.3,8.3b,9.2a,10.4b,1.2d,12.1c,12.4a,12.6c13.7,14.1a,141b,143a,143c
2.1d 通过提出相关问题来收集更多行为要求的信息	学习目标： 1.2a,4.1b,4.4a,13.4a,13.7a,13.7b,14.3c

2.1e 描述在思维过程中常见的共同错误(如证实的偏见、事后解释暗示相关中含着因果)而不能得出准确结论和预测	学习目标: 1.2a,1.4b,3.2c,7.2a,7,2b,7.2c,7.2d,11.2a
2.2 了解心理学信息素养	
2.2a 阅读心理学文献,概括出主要观点和结论	
2.2b 描述超越个人经验什么类型的特殊信息可以作为解释发展中的行为(如大众报纸与科学发现)	
2.2c 识别和浏览心理学数据库和其他合法的心理学信息资料	
2.2d 明确确定心理信息客观来源的标准	
2.2e 解释简单的图和统计结果	学习目标: 1.6a,1.6b
2.3 开展创新、综合思维和问题解决	
2.3a 识别和描述结构良好的问题	学习目标: 1.2a
2.3b 运用简单的问题解决策略来提高效率和效果	
2.3c 描述尝试解决问题的结果	
2.4 解读、设计并进行性的基础心理学研究	

2.4a 描述心理学使用的研究方法及其各自的优缺点	学习目标： 1.3b,1.4a,1.4b,1.5c,1.6b,2.3a,2.3b,3.1b,7.3b,9.1a,10.2a,12.2a,14.3a,14.3b,14.3c
2.4b 讨论在发现因果关系时实验设计的价值（如控制、比较）	学习目标： 1.3a,1.5a,1.5b,1.5c.14.3c
2.4c 界定和解释心理学主要研究概念（如假设、操作性定义）的目的	
2.4d 重复或设计和执行一项简单的科学研究（如相关研究或两因素研究）要根据操作定义确定假设	
2.4e 说明为什么心理学研究的结论必须是可信的和有效的	学习目标： 1.6a,1.6b,13.1a,13.1b,13.1c,12.2a,14.3a,14.3c
2.4f 解释为什么定量分析与科学问题解决相关	
2.4g 描述研究设计的基本原则	学习目标： 1.3a, 1.3b, 1.4a, 1.4b,.15a, 1.5b, 1.5c, 1.6a, 1.6b138 g
2.5 在科研研究中考虑社会文化因素	
2.5a 举例说明研究者的价值体系、社会文化特征和历史背景如何影响心理问题科学探究的发展	学习目标： 4.1b,5.4b,6.5c,7.3b.,8.3a,10.3a,12.1a,12.1b,12.1c,12.6a,12.6c,13.6a,13.7a,13.7b,14.3d
2.5b 分析特定研究中与社会文化因素相关的潜在挑战	学习目标： 2.6b,4.1b,12.5a,12.5b,14.3d

2.5c 描述个体差异和社会文化差异如何影响研究结果的应用性和概括性	学习目标： 4.1b,6.3c,7.3b,10.3a,10.6b,12.5a,12.5b,14.3d
2.5d 认识到什么样的研究结果可以适当地加以概括	学习目标： 1.6b
学习工具加强科学研究：写作空间、实验模拟、我的实验室光盘系列、可视大脑和教师教学与评估包。如评估观点、事实与虚构等文本特征也可加强学习目标	
目标3　伦理和社会责任	
在专业和个人情境中发展伦理和社会责任行为	
3.1 在心理科学研究和实践活动中运用伦理标准	
3.1a 描述保护以人类或非人类为被试利益的APA关键的伦理原则	学习目标： 11.1b,11.1c,14.3c
3.1b 识别在心理学研究中明显违反伦理标准行为	学习目标： 6.5c,14.3c
3.1c 讨论反映APA主要伦理规章制度有关伦理问题	学习目标： 11.1b,11.1c,14.3c
3.1d 界定单位伦理委员会的作用	
3.2 提升建立信任和增强人际关系的价值	
3.2a 描述在与他人建立密切关系时必备积极人格（如诚信、慈善、诚实、尊重他人尊严）的价值	学习目标： 12.6a

3.2b 有礼貌地对待他人	
3.2c 解释个体差异、社会地位和社会观会如何影响其信念、价值观和人际交往,反之亦然	学习目标: 11.4a,11.4b,12.5a,14.3d
3.2d 坚持学术诚信的高标准,包括荣誉规章的要求	
3.3 建立适于用当地社区、国家和整体世界的价值	
3.3a 识别各种形式的人类多样性和来自多样性的人际挑战	学习目标: 2.6b,9.2a,9.2b,11.4a,11.4b,11.4c,11.5a,11.5b,11.5c,12.5a,13.1a,14.3d
3.3b 认识自己和他人潜在的偏见和歧视	学习目标: 11.4c,11.5a,11.5b,11.5c
3.3c 说明心理学如何促进有益于公民、社会和世界的发展	学习目标: 1.1d,6.6b,6.6c,10.4a,10.4b,11.5c
3.3d 描述涉及全球的心理学问题(如贫穷、健康、移民、人权、国际冲突和可持续)	学习目标: 8.1b,8.1c,8.1d,9.3a,9.4a,9.4b,9.4c,9.5a,9.5b,11.4a,11.4b,11.4c,13.1b
3.3e 说明心理学在发展、设计和传播公共政策方面的作用	学习目标: 1.1d,6.5c,6.6c,8.1c,13.1b
3.3f 寻找包括志愿服务在内的公民参与机会来服务他人	

伦理和社会责任的强化学习工具:写作空间、实验模拟、我的实验光盘系列、可视脑和教师教学与评估包。如评估观点、事实与虚构等文本特征也可加强学习目标	
目标4　交流	
阐述书面表达、口头交流能力和人际交往技能,发展和展示科学观点的能力	
4.1 了解多种形式的有效写作	
4.1a 能够书面表达反映基本心理学概念和原理的思想	
4.1b 认识到因目的不同,内容和形式也要变化(如博客、备忘录、期刊论文)	
4.1c 使用可接受的语法	
4.1d 阐述如何按APA格式写出与日常写作或别的常用形式写作不一样的文章	
4.1e 认识和发展适合于目的的整篇文章结构(如开头、发展和结尾)	
4.1f 说明所呈现的统计数据、图、表等定量数据,包括研究报告中的统计符号	学习目标: 1.6a,1.6b
4.1g 利用专家反馈来修改文稿	
4.2 用多种方式来有效呈现的技能	
4.2a 基于心理学研究来构思自己可能的口头表达观点	

4.2b 在有限制时（如时间有限、根据听众）能简要表达自己的观点	
4.2c 描述专业口头报告有效呈现的特征	
4.2d 整合适当的可视化支持	
4.2e 提出具有心理学内容的问题	
4.3 与他人有效交流	
4.3a 通过认真倾听来捕获交流的关键信息	
4.3b 认识到文化、价值观和偏见可能会导致交流中的误解	
4.3c 用语言和非语言线索来解释所表达的意思	
4.3d 通过询问来获得额外信息	
4.3e 利用电子通信时行为恰当	
交流目标的强化学习工具：写作空间、实验模拟、我的实验光盘系列、可视脑和教师教学与评估包。如评估观点、事实与虚构等文本特征也可加强学习目标	
目标5　专业发展	

运用特定的心理学内容和技能、有效的自我反省力、项目管理技能、团队协同技能、为职业规划和目标而准备的技能	
5.1 在专业工作中运用心理学知识和技能	
5.1a 认识到在超越个人观点,支持提出解决方案证据方面,使用研究和问题解决技能的价值	学习目标: 1.2a,1.3a,1.3b,1.4a,1.4b,,1.5a,1.5b,1.5c,1.6a,1.6b,6.5c,6.6a,10.4a,12.1c,12.6c,14.3a,14.3b,14.3c
5.1b 识别一定范围内可能影响信念和结论的因素	学习目标: 1.2a,4.4a,6.6b,7.4c,10.4b,11.4b,11.4c,11.5a,11.5b
5.1c 期待在大学环境里处理不同意见和人身攻击	学习目标: 11.4a,11.4b,11.4c,11.5a,11.5b,11.5c
5.1d 描述心理学知识如何应用于商业、健康关怀、教育和其他工作场所	学习目标: 1.1d,4.1a,4.2b,5.1b,5.2a,5.2b,5.2c,5.2d,5.3b,5.4a,5.5b,6.6c,7.3c,8.1b,8.1c,8.1d,8.4b,8.4c,9.3a,9.3b,9.4a,9.4b,9.4c,9.5a,9.5b,9.5c,14.3a,14.3b
5.1e 认识和描述在心理学专业中广泛应用的信息素养能力	
5.1f 描述心理学伦理原则是如何与非心理学情境相关的	
5.2 展示自我效能和自我调节	
5.2a 认识努力与成绩之间的联系	学习目标: 7.3d,8.4a,8.4b
5.2b 通过坚持外部标准(如习俗标准、教师的期望)来准确进行有效的自我评价	

5.2c 吸收教师和导师的反馈来改变绩效	
5.2d 描述自我调节的策略(如反省、时间管理)	学习目标:
5.3 改善项目管理技能	
5.3a 依据说明能及时对项目标准作出反应	
5.3b 识别出可能影响项目完成的适当资源和限制	
5.3c 预见到哪些地方隐藏着项目完成的潜在问题	学习目标: 11.3b
5.3d 描述有目的发展和完成项目的过程和策略要求	
5.4 增强团队能力	
5.4a 合作完成课堂上小组作业	学习目标: 11.3b
5.4b 认识到通过分享问题解决活动来增强问题解决能力	学习目标: 11.3b
5.4c 在与团体工作时清晰提出发展中的问题	学习目标: 11.3b
5.4d 作为项目组成员,评价自己所具备的优点与不足	
5.4e 描述有效团队领导所用的策略	学习目标: 11.3b

5.4f 描述在不同环境中工作效率的重要性	
5.5 发展毕业后生活中有意义的职业定向	
5.5a 描述哪些学术经历和选学的高级课程为职业做了最好的准备	
5.5b 明确在雇用心理学背景雇主所要求的技能	
5.5c 认识到导师的重要性	
5.5d 描述如何用自己所学课程表和简历来满足雇主所期望的技能	
5.5e 认识社会快速变化如何影响一个人在工作场所的行为和价值观	
职业发展目标的强化学习工具:写作空间、实验模拟、我的实验光盘系列、可视脑和教师教学与评估包。如评估观点、事实与虚构等文本特征也可加强学习目标	

简明目录

第一章	什么是心理学	1
第二章	神经元、激素和大脑	61
第三章	感觉和知觉	115
第四章	意识和睡眠	165
第五章	学习	213
第六章	记忆	262
第七章	思维和智力	313
第八章	生活的主要动机:食物、爱、性和工作	361
第九章	情绪、压力和健康	405
第十章	毕生发展	454
第十一章	社会心理学	515
第十二章	人格理论	571
第十三章	心理障碍	617
第十四章	治疗方法	674

目 录

上

译者序 1
来自作者的话 1
批判性思维概览 7
来自出版商的话 9
学习结果和评估 13

第一章 什么是心理学 1

1.1 心理学、伪科学和流行的观点 3
什么是心理学？什么不是心理学？ 3
现代心理学的诞生 6
心理学的主要观点 8
心理学家做什么？ 11
模块 1.1 测验 14

1.2 心理学中的批判性思维和科学思维 15
什么是批判性思维？ 15
运用心理学学习心理学 25
模块 1.2 测验 27

1.3 展开研究：从提出问题到收集信息（数据） 28
寻找样本 29
描述性研究：确立事实 30
模块 1.3 测验 35

1.4 相关研究：寻找关系 36
测量相关 36
关于相关的注意事项 37
模块 1.4 测验 39

1.5 实验：追根溯源 40

　　　　实验变量 ·· 41
　　　　实验条件 ·· 43
　　　　实验的优点和局限性 ·· 45
　　　　模块1.5 测验 ··· 48
　　1.6 **评估结果** ·· 48
　　　　描述数据 ·· 49
　　　　解释数据 ·· 50
　　　　模块1.6 测验 ··· 52
　　让心理学伴随着你:提升你的批判性思维 ·· 53
　　分享写作:心理学是什么? ··· 55
　　总结 ··· 55
　　第一章习题 ·· 58

第二章　神经元、激素和大脑 　　　　　　　　　　　　　　　　　61

　　2.1 **神经系统:基本蓝图** ·· 64
　　　　中枢神经系统 ·· 64
　　　　周围神经系统 ·· 66
　　　　模块2.1 测验 ··· 68
　　2.2 **神经系统内部的信息交流** ··· 68
　　　　细胞类型 ·· 68
　　　　神经元的结构 ·· 69
　　　　神经形成:神经元的诞生 ··· 71
　　　　神经元之间信息如何传递 ··· 72
　　　　神经系统中的化学信使 ··· 75
　　　　模块2.2 测验 ··· 79
　　2.3 **绘制脑地图(测绘脑)** ·· 80
　　　　操纵脑,观察行为 ·· 80
　　　　操纵行为,观察脑 ·· 81
　　　　模块2.3 测验 ··· 85
　　2.4 **一场脑旅行** ··· 86
　　　　脑干和小脑 ·· 87
　　　　丘脑 ·· 87
　　　　下丘脑和脑垂体 ·· 88
　　　　杏仁核 ·· 89

		海马	89
		大脑	90
		大脑皮质	90
		模块2.4测验	95

2.5 脑的两半球 95
  裂脑：一座被分割的房子 96
  两半球：联合或对立？ 98
  模块2.5测验 100

2.6 灵活的脑 100
  经验与脑 101
  文化与脑 102
  是否存在"他的"和"她的"脑？ 103
  模块2.6测验 107

让心理学伴随着你：修补脑时三思而后行 108
分享写作：神经、激素和大脑 109
总结 109
第二章习题 112

第三章 感觉和知觉 115

3.1 我们的感官 118
  我们的感官感知 118
  感官的测量 120
  感觉适应 124
  没有知觉的感觉 125
  模块3.1测验 127

3.2 视觉 127
  我们看到了什么？ 127
  用眼看世界 128
  为什么视觉系统不是照相机？ 131
  我们如何看到颜色？ 133
  构建视觉世界 134
  模块3.2测验 141

3.3 听觉 142
  我们听到了什么？ 142

世界上的耳朵 ··· 143

构建听觉世界 ··· 145

模块 3.3 测验 ·· 147

3.4 其他感觉 ·· 148

味觉：胃的感觉 ··· 148

嗅觉：气味的感觉 ··· 151

皮肤感觉 ··· 153

疼痛的秘密 ·· 153

内部环境 ··· 157

模块 3.4 测验 ·· 158

让心理学伴随着你：为什么知觉可以比肉眼看到更多 ························ 158

分享写作：感觉和知觉 ··· 160

总结 ··· 160

第三章习题 ··· 162

第四章 意识和睡眠 ·· 165

4.1 生物节律：体验的波动 ··· 167

生理节律 ··· 167

情绪及长期节律 ··· 170

模块 4.1 测验 ·· 174

4.2 睡眠节律 ·· 175

睡眠节律 ··· 175

为什么我们要睡眠？ ·· 178

模块 4.2 测验 ·· 182

4.3 探索梦境 ·· 183

探讨梦境 ··· 183

对各种理论的评价 ··· 187

模块 4.3 测验 ·· 189

4.4 催眠的奥秘 ·· 189

催眠的本质 ·· 190

催眠理论 ··· 192

模块 4.4 测验 ·· 197

4.5 意识——药物操纵 ··· 198

　　　　药物分类 ··· 199
　　　　药物的生理作用 ·· 203
　　　　药物的心理作用 ·· 204
　　　　模块4.5测验 ·· 206
　让心理学伴随着你:提高你的睡眠质量和数量 ·· 206
　分享写作:意识和睡眠 ··· 208
　总结 ·· 208
　第四章习题 ·· 210

第五章　学习 ··· 213
　5.1　经典条件反射 ·· 215
　　　　源于旧反射的新反射 ··· 215
　　　　经典条件反射的原则 ··· 217
　　　　经典条件反射实际上教给了我们什么? ·· 220
　　　　模块5.1测验 ·· 221
　5.2　现实生活中的经典条件反射 ·· 222
　　　　学习喜欢 ··· 222
　　　　学习恐惧 ··· 223
　　　　解释味觉 ··· 226
　　　　对治疗的反应 ·· 227
　　　　模块5.2测验 ·· 228
　5.3　操作性条件反射 ·· 229
　　　　激进行为主义的产生 ··· 229
　　　　行为的后果 ·· 231
　　　　模块5.3测验 ·· 235
　5.4　操作性条件反射原理 ·· 236
　　　　反应的重要性 ·· 236
　　　　斯金纳:其人和传说 ··· 241
　　　　模块5.4测验 ·· 242
　5.5　现实生活中的操作性条件反射 ·· 242
　　　　对惩罚的赞成与反对 ··· 243
　　　　奖赏带来的问题 ·· 246
　　　　模块5.5测验 ·· 249

5.6	学习和心理	250
	潜伏学习	250
	社会认知学习理论	251
	模块 5.6 测验	254
	让心理学伴随着你:改变你的行为	254
	分享写作:学习	256
	总结	256
	第五章习题	259

第六章 记忆 262

6.1	追寻记忆	265
	测量记忆	265
	记忆的模型	267
	模块 6.1 测验	269
6.2	记忆的"三箱模型"	269
	感觉登记:飞逝的印象	270
	工作记忆:记忆的工作簿	271
	长时记忆:记忆的存储系统	273
	模块 6.2 测验	278
6.3	记忆的生理基础	278
	神经元和突触的改变	279
	记忆的定位	280
	荷尔蒙、情绪和记忆	282
	模块 6.3 测验	285
6.4	我们如何记忆?	286
	编码、复述和检索	287
	模块 6.4 测验	290
6.5	我们为什么会遗忘?	291
	遗忘的机制	291
	童年记忆:消失的光阴	296
	压抑的争议	298
	模块 6.5 测验	299
6.6	重构过去	300

	记忆的产生	300
	虚构的条件	302
	审判中的目击者	303
	模块6.6测验	306
让心理学伴随着你:让记忆为你工作		307
分享写作:记忆		308
总结		308
第六章习题		311

第七章 思维和智力　313

7.1 思考:用我们知道的信息　315
　　认知的要素　316
　　思维是有意识的吗?　319
　　问题解决和决策　320
　　理性推理　323
　　模块7.1测验　325

7.2 理性推理的障碍　325
　　被夸大的不可能　326
　　避免损失　327
　　偏见和心理定势　329
　　克服我们的认知偏见　332
　　模块7.2测验　334

7.3 智力测量　335
　　测量不可见的东西　335
　　IQ测试　337
　　智力的要素　341
　　动机、努力工作以及智力成就　345
　　模块7.3测验　347

7.4 动物的智力　347
　　动物智力　348
　　动物的语言　350
　　思考动物的思维　353
　　模块7.4测验　354

让心理学伴随着你:提高你的精神聚焦和创新能力 ………………………… 355

分享写作:思维和智力 ……………………………………………………… 356

总结 …………………………………………………………………………… 356

第七章习题 …………………………………………………………………… 359

第八章 生活的主要动机:食物、爱、性和工作 …………………………… 361

8.1 动机和饥饿的动物 …………………………………………………… 363

动机的定义 ……………………………………………………………… 363

生物学上的体重 ………………………………………………………… 364

环境对体重的影响 ……………………………………………………… 367

身体做战场:饮食失调 ………………………………………………… 370

模块8.1测验 …………………………………………………………… 371

8.2 社会动物:爱的动机 ………………………………………………… 372

生物学的爱 ……………………………………………………………… 372

心理学的爱 ……………………………………………………………… 374

性别、文化和爱情 ……………………………………………………… 377

模块8.2测验 …………………………………………………………… 378

8.3 色情动物:性的动机 ………………………………………………… 379

生物学的欲望 …………………………………………………………… 379

生物学和性取向 ………………………………………………………… 382

心理学的欲望 …………………………………………………………… 384

性别、文化和性 ………………………………………………………… 387

模块8.3测验 …………………………………………………………… 390

8.4 有能力的动物:获得成就的动机 …………………………………… 391

动机对工作的影响 ……………………………………………………… 391

工作对动机的影响 ……………………………………………………… 395

需求、动机与追求幸福 ………………………………………………… 397

模块8.4测验 …………………………………………………………… 399

让心理学伴随着你:现代动机的再思考 …………………………………… 400

分享写作:生活的动机:食物、爱情、性和工作 ………………………… 402

总结 …………………………………………………………………………… 402

第八章习题 …………………………………………………………………… 404

下

第九章 情绪、压力和健康 ... 405

9.1 情绪的本质 ... 407
情绪和表情 ... 408
情绪和大脑 ... 412
情绪和思维 ... 417
模块 9.1 测验 ... 420

9.2 情绪和文化 ... 420
文化如何塑造情感 ... 421
交流情感 ... 422
性别和情绪 ... 424
模块 9.2 测验 ... 425

9.3 应激的本质（压力的本质） ... 426
应激和身体 ... 427
应激和思维 ... 432
模块 9.3 测验 ... 434

9.4 应激和情绪 ... 435
敌意和抑郁：它们有伤害吗？ ... 435
积极情绪：它们有帮助吗？ ... 437
情绪抑制和表达 ... 438
模块 9.4 测验 ... 441

9.5 应激应对 ... 442
问题解决 ... 442
重新思考问题 ... 443
寻求社会支持 ... 445
模块 9.5 测验 ... 448

让心理学伴随着你：我们对情绪和健康有多大控制？ ... 449

分享写作：情感、压力与健康 ... 450

| 总结 | 450 |

| 第九章习题 | 452 |

第十章　毕生发展 454

10.1　从怀孕到出生后第一年 456
胎儿期的发展 456
婴儿的世界 459
依恋 461
模块 10.1 测验 466

10.2　认知发展 467
思维 467
语言 474
模块 10.2 测验 479

10.3　道德发展 479
道德的发展阶段 479
使孩子变好 481
模块 10.3 测验 484

10.4　性别发展 485
性别认同 486
性别发展的影响因素 488
模块 10.4 测验 493

10.5　青春期 494
青春期生理学 494
青春期心理学 496
模块 10.5 测验 498

10.6　成年期 499
阶段和年龄 500
生活的转变 503
老年期 505
模块 10.6 测验 508

让心理学伴随着你：记住，发展是一辈子的事情 508

分享写作:毕生发展	510
总结	510
第十章习题	512

第十一章 社会心理学 515

11.1 社会的力量 518
规则和角色 519
服从研究 520
监狱研究 524
人们为何服从？ 526
模块 11.1 测验 528

11.2 社会信念 529
归因 529
态度 532
认知失调 534
说服还是"洗脑"？自杀式人体炸弹的例子 535
模块 11.2 测验 537

11.3 群众中的个体 538
从众 539
群体思维 541
责任扩散 543
利他主义和提出异议 545
模块 11.3 测验 547

11.4 我们 vs 他们：群体同一性与群体冲突性 548
社会同一性 548
内群体和外群体 549
刻板印象 552
模块 11.4 测验 554

11.5 偏见 555
偏见的起源 555
测量偏见 557
减少冲突和偏见 561

　　　　　　模块 11.5 测验 ·· 564
　　让心理学伴随着你:成为一个更周到和更有活力的社会存在 ············ 564
　　分享写作:社会心理学 ··· 565
　　总结 ··· 566
　　第十一章习题 ··· 568

第十二章　人格理论 ··· 571
12.1　人格的心理动力学理论 ··· 573
　　　弗洛伊德和精神分析 ·· 573
　　　防御机制 ·· 576
　　　其他心理动力学方法 ·· 578
　　　心理动力学理论的评价 ·· 579
　　　模块 12.1 测验 ·· 581
12.2　当代人格研究 ··· 582
　　　较流行的人格测验 ·· 582
　　　核心人格特质 ·· 584
　　　模块 12.2 测验 ·· 587
12.3　遗传对人格的影响 ··· 588
　　　遗传与气质 ·· 588
　　　遗传力和特质 ·· 590
　　　模块 12.3 测验 ·· 592
12.4　环境对人格的影响 ··· 593
　　　情境和社会学习 ·· 593
　　　父母的影响及其局限性 ·· 594
　　　同伴的力量 ·· 596
　　　模块 12.4 测验 ·· 598
12.5　文化对人格的影响 ··· 599
　　　文化、价值观和特质 ·· 599
　　　评估文化的方法 ·· 602
　　　模块 12.5 测验 ·· 603
12.6　内心体验 ··· 604
　　　人本主义的方法 ·· 605

　　　　叙事方法 ·· 607
　　　　评价人本主义方法和叙事方法 ·· 608
　　　　模块 12.6 测验 ··· 610
　让心理学伴随着你：科学角度看人格 ·· 610
　分享写作：人格理论 ·· 611
　总结 ·· 612
　第十二章习题 ·· 614

第十三章　心理障碍 ·· 617

13.1　精神障碍的诊断 ·· 619
　　　　难以定义的精神疾病 ·· 620
　　　　诊断的困境 ·· 621
　　　　心理测验 ·· 627
　　　　模块 13.1 测验 ··· 629

13.2　抑郁症和躁狂症 ·· 630
　　　　抑郁症 ·· 630
　　　　躁狂症 ·· 631
　　　　抑郁症的病因 ·· 632
　　　　模块 13.2 测验 ··· 635

13.3　焦虑障碍 ·· 636
　　　　焦虑和惊恐 ·· 636
　　　　恐惧和恐惧症 ·· 638
　　　　模块 13.3 测验 ··· 640

13.4　创伤障碍和强迫障碍 ·· 640
　　　　创伤后应激障碍 ··· 641
　　　　强迫观念和强迫行为 ·· 642
　　　　模块 13.4 测验 ··· 643

13.5　人格障碍 ·· 644
　　　　边缘型人格障碍 ··· 644
　　　　反社会人格障碍 ··· 645
　　　　精神病：传说和证据 ·· 647
　　　　模块 13.5 测验 ··· 650

13.6 成瘾障碍 650
生物和成瘾 651
习得、文化与成瘾 653
模块 13.6 测验 657

13.7 身份识别障碍 657
一个有争议的诊断 657
关于 DID 的批判性思考 659
模块 13.7 测验 660

13.8 精神分裂症 661
精神分裂症的症状 661
精神分裂症的起源 663
模块 13.8 测验 666

让心理学伴随着你:关于精神障碍,我们再多做些思考 667

分享写作:心理障碍 668

总结 668

第十三章习题 671

第十四章 治疗方法 674

14.1 精神障碍的生物治疗 676
药物问题 676
直接的大脑干预 683
模块 14.1 测验 686

14.2 心理治疗的主要流派 686
精神动力疗法 687
行为与认知疗法 688
人本主义和存在主义疗法 693
家庭和婚姻疗法 694
模块 14.2 测验 698

14.3 心理治疗方法评估 699
科学家和实践者鸿沟 699
心理治疗何时有效? 702
当干预措施产生危害 704

文化和心理治疗 ··· 707
　　　模块 14.3 测验 ·· 708
　让心理学伴随着你:成为一个聪明的心理学治疗的消费者 ············· 709
　分享写作:治疗方法 ·· 711
　结语:应用这本书 ·· 712
　总结 ·· 712
　第十四章习题 ·· 714

参考文献 ·· 717

第一章 什么是心理学

学习目标

1.1.A 定义心理学,描述它如何从科学的角度来探讨心理学话题,并将其与伪心理学和常识心理学区分开来。

1.1.B 讨论早期的一些观点和个人思想对现代心理学先驱人物的影响。

1.1.C 列举并描述现代心理学的四种主要观点。

1.1.D 描述心理学家在研究、实践和社区中所起的作用。

1.2.A 解释什么是批判性思维,讨论批判性思维的重要原则,并举例说明每个原则在心理学中的应用。

1.2.B 学生如何运用心理学原理和方法更有效地学习心理学。

1.3.A 描述选择心理学研究参与者(被试)的主要方法,以及选择被试的方法如何影响研究结果与解释。

1.3.B 讨论使用各种描述性研究方法的优缺点,如个案研究法、观察法、测验法和调查法。

1.4.A 举例说明相关系数如何给出两个变量之间关系的大小和方向。

1.4.B 解释为什么两个变量之间的相关不能确定两者之间的因果关系。

1.5.A 区分自变量和因变量,并举例说明每个变量。

1.5.B 解释如何随机分配被试有助于创设实验条件,并解释实验组和对照组之间的区别。

1.5.C 探讨实验研究设计的方法学优势、局限性以及伦理问题。

1.6.A 解释如何使用描述性统计来比较研究中各被试组的表现。

1.6.B 解释一项具有统计学意义的研究结果能够说明什么以及无法说明什么。

提问一些大家都想问的问题

- 在电视和网络上看到的"流行心理学"和"自助心理学",与本书所描述的心理学有何不同?
- 心理学家、临床心理学家和精神科医生有何不同?
- 如果你因为可以帮助他人而想成为心理学家,你为什么需要学习统计和研究方法?
- 如果你想进行关于人类行为的研究问题,比如,"花在智能手机上的时间太多会影响与其他人进行社交互动的质量",你将考虑用哪种研究方法?

> **互动** 你认为自己擅长预测周围的人在不同情况下他们会如何表现以及做出何种行为反应吗?
> ( )擅长
> ( )不擅长

这个世界,每天都在见证懦弱、英勇、胜利、失败、快乐、恐怖、创新、愚钝、爱与恨。人的本性包罗万象,从最好的到最差的都兼而有之。人们为什么这么想?人们为什么这么做?为什么会有特定的感觉?对这些问题进行研究的科学就是心理学。

当作者告诉大家,我是心理学家时,大家的第一反应是不同的。人们常会问,哦,你正在分析我,对吗?(我们通常说是。)有时人们还会问,你在读我的心吗?(出于好玩,我们会再次给予肯定的答复。)尽管确实有一些心理学家会给病人进行心理治疗(并且仅仅是一小部分专业人士会使用心理分析),我们中的绝大多数并不会做这样的工作。最后我们也会老实地承认我们不会读心术。

人们常会把心理学与精神疾病、个人问题以及心理治疗联系到一起。然而,实际上人性中的一切美好与丑恶都是心理学研究的对象。这些事情每天你都可以感觉到。心理学家想知道:为什么一些人看起来很开朗、外向?为什么另一些人却喜欢隐匿在人群中?他们也会问,为什么一些人在追求成功的过程中会撒谎或会欺骗,他们是如何把自己的谎言给圆了的?他们也探究:为什么一些人经常用"我们"而非"他们"的视角来看待问题,且常诉诸武力来解决分歧。他们还会研究人们记忆的奥秘,为什么有的人能在几分钟内就记住整副纸牌的顺序,而有的人却记不住要去杂货店买的四样东西。

简而言之,心理学家对于普通人是怎样学习、怎样记忆、怎样解决问题、怎样感受、怎样感知、怎样与朋友和家庭成员相处或为什么不能与朋友和家庭成员相处等问题都很感兴趣。因此,他们很有可能要去研究一些大家习以为常或者出人意料的事情,比如说养小孩、八卦、早高峰的压力、白日梦、做爱、谋生等等。

如果你曾想过为什么人们会有这样或那样的行为,或者你曾想深入了解自己的行为,那么你就选对课了。这章开篇的调查问题表明,你们中的大多数人都相信自己能很好地预测周围人的行为表现的。这一点非常好!我们保证,在上完这门课程之后,你会做得更好。我们也保证,在读完本章后,你之前所相信的至少有一个或多个人性的假说,现在你会觉得它们难以捉摸,且不是完全正确的。

闲话少说,我们现在就邀请你踏入心理学的世界。这是一门敢于去探究世上最复杂话题——"你"的心理——的课程。

1.1 心理学、伪科学和流行的观点

为了能对这个领域有更清晰的了解,你需要去了解心理学的研究方法、研究所发现的结果和解释结果的方法。我们保证所教课程会涉及上述全部的内容。首先,我们需要更仔细地辨别心理学到底是什么,或者,更为重要的是,心理学到底不是什么?

什么是心理学? 什么不是心理学?

LO 1.1.A 定义心理学,描述它如何从科学的角度来探讨心理学话题,并将其与伪心理学和常识心理学区分开来。

心理学一般的定义是:与行为和心理过程相关的学科,以及心理是如何受到生理的、心理的和外部环境状态的影响。让我们一起来思考:

这个希腊字母"psi"(发音类似于 sigh)通常用于指代心理学科。

心理学 涉及行为和心理过程的学科,以及它们如何受到身体状态、心理状态和外部环境的影响。

什么是非心理学？

第一，你即将学习的心理学，与励志书籍和访谈节目中常见的大众心理学没有什么关系。近几十年来，公众对心理信息的需求为"心理呓语"（一种涵盖片面的心理语言的伪科学）创造了一个巨大的市场。伪科学（意味着是"虚假骗人的"）承诺可以快速解决生活中所面临的问题。例如，通过"重温"所谓你出生时的创伤，可解决你在成年期的不快乐，或者通过给你的大脑"重置程序"，使你的工作更具创造性。严谨科学的心理学比心理呓语要更为复杂，具有更大信息，更有帮助，因为科学心理学是建立在严谨的研究和**实证证据**（通过仔细观察、试验或测量所收到的证据）的基础上。

实证研究 依靠于观察、试验或测量的方法。

第二，严谨科学的心理学与诸如算命、数字占卜术和占星术等非科学的东西是截然不同的。这些非科学理论体系的创立者（如占星家），他们试图解释人们所遇到的问题，并预测接下来人们的行为。如果你有感情上的问题，占星家可能会建议你选择白羊座而非水瓶座的人，作为你下一段感情的恋人。然而，每当对巫师、占星家和类似的预言进行检验时，它们就会变得含糊其辞、毫无意义（例如，"你的灵性明年将会提高"），这就像几个世纪以来出现的有关世界末日的预言一样，这种预言尤其在社会发生巨大变化和群体焦虑时特别流行（Shaffer & Jadwiszczok，2010）。与你所看的电视或浏览的心理类网站不同，心理学通常并没有办法帮助你找到失踪的孩子，找出连环杀手，或者通过使用"精神力量"来帮助警察抓住某个罪犯（Radford, 2011）。通常，这些所谓的"帮助"只会增加受害者家属的心理痛苦。

第三，心理学不仅仅是常识感的代名词。通常，心理学研究会产生直接与主流观点相抵触的发现，通过这本教材，你将发现许多这样的问题。不愉快的记忆是否真会被压抑且在几年后又被准确地回忆起来，好像大脑可完美记录过去经历的细节？禁酒令是否真的会降低人们的酗酒率？让婴儿多听贝多芬的音乐，他们是否会变得更聪明？催眠是否能够帮助个人准确地回忆自己的第三个生日，或者让人完成那些原本不可能完成的任务？许多人会对这些问题给出一个"准确的"答案。但从本质上说，上面提到的都是错的。请观看视频"揭露神秘面纱1"，来看看其他常见且错误的信念。

事实上,在刚开始上普通心理学课的时候,许多学生都持有在大众文化中备受推崇的信念,或者是基于"常识"但却没有得到科学支持的信念。当两位老师在第一堂课上给90名同学分发了一份"心理信息"问卷(一份完全由错误陈述组成的问卷)时,同学们的正确率只有38.5%(Taylor & Kowalski,2004)。然而,在这门课的最后一周,当同学们完成含有之前题目的问卷时,他们总体正确率得到了提升,即66.3%(见图1.1)。虽然还有进步的空间,但是同学们对自己脑中残留的错误信念已经失去了信心。这表明他们已经学会了科学中最重要的一课:对未经检验的假设和信念要存疑,这本身就是一件好事。

心理学的研究发现并不令人惊讶,但需要对其重视。有时心理学家能够验证常见的观念,然后对其进行解释和拓展。像所有的科学家一样,心理学研究人员不仅要努力发现新的现象,纠正错误观念,而且还要加深人们对已知世界的理解。例如,识别爱情的种类、暴力的起源或一首伟大的歌曲为何能振奋我们内心的原因。要充分理解大多数人认为理所当然的人类基本进程,往往需要以新的眼光来审视。事实上,心理学不仅具有塑造普通人对人性潜能的看法,而且还能影响其他领域研究人员的思维。我们从分析中了解到,在一门学科中,科学家们经常引用其他领域的科学家的工作,所以心理学已成为一门"中枢科学"(Cacioppo,2013)。

如果你不想听取我们有关心理学的重要性和潜在影响的论述(虽然我们是心理学家,而且可能在此方面会有点偏颇),也许你会更相信美国前总统贝拉克·奥巴马的话,他曾在2015年的一项行政命令中写道:"从诸如行为经济学和心理学等领域取得的研究成果可以用来制定政府政策,以便更好地为美国人民服务。"你可以通过接下来的视频了解到心理学对日常生活影响的方方面面。

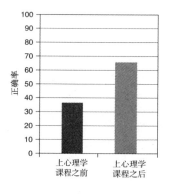

图1.1 心理学:并非只是"常识"

在上第一次课时,普通心理学的学生在一份心理信息对与错的问卷上表现不尽人意。但到了学期末,他们学会了以科学证据来检验自我的信念后,他们的正确率明显提高了(Taylor & Kowalski,2004)。

现代心理学的诞生

LO 1.1.B 讨论早期的一些观点和个人思想对现代心理学先驱人物的影响。

在历史上，从亚里士多德到索罗亚斯德，这些伟大的思想家都提出了今天被界定为心理学的问题。他们想知道人们是如何通过感官来获取信息，如何利用这些信息来解决问题的，并为什么会产生勇敢或邪恶的行为。他们想知道情绪具有的难以捉摸的本质，以及是情绪控制着人类还是人类可以控制情绪。与今天的心理学家一样，古代心理学家想要描述、预测、理解和改变行为来增加人类的知识。但是，与现代心理学家不同之处是，过去的学者们的观点并不是基于实验结果。通常，他们的观察是基于轶事或个别案例的描述。

这并不意味着心理学先驱者们总是错误的。希波克拉底（Hippocrates，前460—前377）被称为现代医学创始人，他是一名希腊医生，他观察到头部受伤的患者，并推断出大脑一定是"快乐、欢喜、大笑与嘲笑"以及"悲伤、痛苦、悲哀与泪水"等情绪的最主要来源。到17世纪，英国哲学家约翰·洛克（John Locke，1643—1704）提出心理是由经验而产生的观点，今天这一观点依旧影响着许多心理学家的思想。

但是，如果没有可经检验的方法，心理学的先驱者也会犯下可怕的错误。

一个是**颅相学**（希腊语是"研究心智"）。19世纪初，颅相学在欧洲和美国广受欢迎。颅相学家认为大脑不同区域会产生特定的人格特征，如吝啬和虔诚，这些特征可以从脑颅骨的凸起中读出。例如，据说在耳朵上有大的凸起。那么如何解释那些有"窃取凸起"但不是盗贼的人呢？颅相学家解释说，这个人的窃取凸起被其代表正面特征的凸起所控制。虽然在当时的美国，家长、教师和雇主对此观点趋之若鹜，向颅相学家寻

颅相学 现在被证实为不可信的理论，主张大脑的不同区域可以说明特定的性格和人格特征，这些特征可以从脑颅骨上的"凸起"中"读出"。

求建议和自我完善（Benjamin，1998），但是颅相学是典型的伪科学，其观点完全是废话。

大约在颅相学非常流行的时候，欧洲和美国的几位男性和女性先驱都开始用科学方法研究心理问题。1879年，威廉·冯特（Wilhelm Wundt，1832—1920）在德国莱比锡大学正式建立了第一个心理实验室。冯特曾接受过医学和哲学方面的培训，他推广了一种名为"内省训练"（trained introspection）的方法，其中志愿者被指导要认真观察、分析和描述自己的感觉和情绪反应。冯特的内省法需要被试者花费长达20分钟的时间来报告自己在1.5秒实验中的内心体验。其目的是将行为分解为最基本元素，就如同化学家把水分解成由氢和氧两种元素构成一样。虽然大多数心理学家因内省训练过于主观而最终拒绝接受它，但是冯特还是被大家公认为最早使心理学成为科学的第一人并得到称赞。

另一个早期的科学心理学叫作**机能主义（functionalism）**。机能主义者和冯特的观点相反，强调行为的目的（或机能）。其中的领导人之一是美国哲学家、物理学家和心理学家威廉·詹姆斯（William James，1842—1910），他试图通过内省来理解心理的本质，但詹姆斯写道"就像抓住旋转的陀螺来捕捉它的运动一样"是不可能的。机能主义的灵感部分源于英国生物学家、进化论创始人查尔斯·达尔文的观点（1809—1882）。詹姆斯和其他机能主义者探索各种行为是如何有助于人或动物适应环境的。这种对行为产生原因和后果的强调，促进了心理科学的发展。

19世纪也见证了心理疗法的发展。在20世纪的大部分时间里，影响最大的一个学派是起源于奥地利的维也纳。当研究人员在实验室工作，努力把心理学创立为一门科学的时候，一位名不见经传的医生西

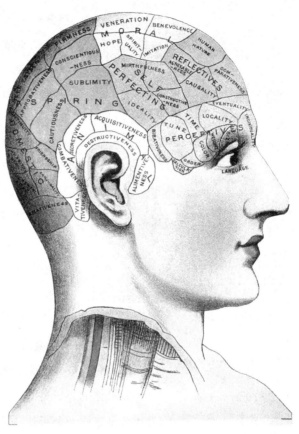

这个19世纪的颅相学"地图"，你觉得什么最突出？你是否对其所包含的态度、情感和人格特征而感到惊讶？奇怪，好像某些重要的部分缺失了？似乎是按照什么韵律或者原因将某个标签分配到颅骨的某个区域？当然，颅相学早已被揭穿，但当你阅读本章其余部分时，请考虑是否在图中看到相同的动机和假设，用其他方式影响当代人们的思考方式。

机能主义 早期强调行为和意识的目的（或机能）的心理学理论。

西格蒙德·弗洛伊德

精神分析 一种人格理论和一种心理治疗方法,最初由西格蒙德·弗洛伊德制定,强调无意识的动机和冲突。

格蒙德·弗洛伊德(Sigmund Freud,1856—1939)正在办公室里听取他的病人关于抑郁症、神经质和强迫性习惯的报告。弗洛伊德开始相信,这些症状中有许多是心理上的而非生理上的原因所造成的。他总结道:病人的痛苦源于儿童期的冲突和创伤,这些冲突和创伤太具有威胁性,因此被有意识地压抑而不能回忆,例如父母的性禁忌。弗洛伊德的想法最终演变为广泛流传的人格理论。他的理论和治疗患有情绪问题的方法一起被称为"**精神分析**"。今天,虽然大多数以经验为导向的心理学家拒绝接受弗洛伊德的许多观念,但是一些心理治疗学派依然接受精神分析的思想。弗洛伊德强调无意识重要性的思想对当代心理学的许多研究领域仍产生影响。

心理学的主要观点

LO 1.1. C 列举并描述现代心理学的四种主要观点。

如果你的邻居是一位喧闹而粗鲁的家伙,请一些心理学家来解释他为什么是这样一个可怜的人,那么你将得到完全不同的答案。例如,因为他的生理结构、他对外界抱有敌意好斗的态度、他学会用其坏脾气来达到目的、一种不幸的家庭环境,或者他所在文化的习俗。现代科学心理学家通常是从生物学观、学习观、认知观和社会文化观等观点中选择一种(虽然常有重叠之处)来开展研究,但每一种观点都反映了学者们关注人类行为问题上的差异和关于心理如何活动假设的不同。最重要的是,解释个体为什么有这样行为风格上的差异。您可以在视频"不同观点"中了解有关这些理论观点的更多信息。

生物学观侧重于身体事件如何影响行为、情感和思维。电脉冲沿着神经系统的复杂通路传导。激素通过血液循环,让内脏器官活动减速或加速。化学物质流过微小的间隙,这些间隙将一个微小的脑细胞与另一个细胞分开。基于生物学视角的心理学家,他们研究这些客观事件如何与外部环境的事件相互作用,以产生知觉、记忆、情绪和脆弱性到心理障碍。他们还研究基因和其他生物因素对能力和人格特质发展的贡献。像**进化心理学**这样一门流行的学科,它追随机能主义的脚步,重点关注在过去进化过程中,基因如何影响行为的机能和适应性,而这些又如何反映在个体目前的许多行为、心理过程和特征中。生物学观点主张如果我们不了解自己的身体,我们就无法真正了解自己。

学习观关注环境和经验如何影响个人的行为。在此理论观中,行为主义者专注于环境奖励和惩罚对特定行为维护或阻碍的作用。行为主义者不会用思想来解释行为,他们更愿意坚持可直接观察和测量的东西,即行为和事件发生的环境。

你是否很难坚持学习的计划表?行为主义者分析可能造成该问题的常见原因,如和朋友在一起更能给你带来快乐,这要比看书带来的快乐大。社会认知学习理论家将行为主义的要素与思想、价值观和目的的研究结合了起来。他们主张,人们不仅通过使自己的行为适应环境来学习,而且通过模仿他人和思考周围发生的事件来学习。

认知观强调人们头脑中发生的事,即人们是如何推理、记忆、理解语言、解决问题、解释经验和习得道德标准(认知一词来自拉丁语,意思是"知道")。认知研究者使用巧妙的方法从可观察到的行为来推断出心理过程,从而实现了对先前只能通过猜测的现象来进行研究,如情绪、动机、顿悟以及那种无意识下进行的"思维"。他们设计计算机程序来模拟人类如何执行复杂的任务,探索婴儿大脑的活动以及识别常规智力测验中无法测量的智力类型。认知观是心理学中最强大的力量之一,它推动了大量关于复杂心理活动的研究。

社会文化观关注的是在个人以外的社会和文化力量,以及它们对个人行为的塑造。我们大多数人都低估了其他人、社会环境和文化规则对我们所做的每一件事情的影响,例如,我们如何看待世界,如何表达喜悦或悲伤,如何管理我们的家庭以及如何对待我们的朋友和敌人。我们就像鱼儿生活在水中却不自知。社会文化心理学家研究水,即人们每天"畅游"的社会和文化环境。因为人类是受不同文化影响最大的社会性

生物学观 点强调身体事件与行为、感受和想法变化相关的心理学方法。

进化心理学 一个强调进化机制的心理学领域,可能有助于解释人类在认知、发展、情感、社会实践和其他行为领域的共同点。

学习观 一种强调环境和经验如何影响个人行为的心理学方法。

认知观 强调知觉、记忆、语言、解决问题和其他行为领域的心理过程的一种心理学方法。

社会文化观 强调社会和文化对行为的影响的一种心理学观点。

动物,社会文化观使心理学成为一门更具代表性和更严谨的学科。

　　当然,并不是所有的心理学家都认为他们必须宣誓效忠于这一种或那一种理论观,许多心理学家借鉴了自认为各学派中最好的地方。此外,许多心理学家也受到社会运动和文化趋势的影响,如人文主义和女权主义,它们并不能完全符合任何主要观点,或者贯穿所有观点。此外,尽管心理学观点多种多样,关于什么是可接受的心理学观点,什么是不可接受的心理学观点,大多数心理科学家在这一基本原则问题上有一致的意见。几乎所有科学家都否定超自然事件、精神力量、奇迹等。大多数科学家坚信收集经验证据的重要性,而不是依靠直觉或个人信念。对实证标准的坚持,证明是区分对人类经验科学心理学的解释与非科学心理学解释的标准。

心理学家研究人类行为和心理过程中的许多令人困惑的情景。比如,像伊拉克的阿布格莱布监狱里的士兵那样鼓励普通人折磨和羞辱囚犯是什么原因呢?

为什么其他人会勇敢地帮助他们的同胞,即使这不是他们的法定职责?

尽管身体有残疾,但有些人是如何成为冠军运动员的呢?

是什么使人变得厌食,甚至愿意饿死?心理学家主要从生物学观、学习观、认知观和社会文化观这四种观点讨论这样一些问题和其他问题。

心理学家做什么?

LO 1.1.D 描述心理学家在研究、实践和社区中所起的作用。

心理学家的职业活动一般可分为三大类:(1)在高校进行教学与科研;(2)提供心理健康服务,通常被称为是心理学的实践;(3)在商业、体育、政府、法律和军队等非学术环境中进行研究或应用其研究结果(见表1.1)。一些心理学家可在上述几个领域里自由变换角色。研究人员也可以在心理健康方面提供咨询服务,如诊所或医院;大学教授可以从事教学、做研究并担任司法案件中的顾问。

表1.1 什么是心理学家?

学术/研究的心理学家	临床心理学家	工业、法律或其他领域的心理学家
专门从事基础研究或应用研究,例如:	做心理治疗,有时做研究;可在下列任何一种环境中任职,例如:	就下列问题进行研究或担任机构顾问,例如:
人才的成长	私营	运动
认知	心理健康诊所	消费者问题
健康心理学	综合医院	广告
教育	精神病院	组织问题
产业/组织心理学	研究实验室	环保问题
生理心理学/神经科学	高等院校	国家政策
感知	刑事司法系统	民意测验
社会心理学		军事训练
技术设计和使用		动物行为的法律问题

大多数从事心理学研究的人具有博士学位(哲学博士或教育学博士)。有些人为了求得真知而从事**基础心理学**的研究工作;另一些人则侧重于将知识应用于实际生活之中而从事**应用心理学**方面的工作。做基础研究的心理学家可能会问这样的问题:"同辈压力如何影响人们的态度和行为?"

而应用心理学家可能会问:"如何利用有关同辈压力的知识来减少大学生的酗酒行为?"当然,研究人员或研究项目可以同时具有基础和应用的目标。大多数基础心理学的研究都有潜在应用的可能,基于基础心理学原理的应用研究往往是最有效的。从事基础和应用研究的心理学家在健康、教育、儿童发展、刑事司法、解决冲突、市场营销、工业设计和

基础心理学 研究心理学问题的目的是获得真知,而不是为了特定的实际应用。

应用心理学 研究心理学问题的目的是具有直接的现实意义或能够应用。

城市规划等领域做出了重要的科学贡献。

　　心理学从业者的目的是认识和改善人们的身心健康,他们在精神病医院、综合医院、学校、咨询中心、刑事司法系统和私人诊所工作。自 20 世纪 70 年代后期以来,从业者在整个心理学中所占比例稳步上升。现在美国心理学会(APA)最新纳入的心理学博士和其他会员中,有 2/3 以上的人是心理学从业者(尽管 APA 的名称中有"美国"这个词,但其却是名副其实的国际性组织)。

　　一些从业者是咨询心理学家,他们通常帮助人们处理日常生活中的问题,如考试焦虑、家庭冲突或工作成就感低下等。还有一些是学校心理学家,他们与家长、教师和学生合作,以提高学生的学业成绩,帮助学生解决情绪上的困扰。然而,大多数从业者是临床心理学家,他们诊断、治疗和研究心理或情绪问题。经过训练的临床心理学家能够对严重心理障碍的人、容易陷入困境或低迷且想要学会更好地处理自己问题的人进行心理治疗。

　　在美国,几乎所有州的临床心理学的执业者都需要从业证书,且必须具有博士学位。大多数临床心理学家都有一个博士学位,还有一些人有教育学博士(Ed. D)或心理学博士(Psy. D)(专业心理学博士,发音为 sy-dee)学位。临床心理学家通常在心理学领域内要读四到五年的研究生,并且还要有一年是在有证心理学家监督下进行临床实习。临床心理学家要获得哲学博士或教育学博士学位,训练程序既要求有成为一名科学家的训练,又要有成为一名实践者的训练,因此需要完成一篇博士论文,主要研究项目有助于掌握该领域的知识。虽然通常要求学生完成一篇内容涉及广泛的论文或文献综述,但是心理学专业博士的培养方案中通常没有要做论文的要求。

　　虽然人们常常把临床心理学家和心理治疗师、精神分析学家和精神科医生等术语混为一谈,但这几个名词的含义的确不同:

- 心理治疗师是给人进行心理治疗的人。这个词不受法律的约束;事实上,在大多数州,任何人都可以说他(她)是一个没有受过任何训练的心理治疗师。
- 精神分析学家是用精神分析这一特殊治疗进行治疗的人。要成为一名精神分析学家,必须有博士之类的高级学位,在心理分析机构进行过专门训练,并对自己进行过深入的精神分析。
- 精神科医生一般要获得医学博士学位,接受过专业训练,能诊断和治疗心理障碍的人。与一些临床心理学家一样,一些精神科医生除了要处理病人的一般性问题之外,也研究抑郁症或精神分裂症等心理问题。精神科医生和临床心理学家做了类似的工作,但是精神科医生更倾向于关注心理障碍引起的生物学原因,并通过药物治疗这些问题(与精神科医生不同,目前大多数临床心理学家都不能开处方)。

其他精神健康专业人员包括持证临床社工(LCSWs)和婚姻、家庭和儿童顾问(MFCCs)。这些专业人员通常处理一般问题以及调节家庭矛盾,严重心理障碍不在其处理范围,尽管他们的工作可能会接触到有严重心理问题的人,如家庭暴力受害者或吸毒成瘾者。

心理研究人员和从业者在各种环境中工作,从教室到审判室。左图,一名警察心理学家与一名男子交谈,该男子威胁要从旅馆窗户跳下去。心理学家成功地阻止了那个人的自杀。右图,一位研究人员研究海豚如何理解由手势组成的人工语言的能力。

证书发放的要求因各州而异,但通常要有心理学或社会工作的硕士学位并有过督导经历。好像这还不够复杂,成千上万的人声称自己是治疗从性虐待到酗酒等各种问题的专家,但是没有一套统一的标准来规范他们的培训。有些人可能只参加了一门简短的"认证"课程。

正如你所知道的,心理学也在许多社区内为大众做贡献。他们为公共事业公司提出如何促进节能的建议。他们与公司协商以提高工人的满意度和生产力。他们制定减少种族关系紧张和解决国际冲突的方案。他们就污染和噪声如何影响心理健康向委员会提出建议。他们为身体或心理残疾者提供康复培训。他们对法官和陪审团进行关于目击证人证词的教育。他们开通预防自杀热线。他们建议动物园关心所训练的动物。他们帮助教练提高其所指导球队的成绩。这些只是为初学者准备的。人们常在心理学家是什么人的认识上有点模糊,这有什么大惊小怪的呢?

> 日志 1.1　批判性思考——要愿意提出问题
>
> 　　心理学家经常以不同的观点对待问题,这取决于他们采取的是生物学观、学习观、认知观或社会文化观。想想这些相互作用如何影响我们成为什么样的人。举个例子,你是什么类型的学生?你喜欢考试压力还是担心考试的压力?你喜欢大型讲座还是小型研讨会?回答其中一个问题,然后考虑一下你的个人倾向是从何而来的。你认为你是哪种类型的学生?最好是从生物学观、学习观、认知观和社会文化观来解释你这么说的依据。

模块 1.1 测验

1. 心理学被定义为一个(　　)的研究领域。

   A. 在社会环境中导致决策错误的因素。

   B. 行为和心理过程,以及它们如何受到生理、心理和环境状态的影响。

   C. 人类社会的发展、结构和功能。

   D. 心理障碍的生物学基础与应对人际交往问题能力调节差。

2. 实验证据指(　　)。

   A. 从观察、实验或测量中收集或得到的信息。

   B. 大多数人在考虑一个问题时所采纳的意见。

   C. 就某一问题非专家所信任专家的意见。

   D. 对特定现象提供的最直观解释。

3. 希德想要帮助解决其在学校学习缺乏动力的问题,他找了正在选修心理学入门课程的室友乔治来给他一些建议。"问题全在你的脑子里,"乔治建议道,"你体内的化学物质和荷尔蒙失衡,这使你感到无精打采,注意力不集中。"那么乔治应用的是心理学中的哪一观点?(　　)

   A. 学习观

   B. 生物学观

   C. 精神分析观

   D. 认知观

4. 在本文看到的一项研究中,一组心理学入门学生在上课的第一天完成了"心理信息"的测验。初步调查的一般结果是什么?(　　)

   A. 学生能从对心理学的不正确陈述中准确找出正确陈述。

   B. 学生们认为许多关于心理学的错误陈述实际上是正确的。

C. 学生的表现要好于从心理学研究文献中识别正确的结果。

D. 学生们表现出一种偏见,认为调查中的所有陈述都是假的。

5. 下列哪一类专家必须拥有医学博士学位,并倾向于对心理健康问题采取生物学观的?（　　）

  A. 精神分析学家

  B. 临床心理学家

  C. 精神科医生

  D. 咨询心理学家

1.2 心理学中的批判性思维和科学思维

本教材的主要目的是向你介绍心理学的基本方法、理论和发现。但我们的期望(我们猜想,你的课程导师的期望)是,心理学导论也将为你提供超越特定学术领域的思考和分析能力。首先,你将要读到的很多研究都与你努力成为最好的学生有直接关系。此外,在本书中,你将通过批判性的思考,获得区分科学心理学和伪科学的练习。批判性思维作为一种科学方法,构成了所有研究方法的基础。总的来说,它也可以作为你接触世界的一个很好的起点。将事实和虚构区分开来,知道什么该相信、什么该抛弃以及理解如何评估证据,这些都是在你的大脑工具箱中需要掌握的重要技能。

什么是批判性思维?

LO1.2.A 解释什么是批判性思维,讨论批判性思维的重要原则,并举例说明每个原则在心理学中的应用。

  学习心理学最大的好处之一是,你不仅了解了大脑运作的一般知识,而且可以运用批判性思维来思考问题。**批判性思维**是指一种基于充分的理性和证据,而不是根据感性或传闻,来进行理论评估与客观评价的能力和意愿。批判性思考者寻找论点中的漏洞,并抵制没有任何支撑的言论。他们认为,批评一种观点并不等于批评持有此种观点的人,他们愿意参与激烈的辩论。然而,批判性思维并不是消极的思维。它具有创造性和建设性的能力——能够对一件事情给出更多可选择的解释,思考研究结果的意义以及能运用所获得的新知识来解决社会和个人问题。

  大多数人都知道保持身材需要锻炼,但他们可能没有意识到保持清晰的思维也需要努力和练习。在我们周围,可以看到很多惰性思维的例

> **批判性思维** 基于充分支持的理由和证据,而非感性和传闻来进行理论评估与客观评价。

不幸的是，随着我们不断地长大，我们常常不再问"为什么"。如果你仅记本章所提到的批判性思维的一个建议，这个建议就是应该经常问"为什么"。

子。有时人们会骄傲地告诉你他们思想开明，以此来为自己的惰性思维辩解。思想开放是好的，但思想开放并不意味着所有的观点都是对等的，一个人的信念和其他人的信念一样好（Hare, 2009）。在个人偏好问题上，也是如此；相比本田雅阁的外观，如果你更喜欢雪佛兰卡车的外观，没有人可以与你争论。但是你说，"雪佛兰卡车比本田更可靠，而且性能也更好。"你说的是观点，但你必须有证据支持你的观点，证明车辆的可靠性、里程和安全记录（Ruggiero, 2011）。如果你说："雪佛兰卡车是世界上最好的，本田不存在，他们是日本政府的阴谋。"你就丧失了认真对待你的观点的权利。你的观点如果忽略了现实，那它就不对等于任何其他的观点。

批判性思维不仅在日常生活中是不可缺少的，它还是所有科学的基础。通过批判性思维的训练，你将能够把真正的心理学同那些散布于电视、广播和新闻里的伪科学区分开来。说到这一点，批判性思维也可以帮助你更好地使用互联网。你可能会为能够在网上快速获取信息而感到自豪。但一组研究人员发现，大多数大学生的技能比他们想象的要差（Pan et al., 2007；Thompson, 2011）。他们倾向于依赖任何出现在结果列表顶部的内容，而不评估其可信度：这篇关于马丁·路德·金的简介是由学者写的还是由持可疑种族态度的博主写的？那篇文章真的是某些产品的付费广告吗？研究人员发现：普通高中生和大学生无法在他们阅读的内容中发现隐藏的意图。用互联网先驱和批评家霍华德·莱茵戈德（Howard Rheingold）的话来说，他们需要一门课程"垃圾检测 101"。

批判性思维需要逻辑能力，但拥有其他的能力与性格倾向也很重要（Halpern, 2014；Levy, 2010；Stanovich, 2010）。下面是贯穿全书的也是我们将重点强调的培养批判性思维的八条

为什么有些人勇敢地帮助他们身边的人，即使这不是他们的职责？另一方面，为什么还有一些人经常表现出自私、残忍和攻击行为？常问这些"为什么"的问题，对于发展自己的科学知识有很重要的作用。

基本原则。

提问与求知的欲望 家长最烦孩子提出什么样的问题呢？"为什么"问题："妈妈，为什么天空是蓝色的？""为什么飞机没有从天上掉下来？""为什么猪没有翅膀？"……不幸的是，当孩子长大后，他们便不再问"为什么"的问题了。（你知道这是为什么吗？）但批判性和创造性思维始于想知道为什么。这个教育计划不起作用，为什么不？我想戒烟、减肥或提高分数，但似乎无法做到，为什么？我以最好的方式做事情，还是最熟悉的方式？批判性思维者愿意质疑所接受的信息——"我们这样做，因为这是我们一直以来的做法"——并且就其本质发问："哦，是吗？为什么？"

在心理科学中，知识都是始于问题。意识的生物学基础是什么？记忆如何存储和检索？我们为什么要睡觉和做梦？什么导致精神分裂症？文化对成瘾行为有何影响？批判性思维者并不会因这样的问题尚未完全解答而感到灰心。他们认为这是一个激动人心的挑战。

定义自己提及的术语 一旦你提出了一个问题，下一步就是要用清晰和具体的术语来界定它。"什么让人们快乐？"是一个适合与朋友深夜交谈的问题，但直到你定义了"快乐"的概念之后，它才会有答案。你的意思是说大部分时间处于快乐的状态？你的意思是指对生活满意吗？你的意思是没有严重的问题或痛苦吗？问题中含糊或定义不清的术语可能会导致误导或不完整的答案。例如，人们对其他团体的偏见较少吗？

人们总是提到智力，但智力究竟是什么？像马友友（Yo-Yo Ma）这样的世界级大提琴手的音乐天赋算不算智力？智力是由IQ分数来衡量的，还是包括智慧和实际的"聪明"呢？科学家和批判性思维者必须精确地定义他们。

答案可能部分取决于你如何定义。有意识的不喜欢和对一群规则和信仰与你不同的人感到不舒服是一样的吗？

对于科学家来说，下定义是对自己所要研究的问题持严谨态度的表现。研究人员通常从一个假设开始，**假设(hypothesis)** 是对一种行为进行描述性或解释性的陈述。最初，可以对假设进行一般化概括，如"同病相怜"。但如果开始进行研究，则需要更为精确的假设。"同病相怜"可以被陈述为："对于危险情境感到担忧的人倾向于与面临同样威胁的人在一起。"

假设 一种试图对一系列现象做出预测或说明的陈述，明确事件或变量之间的关系，并可以被经验所检验。

操作性定义 关于如何观察和测量假设中的变量的精确说明。

假设其实就是对特定条件下可能发生的事情做出准确的预测。在预测的过程中，对于一些术语，如焦虑、危险情境等，必须下**操作性定义**，指明如何观察和测量所涉及的现象。"焦虑"可以被操作定义为焦虑问卷的得分，"危险情境"可以用遭受电击的强度进行定义。这样，就可以做出一个假设：如果你通过告诉被试者将会受到电击来增强其焦虑程度，然后给他们两种选择——在同样的情境下，可以单独等待，或者选择同伴相陪，那么高焦虑的人将会比低焦虑的人更倾向于选择同伴相陪，然后，你就可以运用一系列的方法对这一预测进行证实。

检验证据 你有没有听过有人在激烈的争论中说"我只知道这是真的，不管你说什么"？你本人有没有发表过这样的言论？在没有证据的情况下接受一个声明和结论，是惰性思维的表现。一个具有批判性思维的人会问："支持或反驳这一论断的依据何在？与其对立的观点是什么？这些证据的可靠性怎样？"你有没有收到一些可怕的警示或从朋友那听到的"我发誓这是真的"的有趣故事，你立刻转发在社交媒体上，后来才知道这是一个骗局或传闻？一个批判性的思考者会问："这个故事是真的吗？在告诉我最亲密的 90000 个朋友前，我最好在网站 snopes.com 上确认一下。"

在展示所谓的神奇现象时，像这样的算命者会利用人们不会全面检查证据的倾向。

当然，有时候，检查理论证据的可靠性并不现实。在这种情况下，批判性思维者会考虑证据是否有可靠的来源（Lipps, 2004）。可靠的信息来源会锻炼他们的批判性思维。他们声称在自己的专业知识领域里接受过教育或实践经验。他们不会迫使人们同意其观点。他们受到该领域其他专家的信任并公开分享其证据。在心理学中，他们依据一定的规则和程序进行研究。有关区分可靠性高的信息与可靠性低的信息的更多建议，请观看视频"揭开神秘面纱 2"。

第一章 什么是心理学

分析假设和偏见 假设是需要求证的观点。批判性思维者试图从他们阅读的书籍、听到的政治演讲以及充斥在他们周围的电视广告信息中的理论观点和假说进行鉴定和评估。在科学界,许多伟大的科学进步都是由那些敢于对普遍假设提出质疑的人发现的,比如太阳围绕地球转、水蛭吸血能治病、疯狂行为是恶魔附身的表征。

人们常常认为药物作用纯粹是生物性的;很多美国人都持有一种文化偏见,即所有精神药物必然都是有害的。但是,(牙买加)拉斯特法里教会将大麻视为"智慧之草"。那么,这些年轻的拉斯特法里派成员对毒品的反应,是否会像那些在街上购买大麻后一个人抽,或者在派对上抽的美国人的反应一样呢?

批判性思维者不仅乐于分析和检验他人的假设,对自己的假设也不例外,只不过后者做起来难度更大。研究人员将他们自己的假设进行了检验,他们以一种可以被反驳或反证推翻的方式陈述假设。这种原则称为**证伪原则**,它并不意味着假设一定会被证伪,而是说如果发现相反的证据时可能被证伪。

换一种说法,假如一个假设是正确的,那么科学家对将要发生或不可能发生的事进行预测的时候,必定冒着被驳斥的风险。在"同病相怜"的研究中,其假设是建立在"高焦虑的人喜欢和有相同经历的人交谈"的基础上的,但假如发现高焦虑的人喜欢独自生气或担忧,或者这种焦虑并没有影响到他们的行为,那么研究结果就不支持这一假设(见图1.2)。正是这种面临的被驳斥的风险,迫使科学家必须认真对待所有否定性的证据,以此来避免错误假设。

证伪原则 指的是一个科学理论必须做出相当精确、足以经受证伪可能性检验的预测。

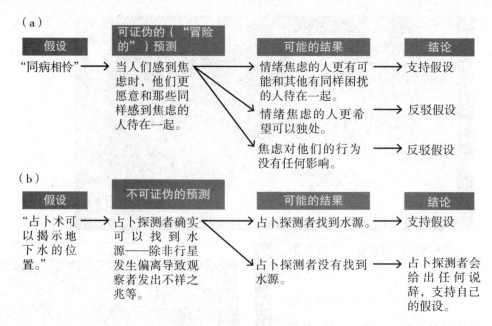

图1.2 可证伪性原则

在日常生活中，证伪原则常常受到人们的亵渎，因为我们都很容易受到那些**证实偏见**的影响，即总是习惯性地搜集或接受那些可以支持自身偏爱的理论和假设的证据，而忽略或拒绝那些否定自身想法的证据。因此，如果一名警务审讯人员认定这个犯罪嫌疑人有罪，他（她）可能会按照自己的假设去解释嫌疑人陈述的任何事实，从而证实该嫌疑人确实有罪，即便该嫌疑人坚称自己是无辜的（"他当然会说自己是无辜的，他在撒谎"）(Kassin, 2016)。但如果嫌疑人真的是无辜的呢？证伪原则迫使科学家以及我们所有人要勇于抵制那些证实偏见并兼顾反证。

证实偏见 倾向于搜集或关注那些可以证实自己想法的信息，而忽略、轻视或忘记那些驳斥自己想法的信息。

科学的方法要求研究人员应使自己的观点受到证伪可能性的检验，如（a）所示。与之相反的是，一些强调精神力量的人，总是能对所有可能的结果作出解释来支持他们的断言，如（b）所示。因此，他们的主张经不起事实的检验。

避免感情用事 情绪的确对批判性思维有一定影响。对信念的热情投入，会激励人们大胆思索，捍卫非主流想法，并寻找证据支持具有创新性的新理论。但仅凭情绪化的狂热执念根本无法化解争议，而且实际上这种狂热执念只会让情况变得更糟。其实，即便你非常希望或者坚信某件事是真的，但不意味着它就是真的。

当我们最在乎的信念或对某种行动方案的承诺/担保受到实验性证据的挑战时，我们基本都会感觉受到了威胁，同时也会展开防御姿态(Tavris & Aronson, 2007)。在这种情况下，从情绪化推理中剥离出有效信息尤为重要。在 2011 年的一项关于注射疫苗不会诱发孤独症的司法裁决中，一位法官表示自己非常同情那些患病儿童的父母，但同时也补充道："我不能感情用事，必须通过分析证据来裁决案件。"你可能对很多心理探索类话题持有非常激烈的个人看法，例如吸毒、种族主义、性取向、智力起源、性别差异、什么使人变胖或变瘦以及许多其他心理学家也很感兴趣的问题。当你在阅读这本书的时候，你会发现自己情不自禁地反驳书中与你想法相悖的发现。有异议是一件好事，因为这说明你读得很仔细，同时也真正理解了书中的材料。但我们此时想问的是：你为什么会产生异议？是因为证据的说服力不足，还是因为这个结果让你感到焦虑或烦躁？

不要过于简单化 具有批判性思维的人能够跳出问题表面，拒绝笼统简单的概括，同时也绝对不会持有非此即彼的想法。例如，下面哪一种情况更好呢：你能够控制发生在你身上的一切，或者坦然接受生活所给予的一切？其实无论哪一种都过于简单。对生活有所控制的确有很多实实在在的好处，但有时候顺其自然才是最好的。

当你感到生气时，是"发泄出来"更好，还是"克制住"更好呢？其实两种答案都过于简单。具体应该结合实际情况，有时候把内心的感受释放出来的确很有效果，但有时候单纯的发泄自己的愤怒情绪只会让事情变得更加糟糕。

对同性恋婚姻等富有争议的问题持有非常强烈的感受，会使得我们无法接受其他观点。那么，要化解这种分歧，我们必须跳出感情用事的圈子，用逻辑推理和批判性思维来衡量自己的观点和对立观点。

过于简单化最常见的形式就是举例论证（轶事论证），即从个人经历或从少数例子概括出一个适用于所有人的推论：假如一个被假释的前科犯再次犯罪，那就意味着假释制度应该被废除；假如一个朋友讨厌上学，那就意味着所有人都讨厌上学。轶事往往也会导致刻板印象的形成：假如一个政治家贪污受贿，那意味着所有竞选公职的人都不清正廉洁；假如某个种族、族裔或宗教背景的人犯罪,那么人们总是用同样的眼光审视该群体的所有成员。在得出确切的结论之前,具有批判性思维的人希望从更多的证据中进行推论,而非一两个事例。读者可以通过"揭开神秘面纱 3"这个视频,提高自己的批判性思维能力。

考虑其他诠释 具有批判性思维的人一般都会大胆地做出富有创新性的假设,并为此提供合理的解释。在科学领域,建立假设的目的是

理论 能解释特定现象及其关系的系统的假说和原理。

创建**理论**,即能解释观察结果以及它们之间关系的有组织系统的假说和原理。但一项科学理论不仅仅是一己之见,人们有时会说"这只不过是个理论""我有依据说明他为什么说谎"。虽然很多科学理论都是暂定的,需要开展更多研究进一步验证,但有些理论(如进化论)几乎受到所有科学家的认同。

具有批判性思维的人在对某些行为进行解释之前,不会随意排斥其他的可能性。他们会尽可能多地提供解释,然后从中选择最为合理的一个。对某种现象做出多个解释后,批判思维者会选择未经验证的假设最少但解释最多的那个解释。这种原则被称为"奥卡姆剃刀"原理,由 14 世纪的哲学家首次提出。因此,如果一个算命者通过观看你的掌纹,预测你会在伦敦的地铁上遇到一生所爱,将来会通过开办一家互联网公司发大财,并生一对红头发的双胞胎。下面两种结论中必定有一种是真的(Steiner,

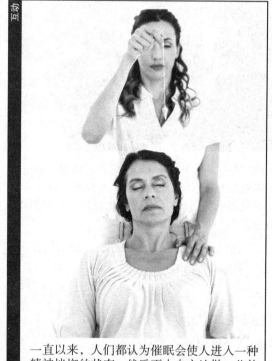

一直以来,人们都认为催眠会使人进入一种精神恍惚的状态,然后不由自主地做一些他们平日不能或不会做的事情。但是,针对被催眠的人经常会有惊人之举这一现象是否还存在其他解释呢?一般来说,批判性思维者会竭尽全力地补充并评估其他可能的解释。

1989）：

- 实际上，算命者会在那些可能影响你生活的人、动物、事件、物体和环境之间找出无数种可能发生的事情。算命者改变所有已知的物理定律，并推翻那些成百上千次研究证实的结论，即没有人能够预测任何特定个体的未来。

或者

- 算命者正在胡编乱造。

具有批判性思维的人往往会选择第二种结论，因为第二种结论的假设较少，且存在很多支持性的证据。

包容不确定性　从根本上来说，学会批判性思维教会我们生命中最难的课程之一：怎样在不确定的环境中生活。有时候，我们只有很少或没有可用的证据去验证一种说法。有时候，这些证据只能得出初步结论。有时候，这些证据似乎足以支持某个结论，但新证据的出现，会将我们的信念全部打乱，这的确令人懊恼。批判性思维者乐于接受这种不确定的状态。他们敢于说"我不知道"或"我不确定"。

这种坦诚不是逃避，而是一种进行创造性调查的动力。批判思维者明白，越重要的问题，就越不可能得出一个简单的答案。我们必须接受一定程度的不确定性，但这不意味着我们要放弃那些激励我们的想法和信念。相反，这仅仅意味着必要时，我们必须理性对待这些信念，并做出改变。

在科学界，这种接受不确定性的原则意味着在其他研究人员对自己的研究进行重复验证并得到相同的结果之前，研究人员绝对不能断然下结论。保密是科学界的一大禁忌；你必须乐于与他人分享自己的研究思路以及研究方法，以便他人能够对其正确性提出质疑并加以验证。重复验证是科学研究过程中的重要组成部分，因为有时候看似是一个重大发现到头来可能只是一个偶然性结果罢了（Spellman，2015）。

互动

很多父母由于一心希望自己的孩子能够出人头地，诸事顺遂，所以对于教育子女的很多问题，他们很难接受任何不确定的答案。例如，应该让宝宝和他们一起睡觉吗？那样会不会让宝宝过分依赖父母或非常缠人？其实，科学探究过程中的问题往往没有简单明确的答案，这种现象在生活中更普遍。

批判性思维是一个循序渐进的过程,绝不是一蹴而就就可以掌握的技能。没有人可以成为完美的批判思维者,因为没有人可以做到完全不受情绪和意愿进行推理和思考。每个人都没有自己想象中的豁达。正所谓旁观者清,批判他人的观点远比批判性地审视自己的观点要简单得多。尽管如此人们还是需要努力学习批判思维这一过程,因为批判性思维能够从节约成本到改善人际关系等各方面帮助人们。熟记表1.2中八种批判性思维指导原则,并在阅读本书的过程中,按照提示出现的要求使用批判性思维原则来思考。

表1.2 批判性地思考心理问题的指导原则

指导原则	举例说明
提问与求知的欲望	"我是否能够准确地回忆起童年的事情?"
定义自己提及的术语	"童年"指的是3至12岁;"事情"指的是发生在我自己身上的事情,比如去动物园玩耍或生病住院;"准确"指的是事情基本上是按照我所回想的方式发生的。
检验证据	"我感觉我能完全记得我的5岁生日派对,但研究表明人们往往会重建往事,记忆一般都不太准确。"
分析假设和偏见	"我一直觉得记忆就像录像机一样,在回忆生命中的每个时刻都准确清晰。但这也许只是一种偏见,因为回忆总是令人安心。"
避免感情用事	"我真的很想相信这段回忆就是真的,但这并不能说明它的确是真的。"
不要过于简单化	"我的童年回忆有些比较准确,有些是错的,有些回忆真假参半。"
考虑其他诠释	"有些回忆主要是父母后来告诉我的,不是自己回想起来的。"
包容不确定性	"我可能永远也无法确定我童年的回忆是否都是真实的。"

运用心理学学习心理学

LO 1.2.B 学生如何运用心理学原理和方法更有效地学习心理学。

鉴于批判性思维在心理学中尤为重要,现在让我们把这些技巧运用到对你来说十分重要的领域:如何更好地学习本门课程或其他课程。在本节,我们将与您分享五种有效的策略。研究表明,这些策略在科学实验室和学校(从初中到大学)中都很有成效(Dunlosky et al., 2013; McDaniel, Roediger, & McDermott, 2007; Roediger, Putnam, & Smith, 2011)。

策略 1:心无旁骛。我们迷恋高科技。其实,作者本人也非常喜欢玩手机、平板电脑和笔记本电脑,所以我们心里非常清楚,教职工会议时如果面前放着手机、平板电脑或笔记本电脑会分散我们的注意力。因此,我们要强迫自己放弃这些东西,希望各位读者也可以试着这样做,把自己的全部精力放在课本、讲座和课堂讨论中。因为当你在发短信或上网时根本没有心思关注自己的学习(稍后你会知道为什么多任务处理〔一心多用〕会分散你的注意力并降低学习成绩)。集中精力做好课堂笔记,但是切记不要试图把老师说的每句话都记下来,要学会筛选重点。研究表明,用手写课堂笔记比使用笔记本电脑记笔记更有效果,因为用笔记本电脑记笔记时,学生倾向于机械地把听到的内容悉数记录下来,但是手写的时候,学生会更仔细地加工处理并重新建构这些信息(Mueller & Oppenheimer, 2014)。

策略 2:使用 3R 技巧:阅读、背诵和复习。绝大多数学生认为读一两遍课本和笔记就可以掌握这些知识了,但其实远远不够(Karpicke, Butler, & Roediger, 2009)。最重要的一点是及时检验自己学过的知识:向自己提问、自己找答案、复习并反思自己没有掌握的内容,循环往复,直到真正掌握了这部分知识。为了帮助读者养成 3R 技巧,需要你在完成每节小测验前先大声讲述自己能够回想起来的主要内容。刚开始,你可能觉得这样做有点滑稽,但它的确是有效的。你可以自己讲给自己听,也可以对同班同学、室友甚至是你的宠物猫"斯普莱斯先生"等任何

你是否擅长多任务处理(一心多用)?大多数人都会觉得自己很擅长一心多用。但是研究表明,我们在一件事情上付出的精力和注意力往往是以牺牲其他任务为代价的。简而言之,当你正在阅读这篇文章的时候,请把手机放到一边!

对象讲述。然后回顾前面的章节内容，纠正错误或者找出被你忽略的内容。做完这些之后，你就已经准备好完成每个章节结尾部分的小测验了。

策略3：深入加工。 大脑不是垃圾桶，也不是海绵；单纯地把信息倒进去，并不会吸收这些信息。相反你必须试着加工这些信息，直到你能够充分理解它们。因此将新的信息和已知信息联系起来是一种很有效的方法。依靠信息之间的关联程度有效组织信息，通过产生的新通路检索信息。例如，前面讲述的现代心理学的四个主要观点。随便从中挑选一个观点，然后回想自己生活中读过或经历过的例子："我的很多朋友都通过药物治疗来控制自己的抑郁症或焦虑情绪；这种治疗手段侧重的是生物学观点。"

策略4：及时复习。 你可能很想跳过自己确信烂熟于心的内容。千万别这么做。一项重大研究的结果表明，与那些直接跳过烂熟于心的学习内容的学生相比，在考试前通过重新复习已学内容进行自我检测的学生在考试中发挥得更好（Karpicke & Aue，2015；Karpicke & Roediger，2007）。

策略5：不要"填鸭式"学习。 许多学生认为备考就意味着彻夜不眠地学习、狂喝咖啡或其他提神饮料，一遍又一遍地重读课本和笔记，直到你熬得两眼昏花。"填鸭式"学习会让你误以为自己掌握了这些知识，但如果没有真正理解正在阅读的内容，考试的时候大脑很容易一片空白。与其进行一小段时间的"恶补"，不如在整个学期的学习过程中定期进行自我测验，可以每周测验一次（Bjork & Bjork，2011）。这样就能确保掌握了新的知识。"填鸭式"学习常常导致睡眠不足，而睡眠不足往往会降低你的学习效果（Huang et al.，2016）。

我们相信这些技巧将对你的学习大有裨益，尤其是当你记住成功的终极策略时：即课程和教科书都无法取代自己付出的努力。从现在开始行动起来吧！

日志1.2　批判性思考——分析假设和偏见

你很可能还没有意识到，在日常生活和学习中已经使用了本章所概述的批判性思维的指导方针。当你看到电视购物广告时，可能会惊呼："这也太好了吧，简直难以置信！"所以你可能就会打电话求证一下。当你的室友声称比你聪明的时候，你可能会坚持要求定义怎样才算"更聪明"。回顾一下上文描述的八种批判性思维的指导原则,想想对于你来说在日常生活中最难使用的指导原则是哪些?哪些指导原则对你来说更容易?

模块1.2 测验

1. 以下哪项陈述更好地反映了有关技术、多重任务处理和学业表现方面的研究成果?( )

    A. 与手写记课堂笔记的学生相比,用笔记本电脑记课堂笔记的学生更擅长用自己的语言组织课堂上接收到的信息。

    B. 那些觉得自己很擅长多重任务处理(一心多用)的人往往不会在学习的时候因手头的技术产品(如手机)而分心。

    C. 那些帮你更轻松地记录课堂学习内容的高科技产品并不一定能帮助你深入处理这些信息。

    D. 在上课期间用手机发短信的学生能够像其他学生一样在考试中考出好成绩。

2. 当路易莎无意中听到她的心理学教授正在设计一项新的实验时,她错愕不已。莱伯伦教授说:"我们一定要观测这个因素,以排除它对结果解释的影响。"接着,德洛林教授补充道:"是的,如果有人不是英语母语者,还可能存在特异反应。"德多梅尼科教授插了一句:"记得让其他有资格的同行再次检验并说明以下试验结果。"虽然路易莎有些吃惊,但对于这些教授而言,这是第二天性。为什么?( )

    A. 这些教授非常善于运用批判性思维技能,在这里只不过是将批判性思维技能运用到手头的科学研究当中罢了。

    B. 这些教授知道路易莎正在偷听他们讲话,所以他们只是在卖弄身手,从而给她留下深刻的印象。

    C. 教授们已经收集了相关数据,为了防止结果无法精确证实他们的预想,此时他们正在试图掩盖证据。

    D. 教授们明白,科学总是源于运气和猜测,所以他们只不过是重复了人们内心期望科学家们所说的话。

3. 苏晶问她的心理学教授:"为什么大脑位于人体的头部?"她的教授回答说:"问得好!这其中必然有很多原因,但我不确定最佳答案,不如我们这个学期一起来寻找答案吧。"请问,苏晶正在践行哪一种批判性思维原则?( )

    A. 检验证据。

B. 定义她提及的术语。

C. 愿意对某些事物提出自己的质疑或疑问。

D. 避免感情用事。

4.罗莉告诉她的朋友吉娜,她在优兔(YouTube)上看到了一段很精彩的视频。罗莉说:"那简直令人难以置信!那个人凭借自己的精神意念力让一只迷你贵宾犬悬浮了25秒。他借助时间连续体输送出一股神奇的力量,这股力量让他将内心的意念力释放出来。这一切顺理成章。他还建了一个网站,简直无所不能啊。"吉娜回答道:"或许那个人是在撒谎。"请问,吉娜正在践行哪一种批判性思维原则?(　　)

A. 吉娜正在降低不确定性。

B. 吉娜正在定义她所提及的术语。

C. 吉娜正在纠正自己的偏见。

D. 吉娜正在考虑其他诠释。

1.3　展开研究:从提出问题到收集信息(数据)

以下这四个词可能会令很多人紧张不已:研究、统计、方法和数学。但我们想告诉你的是,你即将在心理学课程中学到的所有内容、这四个词组以及本章节提及的信息,在以后可能都会帮助你免于做出一些低级的选择、吸收一些错误的想法或得出某些不正确的结论。请思考互动问题,即我们如何充分运用从新闻和网上听到的研究成果,从而在实际生活中做出正确决策?

研究方法是心理学家开展研究的工具。有些人可能会无意间看到或听说某项心理学研究得出了新方案或令人兴奋的新发现。对于这些人来说,了解相关的研究方法至关重要。试图抛开这些工具去践行批判性思维或在实际生活中运用这些心理学研究结果其实是错误的,这就好像是用茶匙去挖掘地基建房子一样。你可以选择这样做,但这会是一个很漫长的过程,而且得出的结果也不一定可靠。假如你能清楚地知道那些基于严谨研究得出的主张和那些基于草率研究或轶事得出的主张之间究竟存在哪些差别的话,那么你就可以做出更明智的心理学和医学决策,从而避免把钱浪费在无用之处,有时候甚至还可以挽救生命。

寻找样本

LO 1.3.A 描述选择心理学研究参与者（被试）的主要方法，以及选择被试的方法如何影响研究结果与解释。

根据他们想要回答的问题，心理学家通过使用不同的方法收集证据来支持他们的假设。然而，这些方法并不相互排斥。正如警探可能依靠DNA样本、指纹和对嫌疑人的访谈来指认"是谁干的"，心理侦探往往会在调查的不同阶段采用不同的技术。无论使用哪种技术，研究人员面临的首要挑战之一是选择研究参与者。理想情况下，研究人员得到一个有**代表性的样本**，一组随机选择的参与者，准确地代表他或她感兴趣的更大总体。假设你想了解一年级大学生中的吸毒情况，询问或观察国内的每个一年级大学生显然不实际；而你需要招募一个样本。您可以使用特殊程序来确保这些样本中的女性、男性；黑人、白人；亚洲人、拉丁裔；穷人、富人；天主教徒、犹太人；穆斯林、无神论者等的比例与一般的大学生总体中各类的比例相同。即使从你自己的学校或城镇抽取样本也可能会产生适用于整个村镇甚至州的结果。

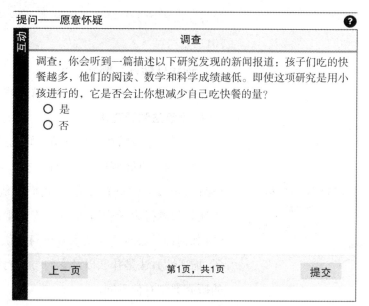

代表性的样本 从总体中选择的一组个体，这些个体在重要特征方面与总体相匹配。

样本的大小往往不如其代表性显得重要。一个小但具有代表性的样本可能会产生非常准确的结果；然而，无论样本多大，未能采用恰当抽样方法的研究所得结果也不可信。但在实践中，心理学家们不得不常常满足于恰好可以成为样本的人——"方便"样本——这通常意味着样本为本科生。大多数时候，这没什么问题，许多心理过程，如基本的感知或记忆过程，在学生群体中可能与其他人差不多。但平均而言，相比非学生群体而言，大学生也比他们更年轻，也倾向于拥有更强的认知技能。

此外，大多数参与者，无论是不是学生，都是一组被研究者称之为WEIRDos的人，他们来自西方（Western）、受过教育（Educated）、生活在工业化时代（Industrialized）、富有（Rich）的和民主（Democratic）的文化，因此很难代表整个人类（Henrich, Heine, & Norenzayan, 2010）。科学家现在寻求技术来减少这个问题的影响。像亚马逊的平台（Mechanical Turk）这样的互联网网站可以便捷地招募来自世界各地成千上万人构成的多样化样本（Buhrmester, Kwant, & Gosling, 2011）。举个例子来讲，另一个研究团队有能力分析全世界的人在推文中的情绪模式（Golder & Macy, 2011）。

描述性研究：确立事实

LO 1.3.B 讨论使用各种描述性方法的优缺点，如个案研究法、观察法、测验法和调查法。

我们现在转向在心理学研究中最常用的具体方法。当你学习这些方法时，为了更好地理解和记忆，不妨将它们各自的优点和缺点列个表（是的，稍后会有一个测验）。我们将从**描述性方法**开始，允许研究人员描述和预测行为，但不能解释行为发生的原因或影响其出现的因素。视频《如何回答心理学问题》为我们提供了一个简要的概述，它简要说明了：描述性方法是什么以及它们与我们将在本章后面讨论的一些更复杂的研究类型有何不同。

描述性方法 该方法是指对产生行为的描述，而不是直接解释其发生的原因。

一种类型的描述性研究是**个案研究**（也称个人历史法），是指在详细观察和正式心理测验的基础之上，对特定个体进行详细描述。它主要包括所有能够洞察个体行为的有关信息，如童年经历、梦境、幻想、经验、人际关系和愿望等。个案研究是临床医生最常使用的，但有时学院派心理学研究者也会采用这种研究方法，尤其是当他们刚刚开始研究某一课题，或是出于实际或伦理道德原因无法通过其他途径收集信息的时候。

个案研究 对需要研究或治疗的特殊个体进行详细描述的研究。

假设，你想知道生命的头几年对母语习得是否至关重要，想知道那些在幼儿时期无法感知听觉言语觉的儿童（或者能看到标志的聋儿）在以后是否能弥补这一缺陷？显然，心理学家不能通过隔离儿童以观其后的发展来回答这个问题。因此,他们只能研究不寻常的语言剥夺案例。

其中一个案例涉及一名13岁女童,她从婴儿时期起,一直被关在一间小房间里。她母亲受尽了丈夫的虐待,也不怎么照顾她,家里没有任何人和她说话。如果她发出任何一点儿声音,那不耐烦的父亲都会重重地毒打她。当她获救后,基妮(Genie)(这是研究人员对她的称呼)都不知道如何咀嚼,如何直立行走,而她能发出的唯一声音就是尖锐的呜咽声。后来,她能够学习一些社交行为规则,并开始理解简短的句子,并用词汇表达她的需求,描述她的情绪,甚至生活。但是,基妮的语法和发音仍不正常。例如,她从来不会使用正确的代词,不会提问(Curtiss,1977,1982;Rymer,1993)。这悲惨的案例以及类似的情况表明,语言发展关键期确实在儿童时期。

个案研究以一种抽象概括和冷冰冰的统计做不到的方式来说明心理学的原理,并且相比其他方法而言,它能够提供关于个体描述的更详细的信息。例如,在生物学研究中,脑损伤患者的病例已经为大脑的组织方式提供了重要线索。但在大多数情况下,个案研究也存在严重的缺陷。这些不足常常表现为信息缺失或难以解释。在基妮的案例中,没有人知道她是否生来就有精神缺陷,或她在被锁在房间里之前的语言发展情况如何。撰写个案的观察者可能存在偏见,这会导致他注意到某些事实,却忽略另一些事实。作为研究焦点的人的记忆可能具有选择性或不准确,这都使得结论不可靠。由于所有这些原因,个案研究通常只是假设的来源而不是对假设的检验。

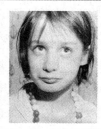

1970年,儿童福利机构发现了一名13岁受虐儿童"基妮",她独自生活,并且没有发展出用语言交流的能力。尽管她目前的沟通技巧仍然只有基础水平,语言学家、心理学家和其他研究人员仍在与基妮一起努力。

同卵双生子斯科特(Scott)和马克·凯里(Mark·Kelly)都是宇航员。从2015年开始,斯科特在国际空间站上度过了一年时间,与此同时马克留在地球上,这样可以帮助NASA了解长期航天飞行的影响。这个案例研究提供了一个前所未有的机会来帮助人们了解生活在独特的环境中如何影响思维、注意力、免疫系统功能和视觉。

一个土耳其大家庭的五个兄弟姐妹有着不同寻常的特质——他们四肢走路。人类学家、遗传学家、生物学家和神经生理学家于2004年开始研究这个家族。一种解释是遗传突变与发育障碍共同导致了他们对环境的这种适应。

观察法是另一种描述性的研究方法，是指研究者在尽量不影响被观察者（人或动物）的情况，对其行为进行观察、测量和记录。自然观察法的目的是观察人或动物在各自正常的社会环境中的行为表现。不论人们身在何处，如家里、游乐场或街道上、教室、办公室、酒吧，心理学家都可以使用这种方法。不过，心理学家们也在实验室做观察研究。在实验室观察中，研究者可以进行较多的控制，他们可以使用摄像机和录制设备，确定一次观察的人数，最大限度地减少干扰等等。

> **观察法** 研究者在不影响被观察者的情况下，对其行为进行系统而精细的观察和记录的方法，包括自然观察和实验室观察两类。

如果你想了解不同年龄的婴儿在与陌生人单独相处时的反应。你可能会让父母和他们的孩子来到你的实验室，通过单向窗户观察他们一起玩耍的样子，然后让一个陌生人进入房间，几分钟后，父母离开。你可以记录孩子不安的迹象，与陌生人的互动和其他行为。如果你这么做，就会发现，在父母离开时，非常年幼的婴儿会继续愉快地玩他们之前一直在玩的东西。然而，到了八个月大的时候，孩子们经常会出现哭泣或其他被儿童心理学家称为"分离焦虑"的行为表现。

实验室观察也有缺陷，观察者的出现和特殊仪器的使用有可能会使参与者的行为与他们在自然情境下的表现不一致。此外，与其他描述性研究方法一样，观察法对描述行为比解释行为更有用。例如，如果我们观察到，不论父母何时离开房间，婴儿都表现出抗议，我们不能确定他抗议的原因，是因为他已经形成了对父母的依恋，想要他在身边，还是他从自己的经历中学会了哭闹可以能得到一块甜点或一个拥抱？单凭观察法无法回答这些问题。

数据收集的另一种描述性方法涉及**心理测验**，这是测量和评估人格特征、情绪状态、性向、兴趣和能力的标准化程序。通常，测验需要人们回答一系列书面或口头问题。然后可以将答案汇总成单个的数字分数或一组分数。客观测验，也称为清单测验（inventories），衡量个人意识到的信念、感受或行为；投射测验旨在挖掘无意识的感受或动机（例如，向参与者展示墨迹并要求他们报告他们看到的内容）。已经标准化的测验意味着施测和评分的统一程序已经准备就绪。评分通常通过参照既定的绩效标准来完成，以确定哪些分数可以被认为是高、低或平均值。

> **心理测验** 用于测量和评估人格特征、情绪状态、性向、兴趣和能力的标准化程序。

在某个时候，你很可能进行过人格测验、成就测验或职业能力测验。数以百计的心理测验被用于工业、教育、军队和其他行业。这些措施有助于澄清个体之间的差异以及同一个人在不同场合或不同生命阶段的反应差异。测验可以用于促进自我理解、评估治疗方案或者在科学研究中对人类行为进行概括。结构良好的心理测验与简单的自我评估相比是一个很大的改进,因为很多人对自己的能力和特征存在曲解的看法。在工作场所,员工倾向于高估自己的技能和判断力,人们往往因快乐而无法意识到他们缺乏的能力(Dunning, Heath, & Suls, 2004)。

你可以尝试自己进行一个小的自然观察。去人们自愿靠近他人的公共场所,比如电影院或咖啡厅。当个人和团体坐下时,请注意他们和下一个人之间留下了多少个座位。平均而言,人们往往离陌生人有多远?获得结果后,看看可以提出多少种可能的解释。

测验结构存在两种主要挑战。首先,测验必须具有**信度**,不同时间和地点所获得的结果应该相同。如果职业兴趣测验告诉艾琳娜(Ilana),她会成为一名优秀的工程师,但会成为一名很差的记者,然而一周后艾琳娜重新参加测验,却得出相反的结果,那么这个测验是不可靠的。如果旨在进行比较而改变了测验的形式,却产生了不同的结果,那么它也不可靠。其次,测验必须具有**效度**,衡量它是被设计来测量什么的。如果一个创造力测验实际上测量的是口语的熟练度,那么它是无效的。测验的效度通常通过其预测其他的、独立的指标或标准的能力来衡量。学术能力测验的标准可以是大学成绩;羞怯测验的标准可以是社交情景下的行为。关于一些甚至被广泛使用的测验的效度也存在争议,如学术能力评估考试(SAT)和标准化的智力测验。

信度 在某一时刻和地点的测验分数与另一时刻和地点的一致性。

效度 测验被设计用于测量内容的能力。

调查法是通过向人们询问他们的经历、态度或意见来收集信息的问卷调查和面谈。无论你走到哪里,都有人想要你的意见。政治民意调查想知道你对某些候选人的看法。在餐厅用餐,给你的汽车提供服务,或在酒店住宿,你都会在五分钟后收到满意度调查。在网上,任何产品的读者和用户都会进行打分。所有这些调查的可靠程度如何?

调查法 询问人们关于他们的经历、态度或意见的问卷调查和访谈。

调查产生大量的数据,但它们并不容易做好。抽样往往是一个问题。当广播或电视节目主持人就政治事件发表评论时,即使数千人做出回应,结果也不可能推广到整个人群。为什么?就一个群体而言,那些听拉什·林博(Rush Limbaugh,美国电台主持人)的人会比听约翰·奥利弗(John Oliver,每日秀的节目主持人)的粉丝更保守。民意调查也经常遭受潜在的偏见的影响,那些愿意提出意见的人可能会与不愿参与的人不同。当你阅读一个调查（或任何其他类型的研究）时，总要询问谁参加了。一个非代表性样本并不一定意味着调查是毫无价值的，但这确实意味着结果可能不适用于其他群体。

调查的另一个问题，就像一般的自我报告一样，人们有时会说谎，特别是当调查是关于一个敏感或令人尴尬的话题时（我绝不会做那种令人厌恶/不诚实/不讨人喜欢的事情）或询问非法的行为时（Tourangeau & Yan, 2007）。当受访者被保证匿名并允许私下回复时，说谎的可能性会降低。研究人员还可以通过用不同的措辞多次询问同一问题来检查说谎是否一致。再次，技术可以提供帮助，因为许多人在与计算机互动时比在填写纸笔问卷时感觉更加匿名，因此不太可能撒谎（Turner et al., 1998）。然而，如果调查是在线填写的，可能很难知道参与者是否理解了这些问题并认真对待了这些问题。

当你听说调查或民意调查的结果时，你还需要考虑问题的措辞。调查设计的这一方面可能会推动某个方向的反应，因为政治民意调查人员很清楚（"你赞成提高你的财产税来花费数百万美元修理你当地的学校吗？"相比于"你赞成重建正在衰败的当地学校吗？"更容易引起否定的答复）。许多年前，著名的性学研

对心理测验的批评和重新评估使心理评估保持科学严谨。相比之下，在杂志和互联网上经常看到的大众心理测验通常没有好的效度和信度。这些调查问卷经常有引人瞩目的标题，例如"你最类似什么犬种？"或"你的爱情观是什么？"但它们只是有人认为听起来很好的问题清单。尽管我们必须承认，比如"你真的时髦吗？"和"瑞恩·高斯林的哪一个角色是你的灵魂伴侣？"等新闻网站上的测验，仅仅是列出一些问题，但还是会让人感到非常有趣。

究员阿尔弗雷德·金西（Alfred Kinsey）总是会问受访者"你有多少次（手淫、婚外性行为等）？"而不是"你有过吗？"表达问题的第一种方式相比于第二种方式会引发更真实的回答，因为它消除了被访者在回答任意问题时的提防和自我保护。第二个提问的方式使尴尬的受访者可以回答一个简单但不诚实的"否"。与其他描述性方法一样，虽然调查可以提供非常丰富的信息，但必须小心地进行和解释。

日志 1.3　批判性思考——不要过分简化

个案研究往往非常引人注目，这就是脱口秀节目主持人和新闻节目喜欢它们的原因。但它们通常只是轶事。使用个案研究得出关于人性的一般结论有什么危险？

模块 1.3 测验

1.佩德罗想要衡量国家对手枪的态度,因此他对全国步枪协会(NRA)成员的大量样本进行了调查,并询问他们的想法。尽管有大量数据,但佩德罗的结论仍可能存在偏差。为什么?（　　）

  A.当他应该使用面谈来收集数据时,他使用了调查。

  B.他使用的样本并不代表他有兴趣了解的人群。

  C.样本应始终包括研究人口中约13%的比例。

  D.在构建测量时,他没有使用复本信度。

2.艾莉娅被指派为她的入门心理学课程开展人类发展研究项目。她决定对她的乔叔进行一个个案研究,并为他设计了一整天的面试问题,从他的童年经历到随后的60年生活。虽然她的意图令人钦佩,但艾莉娅原本可以采用不同的方法来使时间更为有效。为什么?（　　）

  A.个案研究在得出关于行为的一般结论方面的作用有限。

  B.个案研究总是会产生偏见和不准确的结果。

  C.根据定义,个案研究涉及研究,艾莉娅没有投入足够的时间来完成这个项目。

  D.个案研究是生物学家通常使用的技术,但不是心理学家使用的技术。

3.雅纳维和米拉都对发展心理学感兴趣,特别是5岁儿童的游戏类型。雅纳维访问当地公园并且悄悄地记录了她所看到的孩子。米拉邀请父母们及其子女到心理学楼的一个特别设计的房间,并通过单向玻璃观察孩子。这两种方法都是明智的。区别在于雅纳维正在使用（　　）,而米拉正在使用（　　）。

  A.实验室观察;个案研究方法

  B.自然观察;实验室观察

  C.个案研究方法;自然观察

  D.实验室观察;自然观察

4.德斯蒙德为一组九年级学生编制并进行了一个神经质的人格特质测验。他发现样本中的学生在每次考试时都会在测验中获得截然不同的分数,这表明他的考试特别缺乏（　　）。

  A.投射内容　　　　　　　　B.信度

  C.效度　　　　　　　　　　D.自然性

5.布兰特想知道他的大学校园是否普遍使用毒品。他询问他的化学依赖性课程的成员是否愿意回答一个他编制的关于这个主题的简短调查。一半的学生同意参加。当布兰特分析数据时,他得出结论认为吸毒确实发生率很高。这个研究过程的缺陷是什么?（　　）

  A.布兰特的调查法可能与吸毒政策没什么关系,更多的是与吸毒态度有关。

  B.布兰特的样本代表了他的大学人群,但它可能无法代表他家乡大学人群的平均水平。

  C.自愿参加的学生的吸毒态度或习惯可能与那些选择不参加的学生有很大的不同。

  D.布兰特应该使用观察方法而不是调查法。

1.4 相关研究：寻找关系

在描述性研究中，心理学家经常想知道两种或两种以上的现象是否相关，如果相关，有多强烈。学生的平均成绩是否与他们花在看电视、玩视频游戏或发短信的小时数有关？要找到答案，心理学家必须超越描述性研究，他们需要设计**相关研究**。

测量相关

LO 1.4.A 举例说明相关系数如何给出两个变量之间关系的大小和方向。

相关一词通常用作"关系"的同义词。然而，从技术上讲，相关是两个事物之间关系强度的数值度量。事物可以是项目、分数或其他任何可以被记录和标记的东西。在心理学研究中，这些事物被称为**变量**，因为它们可以以可量化的方式变化。身高、体重、年龄、收入、智力得分、记忆测验中回忆起的项目数量、给定时间段内的微笑数量，总之，可以测量、评分或计分的任何内容都可以作为变量。

正相关意味着一个变量的高值与另一个变量的高值相关联，并且一个变量的低值与另一个变量的低值相关联。身高和体重呈正相关；智力分数和学校成绩也是如此。然而，相关很少是完全的。有些高个子的体重比矮个子更低；一些智力平平的人在课堂上是超级明星，而一些智力高的人则成绩不佳。图1.3（a）显示了心理学考试成绩与参加考试的学

相关研究 一种寻找两种或多种现象之间的一致关系的研究。

相关 衡量两个变量相互关联的强度。

变量 可以测量或描述的行为或经验的特征。

正相关 一个变量的增加与另一个变量的增加有关，或者一个变量的减少与另一个变量的减少有关。

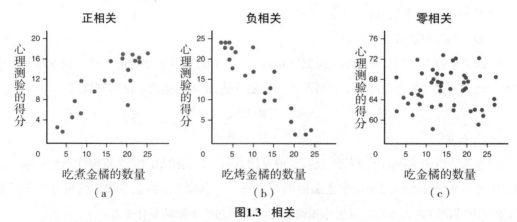

图1.3 相关

根据图表（a）可知，每月吃的煮金橘的数量与心理测验的得分呈正相关的关系：即心理测验的得分越高，吃煮金橘的数量就越多。根据图表（b）可知，吃烤金橘的数量与心理测验的得分呈负相关的关系：心理测验的得分越高，吃烤金橘的数量就越低。图表（c）反映了现实，即金橘的食用数量与心理测验的得分呈零相关的关系。

生每月平均吃的金橘数之间的正相关关系(显然,这是我们编造的)。每个点代表一个学生。你可以通过绘制从这个人的点到垂直轴的水平线来找到每个学生的分数。你可以通过从这个学生的点到水平轴绘制一条垂直线来找到学生吃的金橘数。总之,吃的金橘越多,得分越高。

负相关意味着一个变量的高值与另一个变量的低值相关联。图1.3(b)展示了心理学考试的分数与每月食用的金橘数之间的负相关。这次,吃的金橘越多,测验分数越低。举一个更现实的例子:看电视的时间和平均成绩之间的关系又如何呢?它们也是负相关的:

看电视的时间越久,(学习)成绩得分越低(Potter,1987)。试试看你是否还能想出其他呈负相关关系的变量。请记住一点,只要存在负相关就意味着这两个变量之间是具有关联性的;而所谓的负相关指的是一种事物越多,另一种事物就会越少。如图1.3(c)所示,如果两个变量之间没有关系,我们可以说它们是不相关的。就比如说鞋子尺码和智力分数无关。

用于表达相关的统计数值叫作**相关系数**。相关系数可以表达相关的大小和方向。在一个完全正相关的关系中,相关系数为+1.00;而在一个完全负相关的关系中,相关系数为-1.00。假设你测量了10个人的体重,然后由轻到重排序,再测量这10个人的身高,并由低到高排序。假如两个排序列表中的人员姓名排序完全相同,那么,这就说明体重和身高的相关系数为+1.00。如相关系数为+0.80,那就说明这两个变量之间的相关很大但不完全相关。而假如相关系数为-0.80,则说明这两个变量之间相关很强,但是是负相关。当两个变量之间没有任何关联时,相关系数为零或接近于零。

负相关 一个变量的增加与另一个变量的减少有关。

上文的散点图展现了相关的方向和大小,或者说是两种特征之间的关系。在这个例子中,我们可以用图例来绘制各种特征与身高的关系图。

相关系数 相关指标的变化范围,从-1.00到+1.00。

关于相关的注意事项

LO 1.4.B 解释为什么两个变量之间的相关不能确定两者之间的因果关系。

相关研究在心理学中司空见惯,且我们经常会看到类似的新闻报道。但请注意,媒体或互联网上报道的很多所谓的相关

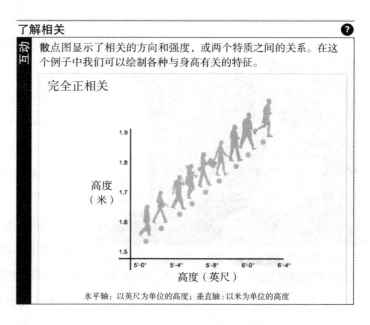

了解相关

散点图显示了相关的方向和强度,或两个特质之间的关系。在这个例子中我们可以绘制各种与身高有关的特征。

水平轴:以英尺为单位的高度;垂直轴:以米为单位的高度

其实没有可靠的事实依据。一些所谓的相关结论仅仅是巧合且没有任何实际意义，因此常被称为虚幻相关。

坊间盛传的疫苗和孤独症之间的关系其实就是一种典型的虚幻相关，之所以会出现这种传闻，可能是由于很多孤独症症状的出现恰巧在儿童接种疫苗的时间段内。一些父母认为这幕后的罪魁祸首是硫柳汞。1999年之前，硫柳汞一直用作儿童疫苗的防腐剂，但现在仅有少量儿童疫苗中含有微量硫柳汞。

但是，目前我们没有可信的证据能够说明硫柳汞与孤独症有关，而且将大多数疫苗中的硫柳汞剥离出来后，孤独症的发病率并没有呈现下降趋势。此外，接二连三的研究均未能证实疫苗接种与孤独症之间存在任何因果关系（Mnookin，2011；Offit，2008）。在一项大型试验中，研究人员调查了50万名出生于1991年至1998年的丹麦儿童，结果发现，接种疫苗的儿童患上孤独症的概率确实低于未接种疫苗的儿童（Madsen et al.，2002）。不幸的是，麻疹、流行性腮腺炎和百日咳等致命性疾病在儿童群体中的发病率正在不断上升，而那些孩子的父母由于没必要的恐惧拒绝让他们的孩子接种疫苗。

虽然这种相关十分明显，但由于研究人员无法根据这种相关确定两者的因果关系，因此这就成了不解之谜。尽管相关是有意义的，但是由于相关不能建立因果，因此相关很难解释。人们总倾向于认为如果变量A与变量B存在相关，那么变量A一定会引发变量B，但事实并一定是这样的。研究发现，儿童在一到三岁期间看电视的时长和儿童七岁时的多动（容易冲动、注意力问题以及集中注意困难）呈正相关的关系（Christakis et al.，2004）。那么这是否意味着看电视会诱发多动呢？或许真的会，但

幼儿看电视的时长与其几年后患上多动症的风险有关。那么这是否意味着看电视会诱发多动症呢？这一发现是否还有其他可能的解释呢？

也有可能是因为那些存在多动症倾向的孩子比那些倾向于安静的孩子更喜欢看电视。或者，和其他父母相比，容易分心孩子的疲惫不堪的父母更可能依赖电视的"保姆"功能。

其实还存在一种可能性，即任一变量都无法直接引发另一变量。也许那些总是纵容自己孩子长时间沉迷于看电视的父母本身就有注意力方面的问题，因此为孩子营造了这种诱发多动症和注意迟钝的家庭环境。同样地，我们在上面提到过的看电视的时长与学习成绩之间的负相关，

可能是由于沉迷看电视的学生没有更多时间学习,或者因为这些学生的某些个性特征导致他们喜欢看电视而厌恶学习,或者因为当他们的学习成绩不好时,他们选择用看电视来逃避现实……你应该能够理解。

道德:当两个变量相关时,一个变量可能会也可能不会诱发另一个变量。我们根本无法确定在什么时候无意间就会使用相关设计。当我们使用相关设计时,我们不能简单地做出分辨。

日志 1.4　批判性思考——考虑其他解释

大量研究表明气温与心情(temper)呈正相关关系。天气越热,犯罪率就越高。针对这一发现,你是否能够给出至少三种可能的解释呢?

模块 1.4 测验

1. 你注意到你正在研究的两个变量之间的相关系数为 0.02。那么,你对它们的相关性应该得出什么样的结论呢?(　　)

　　A. 这两个变量之间几乎没有任何关系;一个变量的得分与另一个变量的得分不存在一致性。

　　B. 这两个变量之间呈近乎完全的正相关关系;一个变量的高分和另一个变量的高分存在关联。

　　C. 这两个变量之间呈近乎完全的负相关;一个变量的高分和另一个变量的低分存在关联。

　　D. 相关系数为 0.02 说明研究人员可能需要使用不同的受试样本重新检查数据。

2. 一个负相关系数能够表明一个变量的得分(　　),则另一个变量的得分就会(　　)。

　　A. 增加;减少　　　　　　　　　B. 减少;减少

　　C. 增加;增加　　　　　　　　　D. 呈平稳状态;减少

3. 下列哪一项相关系数能够说明两个变量之间的相关最强?(　　)

　　A. +0.59　　　　　　　　　　　B. +0.03

　　C. -0.35　　　　　　　　　　　D. -0.69

4. 罗亚认为,每到月圆之夜,她的左膝盖就会颤抖。她坚称:"这是真的,一到月圆之夜,我的膝盖就会颤抖,但其他时间就安然无恙。"由于月相和关节活动之间可能并没有可靠的关联性,那么罗亚的想法说明了什么?(　　)

　　A. 正相关系数　　　　　　　　　B. 负相关系数

　　C. 变量偏态　　　　　　　　　　D. 虚假相关

5. 变量 A 与变量 B 高度相关。因此,从逻辑上可以推断出(　　)。

　　A. 变量 A 和变量 B 相互关联

B. 变量 A 导致变量 B 的发生

C. 变量 B 导致变量 A 的发生

D. 变量 C 导致变量 A 和变量 B 的发生

1.5 实验：追根溯源

研究人员从描述性和相关研究中获取大量有效信息，但是当他们想要找到行为的确切原因时，他们非常依赖于实验法。在一项**实验**中，研究人员可以控制并操纵他们正在研究的实验情境。研究人员不再是行为的被动记录者，相反，他们会主动采取一些他们认为可能会影响人们行为的措施，然后再观察发生了什么。这种实验流程帮助研究人员得出因果结论——什么导致了什么。

对于许多研究型心理学家来说，研究领域最令人兴奋的一点就是发挥创造力，设计一项实验来测验一个经验性问题。例如，考虑下列假设——也许你以前也听父母、老师或其他成年人这样说过：手机会妨碍社交关系。这就是说，一个人（或多个人）在聚会期间出去接打电话是否会使得他/她与聚会上其他人变得疏远或者缺少有意义的互动？

其实我们可以借助很多方法验证这个假设。一项描述性研究可能简单地告诉我们，一部分大学生的确喜欢在和他人交谈的过程中看手机——当然，这是一个非常有趣的发现，但这并不直接证明使用手机会妨碍社交关系的假设。一项相关研究可以得出这样的结论：一个人在交谈的过程中看手机越多，那么这个人参与度就越少。但我们仍然不知道使用手机是否会导致人际关系疏远或者人际关系疏远导致使用手机的频率更高。为测验这一假设，我们设计了一项创新实验，具体请观看"手机和连通性"视频。验证这一假设的创造性实验的例子，请观看视频"手机和人际关系"（Smartphone and Connectedness）。

实验 控制性的假设检验，研究者操纵一个变量以发现对另一个变量的影响。

互动

实验变量

LO 1.5.A 区分自变量和因变量,并举例说明每个变量。

让我们继续探讨一下使用手机的话题。现在想象自己是一名对多任务感兴趣的心理学家。具体来说,您想知道开车时使用手持式电话是否很危险。开车时接打电话与交通事故发生率增加有关,但是,这恐怕也只适用于那些爱冒险的人或者一些起初差劲儿的司机。为了搞清楚两者之间的因果关系,你打算做一项实验。

在实验室里,你让受试者"驾驶"一个驾驶模拟器,模拟器安装有方向盘、油门踏板和刹车踏板。你告诉他们,要竭尽全力在车水马龙的高速公路上行驶尽可能远的距离,同时还要避免与其他车辆发生碰撞。助理研究员在隔壁房间和一部分被试通过电话聊一些他们感兴趣的话题,时间约为15分钟;而其他被试没有接打任何电话。你打算对比两个小组的车辆碰撞次数。该实验的基本设计如图1.4所示,在阅读下面内容时,你可能想要参考一下这份示意图。

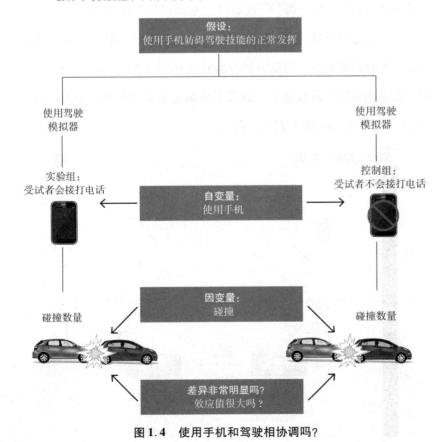

图 1.4 使用手机和驾驶相协调吗?

自变量 实验者操控的变量。

因变量 一种由实验者进行测量且预计会受到自变量调节影响的变量。

研究人员操纵或变化的实验情景的部分被称为**自变量**。被试的反应——研究人员想要预测的行为——是**因变量**。一项实验至少有一个自变量和一个因变量。在我们的例子中，自变量是手机使用（使用和不使用），因变量是碰撞次数。

在理想状况下，除了自变量以外，实验情景中其他因素全部保持不变，就是说，所有被试都保持一样。除非换挡类型属于自变量，否则你不能让一组中的受试者使用换挡杆，而让另一组中的被试使用自动换挡装置。同样地，你不能让一组中的被试单独参与实验，而让另一组中的受试者在有观众情况下参与实验。除了自变量之外，保持其他实验因素不变，只有这样才能确保实验中发生的任何事件都是在研究人员操纵的结果，而不是由其他原因导致的。这排除了其他解释。

或许你应该这样想：因变量——研究的结果——主要取决于自变量。在开展实验时，心理学家会这样思考："如果我做 X，那么研究中的受试者将会做 Y。"这里的"X"代表自变量，而"Y"则代表因变量。大多数变量要么是自变量，要么是因变量，这主要取决于实验者希望弄清楚什么。如果你想知道吃巧克力是否会让人感到紧张，那么在这里，食用的巧克力的分量就是自变量。如果你想知道紧张感是否会使人吃巧克力，那么吃巧克力的量就是因变量。

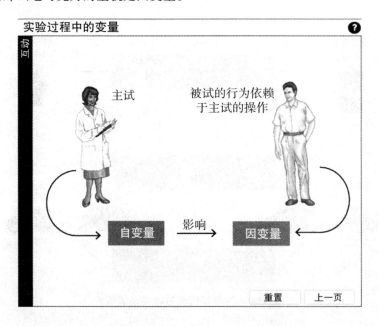

实验条件

LO 1.5.B 解释如何随机分配被试有助于创设实验条件,并解释实验组和对照组之间的区别。

下面我们来看一下使用手机和开车之间的研究。我们比较分析了两组被试(两种条件):一组被试在开车时使用手机,而另一组被试在开车时没有使用手机。我们假设这两组被试的驾驶技能基本相当。我们的实验不会采纳那些粗心大意的"马路杀手",当然也不会让那些开车像蜗牛一样慢吞吞的人参与实验。我们尽可能让两组被试的年龄、教育背景、驾龄以及其他特征保持一致,从而确保这些变量不会扰乱我们的实验结果。研究接近尾声的时候,我们希望能够证明驾驶性能方面的条件差异都是研究人员控制自变量(即使用手机)得出的结果,而并非由其他因素引发。

心理学家通常按照随机分配的方法将被试分成两组,可能**随机分配**他们的编号,把偶数编号的被试分到一组中,而将奇数编号的被试分到另一组中。如果我们的研究中有充足的被试,那么,研究人员必须使这两个随机分配小组中那些可能影响实验结果的个体特征达到大致的平衡,这样才能放心地忽略它们的影响。事实上,随机分配在等价条件方面非常有效,甚至可以考量一些研究人员无法轻易衡量或确定的特征。

通常情况下,实验既包括实验情景,又包括用于和实验情景比较的**对照情景**。对照情景中的被试除了不用接受自变量的影响外,其他条件均应与实验情景中的被试高度一致。在我们的举例分析中,开车时接打电话的被试组成了实验组,而其他开车时没有接打电话的被试则构成对照组(并非所有实验本身只能设置一种对照组;例如,我们还可以比较分析开车时使用手持式电话的被试和开车时使用免提电话的被试)。

有时候,研究人员会设置若干个实验组或对照组。在这项电话和开车研究中,我们想考察一下接听电话的时间长短或者不同话题的通话内容(如工作、私事以及非常私密的话题)对被试的驾驶技能的影响。因此,我们将设置多个实验组,从而与对照组(即不使用手机的小组)进行比较。而在我们的假设例证中,我们只能设置一个实验组。实验组所有被试开车时通过电话讨论事先选好的话题,通话时间为 15 分钟。

这个描述并没有完整概括出心理学研究人员采用的所有程序。在一些研究中,对照组中的被试服用了**安慰剂**,一种虚假的处理(例如糖丸),其外观、味道或气味都比较像真的处理,但其实是假的。如果服用

随机分配 在一项实验中,实验一开始就将被试随机置于不同实验情景中,增加不同的实验情景等价的可能性。

对照情景 在一项实验中,研究人员会设置一种对照情景,对照情景中的被试不会接受实验情景中的处理方案。

安慰剂 在一项实验中用作对照物的非活性物质或虚假处理。

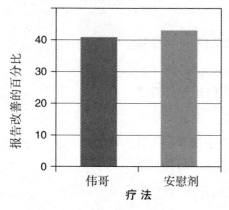

图1.5 安慰剂效应和伟哥

安慰剂在判断人们服用新药后的病情改善是因为他们对新药的期望还是药物本身作用中有至关重要的作用。在一项研究中，41%服用伟哥的女性表示她们的性生活有所改善。这听上去令人印象深刻，但43%服用安慰剂的女性也表示她们的性生活有所改善（Basson et al., 2002）。

横向研究 一种在特定时间段内对比不同群体（或动物）的研究。

纵向研究 一种在一段时期内跟踪调查某个群体（或动物）并进行定期评估的研究。

安慰剂与真实处理得出相同的结果，那么必定是被试的个人期望而不是处理本身的作用。因为服用安慰剂的被试会乐观地认为会产生潜在的效果，所以安慰剂在测验新药中非常重要。医用安慰剂一般都是一些不含活性成分的药丸或注射剂（欲了解"伟哥"在女性性生活问题研究中的作用，请参考图1.5）。

此外，还有很多不同类型的实验。例如，心理学家对比年轻人和老年人的心理测验分数时，他们发现年轻人的心理测验分数高于老年人。这种同时对比两个不同群体的研究叫作**横向研究**。

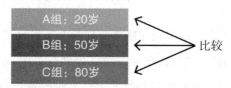

但还有一些其他研究，用来调查人整个生命周期的心智能力。在一项**纵向研究**中，研究人员对同一群人进行一段时间的追踪调查，并对他们进行定期评估。

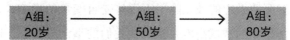

与横向研究相比，纵向研究发现，随着人们年龄的增长，他们做心理测验时有时候会表现得和以前一样好。在70多或80多岁之前，人们的心智能力基本不会下降。那么为什么两种类型的研究结果大相径庭呢？可能是因为横向研究测量代际差异：即年轻一代可能比老年人表现更好，部分原因是他们受过更好的教育或者他们对测验更熟悉。没有纵向研究，我们很可能会误认为所有类型的心智能力必定会随年龄增长而下降。

总之，实验研究设计可以说是心理学家的一大爱好，因为它可以得出变量之间因果关系的结论。现在你了解了实验的基本术语：自变量和因变量、实验条件的随机分配、实验条件和控制条件。为回顾实验设计的相关内容并更好地理解上下文，请观看"科学研究方法"视频。

第一章 什么是心理学

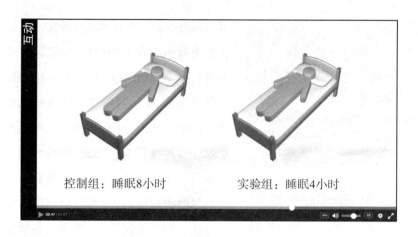

控制组：睡眠8小时　　实验组：睡眠4小时

实验的优点和局限性

LO 1.5.C 探讨实验研究设计的方法学优势、局限性以及伦理问题。

正如你在本文了解到的那样，实验可以得出因果关系结论。实验帮助研究人员将真实效应从安慰剂效应中区分出来。当实验设计比较创新时，研究人员可以调查各种各样的现象和过程。因此，实验很长时间成为心理科学中选择的方法。

为了确保一项实验有效且创新，研究人员需要严格控制被试的个人体验。例如，由于个人期望可能会影响研究的结果，所以被试不能知道自己是在实验组还是在对照组，这一点非常重要。如果做到了这样，通常被称为**单盲研究**。但被试并不是唯一一个会将个人期望带到实验中的人，研究人员也会将个人期望带到实验中。研究人员对特定结果的期望、偏见和希望，这可能会通过他们的面部表情、姿势、语调或其他行为表现出来，无意间影响被试的反应。这种**实验者效应**很强大，甚至实验者一个友好的微笑都会影响被试在研究中的反应（Rosenthal, 1994）。

这个问题的解决方法之一就是采用**双盲研究**。在这样的研究中，在收集数据之前，与被试接触的研究人员并不知道被试在哪个组别中。双盲程序是药物研究中的标准。研究人员采用某种方式给不同剂量的药物（无论是活性药物还是安慰剂）编码，服用药物的被试，在实验结束前对此药物一无所知。采用双盲研究分析使用手机和开车之间的关系，我们可以用模拟器自动记录碰撞次数，并让实验者利用对讲机发出指令，这样一来，在结果计算出来之前，他或她并不知道被试在哪一组。这样就可以避免实验者效应。

虽然实验法确实有很多潜在优势，但和其他方法一样，实验法也有

单盲研究 被试不知道自己是在实验组还是在对照组的实验。

实验者效应 实验者无意地向被试传递的线索造成被试无意识的行为改变。

双盲研究 在实验结果被计算之前，被试和研究人员均不知道谁在控制组、谁在实验组的实验。

· 45 ·

很多年前，罗伯特·罗森塔尔和科密特·福德（1963）让他们的学生教老鼠逃出迷宫。罗伯特·罗森塔尔和科密特·福德告诉其中一半的学生，他们的老鼠在迷宫学习中聪明，告诉另一半学生，他们的老鼠都在迷宫学习中比较愚钝。实际上，两组老鼠不存在基因差异，但假设聪明的老鼠的确学习迷宫更加快速，显然是因为学生们处理和对待这些老鼠的方式。如果实验者的期望会影响啮齿类动物的行为，罗伯特·罗森塔尔和科密特·福德肯定实验者的期望同样也会影响人类被试的行为。他们和其他研究人员在其他研究中证实了这一点。

现场研究　在实验室外的自然环境中开展的实证调查。

知情同意　知情同意原则是指任何参与人类研究的被试必须是自愿参加，且是在充分了解该项研究的前提下，对于是否参加实验做出的明智决定。

其局限性。在一项实验中，研究人员往往会设置相对人为的情形，而被试要按照研究人员的指示行事。为了积极配合研究人员、推动科学进步或者以积极乐观的姿态展现自己，这些被试可能不会像往常那样做事。因此，实验心理学家陷入一个进退两难的困境：他们对实验情景的控制越多，实验就会越偏离现实生活。鉴于上述原因，很多心理学家呼吁开展更多**现场研究**，在学校和工作场所等自然环境下展开详细的行为研究（Cialdini, 2009）。

实验者还需要关注另外一个问题：研究伦理问题。所有心理学研究都必须符合道德准则，而道德准则在被试必须面临各类实验操控和处理条件的实验研究中尤为重要。任何获得联邦资助的以人类为被试的机构（如学院、大学或医院），必须成立一个审查委员会，以确保所有研究都符合联邦道德规范的要求。一项研究中的志愿者必须同意参与该研究，且是在充分了解该研究后做出的明智决定，这就是**知情同意**原则。研究人员必须保护被试的身心免受伤害，如存在风险，必须提醒被试，并告知他们可以随时退出。

道德准则也要求在动物研究中人道地对待动物，少数心理学研究需要对动物进行研究，这些研究对于推动某些领域的科学（尤其是生物心理学和行为研究）进步至关重要。由于人们对动物权利和动物保护的关注增加，美国心理学会（APA）对于研究中使用动物的规定更加全面，联邦政府加强了对动物栖息和饲养的监管。

总之，每一种研究方法都有利有弊，有优点，也有挑战。之前，我们曾建议你列出每一种研究方法的优缺点。如果你确实这么做了，那么现在你可以将它与表1.3进行比较。

有时候，心理学家会使用动物来研究学习、记忆、情绪和社会行为。在上图中，弗兰斯·德·瓦尔（Frans de Waal）观察一群在室外游乐场地参与社交活动的黑猩猩。

表1.3　心理学研究方法：优点和缺点

方法	优点	缺点
案例研究法	假设的来源可靠 提供了比较深入的个人信息资料 异常案例可以充分阐明一些使用其他研究方法可能会违反伦理或不切实际的情况或问题	可能会丢失一些关键的信息，使得案例难以解释 个体的回忆可能是有选择性的或不准确的 个体不具有代表性或不够典型
自然观察法	可以描述发生在自然环境中的行为 通常在一项研究的第一阶段很有用	研究人员很少或根本无法控制周围的情景 观察可能带有偏差 无法得出明确的因果关系结论
实验室观察法	比自然观察法有更多的控制 可以使用一些精密复杂的设备	研究人员只能在一定程度上控制研究情景 观察结果可能出现偏差 无法得出明确的因果关系结论 实验环境中的个体行为可能与自然环境中的不一样
测验法	得出有关人格特质、情绪状态、兴趣和能力的信息	很难制定出可靠且有效的测验
调查法	可以提供大量个体的各种信息资料	如果样本不具代表性或存在偏见，那么无法推广结果 调查反应可能不准确或不真实
相关研究	可以表明两个或更多变量之间是否存在相关 允许进行一般预测	无法识别原因和结果
实验法	研究人员可以控制实验情景 研究人员可以确定原因和结果，从而将安慰剂效应从处理效果中区分出来	实验情景均是人为创造的，结果可能无法很好地推广到现实生活中 有时难以避免实验者效应

日志1.5 批判性思考——定义你提出的术语

多年以来,来自不同社会群体的热心市民都认为,听某种类型的音乐(特别是说唱和重金属音乐)容易使人变得更加具有侵略性。将上述假设视为对某种特殊音乐派别的可测验问题。确立自变量和因变量,描述实验组和对照组的被试会经历什么,然后注意你需要考虑的任何特殊情况,例如实验者效应或单盲或双盲设计。

模块1.5 测验

1. 在一项研究中,大学生服用了改善记忆力的草药补充剂,来检验它是否会提高他们的心理学课程成绩。该研究的自变量是什么?( )

    A. 学生在下一次心理学期中考试中的成绩。

    B. 学生是否服用了改善记忆力的草药补充剂。

    C. 学生在上一次心理学期中考试中的成绩(或基线分数)。

    D. 学生在下一次心理学期中考试中的分数减去基线分数。

2. 伊尼戈正在其教授的帮助下开展一项心理学实验。当被试来到实验室时,伊尼戈会抛掷一枚硬币。如果硬币正面朝上,则该被试将被纳入实验组;反之,则属于对照组。伊尼戈采用了什么实验设计原则?( )

    A. 随机分配　　　B. 双盲程序　　　C. 控制因变量　　　D. 安慰剂激活

3. 玛格正在研究人们在紧张的实验室环境中的情绪。出于个人礼貌,她对每一位进入实验情景(一个比较紧张且让人感到压力的环境)的被试微笑,而对那些对照组的被试则无任何情绪表露。令人惊讶的是,实验结束时,她发现与对照组被试相比,实验组被试的情绪更佳。但玛格的教授对此结果一点也不意外,因为她知道这种实验结果受到( )干扰。

    A. 安慰剂效应　　B. 随机分配　　C. 功能主义　　　D. 实验者效应

4. 在一项实验中,被试和实验者均不知道谁在对照组,谁在实验组。那么这种实验叫做( )。

    A. 单盲实验　　　B. 双盲实验　　　C. 全盲实验　　　D. 安慰剂中立实验

5. ( )是一个通用术语,它指的是在自然环境中开展研究。

    A. 现场研究　　　B. 实验　　　　　C. 样本扩展　　　D. 相依控制

1.6 评估结果

如果你是一位刚刚完成一项研究(可能是描述的、相关的或是一项实验)的心理学家,那么你的工作才刚刚开始。你手里有一些数据之后,你必须做三件事:(1)描述它们;(2)评估它们的可靠性和意义;(3)知道如何向其他研究人员解释它们。

描述数据

LO 1.6.A 解释如何使用描述性统计来比较研究中各被试组的表现。

在我们上文使用手机和开车的实验中,有 30 名被试一边开车一边接听电话,而 30 名被试没有这样。我们记录了每个被试在驾驶模拟器上的碰撞次数。现在,我们收集到了 60 名被试的数据,我们应该如何处理呢?

第一步是汇总数据。我们不需要知道每个人造成的交通事故有多少个——这不是本项实验的重点。我们的重点是对比实验组(使用手机)的整体情况和对照组的整体情况。为了提供这些信息,我们需要汇总所得数据。这些数据被称为**描述性统计**。我们通常采用图或表来描绘这些数据。

描述性统计 组织和汇总研究数据的统计。

总结这些数据比较好的方式就是计算小组平均值。最常用的平均值类型是算术平均数。算术平均数计算方法是将所有单独的得分相加,然后用得分总和除以数据个数。我们可以将实验组 30 名被试的碰撞得分相加,然后用得分总和除以 30,从而得出实验组的平均值。然后用同样的方法计算出对照组的平均值。现在 60 项数据浓缩为 2 项。鉴于这只是举例分析,我们可以假设实验组的平均碰撞次数为 10 次,而对照组的平均碰撞次数为 7 次。

但是,我们必须谨慎地解释这些平均值。可能实验组中没有被试碰撞次数真的是 10 次。可能实验组中有一半的被试都比较疯狂莽撞,他们的碰撞次数高达 15 次,而其他人可能开车比较谨慎,碰撞次数只有 5 次。还有一种可能:绝大部分被试的碰撞次数为 9、10 或 11 次。或许,事故发生次数是 0—15 次不等。从平均值中并不能看出被试反应的变异。因此,我们还需要其他描述统计。例如,标准差显示个体分数在平均值的集中或离散情况;分数越离散,平均数的代表性越低(见图 1.6)。不幸的是,新闻报道中的研究,往往只报告平均数。

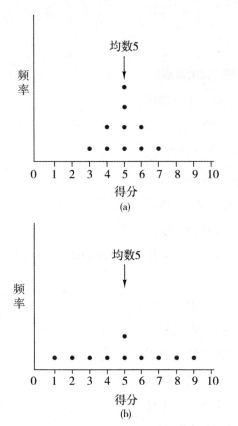

图1.6　平均值相同，但含义不同

在两张分数分布图中，平均值都是5，但在图表（a）中，大部分得分都在平均值附近集聚，而在图表（b）中，得分的分布范围比较广，因此，这两种分布特征的标准偏差也大相径庭。所以，哪个图表中的平均值更能代表所有的得分呢？

推论统计学　统计程序可以帮助研究人员推断出研究结果是否具有统计可靠性。

显著性检验　显著性检验主要用于评估一项研究的结果仅仅是巧合的可能性有多大。

解释数据

LO 1.6.B　解释一项具有统计学意义的研究结果能够说明什么以及无法说明什么。

从这一点来看，在我们的实验中，实验组的平均碰撞次数为10次，而对照组的平均碰撞次数为7次。那么现在是时候举杯欢庆了吗？还是说举办一个新闻发布会，将研究成果公布于众？或是给父母打电话报喜？此时，我们要保持谨慎！事实上，在一项心理学研究中，我们很难凭借双眼的观察就能得出令人惊讶的、清晰的结果。在大多数情况下，两组之间结果的差异可能仅仅是一种巧合。虽然我们采取了各种预防措施，但还是避免不了一些情况：比如说，实验组的受试者恰巧是那种很容易出意外的司机，他们有三次碰撞意外其实和接听电话无关。

为了严格评估数据中隐匿的潜在差异或关系，心理学家使用了推论统计学。**推论统计学**不仅仅会描述研究结果；研究人员还可以根据那些表明研究结果可靠性的证据来进一步得出结论。与描述性统计学一样，推论统计学涉及数学公式在研究数据中的应用。

结合历史经验来看，最常用的推论统计学方法是**显著性检验**。借助显著性检验，研究人员可以确定一种结果偶然发生的可能性有多大。在开展研究前，研究人员对实验结果的预期一般都比较保守。换句话说，研究人员的默认假设一定是：这两个待研究变量在现实生活中没有任何实际意义或不存在任何关系。毕竟，我们可以找到很多理由来解释为什么实验情景下的碰撞次数为10次，而对照情景下的碰撞次数为7次，比如说可能就是随机变动或者巧合等等。借助显著性检验，我们能够提出这样一个问题：即实验组和对照组之间存在的差异只是巧合的可能性有多大？如果是巧合的可能性非常低，我们就可以否定默认假设：即这两个变量在现实生活中没有任何相关，我们还可以说所得的研究结果具有统计意义——即我们在研究过程中观察到的差异非常可靠。

区分描述性统计学和推论统计学
检查你对描述性统计和推论统计间差异的理解，在每句话后面输入"描述"或"推论"。
总结数据。
给出结果可能出现的概率。
提供一个统计显著性值。
告诉你是否将结果告诉母亲。
检验样本平均值的差异。
计算平均数的置信度区间或离散程度。
重新开始　　检查答案

按照惯例，心理学家认为，如果在100次重复实验中，某种结果发生的次数不超过5次，则认为该结果在统计学上有意义（有效的）。这样，心理学家就会说，该结果在0.05水平上显著或者 $p < 0.05$，其中p代表概率，0.05代表p值。但是如果p值大于0.05，很多研究人员会对研究结果没有信心，虽然他们可能还会深入研究以便确认自己的判断。

如今，越来越多的研究人员还会采用统计学公式报告自己的研究结果，这种统计学公式可以得出一个**置信区间**。特定样本得出的平均值几乎不可能与社会群体的真实平均值完全一样（当然，我们永远无法知道总体均值，除非我们将总体中的每个个体都进行测量）。

具有统计意义的结果可使心理学家对人类行为和心理活动做出普遍性预测：驾驶时使用电话会增加事故风险。但是这些预测并没有确定地告诉我们，特定的个体在特定情景中会做什么。与此同时，在心理学中传统的显著性检测被广泛运用，然而这些检验有一些大的缺陷。一项结果可能在0.05水平上具有统计意义，但是在日常生活中却只有很少的影响，那是因为自变量仅仅解释了人类行为变量中很少的部分。结果有统计意义仅仅告诉我们一项研究结果假定的可靠性，而不是结果的重要性以及潜在的影响力。

为解决此问题，现在许多期刊鼓励使用其他可产生**效应值**的方法，这种方法可以帮我们理解效应的重要性。效应值类似于测量一些物品

置信区间 在一个特殊概率下，提供一系列参数或统计量的取值区间，总体均值可能在这个区间中。

效应值 描述自变量对因变量的影响力度的标准方法。

既然对于此话题已经谈论一段时间,那么是时候告诉你们,许多与我们假设情境类似的研究已证明开车时打电话的危险。在一个研究中,手机使用者不论使用免提电话还是手持电话,都会损害他们的驾驶能力,就像醉酒司机的驾驶能力受到酒精的损害一样(Strayer, Drews, & Crouch, 2006)。一些州规定开车时打电话是不合法的。其他州则正在考虑将司机在驾驶时任何使用手机的行为都认定为非法的。

的重量:不论你测量什么,100磅远远重于10磅。效应值可帮助我们理解效应的重要性以及效应所占的比重。的确,因为最终,研究者对自变量的效应是否可靠且显著性感兴趣,但更重要的是关心效应量的大小,尤其是试图评价治疗是否有效,教育辅导是否值得,或者与其他结论认为变量间关系的强度。

我们认为有关研究设计、数据分析、数据报告等有许多细节。当我们在后续章节中探索心理学家对人类心理的认识时,这些细节都是必需的。心理科学的这些方法颠覆了一些关于人类如何思考、感受、行动、适应的根深蒂固的假设,且这些方法所提供的信息极大地改善了人类健康。这些方法阐明人类的错误与偏见,使我们能够以开放的思维来寻求知识。生物学家托马斯·赫胥里(Thomas Huxley)这样描述:科学的本质就是如孩子般面对事实,放弃每一个先入为主的观念,谦虚地跟随大自然的领导,否则你什么也学不到。

日志 1.6 批判性思考——提出问题,乐于质疑

想象当你已经准备申请研究生项目时,你和朋友讨论是否参加相当昂贵的预科班课程测试。朋友告诉你,她读了一篇报道说与不参加课程的学生相比,参加这个课程的学生更可能在最后获得高分,你询问她参加这个课程后人们的平均分上升多少,是否值得这么昂贵的价格?与这个讨论相关的显著性检验的概念是什么,效应值是多少?当她引用这篇研究报告由课程产生的差异时,你的朋友是否关注显著性检验或效应值?你对于平均成绩的增长有什么看法?最后,这是否会对你如何看待统计学意义与效应值的相对重要性产生影响?

模块 1.6 测验

1. 亨利急切地说:"哎呦!我很疑惑,我的研究项目收集了很多数据,但是我不知道我应该关注哪些数据?最大值?最小值?众数?"瑞林建议道:"你为什么不计算所有这些数值的算术平均

数？平均数可以很好地表明总体数据是怎么样的。"那你建议亨利如何去寻找平均值？（　　）

　　A.将所有单个数据加起来，只有再用总分除以数据的数量。

　　B.计算出每一个分值与其他每一个分值的距离。

　　C.从最高分中减去最低分，然后将结果乘以2。

　　D.将5个最低值和5个最高值加起来，之后再将结果除以2。

2.一种推测使得研究者可以得到结果有意义的结论,这种推测称为(　　)统计。

　　A.定性　　　　　B.描述　　　　　C.推论　　　　　D.定量

3.当判断一项结果具有统计意义时,心理学家通常采用什么阈值？（　　）

　　A.结果是偶然发生的,发生概率为20%或以下。

　　B.结果是偶然发生的,发生概率为5%或以下。

　　C.结果是否与研究者最初假设预测相匹配。

　　D.当检测一项数据时,是否60%的其他研究者可以得出同样结论。

4.在给出一系列值的统计度量中,总体均值所在区域被称为(　　)。

　　A.有效值　　　　　　　　　　B.横向研究

　　C.p值　　　　　　　　　　　D.置信区间

5.(　　)与变量间相关的强度或权重,(　　)与这种关系是不是一开始就是可靠的相关？

　　A.效应值；显著性检验　　　　B.置信区间；横向研究

　　C.显著性检验；p值　　　　　D.纵向研究；效应值

让心理学伴随着你：提升你的批判性思维

　　本书的目标是将你带入心理学的科学领域,同时鼓励你在日常交往与观察中应用批判性思维。在本章开头,我们想知道你是否觉得自己擅长预测你身边的其他人在不同情况下的表现。80%学生对于此问题给予肯定回答,4位作者可能也有这样的想法。但是一个优秀的心理学家也认为他或她在此方面会有更好的表现——心理学家对人类的本质和社会生活抱有不合时宜的假设以及错误的印象。

　　事实上,大众关于心理学的直觉和"常识"并不都是正确的,通过指出其自相矛盾之处就可以证明这一点。当涉及吸引与爱情时,异性相吸和人以群分并不总是正确的。"眼不见,心不烦"以及"距离产生美"也不会总是正确的。更普遍地,三振出局或者和"第三次准有好运气"是准确的吗？见好就收或"放弃的人永远不会成功"是准确的吗？等等。

　　心理科学不会对类似问题给出直接或简单的答案。结果是物以类聚：相似性就是形成友谊和对恋爱关系感到满足的关键预测因素。但是,我们都可以想一想自己知道的一些特别的夫妻的例子,即使他们在性格、思想意识或背景方面有很大的差异,他们依然走在了一起。有关人类本性的所有问题,在不同的情况下会有不同的答案,不管我们讨论婚姻、出轨或是柏拉图式友谊。

简言之,我们期望这一章(和你的课程)确实可以提供给你有关心理学的许多答案,它也会促使问更多关于自己的问题。

本章的后半部分,心理学家通过科学的方法和实证数据分析来提出问题。理解心理学的基本研究方法,对于你讨论及评论在本书其余部分呈现的研究结果是必要的。记住你可以(且应该)将你的批判性思考技巧用在大众媒体的性研究上。比如在本章我们询问过你们的另外一个调查问题,即你听到新闻报道说有研究发现儿童吃快餐越多,他们的阅读、数学与科学测验的分值就越低之后,你是否会改变自己的饮食行为。几乎 2/3 的读者反馈表示,他们在听到此消息后,的确会考虑改变个人饮食行为。当然,既然你已经了解相关研究并不能表明因果关系。然而,认真思考自己的饮食习惯是好的,但这个研究真的证明了快餐对智力的消极影响了吗?不一定。

你应当同样用评判思维来仔细检查在课程内外遇到的统计资料。统计程序是评估研究必不可少的工具,但是统计信息也可被操纵,被歪曲报道,甚至为了促进一个特定的政治或社会议程而人为地编造统计信息。批判性、科学性思维的关键不仅是如何正确地使用统计信息,也包括如何鉴别对统计信息的滥用。当你听到"有 200 万人这么做"或"3/5 的人选择这些",你可以做下面这些事情。

询问这些数据是如何计算的。假设你们学校的某个人做了一个关于社会问题的演说,引用了一些大数据来说明这个问题的严重性以及广泛传播性。你应当问问这个数据是如何计算出来的。是基于政府数据吗?或者仅仅来自一个小的研究?或者几个已发表的研究?是对许多研究的综合分析吗?或者完全是猜测吗?

询问基础比率与绝对值。假设我们告诉你每天早上吃百吉圈的大学生得溃疡的相对风险会增加 300%(当然,并不会这样)。这听起来相当吓人,但是并没有告诉很多信息。首先,你需要知道有多少学生得了溃疡,有多少吃了百吉圈的学生得了溃疡。如果"增加 300% 风险"是从 1000 学生中的 100 个学生增加到 300 个,你应当对这件事情给予理性的关注。但是,在你开始担心之前,你需知道的是绝对风险即在实际的绝对数量中实际的增长是多少。它也许并不重要(Bluming & Tavris, 2009;Gigerenzer et al., 2008)。

询问如何定义术语。想想令人不安但是非常重要的性侵犯。如果我们听到 1/4 的女士在她人生的一些时候遭到强暴,那我们需要询问如何定义强暴?如果你询问她们是否经历过任何不情愿的性行为,这一比例会远远高于询问她们是否被迫或被强迫进行性行为的比例。尽管很多女士被认识的男人强暴的比例远超过不认识的,但一些女士并不会将约会强暴或熟人强暴看作强暴,这样就会降低强暴比例。

谨慎对待相关。我们之前讲过这些,但不得不再次重复:在相关发现中,你不能确认是什么造成了什么。一项研究报告,每天听 5 个小时以上音乐的青少年感到沮丧的概率是没有听这么多时间音乐的青少年的 8 倍(Primack et al., 2011)。听音乐会让你沮丧吗?或者沮丧的青少年易走神、听音乐,因为他们没有精力来做更多的事情。

不幸的是,不好的统计信息经过一遍又一遍的重复,反复重复会能渗入流行文化,像病毒通过互联网传播一样并且很难消除。本章信息会让你开始区分有用数据与欺骗性数据的差别。有关这些话题的书籍,我们推荐阅读乔尔·贝斯特的《该死的谎言和统计学》和查尔斯·惠兰的《去除对数据的恐惧》这两本书。在后面的章节,我们会给出额外的信息帮助你批判性、科学性地思考那些制造新闻的流行说法以及发现。

分享写作:心理学是什么?

思考一下某篇研究的标题"被欺负导致孩子们不愿意锻炼"。在对这项研究的质疑中,对小学生进行调查,并询问他们一下这方面的内容:(1)被欺负的历史;(2)他们目前的锻炼趋势。这2个变量被发现呈负相关,即学生报告被欺负的越多,锻炼的时间就越少。想想你本章学习的批判性思考以及研究方法,使用这些方法分析这个研究的标题。需要什么细节来检测此标题是否合适?需要什么细节来评估故事中研究的质量?你可否想一下以及对此研究设计提出一些修改,使其有利于有关话题以后的研究?

总结

1.1 心理学、伪科学和流行的观点

LO 1.1A 定义心理学,描述它如何从科学的角度来探讨心理学话题,并将其与伪心理学和常识心理学区分开来。

心理学是有关行为和心理过程及其如何受内外部机制影响的学科。心理学家有许多来自伪科学的竞争者,例如占星家和有通灵术的人。心理学拥有自己的研究方法并注重实验证据,使它有别于伪科学和"心理呓语"。心理学导论课程可以纠正关于人类行为的很多误解。

LO1.1.B 讨论早期的一些观点和个人思想对现代心理学先驱人物的影响。

心理学先驱提出了一些有效的观察数据以及有用的见解,但是没有严谨的实验方法,他们对行为的描述与解释有严重的错误,如颅相学。结构主义者强调将及时经验分解为基本的元素。机能主义强调行为的目的。西格蒙德·弗洛伊德的精神分析理论强调心理和情感问题的无意识原因。

LO 1.1.C 列举并描述现代心理学的四种主要观点。

生物学观点强调生理事件与行为、思想、感情的联系,以及基因对行为的作用。学习观强调环境以及个人经验如何影响行为;在这种观点下,行为主义者拒绝用心理因素来解释行为,社会认知学习理论将行为主义与思想、价值观和意图的研究综合起来。认知观强调知觉、问题解决、信念形成及其他人类行为的心理过程。社会文化观探索社会背景和文化规则如何影响个人的信仰和行为。

LO 1.1.D 描述心理学家在研究、实践和社区中所起的作用。

许多心理学家在大学做研究和教学工作,在这里,他们研究许多话题。其他心理学家提供心

理健康服务(心理实践),治疗师的培训和方法各不相同。临床心理学家有博士学位、教育博士或心理医生;精神病学家有医学博士学位,精神分析学家在精神分析研究所接受训练;有执照的临床社会工作者(LCSWs)和婚姻、家庭、儿童咨询顾问(MFCCs)可能有不同的研究生学历。一些心理学家做研究并且将结果应用在许多非学术环境中,致力于使他们的社区成为更好的居住场所,并且有助于社区的人们的心理、社会、身体健康。

1.2 心理学中的批判性思维和科学思维

LO 1.2.A 解释什么是批判性思维,讨论批判性思维的重要原则,并举例说明每个原则在心理学中的应用。

学习心理学最大的好处之一是培养批判性思维的技能和态度。批判性思维有助于人们对心理学问题进行讨论,这些问题对于个人、社会都很重要。批判性思维者问问题,清楚地界定术语,检查证据,分析假设和偏见,避免情绪化推理,避免过于简单化,考虑其他原因,容忍不确定性。批判性思维是一个发展过程而不是一个一劳永逸的成就。

LO 1.2.B 学生如何运用心理学原理和方法更有效地学习心理学。

心理学中的发现能够被用来更有效地研究心理学。尤其是,五个基于研究的策略值得铭记。第一,全身心关注讲座和阅读,因为多任务处理通常是无效的,而技术可能对学习产生意想不到的负面影响。第二,强迫自己阅读、朗读和复习材料将会让你很好地通过测试。第三,通过将新知识和你已经知道的知识联系起来,并从自己的生活中思考概念的例子,进行深入挖掘。第四,通过不断地测试,强迫自己重复回忆知识,从而改善记忆。第五,死记硬背并不像学生想象的那样有效,还会导致睡眠不足。

1.3 展开研究:从提出问题到收集信息(数据)

LO 1.3.A 描述选择心理学研究参与者(被试)的主要方法,以及选择被试的方法如何影响研究结果与解释。

在任何研究中,研究者都想选取有代表性的样本,即该样本要和研究者想要描述的人群组成相似。但实际上,研究者必须经常使用"方便"样本,典型的有大学生。在许多研究中,这样做的后果是微乎其微的,但在其他情况下,对"一般人"的结论必须谨慎解释。

LO 1.3.B 讨论使用各种描述性研究方法的优缺点,如个案研究法、观察法、测验法和调查法。

描述性方法试图提供对行为的描述而不是解释为什么会发生,有许多种描述方法。个案研究能够详细地描述个体,在探索新的研究话题和解决问题时也是有价值的,否则这些问题很难被研究。在观察研究中,研究者系统地观察、记录行为,不用干扰被试。自然观察法被用来揭示动物和人类在自然环境中是如何行动的。而实验室观察法允许更多地控制和使用特殊设备。心理测验为测量和评估人格特质、情绪状态、态度、兴趣、能力提供了一个标准化的方法,通常是和之前建立的标准分数作比较。一个好的测验既有信度又有效度。调查是采用问卷或采访,直接问被试的经验、态度和观点。

1.4 相关研究：寻找关系

LO 1.4.A 举例说明相关系数如何给出两个变量之间关系的大小和方向。

寻找现象之间的关系的研究，叫作相关研究。相关是对两个变量的正的或负的关系的测量，通过相关系数表示。正相关意味着一个变量增加，另一个变量也增加。负相关意味着一个变量增加，另一个下降。

LO 1.4.B 解释为什么两个变量之间的相关不能确定两者之间的因果关系。

两个变量之间的相关不会必然导致这两个变量之间的因果关系。第一个变量可能导致第二个变量发生，第二个变量可能导致第一个变量发生，或者第三个变量能够导致这两个变量发生。相关设计并不能解释变量之间的因果关系。

1.5 实验：追根溯源

LO 1.5.A 区分自变量和因变量，并举例说明每个变量。

心理学家使用实验研究设计来测试变量之间的因果关系。实验允许研究者控制研究的情景，操纵一个自变量，测量操纵对因变量的影响。

LO 1.5.B 解释如何随机分配被试有助于创设实验条件，并解释实验组和对照组之间的区别。

将被试随机分配到实验条件，尤其是大样本，这会让研究人员确信，在实验中被比较的群体在开始时基本是等价的。然后比较两个或多个条件的结果，经常包括实验组和控制组。在一些研究中，控制组被试接受安慰剂或假的治疗。一个横跨研究是在一个既定时间点，比较不同组别；而一个纵向研究是对被试在一段时间内的重复测量。

LO 1.5.C 探讨实验研究设计的方法学优势、局限性以及伦理问题。

实验具备很多的优点，但同样也存在局限和挑战。单盲和双盲设计能够用来阻止被试或主试的预期对实验结果的影响。现场调查研究有助于解决很多研究者在人工实验室环境中进行实验所担心的问题。还有一项很重要的，即研究者始终要考虑到实验伦理（包括知情同意的过程）。

1.6 评估结果

LO 1.6.A 解释如何使用描述性统计来比较研究中各被试组的表现。

心理学家会使用平均数和标准差等描述统计来总结数据。通过获得一组测量的平均分，以及如何将分数按照平均水平分组或展开，以使科学家们对测量结果的整体情况有了一个很好的了解。

LO 1.6.B 解释一项具有统计学意义的研究结果能够说明什么以及无法说明什么。

心理科学家使用推论统计去发现变量之间的关系。显著性检验告诉研究者一个研究结果在多大程度上可能仅仅是偶然的，如果这个偶然性很低，才能说研究结果在统计上显著。如果研究人员能反复地重复他们的研究结果，那么置信区间有助于研究者估算真实的平均值。效应量是描述自变量对因变量影响强度的一种标准化方法。

第一章习题

1. 科学心理学与伪科学和大众舆论的区别是什么？（　　）

   A. 流行的观念需要时间才能进入科学文献中，而科学发现能立即被科学界所接受。

   B. 科学心理学的结论依赖于实证研究。

   C. 科学心理学只能是研究的课题，不能用常识来解释。

   D. 从一个精心控制的实验中得到的证据，并不像人们长久以来的信念那样令人信服。

2. 下列关于科学心理学与电视节目、网络或自助图书上的流行心理学的差异的论断，哪个是真的？（　　）

   A. 科学心理学比流行心理学所关注的问题和主题更广阔，而且它是建立在严格的理论和实证基础上的。

   B. 科学心理学只能在实验室中进行，而流行心理学可以在很多场合进行。

   C. 流行心理学基于研究解释了行为，而科学心理学是从日常生活中分离出来的。

   D. 流行心理学产生了可检测的预测，而科学心理学只关注理论。

3. 丹妮拉和她的朋友拜访了一位算卦者，算卦者告诉她"你将在明年经历巨大的变化"，"你将需要迅速采取行动，抓住等待你的新机会"。她们离开后，丹妮拉的朋友感到震惊和惊奇地说："那真是太棒了，那个算卦者为你预言了一些重要内容。"丹妮拉安静地笑着："哦，这只是为了娱乐。"丹妮拉回答说："我一个字也不相信。"为什么说丹妮拉的怀疑是正确的？（　　）

   A. 丹妮拉在今年已经体验到了巨大的变化并且抓住了新的机会，所以她知道算卦者的预期不会再次成真。

   B. 丹妮拉认为算卦者在对她的朋友进行预测。

   C. 算卦者在进行一项大多数人都不能理解的科学。

   D. 算卦者的预期是含糊不清的，在本质上毫无意义。

4. 从古代到十九世纪初，前心理思维的特点是什么？（　　）

   A. 没有实证的方法，结论基于意见和偶然的观察，有时这些结论是对的，但大部分是错的。

   B. 结论都是基于医生的观点，因为他们是最接近"心理学家"的实践者。这些结论都是生理取向的。

   C. 前心理学的方法都集中于将人类行为解释为精神力量。宗教信仰和心理学被认为是可以互换的术语。

   D. 在成为科学之前，心理学被视为一种巫术，因此，人们对任何得出的结论都有偏见。

5. 心理分析，早期心理学的一种，起源于（　　）。

   A. 威廉姆斯·冯特　　　　　　　　　　B. 西格蒙德·弗洛伊德

   C. 威廉姆斯·詹姆斯　　　　　　　　　D. 约翰·华生

6. 与其他表情相比,人类能够准确地从较远距离识别出笑容。对此结论的一种解释是:这为了能够准确和迅速地预测一个陌生人有良好的意图,这有助于人类合作的发展,反过来也有助于社会的发展。这种解释是基于心理学的哪种观点?( )

　　A.行为主义　　　　　　　　　　B.社会认知学习

　　C.进化心理学　　　　　　　　　D.建构主义

7. 每当得不到自己想要的东西,小阿诺德总是尖叫和大发脾气。此时,他的父母总是会急忙冲过去满足他的即时需求,以此来安抚他。依据以下哪种心理学理论,父母的行为方式强化了小阿诺德的行为?( )

　　A.认知理论　　　　　　　　　　B.社会文化理论

　　C.生物理论　　　　　　　　　　D.学习理论

8. 阿兰森博士研究情绪觉知(情绪监测与命名的个体差异)的心理加工过程、影响因素和产生机制。马丁博士想要探究高情绪觉知者是否更擅长调控情绪,并进而获得更好的心理治疗效果。阿兰森博士的研究兴趣属于(　　),而马丁博士的研究兴趣属于(　　)。

　　A.基础心理学;应用心理学　　　B.学习理论;社会文化心理学

　　C.生理心理学;心理测量学　　　D.咨询心理学;临床心理学

9. 贝特丽丝想要"帮助他人",因而租赁了办公场所,广告推介其服务项目并印制了名片。无论贝特丽丝是否受过心理训练,她都可以使用以下哪个心理健康术语?( )

　　A.精神科医生　　　　　　　　　B.精神分析师

　　C.婚姻、家庭和儿童咨询师　　　D.心理治疗师

10. 以下哪项是批判性思维的典型特点?( )

　　A.批判性思维通常拒绝一些常规性解释。

　　B.科学家需要批判性思维,但普通人并不一定需要。

　　C.批判性思维是一个连续过程,而非永久性才能。

　　D.批判性思维是天生的,而非后天习得的。

11. 以下哪项不是本章所论述的批判性思维的八大准则?( )

　　A.核验证据　　　　　　　　　　B.容忍不确定性

　　C.下定义　　　　　　　　　　　D.避免深信证据

12. (　　)是以某种理论为基础,具体阐释事物间关系。

　　A.定律　　　　　　　　　　　　B.操作定义

　　C.外推法　　　　　　　　　　　D.假设

13. 在严密的实验控制条件下,奥尔多发现,多学2小时的九年级学生的测验成绩提高了5%。在研究结果发表之前,他分别以另一组九年级学生、另一组学习其他材料的九年级学生以及一组十年级学生为被试重复该实验,均发现了相似的实验结果。奥尔多这样做是在论证科学

研究的哪一重要特征？（　　）

A. 可重复性　　　　　　　　　　B. 假设

C. 可证伪性　　　　　　　　　　D. 效度

14. 康妮让其心理学导论课程的 35 位同学填写关于约会习惯的调查问卷。该被试群体的选取属于哪种取样？（　　）

A. 代表性取样　　　　　　　　　B. 总体取样

C. 方便取样　　　　　　　　　　D. 相关取样

15. 贾内尔想要了解战争对战斗老兵的心理影响,因而对其参加过越南战争的祖父进行了深度访谈。贾内尔采用的研究方法属于（　　）。

A. 问卷法　　　　　　　　　　　B. 观察法

C. 实验法　　　　　　　　　　　D. 个案研究

16. 某研究者想要探究公共场所使用手提电脑者更倾向于靠近同样使用电脑者还是不使用电脑者。她连续一周每天在当地的一间咖啡馆内坐 2 小时,记录携带手提电脑顾客和不携带手提电脑顾客的数量,以及他们紧邻谁而坐（携带手提电脑者还是不携带手提电脑者）。该研究采用的是哪种研究方法？（　　）

A. 实验室观察　　　　　　　　　B. 自然观察

C. 问卷法　　　　　　　　　　　D. 个案研究

17. 卡门想要探究人的情绪状态（好心情/坏心情）是否影响其对流浪汉的捐赠量。在该研究中,因变量是（　　）。

A. 坏心情　　　　　　　　　　　B. 好心情

C. 人的情绪状态　　　　　　　　D. 捐赠量

18. 一组被试被给予制药公司正在测试的新型止痛药。对另一组被试采用与第一组被试相同的流程,共用相同的主试,但是给予其与测试药物相同大小、形状和质感的糖丸。实验中的第二组被试接受的是（　　）。

A. 安慰剂　　　　　　　　　　　B. 相关物

C. 因变量　　　　　　　　　　　D. 基线值

19. 实验者知道被试归属于实验组还是控制组,但被试本人并不知道,该类研究属于（　　）。

A. 单盲实验　　　　　　　　　　B. 双盲实验

C. 重复测量设计　　　　　　　　D. 失败

20. 雨果统计大学生每天学习时长的数据,发现他们通常每天学习 3 小时,上下浮动 1 小时。本文中,"通常"指的是（　　）,"上下浮动"指的是（　　）。

A. 标准差；算数平均数　　　　　B. 算数平均数；标准差

C. p 值；标准差　　　　　　　　D. 算数平均数；p 值

第二章 神经元、激素和大脑

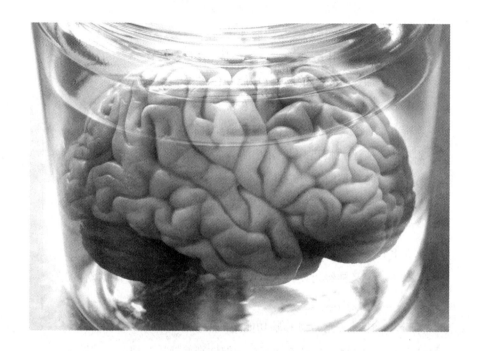

学习目标

2.1.A 描述中枢神经系统的主要功能,并能说出它的两个主要结构的名称。

2.1.B 列出周围神经系统的主要结构和分区,并能描述其主要功能。

2.2.A 比较神经元和神经胶质细胞的功能。

2.2.B 描述神经元的三个主要部分,并对其主要功能进行解释。

2.2.C 解释干细胞如何促进神经发生过程。

2.2.D 概述神经元间相互沟通的过程,并解释突触、动作电位、突触小泡和神经递质的基本功能。

2.2.E 总结主要的神经递质在大脑中的作用,并列出影响行为的四种激素。

2.3.A 描述三种研究人员用来操纵脑并观察行为结果的技术。

2.3.B 描述五种研究人员用来操纵行为和观察脑反应的技术。

2.4.A 列出并描述脑干的三种主要结构,解释每个结构执行的主要功能,并讨论小脑控制的加工过程。

2.4.B 描述丘脑的结构、功能和位置。

2.4.C 描述下丘脑和脑垂体的结构、功能和位置。

2.4.D 描述杏仁核的结构、功能和位置。

2.4.E 描述海马的结构、功能和位置。

2.4.F 描述大脑的结构,并解释胼胝体的功能。

2.4.G 描述大脑皮层每个叶的位置,并解释它们的主要功能,尤其是前额叶皮质。

2.5.A 讨论裂脑实验的基本范式,以及这些结果揭示了大脑半球什么样的功能。

2.5.B 描述为什么大脑的两个半球是盟友而非对手。

2.6.A 定义神经可塑性,并总结相应证据证明脑能根据新的经验作出改变。

2.6.B 探讨文化力量和脑功能之间的关系。

2.6.C 总结脑的性别差异与行为的性别差异具有相关性的结论。

提问问题:保持怀疑

- 生活经历会改变你的大脑吗?
- 大脑地图在为我们提供信息的同时如何误导我们?(看不懂,大脑映射是什么?)
- 你是"左脑人"还是"右脑人"?
- 大脑性别差异如何与行为的性别差异相关?

> **互动** 当你的身体逐渐老化,你认为玩游戏(如数独和填字类游戏)会让你的大脑保持年轻吗?
>
> ○ 是
> ○ 否

T. P. 是一个销售员。他在 66 岁时记忆开始出现问题,特别是对名字和地点的记忆开始出现困难。接下来的四年里,情况急转直下。他甚至不能记住日期或现在所发生的事情,也逐渐从社会关系和活动中脱离出来。肺癌更加重了他记忆方面的问题。研究者在他死后检查了他的大脑,发现一些与阿尔兹海默症相关的脑区存在异常(Mesulam, 2000)。

　　S 女士在她 60 多岁的时候遭受了严重的中风,这影响了她右侧大脑的后部。虽然她的智力完好,但是她对左侧视野的东西却完全视而不见了。比如,她会抱怨医护人员忘记了她的甜点,而其实那就在她的盘子左侧。一旦把它移到右侧,她就会变得激动不已:"哦,原来在这里——之前没在这儿!"当她坐在轮椅上,为了找到她左侧的物体,常常需要向右转动 360°才能看到它们。她化妆的时候,也总是忘记她左侧的半边脸(Sacks, 1998)。

　　这些例子,还有成千上万的相似的情况,告诉我们,在颅骨里的这个 3 磅重的器官为我们所做、所想的每件事情提供了基础。当疾病和损伤使大脑的功能受到影响时,我们的生活也会不可避免地发生改变,不论这些改变发生在身体上、情绪上还是认知上。然而,我们在本章的后面也会看到,有时候受损的大脑还是会重建,至少是恢复某一小部分失去的功能。事实上,一些研究者已经证实,痴呆病人可以通过有规律的认知活动(如算术和出声朗读, Kawashima et al., 2005)来改善他们的认知功能。另一些人甚至认为健康的成人如果经常进行这些"大脑体操",也能提升认知功能,并预防痴呆的发生。在回答上面的选择题时,超过 3/4 的读者会同意填字游戏和数独能够让大脑保持"年轻",即使身体还是会老去。但是这些看法是正确的吗?我们在本章的结尾会回到认知功能提升的可能性这个问题上来。

　　关于大脑如何工作的问题,你可能还有很多其他的假设。你是否听过这样一种说法:有些人是"左脑人",倾向于分析型思维以及理性决策;另一些人是"右脑人",富有创造力和艺术才能,倾向于用直觉做决策。你相信行为中表现出来的明显的性别差异很可能是源于大脑的性别差异吗?本章就是让我们思考这类问题。但是,先告诉大家一个流行的大脑神话来放松一下:人类只使用了他们大脑容量的 10%。例如,电影《超体》(2014)的情节就是立足于这一假设设计的。由斯嘉丽·约翰逊(Scarlett Johansson)扮演的女主人公食用了一种药物,导致人脑中约 90% 的神经元相继苏醒[在好莱坞电影里,露西(Lucy)掌握了越来越多的人所谓的超能力,包括瞬间掌握一门语言,通过意念把汽车掀翻]。然而,需要澄清的是,人们的日常活动,甚至是睡眠状态下,都需要使用远超过 10% 的大脑资源。接下来你也会读到,即使是大脑一个很小的位置受到损伤,都会对人的心理、行为或人格产生巨大的影响。随着脑成像技术的发展,人们已经获得了整个大脑内部的电脉冲和血流情况。非常遗憾地告诉你:你现在已经使用了 100% 的大脑了,但是你还是只能依靠过时的学习和练习来通过外语考试!

　　研究者如何研究以及为什么要研究大脑呢?心理学和其他领域的神经科学家对整个神经系统的研究是为了更好地了解正常的行为以及整个器官功能。认知神经学家探索意识、知觉、记忆和语言的生物基础;社会神经学家关注一些如社会互动、共情和偏见等产生的脑基础;情绪神经学家研究情绪、动机、压力中神经系统的参与情况；行为神经学家研究一些如学习、条件化、进食和性等基本过程的生物基础。你可以看出上述内容基本涵盖了人类感知和行动的方方面面。本章我们讨论的内容有大脑的结构和神经系统，为我们之后的讨论奠定了基础。

此刻，你的大脑在神经系统各部分的协助下，正在忙着加工你所读到的文字。不论你是激动、好奇或者无聊，你的大脑都正在经历着某种情绪。随着阅读的进行，大脑将会（我们希望）储存大量来自本章的信息。此外，随后的时间里大脑还能让你闻到花香，爬楼梯，和朋友

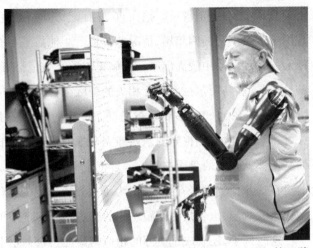

几年前由于一次电气事故，莱斯·鲍（Les Baugh）的双臂被截肢了。通过与约翰·霍普金斯大学的研究者合作，他现在能够通过意识控制一副假肢。40年来，他第一次实现了通过他的大脑发出的信号来抓握和控制物体。这类研究为实现"神经假肢"将来有一天会帮助瘫痪和截肢的人们带来了希望（Bouton et al., 2016）。

打招呼，解决问题或者对一个笑话做出反应。但是，大脑最惊人的成就是它知道它正在做的所有这些事情。这种自我意识让脑研究不同于地球上的其他任何研究。科学家必须使用他们大脑的细胞、生物化学物质以及电路来理解一般人的大脑的细胞、生物化学物质以及电路。

2.1 神经系统：基本蓝图

神经系统的功能是收集和加工信息，对刺激产生反应并协调不同的细胞工作。即使是低等动物，如海蜇和蚯蚓也拥有神经系统的雏形。非常简单的有机体，它们仅仅有移动、进食和排泄等活动，神经系统可能只是一个或两个神经细胞。而人类，他们会做非常复杂的诸如跳舞、做饭和上心理学课等活动，他们的神经系统由上亿的神经细胞组成。科学家把这个错综复杂的网络分成两个主要部分：中枢神经系统和周围（边远）神经系统（见图2.1）。更多内容，参见视频："基本原理：大脑是如何工作的1"。

中枢神经系统

LO 2.1.A 描述中枢神经系统的主要功能，并能说出它的两个主要结构的名称。

中枢神经系统（CNS）能够对感觉信息进行接受、加工、解释和存储，这些信息包括味道、声音、气味、颜色、皮肤上的压力、内脏感觉等。它也能向肌肉、腺体和内部器官发出信号。中枢神经系统一般认为包括两个

中枢神经系统 是由脑和脊髓组成的那部分神经系统。

部分：脑（后面详述）和脊髓。**脊髓**是脑的延伸，从脑的底部发出，沿着我们的背部中心向下，它的表面被椎骨包裹（脊柱），它是脑和颈部以下身体其他部位交流的桥梁。

脊髓 由脑底部向下延伸的一系列神经元和支持组织，处于脊椎的保护之中。

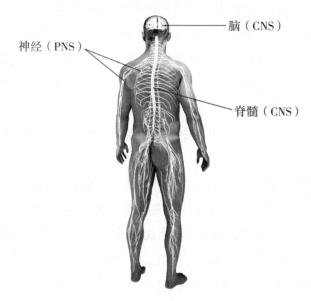

图 2.1 中枢和周围神经系统

中枢神经系统包括脑和脊髓。周围神经系统由43对神经组成，它们分别向中枢神经系统传入和传出信息。12对脑神经直接和脑相连；31对脊神经通过椎间孔出入脊髓。

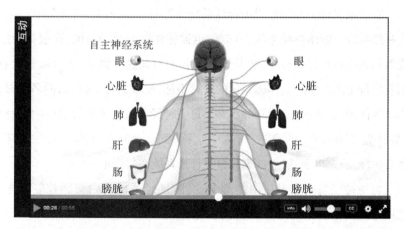

脊髓可以在无脑参与的情况下自主控制一些行为。脊髓反射是不需要意识参与的自动反应。如果你突然碰到一个很烫的茶壶或者锅，在你的大脑弄明白发生了什么之前，你会立即把手缩回。神经冲动把信息（热）发送到脊髓，脊髓立即通过其他神经冲动发出命令，控制你手臂上的肌肉收缩，使你的手远离物体（颈部以上的反射，例如打喷嚏或者眨眼，与脑的下部结构而非脊髓有关）。

脊髓的每个部分都包含反射通路，这些通路有上行和下行两种，它们分别是通往脑和从脑发出的神经通路。因为这些神经通路的存在，脊髓反射有时候会受到思想和情绪的影响。一个很好的例子就是男性的勃起。它是种脊髓反射，可以因为性欲而发生，也会因为焦虑和会分心的想法的存在而受到抑制。而且，一些反射过程可以受意识的控制。如果你集中注意力，你可以让你的膝盖在受到敲打时避免出现常规的膝跳反射。同样，很多男性会自动地学会延迟射精，这是另一种脊髓反射。

周围神经系统

LO 2.1.B 列出周围神经系统的主要结构和分区，并能描述其主要功能。

周围神经系统（PNS） 负责中枢神经系统的信息输入和输出。它包括除了脑和脊髓以外的所有神经系统，一直延伸到你的指尖和脚趾。在周围神经系统中，感觉神经携带着从皮肤、肌肉和其他内外感觉器官的感受器传来的信息，它负责将这些信息传给脊髓，再由脊髓传给脑。这些神经在我们感受外部世界和我们自己的身体活动时非常活跃。运动神经携带着从中枢神经系统发出的命令，它负责将命令传达给肌肉、腺体和内部器官。它可以让我们移动，或者让腺体收缩分泌物质，包括那些被称作激素的化学递质。

科学家又进一步地把周围神经系统分为两个部分：躯体神经系统和自主神经系统。**躯体神经系统**，有时候也被称作骨骼神经系统，它包括与感受器和效应器相连的神经，感受器能让我们感知这个世界，效应器能让我们发出自主的运动。当你感到你的手臂不适，或者关灯、写自己的名字时，你的躯体神经系统处于活跃的状态。**自主神经系统**调节血管、腺体和内脏（如膀胱、胃和心脏）的功能。例如，当你看到喜欢的人时，你会心跳加速，手心出汗，脸上出现红光，这全是自主神经系统在起作用。

自主神经系统也包括两个部分：交感神经系统和副交感神经系统。这两部分常常以拮抗的形式协同工作，来让身体做出调整（见图 2.2）。**交感神经系统**就像汽车的加速器，它会让身体迅速移动并且产生大量的能量。交感神经的激活让你脸红，出汗，呼吸急促，心率和血压升高。当你处于应激状态（战斗或逃跑），交感系统会让你迅速做出反应。**副交感神经系统**就像是刹车，它会减缓事情的发展并且保证它们顺利运行，为我们的身体储存能量。如果你想从加速的摩托车轨道中跳出，交感系统让你的心跳加速，之后，副交感系统会让它慢下来，维持正常的心率。

周围神经系统 除了脑和脊髓以外的所有神经系统，包括感觉神经和运动神经。

躯体神经系统 是周围神经系统的细分，它与感受器和骨骼肌相连，有时候也叫作骨骼神经系统。

自主神经系统 是周围神经系统的细分，对内脏器官和腺体的活动起调节作用。

交感神经系统 是自主神经系统的细分，它能调动身体的资源，在面对情绪和压力时，增加身体的能量。

副交感神经系统 是自主神经系统的细分，在放松状态下起作用，帮助有机体储存能量。

日志 2.1　批判性思考——不要过于简单化

虽然科学家把人类的神经系统又进行了细分,但实际上,所有的部分都是互相关联的。只用一眼,我们很难准确地说出脊髓到哪里结束,脑干从哪里开始。把神经系统分为简单的几个部分为什么会对我们有帮助,而同时又会使我们对神经系统的整体功能的理解模糊化?

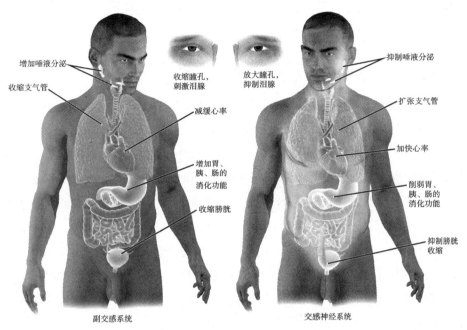

图2.2　自主神经系统

总的来说,交感系统让有机体消耗能量,副交感系统让有机体保存能量。

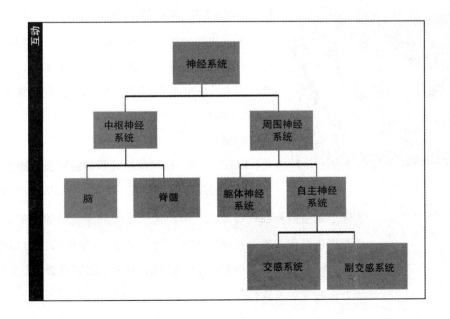

模块2.1 测验

1. 中枢神经系统由( )组成。

   A. 周围系统和外部系统　　　　　　B. 躯体系统和自主系统

   C. 交感系统和副交感系统　　　　　　D. 脑和脊髓

2. 吉米在和朋友野营的时候,不小心踩到营火,他的脚立即向后缩回。是什么产生了这种脚部保护动作?( )

   A. 痛觉信号从大脑传到脚部

   B. 脊髓的直接作用

   C. 从脚部传到大脑的信号经由脊髓传回脚部

   D. 大脑和脊髓信号的复杂的交互作用

3. 与感受器和骨骼肌等效应器相连的神经属于( )神经系统。

   A. 躯体　　　　B. 中枢　　　　C. 交感　　　　D. 副交感

4. 当惠子在晚间走过一个很黑的胡同时,她听到了瓶子打碎的声音、奇怪的喘息声和垃圾箱后面传来的沙沙声。之后,她的心跳开始加快,并且开始出汗,呼吸变得急促。这些生理反应是由惠子的( )神经系统产生的。

   A. 躯体　　　　B. 副交感　　　　C. 交感　　　　D. 中枢

5. 当惠子继续沿着胡同走去,她看到垃圾箱后面出现了一只肮脏的、喘气的猫,它正打着哈欠然后步履蹒跚地走开了。惠子的心跳逐渐平复,呼吸也变得正常。这些生理反应是由惠子的( )神经系统产生的。

   A. 中枢　　　　B. 交感　　　　C. 副交感　　　　D. 躯体

脑外层的神经元

神经元 能够释放电化学信号的细胞,神经系统的基本单位,也叫神经细胞。

2.2　神经系统内部的信息交流

上节我们描述的蓝图为我们提供了了解神经系统结构的大概观点。现在,让我们转到细节部分。具体来说,组成神经系统的细胞有哪些类型,它们包括哪些部分,以及这些细胞之间如何进行交流从而影响我们的行为?

细胞类型

LO 2.2.A　比较神经元和神经胶质细胞的功能。

同我们身体的其他部分一样,你的脑是由细胞——实际上是由两种细胞构成的。**神经元**或神经细胞是脑的交流专家,它们负责把信息传入或者从中枢神经系统传出,以及中枢系统内部的神经交流。**神经胶质**或胶质细胞(来自希腊语"glue",胶的意思)负责维持神经元处在特定的位置。

虽然神经胶质没有神经元这样受到广泛关注,但是目前据我们所知,它们的作用不仅仅是"胶"。它还为神经元提供营养,隔离它们,帮助它们成长,保护脑免受毒性剂的损害,并排除细胞死亡产生的碎片。此外,它们彼此之间以及和神经元之间也会通过化学物质进行交流。没有它们,神经元不能高效地发挥作用。有一种神经胶质细胞似乎可以向神经元发出开始指令,以使它们之间展开"交谈"(Ullian, Christoherson, & Barres, 2004)。另一种胶质细胞好像脑中的"电工",专门负责识别和修复神经系统中的电通路问题(Graeber & Streit, 2010)。随着时间的推移,胶质细胞还可帮助识别哪条神经连接变强或者变弱,提示它们在学习与记忆中发挥着重要的作用(Hahn, Wang, & Mageta, 2015)。

神经胶质 为神经元提供支持、营养和隔离的细胞。当神经元死亡时移除其碎片,强化神经元间联结的形成和保持,调节神经元的功能。

然而,正是那些在结构上看似雪花的神经元,组成了构建神经系统的材料。它们设计精巧,彼此在大小与形状上都不相同(见图2.3)。在长颈鹿身上,一个起始于脊髓终止于后腿的神经元,其长度可达到9英尺。而人脑中的神经元却精微到只有通过显微镜才能看见。很多年来,科学家普遍地认为人脑包含1000亿个神经元,神经胶质的数量是它的10倍之多。但是随着科技手段的进步,科学家们可以数出神经元的个数,发现数目比估计的少得多。一个成年人的脑大约有1710亿个细胞,而神经元和神经胶质的数量基本是相等的(Herculano - Houzel, 2009; Lent et al., 2012)。

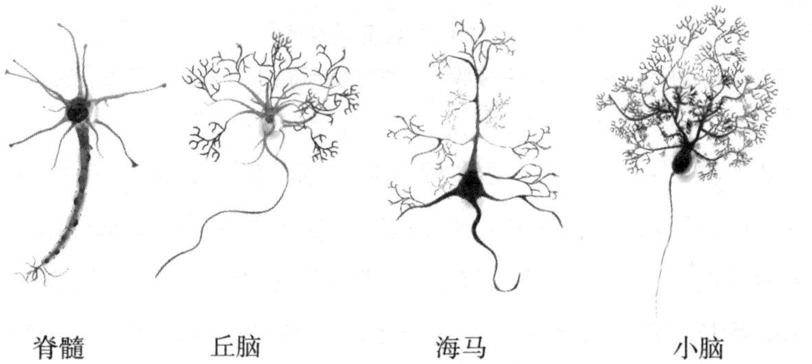

脊髓　　　　丘脑　　　　海马　　　　小脑
(运动神经元)　　　　　(金字塔形神经元)　(浦肯野氏神经元)

图2.3　不同类型的神经元
神经元在大小和形态上都有差异,这与它们的位置和功能有关。目前,在哺乳动物中已经发现了200多种类型的神经元。

神经元的结构

LO 2.2.B 描述神经元的三个主要部分,并对其主要功能进行解释。

从图2.4中可以看到,一个神经元由三个主要部分组成:树突、细胞

树突 神经元中从其他神经元接收信息并将信息传给胞体的分支。

细胞体 维持神经元活性,并且决定神经元是否放电的部分。

轴突 神经元的延伸纤维,可以将信息从胞体传向下一个神经元。

体和轴突。**树突(Dendrites)** 呈树枝状(这个词在希腊语中的确就有"小树"的意思),它像触角一样,能接收多达10000个其他神经元的信息,然后将这些外部信息传入细胞体,它们也对信息进行某些初步的加工。**细胞体(Cell body)** 呈圆形或锥形,其内部包含着细胞核,细胞核上有遗传信息(DNA),控制着细胞的生长和繁殖。细胞体的其他部分有保持神经元活性并产生神经化学物质(很快我们将会谈到)的生化装置。**轴突**(**Axon**,来源于希腊语"axle",轴的意思)与细胞体相连,将来自细胞体的信息向外部传至其他神经元或肌肉和腺体细胞。轴突末端通常被分为几个分支,称之为轴突末梢。成人神经元的轴突长度从1/4000英寸到几英尺长(十几微米到一米多)。

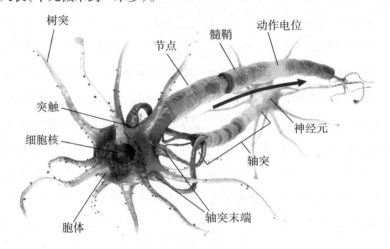

图2.4 神经元的结构
即将到来的神经冲动被树突接收,并继续传至胞体,向外传出的信息经由轴突传到轴突末端。

许多轴突,尤其是体型比较大的轴突,被一层称为髓鞘(myelin sheath)的脂肪层包围,在中枢神经系统中髓鞘由神经胶质细胞组成。而轴突的节点(node)没有髓鞘覆盖,它把轴突分成一节一节的,就好像一连串的香肠一样。髓鞘的一个功能是防止神经元的信号相互干扰。另一个功能,正如我们即将看到的,髓鞘还起着加快神经冲动传导的作用。多发性硬化症患者的轴突由于缺乏髓鞘覆盖,使神经信号变得不稳定,从而导致知觉丧失,身体虚弱或瘫痪,肌肉共济运动失调或存在视觉障碍(Czeipel, Boddeke, & Copray, 2015)。更多信息,请参见视频:"基本原理:大脑是如何工作的2"。

髓鞘 围绕在神经元轴突上的脂肪绝缘(隔离)层。

周围神经系统中,各个神经元的神经纤维(轴突,有时是树突)聚集在一起统称为**神经(nerves)**。人类有43对周围神经,每对神经中的两支

神经 周围神经系统中的一束神经纤维(轴突,有时候是树突)。

神经分别位于身体的左右两侧。这些神经大部分由脊髓发出或者传入脊髓,只有 12 对在头部,称为脑神经,与脑直接相连。

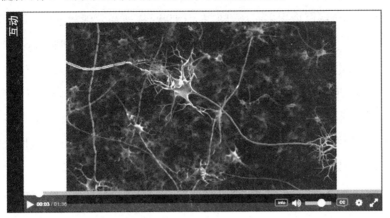

神经形成:神经元的诞生

LO 2.2.C 解释干细胞如何促进神经发生过程。

在 20 世纪的大部分时间里,科学家们认为,中枢神经系统中的神经元受伤或受损就不能再生。但如今这种传统观念已被打破。动物实验表明,脊髓的轴突被切断后,经过特定的神经系统化学物质的处理是能够再生的(Ruschel et al., 2015;Schnell & Schwab, 1990)。研究者们希望这种轴突再生的技术能够最终用于人类,使脊髓受伤的人能再次使用他们的四肢。

神经发生 新的神经元从还未成熟的干细胞中生成的过程。

在过去的 20 年里,研究者们又重新思考另一个根深蒂固的假设:哺乳动物在婴儿期之后,就不再产生新的中枢神经系统(CNS)细胞了。在 20 世纪 90 年代早期,加拿大神经科学家将鼠脑中未成熟的细胞取出,将其浸入生长促进蛋白(growth promoting protein)中,发现这些细胞在**神经发生**过程中,可以生成新的神经元。更令人惊奇的是,这些新的神经元还能继续分裂和繁殖(Reynolds & Weiss, 1992)。从那时起,科学家发现人脑和其他身体器官也包含这种现在通常被称为**干细胞(stem cells)** 的细胞。它们与学习、记忆有关,并且似乎在整个成年期都不会停止分裂和成熟(Qin, Zhang, & Yang, 2015)。在动物实验中,身体运动、心理意志活动和丰富的环境都会促进新细胞的产生,相反,老化和压力则能抑制新细胞的生成,而尼古丁更可以致新生细胞于死地(Wei et

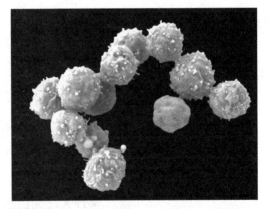

经过放大的胚胎干细胞,它们能够产生很多不同种类的身体细胞。

干细胞 正在生长的未成熟的细胞,并且有发展为成熟细胞的潜力;给予特定的环境,早期的胚胎干细胞能够发展成任何类型的细胞。

al.,2012；Wolf, Melnik, & Kempermann,2011；Curlik & Shors,2013）。

干细胞研究是生物学和神经科学领域最热门的研究之一,因为胚胎干细胞(ES)可以产生多种类型的专门细胞,从神经元到肾细胞(见图2.5)。因此,干细胞在治疗受损的组织时非常有用。胚胎干细胞(ES)取自流产的胎儿或者刚刚形成几天的胚胎,它们只由几个细胞构成(生育诊所拥有大量这种胚胎,因为医院会为每对希望受孕的夫妇制造多个"试管婴儿",最终,那些多出来的胚胎就会被毁掉)。病人倡导组织希望干细胞移植技术最终能被用于人体,用来修复因脑疾病或脊髓等其他身体部位损伤造成的问题。

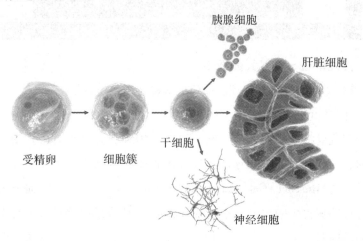

图2.5 干细胞的产生
胚胎干细胞（ES）有发展成多种成熟细胞的能力。当胚胎形成几天之后,胚胎干细胞就出现了,大约由100个细胞组成。

这些发现在人类病人中取得临床疗效还有很长的路要走,并且还需要克服很多艰巨的技术障碍。但是令人兴奋的是,目前干细胞已经能为盲人恢复视力,能治愈损伤的心脏组织。每年都有关于神经元的大量惊人发现,这些发现在不久以前可能看起来还像科幻小说。

神经元之间信息如何传递

LO 2.2.D 概述神经元间相互沟通的过程,并解释突触、动作电位、突触小泡和神经递质的基本功能。

神经元并非直接互相接触。事实上,它们的端点被称为突触间隙的狭窄空间所分离,在此,一个神经元的轴突末梢几乎与另一个神经元的树突或细胞体相接触。在结构上,**突触(synapse)** 是由轴突末梢(突触前膜)、突触间隙和接受传导信号神经元的细胞体膜或树突膜(突触后膜)

突触 神经冲动从一个细胞传向另一个细胞时发生的位置。它包括轴突末端、突触间隙以及接受细胞的细胞膜上的接收器。

构成。由于一个神经元的轴突可能有几百个甚至上千个末梢，一个神经元就可能和很多神经元发生突触联系。所以，神经系统中的突触数目能达到几万亿甚至千万亿。了解更多关于这些联结如何随时间发生改变，请观看视频："可塑的脑"。

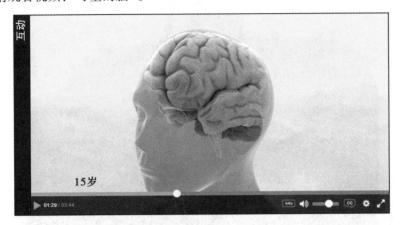

神经元彼此对话，或者与肌肉或腺体对话时，使用的是电或化学性质的语言。神经元内外含有正电和负电的离子。在静息状态时，神经元内部相对于外部电压为负。而当神经元受到刺激而兴奋时，细胞膜的特殊通道打开，使带正电的 Na^+ 流入细胞内，使神经元内部的负电位得到中和，当中和到一定程度，就会产生**动作电位**（action potential），动作电位使得细胞膜的通透性更强，允许更多的 Na^+ 流入，最终细胞内部带正电荷。结果，整个神经元就会放电，这时带正电的 K^+ 从细胞内流出，又使神经元恢复之前的静息状态。

动作电位 细胞受到刺激时，存在与细胞膜内外的一个短暂的电位变化，它能产生电脉冲。

如果一个轴突没有髓鞘，其轴突每个节点上的动作电位都将引起下一个节点新的动作电位，这就有点像是火苗沿着鞭炮的火线行进。而在有髓鞘的轴突上，这个过程就有些不同了。由于钠、钾离子只能在髓鞘之间的节点中穿过细胞膜，因此神经冲动是不可能在髓鞘下传导的，而事实是动作电位从一个节点"跳跃"到另一个节点（更精确地说，动作电位在每一个节点上再次出现）。这比动作电位需在轴突的所有节点重现的方式使神经冲动更快地传导。在婴儿身上的神经冲动要比在更大点的儿童和成人身上传导得慢。原因在于，新生儿轴突上的髓鞘还未得到充分发育。

当神经冲动到达轴突终端的小囊时，它必须经突触间隙将信息传至另一个细胞。在此刻，突触囊泡（位于轴突末梢顶端）打开并释放几千个称为**神经递质**的化学物质。这些分子随后扩散穿过突触间隙（图2.6）。

神经递质 在突触处，由传递神经元释放的化学物质，可以改变接受神经元的活动。

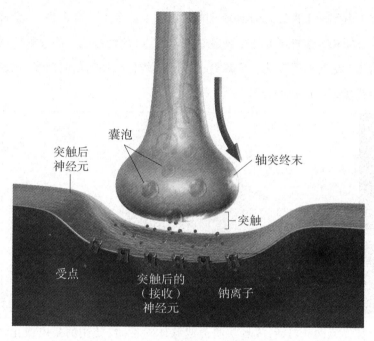

图2.6 神经递质穿过一个突触

神经递质分子由传递神经元轴突末梢内的囊泡（室）释放到两个神经元的突触间隙，然后神经递质分子与接受神经元的受体位置相结合，结果导致接受神经元的电位状态发生变化。根据神经递质的类型，神经元变得更加可能或者不可能发放神经冲动。神经递质分子随后通过重摄取过程重新返回到释放细胞。

当它们抵达另一侧时，神经递质分子与受体位置（receptor sites）短暂结合，就像一把钥匙开一把锁一样与接受神经元树突（或者有时是胞体）膜上的特殊分子相匹配。神经递质分子随后会重新返回到释放细胞，这一过程叫作重摄取。记住：接受神经元由于仍处于静息状态而携带负电荷。有些神经递质会导致负电荷的降低，当负电荷达到临界水平时，神经元被激活，这被称为兴奋（excitatory）效应。其他神经递质会导致负电荷的增加，使得神经元不能被激活，这被称为抑制（inhibitory）效应。神经系统的抑制是必不可少的，如果没有它，我们将不能睡觉或者不能协调运动，神经系统的兴奋将不能被抑制，从而产生肌肉痉挛。

任一特定神经元在任一特定时刻的状态，取决于从其他神经元接收到的所有信息的整体影响。只有当神经元的电位差达到一定的阈限，它才能被激活。有上千种信息，包括兴奋的和抑制的，同时大量涌入细胞，而接受神经元必须使它们保持平衡。信息最终能否达到目标取决于有多少神经元被激活、被激活神经元的类型、神经元的位置、单个神经元的放电速度，以及不同神经元之间的同步性水平。然而，它不依赖于单个神经元的激活强度,因为神经元要么被激活,要么不被激活。就像按开关一样,神经元的激活是一个全或无的事件。为了更好地了解神经元之间如何进行沟通,请观看视频:"神经元的激活"。

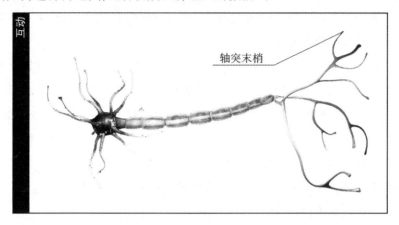

轴突末梢

神经系统中的化学信使

LO 2.2.E 总结主要的神经递质在大脑中的作用,并列出影响行为的四种激素。

我们将考虑三类神经系统中的化学信使:神经递质、激素、神经调质。

神经递质(Neurotransmitters):多才多艺的信使 正如我们所见到的那样,神经递质使得另一神经元的兴奋或者抑制成为可能。神经递质不仅存在于大脑中,也存在于脊髓、周围神经以及某些腺体中。通过对特定神经通路的作用,这些物质控制着大脑所做的一切。这些影响的本质取决于神经递质的水平、位置和与之结合的受体的类型。在这里,我们将讨论一些被研究的较为透彻的神经递质及其已知的或推测的效用。

四种神经递质,每种都通过大脑的某个特定路径行进,就像遵循公共汽车路线一样:

- 5-羟色胺(Serotonin)影响与睡眠、食欲、感官知觉、温度调节、疼痛抑制和心情有关的神经元。
- 多巴胺(Dopamine)影响与随意运动、注意、学习、记忆、情绪、愉快和奖励有关的神经元,还可能影响对新异事物起反应的神经元。
- 乙酰胆碱(Acetylcholine)影响与肌肉运动、觉醒、警惕、记忆和情绪有关的神经元。
- 去甲肾上腺素(Norepinephrine)影响与应激时加快心率并减慢肠道蠕动有关的神经元,以及与学习、记忆、从睡眠中觉醒和情绪有关的神经元。

另外两种常见神经递质分布在整个大脑：

- GABA(Gamma aminobutyric acid，γ-氨基丁酸)是大脑中主要的抑制性神经递质。
- 谷氨酸(Glutamate)是大脑中主要的兴奋性神经递质，90%的脑神经元释放此递质。

神经递质水平过高或者过低都会产生有害影响。GABA水平异常与睡眠和饮食失调以及惊厥性疾病(包括癫痫)有关。阿尔兹海默患者失去产生乙酰胆碱和其他神经递质的脑细胞，而这些缺陷有助于解释他们记忆力破坏的问题。多巴胺的缺失会导致帕金森氏症患者的颤抖和僵硬等症状。多发性硬化症患者的免疫细胞制造了过量的谷氨酸，这些氨基酸会破坏甚至杀死制造髓磷脂的神经胶质细胞。视频"神经递质"会向你呈现更多多巴胺(重要的化学信使之一)是如何工作的内容。

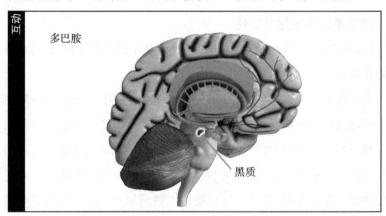

然而，需要提醒的是，确定神经递质异常与行为或者身体异常之间的关系是极其困难的。每种神经递质发挥着多重作用，而且不同物质的功能经常发生重叠。此外，通常更可能是行为失调导致了神经递质水平的异常，而不是神经递质水平的异常导致行为失调。相关关系与因果关系不是一回事。最后，尽管通过药物提高或降低特殊神经递质水平，有时在治疗某些精神失调上是有效的，但这一事实并不能说明神经递质水平异常是引起失调的原因。毕竟，阿司匹林可以缓解头痛，但是头痛却不是因为缺少阿司匹林。

我们很多人都在规律性地摄取影响体内神经递质的物质。大多数软性毒品通过阻碍或提高神经递质的活动而起作用，一些草药治疗也是如此。圣约翰麦芽汁(金丝桃)经常被用于治疗抑郁，它通过阻止释放5-羟色胺的细胞重新吸收残留在突触间隙的多余分子而使得5-羟色胺水平升高。因为这些药物影响的是神经系统的生化环境，许多人没有意识到这些药物可能与其他药物相互作用并在高剂量时发生损害作用。甚至是普通食物都会影响到脑中神经递质的有效性。饱含蛋白质的餐食(乳制品、肉类、鱼、家禽)会导致5-羟色胺水平降低;而高碳水化合物、低蛋白质食物会升高5-羟色胺水平。这也就是为什么你在吃下一大碗意大利面之后感觉平静或者昏昏欲睡的原因(Spring, Chiodo, & Bowen, 1987)。但是"碗"与脑之间的路径是复杂的:如果你要寻找一种脑食物,那么你最有可能在均衡的饮食中找到它。观看视频"你的大脑在吸毒"去了解更多关于各种物质如何影响脑的知识。

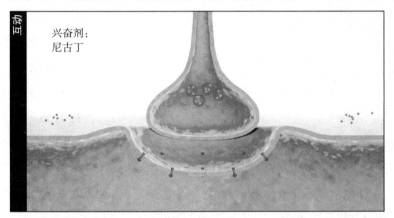

激素(Hormones):长距离信使 激素构成化学信使的第二大类,主要由**内分泌腺(endocrine glands)** 分泌,比如胰腺、卵巢、睾丸和肾上腺。激素被直接释放到血液中,然后由血液将它们带到远离分泌部位的器官或者细胞中。激素有数十种功能,比如促进身体生长、帮助消化和调节新陈代谢等。激素的接收器遍布全身,包括大脑。

> **激素** 由称为腺体的器官分泌,能影响其他器官的功能的化学物质。
>
> **内分泌腺** 产生激素并将其释放到血液中的体内器官。

神经递质和激素在化学上并不总是不同的,因为大自然是注重效率的,它给予一些物质不止一种作用。例如,去甲肾上腺素被认为既是一种神经递质,又是一种激素,这取决于它的位置和执行的功能。

以下几种是除了别的激素以外,心理学家和神经科学家特别感兴趣的:

1. **褪黑素(Melatonin)**,由处于脑内深处的松果体(pineal gland)分泌,有助于调节日常生物节律以及促进个体的睡眠。

2. **催产素(Oxytocin)**,由脑内另一较小腺体——脑垂体(pituitary gland)分泌,它既可以增强分娩时的子宫收缩,又可以促进育婴期母乳的分泌。催产素与另一种激素——抗利尿激素(vasopressin),可以通过提升社会依恋来促进人际关系(Shamay-Tsoory & Abu-Akel, 2016)。

> **褪黑素** 一种由松果体分泌,参与日常生物节律调节的激素。
>
> **催产素** 一种由脑垂体分泌的激素,刺激生产过程中子宫的收缩,促进育婴期乳汁的分泌,似乎可以提升依恋和信任关系。

虽然在这种情况下你可能还没有意识到,但是激素——褪黑激素,在规律的睡眠和觉醒能力中扮演极其重要的角色。实际上,有些人服用褪黑激素补充剂试图恢复时差感或睡眠障碍,尽管这种做法可能有副作用且被质疑。

肾上腺素 由肾上腺分泌的激素,参与情绪和压力的加工。

性激素 调节生殖器官的发育和功能,促进男女性征发育的激素;它们包括雄激素、雌激素和孕激素。

3. **肾上腺素（Adrenal hormones）**,由肾上腺（adrenal glands）（位于肾脏上方的器官）分泌,与情绪和压力相关。这些激素同样对其他条件做出反应,比如高温、寒冷、疼痛、受伤、体育运动;也对一些毒品,如咖啡因和尼古丁产生反应。肾上腺外部生成的皮质醇（cortisol）起升高血糖水平,增加能量的作用。内部产生肾上腺素（epinephrine）和去甲肾上腺素（norepinephrine）。当被交感神经系统激活的肾上腺素释放到体内时,它们会提高你的觉醒水平,并为行动做好准备。肾上腺素同样可以提高记忆（McGaugh,2015）。

4. **性激素（Sex hormones）**,由性腺中的组织（男性为睾丸,女性为卵巢）和肾上腺分泌,包括三种主要类型。两性在青春期后都会分泌这三种类型的性激素,但在数量和比例上有所不同。雄性激素（androgen）[其中最重要的是睾丸素（testosterone）]是主要由睾丸,同时也由卵巢和肾上腺分泌的雄性荷尔蒙。雄激素引起男性青春期时期的生理变化,如声音变粗,出现胡须和胸毛,并导致男女性阴毛和腋毛的发育。睾丸素也影响两性的性唤醒。雌激素（estrogen）是引起雌性青春期时期生理变化的雌性荷尔蒙,如促进乳房发育,月经来潮。孕激素（progesterone,孕酮）最主要的功能是促使子宫内膜发育并维持其正常功能,从而为受精卵着床做好准备。雌激素和孕激素主要由卵巢分泌,同时睾丸和肾上腺也能分泌。

性激素作用于脑,引导性行为,但它们也参与同性和生殖无关的行为。两性机体自然分泌的雌激素被认为可以通过促进大脑特定区域突触的连接,以及增强乙酰胆碱的生成来提高学习和记忆能力（Gibbs,2010；Lee & McEwen,2001）。此外,更年期的激素替代疗法可降低轻度认知障碍和阿尔兹海默病的风险（Davey,2013）。然而,雌激素和孕激素水平的波动使得大多数女性在月经前"情绪化"的说法还没有得到研究的支持。

神经调质（Neuromodulators）:脑的量控 脑里充斥着成千上万的

影响神经元和神经递质功能的其他化学物质(Brezina,2010)。由于这些化学物质改变神经功能的强度,所以它们被称为**神经调质**。

内啡肽(Endorphins)[En – DOR-fins],是一组有趣的化学物质,学术名称为"内源性阿片肽"(endogenous opioid peptides)。内啡肽的作用类似于自然鸦片,比如海洛因,也就是说它可以降低疼痛,提高愉悦度。它们也被认为在饮食、性活动、血压、情绪、学习和记忆中起作用。大多数内啡肽主要作为神经调质,通过限制或者延长神经递质的作用而起作用。

当动物或者人处于恐惧或压力下时,内啡肽水平会迅速上升。这种反应并不是偶然的,它可以使疼痛变得可以承受。内啡肽赋予了一个种族进化上的优势。当有机体受到威胁时,需要做出一些快速的反应,而疼痛会妨碍行动:停下来舔舐伤口的老鼠会成为猫的晚餐;被伤痛压倒的士兵将永远下不了战场。当然,机体对抗疼痛的内在系统并不能完全生效,如果疼痛刺激延长它的作用更小。

内啡肽类与人类依恋之间也存在关系。动物研究表明,婴儿与母亲的接触促进内啡肽的产生,从而加强婴儿与母亲之间的连接。现在一些研究者认为,这种"内啡肽涌现"也发生在充满激情的爱情早期阶段,这可以解释为什么"坠入爱河"可以使人们感到快感(Diamond,2004)。

> **神经调质** 改变神经元和神经递质功能强度的神经化学物质。
>
> **内啡肽** 神经系统中参与疼痛减轻、愉快和记忆的化学物质,学术名称为内源性阿片肽。

日志2.2 批判性思考——思考问题,愿意怀疑

设想有一天,科学家能够精确地揭示特殊神经递质在影响脑中特殊位置细胞的确切机制。这一发现将使提高或者抑制忧郁和焦虑的精确调节,甚至是帕金森氏疾病等并发症的神经递质水平成为可能。如果这一天到来,你认为通过成熟的神经化学来调节精神或者身体状态是个好主意吗?为什么是或为什么不是?什么样的生物条件应该是这种治疗的候选条件?由谁来决定?

模块2.2测验

1. 脑中发现的神经细胞被称为(　　),脑中的支持细胞被称为(　　)。
   A. 神经细胞;树突　　　　　　　　　　B. 神经元;神经胶质
   C. 神经胶质;轴突　　　　　　　　　　D. 神经胶质;神经元

2. 在一个具有代表性的神经元中,信息通过(　　)被接受,经过(　　)传输到下一个神经元。
   A. 一个轴突;树突　　　　　　　　　　B. 轴突;神经胶质
   C. 树突;神经胶质　　　　　　　　　　D. 树突;一个轴突

3. 胚胎干细胞( )。

　　A. 潜伏一年之后,总是能转化为神经元。

　　B. 可以不将疼痛信号传递到脊髓而自行修复。

　　C. 与其他大部分细胞分裂两次不同,它可以分裂四次。

　　D. 可以形成多种特异化细胞,比如神经元或肌肉细胞。

4. 阿努伊在向 C.J. 吹牛,他叫道:"伙计,我很聪明,我的脑细胞紧紧地黏合在一起,中间没有空隙。信息从神经元传递到神经元,没有间断。"C.J. 咕哝道:"如果你不明白你有多么不明智,那么你就不可能那么聪明。"为什么 C.J. 是正确的?( )

　　A. 髓鞘刺激动作电位,并通过树突将信号传递出去;信号的强度比连接更加重要。

　　B. 神经胶质细胞负责整个大脑的信息传递。

　　C. 轴突接触另一个轴突,树突接触另一个树突;神经元本身不重要。

　　D. 神经元之间互不接触;它们之间存在一个叫作突触间隙的小间隔。

5. ( )是一种和随意运动、愉快和奖励以及注意有关的神经递质。

　　A. 多巴胺　　　B. γ-氨基丁酸　　　C. 5-羟色胺　　　D. 乙酰胆碱

2.3　绘制脑地图(测绘脑)

　　储存在充满甲醛的容器中的脱离实体的脑是一个灰色的、皱巴巴的组织,看起来有点像一颗巨型核桃。这需要发挥想象力,来想象这个不起眼的器官可以让一个人写出《哈姆雷特》,发现镭,甚至发明电话。当然,在活人身上,这一神奇的器官包裹在一个厚厚的骨穹隆里。那么,科学家如何研究脑,并且怎样确定脑不同部位的功能?

　　一种方法是研究由于疾病或者受伤而导致的脑部分损伤或移除的病人。另一种方法是刺激正在做脑外科手术的病人,以此来确认脑不同区域的功能。但是,这两种方法都依赖自然的意外。由于种种原因,这些研究中人的脑都是不健康的,需要强烈的干预。幸运的是,神经科学家有越来越多的其他办法来研究健康运作中的脑。

　　我们将讨论脑成像的两大途径。首先,神经科学家做一些暂时影响脑特定区域的事情,然后观察行为结果;其次,他们通过某种方式操作行为,然后记录行为变化对脑的影响。

操纵脑,观察行为

LO 2.3.A　描述三种研究人员用来操纵脑并观察行为结果的技术。

　　当研究人员使用动物进行研究工作时,他们有时候会移除或者损伤一个大脑结构来观察行为变化。这一方法叫作**损毁法(lesion method)**。并

损毁法　通过移除或者损伤脑结构来获得对其功能的更好的理解。这种方法仅用于非人类动物研究。

且,不像对脑损伤病人的研究,这种方法使得科学家对受影响的大脑区域具有高水平的控制力。当然,由于伦理原因,损毁法不能用于人类研究。

经颅磁刺激法(Transcranial magnetic stimulation,TMS) 通过放置在人头部的线圈传递大电流。电流产生强于地磁约40000倍的磁场,导致线圈下的神经元被激活。然而,这种磁场对脑功能和行为的整体影响取决于TMS脉冲的频率和时间点(例如,任务前对比任务中)等因素(Luber & Lisanby,2014)。TMS可用于产生运动反应,比如拇指抽搐或者膝痉挛。研究人员还使用TMS暂时改变脑功能,并观察对行为的影响。TMS的一个缺陷就是定位单个神经元不够准确。尽管如此,TMS在研究大脑各区域在视觉、情绪和语言等各方面的作用上还是很有用的(Nevler & Ash,2015)。我们会看到,大脑左半球在语言上起重要作用,但是TMS表明右半球同样重要。作用于右半球的TMS导致人们失去理解隐喻的能力(一张雪毯子);尽管他们仍然理解隐喻中的单词,但是却不能发现单词之间的联系(Pobric et al.,2008)。虽然TMS被用于研究脑和行为之间的联系,但是将TMS反复作用于额皮质可以有效治疗抑郁(Alotema et al.,2010)。

经颅直流电刺激(transcranial direct current stimulation,tDCS) 是一种更新的研究脑功能的方法。研究人员将极小的电流施加到大脑皮层的一个区域,即脑的外表面(Cohen Kadosh,2015)。根据电流的方向,该区域的大脑活动被暂时激活或者抑制,从而导致相应的行为变化。例如,在某一研究中,一个方向的电流会增加被试在脉冲控制测验上的准确性,而另一个方向的电流会降低被试的准确性(Reinhart & Woodma,2014)。最近的研究还提示tDCS可以改善抑郁的临床症状(Brunoni et al.,2016)。

操纵行为,观察脑

LO 2.3.B 描述五种研究人员用来操纵行为和观察脑反应的技术。

第二种普遍用于映射脑的方法是做一些影响行为的事情,然后记录脑中发生的变化。一种记录方法利用粘贴或者覆盖在头皮上的电极来检测特定脑区数以千万个神经元的同步电位活动。电极上的电线连接到一台机器上,这台机器可以将脑的电能转化为一张移动纸张或者屏幕上的波浪线,这也就是为什么脑的电位活动模式被称为"脑电波"的原因。脑电波记录本身被称为**脑电图(electroencephalogram,EEG)**。标准的脑电图是非常有用的,但是由于它同时反映了太多细胞的活动而缺

> **经颅磁刺激法(TMS)** 一种通过放置在头部的线圈产生强磁场而操纵脑细胞的方法。研究人员可以用它来暂时激活或不激活某一神经回路。

> **经颅直流电刺激(tDCS)** 一种使用极小的电流来激活或抑制皮层某区域活动的技术。研究人员可以通过它确认特定脑区的功能。

> **脑电图(EEG)** 电极检测到的神经活动的记录。

乏精确性。使用 EEG 设备"倾听"脑就像站在体育场外：你知道什么时候发生了什么事，但是你却不能确定发生的是什么或者是谁在做这件事。

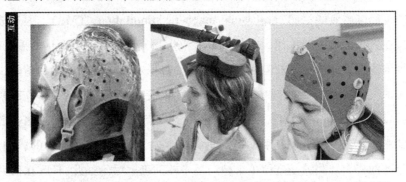

使用头皮电极（左）来绘制大脑不同区域电活动的整体图像。经颅磁刺激 TMS（中）通过人头上的线圈产生大电流，可被用于暂时激活或不激活某大脑区域。经颅直流电刺激 tDCS（右）将直流电施加于皮层的特定区域，该区域是被激活还是抑制由电流的方向决定。

一种解决方案是通过统计技术测量**事件相关电位**（event - related potentials，ERP），它是脑电图的变形，是与特定刺激或"事件"相关的电活动波形。例如，研究人员可以对看到一幅图片或听到一个单词产生的电活动进行评估。你的任何想法都是由一系列不同的步骤组成的，ERP 使得科学家可以看到与每一步相关的神经活动——即时的，如图 2.7 所示。

事件相关电位（ERP） 一种分离特定刺激（"事件"）相关神经活动的技术。

即使使用 ERP，科学家仍然无法准确知道脑活动发生的位置，但是可以知道发生的时间——就像在体育场上我们知道一名运动员抛球，另一名接住了它，但是我们却不能准确知道这些动作发生的位置以及所有这些动作是什么时候发生的。在研究婴儿或是其他不能理解指导语的人群时 ERP 也很有用。例如，科学家使用 ERP 对暴露在一种语言下和暴露在两种语言下的婴幼儿进行对比，发现早在 6 个月大时，由讲英语家庭抚养的单语婴儿与英语和西班牙语家庭的婴儿表现出不同的 ERP，说明单语婴儿可以区分这两种语言，并且更接受英语。而双语婴儿在 10—12 个月大之前没有表现出区分两种语言的能力，表明他们的脑对英语和西班牙语接受程度一样（Garcia-Sierra et al.，2011）。

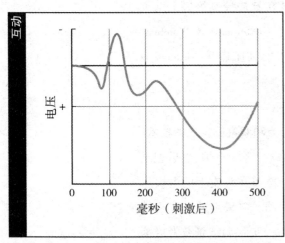

图 2.7　事件相关电位

ERP 是脑对特定事件的反应——个体遇到刺激（如图片或者单词）时头皮记录到的电活动波形。波形的前半部分与刺激进入有关，后半部分与理解它相关。

另一种方法是记录事件发生时大脑的生物化学变化，称"正电子发射扫描技术"

（positron emission tomography，PET）。一种类型的PET扫描利用的是神经细胞将身体的主要能源——葡萄糖转化为能量的事实。研究人员向个体注射含有放射性元素的类葡萄糖物质，这种物质聚集在特别活跃而快速消耗葡萄糖的脑区。通过扫描设备检测这些物质释放的辐射，大脑活动的结果转化为计算机处理图像呈现在显示屏上（见图2.8a）。另一种类型的PET扫描测量的是脑活动的血流。其他类型的PET扫描可以测量神经递质与神经元受体。

正电子发射扫描技术（PET） 一种分析大脑生物化学活动的方法。例如，注射含有放射性元素的类葡萄糖物质。

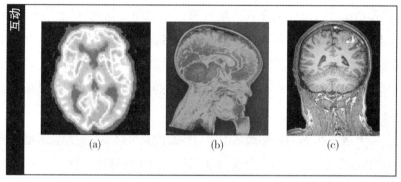

图2.8 脑扫描

（a）对一个20岁健康成人大脑的PET扫描。颜色表示不同的激活水平，其中红色表示激活水平最高。（b）MRI扫描显示一个儿童的脑和图像获得时他正在喝水的瓶子。（c）顶叶激活的fMRI图像。

在心理学研究中，PET扫描已经基本上被使用强磁场和射频对脑进行高精度成像的**磁共振成像（magnetic resonance imaging，MRI）**取代了。磁场使身体器官中原子核中的质子平行排列，射频使它们产生共振，这些共振由特殊接收器检测为信号。计算机分析信号的强度和持续时间，并将它们转换成科学家或者心理医生感兴趣的任何器官（比如，脑）的高对比度图像。图2.8b显示的是结构磁共振成像（structural MRI），它为我们提供了很好的关于脑长什么样，而不是做什么的图像。另一种版本的MRI叫作**功能磁共振成像（functional MRI，fMRI）**，它使我们可以看到与特定心理或者行为相关的持续几秒时间的脑活动（见图2.8c）。fMRI检测不同脑区的血氧水平，这是因为氧是神经元的养料，活跃的大脑区域会产生更强的信号。

磁共振成像（MRI） 用于研究人体和脑组织的方法，使用磁场和特殊无线电接收器。

功能磁共振成像（fMRI） 磁共振成像技术的一种类型，用于研究与特定想法或行为相关的脑活动。

与EEG相比，fMRI对脑活动的定位更加准确，它可以告诉我们发生的位置，但是在发生时间的判断上缺乏准确性。由于大脑时刻处于活动状态，所以科学家需要对处于控制任务和实验任务下的激活脑区进行对比。例如，研究人员要了解参与理解单词的脑系统，就需要让被试在实验条件下阅读真实单词，并在控制条件下阅读无意义单词。在这两种情况下,人们看到并且认出字母,但是却只能理解真实单词。通过从真实单词条件下"减去"无意义单词控制条件下的脑图像,我们有可能识别出参与理解的脑区。研究人员使用 fMRI 可以研究任何事情:种族态度、道德推理、精神冥想等。

争议与警示 尽管这些发展和技术很振奋人心,但是我们需要明白技术不能代替批判性思维(Legrenzi & Umiltà, 2011; Tallis, 2011; Wade, 2006)。正如一个使用 fMRI 研究认知和情绪的心理学家团队所说的"仅仅因为你在对脑进行成像并不能说明你可以停止使用脑"(Cacioppo et al., 2003)。由于脑扫描成像看起来很真实、科学,以至于很多人没有意识到脑成像会传递过于简单化,有时甚至是具有误导性的信息。科学家有时会使很小的差异显示出超出实际情况的注目,而使大的差异显得微不足道(Dumit, 2004)。

关于这一点,仅仅将脑激活图像包括在内就可以使研究结论看起来更加地"科学合理",尽管真实情况并非如此。为了解释这一点,一个研究团队让人们阅读一段描述科学的无稽之谈:由于看电视和解决数学问题都引起了颞叶的激活,那么看电视可以提高数学技能!(当然,这一结论就是胡说八道。)其中一些人阅读的段落版本没有配图,另一些人阅读的版本配有结果的条形图或者脑活动图像,比如 fMRI 获得的图像。结果发现,与阅读没有图像或者有结果条形图的版本的人相比,那些阅读有脑图像的人更加认为这一描述是科学合理的(McCabe & Castell, 2008)。

使用 fMRI 的研究有时也存在统计程序上的争议,这些程序可以使脑活动与人格和情绪测量之间产生夸大的相关性(Vul et al., 2009)。一个聪明的科学家团队很好地揭示了这一点,他们让一条死去的大西洋鲑鱼观看情绪图片并辨认每张图片中人的情绪感受,并对它们进行功能磁共振成像(Bennett et al., 2010)。是的,你没有看错:他们向一条死鱼呈现图片,并对其进行功能磁共振成像。扫描结果表明,鲑鱼似乎在思考这些图片以及其中的人物。为什么?因为 fMRI 产生的是信号和噪声的混合,对 fMRI 中信号的检测就像是在嘈杂的酒吧追踪谈话。科学家需要使用复杂的技术来"平息"噪声,解释真实信号,这时就会产生统计误差。在本案例中,结果是可笑的,因为鲑鱼是死的。但是在现实生活中,我们并不知道结果是否真实……或者结果显示的是不是另一条死鱼。

其实这里的问题不在于 fMRI 作为技术上的问题,更重要的是糟糕的理论、不准确的因变量测量以及对结果不恰当的解释,所有这些都会产生不可靠的结果。对科技的热情已经产生了一种广泛的信念,即特定的"脑中心"或者"关键回路"解释了你为什么喜欢可口可乐而不是百事可乐,为什么你认为自己是自由派或者保守派,或者当你恋爱时脑在做什么。这些信念当然很吸引人,因为它们用简单的术语解释了复杂的行为(Beck,2010)。但是,将复杂的行为简化为脑单个部位的尝试肯定会失败,就像颅相学失败一样(Gonsalves & Cohen, 2010;Tallis, 2011;Uttal, 2001)。

尽管神经科学家可以操纵脑不同区域来确定行为所受的影响,或者操纵行为并记录脑的反应,但是这些研究只是理解脑运行的一步,且需要格外谨慎。无论如何,如果使用得当,它们确实能提供关于脑功能的具有启发性的看法,我们也将因此在本文中报告很多来自脑扫描研究的发现。

日志 2.3 批判性思考——不要过于简单化

脑扫描为我们提供了绝妙的脑的窗口。但是如果扫描显示一个脑区在你乱写乱画时激活了,那是否意味着这一脑区是"乱写乱画中心"?

模块 2.3 测验

1. 使用外科手术从动物上移除脑结构,以此来理解其在行为上的影响来探究脑功能的技术是(　　)。

　　A. 损毁法　　　　　　　　B. PET 扫描
　　C. 经颅磁刺激　　　　　　D. 正电子发射扫描

2. 尽管这两种技术都涉及对脑功能的干预,但是(　　)使用大电流产生磁场,而(　　)使用相对较小的电流。

　　A. MRI；TMS　　B. EEG；ERP　　C. tDCS；PET　　D. TMS；tDCS

3. 当记录脑电波时,(　　)和(　　)都能提供脑电活动的整体记录。

　　A. EEG；ERP　　B. PET；MRI　　C. TMS；tDCS　　D. EOM；EOC

4. 可以通过(　　)记录脑对葡萄糖的利用。

　　A. EEG　　　B. PET 扫描　　　C. ERP　　　D. TMS

5. 有一天皮埃尔和索兰吉在谈话。皮埃尔坦白说:"我有点紧张,我的医生告诉我,说我需要接受一次脑扫描、磁共振什么之类的东西。"索兰吉回复道:"哦!磁共振成像,还是功能磁共振成像?"皮埃尔说:"呃,我不太确定,有什么区别吗?"你能回答皮埃尔的问题吗?(　　)

　　A. 磁共振成像是一种干预技术,而功能磁共振成像仅仅是一种记录技术。
　　B. 磁共振成像使用脉冲电磁流刺激大脑,而功能磁共振成像使用低压电流。
　　C. 磁共振成像改变血液葡萄糖水平,而功能磁共振成像记录整体电活动。
　　D. 磁共振成像记录脑的结构,而功能磁共振成像记录与特定想法或行为相关的脑活动。

2.4 一场脑旅行

大多数现代脑理论认为,脑的不同区域执行不同的任务(尽管有很大的重合)。这一概念被称为功能定位(localization of function),最早可追溯到约瑟夫·加尔(Joseph Gall,1758—1828),他是一名奥地利解剖学家,认为人格特质反映在脑特定区域的发育中。尽管加尔的颅相学理论是完全错误的,但是他的脑区专门化的一般看法是有价值的。

为了了解脑主要结构的功能,让我们来一场想象中的脑漫步,就从下面(脊柱上方)开始。图2.9显示我们漫步时会遇到的主要结构,在我们行进过程中,你可能会想要参考它。但是记住,任何活动(包括感受情绪,有想法,执行任务)都需要不同结构共同参与工作。因此,我们的描述是简化版的。

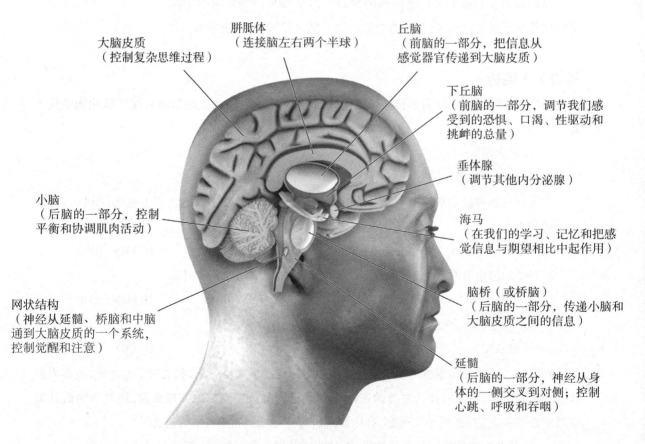

图2.9 人类脑的主要结构

此横切面图描绘的是从中间割裂开的大脑。图中显示了下文描述的结构。

脑干和小脑

LO 2.4.A 列举并描述脑干的三种主要结构,解释每个结构执行的主要功能,并讨论小脑控制的加工过程。

我们从颅骨底部的**脑干(brain stem)**开始,脑干约5亿年前在节肢动物身上开始进化。脑干看起来就像从脊椎上膨起的一个茎块,到达和来自脑上端的通路经过它的两个主要结构:延髓和脑桥,如图2.10所示。**脑桥(pons)**与睡眠、觉醒和做梦有关。**延髓(medulla[muh-DUL-uh])**负责一些不需要明确意志参与的机体功能,比如呼吸和心率。(病态侧记:绞刑一直被用作一种行刑手段,因为当颈部被扭断时,延髓的神经通路就会被切断,从而停止呼吸)。

> **脑干** 脑位于脊椎顶端的部分,包括延髓和脑桥,如图2.10所示。
>
> **脑桥** 脑干的一种结构,与睡眠、觉醒和做梦有关。
>
> **延髓** 脑干中负责某些自主功能的结构,如呼吸和心率。

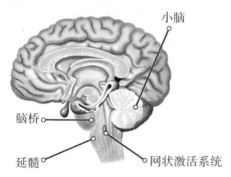

图2.10 脑干和小脑

从脑干的中间向上延伸是**网状激活系统(reticular activating system,RAS)**。这个密集的神经元网络从脑干的上方延伸到脑的中心,并与高级区域相联系。当发生需要它们注意的事情时,负责对传入的信息进行筛选并唤醒更高的中心。如果没有网状激活系统,我们可能不能警觉,甚至没有意识。

> **网状激活系统(RAS)** 在脑干中心发现的密集的神经元网络,它可以唤醒大脑皮层并对传入信息进行筛选。

在脑底部、脑桥后方,我们会看到一个小拳头大小的结构,这是**小脑(cerebellum/lesser brain)**,它负责平衡感觉以及对肌肉的协调,从而使得动作流畅、精确。如果你的小脑受损,那么你会变得非常笨拙且不协调,你会发现自己用铅笔、穿针甚至走路都有困难。此外,这一结构参与经典条件反射和简单技能记忆(Manto et al.,2012)。曾被认为仅是运动中枢的小脑,也并不像它名字所暗示的那么小,它还参与知觉、工作记忆、演讲和语言(Baumann et al.,2015;Durisko & Fiez,2010;Mariën et al.,2014)。

> **小脑** 调节运动和平衡的脑结构,参与经典条件反射和简单技能的记忆,在知觉和一些高级认知加工中起重要作用。

丘脑

LO 2.4.B 描述丘脑的结构、功能和位置。

丘脑(Thalamus)位于脑内部的深处,大约处于中心的位置,它是大

> **丘脑** 将感觉信息传递给大脑皮层的脑结构。

脑的感觉中继站,如图2.11所示。当感觉信息,如落日的景象、警报的声音、苍蝇落到胳膊上的感觉传入脑时,丘脑将它们传递到负责视觉、听觉或触觉的高级区域。唯一不经过丘脑的感觉是嗅觉,它有自己专用的转换站——**嗅球(olfactory bulb)**。嗅球位于负责情绪的脑区附近,这可能也就是为什么特殊的气味(清爽的衣服,或者一碗热腾腾的鸡汤)会引起生动记忆的原因。

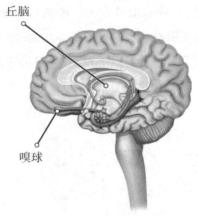

图2.11 丘脑

下丘脑和脑垂体

LO 2.4.C 描述下丘脑和脑垂体的结构、功能和位置。

下丘脑(Hypothalamus) 位于丘脑下方,它是机体老总,不断监视机体的现状,并发布指令来帮助维持一种叫作稳态(homeostasis)的稳定状态,如图2.12所示。下丘脑涉及与基本生存驱动相关联的四种能力(四个F)——情绪、攻击、逃跑和性行为。它通过引发出汗或者颤抖来调节体温,控制自主神经系统的复杂操作,它还含有控制机体生物节律的生物钟。

下丘脑 参与对生存至关重要的情绪和动机加工的脑结构,调节自主神经系统。

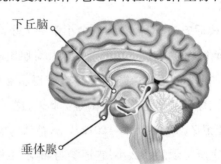

图2.12 下丘脑和脑垂体

垂体(Pituitary gland) 通过短茎挂在下丘脑下方,是一个樱桃大小的内分泌腺,我们在之前的激素部分提到过。垂体经常被称为机体"主腺",因为它所分泌的激素影响绝大部分其余的内分泌腺。然而,"领导"

只是一个监督者,真正的"老板"是下丘脑,它把化学物质传递到垂体并告诉它什么时候与其他内分泌腺"对话"。

下丘脑和其他几个松散相连的结构经常被认为是边缘系统(limbic system,这个词来源于拉丁语的"border")的一部分,一般认为这些结构形成了高级和低级脑区的边界。这一区域的结构在加工与其他动物共享的情绪(比如愤怒和恐惧)中起重要作用,所以这一区域有时会被称为"情绪脑"。但是现在研究人员了解到这些结构还有其他功能,脑旧边缘系统的外侧部分也参与情绪加工,因此,边缘系统这个词已经不受欢迎了。

杏仁核

LO 2.4.D 描述杏仁核的结构、功能和位置。

杏仁核(Amygdala[uh-MIG-DUL-UH])(来源于古希腊语),位于大脑颞叶内侧深部,颞叶下面(见图2.13)。杏仁核负责评价感觉信息,快速确定其潜在生物影响,并形成接近或者逃避一个人或刺激的初步决定。一些人将杏仁核描述为"恐惧中枢",虽然它确实有助于检测环境中的潜在威胁,但是它的作用不止这些。你的杏仁核会评估刺激是否与你目前心理状态相适应,并对积极、消极甚至简单有趣的刺激做出相应反应(Janak & Tye, 2015)。它还可以与高级脑区合作来调节反应。相比于内向,如果你是外向的,你的杏仁核会对高兴人物图片做出更积极的反应;而且当你饥饿时,杏仁核会对食物做出反应(Cunningham & Brosch, 2012)。杏仁核在调节焦虑和抑郁以及形成和恢复记忆方面也起重要作用(Giachero, Calfa, & Molina, 2015; Pitman et al., 2012)。

情绪面孔和杏仁核

海马

LO 2.4.E 描述海马的结构、功能和位置。

海马(Hippocampus)(来源于古希腊单词)位于杏仁核正后方,是脑

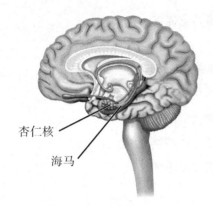

杏仁核
海马

图2.13 杏仁核和海马

形成新记忆的关键结构(见图2.13)。不同经验的组成部分(景象、声音、情绪)可能被储存于大脑皮层的不同部位(我们将稍后讨论),海马把它们捆绑在一起形成"记忆"。当你记起昨天见过某人时,记忆的不同方面:关于这个人的打招呼方式、说话语气、长相的信息可能储存在皮层的不同位置。但是如果没有海马,信息将永远不能到达存储地。海马还参与回忆过程中信息的提取。

我们从对海马损伤导致记忆问题的患者的研究中了解到海马在记忆中所起到的核心作用。其中最著名是亨利·莫莱森(Henry Molaison),被科学界称为 H. M.。当亨利还是个孩子的时候,他头部撞到了一个骑自行车的人,之后不久他就开始患有癫痫。当他成年后,他的昏迷和抽搐使他无法保住工作。后来他被转介给一名外科医生,医生提出一个大胆的建议:切除他的海马和颞叶的附加部分。尽管这一手术控制住了亨利的癫痫,但是却制造了一个新的问题:亨利不能形成关于事实和事件的新记忆。他可以记得他的童年时期,可以学习新的技能,可以进行智能对话。但是他如果今天见过你,他却不能认出你。心理学家所知道的关于海马和记忆的大部分内容都来自 H. M. 的案例(Corkin, 2013)。

大脑

LO 2.4.F 描述大脑的结构,并解释胼胝体的功能。

大脑(Cerebrum [suh – REE – brum])指的是位于脑桥和小脑上方的脑的上部分。它被分为两个独立的**大脑半球**(cerebral hemisphere),由一个叫作**胼胝体**(corpus callosum)的大型纤维束连接。总体上,右半球控制左侧身体,左半球控制右侧身体。稍后我们会看见,这两个半球有一些任务和天赋上的不同,这一现象被称为**偏侧化**(lateralization)。

大脑皮质

LO 2.4.G 描述大脑皮层每个叶的位置,并解释它们的主要功能,尤其是前额叶皮质。

大脑被几层密集的细胞覆盖,这些细胞统称为**大脑皮质**(cerebral cortex)。和脑许多其他部位中的胞体一样,皮质的细胞体也产生灰色组织,因此皮质又被称为灰质(gray matter)。脑的其他部位(和神经系统的其余部位)中长的、髓鞘覆盖的轴突占优势,形成大脑的白质(white matter)。尽管皮质只有3毫米厚(1/8英寸),但是它包含了人脑中几乎 3/4 的细

大脑 被分为两个半球,负责绝大多数感觉、运动和认知加工。

大脑半球 大脑的两个半球。

胼胝体 连接两个半球的神经纤维束。

偏侧化 大脑半球特殊功能的特异化。

大脑皮质 覆盖大脑的薄薄几层细胞的集合,主要负责高级心理功能的加工。

胞。皮质中有很多很深的缝隙和褶皱，使它能在一个紧凑的空间里容纳数十亿的神经元。在其他神经元较少的哺乳动物中，皮质上没有那么多的褶皱，比如老鼠的皮质就非常光滑。

皮质的分叶 在每个大脑半球中，狭长的缝隙将皮质分为4个不同的区，或称为叶（见图2.14）。

- **枕叶**（Occipital [ahk-SIP-uh-tuhl] lobes）（源于拉丁语）位于大脑下部。除其他功能之外，它们还包括加工视觉信号的视皮层（visual cortex）。具体来说，来自眼睛的信息通过丘脑传递到初级视皮层以进行原始处理，然后达到第二和第三视皮层进行更高级的处理。初级视皮层受损会造成盲点。第二或第三视皮层的受损会导致物体或人的识别障碍。

枕叶 位于大脑皮质较低位置的脑叶，包括接受视觉信息的区域。

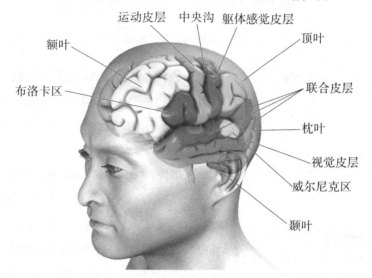

图2.14 大脑的分叶
每个脑半球被分为四个叶：枕叶、顶叶、颞叶、额叶。

- **顶叶**（Parietal lobe，在拉丁语中"与墙壁有关"）位于脑顶部。包括体感皮层，接受来自身体各部位的压觉、痛觉、触觉和温度觉的感觉输入。体感皮层可以继续分成多个小区或是小单位，每一个小区代表着一个特定的身体部位，这些代表身体部位的特定小区共同组成了体感皮层。神经外科医生怀尔德·彭菲尔德（Wilder Penfield）在其20世纪50年代进行的一项研究中表明，对体感皮层某一特定小区域的电刺激会引起相应身体部位的反应。在图2.15中可以形象地看到体感皮层的组织形式，通常称之为体感侏儒（"小人"）。体感皮层接收来自手和脸的信号的区域非常大，这些身体部位非常敏感。此外，体感皮层后面的顶叶部分参与对注意和空间的编码。例如，右侧顶叶皮层的病变会导致一种半

顶叶 大脑顶部皮质区；接受压觉、痛觉、触觉和温度觉的感觉输入，同时参与注意和空间编码。

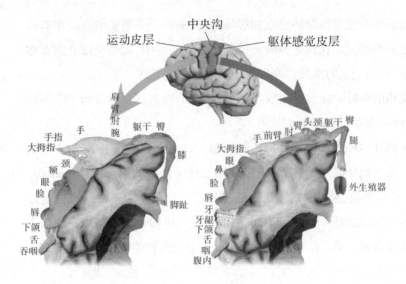

图2.15 感觉和运动"侏儒人"

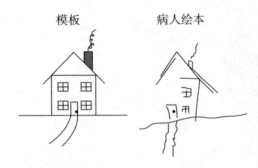

图2.16 半侧忽视

具有半侧忽视的个人可以看到空间左侧，但并不产生注意，因此，他们的画经常省略视野左侧的细节。

颞叶 大脑侧面皮质区域；参与听觉、情绪、记忆和视觉加工，语言理解（左侧皮质区）。

额叶 大脑前部皮质区。处理运动、工作记忆、情绪和高级决策、言语产生（左侧皮质区）。

侧忽视的状况，病人难以注意到空间的左侧区域。他们可以看到左侧区域，但并不注意。因此，当要求他们画一所房子的时候，病人通常会省略左侧的部位（见图2.16）。

- **颞叶**（Temporal lobe，在拉丁语中与"太阳穴"有关）位于脑两侧、耳朵的上方和太阳穴的后部。颞叶包含听觉皮质，加工来自耳朵的听觉信息。杏仁核和海马位于颞叶深处。颞叶皮质也参与物体视觉特征的加工，比如脸。颞叶、枕叶交汇处病变会导致识别熟悉面孔的困难。颞叶上方、靠近顶叶处是威尔尼克区，与语言理解有关。

- **额叶**（Frontal lobe），顾名思义，位于脑前部，就在前额颅骨下方。此处包含初级运动皮层，它向身体600块肌肉发出指令以产生自主运动。与体感皮层一样，初级运动区的不同部位控制身体的不同部位（见图2.15）。在左额叶的后下方，靠近外侧裂处，有一个言语运动区，称为布洛卡区。额叶既与工作记忆、情绪控制和决策等高级认知有关，也与思考和同情他人密切相关。

由于大脑皮层的脑叶具有不同的功能，在脑部手术中，它们在受到微小电极的直接刺激时的反应也不同（大脑在受到直接刺激时感觉不到任何东西，所以病人在手术期间可以保持清醒）。

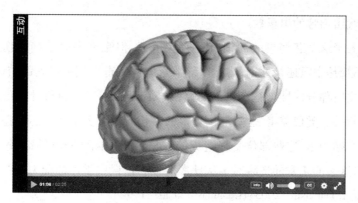

如果外科医生触摸顶叶的体感皮层,病人可能会感到皮肤刺痛或有被轻轻触摸的感觉。如果枕叶的视觉皮质受到电刺激,病人可能会报告一闪一闪的光或者颜色旋涡。大脑皮层的许多区域受到刺激时,不会产生明显的反应或者感觉。这些"沉默"区域有时叫作联合区,因为它们涉及更高级别的心理加工。回顾大脑主要结构,请观看"大脑是怎样工作的?"第4部分。

前额叶皮质(Prefrontal cortex) 额叶的最前部的部分称前额叶皮质。这个区域在鼠脑中几乎不存在,在猫中仅占3.5%,在狗中占7%,但是在人类中,大约占整个皮层的1/3。它是我们大脑中最近进化的部分,并与推理、决策和计划等复杂能力密切相关。

科学家们很早就知道额叶,特别是前额叶皮质,一定也与人格存在某种关系。第一条线索出现在1848年,当时一场离奇的事故将一根约3.5英寸长、1英寸厚的铁棍穿过一名叫菲尼亚斯·盖奇(Phineas Gage)的铁路工人的左眼下方,从头顶穿出(至今铁棍连同盖奇的头骨依旧陈列于哈佛大学医学院的图书馆),损毁了大部分的前额叶皮质(H. Damasio et al.,1994;Van Horn et al.,2012)。盖奇奇迹般地从这次创伤中幸存下来,大多数情况下他保持着说话、思考和记忆的能力。但是他的朋友抱怨说他"不再是盖奇"。他已经从温文尔雅、友好、高效变成了满嘴脏话、脾气暴躁、不可靠的人。他不能保持工作状态或者坚持一项计划。他的雇主只能让他离职,而他也减少了作

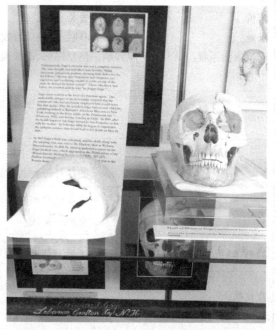

位于马萨诸塞州波士顿市哈佛大学医学院的菲尼亚斯·盖奇的头骨正面和顶部视图。

为马戏团招牌的出场数。

关于这个悲伤事故的细节还有些争议,但是许多关于脑损伤的例子,不管是中风还是外创,均支持科学家们从盖奇事例中得到的结论:前额叶皮质部分区域与社会判断、理性决策和设定目标、执行计划的能力密切相关。类似盖奇,这些部位受损的人们有时财务混乱,失业,抛弃朋友。有趣的是,这些部位受损造成的人格精神缺陷伴随着情绪、情感的缓和,这表明正常的情绪对于从日常推理和错误中学习的能力是必不可少的(A. Damasio, 2003;H. Damasio et al.,1994)。

额叶也与按照适当顺序完成一系列任务,并在适当的时候停止做这些事情的能力有关。苏联心理学家亚历山大·鲁里亚(Alexander Luria,1980)研究了许多前额叶受损破坏了这些能力的病例。一名男子在火柴点燃后还要继续点燃。另一名男子在医院的木工间一直将一块木板刨光后再继续刨下一根。

表2.1总结了我们讨论过的脑的主要部分及其主要功能。

表2.1 脑主要结构的功能

这里列举的只是与这些结构相关的部分功能。

结构	功能
脑干 脑桥 延髓 网状激活系统(RAS)(延伸到脑中心)	睡觉、清醒、梦 呼吸、心跳等自发功能 信息筛选、高级唤醒中枢、意识
小脑	平衡、肌肉调节、简单技能记忆和经典条件反射,参与知觉和高级认知加工
丘脑	将来自高级中枢的信号传到脊髓,以及将来自感觉器官(除嗅觉外)的信号传到其他脑中枢
下丘脑	生存的必要行为:如饥饿、干渴、情绪、重复等;调节身体温度,控制自主神经系统
脑垂体(或垂体腺)	下丘下部,分泌影响其他腺体的激素
杏仁核	初步评估感觉信息决定其重要性,焦虑和抑郁的调控,情绪记忆的形成与检索
海马	关于事实与事件新记忆的形成,以及其他方面的记忆

(续表)

结构	功能
大脑(包括大脑皮质) 枕叶 顶叶 颞叶 额叶	高级思维 视觉加工 压觉、痛觉、触觉、温度觉的加工 记忆、感知、情绪、听觉、语言理解 运动、工作记忆、计划、目标设置、创造性思维、主动性、社会决策、理性决策、演讲

日志 2.4　批判性思考——避免情绪推理

假设惯犯中有 50% 的人前额叶受损(只是假设)。了解到这一情况,一名立法者建议对少年司法中心的所有拘留者都要进行额叶检查,以避免他们将来犯更严重的罪的可能性。你支持这个提议吗?为什么呢?在你得出一个情绪化的结论前,你还想研究什么证据?

模块 2.4 测验

1. 下列哪一项不是脑干的主要结构?(　　)
    A. 网状激活系统　　　B. 髓质　　　C. 海马　　　D. 脑桥
2. 下列哪一种脑结构充当感觉中转站,引导视、听信息到脑其他部位?(　　)
    A. 胼胝体　　　B. 海马　　　C. 脑桥　　　D. 丘脑
3. 如果你记忆有障碍,你的脑的哪个部位可能受损?(　　)
    A. 海马　　　B. 下丘脑　　　C. 小脑　　　D. 脑桥
4. 在大脑两半球之间传递信息的神经纤维结构是(　　)。
    A. 基底神经节　　　B. 大脑皮层　　　C. 丘脑投射纤维　　　D. 胼胝体
5. 视觉皮层位于(　　)。
    A. 枕叶　　　B. 顶叶　　　C. 额叶　　　D. 颞叶

2.5　脑的两半球

我们已经知道大脑被分为两个半球控制着左右侧身体。尽管两半球结构上相似,但它们有不同的天赋或专门化领域。半球优势在遭受脑损伤(通常是中风引发)的病人中表现尤其明显。法国神经学家保罗·布洛卡(Paul Broca)(他的名字以"布洛卡区"留传下来)在 1861 年首次发现了这一现象。他观察到左半球损伤时会失去说话和语言理解能力,而右半球损伤的人

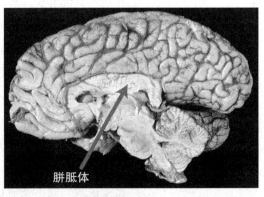

人脑的横截面,图为胼胝体

很少会有这种缺陷。从那时起,我们还了解到左脑损伤的患者在阅读、物体识别、摆姿势或手势以及按正确顺序形容事件中均有困难。右半球损伤的病人在面孔识别、情绪解读或理解音乐及艺术上有困难;他们很容易迷路,甚至在他们自己家也会迷路。

裂脑:一座被分割的房子

LO 2.5 A 讨论裂脑实验的基本范式,以及这些结果揭示了大脑半球什么功能。

关于大脑半球优势的一些最有趣的发现来自人们所熟知的"裂脑人实验"。通常情况下大脑两半球通过胼胝体互相沟通,在脑一侧发生的事情会立即传递到另一侧。然而,如果两侧彼此隔离,将会发生什么?

在1953年,罗纳德·E.迈尔斯(Ronald E. Myers)和罗杰·W.斯佩里(Roger W. Sperry)通过割裂猫的胼胝体第一次回答了这个问题。他们还切除了从眼到脑的部分神经。正常情况下,每只眼睛都向脑两侧传递信息,在此过程之后,猫的左眼只向左半球传递信息,右眼只向右半球传递信息。

起初,这个手术看上去对猫似乎没有多大的影响。它们的日常行为,如饮食和走路保持正常。但是,一些有深远意义的事情发生了。迈尔斯和斯佩里训练这些猫蒙上一只眼完成任务。猫可能学会推一个有正方形的面板获得食物,但是忽视有圆圈的面板。之后研究者再换另一只眼睛进行测试,结果猫好像没学习过这个技巧一样。显而易见,大脑的一侧并不知道另一侧在做什么,好像动物的身体中有两个大脑一样。之后的研究在其他物种身上(包括猴子;Sperry,1964)证实了这个结果。

20世纪60年代早期,一组外科医生决定尝试切除胼胝体来控制癫痫患者的癫病发作。这种疾病严重时,紊乱的生物电活动从脑受伤区域扩散到其他部位。外科医生推断,切断大脑两半球之间的联系可能会阻断电活动从一边扩散到另一边。当然,因为那些绝望的病人,手术做了。但是科学家也因此得到了奖励,他们从而能够发现大脑半球在完全切断与另一半联系时所能做的事情。

这种裂脑手术的结果通常是成功的。癫病发作减少了,有时甚至完全消失了。在他们的日常生活中,裂脑病人并未受到两个大脑半球不再沟通的影响。他们的人格和智力完好无损,可以走路,说话,过着正常的生活。显而易见,大脑深处未分离的部位保持着身体运动和其他功能的正常运行。两个功能化半球做着自己的工作,只是彼此不再联系。但在一系列独创性的研究中,斯佩里及同事(包括后继研究者)证实感觉和记忆受到了影响,正如他们早期在动物研究中所发现的一样。斯佩里因此获得了诺贝尔奖。

为了理解这项研究,你必须知道眼睛到脑的神经通路(人类病人,不像迈尔斯和斯佩里的猫,切断了这些神经)。如果你直视,你眼前左侧视野的场景会进入你右半球。右侧视野的场景会进入左半球。两只眼睛都是这样的(见图2.17)。

实验中只向裂脑人的一侧脑呈现信息。在一项早期研究中,研究人员将拍摄的人脸照片分为两类,并将不同的照片组合在一起(Levy, Trevarthen, & Sperry, 1972)。重新组

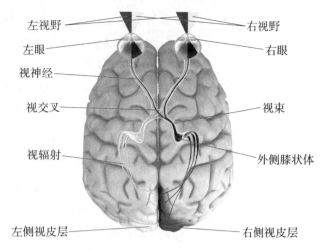

图2.17 视觉通路

每个大脑半球接收对侧视野传递来的信息。如果你直视房间的角落,那么连接点左侧的所有信息都会呈现在你的大脑右半球,反过来也一样。这是由于每个视神经上的半数轴突都会交叉进入(在视交叉处)对侧脑。通常,一侧大脑半球会即刻与另一侧共享信息;但对于裂脑人来说,胼胝体的切断阻断了大脑半球的这种交流。

合的照片采用幻灯片呈现。告知被试盯着屏幕中心的圆点,以致照片的两半分别落入圆点的左右侧。照片快速呈现,因此病人来不及移动他/她的眼。当询问被试看到什么时,他们说出照片右侧的人的名字(如图2.18的男孩),因为大脑左半球控制言语以及看到右侧的面孔。但是当要求他们用左手指出他们看到的面孔时,他们会选择照片左侧的人(图

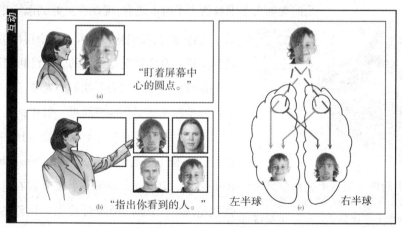

图2.18 分开的视野

给裂脑人呈现合成图 (a),要求他们从一系列原始图片中识别面孔。当被要求用言语指出他们看到的面孔时,他们说看到了合成图右侧的面孔。当被要求用左手指出他们曾见过的面孔时,他们指出左侧的面孔(b)。因为裂脑人的大脑两侧半球不能交流,而相对不负责语言功能的右半球只能注意到左侧的照片 (c)。

中有胡子的人),因为大脑右半球控制左手,也就是只能看到左侧的面孔。此外,病人声称原照片没有什么异常。大脑不同侧看到不同的照片并自动填补了未知的部分。大脑每侧都不知道对侧看到了什么。

为什么病人命名一侧的图片但指向另一侧?当病人用言语反应时,是负责语言的左侧大脑在讲话。因为脑左侧仅仅看到右侧的照片,所以病人用语言只能描述右侧的照片。当病人用左手指示作反应时,这一行为由右脑控制,右半球给出它看到的版本(例如合成图左侧的人)。

在另一项研究中,研究者用幻灯片呈现日常物品,然后突然呈现一个裸体女人。此时,脑两侧均很愉悦,但是因为只有左侧能言语,所以两侧半球的反应不同。当某位女士的左半球闪过图片时,她大笑并识别出图片为裸女。当她的右半球闪过图片时,她什么也不说但开始咯咯笑。当问她在笑什么的时候,她说"我不知道……没什么……噢,有趣的机器。"右半球不能形容看到了什么,但可以进行与左半球一样的情绪反应,而会讲话的左半球被迫为好笑的事给出解释(Gazzaniga,1967)。总之,迈克尔·加扎尼加(Michael Gazzaniga,2000),一个知名的心理学家曾验证这个及其他裂脑人研究,他称左侧半球为"解释者",因为其主要角色是持续地提供一个合理的(尽管不一定总是准确的)故事去解释我们的思维、情感和行为。另一位神经学家把左半球称为"宣传者"(Broks,2004)。

两半球:联合或对立?

LO 2.5.B 描述为什么大脑的两个半球是盟友而非对手。

当前裂脑人手术虽然少了但也还有,现在有更好的医疗手段来治疗癫痫。无论如何,我们从裂脑人实验中得出的结论有一定的局限性。真实情况是他们的癫痫已相当严重,做手术才是最好的选择。这表明他们的大脑已经有些异常,这可能影响结果或是影响将结果一般化到其他人。

幸运的是,关于左右半球功能对比的研究也在脑完好的人身上进行过(Hugdahl & Westerhausen,2010;Perte et al.,2015)。如果一个研究者在你的右侧视野快速呈现一个图像,图像会首先到达你的左侧视觉皮层。感谢你的胼胝体,图像将随之快速传递到你的右侧视觉皮层。但是你的左侧视觉区域有一个小小的优势,这种时间差给研究者提供了重要信息。当单词快速呈现在右视野时人们读词的速度很快,因为这些词直接进入左半球而左半球控制阅读。相反,当面部

请一位右利手的朋友用右手握住一只铅笔,然后在纸上不断敲击一分钟。然后换左手在一张新纸上再次敲击。最后重复这个程序,让这个朋友边敲边讲话。对于大多数人来说,讲话会降低敲击的频率,但右手敲击时更加明显。这也许是因为敲击与说话两个活动使用了相同的大脑半球,使这两种活动之间存在着"竞争"(对于左利手者,实验结果取决于其语言中枢是哪个半球,所以结果难以预测)。

表情快速呈现于左视野时人们识别更快,因为这些表情直接进入右半球,而右半球在加工面孔表情上具有优势(Abbott et al.,2014)。与此相似,研究者可以呈现不同的声音给你的双耳,呈现于左耳的进入右侧听觉皮层、右耳的进入左侧听觉皮层。这些研究表明尽管左半球有词汇加工优势,但词汇发声时的声调主要由右半球加工(Grimshaw et al.,2003)。

尽管早期研究者经常说左半球为优势半球,特别是因为左半球的语言和分析功能;但多年以来已经很清楚的是,右半球远非被动的。它不仅仅在面孔情绪识别方面有优势,而且在处理需要视觉空间能力的问题上也具有优势,如看地图或追随一种服装模式。它在艺术和音乐的创作和欣赏过程中非常活跃。右半球还能识别非语言的声音,比如狗叫声,同时也具备一定的语言能力。通常,右半球能读一个快速闪过的单词,并能理解实验者的指导语。

与右半球的直觉与整体模式相比,左半球有时被描述为有推理和分析认知风格。而且,大众心理学书籍甚至将人们分为左脑型和右脑型。总之,绝大多数的心理学学生都意识到了这个主张。然而,这是一种过度简化的说法(Nielsen et al.,2013)。事实上,两半球的差异不是绝对的,而是相对的,是一种程度上的差异。在现实生活中,两半球协调合作,每个半球均作出有价值的贡献。在视觉感知中,左半球一般看到细节,而右半球看"它们"怎么联合在一起(Chance,2014)。在言语感知中,左半球听个体的声音产生词汇,但右半球听语调,告知我们发音者是高兴、悲伤,或者尖刻(Godfrey & Grimshaw,2015)。大多数的想法和行为要求左右半球协调工作。这就是将人分为左半球型、右半球型错误的原因以及为什么我们必须谨慎将两半球看作两个"脑"。正如罗杰·斯佩里(1982)自己指出:"左右半球独立是一种很危险的想法。"

互动 你有没有听过这样的观点:"左脑型"的人更善于分析和逻辑,而"右脑型"的人更具有创造力和艺术性?
○是
○否

日志 2.5 批判性思考——不要过于简单化

你们中绝大多数人都听说过"左脑型"和"右脑型"人。你能举出什么证据证明这不是一个科学的结论吗?为什么你会想到通俗书籍和一般大众都会被过于简单化的东西所吸引,比如这个?

模块 2.5 测验

1. 想象一下有一只猫的图片由一个裂脑人的左半球接收,一只狗的图片由同一个人的右半球接收。如果被要求做出口头反应,病人会说什么?（　　）

    A. 我看到一只猫。　　　　　　　　　　B. 我看到一只狗。

    C. 我看到一只猫和狗。　　　　　　　　D. 病人什么也不能说。

2. 想象一下一只猫的图像由一个裂脑人的左半球接收,一只狗的图像由同一病人的右半球接收。如果提示病人用他或她的左手指向一个图像,病人会指哪一个?（　　）

    A. 病人不能指向任何事物　　　　　　　B. 猫

    C. 病人会同时指向猫和狗　　　　　　　D. 狗

3. 想象一下一只猫的图像由一个裂脑人的左半球接收,一只狗的图像由同一病人的右半球接收。如果提示病人用他或她的右手指向一个图像,病人会指哪一个?（　　）

    A. 猫　　　　　　　　　　　　　　　　B. 狗

    C. 病人可能同时指向猫和狗　　　　　　D. 病人不能指向任何事物

4. 如果把单词呈现给脑的一个或另一个半球,哪个半球更有可能显示出更快的阅读单词的优势?（　　）

    A. 右半球　　　　　　　　　　　　　　B. 左半球

    C. 左右半球在阅读速度上并无差异　　　D. 左半球为短词汇,右半球为长词汇

5. 基于我们现有的研究中所了解到的,关于大脑半球的手术最合理的结论是什么?（　　）

    A. 有些人是左半球,有些人是右半球,决定哪一种可以让一个人的生活更轻松。

    B. 两半球相互协作,每一侧均作出有效贡献。

    C. 两半球相互对立,彼此争夺各种任务的优势。

    D. 认为人只有一个大脑是错误的,人有两个大脑且彼此相互独立。

2.6 灵活的脑

在这之前,我们已经讨论过脑,好像它是一个固定不变的器官,每一个人的都一样,从出生时到8、18、28岁,或者98岁都一样。事实上,因为我们都是人类,并且我们大多数共享一样的早期经验,学着走路、说话,处理学校和家庭成员之间的事情,所以,在根本上,我们脑的基本组织是相似的。然而,我们也有不同的成长经历,富贵或贫穷,男性或女性,被培养或忽视,这些经历发生在一个可以塑造我们价值观、技

能和机会的特定文化中。这样的差异可以影响脑的连接与使用。

经验与脑

LO 2.6 A 定义神经可塑性,并总结相应证据证明脑能根据新的经验作出改变。

我们的脑在出生时并未完全形成。在婴儿期,突触以极高的速度激增(见图2.19)。神经元会产生新的树突、轴突,并在大脑神经细胞中产生更复杂的连接(Bock et al.,2014;Greenough & Black,1992;Kostovic & Judaš,2009)。新的学习和环境刺激促进神经元连接增长更复杂。然后,在儿童期对儿童面对环境有帮助的突触可以存活下来,剩下的会消失,形成一个更有效的神经网络。在这种情况下,每个脑都对环境做出了优化。这种**可塑性**,脑应对新经验的变化能力,婴儿期和儿童早期最强,但一生中都会存在。

脑的可塑性可能有助于解释为什么有些人无法记起简单的词汇,但在中风后几个月就能正常说话,以及有些人在头部受损后无法移动胳膊,但在物理治疗后可以康复。显然,他们的脑进行了重新连接以适应损伤(Liepert et al.,2000)。脑的可塑性在一些出生或童年早期就盲或聋哑的人身上也可见。在出生后的早期,眼睛和视觉皮层的连接、耳朵和听觉皮层的连接快速发展,但眼睛和听觉皮层、耳朵和视觉皮层的连接也快速发展。典型的是,经验增强了眼睛和视觉皮层的连接、耳朵和听觉皮层的连接,减少了其他两种类型的连接(Innoceti & Price,2005)。因此,有趣的问题是盲人的视觉皮层发生了什么变化?它是否由于眼睛与视觉皮层的连接出现问题而变得对声音可以有更多反应?

可塑性 大脑通过神经发生或重组或增加新的神经连接以应对经验而改变和适应的能力。

为了回答这个问题,研究者使用了 PET 扫描去检测人们的脑,正如他们通过发音者定位声音(Gougoux et al.,2005)。有些人有视力,但一些人在早年失明了。当他们通过双耳听声音时,有视力的人枕叶皮层(与视觉联系的区域)的活动减少,但盲

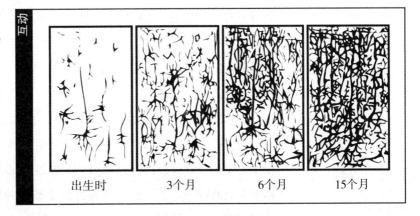

图2.19 连接

新生儿脑中的神经连接间隔很大。但是他们立即开始了新的连接。上图展示了从出生到15个月的连接数量的显著增加。

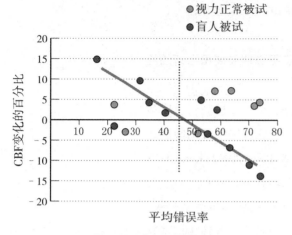

图2.20 对失明的适应

在部分盲人中进行需要听力的任务时，与视觉相关的脑区可能会被激活。虚线左侧的深灰色圆圈表示声音定位任务中具有低错误率的盲人，右侧表示具有高错误率的盲人。此图表明盲人的错误率和脑视觉区的血流变化、神经活动变化有关，而正常视力的人的错误率和以上因素无关。盲人的结果越精确，视觉区的活动越强烈（Adapted from Gougoux et al., 2005）。

人并不会出现这样的反应。当堵上一只耳朵，声音定位能力强的盲人枕叶两侧激活，视力正常的人或声音定位能力一般的盲人均未有同样的激活。此外，这些区域的激活程度与盲人在任务中的准确性相关（见图2.20）。行为表现好的盲人明显通过募集视觉区参与听觉活动而适应了——这是一个可塑性的生动例子。

视力正常的人在进行听觉或者触觉任务（比如触摸盲文）时脑视觉区处于静息状态。但研究人员想要探究：如果将志愿者的眼睛蒙上五天，视觉区会发生什么变化？他们发现，志愿者的视觉区在第五天执行任务时被激活了；而不蒙眼之后，视觉区再一次恢复静息状态（Pascual–Leone et al., 2015）。显然大脑视觉区具有处理非视觉信息所必需的装备，但是这种装备在环境需要它工作之前处于休眠状态（Amedi et al., 2005）。当人们对生活中的多数事物视而不见时，新的联结可能会形成，使脑通路发生持久的结构性改变。对于聋人来说却正相反，神经科学家让聋人和听力正常的人看多组动点，发现聋人大脑的听觉皮层被激活，但听力正常人的听觉皮层没有被激活（Finney, Fine & Dobkins, 2001）。

这项研究使我们知道脑是一个动态的组织结构：它的回路不断被修正以应对外界信息、挑战环境的改变。随着科学家对此过程了解的深入，他们可以应用他们的知识为感觉障碍、发育障碍和脑损伤患者设计更好的康复计划。

文化与脑

LO 2.6.B 探讨文化力量和脑功能之间的关系。

我们已经了解人脑结构和功能是由生活环境塑造的，文化是生活环境中重要的一部分，有着公认的规则、价值观、信仰、沟通方式，能控制团体中人们的行为。新兴的文化神经科学研究神经和文化力量之间的联系如何产生不同的行为、感知和认知模式（Ambady, 2011; Chiao, 2015）。

双语研究。 双语者是否运用不同的脑区处理不同的语言？这个问题的结果是存在分歧的，但是一些有趣的研究结果表明第一语言与第二语言分别涉及不同的脑区。回答这一问题的一种方法是观察当外科医生刺激病人不同脑区时会发生什么。病人通常处于清醒状态并能够说话,但是当他们重要的脑言语区被医生刺激时会停止说话。使用这一方法的研究发现双语者的第二语言激活的脑网络区域比第一语言更广泛(Cervenka et al., 2011)。

另一个可能影响脑组织的文化因素是读写能力。在与阅读和言语记忆有关的顶叶皮层部分和一些其他脑区,文盲的白质少于有读写能力的人(de Schotten et al., 2014)。科技素养也可能影响脑活动,一些科学家推测互联网搜索、短信以及社交网络可能会增强过滤信息和快速决策所涉及的神经回路,同时可能削弱其他脑回路,如持续性注意(Small, 2008)。

当两种文化看重社会成员之间的不同技能,或强调获得某些技能的不同方法时,人们的脑活动可能表现出差异。比如在进行简单的视觉空间任务时,西方人和亚洲人的脑激活区域取决于任务是要求被试注意视觉背景(亚洲文化强调的策略)还是忽视视觉背景(西方文化鼓励的策略)。功能磁共振成像扫描结果发现,当人们做出非典型的文化背景判断时,两组被试与注意力控制相关的额顶叶的激活更强(Hedden et al., 2008)。因为做出判断需要更多的注意和努力,所以结果是合理的。

文化对社会成员的标记、态度和看待世界的方式有着深远的影响。文化神经科学追踪这种影响在大脑中的表现,考察它们在感知、问题解决、言语以及思维的 fMRI 研究中的表现。

是否存在"他的"和"她的"脑?

LO 2.6.C 总结脑的性别差异与行为的性别差异具有相关性的结论。

当今许多畅销书都宣称男性脑不同于女性脑。卢安·布里曾丹(Louann Brizendine)于 2006 出版的《女性的脑》非常畅销,并出版了续编:《男性的脑》。另一本名为《她是个女婴(it's a baby girl)》的书认为:"没有睾丸激素的干扰,你的女儿不仅会发育出女性的生殖器,而且还会发展成为女性的脑……这将引导她以女性的方法接触世界。"(Fine,

2010)你脑中的批判思维可能会想,什么是"女性的方法接触世界"?

> **互动** 研究结果表明,男性在涉及形状变换和空间导航的任务上表现好于女性,你认为这种明显的性别差异主要是由于男性和女性之间天生的生物差异造成的吗?
> ○是
> ○否

有关领导力、婚姻问题、亲子关系以及教育等方面的畅销书都认为男性和女性的脑部差异可以解释以下现象:女性有很强的知觉能力和同情心,女性喜欢谈论感情,男性喜欢谈论体育运动;女性的语言能力更强,男性的数学能力更强;当男性迷路时他们不喜欢问路(Sommers, 2011)。那么外行人是如何看待这些争论的呢?又有哪些是使用 fMRI 或者其他脑成像技术得到的呢?当然,男女的差异体现在很多领域。很遗憾,思想观念阻碍了对性别差异和脑的研究:有些人担心这项研究会被用于证明性别歧视(考虑到那些过于简单的畅销书,这是一种合理的担心);另一些人则认为,忽视这些证据是不科学的,对女性和男性提高生活和健康水平都是障碍。

为了理智地看待该问题,我们需要弄清两个问题:就平均水平而言,男女的脑结构和功能是否存在差异?如果存在,那么这些差异究竟与男人和女人的行为、能力、解决问题的方式或生活中其他事有什么关系呢?

对第一个问题的回答是肯定的。解剖学和生物化学对人和动物的脑研究都发现此结果(Cahill, 2012; Luders et al., 2004)。有些研究具有跨文化特性:来自澳大利亚、中国、英国、芬兰、德国、美国、威尔士 24 所实验室超过 1000 名被试的 fMRI 数据表明,在休息状态,男性和女性大脑整体活动类型不同(Biswal et al., 2010)。应用 fMRI 技术,科学家们推测如果两个脑区同时被激活或同时恢复安静状态,那么两个脑区间存在联系。通过这项国际研究,虽然不同年龄、不同文化的被试都显示出相似的连接模式,但男性和女性的模式之间存在一些差异,比如皮质和杏仁核之间的联结。

此外,就脑整体来说,女性大脑额叶的体积更大,男性顶叶皮层的某部分和杏仁核体积更大(Goldstein et al., 2001; Gur et al., 2002; Kim et al., 2012)。女性额叶和顶叶皮层中的褶皱比男性多(Luder et al.,

2004)。一般来说,男性皮层神经元比女性多,有些研究推测这种差异对性别的空间能力差异有影响,比如心理旋转能力(Burgaleta et al.,2012),但也有其他研究支持外部解释,如不同的视频游戏经历或与性别有关的习惯,可以解释这些性别差异(Sommers,2011)。

你自己的脑(男或女)在运转吗?大脑的性别差异确实是存在的,但我们还存在第二个疑问:总体而言,这些差异对于日常生活中的行为或人格特征意味着什么?当你听到或者读到"性别和脑",记住以下这些:

1. 在直觉、能力和特质方面,男女之间许多所谓的差异都是刻板印象。两性之间的共同性往往远大于它们之间的差异性,即使在统计学上性别差异显著,实际当中差别也是很小的,甚至种族之间的差异可能会大于性别差异。美国和日本的男孩比女孩更擅长数学,但是国家或地区之间的差异更大,日本的女孩比美国的男孩更擅长数学(Else-Quest,Hyde & Linn,2010)。有些假定存在的差异,探究之后消失了。真的像很多心理学畅销书对性别的假设那样,女人比男人更健谈吗?为了检验这个假设,心理学家通过语音记录器记录男性和女性各自在生活中的言语,男性和女性在口语数量方面不存在显著差异;平均都使用16000个单词,但在被试间存在显著差异(Mehl et al.,2007)。

2. 大脑的差异不一定出现行为或表现之间的差异。许多研究中,男性和女性在做某件事时或在测试能力时显示出不同的大脑活动类型,但不存在行为或回答问题的能力差异。科学家对脑活动模式差异有着极大的兴趣,因为他们想要了解行为产生的机制。当外行人错误地把脑差异推测为产生行为差异的原因时,就出现问题了——这是一个不存在的原因(Fine,2010)。科学家用fMRI技术研究了智力匹配的男性和女性脑。他们发现女性脑中与智力相关的白质更多,而男性脑中与智力相关的灰质更多(Haier et al.,2005)。尽管两性的总体智力水平不存在差异,但这一结果还是很有意义的。由此得出的结论是大脑可能以不同的方式进行组织,但产生出相同的智力。

3. 大脑的差异并不能解释不同情况下的行为差异。以同情为例,这是女性刻板印象的核心能力。大多数人会告诉你女性比男性更富有同情心、知觉能力以及自我审查能力。但是人们对自身的任何特质和行为的描述,通常不能很好地预测他们在各种情况下的实际表现。当我们听到有人说女性是富有同情心的,我们必须要问是哪位女性?在什么情况下?以及对谁产生同情?在面对敌人时女性比男性更缺乏同情心。再次强调,如果你是观察人们做了什么而不是听说他们会做什么,或是改变了他们做某事的情景,则性别差异就会减弱(Jordan-Young,2010)。

4. 永恒的因果问题:男性、女性脑的差异可能是行为差异的结果而非原因。正如我们所知,个人经历和文化的作用不断塑造脑回路,并影响脑的组织和功能,当然男性和女性会有不同的童年期经历和生活。因此,当研究者发现脑结构或功能存在性别差异时,他们不能自动假设这种差异是天生的或不可改变的。大多数读者对上述调查问题做出回答,他们认为空间任务中的性别差异反映了男性和女性之间天生的生物学差异,但是正如上面提到的一样,男性和女性平均玩视频类游戏的时间不同,而此类经验是空间任务有效的预测指标。那么,是脑回路还是经验导致空间技能中明显的性别差异?

5. 难以捉摸的脑差异:你已经知道,你却意识不到自己知道。人们倾向于认为,如果一项对十几个男人和女人脑的研究发现存在平均差异,那么这个结果就可以推论到所有人。毕竟,脑只是一个脑,不是吗?所有的研究都必须具有可重复性,但有时结果是不可重复的。比如,研究人员曾经确信,男性和女性的胼胝体的尺

一些研究表明,空间技能存在明显的性别差异是视频游戏经验水平所致,在幼年时增加女孩对这类游戏的接触程度会缩小这种差距吗?

寸不同,但早期重复研究并未得出此结果。他们也曾经确信,男性脑比女性脑更具有单侧化优势,尤其是在涉及语言的任务中,这意味着女性在进行任务时同时使用双侧脑,而男性只使用一侧。但是元分析和大规模的研究未能证实"人人都知道"的单侧化优势(Chiarello et al., 2009; Sommer et al., 2008)。

科学家的结果解释有所差异的原因之一是有些研究注重于两性之间的差异性,而有些研究注重于相似性。这两种倾向都可能是正确的,但两种研究都认为我们应该避免过分简单化并直接得出结论,批判性思维能力是男女都可以学习的东西,我们在考虑性别差异时也需要这种能力。

我们认为你会同意"关于脑的发现非常有趣"的观点,我们将在本书的其余部分接着讨论更多这方面的内容。然而,这些研究结果不应该将注意力从所有其他因素中转移出来,那些因素使我们成为现在的我们,使我们变好或是变糟:我们的关系、我们的经历、我们在社会中的立场、我们的文化,记住(以及在你的脑中)单独从生理学角度分析人类就像仅仅用铆钉来分析埃菲尔铁塔。即使我们能对脑中每一个细胞和脑回路做出调整,我们仍然需要了解环境、思想以及影响我们的仇恨、悲伤、爱、快乐的文化规则。

> **日志 2.6　批判性思考——提出问题**

有关脑的研究引出许多有挑战性的科学和哲学问题,为什么脑回路中的小问题会使某些人产生严重障碍,而有些脑损伤严重的人却表现正常?那么生活中的经验是如何改变我们的脑呢?

模块 2.6 测验

1. 虽然人们通常认为到了成年时期脑已经完全形成或者已经成为静态,但实际上脑可以通过加强某些神经联系,调整其余神经联系或是重组自身来改变而应对新的经历,这种特性是(　　)。

    A. 生成性　　　　B. 可塑性　　　　C. 重组　　　　D. 再造

2. 下列对脑中的突触联结的说法哪个是正确的?(　　)

    A. 通过学习和经验使有用的联结得到增强,而无用的联结趋于消失,留下有效的神经元网络。

    B. 在适当的刺激下,随着人的年龄增长,所有的神经联结都会不断变多,变大。

    C. 童年时期突触联结的数量很少,在 12 岁时达到高峰,然后开始缓慢减少直到生命结束。

    D. 脑中神经连接的数量从出生到死亡都保持不变,因为神经元不能再生。

3. 以下的记载中哪一项是女性和男性脑中可信的性别差异?(　　)

    A. 男性倾向于"左脑"型,而女性多"右脑"型。

    B. 通常来讲女性的下丘脑更发达,而男性的丘脑更发达。

    C. 相对于个体的体型而言,男性的枕叶一般比女性大。

    D. 相对于脑的整体大小而言,男性的顶叶部分较大,而女性的额叶部分较大。

4. 在解释关于女性和男性脑性别差异的研究结果时,下列哪一项是不应当记住的?(　　)

    A. 脑的性别差异是行为差异的结果而不是原因。

    B. 研究人员尚未证明脑在解剖学和生物化学方面存在性别差异。

C. 脑的差异并不能解释不同情景下的行为差异。

D. 脑的差异不一定体现为行为或表现上的差异。

5. 史蒂维认为女性和男性脑的组织结构不同,因此得出结论:组织结构差异导致了性别行为差异,史蒂维的逻辑有什么错误?(　　)

A. 行为方面的性别差异实际是脑发育而非脑组织的性别差异导致的。

B. 脑组织结构中相对较小的差异——几百个神经连接等等,足以影响行为;整个脑组织不是这样的。

C. 所有的大脑差异都是性别刻板印象导致的。

D. 脑差异不一定会产生行为差异;不同的脑组织可产生相同的行为结果。

让心理学伴随着你:修补脑时三思而后行

几个世纪以来,人们一直在寻求刺激脑以使之更有效工作的方法。他们试图用行为、药物,甚至是神经刺激的方法以提高认知能力。但是这些理论真的安全有效吗?

本章开头已经提到,一些研究表明,定期执行认知训练任务,如算术和记忆单词、画和面孔,可以改善认知障碍老年人的认知功能以及提高他们的生活质量(Cotelli et al.,2012;Kawashima et al.,2005)。在健康老年人中也得到了类似结果(Mahncke et al.,2006;Willis et al.,2006)。在这些结果的推动下,Nintendo 和 Lumos 两家公司开始设计并销售基于计算机的认知训练游戏,他们宣称即使在年轻的健康人身上,游戏也可以改善认知功能,并预防大脑衰老和痴呆症。听起来很吸引人,是吧?那么电脑游戏是保持年轻和敏捷的大脑的关键吗?唉,这样的说法通常听起来好得似乎不真实,它确实不真实。

在回答本章开头的民意调查问题时,超过 3/4 的学生表示相信诸如数独和纵横字谜等活动可以"让大脑保持年轻"。但是新近的三项研究都表明认知训练可能并不能促使认知功能的提高(Ackerman et al.,2010;Borness et al.,2013;Owen et al.,2010;Simons et al.,2016)。而且,尚未有研究证明认知训练能预防痴呆。因此,认知培训公司提出的宣传似乎很夸大其词,美国联邦贸易委员会控告了 Lumos Labs 公司,认为该公司的认知训练方案中含欺诈性广告,因为公司没有科学证据证明广告内容。Lumos Labs 公司同意支付 200 万美元的赔偿金。

但是,即使认知训练可能达不到它所说的全部目标,它通常也被认为是无害的(除了你的银行账户)。因此,如果参与计算机认知训练让你有成就感,使你快乐,并且会将注意力转移到其他更重要的任务或职责上,那么可能就没有必要放弃了。

人们如何使脑效率最大化的呢?虽然你可能不认同,但体育锻炼是另一种潜在的增强认知的方法。有氧运动提高了注意力、反应速度、执行功能和记忆力(Smith et al.,2010)。虽然这种作用的机制还不清楚,但肢体运动的确能增加海马区内的血流量和神经活动(Dresler et al.,2013;Gomez-Pinilla et al.,2008)。

还有一些人试图通过使用药物如莫达非尼(一种被批准用于治疗嗜眠症和其他睡眠障碍的药物)和哌甲酯(一种被批准用于治疗注意力缺陷障碍的药物)来增强认知能力。一些学生、飞行员、企业主管和时差旅行者会携带一种或另一种此类药物,他们依靠非法或者自己开处方的方法来获取这些药物。他们多数都说这些药物能帮助他们更好地学习并变得更加警觉。一篇文献综述认为这些药物可以提高对学过的材料的记忆力(Repantis et al., 2010; Smith & Farah, 2011)。但是这些药物的不良反应却少有报道,例如哌甲酯的副作用有紧张、头痛、失眠和缺乏食欲。

最后,有证据表明,使用经颅直流电刺激(tDCS)对脑进行电刺激可以增强学习效果和工作记忆容量(Clark et al., 2012; Mancuso et al., 2016)。2012年,牛津大学的神经学家们声明,经颅直流电刺激可能会很快应用于健康人,以提高他们的数学技能、记忆力、解决问题能力和其他智能。有人说,不久的将来,人们会在iPad上插入一个简单的设备,然后使他们的脑在做家庭作业、学习法语或弹钢琴时受到电刺激。他补充道,经颅直流电刺激将是儿童教育极好的一种辅助手段。

那么你是否要排队购买经颅直流电刺激设备呢?最好的办法是等待,作为一个理性思考的人,你可能想知道"该研究到什么程度了?"(答案是:大部分只是初步、小规模的实验室工作。)对不同的心理能力是否有更好或更差的方法运用经颅直流电刺激(答案是:还没有。)该方法是否对脑还处于发育期的儿童进行了测试?(答案是:还没有。)某个脑区能力的提升是否会影响其他脑区?(答案是:尚不清楚。)是否有研究证明实验室中的经颅直流电刺激技术可以提高人们日常生活中的能力?(答案是:尚不清楚。)有理性思考的人在尝试向父母、病人和学生销售经颅直流电刺激之前,应该警惕那些不等待这些问题的答案的企业家。

分享写作:神经、激素和大脑

假设你想找到一种方法来改善你的脑和认知功能。上述潜在的方法——认知训练、体育锻炼、药物治疗、神经刺激,你会选择哪一种?为什么?论证你的回答。

总结

2.1 神经系统:基本蓝图

LO 2.1.A 描述中枢神经系统的主要功能,并能说出它的两个主要结构的名称。

中枢神经系统(CNS)包括脑和脊髓,负责接收、处理、解释和存储信息并向肌肉、腺体和器官传递信息。科学家把神经系统分为中枢神经系统(CNS)和外周神经系统(PNS)。

LO 2.1.B 列出周围神经系统的主要结构和分区,并能描述其主要功能。

周围神经系统由可以感觉和自主行动的躯体神经系统与调节血管、腺体和内脏器官的自主神经系统组成。自主神经系统的运行无需意识参与,自主神经系统又被进一步划分为活跃身体行为的交感神经系统和保存能量的副交感神经系统。

2.2 神经系统内部的信息交流

LO 2.2.A 比较神经元和神经胶质细胞的功能。

神经元是神经系统的基本结构单位,由神经胶质细胞固定位置,胶质细胞能滋养、隔离、保护和修复神经元。

LO 2.2.B 描述神经元的三个主要部分,并对其主要功能能进行解释。

每个神经元由树突、胞体和轴突组成。在外周神经系统中,轴突(有时是树突)集中在一起,称为神经束。许多轴突髓鞘化,这加速了神经冲动的传导,并阻止相邻细胞信号的相互干扰。

LO 2.2.C 解释干细胞如何促进神经发生过程。

有研究推翻了两个以往的假设:人类中枢神经系统的神经元不能再生;在婴儿期以后没有新的神经元形成。胚胎干细胞可以产生许多不同种类的细胞。在各种器官中,包括与学习和记忆相关的脑区,这些干细胞在整个成年期继续分裂并成熟,产生新的神经元。刺激环境似乎对这个过程起到增强作用。

LO 2.2.D 概述神经元间相互沟通的过程,并解释突触、动作电位、突触小泡和神经递质的基本功能。

两个神经元通过突触产生联结,当一个电压(动作电位)传递到轴突末端时,化学递质分子被释放到突触间隙,当神经递质与神经元受体结合时,该神经元或多或少都会被激活。

LO 2.2.E 总结主要的神经递质在大脑中的作用,并列出影响行为的四种激素。

神经递质在情绪、记忆力和心理健康中起着至关重要的作用。5-羟色胺、多巴胺、乙酰胆碱和去甲肾上腺素在脑中通过不同的通路进行传播;GABA和谷氨酸分布于整个脑。激素主要由内分泌腺产生,与神经系统相互影响。神经科学家对褪黑激素特别感兴趣,褪黑激素能促进睡眠并调节身体节律;催产素和加压素在依恋和信任中发挥作用;肾上腺激素如肾上腺素和去甲肾上腺素与青春期、月经周期(雌激素和黄体酮)、性唤起(睾酮)的生理变化有关,还和一些包括心理功能的非生殖功能有关。

2.3 绘制脑地图(测绘脑)

LO 2.3.A 描述三种研究人员用来操纵脑并观察行为结果的技术。

研究人员通过观察患有脑损伤的患者,通过使用动物脑损毁方法以及使用诸如经颅磁刺激(TMS)和经颅直流电刺激(tDCS)等最新技术来研究脑。

LO 2.3.B 描述五种研究人员用来操纵行为和观察脑反应的技术。

脑电图技术(EEGs)、事件相关电位技术(ERP)、正电子发射计算机断层显像技术(PET)、磁共振技术(MRI)和功能磁共振成像(fMRI)技术使得研究人员能够探究脑功能和结构,这些技术揭示出脑在执行不同任务时各区域的激活状态,但是它们并没有显示出特定功能的"中心"。

2.4 一场脑旅行

LO 2.4.A 列出并描述脑干的三个主要结构,解释每个结构执行的主要功能,并讨论小脑控制的加工过程。

在脑的下半部分——脑干中,髓质控制心跳和呼吸等自主运动,桥脑涉及睡眠、觉醒和梦,网状激活系统筛选收到的信息并负责警觉,小脑负责平衡和肌肉协调、经典条件反射、感知和一些高级认知过程。

LO 2.4.B 描述丘脑的结构、功能和位置。

丘脑将感觉信息传向脑的更高位置,嗅觉是唯一不经过丘脑的感觉,专门的细胞位于嗅球上。

LO 2.4.C 描述下丘脑和脑垂体的结构、功能和位置。

下丘脑负责情绪加工和与生存有关的过程,它还控制自主神经系统并产生化学物质,指示脑下垂体何时给其他内分泌腺传递信息。

LO 2.4.D 描述杏仁核的结构、功能和位置。

杏仁核负责对感知信息进行评估,迅速作出生物性反应,并有助于初步决定接近或远离某人或某种情形,它也参与形成和恢复情感记忆。

LO 2.4.E 描述海马的结构、功能和位置。

海马在记忆事实和事件以及其他方面的长时记忆中起关键作用。

LO 2.4.F 描述大脑的结构,并解释胼胝体的功能。

多数脑回路都被包裹入大脑,大脑被分成两个半球(通过胼胝体进行连接),并且大脑被薄层细胞覆盖,我们称之为"皮层"。

LO 2.4.G 描述大脑皮质每个叶的位置,并解释它们的主要功能,尤其是前额叶皮质。

枕叶、顶叶、颞叶和额叶具有特殊的(但部分重叠的)功能。联合皮层似乎负责更高级的心理过程。额叶特别是前额皮层,与工作记忆、控制和发动情绪、制订计划、创造性思维以及共情有关。

2.5 脑的两半球

LO 2.5.A 讨论裂脑实验的基本范式,以及这些结果揭示了大脑半球什么样的功能。

研究接受裂脑手术的患者(切断胼胝体)表明两个大脑半球有不同的天赋。在大多数人中,语言功能主要在左半球加工,左半球通常负责逻辑、符号以及序列任务。右半球主要与视觉空间任务、面部识别以及艺术音乐的创作和欣赏相关。

LO 2.5.B 描述为什么大脑的两个半球是盟友而非对手。

在大多数心理活动中,大脑两半球联合起作用,双方都有很大的贡献。大脑更像是一个互动的联盟,而非一个被分割的房子。

2.6 灵活的脑

LO 2.6.A 定义神经可塑性,并总结相应证据证明脑能根据新的经验作出改变。

脑回路并不是固定不变的,而是随着信息、挑战和环境变化而不断变化,这种现象被称为可塑性。在一些早年失明的人中,视觉的大脑区域可被声音激活,这是一个可塑性的戏剧性例子。

LO 2.6.B 探讨文化力量和脑功能之间的关系。

文化神经科学研究神经和文化力量之间的联系如何创造出不同的行为、感知和认知模式的,这些研究包括调查双语,识字和跨文化研究。

LO 2.6.C 总结脑的性别差异与行为的性别差异具有相关性的结论。

脑部扫描和其他技术已经揭示男性和女性在脑解剖和功能方面存在很大差异。然而,关于这些差异在现实生活中意味着什么仍存在争论。一些研究侧重于小的没有意义的行为或认知差异。一些结果已被广泛接受,但未能在后来的研究中得到复制。某些男性、女性脑差异可能与行为或表现差异有关,而另一些可能无关。最后,经验上的性别差异可能影响脑的组织和功能,而不是其他方式。

第二章习题

1. 中枢神经系统的哪一部分无需意识努力就能发送和接收信号?(　　)

　　A. 副交感神经系统　　B. 脑　　C. 脊柱　　D. 脊髓

2. 自主神经系统的两个部分是(　　)神经系统和(　　)神经系统。

　　A. 中枢;外周　　　　　　　　B. 交感;副交感

　　C. 躯体;交感　　　　　　　　D. 副交感;外周

3. 正常人脑中神经元和神经胶质细胞的分布是(　　)。

　　A. 正常人脑中有大约1万亿个神经元和40亿个胶质细胞。

　　B. 神经胶质细胞的数量是神经元的12倍。

　　C. 神经元和神经胶质细胞的比例为3∶1;每三个神经元有一个神经胶质细胞。

　　D. 神经元和神经胶质细胞大约均匀地分布在正常人脑的1710亿个细胞中。

4. 神经元的三个主要部分是(　　)。

　　A. 树突、细胞体和轴突　　　　B. 轴突、髓鞘和突触

　　C. 胞体、体细胞和树突　　　　D. 髓鞘、巩膜和轴突末梢

5. 从未成熟的干细胞产生新的神经元的过程被称为(　　)。

　　A. 神经传递　　　　　　　　　B. 受精

　　C. 神经发生　　　　　　　　　D. 可塑性

6. 杰瑞哭着说:"我可以感觉到钠离子和钾离子在我神经元的细胞膜中移动!这太让人分心了!"关于杰瑞的言论,有两个结论是正确的。首先,他不能真正感觉到离子在他的细胞膜上移动。第二,如果他能,他会描述为(　　)。

　　A. 一个动作电位　　　　　　　B. 重新摄取

　　C. 突触间隙　　　　　　　　　D. 神经发生过程

7. 三种主要的性激素是（　　）。

　　A. 雄激素、睾酮和黄体酮　　　　　　　　B. 雄激素、雌激素和黄体酮

　　C. 雌激素、黄体酮和睾酮　　　　　　　　D. 皮质醇、肾上腺素和去甲肾上腺素

8. 经颅磁刺激技术如何帮助研究者了解脑功能？（　　）

　　A. 经颅磁刺激可使神经回路暂时失活，从而使研究者观察其对行为的影响。

　　B. 经颅磁刺激能测量脑中血糖水平的变化，这与不同类型的信息处理任务相关。

　　C. 经颅磁刺激记录脑波活动，这使得研究者可以预测未来的思维可能发生在哪些区域。

　　D. 经颅磁刺激能检测脑血氧吸收的差异，给研究者提供脑功能"图谱"。

9. 为什么科学家和公众在解释声称"找到特定行为脑中心的 fMRI 研究结果"需谨慎？
（　　）

　　A. EEG 提供了更好的机制来测查基于脑的行为变化。

　　B. fMRI 仍然是一项实验性技术，尚未在研究中使用太多。

　　D. 脑部扫描图像通常会传达误导性或过于简单的结论。

　　D. 神经发生使得将脑功能分离到特定区域是不可能的。

10. 与睡眠、觉醒和梦有关的脑结构是（　　）。

　　A. 脑桥　　　　　　　B. 延髓　　　　　　　C. 垂体　　　　　　　D. 下丘脑投射区

11. 丘脑在脑的哪个位置？（　　）

　　A. 小脑之下，延髓之上　　　　　　　　　B. 挨着脑干上的脑桥

　　C. 脑内部，几乎位于脑中心　　　　　　　D. 垂体之上，下丘脑之下

12. 为什么脑垂体经常被称为身体的"主导腺"？（　　）

　　A. 它分泌影响其他内分泌腺的激素。

　　B. 它控制下丘脑的功能。

　　C. 它位于人脑的中心位置。

　　D. 它会分泌影响前额叶皮层的化学物质。

13. 实验中给被试呈现各种情绪的面部表情。恐惧、悲伤、愤怒和快乐的表情在屏幕上快速闪过。尽管脑的许多结构会被这些图像激活，但下列哪一种脑结构在处理情绪内容方面会起到重要作用？（　　）

　　A. 小脑　　　　　　　B. 嗅球　　　　　　　C. 海马　　　　　　　D. 杏仁核

14. 基思和希瑟有一天正在讨论整容手术，基思说："我想我的海马已经被移走了。""它太小了，我觉得我的大脑没有它就会更精简。"希瑟在讽刺的怀疑中回答道："是的，你为什么不看看那个？"为什么希瑟认为基思的想法很愚蠢？（　　）

　　A. 基思无法识别环境中的威胁性刺激。　　　B. 基思会失去他的嗅觉和味觉。

　　C. 基思将无法形成新的记忆。　　　　　　　D. 基思会丧失部分听力。

15. 为什么人类的大脑皮层里有那么多的沟和裂？（　　）

   A. 因为数十亿的神经元可以在相对紧凑的区域内。

   B. 因为细胞的轴突需要一次向多个方向延伸。

   C. 因为进化压力导致人脑发育许多的"重新开始"。

   D. 因为树突可以在皮层上的多个几何平面上共存。

16. 人类大脑皮层的枕叶在哪里？（　　）

   A. 额叶下边   B. 头的前部

   C. 顶叶上部   D. 头的后部

17. 为什么外科医生会切断人脑的胼胝体来形成裂脑症患者？（　　）

   A. 为科学带来更大的益处。

   B. 作为研究胼胝体活动机制的一种方法。

   C. 为了减轻癫痫病发作的后果。

   D. 可以深入研究脑结构如丘脑、下丘脑和海马。

18. 为什么把人视为"左脑型"或"右脑型"是不正确的？（　　）

   A. 左脑或右脑不存在可识别的功能，关于"左脑型"的说法是刻板印象。

   B. 一个半球收到的信息通过胼胝体传到另一个半球，所以"整个脑"都参与活动。

   C. 区分"高级脑"和"低级脑"更重要，因此可把部分人归为"低级脑型"，另一部分为"高级脑型"。

   D. 左脑负责处理复杂任务，而右脑主要处理基本生存问题；因此，只要我们活着和呼吸，我们都是"右脑型"。

19. 下列哪种说法最好地小结了我们当前对大脑的了解？（　　）

   A. 人脑是一个动态的结构，能够根据经验和环境变化作出适应性改变。

   B. 到了20岁多数人的脑已经发育完全，在此之后会出现小的变化。

   C. 大脑是一个静态的器官，进行经自然选择形成的信息处理程序。

   D. 人脑在出生到5岁之间呈爆发性增长，在70岁以后快速下降。

20. 为什么我们在解释关于人脑性别差异的研究结果时要慎重？（　　）

   A. MRI扫描像是众所周知的人脑结构性差异的非决定性证据。

   B. 提出的性别差异是引出本不存在的阶层差异的社会文化手段。

   C. 尚未发现脑结构或功能的性别差异。

   D. 证明性别差异存在的研究结果可能得不到新证据和新技术的重复。

第三章　感觉和知觉

学习目标

3.1.A 区分感觉和知觉，并解释特定神经能量和联觉的学说如何有助于我们对感官模式的理解。

3.1.B 区分绝对阈值、差异阈值和信号检测。

3.1.C 讨论为什么感觉适应原理可以帮助我们理解人类感知系统是如何工作的。

3.1.D 描述选择性注意和无意视盲之间的关系。

3.2.A 描述视觉的三个心理维度，以及产生视觉光的三个物理属性。

3.2.B 定位人眼的结构和细胞，追踪光从角膜到视神经的路径。

> 3.2.C 总结证据证明视觉系统不是简单的"照相机"。
>
> 3.2.D 比较颜色视觉的三色理论和对立过程理论。
>
> 3.2.E 总结形成知觉、深度和距离知觉、视觉恒常性及视错觉的原理和过程。
>
> 3.3.A 描述听觉的三个心理维度和产生听觉的三个物理属性。
>
> 3.3.B 确定人耳的主要结构,并描述各组成部分的功能。
>
> 3.3.C 列出并举例说明适用于构建听觉世界的格式塔原则。
>
> 3.4.A 识别人类舌头的主要结构,并列出人类感知的五种基本味觉。
>
> 3.4.B 描述从嗅觉感受器到大脑皮层的基本通路。
>
> 3.4.C 列出人类感知的四种基本皮肤感觉。
>
> 3.4.D 描述痛觉闸门控制理论的原理,并解释什么是幻痛,提出一种新的治疗方法。
>
> 3.4.E 讨论检测我们内部环境的两种感觉。

提出问题:愿意去思考

- 为什么一件衣服的颜色会随着其他衣服颜色的变化而产生差异?
- 高分贝的噪声是如何导致永久性听力问题的?
- 为什么感冒会让人难以尝到食物的味道?
- 为什么有时疼痛被触发后会持续很久?

> **互动** 你有没有看过一个没有生命的物体(如云、食物)很像一张人脸?
> ○是
> ○否

密苏里大学的一名学生报告说,在交通高峰期,三架三角形的"不明飞行物"在高速公路上空盘旋。一个澳大利亚人看到仿佛是耶稣在烟灰缸里燃烧。2001年9月11日之后不久发布的一张照片显示,在世界贸易中心的废墟中,人们看到了一副凶恶的面孔,有些人将其认为是本·拉登(Osama bin Laden)。

我们都听到过类似的报道,甚至我们自己也有过类似的经历。在刚刚回答问题的答案中,绝大多数(96%)的学生说他们看过一个没有生命的物体像是一张脸。当你看这一章开头的照片时,很可能看到一张脸。这些不明飞行物、日常生活中的人脸,以及其他奇怪的目击者报告,难道只有那些容易受骗的人,或者聪明的、精明的人才能看到吗?如果这些经历都是幻想,那么为什么他们如此频繁地看到而又能描述得如此详尽,是什么让他们如此确信他们所看到的是真实的(Voss, Federmeier, & Paller, 2012)?

在这一章中,我们将试着回答这些问题,例如,我们的感官如何从环境中获取信息,以及我们的大脑如何利用这些信息来构建一个世界模型。我们将专注于这两个紧密相连的过程,使我们能够了解在我们的身体内部和在我们的皮肤之外的世界里正在发生的事情。第一种,感觉,产生一种对声音、颜色、形式和其他意识的构建的直接意识。如果没有感觉,我们将与现实脱节。但是为了让世界意识到我们的感官,我们也需要将感觉信息组织成有意义的模式。

一种叫面孔失忆症的异常

人们经常看到他们想看到的东西。在佛罗里达一家赌场做厨师的戴安娜·杜莎(Diana Duyser)咬了一口烤奶酪三明治,她相信她看到的是圣母玛利亚的形象。她把这块三明治用塑料袋保存了10年,然后决定把它卖到eBay上,卖了28000美元,即使已经被吃了一口。

情况,是感觉和知觉相互分离但又相互交织的一个例子。患有这种疾病的人无法感知脸部,这是由于大脑中一个叫作梭状回(prosopagnosia)的特定区域的缺陷造成的。他们的眼睛工作得很好,感知世界上的视觉信息是没有问题的。但他们辨别人脸的能力受到了损伤。患有面孔失忆症的人很难辨认出他以前见过很多次的人,甚至是亲密的朋友和家人。感觉以及其他知觉通常让人"感觉"像一个无缝的过程,但我们将在这一章中学习,从哪里区分感觉和知觉,两者是怎么发生的,以及可能影响一个过程而不是另一个过程的中断。

感觉和知觉是学习、思考和行动的基础。关于这些过程的发现也可以应用到实际应用中,如工业机器人的设计和飞行员的训练,这些飞行员必须根据他们的感觉和感知做出关键的决定。此外,对感官和知觉的理解帮助

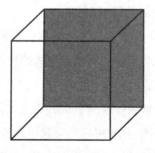

如果你盯着立方体看,外面和前面的面就会突然在里面和背面,反之亦然,因为你的大脑可以用两种不同的方式来解释感觉图像。另一幅画也可以通过两种方式来感知。你看到它们了吗?

我们更批判性地思考我们自己的经历,并鼓励我们要谦逊:通常我们确信我们所感知的东西一定是真的,然而有时候我们是完全错误的。

3.1 我们的感官

众所周知的五种感觉是:视觉、听觉、味觉、触觉和嗅觉,但实际上我们有五种以上的感觉。皮肤是触觉或压力的器官,它能感觉到热、冷和疼痛,以及瘙痒。耳朵,也就是听觉器官,包含了一些受体,以适应并产生平衡感。骨骼肌中包含了负责身体运动的受体。

我们所有的感官都在不断进化来帮助我们生存。即使是痛苦,导致人类经历苦难,也是我们进化遗产中不可或缺的一部分,因为它提醒我们生病和受伤。有些人天生就患有一种罕见的疾病,这种疾病使他们无法感受生活中的疼痛,但你不应该嫉妒他们:他们容易被烧伤、擦伤、骨折,可能会在很小的时候就死去,因为他们接收不到疼痛的警告信号。在这一节中,我们将探讨感觉发生的基础,从被黄蜂蜇得刺痛到看到令人惊叹的日落美景。在我们开始之前,看看感觉和知觉的视频,了解更多关于感官是如何让我们体验世界的。

我们的感官感知

感觉 通过感觉器官检测,身体能量的散发或者被物体反射。

感知 大脑组织和解释感觉信息的过程。

感觉受体 感觉受体细胞是将环境或身体的物理能量转化为电能,并且可以将神经冲动传递给大脑的不同区域。

LO.3.1.A 区分感觉和知觉,并解释特定神经能量和联觉的学说如何有助于我们对感官模式的理解。

感觉是对身体能量释放或者对物体反射的检测。检测的细胞位于感觉器官——眼睛、耳朵、舌头、鼻子、皮肤和体内组织。相反,**感知**是指一组心理活动,将感觉冲量组织成有意义的模式。

感觉开始于**感觉受体**,细胞位于感觉器官。嗅觉、压力和温度是感官的延伸(树突)。视觉、听觉和味觉的受体是由神经突触与感觉神经元分离的特殊细胞。

当感受器检测到适当的刺激物——光、机械压力或化学分子时,它们将刺激的能量转化为电脉冲,这些电脉冲沿着神经传递到大脑。感受器就像军事"侦察兵",扫视地形,寻找活动的迹象。这些"侦察兵"不能自己做决定:必须把他们所收到的东西传送给"野外工作人员",在外围神经系统的神经系统里的感觉神经元,他们必须向指挥中心的"将军们"——大脑报告。"将军们"负责分析报告,并结合不同的"侦察兵"带来的信息,决定这一切意味着什么。图 3.1 说明了这一过程。

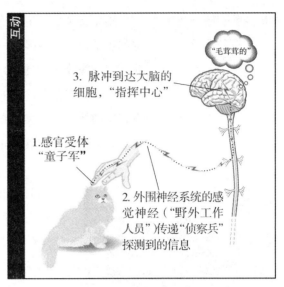

图 3.1 感觉的一般过程

虽然个体感觉是对世界上的不同能量有反应,但感觉的整体过程是一样的。

感觉神经"外勤人员"都使用相同的交流方式,即神经脉冲。这就好像他们必须把信息发送到一个邦戈鼓上,而且只能"砰"的一声。那么,接下来,我们能体验到很多不同的感觉吗?答案是神经系统将信息编码成一种代码。这种代码叫解剖代码。1826 年德国生理学家约翰内斯·穆勒(Johannes Muller)在他的**特殊神经能量学说**中首次描述了这一现象。根据这一学说,不同的感官模式(如视觉和听觉)的存在,因为感觉器官接收到的信号刺激不同的神经通路,通向大脑的不同区域。来自眼睛的信号会促使神经冲动沿视觉神经传播到视觉皮质。来自耳朵的信号会导致神经冲动沿着听觉神经传递到听觉皮层。由于这些解剖上的差异,光和声波产生不同的感觉。

特殊神经能量学说 这个学说是指不同感觉器官的存在,是因为通过感觉器官刺激不同的神经通路导向大脑的不同区域,从而接收到的信号。

神经特殊能量的学说意味着我们对世界的了解最终会减少到我们对自己神经系统状态的了解:我们是用大脑来看和听,而不是眼睛和耳朵。如果声波能刺激神经并在大脑的视觉部分结束,我们就会"看到"声音。通过利用这种从一种意义到另一种意义上的交叉,研究人员希望通过教盲人理解其他感官的脉冲信号,从而使盲人能够看到大脑的视觉区域。

神经科学家已经开发出一种设备,将相机的图片转换为一种电磁脉冲的模式,并将其发送到舌头上的电极,将有关图片的信息发送到大脑处理图像的视觉区域(Chebat et al.,2011;Ptito & Amedi,2014)。通过这个装置,先天的盲人已经能够辨认出形状,他们的视觉区域从长时间的安静突然变得活跃。

联觉 这种情况是指刺激一种感觉也会引起另一种感觉。

感觉交叉也发生在一种称为联觉的罕见情况中，**联觉**是指对一种感觉的刺激也不断唤起另一种感觉。一个有联觉的人可能会说，紫色的气味闻起来像玫瑰，肉桂的香味感觉像天鹅绒，或者单簧管上的音符听起来像樱桃。在很多常见的形式中，当人们看到字母或数字时，会感觉到有特定的颜色。大多数的联觉者都是天生的，但它也是大脑损伤的结果。一个从中风中康复的女性在她的身体左侧有一种刺痛感（Ro et al., 2007）。

这个实验装置将舌头上的信号发送到大脑的视觉区域，使盲人能够辨认出一些形状——这是一个应用于现实问题的感觉交叉的例子。

目前关于联觉的神经学基础还没有统一的结论。一个领导性的理论认为，与其他人相比，有联觉的人在不同的感官大脑区域之间有更多的神经连接（Bargary & Mitchell, 2008; Rouw & Scholte, 2007; Xu et al., 2015）。有趣的是，有联觉的人在与"额外"感觉相关的区域比其他人更敏感。普通人在视觉皮层受到颅磁刺激时，往往会看到短暂的光，但是，能看到有颜色的数字或字母的联觉者只需要 1/3 的刺激就能看到闪光（Terhune et all., 2011）。可能是这种更大的神经反应有助于在大脑区域之间产生额外的联系。另一种可能性是，这种情况是由于不同感官区域之间信号的正常抑制（Hale et al., 2014）。

然而，联觉对我们大多数人来说，是一种异常，它的感觉是分开的。解剖学上的编码并不能完全解开这个谜题的谜底，也不能解释为什么在一个特定的角度下会有不同的体验——看到粉色的东西就会想到红色，听到一种短笛的声音就会想到大号的声音，或者是针刺的感觉就像亲吻的感觉。因此，另一种代码是必要的，第二种代码被称为功能。功能代码依赖于一个事实，即感觉受体和神经元，或者仅在特定种类的刺激时才被抑制。在任何一段时间，神经系统中的一些细胞在激活，而有些则没有。关于哪些细胞被激活，多少细胞被激活，细胞被激活的速度，以及每一个细胞激活的模式的信息形成了一个功能代码。功能编码可能会沿着感觉路径发生，从感觉器官开始，到大脑结束。

感官的测量

LO 3.1.B 区分绝对阈值、差异阈值和信号检测。

我们的感觉有多敏感？答案来自心理学领域，该领域涉及物理性质的刺激与我们的心理体验有关。心理学家利用物理学和心理学的原理，研究了刺激物的强度或敏感度是如何影响观察者的感官强度的。

绝对阈值 通过向人们展示不同强度的一系列信号,让他们说出他们可以发现的信号,以找出他们感官的敏感程度。每个人能实际发现的最小能量被称为**绝对阈值**。然而"绝对"这个词有点误导,因为人们在某些场合会察觉到边缘信号,并且会在别人身上发现它们。可靠的检测方法是指一个人能在50%的时间内检测到信号。

绝对阈值 能被观察者实际探测到的最小的物理能量。

如果测量你的亮度的绝对阈值,可能会被要求你坐在一个黑暗的房间里,看一看墙壁或屏幕。看显示亮度变化的闪光,一次闪光一次,你的任务是说出你是否看到了闪光。有些闪光是你永远看不到的;有些你会一直看到。有时你会错过闪光,即使你注意到在其他的试验也有相同的亮度。这种错误似乎会在一部分测试中出现,因为神经系统中的细胞随机放电,会产生波动的背景噪声,就像无线电传输中的静态噪声,有点超出范围。

最近网上流传着一个流行的"脑筋急转弯":这条裙子是什么颜色的?有些人认为它是白色和金色的,而另一些人则认为它是蓝色和黑色的。当我们感知到这个物体时,它的数量和类型会"欺骗"我们的视觉系统,使其相信一个结论或另一个结论(顺便说一下,原始的照片中裙子确实是蓝色和黑色的)。

通过研究绝对阈值,心理学家发现我们的感官确实非常敏锐。如果你有正常的感官能力,你可以在30英里外的一个漆黑的夜晚看到蜡烛的火焰。你也可以尝出两加仑的水稀释的一茶匙的糖,闻到从三室的公寓里散发出来的一滴香水味,感觉一只蜜蜂从一厘米的高度落在你的脸颊上(Galanter,1962)。

尽管有这些令人印象深刻的技能,但是我们的感官只局限于一小部分物理能量。我们在视觉上只对我们周围的电磁能量非常敏感,我们并不能看到无线电波、红外波或微波(见图3.2)。

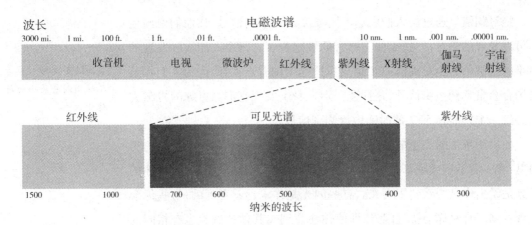

图3.2 电磁能量的可见光谱

我们的视觉系统只能检测到我们身边的电磁能量的一小部分。

有许多其他物种可以接收到我们不能听到和看到的听觉和视觉信号。狗能探测到超出我们范围的高频声波,正如你所知道的,如果你曾经用"无声"的狗叫声来召唤过你的狗。蜜蜂能看到紫外线,而紫外线只能让人类被晒伤。观看可见光谱能让我们了解更多的眼睛可探测到的能量。

不同物种感知世界的方式也不同。左边的花朵是在正常的光线下拍摄的。右边的是在紫外线下拍摄的,这是蝴蝶能够看到的,因为蝴蝶有紫外线感受器。

差异阈值 假设你在健身房,举起一个100磅的杠铃。当你不注意的时候,你的朋友恶作剧增加你的杠铃重量。在你自己想"嘿,等一下,这个怎么感觉更重了?"之前,她能加的最小的重量是多少?如果你和你的朋友试图系统地回答这个问题,你可能会决定这个答案是再加2磅。换句话说,2磅是你能可靠地检测到的最小重量差异(同样"可靠"意味着一半的时间)。科学家称这一点为**差异阈值**或者是最小可觉差。

差异阈值 当两种刺激物比较时,观察者能够可靠地检测到的刺激物的最小差异,也叫作显著差异。

现在假设在你举起一个 1 磅重的哑铃后，你的朋友尝试同样的恶作剧，在你注意到之前，她能在那个小哑铃上加 2 磅吗？不太可能——这将使哑铃的重量增加 2 倍。这就是显著差异的有趣之处，感谢 19 世纪的德国科学家恩斯特·韦伯（Ernst Weber），他让人们发现了两种刺激之间的区别，比如两个重量，所产生的刺激不同必须相差一定的固定比例（例如 2%），而不是固定的数量（例如，2 磅或 2 盎司）。刺激的不同属性有其恒定的百分比：两个重量，为 2%；对于两盏灯的亮度或两种液体的咸味，它是 8%；两种噪声的响度是 5%。

信号检测理论　尽管这一理论有用，但我们所界定的程序有严重的局限性。对任何一个人的测量可能会受到这个人的总体趋势的影响，当不确定的时候，他会回答："是的，我看到一个信号（或一个差异）。"或者"不，我没有注意到任何东西。"有些人是习惯性唯唯诺诺，他们愿意赌这个信号就在那里。其他人则是习惯性的反对者，谨慎而保守。此外，警觉性、动机和期望都能影响一个人在任何场合的反应。如果你在洗澡，而你在期待一个重要的电话，你可能会认为你听到了电话铃响但其实并没有响。在实验室研究中，当观察者想要给实验者留下深刻印象的时候，他们可能会倾向于一种强烈的反应。

幸运的是，这些反应偏差的问题并不是不可克服的，根据**信号检测理论**，在检测任务中，观察者的反应可以分为一个感觉过程，这取决于刺激的强度和决策过程，并且受观察者的反应偏差的影响（Tanner & Swets, 1954）。研究人员可以用一种方法将这两种成分分离开来，其中包括一些试验、一些没有刺激的存在，而另一些则是弱刺激的存在。在这些情况下，四种反应是：这个人（1）检测到一个信号，是呈现（"击中"）；（2）说信号在那里，其实并不在（"虚报"）；（3）当信号存在的时候，未能检测到信号（"漏报"）；或（4）当信号不在的时候，说信号不在（"正确拒绝"）。

信号检测理论　心理物理学理论是将感觉信号的检测分为感觉过程和决策过程。

唯唯诺诺的人与唱反调的人相比会说出更多的刺激性的语言,因为当一个东西在这里的时候,他们很快就会说它在这里。但是因为他们很快地说它在那里,这样他们也会有更多错误的警报。唱反调的人会比那些唯唯诺诺的人有更多正确的拒绝,但他们也会有更多的失误,因为他们经常会说:"不,没有任何东西。"实际上是有的。这个信息可以被输入一个数学公式,它能给出一个人的反应偏差和感觉能力的不同的估计。每个人对任何特定强度信号的真实敏感度都可以预测。

最初测量阈值的方法是假设一个人探测刺激的能力是完全依赖于刺激。信号检测理论假设没有单一的阈值,因为在任何特定时刻,一个人对刺激的敏感性取决于他或她积极做出的决策,信号检测的方法在现实中有很多应用,从筛选求职者到需要训练空中交通管制员的敏锐听力。他们关于一个雷达屏幕上是否存在一个光点的决定可能意味着生与死的差别。

感觉适应

LO 3.1.C 讨论为什么感觉适应原理可以帮助我们理解人类感知系统是如何工作的。

他们说,多样性是生活的调味品。它也是感觉的本质,因为我们的感官是被设计来回应环境中的变化和对比的。当刺激是不变的或重复的时候,感觉经常会退化或消失。在感觉系统中感受器或较高的神经细胞会变得"疲倦"而且不经常激活,由此导致的感觉反应能力下降通常被称为**感觉适应**,这种适应使我们不必对不重要的信息做出反应。大多数时候,你不需要感觉到你的手表在你的手腕上,或者注意到你室友的宠物鸟的叫声。有时候,适应可能会很危险,就像你不会再闻到第一次进入厨房时所注意到的气体泄漏……

我们从未完全适应极度强烈的刺激——一种可怕的牙痛,氨气的气味,沙漠里太阳的热量。我们很少完全适应视觉刺激,无论是微弱的,还是强烈的。眼睛的运动是自愿的和无意识的,因为眼睛的后部有一个物体的图像,所以视觉感受器没有"疲劳"的机会。

如果我们的感官适应了大多数外来的刺激会发生什么(或者,如果真的没有刺激物的话)?我们会感觉不到吗?或大脑会根据感觉器官的感官体验而将自己的图像复原吗?

在对**感官剥夺**的早期研究中,研究人员通过将男性志愿者的视觉和声音从所有模式中分离出来去研究这些问题。视觉受到一个半透明的

感觉适应 当刺激不变或重复时,感觉反应会减少或消失。

感官剥夺 感官刺激正常水平的缺失。

遮阳板的限制,听觉受到一个 u 形枕头和风扇的噪声的限制。志愿者们可以短暂休息去吃饭和上厕所,但是他们躺在床上什么也不做,结果是戏剧性的。几个小时后,许多男人感到紧张不安。有些人非常迷茫以至于他们第一天就放弃了实验。那些继续留下的人变得困惑、不安和不高兴。研究报告了这个奇怪的景象,就像一群松鼠或一队行军的眼镜,好像他们在做梦一样。很少有人愿意在研究中停留超过两三天(Heron, 1957)。

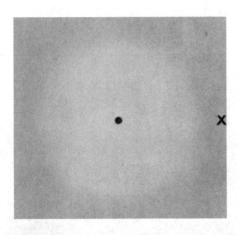 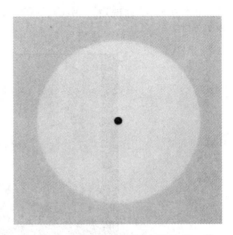

感觉取决于环境的变化和对比,让你的手遮住一只眼睛,盯着右边圆圈中间的点。你应该毫不费力地看到一个圆圈的图像。然而,如果你对左边的圆做同样的操作,图像将会消失。从亮到暗的逐渐变化并不能提供足够的对比度来保持你的视觉感受器以稳定的速度来工作。只有当你闭上眼睛或将目光移向 X 时,圆圈才会重新出现。

但是,感官剥夺是不愉快的甚至是危险的想法被证明是过度简化的(Suedfeld,1975)。后来使用更好的办法的研究显示,幻觉比最初想象要更少发生,也更少使人迷惑。许多人享受被剥夺的有限的时间,一些感性和智力的能力实际上得到了改善。你对感官剥夺的反应取决于你对所发生事情的期望和解释。如果你在一个不确定的时间被锁在一个房间里,你会感到很害怕,但是如果你自愿在这个房间里待上一段时间的话,那就会感觉放松——比如说,一个豪华的水疗中心或者一个修道院。

尽管如此,人类的大脑确实需要最少的感官刺激才能正常运作。这可能有助于解释为什么独居的人有时会一直放收音机或电视,以及为什么长期的单独监禁可以作为一种惩罚甚至是折磨的方式。

没有知觉的感觉

LO 3.1.D 描述选择性注意和无意视盲之间的关系。

如果感官剥夺会让人心烦,那么感官超载也会让人心烦意乱。幸运

选择性注意 将注意力集中在环境中的一方面,同时阻挡其他方面。

的是,我们有**选择性注意**的能力——专注于环境的某些部分和阻断其他部分的能力——保护我们不被那些不断撞击我们感受器的无数感觉信号所淹没。相互竞争的感官信息都进入了神经系统,然而,相互竞争的刺激都进入了神经系统,但经过一些处理使我们能够挑出重要的刺激,比如在半个房间内有人说出我们的名字。

但是我们对环境的自觉意识远不如大多数人想象的那么完整。我们甚至可能没有完全意识到我们正在观察的对象,这一现象被称为"**无意视盲**"(Mack,2003;Most et al.,2001)。对于这一点的例子,观看视频"无意视盲"。

无意视盲 对正在看的东西没有意识,因为你没有注意它。

这个"看不见的大猩猩"的例子可能是最著名的关于"无意视盲"的例子(Chabris & Simons,1999,2009),尽管其他的例子也已经进入了公众(或者至少是电视)的视野中。在犯罪剧《知觉》中,丹尼尔·皮尔斯博士(Dr. Daniel Pierce)是一位神经科学教授,他与美国联邦调查局(FBI)就棘手的案件进行协商。在《失明》这一集里,皮尔斯博士在他的课上讲解了我们如何相信我们在面包片上看到了耶稣的形象——谋杀一个法官的关键是无意视盲。结果是,没有人注意到凶手在他的房间里杀死了法官,穿上了他的长袍,然后在逃跑前短暂地进入了法庭。这样的失明在现实生活中是如何运作的呢?一组研究人员想知道,哪种情况最可能导致人们忽略一个骑在自行车上的五彩缤纷的小丑:独自行走,边走边打电话,边走边听音乐,和另一个人散步。最不可能注意到小丑的人是边走边打电话的人(Hyman,et al.,2010)。

因此,选择性注意是一种好坏参半的事情。它保护我们免受超载,让我们专注于重要的东西,但同时也剥夺了我们可能需要的感觉信息。那可能是如果你太专注于给朋友发短信,或者玩游戏,你就会直接走进了一个坑坑洼洼的街道,或是一条满是车的街道,这可能是灾难性的。

日志 3.1　批判性思考——不要过于简单化

感官剥夺是愉快还是不愉快的？与你的意志隔绝可能会很可怕，但是许多人发现独自冥想，远离所有的景象和声音，会平静和愉悦。你认为环境和个人的差异会导致感官剥夺的体验吗？

模块 3.1 测验

1. 针扎你皮肤的感觉是(　　)，当你说:"哇，很疼!"是(　　)。

　　A.俯冲;传导　　　B.知觉;感觉　　　C.感觉;知觉　　　D.传导;俯冲

2. 罗科看到数字 6 为蓝色，数字 8 为橙色，数字 12 为红色。假设罗科的确诚实地讲述了他的经历，那他的感觉器官在工作中有什么不同感觉？(　　)

　　A.超敏反应　　　　　　　　　　　　B.舌的收缩

　　C.联觉　　　　　　　　　　　　　　D.注意力不集中

3. 即使是在最晴朗的夜晚，一些星星也不能被肉眼看到，因为它们低于观察者的(　　)阈值。

　　A.制定过程　　　B.差异　　　C.决策过程　　　D.绝对

4. 当你跳进冰冷的湖水里时，过了一会儿水似乎不那么冷了，感觉(　　)发生了。

　　A.适应　　　B.冷漠　　　C.扩散　　　D.平衡

5. 在一家餐馆工作休息的时候，安妮陷入了一本书中，以至于她没有注意到盘子的咔嗒声，也没注意到有人向厨师大喊大叫。这是一个(　　)的例子?

　　A.感性削弱　　　B.感官剥夺　　　C.精神盲　　　D.选择性注意

3.2　视觉

我们进化为在白天更加活跃，是因为我们可以利用太阳的光照。更多的外部世界的信息通过我们的眼睛传递给我们，而不是通过其他的感觉器官。

我们看到了什么?

LO 3.2.A　描述视觉的三个心理维度，以及产生视觉光的三个物理属性。

对视觉的刺激是光，甚至连猫、浣熊和其他因能在黑暗中四处走动而出名的生物也需要一些光线来看见。可见光来自太阳和其他恒星，也来自灯泡，被反射到物体上。光的物理特性影响我们视觉世界的三个心理维度:色调、亮度和饱和度(见图3.3):

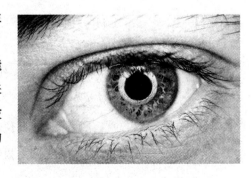

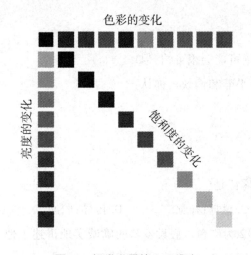

图3.3　视觉世界的心理维度

亮度、色调和饱和度的变化代表了视觉的心理维度，它与强度、波长、光和波长的复杂性相一致。

色调 由颜色名称指定的视觉体验的维度与光的波长相关。

亮度 明度或亮度，视觉体验的维度与物体发出或反射的光的数量（强度）相关。

饱和度（色彩） 颜色的生动性或纯度，视觉体验的维度与光波的复杂性相关。

视网膜 眼球内部的神经组织，包含视觉的感受器。

1. **色调**。颜色名称所指定的视觉体验的维度，与光的波长有关，即光波峰之间的距离。较短的波通常被认为是紫色和蓝色，较长的波是橙色和红色的。太阳产生白光，它是所有可见波长的混合物，空气中的水分就像棱镜一样：它们把太阳的白光与可见光的颜色分开，我们就得到了彩虹。

2. **亮度**。是指物体发出或反射的光的数量或强度的视觉体验的维度，或者与光波的振幅（最大高度）相对应。一般来说，物体反射的光线越多，它的亮度就越高。然而，亮度也会受到波长的影响，即使它们的物理强度是相等的，黄色也会比红色和蓝色更亮。

3. **饱和度（色彩）**。是与复杂的光相关的视觉体验的维度，也是波长宽窄的范围。当光只包含一个波长时，它就被认为是纯净的，而产生的颜色是完全饱和的。与之相反，白光包含可见光的所有波长，而无饱和度的黑色没有任何光线（没有颜色），所以也完全不饱和。在自然界中，纯粹的光是极其罕见的。我们通常感觉到的是波长的混合物，因此我们看到的颜色比完全饱和的颜色更暗，更苍白。

用眼看世界

LO 3.2.B　定位人眼的结构和细胞，追踪光从角膜到视神经的路径。

光线通过眼睛进入视觉系统，这是一个非常复杂和脆弱的结构。当你阅读这部分时，看图3.4。注意眼睛的前部被透明的角膜覆盖。角膜保护眼睛，并将光线射入位于它后面的晶体。在相机中，通过靠近或远离快门聚焦入射光，然而眼睛的晶状体通过巧妙地改变其形状，或多或少变得弯曲来聚焦光，使物体靠近或远离，进入眼睛的光线是由肌肉控制的虹膜，这是眼睛的一部分，使我们能看见颜色。虹膜围绕着眼睛周围的圆形开口或瞳孔。当你进入一个昏暗的房间时，瞳孔会扩大，或者扩张，让更多的光线进入。当你出现在明亮的阳光下，瞳孔变小，收缩使光线变弱。

视觉感受器位于眼睛的后部，或视网膜。正在发育的胚胎中，**视网膜**是由从大脑中投射出来的组织形成的，而不是形成眼睛的其他部分的

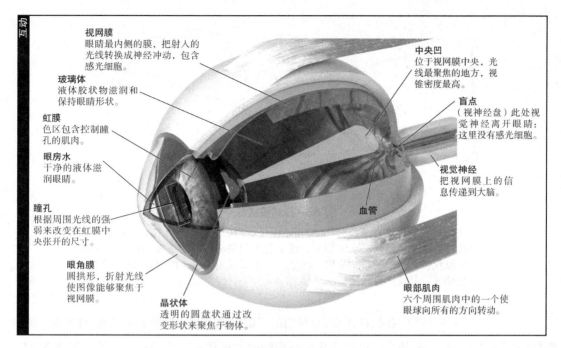

图 3.4 眼睛的主要结构
光线通过瞳孔和晶状体聚焦于眼睛后面的视网膜。最敏锐的视觉点在中央凹。

组织形成的,因此,视网膜实际上是大脑的延伸。如图 3.5 所示,当眼睛的晶状体使光线聚焦于视网膜上,结果是一个颠倒的图像,就像任意一个光学器件。光从顶部的视觉区域刺激在视网膜底部的感光受体细胞,反之亦然。大脑将这种上下颠倒的刺激模式解释为右侧的刺激。

视网膜中大约有 120 到 1.25 亿的受体是狭长的,叫作**杆状细胞**。另外的 700 万受体是锥形的,被称为视锥细胞。视网膜中央,即视觉最敏锐的地方,只包含**视锥细胞**,它们密集地聚集在一起。从中心到外围,杆状细胞与视锥细胞的比例增加,而外边缘几乎没有视锥细胞。

杆状细胞比视锥细胞对光线更敏感,因此即使在昏暗的光线下也能看到(猫在昏暗的光线下看得很清楚,部分原因是它们有很高的杆状细胞比例)。因为杆状细胞占据视网膜的外边缘,所以它们也能处理视线的外围。但是杆状细胞不能区分光的不同波长,所以它们对颜色敏感,为了看到颜色,我们需要视锥细胞,它分为三类,对特定波长的光很敏感。但是视锥细胞需要比杆状细胞更多的光来反应,所以当我们试图在黑暗的电影院里找到一个座位时,它们对我们没有太大的帮助。

杆状细胞 视觉感受器对昏暗的光线做出反应。

视锥细胞 视觉感受器涉及颜色视觉,这也是为什么他们在昏暗的光线下很难辨别颜色。

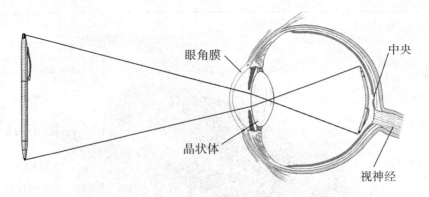

图 3.5 视网膜成像

当我们看一个物体时,视网膜上的光图像是颠倒的。笛卡尔(Rene Descartes)可能是第一个证明这一事实的人。他从公牛的眼睛后面切下来一片,然后用一张纸代替。当他把眼睛举向光线处,在纸上看见了屋子的倒置影像。你可以使用任一晶状体得到同样的结果。

暗适应 视觉接受体对暗光线的最大敏感过程。

我们都注意到,我们的眼睛需要时间去完全适应昏暗的光线。这种**暗适应**的过程涉及在视锥细胞和杆状细胞中的化学变化。视锥细胞适应速度很快,适应时间在 10 分钟左右,但它们对于昏暗照明不会变得非常敏感。杆状细胞适应速度较慢,适应时间需要 20 分钟或更长时间,但要灵敏得多。在适应的第一阶段之后,你可以看得好一些,但还不是很好;在第二阶段之后,你的视力会达到最好的水平。

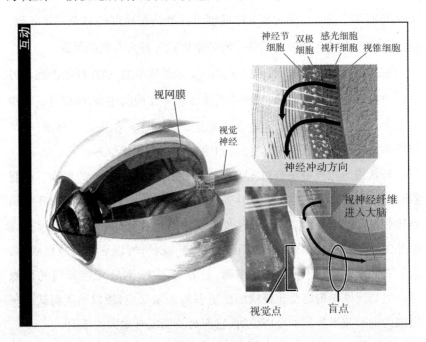

图3.6 视网膜结构

杆状细胞和视锥细胞通过神经元突触连接到双极细胞,而双极细胞又与称为**神经节细胞**的神经元交流(见图 3.6)。神经节细胞的轴突汇合形成视神经,它通过眼睛的后部传递信息到大脑。

视神经离开眼睛的地方在视盘,其中没有视杆细胞或视锥细胞。缺乏受体会在视觉区域产生盲点。通常情况下,我们没有意识到盲点,因为:(1)投射在光斑上的图像在另一只眼睛中碰到了不同的"非盲"点;(2)我们的眼睛移动得太快,以至于我们不能获得完整的图像;(3)大脑填补了这个空白。您可以使用图 3.7 找到盲点。

为什么视觉系统不是照相机?
LO 3.2. C 总结证据证明视觉系统不是简单的"照相机"。

虽然眼睛经常被比作照相机,但视觉系统不是照相机,也不是外部世界的被动记录器。视觉系统中的神经元通过探测其有意义的特征来积极地建立世界的图景。

在丘脑中的神经节细胞和神经

> **神经节细胞** 眼部视网膜的神经元,从感光器细胞(通过中间双极细胞)收集信息;它们的轴突构成视神经。

图3.7 找到你的盲点

盲点是存在于视觉神经离开你眼睛后面的地方。通过闭上右眼看魔术师可以找到左眼的盲点,然后缓慢地移动图片靠近或远离你,兔子而不是帽子就会在距离你眼睛 8 到 12 英寸的地方消失。

元对环境中的简单特征做反应,如光斑和暗点。但是在哺乳动物中,视觉皮层中的特殊**特征检测细胞**会对更复杂的特征做出反应。这一事实最早被大卫·休伯(David Hubel)和托斯坦·瓦塞尔(Torsten Wiesel)(1962,1968)所证明,他们精心地记录了猴子和猫大脑中的单个细胞的冲动,他们的研究成果最终获得了诺贝尔奖。

休伯和瓦塞尔发现动物的眼睛里的不同的神经元对屏幕上投射不同的图案模式敏感。大多数细胞对定位于某一特定方向并位于视野某一特定部位的移动或静止的线反应最大。一种类型的细胞可能反应于视区域右下角的一条水平线,另一种反应于视野左上部特定角度的对角线。在现实世界中,这些特征构成了物体的边界和边缘。

自从这项开创性的研究开始后,科学家们发现视觉系统中的其他细胞具有更特殊的作用。位于大脑皮层底部的一组细胞,就在小脑上方,对面部的反应比物体更强烈——人脸、动物脸,甚至卡通脸。进化心理学家观察到,一种解读面孔的能力是有意义的,因为它可以确保我们的祖先能够迅速区分朋友和敌人,或者在婴儿期间时分辨母亲和陌生人。

> **特征检测细胞** 视觉皮层里对特定环境特征敏感的细胞。

脑损伤的案例支持了这样一种观点,即特定的脑细胞系统对于识别重要的物体或视觉模式来说是高度专业化的,比如面部。一个人受伤使他无法辨认普通的物体,他说,往往看起来像"斑点"。即使他们脸是颠倒的或不完整的,他也不会有任何疑问。当他看到这幅画时,他可以很容易地看到他的脸,但他看不到是由蔬菜组成的(Moscovitch, Wmocur, & Behrmann, 1997)。

这可能有助于解释为什么婴儿更喜欢看脸,而不喜欢乱画的面部特征的图像,以及为什么96%的学生说看到过无生命客体上的面孔。另一个区域,海马体附近皮质的一部分脑结构确保了解你的环境:它对各种各样的地方的图像做出反应,从你的寝室到一个开放的公园,而且比物体或面孔的反应要强得多。第三个区域,即枕叶皮质的一部分,对身体和身体部位的反应比对脸或物体的反应强烈得多,对其他人的身体的反应也比对自己的身体更强烈(Pitcher et al., 2012)。

其他大脑区域是否帮助我们感知环境的其他特征,如笔记本电脑或咖啡壶?研究人员研究了20种不同类型的物体,从工具到食肉动物到椅子,到目前为止还没有发现其他专门的领域(Downing et al., 2006)。这是可以理解的,因为大脑不可能包含每个可以想象到的物体的专用区域。一般来说,大脑的工作是收集关于边缘、角度、形状、运动、亮度、纹理和图案的碎片信息,然后发现椅子是一把椅子,旁边是一张桌子。对任何所接受物体的感知可能取决于广布大脑的许多细胞的活动,以及它们活动的总体模式和节奏。也要记住,经验也能塑造大脑。因此,一些脑细胞被认为是致力于面部识别的反应以及其他事情,这取决于一个人的经验和相互作用。在一项研究中,"脸"细胞是在汽车爱好者检查经典汽车的图片,而不是当他们看到异国鸟类的图片时被激发的;而对于观鸟者则是相反的(Gauthier et al., 2000)。通过观看"面部识别"的视频,您可以了解更多关于人脸感知的知识。

我们如何看到颜色？

LO 3.2.D 比较颜色视觉的三色理论和对立过程理论。

超过300年的时间，科学家致力于发现为什么我们可以看到世界鲜活的颜色。我们现今知道了色彩视觉阶段的不同过程。

三色理论 三色理论(也被称为杨-赫尔姆霍兹理论)适用于发生在眼睛视网膜的第一级加工。一种对蓝色反应，一种是对绿色反应，另一种是对红色反应。我们看到的数千种颜色都是由这三种视锥体的活动所导致。

> **三色理论** 一种颜色感知理论，它提出在人的视网膜中存在三种不同的感受器，每种感受器只对某一个特定频率的光波敏感并对之反应，它们相互作用产生不同的色调体验。

完全色盲通常是一种遗传变异，是由于视网膜锥状体功能障碍或缺失导致的，然后视觉世界由黑色、白色和灰色组成。许多种类的动物是完全色盲，但这种情况在人类中是罕见的。大多数"色盲"的人实际上是颜色缺陷，因为没有或损坏了一个或多个类型的视锥细胞。这种人通常无法区分红色和绿色，他们的世界被描绘成蓝色、黄色、棕色和灰色。而一个人无法区分蓝色和黄色，只能看到红色、绿色和灰色的情况比较少见。大约8%的白人男性、5%的亚洲男性、3%的黑人和美洲土著男性中存在色彩缺陷(Sekuler & Blake, 1994)。由于这种情况是遗传导致的，所以在女性中是很罕见的。

对立过程理论 应用于颜色处理的第二阶段，它发生在视网膜的神经节细胞、丘脑和视皮层的神经元中。这些细胞，被称为对立过程细胞，要么对短波长产生反应，但被长波长所抑制，反之亦然(De valois & De valois, 1975)。一些对立过程细胞对红色和绿色或蓝色和黄色的反应方式相反；也就是说，它们对其中一个做出反应，而对另一个则关闭(第三个系统以相反的方式响应白色和黑色，从而产生有关亮度的信息)。最终的结果是一个颜色代码，它传递到更高级的中心。因为这个代码把红色和绿色，以及蓝色和黄色作为对抗性的，所以我们可以把颜色描述为蓝绿色或黄绿色，但不是红色或黄色。

> **对立过程理论** 假设视觉系统对成对色彩是对立的或者对抗的。

当颜色被移除时，被特定颜色所抑制的对立过程细胞会突然启动。就像相反的颜色出现时它们会发生的那样。同样，当颜色被移除时，对颜色产生反应的细胞就会停止，就像相反的颜色存在时它们会停止一样。这些事实解释了为什么当我们盯着某个特定的色调时会容易被反对性后图像所影响，例如，为什么我们在盯着绿色之后看到红色(要查看

图3.8 心形的变化

对立性过程细胞当绿色信息被移除时打开或者关闭绿色信息发送相反信息——红色，产生了消极的后图像。盯着心形中间的黑点至少20秒，然后把你的目光转向一张白纸或者一堵白墙，你得到"心形的变化"了吗？你应该看到一个蓝色边框的红色或者粉色的心。

这种效果,请参见图3.8)。出现了一种神经反弹效应:当绿色被移除时,打开或关闭发出"绿色"信号的细胞会发出相反的信号("红色"),反之亦然。

构建视觉世界

LO 3.2.E 总结形成知觉、深度和距离知觉、视觉恒常性及视错觉的原则和过程。

我们实际上并没有看到视网膜图像,头脑必须积极地理解图像并且根据零碎的感觉信息建构世界。在大脑中,感官信号产生视觉、听觉、味觉、嗅觉和触觉,从运动到瞬间形成一个统一的世界模型。这是感知的过程。

感知觉形式 为了感知这个世界,我们须知道一件事结束的地方,以及另一件事情开始。视觉中,我们必须要把前门和剩下的房间区分开来;在听觉中,我们要从人们的谈话声中区分电话铃声;在味觉中,我们要从热巧克力中区分棉花糖的味道。

这个区分世界的过程发生得如此迅速和毫不费力,以至于我们认为它是理所当然的,直到当我们必须在大雾中区分物体,或者从一些说着我们不知道语言的人的交谈中找出单词。

格式塔心理学家是最早研究人们是如何将世界视觉组织成有意义的单位和模式的,这是属于一场始于德国的运动,在20世纪20年代至30年代有影响力。在德国,格式塔的意思是"形式"或"配置"。格式塔心理学家的座右铭是"整体不仅仅是各部分的总和"。他们观察到,当我们感知到某物时属性就会从整体的构形中显现出来,而这些特性并不存在于任何特定的成分中。格式塔效应的一个现代的例子是,当你在看一部电影时,你看到的运动不在电影里,而是由单独的帧组成,它以每秒24帧的速度投射。

格式塔心理学家还指出,人们将视野组织成图形和背景。这个图形从环境的其他部分中脱颖而出(见图3.9)。有些事物因其强度或大小而脱颖而出,很难忽视夜间的一道明亮的闪光或海滩上接近你的潮波。独特的物体也很突出,比如一碗橘子里的香蕉,在静止的环境中移动的物体,比如流星。事实上,我们很难忽视环境中任何形式的突然变化,因为我们的大脑是为了对变化和对比做出反应。然而,选择性注意力——专注于某些刺激和过滤掉其他刺激的能力——让我们在某种程

图3.9 图形与背景

在这幅画中你最先注意到黑色的鱼还是白色的鱼?

度上控制了我们所接收的图形和背景,有时,它会使我们看不见我们原本能看见并认为是图形的东西。

其他**格式塔原则**,即视感觉系统把组块信息构建成知觉单位的策略(Kohler,1929;Werthemer,1923/1958)。格式塔心理学家认为这些策略是从出生时就出现的,或者是由于成熟而在婴儿期早期出现的。然而,现代研究表明,其中至少有一些依赖于经验(Quinn & Bhatt,2012)。以下是一些著名的格式塔原则:

格式塔原则 描述大脑感官信息组织转化为有意义单元和模式的理论。

1. **临近性**。彼此相近的事物往往被聚在一起。因此,你认为左边的点是3组点而不是12个独立的不相关的点。类似的,您将右边的模式看作是点的垂直列,而不是水平行。

2. **结束**。大脑倾向于填补缝隙以感知完整的形式。这是幸运的,因为我们经常需要破译不太完美的图像。以下数字很容易被认为是三角形的,一个脸和字母e,尽管这些图形中没有一个是完整的。

3. **相似性**。在某种程度上相似的事物(如颜色、形状或大小)往往被认为是共同的。在左边的图形中,你会看到圆圈形成X。在右边中,你看到的是水平的条形,而不是垂直列,因为水平排列的星星要么是红色的,要么边框是红色的。

4. **连续**。线和图案往往被认为是持续的时间或空间。你认为左边的图形是一条由椭圆形部分覆盖的单线,而不是两条单独的线接触到一个椭圆形。在右边的图中,你可以看到两条线,一条曲线和一条直线,而不是四条线——两条曲线和两条直线——都在中间交汇。

不幸的是,消费品的设计有时很少考虑格式塔原理,这也说明了为什么要确定哪个旋钮对炉子上的燃烧器起作用,或者区分类似的洗发水和沐浴液是重要的挑战(Norman,1988,2004),好的设计要求在视觉上与其他事物有显而易见的关键性区分。

在设计消费品时不考虑格式塔原则可能会导致消费者产生混淆,例如你的一位消费者从来不确定家里的炉子哪个旋钮是燃烧器开关,另一位消费者曾经在酒店淋浴时想找洗发水,但拿成了身体乳液……并且拿错时已经太迟了。

深度和距离知觉 通常我们不仅需要知道物体是什么,还需要知道它所在的位置。触摸可以直接给我们这个信息,而视觉却不可以,所以我们必须通过估计物体的距离或深度来推测物体的位置。

双眼线索 深度和距离的视觉线索需要两只眼睛。

辐合 当眼睛集中看一个附近的物体时眼睛会向内侧收敛。

为了实现这个目的,我们要部分地依赖于**双眼线索**。这些线索需要使用两只眼睛。一种线索是收敛,当眼睛聚焦在附近物体时眼睛会向内翻转。正如你所知道的,如果你曾经尝试过用你自己的眼睛来掠过你的鼻子,当物体越接近,眼睛就会越**辐合**。随着辐合角度的改变,与之对应的肌肉的改变会向大脑提供关于距离的信息。

两只眼睛也接受同一物体的略微不同的视网膜图像。你可以通过把手指举在距离脸部12英尺的地方来证明这一点,并且一次只用一只眼睛看。当你改变看的眼睛时它的位置似乎会改变。现在拿起两根手指,大致并排然后它们之间留一点空间,并且一个手指比另一个更靠近你的鼻子。当你切换眼睛会注意到两根手指之间的空间量似乎会改变。如左眼和右眼看到的两个物体之间横向(侧向)分离的细微差别称为**视网膜视差**。由于视网膜视差随着两个物体之间的距离增加而减小,因此大脑可以使用它来推断深度,并计算距离。

视网膜视差 由右眼和右眼观察到的两种物体之间横向分离的细微差别。

双眼线索可帮助我们估计的距离约 50 英尺。对于距离较远的物体,我们只使用**单眼线索**而不依赖于双眼线索。一种单眼线索是插入:当观众与观察对象之间又插入新对象,且部分阻挡观察对象的视线时,那么新对象被认为更接近。另一种单眼线索是线性透视:当两条已知平行的线似乎交叉或汇合(如铁轨)时,它们意味着在下一阶段的交汇中存在深度。

单眼线索 用一只眼睛直觉深度和距离。

视觉的恒常性:当我们相信所见时 当我们移动时照明条件、视角和静止物体的距离都在不断变化,但我们很少将这些变化与物体本身的变化混淆。即使它们产生的感官模式不断变化,这种稳定不变的感知物体的能力称为**知觉的恒常性**。研究得最好的是视觉,包括以下内容:

1.**大小恒常性**。即使视网膜图像变小或变大,我们看到的物体都具有恒定的大小。一位正在街上走来走去的朋友似乎并没有正在长高;一辆从路边撤离的汽车似乎并没有缩小。尺寸恒定性部分取决于对物体的熟悉程度,你知道人和车不会每时每刻都在变化,它也取决于物体的视距。接近的物体会产生比相同物体更远的更大的视网膜图像,并且大脑会将此考虑在内。那么,感知的大小和感知距离之间就存在着密切的关系。

知觉的恒常性 尽管它们产生的感觉模式发生了变化,但对物体的精确感知仍然是稳定的或不变的。

2.**形状恒常性**。我们继续认为物体具有恒定的形状,尽管当物体的视角发生变化时,物体产生的视网膜图像的形状会发生变化。如果你直接在脸前拿着飞盘,它在视网膜上的图像将是圆形的。当你将飞盘放在桌子上时,其图像变成椭圆形,但你仍然将其看作圆形。

3.**位置恒常性**。我们认为静止的物体,即使在我们移动眼睛,头部和身体时,这些物体也会停留在同一个地方。当你沿着高速公路行驶时,电线杆和树木会从你眼旁经过。但你知道这些物体不会自行移动,而且你也知道你的身体正在移动,所以你会感觉到南北两极和树木一直处于静止状态。

4.**亮度恒常性**。即使物体反射的亮度随着整体的亮度变化而变化,但是我们看到的物体的亮度是不变的。即使在阴天,白云依然是白色的。即使在晴朗的一天,黑色的汽车仍然保持黑色。我们并没有被愚弄,因为大脑会记录场景中的光照并自动调整。

5.**颜色恒常性**。我们看到物体是保持其色调的,尽管从物体到达我们眼睛的光的波长可能会随着光照变化而改变。室外光线比室内光线"更蓝",因此户外物体比室内光线反射更多"蓝色"光线。相反,来自白炽灯的室内光线在长波上很丰富,因此会"变黄"。然而,无论您在厨房里还是在庭院外面看,都会看到苹果是红色的。

深度的单眼线索

互动

大多数关于深度的线索并不依赖于是否有两只眼睛。这里显示了一些单眼(独眼)的线索。

这些属性给予物体三维形态外观。

一个物体的部分被前面的物体挡住或者掩盖,因此,前面物体看起来更近。

当观察者正在移动时,物体看起来是以不同速度和朝着不同方向移动。越靠近的物体看起来移动越快。近处物体看起来向后移动,远处物体向前。

在视网膜上成像越小,物体看起来越远。

一个规格一致的物体表面远处的部分看起来要更紧密,也就是各部分看起来更紧密地排列。

由于空气是由尘土、烟雾颗粒组成,因此遥远物体往往看上去更加模糊,更加迟钝或者不详细。

平行的两条线在远处看起来交汇了;感觉上越远,表现的交汇越大。艺术家常常夸大这一线索来给人一种深度印象。

对此的解释涉及我们前面讨论的感觉适应。我们在户外很快适应短波长(蓝光)的光线,而在室内我们则适应长波长的光线。此外,计算特定物体的颜色时,大脑会考虑物体周围视野中的所有波长。如果苹果沐浴在蓝光中,那么通常情况下,它周围的一切都是如此。苹果反射的蓝光增加在视觉皮层中被苹果周围环境反射的蓝光增加所抵消,所以苹果继续呈现红色。通过我们对世界的了解,颜色恒常性得到进一步的帮助:我们知道苹果通常是红色的,香蕉通常是黄色的,所以当光线变化时,大脑会重新校准那些物体的颜色(Mitterer de Ruiter,2008)

错觉:当错误地理解所见时 知觉的恒常性让我们理解这个世界成为可能。然而有时候,我们可能会被欺骗,其结果就是一种感知错觉。对于心理学家来说,错觉是有价值的,因为这一系统性的错误为我们提供了关于心理知觉策略使用的暗示。

尽管任何感觉模式都可能出现错觉,但视觉幻象一直是被研究得最多的。当通常导致准确感知的策略过度延伸到不适用的情况时,有时就会出现视觉错觉。比较图3.10a中两条垂直线的长度。你可能会觉得右边的线比左边的线稍长,但它们完全一样(先测量它们,每个人都这样做)。这是穆勒—莱耶尔错觉,是在1889年以一位描述它的德国社会学家的名字来命名的。

对于穆勒-莱耶尔错觉的一种解释是,线条上的分支通常是作为暗示深度的透视线索(Bulatov et al.,2015;Gregory,1963)左边的线条就像建筑物的近边缘;在右边的就像是房间的一个角落(见图3.10b)。尽管两条线产生相同大小的视网膜图像,但具有向外分支的图像表明距离更远。我们错误地感知它更长,因为我们自动应用了关于大小和距离之间

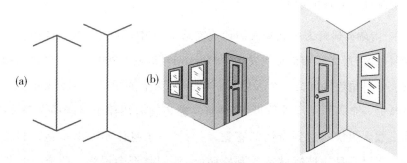

图3.10 穆勒-莱耶尔(Muller-Lyer)错觉

(a) 中的两行线长度相同。我们通常被错误地认为它们是不同的,因为大脑将向外的分支认为是远的一方,就好像它是房间的较远的一角,而另一个有向内的分支则是更近的,就好像它是建筑物的边缘一样 (b)。

图3.11 环境色

你接受颜色的方式取决于周围颜色。在这个例子中，小方块具有相同的颜色和明度。

的规则,这一规则是有用的。当两个物体产生相同大小的视网膜图像并且一个距离较远时,则较远的一个更大。在这种情况下,问题在于两条线的长度实际上并不相同,因此该规则使我们产生错觉。

正如尺寸、形状、位置、亮度和颜色常量一样,尺寸、形状、位置、亮度和颜色不确定性都会导致错觉。物体的感知颜色取决于其周围环境反射的波长,这是艺术家和室内设计师所熟知的事实。因此,除非环境中的其他物体反射光谱的蓝色和绿色部分,否则您从不会看到强烈的红色。当两个相同颜色的物体有不同的环境时,你可能会误认为它们是不同的(见图3.11)。

一些错觉只是物理问题。半杯水中的筷子看起来弯曲,因为水和空气折射光的方式不同。其他错觉是由于感官机制的误导性信息而产生的,如感觉适应。还有一些是因为大脑误解了感官信息,如图3.12所示的错觉和穆勒—莱耶尔错觉。

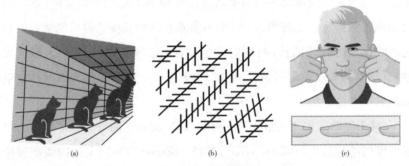

图 3.12 愚弄眼睛

虽然感知通常是准确的,但我们依然可以被愚弄。在 (a) 中, 所画猫大小完全相同; 在 (b) 中, 对角线都是平行的。看到 (c) 中描绘的幻觉, 如图所示, 将食指放在眼前 5 至 10 英寸, 然后直视前方。你看到一个漂浮的"指尖", 你能使它缩小或扩大吗?

当瑞典研究人员欺骗人们让他们感觉与另一个人或者人体模型交换身体时,最终感知错觉就发生了(Petkova Ehrsson,2008)。被试将虚拟现实护目镜连接到另一个人(或人体模型)头上的相机。这使得他们能够从另一个人的角度看待世界,并且实验者同时用棒子接触两个身体。大多数人很快就感到奇怪的感觉,认为另一个身体实际上是他们自己的。当对方身体被戳破或受到威胁时,他们甚至会退缩。研究人员推测,身体交换错觉有朝一日可能对婚姻咨询有所帮助,让每个伴侣从别人的角度看待事情,或者对患有曲体意象的人进行治疗(AhnLe, Bailenson, 2013)。

在日常生活中,大多数错觉都是无害和有趣的。然而,有时候,错觉会干扰某些任务或技能的表现,甚至可能导致事故发生。例如,由于大型物体往往比小型物体移动速度慢,因此一些司机低估了在铁路口岸列车的速度。他们认为他们可以打败火车,然而有时会发生悲惨的结果。

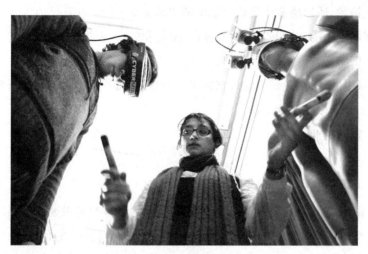

谈谈错觉。左边的人戴着虚拟现实的护目镜,右边的人体模型配备了一个摄像头,可以将图像传送到护目镜上。结果,这个人很快就觉得他已经和人体模特交换了身体。

日志 3.2　批判性思考——检查证据

试想一下你的视觉系统在某种程度上被"欺骗"了。也许你认为你看到了一些东西,然而这些东西原来是一些其他的事物或者你误判了一个物体的大小或接近程度。利用研究人员所知道的形式知觉、深度和距离知觉、视觉常数和视觉错觉的本质,解释在你的视觉事故中起作用的原则。

模块3.2 测验

1. 与光的复杂性相关的视觉体验的维度被称为(　　)。
   A. 色调　　　　B. 饱和度　　　　C. 亮度　　　　D. 强度
2. 对弱光有反应的视觉感受器称为(　　),而与颜色视觉有关的感受器称为(　　)。
   A. 双极性神经元;神经节细胞　　　　B. 圆锥细胞;棒
   C. 神经节细胞;双极神经元　　　　　D. 杆体细胞;锥体细胞
3. 塔菲几乎在她所有的课上都考得很好。由于嫉妒和好奇,她的同学想知道她成功的秘诀。"这很容易。"塔菲回答,"我只是盯着课本上的一页笔记或信息,直到我的眼睛形成了一幅图画,好像我的眼睛是个照相机。"尽管塔菲在学习上很成功,为什么她在这件事上会被误导?(　　)

A. 视觉系统不是信息的被动接收者,而是主动构造和检测环境中的有意义的特征。

B. 盯着一页笔记会导致非注意盲视,在这种情况下,塔菲的考试成绩会很差。

C. 听力是一种比视觉更强大的感觉,因此,一个老师的话比一页纸上的图像更有可能使塔菲取得好成绩。

D. 视觉系统容易产生错觉,所以塔菲不能确定她所感知的是准确的。

4. 根据三色视觉理论,视网膜中的三种基本锥体对蓝色、绿色和( )的反应最大。

    A. 青色   B. 黄色   C. 白色   D. 红色

5. 科拉多察觉到交通信号中的红灯、黄灯和绿灯都属于一个整体,而不是将它们视为单独的灯。哪种格式塔原理的形式知觉可以解释这一点?( )

    A. 接近度   B. 连续性   C. 闭合   D. 趋同

3.3 听觉

就像视觉一样,听觉或听力与我们周围的世界有着重要的联系。因为社会关系很大程度上依赖于听觉,所以当人们失去听觉时,他们有时会觉得自己被社会所孤立。这就是为什么许多听力障碍患者对聋儿美国手语(ASL)或其他手势系统的教学反应强烈,是因为这些系统允许他们与手势示意者进行交流。

我们听到了什么?

LO 3.3.A 描述听觉的三个心理维度和产生听觉的三个物理属性。

声音的刺激是物体振动时产生的压力波(或者像管风琴中压缩的空气被释放那样)。振动(或空气的释放)导致分裂物质中的分子一起移动和分开。

这种运动产生了向各个方向辐射的压力变化。传播的物质通常是空气,但声波也可以在水中和固体中传播,就像你曾把耳朵贴在墙上,你能够听到隔壁房间的声音。

和视觉一样,刺激物的物理特性声波——在这种情况下——与外在体验的心理层面有着可预见的联系:

1. **响度**(loudness)是听觉经验的心理维度,与波动的压力强度有关。强度与波动的振幅(最大高度)相对应。波动所包含的能量越多,其峰值就越高。

声音强度以分贝(dB)为单位测量。1 分贝是 1/10 的贝,这个单位是以电话的发明者亚历山大·格雷厄姆·贝尔(Alexander Graham Bell)命名的。人的平均绝对听阈是零分贝。与尺子上的英寸不同,分贝的距离

响度 与压力波的振幅有关的一种听觉经验维度。

并不一样；每10分贝表示声音强度增加了10倍。如果你在网上查看，不同网站的不同声音的分贝估计值会有很大的差异。这是因为声音的强度取决于声音距离，以及特定的人或物体产生的声音。重要的是要知道，60分贝的谈话声并不是比30分贝的低语声大2倍，而是1000倍。

2. 音高（pitch）是听觉经验的维度，与声波的频率有关，在一定程度上与声波的强度有关。频率是指空气（或其他介质）振动的速度——波动在周期中通过一个峰值和一个低点的每秒的次数。每秒一个周期称为赫兹（Hz）。一个年轻人的健康的耳朵通常检测频率在16赫兹（管风琴的最低音）到20000赫兹（蚱蜢腿的刮擦）之间。

音高 与压力波的频率有关的一种听觉经验维度。

3. 音色（timbre）是声音的显著特征。这种听觉经验的维度与声波的复杂性、构成声波的频率范围的相对宽度有关。纯音只由一个频率组成，但纯音极为罕见。通常我们听到的是一个由多个不同频率的子波组成的复杂波。音色是在笛子上吹奏的音符，它产生相对纯正的音调，与在双簧管上演奏的同样的音调不同，它会产生复杂的声音。

音色 与压力波的复杂性有关的一种听觉经验维度。

当许多声波频率存在而又不和谐时，我们就会听到噪声。当声谱的所有频率都出现时，它们会发出嘶嘶声，称为白噪声。正如白光包括可见光光谱的所有波长一样，白噪声也包括可听声谱的所有频率。视频"艺术中的感知魔术"将向你展示更多关于声音的复杂性的知识。

世界上的耳朵

LO 3.3.B 确定人耳的主要结构，并描述各组成部分的功能。

如图3.13所示，耳朵由外部、中间和内部组成。这种柔软的漏斗状的外耳是用来收集声波的，但没有它的话，听觉还是很好的。耳朵的主要部分隐藏在头部，看不见。

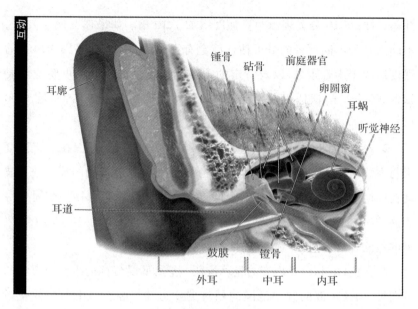

图3.13 耳的主要结构

声波进入外耳,并通过1英寸长的管道撞击一个称为耳膜的椭圆形耳膜。耳膜太敏感了,它能对单个分子的运动做出反应。声波使它以与波动本身相同的频率和振幅振动。这种振动传递给中耳里的三块小骨头,这是人体中最小的骨头。这些被非正式地称为铁锤、铁砧和马镫的骨头一个接一个地移动,其作用是增强振动的力量。最里面的骨头是马镫,它能打开进入内耳的一层膜。

真正的听觉器官,**科尔蒂器官(Organ of Corti [core-tee])**,是**耳蜗**内的一个腔室,是内耳中的一个蜗牛状结构。科尔蒂器官在听觉中的作用与视网膜在视觉中的作用相同。它包含了所有重要的受体细胞,在这种情况下称为毛细胞,顶端有细小的刚毛或纤毛。

耳蜗毛细胞嵌在弹性的基底膜中,膜横跨耳蜗的内部。当压力到达耳蜗时,就会引起耳蜗内部液体的波状运动。这些波状的液体推动基膜,使它也以一种波状的方式移动,在毛细胞上方是另一层膜。当毛细胞上升和下降时,它们的尖端就会摩擦它,使它弯曲。这将促使毛细胞启动一个信号,传递给听觉神经,然后听觉神经将信息传递到大脑。毛细胞运动的特定模式受到基底膜运动方式的影响。

这个模式决定哪些神经元会激发,它们会有多快,结果代码反过来又有助于确定我们听到的声音的类型。例如,我们主要根据基底膜上活动的位置来区分高音调的声音,不同位置的活动会产生不同的神经编码。

科尔蒂器官 耳蜗中含有毛细胞的结构,毛细胞是听觉的感受器。

耳蜗 内耳内一种蜗牛状的充满液体的器官,含有科尔蒂(Corti)器官,听觉感受器位于那里。

> **互动** 你是否用耳机听那些音量足够大的音乐，以至于在同一个房间里听不到别人说话的正常声音？
> ○是
> ○否

不幸的是，短暂地暴露在非常大的噪声中，例如来自枪击或喷气式飞机（140分贝）的噪声中，或持续暴露在较为温和的噪声中，如来自车间工具或卡车运输的噪声（90分贝），都会损害脆弱的毛细胞。纤毛像碎草的叶片一样扑通而过，如果损伤影响到临界数量，就会发生听力损失。在现代社会，随着摇滚音乐会、震耳欲聋的酒吧和俱乐部、落叶鼓风机和手提钻的出现，这种损伤甚至在青少年和青年中也越来越普遍（Agrawal, Platz, & Niparko, 2008）。科学家们正在寻找生长新的正常毛细胞的方法，但是毛细胞的损伤目前是不可逆转的（Liu, 2014）。但即使毛细胞能够幸免，噪声引起的听力损失仍然可以通过损伤毛细胞和听神经之间的突触而发生（Liberman, 2016）。研究人员在大学生中测试了这类与噪声相关的损伤（称为耳蜗突触症）。相对于低噪声暴露的参与者来说，那些报告高噪声暴露的参与者确实表现出了耳蜗突触症的迹象，而且在辨别单词和探测高音方面也有更大的困难。这些发现是一个很好的提醒，在不可避免的噪声暴露下，我们可以调低音乐的音量，使用耳塞。

 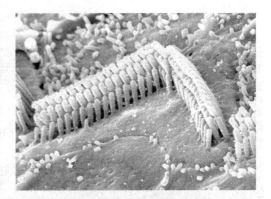

如果延长收听时间的话，摇滚音乐会上120分贝的音乐会破坏或摧毁内耳中细弱的毛细胞，以及损害坐在或者站在距离扬声器很近的那些粉丝的听觉。显微摄影（右图）显示单个毛细胞上的细小刚毛／纤毛。

构建听觉世界

LO 3.3.C 列出并举例说明适用于构建听觉世界的格式塔原则。

正如我们没有看到视网膜图像，我们也听不到在耳蜗黑暗的凹槽处，一簇刷状物弯曲和摇曳的声音。相反，我们的听觉系统组织声音模式，并构建一个有意义的听觉世界。

在你的心理学课上，你的导师希望你能把他或她的声音感知为形象，把从运动场上传来的遥远的欢呼声感知为地面。当然，这些希望能否实现将取决于你选择将注意力引向何处。格式塔的其他原则似乎也适用于听觉。旋律中音符的接近程度告诉你哪些音符一起构成乐句。当另一架小提琴演奏不同的曲调时，连续性会帮助你在小提琴上跟随着旋律演奏，音色和音调上的相似有助于你从合唱中挑出女高音的声音，并把它们作为一个整体来听。即使信号差的时候某些独立个体的声音听不清，闭合可以帮助你理解打电话的人所说的话。

除了需要组织声音，我们还需要知道它们来自哪里。我们可以用响度作为线索来估计声音来源的距离：我们知道，当火车在20码外时，它的声音比它1英里外时发出的声音要大。要确定方向。要确定声音来自哪个方向，这一部分是由我们的两只耳朵决定的。从右耳传来的声音比左耳快几分之一秒，反之亦然。因为它必须绕着头才能到达左耳，所以它还可以为右耳提供更多的能量（取决于它的频率）。定位声音是直接从你后面传来还是直接从你头上传来是很困难的，因为这样的声音会同时传到两只耳朵上。当你转过头或翘起头时，你是在积极地努力克服这个问题。马、狗、兔子、鹿和许多其他动物不需要这样做，因为这些动物可以独立于它们的头部移动它们的耳朵。

一些盲人已经学会利用距离和声音之间的关系，以惊人的方式导航他们的环境——徒步旅行，山地自行车，甚至高尔夫球。他们用嘴发出咔嗒的声音，并倾听从物体上弹出的微小回声，这个过程被称为"回声定位"，类似于蝙蝠四处寻找食物时的行为。在失明的人类回声传播者中，视觉皮层对产生回声的声音做出反应——也就是说，声音是关于物体的大小和位置的信息，而不是没有回声的其他声音(Thaler, Arnett, & Goodale, 2011)。

和视觉一样，听力在我们日常工作中扮演着中心的角色，目的是了解和驾驭我们周围的世

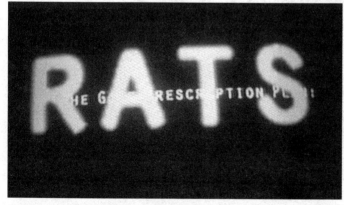

在2000年的美国总统选举中，围绕着乔治·布什（George Bush）竞选广告的争议出现了。在争议中，"官僚"这个词在对布什的对手阿尔·戈尔的批评中出现。但当你仔细观察（甚至放慢速度），屏幕上最后的四个字母R-A-T-S是用巨大的尺寸闪现过屏幕的。布什说戈尔是老鼠吗？更重要的是，这样的事情会影响选民的印象吗？

界。因此在听觉和视觉这两个中心感觉的基础上,认识基本的生物学机制和格式塔原则对于理解人类知觉是至关重要的。但是我们对视觉和听觉的回顾并没有解决一个人可能对这些过程提出的所有问题。那么潜意识的信息——它们真的能改变人们的行为吗?听众真的能听到并处理隐藏在流行音乐中的反向信息吗?确实,感知可以在我们无意识的情况下发生。我们可以看到、听到、触摸和嗅到没有意识到的事物,这些经历会影响我们如何行动。但你可能听说过许多关于这种无意识说服力的不太传统的说法——像隐藏在音乐背后的信息——更接近那些科学上得到证实的城市传说,正如视频"感觉的误解"中所探讨的那样。

日志 3.3　批判性思考——定义术语

奥兹·奥斯本(Ozzy Osborne)、克里斯·马丁(Chris Martin)、威尔(Weal)、戴夫·格罗尔(Dave Grohl)有什么共同之处?(好吧,除了都是音乐家。)由于职业,他们的听力明显受到了严重的损伤。这样的听力损伤是如何发生的呢?

模块 3.3 测验

1. 与声波频率的物理性质相对应的听觉的心理维度称为(　　)。

　　A. 音色　　　　　B. 响度　　　　　C. 音调　　　　　D. 复杂性

2. 尼尔的声音带鼻音,汤姆的声音听起来很沙哑。听觉的哪一个心理维度描述了两者的不同?(　　)

　　A. 音调　　　　　B. 音色　　　　　C. 频率　　　　　D. 强度

3. 这些结构中哪一个是在内耳中发现的?(　　)

　　A. 耳廓　　　　　B. 鼓膜　　　　　C. 耳道　　　　　D. 耳蜗

4. 听觉的感受器细胞,在噪声的存在下,会被不可逆转地破坏,被称为(　　)。
   A. 基底膜　　　　　　　　　　　B. 毛细胞
   C. 科蒂氏细胞　　　　　　　　　D. 耳蜗细胞

5. 声音定位(确定声波的传播方向)是由人类通常有两只耳朵这一事实辅助的。这个过程是如何工作的?(　　)
   A. 从一个特定方向发出的声波很可能会先于另一个耳朵到达,这样我们就可以确定声音的相对位置。
   B. 来自每只耳朵的信息沿着其各自的听觉神经传递到大脑,在那里专门定位细胞对信息进行解码。
   C. 有两只耳朵可以让人听立体声,立体声比单声道的声音传播得快。
   D. 复杂处理允许一只耳朵解码声波的音色,而另一只耳朵解码声音的强度;这些信息在大脑中重新组合。

3.4　其他感觉

因为这些感官对人类生存具有重要性,所以心理科学家对视觉和听觉特别感兴趣。然而,对其他感官的研究也在迅速发展,随着人们对它们如何对我们的生活做出贡献的认识的提高,人们发现了研究它们的新方法。

味觉:胃的感觉

LO 3.4.A　识别人类舌头的主要结构,并列出人类感知的五种基本味觉。

味道或味觉的产生是因为化学物质刺激了口腔中数以千计的感受器。这些受体主要位于舌头上,但也有一些在咽喉、面颊和口腔顶部。如果你在镜子里看自己的舌头,你会注意到许多细小的突起,它们被称为**乳突**(拉丁文中的"粉刺"),它们以多

乳突　舌头上的关节状突起,含有味蕾。

味蕾　味觉感受器巢。

种形式出现。在所有这些形式中,每一个乳突的边缘都排列着**味蕾**,看起来有点像分割的橘子(见图3.14)。由于遗传差异,人类的舌头至少有500个或者多达10000个芽(Miller & Reedy, 1990)。

味蕾通常被误认为是味觉的感受器。真正的感受器细胞在芽中,每个芽中有15—50个感受器细胞。这些细胞通过芽中的一个开口发出微

小的纤维,受体的位置在这些纤维上。每10天就有新的受体细胞取代旧的细胞。然而,在40岁左右之后,味蕾(以及相应的受体)的总数会下降。有趣的是,舌头的中央没有味蕾。然而,就像眼睛的盲点一样,你通常不会注意到感觉的缺乏,因为大脑填补了缺口。

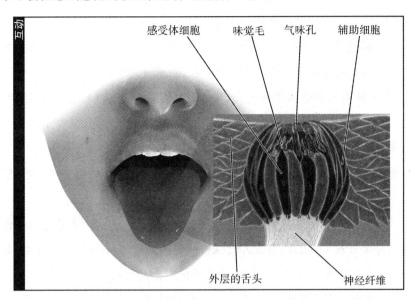

图3.14 味道的受体

四种基本口味是我们进化结果的一部分:咸的、酸的、苦的和甜的,每种味道都是由一种不同类型的化学物质产生的。它们的感受器可调节到能提醒我们有好的或者危险的味道的分子上:苦的味道能帮助我们发现毒素;甜的味道吸引我们对生物活性糖的兴趣,例如水果中的糖类;咸的味道能让我们识别出钠,一种对生存至关重要的矿物质;酸味则能让我们变得兴趣降低。酸味使我们能够避免会造成损伤组织的高浓度的酸(Bartoshuk & Snyder,2012)。所有的基本口味都可以在舌头上任何有感受器的地方感觉到,并且在区域之间差异是很小的。当你咬到一个鸡蛋、一片面包或一个橘子时,它独特的味道是由这些味道的组合而成的。

研究人员认为,我们有第五种基本的味觉,即味精(MSG)的味道,据说这种味觉可以让我们检测富含蛋白质的食物。科学家们正在寻找舌头上可能存在的味精感受器。日本化学家在1900年代初发现了味精作为增味剂(这个词没有确切的英文翻译,但最接近的是"鲜美"或"香辣")。然而,关于鲜味的研究结果是有争议的,该研究主要由味精行业提供资金。在大多数含蛋白质的食物中,从甜甜圈的味道来看,鲜味是看不出来的,而且人们对它的反应也大相径庭(BartoShuk,2009)。

人人都知道,人们生活在心理科学家琳达·巴托舒克(1998)所说的不同的"品味世界"中。有些人喜欢花椰菜,而有些人讨厌它。有些人可以吃辣椒,有些人不能忍受最温和的墨西哥胡椒。也许没有任何食物比香菜更能区分人。整个网站都在抱怨那些看起来天真无邪的绿叶,它的贬低者认为这些绿叶的味道像肥皂。这些味觉差异的原因是什么?

根据巴托舒克的研究,大约25%的人生活在一个"霓虹灯"口味的世界里。这些超级品尝者在女性、亚洲人、西班牙裔和黑人中所占比例过高,有异常多的小而密集的乳突(Reedy,1993)。对他们来说,像咖啡因、奎宁(奎宁水里的苦味成分)和许多蔬菜都是苦的——至少对于其他人来说要苦两倍。超级味觉体验师也认为甜的味道比其他人更甜,咸的味道更咸。而且他们从生姜、胡椒和辣椒等物质中感受到更多的"燃烧"(Bartoshuk,1998;Cena & Oggioni,2016)。

味觉的差异在一定程度上是遗传的问题,但文化和学习也起着作用。许多喜欢生食的西方人,如牡蛎,被亚洲国家流行的其他生海鲜(如海胆)拒之门外。即使在一个特定的文化中,人们也有不同的品味偏好,其中一些偏好从子宫里或出生后不久就开始了。香草、胡萝卜、大蒜、茴芹、辣味香料和薄荷等多种口味可以通过羊水或母乳传染给胎儿或新生儿,造成长期的后果(Beauchamp & Mennella,2011;Mennella,2011)。当婴儿成为学龄前儿童时,他们更喜欢吃咸的食物(Stein,Cowart,& Beauchamp,2012)。

即使是疾病也会影响味觉。如果你曾经有过耳朵感染,它可能改变了神经的活动,通过你的舌头,改变了你的味觉,当你有鼻塞,你可能很难品尝到食物的味道,因为食物的气味会影响它的味道。我们所称的"味道"其实是我们把食物放进嘴里时释放出来的气体的气味。事实上,如果我们闻不到巧克力和香草等微妙的味道,它们就不会有什么味道(见图3.15)。大多数有慢性味觉问题的人都有嗅觉问题,而不是味觉问题。

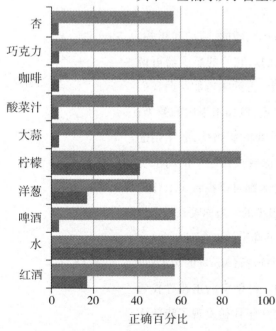

图3.15 味觉测试

绿条显示了当人们闻到舌头上的物质时,他们能识别出的物质的百分比。紫色条形图显示了当它们被阻止嗅出这种物质时,能够识别出物质的百分比(Mozeli et al., 1969)。

那么,你的味觉体验不仅取决于一个因素,比如基因,还取决于感染、嗅觉、文化偏好、接触其他文化的食物,以及你父母教你的东西。这就是为什么你会喜欢你以前认为没有吸引力的食物。一些不喜欢香菜的人通过尝试而喜欢上了它。

嗅觉:气味的感觉

LO 3.4 B 描述从嗅觉感受器到大脑皮层的基本通路。

海伦·凯勒是伟大的作家和教育家,她像个蹒跚学步的孩子一样失明和耳聋了,她曾经称气味为"感官的堕落天使"。然而,我们对气味的

为自己证明气味能增强味觉。当你捏着鼻子的时候,咬一口苹果,然后用一片生土豆做同样的事情。你会发现你尝不出有多大区别。如果你觉得自己尝到了不同的味道,也许你的期望影响了你的反应。同样的事情,但这次闭上眼睛,让别人喂你吧。你还能把它们区分开吗?用加味软糖做这个小测试也很有趣。它们的味道仍然很甜,但你可能无法分辨出不同的味道。

感觉,或者说嗅觉,虽然与猎狗相比似乎很粗糙,但实际上还是相当不错的。人类的鼻子可以检测到精密机器无法检测到的气味。

嗅觉感受器是嵌在鼻道上部的一小块黏膜中的特殊神经元,刚好位于眼睛下方(见图3.16)。每个鼻腔的数百万个受体对空气中的化学分子(蒸气)作出反应。当你吸气的时候,你把这些分子拉进鼻腔,但它们也可以从嘴里进入,从喉咙里飘出来,就像烟从烟囱里飘出来一样。这些分子触发受体的反应,这些受体结合在一起产生刚出炉的面包的酵母味或咖喱的辛辣气味。来自受体的信号通过嗅觉神经传递到大脑的嗅球,而嗅神经是由感受器的轴突组成的。这些信号从嗅球到达大脑的一个更高的区域。

找出嗅觉的神经密码是一个真正的挑战。在我们发现的大约10000种气味中(腐烂的、烧焦的、麝香的、水果味的、鱼腥味的、辛辣的),没有一种气味比其他任何气味更基础了。此外,大约有1000种受体存在,每种受体对气味分子结构的一部分做出反应(Axel,1995;Buck & Axel,1991;Nakamoto,2015)。来自不同类型受体的信号会在大脑中的单个神经元中结合。一些神经元似乎只对特定的气味混合物做出反应,而不是对混合物中的单个气味做出反应,这也许可以解释为什么丁香和玫瑰的混合物可能被视为康乃馨,而不是两种不同的气味(Zou & Buck,2006)。

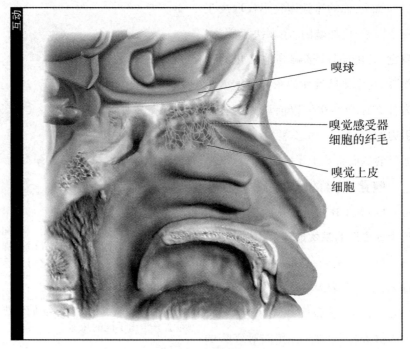

图3.16 嗅觉感受器

空气中的化学分子（蒸气）进入鼻子，并在鼻腔中循环，鼻腔是嗅觉感受器所在的地方。受体的轴突构成了将信号传递到大脑的嗅觉神经。当你吸气的时候，你会把更多的水蒸气吸引到鼻子里，加速它们的循环。蒸气也可以从咽喉通过口腔进入鼻腔。

有些动物的嗅觉能力比人类高很多。在机场，狗在人们的行李中检测毒品、炸弹和违禁食品；在诊所，它们只通过嗅闻人的呼吸来检测癌症（Sonoda et al.，2011）。不仅仅是狗有着惊人的有用的嗅觉；在非洲，老鼠能帮助检测未诊断出结核病的人（Mgode et al.，2012）。许多非人类动物的嗅觉能力的进化是因为嗅觉对这些动物的生存是如此重要。

虽然嗅觉对人类生存的重要性不如对其他动物的生存重要，但它仍然很重要。我们通过闻到烟味、腐烂的食物和漏气来嗅出危险，所以嗅觉上的不足并不能让你厌烦。这种损失可能是由于感染、疾病、嗅觉神经损伤或吸烟造成的。例如，嗅觉受损似乎是痴呆的一个早期指标，因为大脑的病理基础。因为痴呆的大脑病理也会影响嗅球（Devanand et al.，2015；Roberts et al.，2016；Stanciu et al.，2014）。因为测试人的气味识别缺陷是容易的、安全的和廉价的，所以研究人员正在评估这种测试在临床实践中的可能用途，以帮助识别有痴呆风险的人。

气味也会对我们产生心理影响，这就是为什么我们会买香水，送闻起来很香的花，并且在房地产开张的时候确保在烤箱里烤饼干。也许是因为大脑中的嗅觉中枢与处理记忆和情感的区域相联系,特定的气味常常会唤起生动的、带有感情色彩的记忆(Herz & Cupchik,1995;Reid et al.,2015)。气味也会影响人们的日常行为,这也是为什么购物中心和酒店经常安装芳香扩散器,是希望它能让你心情愉快。

彩色记忆(Herz & Cupchik,1995;Reid et al.,2015)。气味也可以影响人们的日常行为,这就是为什么购物中心和酒店经常安装香味扩散器,希望你能拥有一个好心情。

皮肤感觉

LO 3.4.C 列出人类感知的四种基本皮肤感觉。

皮肤不仅仅是保护我们的内在。我们两平方码的皮肤能帮助我们识别物体并与他人建立亲密关系。通过在我们和其他事物之间提供一个界限,皮肤也给我们一种与环境不同的自我感觉。

皮肤的基本感觉包括触摸(或压力)、温暖、寒冷和疼痛。瘙痒、痒和灼伤的感觉似乎是它们的变体。虽然对于四种基本的皮肤感觉来说皮肤上的某些部位特别敏感,但是多年来科学家发现,除了压力,这些感觉都有不同的受体和神经纤维。但后来瑞典研究人员发现了一种神经纤维,这种神经纤维似乎与组胺引起的瘙痒有关(Schmelz et al.,1997)。另一个研究小组发现,检测鼻子烧伤或鼻孔疼痛的纤维似乎也能检测到与组织胺无关的病理性瘙痒,并且这种瘙痒不能通过抗组胺药物得到缓解(Johanek et al.,2008)。科学家还确定了一种有可能存在的冷感受器(Mckemy,Neuhausser,& Julius,2002;Peier et al.,2002)。

由于其他的皮肤感觉,特殊的纤维也可能被发现。在这个问题上,触摸的许多方面仍然令人困惑,例如为什么快速连续地接触相邻的压力点会产生瘙痒,为什么搔挠可以减轻(或有时恶化)瘙痒。破解皮肤感官的信息将最终告诉我们,我们怎样区分砂纸和天鹅绒、胶水和油脂。

疼痛的秘密

LO 3.4.D 描述痛觉闸门控制理论的原理,并解释什么是幻痛,提出一种新的治疗方法。

疼痛是我们大多数人不愿意经历的一种感觉,就像视频"疼痛的生物学"中所展示的那样。

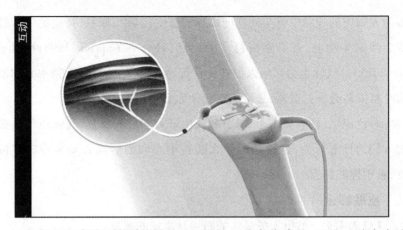

疼痛已经受到了特别的关注,它既是一种皮肤感觉,又是一种内在感觉。疼痛有一个重要的方面与其他感觉不同:即使产生疼痛的刺激被移除,疼痛可能也会持续,有时会持续数年。慢性疼痛会打乱一个人的生活,给身体带来压力,导致抑郁和绝望。了解疼痛的生理机制一直是一个巨大的挑战,因为不同类型的疼痛(如刺、擦伤或高温烫伤)在发生损伤或疾病的部位以及在脊髓和大脑中涉及不同的化学变化和神经细胞活动的不同变化。一些化学物质和支持神经细胞的神经胶质细胞也参与其中,它们释放出的炎症物质会加剧疼痛(Watkins & Maier, 2003)。然而,在这里我们集中讨论疼痛的一般理论和影响疼痛的心理因素。

闸门控制理论 这个理论是说疼痛在一定程度上取决于疼痛刺激是否通过脊髓中的神经"闸门",从而到达大脑。

多年来,最有影响力的理论是**闸门控制理论**,该理论最早由加拿大心理学家罗纳德·梅泽克(Ronald Melzack)和英国生理学家帕特里克·沃尔(Patrick Wall)提出(1965)。根据这个理论,疼痛必须经过脊髓里的"一扇门"。这种"门"不是一个实际的结构,而是一种神经活动的模式,它要么阻止皮肤、肌肉和内部器官的疼痛信息,要么就让这些信息通过。正常情况下,门是被关闭的,要么是来自对压力和其他刺激做出反应的大型纤维进入脊髓的脉冲,要么是来自大脑本身的信号。但是,当身体组织受到伤害时,大型纤维就会受损,较小的纤维就会打开大门,让疼痛信息不受控制地到达大脑。闸门控制理论能正确地预测轻微的压力或其他刺激,可以通过关闭椎门来干扰严重或持久的疼痛。当我们用力摩擦手肘或使用冰袋,加热或刺激油膏伤害到自己的时候,我们可以利用这个原则。

一位护士检查阿什琳·布洛克尔(Ashlyn Blocke)的脚是否受伤,因为一种罕见的情况阿什琳·布洛克尔不能感觉到擦伤和抓伤带来的疼痛。严重的慢性疼痛会给数百万人带来痛苦,但中度的暂时性疼痛是有用的,因为它提醒我们要小心受伤。

在闸门控制理论中,大脑不仅对来自感觉神经的信号做出反应,而且也能完全独立地产生疼痛(Melzack,1992,1993)。大脑中一个广泛的神经元矩阵给了我们对自身身体和身体一部分的感觉。当这个矩阵产生不正常的活动模式时,疼痛就产生了。大脑产生疼痛的机制可以解释许多严重的慢性疼痛的案例,这些疼痛是在没有任何损伤或疾病迹象的情况下发生的。

因为现代科技能让科学家们在分子和细胞水平上研究疼痛,今天我们知道,闸门控制理论虽然有用,但并不完整(Mendell,2014)。疼痛也可能是由于中枢神经系统神经元敏感性的改变而引起的。例如,当热量被反复放到动物的爪子上时,爪子和皮肤上的疼痛感受器就会兴奋起来,并保持数小时的敏感性。在这段时间里,即使是轻微的、无害的接触也会激活疼痛感受器,在受伤部位使用麻醉剂也不会使疼痛感受器恢复正常。这一发现表明,中枢神经系统水平的变化可以帮助我们解释疼痛是如何结束的(Latremoliere Woolf,2009)。

一种没有受伤的极端形式的疼痛发生在**幻痛**中,即一个人持续感受到似乎来自被截断手臂或腿的疼痛。幻肢疼痛折磨着多达90%的截肢者。患者在手术前可能会感到疼痛、烧灼感或者忍受着一碰就痛、小腿抽筋、脚趾搏动或指甲长到肉里的剧痛。即使脊髓被完全切断,截肢者也经常继续报告幻影般的疼痛,这些疼痛来自截断的下面的部位。即使脊髓门没有阻断神经脉冲或让它通过,这种疼痛也是持续的,难以忍受的。

幻痛的一个主要解释是大脑自我重组:原先与身体缺失部分相对应的感觉皮层区域已经被另一个区域的神经元侵入,另一个神经元通常是一个对应于脸部的神经元。较高的大脑中枢会将来自这些神经元的信息解释为并不存在的身体部分(Cruz et al., 2005; Ramachandran

幻痛 肢体缺失或其他身体部位疼痛的经历。

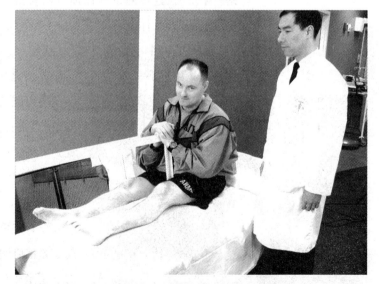

在伊拉克的时候,陆军中士尼古拉斯·鲍波尔(Nicholas Paupore)的右腿在爆炸中被炸毁,他经历了可怕的幻肢疼痛,甚至吗啡也不起作用。然后他进行了一个简单的日常操作。一面镜子被放在一个特别的角度,来反映出他有完整的腿,欺骗他的大脑他有两条健康的腿。疼痛几乎立刻消失了。治疗一年后,他只偶尔感到轻微的疼痛,不需要药物治疗。对于一些患者而言,镜子治疗已经完全消除了幻痛。

& Blakeslee,1998)。即使失去的肢体不能再通过触摸和内部感觉发送信号,这些信号的记忆仍然留在神经系统中,包括疼痛、瘫痪和截肢前的痉挛的记忆。其结果是大脑中不准确的"身体地图"和无法关闭的疼痛信号。

最初提出这一理论的神经学家拉马钱德兰(Vilayanur Ramachandran)已经提出一种治疗幻肢疼痛的简单而有效的方法。拉马钱德兰想知道他是否能设计一个幻象来欺骗被截肢者的大脑,让他感觉到失去的肢体是在动,而且没有疼痛。他把镜子竖直,垂直于患者的身体,这样截肢者完整的手臂就能在幻影中得到反映。从被截肢者的角度来看,其结果是一个拥有双臂功能的假象。然后截肢者被要求同步移动双臂,并同时看着镜子。这项技术现在已经被许多人使用过了,大脑被愚弄,认为它的主人有健康的手臂或腿,重新同步信号,幻痛就消失了(Ramachandran & Altschuler,2009)。神经学家已经在伊拉克老兵身上试验了这种方法,他们发现这种方法比那些只让病人在精神上想象有两个完整肢体的方法更成功(Anderson Barnes et al,2009;Chan et al.,2007)。

我们中的大多数人都能体验到类似于拉马钱德兰建立的机制所造成的错觉。想象一下,你正坐在那里,双臂搁在桌子上。你的手臂之间是一个屏幕,这样的位置让你可以看到你的左臂,但不是你的右臂。但在屏幕的前面,你也可以看到,一个全尺寸的右臂和用橡胶做的手。当实验者拿着两个小画笔,轻轻地抚摸你的左手和橡皮手时,你被要求把注意力集中在那只橡皮手上。你能感觉到画笔在橡皮手上的触感吗?

"橡胶手错觉"的演示

不可能,答案是肯定的!在这一研究中,所谓的"橡胶手错觉"是指人们报告说他们感觉到了画笔在他的人造手上的触感——反过来,这感觉就好像是他们自己的一样(Botwinick & Cohen,1998;Kammers et al.,2009)。这些人没有妄想症。通常,我们身体的各个部分都是紧密协调的,我们的视觉、感觉和认知能力都是紧密联系在一起的。但在"橡胶手错觉"中,大脑试图通过"接受"橡胶手臂和"否认"真实手臂来解决这种不寻常的现象。这一吸引人的现象在最近的研究中得到了重现(Barnsley et al.,2011;Longo & Haggard,2012;Ramachandran, Krause, & Case, 2011。)

内部环境

LO 3.4.E 讨论检测我们内部环境的两种感觉。

我们通常认为我们的感觉是通向周围世界的渠道,但有两种感觉使我们知道自己的身体的运动情况。**动觉**告诉我们身体的各个部位在哪里,让我们知道它们何时移动。这些信息是由位于肌肉、关节和肌腱上的疼痛和压力感受器提供的。如果没有动觉,你的任何自发的运动都会有麻烦。想象当你的腿"睡着"的时候走路是多么困难,或者牙医给你的下巴打麻药的时候咀嚼是多么尴尬。

平衡或平衡感为我们提供了关于我们身体的信息。有了视觉和触觉,它让我们知道我们是站得笔直还是头上顶着东西站着,告诉我们是在下落还是旋转着。平衡主要依赖于内耳的三个**半规管**(参见图 3.13)。当头部旋转时,这些细管内充满了液体,这些液体在听觉绒毛上运动,并压在绒毛上触动了绒毛接收器。接收器启动通过一部分听觉神经,但这些听神经并不参与对听觉的信息的加工。

正常情况下,动觉和平衡力共同作用,给我们一种我们认为理所当然但不应该这么认为的物理现实。奥利弗·萨克斯(Oliver Sacks,1985)讲述了克里斯提娜(Christina)令人心碎的故事。克里斯提娜是一位年轻的英国妇女,由于一种奇怪的炎症,她的动觉神经纤维遭受了不可逆转的损伤。起初,克里斯提娜像布娃娃一样软绵绵的,她不能坐起来,不能走路,不能站着。然后,慢慢地,她依靠视觉暗示和纯粹的意志力学会了做这些事情。但是她的动作仍然是不自然的,她必须用很大的力量抓住叉子,否则她就会把叉子扔了。更重要的是,尽管她的皮肤接触到光会很敏感,但她说,她不能体验自我。就像她对萨克斯(Sacks)说的,"像是有什么东西在正中央挖空了我。"

通过平衡,我们达到了感官的极限。每秒钟,数百万的感官信号到达大脑,大脑将它们结合在一起,形成一个真实的模型。

动觉 身体各部位位置和运动的感觉(也称为动觉)。

平衡 平衡的感觉。

半规管 通过对头的旋转做出反应而有助于平衡的内耳感觉器官。

这个人显然具有非凡的动觉天赋和平衡能力。

日志 3.4 批判性思考——提出问题,进行质疑

美国军方花了一些时间和金钱来研究非致命武器的发展,或者也被称为"恶臭战争"。军事科学家们一直在寻找一种气味,这种气味能对敌人产生毒性、厌恶性,甚至使敌人丧失能力,以便在军事行动中创造出优势(到目前为止,在测试中最明显的赢家是人类粪便的气味)。为什么气味会有这种力量?嗅觉感受器和嗅觉感知过程与其他感觉有何不同?为什么它可以预测对某些气味即时的、几乎普遍的反应?

模块3.4 测验

1. 下列哪一项不是舌头所能检测出的基本味觉之一?(　　)
   A. 辣的　　　　B. 苦的　　　　C. 甜的　　　　D. 酸的
2. 嗅觉神经由(　　)组成。
   A. 来自嗅感受器的树突　　　　B. 嗅球上的毛细胞
   C. 神经鞘细胞轴突　　　　　　D. 一组嗅球
3. 与视觉或听觉相比,科学家对决定皮肤感觉的机制了解得如何?(　　)
   A. 糟糕
   B. 很好
   C. 一点也不了解
   D. 我们对皮肤感觉的理解比我们对听觉的理解要好,和我们对视觉的理解不一样。
4. 帮助我们理解疼痛的主要理论叫作(　　)。
   A. 活活—合成模型　　　　　　B. 闸门控制理论
   C. 精细加工可能性模型　　　　D. 受体损害理论
5. 一个人对平衡的感觉称之为(　　)。
   A. 外感受性　　　B. 运动觉　　　C. 前庭感觉　　　D. 平衡感

让心理学伴随着你:为什么知觉可以比肉眼看到更多

在本章中,我们已经了解到光、声波、化学药品、压力、温度和损伤是由感觉器官检测出来的,这些信息会被传送到大脑。感知过程将感觉信息组织成有意义的模式,但感知是有偏差的,这可以由在无生命物体中"看到"面孔的普遍现象来证明。此外,感知会随着我们的心理状态而改变,并且人和人之间也是不同的。下面的因素会影响我们的感知或影响我们如何感知。

1. 需求。当我们需要某样东西,对它感兴趣或想要它的时候,我们尤其有可能察觉到它。这就是为什么当文字在屏幕上短暂闪现时,饥饿的人比其他人更快看到与饥饿有关的文字(Radel & CIement-Guilliotin,2012;Wispe & Drambarean,1953)。人们也倾向于感觉到他们想要的东西,比如有人口渴,那他更容易察觉到水瓶;比如有人赢得了一场比赛,那么他更容易察觉到钱;比如比起他们不想要或不需要的东西,人们更容易接近一个有良好结果的性格测试。一些心理学家把这些有动机的错误知觉称为"怀有希望的观察"(Balcetis & Dunning,2010)。

2. 信仰。我们所坚持的关于世界的真理会影响我们对模糊的感觉信号的理解。墙上、盘子上和玉米粉圆饼上都有关于圣母玛利亚的图片,关于"Wiah"的阿拉伯文字已经在鱼鳞、蛋和豆类上报道过。这些图像使得那些相信神存在于任何物体上的人兴奋。然而,世俗事件不可避免地解释为,耶稣的形象站在加州车库的门上吸引了大批的人群,直到最后被两盏路灯所吸引,两盏路灯合并成灌木丛的阴影和一个"待售"的标志。

3. 情绪。情绪会影响我们对感官信息的理解,就像小孩子害怕黑暗时,他看到的是鬼魂而不是睡袍挂在卧室的门上。虽然这种误解是可能的,但是情感会通过激活大脑视觉皮层来改变对刺激的感知(D'Hondt et al.,2014,Lee et al.,2014;padmala & pessoa,2008)。当试图确定一个不熟悉的环境是否危险时,处在情感影响下的新感知会对我们很有帮助。焦虑和悲伤也会强化对疼痛的感知(Wang,Jackson,& Cai,2016;Wiech & Tracey,2009)。

4. 期待。以前的经验或他人的指示会产生期望,这些期望影响我们对世界的看法。比如在我们没有真正听到每一个词的时候,这就可以派上用场,来帮助我们把句子里的词填满。期望也能减少我们对刺激的反应,否则就会产生不愉快。一个经典的例子是安慰剂效应,即当人们使用惰性疗法,比如服用糖丸(即安慰剂)后疼痛或其他症状会减轻。为什么会发生这种情况?至少部分安慰剂效应的产生仅仅是因为人们期待疼痛改善。换句话说,简单的期望疼痛缓解与较少感知疼痛是相关的(Rief,2011;Schedlowski et al.,2015)。

期望也会影响听觉感知。在一项研究中,人们连接到测量压力(包括心率和出汗)的生理指标设备,然后对声音的不愉快程度进行评级。一些人被告知声音的真实含义(例如,指甲抓着黑板);另一些人则被告知这些声音来自音乐作品。那些被告知声音是来自音乐作品的人比那些被告知声音是用指甲刮黑板的人少有不愉快,尽管两组人都表现出相似的压力反应(Reuter & Oehler,2011)。

5. 文化。不同的文化给人们不同的实践感知环境。在20世纪60年代的一项经典研究中,研究人员发现,一些非洲部落的人比西方人更少地被穆勒—莱耶尔错觉(参见图3.10)和其他几何错觉所欺骗。研究人员观察到,在西方,人们生活在一个"木匠"的世界里,到处都是长方形的结构。西方人也习惯于将二维的照片和图画解释为三维世界。因此,他们将穆勒—莱耶尔错觉中使用的各种角度解释为空间中的直角扩展。该研究中的非洲农村人生活在较少的木匠环境和圆形小屋中,他们似乎更有可能将图形中的线条作为二维的,这就可以解释为什么他们不那么容易受到这种错觉的影响(Segall,Campbell,& Herskovits,1966;Segall et al.,1999)。

感觉是由环境或内部事件引起的对物理能量的发现和直接体验。知觉是感觉冲动被组织和解释的过程。感觉从感受器开始,感受器将刺激的能量转化为电脉冲,并沿着神经传播到大脑。分离感觉可以解释为解剖密码(由具体神经能量学说所规定)和在神经系统中的功能密码。从一种通道到另一种通道的感觉交叉有时会发生,并且在通感中,一种通道的感觉总是引起另一种通道的感觉,但这些体验是罕见的。

文化也通过塑造我们的刻板印象,引导我们的注意力,告诉我们应该注意或忽视什么,从而影响我们的认知。例如,西方人通常在观赏景色时更多地将注意力集中在图形上,而不是放在背景上。相比之下,东亚人倾向于注意整体情况以及图形与背景的关系。在一个记忆实验中,给日本和美国的参与者展示生动的水下场景,里面有颜色鲜艳的鱼,它们比场景中的其他物体更大,移动速度也更快。之后,两组都报告了相同数量的鱼的细节,但日本参与者记住了更多关于其他事物的细节,比如岩石和植物(Miyamoto, Nisbett, & Masuda, 2006)。当旅行者开始了解另一种文化时,他们惊奇地发现,其成员"看待事物的方式不同",这可能确实是正确的。

分享写作:感觉和知觉

大多数人喜欢糖果、房间清新剂或大自然中冬青树的味道。但是,当被告知这是工业溶剂的气味时,有些人就被这种气味弄得不舒服了。在这一章里,你将读到同样的感官体验的例子——冬青的气味,五彩衣服的外观、香菜的味道会在不同的人身上产生不同的感性结果,或者在同一人的不同环境或不同时间点上产生不同的结果。利用这些(或其他)例子,讨论生物、心理和文化因素是如何在这些不同的知觉结果中发挥作用的。

总结

3.1 我们的感官

LO 3.1.A 区分感觉和知觉,并解释特定神经能量和联觉的学说如何有助于我们对感官模式的理解。

LO 3.1.B 区分绝对阈值、差异阈值和信号检测。

专门从事心理物理学研究的心理学科学家通过测量绝对阈值和差异阈值来研究感觉灵敏度。然而,信号检测理论认为,在检测任务中的反应取决于一个感官过程和一个决策过程,并且将随人的动机、警觉性和期望而变化。

LO 3.1.C 讨论为什么感觉适应原理可以帮助我们理解人类感知系统是如何工作的。

我们的感官会对环境中的变化和对比做出回应。当刺激不变时,感官就会发生适应。刺激太少会导致感觉缺失。

LO 3.1.D 描述选择性注意和无意盲视之间的关系。

选择性注意通过让我们专注于重要的事物,防止我们被无价值的刺激冲昏头脑,但同时也使我们失去了可能需要的感官信息,如无意盲视。

3.2 视觉

LO 3.2.A 描述视觉的三个心理维度,以及产生视觉光的三个物理属性。

视觉的刺激物是光,它是电磁辐射的一种形式。视觉受到光的波长、强度和复杂性的影响,从而产生视觉体验的心理维度——色调、亮度和饱和度。

LO 3.2.B 定位人眼的结构和细胞,追踪光从角膜到视神经的路径。

视觉感受器、视网膜杆和视锥细胞位于眼睛的视网膜中。它们(通过其他细胞)向神经节细胞发出信号,并最终将视觉信息传递到大脑的视神经。视网膜杆负责在昏暗的光线下的视觉,视锥细胞负责色觉。

LO.3.2.C 总结证据证明视觉系统不是一个简单的"照相机"。

视觉世界的特定方面,例如不同方向的线条,是由大脑视觉区域的特征检测器细胞来检测的。这些细胞中的一些会对复杂的模式有最大的反应,大脑中的三组不同的细胞帮助我们识别人脸、位置和身体。

LO 3.2.D 比较颜色视觉的三色理论和对立过程理论。

颜色视觉的三色理论与对立过程理论适用于视觉加工的不同阶段。在第一阶段,视网膜的三种视锥细胞对不同波长的光有选择地做出反应。在第二阶段,视网膜和丘脑中的对立过程细胞对短波光和长波光的反应方式是相反的。

LO 3.2.E 总结形成知觉、深度和距离知觉、视觉恒常性及视错觉的原则和过程。

感知觉无时无刻不在帮助我们建构世界模型。格式塔原则(例如,图形和背景、邻近性、封闭性、相似性和连续性)描述了大脑用来感知形体的视觉策略。我们使用双筒望远镜和单筒望远镜来确定视觉空间中物体的深度。知觉的不变性使我们感知到物体是稳定的,尽管它们在感觉模式上发生了变化。当感觉的暗示是误导性的,或者当我们曲解暗示时,知觉错觉就会出现。

3.3 听觉

LO 3.3.A 描述听觉的三个心理维度和产生听觉的三个物理属性。

听觉(听觉)受空气或其他传导物质中压力波的强度、频率和复杂性的影响,对应于声音的响度、音调和音色的体验。

LO 3.3. B 确定人耳的主要结构,并描述各组成部分的功能。

听觉的感受器是毛细胞(顶端有纤毛),毛细胞位于耳蜗内部科蒂氏组织上的基底膜。这些感受器将信号传递给听觉神经。我们听到的声音是由毛细胞运动的模式决定的,而毛细胞的运动会产生不同的神经编码。

LO 3.3.C 列出并举例说明适用于构建听觉世界的格式塔原则。

格式塔原则(如邻近性、图形/背景、连续性或相似性)帮助我们理解我们的听觉世界。当我们定位声音时,我们会将压力波到达我们每只耳朵的细微差别作为判断声音产生位置的依据。一些盲人能够使用回声定位来导航。

3.4 其他感觉

LO 3.4.A 识别人类舌头的主要结构,并列出人类感知的五种基本味觉。

味觉是一种化学感觉。舌头上的隆起物称为乳突,含有许多味蕾,而味蕾又包含味觉感受器。基本的味道包括咸、酸、苦和甜。与蛋白质的味道相关的鲜味也被认为是一种基本的味道,但这是有争议的。在大多数富含蛋白质的食物中,鲜味是不可检测的;而且,对鲜味的反应因人而异,鲜味的主要作用是蛋白质被食用和消化后留在肠道中。

LO 3.4.B 描述从嗅觉感受器到大脑皮层的基本通路。

嗅觉也是一种化学感觉。没有确定的基本气味,但是有多达上千种不同的受体类型存在。研究人员发现,不同的气味会激活受体类型的独特组合,他们已经确定了其中的一些组合。

LO 3.4.C 列出人类感知的四种基本皮肤感觉。

皮肤的感觉包括触摸(压力)、温暖、寒冷、疼痛(还有诸如痒痒之类的变化)。一些痒痒类型的感受器和寒冷的感受器已经被发现。

LO 3.4.D 描述痛觉闸门控制理论的原理,并解释什么是幻痛,提出一种新的治疗方法。

疼痛已被证明在生理上是复杂的,涉及几种不同的化学物质的释放以及神经元和神经胶质细胞的变化。根据闸门控制理论,疼痛取决于神经脉冲是否通过脊髓的"门"到达大脑;此外,即使没有来自感觉神经元的信号,大脑中的神经元矩阵也能产生疼痛。一种关于幻痛的主要理论认为,当大脑在截肢或切除身体器官后进行自我重组时,幻痛就会发生。镜子可以用来使大脑以为健康肢体存在,从而减少疼痛。

LO 3. 4. E 讨论检测我们内部环境的两种感觉。

动觉告诉我们身体部位的位置,平衡感告诉我们身体整体的方向。这两种感觉结合在一起,为我们提供了一种整体的身体感觉。

第三章习题

1. 人类神经系统将感觉信息转化为感知的两种密码是什么?(　　)
   A. 中心区域和(神经)外周区域　　　　B. 直接及间接
   C. 解剖和功能　　　　　　　　　　　D. 有说服力的和洪亮的

2. 根据信号检测理论,一个人对刺激物的存在或消失有多种反应方式。当信号真的不存在,但一个人说信号存在时,这叫什么?(　　)
   A. 误报　　　　B. 漏掉　　　　C. 击中　　　　D. 正确否定

3. 想想你的舌头在嘴里是怎么感觉的,集中注意力在它上面。想想它对你牙齿产生的轻微压力。想想它的大小和形状。你很可能5分钟前没有想到自己的舌头,而5分钟后,你也不会仍然专注于你的舌头在嘴里的感觉。你对舌头持续刺激的反应性降低被称为(　　)。
   A. 刺激恒定性　　B. 感觉剥夺　　C. 感觉适应　　D. 刺激概括化

4. 吉塔正全神贯注地收看她最喜欢的电视节目。当她的室友出现在她身边时,她吓了一跳,她的室友大叫起来:"吉塔!难道你没有听到最后5分钟的电话铃响吗?"为什么吉塔没有注意到她室友们的叫喊和明显的电话噪声?(　　)

A. 她对节目进行选择性的关注　　　　B. 她处于感官剥夺的状态

C. 她有精神盲　　　　　　　　　　　D. 她很粗心

5. 色相的心理维度对应于光的(　　)的物理属性,正如(　　)的心理维度对应于光的复杂性的心理属性。

　　A. 频率;强度　　B. 强度;亮度　　C. 亮度;饱和度　　D. 波长;饱和度

6. 视神经由(　　)轴突组成。

　　A. 神经节细胞　　　　　　　　　B. 双极神经元

　　C. 杆体细胞　　　　　　　　　　D. 视锥细胞

7. 对环境中的水平线、垂直线或面部有选择地响应的专用单元是(　　)。

　　A. 双极神经元　　　　　　　　　B. 特征检测细胞

　　C. 神经节细胞　　　　　　　　　D. 树突放射

8. 对立过程理论认为视觉系统中的某些细胞对蓝/黄、亮/暗以及(　　)光波做出反应。

　　A. 红/蓝　　　B. 橙/紫　　　C. 红/绿　　　D. 黄/绿

9. 在深度和距离感知中,幅合和视网膜视像差都是(　　)的例子。

　　A. 单眼线索　　　　　　　　　　B. 双眼线索

　　C. 格式塔原则　　　　　　　　　D. 知觉结构

10. 分贝是一种测量声波(　　)的方法。

　　A. 音高　　　B. 频率　　　C. 复杂性　　　D. 强度

11. 人中耳朵里的三块小骨头叫(　　)。

　　A. 锤骨、砧骨和镫骨　　　　　　B. 鼓膜、槌骨和插销

　　C. 纤毛、基底部和鼓膜　　　　　D. 感染力、气质和理念

12. 艾力克斯正在进行复杂的吉他即兴演奏,盖瑞加入并且在贝斯上开始同样复杂的即兴演奏。盖瑞能够跟随艾力克斯演奏的音符流欣赏旋律,是由于格式塔原则的(　　)。

　　A. 良好形式　　B. 封闭性　　C. 相似性　　D. 连续性

13. (　　)是舌头上的一个小突起,而且上面有(　　)。

　　A. 牛至;耳蜗　　　　　　　　　B. 鳞茎;纤毛

　　C. 味蕾;基底细胞　　　　　　　D. 乳突;味蕾

14. 人类能探测到多少气味？(　　)

　　A. 5000　　　B. 1000　　　C. 10000　　　D. 50000

15. 人类的皮肤能感觉到温暖、寒冷、疼痛和(　　)。

　　A. 热　　　B. 刺激　　　C. 压力　　　D. 刺痛

16. 4年前当乔治遗憾地从阿塔格勒斯坦服役归来时,失去了右臂。即使是现在,他仍然能感到右臂的刺痛和悸动。这种经历叫作(　　)。

A. 幻痛　　　　　B. 同步损耗　　　　C. 闸门控制　　　　D. 异步损耗

17. 即使万达闭着眼睛,她也能感觉到她的双手垂在身体两侧,她有点前倾,双腿在膝盖处微微弯曲。哪个感官系统能让她感知这一切?(　　)

    A. 平衡　　　　　B. 动觉　　　　　C. 科蒂氏　　　　D. 枕骨

18. 你可能听过这个说法:"我看到了,我就相信它的存在。"但这里有一个同样正确的表达:"当我相信它的时候,我就会看到它。"第二个表达式说明了什么?(　　)

    A. 感觉系统对持续的输入反应最好,例如从核心理念中得到的结果。

    B. 在感官信息引导人们得出结论之前,人们可以暂停信仰。

    C. 人类感知系统对证实我们的期望有偏见。

    D. 人们先前存在的信念会影响他们如何感知世界上的事件和刺激。

19. 施虐受虐狂报告说,他们在经历痛苦时感到快乐。客观上来说,鞭打和压迫是一种伤害,但在主观上,接受者觉得他们不是这样的。这是为什么呢?(　　)

    A. 闸门控制理论预测,在"寻求痛苦"的情况下,疼痛的"大门"将迅速打开和关闭,而在"意外痛苦"期间它们将保持关闭状态。

    B. 身体"精神免疫系统"抑制痛苦刺激的程度大到足以引起心理痛苦。

    C. 相比人们实际经历的疼痛,外部观察者总是高估疼痛的程度。

    D. 情绪会影响我们对感知信息的理解,痛苦的刺激可能没有这样的体验。

20. 在炎热的夏季远足中,金周永犯了一个错误:他喝了少量水。当他停止远足走向停车场时,他确信他看见路边有一瓶结冰的水。当他走近时,他意识到那是一块闪亮的石头,事实上,它的形状一点儿也不像一个水瓶。为什么金周永感觉错了?(　　)

    A. 他认为水应该存在的信念引起了幻觉。

    B. 他对水的需求影响了他的知觉能力。

    C. 他微妙的情绪状态引发误解。

    D. 他的半规管因徒步旅行而受损。

第四章 意识和睡眠

学习目标

4.1.A 定义生物节律,并解释人体的"生物钟"是如何工作的。

4.1.B 解释和总结以季节性情绪障碍和经前综合征为例的长期生物节律的证据。

4.2.A 描述和解释睡眠四个阶段的节律特征。

4.2.B 列出睡眠不足的心理后果和良好睡眠的心理收益。

4.3.A 讨论我们为什么会做梦。

4.3.B 总结每个关于梦的理论的优缺点。

4.4.A 总结与催眠相关的事实和曲解。

4.4.B 比较意识分离理论、社会认知理论和生物学观点，注意每种理论对催眠的解释。

4.5.A 列出四种主要的精神药物类别，并总结每种药物的主要效应。

4.5.B 解释药物如何影响大脑中的神经递质。

4.5.C 总结能够调节药物生理作用的心理变量。

提出问题：需要考虑的问题……

- 如果你不知道时间时，你的身体会知道吗？
- 我们为什么需要睡眠和梦？
- 被催眠的人能否做出一些违背自己意愿的事情？
- 一杯酒为什么能使一个人有时感到高兴和兴奋，而有时感到疲倦和压抑？

互动 在上一学期，你是不是至少有一次一整夜都没有睡？
○是
○否

一天中，情绪、觉性、效率和意识自身——自我和环境的意识——是一种连续不断的流（flux）。有时，我们对自己的感觉和周围的一切过于警惕和注意。然而，有时，我们会做白日梦或者继续"自我放飞"（autopilot）。有时候我们会说："我的大脑欺骗了我。"仿佛我们没有大脑一般，但是那个看到你的大脑耍花样的"我"指的是谁，又是谁被欺骗呢？如果说你的大脑对某件事进行了存储或记下来某刻的情绪，那么"使用"大脑的那个你又是谁？

在特殊的文化背景下，这类问题起着非常重要的作用。细想那些离奇古怪的电影，比如《盗梦空间》，在这部电影中，莱昂纳多·迪卡普里奥和其他人进入他人的梦境，从他人的潜意识中盗取机密，并将一个人的想法植入到另外一个人的潜意识中。再比如《黑客帝国》，在这部影片中，机器创造了一个虚拟的现实世界，在这个世界中所有人（当然，除了雨果·维文）都将这个虚拟的世界视为现实生活了。还有在经典的《星球大战》系列影片中，有少数绝地武士能够进入他们的另一种意识形态，在这种意识形态中他们能与所有的生物交流并控制其思想。

心理学家们也一直对这些问题感兴趣。一种研究意识的方法是检验意识是如何随时间的变化而变化的。该研究方法始于这样一个假设：身心状态像阳光和阴影一样缠绕在一起，心理学家研究了个体主观体验的改变和大脑活动以及激素变化三者之间的关系。我们每天都会做的（或者必须做的)事情:睡眠可以作为意识随时间变化而改变的例子。你将很快会读到,睡眠分为多个阶段,这些阶段的划分是由意识和大脑功能的变化确定的。此外,睡眠会带来很多心理和认知方面的好处,然而,生活中很多人睡眠不足。近半数的人是"夜猫子",甚至整晚不睡。在后文中会介绍睡眠缺失及其潜在的负面影响。在本章中,我们主要探讨三部分内容。第一部分探讨随着时间变化如何对意识和功能的变化进行预测;第二部分探讨睡眠和梦;第三部分探讨催眠和使用毒品对意识状态的影响。

4.1 生物节律:体验的波动

你是"早起鸟"还是"夜猫子"?你是在早上5点还是晚上5点更加精力充沛?你是早上的起床困难户还是晚上的难以入睡者?你的答案能反映出你如何应对一天中身体系统高低起伏的复杂变化。在本节中,将介绍我们的身体日常经历的自然循环。在这一节中,我们来看看我们的身体经常经历的自然循环。

生理节律

LO 4.1.A 定义生物节律,并解释人体的"生物钟"是如何工作的。

一天、一周和一年中,人类的身体经历很多次生理功能高低起伏的变化。这些变化被称为生理节律。我们大脑中的生物钟控制着激素水平、尿量、血压,甚至脑细胞对刺激物的反应。**生物节律**是典型的、与外部事件线索同步的,比如钟表时间、温度和白天的变化,但是许多节律甚至在这类线索缺失时继续发生;它们是**内源性**的,或者从内部产生。

昼夜节律是每24小时发生一次的生物节律。生物节律是植物、昆虫、人类和其他动物适应地球自转带来变化的机制,比如光、气压和温度。最广为人知的生理节律是睡眠—觉醒周期,但是还有其他数以百计的生理节律会影响个体的生理和行为。

人的体温每天会有1摄氏度的波动,在傍晚时刻由最高变为平均值,并在清晨很短的时间内达到最低点。其他的生理节律发生的频率更低一些,可能是1个月一次,也可能是一季度一次。在动物的世界里,季度的节律是常见的。候鸟在秋季迁徙到南方,狗熊在冬天冬眠,海洋里的动物根据2个月一次的潮汐变化而变得活跃或者怠惰。人类当中也会发

生理节律 一种生理波动,生物系统中或多或少有规律的波动,常具有心理学意义。

内源性 由内部而不是由外部线索产生的。

昼夜节律 一种大约24小时一个周期(从顶峰与顶峰或从谷底到谷底)的生物学上的节律。来自拉丁语circa,"一天"。

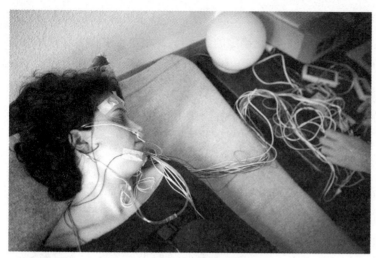

一名参与睡眠研究的被试,将会在睡眠实验室待一个晚上,会经常被各种各样测量生理和大脑活动的装置叫醒。经过一段时间的调整,大多数人会发现他们能够在这样特殊的情况下入睡。

生许多季节节律和月节律。男性和女性的睾丸酮在秋季时达到顶峰(Stan,Mullette-Gillman,& Huttel,2011),而在春季时降到最低值。而女性的月经是以 28 天为一个周期。

一些其他生物节律的周期比一天一次还要频繁,大多以 90 分钟为一个周期。对于人类而言,包括睡眠过程中的生理变化、胃的收缩、激素水平、视错觉的易发期、口头表达能力和空间辨别能力、在认知作业中的脑电波反应,以及白日梦(Blumberg,Gall,& Todd,2014;Klein & Armitage,1979;Prendergast & Zucher,2016)。

在大多数社会环境下,时钟和其他外部事件线索,以及人们的外界环境向人们提供非常多的时间线索,人们的躯体节律就会逐渐与这些线索同步化,从而遵守严格的 24 小时作息安排。为了识别内源性生理节律,科学家将志愿者与日光、时钟、体现环境变化的声音及其他所有与时间有关的线索隔离。志愿者通常居住在专门设计的房间里,里面安装有立体音响系统、舒适的家具和空调。没有时钟的影响,一些被试过起了一种比 24 小时更长或更短的一天。然而,如果允许他们在白天小睡片刻,大多数人很快就适应了以比 24 小时长 5 到 10 分钟(平均而言)为一天的生活(Duffy et al.,2011)。对于很多人而言,灵敏度(alertness),比如体温,在傍晚时分达到峰值,在很早的早上达到最低值(Lavie,2001)。

身体内部的时钟 生理节律是由生物钟控制的,生物钟是整个躯体生理功能的协调者,位于下丘脑内部的一小簇细胞内,称为**视交叉上核**(**suprachiasmatic nucleus,SCN**)。与眼球后部特殊感受器相连的神经通路将信息传递给视交叉上核,对明亮和黑暗的变化做出反应。然后视交叉上核发出信息,使得大脑和身体去适应这些变化。同时还存在其他生物钟,此外,还有一些其他具有时钟功能的器官散布在躯体当中,但对于大多数生理节律而言,视交叉上核是被视为掌握其节奏的主宰者。

视交叉上核 大脑中含有控制昼夜节律的生物时钟的区域。

视交叉上核调节激素和神经递质水平的变化,这些激素水平的变化又为视交叉上核提供反馈并影响其功能。在夜晚,一种激素是受到 SCN 调节的,即**褪黑素(melatonin)**,它是由位于大脑深处的松果体分泌的。褪黑素会促进睡眠。当你在一个黑暗的屋子里睡觉时,你的褪黑素水平上升;当早晨阳光照进你的房间,褪黑素的水平下降。反过来,褪黑素似乎在帮助我们使生物钟与光线的变化周期保持同步(Haimov & Lavie, 1996; Houdek et al., 2015)。此外,褪黑素可用来治疗失眠症,或者用来帮助失明的人使其睡眠—觉醒周期与正常时间同步,因为盲人无法感知光线变化,褪黑素分泌周期异常(Flynn – Evans et al., 2014)。"意识节律"的视频提供了更多关于大脑如何调节睡觉—觉醒周期的信息。

褪黑素 由松果体分泌的一种参与调节昼夜节律的激素。

生物钟混乱 正常情况下,视交叉上核控制的节律之间是同步的。不同节律的高峰期可能会在不同时间发生,但是当你知道其中一种节律在何时达到高峰期,就可以很好地预测其他节律将在何时达到高峰。就像如果你知道纽约的时间,就会知道伦敦的时间一样。但是当你正常的生活日程改变时,这些生理节律之间的秩序就会被扰乱。这种**内部节律失调(internal desynchronization)** 经常发生在人们乘坐飞机跨时区飞行的时候。遇到这种情况,睡眠—觉醒周期能很快做出调整,但体温和激素水平周期却需要几天的时间才能恢复正常。飞行时差反应会影响人的体力、心理技能和动作协调性(Bedrosian, Fonken, & Nelson, 2016; Sack, 2010)。

内部节律失调 生物节律不一致的一种状态。

当工作人员必须轮班时,内部节律同样会出现失调现象。在这种条件下,他们的工作效率下降,容易感到疲惫和焦躁,出现更多的失误,甚至还会出现睡觉模式混乱和消化障碍。对于警察、急救中心的工作人员、机场领航员、卡车司机和在核电站工作的人来说,内部节律失调会导致严重的后果,有时甚至关乎生死。其实在夜间工作本身并不是问题:

有时在生活中，工作和学习任务会与身体的自然时钟发生冲突。一些研究人员将这些社会和生物钟之间的失调称为"社会时差"（Wittmann et al., 2006）。在许多学区，随着孩子进入青春期，开始上课的时间越来越早，而他们变得更像夜猫子，而不是早起的鸟儿。

只要保持固定的夜间工作时间表，并且在周末也要如此，人们往往能够适应这种生活并且表现得很好。然而，许多换班或夜班都是在轮班的基础上安排的，这样生理节律总是没有恢复协调的机会。一些科学家希望最终能通过使用褪黑激素、药物或者其他技术去"重置闹钟"来帮助倒班的工人和跨越时区的旅行者尽快适应（van de Werken et al., 2013），但是目前为止这些技术看起来还不太适合。用褪黑激素对治疗倒班失调症状有时有效，有时无效；而兴奋剂药物虽然可以改善注意力但不能消除身体疲劳（Kolla & Auger, 2011）。

到目前为止，治疗失调的简单方法还未被科学家发现的一个原因是：生理节律会受到疾病、心理应激、疲劳、兴奋、担忧、药物、饮食不规律和许多其他因素的影响。与此同时，生理节律也是因人而异的。确实存在早起的人（"早起鸟"）和晚睡的人（"夜猫子"）。科学家将人的"时型"称为"早起鸟"和"夜猫子"。尽管早期找到的"时型种类基因"被证实是难以复制的，但是基因对"时型"的影响可能是存在的（Chang et al., 2011；Osland et al., 2011）。此外，你的"时型"可能会随着年龄的增长而发生变化：青少年会比儿童和老人更可能成为"夜猫子"（Biss & Hasher, 2012），这可能就是为什么很多青少年难以适应学校时间表的原因。经过详细的自我观察，你可能了解自己的"时型"，并且在制作自己的日程表时试图利用这些信息。

情绪及长期节律

LO 4.1.B 解释和总结以季节性情绪障碍和经前综合征为例的长期生物节律的证据。

传道书上有这样一句话："世间万物皆有节气，任何事情皆有时间。"现代科学家非常赞同：长的生理周期也是随处可见的，从对牙疼的敏感性到思维速度都会发生着周期性的变化。人们普遍持有这样的看法:我们的情绪会发生相似的周期性变化,尤其会随着季节的更替而受到影响,并且,女性常会受到经期变化的影响。事实果真如此吗?

季节真的会影响情绪吗? 临床医生报告说,很多人会在特殊的季节变得抑郁,尤其是冬天,当白天变短时,有些人便会感到抑郁,一种被人所熟知的现象被称为**季节性情绪障碍**(seasonal affective disorder, SAD)。尽管诊断人员所用的主要诊断手册(American Psychiatric Association, 2013)没有正式地将 SAD 列为明显的障碍之一,但季节性的模式会发生在情绪障碍中。在冬季的那几个月里,这些病人报告感到忧伤,终日昏昏欲睡,并且渴望碳水化合物。那些生物节律错乱的人更可能患有 SAD。其实,他们就像是长期处于时差模式中(Lewy et al. , 2006)。或者他们可能也在分泌褪黑素或者对褪黑素做出反应的方式中存在问题(Wehr et al. , 2001),在冬季,白天的褪黑素水平非常高。

季节性情绪障碍 一种人会季节性地经历抑郁的疾病,通常发生在冬季,在春季情绪会好转。

至少3天,除了睡觉的时候,试着用五点量表每小时记录下你的心理警觉水平:1=极度困倦或精神萎靡;2=有点昏昏欲睡或精神上昏昏欲睡的;3=中度戒备;4=机警高效;5=高度警觉和高效。你的警觉水平是否遵循昼夜节律,每24小时达到高峰和低谷一次?还是遵循一个较短的节律,在白天上升和下降几次?在周末时,你的警觉水平和工作日是否一致?最重要的是,你的时间表与你的警觉性的自然波动吻合吗?

为了减少阴天时日光照射较少的影响,医生和治疗师采用光疗来治疗这些"季节性情绪障碍"患者。在治疗过程中,让患者每天在特定的时间,通常是在早晨,坐在很亮的荧光灯前。在一些情况下,医生也会开一些抗抑郁的药和其他药物。Meta-分析报告指出,当 SAD 患者在醒来后暴露在明亮的光线下或者光逐渐变亮,类似破晓的情况下一小段时间(比如30分钟),他们的症状会减轻(Golden et al. , 2005;Martensson et al. , 2015)。

强光疗法常用于季节性抑郁症的治疗。在这样一盏灯前 30 分钟,可能对一些人有好处。

SAD 可能存在生理基础,但是其机制仍然不能确定。我们也需要记住的是,对于很多患有轻度冬季抑郁的人来说,原因可能是他们讨厌寒冷的天气,身体不活跃,很少出门,或者在寒假期间感到孤独。有趣的是,光疗法甚至帮助了轻度到中度的非季节性抑郁症患者(Perera et al., 2016; Ravindran et al., 2016),但目前还不清楚为什么会这样。

月经周期真的会影响情绪吗? 另一种人体的长期节律——女性每月的月经周期,平均每 28 天发生一次,关于这一节律的影响也有许多争议。在月经周期的前半部分,雌激素分泌水平增加,在雌激素的作用下,子宫内膜迅速增厚,为受孕做好准备。在中期,卵巢排出一颗成熟的卵子。随后,含有卵子的卵巢囊开始分泌黄体酮,使子宫内膜为受精卵的着床做好准备。如果卵子未受精,则雌激素和孕激素水平急剧下降,子宫内膜剥落,月经开始。此后,又开始一轮新的周期。心理学家感兴趣的是,这些生理变化是否像我们所相信的那些民间传说和传统观点所认为的那样,会引起女性情绪或智力的改变?

现在大多数人似乎都这么认为。事实上,直到 20 世纪 70 年代,他们才惊讶地发现,在经期前出现的一系列模糊的身体和情感症状——包括疲劳、头痛、易怒和抑郁才被联系在一起并贴上标签:经前综合征(PMS)(Parlee, 1994)。从那时起,大多数非专业人员、医生和精神病学专家认为,许多女性"遭受"了经前综合征或者更极端、更虚弱的"经前症候群"(PMDD)的折磨。这些事实到底说明了什么?

荷尔蒙确实会影响我们所有人,当然,在某些情况下,荷尔蒙的异常或变化会使男人和女人感到压力大,无精打采、易怒或者"不是他们自己"。此外,很多女性确实有与月经相关的身体症状,包括抽筋、乳房触痛和保水性(water retention)。这些症状自然而然地会让一些女性感到暴躁,就像疼痛或不适会让男性感到暴躁一样。但是像易怒和抑郁这样的情绪症状非常少见,可能会对不到 5% 的处于经期中的女性产生影响

(Brooks - Gunn, 1986; Rumans et al., 2012)。

那么为什么有那么多女性报告有经前综合征(PMS)？一种可能是,当这些情绪碰巧在月经到来之前出现时,她们往往会注意到抑郁或易怒的感觉,而忽略了月经来临之前没有这种情绪的时候。或者她们会把在月经前出现的症状称为经前症候群("我急躁易怒,我一定是月经来了"),并把本月其他时间发生的同样的症状归因于外部事件("怪不得我易怒和暴躁,我真的很努力地写英文文章却得到了 C ")。女性对自己情绪起伏的感知和回忆也会受到有关月经的文化态度的影响。然而,大多数临床医生诊断经前症候群的依据是女性的回顾性报告,而且一些研究使用了"月经窘迫问卷"之类的令人沮丧的问卷标题,进而引发了这种偏见。

为了回答上述问题,一些心理学家对一些女性的心理和身体健康状况进行了调查,但没有透露研究的真正目的(如 Chrisler, 2000; Hardie, 1997; van Tilberg, Becht, & Vingerhoets, 2003)。调查采用的是双盲技术,研究者要求这些女性报告每一天的身体及心理状态,随后再让她们回顾这一天处在月经周期的哪一阶段;或者研究者让一些女性每天做记录,这样坚持很长一段时间。一些研究也包括控制组,采用的被试是多数荷尔蒙和情绪相关研究不会采用的男性被试。

在其中一项研究中,研究者要求 70 天内男性和女性每天对自己的情绪进行评估,使被试认为这就是一项关于情绪与健康的调查(Mc Farlane, Martin, & Williams, 1988)。70 天后,这些女性回忆起她们每周的一般情绪状态和平均月经周期。在她们每天的报告中,女性在经期内的心情要好于其他时间(似乎我们多数人都认为周一是痛苦的)。此外,男性和女性被试报告的情绪症状和他们在每个月的时间里所感到的情绪波动没有性别差异,如图 4.1 所示。但在他们的回顾性报告中,女性们通常认为自己的情绪在

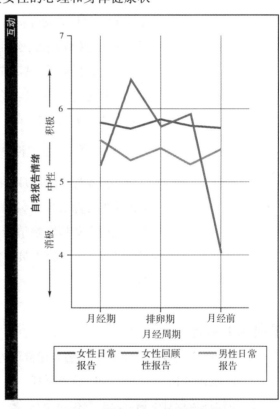

图 4.1 男人和女人的情绪变化

在一项对经前综合征的普遍刻板印象的研究中,男女学生在不知道研究目的的情况下,连续 70 天每天记录他们的情绪变化。在研究结束时,这些女性回忆说,她们在月经到来之前的情绪比这个月的其他时间更消极(绿色线),但她们每天的日记却显示出相反的情况(蓝色线)。男性和女性在每个月的任何时候都只经历了适度的情绪变化,而女性和男性之间没有显著的差异(McFarlane, Martin, & wilhams, 1988)。

经期前和经期中出现的愤怒、易怒和抑郁要比她们在日记中报告的要多,这表明她们的回顾性报告受到了她们的期望以及相信 PMS 是一系列反复出现的症状的观念的影响。

其他调查显示,大多数女性并没有典型的 PMS 症状即便她们坚信有(Hardie,1997;McFarlane & Williams,1994;van Tilburg,Becht,& Vingerhoets,2003),但真正重要的问题是处于月经周期内的女人是否影响她们的工作、思考、学习、做脑部手术、竞选公职或做生意的能力。在实验室里,女性在排卵前后,雌激素水平很高时,她们在诸如快速背诵单词或手动分类物体等任务上表现得更好(如 Saucier & Kimura,1998)。但月经周期的阶段与工作效率、问题解决、成绩、创造力或其他实际生活中的行为无关(Earl-Novell & Jessop,2005;Golub,1992;Richardson,1992)。在工作中,男性和女性报告的压力程度、幸福感和完成工作的能力都很相近——无论女性是处于经前、月经期间还是非经期期间(Hardie,1997)。

总之,身体只提供了症状和感觉的细节。习得与文化却会告诉我们哪些症状是重要的,或者是值得担心的,哪些是不重要的。不论男女,与生理节律有关的变化都取决于我们的主观解释。

日志 4.1　批判性思考——检验证据

许多女性说她们月经前会变得更烦躁或抑郁,经前综合征药物在药店的货架上随处可以买到。但是关于经前综合征的证据是什么呢？态度和期望会如何影响情绪症状的报告呢？当女性在不知道是在研究月经的情况下向研究人员报告她们的日常情绪和感受时,会出现什么样的结果？

模块 4.1 测验

1. 大约每 24 小时发生一次的生物节律被称为(　　)。
   A. 夜间变化　　　B. 昼夜循环　　　C. 生理节律　　　D. 同步节律
2. 生物钟运行对生物节律的调控会受到(　　)荷尔蒙的影响。
   A. 褪黑素　　　B. 雌激素　　　C. 5-羟色胺　　　D. 睾丸素
3. 产生时差的原因是(　　)。
   A. 变时性的变化　　　　　　　B. 内部失调
   C. 超染色体的退化　　　　　　D. 增量俯冲
4. 研究者对季节性情绪失调症(SAD)了解多少？(　　)
   A. 尽管光疗法有助于减轻症状,但可能导致 SAD 发生的生物力学机制尚不确定。

B. SAD 是一种文化产物,因为没有可靠的证据证实人类受到 SAD 的影响,但光治疗能够有效缓解 SAD。

C. 治疗这种紊乱的 SAD 的方式是独特的,表明 SAD 的这个症状和生物学基础与其他抑郁症状是不同的。

D. 光疗法能有效缓解 SAD 症状,因为它会使下丘脑所产生的孕酮水平下降。

5. 与内分泌失调有关的神经系统症状,如肾功能不全和抑郁,有大约(   )%的女性会受到影响.

A. 50　　　　　　B. 15　　　　　　C. 25　　　　　　D. 5

4.2　睡眠节律

在我们所有的生理反应中,睡眠的节律中睡眠和觉醒的节奏是最让人困惑的。毕竟,睡眠会让我们处于危险之中:通常对危险做出反应的肌肉会放松,各种感官也会变得迟钝。正如近代的英国心理学家克里斯多佛·埃文斯(Christopher Evans,1984)曾经说过:按照正常的思维来看,睡眠中的行为模式是怪诞的、疯狂的和不可理喻的。那么人们又为什么离不开睡眠呢?

睡眠节律

LO 4.2.A　描述和解释睡眠四个阶段的节律特征。

当你躺在床上准备睡觉时,闭上眼睛,放松时,你的大脑会发出阵阵阿尔法波。在脑电图(EEG)记录中,与清醒状态下的脑电波相比,阿尔法脑电波的节奏较慢(每秒的周期较短),而振幅(高度)较高。渐渐地,这些波会变得更慢,你会进入梦乡,经历三个阶段,每个阶段都比前一个阶段更深入。

- 阶段 1:你的脑电波会变得更小,更不规则,同时会感觉到自己游离在意识的边缘,处于浅睡眠阶段。如果你此时惊醒,可能会回忆起某些幻象或一些视觉图像。
- 阶段 2:你的大脑会发射出一种短暂爆发的

高频波幅,被称为"睡眠纺锤波"的脑电波。此刻的你很难被轻微的噪声唤醒。声音较小的噪声可能不会把你吵醒。

- 阶段3:你的大脑会发出δ波,波峰非常高但很慢,在这个阶段的个体处于深度睡眠状态。呼吸和脉搏减慢,肌肉也会受到影响,需要剧烈的震动或噪声才有可能唤醒睡眠者。然而,奇怪的是,如果你在睡梦中走路,这时你很可能在现实中也会这样做。没有人知道是什么导致了梦游,与成年人相比,这种现象出现在儿童中比较多,但这似乎与不同寻常的三角波活动模式有关(Zadra et al., 2013)。

这一系列的阶段大约需要 30 到 45 分钟。然后你从第三阶段到第二阶段再到第一阶段,在那个阶段,大约在睡眠开始 70 到 90 分钟后,发生了一些奇怪的事情。阶段 1 并不像人们所预料的那样进入昏昏欲睡的觉醒状态。相反,你的大脑开始发出非常长的、非常迅速的、有点不规则的波。你的心跳加快,血压上升,你的呼吸变得越来越快,越来越不规则。在你的脸上和手指上会出现一些微小的抽搐现象。

在男性中,随着血管组织的放松,以及血液更快地充满生殖器区域,阴茎可能会变得有些勃起。在女性中,阴蒂可能会扩大,阴道扩张。与此同时,大多数骨骼肌变得软弱无力,阻止被唤醒的大脑产生身体运动。你的眼睛在眼皮底下快速地来回移动,这时,你可能处于做梦状态。此刻,你进入了**快速眼动(REM)睡眠阶段**。快速眼动持续几分钟到 1 个小时不等,平均为 20 分钟。每当快速眼动睡眠开始时,睡眠者大脑的电活动模式就会发生变化,变得与清醒时类似。参见"睡眠阶段"的视频,了解与非快速眼动(non-REM)睡眠和快速眼动(REM)睡眠相关的脑电波模式。

快速眼动(REM)睡眠阶段 以眼球运动、肌肉松弛和生动梦境为特征的睡眠时期。

由于此时大脑非常活跃,而身体完全僵化,快速眼动睡眠也被称为"矛盾睡眠",正是在这一时期,最有可能产生一些生动的梦境。当人们

从非快速眼动睡眠中醒来时,也会报告梦境。一项研究指出,睡眠者从快速眼动睡眠中醒来,有82%的概率处于做梦状态,但在非快速眼动睡眠中醒来时,也有51%的概率处于做梦状态(Foulkes,1962)。然而,除了一个人在早上醒来前的1小时左右的睡眠之外,非快速眼动时期的梦往往比快速眼动时期的梦更短,没有那么生动,但更加真实。

偶尔,当睡眠者醒来时,会出现一种奇怪的现象。当他从快速眼动睡眠中醒来时,肌肉麻痹的症状还没有完全消失,他会意识到自己无法活动,大约30%的普通人至少有过一次这样的经历。此外,大约有5%的人在这个阶段经历过"醒着的梦",他们的眼睛是睁开的,但他们"看到"的却是梦境般的幻觉,多是一些模糊的图像。他们甚至可能"看到"一个幽灵或外星人坐在他们的床上或在走廊上盘旋,如果这是午夜噩梦的一部分,他们会认为这样的可怕画面是完全正常的。而不是说,"啊!多么有趣啊!我正在做一个清醒的梦。"有些人会逐字逐句地讲述这一经历,他们开始相信自己曾经被外星人造访过,或者曾看到过幽灵出没(Clancy,2005;McNally,2003)。

因为猫80%的时间都在睡觉,所以很容易就可以捕捉到它们不同的睡眠阶段。在非快速眼动睡眠中(左图),猫保持直立,但在快速眼动阶段(右图),它的肌肉变得软弱无力,它会侧身跌倒。

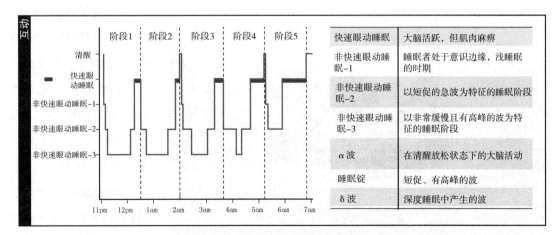

快速眼动睡眠	大脑活跃,但肌肉麻痹
非快速眼动睡眠-1	睡眠者处于意识边缘,浅睡眠的时期
非快速眼动睡眠-2	以短促的急波为特征的睡眠阶段
非快速眼动睡眠-3	以非常缓慢且有高峰的波为特征的睡眠阶段
α波	在清醒放松状态下的大脑活动
睡眠锭	短促、有高峰的波
δ波	深度睡眠中产生的波

图4.2 青年人的典型夜间睡眠

在这张图中,水平红色线条表示在快速眼动睡眠中花费的时间。随着时间的推移,睡眠时间会延长,但在非快速眼动睡眠中占主导地位的第三阶段,可能会随着早晨的到来而消失。

快速眼动睡眠和非快速眼动睡眠在整个晚上交替进行。随着时间的推移,第三阶段往往变得更短,甚至消失,而快速眼动阶段往往变得更长,与非快速眼动睡眠时间更接近(见图4.2)。这种模式可以解释为什么在早上闹钟响的时候,你很可能在做梦。但这种周期远非常态。一个人可能会从第三阶段直接反弹到第二阶段,或者从快速眼动到第二阶段,然后又回到快速眼动。此外,快速眼动和非快速眼动之间的时间是可变的,因人而异的,而且也存在于任何特定的个体中。

如果你在人们每次进入快速眼动睡眠时叫醒他们,就不会发生任何戏剧性的事情。然而,当不再叫醒他们时,他们会比平时经历更长时间的快速眼动阶段,而且很难被唤醒。与快速眼动有关的脑电活动可能会突然进入非快速眼动睡眠,甚至进入清醒状态,就好像这个人正在弥补他或她被剥夺的某些东西。一些研究人员认为,这种"东西"与做梦有关,但这种想法存在问题。一方面,在极少数情况下,脑损伤患者已经失去了做梦的能力,但他们仍然表现出正常的睡眠阶段,包括快速眼动(Bischof & Bassetti, 2004)。此外,几乎所有哺乳动物都经历过快速眼动睡眠,但有许多理论家怀疑老鼠或鼹鼠是否具备构建我们所认为的梦所需的认知能力。快速眼动显然很重要,但肯定不是因为做梦,正如下文我们将看到的。

为什么我们要睡眠?

LO 4.2.B 列出睡眠不足的心理后果和良好睡眠的心理收益。

这辆卡车的司机显然是在开车时睡着了,导致发生车祸。由于驾驶员疲劳驾驶,每年发生数千起严重的甚至致命的机动车事故。

一般来说,睡眠似乎提供了一段休息时间,这样身体可以消除肌肉和大脑产生的废物,修复细胞,保存或恢复能量储存,增强免疫系统,恢复白天失去的能力(Xie et al., 2013)。当我们没有足够的睡眠时,我们的身体运转失常。正常肌肉发育和免疫系统功能所必需的激素水平下降(Leproult, Van Reeth, et al.,

1997)。

睡眠不足的心理后果。睡眠对于正常的心理功能也是必要的。长期睡眠不足会增加应激激素皮质醇的水平,这可能会损伤或损害学习和记忆所需的脑细胞(Minkel et al., 2014)。此外,新的脑细胞可能无法发育或不正常地成熟(Guzman-Marin et al., 2005)。也许一部分就是因为这种损伤,哪怕只有一个晚上没有睡眠活动,大脑的灵活性、注意力和创造力都会受到影响。经过连续几天的保持清醒,人们甚至可能开始有幻觉和妄想(Dement, 1978)。

当然,睡眠不足很少会达到这个程度,但人们确实经常会经历更轻微的睡眠问题。据美国国家睡眠基金会(National Sleep Foundation)的报告,约10%的成年人在入睡或保持睡眠方面存在困难。他们失眠的原因包括焦虑、心理问题、身体问题,如关节炎,以及不规律或要求过高的工作和学习安排。此外,许多药物会干扰睡眠阶段的正常进程——不仅是那些含有咖啡因的药物,还有酒精和一些镇静剂。结果导致食用者第二天状态昏昏沉沉,昏昏欲睡。

白天嗜睡的另一个原因是**睡眠窒息(sleep apnea)**,一种周期性地停止呼吸几分钟,导致人窒息和喘息的疾病。呼吸可能会在一个晚上停止数百次,通常是在患者不知情的情况下。睡眠呼吸暂停常见于男性和超重人群,也见于其他人群。出现这种状况有几个原因,从气道堵塞到大脑无法正确控制呼吸。随着时间的推移,它会导致高血压和不规则心跳(Tobaldini et al.,2017),甚至可能会慢慢侵蚀一个人的健康,并提高死亡率(Cappuccio et al., 2010; Young et al., 2008)。

嗜睡症是一种常见于青少年时期的疾病,患者在白天容易产生难以抗拒的、无法预测的睡意,这种睡意会持续5到30分钟。其原因尚不清楚,但这种疾病与一种特定的大脑蛋白的减少有关,这可能是由自身免疫问题、病毒感染或基因异常引起的(Baumann et al., 2014; Komum, Faraco, & Mignot, 2011; Mieda et al., 2004)。当一个人进入睡眠状态时,他或她很可能马上进入快速眼动阶段。有些嗜睡症患者会出现一种不寻常的症状,叫作"猝倒"(cataplexy),这种症状会导致REM睡眠瘫痪,尽管他们处于清醒状态,但有可能会突然倒在地上。猝倒通常是由兴奋的大笑引起的,但有时也可能是由讲个笑话甚至是高潮引起的(Overeem et al., 2011)。你可以通过观看"睡眠障碍"的视频了解更多有关情况。

睡眠窒息 一种睡眠时呼吸短暂停止的疾病,使人呼吸十分困难,并暂时醒来。

嗜睡症 白天突然且不可预测地进入睡眠状态或进入快速眼动睡眠的一种睡眠障碍疾病。

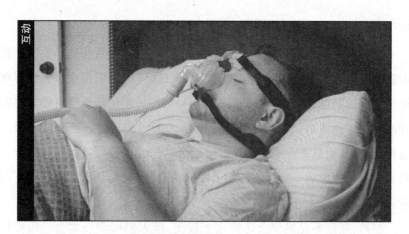

快速眼动行为障碍 一种障碍,通常发生在快速眼动睡眠期间的肌肉麻痹消失或部分消失,睡眠者能够把他或她的梦表现出来。

其他疾病也会扰乱睡眠,其中包括一些可引发异常或危险行为的障碍。在**快速眼动行为障碍**中,伴随快速眼动睡眠的肌肉麻痹不会发生,睡眠者(通常是年龄较大的男性)变得活跃起来,经常在没有意识到自己在做什么的情况下做着梦(Randall, 2012; Schenck & Mahowald, 2002)。如果他梦到足球,他会试图抓住一个家具;如果他梦见一只小猫,他可能会试着抚摸它。其他人可能认为这种紊乱很有趣,但它不是玩笑;患者可能会伤害自己或他人,日后患帕金森病和痴呆的风险也会增加(Mariotti et al., 2015)。

然而,白天困倦常见的原因中最明显的一个:睡眠不足。有些人在相对较短的睡眠时间下就能有很好的状态,但大多数成年人需要超过 6 个小时才能达到最佳状态,许多青少年需要 10 个小时。在美国,每年有 10 万起交通事故与瞌睡有关。睡眠不足还会导致工作场所的事故和失误,例如,在医生的工作中就会出现这种情况。虽然联邦法律限制了航空公司飞行员、卡车司机和核电站操作员的工作时间,但在许多州,医疗工作者仍然经常 24—30 小时轮班工作(Landrigan et al., 2008)。正如我们上面提到的,睡眠不足也与学生的警觉性和成绩下降有关。1997 年,明尼阿波利斯的一所高中将上课时间从早上 7:20 改为 8:30。老师们惊奇地发现学生们反应速度快,而且根据他们的父母的说法——"更容易相处"(Wahlstrom, 2010)。上课时间推迟,使得儿童和青少年有更多的睡眠时间,情绪更好,课堂注意力更集中,青少年司机的汽车事故更少(Fallone et al., 2005; Vorona et al., 2011)。

睡眠对心理的好处。正如嗜睡会干扰心理活动一样,良好的睡眠也会促进心理活动,而这不仅仅是因为你休息得很好。在近一个世纪前进行的一项经典研究中,在学习了一长串无意义音节后睡了 8 个小时的学生比那些在学习完这些音节后继续正常学习的学生记忆力更好(Jenkins

& Dallenbach, 1924）。多年来，研究人员将这一结果归因于睡眠时大脑没有存入新的信息——新的信息可能会干扰已经建立的记忆。而当代大多数人认为睡眠是**巩固**记忆的关键环节，在此期间，与最近储存的记忆相关的突触变化变得持久和稳定。

巩固 使记忆变得持久和稳定的过程。

有一种理论认为，当我们睡觉时，在最初经历中被激活的神经元重新得到激活，促进记忆从海马状突起的临时存储转移到皮层的长期存储，从而使这些变化更持久（Born & Willhelm, 2012）。在睡眠中，巩固的记忆似乎是未来我们可能需要的重要信息。当研究人员让人们获得新的信息，然后让他们睡觉时，那些在睡觉前被告知他们稍后将参加记忆测试的人比那些不知道即将要测试的人做得更好（Wilhelm et al., 2011）。睡眠似乎加强了许多种记忆，包括对事件、事实和情感经历的回忆，尤其是负面经历（见图4.3）。

记忆巩固与非快速眼动睡眠第三阶段的神经活动的慢波相关。在一项研究中，科学家指导被试完成一场记忆游戏（被试对几种配对卡片的位置进行记忆）的同时释放玫瑰的气味。之后，将被试随机分为慢波睡眠组（slow-wave sleep）、REM 组或者清醒组，并且再次散发相同的玫瑰气味。结果发现，相比于其他两组被试，在慢波阶段散发气味会提高被试对卡片的记忆（Rasch et al., 2007）。但是 REM 确实与学习提高以及记忆增强有关（Mednick et al., 2011）。当人类或者动物习得了一项知觉任务时，然后要求他们睡一觉，其中包括正常的快速眼动睡觉，第二天他们的任务记忆成绩更好了，即使是要求他们在非快速动眼阶段不睡觉，结果依然如此，但如果剥夺了其快速眼动睡眠，记忆能力会大大受损（Karni et al., 1994）。因此，睡眠时期的所有阶段对记忆的巩固似乎都会发挥很重要的作用，研究者们也正在努力考察各个阶段的重要性（Born & Wilhelm, 2012）。了解更多关于睡眠剥夺对认知功能的影响，请

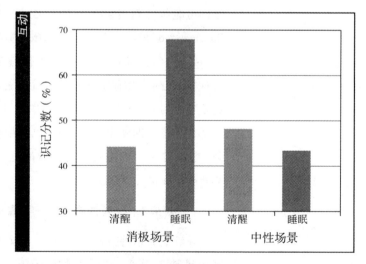

图4.3 睡眠与记忆巩固

当大学生们研究情绪中性场景（例如一辆普通的汽车）和情绪消极场景（例如，一辆汽车在事故中报废）时，睡眠影响了他们后来对场景中物体的识别能力。在晚上学习这些场景并在测试前睡了一晚的学生，比那些在早上学习场景的人且白天清醒12小时后接受测试的学生在识别情绪图片上成绩更好（Payne et al., 2008）。

观看视频"睡眠、记忆和学习"。

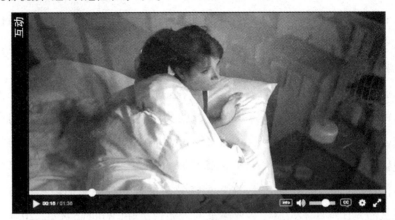

如果睡眠能促进记忆,或许也可以提高问题解决的能力,因为问题解决依赖于信息存储。为了一探究竟,德国研究人员要求志愿者做一套数学测试,使用两种数学算法算出一系列数字,最终消去最后一位小数,越快越好。研究人员会告知志愿者有一个窍门可以直接得出结果。一组被试在晚上做了相关训练,然后睡了8小时再测试,而另一组晚间训练,不同的是在随后的8小时中是保持清醒的,之后同时测试,第三组在早上训练,同样保持8小时清醒后测试。结果发现,第一组,也就是有8小时睡眠的那组发现窍门的概率是另外两组的3倍(Wagner et al., 2004)。

总之,睡眠对人类记忆能力和问题解决能力有影响。潜在的生物学基础可能包含新突触连接的形成,已经不再需要的突触脱落(Donlea, Ramanan, & Shaw, 2009; Gilestro, Tononi, & Cirelli, 2009; Michel & Lyons, 2014)。换句话说,睡眠不仅有助于记忆增强,也有助于遗忘,只有这样,大脑才会有空间和能力用于新的学习。当你再次想熬夜时,请记住那个时刻,其实也正如我们本章开放性问题所表明的那样,大部分人都会熬夜。即使小憩一会儿,也会帮助个体提升心理功能并且提高用新方法将学习过的内容进行整合的能力(Lau, Alger, & Fishbein, 2011; Medinick et al., 2002)。

日志 4.2　批判性思考——考虑其他解释

从睡着到清醒的状态之间,一些人认为他们在自己卧室见过鬼魂或者访问者,这确实是一次可怕的经历。有其他可能的解释吗?

模块 4.2 测验

1. 短期快速爆发且高幅脑波(睡眠纺锤波)出现在睡眠(　　)阶段。

  A. 阶段 3　　　　　B. 阶段 2　　　　　C. 阶段 1　　　　　D. REM

2. 在晚间睡眠时期,在什么时期 REM 阶段会变长并且会频繁发生?(　　)

　　A. 在睡眠周期的开始阶段,当人刚开始睡眠时。

　　B. 发生在阶段 1 和阶段 2 之间的"催眠间隙"阶段。

　　C. 发生在睡眠周期的中间阶段,大致在第一次入睡和清醒的中间时期。

　　D. 随着夜晚推进,个人睡眠时间更长的时候。

3. 兰正在和朋友享受美好的时光,他们互相说笑。突然间,他倒在了沙发上并且很快入睡进入了 REM 阶段。兰的朋友习以为常,因为他们都知道他得了一种睡眠失调的疾病。兰最有可能患的疾病是(　　)。

　　A. 睡眠呼吸暂停　　　　　　　　B. 嗜睡症

　　C. REM 行为失调症　　　　　　　D. 失眠症

4. 造成白天嗜睡症最普遍的原因是(　　)。

　　A. 嗜睡发作　　　　　　　　　　B. 没有充足的睡眠

　　C. REM 受损　　　　　　　　　　D. 睡眠呼吸暂停

5. 研究认为睡眠的一个重要功能是它有助于记忆在大脑电路中持久稳定的加工。这一过程叫作(　　)。

　　A. 激活　　　B. 清醒梦　　　C. 改善　　　D. 巩固

4.3 探索梦境

每种文化都有关于对梦境的观点。在一些文化中,人们认为,梦境发生时的个体,身体和灵魂处于分离状态,并且他们可以探索世界或者与上帝对话。然而,另一些文化则认为,梦境反映了未来。根据动画片《灰姑娘》所示,梦境是个体心有所想的反映。那么心理学家会如何解释梦境呢?

许多年来,研究者们认为每个人都会做梦,即使有一些个体声称自己从未经历过梦境,但若在他们经历 REM 阶段被叫醒之后,确实会报告在做梦。然而,正如之前提到过的,确实存在极少部分的个体几乎不会做梦(Pagel,2003;Solms,1997),这些人中的大部分个体都受过脑部创伤。在接下来的这一部分,我们会探讨梦境,并且解释人类为什么会做梦。

探讨梦境

LO 4.3.A　讨论我们为什么会做梦。

在梦的世界里,注意的焦点是内向的,有时某种外部事件,如呼啸的警笛,也会影响梦的内容。梦有时生动鲜活,有时模糊不清,有时令人感到恐惧,有时又异常平和。有时当你醒来后,会感受到梦带给你的良好

明晰的梦 做梦者知道自己正在做梦的状态。

感觉。而你回忆起梦时，它总是不合乎逻辑，怪诞并且缺乏连续感。尽管我们大多数人在梦中感受不到自己的躯体，或者不知自己身在何处，有些人却报告自己能够产生**明晰的梦**（lucid dreams）。在这种状态下，他们知道自己在做梦，并且感觉自己是有意识的（LaBerge，2014）。更有少数人宣称自己能够控制这些梦中发生的各种活动，正如一位作家能够决定电影的剧情，尽管这种能力不常见。

那么梦中的各种形象到底是如何产生的呢？为什么大脑不安静地休息，停止所有思考，关闭所有的画面，而使我们进入一种昏迷的状态呢？为什么我们在梦境中可以重新经历一次古老的爱情故事，在天空中飞翔，没有穿衣服出现在学校，或者从危险的陌生人/动物手中逃脱？

人们目前接受的最普遍的观点还是来自精神分析学派弗洛伊德的观点（1900/1953）。弗洛伊德认为，人们能够在梦中表达无意识愿望和欲望，而这些冲动通常具有性和暴力的色彩。在梦境中的所见所想都经过了符号伪装，以便使得它们具有较少的威胁性。比如你的爸爸会变成你的兄弟，阴茎可能会伪装为一条蛇、雪茄等，隧道或洞穴可能表示阴道。

目前大部分心理学家认为，梦境不仅是思维上的不连贯，而且也能反映出一定的心理意义。但是他们同样认为精神分析学的解释似乎不着边际。在解释梦境中存在的无意识意义时，并没有一些可靠的准则，也没有客观的方法评价对梦境的解析是否正确。然而，弗洛伊德警告我们，不要轻率地对这些符号进行解释。每一个梦都需要以做梦者的现实生活为背景来进行分析，同时个体对梦中内容的联想也是一个重要线索。此外，弗洛伊德还强调，并不是所有出现在梦中的物体都是符号，有时"香烟仅仅是香烟而已"。接下来讨论一下为什么会做梦。

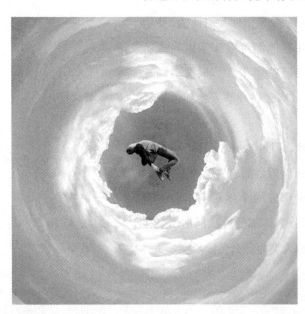

人们的梦中会出现一些共同的主题。比如，一项关于加拿大大学生的研究调查表明，梦中最经常出现的主题包括：（1）被追赶；（2）性经历；（3）跌落；（4）学习或者考试；（5）迟到了（Nielsen et al., 2003）。

梦境有助于问题解决 一种解释梦境的模型认为，梦境反映了对清醒生活中持续的意识集中，如果白天考虑过有关工作、性、健康或亲友的一些问题，那么晚上往往会梦到类似的事情（Cartwright，1977；Hall，1953a，1953b）。依照这种观点，在梦境中的符号和象征并未掩盖掉梦境真实的含义,它们只是含义的载体。心理学家戈尔·德莱尼(Gayle Delaney)是这样为一个妇女解梦的:梦中,这位女性在水下游泳,8岁的儿子伏在她背上,儿子的头是露出水面的。她的丈夫要给他们拍照,但是由于某些原因,他迟迟没有行动,而她已经感到就快要被淹死了。德莱尼认为,梦的意义非常明确:照顾孩子的责任已经快要使这位妇女窒息了,而她的丈夫则一点儿也不负责任(Dolnick,1990)。

　　有证据表明,梦的内容往往与个体在现实生活中所考虑的事情有关(Domhoff,1996)。例如,对于大学生来说,由于他们经常为考试和分数问题感到焦虑,所以就经常会做一些有关考试的梦:梦中的个体对考试没有做充分的准备,不能完成试卷,走错考场,或者找不到考场。创伤经历也会影响梦。在一个跨文化的研究中,在一周的时间里持续记录儿童被试梦境的内容,相对于生活在和平地区的巴勒斯坦儿童而言,生活在常常受到邻国的暴力威胁的巴勒斯坦地区的儿童,报告的梦境中会出现更多有关迫害和暴力的内容(Punamaeki & Joustie,1998)。

　　有些心理学家认为,梦不仅反映我们在日常生活中所考虑的事情,也会为解决这些问题提供帮助。罗莎琳·卡特赖特(Rosalind CaRtwright,2010)指出,在那些经历离异痛苦的人当中,一种特殊形式的梦与这些当事人从痛苦中恢复过来有很大关联:夜晚的第一个梦比平常开始得早,并且通常会持续更长的时间,梦中的情节更具情绪色彩并且更富有故事性。当夜晚来临时,抑郁症患者的梦倾向于具有较少负面内容和较多的正面内容,这种模式也预示着他们康复了(Cartwright et al.,1998)。而研究人员这样推论:从一场危机或生命中的一段困难时期恢复过来需要"时间、好朋友、良好的遗传素质、幸运和一系列好梦"。

　　梦是思考　与问题导向理论一样,认知视角强调睡眠中出现的日常生活会考虑的事情,但不强调可为解决这些问题提供帮助。从这种观点看来,梦仅仅是日常生活中一直持续着的认知活动的变体。在梦里,我们构建了一个现实世界的合理的复制品,我们利用了同样的记忆、知识、比喻和假设(Antrobus,1991,2000;Foulkes & Domhoff,2014)。因此梦的内容包括的想法、概念和场景与我们日常关注的问题可能有关,也可能无关。我们更多地会梦到自己的家人、朋友、学业、工作或者兴趣爱好,这些在白天占据着我们大脑的话题。

　　从认知视角来看,大脑在梦中做了和人们清醒时一样的工作。确实,涉及感知觉加工和认知加工的一些脑区活动在清醒时与做梦时没有区别。差别在于我们睡觉时,会切断来自外界的感觉反馈以及我们肢体运动的反馈。唯一的输入就是它本身的输出。这就是为什么相对于清醒时,我们梦中的思维总是那么分散,当然白日梦除外。处于睡眠状态和空想状态的大脑模式是一样的,这表明这两种形式的梦可能是模拟我们认为(或恐惧)将来可能发生的事件的机制(Domhoff, 2011)。

该观点预测如果一个人清醒时,完全地切断了外部的刺激,其心理活动会与做梦时特别相似,会有同样的幻觉感。认知视角还认为童年时一个人的认知能力和脑通路成熟后,梦在性质上会有所转变。从成人的视角看来蹒跚学步的幼儿根本不会做梦,他们的认知能力有限,还不能有效地转述一件事,必须到七八岁才可以(Foulkes, 1999)。他们做梦的频率不高,而且是静止的、单调的,一般都是日常的事情(如我看到一只狗,我正坐着)。等他们长大,梦就会逐渐变得复杂和生动。

梦是大脑的活动 对梦的第三种解释是**激活—整合理论**(activation-synthesis theory),侧重于从生理的角度提供说明。该理论不会解释当面临考试时,为什么会梦到这场考试,但是会解释,为何你会梦到一只猫变成一只犀牛,并且在一个摇滚乐队里玩着铃铛。这种解释最早由艾伦·霍布森(J. Allan Hobson, 1988, 1990)提出,梦并不是莎士比亚描述的"大脑空闲时的产物"。梦是位于大脑深处的结构——桥脑——在快速眼动睡眠阶段由于神经元自发放电而形成的产物。这些神经元控制眼动、凝视方向、平衡和姿势,并且向在觉醒时负责视觉加工和随意运动的感觉皮层、运动皮层发出信息。

根据激活—整合理论,来自桥脑的信号本身并没有心理意义。但是大脑皮层试图根据已有的知识和记忆整合这些信息,使它们变得有意义,从而得出比较连贯的解释。在个体清醒时,大脑就是这样整合来自感觉器官的各种信号的。事实上,大脑某个区域能够对另一区域的活动做出解释这一观点与大脑工作原理的许多现代理论是一致的。例如,大脑中有一部分脑区负责平衡功能,当这一脑区的神经元放电时,大脑皮层可能就会产生一个关于坠落的梦。如果接收到另一种信号,而这种信号通常会使人做出奔跑的反应,大脑皮层可能会形成一个关于被追捕的梦。由于桥脑发出的信号具有随机性,皮层对这些信号的解释——也就是梦——很有可能是不连贯的、混乱的。由于负责新记忆内容的初级存储皮层神经元在睡梦过程中处于关闭状态,所以除非我们醒来后立即写

> **激活—整合理论** 这种理论认为,梦是大脑皮层试图整合并且解释由大脑底部活动引起的神经信号而产生的。

下这些梦或讲给别人听,否则通常会忘掉这些梦。

霍布森提出这一早期理论之后,他和他的同事又对这一理论增加了一些细节,并进行修正(Hobson et al.,2011;Tranquillo,2014)。他们认为脑干能够引起大脑感情区、视觉区的反应。同时,大脑皮层上负责逻辑思维和感觉外部刺激的区域也处于去活跃状态。这些变化可以解释为什么梦中的内容总是情绪色彩浓厚,类似于幻觉并且缺乏逻辑性。霍布森(1988)认为:"大脑力求为接收到的任何刺激赋予意义,当它所处理的信息本身只有很少意义或没有意义时,它也会对这些事件赋予意义,甚至有时主动创造意义。"总的来说,欲望不会创造梦境,但大脑会。

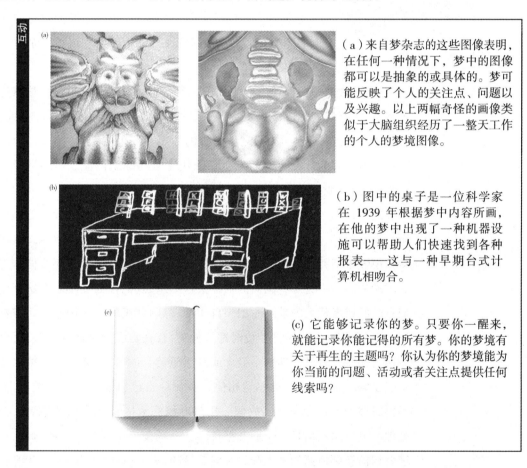

(a)来自梦杂志的这些图像表明,在任何一种情况下,梦中的图像都可以是抽象的或具体的。梦可能反映了个人的关注点、问题以及兴趣。以上两幅奇怪的画像类似于大脑组织经历了一整天工作的个人的梦境图像。

(b)图中的桌子是一位科学家在1939年根据梦中内容所画,在他的梦中出现了一种机器设施可以帮助人们快速找到各种报表——这与一种早期台式计算机相吻合。

(c)它能够记录你的梦。只要你一醒来,就能记录你能记得的所有梦。你的梦境有关于再生的主题吗?你认为你的梦境能为你当前的问题、活动或者关注点提供任何线索吗?

对各种理论的评价

LO 4.3.B 总结每个关于梦的理论的优缺点。

前面介绍了三种关于梦的理论,那么我们应该如何评价这三种理论呢?这三个理论分别解释了梦的某些现象,但是每种理论都有其缺陷。

梦有解决问题的能力吗?的确,有一些梦是以生活中担心和忧虑的

梦的激活——整合理论

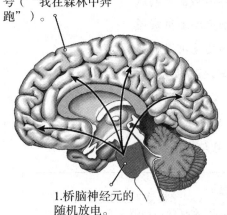

2.大脑皮层整合信号，并且试图解释这些信号（"我在森林中奔跑"）。

1.桥脑神经元的随机放电。

事件为焦点的,但对此提出质疑的人认为,人们事实上是在看起来像睡着了的时候解决问题或心理冲突的,而他实际上并不是在睡眠状态中（Blagrove, 1996; Squier & Domhoff, 1998）。对此观点持怀疑态度的人认为,梦仅仅表达了我们所面临的问题。解决问题的真知灼见是在醒来后,并且有机会仔细考虑自己面临的困扰,才可能获得。

认知视角是一个相对较新的趋势,所以它的一些观点还有待神经学和认知科学的验证。但目前,由于它整合了其他理论的一些精华,并契合我们对觉醒认知和认知发展方面知识的了解,因此它成了这个时代主流的竞争者。

最后,激活—整合理论也受到了一些批评（Domhoff, 2003）。按照这个理论,所有的梦都应该是支离破碎、荒诞不经的,但事实上并非如此。有些梦会讲述一个连贯的、充满幻想的故事。此外,激活—整合理论没有很好地解释为什么有些梦发生在非快速眼动睡眠阶段。一些神经心理学家强调,梦的产生涉及不同的大脑机制。

或许在不久的将来,我们会发现不同类型的梦具有不同的功能和根源。根据经验,我们都知道有些梦似乎与日常生活中的问题有关,有些梦是模糊不清并且缺乏连续性的,当我们感到忧虑或抑郁时还会做一些焦虑的梦。但不管那些画面的根源来自哪里,我们都需要小心地解释我们自己的或者他人的梦。一项来自印度、韩国和美国三个国家的研究数据发现,人们在解释自己梦境时都有偏见,存在自我服务倾向,他们更愿意接受那些与自己先前脑中概念或者愿望契合的解释,而会过滤掉那些不想要的。例如,他们更愿意相信上帝命令自己放假一年周游世界,而不愿解释为上帝命令自己放假一年到麻风病人隔离区去做志愿者。并且他们更愿意相信是一位朋友把自己从一场袭击中拯救出来的解释,不愿意相信抓到他们的爱人和那位朋友接吻（Morewedge & Norton, 2009）。我们这些带有偏见的释梦也许只会透露出更多的关于我们自己的信息,而不是真实的梦境。

日志4.3 批判性思考—— 容忍的不确定性

有许多基于梦境解释的研究,甚至有许多伪科学。但是到目前为止,我们仍然无法确切地明白梦的功能和含义。所有的梦都有隐藏的寓意吗?所有的梦与我们清醒时的想法不同吗?是什么让这个话题特别难以研究,你会寻求哪些形式的证据来解开相互矛盾的解释?

模块 4.3 测验

1. 在安迪的梦中,他变成了一个婴儿,爬着要穿越漆黑的隧道寻找丢失的东西。听到此,一位心理学家认为,安迪回忆起生命早期指向母亲的性吸引,隧道暗示着阴部。该心理学家的解释与哪种理论最匹配?(   )

   A. 认知理论　　　　　　　　　　　B. 激活—整合理论
   C. 以解决问题为中心的观点　　　　D. 精神分析理论

2. 在安迪的梦中,他变成了一个婴儿,爬着要穿越漆黑的隧道寻找丢失的东西。听到此,一位心理学家认为,在安迪睡着时,桥脑神经元发出的信号刺激了大脑中负责腿部肌肉运动的区域。该心理学家的解释与哪种理论最匹配?(   )

   A. 精神分析理论　　　　　　　　　B. 激活—整合理论
   C. 以解决问题为中心的观点　　　　D. 认知理论

3. 在安迪的梦中,他变成了一个婴儿,爬着要穿越漆黑的隧道寻找丢失的东西。听到此,一位心理学家认为,安迪与他的爱人分手了,正在克服这种感情上的缺失。该心理学家的解释与哪种理论最匹配?(   )

   A. 精神分析理论　　　　　　　　　B. 以解决问题为中心的观点
   C. 激活—整合理论　　　　　　　　D. 认知理论

4. 关于梦的理论,哪种理论不能解释梦遵循逻辑、线性、连贯的故事情节?(   )

   A. 激活—整合理论　　　　　　　　B. 素质—压力理论
   C. 以解决问题为中心的观点　　　　D. 认知理论

5. 关于梦的理论,哪种理论最有希望?(   )

   A. 激活—整合理论　　　　　　　　B. 精神分析理论
   C. 以解决问题为中心的观点　　　　D. 认知理论

4.4　催眠的奥秘

很久以来,人们可以看到舞台上的催眠师、"通灵术士"和一些心理治疗家声称能够使被催眠者"时光倒退"到若干年前乃至若干个世纪以前。有些治疗师宣称催眠可以帮助患者准确地回忆起被长期埋没在记忆中的往事,甚至有些催眠师声称曾经帮助患者回忆起遭到外星人诱拐的经历。我们应当如何看待上述说法呢?因为催眠术的使用从小把戏和魔术表演转到了警方对目击者的调查和心理治疗,所以了解该方法能实现和不能实现的目标显得非常重要。在这一部分,我们将简述对催眠的重要发现,之后对催眠效应的两种主要解释进行阐述。但是首先,请对下面的小测验进行判断,以便检验自己对催眠的了解。

> **互动** 正确还是错误?
> 1. 被催眠者通常能够意识到发生的事,并且事后能够回忆起这种体验。（ ）
> 2. 催眠能够赋予我们通常情况下所不具备的超常能力。（ ）
> 3. 催眠能够减少记忆中的错误。（ ）
> 4. 被催眠者的行为和思想处于被动状态。（ ）
> 5. 催眠能够帮助人们回忆起幼年时候的事情。（ ）
> 6. 催眠能够用于创伤治疗。（ ）

催眠的本质

LO 4.4.A　总结与催眠相关的事实和曲解。

催眠 施术者通过暗示使被催眠者的感觉、知觉、思维、情感或行为发生变化的过程。

所谓**催眠(hypnosis)**,就是施术者通过暗示使被催眠者的感觉、知觉、思维、情感或行为发生变化的过程(Lynn & Kirsck,2015)。而被催眠者往往试图根据催眠师的暗示改变他或她的认知过程(Nash & Nadon, 1997)。通常来说,催眠过程中所使用的暗示包括使被催眠者做出某种行为("你的胳膊会缓慢抬起"),使被催眠者不能做出某种行为("你的胳膊不能弯曲了")或是对正常知觉或记忆的扭曲("你不会感到疼痛","直到我给你信号之前,你将不会记得自己正处于被催眠状态")。人们经常报告自己感到自然而然地遵从了这些暗示。

为了诱导出被催眠的状态,催眠师通常会通过暗示使被催眠者感到放松,感到困倦,眼皮变得越来越沉。催眠师用歌唱式的或单调而有节奏的声音,使被催眠者感到在这种状态中"越陷越深"。有时,催眠师会让被催眠者目不转睛地盯着一种颜色或一个小物体,或使他专注于某种躯体感觉。被催眠者报告注意的焦点转向外部,转向催眠者的声音。有时,这些被催眠者将催眠的感受比作沉浸于一场电影或一段心爱的音乐。被催眠者几乎总是能够完全意识到正在发生的事情,并且在事后记得这种经历,除非催眠师通过明确的暗示使被催眠者忘掉这一切——即使催眠师这样做了,这段记忆还是能够被一个预先规定的信号储存起来。学习更多催眠的科学过程,请观看影像"催眠的使用和局限 1"(*The Uses and Limitations of Hypnosis* 1)。

自 20 世纪 60 年代晚期以来,出现了大量介绍催眠的文章。以经过严格控制的实验室研究和临床研究为基础,大多数研究者认为催眠不是一种神秘的、恍惚的或奇怪的意识状态。确实,存在一种把催眠理解成黑暗艺术的顾虑(Posner & Rothbart,2011)。即使研究者们不同意催眠具体是什么,但是他们通常同意以下观点:

1. 催眠中起关键作用的是被催眠者的努力和素质,而不是催眠师的技巧。有些人比其他人具有更好的反应性,但是为何如此却不得而知(Barnier,Cox,& McConkey,2014)。然而,令人感到惊奇的是,对催眠的易感性与一般人格特质无关,如轻信、顺从或服从。容易接受催眠的人通常能够轻易地专注于他们当下进行的活动并且沉浸在想象的世界里,但这种能力与催眠易感性只表现出弱相关(Green & Lynn,2010;Khodaverdi-Khani & Laurence,2016;Nash & Nadon,1997)。

2. 即便在催眠状态下,也不能强迫被催眠者做那些违背他们意愿的事。人们往往认为,人在催眠状态下,抑制能力下降,这一点就如同喝醉了一样("我知道这样看起来很蠢,但我当时被催眠了")。处于催眠状态下的个体有时会服从于一种暗示,做出一些尴尬或危险的事。但是个体选择将责任推卸给催眠师,从而服从催眠师的暗示(Lynn,Rhue,& Weekes,1990)。但是被催眠者不会做出一些违背自己道德标准或对自己及他人构成真正威胁的事。

3. 催眠状态下能够做到的超常行为,在没有催眠但动机足够强的情况下也能做到。有时催眠暗示能够使人表现出超常能力,但催眠并不能使人超越他们的正常生理和心理能力极限。即使没有特殊的催眠步骤,仅凭暗示也能产生类似的效果,只要被暗示的人有足够的动机愿意合

照片中发生的事件非常令人惊奇,是吗?但事实也许并非如此。舞台上的催眠师站在被催眠者身上,观众相信被催眠者之所以能够毫不畏缩地承受催眠师的重量是因为他处于催眠状态下的缘故,但实际上,大多数未被催眠的人也能够做到同样的事。检验催眠是否能够导致独特结果的唯一方法是使用控制组研究。

作,并相信自己能够成功,通过鼓励使他们放松,集中注意,然后发挥最佳水平(Chaves, 1989;Spanos, Stenstrom, & Johnson, 1988)。

4. 催眠并不能提高记忆的准确性。极少数情况下,我们可以利用催眠术成功地挖掘出目击证人对罪犯的记忆,但是通常情况下,这种记忆是完全错误的。尽管催眠有时能够提高回忆起的信息量,它也使记忆错误的可能性增大,也许是因为被催眠者比其他人更乐于猜测,或因为他们错误地将生动的、想象的各种可能性当作真实记忆(Dasse, Elkins, & Weaver, 2015;Dinges et al., 1992)。由于催眠诱发的回忆中伪记忆和记忆错误如此普遍,许多科学社会学家反对将"催眠记忆"作为法庭上的证据。

5. 催眠不能使人对很久以前的事件产生真实的再次体验。许多人认为:"催眠可以使人恢复早期记忆,这种早期记忆甚至可以追溯到出生伊始。"这种观念是大错特错的。当人们追溯到其童年时代时,他们可以用婴儿式的语言讲话,或者报告自己感觉又回到了4岁,但他们的推理方式表明他们不是4岁,他们只是乐于扮演这样的角色而已。

6. 催眠暗示被有效地应用于许多医疗或心理研究目的。尽管催眠并不像人们过去一贯认为的那样具有广泛的用途,在心理治疗或解决医疗问题中,催眠的确是非常有用的手段。有些人经历了如烧伤、癌症或者分娩等各种疼痛,并且有些人学会了更好地处理慢性疼痛时伴随的情绪问题。催眠暗示也被用于缓解压力、焦虑和肥胖、哮喘、肠易激综合征,甚至化疗引起的恶心(Nash & Barnier, 2007;Patterson & Jensen, 2003)。

催眠理论

LO 4.4 B 比较意识分离理论、社会认知理论和生物学观点,注意每种理论对催眠的解释。

多年来,对于什么是催眠以及催眠效果如何产生的问题,人们提出了种种解释,每种观点都从不同的角度解释这一现象。

意识分离理论 这一观点最早由欧内斯特·黑尔加登(Ernest Hilgard)提出(1977,1986),他认为催眠像明晰的梦,甚至是简单的分心一样,是一种**意识分离(dissociation)**,此时心理的一部分独立于其余意识部分而独立工作。黑尔加登认为,许多处于催眠状态下的人,其心理的一大部分受到催眠暗示的影响,然而还有一部分是隐蔽观察者,它只是在一旁观看但并不参与。除非给予特殊指示,心理中被催眠的部分才会发现隐蔽观察者。

> **意识分离** 指意识状态的分裂,此时心理的一部分独立于其余意识部分而独立工作。

黑尔加登在他的研究中,尝试直接对隐蔽观察者提问。具体做法是,让催眠状态下的志愿者将一只手臂伸入冰水中并持续一段时间,通常来说这样做会引起痛苦的体验。对被催眠者施加暗示,告诉他们不会感到疼痛,但另一只未浸入冰水的手可以通过按键来表达隐藏疼痛的水平。在这种情况下,许多志愿者报告说没有感到疼痛或只有一点儿疼痛,与此同时,他们另一只自由的手却在不停地按键。在这一过程之后,除非催眠师要求隐蔽观察者做单独的报告,否则这些志愿者仍坚持认为他们并没有感到疼痛。

这一理论的当代观点认为,在催眠状态下,大脑里的两个系统发生了分离:处理外界信息的系统以及控制我们如何使用这些信息的"执行"系统。在这期间,执行系统关闭,并且把它的功能移交给催眠者,这样催眠者就暗示被催眠者如何解释世界以及如何装饰世界(Rainville et al., 1997; Woody & Sadler, 2012)(见图4.4)。

社会认知观点 关于催眠的第二种主要观点是社会认知观点,持此观点的研究者认为催眠效果是催眠的社会影响("社会"的部分)与被催眠者的能力、信念和期望("认知"的部分)相互作用而产生的(见图4.

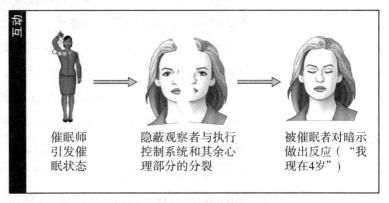

图4.4 催眠的意识分离理论

5)(Sarbin,1991;Spanos,1991)。处于催眠状态下的人其实在扮演某种角色,这种角色与真实生活中的某些角色有相似之处。例如我们乐于服从父母、老师、医生、治疗师和电视广告为我们提供的建议。甚至"隐蔽观察者"也仅仅是对情境的社会要求和催眠暗示所做出的反应(Lynn & Green, 2011)。

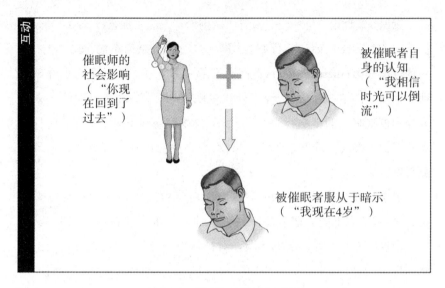

图 4.5　催眠的社会认知理论

然而,处于催眠状态下的人并不仅仅是作假或表演。如果被催眠者在接到指令后只是装作进入催眠状态并以此愚弄观察者,将很容易表演过火,并且一旦观察者离开房间,被试将停止表演。相反,即便被催眠者相信没有人在观察他,也会继续服从催眠暗示(Kirsch et al.,1989;Spanos et al.,1993)。社会认知的观点能够解释为什么有些处于催眠状态下的人报告精神被占据或有关外界诱导的"记忆"(Clancy,2005;Spanos,1996)。假定一位年轻的妇女因为她的孤寂、不开心、噩梦或者明晰的梦而去寻求治疗,只为得到一个解释。一位已经相信外星人绑架的治疗者可能会使用催眠,并且会以关于 UFOs 微妙的和不那么微妙的线索来形成对症状的临床解释。

社会认知观点也能对追溯前生的生活经历的催眠案例提出解释。尼古拉斯·斯潘诺斯(Nicholas Spanos)(1991)和他的同事进行了一次有趣的研究,被试是加拿大的大学生,当这些学生处于催眠状态下,指示他们追溯前生前世的生活。大约 1/3 的学生报告说自己可以做到这一点。但是,假定他们回到了前生,当向他们问及一些问题如当时的国家领导人叫什么名字,国家处于和平状态还是战争状态,或要求他们描述一下当时使用的货币时,这些学生做不到这一点。然而,即使不知道当时的语言、日期、习俗和事件,他们仍然会构造故事。这些学生在拾取主试线索后,为了完成角色要求,在他们的描述中以当前生活为材料而编造了事件、地点和人物。研究者推论"回忆"起另一个"自我"的行为,是根据回忆者的自身信念及他人信念——在这种情况下,是权威的催眠师——

构筑幻想的过程。

生物学观点 研究者们开始使用技术考察催眠这一现象,并且关于催眠到底是什么以及它如何进行的争论越来越多。我们已经从 EEG 的研究中得知,当人处于轻松的催眠状态时会引发 α 波。这点不足为奇,因为 α 波与轻松的觉醒状态有关。但是,对一个被催眠人的大脑进行扫描,我们可以获得更多清晰以及有用的图片,以此得知脑部正在发生的事情。

一项同时使用功能性磁共振成像(fMRI)和事件相关电位(ERP)技术的研究表明,催眠可以减少两种心理任务的冲突(Raz,Fan,& Posner,2005)。研究者要求被试完成 Stroop 任务,该任务通常用于考察阅读过程中颜色识别冲突的加工过程。在该任务中,被试观察表示颜色的单词(比如,蓝色、红色、绿色、黄色),这些单词有的赋予单词含义本身的颜色(如"红色"用红色显示),有的单词颜色用其他颜色显示(比如,"红色"用蓝色显示)。当显示的颜色和单词表示的颜色冲突时,这项任务变得非常困难。为了理解我们所说的意思,你可以试着尽快地识别出左侧插图中单词的显示颜色,如图 4.6 所示。是不是很难?这是因为你的自动化倾向加工是读取词汇,而颜色命名任务迫使你推翻这种倾向。只有你不能理解英文单词或者该词汇用你不知道的语言拼写时,该任务才不会显得如此困难。

在该项研究中,研究者们告知被催眠的被试,在他们清醒之后,将会在电脑屏幕上看到一些从 Stroop 任务中出现过的词汇,但是这些词汇看起来像无意义的符号串——比如"字符用你不知道的语言显示"。在该测试中,易受他人影响的被试比不太易受他人影响的被试在颜色命名时表现得更快,更好;事实上,"Stroop 效应"在易受他人影响的被试群体中消失了。此外,在任务期间,他们有两个大脑区域的活动减少了:加工书写单词的区域以及检测冲突思想的大脑前部区域。因为任务发生在催眠期间,他们可以对单词本身的意义投入较少的注意,并且因此可以避免加工单词的意义,从而把注意力只集中在单词的颜色上。

当处于催眠状态的人躺在放射断层扫描仪(PET scanner)中,我们可以发现大脑的许多区域发生了改变。在一项研究中,易受他人影响的被试处于催眠状态下时,可以直观地看到红色、蓝色、绿色和黄色的矩形颜色消失,

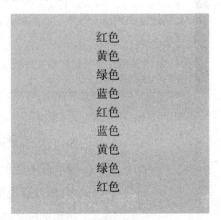

图4.6 颜色识别冲突

或者可以在灰调的情况下看到相同图形的颜色。当要求被试看灰调图形的颜色时,与颜色感知有关的大脑区域被激活了;当要求他们看彩色图形中的灰色时,相同区域的激活下降(Kosslyn et al., 2000)。

这些发现对于催眠理论意味着什么?催眠能够影响大脑激活模式的事实确实证实催眠是一种特殊状态,不同于精心的角色扮演或者极端关注的观点。其他人认为,从该研究中得出关于催眠的机制和本质都过于草率。每一种经历都会以一些方式改变大脑。此外,建议也能减少易受他人影响人群在不催眠状态下的Stroop效应(Raz et al., 2006)。事实上,易受他人影响的人群在非催眠状态下甚至也能够产生幻觉的颜色。

如今,类似于瑜伽和太极拳等冥想活动比引起大脑放松的催眠更加受到大众的喜欢。比如正念冥想,它涉及了对现有经验的高度但非判断性的关注。研究者认为它有利于个人的身心健康(Tang, Holzel, & Posner, 2015)。

冥想的另一个好处是可以提高情绪管理。研究已经表明,当人们观看一部伤心或者有压力的电影,正念冥想可以降低个人经历的情绪反映,并且也有助于恢复个人的情绪基线水平。

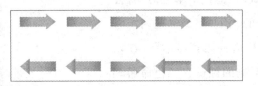

冥想有助于提高注意力。例如,在注意网络测试(Attentional Network Test, ANT)中,被试需要快速地识别出一行中心箭头的方向。如上图所示,当箭头在底部时,任务变得异常困难,因为不一致的箭头可能会分散注意力。仅仅5天,共20分钟的正念冥想能够提高被试在ANT任务中的注意表现。

正念冥想有助于提高自我管理,或者提高个体控制自我行为以及拒绝诱惑的能力。临床测验表明,冥想有望帮助有毒瘾、广泛性焦虑症以及行为问题的人们。

进一步的研究还会告诉我们更多有关催眠的知识,不管争论的结果如何,所有的研究人员还是在一些问题上达成了共识。例如,他们认为,催眠并不能使记忆力增强或完美准确地重现早期经验。无论催眠是什么,通过研究催眠,心理学家对人类的受暗示性、想象力、看待眼前生活和回忆过去的方法有了更多了解。

> **日志 4.4 批判性思考——查找证据**

想象一下,你是一名刑事审判中的辩护律师,并且控方声称其中的目击证人能够在同意被催眠之后回忆起犯罪细节并在所有照片中认出被告。在交叉询问期间,为了反驳这些催眠后的记忆,你会问警方和目击者哪些问题?为了在审判中证明目击者的催眠记忆不能作为最可靠的证据,以上介绍的哪种解释能够为你提供有力的支持?

模块 4.4 测验

1. 以下哪个领域用催眠最有效?(　　)
   A. 重新经历过去的生活　　　　　B. 增加记忆的准确性
   C. 伤痛治疗　　　　　　　　　　D. 给予个人神秘的力量

2. 克里斯汀对她的两位好朋友安娜和拉娜讲述了她在之前的晚上参与过的一次催眠。"真的很奇怪!""我是心甘情愿被催眠的,并且当我在舞台上时,催眠师把我弄得恍恍惚惚,并且命令我和随意的一个人互动,并在舞台上跳舞。我之前从没这么做过,如果在现实生活中,我绝对不会那么做的!催眠师真的对我有一种奇怪的魔力。"安娜小声地对拉娜说:"我和你赌一美元,她之前和随意的一个人肯定互动过,并且在几个月后她肯定还会那么做。"安娜为何会如此笃定并且作出那样的预测?(　　)
   A. 安娜知道目前没有任何科学证据表明催眠的存在,因此克里斯汀正在编造一个故事以便使得她的可疑行为变得合理。
   B. 安娜知道催眠建议可以产生强大而持久的效果,当几个月内再次提到植入的触发词时,克里斯汀会恢复她不寻常的行为。
   C. 安娜知道不管克里斯汀怎么说,被催眠的人不能被催眠师强迫做自己不想做的事,克里斯汀可能是在她正常的行为范围内行事。
   D. 安娜知道被催眠的人通常被诱导做出恶意的行为(比如伤害他人)而不是很随便的行为(比如在舞台上跳舞)。

3. 在 2040 年,基思对他的朋友艾米和卡尔讲述了关于他最近经历的一场催眠治疗。基思说:"朋友们,真的很奇怪。""催眠师让我回忆起了很久之前经历的一段时期。有一个名叫克里斯汀的女孩在舞台上跳舞,并且行为举止很奇怪,之后她跳到了观众席,开始挑逗我。我已经完全忘记了这段经历!我甚至不记得我在那儿!我的催眠师真的有某种神奇的力量能让我回忆起很久之前的事情。"艾米小声对卡尔说:"我和你赌一美元,他绝对没有过那样的经历,他可能只是在一些心理学书上读过那样的事件,并且认为他经历过。"艾米为何如此笃定他的想法?(　　)
   A. 艾米知道催眠师庄严地宣誓过不会使用他们的催眠力量来哄骗个体的隐藏记忆。

B. 艾米知道催眠师只可以唤起个体过去5年内的生动记忆,更久之前的记忆则不可以唤起。

C. 艾米知道催眠师只可以唤起个体过去至少30年前的生动记忆,最近的记忆则不可以唤起。

D. 艾米知道催眠师不能够增强记忆的准确性,并且可以增加在记忆任何实际信息时的错误。

4 下列哪种是意识分离理论的观点?（　　）

　　A. 隐藏观察者解释　　　　　　　　B. 社会认知解释

　　C. 生物学解释　　　　　　　　　　D. 心理分析理论

5 哪种催眠理论强调催眠师的影响和被催眠者的期望之间的相互作用?（　　）

　　A. 执行控制理论　　　　　　　　　B. 隐藏观察者理论

　　C. 意识分离理论　　　　　　　　　D. 社会认知理论

4.5　意识——药物操纵

在耶路撒冷的大街上,可以看到数百名犹太教哈德西派教民在为庆祝完成诵读圣经旧约而开始长达数小时的跳舞。对于他们来说,跳舞不是消遣,而是一条通往宗教道路的狂喜。在美国南达科他,几名拉科塔族(苏族)成年人赤裸地坐在一个黑暗且极度炎热的蒸汗屋中,他们的目标是为了达到精神愉悦,超越痛苦,并与伟大的宇宙精神发生联系。在亚马逊密林,一个年轻人训练成为一名萨满(宗教领袖),需要吸入一种由维罗蔻木树皮制成的致幻剂。他们的目的是达到一种精神恍惚的状态,并可以与动物、灵魂以及超自然的力量交流。作为一种启蒙和扩大意识的方式,有些人只是安静地坐着,专注于他们内心深处的思想,专注于冥想。

尽管这三种宗教形式不同,但是它们的目的都是为了将心灵从日常意识的制约中释放出来。因为世界上的各种文化都包含诸如此类的仪式,有些作者认为,这反映了人类的一种需要,就如同对食物和水的基本需要一样(Siegal,1989)。威廉·詹姆士(1902/1936)对意识状态的改变非常感兴趣,他将会同意此观点。在吸入一氧化二氮(笑气)后,他写道:"我们把通常情况下的清醒叫做理性意识,这只是一种特殊的意识状态而已,与它同时存在的还有一些形式完全不同的潜在意识,只是这些意识隐藏在银幕之后。"直到20世纪60年代,成千上万的人开始尝试各种改变意识状态的方法,研究人员开始对心理学和生理学感兴趣。詹姆士所描述的这个银幕开始逐渐升起。

各种文化都有改变意识状态的方法。土耳其毛拉维斯族,著名的旋转苦行僧,以一种精力充沛但有节制的方式选装以便达到宗教狂喜状态。

许多文化人通过冥想使内心平静,从而达到心灵的超脱。

在一些文化中,精神药物用于宗教或激发艺术灵感,就像在墨西哥西部的辉格尔印第安人一样,图中所示为一个在收割迷幻剂蘑菇的人。

药物分类

LO 4.5.A 列出四种主要的精神药物类别,并总结每种药物的主要效应。

精神药物是一种通过改变人的躯体和大脑内部生化反应来改变其知觉、情绪、思维、行为的物质。纵观全世界和整个人类历史,最广泛使用的药物包括尼古丁、酒精、大麻、鸦片、可卡因、佩奥特掌,当然还有咖啡。药物使用原因多种多样:为了改变意识状态,作为宗教仪式的一部分,减少身体上的痛苦和不适,还有的是为了心理逃避。

在西方社会,存在着一整套的娱乐性毒品,而且每隔几年就会出现新的毒品,包括天然的和合成的。这些药物中的大多数可以被归类为兴奋剂、镇静剂、鸦片制剂或致幻剂,这取决于它们对中枢神经系统的影响(见表4.1)。这里我们描述了它们的生理和心理效应。

精神药物 能够影响感知、情绪、认知或行为的药物。

表4.1 一些精神药物及其效果

药物分类	类型	一般效果	滥用/成瘾后果
安非他明、甲基苯丙胺(MDMA)(摇头丸)	兴奋剂	清醒,警觉,促进新陈代谢,使情绪高涨,抑制食欲	紧张,头痛,高血压,妄想,神经症,心脏受损,痉挛,最终导致死亡
可卡因	兴奋剂	安乐,兴奋,使人精力充沛,食欲减退	兴奋,失眠,出汗,妄想狂,焦虑,惊恐,抑郁,心脏受损,心脏衰竭,如果用鼻吸会导致鼻部受损

(续表)

药物分类	类型	一般效果	滥用/成瘾后果
烟草（尼古丁）	兴奋剂	引起警觉或镇静,取决于心理状态、环境和先前的唤醒程度;降低对糖类的食欲	尼古丁:心脏疾病,高血压,循环功能障碍,男性勃起问题,由于一种关键酶的降低导致整个身体的损伤 焦油(吸烟后残留):肺癌,肺气肿,口腔癌及喉癌,其他健康问题
咖啡因	兴奋剂	不眠,警觉,加快反应速度	躁动,失眠,肌肉紧张,心律不齐,高血压
酒精	镇静剂	减少焦虑和抑制,减缓反应时间,协调不良,抑郁,记忆缺失	黑矇,肝硬化,其他器官损伤,精神和神经损伤,精神病,大量死亡
镇静剂（如安定）、巴比妥酸盐（如镇静安眠剂）	镇静剂	减少焦虑与紧张,镇静	增加剂量的效果:运动及感觉功能受损,将新信息转换为长时记忆的功能受损,退行性症状,可能会导致痉挛、昏迷和死亡(尤其是与其他药物同时使用时)
鸦片、海洛因、吗啡、可卡因、基于可卡因的镇痛剂	鸦片剂	安乐感,减轻疼痛	丧失食欲,恶心,便秘,退行性症状,痉挛,昏迷,可能会导致死亡
麦角酸二乙基酰胺、墨西哥毒蘑菇碱、酶斯卡灵	迷幻剂	依据药物:愉快,产生幻觉,神秘体验	神经症,偏执狂,惊恐反应
大麻	温和的迷幻剂（对其分类还有争议）	放松,安乐感,促进食欲,减少储存新信息的能力,其余效果取决于心理状态及环境设施	喉部及肺部不适,大量吸烟会对肺部造成损伤

1. 兴奋剂促进中枢神经系统的活动。在适量的情况下,兴奋剂会产生兴奋、自信、良好或极度兴奋的感觉。兴奋剂包括尼古丁、咖啡因、可卡因、安非他明、脱氧麻黄碱(甲安菲他明)、摇头丸(摇头丸,同时也有迷幻剂)。大量服用的话,它们会使人感到焦虑、紧张和过度兴奋。在非常大剂量的情况下,它们可能会引起抽搐、心力衰竭和死亡。

安非他明是一种合成药物,可以通过多种形式使用,如以药丸形式口服、注射、吸烟形式或药粉形式直接吸入。甲基苯丙胺的结构与安非他明相似,并以同样的方式使用;它有两种形式,一种粉末或一种自由基(精练)形式,另一种作为一种结晶固体。可卡因是天然药物,是从一种叫做古柯的植物中提取的。在玻利维亚和秘鲁的农村,工人们每天都咀嚼古柯的叶子,没有发现明显的致病效果。在北美,这种药物通常被直接吸入、注射或通过抽烟的方式被吸入,这是一种被称为"crack"的自由基形式(因为抽烟的时候会发出这种声音)。这些方法提供了到达血液和大脑的快速通道,比咀嚼古柯叶更直接,更有力,更危险。苯丙胺、甲基苯丙胺和可卡因会让使用者感到精力充沛,但实际上并不能增加能量。当这些药物的作用消失后,会使人感到疲倦、烦躁和抑郁。

2. 镇静剂降低中枢神经系统的活动。镇静剂通常会使人感到平静或昏昏欲睡,他们可能会减少焦虑、内疚、紧张和压抑。它们包括酒精、镇静剂、巴比妥酸盐和一些人吸入最普遍的化学物质。这些药物增强了GABA的活性,GABA是一种神经递质,它抑制了神经元之间相互交流的能力。与兴奋剂一样,如果用量过大,会导致心律不齐、痉挛和死亡。

当人们听说酒精会导致中枢神经系统活动减少时,不免会使人感到奇怪。如果少量服用,酒精能起到兴奋剂的某些效果,因为它可以抑制大脑某些区域的活动,这些脑区通常负责抑制冲动行为,如放声大笑和到处出丑。然而,从长期效果来看,它会降低中枢神经系统的活动。与巴比妥酸盐和鸦片剂一样,酒精可被用作麻醉剂;如果过度饮用,最终会昏死过去(如果他们不先把酒吐出来)。

甲基苯丙胺是由电视剧《绝命毒师》中的角色制造和销售的毒品。正如节目中所描述的,"冰毒"对用户的心理、身体和社会结果有各种严重的负面影响。

久而久之，饮酒会损害肝脏、心脏和大脑的功能。如果服用过量，会导致大脑中负责呼吸和心跳的神经元受到抑制而死亡。每隔一段时间，新闻上就会报道因为大量酗酒而死亡的大学生。另一方面，适度饮酒（偶尔喝一两杯葡萄酒、啤酒或烈酒）对健康是有许多好处的，减少心脏病发作和中风的发病概率，抗糖尿病的可能性（Brand - Miller et al. , 2007; Mukamal et al. , 2003; Reynolds et al. , 2003)。

3. 鸦片减轻痛苦。这些药物与内啡肽作用于一些相同的大脑系统，有些则对情绪有强大的影响。这些药物包括鸦片，从罂粟中提取的鸦片；吗啡，鸦片的衍生物；海洛因，吗啡的衍生物；美沙酮等合成药物；还有可卡因和基于遗传密码的镇痛药，如羟考酮和氢可酮。注射鸦片后，能够增强多巴胺的传递，产生一种冲动，一种突然的欣快感。鸦片剂也可以降低焦虑和积极性。但是如果上瘾，吸食过量时会造成昏迷甚至死亡。

4. 迷幻剂扰乱正常的思维过程，如人对时间和空间的知觉。有时迷幻剂产生幻觉，通常来说幻视比较普遍。有些迷幻剂，如麦角酸二乙基酰胺(LSD)是在实验室制成的。而其他品种，如酶斯卡灵（产自仙人掌）、鼠尾草（产自一种墨西哥草药）、裸盖菇素（产自某种特殊种类的蘑菇）则是天然物质。迷幻剂引起的情绪反应存在着个体差异，并且每个人在不同时间也会有不同反应。每次幻觉的产生都可能引起中度的愉快或不愉快，可能是一次神秘的启示，也可能是一场噩梦，正如在大众媒体中描述的，从《广告狂人》和《辛普森一家》等各种各样的电视节目，到《逍遥骑士》《在拉斯维加斯的恐惧与厌恶》《大莱博斯基和21跳跃街》等各种类型的电影。半个世纪前，甲壳虫乐队唱的是一个有着橘子树、果酱天空的世界，还有一个有着万花筒的女孩——乐队声称这只是一个巧合（眨眼，眨眼），他们歌曲的名字天空中戴着钻石的女孩露西可以缩写为LSD。

近几十年来，由于缺乏资金支持，对致幻剂的研究停滞不前。但一些临床研究人员现在正在探索它们在心理治疗、压力缓解、焦虑障碍治疗以及结束生命的痛苦方面的可能用途（Gasser, Kirchner, & Passie, 2015; Griffiths et al. , 2008)。在一项初步研究中，对12名因癌症而死亡的患者进行了适度剂量的裸盖菇素治疗，这种药物大大减轻了他们的焦虑和绝望(Grob et al. ,2011)。

一些常用的药物不属于这四类，或包含了不止一类的成分。一种是大麻，它是在像巧克力蛋糕这样的食物中吸食的。近年来，大麻的使用有所增加，部分原因是大麻在一些州合法化（Brown et al. , 2016; Hasin et al.，2015）。一些研究人员将其归为迷幻剂，但也有人认为它的化学成分和心理效应使其不属于以上主要的几类药物。大麻的主要活性成分是四氢大麻酚（THC），它来源于麻植物——大麻。在某些方面，THC 似乎是一种温和的兴奋剂，增加了高热量，使味道、声音和颜色看起来更加强烈。但使用者经常报告轻微的兴奋到放松，甚至是困倦的反应。

大麻曾经被认为是一种温和无害的镇静剂，但在 20 世纪 30 年代，它的形象发生了变化，当时书籍和电影开始警告大麻疯狂吸食的可怕后果。

一些研究者认为超剂量使用大麻（高焦油量）会损伤肺部，增加肺癌的患病概率（Barsky et al.，1998；Zhu et al.，2000）。中度剂量的大麻会影响短时记忆信息向长时记忆的转移，这种效果与酒精类似。如果大量使用，会引起幻觉、非现实感，并且有时会影响动作的协调性和反应时间。一项元分析发现，与非使用者相比，长期使用的人存在记忆和学习障碍以及海马结构异常（Broyd et al.，2016；Grant et al.，2003；Rocchetti et al.，2013）。尽管如此，大麻已被用于治疗近 3000 年，是传统中药的基本草药之一。它的好处在当代医学中也得到了证实。它能减轻癌症和艾滋病化疗过程中经常出现的恶心和呕吐；它能减轻因多发性硬化症引起的身体震颤、食欲不振和其他症状；它减轻疼痛；它有助于减少一些癫痫患者的发作频率；它有助于清洁动脉；它还能缓解青光眼引起的视网膜肿胀（Aggarwal et al.，2009；Amar，2006；Steffens et al.，2005）。

大麻曾经被认为是一种温和无害的镇静剂，但在 20 世纪 30 年代，它的形象发生了变化，当时书籍和电影开始警告疯狂吸食大麻的可怕后果。

药物的生理作用

LO 4.5 B 解释药物如何影响大脑中的神经递质。

心理药物主要通过作用于大脑神经递质而产生作用，神经递质是一种把信息从一个神经元传递到另一个神经元的化学物质。药物可以增加或减少突触神经递质的释放；防止释放过多神经递质分子的细胞再吸收（重吸收）；或者干扰神经递质通常结合的受体。图 4.7 展示了可卡因这种药物是如何通过阻止这些神经递质的再摄取来增加突触中去甲肾上腺素和多巴胺的数量的。和其他毒品一样，可卡因也能增加血清素的可用性（Müller & Homberg，2015）。

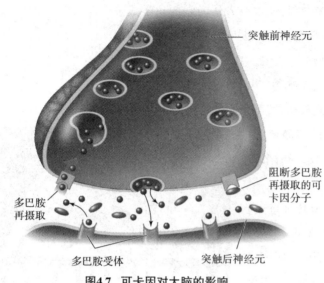

图4.7 可卡因对大脑的影响

可卡因会阻碍大脑对多巴胺和去甲肾上腺素的再吸收,所以这些神经递质的突触水平会上升。结果是某些大脑受体的过度刺激和短暂的欣快感。然后,当药效消失时,多巴胺的消耗可能会导致使用者"崩溃",变得困倦和抑郁。

这些生物化学变化影响人类的认知和情绪。酒精会激活GABA的受体,GABA是一种抑制神经递质,在大脑的几乎所有部位都能找到。因为GABA是如此的普遍,并且调节了其他神经递质系统的活动,酒精会影响许多行为。两杯酒就会影响知觉、反应时间、动作协调性和平衡,尽管喝酒的人总是意识不到这些变化。酒精也会影响记忆,可能是通过对血清素起作用。喝酒前储存的信息在喝酒过程中保持完整,但是提取慢得多(Haut et al., 1989)。少量饮酒并不会影响冷静的心理功能,但是即使是偶尔的豪饮,通常被定义为一次喝五杯或更多的酒,这将损害后来的抽象思维和执行功能(Parada et al., 2012)。换句话讲,周六晚上的狂饮比每天的小酌更有危害性。

至于其他药物,目前还没有证据证明少量或中量使用会对大脑产生损害,以至影响认知功能,但是最近研究者一致认为大量、频繁地使用会有不良后果。在一项研究中发现,过量使用甲基苯丙胺会损伤分泌多巴胺的神经元,这些使用者在记忆、注意和运动测试中比正常被试的表现差得多,即使在他们停止使用药物11个月后也是如此(Volkow et al., 2001)。

在某些情况下,重复使用一些精神活性药物会导致抗药性:随着时间的推移,需要越来越多的药物才能产生同样的效果。当惯性重度吸毒者停止服用一种药物时,他们可能会出现严重的身体戒断症状,根据药物的不同症状可能包括恶心、腹部痉挛、出汗、肌肉痉挛、抑郁、睡眠紊乱,以及对更多药物的强烈渴望。

药物的心理作用

LO 4.5.C 总结能够调节药物生理作用的心理变量。

人们常常以为药物的作用是自动的,是药物化学作用的必然结果。但对精神性药物的反应涉及的不仅仅是药物本身的化学性质。还取决于个人对药物的使用经验特点、环境背景和心理定势:

1. 用药经验指某个人服用药物的次数。对药物的初次尝试——无论它是香烟、酒精饮料还是兴奋剂。他们的反应会有很大的不同，从不愉快到中性到令人愉快。对一种药物的反应可能会越来越积极，因为一个人已经使用了一段时间的药物，并且已经熟悉了它的效果。

2. 个人状况包括情绪唤醒和人格的初始阶段。对同一个人，在疲倦地工作了一天后服用药物，和在与人激烈争吵后服用药物具有不同的效果，因为节律对各种神经递质的影响是不同的。还有一些对药物反应的个体差异可能取决于他们的性格特征。那些易怒、易烦躁的个体使用尼古丁贴片时，如果他们在从事竞争性和富于侵略性的任务时，大脑会爆发出强烈的活动。但是在相对平静和欢快的人身上，这种活动就不会出现(Fallon et al., 2004)。

3. "环境背景"指个体使用药物时所处的背景。例如，某个人独自在家喝过一杯葡萄酒后，可能会感到困倦，但他在社交聚会中喝过三杯后还觉得精力充沛。有些人与好友一同喝酒时觉得愉快并且情绪高涨，但跟陌生人一同喝酒时却感到害怕和紧张。

4. "心理定势"指个体对药物效果的期望，以及服用药物的原因。有些人喝酒是为了变得更加善于社交，更加友好或更有吸引力；有些人喝酒是为了减轻自己的焦虑或抑郁；还有些人喝酒是为了给自己的药物滥用或暴力行为找借口。成瘾者服用药物是为了逃避现实；而忍受长期疼痛的人使用同样的药物是为了维持在现实社会中的一些功能。

使用药物的动机、对其效果的期望以及使用药物的环境都有助于一个人对药物的反应。这就是为什么独自喝酒来淹没悲伤可能会与啤酒乒乓比赛产生不同的反应。

期望可以比药物的化学性质具有更强大的效果。在数个想象力研究中，研究人员对饮酒(伏特加和汤力水)人群和以为自己已饮酒实际只喝了酸橙汁和汤力水的人群进行了对比研究。实验发现了"假想饮酒"

效应。无论实际喝的饮料是何种成分,那些以为自己喝了伏特加的人都比那些以为自己喝了纯汤力水的人表现得好斗。而且当人们以为自己喝了伏特加,无论是否属实,男士和女士都说感觉自己性欲增强(Abrams & Wilson, 1983, Marlatt & Rohsenow, 1980)。这些并不意味着酒精和其他药物仅仅是安慰剂。正如我们看到的,精神药物会产生心理效应,而且许多精神药物效力强大。

日志 4.5　批判性思考——考虑其他解释

一个人饮酒后暴跳如雷,另一个人饮酒后悠然自得。饮酒者的什么特质,而非药物的特性,可以解释这个区别?

模块 4.5 测验

1. 下列哪种精神药物属于兴奋剂?(　　)
   A. 麦司卡林(仙人球毒碱)　　　　B. 鸦片
   C. 海洛因　　　　　　　　　　　D. 尼古丁
2. 巴比妥酸盐是一种精神药物,属于(　　)。
   A. 兴奋剂　　　B. 抑制药　　　C. 幻觉剂　　　D. 麻醉剂
3. 下列哪种药物不是幻觉剂?(　　)
   A. 裸头草碱　　　　　　　　　　B. 麦角酰二乙胺
   C. 可卡因　　　　　　　　　　　D. 麦司卡林(仙人球毒碱)
4. 重复使用精神药物会导致服药者达到同等药效对药物的需求量会越来越大。这个现象称为(　　)。
   A. 宽厚　　　B. 回避　　　C. 耐受　　　D. 撤销
5. 哈维喝了一杯纯汤力水,不过被告知杯子里是伏特加和汤力水。然后他又喝了一杯一样的,然后又一杯纯汤力水,仍然以为自己喝的饮料掺了伏特加。哈维之后的行为可能是怎样的?(　　)
   A. 他会表现得和一个喝了三杯伏特加的人一样。
   B. 他会表现得和一个喝了三杯汤力水的人一样。
   C. 他会表现得和他喝之前一样。
   D. 他会表现得和一个没喝饮料的人一样。

让心理学伴随着你:提高你的睡眠质量和数量

本章开篇的问题显示,你们中约有一半的人最近"开过夜车",就是一晚上一点都没睡。你们可能已经通过个人经历或大众媒体的描述熟悉了通宵熬夜这样的睡眠剥夺的结果。以大众媒体为例。在英国一个叫做《破灭(Shattered)》的电视真人秀中,参赛者被要求在被剥夺睡眠的七天里接受认知和身体挑战。每项挑战中表现最差的两位参赛者要在另一项挑战中对抗,输的人出局。睡眠不足不仅使得参赛者在挑战中表现欠佳,还导致一些参赛者情绪失控,出现幻觉、错觉,甚至站着睡着了。由于这些负面影响,该节目引发了许多讨论,质疑以娱乐为目的剥夺人的睡眠的道德问题。

睡眠不足不止在电视节目中引发问题。研究人员表示短期的睡眠不足会对多种认知活动产生负面影响,尤其是那些需要快速反应、持续的注意力和工作记忆的任务(Lim & Dinges, 2010; Waters & Bucks, 2011)。开车,学习,上课记笔记(更别说写一本心理学教科书了),都是很容易受睡眠不足影响的例子。此外,睡眠缺乏得越多,认知缺陷通常就越严重(Waters & Bucks, 2011; Wickens et al., 2015)。不幸的是,即使你没有通宵熬夜,只是连续几周每晚缺失二至四小时的睡眠,你仍有可能表现出认知损伤(Van Dongen et al., 2003)。另外,神经影像学研究表明,睡眠不足与注意和记忆任务中关键脑回路活动减少有关(Ma et al., 2015; Yoo et al., 2007a)。

睡眠不足不仅影响认知任务的大脑功能,也影响情绪活动的大脑功能(Goldstein et al., 2013; Yoo et al., 2007b)。在一项研究中,总共缺乏35小时睡眠的受试和睡眠充足的控制组受试都在核磁共振扫描仪中观看了令人产生沮丧情绪的照片。与控制组相比,睡眠不足组表现出更强的杏仁体激活,而且杏仁体与内侧额叶皮质之间的相关性较弱。这些结果显示,与睡眠充足的控制组相比,睡眠不足的受试对于令人不适的照片的情绪反应更强烈,且对于这些情绪反应的前额控制力更弱(Yoo et al., 2007b)。

鉴于睡眠的重要性,你可能想要通过以下方式改善你的睡眠的数量和质量。

- 睡前四至六小时避免接触咖啡因、尼古丁、酒精和其他药物。你已经读到了这些药物可能的副作用了,但它们与睡眠的相互作用会以另一种方式产生问题。
- 让你的卧室适于睡眠:利用百叶窗、耳塞和眼罩尽可能阻挡光线和声音。只在疲倦的时候爬上床,不要在床上工作或学习,以此强化床和睡眠的联系。在睡觉时间收起手机和电脑。重度使用社交媒体和手机与年轻人的睡眠障碍相关(Exelmans & Van den Bluck, 2016; Levenson et al., 2016; Thomee, Harenstam, & Hagberg, 2012)。尽管这些发现只是相关关系的结果,且其中的因果逻辑还有待实验证明,但在睡觉时间收起手机合情合理,绝无坏处。
- 避免白天长时间午睡,保持规律的睡眠。有些手机配备有帮助你实现规律睡眠的功能:用户可以输入理想的入睡时间和清醒时间,手机会每天用铃声提醒。当然,尽早完成你的作业,以保证你不必在正常的睡眠时间写作业。
- 如果你遵守了以上所有指导建议,仍然遭受失眠的煎熬,那么失眠认知行为治疗(CBT-I)会很有效果(Ritterbar et al., 2016; Trauer et al., 2015)。CBT-I包括一些上文建议的措施,还包括:(1)帮助患者识别及挑战对睡眠和失眠功能失调的观点的认知治疗;(2)睡眠限制技术,涉及把在床上的时间限制在你实际有能力睡眠的时间内。因此,比如,如果你认为你每晚只睡四小时,那么你要在凌晨三点自觉入睡,以保证在瞌睡时上床睡觉。一旦你开始了在床上至少85%的时间都在睡觉的状态,你就可以提前15分钟上床了。这个过程不断重复,直到达到你理想的睡眠时长。

睡眠只是众多生活主节奏中的一部分,但是是非常重要的一部分。总的来说,本章探索了生物波动(如昼夜节律)如何影响日常生活,以及与做梦、催眠、药物使用相关的各种形式的意识如何影响我们的认知和行为倾向。因此现在你了解到,在考虑如何在任何知识领域、专业领域或社会领域发挥最佳作用时,你需要铭记精神和心理状态不是持续不变的,而是会随时间的推移不断波动。

分享写作:意识和睡眠

本章大部分内容专注于探讨机体节律和生物波动。但我们人类有能力操纵我们自己的环境来优化行为——不论是关于学术、工作效率、社会关系,还是一般的认知功能。环顾你当前的生活空间,即你工作、生活和睡眠的物理空间。你能利用自己的昼夜节律和生物钟或为了改善睡眠质量(和时长)做出两项具体的改变吗?

总结

4.1 生物节律:体验的波动

LO 4.1 A 定义生物节律,并解释人体的"生物钟"是如何工作的。

意识是对自身及周围环境的认识。意识状态的改变常与生物节律有关,生物节律是生理功能的阶段性波动。一般来说,当人们在没有任何外部时间线索的环境中生活时,根据自身生物规律所决定的每一天的时间略长于24小时。生理节律是由生物钟控制的,生物钟位于下丘脑内部的视交叉上核(SCN)。视交叉上核调节一种叫做褪黑素的激素分泌,褪黑素反过来也会对视交叉上核产生一定影响。褪黑素对光线变化敏感,夜晚时它的分泌量会增多。当一个人的日常活动发生变化时,他可能会经历内部节律失调,即通常的周期性节律彼此不同步。

LO 4.1 B 解释和总结以季节性情感障碍和经前综合征为例的长期生物节律的证据。

有些人每逢冬季就表现得抑郁,这种症状被称为季节性情绪障碍(SAD),导致季节性情绪障碍的原因尚不清楚,应对这种障碍有效的治疗方法是光照治疗。另一种长期节律是月经周期,在此期间,多种激素增加或降低。对经期前综合征(PMS)进行的严格控制的双盲研究表明,情绪与月经周期相关联并非可靠且普遍。期望和学习会影响两性对身体和情绪变化的看法。不管男女,很少有人会因为激素的原因而每月都会出现心情波动和人格变化。

4.2 睡眠节律

LO 4.2 A 描述和解释睡眠四个阶段的节律特征。

在睡眠中,阶段性的快速眼动睡眠与非快速眼动睡眠交替出现,每一周期大约90分钟。根据脑电波的不同模式,可以将非快速眼动睡眠分为四个阶段。大脑在快速眼动睡眠中是活跃的,并且有其他迹象表明一定程度的唤醒,而大多数骨骼肌是松软的,生动的梦境大多是发生在快速眼动睡眠阶段。

LO 4.2 B　列出睡眠不足的心理后果和良好睡眠的心理收益。

睡眠是一种生理节律,对于恢复体力和维持正常的心理功能是不可或缺的。许多人睡眠不足。还有些人受到失眠、睡眠窒息或嗜睡症、快速眼动睡眠障碍的困扰。但是白天困顿最常见的原因仅仅是因为缺乏睡眠。

4.3　探索梦境

LO 4.3.A　讨论我们为什么会做梦。

人们回忆起来的梦往往都是不合乎逻辑并且荒诞不经的。有些人声称自己可以产生"明晰的梦",在明晰的梦的状态下,人们知道自己在做梦。研究者不认为快速眼动睡眠中的眼动与梦境中的事件及动作有关。

精神分析理论认为,梦能够使被禁止的愿望或不现实的愿望得到满足,这些愿望平时被压抑在无意识的心理之中,但是没有客观的方法来验证弗洛伊德对梦的解释,也没有令人信服的对此解释的证据支持。三种现代理论强调梦与清醒的思想之间的联系。以问题为中心的方法认为,梦表达了当前的担忧,甚至可能帮助我们解决当前的问题。认知方法认为梦只是当我们清醒时进行的认知活动的一种修正。不同的是,在睡眠中我们是切断了来自世界的感官输入,所以我们的思想倾向于更加分散、不集中。激活一整合理论认为,当大脑试图对桥脑神经元的自发放电作出解释时,便产生了梦。梦是解释的结果,是用当前知识和记忆整合神经信号的产物。

LO 4.3.B　总结每个关于梦的理论的优缺点。

上述所提到的有关梦的理论,都各自有一些证据支持,但也都有其不足。一些心理学家认为,人们能在睡梦中解决问题。而激活-整合理论则似乎不适于解释连贯的、如故事一般生动的梦或非快速眼动睡眠阶段产生的梦。认知视角是现在的流行观点,尽管它的一些有见地的观点还需要进一步验证。

4.4　催眠的奥秘

LO 4.4.A　总结与催眠相关的事实和曲解。

所谓催眠就是施术者对使被催眠者施加暗示,而被催眠者试图服从于这种暗示,从而使感觉、知觉、思维、情感或行为发生变化的过程。尽管催眠暗示被有效地应用于许多医疗或心理学的研究目的,但人们对于催眠能够做什么还存在一些误解。它并不能强迫人们去做违背自己意愿的事,并不能使人们拥有不可思议的超能力,也不能提高记忆的准确性,也不能真实的再现被催眠者记忆中很久以前的事情。

LO 4.4.B　比较意识分离理论、社会认知理论和生物学观点,注意每种理论对催眠的解释。

对催眠以及效果的一种有力解释认为,催眠包括了分心的过程,是一种意识状态的分裂。这种理论的其中一个版本认为,意识被分为两个部分,一部分受到了催眠,另一部分是隐蔽观察者,它能观察到正在发生的事但并不参与。另外的解释是说大脑中的执行—控制系统与负责思维和行动的其他系统分离了。对催眠以及效果的另一种有力的解释是社会认知的观点，认为催眠是正常的社会认知过程的产物之一。根据这种观点，催眠是一种角色扮演，被催眠者用积极的认知策略，其中包括想象，来迎合催眠师的暗示。被催眠者对这个角色如此投入以至于认为它是真实的。技术的进步也获得了催眠的生物学记录，这表明催眠可以影响大脑中的活动模式。

4.5 意识——药物操纵

LO 4.5.A 列出四种主要的精神药物，并总结每种药物的主要效应。

世界上各种文化的人们都曾经寻找过改变意识状态的方法。心理药物通过作用于大脑中的神经递质来改变人们的认知和情绪。根据这些药物对中枢神经系统、行为和情绪的影响，可以将它们分为兴奋剂、镇静剂、鸦片剂和迷幻剂。然而，有些常用药物，如大麻，不在这些分类之内。

LO 4.5.B 解释药物如何影响大脑中的神经递质。

药物可以增加或减少神经递质在突触中的释放，防止释放它们的细胞对过量神经递质分子的再摄取（重吸收），或干扰某些神经递质正常结合的受体。在频繁、大量使用的情况下，有些药物会损伤大脑中的神经元，并对学习和记忆产生负面影响。这些药物的使用可能导致抗药性，即需要增加剂量才能达到同样的效果，如果大量使用者试图戒烟，可能会出现戒断症状。但某些药物，如酒精和大麻，如果适量使用，也会对健康有益。

LO 4.5.C 总结能够调节药物生理作用的心理变量。

对心理药物的反应不仅仅是由药物的化学成分决定的，也依赖于个体的身体状况、对药物的经验、环境背景和心理定势。心理定势指个体对药物效果的期望，以及服用药物的动机。期望甚至比药物本身的作用更强大，这一点可以通过醉酒效应得到体现。

第四章习题

1. 人体的生物钟位于（　　）。

    A. 视交叉上核　　　　　　　　　B. 松果体

    C. 脑垂体　　　　　　　　　　　D. 丘脑

2. 每年冬天，当白天变短，夜晚变长时，赫克托似乎都会感到沮丧。当春天来临时，他会注意到他的情绪有了很大的改善。尽管对赫克托的行为有很多可能的解释，但他更倾向于（　　）来解释他的情绪。

    A. 双相障碍　　　　　　　　　　B. 创伤后精神紧张性精神障碍

    C. 心境恶劣障碍　　　　　　　　D. 季节性情绪失调

3. 在睡眠中，delta 波通常与（　　）睡眠有关。

    A. 第二阶段　　　　　　　　　　B. 第一阶段

    C. 第三阶段　　　　　　　　　　D. 快速眼动阶段

4. 为什么快速眼动睡眠有时被称为"异相睡眠"？（ ）

   A. 即使身体很不活跃，大脑还是很活跃的。

   B. 这是睡眠的第一阶段，在清醒后就发生了。

   C. 快速眼动期总是比非快速眼动期睡眠时间短。

   D. 没有可测量的迹象表明这个人在这段时间里睡着了。

5. 马文在他晚上的睡眠中停止了几次呼吸，尽管他甚至没有意识到这一点。马文有哪些睡眠障碍？（ ）

   A. 嗜睡症　　　　　　　　　　　B. 睡眠呼吸暂停

   C. 快速眼动行为障碍　　　　　　D. 失眠

6. 拉吉经常在他睡着的时候表现出奇怪的行为。从表面上看，他似乎是在表演他的梦中行为，比如演奏班卓琴或喂一个想象中的婴儿。在排除了疾病的可能性后，他的医生得出结论说，拉吉正遭受着（ ）。

   A. 猝倒　　　　　　　　　　　　B. 失眠

   C. 嗜睡症　　　　　　　　　　　D. 快速眼动行为障碍

7. 哪种做梦的理论涉及大脑的脑桥、感觉皮层和运动皮层？（ ）

   A. 认知理论　　　　　　　　　　B. 激活—合成理论

   C. 问题解决理论　　　　　　　　D. 触觉理论

8. 关于梦的本质，根据现有的理论和证据，我们应该得出什么样的结论？（ ）

   A. 我们仍然缺乏对梦为什么会发生的全面理解。

   B. 梦是大脑皮层中随机放电的结果。

   C. 梦是一种进化机制，它能让我们解决问题。

   D. 梦的奇异本质表明它们肯定是象征性的。

9. 在被催眠的过程中，阿卡利亚能够通过一系列的吐口水、口哨声和舌头的咔嗒声来模仿复杂的鸟叫声，这让她的朋友们大为惊讶。所有人都印象深刻，除了余，他知道催眠是这种奇特幻想中最弱的成分。你知道阿卡莉亚和她的朋友们不知道的吗？（ ）

   A. 阿卡利亚是通过催眠暗示来准备的，如果没有她的暗示，她的旋律听起来更像是令人烦恼的尖叫。

   B. 催眠是一种文化上认可的现象，而不是一种有科学依据的现象。

   C. 阿卡利亚的专长完全依赖于她的催眠师的技巧；如果是不太高明的人，她就无法模仿鸟叫了。

   D. 有动机、受鼓励的人在没有催眠的情况下也能完成和被催眠时一样惊人的任务。

10. 关于外星人绑架的记忆、灵魂占有的报道，或前世回归的说法都可以用催眠的（ ）理论来解释。

A. 社会认知 B. 分离

C. 隐藏的观察者 D. 执行控制

11. 以下哪一种不是主要的精神药物类别？（　　）

A. 兴奋剂 B. 受体激动剂

C. 鸦片 D. 镇静剂

12. 可以破坏正常的思维过程和对时间与空间感知的精神药物叫做（　　）。

A. 镇静剂 B. 鸦片

C. 兴奋剂 D. 迷幻药

13. 马库斯试图在没有医疗监督或其他帮助的情况下戒除海洛因。他感到一阵阵的恶心、呕吐和腹泻。这些症状都是（　　）的迹象。

A. 解离 B. 耐药性

C. 减轻 D. 回避

14. 以下哪一种最能描述可卡因是如何影响大脑的？（　　）

A. 可卡因是一种镇静剂，它会导致大脑功能的普遍降低。

B. 可卡因阻止了多巴胺在突触中的再摄取，从而使更多的多巴胺与受体结合。

C. 可卡因阻断突触后多巴胺受体，从而降低多巴胺活性。

D. 可卡因会损害记忆和注意力，但它究竟是如何影响大脑功能的还不清楚。

15. 在一个周四的晚上，卡修斯和老朋友在酒吧里喝了几杯，他感觉精力充沛、健谈、活泼。接下来的星期四，卡修斯和一些新同事在同一家酒吧喝了同样多的饮料，但感到焦虑、疲惫和嗡嗡作响。为什么同样数量的酒精会给卡修斯带来如此不同的结果？（　　）

A. 反弹效应——在不同的时间摄入相同的药物可以解释补充反应。

B. 对药物的经验——预测在每次摄入酒精的时候反应应该是不同的。

C. 摄入的背景——亲密朋友和新工作伙伴会影响药物的效果。

D. 摄入的生理机能——在血流中酒精的效果知之甚少。

第五章 学 习

学习目标

> 5.1.A 解释经典条件反射的主要成分。
>
> 5.1.B 讨论经典条件反射的基本原则,包括消退与恢复、高阶条件(higher-order conditioning)以及刺激的泛化和分化。
>
> 5.1.C 解释在经典条件反射中,为什么条件刺激必须在无条件刺激之前呈现。
>
> 5.2.A 举例说明经典条件反射为什么要取代形成偏好。
>
> 5.2.B 举例说明经典条件反射是如何使个体学会恐惧的,以及解释对抗条件反射作用(counter conditional)产生的过程。
>
> 5.2.C 描述经典条件反射是如何让个体避免对食物产生厌恶的反应。

5.2.D 描述经典条件反射如何影响对药物治疗的反应,包括病人对安慰剂的反应。

5.3.A 讨论爱德华·桑代克的研究如何成为操作性条件反射的基础。

5.3.B 区分强化和惩罚,以及举例说明不同类型的强化和惩罚:初级的和次级的,正向的和负向的。

5.4.A 描述操作性条件反射的基本原理,包括消退和恢复、刺激的泛化和分化,以及学习和行为塑造的程序。

5.4.B 讨论人们对斯金纳(B. F. Skinner)的研究工作和操作性条件反射的总体目标的一些误解。

5.5.A 列举并讨论为什么惩罚经常不能有效改变行为的原因。

5.5.B 讨论为什么奖励有时可能会适得其反,并分析不能产生预期行为的原因。

5.6.A 定义潜在学习(latent learning),并举例说明它在大学生的日常生活中发挥何种作用。

5.6.B 定义观察性学习,并举例说明它在个体儿童期是如何发生的。

提出问题:思考

- 为什么那么多人害怕蛇和蜘蛛?
- 为什么打击不法分子的努力经常失败?
- 付钱给孩子让他们取得更好的成绩有什么不对吗?
- 为什么播放暴力视频游戏可能使一些人产生攻击性?

互动 你是否曾对一种特定的以前吃过的食物产生反感(这种食物是在你感到恶心之前吃过的)?
○ 是
○ 否

想想你在某一天表现出的行为。你可能喝咖啡,跑了三英里,为了考试而学习,弹吉他,花时间在YouTube上,和朋友们一起参加聚会。你有没有想过这些行为是怎么产生的以及为什么会持续这些行为?你为什么喝咖啡或者为考试而学习?同时思考一下你不存在的行为。也许你不喝酒或者拒绝吃寿司。无论你是否意识到这些,你表现出来的很多行为(甚至是你不存在的行为),都是学习的结果(也叫作条件反射)。

上述民意调查显示,66%的人曾对一种特定的以前吃过的食物产生反感。正如你随后将在本章学到的,这被称为条件味觉厌恶,可以用经典条件反射原理解释。简而言之,你的大脑已经在食物和引起恶心的疾病之间形成了一种联结,因此,再次呈现这种食物的时候,你会条件性地预期恶心。因此,你可能会选择完全避免吃那种食物。在上面的例子中,如果你曾在喝酒或吃寿司之后生病了,这可能是你避免喝酒和吃寿司的原因。

让我们回到为什么你要为了考试而学习。当然,原因可能有很多,包括取得好成绩,有成就感,取悦父母等,这些令人愉悦的结果会加强你的学习行为,并可能使你在未来保持这种行为(甚至增加)。如果你不学习,令人不愉快的结果——不及格,挫折,父母的失望——可能(有希望地)减少不学习的行为,并促使你在未来更多的学习行为。在本例中,你的行为通过操作性条件反射过程受到其结果的影响。

这两种条件反射,经典条件反射与操作性条件反射,通过关注环境刺激与行为之间的联结,可以解释动物和人类的大多数行为。这种关于学习和条件作用的研究深受命令行为主义(behatiorism)的影响。行为主义是一种心理学流派,以可观察到的行为和事件来解释行为。与认知方法不同,行为主义的观点强调先前经验而不是想法或者心理对当前行为的影响。在本章的课程中,我们将介绍条件作用以及与学习有关的各种过程和现象。

5.1 经典条件反射

我们将从人类和其他动物学习的最基本形式之一——**经典条件反射**开始探索。经典条件反射也叫巴甫洛夫反射,以俄国生理学家伊万·巴甫洛夫(Ivan Pavlov,1849—1936)的名字命名,我们将会更详细地讨论它,这个过程有助于解释各种日常行为,比如为什么微波炉的哔哔声会让你流口水。

经典条件反射 最初的中性刺激通过与已经引起反应的刺激结合而获得诱发相同和相关反应的能力的过程。

源于旧反射的新反射

LO 5.1.A 解释经典条件反射的主要成分。

20世纪初,俄国生理学家伊万·巴甫洛夫一直致力于狗的唾液分泌研究,该研究是消化功能研究计划的一部分。巴甫洛夫的研究程序之一是在狗的脸颊上做个开口手术,插入一根管子以便从动物的唾液腺中引出唾液,这样就可以测量唾液的分泌量。巴甫洛夫还在狗的嘴里放入肉粉或其他食物,以刺激其分泌唾液(见图5.1)。

图5.1 巴甫洛夫采用的方法

左边的照片中最中间的是巴甫洛夫（留着白胡子），两侧是他的学生和一只被用于实验的狗。右边的装置是根据伊万·巴甫洛夫的技术设计的，唾液从狗的脸颊流到试管中，唾液量是通过与转鼓相连的指针的运动测量的。

巴甫洛夫是一位真正具有献身精神的科学观察者，他的学生和助手也从他那里学到以同样的热情来关注研究细节。在他从事唾液分泌研究期间，一名助手注意到大多数人会觉得微不足道而忽略一些东西。当狗被多次带到实验室之后，它会在食物放进嘴里之前就开始分泌唾液。看到或闻到食物，看到食物盘，甚至看到每天送食物的人，或者听到这个人的脚步声，这些都会使狗分泌唾液。毫无疑问，这种新的唾液分泌反应不是天生的，而是通过多次练习后习得的。

起初，巴甫洛夫把狗流口水仅仅当作一种令人讨厌的唾液分泌现象。但很快他就意识到自己的助手已经发现了一种重要现象。巴甫洛夫认为，它是人类和其他动物所有**学习**活动的基础（Pavlov, 1927）。他把这种现象称为"依赖条件（conditional）"的反射——之所以说它是依赖条件的，是因为它依赖于环境条件。由于后人对他著作的翻译中，误将"有条件的"（conditional）写成了"条件性"（conditioned），今天人们通常使用后一种说法。这种**条件反射**开始指代一种基于联结的学习。

学习 由于经验产生的相对持久的行为（或行为潜能）变化。

条件反射 一种包括环境刺激和有机体反应之间的联结的基本学习类型。

巴甫洛夫很快停止正在从事的研究，反而转到条件反射研究中，并把他生命的最后30年都奉献给这项研究。那么，在他的研究中，为什么狗在非食物刺激条件下也会分泌唾液呢？

起初，巴甫洛夫推测可能是狗在获取食物前的思考使它们流口水。它是否相当于"喂！孩子，该吃东西了"？但最终他认为，这种推测是毫无根据的。于是他把研究重点放在了引起条件反射的环境因素上。

无条件刺激（US） 经典条件反射术语，无需额外学习就能诱发某种特定反应的刺激。

无条件反应（UR） 经典条件反射术语，由无条件刺激诱发的反应。

根据巴甫洛夫的观点，最初的唾液分泌反射包括狗嘴里的食物这种**无条件刺激**（unconditioned stimulus，US）以及唾液分泌这种**无条件反应**（unconditioned response，UR）。无条件刺激是指无需额外学习就能诱发特定反应的事件或物质。无条件反应是指自动产生的反应。

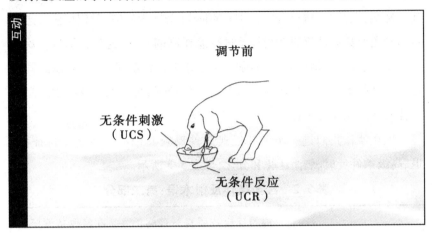

在巴甫洛夫的实验室里,当某个中性刺激,如铃声——代表一种不会造成狗分泌唾液的刺激——有规律地与食物相匹配,狗学会了将铃声和食物联系起来。因此,单独的铃声也获得了使狗分泌唾液的能力。

更普遍地说,中性刺激与无条件刺激之间形成联结,中性刺激就变成了**条件刺激(CS)**。然后条件刺激(CS)就能诱发一个习得或**条件反应(CR)**,通常与原始的、未经学习的反应相似或相关。在巴甫洛夫的实验室里,先前没有引起的唾液分泌的铃声,变成了引起唾液分泌的条件刺激,如表5.1所示。

条件刺激(CS) 经典条件反射术语,指与无条件刺激结合后能诱发条件反应的最初中性刺激。

条件反应(CR) 经典条件反射术语,指由条件刺激诱发的反应。它发生于条件刺激与无条件刺激结合之后。

表5.1 经典性条件反射术语:第一部分

	定义
无条件刺激(US)	无需额外学习就能诱发某种特定反应的刺激
无条件反应(UR)	无条件刺激诱发的反应
条件刺激(CS)	与无条件刺激结合后能诱发条件反应的最初中性刺激
条件反应(CR)	由条件刺激诱发反应;它发生于条件刺激与无条件刺激结合之后

巴甫洛夫及其学生继续证明了各种各样的事物与食物结合都能变成唾液分泌的条件刺激:节拍器的滴答声、蜂鸣器的振动声、对脚的触摸,甚至是针刺或电击。

经典条件反射的原则

LO 5.1.B 讨论经典条件反射的基本原则,包括消退与恢复、高阶条件(higher-order conditioning)以及刺激的泛化和分化。

从昆虫到人的所有物种中都存在经典条件反射。除了分泌唾液之外,很多反应都是经典条件反射,包括心跳、血压、警觉、饥饿以及性唤起。确实,电视节目《办公室》(The office)(美国版)的粉丝们可能会想起吉姆利用经典条件反射对德怀特进行恶作剧的片段,这是吉姆最喜欢的恶作剧,通过将吉姆电脑开机的声音与薄荷糖联系起来,刺激他的同事对薄荷糖的渴望。在具体的实验中,呈现中性刺激和无条件刺激之间的最佳时间间隔非常短暂,通常少于1秒钟。

现在就让我们进一步了解经典条件反射其他的一些重要特征:消退、高级条件反射、刺激泛化和分化,如表5.2所示。

表5.2 经典条件反射术语:第二部分

消退	已习得的反应减弱直至最终消失。在经典条件反射中,当条件刺激不再伴随无条件刺激出现时,就会发生消退
自然恢复	已习得的反应在消退后又重新出现
高级条件反射	通过与已建立的条件刺激相结合,中性刺激变成条件刺激的过程
刺激泛化	条件反射形成后,对与最初形成条件反射相似的刺激也做出反应的倾向。在经典条件反射中,它发生在刺激与引起条件反应的条件刺激相似的情况下
刺激分化	对两个或更多可区分的相似刺激产生不同反应的倾向。在经典条件反射中,它发生在与引起条件反应的相似(但不同)条件刺激不能诱发条件反应的情况下

消退 条件反应可持续数月或数年。但如果条件反射形成后,重复呈现条件刺激而不呈现无条件刺激,条件反应会减弱直至消失,这个过程被称为**消退(extinction)**(见图5.2)。假定经过训练的小狗米洛(Milo)已经能够对铃声做出分泌唾液的反应,接着每5分钟响一次铃声却不给它食物。米洛再听到铃声后,分泌的唾液就会越来越少。不久,米洛就完全不会听见铃声就分泌唾液,唾液分泌已经消失了。但是,消退不同于没有学习。如果第二天铃声又响了,米洛可能还会分泌几次唾液,但反应会比第一天微弱。再次出现这种反应的现象叫作**自然恢复(spontaneous recovery)**。这说明了为什么完全消除一个条件反应通常需要多个消退期。

消退 已习得的反应减弱直至最终消失。

自然恢复 已习得的反应在消退后又重新出现。

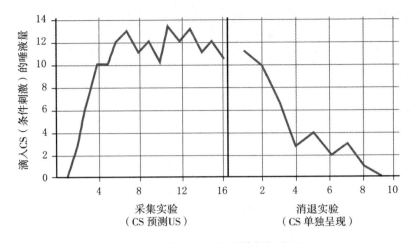

图5.2 唾液分泌反应的获得与消退

伴随着引起分泌唾液的无条件刺激（如食物）的出现，中性刺激（如铃声）将会变成唾液分泌的条件刺激（图左）。但当重复呈现这种条件刺激却不伴随无条件刺激时，条件性唾液分泌反应将会减弱直至消失（图右）；它已经消退了。

高级条件反射 有时通过与已经建立的条件刺激相结合，中性刺激可以变成条件刺激，这个过程叫作**高级条件反射**（higher-order conditioning）。比如说米洛已经学会一看到食物托盘就分泌唾液，现在则在它看到食物托盘前发出强光。多次将强光和食物托盘结合，米洛就能学会看到强光就分泌唾液。图5.3说明了高级条件反射的过程。

高级条件反射 在经典条件反射中，通过与已建立的条件刺激相结合，中性刺激变成条件刺激的过程。

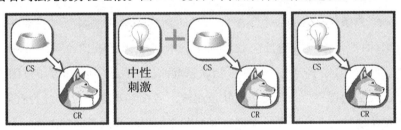

图5.3 高级条件反射

在这个高级条件反射的图解中，食物托盘是先前形成的唾液分泌（左）的条件刺激，中性刺激灯光与食物托盘（中）结合，灯光也成为唾液分泌（右）的条件刺激。

高级条件反射也许可以解释为什么一些词语会引起我们的情感反应，即为什么这些词语会激怒我们或唤起我们的温情。当词语与目标物或其他一些已经能激发情感反应的词语相结合，它们也会诱发那种反应（Staats & Staats，1957）。例如，由于"生日"这个词语与礼物和关注相联系，儿童可能会学会对它产生积极反应；相反，如果是一些带有种族或民族色彩的词语与儿童早已学会的令人不愉快的词语（如愚蠢或者懒惰）

相结合，他们可能就会对这些种族或民族产生消极反应。换句话说，高级条件反射可能会促使偏见形成。

刺激泛化和分化 当一种刺激成为某种反应的条件刺激后，其他相似刺激也可能产生相似反应——这种现象称为**刺激泛化**（stimulus generalization）。例如，如果使小狗米洛对钢琴中音 C 形成了唾液分泌反应，即使并没有在比 C 音高一个调的 D 音后呈现食物，米洛可能也会对 D 音分泌唾液。一句谚语恰当地描述了刺激泛化："一朝被蛇咬，十年怕井绳。"

刺激泛化的反面是**刺激分化**（stimulus discrimination），它是指与条件刺激有某些相似的刺激会导致不同的反应。假定已经通过声音与食物的反复结合使米洛形成了对钢琴中音 C 分泌唾液的条件反射。现在，在吉他上弹出中音 C，不伴以食物出现（但会继续在钢琴中音 C 后伴以食物）。最后，米洛将学会只对钢琴中音 C 做出分泌唾液的反应，对在吉他上弹出的同样音不做分泌唾液的反应，也就是说，它能分辨两种声音。如果继续这样做一段时间，那么就能够训练米洛非常好地做出分辨并分泌唾液。

经典条件反射实际上教给了我们什么？

LO 5.1.C 解释在经典条件反射中，为什么条件刺激必须在无条件刺激之前呈现。

经典条件反射的一个重要特征是动物或人学会把刺激与刺激联系起来，而不是把刺激与反应联系起来。米洛学会了听到铃声流分泌唾液，因为它已经学会把铃声和食物联系起来，而不是（通常认为的）因为它已经学会把铃声与分泌唾液联系起来。要使经典条件反射最为有效，必须使条件刺激在无条件刺激之前而非之后出现或两者同时出现。

这一点很重要，因为在经典条件反射中，条件刺激成了预测无条件刺激的信号。经典条件反射使有机体能够预期即将发生的有生物意义的重要事件并做好准备。例如，在巴甫洛夫的研究中，铃声、蜂鸣或其他刺激都是肉将要出现的信号，狗分泌唾液就是为消化食物做好准备。因此，今天许多心理学家都主张，在经典条件反射中，动物或人实际上学到的不仅仅是两种发生时间上接近的刺激的联结，还是一种刺激传递的关于另一种刺激的信息。例如，"如果声音响起，食物很可能会随之而来。"

罗伯特·雷斯科拉（Robert Rescorla, 1988, 2008）的研究支持了这种观点。在一系列创造性研究中，雷斯科拉发现，仅仅是无条件刺激和中

刺激泛化 条件反射形成后，对与最初形成条件反射相似的刺激也做出反应的倾向。

刺激分化 对两个或更多相似但在某些维度不同的刺激产生不同反应的倾向。

性刺激的结合不足以产生学习。为了成为条件刺激,中性刺激必须可靠地标志或者预示着无条件刺激的出现。如果常常没有先行声音就出现食物,声音就不太可能成为唾液分泌的条件刺激——因为声音并未提供任何可能得到食物的信息。假定一种情况:如果你接到的每个电话都会带来一些坏消息,并让你心跳加速,那么每次电话铃响时,很快你心脏就会砰砰乱跳,这就是条件反射。但是通常情况下,这些让你不安的电话是不常发生或随机出现在大量的正常电话中,即电话铃声有时与坏消息匹配,但并不总预示灾难,所以条件性的心跳加速反应并不会出现。

在一位自愿的朋友身上试验用经典性条件反射程序形成眨眼行为,你需要一根吸管和一些能制造声响的东西,用勺子轻敲玻璃杯就行。告诉你的朋友你将用这根管子在他或她眼前吹气,在每次吹气前制造些声音,但不说为什么,重复这一过程十次,然后发出同样的声音,但不吹气,你的朋友可能还会眨眼,只发出声音但不吹气一两次后,眨眼动作便会消失,你可以说出其中的无条件刺激、无条件反应、条件刺激和条件反应吗?

雷斯科拉得出以下研究结论:"巴甫洛夫条件反射并非有机体在任意两个同时发生的刺激之间形成杂乱联结的愚蠢过程,而是把有机体看作使用逻辑和知觉关系来寻求信息,伴随着自己的预期所形成的对自己世界的复杂表征。"尽管并非所有的学习理论家都同意这一结论,像传统的行为主义者就会认为,谈论老鼠的预期是一件傻事,但是,其重要之处在于,诸如"寻求信息"、"预期"和"对世界的表征"这些概念,为从认知的观点重新看待经典条件反射打开了一扇窗。

日志5.1 批判性思考——检查证据

思考你从经典性条件反射中学到的一种不利的联结。例如,也许你喜欢躺在床上学习。然而,你的床与困倦和睡眠有关,因此,当你试图学习时,真正发生的是你感到疲倦并打瞌睡。识别例子中的无条件刺激、无条件反应、条件刺激以及条件反应,描述如何应用消退"忘却"这种联结。

模块5.1测验

1. 五岁的卡特里娜正注视着窗外的暴风雨。一道巨大的闪电之后是巨大的雷声,卡特里娜听到响声后跳了起来。在经典条件反射中,雷声是指(   )。

A. UR　　　　　　B. US　　　　　　C. CS　　　　　　D. CR

2. 五岁的卡特里娜正注视着窗外的暴风雨。一道巨大的闪电之后是巨大的雷声,卡特里娜听到响声后跳了起来。这种情况还会发生好几次。先是短暂的平静,然后又是一阵闪电。卡特里娜对闪电做出了反应。在经典条件反射中,卡特里娜的反应是指(   )。

   A. UR   B. US   C. CS   D. CR

3. 五岁的卡特里娜正注视着窗外的暴风雨。一道巨大的闪电之后是巨大的雷声,卡特里娜听到响声后跳了起来。这种情况还会发生好几次。先是短暂的平静,然后又是一阵闪电。卡特里娜对闪电作出了反应。在经典条件反射中,闪电这一景象是指(   )。

   A. UR   B. US   C. CS   D. CR

4. 当一种先前习得的反应即使在被认为已经消失之后也会重新出现,经典条件反射称之为(   )发生了。

   A. De – extinction   B. 刺激泛化
   C. 刺激分化   D. 自然恢复

5. 为什么中性刺激先于无条件刺激才能使经典条件作用成功?
   A. 中性刺激信号表明非条件刺激正在到来,最终中性刺激成为条件刺激。
   B. 可以说,中性刺激抹去了学习的隔板,使非条件刺激的影响更强。
   C. 为了使中性刺激与条件刺激配对,它首先必须与无条件刺激配对。
   D. 中性刺激引起非条件反应,但非条件刺激首先需要存在。

5.2 现实生活中的经典条件反射

如果狗能学会对铃声分泌唾液,你也能。实际上不用提到棉花糖,单是杂志上令人垂涎的食物图片,都可能让你学会对午饭铃声分泌唾液。但是,经典条件反射在许多方面都会影响我们的日常生活。

学习喜欢

LO 5.2.A 举例说明经典性条件反射为什么要取代形成偏好。

当你看着这些柠檬,你能感觉到你的唾液腺一阵刺痛吗?你会流口水吗?如果是这样,那就是条件反射起作用了。

约翰·华生(John Watson)是最早认识到巴甫洛夫理论在现实生活中具有应用意义的心理学家之一,他创立了美国的**行为主义**并热诚地发展了巴甫洛夫的观点。华生认为,所有的人类情感和行为都可以用条件反射原理来解释。例如,他认为,当某人抚摸并拥抱你时,你就学会了爱别人。大多数心理学家和非心理学家认为华生关于爱的解释是错误的,爱比他认为的更加复杂。但他关于经典条件反射具有影响我们情感、偏爱和品味的力量的观点则是正确的。

行为主义 一种强调研究可观察行为,强调环境和先验经验对行为起决定作用的研究方法。

在形成对物体、人物、符号、事件和地点的情感反应的过程中,经典条件反射发挥着巨大的作用。它能解释为什么看到吉祥物、国旗或奥运会标志时,我们会充满感情,因为这些物体都曾与过去的积极情感相联系。

许多广告技术运用了经典条件反射在情绪反应方面的优势。我们注意到有些广告产品伴有好听的音乐、有吸引力的人、美好的风景或者名人。用经典条件反射术语来解释,音乐、有吸引力的人或名人是对于与愉快相连的内部反应的无条件刺激,广告商希望产品成为激发你相似反应的条件刺激。

学习恐惧

LO 5.2.B 举例说明经典条件反射是如何使个体学会恐惧的,以及解释对抗条件反射作用(counter conditional)产生的过程。

通过经典条件反射,不仅可以形成积极情感,而且也可以形成诸如厌恶、恐惧等消极情感。只要将其与一些能诱发痛苦、惊骇或尴尬的事物相结合,人们可以学会对任何东西产生恐惧。但是,人类的生物性决定了他们对某种后天获得的恐惧特别敏感。比起蝴蝶、花和烤箱,人们更容易建立对蜘蛛、蛇和高处的条件性恐惧,因为后者对人类的健康来说具有更大的危险性。一些研究者认为,人类在进化过程中获得了一种很快学会害怕它们的倾向(LoBue & DeLoache,2008,2011;Ohman & Mineka,2001;Malian,Lipp,& Cochrane,2013)。

恐惧症表现为,人们对物体或情境的恐惧变得非理性,影响了正常活动。为了证明人们是如何习得恐惧症的,约翰·华生和罗莎莉·雷纳(John Watson & Rosalie Rayner,1920/2000)故意使一个11个月大的男孩阿尔伯特(Albert)形成了老鼠恐惧。他们的目的是证明:(1)成年时期特定的恐惧情绪反应可以追溯到童年期;(2)恐惧反应可以转移至大量的其他刺激(我们现在称之为刺激泛化)。华生和雷纳的研究程序有一些瑕疵,由于伦理原因,当今没有心理学家尝试对儿童做这样的事。但是毋庸置疑,恐惧症主要是通过条件反射形成的,这一观点至今仍被广泛接受。观看视频"经典性条件作用下的小阿尔伯特",观看经典实验的操作。

记住,华生和雷纳故意选择一个安静的孩子作为他们的研究对象(之所以有意选择这样的小孩,是因为他们认为此实验对他的伤害是最小的)。当华生和雷纳给他一只白鼠(白鼠是活的,不是玩具)来玩时,他一点儿也不害怕。事实上,他很高兴。当给他其他类似的东西,例如兔子和棉毛衣时,他也表现出高兴。已经确立了阿尔伯特喜欢白鼠,华生和雷纳开始教他害怕白鼠。他们再次给他一只白鼠,但这次阿尔伯特一接近白鼠,研究者就在阿尔伯特头后面敲击钢琴棒,发出很大的噪声。阿尔伯特突然被吓了一跳,跌倒了。一周后,研究者将这一实验程序重复了几次,阿尔伯特开始啜泣和发抖。最后,只给他白鼠,不发出噪声,阿尔伯特也会摔倒、大哭,并尽可能快地爬离。白鼠变成了恐惧的条件刺激。几天后的实验表明,阿尔伯特的恐惧已经泛化到了其他有毛发的物体,包括白兔、棉毛衣、圣诞老人面具,甚至约翰·华生的白头发。

不幸的是,华生和雷纳同小阿尔伯特失去了联系,不知道他的恐惧持续了多长时间。阿尔伯特到底是谁也引发了一些争论,人们对他的身份和最终命运进行了猜测和调查(Beck & Irons, 2011; Fridlund et al., 2012; Powell et al., 2014)。而且,因为这个实验提前结束了,以致他们无法消除这种条件反射,这引起了人们对这项工作对可怜的阿尔伯特造成长期影响的伦理担忧。

但是,华生和玛丽·科弗·琼斯(Mary Cover Jones)确实消除了另一个儿童的条件性恐惧。华生称这一例条件性恐惧是在家中形成,而非心理学家在实验室诱发的(Jones,1924)。这名叫彼得(Peter)的 3 岁幼儿非常害怕兔子。华生和琼斯采用一种称为**逆条件反射(counterconditioning)**的方法消除了这种恐惧。这种方法是将条件刺激和能诱发与原条件反应不相容反应的刺激相结合。逆条件反射可能不会消除先前的学习,

逆条件反射 在经典条件反射中,将条件刺激和能诱发与原条件反应不相容反应的刺激相结合的过程。

而是导致新的学习覆盖旧的学习。在本例中,研究者把兔子(条件刺激)与牛奶加饼干的零食结合,零食产生的愉悦感与恐惧的条件反应不相容。最初,研究者把兔子放得远离彼得一些,这样他的恐惧将保持在较低水平。否则,彼得就可能学会恐惧牛奶和饼干。但是渐渐地,在几天的时间里,他们把兔子放得越来越近。最终,彼得学会了喜欢兔子。他甚至能让兔子坐在自己腿上,一只手和它玩,另一只手吃东西。这种程序的变式叫作系统脱敏,后来把它用于调节成人的恐惧症。

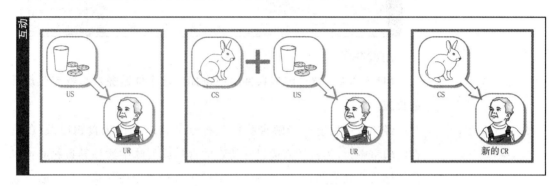

如今,用于治疗恐惧症的暴露疗法利用了消退这一过程,即在没有无条件刺激的情况下呈现条件刺激来减少恐惧反应。此外,对如何操纵大脑功能有了更深入的了解,科学家们可以探索帮助人们克服条件性恐惧的方法,其方式是华生几乎无法想象的。例如,给大鼠服用一种药物(称为d-环丝氨酸,d-cycloserine),可以增强大脑中谷氨酸的活性,从而加速消退(Schmidt et al.,2015;Walker et al.,2002)。受这些结果的启发,科学家们继而研究d-环丝氨酸(d-cycloserine)(对人类是安全的)是否能解决恐高症(Davis et al.,2005)。他们做了双盲实验,让15人服用此药物,其他15人服用安慰剂,参与者经历了两个疗程。参与者带上护目镜,乘坐一架玻璃电梯,从地面缓缓上升,这对有恐高症的人是非常恐怖的事!他们还要走到一架高桥上面,低头看下面的喷泉。在每周一次的三个月疗程中,参与者记录他们到每级阶梯的不安感,服用d-环丝氨酸比安慰剂更能有效减轻症状。再者,在他们的日常生活中,服用该药物的参与者比控制组的人更多地接触高处。随后的研究证实,d-环丝氨酸可以增强暴露治疗对恐惧症和其他焦虑症的治疗效果(Rodrigues et al.,2014)。这样的研究帮助我们理解隐藏在恐惧背后的生物机制,以及可能帮助我们控制甚至克服恐惧行为主义原则。通过观看"暴露治疗"视频了解更多关于这些重要主题的信息。

解释味觉

LO 5.2.C 描述经典条件反射是如何让个体避免对食物产生厌恶的反应。

经典条件反射也能解释我们怎样学会喜欢和讨厌食物以及气味。在实验室中,行为科学家通过在特定的食物或气味中添加导致恶心或其他不愉快症状的药物,使动物学会了讨厌这种食物或气味。一位研究者通过把动物喜欢的胡萝卜气味与讨厌的苦味化学物质相结合来训练蛞蝓。很快,蛞蝓就开始回避胡萝卜气味。接下来,研究者通过把胡萝卜气味与马铃薯气味结合,证明了高级条件反射的存在,即蛞蝓确实也开始回避马铃薯气味(Sahley, Rudy, & Gelperin, 1981)。

许多人在吃了某种食物后生病,就学会了讨厌这种食物,即便这两个事件无因果关系。事实上,本章开头的民意调查显示,66%的学生对一种他们在感到恶心之前吃过的特定食物产生了厌恶情绪,这一结果与之前的研究一致(Scalera, 2002)。这种食物原来是一种中性刺激,现在变成了恶心或该疾病引起的其他症状的条件刺激。心理学家马丁·赛利格曼(Martin Seligman)曾谈到他本人怎样由于条件反射而讨厌蛋黄酱。一天晚上,他和妻子吃了美味的鱼片蘸蛋黄酱后不久,就得了流感。他会感到沮丧。当然,他的不幸与蛋黄酱并无关系。但是等到下次再吃蛋黄酱时,他烦恼地发现自己开始讨厌蛋

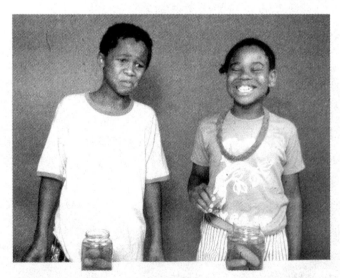

我们对一种食物说"恶心"或"好吃",可能取决于过去经历过的经典条件反射的经验。

黄酱的味道了(Seligman & Hager,1972)。

值得注意的是,赛利格曼对蛋黄酱的反感不同于实验室中形成的厌恶条件反射,他在蛋黄酱和生病只结合了一次之后就发生了,而且在条件刺激和无条件刺激间有很长的时间间隔。此外,和他一起坐在桌子旁的妻子并没有成为恶心的条件刺激,可能与疾病有关的餐盘和服务员也没有成为厌恶反应的条件刺激。这是为什么呢?约翰·加西亚和罗伯特·柯林(John Garcia & Robert Koelling,1966)已经在早期关于老鼠的研究中给出了答案:与视觉或听觉相比,人们更容易将疾病与味觉联系起来,这就是"**加西亚效应**"(the "Garcia Effect")。这种生物趋势的进化可能是因为它提高了生存能力:吃坏的食物比特定的景象或声音更容易导致疾病和死亡。

心理学家利用条件性厌恶,开发了一种人性化的方法成功阻止了食肉动物捕食牲畜的行为。在一项经典研究中,研究者在羊肉中加入一种散发令人作呕气味的化学物质,狼在只吃了一两次之后,虽仍然跑向羊羔,但它们没有攻击,而是撤退、躲藏和呕吐,结果它们形成了对羊肉的条件性厌恶(Dingfelder, 2010;Gustavson et al., 1974)。相似的方法也被用于控制其他捕食者,例如,阻止浣熊杀鸡,乌鸦吃鹤蛋(Garcia & Gustvson, 1997)。

对治疗的反应

LO 5.2.D 描述经典条件反射如何影响对药物治疗的反应,包括病人对安慰剂的反应。

由于经典条件反射的影响,医学治疗能产生意想不到的痛苦或症状缓解,这些都是与治疗本身完全无关的。例如,对治疗的不愉快反应常常会泛化到其他刺激之中,癌症病人就面临这个问题。化疗引起的恶心和呕吐反应常常泛化到治疗室、候诊室、护士的声音或酒精的气味。药物治疗是恶心、呕吐的无条件刺激,其他先前的中性刺激通过联结,成为这些反应的条件刺激。即便是诊所的图像和气味的心理表象也可能成为恶心的条件刺激(Dadds et al.,1997;Redd et al.,1993)。

一些癌症病人也会对任何与化疗有关的事物,产生经典性条件的焦虑反应(Jacobsen et al., 1995)。然而,病人服用了没有有效成分的安慰剂、药片,或接受没有效果的注射液,或者接受了对疾病没有直接生理反应的治疗,他们的痛苦和焦虑反应也会降低。特别是当安慰剂采取注射、大药片,或药片上标有著名商标的形式时,安慰剂的效果非

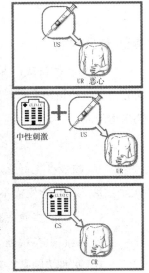

常大(Benedetti & LeviMontalcini,2001)。事实上,安慰剂可以像真正的药物一样作用于大脑中的神经通路(Price, Finniss, & Benedetti, 2008)。

为什么安慰剂会起作用呢?认知心理学家强调,期望可以使病人减少焦虑,增强免疫能力,这样的期望也可能导致我们以产生我们希望的结果的方式行动(Michael, Garry, & Kirsch, 2012)。但是,行为主义者强调条件反射:医生的白大褂、医生办公室或诊所,还有药片和注射都成为症状减轻的条件刺激,因为这些刺激都和过去实际用药的反应相联结(Ader,2000)。实际用药是无条件刺激,它们产生的症状减轻是无条件反应,安慰剂(条件刺激)起到了诱发相似反应(即条件反应)的作用。

安慰剂效应与经典条件反射的解释并不矛盾(Kirsch,2004;Stewart - Williams & Podd,2004)。正如我们早些看到的,现在许多研究者接受了这样的观点,即经典条件反射包含了经典条件反射涉及的条件刺激将紧随无条件刺激出现的期望。这样,至少一些经典条件性的安慰剂效应包含了可以涉及病人的期望。实际上,正是病人之前的经历形成了接下来的期望。

日志 5.2　批判性思考——提出问题,乐于思考

利用经典条件反射的原理,把中性刺激与积极情感联系起来。例如,在周末的促销活动中,二手车店可能会为孩子们提供免费的海狗和气球,或者牙膏广告可能会展示长着完美牙齿、笑容满面的美女。请举一个不同的广告商使用这种技术希望增加销售的例子。你能在这个例子中找出经典条件反射的原理吗?

模块5.2测验

1. 西南教授每次讲课都会给她的学生带来一种奖励:有时是糖果,有时是现金,有时是测验加分。虽然她是一个糟糕的讲师,但学生们总是来上课,总是给她很高的课程评价。根据经典条件作用的原理,为什么会这样呢?(　　)

  A. 这些奖励是一种条件刺激,导致一种非条件的反应,在这种情况下,学生们会对西南教授产生好感。

  B. 以前,学生们不喜欢她的课程,所以西南教授通过提供食物来消除这种行为。

  C. 学生们将西南教授的出现与食物的出现联系起来,他们喜欢她的奖励,所以联想起来他们也喜欢她。

  D. 这些奖励是一种条件刺激,产生刺激分化,在这种情况下,对食物的喜好做出反应。

2. 小阿曼达害怕洗澡,所以她的父亲在浴缸里放了一点水,给了阿曼达一个棒棒糖,让她在

洗澡的时候吃。很快阿曼达就不再害怕洗澡了。她父亲用了什么经典条件反射法?（　　）

  A. 逆条件反射   B. 刺激泛化

  C. 消退前   D. 自然分化

3. 埃德加希望他蹒跚学步的儿子米格尔少吃零食,少吃垃圾食品。每次他们开车经过一家快餐店时,埃德加就尽量大声地喊叫,发出一阵可怕的声音,把米格尔吓一跳,直到把他弄哭了。毫不奇怪,米格尔从小就讨厌垃圾食品。这个例子中的条件刺激是什么?（　　）

  A. 米格尔不吃垃圾食品。   B. 埃德加的尖叫声。

  C. 米格尔哭泣。   D. 快餐店的存在。

4. 一天晚上,巴尼在沙瓦玛宫(Shawarma Palace)吃饭,吃的是皮塔饼(pita)、鹰嘴豆泥(hummus)、芝麻酱(tahini)和塔布列(tabouleh)。当晚晚些时候看新闻时,他看到沙瓦玛宫已经被健康检查员关闭,而巴尼的胃疼发作也证实了这个原因。几个月后,当朋友们邀请他去法拉菲尔王国吃类似的晚餐时,巴尼立刻拒绝了。可怜的巴尼怎么了?（　　）

  A. 刺激分化正在起作用,巴尼已经学会了对一种特殊的烹饪方式加以区别。

  B. 巴尼对食物的厌恶消失后,表现出了自发恢复的迹象。

  C. 他患病的可怕后果与一种特定的食物有关,这导致了他对这种食物的厌恶。

  D. 高阶条件作用使食物的视觉与一种特定的食物联系在一起,从而导致厌恶反应。

5. 化疗常常会让接受化疗的癌症患者感到恶心和空虚。随着时间的推移,病人们对行政室、白色制服的景象以及候诊室椅子的式样都产生了不愉快的体验。只是出现在治疗和经历所有这些感觉时可以导致恶心。在这个例子中,非条件刺激是(　　)。

  A. 用于化疗的化学物质

  B. 行政室的景观和里面所有的元素

  C. 由于环境因素而产生的恶心感

  D. 化疗引起的恶心感

5.3　操作性条件反射

  经典条件反射依赖于刺激之间的联系形成学习的基础,它适用于人类和非人类的学习情境。而操作性条件反射是一种不同的联结,这种联结取决于特定反应所带来的结果。

激进行为主义的产生

  LO 5.3.A　讨论爱德华·桑代克的研究如何成为操作性条件反射的基础。

  有个朋友,他3岁的女儿不喜欢在餐馆吃饭。在这样的场所待15分钟左右,她就会放声大哭,拒绝进食,并开始试图逃离座位。为了不打扰餐厅

里的其他客人,她的父母经常在她出现这种行为时就把她送回家。这样的反应可以理解,但它可能对年轻女孩的未来行为产生什么影响呢?

儿童当然会因为很多合理的原因而哭泣,疼痛、不舒服、害怕、生病、疲劳……这些苦恼会引起成人的同情和注意。然而,上面描述的孩子很可能从她先前的经验中学会了突然哭闹会引起关注,这样她就可以回家。她在餐馆里发脾气,证明了最基本的学习定律之一:行为会依据其后果,变得更可能发生或更不可能发生。

对环境后果的强调是**操作性条件反射(operant conditioning)**(也叫工具性条件反射)的核心。这是行为主义研究的第二种类型的条件反射。在经典条件反射中,动物或人的行为有没有后果并不重要。例如,在巴甫洛夫的程序中,狗学会了两个不在它控制下的事件之间的联系(如声音和食物),无论分泌唾液与否,狗都能得到食物。但是在操作性条件反射中,有机体的反应(如小女孩的哭泣)操作产生了对环境的效果,这些效果反过来影响了这种反应是否会再次发生。

操作性条件反射 根据反应的后果,增加减少相应反应的过程。

因此,经典条件反射的核心特征是刺激(中性刺激和无条件刺激)之间的联系,但在操作性条件反射中,核心特征是反应(行为)和结果之间的联系。经典条件反射和操作性条件反射涉及的反应类型也不同。在经典条件反射中,反应是典型的反射性行为,是对环境中发生的一些事件(如看见食物或听到铃声)的自动反应。而在操作性条件反射中,反应一般是复杂的、非反射性的,如骑自行车、写信、爬山、发脾气等。

爱德华·桑代克(Edward Thomdike, 1898)通过观察猫试图逃离"迷笼"去吃外面的鱼片,为操作性条件反射的研究奠定了基础。起初,猫会胡乱抓、咬、拍打笼子的各个部分。几分钟后,它偶然获得了成功的反应(松开了绳子,拉动了细绳或碰到了按钮),并冲出来得到了奖赏。当猫重新被放入迷笼后,这次它逃离用的时间少了一些,几次尝试后,它立即学会了正确反应。根据桑代克的看法,正确反应通过其令人满意的结果(得到食物)被印证了。相反,讨厌的或不满的结果则"消除"了行为。由此桑代克提出,行为是由后果控制的。

斯金纳(Skinner,1904—1990)对更复杂的行为进行了详细说明,并扩展了这种一般原理。斯金纳称他的方法为"激进行为主义",以便与强调经典条件反射的约翰·华生的行为主义进行区分。斯金纳认为,要理解行为就应聚焦于行为和行为后果的外部原因。他不用桑代克的术语,如"令人满意的"或"令人讨厌的",这些术语反映了对有机体感受和需要的假设。他说,要了解行为,就应关注个体外部而非内部的东西。

行为的后果

LO 5.3.B 区分强化和惩罚,以及举例说明不同类型的强化和惩罚:初级的和次级的,正向的和负向的。

斯金纳的分析激发了无数研究,在斯金纳的分析中,反应("操作")受两种后果影响:

1. 强化(reinforcement)加强反应或使它更可能发生。当狗在餐桌旁乞食时,你从盘中拿给它一些羊肉,这会增加狗的乞食行为出现的频率。

强化 随之而来的刺激或事件增加了先前反应可能性的过程。

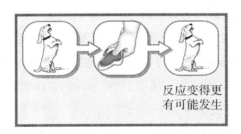

反应变得更有可能发生

强化物大约等同于奖励,许多心理学家都把奖励和强化物视为同义词。但是,严格的行为主义者避免使用奖励,因为它意味着获得后会感到快乐和满意。对行为主义者来说,无论有机体是否体验到愉快或积极情感,只要能加强先前行为的刺激,它就是强化物。相反,不管刺激多么令人愉快,如果没有增强反应的可能性,它就不是强化物。得到薪水很重要,但是如果无论你是否努力投入工作,都能得到报酬,钱就不能强化"努力工作的行为"。**操作性条件反射**和强化甚至出现在流行文化中。《生活大爆炸》(The Big Bang Theory)的粉丝们可能还记得这样的片段,每当佩妮(Penny)表现出谢尔顿(Sheldon)认为好的行为时,比如清理桌子上的脏盘子,或者在他的公寓外接嘈杂的电话,谢尔顿都会给她一块巧克力糖。

操作性条件反射 根据反应的后果,增加减少相应反应的过程。

2. 惩罚(punishment)减弱反应或使它不太可能发生。任何厌恶性(不愉快)刺激或事件都可以成为惩罚物。如果你的狗在餐桌旁乞食时,你轻轻地拍它的鼻子,并严厉地说"不",只要你不会因为心软而无节制

惩罚 随之而来的刺激或事件降低先前反应可能性的过程。

地给它食物,狗的乞食行为很可能就会减少。

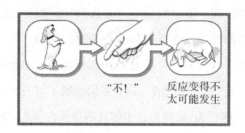

父母、雇主和政府一直都在使用强化物和惩罚物,为了使孩子表现良好,雇员努力工作,纳税人缴付税款,但他们并非总是有效地使用它们。例如,他们可能会等很长时间才给出强化物或惩罚物。一般说来,反应之后越早给出强化物或惩罚物,效果越大。当你在分数、表扬或惩罚之前得到它们,你就更可能做出反应。当这些强化物发生延迟时,其间如果发生了其他反应,期望或非期望反应和结果之间的联结就可能不会发生了。

一级、次级强化物和惩罚物　食物、水、轻轻抚摸皮肤和舒适的空气温度是自然强化物,它们都能满足生理需要。因此,它们被称作**一级强化物**(primary reinforcers)。同样地,疼痛、极热和极冷都具有天然的惩罚作用,因此,它们被称为**一级惩罚物**(primary punishers)。一级强化物和一级惩罚物可以非常强大,但它们在现实生活和研究中也并不总是有效的。一方面,如果动物或人不是处于剥夺状态,一级强化物可能不会有效;如果你刚喝了三杯水,一杯水就不足以成为奖赏。而且,显然由于伦理原因,心理学家不能使用一级惩罚物(如打被试)或去除一级强化物(如饿被试)。

幸运的是,也可以通过习得**次级强化物**(secondary reinforcers)和**次级惩罚物**(secondary reinforcers)来有效地控制行为。金钱、表扬、赞赏、好成绩、奖金和金星等是常见的次级强化物。批评、过失、责骂、罚款和差成绩等是常见的次级惩罚物。大多数行为主义者都相信,次级强化物和惩罚物通过与一级强化物和惩罚物结合,获得了其影响行为的能力(如果这使你想起了经典条件反射,轻拍一下头来强化一下你出色的思维。实际上,次级强化物和惩罚物常常被称为条件强化物和次级惩罚物)。作为一种次级强化物,钱对大多数人的行为都具有重要作用,因为它能交换如食物和住所这类的一级强化物,并与其他次级强化物如赞扬和尊重相连。

正、负强化物和惩罚物　在关于狗乞食行为的例子中,狗在做出乞

一级强化物　天生具有强化作用,特别是满足生理需要的刺激,如食物。

一级惩罚物　天生具有惩罚作用的刺激,如电击。

次级强化物　通过与其他强化物联结而获得后天的强化性质的刺激。

次级惩罚物　通过与其他惩罚物联结而获得后天的惩罚性质的刺激。

食反应后,伴随着一些愉快的事情(得到肉块),所以会使其反应增多。相似地,如果你学习后取得了好成绩,你就会继续努力或更加努力地学习。在这一过程中,愉快的后果使反应更可能发生,这叫**正强化(positive reinforcement)**。

但也存在另一种类型的强化——**负强化(negative reinforcement)**,它涉及去除一些不愉快事物的过程。例如,如果有人总是唠叨让你学习,当你听从时就不再唠叨,你的学习行为可能会增加——因为你想避免被唠叨,见图(a)。

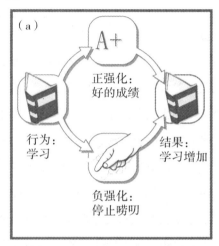

同样,吃药会缓解病痛,在校园里刻意选择走某条路就是为了避免嘈杂、拥挤的建筑工地,都是负强化发生的情况。

这种正负的区分也可用于惩罚:出现一些行为后,会发生一些不愉快的事件(正惩罚),或者一些愉快的事件被去除(负惩罚)。例如,如果你的朋友取笑你是个书呆子(正惩罚),或如果学习使你没时间和朋友在一起(负惩罚),你可能就会停止学习,见图(b)。

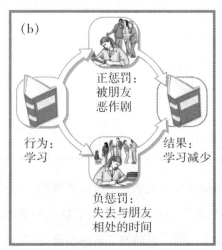

表 5.3　正负强化物和惩罚物

策略使用	细节	例子
正强化	增加刺激,增加反应的可能性	老师表扬你学习努力
负强化	减少刺激,增加反应的可能性	当经常上课时,老师不再骂你
正惩罚	增加刺激,降低反应的可能性	你的约会对象嘲笑你学习努力
负惩罚	减少刺激,降低反应的可能性	你的父母没收了你的驾照,因为你开车时一直在发短信

正负强化和正负惩罚之间的区别常常是引起学生们产生混淆的原因,它扰乱了许多聪明的大脑。检查下你对这些术语的理解,请参阅表5.3。如果你理解了"正""负"与"好""坏"无关,就能更快地掌握这些术语。它们是指是否呈现某物或拿走某物。在强化程序中,应把正强化物看作某种增加或获得的东西(你可以画一个"＋"号),负强化则是避免或逃离某种不愉快的事物(可以画一个"－"号)。在这两种情况下,反应都变得更可能发生。还记得小阿尔伯特通过经典条件反射学会恐惧老鼠时发生了什么吗?在他学会恐惧后,逃离当前可怕的啮齿动物时,爬的行为被强化了。逃离或避免某种不愉快事物带来的负强化,可以解释为什么如此多的恐惧可以长久持续,在避免一种可怕物体或情境的同时,也切断了所有消除恐惧的机会。了解更多关于此观点的信息,请观看"负强化"视频。

人们常常混淆负强化与正惩罚是可以理解的,这是因为二者都包含不愉快刺激。但是,在惩罚中,你遭受了不愉快刺激,而在负强化中,不愉快刺激则被去除了。为了正确理解这些术语,应当记住:惩罚(无论正负)减少了反应发生的可能性,而强化(无论正负)则增加了这种可能性。在现实生活中,惩罚和负强化常常同时存在。如果你使用项圈来教狗尾巴随主人,那么猛拉项圈就是对它走到你前面去的惩罚,而放松项圈就是对狗在你旁边的负强化。

你可以通过休息一会儿来正强化你对这些材料的学习,当你已经掌握了这些材料时,焦虑降低就将对你的学习产生负强化。但是,我们希望你不会对自己说"我永远也学不会"或"这太难了"来惩罚你的努力。

日志5.3 批判性思考——不要过于简单化

假设你想用操作制约来改变自己的行为,比如更经常地锻炼,吃更健康的食物,或者减少看电视或玩电子游戏的时间。描述你如何使用积极强化、消极强化、积极惩罚和消极惩罚来实现你心中的目标。哪一种方法能最有效地改变你的行为,为什么?

模块5.3测验

1. 操作性条件作用强调(　　)之间的联系,然而经典条件作用强调(　　)之间的联系。

   A. 两个刺激;刺激和反应

   B. 刺激和反应;两个刺激

   C. 反应和它的惩罚;反应和它的强化

   D. 反应和它的强化;反应和它的惩罚

2. 尽管它们可能有许多形式和变式,强化(　　),然而惩罚(　　)。

   A. 作用于无条件反应;作用于条件反应

   B. 使反应更有可能发生;也使反应更有可能发生

   C. 作用于无条件刺激;作用于条件刺激

   D. 使反应更有可能发生;使反应不太可能发生

3. 初级强化物是(　　)。二级强化物是(　　)。

   A. 能够使一种行为再次发生的;不太可能再发生这样的事了

   B. 奖励;惩罚

   C. 自发强化;学习

   D. 通过习惯;通过强化

4. 毛里多在女儿打扫完房间后给了她一块她最喜欢的糖果。糖果就是(　　)的一个例子。

   A. 正强化　　　　B. 负强化　　　　C. 正惩罚　　　　D. 负惩罚

5. 娜塔莉吃了三口她不喜欢吃的西兰花砂锅菜后，就可以离开无聊的餐桌了。这是一个（　　）的例子。

　　A. 正强化　　　　B. 负强化　　　　C. 正惩罚　　　　D. 负惩罚

5.4　操作性条件反射原理

　　研究者进行了数以千计的操作性条件反射的研究，其中许多都是以动物为被试进行的。一种受欢迎的研究工具是斯金纳箱（the Skinner Box），它有一种装置，当动物做出期望反应时就给它食物颗粒，当做出不期望的反应时就给它电击（见图5.4）。在现在的版本中，电脑记录随时间变化的反应。

　　在斯金纳（Skinner, 1938）的早期学术生涯中，他使用斯金纳箱经典地证明了操作性条件反射。将先前学会了通过食物释放装置吃东西的老鼠放在箱中，因为没有食物，动物表现出典型的老鼠行为，仓皇四窜、到处嗅闻，偶尔会碰到地板和墙。非常偶然地，它压到了墙上的杠杆，一粒美味鼠食立即掉在食盘中。然后老鼠又四处乱窜，再次偶然地碰到杠杆，得到食物。

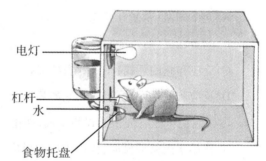

图5.4　斯金纳箱

当斯金纳箱中的老鼠按压杠杆时，会自动释放一粒食球或一滴水。右为斯金纳在斯金纳箱前训练被试的照片。

反应的重要性

LO 5.4.A　描述操作性条件反射的基本原理，包括消退和恢复、刺激的泛化和分化，以及学习和行为塑造的程序。

　　操作性条件反射与经典条件反射有许多共同之处。然而，经典条件反射强调两种刺激之间的联系，而操作性条件反射则侧重于刺激（强化物和惩罚物）如何改变反应。反应的中心性在我们现在讨论的操作性条件反射原则中得到了说明，如表5.4 所示。

表 5.4 操作性条件反射术语

术语	定义
消退	习得反应的减弱或最终消失;在操作性条件反射中,当反应不再伴随强化物时会发生消退
刺激泛化	在操作性条件反射中,已经被一种刺激强化(或惩罚)的反应在出现(或禁止)其他类似刺激时也会发生的倾向
刺激分化	只对一种刺激而不对其他在某些维度上不同的类似刺激发生反应的倾向
辨别性刺激	预示特定反应只伴随特定类型后果的刺激

消退 就像经典条件反射那样,在操作性条件反射中,消退(extinction)是导致先前习得反应消失的程序。在操作性条件反射中,保持反应的强化物被去除或不能得到时就发生消退。起初,可能会出现反应爆发,但随后反应就会渐渐变弱,最终则会消失。设想一下,若你在售货机里投入一枚硬币,却什么也没得到。你也许会投入另一枚硬币,甚至两枚,但随后你就可能会停止尝试。第二天,你也许还会投入一枚硬币,这是自然恢复的例子。但最终,你会放弃那台机器。你的反应已经消退了。

刺激泛化和刺激分化 就像经典条件反射那样,在操作性条件反射中也可能发生刺激泛化(stimulus generalization)。也就是说,反应可能会泛化到最初的学习情境中,泛化到没有呈现但与原始刺激相似的刺激之中。例如,通过训练已经学会啄圆形的鸽子,也会啄有点儿椭圆的图形。但是,如果你想训练这种鸟辨别两种形状,你就应同时呈现圆形和椭圆,每次鸽子啄圆形时就给出强化物,啄椭圆时就不给强化物,最后它就会产生刺激分化(stimulus discriminative)的反应。事实上,鸽子已经获得了特殊的辨别能力,它们甚至学习区别梵高和马克的油画(Watanabe,2001),然后,呈现这两位画家的其他两幅作品,它们也能区分开(Watanabe,2010)。

有时,动物或人只有在其他一些刺激存在时,才能学会对刺激反应,这种刺激叫作**辨别性刺激**(discriminative stimulus)。这种辨别性刺激提示了反应是否会得到奖励。对于斯金纳箱中的鸽子来说,灯光可以作为啄圆形物的辨别刺激。灯亮时,啄的行为会得到奖励;灯灭时,啄的行为是徒劳的。人类的行为被许多辨别性刺激所控制,如语言(营业时间是9

辨别性刺激 预示特定反应只伴随特定类型后果的刺激。

点到5点)和非语言的(交通信号灯、门铃、电话铃、别人的面部表情)。为了有效生活并与他人相处,我们都学会了如何在辨别信号呈现时做出正确反应。

按程序学习 通常来说,最初获得反应时,如果每次反应都得到强化,学习得最快,这种程序叫作**连续强化**(continuous reinforcement)。但是,一旦反应变得确实会发生,如果用**间隔(部分)强化程序**[intermittent (partial) schedule of reinforcement],反应就不太可能消退,这种程序只对一些反应进行强化。在斯金纳(Skinner, 1956)的研究中,偶尔发生强化物短缺的情况,被迫降低了强化物的发放频率,却意外地发现了这个事实(并非所有的科学发现都是事先计划好了的)。在间隔强化程序中,一些间隔程序只在一定次数反应后,给出强化物;另一些间隔程序只在上次强化物出现一定时间后做出反应,才进行强化。这影响了行为的频率、形式和时机。

间隔强化有助于解释为什么人们常常喜欢"幸运"帽、护身符和宗教仪式。一个击球手以一定的方式调整他的击球手套,然后打出了一记本垒打,从那时起,他每次投球前都要调整一下手套。一个学生考试用紫色笔得了A,此后她每次考试都用紫色笔。这些仪式会继续下去,因为有时它们会很偶然地带来强化物(击中球、好成绩),只要积极的结果继续发生,它们就不会消退。

斯金纳(Skinner, 1948)曾通过在实验室中制造了8只"迷信的"鸽子证明了这种现象。他操纵鸽笼,即使鸽子一动不动,也让食物每15秒送达一次。鸽子常常在活动,所以当食物来了时,每只动物都可能正在做着什么,这种行为被食物的送达所强化。行为当然完全是偶然被强化的,但仍然很可能再发生,这样就被再次强化。在很短时间内,6只鸽子一直在练习某种仪式性的行为——逆时针转圈,上上下下地轻轻点头,或者摇着头走来走去。这些活动都由于强化物的出现而具有很大的效果,这些鸽子表现出"迷信行为"。它们似乎认为是自己的动作带来了食物。

简而言之,如果你想在习得后能持久地保持某种反应,那么就应该使用间隔强化,而非连续强化。如果你的仓鼠哈里(Harry)用鼻子推弹球,你连续给它强化,随后你突然停止了强化,哈里就会很快停止推球,因为强化的改变是巨大的。

从连续强化到根本没有强化,哈里能很容易辨别出这种改变。但是

连续强化 一种强化方案,其中特殊的反应总是强化。

间隔(部分)强化程序 一种强化计划中的特殊反应,有时但不总是强化。

如果你只是经常强化哈里的行为，变化就不会这样显著，你那饥饿的仓鼠将会继续应答一段时间。间隔强化的鸽子、老鼠和人，在停下休息之前，特别是强化物出现的时机有变化时，已经在实验室中没有强化的情况下应答了几千次。动物有时会为了不可预测的、不常出现的一点儿食物而如此努力地完成任务，它们消耗的能量比从奖赏中获得的食物还多。从理论上讲，它们实际上能一直工作到死。

因此，如果你确实想消除自己或别人的某种反应，你就要小心，不要对它进行间隔强化。如果你想通过忽略它来消退非期望行为，你必须完全一致地去避免强化（你的注意），如孩子的哭闹、朋友的午夜电话、父母的烦人建议。否则，别人会学会，如果他或她一直哭叫、打电话或提建议的时间足够长，他们最终会得到奖赏。从行为主义的观点来看，人们犯的最普遍的错误就是，他们想消除间隔强化带来的每个反应。

塑造　要想强化有反应，它就必须先发生。但是，假定你想要训练仓鼠拾起石头，让儿童学会正确使用叉子，或者让朋友学会打网球。这些行为和其他日常生活中的大多数行为，几乎没有自动发生的可能性。你等着它们出现再加以强化，可能会等到头发都白了。解决这种困境的方法就是**塑造（shaping）**程序。

在塑造中，你通过强化向着正确方向的倾向，随后你渐渐要求与目标越来越相似的反应——期望行为。你对它们进行强化直至得到最终的目标反应的过程叫作**连续接近（successive approximations）**。

以教奶牛自己挤奶为例。牛没有手怎么可能做到这一点呢？但是奶牛可以被训练使用挤奶机器人。在一些国家，心理学家已经做到了这一点（Stiles, Murray, & Kentish Barnes, 2011）。首先，只要奶牛站在与机器人相连的平台上，它们就会给它碾碎的大麦（相当于巧克力）。在这个反应建立之后，当奶牛把身体转向机器人连接挤奶杯的地方时，它们才给它大麦。在那之后，当它到达机器人连接牛奶杯的准确位置，它们会奖励它，直到奶牛最终学会自己挤奶。此中关键是随着每一个连续接近的实现，下一个连续接近就变得更有可能，从而使其可用来强化。每天让奶牛自己挤三到四次奶，而不是传统的每天两次，而且自己挤奶的奶牛比其他奶牛表现出更少的压力迹象。农民们也表现出更少的压力，因为他们不再需要早上 5 点起床挤奶了！另一个塑造的例子，观看视频"用操作性条件反射改变行为"。

塑造　操作性条件反射程序，对期望反应的连续接近进行强化。

连续接近　在塑造程序中，根据与期望反应相似性的增加或接近程度的奖励行为。

使用塑造和其他技术,斯金纳能训练鸽子用喙玩乒乓球,在微型保龄球馆里用喙滚动木球去撞击小保龄球(斯金纳很有幽默感)。动物驯兽师们常常在电影和电视节目中使用塑造程序训练动物们的肢体动作,教狗成为盲人的"眼睛"和脊髓受损者的"手足";这些能干的狗学会了开灯、开冰箱门、取架子上的盒子。

学习的生物限制 就像经典条件反射原理那样,所有操作性条件反射原理也都受到动物的遗传素质和生理特征的限制。如果你想使用塑造技术教会鱼儿跳桑巴舞,你会彻底失败(也会把鱼儿累死)。但是如果能利用动物的天生倾向,那么操作性条件反射程序就有效的。

如塑造程序等行为技术有许多实用的应用。

数十年前,两位后来成为动物训练者的心理学家凯勒和马兰·布雷兰德(Keller & Marian Breland,1961)发现了当忽略学习的生物限制时会发生什么。他们发现,实验动物对原本简单的学习任务有困难。例如,假定猪可将大木钱币扔进箱子,事实上猪反而会丢下钱币,用鼻子拱它,扔到空中,又拱来拱去。这种古怪的行为实际上延迟了强化物(食物是对猪非常好的强化物)的呈现。这用操作性原理很难解释。布雷兰德最终意识到猪的搜寻本能(用鼻子拱开,挖出可以吃的根)妨碍了它学习该任务。他们称这种对本能行为的再现为**本能化倾向**(**instinctive drift**)。

本能化倾向 在操作性学习过程中,有机体复演本能行为的倾向。

人类的操作性学习也受我们种族遗传、生物学和进化史的影响。正如我们在第三章看到的,人类婴儿无需太多的努力就有学习语言的生物学倾向,也可能有学习某些算术运算的倾向(Izard et al.,1995)。此外,气质和其他先天倾向或许会影响一个人对强化物和惩罚物如何反应。如果一个人的气质倾向于开朗外向,比起天生害羞的人,这将更容易塑造其跳肚皮舞的行为。

斯金纳:其人和传说

LO 5.4.B 讨论人们对斯金纳的研究工作和操作性条件反射的总体目标的一些误解。

由于对操作性条件反射所做的突破性工作,斯金纳成为美国最著名的心理学家之一,也是最容易被误解的心理学家之一。例如,许多人(甚至一些心理学家)认为,斯金纳否认人类意识的存在和意识的研究价值。事实上,斯金纳(Skinner,1972,1990)认为,知觉、情感和思想等这些个体内部的事件是真实存在的,我们可以通过检验自身的感知觉反应、他人的口头报告,以及反应发生的条件来研究它们。但他也坚持认为,思想和情感不能解释行为。他说,这些意识成分本身仅仅是由于强化和惩罚而产生的行为。

斯金纳激起了他的支持者和批评者的强烈愤怒。或许最激怒人们的关键是:他坚持认为意志自由是一种错觉。人本主义和其他宗教主义认为人类有能力改造自己的命运,与之相反,斯金纳的理论支持宿命论,认为行为是由环境和遗传控制。

因为斯金纳认为,应该也可以通过操作环境来改变人们的行为,一些批评者把他说成冷血动物。对斯金纳的最大争议之一,便是他为其女儿黛博拉发明的与外界隔绝的婴儿箱,它有适宜的温度、湿度,消除了婴儿常常遭受的不安(热、冷、湿和毯子、衣服造成的限制)。斯金纳相信这可以减少婴儿的哭闹,方便父母照料,但人们却错误地以为斯金纳只是把他的孩子放在婴儿箱里不管不顾,也不会拥抱抚摸她,甚至有传闻说他的女儿长大后控告斯金纳。实际上,他的女儿都是被宠大的,她们也很爱她们的爸爸,事实证明斯金纳是成功的,他的孩子成人后都非常优秀。

B.F. 斯金纳发明了空中婴儿床,与传统的有栅栏和毯子的婴儿床相比更舒适,对婴儿的限制更少。图为斯金纳夫妇和他们13个月大的女儿黛博拉一起玩耍。

日志 5.4　批判性思考——考虑其他解释

人们坚持迷信的仪式,因为他们认为这是有效的。难道这种"有效性"是一种幻觉?可以用操作性条件反射原则来解释吗?消退、刺激泛化、刺激分化,或强化时间表是如何参与维持迷信信念的?

模块 5.4 测验

1. 要消除通过操作性条件加强的反应,有必要(　　)。

   A. 将反应与不同的无条件刺激联系起来　　B. 用不同的强化物来对抗反应

   C. 扣留强化物一段时间　　D. 用辅助加强件替换主加强件

2. 伊曼尼手机上有一个能识别出她男朋友给她打电话的铃声:"BbbrriiingBeepBeep"。当她听到它时,她会振作起来,因为她知道这是她甜蜜的宝贝的召唤。有一天她在咖啡店听到了这个铃声,在令人愉快的期待中抓起她的手机,她很失望地看到没有人给她打电话,而在附近的桌子上别人的电话响了。伊曼尼在咖啡店的回应就是一个(　　)的例子。

   A. 逐次逼近　　B. 刺激歧视　　C. 自发恢复　　D. 刺激概括

3. 每次狗坐在后腿上时,马乔都会通过奖励来训练他的狗。洛厄尔训练他的狗做同样的伎俩,但偶尔给动物一个奖励。一个月后洛厄尔的狗依然可靠地执行了这个伎俩,而马乔的狗只是偶然地这样做。为什么这些结果会有差异?(　　)

   A. 洛厄尔使用了强力加强,而马乔使用了连续加固。

   B. 马乔使用正强化,而洛厄尔使用负强化。

   C. 洛厄尔使用了一种初级增强剂,而马乔使用了一种辅助增强剂。

   D. 马乔使用了歧视性刺激,而洛厄尔使用了分配刺激。

4. 根据操作调节的塑形原理,如果你用鹦鹉敲响三次铃,你应该先做什么?(　　)

   A. 惩罚这只鸟敲铃三次以上。　　B. 加强鸟鸣铃一次。

   C. 在前几次铃声正确响起时扣留加固。　　D. 在将鸟放入笼中之前加强它。

5. 作为一般解释行为系统的操作性条件反射的主要支持者是(　　)。

   A. 铁钦纳(E. B. Titchener)　　B. 桑代克(Edward Thorndike)

   C. 华生(John B. Watson)　　D. 斯金纳(B. F. Skinner)

5.5　现实生活中的操作性条件反射

操作性条件反射可以澄清以下问题:为什么人类会有其表现出来的那些行为?为什么不论他们出于善意动机参加的研讨如何,提出的解决方案如何,人们一想改变行为就会遇到麻烦?如果生活中充满了同样的旧强化物、惩罚物和辨别刺激（坏脾气的老板、没有同情心的配偶、塞满脂肪食品的冰箱），任何已经获得的新反应或许都不会泛化。

为了帮助人们改变非期望的、危险的或自毁习惯，行为主义者把操作原理搬出了实验室，用于教室、运动场所、监狱、精神病院、养老院、康复病房、育儿中心、工厂和办公室的广阔世界中。在这些现实世界环境中运用操作性技术（和经典性技术）叫作**行为矫正（behavior modification）**（也叫应用行为分析）。

> **行为矫正** 应用操作条件技术来教授新的反应或减少或消除不适应或有问题的行为。

行为矫正已经取得了一些巨大成功（Kazdin, 2012; Martin & Pear, 2014）。行为主义者教会父母只用几个步骤来训练孩子的如厕习惯；他们训练智力落后的成人学会与别人交流，穿衣，参与社交和谋生；他们训练脑损伤病人控制不当的行为，集中注意，提高语言能力；他们帮助孤独症儿童改善社交和语言技能（Green, 1996）；他们还帮助普通人消除非期望的习惯，如抽烟和咬指甲，也帮助普通人获得期望习惯，如练钢琴和学习。但是，当人们试图在一些老生常谈的问题领域应用这些条件反射原理时，他们的努力有时也会失败，这可能是因为他们没有很好地掌握在这一章中我们已经学过的原理。要了解如何在自己的生活中成功地应用这些原则，请观看"如何做出更健康的选择"视频。

对惩罚的赞成与反对

LO 5.5.A 列举并讨论为什么惩罚经常不能有效改变行为的原因。

惩罚似乎是一个明显的解决方案，以遏制仍然盛行于社会的不良习惯和反社会行为。但惩罚可能产生好坏参半的结果。

几乎所有西方国家都禁止校长和教师体罚学龄儿童，但是，美国仍有23个州允许对有捣乱破坏和其他不良行为的学龄儿童进行体罚。美国也远比任何其他发达国家更可能由于非暴力犯罪（如吸毒）而监禁公民，并对暴力犯罪设立了极刑——死刑。当然，在他们的亲属中，人们更多的是通过大声喊叫、责骂和生气发火来相互惩罚。所有这些惩罚都有效吗？

惩罚何时有效？ 有时惩罚无疑是有效的。惩罚可以挽救一些年轻的罪犯不再重复犯罪。有人研究了出生于1944年至1947年间丹麦男性（约29000人）的犯罪记录，考察在26岁时重复被捕（再犯）的情况（Brennan & Mednick, 1994）。尽管重犯率仍相当高，但在任何类型的拘捕发生后，惩罚都降低了随后由于轻微和严重犯罪的被捕率。但与研究者的预期相反的是，惩罚的严重程度并未产生差异：罚款和缓刑几乎与坐监狱一样有效。最关键的是一致性惩罚。这是可以理解的：触犯法律者有时可以逃脱罪行，也就是惩罚不一致时，他们的行为就被间隔强化了，因此不易消退。

不幸的是，那正是美国的情况。比起丹麦来，美国年轻犯罪者还远没有得到一致性惩罚，部分原因是起诉人、陪审团和法官不想判定他们到监狱去。这也解释了打击犯罪的严厉刑罚为什么起不到效果，甚至适得其反。

惩罚何时会失败？ 实验室和现场研究发现，惩罚常常失败，这主要有以下几种原因：

1. 被惩罚者的反应常常是焦虑、恐惧或愤怒。 通过经典条件反射过程，这些情感副作用可能随后会泛化到惩罚发生的全部情境——地点、实施惩罚的人和环境。这些消极情感反应产生的问题会比用惩罚解决的问题更多。少年受到严重惩罚可能会回击并逃走。长期被虐待的配偶会感到痛苦、怨恨，很可能因为很小的敌意行为进行报复。儿童期遭受体罚是产生抑郁、攻击、低自尊和许多其他问题的危险因素（Fréchette, Zoratti, & Romano, 2015; Gershoff, 2002; Widom, DuMont, & Czaja, 2007）。

2. 惩罚的效果常常是短暂的，这在很大程度取决于惩罚的人和环境。 我们可能都记得童年时犯过的一些错误，父母在场时我们从来不敢承认，但是他们一走我们就会继续犯错误。所有我们学到的就是别被抓到。

我们都知道，人们经常做不应该做的事情。你想过为什么那么多人无视惩罚的警告和威胁？

3. 大多数不良行为很难立即惩罚。就像奖励,如果很快伴随反应,惩罚就会更有效。但在实验室之外,即时惩罚常常很难达到。在延迟期间,行为可能会被强化许多次。例如,如果你在回家喂完狗时想到要惩罚它,惩罚不会起任何作用,因为你做得太晚了:你宠物的错误行为已经被那些好吃的东西强化了。

4. 惩罚几乎没有传达信息。惩罚可能会告诉受罚者不能做什么,但是它并没有告诉这个人(或动物)应该做什么。例如,学步儿弄脏了裤子,打他并不会教他学会使用儿童便盆;责备一个学得慢的学生并不能教会他学得更快。

5. 带来惩罚的行为因其引起了注意反而会有强化作用。实际上,在一些例子中,生气地关注或许正是犯错者所期待的。妈妈对乱发脾气的孩子吼叫,孩子想要的可能正是母亲的吼叫——来自她的反馈。在教室里,教师或许会当其他学生的面斥责儿童,这样就把他们置于关注焦点,这常常是对想消除的不良行为的无意奖赏。

由于这些不足,大多数心理学家认为,惩罚,尤其是严惩,在大多数情境中对于消除非期望行为并不是一种好方式。考虑打屁股。加拿大一项 20 年的研究发现,尽管打屁股可能在短期内制止孩子的恼人或危险的行为,长期反而会适得其反。因为身体上的惩罚往往随着时间的推移使孩子变得更加具有攻击性和反社会(Durrant & Ensom, 2012)。打屁股还会导致日后的心理健康问题和认知发展迟缓。没有任何一项研究表明体罚和积极的结果之间有关系。家长们开始明白这样的道理。50 年前世界上许多地方,大多数父母认为打孩子是纠正不良行为的好方法,现在仍有一半人持这种观点(Holden et al. , 2014;Roberts, 2000)。2014 年,明尼苏达州维京人橄榄球队的阿德里安·彼得森(Adrian Peterson)因使用木制开关对 4 岁的儿子进行体罚而受到虐待儿童的指控,他因此被禁赛整个 NFL 赛季。到目前为止,包括丹麦、以色列、突尼斯、哥斯达黎加和新西兰在内的 32 个国家都明令禁止殴打儿童。

在一些特殊情况下,当有智力障碍的儿童处于严重威胁自身的情境,或某个学生准备欺负同学时,及时的体罚是必要的。但是,即便在那种情况下,也有其他可选的方式。当今的学校已经通过教给学生解决问题的技巧、情绪控制、冲突解决和奖励良好行为等方式减少了学校暴力(Hahn et al. ,2008;Wilson & Lipsey,2007)。有时候,阻止一种行为的最好办法就是忽视它,如小孩在饭前纠缠着要吃饼干,你学习时同伴的打扰。当然，忽视需要耐心而且并不总是可行的。如果你的狗整天整夜地叫，你告诉邻居最好不要理会吵闹，即使你解释说这是在心理学课上学到了惩罚的缺点，这种策略也不会长久。

最后，若必须使用惩罚，应记住这些准则：(1)不要使用身体虐待，例如，父母可以使用暂停和减少权力(负强化物)来代替打孩子；(2)应始终如一；(3)应伴随什么是恰当行为的信息；(4)只要可能，就应伴随对渴望行为的强化。

奖赏带来的问题

LO 5.5.B 讨论为什么奖励有时可能会适得其反，并分析不能产生预期行为的原因。

到现在为止，我们一直都在称赞强化的优点。但和惩罚物一样，奖赏也并不总是像人们所期望的那样起作用。下面就让我们来看看人们使用奖赏时面临的两个问题。

> **互动** 父母是否在你取得好成绩时给予金钱奖励？
> ○ 是
> ○ 否

奖赏的误用 多年来，老师们一直在给予学生们慷慨的表扬、笑脸贴纸和高分，即使学生们配不上这些，他们也希望学生们的表现会随着他们学会"自我感觉良好"而提高。然而，从科学角度来看，这种方法是错误的，研究发现高自尊不会提高学业成绩(Baumeister et al.，2003)。相反，学术成就需要努力和坚持(Duckworth et al.，2011)。它不是由不当的奖励培育出来的，而是由教师对孩子行为的真正欣赏并提出改正错误和缺点的建设性反馈培养出来的(Damon，1995)。这些来自心理科学的发现终于开始影响到一些老师，他们现在不再发放毫无根据的增强自尊，而是专注于帮助学生认识到努力和坚持的好处。

学校里最明显的滥用奖赏就是对成绩水平的评定。如今，在美国大学里，43%的学生成绩为A(Rojstaczer & Healy，2012)。一项研究发现，1/3的大学生希望获得B只是为了在同学面前不会太难看，40%的学生获得B是为了达到学习的标准(Greenberger et al.，2008)。我们和认为自己的辛苦学习应该得到A的学生进行了谈话。如果你自己从成绩评定上获益，你会感到这是件好事情，但是请记住科学的判断是不能掺杂主观情绪的。问题是奖赏,成绩等级不只是简单的区分,而是在努力提高学习的情况下,成绩等级才会成为有效的强化物。获得好成绩只是为了在同学面前不难看,这样的想法也可以强化继续学习,但是作用不持久,你愿意让一个在学校期间成绩只是表现给同学看的医生为你诊断,律师为你辩护,会计师为你管理税款吗?或者,谁做了所有要求的阅读,但没有理解它?

为什么奖励会适得其反? 我们大多数操作性条件反射的例子都是**外部强化物(extrinsic reinforcers)**,它们来自外部,与被强化的活动没有先天的联系。钱、表扬、金星、赞赏、拥抱和竖大拇指都是外部强化物。但是人们(可能也有其他一些动物)也会为**内部强化物(intrinsic reinforcers)**工作,如对工作的享受和对成就的满足。当心理学家在现实世界环境中应用操作性条件反射时,他们发现,有时对好事情的外部强化会显得太过头:如果你专门集中于外部强化,它会使你失去为事情本身而做的乐趣。

外部强化物 并非先天与被强化活动相关的强化物。

内部强化物 先天与被强化活动相关的强化物。

想一想那个经典实验,赞赏是如何影响孩子们的内在动机的(Lepper, Greene, & Nisbett, 1973)。研究者给托儿所孩子毡尖笔,让其自由画画,并记录了每个儿童自己玩笔的时间。孩子们非常享受这种活动。然后他们告诉其中一些儿童,如果能画一幅毡笔画,他们会得到金色印章和红丝带制作的"优秀绘画奖"。画了6分钟后,每个儿童都得到了许诺的奖赏,其他没有指望得奖的儿童也就没有得奖。一周后,研究者又观察了儿童的自由游戏,那些曾有所期待并得到了奖赏的儿童比刚开始实验时玩笔所花的时间少得多。相反,没有得过奖的儿童继续表现出和最初一样多的兴趣玩笔,正如你可以在图5.5中看到的。儿童因做本来就喜欢的活动而得到奖励的一些研究中也得到了相似结果。

为什么外部奖赏会减少纯粹为做某事而得到的愉悦呢?少数读者回答了上面小时候取得好成绩时父母就给予金钱

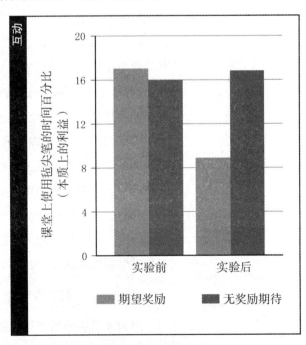

图5.5 变玩乐为工作

外部奖赏有时会降低活动的内在乐趣。当告诉学前儿童画毡笔画就能得到奖品时,行为会在短期内提高。但在得到奖品后,他们玩笔的时间反而比研究前减少了(Lepper, Greene, & Nisbett, 1973)。

奖励的问题。为什么在某些情况下这不是一个好主意？心理学家认为我们把由于活动而得到报偿解释为工作。我们没有把行为的原因视为兴趣、技能和努力，而把其原因视为外部奖赏。正如我们对自己所说的："我做这些是因为得到了报偿，既然我已经得到报偿，那它就是如果不必做我就不会做的事。"当奖赏减少，我们拒绝再工作。另一种可能是，因为我们把外部奖赏看作控制，所以感到压力，它们降低了我们的自控和选择（"我猜我应该只做我被要求做的事——仅仅是我被要求做的事"）(Deci, Koestner, & Ryan, 1999)。第三种更加行为主义的解释是，有时外部强化提高了人们在适宜的、令人愉快水平上的反应率，例如在毡笔画研究中，孩子们比他们平时自己玩笔的时间更长，这样，这些活动实际上也就变成了工作。

内外强化物的研究发现有广泛的含义，经济学家提出财政奖励会破坏伦理道德准则，如诚实、努力工作、公平，还会削弱贡献社会的意愿，如支持慈善，换句话说只强调金钱会助长自私（Bowles, 2008）。

关于内在强化和外在强化的关系，一般来说，如果你得到金钱、高分或因出色完成任务得到奖品，而不仅仅是为了做事而做事，内部动机就不太可能会降低，事实上，它可能增强了（Cameron, Banko, &Pierce, 2001；Pierce et al., 2003）。这些奖赏会让人觉得有胜任力而不是被控制感。如果你总是疯狂地阅读或弹五弦琴，即使你这样做并没有得到成绩或掌声，你可能也会继续阅读或弹琴（Mawhinney, 1990）。在这样的例子中，你可能会把持续投入活动归于自己的内部兴趣和动机，而非奖赏。

那么，外部奖赏可以给我们哪些切实的启示呢？首先，有时它们是必要的。如果从未得到过报偿，几乎没有人会卖力工作；在教室里，教师可能需要对没有学习动机的学生提供诱因。其次，应当谨慎使用外部奖赏，不能过度，这样可以使人产生对活动的内在愉快感。教育者、雇主和政策制定者通过认识到大多数人在得到具体奖励、有挑战的兴趣和不同工作时会做得最好，从而避免二者择其一的思维陷阱。

日志 5.5　批判性思考——不要过于简单化

因为强化物增加了学生的期望行为，所以一些老师不管学生有没有做，都会给他们高分。这种行为提升学生的表现，还是仅仅提高了他们的自尊？这些奖励实际强化了什么？你能举个生活中，自己因为一些不值得奖励的事情而得到了奖励的例子吗？

模块 5.5 测验

1. 以下哪些因素可以预测为惩罚改变有效行为？（　　）

　　A. 惩罚者的权威　　　　　　　　B. 惩罚的严厉程度

　　C. 惩罚性的公共性质　　　　　　D. 惩罚的一致性

2. "只要等到你父亲今晚回家！我要是告诉他你做了什么时，你肯定会受到惩罚！"这种经常听到的策略不幸出现在许多家庭中，为什么通常对改变行为无效？（　　）

　　A. 如果惩罚很快就会受到，那么惩罚效果最好。

　　B. 如果每次由同一个人管理，惩罚是有效的。

　　C. 严厉的惩罚比不那么严厉的惩罚更有效，严重程度往往会随着时间的推移而减少。

　　D. 爸爸的到来令人愉快，但是爸爸的惩罚很严厉，对抗性条件作用将发生。

3. 当罗斯科在课堂上做错了数学题，他的老师责备并嘲笑他，认为惩罚使他更加努力学习，并在下次就解决问题。相反，罗斯科正处于一个稳定的螺旋式下降，数学学得越来越差，也厌恶上学。关于罗斯科的老师的惩罚策略的有效性，你能告诉她什么？（　　）

　　A. "间歇性的惩罚比不断地惩罚更有效；让罗斯科的一些错误滑落，但随后又狠狠地砸了他一口。"

　　B. "惩罚需要保持一致；每当他犯错误时你都应该嘲笑罗斯科，以便他能更快地从错误中吸取教训。"

　　C. "惩罚表明不该做什么，但它没有提供任何关于应该做什么的信息；你并没有真正帮助罗斯科学习如何正确地学习数学。"

　　D. "体罚比口头惩罚更有效；罗斯科没有学习，因为你是在责备他，而不是在犯错时捏他。"

4. 提升学生的自尊对提高学业成绩有多少影响？（　　）

　　A. 适量　　　　　　　　　　　　B. 很大

　　C. 几乎没有　　　　　　　　　　D. 小却一致

5. 米蔓萨喜欢用她的阿姨巴尔送给她的小写字板涂色和画画。有一天，阿姨告诉她："米曼萨，我会给你画的每张图画 25 美分。"不久，米曼萨发现她的存钱罐更重了，但她对绘画和着色的热情却大幅下降。为什么呢？（　　）

　　A. 刺激概括已经发生，绘图和现金随着时间的推移而相关联。

　　B. 为了自己的利益，绘画的内在强化已经转变为对金钱的外在强化。

　　C. 毁灭已经产生了，米曼萨发现她的绘画技巧不像以前那么强大。

　　D. 米曼萨处于操作性条件反射的"低谷时期"，但最终自发恢复将使她对绘画的兴趣回归。

5.6 学习和心理

行为主义主宰了美国心理学半个世纪。大多数美国学习理论认为可以把学习解释为行为 ABC：准备（antecedents）（行为发生前的事件）、行为（behaviors）和结果（consequences）。行为主义者喜欢把心理比作工程学的"黑箱"，这是因为心理不能直接被观察到，所以其工作必须被推断为一种装置。对他们来说，箱子的内容无关紧要，只要知道按下一个盖子的按钮就会产生一个预知的反应就足够了。早在 20 世纪 30 年代，一些行为主义者就情不自禁地想要对"黑箱"进行窥视。

潜伏学习

LO 5.6.A 定义潜伏学习（latent learning），并举例说明它在大学生的日常生活中发挥何种作用。

一位行为主义者爱德华·托尔曼（Edward Tolman, 1938）注意到，实验室的老鼠在迷宫中的转折点会停下来，似乎在决定要怎么走，由此他提出了当时一个真正的异论：即使在没有任何强化的情况下，有时动物似乎也会学习。托尔曼感到惊讶的是，在小小的老鼠大脑中发生了什么可以解释他的这种迷惑？

许多行为学家认识到，为了更好地理解为什么人类（和动物）会有这样的行为，我们需要研究大脑中"黑箱子"的工作原理。

在一项经典实验中，托尔曼和 C. H. 霍恩兹克（Tolman & C. H. Honzik, 1930）在迷宫中放了三组老鼠，在超过两周的时间中，每天观察老鼠的行为。组 1 的老鼠总是能在迷宫尽头发现食物，很快就学会了不再走入盲巷。组 2 的老鼠从未发现过食物，正如你预料的，它们并没有什么特别路线。组 3 是最有趣的一组，10 天里这些老鼠从未发现食物，似乎在漫无目的地游荡，但是在第 11 天，它们找到了食物，而后很快学会了跑到迷宫尽头。在找到食物的第 2 天，它们就做得像一开始就得到奖赏的组 1 一样好（见图 5.6）。

潜伏学习 并不立即表现出外显反应的一种学习形式，它在没有明显强化时发生。

组 3 证明了**潜伏学习（latent learning）**，一种并不立即在成绩中表现出来的学习。很多人类学习在环境允许或需要表达前也保持潜伏状态。一位司机在交通堵塞时使用以前从未走过的路线到达了第四金橘大街（没用 GPS）。小男孩曾观察过父母布置桌子或拧紧螺丝，自己很多年也没做过这些事，但后来他发现自己知道怎样做。

潜伏学习在没有任何明显强化物的情况下发生了，同时也提出了关于人们在学习过程中到底学到了什么的质疑。在托尔曼和霍恩兹克的研究中，直到第 11 天才得到食物的老鼠似乎已经获得了迷宫的心理表征。整个期间它们一直在学习,只是在发现食物前没有理由表现出这种学习。相似地,司机之所以能够利用新路线,是因为他已经熟悉了城市地形。因此,潜伏学习中获得的似乎不是特定反应的知识,而是关于反应及其后果的知识。我们学习世界是如何组织起来的,哪条道路会通向哪个地方,什么行为会产生什么结果。这种知识允许我们创造性地、灵活地到达目标。

社会认知学习理论

LO 5.6.B 定义观察性学习,并举例说明它在个体儿童期是如何发生的。

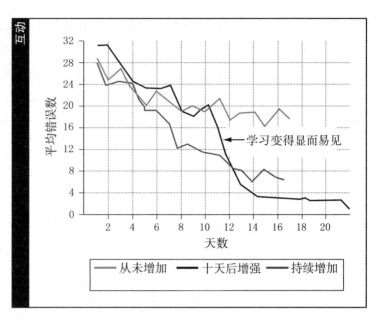

图 5.6 潜伏学习

在一项经典实验中,总能在迷宫中发现食物的老鼠在找到食物的过程中会越来越少地犯错误(一直强化组),从未发现食物的老鼠几乎没有显示进步(从未强化组)。第三组老鼠前 10 天没有得到食物,从第 11 天开始得到食物(10 天后强化组)。从那时起,第三组老鼠就表现了快速进步,很快和总能找到食物的老鼠表现得差不多。这种结果表明,学习和认知改变可以在缺乏强化时发生,并且直到能得到强化物时才付诸行动(Tolman & Honzik,1930)。

到 20 世纪 60 年代和 70 年代,许多学习理论指出人类行为需考虑人类的高水平认知过程能力。该理论的拥护者同意行为主义者的观点,认为人类与老鼠和兔子一样,服从操作性和经典条件反射原理。但是他们补充道,与老鼠和兔子不同,人类具有那些影响其获得信息、做出决定和解决问题方式的态度、信念和预期。这一观点一经提出立即很有影响力。

我们把所有将行为主义原理与认知观点结合起来解释行为的理论称为**社会认知理论**(Bandura,1986;Mischel,1973;Mischel & Shoda,1995)。这些理论重视信念、认知和对他人行为的观察在决定人们学到什么、怎样行动和发展的人格特质方面中的重要作用(参见第二章)。社会认知心理学家认为,由于人们的态度、期望和知觉不同,所以会经历相同事件却获得完全不同的教训(Bandura,2001)。所有的兄弟姐妹都知道这点,一个孩子可能把父亲的教导看作他无处不在的刻毒的证据,另一个孩子则可能把同样的行为看作是对自己关心的证据。对于这些兄弟姐妹,教导对他们的行为会产生很大不同的影响。

社会认知理论 一种强调行为是通过观察和模仿他人、积极后果和诸如计划、预期、信念的认知过程而学会和保持的理论。

通过观察来学习 一天深夜,我们一位住在乡下的朋友被一阵很大的喧哗和巨响吵醒，一只浣熊撞到了防熊垃圾箱上，并且似乎正在向其他浣熊证明如何打开垃圾箱：如果你在箱子边来回跳，盖子就会打开。据我们的朋友讲，通过这段情节从旁边观察的浣熊学会了如何打开坚硬的垃圾箱，而观察的人也学到了浣熊可以多聪明。总之，他们都从**观察学习**（observational learning）中获得了益处：通过观察他人做了什么和随后发生了什么来学习。

<small>观察学习 个体通过观察他人（榜样）而非直接体验来学习新反应。</small>

浣熊通过观察习得的行为就是操作性行为，观察学习在自主性反射行为的获得中也有重要作用，例如恐惧症（Mineka & Zinbarg, 2006; Olsson, Nearing, & Phelps, 2007）。因此，除了直接通过经典条件反射习得对老鼠的恐惧，就像小阿尔伯特实验，还可以通过观察其他人看到或摸到老鼠的情绪反应习得恐惧，他人的反应提供了一种无条件刺激，而且学习结果会像自己亲身经历了整个过程一样。小孩常常通过这种方式习得对事物的恐惧，例如：通过观察父母每次看到狗的反应。

行为主义者将观察学习称为替代条件反射，并试图用刺激—反应术语来解释它。但是，社会认知理论家相信，不考虑学习者的思维过程，人类的观察学习就不能被完全理解（Meltzoff & Gopnik, 1993）。他们强调人们观察榜样（另一个人）以某种方式行为并体验后果的知识（Bandura, 1977）。

如果没有观察学习，我们中没人能坚持多久。我们不得不穿过马路亲身感受交通危险，以此学会躲避迎面驶来的汽车，或者跳进深水池拼命扑腾学会游泳。这种学习不仅危险，而且无效。父母和教师为了塑造孩子的行为，会一天忙24小时。老板站在雇员桌旁奖赏复杂行为链上的每一个细小联系——打字、写报告和报账。但是，观察学习也有弊端。人们模仿反社会、不道德的行为（如模仿别人说谎），自我欺骗和威胁别人（如为了扮酷，模仿电影明星抽烟）。

班杜拉的经典研究 多年前，班杜拉及其同事就提出观察学习非常重要，尤其是对于学习社会行为规则的儿童来说（Bandura, Ross, & Ross, 1961, 1963）。研究者让幼儿园的幼儿观看两个成年男子洛奇（Rocky）和乔尼（Johnny）玩玩具的电影短片（很显然，幼儿并不认为成人玩玩具的行为多少有些古怪）。在电影中，乔尼拒绝分享他的玩具，洛奇的反应是殴打他。洛奇的攻击性行为得到了奖赏，因为他最后得到了所有的玩具，可怜的乔尼沮丧地坐在角落里，而洛奇则胳膊下夹着一个木马，手拿一袋战利品在示威性地炫耀胜利。

看完电影后,每个幼儿被单独留在一间放满玩具的游戏室里 20 分钟。通过单向镜,研究者发现,看过电影的幼儿比没看电影的控制组幼儿在游戏中表现出更多的攻击行为。一些幼儿几乎完全模仿洛奇。在整个过程的最后,一个小女孩甚至打算"抢劫"实验者。

这些关于潜伏学习、观察学习、认知在学习中作用的研究发现,将会帮助我们去评价社会上对媒体暴力的热烈讨论。美国和世界其他国家的儿童和青少年在电视、电影和录像游戏上看到了无数的暴力行为,这些血腥场面会影响他们吗?你认为这影响你了吗?

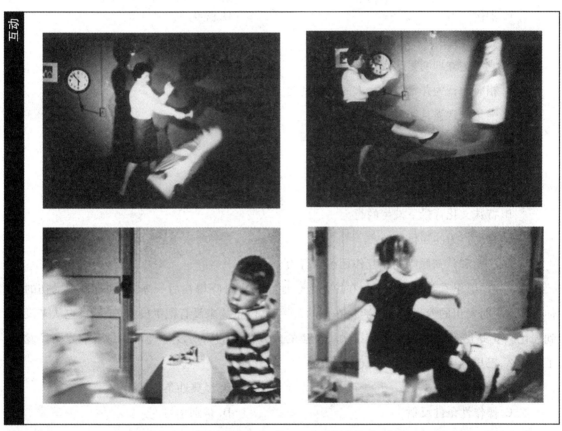

在阿尔巴特·班杜拉和他的同事们的研究中,让孩子们观看了一个成年人对一个大橡胶娃娃(顶部)拳打脚踢的电影。后来,孩子们模仿成人,出现一些和成人几乎完全一样的行为。

日志 5.6 批判性思考——定义术语

有时候,我们仅仅通过观察别人就学会了做可怕的事情,而没有(希望如此)任何对这种行为的直接控制。例如,你可以通过看犯罪电影学会如何破门而入。然而,你也很可能(再次希望如此)永远不会做出这样的行为。这个结论如何解释学习和行为之间的区别?学习能在不付诸行动的情况下发生吗？如果是这样,我们如何知道这种行为是否真的被学习了呢？

模块 5.6 测验

1. 默里每天早上和伙伴拼车一起去上班,其他人开车时,他总是坐在后座。有一天,他朋友的车都在修理厂,需要默里开车送工人去上班。尽管他从未独自驾驶过这条路,但他在每一个弯道上都游刃有余,并完美地完成了这段旅程。学习的哪个原则可以解释默里的表现？(   )

    A. 最终目标的连续接近塑造法　　　B. 自发恢复

    C. 潜伏学习　　　D. 强化

2. 潜伏学习可能发生在(   )的时候。

    A. 它不会立即明显表现出来

    B. 相应的行为并不符合个人的最佳利益

    C. 强化非常强且明显

    D. 所有的情况中相应的行为立即出现

3. 社会认知理论强调(   )。

    A. 社会学习和认知学习的区别

    B. 特殊文化背景下发生的行为

    C. 社会行为的强化

    D. 行为和认知原则的相互作用解释行为

4. 三岁的巴里看着希德把手放在炉子上。他看到哥哥吓得往后一缩,听到哥哥把受伤的手伸进冷水里时发出的惊恐的尖叫声。在他的余生里,巴里从来没有把手放在炉子上,也从来没得到强化。事实上,他从来没有直接接触过烧焦的肉或危险的厨房设备,但很明显,学习已经发生了。那么,巴里经历了哪种学习？(   )

    A. 观察学习　　　B. 经典性条件反射

    C. 操作性条件反射　　　D. 辨别学习

5. 与社会认知学习理论,特别是观察学习联系最明显的研究者是(   )。

    A. 斯金纳　　　B. 班杜拉

    C. 华生　　　D. 弗洛伊德

让心理学伴随着你:改变你的行为

我们希望这一章能帮助你认识到行为受经典条反射、操作性条件反射以及观察性学习影响的方式。这些知识可以帮助理解自己为什么会出现这样的行为,更重要的是,可以帮助你更好地改变自己的行为。

假设今天是1月1日,一个崭新的新年。旧年的罪恶和过失已在你身后,你已经准备好迎接新的开始。乐观地说,你坐下来记录下你的新年决心:多锻炼,少拖延,直面演讲的恐惧,控制你的脾气,控制你的消费……(其余的你可以自行填写)。什么能增加你有效改变行为的可能性?

让我们以得到"更多的锻炼"为目标。你已经了解到行为会随着强化而增加,而强化应在想要的行为发生后立即得到执行。所以,如果你想更多地锻炼,先给自己设定一个可达到的目标(如,每天跑2英里),每次达到这个目标后,给自己一个奖励,比如看一集你最喜欢的电视节目。重要的是,在你完成目标不久后立即奖励自己,而且只有当你真的完成了它才能给予奖励。如果你想每天跑5英里,可以每周逐步提高跑步目标。

现在假设你想克服对公开演讲的恐惧。也许你最近的课堂报告做得不太好,让你感到恐慌,从那以后,你就避免了这样的报告。你能做些什么来改变你的行为呢?如果由于准备不足导致报告不顺利,你可以在下一次考试前使用操作性条件反射技术来增加你的准备。例如,如果你在演讲前五天每天准备两个小时,你可以奖励自己。上次演讲中的厌恶经历也可能对你产生了经典条件反射:现在的教室可能是一个引发恐惧反应的条件刺激。你可以试着消除你对条件刺激的恐惧反应,早点去教室,在同一个房间练习你的演讲,直到你感觉舒服为止。你也可以掌握一些观察学习技巧:密切关注其他学生的报告,观察哪些方面比较好,哪些方面没那么好。这些信息可以帮助你改进你自己的报告。

请记住,一些学习的反应比其他反应更难修改。例如,在本章开头提到的条件性味觉厌恶。为什么?部分是因为味觉和恶心之间在生理上存在联系。此外,有这种厌恶情绪的人会避免食用那些似乎恶心的食物(即使它不会引起恶心),因此无法进行消退。当然,避免食物的味道(或气味或视觉)引起恶心和呕吐是可以理解的。但是,即使你继续不吃这种食物,你仍然可以利用对条件性味觉厌恶的知识的了解,来帮助决定如果当自己处于一种有理由预计会出现恶心和呕吐的情况下该怎么办。

也许你或你认识的人患有偏头痛,或需要化疗,或怀孕了。这些都是经常与恶心有关的情景。您如何使用有关学习和反射的知识,为更好地调节此类情况提供建议?要知道的是,新食品更有可能参与有条件的味觉厌恶,而不是家庭食物。当你感到恶心或甚至更好的时候,在你期望你可能会感到恶心之前,你可以试着把一个新颖的、强壮的、营养不那么重要的食物或饮料联系起来吗?为什么?目标是使用新的食物作为一只"替罪羊",以便其他熟悉的、更有营养的食物会更不易落入受调节味道的食物中(Andresen, Birch, & Johnson, 1990; Bernstein, 1991, 1998; Scalera, 2002)。

例如,在一项研究中,当病人在一顿饭和化疗之间用浓味的糖果(椰子或根汁汽水)时,他们比没有接受治疗时吃更多的糖果(Broberg & Bernstein, 1987)。谁会关心你是否会产生一种厌恶的味道,比如根汁汽水或糖果,如果你想让你继续吃你真正需要的、更重要的、营养的食物,那么你会关心你是否会对根汁汽水或糖果产生厌恶感吗?另一项研究发现,对于一组在化学治疗前吃了熟悉的食物的病人来说,他们吃了一种新的食物,对这种新奇的食物产生了更大的厌恶,同时也稳定了他们对其他食物的偏好(Andresen, Birch, & Johnson, 1990)。因此,这些新的食物似乎为发生的任何的条件"顶罪",以从味觉厌恶中保护熟悉的食物。

总而言之,学习就在我们周围,而不仅仅是教室里的学生。我们要学会把某些刺激与危险或愉快的情绪联系起来。我们要知道我们的哪一种行为会受到奖励而不是惩罚。通过观察他人的行为,学习如何以预期的和"适当的"方式行事。现在,你已经具备了充分的准备,可以利用这个关于学习的知识和你的批判性思维技能来塑造你周围其他人的行为,消除你自己的消极倾向,以及加强你希望的积极生活改变。

分享写作:学习

你最好的朋友正在和偏头痛作斗争,伴有强烈头疼、恶心、呕吐的症状。他的偏头痛有几个不同的起因:比如说睡眠减少、红酒、干燥和巧克力。他就如何改善现状和避免引起头疼向你寻求帮助。基于本章学习的内容,你会向他提供哪些专业的建议?

总结

5.1 经典条件反射

LO 5.1.A 解释经典条件反射的主要成分。

俄罗斯生理学家伊万·巴甫洛夫首先研究了经典条件反射。在这种类型的学习中,当中性刺激与非条件刺激(US)配对时,引发的某些确定的非条件的反应(UR),中性刺激与非条件刺激联结。然后,中性刺激变为调节刺激(CS),并且具有引起调节反应的能力,然后就会引起与非条件反应相似或相关的反应(CR)。

LO 5.1.B 讨论经典条件反射的基本原则,包括消退与恢复、高阶条件(higher-order conditioning)以及刺激的泛化和分化。

在消失时,条件刺激在没有非条件刺激的情况下反复出现,条件反应最终消失,尽管后来它可能会再次出现(自然恢复)。在高阶条件刺激中,中性刺激通过与已经建立的条件刺激配对而变成条件刺激。在刺激泛化中,一般情况下,在一种刺激变成了某些反应的条件刺激后,其他相同的刺激也会引起相同的反应。在刺激分化中,在某些情况下,对类似条件刺激的刺激会做出不同的反应。

LO 5.1.C 解释在经典条件反射中,为什么条件刺激必须在无条件刺激之前呈现。

许多理论家认为,在经典条件反射中,动物或人的学习不仅仅是无条件刺激和条件刺激之间的联系,也包括一种刺激所传递的关于另一种刺激的信息。事实上,经典的条件反射似乎是一种进化的适应,它允许有机体为重要的生物事件做好准备。有大量证据表明,中性刺激不会成为条件刺激,除非它确定发出信号或预测非条件刺激。

5.2 现实生活中的经典条件反射

LO 5.2.A 举例说明经典条件反射为什么要取代形成偏好。

经典的条件反射有助于解释对特定事物和事件的积极情绪反应,通常是通过中性刺激(例如汽车)和愉悦刺激的配对来实现的(有吸引力的代言人,免费的小饰品,或冷冰冰的现金)。

LO 5.2.B 举例说明经典条件反射是如何使个体学会恐惧的,以及解释对抗条件反射作用(counter conditional)产生的过程。

约翰·华生(John Watson)展示了恐惧是如何学习的,然后是如何通过一个对抗性的过程而被遗忘的。关于经典条件的研究现在正在整合关于恐惧、学习和生物的发现。使用一种药物(d-环丝氨酸)在暴露治疗期间增强杏仁核中谷氨酸的活性,加速恐惧症的消失。

LO 5.2.C 描述经典条件反射是如何让个体避免对食物产生厌恶的反应。

由于进化的适应性,人类(和许多其他物种)在生物学上很容易获得一些经典的条件性反应,例如条件性味觉厌恶。经常单次试验将刺激与令人不愉快的结果(例如,一餐后出现恶心)结合可以产生厌恶的调节。

LO 5.2.D 描述经典条件反射如何影响对药物治疗的反应,包括病人对安慰剂的反应。

经典的调节反射也可以解释对医疗处理的反应。将以前的中性刺激(例如等候室的颜色或消毒剂的气味)与令人不快的结果相联系(化疗引起的恶心,注射引起的疼痛)会导致刺激本身引起厌恶性反应。

5.3 操作性条件反射

LO 5.3.A 讨论爱德华·桑代克的研究如何成为操作性条件反射的基础。

在操作调节中,行为增加或减少取决于其后果。操作调节中的反应通常不是反射性的,比在经典条件反射中更复杂。精神调节这一领域的研究与斯金纳密切相关,斯金纳称他的研究方法为"激进行为主义",尽管爱德华·桑代克早期进行了一项研究(猫走迷宫盒)。为操作条件的一些基本原则奠定基础。

LO 5.3.B 区分强化和惩罚,以及举例说明不同类型的强化和惩罚:初级的和次级的,正向的和负向的。

在斯金纳的分析中,增强是增加了行为发生的概率,惩罚减弱是减少了行为发生的概率。当它们因满足生物需要而自然增强时,强化是最主要的;当它们获得了与其他强化联结加强反应的能力时,强化是次要的。对于惩罚者也有类似的区别,在正强化中,反应后有愉快的东西;在负强化中,一些不愉快的东西被移除。在正惩罚中,跟随反应的是不愉快的事情;在消极的惩罚中,愉快的东西被移除。

5.4 操作性条件反射原理

LO 5.4.A 描述操作性条件反射的基本原理,包括消退和恢复、刺激的泛化和分化,以及学习和行为塑造的程序。

消退、刺激泛化和刺激分化发生在操作条件和经典条件中。一种有区别的刺激信号,表明一种反应很可能伴随着一种特定类型的后果。持续强化会导致最快速的学习。然而,间歇性的(部分)强化会产生消退的反应。因此,有助于解释迷信仪式的持续存在。塑造用于训练自发发生的低概率行为。强化是为连续期望而进行,直到达到期望的反应为止。然而,生物学限制了动物或人通过操作条件所能学习的东西,或者学习起来有多容易。动物有时因本能的迁移而难以完成学习任务。

LO 5.4.B 讨论人们对斯金纳(B. F. Skinner)的研究工作和操作性条件反射的总体目标的一些误解。

操作调节是管理理论的主要支柱之一,其结果和结论已反复论证。作为为什么生物体做他们所做的事情的唯一解释系统,这是不完整的。斯金纳的激进行为主义经常被误解为对人类状况的冷酷、机械的看法。

5.5 现实生活中的操作性条件反射

LO 5.5.A 列举并讨论为什么惩罚经常不能有效改变行为的原因。

如果使用得当,惩罚可以阻止不良行为,包括犯罪行为。但如果经常被误用会造成意外的后果。因为当时的情绪,经常管理不当,它可能会产生愤怒和恐惧;它的影响往往只是暂时的,它很难立即管理;它所传达的信息很少是关于所期望的行为类型的,它可能提供有益的注意。消除不受欢迎的行为,再加上加强期望的行为,通常比使用惩罚更可取。

LO 5.5.B 讨论为什么奖励有时可能会适得其反,并分析不能产生预期行为的原因。

强化也可能被误用。如为了提高儿童的自尊而无差别地给予奖励,并不加强期望的行为。对非本征的排他性依赖强化有时会破坏内在强化的力量。但是当一个人因成功或成就而得到奖励时,金钱和表扬通常不会干扰内在的快感。当一个人已经对活动非常感兴趣的时候,进步而不是仅仅参与一项活动。

5.6 学习和心理

LO 5.6.A 定义潜伏学习(latent learning),并举例说明它在大学生的日常生活中发挥何种作用。

甚至在行为主义的鼎盛时期,一些研究人员也在探索"心灵的黑匣子"。在20世纪30年代,爱德华·托尔曼(Edward Tolman)研究了隐性学习,即在学习过程中不存在明显的增强物,直到后来才表现出一种反应。在潜在学习中似乎获得的不是一种具体的反应,而是关于反应及其后果的知识。

LO 5.6.B 定义观察性学习,并举例说明它在个体儿童期是如何发生的。

20世纪60年代和20世纪70年代,人们看到了社会认知理论对学习的影响,这些理论的重点是观察学习和扮演的角色、信念、事件的解释等,决定认知与行为。社会认知理论家认为,在观察性学习中,如在潜在的学习中,所获得的是知识而不是特定的反应。因为人们对他们的看法不同,他们可能从同一事件或情况中吸取不同的教训。

第五章习题

1. 杰克每天晚上喂他的猫罐头食品。过程总是一样的:杰克拿出电动开罐器,用刀刃把罐子打开,把食物舀进碗里,然后预置,把它交给弗罗菲金斯。不过,杰克已经注意到,当它听到柜门打开的声音并听到罐头的声音时,它很快就会进入厨房,打开食盆。根据经典调节原理,开罐器的声音为(   )。

    A. 无条件刺激   B. 条件刺激   C. 条件反应   D. 无条件反应

2. 雪莉训练过她的狗,每当它看到隔壁那只猫的照片,它就会得到好吃的食物。经过这张照片和好吃的食物的多次配对,当单独呈现照片的时候,这只狗在照片上流口水。雪莉然后通过呈现照片来消除唾液的行为,看到照片的时候去除好吃的食物。她惊讶地发现,一周后,当她碰巧拿起猫的照片时,她的狗开始流口水。这里发生了什么事?(   )

    A. 刺激泛化:狗在看到猫的许多照片后一直垂涎三尺,雪莉只是碰巧拿出了正确的一个。

    B. 刺激分化:雪莉的狗在等待一个特定的照片重新出现,以便再次启动唾液分泌。

    C. 自发恢复:消除有条件的反应并不一定意味着它是"未学会的",并永远消失。

    D. 高阶条件反射:条件反应的消失仅仅意味着另一种更强的反应取代了它。

3. 罗兰在他的心理学课上学习了经典条件反射,他很想用它来训练他的狗。他给它美味佳肴,然后摇动了铃,看着狗流口水,最后吃了它。他重复了几次这样的顺序:食物、铃、反应。后来他摇动了铃,什么都没有发生。狗没有流口水,没有反应。只是一脸冷漠地看着一个热狗。为什么学习的现象没有发生?(   )

    A. 非条件刺激与非条件反应在配对前应该分开建立。

    B. 非条件刺激与条件反应在配对前应该分开建立。

    C. 条件刺激要在非条件刺激的前面产生。

    D. 罗兰实际上用他的学习方法建立了一个非条件反应。

4. 罗西想买一台新微波炉。她在同一家商店里看两个型号。这两种型号都有相同的特点,这两个都符合她的需要。但是有一个模特的脸上贴着一个笑脸,而另一个没有。罗西决定买这个贴纸微波炉。根据经典条件反射的原理,为什么?(   )

    A. 微波炉是一个非条件刺激,笑脸是一个条件刺激,购买是一个非条件反应。

    B. 罗西知道商店经理不会在一个糟糕的烤箱上放一张快乐的脸,所以她认为它有一些未知的更好的品质。

    C. 罗西对微波炉有一种无条件的反应,因为她把它们和易碎的食物联系在一起。

    D. 罗西把笑脸贴纸产生的愉快感觉与微波炉的质量联系起来。

5. 安吉洛恐高。一位朋友建议,安吉洛应该乘电梯到市中心一座高楼的顶层,一边听着他最喜欢的舒缓音乐。安吉洛找到了这样做的勇气,然后再做几次。最后,他发现他对高处的恐惧大大减少了。他采取了什么经典的条件原理?( )

  A. 刺激后退   B. 自然恢复   C. 条件分化   D. 反条件

6. 雷吉喜欢吃蘸着蜂蜜芥末酱的鸡肉手指。一天晚上,在丘比式饭店吃完饭后,他因流感胃痉挛和恶心而病痛。在过去的几天里他的身体一直在脱水。一个月后,当他的朋友邀请他回到丘比式饭店的时候,雷吉迅速不感兴趣了。雷吉的反应是什么经典条件原理起作用?( )

  A. 条件分化   B. 条件味觉厌恶

  C. 条件鉴别   D. 条件味觉鉴别

7. 玛丽亚的父母运气很差,计划也很差。每次他们给玛丽亚打疫苗时,他们都会给她穿同一件红色毛衣。每一次,医生给她打针时,她穿上了红色毛衣。有一天,她妈妈从衣橱里拿出毛衣,问道:"亲爱的,你今天想穿这个吗?"无法理解的是,玛丽亚哭了。你能解释为什么吗?( )

  A. 玛丽亚表现出一种被消除的反应的自发恢复。

  B. 玛丽亚把这件毛衣与她的母亲和父亲联系在一起,所以她认为她的父亲已经走了。

  C. 玛丽亚得知这件毛衣预计会在车里搭便车。

  D. 玛丽亚把这件毛衣的出现与去看医生的痛苦联系在一起。

8. 一开始,被困在益智盒里的猫会做许多随意的动作来尝试脱身,然而只有一种行为会绊倒打开它们自由的门闩。随着时间的推移,不产生这种结果的随机行为将变得不那么频繁,而产生这种结果的行为也会变得更加频繁。事实上,最终一只猫放在这样的盒子里,会立即显示一个有效的行为一遍又一遍。根据操作条件的原理,为什么会发生这种情况?( )

  A. 当许多行为得到加强时,最终一种行为会凌驾于其他行为之上。

  B. 随机行为往往会受到惩罚;无效的策略会通过将动物关在益智盒中来惩罚它。

  C. 行为的强化倾向于再次发生;打开闩锁的行为是由猫的自由加强的。

  D. 有机体以自己的速度进行学习;强化几种行为,然后逐渐强化一种行为,与这些猫的学习速度相匹配。

9. 赞美、金钱、良好的成绩、赞美和掌声都是( )的例子。

  A. 原始强化 B. 初级强化 C. 辨别条件 D. 次级强化

10. 当试图教一只动物用操作条件来做某件事时,有时动物会恢复其物种特有的行为。这种现象是众所周知的。因为( )。

  A. 生物还原 B. 物种转移 C. 本能转移 D. 有机体定时

11. 很多人对斯金纳有什么误解?( )

  A. 他曾经通过将行为主义原理应用于扑克游戏而在拉斯维加斯赢得 25 万美元的奖金;实际上,他是一个著名的扑克牌玩家。

  B. 他是共产党的一员;实际上,他主张将极权主义作为一种有效的自治形式。

C. 他想操纵环境来控制人;在现实中,他想通过运用操作条件原理来改善人类的行为。

D. 他在操作条件原则的基础上建立了一个自给自足的公社;实际上,中情局要求他渗透和修改一个现有的公社。

12. 当她的孩子行为不端时,洪珠使用了几种策略来改变他的行为,例如将他置于超时状态,将他重定向到另一种行为,或忽略不想要的行为。收集想要的。她不使用体罚,因为洪珠知道( )。

  A. 惩罚或加强都能有效地消除一种行为,但加强措施更容易实施。

  B. 惩罚是消除不想要的行为的一种糟糕的方法。

  C. 她可能因威胁要打她的孩子而被指控为罪犯。

  D. 在这些情况下,惩罚可以作为主要的加强因素。

13. 塞贝女士渴望开始她作为幼儿园教师的第一年。当学生们每天早上到她的教室时,她会给他们每人一张很好的刻字贴纸,当她要求他们打开图画书的时候不管他们有没有书,她都会给每个学生一个格兰德河书虫徽章。在学生们课间出去玩之前,他们都会得到跑步者奖章,并戴在他们的脖子上。你会预测塞贝女士的学生在整个学年学习和取得成就的内在动机吗?( )

  A. 会比较高   B. 不会受到影响

  C. 会很高的   D. 会很低的

14. 罗迪小时候一直在看他父亲修汽车。罗迪的父亲从来没有让罗迪帮忙,但他同意让罗迪坐在附近的椅子上,这样他就能看到发生了什么事。成年后,当罗迪买下他的第一辆车时,他能够维持车的性能,这是为什么?( )

  A. 罗迪在成长过程中得到了默契的加强。

  B. 罗迪知道如果自己不知道如何修理汽车,他的父亲会不赞成,所以他在成长过程中秘密地在"破车"上工作。

  C. 罗迪获得了后来在表演中实施的潜在学习。

  D. 罗迪知道,如果他不追随父亲的脚步,他就会受到惩罚,而且惩罚的威胁超过了增援的好处。

15. 当万达和她的母亲格拉迪斯一起坐在车里时,她注意到每次她的母亲不得不猛踩刹车时,她都会拍打方向盘,大喊:"你这个肮脏的家伙!"几个月后,格拉迪斯注意到,当万达踩着她的玩具手推车前行时,她的哥哥打断了她,旺达拍了拍方向盘,对着哥哥大喊:"你这个肮脏的家伙!"格拉迪斯吓坏了,旺达骂哥哥的原因是什么?( )

  A. 观察学习   B. 操作性条件反射

  C. 自发恢复   D. 高阶条件

第六章 记　忆

学习目标

```
6.1 A  区分外显记忆中的回忆任务和再认任务、外显记忆和内
       隐记忆。
6.1 B  描述基于信息加工模型的三级记忆系统的特点,以及对
       平行分散加工模型的质疑。
6.2 A  解释记忆的"三箱模型"中感觉登记的功能和持续时间。
6.2 B  解释工作记忆的功能和持续时间。
6.2 C  描述不同类型的长时记忆,解释信息从工作记忆转移到
       长时记忆过程中的序列位置效应。
6.3 A  描述记忆形成过程中的长时程增强。
```

> 6.3 B　评估记忆并不存储在任何一个脑区的证据。
> 6.3 C　总结记忆会受到情绪和荷尔蒙水平影响的证据。
> 6.4 A　描述主要的记忆保持策略并举例。
> 6.5 A　总结记忆衰退、替代、干扰以及线索依赖的遗忘。
> 6.5 B　讨论童年失忆症经常发生的原因。
> 6.5 C　解释为什么记忆压抑论应该被质疑。
> 6.6 A　解释为什么记忆比人们认为的更不稳定。
> 6.6 B　描述容易产生记忆虚构的条件。
> 6.6 C　总结目击者证词容易受到错误记忆影响的证据。

提问：思考

- 是否你身上发生的所有事情都被储存在记忆中以备随后进行回忆,就像硬盘录影机一样能够录制并随时回放你喜欢的电视节目?
- 有什么策略能够让我们记得更牢?
- 情绪、年龄、他人的建议如何影响记忆?
- 人们会压抑创伤性记忆吗?

> **互动**
>
> - 你是否记得2015年11月13日这个周五的晚上你在哪里?做了什么?当晚,多名恐怖分子袭击了巴黎,100余人遇难。
>   ○ 记得。
>   ○ 不记得。
>
> - 你是否记得2015年11月12日,上述事件发生的前一晚(周四),你在哪里?做了什么?
>   ○ 记得。
>   ○ 不记得。

如果你丧失了记忆的能力,生活将会是什么样的? 这种令人沮丧的情形常常发生在那些患痴呆症的老年人以及大脑受损或患病的年轻人身上。在科学家们研究记忆的历史上,最为著名的莫过于亨利·莫莱森(Henry Molaison,简称为 H. M.)的案例(Annese et al., 2014;Corkin, 2013;Corkin et al.,1997;Hilts,1995)。1953年,27岁的亨利在外科手术中被切除了海马、大部分杏仁核以及一部分颞叶,这是医生为解决他严重癫痫症所做的最后努力。手术达到了既定目标:他的癫痫症状有所减轻,且可以用药物控制。但同时,也产生了严重的副作用:亨利对新知识的记忆不会超过15分钟,换句话说,他再也不能形成新的长时记忆了。

对于亨利来说,新的经历、歌曲、故事和面孔就像排水沟里的水一样迅速流走消失了。他可能会一遍又一遍地重复阅读同一本杂志,但他意识不到这一点。他不记得今天是星期几,也想不起上一顿饭吃了什么。亨利依然喜欢玩填字游戏和宾戈游戏,这些是他在手术之前就获得的技能。并且,他依然很快乐,尽管他知道自己存在记忆方面的问题。亨利的独特经历吸引了研究者的注意,因而被心理学家们邀请参与了一系列的、长达数十年的实验研究,其中的大部分都会在本章被提及。也正是因此,亨利成为心理学圈里颇为著名的匿名人物:为了保护他的隐私,当他在世时,发表的论文中提到他时以他姓名的首字母 H. M. 为代号。

H. M. 偶然能回忆起一些特殊的情绪事件,例如能想起他的父母都已过世。但是正如对其进行过系统研究的科学家苏珊娜·科金(Suzanne Corkin)所说,这些"记忆中的岛屿"是他遗忘汪洋中的特例。这位和善的男子对于自己不能交朋友这件事感到很沮丧,因为他记不住任何人的面孔,包括对他进行了十几年研究的科学家们。他总觉得自己比真实的年龄要年轻很多,并且也不能识别自己的面部照片。他被困在了扭曲的旧时光里。

82 岁的 H. M. 于 2008 年去世。一位神经科学家说,H. M. 献给了科学一份无价的礼物:他的记忆(Ogden, 2012)。确实,H. M. 让心理学家了解了众多关于"记忆是如何运作"的规律。同时,这个非凡的案例揭示了记忆并不是一个单一的过程,而是包含了多个系统和不同的功能。例如,H. M. 可以学习新的动作,但不能记起学习的过程。这种在动作记忆和事件记忆上能力的分离,是本章随后要深入探讨的内容之一。

此外,要考虑到情绪在记忆中的作用。我们在本章的开始提出了两个问题。第一,你是否记得在某个特定的、情绪高涨的时间点上,做了什么事情?例如,当 2015 年巴黎发生恐怖袭击的那天,你记得自己做了什么吗?在我们调查的学生中,一半的人做出了肯定的回答,记得自己在那天做了什么。但是,当我们接着问,是否记得恐怖袭击发生的前一天自己做了什么时,只有 10%的学生能够回想起来。这说明,当情绪卷入时,记忆的加工过程是完全不同的。

事实上,H. M. 也为这个结论提供了一些证据。有一次,一个研究者寻问亨利在 1963 年发生的重大新闻(1963 年是亨利做完手术的 10 年后),H. M. 答道,有一个重要人物被刺杀了。虽然他不能说出具体的名

前向失忆症:无法创造新的记忆

字,但当给出姓名首字母"JFK"作为提醒时,他说出了那个名字"肯尼迪"。尽管生活中的大部分新鲜事都不会在亨利脑海中留下记忆痕迹,但当一个事件有着情绪共鸣时,就被记住了。

在本章中,我们将回顾以下的内容:生物视角下的记忆,不同类型的记忆,情绪与记忆等。我们也将在多个地方再次提到 H. M.。如果你希望更多地了解 H. M.这个伟大的病人,可以自行观看纪录片《当记忆失效》。然后,我们将讨论如何测量记忆,以及不同类型记忆如何协同工作的模型。

6.1 追寻记忆

H. M.的案例是精彩地解释了记忆在某些条件下是无效的,这为我们开始研究记忆是如何工作的提供了启发——努力去区分不同各类型的记忆,并开发测量记忆的不同方法。

测量记忆

LO 6.1A 区分外显记忆中的回忆任务和再认任务、外显记忆和内隐记忆。

有意识地、主动地回忆一个事件或物体的信息叫做**外显记忆**。该种记忆常通过两种方法进行测量。第一种是**回忆**,即主动提取并再现出之前遇到的信息。需要根据课堂内容完成的课后论文、填空题都需要回忆的能力。第二种方法是**再认**,即分辨某个内容是不是之前观察过的、读过的或听过的所有信息已经呈现在你面前,你所要做的就是分辨他是新的还是旧的,是正确的还是错误的,或者将正确答案从多个备选答案中找出来。这种任务,事实上是要求你把当前信息与储存在记忆中的信息作对比。判断题、选择题都是再认任务。

再认任务并不总是简单的,尤其是当错误选项和正确选项很相似时。但是人类对视觉图像的再认能力是非常令人惊叹的。在最近的一项研究中,实验者在 5 小时 30 分钟的时间里,向被试共呈现了 2500 张描绘了不同物体的图片,随后进行记忆测试。记忆测试中每次给被试呈现 2 张图片,其中一张是他曾见过的,另一张是从未见过的。当先前见过的物体图片与一个差异较大的类别的物体图片同时呈现时(例如,一块哈密瓜和一个龙骑士玩偶),被试很好地完成了任务:能辨别出 92% 曾看过的图片。即使两张图片中呈现的是同一个物体,只是从未见过的图片是从另一个角度进行拍摄的,被试依然能从迷惑性很高的选项中正确地选出 87% 的旧图片(Brady et al., 2008)。鉴于被试需要在如此短的时间内记住数量如此众多的图片,这样的成绩是令人印象非常深刻的。

外显记忆 有意识地、主动地对某一个事件或物体的信息进行加工的过程。

回忆 从记忆中提取并重现之前遇到过的材料的能力。

再认 识别先前遇到过的材料的能力。

你可以试着去测试下自己的回忆能力。如果你比较熟悉这首以"在圣诞节的前一天晚上（It's the night before Christmas）"开头的诗或者名为《鲁道夫的红鼻头小鹿》的歌曲。请回忆一下，鲁道夫有 8 个驯鹿朋友，他们分别叫什么名字？然后，再想一下，如果我给出 20 个备选的名字，让你从中挑出 8 个正确的答案，这个任务会变得更容易吗？

在大多数情况下，再认是比回忆更容易完成的。一项关于人们对自己高中同学记忆的研究证明了这个结论（Bahrick，Bahrick，& Wittlinger，1975）。他们让年龄介于 17—74 岁之间的被试尽可能多地写下他们记得的同学的名字。结果他们的回忆是贫乏的，甚至把纪念册的照片呈现给他们时也是一样。最年轻的人忘记了 1/3 的名字，最年长的人则几乎忘光了。然而，再认的成绩就要远好于回忆。当要求他们看一系列卡片，每组包含 5 张照片，并说出每组照片中哪一张是其以前的同学，新近毕业的人再认正确的百分比能达到 90%，已经毕业 35 年的人正确率也没有差别。最近的一项研究发现，当我们有多张图片可供参考时，对想要回忆的人的面孔的再认正确率会大大提升（Jones，Dwyer，&Lewis，2016）。

有时候，即便我们并未有意去识记，过去的信息也会影响我们的想法和行动，这种现象称为**内隐记忆（implicit memory）**（Schacter，Chiu，& Ochsner，1993）。内隐记忆可以通过经典条件反射获得，即我们在刺激间形成联结的一个过程：例如，一只狗一旦习得了"开罐头的声音"与"食物的出现"的联结关系，仅仅听到开罐头的声音，就会让它兴奋地跳到食槽前。研究者也可以通过"**启动**"（**priming**）来研究内隐记忆，即要求你阅读或聆听一些信息，然后测验这些信息是否影响你在其他任务中的反应。

假设要你阅读一个词表，其中有些词以字符"def"开始（例如 define、defend 或 deform）。然后，要求你用想到的第一个词去补全词干（比如 def-）。相对于未读过上述词表的被试，你更可能使用词表中出现过的单

内隐记忆 无意识地保持在记忆中的先前经验或遇到的信息对当前思维或行动的影响。

启动 一种测量内隐记忆的方法，要求你阅读或聆听一些信息，然后测验这些信息是否影响你在其他任务中的绩效。

词进行补全,尽管你几乎不能回忆出最初词表中出现过的词(Richardson-Klavehn & Bjork,1988；Roediger,1990)。在这一过程中,词表中的单词"启动"了(即使它们更为可用)人们在补全单词任务中的反应。启动并不局限于单词,向被试呈现一些不常用的句式,会使他们在一周之后的测试中更多地使用该种句式(Kaschak et al.,2011)。图片的碎片也可以引发"启动"。在一项研究中,参与者观看了一些描绘物体和动物的图片碎片。17年之后,他们将观看过的图片碎片混同一些从来没见过的图片碎片寄给了参与者。要求他们说出图片中描述的是什么物体或动物,结果发现大部分参与者已经忘了自己曾在十几年前参加过这个实验,他们却能更准确地命名最初看过的那些图片碎片(Mitchell,2006)。

另一个内隐记忆的例子是:人们能够无需注意和有意识地完成一些复杂的动作任务,例如,驾驶汽车等。你是否在开车或走路时发现自己会偶尔走神,不能准确地说出你是怎么来到当前的地点的？你是否因为闻到特定食物的气味或者某个曾给你带来欢乐的人的香水气味,就会突然很开心？你是否曾锁上门离开后,过了几分钟突然感到一阵焦虑——记不清自己到底有没有锁门？这些生活中的事件在认知加工过程中都涉及内隐记忆。这些例子,和刚才描述的几个实验,说明了人们掌握的知识比自己认为的要多,并且这种知识可以持续很长时间。

记忆的模型

LO 6.1B 描述基于信息加工模型的三级记忆系统的特点,以及对平行分散加工模型的质疑。

虽然人们通常认为记忆是一种单一的能力,例如我们会听到"我的记忆出问题了"或者"他有大象一样的记忆力"这些说法。然而,"记忆"这个术语实际上包含着多种复杂的能力和加工过程。许多认知心理学家喜欢将"心智"比喻成计算机的"处理器",只是更加复杂而已。他们建立起了认知过程的"信息加工模型"(借用了计算机的术语),例如"输入"、"输出"、"访问"、"信息提取"。当你在电脑键盘上键入一个单词时,机器将这些信息编码成为计算机语言,存储在硬盘上,并在需要用它的时候,将之提取出来。相似地,在记忆的信息加工模型中,我们也编码信息(将信息转变为一种大脑能处理和使用的形式)、存储信息(保留信息)和提取信息(使用的时候重新提取出来)。

在大多数信息加工模型中,记忆储存发生在三个相互作用的记忆系统里(Atkinson & Shiffrin,1968,1971)。感觉登记将输入的感觉信息保留一至两秒,直到被进一步加工为止。短时记忆是在短时间内保留有限信息,除非有意识地将它们保留更久,否则至多能留存30秒。长时记忆指较长时间的存储,从几分钟到几十年(Atkinson & Shiffrin, 1968, 1971)。如图6.1所示,信息能从感觉登记转为短时记忆,并在短时记忆和长时记忆间互相转换。

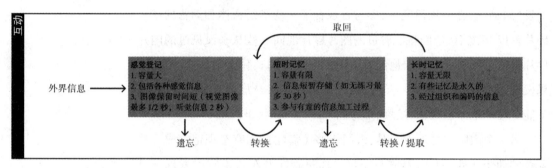

图6.1 三个记忆系统

在传统的三盒记忆模型中,不脱离感觉寄存器或工作记忆的信息被认为是永远被遗忘。一旦进入长期记忆,信息就可以被检索出来,用于分析新的感觉信息或在工作记忆中进行心理操作。

这一模型常常被称为"三箱模型",自从20世纪60年代后期以来,它已经成为研究记忆的主要理论模型。"三箱模型"的主要问题在于,人类大脑并不像普通电脑那样工作。大多数电脑一个接一个地依次处理指令和数据,因此"三箱模型"也强调序列加工。然而,人类大脑可以同时并行地执行很多操作。人类大脑能够同时识别多个模式而不是一一进行,人类大脑还能同时感知信息、产生言语和搜索记忆。人类大脑之所以具有如此功能,是因为数以百万的神经元可以同时激活,每一个神经元又与周围数千个神经元相联系,进而与其他数百万神经元互传信息。

由于上述原因,一些认知科学家提出了**并行分布加工(parallel distributed processing,PDP)**模型或称联结主义模型。PDP模型认为信息表征不是从一个系统流向另一个系统,它认为记忆内容是大量相互作用的加工单元的连接,正如人脑的神经元一样,这些相互作用的加工单元分布在一个巨大的网络上,并且能够同时工作(Cox, Seidenberg, & Rogers, 2015;McClelland, 2011;Rogers & Rumelhart, 2014;Rumelhart, McClelland, & the PDP Research Group, 1986)。因此,与图6.1中三个箱子因此进行操作的模式相反,该模型图由许多许多的箱子组成一层一层的网络,每一个箱子和其他箱子都是互相联结的。换句话说,该模型更像是一个蜘蛛网,而不是流程图。

并行分布加工 一种记忆模型,它将知识表征是无数个认知单元组成的巨大网络,它们互相联结,且能够同时工作。因此又被称为联结主义模式。

日志 6.2　批评性思考——定义术语

回顾到目前为止你在整个学术生涯中接受测试的方式。你很有可能参加过很多类型的考试：多项选择题、真假题、论文、简短的回答、填空题。想想你参加过的不同考试，并指出它们的测试主要是回忆还是识别。接下来，考虑一下您更喜欢参加的测试类型。你能根据回忆或识别技能来识别一种模式吗？最后，根据你对记忆提取的了解，考虑一下如何根据你将要参加的考试类型来改善你的学习习惯。

模块 6.1 测验

1. 从记忆中提取并再现信息的能力被称为（　　）。
   A. 再认　　　　　B. 回忆　　　　　C. 启动　　　　　D. 内隐记忆

2. 前几天亚伯达刚做完一个填字游戏。她不记得游戏中出现过的单词了，但在"乱摸"（Scrable）游戏中，碰到出现过的单词总是很容易填出来，表明亚伯达对这些单词有（　　）记忆。
   A. 同谋　　　　　B. 内隐　　　　　C. 外显　　　　　D. 非法

3. 记忆的三个基本过程是（　　）、储存和（　　）。
   A. 保存；再认　　　　　　　　B. 子类型；辨别
   C. 感觉；短时记忆　　　　　　D. 编码；提取

4. "三箱模型"中的三个记忆系统是（　　）、（　　）和长时记忆。
   A. 感觉登记；短时记忆　　　　B. 感官；回忆
   C. 感觉登记；再认　　　　　　D. 编码；辨别

5. PDP 模型挑战"三箱模型"的一个主要方面是（　　）。
   A. 信息并不总由记忆的各个模块间依次加工
   B. 有时候会有一些我们意识不到的记忆
   C. 在一些情况下提取会发生在编码和储存之后
   D. 启动能够同时影响外显和内隐记忆

6.2　记忆的"三箱模型"

信息加工模型由三个分离记忆系统（感觉记忆、工作记忆、长时记忆）组成，它为组织大部分有关记忆的研究提供了一个方便的途径，能够有效地解释这些研究发现，且与有关记忆的生物学基础相一致。现在，我们就来仔细地翻看一下这些"箱子"。

感觉登记 非常短暂地保存感觉信息的记忆系统。

感觉登记：飞逝的印象

LO 6.2A 解释记忆的"三箱模型"中感觉登记的功能和持续时间。

在"三箱模型"中，所有输入的感觉信息都必须在记忆的入口——感觉登记中作短暂停留。

感觉登记包括大量分离的子系统，有多少种感觉就有多少子系统。视觉图像通常在视感觉登记子系统中保留最多半秒钟。听觉刺激在听感觉登记子系统中可以保留得稍微久一些，但也不长于 10 秒钟（Cheng & Lin, 2012；Sams et al., 1993）。

感觉登记犹如存储箱，它能高度准确地保留信息，直到我们通过注意将部分信息从大量涌入我们感官的信息流中挑选出来。它给我们极其短暂的时间去判断哪些信息是外来的或者重要的，并非所有由我们的感觉察觉到的信息都能引起我们的注意。没有及时被送入工作记忆的信息将永远地消失，就像用隐形墨水写下的文字一样。这种对于外来感觉信息快速忘却的本能，其实是有益处的，它能够避免多个感觉图像的重叠，即"双重曝光"，对准确感知和编码信息产生干扰。

感觉记忆的一个经典证据来自乔治·斯柏林（1960）的研究。在他的实验中，在不到一秒钟的时间内（确切地数字是 50 毫秒—1/20 秒）在同一屏幕上呈现 12 个字母（每行 4 个，共有 3 行）。然后，要求被试汇报看到了哪些数字，结果大多数人只能报告出 4—5 个字母。这是什么原因呢？斯柏林（1960）认为，在被试准备组织语言回答题目时，他们的记忆已经开始消退了。

但是也存在另一种可能性：被试在这么短的时间内根本无法觉知到全部 12 个字母。为排除这种可能，斯柏林想出了一个精妙的方案：为每一行字母匹配一个不同音高的纯音，在每次测试中要求被试回忆指定音高的那行字母。例如，呈现的字母有 3 行，高音代表最上面的一行，中音代表中间的一行，低音代表下面的一行。斯柏林（1960）发现被试几乎能够正确回忆出任一行的字母，这一结果表明 12 个字母都被编码进入了感觉记

在黑屋子或壁橱里，挥舞手电筒画圆圈。你看到不是一个个独立的光点，而是一个完整的圆形光圈，原因是连续的影像在你的感觉登记中得到短暂的保留。

忆,只是另外两行在回忆其中一行时消退了。你可以在下面的互动栏目中测试下自己的感觉登记能力。

工作记忆：记忆的工作簿

LO 6.2B 解释工作记忆的功能和持续时间。

与感觉登记一样,工作记忆(working memory, STM)只是暂时保存信息——大多数研究认为持续时间最多30秒左右,尽管一些研究者认为对于某些特定任务最大的保持时间能延伸到几分钟(Baddeley, 1992; D'Esposito & Postle, 2015)。在短时记忆中,材料不再是准确的感觉印象,而是一个印象的编码,如一个单词或一个短语。这些材料要么传输到长时记忆中,要么消退并且永远消失。

> **工作记忆** 短时记忆的一种形式,能够短时间地存储信息,并使其保持待用状态。

大脑受损的病例,让我们了解到将新信息从短时记忆中传输到长时记忆中的重要性。例如,病人H. M. 能够存储短时信息。他能和别人交谈,在你第一次遇见他的时候,他的表现与正常人一样。然而,大多数情况下,H. M. 和其他类似病人一样,他们在保持有关新事实和事件的外显记忆信息时不会超过几分钟。他们严重的记忆功能缺陷包括不能将外显记忆存储到长时记忆中。从另一个方面来看,即便是我们这些记忆功能正常的普通人,也都能从生活经验中了解到,将外部信息持续地保持在工作记忆中并不是一件容易的事。例如,我们刚记下一个电话号码,还没来得及输入到手机拨号盘中,它就从我们头脑中消失了。再如,我们在聚会中刚认识了一个人,两分钟后却发现自己已经想不起这个人的名字。从这个特点上来看,工作记忆有点像一个"漏桶"。

根据大多数记忆模型,如果这个桶不漏,那么它很快就会溢出,因为工作记忆在某一时刻,只能有效地保存特定数量的项目。多年前,乔治·米

勒（George Miller，1956）估计了它的容量为"神奇的数字 7±2"，即，米勒认为对于大多数人来说，工作记忆只能在同一时刻容纳5—9个项目。幸好，5位数字的邮政编码、7位数字的电话号码都恰好落在这个范围。遗憾的是，16个数字的信用卡号码不在这个范围内。自从米勒提出这个观点以来，也有研究者提出了不同的看法：对短时记忆容量的估计在2个项目到20个之间变化（Cowan et al.，2008；Mathy & Feldman，2012）。然而，研究者们达成共识的一点是：短时记忆在某一时刻能够处理的项目数量很有限。

或许你会问，工作记忆的容量怎么可能这么小？如果在同一时刻工作记忆中只能保持7个项目，那么当我们想说一个很长的句子时，还没说到最后一个单词，就会把句子开头的单词给忘了吧？毕竟，大多数句子都不止7个单词。根据记忆的大多数信息加工模型，我们能够将小的信息单元组合成较大单元，称为**组块（chunk）**。工作记忆真正的容量并不是几个比特的信息，而是几个组块的信息（Cilchrist & Cowan，2012）。一个组块可以是一个单词、一个词组、一个句子或者一个图像，它是由个体的经验决定的。例如，对于大多数美国人来说，1776这几个数字就是一个组块，因为它是这个国家诞生的年份。同样的，对于电影《星球大战》的爱好者来说，C3PO是一个组块（一个星际机器人的名字）。但是对于其他没有明显意义的字符串来说，例如2PHQ，会被看作是4个单独的项目。

组块也可以是视觉化的：如果你了解足球运动，当你在观看一场足球比赛时，你就能看到组块信息，"这是美式足球的某种防守队形"，并且能很容易地记住它。如果你不了解足球，你只能看到一群人在足球场上跑来跑去，也不可能记住每个球员在场上的位置。但是，即便是组块，也不能阻止工作记忆的消退。如果信息需要在较长的时间里使用，则必须转移到长时记忆中，否则就会被新的信息替代。有特殊含义的信息能够迅速被转移到长时记忆中去，但是其他的信息，通常需要更多的加工过程——除非我们作出努力让他们在工作记忆中保持一段时间，像我们下面将要说的那样。

工作记忆中的"工作"是指什么呢？最初的"三箱模型"使用"短时记忆"这一术语，并指出这个箱子就像一个缓冲器，用来临时存放新的信息；或者从尝试记忆中提取的信息。但是把短时记忆看作容器的这种观点，并不能解释我们的问题解决过程中付出努力的感觉。

组块 有意义的信息单元，它可能由更小的单元组成。

例如，面对"2×(3+5)/4=4是否正确"这一问题时，我们不仅仅将这些信息存放在记忆的容器里，我们还对它们进行了一些"工作"，这就是为什么现代的心理学家更倾向于使用更为复杂的工作记忆系统。这个系统包括了一个临时的储存容器，还包括了一些更为主动的元素，例如注意控制——将目前工作需要的信息放在注意的中心，并排除无关信息的干扰(Baddeley, 2007; Ma, Husain, & Bays, 2014)。在解决上面的算术问题时，你的工作记忆需要同时记住这些数字和需要进行的运算规则，同时，还需要进行运算，并将过程中的结果数字进行保持。通常，当信息从感觉登记转移到工作记忆中去时，能够同时与长时记忆中的相关信息进行比较，如果一致，刺激则能够很容易被识别。

在工作记忆测试中成绩好的被试，他们的阅读理解能力、方向感、记笔记、玩桥牌、学习新词汇和其他生活技能的成绩也都不错(Broadway & Engle, 2011)。当完成那些要求高的注意力和努力并富有挑战性的任务时，他们会专注更长时间且很少分心(Kane et al., 2007)。对于 H. M. 这样的脑损伤患者，他们将信息从长时记忆中提取到工作记忆中的能力并没有受损。他们能够完成算术题、回忆脑损伤发生前的事情，以及其他需要从长时记忆中提取信息到工作记忆中的任务。他们的记忆障碍仅存在于另一个方向，即将信息从工作记忆转移到长时记忆中。

长时记忆：记忆的存储系统

LO 6.2.C 描述不同类型的长时记忆，解释信息从工作记忆转移到长时记忆过程中的序列位置效应。

"三箱记忆模型"的第三个箱子是**长时记忆(long-term memory)**，它的容量几乎是无限的。存储在此的大量信息使我们能够学习，应对环境，建立认同感和个人历史。

长时记忆中的组织 由于包含如此多的信息，长时记忆必定是按照某种方式组织起来的，以便我们找到所需的特定项目。组织单词(或者它们所代表的概念)的一个方法就是语义分类，即将单词分到所属类别中，例如，椅子属于家具类。在多年前的一项研究中，人们被要求记住随机呈现的属于动物、蔬菜、名字和职业四个语义类别的 60 个单词。随后请他们按照自己所喜欢的任何顺序来进行回忆，他们倾向于用与四个类别相符的群集来回忆这些单词(Bousfield, 1953)。这一结果随后多次得到了验证和拓展(Morton & Polyn, 2016)，你在日常生活中很可能也是使用相似的分类策略来记忆大量事物的。

长时记忆 在记忆的"三箱模型"中，与长时间存储信息有关的记忆系统。

对脑损伤患者进行个案研究的结果也为语义分类存储信息提供了证据。有这样一个案例,病人 M. D. 似乎已经从多次严重中风中完全康复了,除了有点异常:他很难记住水果和蔬菜的名称;M. D. 能轻易地说出算盘或者斯芬克斯的图片,但是当他看到一张苹果或胡萝卜的图片时却没有反应;他能很好地将动物、交通工具或者其他物体予以分类,但是在水果或蔬菜图片分类方面却做得很差。另外,当向 M. D. 提示水果或蔬菜的名称时,他能立即指出相应的图片(Hart, Berndt, & Caramazza,1985)。显然,M. D. 仍然存储了有关水果和蔬菜的信息,只是他受伤的大脑阻碍他使用它们的名称来获得所需的信息,除非这些名称由别人提供。该证据表明,一个特定概念(如橘子)的信息会以某种方式同该概念的语义类别(如水果)联系在一起。

关于长时记忆的许多模型都将其内容描述为概念和命题相互关联的一个巨大的网络(Collins & Loftus, 1975; Jackson et al., 2016)。在这些模型中,其中一小部分的动物概念网络看起来可能如图6.2所示。然

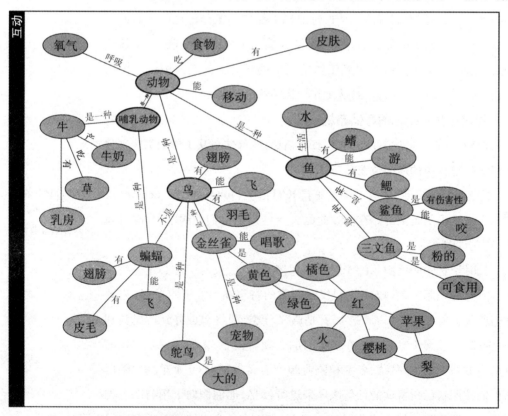

图 6.2　长时记忆中的概念网络举例

许多记忆表征的模型都认为长时语义记忆中的组织形式是一张巨大的概念网络,包含了概念及概念之间的联系。本图展示了这个网络中的一部分。

而，人们使用这些网络的方式则要依赖于经验和教育。例如在利比里亚农村，儿童所受教育越多，他们在回忆物体列表的时候越可能使用语义分类（Cole & Scribner，1974）。这是有道理的，因为在学校里儿童必须在短期内记住大量信息，而语义分类则能帮助他们。那些没有受到教育的儿童并不太需要记住列表，他们不会群集项目，也不会记住它们，但这并不意味着没有受到教育的儿童记忆力就差。当任务对他们有意义的时候（比如说，回忆一个故事或者一幅乡村画中的物体），他们记得非常好（Mistry & Rogoff，1994）。

我们不仅通过语义分类在长时记忆中组织信息，而且也按照单词的发音或形状去组织信息。你是否曾经努力去回忆那些在"唇边"的单词？几乎所有人都经历过**舌尖现象（tip of the tongue，TOT）**，这种现象在许多文化和语言中都存在，甚至是在使用手势语言的人中也经历过这种现象——有人称之为指尖现象（Thompson, Emmorey & Gollan，2005）。科学家认为这种现象是记忆在回放"慢动作"影片（A. Brown,

文化塑造了长时记忆中信息编码、存储、提取的方式。纳瓦霍人（美国最大的印第安部落）的医者会在治疗仪式上按照固定的程序，在沙子上画出由特定符号组成的图形。他们必须记住大量的复杂视觉形状，因为每个作品都不相同，并且每次仪式结束后他们的作品就会被毁掉。

2012；Resnik et al.，2014）。处于TOT状态的个体在从脑海中搜索到正确的词语之前，头脑中会浮现出一些与正确词语在语音、含义、字形上相似的单词，说明长时记忆中的信息是按照这样的维度来组织的（R. Brown & McNeill，1966）。例如Luisa这个名字，人们可能会说："等等……首字母是L，而且由三个音节组成……是Loretta还是Larissa？"

长时记忆中的信息也可能按其熟悉程度、关联或与其他信息的关系等方式得到组织。在任何给定的例子中所用的方法可能依赖于记忆的本质。你存储的关于欧洲大城市的信息不同于你第一次约会的信息，你对此肯定不会怀疑。因而，为了理解长时记忆中的组织，我们必须知道在那里可以存储什么类型的信息。

长时记忆的内容　你可以回忆一下本章前面提到的外显和内隐记

忆。大多数记忆的理论都会将记忆做如下区分：一类是关于事实和事件的外显记忆；一类是关于如何系鞋带、骑单车、织毛衣、扔棒球等动作的内隐记忆（见图6.3）。

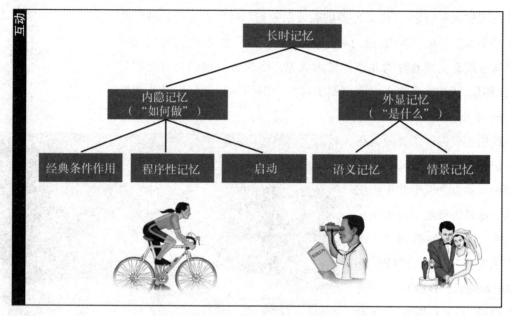

图6.3　长时记忆的类型

该图总结了长时记忆之间的区别。"在某个电影中看到的一段舞蹈的舞步"是内隐记忆；"坦帕是佛罗里达州第三受欢迎的城市"是外显记忆。你是否能想出每种类型的其他例子？

语义记忆　关于一般知识的记忆，包括事实、规则、概念、命题等。

外显记忆——也经常被称为陈述性记忆，有两种常见的形式：语义记忆和情景记忆（Tulving, 1985）。**语义记忆**是世界的内在表征，与具体的背景无关。它们包括事实、规则、概念这些一般性的知识。例如，语义记忆中的猫是小型的、毛茸茸的哺乳动物，它们大多数时间都在吃东西，睡觉，跑来跑去，盯住某处出神。即便猫没有出现在你面前，你也可以清楚地描述出这些特点，甚至你可能也不知道是何时习得的这些知识。

情景记忆　关于个体经验的记忆，包括经历的事件及其发生的环境。

情景记忆是个人亲身经历过的事件的内部表征。当你回忆起曾被一只猫在半夜里突然出现而惊吓到时，这便是情景记忆了。情景记忆系统不仅允许我们翻阅对过去情境的回忆，也能帮我们想象未来的经历（Schacter et al., 2015）。我们通过情景记忆中的内容来建构未来可能发生的情境，然后重新考虑我们的行为。

我们先前讨论过了内隐记忆——或称非陈述性记忆。例如，经典条件作用和启动效应，以及学习一系列动作技能。已有研究表明内隐记忆和外显记忆依赖于不同的大脑回路（Squire, 2004）。

从工作记忆到长时记忆：一个谜题。记忆的三箱模型经常被用作解释**序列位置效应**(serial position effect)。如果给你呈现一个项目列表,并要求立即回忆它们,回忆成绩最好的项目通常位于列表的开始(首因效应)和列表末尾(近因效应)(Bhatarah, Ward, & Tan, 2008; Overstreet Healy & Neath, 2015)。如果我们把这个结果画到坐标图中,可以看一个U形曲线,如图6.4所示。例如,当你在一次聚会上被介绍给很多人时,你会发现你能记住最开始和最后遇见的少数几个人,却几乎记不住中途遇见的人。

序列位置效应 在回忆列表信息时,位于开始和末尾项目的回忆效果要好于中间项目的现象。

首因效应和近因效应出现的原因似乎不同。首因效应是由于位于列表开始的几个项目被复述了多次,因此更容易被储存到长时记忆中,并方便提取(我们将在随后的小节中讨论复述对记忆的作用)。近因效应,是由于列表最后的几个项目是最后进入工作记忆的,在开始回忆时,它们仍停留在工作记忆中。列表中间的项目之所以不能很好地被回忆,是由于当它们进入工作记忆时,会受到列表开始项目的干扰。因此,在它们进入长时记忆前就消退了。最近,有一项fMRI的研究表明,再认列表开始的项目时,与长时记忆有关的海马区域会激活,而再认列表最后的项目时,海马则没有激活(Talmi et al., 2005)。

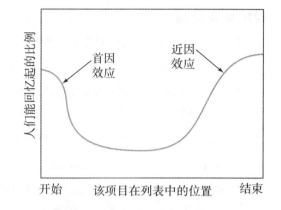

图 6.4 序列位置效应

当人们在学习一系列相似的单词之后,试图去回忆它们时,对于开始位置、末尾位置的项目回忆成绩最好,中间的项目回忆成绩最差。

根据三箱模型,列表中前面的项目之所以记得好是由于在项目进入的时候短时记忆相对比较"空",因此这些项目不需要彼此竞争就进入长时记忆。它们得到完全加工,因而很容易被记住。最后几个项目被记住另有原因,即在回忆的时候,它们仍处于短时记忆中。至于在列表中间的项目没有得到很好的保持,其原因则在于:当它们进入短时记忆时,短时记忆中已有大量信息,结果许多中间项目在进入长时记忆前就被逐出了短时记忆。但也有例外的情况,即使测验被延迟到超出了短时记忆假定的"空"的时间,一个列表中最后几个项目,仍能得到很好的记忆(Davlaar et al., 2004)。因此,就目前而言,序列位置曲线仍然是个谜。

日志 6.2 批评性思考——定义术语

思考一个概念:书。根据你对这个概念的认识,给出一个与这个概念有关的内隐记忆、语义记忆、情景记忆的例子。然后,说出5个与这

第六章 记忆

277

概念有关的、在长时记忆网络中与之距离较近的名词,以及5个与这个概念有关的、在长时记忆网络中与之距离较远的名词。最后,简要描述出你刚才构建的语义网络中概念之间的关联。

模块6.2测验

1.（　　）的印象保持时间不到1秒。

　　A.工作记忆　　　　B.听觉感觉登记　　　C.漏桶　　　　　　D.视觉感觉登记

2.工作记忆能够保持信息的时间最长为（　　）。

　　A.5分钟　　　　　B.0秒　　　　　　　C.15秒　　　　　　D.2分钟

3.测量工作记忆容量时,最合适的单位是（　　）。

　　A.音节　　　　　　B.单词　　　　　　C.信息块　　　　　　D.组块

4.你关于"如何滑冰"的记忆是（　　）记忆。

　　A.语义　　　　　　B.内隐　　　　　　C.陈述性　　　　　　D.工作

5.希瑟在一个商业会议上被介绍了一些新朋友:Rich、Gina、Klaus、Liz、Holly、Ani、Alex、Robin、Keith、Dave、Paul、Ayanna、Joe、Ariel、Jessica。根据首因效应,谁的名字最容易被记住？（　　）

　　A. Rich、Gina、Klaus　　　　　　　　　B. Joe、Robin、Jessica

　　C. Rich、Robin、Jessica　　　　　　　　D. Liz、Alex、Paul

6.3　记忆的生理基础

讨论记忆的一个思路是信息加工。但正如H.M.的案例揭示的那样,记忆依赖于特定的大脑结构和系统。大脑在进行记忆相关的信息加工时到底发生了什么？为了解这个问题,我们可以先来观看一段视频:"记忆和大脑"。

第六章 记忆

神经元和突触的改变

LO 6.3.A 描述记忆形成过程中的长时程增强。

记忆的形成包括突触水平发生的化学变化和结构变化,这些变化在工作记忆和长时记忆上有不同的表现。

工作记忆中,神经元的变化临时改变了其释放神经递质的能力,这些化学元素携带信息在神经元之间传递。大量使用海蜗牛、海蛞蝓等具有简单神经元的动物的实验证实这个观点(Kandel,2001;Sweatt,2016)。这些原始生物能够学会一些简单的条件反应,例如在身体被触碰时,进行退缩或不退缩的反应。当这些动物只能在短时间内保持这一技能时,相关的突触对神经递质的读取能力会相应升高或下降。

与之相对,长时记忆则使大脑产生了长久的结构性的变化。为了模拟长时记忆的形成过程,研究者对动物大脑的神经元组织或者实验室环境下的大脑细胞进行简单、高频的电刺激。很多区域尤其是海马区,这些刺激会加快突触的响应速度,这种现象被称为**长时增强(long-term potentiation)**(Bliss & Collingridge,1993;Camera et al.,2016;Whitlock et al.,2006)。特定的接收神经元会对传输细胞的反应更加敏感,突触通路更容易兴奋。

长时增强 持续较长时间的突触的反应强度的提高,被认为是长时记忆的生理机制。

长时增强可能是多种学习和记忆的基础。钙和神经递质谷氨酸盐在这个过程中似乎起着重要作用,它们能够使海马中的接收神经元对即将到来的信号的接受能力更强(Lisman,Yasuda,& Raghavachari,2012)。这种变化类似于通过增加漏斗颈部的直径,从而能够使更多液体通过。另外,长时增强的过程中,树突生长并伸展,一些突触在数量上有所增加(Greenough,1984;Bosch et al.,2014)。同时,在其他加工过程中,部分神经元不再像之前那么反应活跃(Bolshakov & Slegelbaum,1994)。

多数变化需要时间,这就是为什么长时记忆储存了很长时间还是容易受到干扰,头部受到撞击不会影响较旧的记忆,但能干扰新近记忆。在记忆"牢固"地形成之前,必须经过一段时间的巩固或稳定。**巩固**对于动物来说可以持续几周,对于人来说则能持续几年。记忆或许不能完全"牢固"。每一次对已有记忆的提取都会使这段记忆重新变得不稳定。新一轮的记忆巩固会把新的信息加入旧的记忆中去,从而改造了旧的记忆(Dumay,2016)。睡眠在新信息巩固的过程中起着重要作用。关于记忆神经机制的更多信息,可以观看如下视频。

巩固 使长时记忆变得持续、稳定的加工过程。

记忆的定位

LO 6.3.B 评估记忆并不存储在任何一个脑区的证据。

科学家通过微电极、脑探测技术和其他技术手段来识别形成或储存特定记忆的脑区。杏仁核在情绪类事件记忆的形成、巩固和提取过程中起着重要的作用（Buchanan，2007）。大脑额叶在工作记忆任务中表现尤其活跃（Constantinidis，2016；Mitchell & Johnson，2009）。前额页皮层、颞叶中与海马相邻的区域对于图片和词汇编码起着重要的作用。

但是海马在记忆的很多方面都扮演着重要的角色，对于形成长时陈述性记忆（知道是什么）来说很关键。在 H. M. 的案例中，海马的损伤导致无法形成对新近发生的事件的记忆。海马在提取关于过去经历的记忆中也起着重要作用（Pastalkova et al.，2008）。

例如，某研究小组发现了海马中的神经元在特定记忆加工过程中的作用。他们在即将接受外科手术的癫痫患者的大脑中植入微电极（属于规定程序，因为医生需要借此确定引发癫痫发的脑区）。在准备手术过程中，患者被要求观看5—10秒钟的视频片段，包括综艺节目、动物、标志性建筑等。研究者记录患者海马中被激活的神经元，在每个被试身上都发现，特定的神经元会在观看特定类型的影片时高度活跃，在观看其他影片时则不那么活跃。几分钟之后，患者被要求回忆刚才看到的影片。他们几乎都能正确回忆起所有的片段，同时当他们回忆某一段视频时，第一次观看该视频时高度活跃的那些神经元再次被激活了（Gellbard－Sagiv et al.，2008）。

内隐记忆的形成和储存可能存在其他的脑结构。理查德·汤普森（1983，1986）在研究大兔后发现，经典条件作用（如对声音的眨眼反应）与小脑的活动有关。人类被试的研究也发现，小脑损伤患者无法完成经典条件反射任务(Daum & Schugens,1996)。另一类内隐记忆内容,例如包括学习按一定顺序按按钮的任务,依赖于纹状体的激活(Reickmann, Fischer, & Backmann, 2010)。

外显和内隐记忆依赖于不同的脑区,可以解释当研究者要求 H. M. 这样的病人练习一个新任务:"镜画测验"时的神奇的发现。当只能在镜子中看到一个形状时(例如手或者钢笔),绘画它是很困难的;右变成左,左变成右。图 6.5 的上半部分展示了要求 H. M. 绘画的星星,下半部分是在三天的时间内对他练习这个任务的表现的追踪。正如你所见,H. M. 在开始的第一天产生了相当多的错误——接近30,尽管他随着时间的推移进步了一点,就像任何一个正常人那样。到了第三天,即使是他最初的努力他也只产生了四个错误;他显然通过练习在这项任务上表现得更好了。H. M. 有关内隐记忆的脑区没有被损坏,所以 H. M. 的表现可以随着练习而提高。然而,H. M. 在第三天的优秀表现让他自己大吃一惊,为什么会这样?因为海马的移除让他失去了关于第一天和第二天练习过这个任务的回忆。事实上,在他最后一个练习阶段结束后,他自己说:"太奇怪了,我以为这是个很困难的任务,但我好像完成得很好。"(Corkin, 2013, p. 155)。

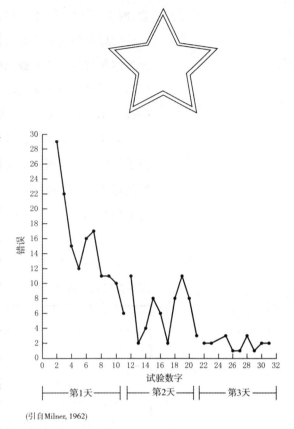

(引自Milner, 1962)

图 6.5 H.M. 的镜画测验任务

图的上半部分显示了 H.M. 被要求在通过镜子观察时画出的星星。下半部分显示了任务表现随时间的变化。如表所示,H.M. 练习的次数越多,他在任务上犯的错误越少,很像你(或我)那样。但是如果没有海马体,也不能记住之前练习过这个任务,这种进步对 H.M. 来说是很惊讶的,他不明白为什么他似乎在一些看起来很难做到的事情上表现得如此出色。

形成和提取长时记忆与存储有着不同的大脑回路。海马对记忆的形成和提取起到重要作用,而记忆的存储很可能与大脑皮质有关(Battaglia et al.,2011)。实际上,对信息的最初知觉和记忆很可能储存在同一脑皮层:被试记忆图片时,大脑的视觉区域表现活跃。当被试记忆声音时,听觉区域处于活跃状态(Nyberg et al., 2000; Thompson & Kosslyn,2000)。

典型的"记忆"是各种信息错综复杂的结合。回忆昨天遇见的某个人时,你记得他寒暄时的语调、长相和地点等等。即使是一个简单的概念,例如一把铲子,也包括了很多关于长度、材质、功能的信息。很可能这些信息是独立加工而且存储的地方分散在大脑的各个区域,又作为一个整体参与事件或者概念的表征。海马能将记忆的各部分联系起来,所以即使记忆分布在大脑皮层的位置,也能作为一个连贯的整体提取出来(Squire & Zola - Morgan,1991)。

表6.1总结了我们讨论过的结构以及它们和记忆相关的一些功能。但是我们只给了现有研究的一小部分结果。神经科学家希望有一天他们能描述出从你说"我必须记住这一点"到你真的记住了(或者发现自己记不住)这段时间内大脑中所发生的整个事件流。

表6.1　记忆和大脑

简单的总结和记忆相关的脑区并不能给这个复杂的领域一个准确的评价。以下仅仅是一些已经被研究过的区域及其功能。

脑区	相关的记忆功能
杏仁核	情绪性记忆的形成、巩固和检索
额叶	工作记忆任务
前额叶皮质,部分颞叶	文字和图片的高效编码、工作记忆、来源监控
海马	长时外显记忆的形成;特定记忆检索;将记忆的不同元素整合成一个连贯的整体,以便于之后检索
小脑	简单的经典条件反射的形成和保持
大脑皮层	可能将长时记忆储存在那些与信息的原始感觉相关的区域

荷尔蒙、情绪和记忆

LO 6.3.C　总结记忆会受到情绪和荷尔蒙水平影响的证据。

一些令人震惊或悲剧的事件——例如自然灾害和群体性伤亡犯罪——在人们的记忆中占据了重要的位置。一些不寻常的、令人兴奋的快乐事件,如得知你刚刚中了彩票,几年前,对这些情感事件的生动回忆被命名为"闪光灯记忆",这一术语捕捉到了惊奇、启发以及似乎详细地记录了那些刻画它们的细节。一些闪光灯记忆可以持续许多年:在一个丹麦的研究中,那些在二战中生活在纳粹占领区的人们在解放后的几十年时间里都精确地记得当时那个宣告解放的广播(Berntsen & Thomsen,

2005）。回到本章开头的那个问题，超过一半的学生能够回忆起他们在听到巴黎恐怖袭击的惨痛新闻时在干什么，而只有10%的人能够清楚地记住他们前一天晚上在哪儿（无情绪性）。

这说明，即使是闪光灯记忆也不一定总是准确的。人们常常记住那些令人震惊的、带有情感性事件的要点，但是当研究者多次询问他们，错误信息也进入了他们的记忆中（Neisser & Harsch，1992；Talarico & Rubin，2003）。在2001年世界贸易中心和五角大楼恐怖袭击的第二天，研究者询问大学生，他们什么时候听到这个消息的？是谁告诉他们的？他们当时在干什么？他们还要求这些学生报告袭击前几天发生的一件平凡事件的细节，从而可以将普通的记忆与闪光灯记忆进行比较。在八个月的时间里，学生们每隔一段时间进行一次测试。在这段时间内，闪光灯记忆的生动性和学生对它们的信心都高于普通记忆。然而，这种信心是错误的，学生们报告的细节随着时间的推移变得越来越不一致，两种类型的记忆都是这样（Hirst et al.，2015；Talarico & Rubin，2003）。

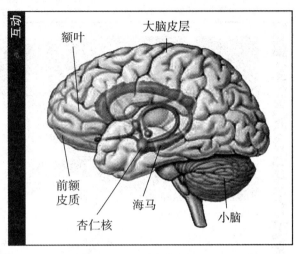

图6.6　与记忆有关的脑区

大脑的不同部分参与记忆的不同方面。大脑深处的结构（如海马和杏仁核）在编码长时外显记忆中扮演了重要角色。记忆的形成和储存依赖于许多相互交织的过程。

为什么我们倾向于更清楚地记住情绪性的事件而不是无情绪的事件呢？在兴奋和压力下，肾上腺会释放荷尔蒙，包括肾上腺素和去肾上腺素，可以增强记忆（部分是由于杏仁核和海马体之间的交流引起的）。如果注射的药物使肾上腺不再释放荷尔蒙，注射组对情绪性故事的记忆比控制组要少（Cahill et al.，1994）。相反，在动物学会某项技能后立即给它们注射去肾上腺素则有利于记忆（McGaugh，2015）。情绪唤醒和记忆间的联系使得进化变得有意义：唤醒会告知大脑某类事件或信息意义重大，需要对其进行编码和存储。

但是，过度唤醒并不是一件好事。给动物或者人注射过量的压力荷尔蒙，反而干扰了对学过任务的记忆，并没有起到增强的作用；剂量适中也许效果最佳（Andreano & Cahill，2006）。

巴黎恐怖轰炸(2015)　　世贸中心恐怖袭击（2001）

肯尼迪遇刺（1963）　　大学生入学

如果具有重要的个人意义或全国性的后果，即使是不让人感到惊讶的事件也能产生带有闪光灯特征的记忆——生动的充满情感的图片——例如大学生入学的第一天或者意义非凡的全国性事件（Talarico, 2009; Tinti et al., 2009）。

两位心理学家已证明，现实生活中存在高压力和高焦虑的风险，比如伦敦地牢里的恐怖迷宫（Valentine & Mesout, 2009）。它是用镜子在哥特式的拱顶上围成的一个迷宫墙。游客走过迷宫墙会听到各种奇怪的声音和尖叫声，还会突然出现让人毛骨悚然的东西，比如穿黑色长袍、满身伤痕和血迹装扮的"怪人"。那些进入迷宫的志愿者身上装有无线心率检测器，他们的压力和焦虑水平会被记录下来。压力和焦虑水平越高，越难准确地描述出"怪人"的样子，也很难从一排人当中将"怪人"指认出来。

上面说到的情形发生在娱乐景点倒没什么。可如果需要被害人、警察或者士兵回忆高压力下的具体细节，例如开枪或是指认敌方审讯者的话，后果将不堪设想。即使是训练有素的士兵在经过高强度审讯后也很难正确识别俘虏他们的人（Morgan et al., 2007）。正如我们将在本章最后一节讨论的那样，极端压力对记忆的影响，加上误导性建议的意外影响，意味着调查人员应该特别注意如何从抓获的犯罪嫌疑人和恐怖分子那里收集情报信息（Loftus, 2011）。

假设肾上腺激素不会升高,这些激素如何增强大脑中信息的储存?一种可能是去甲肾上腺素影响神经细胞表面的谷氨酸受体,增加传入信号的强度(Hu et al.,2007;Mather et al.,2016)。另一种可能是肾上腺激素导致血液中葡萄糖水平升高,使得葡萄糖很容易进入大脑,可能直接或通过改变神经递质的作用来增强记忆。事实上,增加大脑中葡萄糖的数量确实能增强衰老的大鼠和人类的记忆。在一项令人鼓舞的研究中,健康的老年人一夜禁食,喝一杯加糖或葡萄糖的柠檬水,然后进行两次记忆测试。含糖精的饮料对表现没有影响,但含葡萄糖的柠檬水提高了他们在听到一段话 5 分钟和 40 分钟后回忆的能力(Manning,Hall,& Gold,1990;Smith et al.,2011)。

不过,在你改用高糖饮食来增强记忆力之前,你应该知道葡萄糖的有效剂量是有限的:过多的葡萄糖会损害认知功能而不是帮助它。"甜蜜记忆"的效果还取决于你的新陈代谢,那天你还吃了什么,以及在你摄入更多的葡萄糖之前,大脑中的葡萄糖水平。说到记忆的生物学,我们还有很多东西要学。还没有人确切知道大脑是如何存储信息的,不同的记忆回路是如何相互连接的,或者一个学生是如何毫不犹豫地在一个选择题下找到和检索信息。

> **日志 6.3　批判性思考——思考其他的解释**

一方面,有一个"记忆中心"是很直观的,就像有其他可识别的具有明确属性的大脑结构一样,另一方面,如果记忆中心被储存在这样一个中心,你会预测什么样的危险?换言之,从进化、生物学和发展的角度来看,如果记忆都存储在大脑的一个单一位置,为什么这是一个危险的想法?

模块 6.3 测验

1. 长时增强与什么有关?(　　)
    A. 树突状空腔中纳钾离子
    B. 某些接受神经元的受体减少
    C. 某些接受神经元对中间神经元的反应性减弱
    D. 某些接受神经元对传递神经元的反应性增强
2. 长时记忆变得持久和可靠的过程称为(　　)。
    A. 巩固　　　　　B. 增强　　　　　C. 启动　　　　　D. 检索
3. 小脑与(　　)记忆有关;海马与(　　)记忆有关。
    A. 外显;内隐　　B. 语义;情节　　C. 内隐;外显　　D. 情节;语义

4. 以下关于闪光灯记忆的描述中哪个是正确的?( )

   A. 它们储存在海马中。

   B. 它们说明了情感和记忆之间的联系,即使它们并不总是完全准确的。

   C. 只有当一件事令人惊讶时,它们才特别生动。

   D. 它们与葡萄糖消耗量呈负相关。

5. 激素水平如何有助于信息的保留?( )

   A. 高激素水平是学习新任务的最佳选择。

   B. 中等激素水平是学习新任务的最佳选择。

   C. 低激素水平是学习新任务的最佳选择。

   D. 低激素水平最适合学习体力任务,高激素水平适合学习认知任务。

6.4 我们如何记忆?

约书亚·弗尔(Joshua Foer)是一位记者,据他自己的描述,他的记性很普通。他有时忘记把车停在哪里;他不总是记得生日。但他也是2006年美国记忆竞赛的冠军。没错,全国记忆锦标赛,通过在1分40秒内记住一整副52张扑克牌的顺序,创造了一项新的美国纪录(如果是在国际比赛中,弗尔还要继续努力:世界纪录不到22秒)。

一个记忆力一般的人如何成为一名优秀的"记忆运动员"?练习,以及运用正确的策略。正如他在他那引人入胜的书——《与爱因斯坦月球漫步》中所详细描述的那样,弗尔(2011)在写一篇文章时发现了记忆竞赛。他惊讶地发现,参加这项比赛的人似乎没有什么特别之处。

事实上,一个研究小组发表了一项对世界记忆锦标赛中表现最好的运动员的研究,研究人员检查了"记忆运动员"的大脑解剖和认知能力,发现他们和对照组中的个体没有重大差异。研究中报告的唯一区别是通过功能磁共振扫描显示,当顶尖记忆者记忆信息时,内侧顶叶皮质和右后海马有更大的血流,这些区域通常与空间记忆和导航有关(Maguire et al., 2003)。原因是:大部分的顶尖记忆者采用了一种被称为"记忆宫殿"的

约书亚·弗尔,《与爱因斯坦月球漫步》一书的作者,普通的家伙成了"记忆运动员"中的冠军。当你阅读这一章的时候,思考一下你能否用这些策略提高你的记忆能力。

策略,在这种策略中,他们想象自己沿着一条路线走,不断地遇到要记住的东西,然后当被要求回忆这些东西时,他们会回溯他们记忆中的道路。

约书亚·弗尔练习了一年,提升了他使用"记忆宫殿"策略的能力。当他获得全国冠军时,他已经发展出了一套个人系统。在这个系统中,他迅速地将他所看到的每三张卡片转换成他在精神道路上所看到的特定的、独特的形象。三个俱乐部,七个钻石,黑桃杰克?骑着固定自行车戴着超大耳环的不可思议的绿巨人(为什么绿巨人代表了三个俱乐部?你得去问弗尔。他在书中没有解开他所有的秘密)。四个黑桃,心之王,三个钻石?在弗尔的脑海中,使用他的系统,就得到了一个他和爱因斯坦在月球上漫步的图像。这样的例子有很多。当然,我们大多数人不需要在两分钟内记住一整副扑克牌的顺序。但是福尔的成绩表明,当涉及记忆时,如何做和在哪里、和谁做同样重要。我们所有人是否会为了考试而学习,或记下一张购物清单,或者试着记住一个陌生人刚刚口头上给我们的指导,可以通过正确的技巧和策略来提高我们这些方面的记忆力。

编码、复述和检索

LO 6.4.A 描述主要的记忆保持策略并举例。

记忆宫殿是一个记忆术(neh-MON-ik)的举例,**记忆术(Mnemosyne)** 是指提高记忆的正式策略和技巧(Mnemosyne,发音为 neh-MOZ-eh-nee,是古希腊的记忆女神)。有些记忆术采用容易记住的押韵形式(如"九月、四月、六月和十一月有30天")。另一些则使用公式、句子,或首字母缩略词(例如,"Every good boy does fine",来记住高音谱号的位置)。还有一些使用视觉图像或单词联想。它们也可能通过组块来减少信息的数量,这就是为什么许多公司使用单词来表示电话号码,而不是用不太容易记住的号码。记忆术以各种各样的方式促进了编码、储存和提取信息的过程。

有效编码 我们的记忆并不是对经验的精确复制。记忆并不是像录像机那样工作的。感觉信息一被发现就被汇总和编码为单词或图像。当你听一个报告的时候,你可能不会放过任何一个单词(我们希望你的确如此),但是你并不能一字不差地记住那些单词。你会从中提取要点并对它们进行编码。

为了记住信息,你必须首先对其进行准确的编码。有时,准确的编码是自动进行的,不费吹灰之力。想想你在心理学课上通常坐在什么位

> **记忆术** 提升记忆力的策略和技巧,例如使用韵律或者易于记忆的句子。

这似乎很明显，但我们常常记不起来，因为我们从来没有把这个信息的编码放在第一位。如果你是美国人，你已经看过了无数的硬币，但你可能无法认出来在这里看到的哪一个是真正的硬币，因为你从来没有关注和编码过它的设计细节（Nickerson & Adams，1979）。如果你不是一个美国人，试着画一个你最常用的硬币的正面，然后检查你做得有多好。同样，你可能记不住细节。

置。你也许可以很容易地提供这些信息，即使你从来没有刻意地对其进行编码。但是许多类型的信息都需要刻意地编码：小说的情节、组装橱柜的程序、支持和反对一项法律的论据。要保留这些信息，你可能必须选取一些关键点，给概念贴标签，或将这些信息与个人经验或你已经知道的其他材料联系起来。有经验的学生知道，大学课程中的大多数信息都需要刻意地编码，即学习。头脑不会自动吸收信息，你必须使材料易于消化。

复述 复述是对学习过的材料进行回顾或练习，是将信息保持在短时记忆中并提高进入长时记忆的可能性的一种重要方法。当阻止人们复述的时候，他们工作记忆中的内容很快就消退了（Lilienthal，Hale，& Myerson，2016；Peterson & Peterson，1959）。当你查找到一个电话号码，为了将它保持在短时记忆中，你会一遍又一遍地重复直到不再需要为止，而当你由于总是使用重拨呼叫所以不能记住电话号码时，你就会知道不复述会出现什么问题了。

工作记忆包含许多信息，包括视觉信息和抽象含义。但是大多数人，或者至少是大多数听力正常的人，似乎喜欢用言语来编码和复述工作记忆的内容。言语可以是出声的，也可以是对自己说的。当人们在使用字母或单词的记忆测试中出错时，他们常常是因为混淆发音相同或相似的项目，如 d 和 t，或 bear 和 bare，这些错误表明他们在用言语复述。

保持性复述 对材料进行机械重复以使之有效地保持在记忆中。

精细复述 将新信息和已存储的知识联系起来并对新信息进行分析以使它得到更好的记忆。

一些复述策略比其他策略更有效。**保持性复述**只涉及对材料的死记硬背。这种复述可以将信息保存在工作记忆中，例如，记住你在杂货店需要找到的四件物品，但并不总是会形成长期记忆。如果你想长期记住，一个更好的策略是**精细复述**（BenjaminBjork，2000；Craik Lockhart，1972）。精细复述包括将新的信息项与已存储的材料相关联；它还可以包括分析项目的物理、感觉或语义特征。例如，简单地重复一下你想买汤、新鲜面包、牛奶、冰激凌的四种食品杂货的名称，你可以考虑一下你准备一顿热饭和一份冷甜点的计划，作为记住这些东西的一种方法。精细复述看起来对很短的杂货清单不是很重要,但是对记住更复杂或更长的信息集很有用处。例如,当涉及学习时,许多学生试图将他们所学的内容缩减到最基本的内容,但是知道更多关于某事的细节会使它更令人难忘,这就是精细化所需要的。

精细复述是一个**深加工**或意义加工的例子(Craik Lockhart,1972; Rose,Craik,& Buchsbaum,2015)。如果你只处理刺激的物理或感觉特征,比如单词"hypothalamus"的拼写和发音,那么你的加工就属于浅加工。如果你能识别出这一模式并给物体或事件进行归类或描述("Hypo"意味着"之下",所以下丘脑肯定位于丘脑之下)你的加工在一定程度上就属于深加工。如果你对试图记住的东西的意义进行全面分析(例如,通过给下丘脑的功能和重要性进行编码),你的加工就更加深刻。

深加工 在对信息的编码过程中,对刺激的意义而不仅仅是对其物理或感觉特征的加工。

浅加工有时也是有用的。例如在你想记住一首诗的时候,你就会注意诗中单词的发音和韵律的模式,而不仅仅是诗的意思。然而,深加工往往更加有效。这就是为什么你试图记一些对你来说意义很少或者没有意义的信息时,这些信息不会保持太久的原因。

检索训练 多数学生认为记忆学习材料最好的方式就是简单地将它从头到尾学一遍,或者学两遍,那样就能在考试中回忆起正确答案。不幸的是仅仅在考试之后几周或者几个月,一些答案就会像浴室门被打开时镜子上的水蒸气一样快速消失。如果要巩固记忆并保持很长一段时间,就必须进行检索练习,即从记忆中反复检索一条信息。毕竟,这才是真正的学习目标。

不过,这种测试效果似乎不是常识,许多学生似乎没有意识到重复检索练习的好处。在一项研究中,研究人员给三种不同情况下的学生一系列的教学性文本阅读(Roediger & Karpicke,2006)。其中一组在四个独立的学习阶段来阅读文本(SSSS 条件,每个学习阶段代表一个S)。第二组,被标记为SSSR,三个学习阶段,然后是一个检索阶段,要求他们尽可能多地记下文本

当演员看一个剧本时,他们并不单单依靠保持性复述,他们还使用精细复述,分析他们台词的意义,并将他们的台词与他们所扮演角色的想象的信息联系起来。

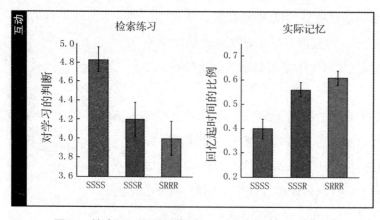

图6.7 检索练习在预测的和实际的记忆表现上的效应

中的想法。第三组，SRRR，有一个最初的学习阶段，然后经历了三个独立的检索阶段。

当学生被要求预测他们将来对材料的记忆有多好时，他们花在阅读和研究材料上的时间越多，他们就越相信自己已经学会了材料。如图6.7的左边所示，处于SSSS状态的学生对他们将来的表现最有信心，紧接着是SSSR，最后是SRRR。然而，如图右侧所示，实际回忆的结果正好相反，有四个学习期而没有检索期的学生记忆最弱，学生检索练习得越多，对原文的记忆越好。

你如何能在你自己的学生生活中利用重复检索练习的有益效果？一种方法是在你学了材料之后，在大考试之前做一个简短的测验。在一系列涉及外语词汇的实验中，学生学了一个单词后：(1)重复学习但在以后的测试中不再出现该单词；(2)重复测试但不继续学习该单词；(3)不学习也不测试该单词。令学生们惊讶的是，重复学习对他们随后的外语记忆能力影响甚微。但是，反复的测试，导致他们从记忆中重复地提取单词，却产生了很好的效果（Karpicke, 2012; Karpicke & Roediger, 2008年）。学生可能没有意识到重复测试比重复学习更有益，他们肯定不会喜欢频繁的测试。但研究表明，当你的老师（和教科书作者）不断地测试你的时候，往往是为了让你更好地记住学过的内容。

> **日志 6.4　批判性思考——定义你的项目**
>
> 提高你学习技能的一个方法是练习对信息的深度处理。与其仅仅从词汇书的空白处记住一个术语的定义，不如挑战自己去想一个该术语的例子。生成一个例子需要你付出更多的努力，你必须更多地思考这些信息，从而可以让你的记忆保持得更好。还有什么其他方法可以提高处理的深度？想想三种方法，并描述它们为什么会导致深加工。

模块 6.4 测验

1. 多米尼克似乎是一个记忆的天才，当被问到她是如何记住可见光的，她告诉你她的朋友

ROY G BIV 帮助了她。当问到地理的时候,她告诉你她在五大湖上有好多个家。多米尼克记忆的成功有可能是因为使用了(　　)。

　　A. 回忆　　　　　B. 再认　　　　　C. 短时记忆　　　　D. 记忆术

2. 准确的(　　)是有效的记忆保持的第一步。

　　A. 分配　　　　　B. 存储　　　　　C. 检索　　　　　　D. 编码

3. 信息将会快速地从工作记忆中消退,除非我们采用(　　)。

　　A. 增强　　　　　B. 复述　　　　　C. 检索　　　　　　D. 并行分布式处理

4. (　　)复述涉及对材料的死记硬背,但是(　　)复述涉及到将新学习的材料与之前学习的材料进行联结。

　　A. 保持性;精细　　B. 精细;保持　　C. 回忆;检索　　　　D. 再认;检索

5. 罗利努力地为即将到来的解剖学考试记忆一系列术语,"小肠",他读道,"我叔叔鲍勃的小肠出了问题。'鲍勃的小肠','反式结肠'……嗯,我们的邻居来自科隆镇,巴拿马,他们横穿此地。'直肠'。我记得当我是一个小孩的时候,我弟弟拿走了我的热轮(Hot Wheels)汽车并将它们撞坏了。"请问罗利在用什么信息加工策略?(　　)

　　A. 保持性复述　　B. 深加工　　　　C. 自动化编码　　　　D. 组块

6.5　我们为什么会遗忘?

如果有人按照这一章中的建议行事,似乎很难忘记一些事情。有效地编码信息、练习深加工、依靠检索策略等等,都会使记忆不易遗忘。而且许多人确实有极好的记忆,这对他们来说是一个优势。但事实证明,遗忘也是具有适应性的:如果我们想有效地记住其他事情,我们就需要忘记一些事情。把事实堆积起来,重要的和琐碎的不加以区分,会导致精神负担过重,令人混乱。尽管如此,我们大多数人忘记的比我们想忘记的要多。让我们通过关注遗忘的主要解释,来看看为什么信息会随着时间的推移而丢失。

遗忘的机制

LO 6.5.A　总结记忆衰退、替代、干扰以及线索依赖的遗忘。

在心理学的早期,为了测量纯粹的记忆丧失而不考虑个人经历,赫尔曼·艾宾浩斯(Hermam Ebbinghaus,

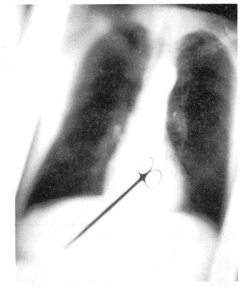

遗忘是一件好事,它能让我们更好地记住其他更重要的信息。但它也可能是灾难性的,因为当手术团队忘记在手术结束时移除所有的器械,或者家长意外地把孩子丢在无人看管的停车场的车座上。在这一节中,我们探索遗忘的多种解释。

1885—1913)在几年的时间里进行了一系列独特的研究。独特的是,这些研究只有一个单独的参与者——艾宾浩斯自己。艾宾浩斯记住了一长串毫无意义的音节——例如 bok、waf、ged 这样的音节,然后在几个星期内测试他的记忆能力。为什么是无意义的音节?因为它们不受先前经验的影响,可以对新的学习和记忆进行纯粹的测试,艾宾浩斯发现,大部分遗忘在最初学习之后立即发生,然后趋于平稳(见图 6.8a),一个经常被称为"遗忘曲线"的发现。艾宾浩斯研究记忆的方法被世代心理学家所采纳(尽管他们中的大多数人使用了其他参与者)。但是当你仔细想想的时候,艾宾浩斯的方法并没有解释人们最关心的记忆类型——对真实事件的记忆,而不仅仅是无意义的音节。

一个世纪之后,玛丽戈尔德·林顿(Marigold Linton)决定研究人们如何忘记真实事件而不是无意义音节。像艾宾浩斯一样,她以自己为被试,但她按年而不是按天来描绘曲线。12 年中,她每天在一张 4×6 英寸的卡片上记录工作或者更多的当天发生在她身上的事。最后,她积累了数千张有关具体事件的卡片,其中既有非常繁琐的事情(我在广东餐厅用餐,龙虾特别美味),也有意义重大的事情(我在巴黎南部的奥利机场着陆)。每月一次,她都会从所有卡片中随机取出一张,记录她是否能记住上面的事,并尽力回忆该事的日期。林顿(Linton,1978)后来告诉人们,她非常期望获得艾宾浩斯所说的快速遗忘。事实上,正如你在图 6.8b 中所见,她发现自传型事件的长时遗忘要慢一些,细节逐渐从她的记

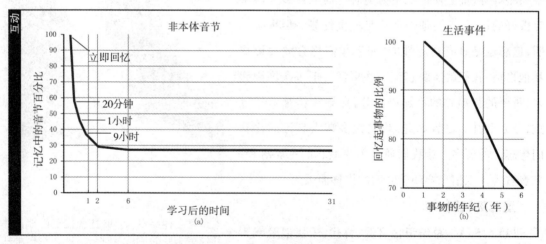

图 6.8 两种遗忘曲线

赫尔曼·艾宾浩斯测试了自己对无意义音节的记忆,发现自己的遗忘一开始很快,然后逐渐减弱(a),相反,玛丽戈尔德·林顿在几年的时间里对自己记忆的个人事件测试时,她最初的记忆保持得很好,后来逐渐下降,但速度稳定(b)。

忆中消失,并且是以一个更加稳定的速度进行的。

当然,一些记忆,尤其是那些标志重要转变的记忆比起其他事件要更容易记住。但是玛丽戈尔德·林顿,还有我们这些人为什么会忘记如此多的细节呢?心理学家提出四种机制来解释遗忘:消退、新记忆取代旧记忆、干扰、线索依赖遗忘。

消退 一种具有常识性的观点是**消退理论(Decay Theory)**,该理论认为,如果记忆痕迹没有被经常地"提取",那么它们就会随着时间而消退。我们已经看到,感觉登记中的消退是立即发生的,在工作记忆中同样如此,除非我们一直保持复述材料。然而,仅仅是时间的推移并不能很好地解释长时记忆中的遗忘。人们经常会忘记昨天发生的事,却清晰地记得数年前发生的事。事实上,一些外显和内隐记忆都能保持终身。如果你在孩提时代学会游泳,那么你在 30 岁的时候仍然知道如何游泳——即使你已有 22 年的时间没游过泳(你可能很熟悉"这就像骑自行车一样"这句话,用来指那些即使没有太多练习也能在日后很容易保持的能力)。作为老师,

> 消退理论 一种认为记忆中的信息如果没有得到提取最终就会消失的理论。

存储在内隐记忆的运动技能,通常能保持一生不会遗忘。

我们非常乐意报道,学校里的一些课程具有强大的保持力。在一项研究中,人们在高中学过西班牙语,50 年后,他们仍能在西班牙语测验中表现得很好,即使大多数人在这些年里几乎没有用过西班牙语(Bahrick, 1984)。仅仅是消退不能完全解释长时记忆(或者,工作记忆)中的遗忘(Souza & Oberauer, 2015)。

替代 另一种理论认为,正如向硬盘里写入新信息会抹去初始信息一样,进入记忆的新信息也会抹掉旧信息。在一项支持该观点的研究中,研究者给人们看一起交通事故的幻灯片,并通过引导性问题让他们认为自己看到了一个"停止行驶"标牌,可是他们真正看到的是一个"让行"标牌(例如:当红色的达特桑牌汽车在停止行驶标志前停下来的时候,另一辆车是不是超了它),反之亦然(请参见下面的视频,"主要问题和记忆")。控制组被试没有被误导,他们能按其真实所见去辨识。后来,研究者告诉所有被试这一研究的目的,并让他们猜测自己是否被误

导了。几乎所有受到误导的被试仍然坚持自己真实地看到了那个在脑海中的标牌(Loftus, Miller, & Burns, 1978)。研究者解释这些发现并不是想要去取悦被试——事实上，人们的最初知觉已经被误导信息给替代了。

干扰 第三种理论认为，之所以发生遗忘，是因为相似的项目在存储或提取的时候相互干扰。

信息可能进入记忆，并在那里得到保持，但是它和别的信息混淆了。这种发生在短时记忆和长时记忆中的干扰，在你回忆一些孤立的事实——名字、地址、个人身份证号、地区代码和类似的东西时尤为常见(Farrell et al., 2016)。

假定你在一次聚会上遇到一位名叫朱莉的人，片刻之后你又遇到一位名叫朱蒂的人。你继续和别人交谈了一小时后，你又碰到了朱莉，然而你却错误地叫她朱蒂。这就是第二个名字干扰了第一个。这种新信息干扰了对旧信息记忆的现象称为**倒摄抑制**。

倒摄抑制 当最近学习的信息干扰记忆先前存储信息的能力时产生的遗忘。

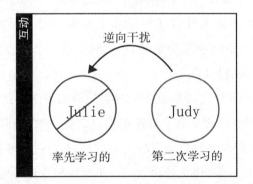

因为新信息不断进入记忆，因此所有人都很容易受到倒摄抑制的影响——或者至少大多数人是这样的。H. M. 是个例外，他对童年和青春期的记忆非常详细、清晰，而且一成不变。H. M. 能记住他孩提时代的著名演员、他们主演的电影以及他们的搭档；他也记得从二年级开始的朋友的名字。这些早期的陈述性记忆不会受到手术后所获得记忆的干扰,因为 H. M. 并没有获得任何新记忆。

干扰也以相反方向在起作用。旧信息(你在高中学的外语)也可能会干扰记忆新信息(你现在试图学一种新的语言)的能力。这种类型的干扰称为**前摄抑制**。在数周、数月和数年的时间内,前摄抑制可能比倒摄抑制导致更多的遗忘,因为我们存储了如此多的信息,从而潜在地干扰了任何新信息的记忆。

前摄抑制 当先前存储的材料干扰记忆当前所学类似材料的能力时产生的遗忘。

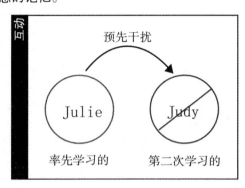

线索依存遗忘 当我们需要记忆的时候,我们经常依赖于提取线索,即能帮助我们发现我们正在寻找的特定信息的信息项目。例如,如果你正试图记住一个演员的姓,那么知道这个人的名或最近他主演的电影可能都会对你有所帮助。当缺乏提取线索的时候,我们也许会感到自己好比迷失到了大脑图书馆的书架之间。在长时记忆中,这种类型的记忆失败称为线索依存遗忘,它可能是所有类型中最普通的一种。

当你学习一个新事实或经历一件事的时候,在场的线索可能对后来的提取特别有用。这可以解释为什么当你处在与某件事发生时相同的物理环境中,更容易想起那件事:当前情景的线索与过去的情境相匹配。一般来说,这种一致性有助于我们更准确地想起过去。它也可以解释 déjà vu(法语中的意思为"已经知道")的神秘现象,即错误地感觉我们以前曾处于与现在所处的相同的情景中。你很难把现在情景中的一些元素与你经历的其他内容(如一个梦境、一部小说或者一场电影)区分开,以至于觉得这么熟悉好像以前曾经发生过(Jersakova, Moulin, & O'Connor, 2016)。换句话说,déjà vu 也许是错误确认的记忆。这类相似的感觉可以在实验室诱发。把新呈现的单词、形状或者照片和曾经看过的刺激混在一起,即使被试无法回忆起最初看到的单词、形状或者照片,他们也会报告对新呈现的内容很熟悉(Cleary, 2008)。

你的心理或生理状态也可以作为提取线索,并产生一种**状态依存记**

状态依存记忆 当记忆者处于与最初学习或经验相同的生理或心理状态时就能记起某事的倾向。

情绪一致性记忆 当经历与当前情绪一致时容易记忆，不一致时则容易忽略或者遗忘。

忆（state dependent memory）。如果在某件事发生时，你的情绪是害怕或者生气，那么当你再次处于同样情绪状态时，你对那件事的记忆效果也会最好（Carr，2015；Lang et al.，2001）。你的记忆也会因你当前的情绪是否与你试图记忆的材料的情绪性质一致而产生偏差，这种现象被称为**情绪一致性记忆（Mood-congruent memory）**（Buchanan，2007；Fitzgerald et al.，2011）。与感到悲伤的时候相比，当你感到快乐的时候，你更可能记住快乐的事件，忘记或忽略不快乐的事件。同样，当你感到不快乐的时候，你会更好地记住不快乐的事情，记住更多的不快乐的事情，这会形成一个恶性循环：你回忆的不快乐的记忆越多，你感觉越沮丧；你感觉越沮丧，你回忆的不快乐的记忆越多（Gaddy & Ingram，2014；Joormann &Gotlib，2007）。

童年记忆：消失的光阴

LO 6.5.B 讨论童年失忆症经常发生的原因。

> **互动** 你能记住3岁之前发生在你身上的的事情吗？
> ○ 是
> ○ 否

正如我们对闪光灯记忆和情节记忆的讨论所表明的，大量记忆是自传体式的。这种对自己生活的记忆的一个奇怪的方面是童年失忆的现象记忆（有时被称为婴儿失忆），即大多数成年人实际上无法回忆起他们2岁以前生活中的事件（Jack & Hayne，2010；Madsen & Kim，2016）。

童年失忆症困扰着许多人，以至于有些人坚决否认，声称自己记得从2岁甚至是1岁时起的事情。事实上，近1/3的读者回答上面的调查时说，他们有这么早的记忆。但这些都是典型的错误记忆——基于照片、家庭故事和想象——对

如果这些快乐的孩子在以后的生活中记得这个生日聚会，他们可能从家庭照片、视频和故事中获得的信息。他们将有很大的概率无法区分他们的真实记忆和他们从其他地方获得的信息。如果这是他们的第二个或者第三个生日呢？然后我们真的会怀疑他们声称拥有的任何个人记忆。

真实事件的重建;有时"记忆中"的事件可能根本就没有发生过。瑞士心理学家让·皮亚杰(1952)曾报道过一段在 2 岁时差点被绑架的记忆。皮亚杰记得他坐在婴儿车里,看着保姆勇敢地保护他免受绑架者伤害。他记得她脸上的抓痕。他记得一个穿着短斗篷、拿着一根白色警棍的警察最终把绑架者赶走了。但是当皮亚杰 15 岁的时候,他的保姆写信给他的父母,承认她编造了这个故事。皮亚杰说:"我小时候一定听说过这个故事的叙述……并以视觉记忆的形式将其投射到过去,这是一个对记忆的记忆,但却是错误的。"

当然,我们其实保留了从学步期开始的内隐记忆,我们第一次学习使用叉子,从杯中喝水,或者是投球。我们也保持了在生命早期习得的语义记忆:数数的规则、人和物的名称、世界上物体的知识、单词和意义。此外,学步儿童往往能记住过去经历的非言语经历(如模仿之前见过的事情);一些 4 岁儿童能记住 2 岁半前发生的事(Bauer, 2015; Tustin & Hayne, 2010)。小孩子做得不好的是编码和保留他们早期的情景记忆,并将它们带到儿童后期或成年期。他们一直这样,直到 4 岁半左右(Fivush & Nelson, 2004)。当代的心理学家对婴儿失忆提出了至少三种解释:

1. **人脑的发展**。参与形成或存储事件的大脑区域以及参与工作记忆和决策的前额叶皮层,直到出生几年后才能发育完全(Newcombe, Lloyd, & Balcomb, 2012)。其次,婴儿和学步阶段儿童的大脑忙于体验新的生活经历,很难集中在当下或接下来要发生的事情上,而集中精力是编码和记忆的必备条件(Gopnik, 2009)。

2. **认知的发展**。除非我们有自我记忆,否则,我们就没有自传体记忆。自我概念的产生在儿童 2 岁后出现(Koh & Wang, 2012)。其次,学前儿童所用的认知图式不同于年龄较大的儿童和成人所用的图式。只有在获得语言和开始上学后,儿童才能形成用于回忆早期经历的信息和线索策略(Howe, 2000)。年龄小的儿童词汇和语言技巧有限,限制了自陈和向他人陈述生活状况的能力。最后,言语能力成熟并没有增强儿童回忆早期经历的能力,这是由于早期记忆不是由语言编码而成的(Simcock & Hayne, 2002)。

3. **社会的进步**。年幼儿童还没有掌握陈述时间的社会习俗,也不知道什么对别人来说是重要的。他们把注意集中在常规的生活经历上,而不是能提供提取线索的特殊生活经历上,儿童也不像成人那样能够很好地对事件进行精细编码。事实上,他们倾向于依赖成人提供提取线索的问题("我们去哪里吃早餐?""你捉弄了谁?")。但是随着孩子年龄的增长,他们与父母之间的交谈会帮助他们发展这种自传体记忆的发展,因此在结束童年失忆症中发挥重要作用(Reese, Jack, & White, 2010)。

压抑的争议

LO 6.5C 解释为什么记忆压抑论应该被质疑。

在成年人中,健忘症最常见的原因是器质性疾病,如大脑损伤或头部损伤,通常是暂时性的。然而,在心因性失忆症中,遗忘的原因是心理上的,如逃离尴尬、内疚、羞愧、失望或震惊。心因性遗忘在突发事件后立即开始,包括大量记忆丧失,包括个人身份的丧失,通常在几周后突然结束。如果这种类型的健忘症听起来很熟悉,那可能因为他经常在电影、电视和小说中被提及——只是过去十年里有健忘症故事情节的电视剧的一个例子,包括《超女》《天使》《超市特工》和《盲点》。《盲点》讲述的一名女子在时代广场赤身裸体醒来,却不知道自己是谁,也不知道自己是如何到达那里的。然而,这种情况在生活中非常罕见(McNally, 2003)。

心理学家普遍接受心因性健忘症的观念。不过,对于创伤性健忘症就存在较大的争议。创伤性健忘症涉及对存在于多年前的特定的创伤性事件的遗忘。当记忆恢复的时候,创伤性记忆不受通常记忆歪曲和虚构过程的影响,它可能非常精确。创伤性健忘症的概念源于西蒙·弗洛伊德的精神分析理论,弗洛伊德认为大脑通过**压抑**(repression)机制来保护自己不受不受欢迎和令人不安的记忆所影响,即威胁或令人不安的信息被无意识地推入潜意识。

压抑 在精神分析理论中,把威胁或令人不安的信息不自觉地推入潜意识。

大多数记忆研究者都拒绝接受用所谓的无意识压抑机制的观点来解释心因性或创伤性健忘症(Rofe, 2008)。理查德·麦克纳里(Richard McNally, 2003)仔细回顾了以往的实验和临床证据并做出结论:"大脑通过压抑或分离创伤性记忆使其不能达到意识层面从而来保护自己这种观点,缺乏有力的实验支持,是一些精神病理学上的传闻。"对压抑和创伤性健忘症的批判性思考对于那些遭受过烦扰性经历的大部分人来讲,问题不在于他们不能记住,而在于他们难以忘记:这种记忆一直侵扰着他们。没有人曾经"压抑"过身处集中营、战争、地震或恐怖主义袭击等记忆。不过,正如所有的记忆一样,即使是这些可怕经历的细节,也会随着时间的推移而被歪曲和逐渐地消逝(McNally, 2003)。

关于创伤性失忆症和压抑的争论在 20 世纪 90 年代爆发到公共舞台上,当时关于恢复性侵犯记忆的主张开始出现。许多人在接受心理治疗的过程当中,开始相信他们能够回想起多年来被性侵害的记忆,而且往往是以一种奇怪的方式。如今大多数研究人员认为,几乎所有的这些记忆都是假的,是由那些没有意识到暗示的力量的治疗师们所唤起的(Lynn et al.,2015;McNally,2003;Schacter,2001)。通过一些引导性的问题,并鼓励来访者构建生动的受虐画面,这些治疗师在不知不觉中创造了鼓励错误记忆的条件,我们将在本章的最后一节详细讨论。

20世纪90年代起,基于"记忆恢复"的指控稳步减少,许多原告与他们的家人和解(McHugh et al.,2004)。的确,我们有充分的理由对那些声称某人在一两岁时就恢复了虐待记忆的说法表示怀疑;正如你现在知道的,这样的早期记忆是不可能的,无论是生理上的还是认知上的,我们也应该怀疑一个人是否会在新闻中听到关于创伤性记忆的假想案例或在畅销自传中读到创伤性记忆的案例后突然恢复创伤性记忆。如果治疗师使用催眠、梦境分析、引导想象和引导问题等暗示技术来恢复记忆,我们应该会听到警铃响起——来恢复记忆(Lynn et al.,2015)。

日志 6.5 批判性思考——定义你的项目

应该如何评价一个人的说法,即他们压抑了对怪异、创伤性经历的记忆,这种记忆持续了多年,只记得几十年后在治疗中发生的事情?还有什么其他的解释可以解释这些明显的记忆呢?

模块 6.5 测验

1. 19世纪末,艾宾浩斯背诵了一长串无意义的音节(比如 gek、bof、jchl),并在不同时间下测试自己的记忆,根据他的研究结果,他是从什么时间开始遗忘的?(　　)

  A. 最初学习的两天内　　　　B. 最初学习的一周后
  C. 最初学习的三周后　　　　D. 最初学习的一个月后

2. 艾伦在高中的时候就学会了用吉他演奏齐柏林飞艇(Led Zeppelin)乐队的所有曲目,不管是好还是坏,几乎每首他都会弹,效果都很好。随着时间的流逝,他开始追求其他的音乐兴趣,他不再演奏这些歌曲,几十年后,当他试图回忆如何弹奏其中一首曲子时,他发现自己完全被难住了,甚至不记得从哪里开始。什么样的遗忘理论可以解释?(　　)

  A. 压抑　　　B. 前摄抑制　　　C. 衰退　　　D. 心境一致遗忘

3. 当新的信息干扰旧信息的能力时,什么干扰就发生了?(　　)

  A. 倒退　　　B. 追溯　　　C. 主动　　　D. 进步

4. 4岁以下的儿童,哪一种记忆编码得不是很好?(　　)

  A. 语义记忆　　　B. 情景记忆　　　C. 内隐记忆　　　D. 被动记忆

5. 在这些观念中,哪些是心理学家最怀疑的?(　　)
   A. 逆向干扰 　　　　　　B. 创伤性遗忘症
   C. 心因性失忆症 　　　　D. 心境一致记忆

6.6　重构过去

现在,我们几乎花了整整一个章节去考虑记忆的模型,如何衡量不同类型的记忆,它的生物学基础。当记忆失败的时候,让我们退一步,看看如何最好地概念化记忆,看一下记忆到底是什么或者不是什么。人们对记忆的描述总是受到当时科技的影响。古时候,哲学家将记忆比作是蜡片,它能够将偶然在其上留下烙印的任何东西保存下来。然后,随着印刷机的出现,他们开始认为记忆是一座巨大的图书馆,为了便于以后进行提取而存储特定的事件和事实。在今天这个视听时代,很多人又将记忆比作录音机或者摄影机,认为它会自动记录他们生活中的每一个瞬间。

记忆的产生

LO 6.6 A　解释为什么记忆比人们认为的更不稳定。

考虑一个更有丰富想象力(和活力)的记忆是如何工作的。在2015年皮克斯公司的电影《头脑特工队》中,观众可以看到一个名叫莱莉的11岁女孩的内心世界,她的核心情绪是愤怒、厌恶、恐惧、快乐和悲伤,每一种情绪都代表着一个不同的角色。这些内部字符的职责之一就是管理莱莉的记忆,每段记忆都被小心地保存在一个球中,这样就可以在以后的任何时间检索和回放(回忆)。再一次,它把记忆描绘成过去经验的原始、完美的再现,可以随意重放。

尽管这些关于记忆的观念很流行,很吸引人,但它们是错误的。并不是所有发生在你身上或影响你感官的事情都被藏起来供以后使用。记忆是有选择性的。如果不是这样,我们头脑中就会充斥着精神垃圾:周四中午的温度、两年前牛奶的价格、一个只需要一次的手机号码。此外,记忆一点儿也不像回放一段时间的录像。这更像是看几个没有连接的

在哪些方面记忆像一个巨大的图书馆,存储着供以后检索的信息?这种比喻在哪些方面不合适?

片段,然后弄清楚录像的其余部分是怎样的。

英国心理学家弗雷德里克·巴特利特爵士(Sir Frederic Bartlett, 1932)是最早持有这种观点的科学家之一。巴特利特让人阅读长而不熟悉的文化故事,然后再讲给他听。尽管志愿者尽量复述故事,但他们却犯了一些有趣的错误:他们常常删除或者改变那些对他们没有意义的细节,并添加其他细节以使故事连贯,有时甚至会添加寓意。巴特利特由此得出结论,记忆在很大程度上必定是一个重构的过程。巴特利特说,通过死记硬背,我们可以复述很多种简单信息,但是当我们记忆复杂信息时,我们通常会根据已知的或者现在我们所思考的东西,从而改变复杂信息以帮助理解材料。在巴特利特之后,许多研究支持了他的原始观点,表明它适用于所有的记忆类型。简而言之,记忆是一个交流的过程,这个过程不仅包括挖掘已存储的信息,而且还包括把过去的事情联系起来,重构过去。有时,不幸的是,我们会得到 2 + 2 = 5 的结论。

在重构记忆的过程中,人们通常会引入很多原始资料。假如有人要你描述一个你以前的生日宴会,你可能对此事有一些直接的回忆,然而,你也可能会结合来自家庭故事、相片或者家庭录像的信息,甚至是其他人的生日以及电视中生日场景的再演。你将这些片段整合为一个完整的故事。后来,你也许不能从添加后的事实中分离你的真实经历——这种现象称为信息**来源错误认定**(Mitchell & Johnson, 2009;Unal et al., 2016)。

来源错误认定 无法区分事件的真实记忆和从其他地方了解到的信息。

一个戏剧性的例子是关于 H. M. (Ohden & Corkin,1991)的。在吃完情人节巧克力之后,H. M. 把闪亮的红色包装纸塞进衬衫口袋。两个小时后,他一边找手帕,一边把纸抽出来,不解地看,当一名研究人员问他为什么要把纸放在口袋里时,他回答道:"嗯,它可以包在一个大心形巧克力的外面。今天一定是情人节。"但是过了一会儿,他又拿出那张纸,并且被问到为什么要把它放在口袋里。他回答说:"它可能是包在一个大兔子周围的,一定是复活节到了。"不幸的是,H. M. 不得不重构过去,他受损伤的大脑使他无法以任何其他的方式回忆起这件事。但我们这些有正常记忆能力的人也会重构记忆,而且要比我们意识到的要频繁得多。

而大众媒体对记忆的描述正开始赶上这一结论的研究。今天电视上对记忆最有趣的描述之一来自戏剧性的连续剧《婚外情》。它讲述了诺亚和艾莉森之间的婚外恋情的跌宕起伏的故事。每一集的前半部分都是从诺亚的角度出发,而第二部分则是从艾莉森的角度出发(至少第一季是这样，随后的几集也扩展到其他角色的配置上）。有时这种手段意味着观众在第二部分学到的新信息在前半部分还不清楚。但从另一方面，有趣的是，这两个角色以截然不同的方式记住了同样的互动。次要情节，如穿着什么和谁打电话给谁，无论是诺亚还是艾莉森等人的主要发展，又或者是谁救了诺亚的女儿，从第一集开始，这两个角色都以不同的、独特的方式重建他们对生活中事件的记忆，就像记忆在真实世界中的运作一样。

不像皮克斯的《头脑特工队》中描绘的彩色球体，我们的记忆不会保持原始的状态，不需要一遍又一遍地重复播放。

虚构的条件

LO 6.6 B　描述容易产生记忆虚构的条件。

因为记忆具有重构性，所以它是以**虚构（confabulation）**为条件的，虚构是混淆发生在他人身上的事件与发生在自己身上的事件，或者相信自己记得一些从未真正发生的事情。虚构尤其会发生在下列情况下（Garry et al., 1996；Hyman & Pentland, 1996；Mitchell & Johnson, 2009）：

1. 多次思考、想象或告诉他人的事件。假使你在家庭聚会上听说山姆叔叔在新年聚会上恐吓所有人。他拿一个锤子敲击墙壁，力量大得致使墙壁倒塌。这个故事是如此精彩，以至于你的确在意识里看到了山姆叔叔。你对这一事件想象得越多，就越可能使你相信你当时确实在那里，即使你当时是在另一间屋子里酣睡。这个过程被称为想象膨胀，由于你自己积极的想象，使得你相信事件真实发生过的念头得到膨胀（Garry & Loftus, 2000）。这就是为什么本是想象出来的童年经历，而人们确信曾经真的发生过。这也能解释为什么那些非常熟悉的事情逐步变成真实的（Sharman, Manning, & Garry, 2005）。

虚构　混淆发生在他人身上的事件与发生在自己身上的事件，或者相信自己记得一些从未真正发生的事情。

2. 事件的表象包含很多让人感觉是真实的细节。一般来讲,通过回忆大量细节,我们能够区分想象事件与真实事件,真实事件往往产生更多细节。然而,你对想象事件思考得越久,你就越可能添油加醋(山姆穿什么了,他吃得太多而不能再喝饮料,石灰碎屑,戴礼帽站立着的人们)。这些细节反过来则会使得你相信事件真实发生过,而且你对此有直接的记忆(Johnson et al., 2011)。

3. 事件是容易想象的。如果几乎不费力气就能形成事件的一个表象(如看到一个男性用锤子敲击墙壁),我们就会倾向于认为我们的记忆是真实的。相反,当我们必须努力去形成一个表象时(例如,身处一个我们从未见过的场景或者做一件对我们来说完全陌生的事情),显然,我们的认知努力起着一个线索的作用,它提示我们事件并未真正发生,或者当事件发生时我们并未身处其中。

布莱恩·威廉姆斯(Brian Williams)是美国许多电视观众所熟知的人。作为BBC的主要主持人,从2004年开始,他向观众承诺要报道及时、可靠的信息。然而在2015年,他因为歪曲伊拉克事件中的事实而被停职,在2003年的战争中,威廉姆斯声称坐在一架被击中的直升机上,不得不紧急迫降,而事实上,他是在后面的一架飞机上。这是在说谎、虚构,还是因为错误的记忆呢?

你可能以虚构的结果结束那些让你感觉是富有感情的、真实的记忆,但这些记忆是完全错误的(Mitchell & Johnson, 2009)。这意味着不管你对事件的感觉有多强烈,这种感觉都不能保证事件真实发生过。重新思考一下山姆的故事,看看哪些是真实发生过的。我们认识一位妇女,多年来,她一直确信,在山姆叔叔毁坏墙壁的时候,11岁的她当时就在屋里。由于这个故事在她的脑海里是如此清晰、令她苦恼,她对叔叔的手段与粗暴行动感到愤怒,并确信她当时也必定很愤怒。长大后,她知道她当时根本不在聚会现场,而只是多年来不断地重复听说。而且山姆叔叔也没有愤怒地敲墙壁,而只是一个玩笑,为了向与会宾客说明他和妻子准备重新装修他们的房屋而已。然而,为了让她确信对事件的记忆是完全错误的,我们的朋友却花费了不少时间,并且不能确定她是否仍然相信那些事情。

正如山姆叔叔的故事一样,实验室研究也证实,随着时间的推移,像正确记忆那样,错误记忆也是稳定的(Roediger & McDermott, 1995)。对此我们应该相信这一点:记忆具有重构性。

审判中的目击者

LO 6.6 C 总结目击者证词容易受到错误记忆影响的证据。

就像我们看到的那样,记忆的重构性有助于大脑有效地工作。我们的大脑不是被无穷的细节所填满，而是存储有关经历的基本要点，并在我们需要它们的时候利用我们已知的要点去描绘出细节。但是正是由于记忆是重构的，它也受到暗示——事件发生之后植入脑海的观点的影响，然后与之发生联系。在涉及目击证人的证词或者人们回忆发生过什么、何时发生和发生在谁身上等法律案件上，这一事实往往会导致棘手问题的出现。

以詹妮弗·汤普森和罗纳德·科顿的故事为例，在被强奸之后，汤普森从一本面部照片的书中辨认出了她所认为的犯罪嫌疑人，她从一组人当中同样也辨认出了犯罪嫌疑人，陪审团根据汤普森的证词，判定罗纳德·科顿有罪，并且判处为终身监禁。但是，几年之后，有证据表明，真正的强奸犯可能是一个叫鲍比·普尔的罪犯。法官下令进行新的审判，汤普森面对面看着两个人再次指认科顿是强奸她的男人，科顿被送回监狱。11年之后，DNA证明普尔才是真正的罪犯，彻底赦免了科顿，并且普尔对自己的犯罪行为供认不讳。从汤普森的错误当中我们可以学到，目击者的证词并不总是正确的，目击者可以简单识别看出来最像犯罪的肇事者（Fitzgerald, Oriet, & Price, 2105; Wells & Olson, 2003）。所以，一些错误的证词导致了错误的审判，像科顿一样。

在一项跨越40年的研究中，伊丽莎白·洛夫特斯（Elizabeth Loftus）和她的同事发现：目击证人的记忆会受对他们的提问方式的影响，也受在审问或者采访过程中暗示性评论的影响。在一项经典的研究中，研究者发现提问时用细微的措辞变化是如何导致目击证人得出不同答案的。要求被试先观看汽车相撞的短片。然后，研究者问其中几个被试："当它们互相撞击（hit）时汽车有多快？"当然也问其他被试相同的问题，只是动词变为撞碎、猛撞、碰撞或者接触。根据使用不同的词，车速也随之改变。撞碎产生的平均估计速度最高（40.8英里/小时），接下来是

罗纳德·科顿（右）被判强奸罪，完全是基于证人詹妮弗·汤普森（左）的证词。用了11年的时间通过DNA证明科顿不是强奸犯，真正的强奸犯是另一个男人，在这之后，科顿与汤普森成为朋友，并且倡导目击者政策的改革。在考虑到只有目击者提供犯罪嫌疑人的唯一证据的状况下，批判性的思想家就会问：目击者证词的准确度是多少？即使当证人是受害者，了解事件发生的全过程的情况下准确度又是多少？当经历创伤性事件时我们的记忆又有多少可信性？心理学家提出了一些可能令你惊讶的答案。

猛撞(39.3英里/小时)、碰撞(38.1英里/小时)、撞击(34.0英里/小时)和接触(31.8英里/小时)(Loftus & Palmer,1974)。

引导性问题、暗示性评论和误导信息不仅仅会影响人们对目击事件的记忆,对他们的亲身经历也一样会产生影响。研究者能诱使人们"回忆"起那些从未真正发生过的早期的复杂事件,比如迷失在购物商场,发高烧住院,遭到恶棍的威吓,和启蒙老师开玩笑引出麻烦,在婚礼上洒了岳母一身酒(Hyman & Pentland,1996;Lindsay et al.,2004;Loftus & Pickrell,1995;Mazzoni et al.,1999)。在一个类似的研究中,给人们展示伪造的迪士尼乐园广告造型兔巴哥,后来有16%的人回忆说在迪士尼乐园遇到过它(Braun,Ellis,& Loftus,2002)。之后的研究发现这个比例更高。有些人甚至还声称记得与它握过手或者看到它在游行。然而这些"记忆"都是不可能的,因为兔八哥是华纳兄弟公司的一个作品,根本不可能出现在迪士尼乐园。

正如你在本章学到的一样,记忆的功能不会像录像机一样,在法律制度当中也有暗示,确实,研究发现,错误的目击证人也是刑事被告之一。在一些国家里,法律制度要求至少两名独立的见证人来证明目击者证据;被告不能只因为一个目击者就被定罪,当然,我们无法保证多个目击者永远是正确的。然而这个更严格的标准也可能增加风险,比如有更多的罪犯不认罪。

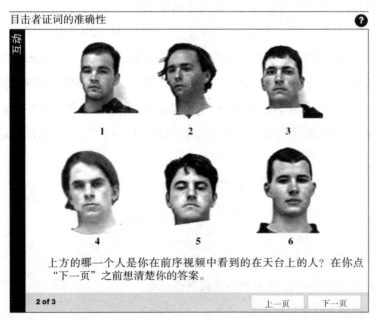

根据你所了解到的记忆的内容,完成下列作为目击者的测试。以下

是一个从事可疑活动的个人视频。请密切注意,观看之后你会被问及他的身份。

> **日志 6.5　批判性思考——定义你的项目**
>
> 你玩过"电话游戏"吗?为了唤起你的记忆,一个小组中的一个人在另一个人的耳朵旁边窃窃私语,然后这个人又到另一个人的耳边窃窃私语,以此类推,直到最后一个人公布消息。这个时候,消息通常与原始消息相差甚远。利用你现在知道的记忆的特点,分析一下信息在这个游戏当中变化的原因是什么?

模块 6.6 测验

1. 下列关于记忆的描述,说法正确的是(　　)。

　　A. 记忆像一个万花筒,是由信息的片段组成的整体图像。

　　B. 记忆像一台摄像机,精确地捕获信息一直到录像被删除。

　　C. 记忆像一个过滤器,只有极少的信息被保留下来。

　　D. 记忆就像是一个雕刻的金属板,信息被后人刻上。

2. 吉娜怀念自己最喜欢的乐队——门基乐队(The Monkees)几十年前的演唱会。她是他们的粉丝,并且收集了很多有关该团体的报纸剪影,与其他粉丝一起交流她们去音乐会的故事,并且每当乐队在电视上表演时,她们都会观看。随着时间逝去,吉娜发现她很难从在过去一年中积累的其他信息中分辨出对某场音乐会的个人记忆。这是因为她错误地(　　)。

　　A. 巩固　　　　B. 启动　　　　C. 归因　　　　D. 长时增强

3. 蓬听到过很多次:在她三岁的时候,她用双手打碎了巧克力蛋糕,这是她最喜欢的家庭故事,通常会在聚会的时候,特别是生日的时候就会被拿出来调侃。有一天蓬在翻阅剪贴簿,清楚地找到自己的照片,在她三岁生日会的时候,她面前有一个草莓蛋糕,一张又一张的照片显示了被切成薄片的蛋糕,她手上没有污点,也看不到任何巧克力的照片。以下(　　)最能说明蓬对她三岁生日的错误记忆?

　　A. 儿童失忆症　　　　　　　　B. 压抑

　　C. 虚构　　　　　　　　　　　D. 错误归因

4. 目击证人的记忆研究表明(　　)。

　　A. 与其他的记忆不同,犯罪的记忆太重要,所以错误地记忆很少发生。

　　B. 证据来自单一目击者的案件中,应该谨慎使用批判性思维。

　　C. 问题的措辞与目击者的记忆准确性无关。

　　D. 目击者越老,可能越精确。

5. 在洛夫特·斯(Loftus)和帕尔默(Palmer)(1974)的研究当中,参与者被问到汽车互相撞碎时行驶速度多快?（　　）

　　A. 估计这些车的速度比那些被问到车撞到对方时速度有多快的参与者慢。

　　B. 经常记不清两辆车的颜色。

　　C. 跟被问到汽车撞向对方时的速度有多快的人相比,更可能错误地记得看到碎玻璃。

　　D. 最不可能出现信息误认或反应迟钝的迹象。

让心理学伴随着你:让记忆为你工作

　　记忆是很难理解的,我们中的大多数人对它的功能和我们可以改进它有着直觉上的信念,然而根据心理学研究,这些假设中很多都是错误的,记忆的功能不像视频,重复的测试比重复的学习更有利于记忆,三岁以下的明显记忆往往是照片、故事和虚构细节的融合,而不是对经验事件的准确记忆。

　　也许最值得注意的是,在本章中我们可以看到,记忆并不是一个简单或者单一的概念。它是一个由多个输入、过程和系统组成的复杂实体。我们反复询问过 H.M.,他的实验性手术让他在没有大脑区域的情况下难以应对一些情况,我们现在知道这些区域与记忆功能密切相关。通过一些不寻常的案例,比如 H.M.,以及更传统的研究实验,心理学家了解到有些记忆是外显的,但是有些记忆是内隐的(而且,更进一步地,无论是语义的还是情节的),与存储和回忆相比,形成新记忆包括不同的结构和系统。

　　但是值得注意的是,并非所有对记忆的普遍看法都是错误的。早些时候,我们强调了电影《头脑特工队》描述记忆存储和检索的不准确之处(公平地说,从来没有皮克斯公司的人声称自己在制作一部科学纪录片,第一个线索可能是动画人物在一个小女孩的大脑中拉动杠杆并按下按钮)。但是《头脑特工队》这部电影也有许多重要的事情是正确的,仔细思考一下,例如,它描绘了情感与记忆的交织。在电影里,每一个进入年轻莱莉大脑的记忆球都是由情感编码的,红色是愤怒,蓝色是悲伤,黄色是快乐等等。另一些时候,悲伤将一个以前快乐的记忆球变成一个永远带着苦乐参半的怀旧色彩的球。在这些场景中,电影正确地认识到记忆并不是永久地以最初的形式进行编码。

　　这些关于情感和记忆的讨论使我们回到这些问题来开启本章,大多数读者都有 2015 年当他们听到巴黎恐怖轰炸时他们正在干什么的记忆,只有 1/10 的人对他们前一天在工厂里做的事情记忆犹新,这些结果说明了情感并不是简单的"颜色",我们如何组织和看待情感上有意义的记忆事件也会产生生动的回忆,这些回忆特别有可能储存在长期记忆中。正如你现在所知道的,在这种关系的基础上有一些生物学过程,肾上腺释放的激素增强了情绪激发时的记忆。通过这种方式,引起强烈的恐惧、厌恶、惊讶、喜悦或其他情绪反应的事件被标记为高度优先的记忆,以备将来可能的回忆。

所以下次当你思考或谈论记忆的时候,看看你是否能超越那些过于简单的结论,比如:我的记忆很糟糕。在不同的场景中,记忆意味着不同的事情和功能。你的记忆通常比普通的记忆更有利于激发情绪,尽管极度紧张的环境会破坏记忆(目击证人在高压力的环境下观察到的犯罪行为,deffenbacher et al.,2004)。当你试图记住与你的情绪相符的信息时,你的记忆力会更好。当你试着回忆某件事时,你的记忆力会更好,这与你在学习时的精神状态是一样的。

你的批判性的思维技能对于评估各种关于记忆的断言来说也是很重要的,除了大众媒体的报道外,我们有理由怀疑创伤引起的压抑记忆,特别是那些被认为是通过使用暗示性治疗技术恢复的记忆。你还应该记住,即使是高度自信的目击者也可能会在他们的身份识别上出错(Well & Olson,2003)。去质问你的兄弟是否真像他所说的那样记得他的第二个生日聚会也是非常正确的。

毫无疑问,作为一名学生,你可以把你对记忆的新理解带到你的生活中。记忆在学习中也扮演着重要的角色,因此,这一章有很多提高你学习成绩的具体建议。记住测试效应,反复的回忆往往比反复的学习更能带来回报,并且不要低估记忆的力量。如果罗伊·G. 比夫能帮助年轻人记住彩虹的颜色,类似的技巧也可以帮助你完成当前的课程。就像这样的一个例子,你的两位作者有一位同事,她经常和她的心理学学生分享她对色情片(PORN)的喜爱,是的,你读到的是正确的。在记忆术中,区分了前摄抑制跟倒摄抑制,前摄抑制:旧记忆的干扰;倒摄抑制:新记忆的干扰。

从本章的学习当中,哪一种记忆术能帮助你记忆概念?如何避免记忆衰退、替换、干扰和线索依赖性遗忘的危险?你用过哪些帮助你成为一名高效的、作为一名学生的科学记忆术?即使你不希望参加全国性的记忆竞赛,也有许多策略可以帮助你提高编码、存储和检索信息的能力,以达到学术目的,并在生活中的各种情况下都能做到。

分享写作:记忆

带有情感的事件也是值得难忘的事件,科学家这样说,动画电影中也这样说,你觉得应该是怎样的呢?从进化的观点来说,为什么说人们更容易记起恐怖袭击发生的那晚(或其他悲惨的、情绪化的事件),而不是记起一个情绪化程度较低的普通夜晚是件好事呢?

总结

6.1 追寻记忆

LO 6.1 A 区分外显记忆中的回忆任务和再认任务、外显记忆和内隐记忆。

记忆能力在一定程度上取决于所要求的表现类型。在外显记忆(有意识的回忆)测试中,识别通常比回忆容易,在内隐记忆的测试中,过去的经验可能会影响到当前的思想或行为事件,而这些经验是由间接的方法如启动来测量的。

LO 6.1 B 描述基于信息加工模型的三级记忆系统的特点,以及对平行分散加工模型的质疑。

在信息加工模型当中,记忆包括编码、存贮和提取信息三个过程。在"三箱模型"当中有三个相互作用的系统:感觉登记、工作记忆和长时记忆。一些认知科学家更倾向于并行分布加工(PDP)或者称为联结主义模型,认为记忆内容是大量相互作用的加工单元的连接,这些相互作用的加工单元分布在一个巨大的网络上,并且能够同时工作。

6.2 记忆的"三箱模型"

LO 6.2 A 解释记忆的"三箱模型"中感觉登记的功能和持续时间。

在"三箱模型"中,输入的感觉信息在感觉登记中作简短的停留,只会短暂的保存感觉信息。

LO 6.2 B 解释工作记忆的功能和持续时间。

工作记忆保存信息的时间大概在 30 秒左右(除非进行复数),工作记忆的容量限制,是 7 ± 2 个组块,但是,如果通过组块将信息组织成大的单元,则可以进行扩展。早期的模型将第二个箱子主要描述为用于临时存储信息的短期容器,但现在许多模型将其设想为更主动的内存系统的一部分。工作记忆是我们能够控制注意,阻止分心,并且使信息处于活动的、可访问的状态。

LO 6.2 C 描述不同类型的长时记忆,解释信息从工作记忆转移到长时记忆过程中的序列位置效应。

由于包含众多的信息,长时记忆必定是按照某种方式组织起来的,以便我们找到所需的特定项目。组织单词(或者它们所代表的概念)的方法就是语义分类或者网络。记忆有不同的形式,就像内隐记忆和外显记忆,并且在外显记忆中,有语义记忆,还有情景记忆。在"三箱模型"中经常用来解释记忆中的位置效应,包括首因效应和近因效应。

6.3 记忆的生理基础

LO 6.3.A 描述记忆形成过程中的长时程增强。

工作记忆中,神经元的变化临时改变了其释放神经递质的能力。而长时记忆则使大脑产生了长久的结构性的变化。长时增强:加快突触的响应速度,是长时记忆中很重要的生理机制,与长时增强相关的神经元变化是需要时间去发展的,这就可以说明为什么长时记忆需要一段时间来进行巩固。

LO 6.3.B 评估记忆并不存储在任何一个脑区的证据。

杏仁核参与形成、巩固和恢复情绪。大脑额叶在工作记忆任务中表现尤其活跃,前额叶皮层、颞叶中与海马相邻的区域对于图片和词汇编码起着重要的作用,在长期的外显记忆的形成与恢复当中海马起着关键的作用。还有像是小脑和纹状体,在内隐记忆的形成过程中也起着重要的作用。外显记忆的长期储存发生在对信息或事件的最初感知过程中活跃的皮层区域,记忆的各种组件存储在不同的站点,所有这些站点都作为一个整体参与事件的表征。

LO 6.3C 总结记忆会受到情绪和荷尔蒙水平影响的证据。

情感记忆往往是强烈和生动的,但是生动的闪光灯记忆往往变得不那么准确。肾上腺在压力或情绪激发时释放的激素,包括肾上腺素和去甲肾上腺素,从而增强记忆力。这些肾上腺激素也会导致血液中的葡萄糖水平升高,葡萄糖可以直接或通过改变神经递质的作用增强记忆。

6.4 我们如何记忆?

LO 6.4 A 描述主要的记忆保持策略并举例。

一些像大学课程里的材料那样的信息,需要意志的努力而不是自动化的编码,复述信息能使其保持工作记忆,并增加长期记忆的机会,精细的复述比维持性复述更能够形成长时记忆。因为深加工通常是比浅加工更有效的保留策略。检索练习是促进记忆长期保留的有效方法,即使许多人没有意识到这一点。

6.5 我们为什么会遗忘?

LO 6.5 A 总结记忆衰退、替代、干扰以及线索依赖的遗忘。

遗忘的发生有许多原因,感觉和工作记忆中的信息如果不接受进一步的处理,就会衰退。新信息可能会删除和替换长期记忆中的旧信息,可能发生前摄抑制和后摄抑制。当检索线索不足时,可能发生线索依赖性遗忘。最有效的检索线索唤起依赖于状态的记忆。最容易唤醒的记忆就是与情绪一致的记忆。

LO 6.5 B 讨论童年失忆症经常发生的原因。

大多数人不能够回忆起两岁之前的记忆。这种童年失忆症的原因包括大脑结构的不成熟,这就使得年幼的孩子不能够集中注意力、编码和记忆。认知因素像是不成熟的认知提纲,缺乏语言的技巧,缺乏自我概念,缺乏编码和报告事件的社会惯例的知识。

LO 6.5 C 解释为什么记忆压抑论应该被质疑。

心因性健忘症,涉及丢失了个人身份信息并且原因是心理上的,这是非常罕见的。创伤性健忘症,据称涉及长期遗忘特定的创伤性事件,但是这是有很大的争议的。与压抑一样,创伤性遗忘的心理动力学解释:因为这些概念缺乏良好的经验支持,心理科学家对其有效性和恢复记忆的准确性持怀疑态度。

6.6 重构过去

LO 6.6 A 解释为什么记忆比人们认为的更不稳定。

人类的记忆并不像是一个数字记录器或者是录像机,记忆是有选择性的,也是可以被重建的。人们添加、删除和更改元素的方式有助于他们理解信息和事件。它们常常会产生错误的归因,即无法区分事件期间存储的信息和后来添加的信息。

LO 6.6 B 描述容易产生记忆虚构的条件。

因为记忆是可以被重构的,它容易被虚构,被想象的事件和实际的事件混淆。虚构更容易发生在当人们多次思考、听到或告诉别人想象中的事件(事件的形象包含许多细节,或者事件很容易想象),从而经历想象夸大化的时候。

LO 6.6 C 总结目击者证词容易受到错误记忆影响的证据。

记忆的重建性也使记忆容易被暗示,当向证人提出主要问题或向证人提供误导性信息时,证人证言特别容易出错。证人的错误证言是无辜被告被错误定罪的主要风险因素。

第六章习题

1. 以下几项,哪种记忆的任务是最简单的?(　　)

  A.复述　　　　　　B.编码　　　　　　C.回忆　　　　　　D.再认

2. 对于记忆的"三箱模型"来说,下列哪一个是现在的挑战?(　　)

  A 信息加工模型　　　　　　　　　　B.并行分布加工模型

  C.大脑像过滤器假设　　　　　　　　D.艾宾浩斯—巴特利特假设

3. 信息可以停留在听觉感受器的持续时间大约为(　　)。

  A.1 分钟　　　　　B.30 秒　　　　　C.20 秒　　　　　D.2 秒

4. 斯伯林报告法中用的高、中、低三种声音研究感觉记忆,允许研究员示范什么?(　　)

  A.对于记忆来说,声音的刺激要好于视觉刺激。

  B.被试的字母编码要比数字编码快。

  C.被试编码他们看到的所有刺激,但是在记忆消退之前只能够报告 3-4 个字母。

  D.评估记忆的表现时,再认任务要比回忆任务更简单,也更好。

5. 工作记忆的概念是如何与传统的短时记忆相区分的?(　　)

  A.工作记忆模型的处理是内隐的记忆,然而传统的模型的中心只在于检索线索的层次结构。

  B.工作记忆模型将组块的价值放在首位,然而传统观点认为的短时记忆并没有考虑到这一点。

  C.工作记忆模型包括短时记忆存储,并且工作记忆是从长期记忆中检索信息时对其执行的活动操作。

  D.工作记忆模型运用一个"漏桶",来暗喻短时记忆,然而传统的概念认为它是一个漏洞的盒子。

6. 卡莉记得圣保罗是明尼苏达州的中心。山农记得在她九岁的时候她住在圣保罗。卡莉是(　　)记忆,而山农是(　　)记忆。

  A.语义;情景　　　　　　　　　　　B.语义;内隐

  C.情景;语义　　　　　　　　　　　D.内隐;语义

7. "一起开火的牢房,连在一起的电线",这个表达(不是字面上的)可能描述了在学习和记忆形成过程中海马细胞之间发生的什么过程?(　　)

  A.随机同步　　　　　　　　　　　　B.抑制解除

  C.两侧的连续性　　　　　　　　　　D.长时增强

8. 一种"记忆文件柜",对记忆的形成和恢复很重要,这些记忆可能储存在大脑的不同部位,它是(　　)。

　　A. 中央沟　　　　B. 顶叶　　　　C. 海马　　　　D. 胼胝体

9. 肾上腺释放的哪些激素能在适当的情况下增强记忆力?(　　)

　　A. 肾上腺素和去甲肾上腺素　　　　B. 谷氨酸和γ-氨基丁酸

　　C. 乙酰胆碱和睾酮　　　　　　　　D. 多巴胺和5-羟色胺

10. 詹妮想要记住那个她刚才遇到的男人的手机号码,所以她一遍又一遍地重复并且将它存入短时记忆当中:867-5031……詹妮运用的是哪一种复述策略?(　　)

　　A. 深加工　　　　　　　　　　　　B. 保持性复述

　　C. 精细复述　　　　　　　　　　　D. 努力编码

11. 线索依赖的遗忘会在什么时间发生?(　　)

　　A. 缺乏从记忆中调出适当信息的检索提示。

　　B. 再认的记忆快于回忆的记忆。

　　C. 存在主动干扰而不是抑制干扰。

　　D. 海马损伤是记忆的存储困难。

12. 下列对童年失忆症的解释,哪一项是不可信的?(　　)

　　A. 杏仁核和海马彼此同步用以编码情景记忆,两种结构大约需要3年才能发育成熟。

　　B. 编码、报告和检索的社会规律:信息的开发是需要时间的,儿童缺乏有效记忆发展的必要的社会性的发展。

　　C. 儿童缺乏一个好的自我图式的发展,并且其他的认知图式通过它来解释、分类和记录早年发生的事件。

　　D. 前额叶皮层参与记忆的形成和存储,但是前额叶需要数年才能发育。

13. 产生创伤性遗忘症的机制是(　　),像是创伤性遗忘症这个概念本身也存在争议。

　　A. 抑制　　　　B. 合并　　　　C. 检索　　　　D. 启动

14. 无法将实际的记忆与通过其他来源收集到的信息区分开来的这种现象叫作资源(　　)。

　　A. 合并　　　　B. 干扰　　　　C. 虚构　　　　D. 错误归因

15. 虚构记忆是(　　)。

　　A. 部分记忆注入者说谎的结果。

　　B. 部分记忆持有者说谎的结果。

　　C. 具有强大性和真实性,并且能够作为真实的记忆保存很长时间。

　　D. 与真实的记忆不同,虚构记忆随着时间的流逝而迅速衰减,而真实的记忆会随着时间的流逝缓慢衰减。

第七章　思维和智力

学习目标

> 7.1.A　解释认知的基本要素：概念、原型（prototypes）、命题、图式及心理图象（mental images）。
>
> 7.1.B　区分潜意识（subconscious）思维和无意识（nonconscious）思维，理解什么是多重任务处理（multitasking）和内隐学习（implicit learning）。
>
> 7.1.C　对比作为决策策略的算法式（algorithms）和启发式（heuristics），并解释洞察力和知觉在问题解决中所起的作用。
>
> 7.1.D　理解形式推理（formal reasoning）、非形式推理（informal reasoning）、辩证推理（dialectical reasoning）的定义属性，以及反省判断（reflective judgment）的阶段。

7.2.A 描述情感诱导(affect heuristic)和可用诱导(availability heuristic)是如何阐述夸大不可能的倾向。

7.2.B 解释框架效应(framing effect)是如何使人们在概率判断(probabilistic judgments)中避免损失的。

7.2.C 总结并分别给出一个公平偏见(fairness bias)、事后聪明偏见(hindsight bias)、确认偏见(confirmation bias)以及心理定势(mental sets)的例子。

7.2.D 讨论在何种条件下认知偏见可以被认为会不利于推理。

7.3.A 定义智力及其晶体形式和流体形式之间的区别。

7.3.B 总结IQ的概念,它是怎样被测量的,以及考虑到文化背景时它的局限性。

7.3.C 描述元认知(metacognition)、智力的三元理论(triarchic theory)、多元智力(multiple intelligences)以及情绪智力(emotional intelligence)是怎样阐明"智力"内涵的多样性的。

7.3.D 概述纵向和跨文化研究是怎样阐明动机、努力以及智力成就之间的相互作用关系的。

7.4.A 总结支持和反对动物智力概念的证据。

7.4.B 总结支持和反对动物语言使用概念的证据。

7.4.C 解释为什么拟人论(anthropomorphism)和人类例外论(anthropodenial)都是有问题的理解动物认知的方法。

提出问题:想要知道的是……

- 我们的所有思维活动都是有意识的吗?
- 如果人类如此智能,那为什么我们有时会有非常不合理的思维?
- 高智商(IQ)能保证学业和生活中的成功吗?
- 动物可以思考吗?如果可以,那么它们思考什么?

> **互动** 当完成课堂阅读或作业时,你是否会同时使用智能手机、平板电脑或其他可连接互联网的设备?
> ○是
> ○否

第七章 思维和智力

每一天，在日常生活中，我们都需要做出决定，制定计划，进行解释，并且对我们精神世界的内容进行组织和再组织。笛卡尔的名言"我思，故我在"恰恰也可以被反转为"我在，故我思"。我们思考的力量和智力已经使得人类不客气地称我们自己为智人（Homo sapiens，有智慧或理性的人的拉丁文）。

但是，我们真的有这么"现代"吗？在每一个年轻企业家的创造性革新都有可能让世界变得更好的同时，最近也有23岁的澳大利亚青年将花炮放在自己的屁股上并点燃了它。这种聚会把戏适得其反（backfired）——就像字面意思那样，他带着剧烈疼痛的烧伤被送进了医院。

除了这种滑稽的事情——或者其他的你可能在你的朋友很不堪时看到的鬼把戏——我们的认知能力事实上是非凡的。思考一下思维为你做了些什么。思维将你从当前的限制中解放出来：你可以想象三年前进行的一次旅行，下周六的一个聚会，或者1812年的战争。思维带领你越过现实的边界：你可以想象独角兽和乌托邦、火星人和魔法。你可以为遥远的将来做计划，可以判断好事或坏事发生的可能性。因为你能思考，你不需要盲目地摸索自己的方式去解决问题，而是可以利用知识和推理来聪明且有创造性地解决问题。

是的，人类的智力是——可以写出诗句，发明盘尼西林和个人电脑的——不可思议的东西。但是人类的心智也同样带来了交通拥堵、电话传销和战争。而且我们的一些更重要的发明在涉及思考能力的时候甚至会产生负面效应。在这一章开始提出的问题中，有3/4的读者表示他们经常在完成课堂作业的时候上网。即便在工作时，你的作者们也被允许使用他们自己的手机、平板电脑或手提电脑。但是人们真如自己所想的一般擅长多重任务处理吗？为了回答类似这样的问题并更好地理解为什么同一个物种既能登上月球，也能在地球上做出惊人的笨手笨脚的事情，我们将会在这一章中探索人类如何进行推理、问题解决、发展自己的智力以及造成他们智力缺陷的原因。

7.1 思考：用我们知道的信息

就在几年前，当一台名为沃特森（Watson）的IBM电脑在《危险边缘》①节目中击败了两个非常聪明的人类后，世人纷纷议论这是否意味着终有一天机器将在思维上超越人类。但是认知科学家很快指出人类的心智事实上远比一台电脑要复杂得多；机器已经学会了讲双关语和说笑话，获得了深入体察其他人类情感，或写一部可以获奖的话剧的能力。尽管如此，在智力和机器之间的匹配可以被有效地用来分析认知，因为这两种主动的信息加工过程都是通过改变信息、组织信息，并且采用信息来做出决策。就像电脑内在地操纵0和1来进行"思考"一样，我们也

---

① 《危险边缘》（Jeopardy!），美国著名智力问答竞赛节目。

你怎么想：如果一台电脑可以在一个竞赛节目中打败人类冠军，这是否意味着电脑是智能的？它真的会思考吗？

概念 将具有共同属性的客体、活动、抽象概念或素质进行心理分类。

在思维中操纵主题、活动以及情境的内在表征来进行思考。

认知的要素

LO 7.1.A 解释认知的基本要素：概念、原型（prototypes）、命题、图式及心理图象（mental images）。

概念（concept）是一种心理表征，可以将具有共同属性的客体、活动、抽象概念（abstractions）或素质（qualities）进行心理分类。概念中的实例都是看上去较为相似的事物：金毛巡回犬、可卡犬以及博得牧羊犬都属于"狗"这个概念中的实例；椒盐脆饼干、香蕉面包以及肉馅卷饼都属于"食物"这个概念中的实例。概念可以简化并总结关于这个世界的信息，使之变得可被加工，这样我们就可以快速、高效地做出判断。你可能从来都没见过巴辛吉猎犬或者从没吃过田螺，但是如果你知道第一种是"狗"的一个实例，而第二种是"食物"的一个实例，你就会大概知道应该做出什么反应了。

基本的具有中等数量实例的概念是比较容易被掌握的，而具有很少或很多实例的概念则相对较难掌握（Rosch，1973）。本页边缘处的图片中的物体是什么？你可能会叫它苹果。"苹果"这个概念比"水果"这个概念更基础，"水果"包括了更多的实例并且更加抽象。但"苹果"这个概念要比"布瑞本苹果"①更加基础，"布瑞本苹果"就非常具体了。儿童似乎会首先习得基本水平的概念，然后才是其他概念，成人也会更多地使用基本概念而不是其他概念，因为基本概念在绝大多数情况下都能传达最佳的信息量。

这是什么？

原型 一种尤其能够代表一个概念的例子。

与一个概念相关的品质并不一定必须适用于所有的实例：一些苹果并不是红色的；有的狗也不叫；有些鸟不能飞。但是一个概念中的所有实例一定会共享一种家族相似性。当我们需要判断某种事物是否属于这一概念时，我们倾向于将它和一个**原型（prototype）**进行比较，原型就是这个概念的代表性实例（Rosch，1973）。

---

①Braeburn apple（布瑞本苹果），苹果的一个品种。

哪种狗是"小狗狗"（doggier），是金毛寻回犬还是吉娃娃？哪种水果更像水果（fruitlike），是苹果还是菠萝？哪种活动更能代表运动，足球还是举重？在一种文化下的大多数人都可以很轻易地告诉你一个概念中的哪种实例最具代表性，或具有原型性（prototypical）。

用来表达概念的词汇可以影响或塑造我们想到它们的方式。很多年前，本杰明·李·沃尔夫，职业是安全检查员、业余的语言和人类学家，提出语言塑造认知和知觉。根据沃尔夫（1956）的看法，因为英语只有一个词对应"雪"而爱斯基摩语（因纽特人）中则有很多个词对应（如粉末状的雪，泥泞的雪，飘落的雪……），因纽特人察觉到了不同的雪，而英格兰人则并没有。他还提出，语法——词汇组织和编排以传达时态和其他概念的方式——会影响我们如何看到这个世界。

沃尔夫的理论在一个阶段非常流行而后失宠。毕竟，英格兰人也能看到各种各样的雪，也会有很多形容词来描述不同的雪。但是沃尔夫的看法又再一次获得了关注。短语和句法确实会影响我们如何觉察事物的位置，考虑时间，注意形状和颜色，记住事件（Boroditsky, 2003; Gentner et al., 2013; Wright, Davies, & Franklin, 2014）。一种被巴布亚新几内亚岛上的一个族群使用的语言中，使用一个词来代表绿色和蓝色，但是会用两个不同的词来区分不同的绿色。在知觉辨认任务中，使用这种语言的新几内亚人识别绿色间的对比要比识别蓝绿对比更好，而英格兰人则恰恰表现出相反的结果（Roberson, Davies, & Davidoff, 2000）。类似地，表明语言会影响颜色认知的结果也在比较英国人和使用某种特定非洲语言的人之间得到了（Ozgen, 2004; Roberson et al., 2005）。

一个概念中的某些实例比起其他的实例更具有代表性或原型性。"单身者（bachelor）"是指没有婚姻关系的男子。那么音乐家约翰·梅尔是单身吗？即便他经常在几年内和不同的女性保持浪漫关系？那么牧师是单身吗？艾尔顿·约翰呢？2014年他在英国与他的长期伴侣大卫·费尼许结婚，而他们的婚姻在那时是不被美国的某些州所认可的。

另一个例子：在很多语言中，人们必须明确一个物体在语言上呈阳性（masculine）还是阴性（feminine），例如在西班牙语中，la cuenta（账单）是阴性的，但是 el cuento（故事）是阳性的。似乎给一个概念贴上阳性或阴性的标签可以影响母语者对于它作用的描述。因此，一个德国人会描述一把钥匙（在德语中属于阳性）是坚硬的、重的、参差不齐的、锯齿状的、有用的，而一个西班牙人则倾向于将一把钥匙（在西班牙语中属于阴性）描述为金色的、复杂精细的、小巧的、可爱的、闪耀的（Boroditsky, Schmidt, & Philips, 2003）。

概念是筑起思维的砖石，但是如果我们仅仅是在头脑中将它们堆积起来，它们也只能发挥有限的作用。我们必须表征它们之间的关系。一种实现方法可能是存储和使用**命题（Propositions）**，命题是由概念组成的意义单元，可以表达一个统一的想法。一个命题几乎可以被表达为任何种类的信息（"罗伯塔养了伯德牧羊犬"）或者信念（"伯德牧羊犬很聪明"）。命题，反过来说，是和复杂的知识网络、联想以及预期连接在一起的。这些网络被心理学家称为**认知图式（cognitive schemas）**，被用来作为思维框架，使我们可以描述和思考世界的不同方面。例如，性别图示代表一个人作为男性或女性应该怎样的信念和期待。人们也会有关于文化、职业、事件、地理位置以及很多社会和自然环境中其他特征的图式。

心理图像（mental images）——尤其是视觉图像，或者在心灵之眼（mind's eye）中的图像——对于思维和建构认知图式也很重要。尽管没有人能直接看到其他人的视觉图像，心理学家仍能间接地研究它们。一种方法是测量人们需要多长时间来转动在他们想象中的图像或者是在一幅图中从一个点扫描到另一个点。结果表明视觉图像运作很像在电脑屏幕上的图像（如图 7.1 所示）：我们可以操纵它们，它们出现在一定尺寸的心理空间上，尺寸比较小的包含的细节要比尺寸大的要更少（Edmiston & Lypyan, 2017; Kosslyn, Ganis, & Thompson, 2001; Shepard & Metzler, 1971）。当人们想要解决空间或机械难题（mechanical puzzles）时，经常也会依赖视觉图像（Hegraty & Waller, 2005）。大多数人也报告了听觉图像（例如你可以在自己的"心理耳朵"里听到的一首歌、一个口号或者一首诗），很多人也报告了在其他感觉形态下的图像——触觉、味觉、嗅觉或痛觉。

命题 由概念组成的意义单元，可以表达一个单一的想法。

认知图式 是一个心理网络综合体，包括集中于世界某个特定方面的知识、信念及预期。

心理图像 是对它所代表的事物的完全一致或相似的心理表征；心理图像在很多并且有可能所有的感觉形态下都会发生。

你如何区分这些色调？在某种语言中只有一个词来描述绿色和蓝色，而有很多个词来描述不同的绿色阴影，说这种语言的人对绿色对比的掌握就要好于对蓝色和绿色的区分。英语母语者则相反。

思维是有意识的吗？

LO 7.1.B 区分潜意识思维和无意识思维，理解什么是多任务处理和内隐学习。

当我们思考思维的时候，我们通常会认为这些心理活动是通过一种深思熟虑的方式、在一种有意识的目标下进行的，例如解决一个家庭作业问题，计划一次旅行或者决定去哪里上大学。但是，很多心理加工都是无意识的。

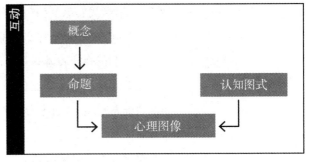

图7.1 认知的要素

概念是可以被整合到命题中的心理分类，命题是可以进一步被纳入到认知图式中的关系网络。心理图像也促进这些图式的形成。

潜意识思维 这是一些在意识之外的认知加工过程，但是在需要的时候多用一些努力就可以将其纳入到有意识的加工中。比起仅仅依赖有意识的加工，这些**潜意识加工**使得我们可以掌握更多的信息，完成更复杂的任务。事实上，很多自动化但是很复杂的通路就是在"不假思索"的情况下完成的，尽管它们有可能需要提前得到认真的有意识的注意：例如织毛衣，打字，开车，为了阅读一封信而对字母进行编码。

潜意识加工 发生在意识知觉之外但在需要时可被意识到的心理加工。

因为自动化加工的能力，使得人们能一边吃午饭一边读书或者一边开车一边听音乐，在这类情况下，一种任务已经自动化。但是，并不意味着你应该在开车的同时给你的朋友发信息。这属于多任务处理（multitasking），而多任务加工很少能同时很好地运作。事实上，同时完成两个或更多的任务需要更多的注意，不仅会延长完成这些任务需要的时间还会导致错误率的增加和压力的提升，根本不会节省时间（Lien，Ruthruff，& Johnston，2006；Szumowska & Kossowska，2017）。即便只是在一旁听到了其他人在电话里的交谈也会让你的注意力从正在进行的任务上转移开，这有可能是因为要理解一半的交谈需要更多的注意努力。在一项实验中，当人们完成视觉任务时听到"一半的交谈"，他们所犯的错误是在他们听到正常的两人交谈时的6倍（Emberson et al.，2010）。

至于当你是正在讲电话的人的时候，多重任务可能会威胁到你的健康。电话的使用会影响一个人的驾驶能力，不管这个电话是否需要拿在手里；比起听音乐，司机的注意力会更大程度地被电话中的交谈吸引（Briggs，Hold，& Land，2011；Medeirosward，Cooper，& Strayer，2014）。其他的干扰同样是危险的。司机们已经由于一边在高速公路上疾驰，一边化妆、用牙线剔牙、戴隐形眼镜而被摄像头抓拍到了（Klauer et al.，

2006）。尽管我们想要相信我们会有无限的认知能力来同时加工更多的任务，丰富的证据则表明并非如此。事实上，一些心理学家会认为多重任务并不是一个正确的表述——我们应该称之为"任务转换（task switching）"，因为我们的注意通常是在任务之间切换而不是同时完成它们。根据我们开篇的调查问题，这对于大多数的在阅读或完成其他课堂作业时将他们的注意力分散在多个设备上的学生来说意味着什么呢？或者，对于其他在课堂上使用电脑或平板电脑来记笔记的学生们意味着什么呢（Sana, Weston, & Cepeda, 2013）？观看视频"多重任务和认知表现"来寻找答案。

无意识加工 在意识知觉之外且无法意识到的心理加工。

无意识思维：其他类型的思维，**无意识加工**过程，即便当你尝试将它们提取回来，还是会保持在知觉以外。就像我们很快将要看到的，人们常常会在已经放弃问题解决的时候突然发现跳入脑海的问题解决办法。有时人们会学到一种新技能，而无法解释他们是怎样习得的。例如，他们可能会发现赢得牌局的最佳策略，但并不能有意识地说明他们正在做什么（Bechara et al., 1997）。通过这种**内隐学习（implicit learning）**，你有意或无意地学会一种规则或习得一种行为，但你不管对自己还是对别人都无法明确地表述出你习得了什么（Frensch & Runger, 2003; McDougle, Bond, & Taylor, 2015）。很多我们所拥有的能力，从说我们的母语到爬楼梯，都是内隐学习的结果。但是内隐学习并不总是有帮助的，因为它也能带来偏见和歧视。我们可以习得一种关系，比如，"懒惰"和某个特定群体被我们联系在一起，而我们并不清楚自己是如何习得这种关系，又是谁教给我们这种关系的。

内隐学习 当你获得知识而无法意识到你是怎样得到也无法准确陈述你学到了什么的学习。

问题解决和决策

LO 7.1.C 对比作为决策策略的算法式和启发式，并解释洞察力和知觉在问题解决中所起的作用。

算法式 一种问题解决策略，即便在使用者不知道它如何运作的情况下也能确保得出问题解决方法。

意识和无意识加工都存在于问题解决的过程中。在定义明确的问题中,问题的本质是清晰的("明天的聚会我需要更多的曲奇饼干")。通常,你在问题解决时需要的所有就是采用正确的策略,策略是指一系列的流程来保证能够产出一个正确的(或最好的)解决方法,即便你不知道为什么它会奏效。例如,为了根据一个曲奇食谱多做出一些曲奇饼干,如果原始的食谱只能做出 10 个曲奇饼干而你需要 40 个,你可以将每一种原料的用量乘以四。这个食谱本身也是一种策略(加面粉,轻轻搅拌,加巧克力碎片……),尽管你可能不会知道当你把这些原料混合并在烤箱里烘烤饼坯时发生了什么样的化学反应。

其他的问题是更模糊的。没有确定的目标("明天晚饭我应该吃什么?"),也没有清晰正确的解决方法,所以没有策略的使用。在这种情况下,你可能会需要凭借一种**启发式**,这是一种经验法则,会提出一系列的动作而不能保证获得最好的解决方法("或许我可以在网上浏览一些食谱,或者去食品杂货店看看什么能吸引我的眼球")。很多启发式算法,就像当你在玩象棋的时候常采用的那些,会帮助你将你的选择限制在一个有希望的可控的范围内,减少做出决策所需要的认知负荷(Galotti, 2007; Galotti, Wiener, & Tandler, 2014)。启发式策略在投资者尝试预测股票市场时、一个医生尝试确定对某个患者最好的治疗手段以及一个工厂的所有者尝试推动生产时都很有效。他们要面对不完整的信息,需要提出一个解决方案,有可能会需要采用之前已经被证明有效的经验,即诉诸于经验法则。

启发式 一种经验法则,指导人们用一系列的动作来解决问题但是并不能保证得出一个可用的问题解决方法。

像算法式和启发式一样有用,有时问题解决过程中的有意识的努力会带你到你想要去的地方。这样,通过顿悟(insight),你会突然看到怎样解决问题,而不需要特别明确你是怎样发现这种解决过程的。你可能会对顿悟的概念非常熟悉——就是那种有时会出现的之前让人烦恼很久的问题突然有了的"aha!(啊哈!)"的感觉,找到了解决的方法。Eurka!(有了!)时刻就像流行文化中那种非常常见的现象,比如在电视剧中出现的医师突然解决了一种难以捉摸的病症或者侦探片中警探突然解决了案件。或者想象有令人惊讶的结尾的电影——不要担心,接下来没有明确的剧透——就像《非常嫌疑犯》《第六感》或者《搏击俱乐部》,在这些电影中都是突然间,一个角色(或你,或观众)意识到解开之前所有疑惑的关键所在。

电视剧《豪斯医生》中的主人公就经常通过顿悟的"啊哈!"时刻来解决医学难题,通常他都会受到朋友们或其他医生们的交谈或者不相关的主题的启发。

从科学的立场来看,顿悟可能包括了不同阶段的心理加工(Weisberg,2015)。首先,在问题中的线索自动激活了特定的记忆或者知识。你以前见过类似的问题模式或结构,尽管你不能明确地说出它到底是什么,可能的解决方法会渗入你的脑海。尽管你没有意识到它,可能的心理加工会指引你朝向某种假设,反映在你的大脑里就是和那些正常的、有系统方法的问题解决不一样的激活模式(Fields, 2011; Kounios & Beeman, 2009)。最终,解决的办法会似乎不知从何而来地流入脑海("啊哈,现在我明白了!")。

人们也会报告说在做出判断或问题解决时他们有时会依赖于直觉——预感和本能的感觉——而不是有意识的思考。在你的下一次测验中你应该跟着你的感觉去回答问题吗?不一定。丹尼尔·卡尼曼(Daniel Kahneman)的书《快思维与慢思维》(2011)解释了为什么。"快思维"适用于我们在做出快速的、直觉性的、情绪化的、大多数是自动化的决定;"慢思维"则需要做出智能的努力。自然,大多数人依赖于快思维是因为它会节省时间和精力,但是它通常是错的。这里有他举的一个例子:假设一个球拍和球一共需要1.10美元,球拍比球贵1美元。这个球多少钱?很多人依据快思维回答说10美分。但是正确的答案应该是5美分。(慢慢地)思考一下。

杰罗姆·卡根(Jerome Kagan, 1989)曾经将意识比作在消防站安静玩牌的消防员,等待火警响起,召唤他们行动起来。大多数时间我们依靠自动化的加工和无意识的印象来指导我们完成日常的任务。这通常是件好事。一直全神贯注地在消防站来回巡逻是不可能的,如果我们不得不仔细去检查我们完成的每一件小事是不是经过了"深思熟虑",那么我们就不可能完成任何事了。但是多任务加工和自动化的加工也可以导致错误和灾祸,从细小的琐事(把你的钥匙放错了位置)到大事(就因为你要打车而走入车流中)。因此,如果我们的心理消防员能够给予自己的工作稍微多一点点的关注,我们中的大多数人都有可能从中获益。我们怎样提升自己的理性推理的能力并进行批判性的思维?我们转向下一个问题。

不管你是象棋大师还是一个想要解决普通问题的普通人,你可能都要依靠算法式和启发式来帮助你决定策略。

理性推理

LO 7.1.D 理解形式推理、非形式推理、辩证推理的定义属性,以及反省判断(reflective judgment)的阶段。

推理(Reasoning)是一种有目的的心理活动,通过处理信息而达到一个结论。与冲动("快速")或无意识的反应不同,推理要求我们从观察到的内容、事实和假设出发做出推论。在形式推理(formal reasoning)的问题中——就是那种你可能会在智力测验中发现的问题——做出解答,需要的信息被明确地提出,只有一个正确的(或最好的)答案。在非形式推理(informal reasoning)的问题中,通常并没有明确的正确答案。很多方法、观点或可能的答案都会竞争,你可能会需要去判断哪一个是最"合理"的。

为了明智地完成这样的推理,人们必须能够使用**辩证推理**(dialectical reasoning),这是一种比较和判断相反的观点以解释差异的方法。哲学家理查德·保罗(Richard Paul)(1984)曾经将辩证推理描述为这样一种时刻:"站在相反的两条推理线上,用每一条来对另一条进行关键拷问。"辩证推理是陪审团为了给出一个裁定所应该做的:要考虑检方和辩护律师对嫌疑人的罪行进行的辩论,一方和另一方的观点。这也是陪审团在考虑政府是否应该增加税收,或什么是促进公共教育的最好的方法时应该做的推理。

然而,很多成年人在进行辩证的思考方面存在困难。他们只能从一个角度出发,就只能这样了。为了人们怎样才能发展出这种——提出假设,收集证据,考虑可能的解释,最终达到可以被认为是最合理的结论的辩证思维能力呢?

为了找到这个问题的答案,帕特里夏·金(Patricia King)和凯伦·基奇纳(Karen Kitchener)(1994,2002,2004)给大量的、多样化的青少年和成人群体提供了多种主题的关于对立观点的论述。之后每个人都要回答几个问题,例如"你是如何看待这些论述的?""你会站在哪一边?"以及"你为什么会认为关于这个问题存在这样的争议?"从数千个被试的答案中,金和基奇纳找到了在他们称为"反思性的判断力"(我们称之为批判性思维)的发展道路上的几个节点(stop)。在每一个节点上,人们都会做出关于事情是如何被知晓的不同的假设,并用不同的方法来验证他们的信念。

> **推理** 从观察到的现象、事实或者假设出发,做出结论或推论。

> **辩证推理** 是一种权衡和比较对立的事实或想法的过程,要决定最好的解决办法或解释为什么存在差异。

奥古斯特·罗丹的《思想者》雕塑之所以如此惟妙惟肖,是因为它完美地抓住了在进行反省思维时的感受。

一般来说，依靠前反省思维（prereflective thinking）的人倾向于假设总是存在一个正确的答案，可以通过感觉（"我知道我看到了什么"）或者官方渠道（"他们就是这样报道这个新闻的"）来直接获得。如果官方渠道并没有得到真相，那么前反省思维的人倾向于依靠当前"感觉对的"倾向来得出结论。他们不会在知识和信念或者在信念和证据中间进行分辨，他们认为没有理由要去证明一种信念。一个被试在被问到关于进化的问题时说："好吧，有些人认为我们是从猩猩进化来的，那是因为他们就是这样相信的。但是我不会这样认为，也没有人能让我改变想法，因为我相信我从《圣经》上看到的东西。"

准反省思维（quasi-reflective thinkers）的人们能意识到有些东西是不能完全没有怀疑地相信的，而且判断需要得到论据的支撑，但是他们也只会注意符合他们已有信念的证据。他们似乎认为知识是不确定的，关于证据的判断都是纯粹客观的。准反省思维的人可能会这样来为自己辩护，"我们都有权力维护我们自己的观点"，就好像所有的观点都是被平等地提出的。一个大学生，当被问及一个关于食品添加剂是否安全的观点是对的而其他都是错的时候，回答说："不。我认为这只是取决于你个人的感受，因为人们作出觉得是基于他们的感受以及他们看到了什么样的研究结果……如果我感觉化学物质可以导致癌症，而你认为食物离了他们就不再安全，那么你的观点可能对你来说是正确的，而我的观点对我来说是正确的。"

最后，一些人会发展到可以作出反省判断（reflective judgment）。他们理解尽管有些东西可能永远不会被确切地了解，有些判断比起其他判断看上去更合理，是因为它们有效地符合已知的证据，以及它们具有连续性，等等。他们愿意去考虑不同来源的证据并且能作辩证的推理。下面的互动中有一段和研究生的访谈，阐明什么是反省思维。

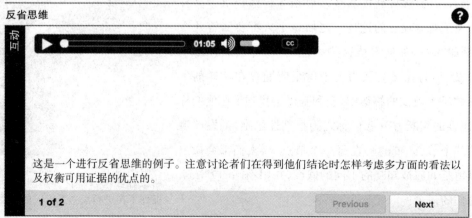

日志 7.1　批判性思考——调查证据

想一想上次你发现自己在解决问题时不动脑筋的情况。可能,你的大脑在你开车去每天都要去的地方时走神了,你错过了应该拐弯的岔路口,可能你没有多想就在错误的日子走进了一间错误的教室,或者可能你把错误的原料加入了你原本烂熟于胸的食谱。在这些情况下你需要注意别的什么东西?如果你想要得到一个更谨慎的结果,你需要依靠什么类型的认知加工?

模块 7.1 测验

1. 以下哪个概念更基础?（　　）
   A. 活动躺椅　　　　　B. 椅子　　　　　C. 家具　　　　　D. 高脚凳
2. 概念"椅子"中哪个样例是典型代表?（　　）
   A. 豆袋椅(以小球粒填充,可变形的椅子)
   B. 高脚凳
   C. 摇椅
   D. 餐厅椅
3. 有一些研究者提出比多重任务更好的名字应该是(　　)。
   A. 双重加工　　　　　　　　　B. 任务切换
   C. 进入下一关　　　　　　　　D. 注意狭窄
4. 辛迪正在她的数学课上解决一个长除法问题,所以她跟着老师展示的步骤完成任务。辛迪的问题解决策略是(　　)的一个例子。
   A. 启发式推理　　　　　　　　B. 算法策略
   C. 一个命题　　　　　　　　　D. 无意识加工
5. 米娜认为媒体有自由主义偏向,而玛丽安认为他们太过保守了。"好吧",米娜说,"我有我的真理,而你有你的。这是纯粹主观的。"米娜的陈述符合金和基奇纳的思维类型中的哪一种?（　　）
   A. 准反省思维　　　　　　　　B. 前反省思维
   C. 反省思维　　　　　　　　　D. 形式推理

7.2　理性推理的障碍

尽管很多人有能力进行逻辑性的思考并进行辩证的推理,但是很明确的是,人们并不总是这样去做,其中一个阻碍是对于"正确"的需要。如果你对自己的判断急于赢得争论,那你会发现很难保持开放的心态去听取不同的观点。其他的阻碍包括有限的信息以及没有时间去进行充分的反省。但是人们的思维过程也同样会受到其他可预测的、系统的偏见和错误的牵绊。心理学家已经研究了它们中的许多种（Kahneman，2003，2011）。这里我们只描述其中几种。

被夸大的不可能

LO 7.2.A 描述情感诱导和可用诱导是如何阐述夸大不可能的倾向。

一种常见的偏见是夸大小概率事件发生的可能性的倾向。这种偏见可以帮助解释为什么很多人购买彩票以及为什么有些人对坚持有无理由的惧怕。进化已经把我们武装到惧怕特定的自然界的危险，例如蛇。但是，在现代生活中，很多这些危险已经并不具有威胁性。脱轨的有轨电车把它的"獠牙"深深地"插入"在芝加哥或纽约的你的可能性是非常小的！让这些恐惧停留一会儿，我们高估了危险。而不幸的是，我们的大脑并没有被设计成会被一系列来自未来的威胁警告，而是会更加注意当前的危险，例如天气变化（Gillert，2006）。

当判断可能性的时候，人们通常会强烈地受到**情绪诱导**（affect heuristic）的影响，这是一种基于他们的情绪（情感）来判断一种情况的"好"或"坏"，而不是客观地判断可能性（Slovic & Peter，2006；Vastfall，Peters，& Slovic，2014）。情绪通常可以通过减少我们的选择或者让我们在不确定或危险的情况下尽快做出行动来帮助我们做出决策。但是情绪也会误导我们，导致我们无法正确评估危险。几年前一个非常有趣的调查研究考察了在法国人们是怎样应对"疯牛病"危机的（疯牛病会损害大脑，会通过食用受感染的牛而被传染）。无论何时，当报纸文章报道"疯牛病"的危害时，牛肉的消费就会在接下来的几个月下降。但是当新闻文章报道同样的危害，而采用这种病的学名"雅克氏病"和牛绵状脑病时，牛肉的消费就会保持原状（Sinaceur，Heath，& Cole，2005）。更具有警示性的标签导致人们进行情绪性的推理而且会高估危险（在整个那个时期，全法国只有六个人被诊断为患上了该疾病）。

我们对于风险的判断也会受到**可用诱导**（availability heuristic）的影响，即一种在判断某事件发生的概率时，通过有多容易就能想到它的实例来判断的倾向（Tversky & Kahneman，1973）。**可用诱导**通常和情绪诱导联手发挥作用。大灾难和令人震惊的事故会在我们当中唤起特别强

在丹·艾瑞里（Dan Ariely）（2008）的有趣的畅销书《怪诞行为学》中，他和其他的心理学家一起挑战大多数人类基于理性思维做出决策而形成的普遍假设。例如，你是否曾经在当地的某个机构门口排很长的队去领一份免费的玉米饼或者冰淇淋呢？当你停下来想想这件事，这省下来的3美元值得45分钟的等待吗？忘掉免费的食物——如果我们给你3美元让你站在这里等45分钟，你愿意吗？如果不，那为什么"免费"的小吃就值得浪费你同样的时间呢？

情绪诱导 基于某人的情绪而非客观评估可能性的倾向。

可用诱导 基于有多容易想到例子或实例来判断某种类型的事件发生的可能性的倾向。

烈的情感反应，因此会在我们的头脑中占据主要地位，在心中的可用性要比其他类型的负性事件要更强。这就是为什么人们会高估在龙卷风中死亡的频率而低估由于哮喘死亡的频率，而事实上哮喘通常会造成几十倍的死亡，但是并不会出现在报纸头条上。这就是为什么新闻报道鲨鱼袭击人类的事件让人们感觉自己患上了鲨鱼袭击恐惧症，即便这样针对人类的攻击事件非常罕见。

避免损失

LO 7.2.B 解释框架效应是如何使人们在概率判断中避免损失的。

一般说来，在人们做出决策时会努力避免或将可能招致的损失降到最低。这种策略是足够理性的，但是人们对于危机的知觉是受制于**框架效应**（framing effect）的，这是基于他们目前怎样表现而进行不同选择的倾向。当一种选择被界定为有让人损失什么的危险时，比起同样的选择被界定为可能获得潜在的回报，人们通常会对前者进行更谨慎的反应。他们会选择有 1% 的机会赢得一次抽奖的车票，而不会考虑他们有 99%

> **框架效应** 人们在做出选择的时候会受到做出一个决定的容易程度（或者界定这个选择的容易程度）的影响的倾向，例如，潜在的损失或收获能否被轻易地表达出来。

可用诱导导致我们在判断一种事件发生的可能性时基于这种事件的例子有多容易进入我们的脑海。例如，你可能会认识害怕乘飞机出行的人，但是你可能没有朋友会害怕开车——即便致命的车祸出现的频率要远远大于空难事故。

因为可用诱导，我们中的很多人都会高估遭受鲨鱼袭击的可能。鲨鱼袭击是非常稀少的，但是他们很容易被形象化（并不是说提起来容易引发恐惧情绪）。

快速回答，哪个更多：英文词汇中以 r 开头的词，还是以 r 为第三个字母的词？因为很容易想到以 r 开头的词，你可能会倾向于给出第一个答案，但是事实上有更多的以 r 为第三个字母的词。

可能性启发可能会在最高的正式决策中扮演重要的角色，例如医疗诊断。刚刚读了一篇关于某种罕见情况的论文的医师更有可能事实上诊断出这种疾病，因为这种疾病的症状在他的意识思维中具有更强的可用性。

的机会输掉。他们会评估避孕套是有效果的,因为他们被告知使用避孕套有95%的概率可以防止艾滋病的传播,但是当他们被告知有5%的失败概率时,就会评估为没有效果——当然,这完全就是一样的事情(Linville, Fischer, & Fischhoff, 1992; Walasek & Stewart, 2015)。

假设你不得不在两个健康项目中选择一个,而这样的健康项目是要和可能杀死600人的疾病斗争的。你会选择哪一个?一个项目肯定会拯救200人,而另一个项目有1/3的可能性会拯救全部的600人,有2/3的可能性一个人都救不回来(图7.2中的问题1阐述了这一选择)。当我们被问到这个问题的时候,大多数人,包括医师们在内,都说他们会选择第一个项目。换句话说,他们因为更想获得一个确定的结果,而拒绝更具有风险性而有可能获得更多潜在收获的解决方法。然而,人们如果用"避免损失"的方式来看待问题是十分冒险的。假设现在你必须从两个项目中进行选择,其中一个有400人确定会死亡,而另一个项目有1/3的可能性没有人会死,而2/3的可能性600人全都会死。如果你思考一下,你会发现这两个选项从可能出现的结果上来说和第一个问题是完全一样的,它们只是在表述上有所不同(见图7.2中的问题2)。而这一次,大多数人都会选择第二种解决方案。他们在考虑多少生命被挽救的结果时拒绝承担风险,但是他们在考虑多少生命会丧失的时候接收了风险(Tversky & Kahneman, 1981)。

我们中很少有人会面对涉及数百人性命的抉择,但是我们可能会在涉及我们自身或亲人的不同治疗方式中做出选择。我们的选择可能会受到医生是以获救的可能性,还是以死亡的可能性来建构(frame)选项的方式的影响。而且事实上,对于框架效应(frame effects)的敏感性似乎根深蒂固到足以在非人类的灵长动物

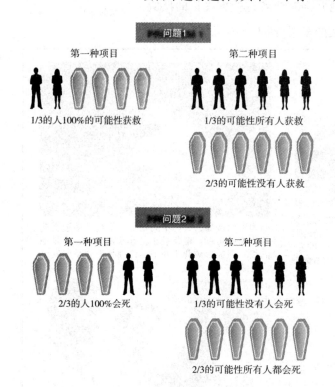

图7.2

我们所做的决定可以基于选项怎样被建构。当我们被要求从问题1中的两个项目中选择一个的时候,问题是"基于多少生命被拯救了"来描述的,大多数人选择了第一种项目。而当我们被要求从问题2的两个项目中选择一个的时候,问题是"基于多少生命会丧失"而描述的,大多数人选择了第二种。而两个问题的选项事实上从可能性上来说是完全一样的。

身上发现。在一项最近的研究中,研究人员给黑猩猩和倭黑猩猩呈现了一系列和食物报酬相关的选项。和我们可以从它们的人类同胞身上预期到的非常类似,即便真正的食物报酬是完全一样的,这些动物也倾向于选择那些被建构成"获得"而非建构成"失去"的选项(Krupenye, Rosati, & Hare, 2015)。

偏见和心理定势

LO 7.2.C 总结并分别给出一个公平偏见、事后聪明偏见、确认偏见以及心理定势的例子。

依赖于启发式或者受到框架效应的影响只是进行理性推理的一些阻碍。人类思考者在推理的过程中也会成为其他一系列偏见的牺牲品。让我们来看看这其中的一些。

公平偏见(the fairness bias) 想象一下你在玩一个两

这幅图是根据一段视频画出的,左侧的猴子看着右侧的这只猴子通过代币获得了奖励。稍后,这只观察过的猴子可能会拒绝较少的奖励。

人游戏,名为《最后通牒游戏》(Ultimatum Game),在游戏中你的同伴获得 20 美元并且必须决定如何和你分享这 20 美元。你可以选择接受你同伴的分享,这样你们都可以获得你们各自的部分,或者你也可以选择拒绝同伴的分享,这样你们两个人都不能获得一分钱。你能接受最少多少的分享?

事实上,无论分享有多微小,接受都是合理的,因为至少你获得了一些钱。但是这并不是人们在玩《最后通牒游戏》时所做出的反应。如果同伴分享的钱太少,他们会倾向于拒绝。在工业社会中,50% 的分享是很正常的,而少于 20% 到 30% 的分享通常会被拒绝,即便是绝对总数很大的时候也会被拒绝。在其他社会中,提供和接受的数量都可能更高或更低,但是总有一个数量是人们认为不公平或者拒绝接受的(Guth & Kocher, 2014; Henrich et al., 2001)。人们会在很大程度上受到公平偏见的影响,且更倾向于在这些情境中更追求公平——在不公平发生在他们的个人所得上时这种情况更甚。

为什么对于公平的渴望有时候会超过对于经济收入的渴望?进化理论学家认为合作的倾向和互惠发展是因为他们对我们的祖先有利,确保团队合作和一个组织内的成员之间的和谐(Debove, Baumard, & Andre, 2016; Trivers, 2004)。不同的文化在促进合作和惩罚欺诈者上都发展出了自己的规则,但是对于公平的关注却似乎是具有普遍性的。黄金法则(Golden Rule)"用你想要被对待的方式去对待别人"具有生物性的偏向这一点是获得了非人类灵长动物研究的支持的。在一项这样的研究中,卷尾猴获得一个代币,这样它们之后能通过这个代币获得一片黄瓜。猴子们认为这种交易非常划算——直到它们看到隔壁的猴子可以获得更好的奖励——一个葡萄。从这时开始,它们开始拒绝用它们的代币来进行交换,即便到最后它们什么奖励都获得不了(Brosnan & de Waal, 2003)。有时它们甚至会厌恶地把黄瓜片扔到地上。

人类的婴儿似乎也会有公平的感觉。在一项以 19 个月和 21 个月的婴儿为被试的有创意的研究中,研究者利用了婴儿的一种特性,那就是当某个事物违背了他们的期待时,婴儿看这个事物的时间会更长。当实验者没有能够给两个正在做家务的成年女性平均分配奖励时,这和婴儿对于平均分配奖励的期待是相违背的(Sloane, Baillargeon, & Premack, 2012)。实验者说明了年纪小的儿童可以从早期与成人的互动中习得公平,但他们也认为婴儿这个年龄段似乎能从生理倾向中获得类似的关于公平的原则。

一些行为经济学家采用 fMRI 考察了人们在玩不同类型的《最后通牒游戏》时的大脑激活情况(Feng, Lou, & Krueger, 2015; Haruno, Kimura, & Frith, 2014)。基本上,当人们决定是否要接受一个过低或者不公平的分享时,两个大脑区域被激活了:与合理性问题解决相联系的大脑前额叶皮层的一部分,以及一个叫作前脑岛的区域,这个区域和疼痛、恶心以及其他不舒服的感觉相联系。根据经济学家科林·凯莫勒(Colin Camerer)的说法(D'Antonio, 2004):"基本上大脑是在'是的,钱很好'和'呃,这个人看待我像废物一样'之间做选择。"在大脑前额叶有更强激活的人更倾向于接受低分享;他们做出了在经济学上更聪明的选择,而选择无视别人的冒犯。相反,在前脑岛有更强激活的人则更倾向于拒绝。

事后聪明偏见(the hindsight bias) 说事后聪明是 20/20①(英文中表示完美的视敏度)是有原因的。当人们已经知道了一个事件的结果或者一个问题的答案,他们通常很确定"他们从来都知道"。有了事后聪明武装自己,他们看到了事实上不可避免已经发生的结果,他们高估了自己在事情发生之前就预测到结果的能力(Coolin et al., 2015; Fischhoff, 1975)。这种**事后聪明偏见**在评价关系的时候总是存在("我从来都知道他们肯定会分手的"),在评价政治选举的时候也总是存在("我早就告诉

事后聪明偏见 一种会高估某人在已经知道某件事的结果之后预测事件的趋势(例如:"我早就知道"这种现象)。

---

① 20/20 在视力测试中表示完美的视敏度。

过你这个候选人会输掉的"),甚至在悲剧发生时也存在("政府早就应该知道这次恐怖袭击会发生的")。

事后聪明偏见也会在上心理学课程的学生们身上出现,他们可能会觉得他们会就某一种特定的趋势或者现象不需要进行研究就得出和研究者一样的结论——这就是"这难道不都是常识吗?"的反应。事实上,可能你会觉得现在我们没有告诉你什么新东西,因为你早就知道事后聪明偏见了。可能是这样的。但是,你可能只对事后聪明偏见有事后聪明偏见。

确认偏见(the confirmation bias) 当人们想要做出正确可能性最高的判断时,他们通常尝试考虑所有相关的信息。但是当他们在考虑一件他们有强烈感受的事情时,他们通常会屈从于**确认偏见**,会将更多的注意力仅仅放在证实他们信念的证据上,而挑剔与他们观点相反的证据(**Nickerson**,1998)。你很少听到某人说:"哦,非常感谢你向我解释为什么我一生的育儿哲学(政治哲学或投资哲学)是错的!"人们更可能说的是:"哦,滚吧,带上你疯狂的想法一起滚!"

在你开始看到它之后,你会在每一个地方都看到确认偏见。政治家们吹嘘经济报告以确保他们党派的地位而忽略反面的证据。老师们变得对某些特定的学生有更高的期待,更关注他们出色完成的作业而将他们做得少的内容解释为失常。即便是警探也会由于偏见而冤枉好人——去审讯他们一致认为更自责的嫌疑人——他们的高压审讯方式甚至有可能让无辜的受审者屈打成招(**Kassin**,2015)。我们打赌你可以在你对于心理学的反应上看到确认偏见。尤其是在思维方面,我们中的大多数人都会采用双重标准,我们会对我们不喜欢的结果思考得更认真。这就是为什么采用科学的方法是非常困难的。它强迫我们去考虑并不会确认我们已有信念的证据(见图7.3)。

确认偏见 一种会寻找或者只对能够确认自己信念的信息进行关注的倾向。

图7.3 对于确认偏见的确认

假设某人发了四张牌,每张上面一面是字母,另一面是数字。如下图所示,只有卡片的一面被展示出来了。你的任务是找出下面的规则是否是正确的:"如果卡片的一面是元音字母,那么另一面是一个偶数。"你需要翻开哪两张牌看看?大多数人说他们会翻开 E 和 6,但是他们的答案是错的。你确实需要翻开 E(一个元音),因为如果另一边的数字是偶数,那么就会确认这个规则,如果是奇数,这个规则就不成立。然而,6 卡片不会告诉你任何事情。因为规则上并没有说卡片的一面如果是偶数,那么另一面就一定是元音。因此,卡片 6 背面是元音还是辅音都无所谓。你需要翻开的卡片是 7,因为如果它背面有一个元音,那么就会推翻这个规则。人们在解决这个问题的时候表现得相当差,因为他们倾向于去看能够再次印证的证据,而会忽略反面的证据。

心理定势 一种采用之前在完成类似问题时采用的程序的问题解决倾向。

心理定势（mental sets） 另一个会阻碍理性思维的是**心理定势**的发展，这是指一种用过去在类似问题上使用过的同样的启发式、算法式策略以及规则去解决新问题的倾向（见图7.4）。心理定势让学习和问题解决都具有更高的效率。但是心理定势会在问题解决需要全新的视角和方法的时候产生阻碍。它导致我们坚守同样的假设和方法，让我们无法看到更好更快的解决方案。

图7.4 把这些点连起来

在不把手指离开页面且不重复的情况下，你怎样用一笔连起下面所有的九个点？有一条线必须要穿过所有的点。你能做到吗？大多数人在解决这个问题的时候都存在困难，因为他们有心理定势，想要把所有的点组织成一个正方形。他们会假设他们不能把线的边界画出这个正方形之外。现在你知道这一点了，再试试；知道你的线条可以延伸到这九个点组成的正方形之外，是否能帮助你更好地解决这个问题呢？

一种普遍的心理定势是在事件中寻找规律的趋势。这种趋势是具有适应性的，因为它能帮助我们从我们生活中发生的事件中总结经验。但是它也会导致即便不存在什么规律，我们也能看到某种规律。例如，很多有外关节炎的人认为他们的症状受到天气状况的影响。他们说他们在气压变换或者天气潮湿或湿润的时候更难受。但是在一项跟踪了外关节炎病人15个月的研究中，发现天气情况和他们自己报告的疼痛等级、他们的日常生活功能以及医生评估的他们的关节状况之间没有相关性（Redelmeier & Tversky, 1996）。当然，因为确认偏见，患者拒绝相信这一结果。

克服我们的认知偏见

LO 7.2.D 讨论在何种条件下认知偏见可以被认为会不利于推理。

有时候心理定势是一件好事。有公正的感觉让我们不会有愚蠢的自我中心行为，而事后聪明偏见让这个令人生畏的世界变成了一个似乎更有秩序、更可以预测的地方。从这种观点出发，这些倾向并不是完全不合理的。但是我们的心理偏见也可以给我们惹来麻烦，使得人们无法做出决定,最终做出弄巧成拙、有害的或者错误的行为。内科医生可能会继续使用过时的方法,美国地方检察官可能会忽视证明嫌疑人无罪的证据,而经理可能会拒绝考虑更好的商业机会。事实上,为了看认知偏见如何影响我们的推理,可以看视频"问题解决"。

证实偏见

更糟糕的情况是,大多数人有"偏见盲点"。他们认为其他人有偏见会扭曲现实,但是他们自己认为他们没有偏见能够看到真实的世界(Pronin, Gilovich, & Ross, 2004)。这种盲点本身就是偏见,而且它是一种很危险的偏见,因为它可能会阻止个人、国家、种族或宗教拒绝和其他人解决冲突。每一方都认为自己提出了解决冲突的方法,或他们自己的分析问题的方法,他们认为自己是合理且公正的,但是他们总认为另一方是"有偏见的"。

幸运的是,这种情况也并不是完全没有希望。首先,人们不是在所有的环境下都同等程度地荒谬。当我们在完成有专家的任务时或者要做出以一系列个人决策为基础的决定时,我们的认知偏见通常会被消除(Smith & Kida, 1991)。再者,在我们理解了一种偏见以后,我们可能只需要一些努力就可以减小或消除它,尤其是当我们进行主动的、有意识的努力并且有时间去认真思考的时候(Kida, 2006)。

当然,有一些人,似乎比其他人进行理性思考的时间要多些,我们称他们为"智者"。究竟什么是智慧,我们如何测量并提升它?我们将在下一节讨论这些问题。

日志 7.2　批判性思考——提出问题

以上回顾的实验表明人们的决定并不都是完全根据理性思考做出的。但这必然是一件坏事吗?如果所有的决定都是经过理性思考做出的,那么人类的本性会变成什么样呢?如果严格要求完全进行理性思考会有什么局限性或者负面的结果呢?

模块 7.2 测验

1. 在 2014 年，疾病控制和预防中心报告了在美国有 4 例埃博拉病毒感染者。其中 3 个病人已经康复，而另一个病人不幸因此病去世。尽管如此，整个国家的人都担心着他们自己的健康和安全，尽管每个个体感染这种疾病的概率非常非常低。这种恐慌现象可以用理性思维中的哪种阻碍来解释？（ ）

  A. 偏见盲点和事后聪明偏见　　　　B. 公正偏见和事后聪明偏见
  C. 事后聪明偏见和确认偏见　　　　D. 情感诱导和可用诱导

2. 罗在新闻广播中听说他们城市里提出了一种回收计划将会再利用 80% 的生活垃圾。迪伊同时看到了另一则新闻，得知同样的回收计划会把 20% 的生活垃圾填埋在当地。罗认为这种新的计划非常好，但是迪伊认为它太糟糕了。理性思维中的哪种阻碍会影响他们得出不同的结论？（ ）

  A. 框架效应　　　　　　　　　　　B. 可用诱导
  C. 情感诱导　　　　　　　　　　　D. 事后聪明偏见

3. 阿德南在健身房遇到了一个年轻女子。他们很合得来而且最终结婚了。阿德南说："那天早晨我醒来的时候就知道有什么特别的事情就要发生了。"即便他这种想法快乐而又浪漫，但是什么类型的认知偏见影响了他的思维？（ ）

  A. 公正偏见　　　　　　　　　　　B. 事后聪明偏见
  C. 确认偏见　　　　　　　　　　　D. 框架效应

4. 下面哪一类研究可能最没有可能证明公正偏见有先天或遗传成分？（ ）

  A. 采用非人类灵长动物的研究
  B. 采用人类婴儿的研究
  C. 让成人去玩《最后通牒游戏》的研究
  D. 在谈判中考察人类大脑活动的研究

5. 凯莎和米歇尔正在进行一段激烈的对话，"凯莎，你真是太有偏见了！你仅仅看到了支持你的信念的证据而忽略了不支持你的信息。在我的心理学课上我们把这叫做确认偏见，而你总是存在这种偏见。你应该更开放、公正、无私，就像我一样。"米歇尔命令道。是什么让你和凯莎都认为米歇尔的陈述是错误的呢？（ ）

  A. 很多人有"偏见盲点"，他们认为其他人具有偏见，但是他们自己没有。
  B. 人们很少成为公正偏见的牺牲品，米歇尔采用了一个模糊的例子来证明自己有道理。
  C. 米歇尔提出了一个不可证伪的争论，凯莎不能提供证据来从一个方面或另一个方面证明自己的偏见。
  D. 米歇尔的陈述是错误的，没有人能从不存在偏见的想法，而且米歇尔似乎就是他们中的一个。

7.3 智力测量

有智慧的人在智力是什么这件事上有不同的看法。有人将它等同于进行抽象推理的能力,还有人认为这是学习和从日常生活的经验中获益的能力。产生这种争议的部分原因基于我们目前探讨的问题无法直接被观察到。

如果一个外科医生想要知道一个人的胆囊有多重,那这个病人可能要被开刀,把胆囊取出来称重,然后再为病人缝合。如果外科医生想知道很多人的胆囊有多重,那想知道多少人的就需要将这个程序在多少人身上重复。胆囊是人体中有形的一部分,可以被观察到,也可以被直接测量。而智力,从另一方面来说,并没有可见的实体,无论你怎样探查寻找,实例都不会被某人握在手里或者在天平上称重。

测量不可见的东西

LO 7.3.A 定义智力及其晶体形式和流体形式之间的区别。

那么,我们要如何测量**智力**呢?通常,我们对一个人的智力处于什么程度是通过我们能够直接看到和测量的属性来进行的,例如推理决定的结果、标准测验的答案,或者有目的的行为。例如,一种典型的智力测验,要求你做这样几件事:找出两个事物之间的相似性、解决数学问题、给词汇下定义、有逻辑地安排图片的顺序、组合拼图,或者判断哪种行为在特定的情境下是合适的。

一个多世纪的研究已经说服大多数心理学家:一般能力或 **G 因素**,是其他智力测验能测量出的各种能力或天赋的基础(Bouchard,2014;Gottfredson,2002;Jensen,1998;Spearman,1927;Wechsler,1995)。这种一般能力有两个要素。**晶体智力**(Crystallized intelligence)指的是知识和技能,是那种可以让你做数学题、给词汇下定义、做出决策的知识。**流体智力**(Fluid intelligence)指的是进行推理和利用信息解决新问题的能力(Horn & Cattell,1966)。晶体智力严重依赖于教育,而且会保持稳定,甚至在生命全程中不断发展;而流体智力相对独立于教育,而且会随着年龄老化而下降。智力测验能够很好地预测学业成就、职业成就以及在很多领域的成功(Kuncel, Hezlett, & Ones, 2004;Schmidt & Hunter, 2004;Simonton & Song, 2009)。但是,正如我们接下来要看到的,一些科学家怀疑是否有一个整体的品质可以被称为"智力",因为他们发现一个人可以在某些领域非常出色,而在其他领域则不然(Gould, 1994;Guilford, 1988)。对于智力是什么最具代表性的观点,请看视频"智力是什么"。

智力 一种被推测出的属性,通常被定义为从经验中获益、获得知识、抽象思维、自觉行动或者适应环境的能力。

G 因素 一种一般智力能力,很多心理学家假设其为各种心智能力和天赋的基础。

晶体智力 认知技能和一生中获得的特定的知识;一般严重依赖于教育而且会在一生中保持稳定。

流体智力 推理和运用信息解决问题的能力;一般独立于教育。

另一个问题是智力是否专属于有机体。也就是在这一章最后一部分所详细阐述的，关于非人类的动物到底有没有智力以及有何种程度的智力的争论。但是没有生命的实体又是什么情况呢？那台在智力问答节目中打败人类的电脑沃森（Watson）很聪明吗？机器真的能思考吗？这些问题认知心理学家、电脑科学家以及哲学家都已经进行了经年累月的辩论，而且可能会持续更久。随着"人工智能"这个词的使用，机器已经能够进行一些操作，可以被我们称之为智力：从经验中获益、获取知识、适应环境的变化。但是机器能进行抽象思维吗？它们能自觉行动吗？沃森打败了两个人类获得了电视节目的冠军，但是这个电脑真的理解他在节目中分析处理的大量信息吗？

这些都是复杂的问题。我们鼓励你在阅读这一章剩下的部分时也想想它们。而且就像你即将看到的那样，我们同时代的心理学家通常将智力看作不仅仅是简单的解决问题以及学会怎样完成任务。智力也包括自我觉知、艺术能力、创造力以及编码、预测，还会强调情感反应的能力。关于人工智能这个问题的最终答案——或者在智力问答节目的这个例子里，那些问题的答案——似乎更多只是在节目中表现得很好的那些能力。

2014年的电影《模仿游戏》讲述了阿兰·图灵，一个英国数学家和计算机科学家的一个故事，由本尼迪克特·康博巴奇主演。图灵影响最久的贡献之一就是图灵测验，是一种测试机器或电脑是否具有人类智慧的测验。在图灵测验中，人类评估者只用书写文字的方式与另一边的人类或机器进行对话。如果一个机器能够让绝大多数的评估者认为它是一个人类，那就意味着它通过模仿人类的智慧而通过了图灵测验。

IQ 测试

LO 7.3.B 总结 IQ 的概念，它是怎样被测量的，以及考虑到文化背景时它的局限性。

第一个被大规模使用的智力测验是在 1904 年被开发出来的，当时的法国教育部要求心理学家阿尔弗雷德·比奈(Alfred Binet, 1857—1911)找到一种方法来识别哪些儿童是学习迟缓者，这样他们可以获得补救教学。教育部不想让教师来识别这类儿童，因为教师可能会对后进儿童存在偏见，或者可能假设那些害羞或者淘气的儿童存在心智损伤。政府想要得到一个更加客观的结果。

比奈的头脑风暴(BINET'S BRAINSTORM)中比奈有很好的洞察力：在一间教室，代表着"迟钝"的孩子就像相对年纪比较小的正常孩子一样。聪明的孩子，相反，反应举止就像年纪比较大的孩子一样。所以要测量的东西就是孩子的**心智年龄(MA)**，或者他们的智力发展相对于其他儿童的水平。这样教学指导就可以适应孩子的能力。

测验是由比奈和他的同事西奥多·西蒙(Theodore Simon)开发的，测量记忆、语言以及知觉辨认。通过对儿童进行大规模的测试，他们设置项目难易程度涵盖最小的孩子能够轻松完成到只有年长的孩子能够完成。计分系统由后人开发，是采用一个用儿童的智龄除以年龄的公式来计算儿童的**智力商数(IQ)**。采用这个公式，所有处于平均水平的儿童，不管他们的年龄多少，其智商都是 100，因为他们的智龄和年龄应该是一样的。但是一个 8 岁的儿童能够表现得像 10 岁的儿童那样，那么他就具有 10 岁的智龄和 8 岁的年龄，则智商为 125（10 除以 8，再乘 100）。想要了解智力测验发展简史，请看视频"智力测验：过去和现在 1"。

心智年龄 一种测量发展的指标，表达的是在某个年龄段的平均心智发展水平。

智力商数 一种测量智商的指标，最开始的计算方法是用一个人的智龄除以实际年龄再乘以 100；现在它来源于和标准化智力测验的常模的比较。

不幸的是，这种计算 IQ 的方法有严重缺陷。在一个年龄，分数可能会紧紧围绕着一个平均值，而在其他年龄段它们可能会更分散。结果就

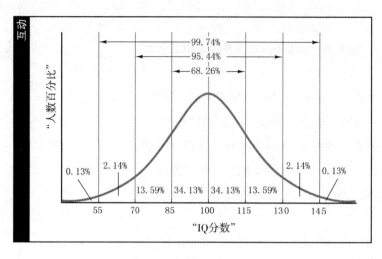

图7.5　IQ分数的理想分布

在大样本测量中，IQ 分数趋近于正态分布。在大多数的测验中，大约 68% 的人得分在 85 到 115 分之间；大约 95% 的人得分在 70 到 130 分之间；大约 99.7% 的人得分在 55 到 145 分之间。然而在实际样本中，分布会与理论值有所偏差。

会导致，根据你的年龄组不同，你的分数有可能需要在前 10% 或 20% 或 30% 不等。而且，IQ 公式对成人无效。一个 50 岁的人答题得分像 30 岁的一样并不意味着他有较低的智商。所以，今天，智力测验采用了不同的计分方式。平均分通常被直接设置在 100 分；题目构成可以让 2/3 的人得分在 85—115 分之间；个体的分数是通过已经确定好的常模表格来进行推算的。这些分数现在通俗的叫法仍然是 IQ，它们还是反映了一个人和其他人相比较所得的结果，不管是某个年龄的儿童还是一般的成人。在所有的年龄段，分数分布的结果都近似于钟形曲线分布，接近平均数的分数分布最多，而最高或最低分分布都很少（见图 7.5）。

智力测验来到美国：在美国，斯坦福大学心理学家刘易斯·推孟修订了比奈量表，并且确定了美国儿童常模。他的版本，斯坦福—比奈智力量表在 1916 年首次发表，到现在已经经历了数次升级。这份测验可以用来测量小至 2 岁的儿童到老至 85 岁的成年人。测验要求参与者完成一系列的任务——在句子中填出遗漏的词，回答常识性问题，预测一张折起来的纸在没有被折起来的时候的样子，用两个不同尺寸的容器测量水的质量，区分两种非常类似的概念［例如，活力（vigor）和能量（energy）］。受测试者的年龄越大，会要求他们进行更多种的口语理解和词汇流畅性、空间能力以及推理能力的测试。

二十年之后，大卫·维克斯勒为成人设计了另一个量表，叫做维克斯勒成人智力量表（WAIS）；之后他又设计了维克斯勒儿童智力量表（WISC）。这些测验也被多次升级。他们提出有一个一般 IQ 分数，而且也会有口语理解分数、知觉推理分数、加工速度分数以及工作记忆分数。项目测量一系列的能力，包括语言能力、数学能力、识别相似性的能力（例如："书籍和电影有什么相似之处？"）、一般常识以及理解能力，例如：

"为什么人们离婚需要去法院呢?"还有非言语技能,例如在一定时间限制内重新排列几张图片的顺序或者识别一幅画中缺失的部分(图7.6中有简单的例子)。

图片排序
(对图片进行重新排序来组成一个有意义的故事)

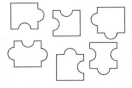 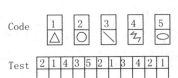 

物体装配　　　　　数字符号　　　　　图片补全
(将拼图拼在一起)　(采用上面的密匙,将对应的　(补充缺失的部分)
　　　　　　　　　符号填在下面的空格中)

图7.6 韦氏智力测验中的任务

非文字的项目对于测量在听力上有障碍、无法流利使用测验语言、受教育程度有限或者抗拒完成类似作业的任务的被试身上非常有用。如果一个人的语言测验分数和非语言测验分数之间相差巨大,那么说明他可能存在特殊的学习困难。

比奈强调他的测验只是简单的智力测验,并不会涵盖智力所有的方面。他说,一个测验分数需要在和其他信息一起使用的情况下才有效,可以用来预测学业表现,但是学业表现要和智力本身区别开。测验的目的是为了鉴别有学习问题的儿童,而不是把所有儿童分等级。但是当智力测验被从法国带到美国以后,它最初的目的就迷失在了海洋里。智力测验开始不再用于让较慢学习者能赶上来,而变成了在学校和军队中根据他们的"自然能力"将人分类。测验者们甚至忽略了一个事实,那就是在美国这样一个多民族的国家,人们并不总是享有共同的背景和经验(Gould,1996)。

文化和智力测验(Culture And Intelligence Testing)。智力测验是在第一次世界大战到20世纪60年代之间被开发出来的,所采用的学校儿童多来自城市而非乡村,中层程度而非有障碍的,更多的是白人小孩而非黑人小孩。一个题目问《皇帝协奏曲》的作者是贝多芬、莫扎特、巴赫、勃拉姆斯还是马勒(答案是贝多芬)。批评者们认为这样的测验并没有考察在少数族群或偏远地区的乡村社区中和智力有关的行为。他们担忧是因为老师们认为 IQ 分数反映了一个孩子潜能的极限，低分儿童将不会得到他们所需要的教育上的关注或鼓励。

测验的制定者们对此做出了反应，将测验重构为不受文化影响或者去测量许多不同文化所兼容的知识和技能。但是这些努力差强人意。其中一个原因是在他们强调的问题解决策略中的文化差异（Serpell & Haynes, 2004）。测验专家还发现文化价值观和经验会影响除了对于特定测验项目的反应的很多事情。这包括了人们对于考试的一般态度，对于测验中所设置要求的适应程度、竞争欲以及在独立而不是和其他人合作时的问题解决中的表现（Anastasi & Urbina, 1997；Lopez, 1995；Sternberg, 2004）。

更重要的是，人们在 IQ 上的表现和其他心理能力测量是部分基于他们自己对于他们将会做什么的期待而来的，这些期待会受到文化刻板印象的影响。刻板印象对于女性或者特定种族、年龄或者社会群体成员的"缺乏才智的"的描述，事实上会影响这些人的表现。你可以想象一个女性可能会说："所以，性别歧视者认为女性在数学上就是白痴？我让他们好好看看！"或者一个非洲裔美国人可能会说："所以种族主义者认为黑人就不能和白人一样聪明？来给我做个测试。"但是通常这种刻板印象会导致个体感受到对于他们的能力的质疑而带来的压力，造成了一种被称为**刻板印象威胁（stereotype threat）**的不安全感（Steele, 2010；Steele & Aronson, 1995）。当人们认为如果他们做不好，他们将会确认这种关于他们族群的刻板印象，这时就会发生刻板印象威胁。负面想法会闯入并影响他们的专注（"我讨厌这个测试"，"我不擅长数学"）（Shih, Pittinsky, & Ambady, 1999；Spencer, Logel, & Davies, 2016）。结果导致的焦虑可能会让他们表现得更糟，或者减弱他们尝试做得更好的动力。视频"智力测验和刻板印象"进一步探讨了这些问题。

刻板印象威胁 是一种当人们感觉到他或她的表现受到质疑时承受的负担，这种质疑来源于对他或她所属群体的负面刻板印象。

怎样做能减少刻板印象威胁呢？一种有效的措施是向人们保证测验是公平的，另一种是告诉大家刻板印象威胁是存在的，还有一种是强调个体并不一定要达到某种特定的智力水平，而最主要的是通过努力和训练来强化任务表现（Good，Aronson，& Harder，2008；Johns，Schmader，& Martens，2005；Shapiro，Williams，& Hambarchyan，2013）。但是这些解决方法并不能在测验分数上排除所有的族群差异，事实上在智力和心理能力的核心上存在着进退两难的问题：智力和其他心理能力测试将一些族群的人放在了不利的位置，也测量了在他们当中有用的知识和技能。怎样能让心理学家和教育家们能认识到并且接受文化差异，而且，与此同时，提出掌握技能、知识以及态度都会帮助人们在学校生活以及更大的社会环境中取得成功呢？

智力的要素

LO 7.3.C 描述元认知、智力的三元理论、多元智力以及情绪智力是怎样阐明"智力"内涵的多样性的。

智力的一个认知成分是工作记忆（working memory），这是一种复杂的能力，能让你操纵从长时记忆中提取出来的信息，并且对其进行合理的解释应用到给定的任务中去。工作记忆让你能在解决一个问题的时候操纵你的注意，让你的注意从一部分信息转移到另一部分信息上，与此同时抑制或干扰无关信息。在工作记忆任务中表现好的人通常也很擅长要求控制注意的多种复杂的真实生活任务，包括读书、理解、写作和推理（Engle，2002）。相反，工作记忆能力不好的人通常无法将注意保持在当前进行的工作上，即便进行练习也不会促进任务表现（Kane et al.，2007）。因此，除了尝试帮助人们在单个任务上做得更好，提升他们的工作记忆能力，也就是说提升他们智力中的关键成分，可能是一种有效的方法（Au et al.，2015；Redick et al.，2012）。

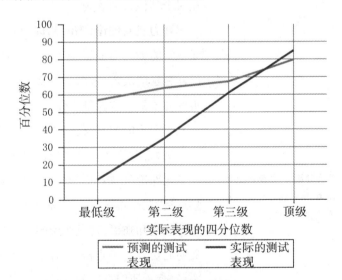

图7.7 无知真的是福吗？

在学校和其他环境中，表现差的学生通常由于交叉的元认知技能会无法意识到他们自己缺乏竞争力。就像你能看到的那样，在一次考试中得分较低的学生，他们自己感觉已经做到的和他们实际做到的差距更大（Dunning et al., 2003）。

元认知 对于一个人自己的认知过程的知识或觉知，以及监督和控制认知过程的能力。

另一个智力的认知要素是**元认知**（metacognition），即对于你自己认知过程的知觉、监控和控制能力。元认知能力弱的学生很难意识到课本上的一篇文章是困难的，而且他们也不总是能意识到他们还没理解他们读到了什么。因此，他们在困难的材料上只花了很少的时间而在他们已经了解的材料上花了太多的时间。他们对他们的理解能力和记忆力太过自信，当他们在考试中没有取得好成绩时就会很惊讶（Dunlosky & Lipko，2007）。相反，元认知能力很强的学生会通过重新开始看已经读过的部分来检查他们的理解，对自己进行测试，在必要的时候采用回溯法，对他们正在读的内容提出问题（Metcalfe，2009；Zabrusky et al. , 2015）。

从另一个方向说，这也奏效：能够促进学业表现的智力也能帮助你发展元认知技能。具有较差学业表现的学生通常无法意识到他们知道得很少，他们认为他们做得还可以（Schlosser, Dunning, Johnson, & Kruger, 2013）。在考试中暴露出的弱点也阻止他们意识到自己的弱点。在一项研究中，心理学课程上的学生估计了他们在刚刚过去的考试中相对于其他同学的表现。就像你在图 7.7 中看到的那样，那些在最低级的学生很大程度上高估了他们自己的表现（Dunning et al. , 2003）。相反，那些具有较强学习技能的人倾向于更现实。通常，他们甚至会稍微低估相对于其他人的表现。

智力三元理论（The Triarchic Theory） 有好的工作记忆和很强的元认知能力并不能解释为什么一些聪明人会在他们的恋爱关系中做出同样愚蠢的决定，或者为什么看上去不是特别聪明的人在工作上取得了很好的成就。这就是为什么有些心理学家拒绝承认由一个一般因素（G）来充当智力的解释，他们更倾向于认为智力有很多种不同的成分。

三元理论 一个强调分析能力、创新能力和实践能力的智力理论。

例如，罗伯特·斯滕伯格（Robert Sternberg, 1988, 2012）提出了智力的**三元理论**（triarchic [try-ARE-kick] theory of intelligence, triarchic 的意思是"三个部分"）。他基本上将智力定义为："在生活中获得成功所需要的技能和知识，这里所说的是在一个人自身的社会文化环境下自己定义的成功。"一个吉他手、建筑工人、科学家，还有农民，他们如果能适应、选择、改造他们自己的环境来让他们的生活变得更好，那就都可以被认为是成功的。根据斯滕伯格（Sternberg）的说法，成功的有智慧的人能够平衡三种智力：分析能力、创造能力、实践能力。如果他们在其中的某一项较弱，他们会在弱项上多加努力。

1. 分析能力 这指的是当你考虑一个问题的时候你做出的信息处

理策略:理解并定义问题,选择一个问题解决策略,控制并实施这个策略,最后评估结果。这类能力在每种文化中都是必要的,但是可以适用于不同种类的问题。一种文化可能会强调采用一些要素去解决抽象问题,而另一种文化可能强调运用同样的要素来保持稳定的关系。在西方文化中,分析能力是在标准测验和学业相关测验中最经常被测量的能力。

2. 创新能力 这是指将技能迁移到新环境中的能力。有创新能力的人可以很快应对新问题,而且通过快速学习让新任务变得自动化。而这种能力欠缺的人只在很有限的环境中才能表现得很好。一个学生可能在学校表现很好,因为这里的作业有上交期限而且会给他非常直接的反馈,但是在毕业后如果他的工作要求他为自己设置提交期限,而且他的上司不告诉他该怎么做,那他就有可能表现得不那么好。

3. 实践能力 这种能力是应用智力的能力,需要你将不同的背景信息都考虑在内。如果你的实践能力很强,那你会在适应环境的时候感受到这一点(你住在一个危险的社区中,所以你开始变得更加警觉)。当你所处的环境改变时你会注意到这一点(你计划去当一名教师,但是发现你并不喜欢和孩子们在一起,所以你改变了打算)。当你改变环境的时候你也会注意到这一点(你的婚姻出了问题,所以你和你的配偶去进行咨询)。

实用智能可以让你获得**隐性知识**——以行动为导向的策略来实现你的目标,这些策略通常不是正式教授的,而是必须通过观察他人来推断。具有隐性知识和实践智慧的大学教授、商业经理和销售人员在工作上往往比其他人更好。在大学生中,关于如何成为一名好学生的隐性知识实际上和入学考试一样预示着学业成功(Stenberg et al., 2000)。

隐性知识 那些不能被明确传说但是可以受到潜移默化影响的给你带来成功的策略。

多元智力(Multiple Intelligences) 哈罗德·加德纳(Howard Gardner)也提出了一种智力的扩展理论。他的**多元智力理论**(Gardner, 1983, 2011)认为智力最好被定义为一种加工特定信息的能力。就像蜜蜂、小鸟还有熊通过和不同的生物以及环境机制的互动来建构它们的认知世界,人类也是这样的。与只关注一个单一的 G 因素不同,加德纳(Gardner)提出我们所具有的信息加工能力可以有多种不同的形式,例如,一个具有优秀音乐能力的人,比起别人可以更有效地加工关于音调或节奏的信息,就像具有更好人际交往能力的人可能会很擅长解读其他人的非言语行为。

多元智力理论 一种强调不同类型的信息加工方法的智力理论。

智力的种类	也被称作	性质	举例
要素性	分析能力	理解和定义问题,比较和对比,选择问题解决策略,操纵和实施策略,最后评估结果	在你的大学课堂上解决逻辑问题
实验性	创新能力	在新环境下创造性地迁移技能	为你熟悉的工具找到一种新的使用方法来解决问题
环境性	实践能力	实践智力的能力,需要你考虑在你所处的环境中的各种不同要求	有效应对你老板的坏脾气

情绪智力(Emotional Intelligence)　一种最重要的非智力的"聪明"可能就是**情绪智力**,一种能够正确识别你自己和其他人的情绪,清晰表达你自己的情绪并控制情绪的能力(Mayer & Salovey,1997;Salovey & Grewal,2005)。有高情绪智力的人,也就是"EQ"很高的人,会用他们的情绪来激励自己,用情绪来促进创新思维,能够通过移情来理解他人。具有较低的情绪智力的人通常无法识别他们自己的情绪,而且会不当地表达他们的情绪,例如,开周围其他人的玩笑,或者在自己身边有人感到难过,处于紧张的气氛的时候在社交媒体上表现得非常开心。他们也有可能会误读来自他人的非言语信号,在听众明显都很厌烦的时候还要喋喋不休地诉说他们自己的问题;或者他们也无法理解只要通过一个简单的拥抱或者道歉就能缓解他们和周围人的紧张关系。

　　并不是所有人都一样热衷于增殖"智力"以及它的成分。例如,有人认为情绪智力并不是一种特定的认知能力,而是一种普通人格特质的集合,例如共情和外倾性(Matthews, Zeidner, & Roberts, 2003, 2012)。尽管如此,基于以下几点原因拓展智力的概念是非常有用的。它强迫我们去更认真地思考智力到底指的是什么,并且好好考虑不同的能力是怎样在我们每天的日常生活中起作用的。它还促使研究提出在任务中给受测试者即时的反馈,这样就能帮助他们从经验中学习,并且促进他或她的表现(Sternberg, 2004)。最重要的是,测量智力的新方法鼓励我们克服了一种心理定势——假设只有某种用 IQ 测验测量出来的能力是成功

情绪智力　正确识别情绪、清晰表达你的情绪以及调节你自己和他人情绪的能力。

生活的必需的能力。

动机、努力工作以及智力成就

LO 7.3.D 概述纵向和跨文化研究是怎样阐明动机、努力以及智力成就之间的相互作用关系的。

即便是拥有很高的 IQ、情绪智力还有实践经验,你可能还是会在某些时候过得很艰难。天赋,并不像奶油,并不会自然而然地落在顶端;成功也并不会取决于驱力和决心。

现在来看一项有史以来持续实践最长的研究。在 1921 年,刘易斯·推孟(Louis Terman)和他的研究团队开始跟踪超过 1500 名 IQ 分数处于分布的前 1% 的儿童。这些男孩和女孩,根据推孟的名字被称为 Termites,他们最开始的时候都很聪明,心理健康,乐于社交而且适应能力很好。在他们进入成年之后,他们中的绝大多数在那个年代获得了传统意义上的成功:男人步入了职业生涯,而女人成为了家庭主妇(Sears & Barbee, 1977; Terman & Oden, 1959)。但是,有一些有天赋的男人没能保持住早期的成功预兆,从学校辍学或者获得了比较低等级的工作。在比较成功和比较不成功的两组人之间没有 IQ 的平均差异。

理论家认为拓展智力的定义也就是说一个测量员有空间智力,一个富于同情心的朋友有情绪智力,而泰勒·斯威夫特(Taylor Swift)拥有音乐智力。智力的定义应该被以这种方式拓展吗?还是更应该把这些能力定义为天赋?

即便你的动机是获得更有智慧的成功,你还是需要自律才能达到你的目标。在另一项纵向研究中,这是一个具有种族多样性的八年级班级,要求他们对自己的自律进行自我报告,收集被试的报告和教师的报告(Duckworth & Seligman, 2005)。学生们还被要求在自律行为量表上进行评分来评定他们延迟满足的能力(这些少年们需要在保留一个装有 1 美元的信封,还是上交这个信封在一周之后得到 2 美元之间做出选择)。比起 IQ,自律能力能更好地预测学生的学业成就测试成绩,就像你在图 7.8 中看到的那样。在之后的几年中,安吉拉·达克沃斯(Angela Duckworth)的研究说明了另一个类似的问题,也就是说将成就的成分区别开:天赋,还是在面对失败与挫折的时候坚持向原有目标进发的能力(Duckworth

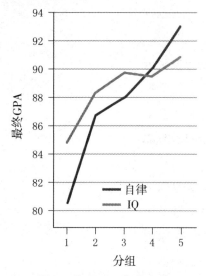

图7.8 年级，IQ还有自律

将八年级的学生根据 IQ 分数分成五组，然后跟踪数年来测量他们的学业成就。自律对于学业成就的预测要比 IQ 分数更好（Duckworth & Seligman, 2005）。

& Gross, 2014）。结果表明坚持不懈和自我控制要比你在 IQ 测验中获得更好的分数能帮助你获得更有智慧的成功。

对于智力和成就的态度也很重要，这种态度很大程度上受到文化价值的影响。多年来，哈罗德·史蒂文森（Harold Stevenson）还有他的同事们考察了在亚洲和美国对于通往成功的态度，比较了明尼阿波利斯市、芝加哥、仙台（日本）、台北（中国台湾地区）以及北京的大样本的小学儿童、家长还有老师（Stevenson, Chen, & Lee, 1993; Stevenson & Stigler, 1992）。他们的结果已经告诉了我们很多关于智力的文化差异。在 1980 年，在广阔的数学和阅读测验范围内，亚洲孩子比美国孩子做得好很多（如图 7.9）。到了 1990 年，他们之间的鸿沟甚至更大了：仅有 4% 的中国儿童和 10% 的日本儿童会获得比美国儿童平均分还要低的分数。研究者认为这些差异并不是由于教育资源导致的，因为中国配套设施最差而且比美国的班级容量要大，而且从平均水平上来说，中国父母比起美国父母也更穷，受教育程度更低。但是这些因素都没有影响整体上的智力能力；美国儿童在一般信息的测验上和亚洲儿童表现出了同样的知识量和能力。

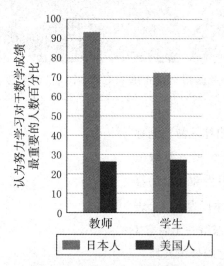

图7.9 数学成功的秘密是什么？

比起美国的教师和学生，日本的教师和学生更倾向于相信学好数学的秘密是勤奋努力。美国人倾向于认为或者你有数学智力或者没有（Stevenson, Chen, & Lee, 1993）。

但是在以下几个方面亚洲人和美国人表现出了不同：

- 对于智力的态度。比起亚洲人，美国的父母、老师以及儿童都更倾向于认为数学能力是天生的（见图 7.9）。他们倾向于认为如果你有这种能力，你不需要很努力学习；如果你没有这种能力，也没必要勉强。

- 标准。美国的父母对于他们孩子的表现设定了较低的标准；他们对于在一个 100 分的测验中获得稍微高于平均分的成绩非常满意。而相反的是，中国以及日本的家长只对获得高分表示满意。

- 重视。美国学生并不像亚洲学生一样重视教育。当被问及如果有个巫师可以给他们任何他们想要的东西，超过 60% 的五年级中国学生都说出了跟他们的学业相关的东西。你能猜到美国孩子想要什么吗？大多数都说金钱或者地位。

当我们说到智力的时候,并不只是你原来已经知道了什么,还包括你将会运用智力做什么。满足、低标准、缺乏磨炼以及即刻满足都会让人无法意识到,他们不知道什么,还会削弱学习的努力。

> **日志 7.3　批判性思考——定义你的智力**
>
> 拓展智力的定义包括不同种类的能力,这让我们意识到在非传统的思考和推理领域人们可能具有的能力。然而,过度进行这样的拓展也有风险。比如,能快速系好鞋带并不需要代表很高的系鞋带智力。你在其中怎样取得平衡,既能考虑到智力的核心能力,也避免为所有的技能或能力都创造出一种智力?

模块 7.3 测验

1. 推理能力和运用信息解决新问题的能力被称为(　　)。
   A. 晶体智力　　　　B. 流体智力　　　　C. 适应洞察力　　　　D. 元认知
2. 整个城市的成年人口同意接受同样的标准化智力测验。即便在结果出来之前也能知道,多少百分比的人口可以达到130分以上的测验分数?(　　)
   A. 大约2%　　　　　　　　　　　B. 大约16%
   C. 大约50%　　　　　　　　　　 D. 大约68%
3. 洛根理解他在统计课上的材料,但是在考试中他将所有的实践都花在了难题上,而且甚至从来没有发现他能轻松解决的问题。他需要提升智力中的哪种成分?(　　)
   A. 三元技巧　　　　　　　　　　B. 工作记忆
   C. 元认知　　　　　　　　　　　D. 创新能力
4. 特蕾西没有普通意义上的高智商,但是在工作中她晋升得很快,因为她知道如何设置轻重缓急,和领导层沟通,也让别人知道他们是被重视的。特蕾西有在工作上取得成功的(　　)知识。
   A. 沉默　　　　　B. 成分　　　　　C. 三元　　　　　D. 分析
5. 在一项八年级学生的研究中,(　　)和学校表现的相关要比(　　)更强。
   A. 自律;IQ　　　　　　　　　　　B. IQ;自律
   C. IQ;自我同情　　　　　　　　　D. 自我同情;IQ

7.4　动物的智力

一只绿苍鹭从野餐者的桌子上偷来一些面包,并把面包屑洒在附近的小溪中。当一条米诺鱼浮上来准备咬的时候,苍鹭开始攻击并在你说

水獭到底有多聪明？我们怎样才能回答像这样的问题，来测量动物的智力？如果我们要这样做会有哪些阻碍或内在的复杂性？

"晚餐时间到了"之前把鱼吞进肚子里。一只水獭，悠闲地仰面漂浮，把贻贝放在自己的腹部用石头敲碎它的壳。当贝壳被敲碎的时候，水獭就能享受其中的美味贝肉了。类似这些事件都说服了一些生理学家、心理学家以及动物行为学家，他们认定我们并不是唯一拥有认知能力的生物——那些"愚蠢的野兽"完全不那么愚蠢。但是它们有多聪明呢？

动物智力

LO 7.4.A 总结支持和反对动物智力概念的证据。

在20世纪20年代，沃尔夫冈·柯勒（Wolfgang Kohler，1925）把猩猩放在了他们能看到想要的香蕉但是够不着的环境中，想看看猩猩们会做什么。大多数什么都没做，但是有几只猩猩被证明非常聪明。如果香蕉在笼子外面，那猩猩可能会用一根棍子去推香蕉。如果香蕉被挂在头顶，而且笼子里又有几个盒子，猩猩可能会把盒子叠起来爬到顶上去够水果。通常猩猩要安静地坐在那里想很久，才能想到解决的办法。看上去动物似乎可以思考问题，而且会有突然闪现的洞察力。

学习理论认为这看上去令人印象深刻的行为可以被认为是标准的操作性学习，没有心理上的解释。受到它们的影响，很多年来，声称动物可以思考的科学家都被忽视或嘲笑。然而今天，对于动物智力的研究爆发了，尤其是在跨学科的**动物行为认知学（cognitive ethology）**领域（动物行为学是对于动物行为的研究，尤其关注在自然环境下的动物行为）。

动物行为认知学 研究非人类的动物认知加工过程的学科。

在一项对动物智力的早期研究中，苏尔坦，一只由沃尔夫冈·科勒研究的有天赋的黑猩猩，能够通过堆叠一些盒子，然后爬上它们，弄清楚如何到达一堆香蕉。

动物认知行为学家认为一些动物可以预测未来会发生的事件，进行计划，并且和它们的伙伴们协调行动（Griffin，2001）。

当我们思考动物智力的时候，我们必须小心，因为即便看上去有目的的、复杂的行为也有可能是预设好的、自动化的，而不需要认知加工（Wynne，2004）。南美猎蝽①通过在自己的背上黏上网状材料为伪装来捕捉白蚁，但很难想象这种虫子那微小的大脑容量足以支撑它计划这样缜密的策略。但是那些排除了所有的有意识行为，而是把所有的动物行为，都归结于本能的对于动物行为的解释，似乎无法解释很多动物可以完成的厉害的事。很多动物将自然环境中的物体作为最初级的工具来运用，在一些非人类的灵长动物中，这种行为是习得的。

这样，猩猩妈妈在偶然的情况下给它们的幼崽展示了如何用石头敲开很硬的坚果（Boesch，1991）。在苏门答腊一个湿地区域的猩猩学会了用嘴叼住棍子当作工具，从树干的洞里猎取昆虫，从果实的裂缝中掏取种子，而附近族群的猩猩只能用暴力来获得美味佳肴（van Schaik，2006）。即便一些非灵长类可能有能力去学习使用工具，动物行为学家还是有相反的观点。在澳大利亚海岸附近的雌性宽吻海豚可以在捕猎的时候把海绵垫在嘴里，这样可以保护它们不受尖锐的珊瑚和刺石鱼的伤害，而它们似乎是从它们的母亲那里获得这种非凡的技能的（Krutzen et al.，2005）。

在实验室中，非灵长动物会完成甚至更惊人的事情，例如，猩猩可以证明它们有基本的数量感觉。在一项研究中，猩猩要对两对包括巧克力碎片的食物进行选择。我们假设，一对可能分别包括 5 个和 3 个巧克力脆片，另一对包括 4 个和 3 个巧克力碎片。让它们从这两对中选择，猩猩几乎从来都能选择总数更多的那一组，表现出某种程度的相加能力（Rumbaugh，Savage-Rumbaugh，& Pate，1988）。当猩猩看到一些香蕉被放入一些容器后，甚至能在 20 分钟后还有记忆去选择有比较多香蕉的容器。事实上，在这个任务上它们做的和小孩一样好（Beran & Beran，2004；Parrish，Evans，& Beran，2014）。

一个有关动物认知的最具争议的问题是：除了人类，其他动物是否还有**心理理论**（theory of mind）？心理理论是指关于其他人的心理是怎样的，理解他人怎样想以及情感是怎样影响行为的一种信念系统。心理

心理理论 一种关于其他人的心理怎样工作，以及他人怎样受到他们的信念和情感影响的信念系统。

---

①猎蝽：一种喜食各种昆虫的昆虫。

理论让你能够对你的意图、情感以及对其他人的信念得出结论；强调其他人（"如果我在他人的位置上我会怎样感受？"）；欺骗他人；认出镜子里的你自己；了解什么时候其他人能或不能看到你。在人类中，心理理论会在第二年开始并发展，而且会在三至四岁清楚地呈现出来。

有些研究者认为厉害的猿类（黑猩猩、大猩猩和猩猩），海豚还有大象都具有特定的能力反映心理理论（de Waal, 2001; Plotnik, de Waal, & Reiss, 2006; Suddendorf & Whiten, 2001）。看镜子的时候，这些动物可能会尝试找到它们自己身上的标记，这就表明了它们有自我意识，或者至少有身体上的自我意识。除此以外，黑猩猩会安慰其他处于悲伤状态的猩猩，当为食物竞争的时候会采用欺骗战略，能够通过指着某个事物吸引其他猩猩的注意，这说明它们能够了解在其他猩猩的脑子里正在想什么。在野外，一只雄性非洲猩猩可能会在社交性的互相梳毛的过程中在它身体的某个部位做出夸张的抓挠动作——比如前额——它的同伴就会去梳这个特定的部位，即便它已经梳了其他位置（Pika & Mitani, 2006）。猩猩甚至是猴子都有可能有某种元认知能力，即理解并监控它们自己认知加工的能力。当它们受到一个新任务的测试时，有时它们会避免进行某些它们可能会犯错的较难的任务。而且在它们不确定答案是否正确的时候，会按屏幕上的一个标志去要求人类观察者提供"提示"，甚至在要求提示的情况会导致它们得到较少的奖励时（它们依然会这样做）（Kornell, 2009）。这些发现表明动物知道它们知道什么，不知道什么。

动物的语言

LO 7.4.B 总结支持和反对动物语言使用概念的证据。

人类认知的首要组成部分就是语言，语言能力是将无意义的元素进行整合，变成无限数量的意义表达方式。动物是否有这种能力呢？很多人希望他们可以问问自己的宠物，当一只狗或者一只猫，或者一条鱼是什么感觉。如果动物能说话就好了！

要称之为一种语言，这个交流系统必须结合有意义的声音、动作或者符号，不能是随机的。语言必须允许位移（displacement），关于事物和事件的交流并不是当时当地发生的，而是在某时某地发生的。语言必须有允许产生（productivity）的语法（句法），生成和理解无限数量的意义的能力。符合这些条件，非人类物种就有它们自己的语言。当然，动物是肯定会交流的，用手势、身体动作、面部表情、声音以及气味。这些信号当中有些有高度特定的含义：长尾黑颚猴对美洲豹、老鹰以及蛇有特定的警告叫法（Cheney & Seyfarth, 1985）。但是它们不能把这些发音结合在一起生成全新的意思，比如，"小心，Harry, 那只有鹰眼的豹真的就像草丛中的蛇一样（危险）。"

但是，也许，如果能从它们的人类朋友那里获得一些帮助，有的动物可以获取语言。因为猿的声道是不允许发出语音的，大多数研究者已经运用新的依靠姿势或视觉符号的方法。在一个项目中，黑猩猩可以学会用词语几何塑料图形在磁力板上摆出一个形状（Premack & Premack, 1983）。在另一项研究中，它们学会了敲击电脑屏幕上模拟的键盘（Rumbaugh, 1997）。在另一项研究中，它们学会了上百个美国手语（Fouts & Rigby, 1997; Gardner & Gardner, 1969）。

在这些研究中的动物学会听从智慧，回答问题，并且做出反应。它们甚至似乎可以用它们新发现的技能来为违背指令而道歉，责骂它们的训练者以及自言自语。可可（Koko）是一只低地大猩猩，研究报告它可以用符号表明它感到高兴或者难过，可以表达过去和未来的事件，为它去世的宠物小猫而伤心，甚至在它调皮的时候撒谎（Patterson & Linden, 1981）。最重要的是，动物可以把单独的信号或者符号结合成它们以前从来没见过的更长的表达。

不幸的是，在它们对它们的灵长类朋友的影响上，有一些早期的研究者高估了动物的表达，将所有类型的意义和目的都解读为一个单一的符号或信号，忽略了混乱的词汇顺序（"香蕉吃了我"），而且很有可能意识不到非语言线索可以帮助猿类进行正确反应。但是在过去的几年中，由于研究者们提升了研究技术，他们已经发现通过更认真的训练，猩猩可以实际上掌握语言的一些方面，包括用符号来代表事物的能力。有些动物还能自然而然地使用符号来互相交流，这说明它们并不仅仅是模仿或者为了获得奖励（Van cantfort & Rimpau, 1982）。倭黑猩猩（一种猿类）尤其擅长语言。一只名叫坎茨（Kanzi）的倭黑猩猩在没有正式训练的情况下习得了理解英语词汇、短句以及键盘符号（Savage - Rumbaugh & Lewin, 1994; Savage - Rumbaugh, Shanker, & Taylor, 1998）。即便是在它以前从来没有听过这些词用这种特定方式进行结合的情况

坎茨是一只倭黑猩猩，它通过在专门设计的电脑键盘上打符号来回答问题并提出要求，它也能理解英语中的短句子。

下,坎茨对于类似"把钥匙放在冰箱上"这种指令的反应都是正确的。它像孩子一样通过观察其他人的使用以及日常的社会交往毫不费力地学会语言。

而在另一个例子中,我们现在也知道鸟类并不像我们之前假设的那样笨①。艾琳·派珀伯格(Irene Pepperberg, 2002, 2008)从20世纪70年代晚期开始就一直在研究非洲灰鹦鹉。她最喜欢的一只鹦鹉叫阿历克斯(Alex),可以用口语的英语词汇来数数、分类、比较事物。当给它展示六个以下的事物问它那里有什么的时候,它能用英语词汇来回答,例如"两个瓶塞"或者"四个钥匙"。它甚至能够正确回答限定了两个或者三个方面的事物有几个的问题,例如"有几把蓝色的钥匙?"阿历克斯还能提出要求("想吃意大利面")以及回答关于事物的简单的问题("哪个更大?")。当呈现一把蓝色的瓶塞和一把蓝色的钥匙并被问到"它们有什么共同点"的时候,它可以正确回答"颜色"。他事实上对新鲜事物的反应得分要稍优于对熟悉事物的反应得分,这说明它并不仅仅是用一套已存储的短语来"鹦鹉学舌"。

阿历克斯还能在信息交流中说出引人注意的适当的反应。它会告诉派珀伯格,"我爱你","对不起",而且还会在它感到心力交瘁的时候说,"冷静下来。"有一天,阿历克斯问派珀伯格的会计:"你想吃坚果吗?""不想。"会计说。"你想要喝点水吗?""不想。"她说。"那香蕉呢?""不想。"在做了其他的几个建议之后,阿历克斯最后说:"你到底想要什么?"(引用于Talbot, 2008)阿历克斯在2007年突然去世的时候,全世界成千上万的仰慕它的人都感到悲哀。

阿历克斯是一只非常聪明的鸟。它的能力提出了关于动物的智力和它们对语言特定方面的能力的有趣问题。

---

①Birdbrained 在英文中是指愚笨的,词中有 bird(鸟)这个词。

思考动物的思维

LO 7.4.C 解释为什么拟人论和人类例外论都是有问题的理解动物认知的方法。

这些动物语言和认知的研究结果令人印象深刻,但是科学家们还只是对这些研究中的动物们做了什么进行了分类。它们是否有真正的语言呢?它们是否会用人类的方式进行思考呢?它们有多聪明?可可、坎茨,还有阿历克斯是特别的,还是它们能够代表它们的种群?现代研究者们一方面努力矫正了历史悠久的对于动物认知的低估,而现在他们是不是过度解读了数据,而且又高估了动物的能力呢?

有一派人表示担心拟人论(anthropomorphism),这指的是将人类的品质错误地归结到非人类生物上,而不考虑对于动物行为的更简单的解释(Balter, 2012; Epley, Schroeder, & Waytz, 2013; Wynne, 2004)。他们很喜欢关于聪明的汉斯的故事,在世纪之交的一匹号称能够进行数学计算还有其他能力的"非凡的马"(Spitz, 1997)。聪明的汉斯可以通过用它的前脚踏地相应的次数来回答数学问题。但是心理学家奥斯卡·芬格斯特(Oskar Pfungst, 1991/1965)进行了一个稍微用心的实验,表明当聪明的汉斯看不到向它提问的人的时候,它的魔力就离它而去了。可能提问题的人会盯着马的蹄子看,而且会在问题开始的时候身体前倾表现出期望,而在汉斯完成正确的次数后会马上移开视线并放松。聪明的汉斯确实很聪明,但是并不表现在数学或者其他的人类技能上。它仅仅是对人类无意中提供的非语言信号进行了反应。最重要的是,可能他情商很高!

而另一派人则提醒我们要提防人类例外论(anthropodenial),这是一种倾向于错误地认为人类和其他动物们没有任何相同之处,而其他动物不管怎么说都是我们进化的表亲(de Waal, 2001; Fouts, 1997)。他们认为这种将我们自己这个物种看得独特的需要,可能会让我们无法意识到其他的物种也有(即便不如我们复杂的)认知能力。持有这种观

这张老照片显示了聪明的汉斯的行动。它的故事教会了科学家们在解释动物认知方面的发现时要注意拟人化。

点的人指出大多数现代研究者为了避免聪明的汉斯这种问题已经做得过犹不及了。

总之,我们人类已经习惯了认为我们自己是最聪明的物种,因为我们具有卓越的适应变化的能力,发现新的问题解决方法的能力,发明新的小装置的能力,以及用语言来创造从双管到诗歌这一系列东西的能力。然而,我们可以吹嘘一件事:我们是唯一的一种尝试去理解自己的错误并试图做出改进的物种(Gazzaniga,2008)。我们想要知道我们不知道什么,我们有动力去克服我们心智上的不足。这种独特的自我检查的人类能力可能是最好的、对于我们的认知能力保持乐观的原因。

> **日志 7.4　批判性思考——分析假设**
>
> 除了这一章你还在哪里读到过关于"智力"的定义的拓展,类似于情绪智力或者三元智力理论建议的那样有很多定义智力行为的方法?你会怎样将这些方法运用到动物认知上?例如,一只海豚无论如何都不能写出一出轻歌剧来,那什么能被作为动物智力行为的代表呢?你能怎样认识它,又要怎样测量它呢?

模块 7.4 测验

1. 对于非人类动物认知加工的研究被称为(　　)。
   A. 认知动物行为学　　　　　　B. 隐性拟人论
   C. 元认知　　　　　　　　　　D. 替代论

2. 下列动物哪一种(截至目前)还没有表现出接受语言技巧的能力?(　　)
   A. 黑猩猩　　B. 倭黑猩猩　　C. 老鼠　　D. 非洲灰鹦鹉

3. 一只蜜蜂通过一小段舞蹈告诉其他的蜜蜂食物的方位和距离。因为蜜蜂可以讨论关于不在此处的某件事物,它们的交流系统表现出(　　)。但是因为蜜蜂只能产生出一种和它有关系的一串表达方式,它们的交流系统缺乏(　　)。
   A. 可替代性;意义　　　　　　B. 产生性;可替代性
   C. 意义;可替代性　　　　　　D. 可替代性;产生性

4. 巴纳比认为他的宠物蛇柯利对他怀着生气的情绪,因为柯利已经开始对他不友好,而且也不盘在他脖子上。巴纳比犯了什么样的错误呢?(　　)
   A. 人为的　　B. 拟人论　　C. 人体测量学　　D. 人类中心主义

5. 人类和其他动物共享一个进化过程,例如,假设其他动物没有认知加工技能而人类是唯一一种有这种技能的是不明智的。这是一种对于(　　)概念的警告。
   A. 人为的　　B. 拟人论　　C. 非人为的　　D. 人类中心主义

让心理学伴随着你:提高你的精神聚焦和创新能力

在这本书中,我们在每一章的结尾都仔细考量了如何将科学应用在生活中。当然,当我们谈到关于思维和智力的研究时,有太多可以将心理学应用在一个学生的日常生活中的方法。

例如,根据我们的开放调查的答案,这本书的绝大多数读者在完成课堂作业的时候只要在晚上用鼠标点一点或者浏览一下就可以了。相信我们:我们做到了。由手机、平板电脑,还有笔记本电脑带来的诱惑很难消除。我们想要告诉你的是这整本书都是在作者的注意力没有受到任何打扰的情况下写出来的。我们想要这么告诉你,但是那其实是谎话。

现在你们和我们对于由多任务加工引起的认知挑战都有了更多的了解,但是,可能你们——还有我们——还是至少会在阅读、写作还有学习的时候去寻找没有干扰的环境。多重任务会从我们本应该专注于当前的任务中抽取注意。这种任务的后果是:转换会对你的平均成绩甚至是身体健康造成影响。而且就像是偏见盲点致使我们无法察觉到一些不合理的倾向一样,我们通常对多任务加工能对我们的思维造成多大的影响也无法察觉,我们中的绝大多数都认为我们很擅长多任务加工,而事实并非如此。

另一个重要的方面是创造性。在这本书中,我们强调了问问题的必要性,考虑隐形解释的必要性,以及考察假设以及偏见的必要性。这些批判性思考的指导方针是建立在创造性的基础上的。事实上,让我们花点时间来通过一个思维灵活度测试——联想测验(Remote Associates Test)来检验你自己的创造能力吧。你的任务是想出下面每一个项目中与前三个词都相关的第四个词(Mednick,1962)。例如,如果我们给你的词是 news – clip – wall(报纸—夹子—墙),你的任务是想出第四个相关的词 paper(纸)。明白了吗?现在试试下面这些(答案在这一部分的最后)。

1. 小猪—绿色—鞭子
2. 惊奇—政党—喜爱
3. 蛋糕—村舍—蓝色
4. 棍子—制造者—网球
5. 洗澡—起床—爆发

创造性思维要求你通过找到意想不到的共性来用一种新的方式将一个问题的要素联系在一起。创造性思维能力较差的人会依赖于聚合性思维,跟着某种固定的、他们认为可以得到一个正确解释的步骤去做。那么,当他们解决了问题以后,他们倾向于建立起心理定势而以后都会用同样的方式解决问题。创造性思维能力较好的人,相反,会练习发散思维;并不是一味采用试误的方法,他们会探索边线地带并且会想出几种可能的解决方法。他们会想出新的假设,想象其他的解释方法,并且找到可能被忽略的联系。创造性思维的人也倾向于表现出与众不同、好奇以及坚韧的性格(Amabile & Pillemer, 2012; Helson, Roberts, & Agronick, 1995; McCrae, 1987)。

当然,有些人可能会比其他人更具有创造性,但是环境可以促进或者抑制创造力的实现。创造力并不仅仅是"在你脑子里",它可以被你生活和工作的环境激发出来或者压抑下去。当学校和雇佣者鼓励内在动机(一种成就感、求知欲以及对于某种活动的偏爱),而并不是仅仅用外在的、诸如金色的星星或者金钱来进行奖励。创造力会在你和其他有不同观点、视角以及受过不同训练的人一起工作的时候变得更好,因为他们倾向于将你从你熟悉的看待问题的方式中带出来。个体的创造性通常需要孤独感——有"懒惰"的时间去做白日梦——有独立完成一项任务的自由。小组的"头脑风暴"环节能带来的"风暴"要多过"头脑"(Amabile & Khaire, 2008)。

所以如果你希望让你的思维和智力达到最佳水平,你可以在这一章学到丰富的知识。躲开任务转换的诱惑陷阱。展现自我控制和坚毅,不要假设所有的成功都建立在一系列先天的技能上面。记住有很多种定义智力的方法。如果你想要追求创造性,去寻找那种允许你表现自己的能力并实践新想法的环境。不要忽略元认知的重要性:要理解并且监控你自己的心理加工过程。这种思考思维的能力是学业成功的最好的预测变量之一——我们希望阅读这一章关于思维和智力的内容对你来说将会是你的一个好的起点。

联想测试的答案:背,聚会,奶酪,比赛,泡泡。

分享写作:思维和智力

你在一个中学课堂上做助教。你发现班上的一个学生在做数学活页练习册的时候遇到了难题,在他和你一起做的时候,他说:"我就是不够聪明。"考虑一下你刚刚建立起来的对于思维和智力的科学理解。从下面的内容中选择一个主题:接受启发式、多元智力、对于智力的态度、毅力(或者,关于这一点本章涵盖的其他内容)。你会怎样基于这个概念来构建一个给这个学生的回答,可以让他更好地摆正自己的位置来获得学业上的成功?

总结

7.1 思考:用我们知道的信息

LO 7.1.A 解释认知的基本要素:概念、原型、命题、图式及心理图象。

一个概念是一组共享特定品质的事物、活动、抽象观念或特性的集合。基本概念具有适中数量的实例,而且比实例数量过少或过多的概念更容易被接受。原型是一个概念的典型实例,比其他实例更具有代表性。命题由概念组成,并且表达一个单一的意义。它们可以通过认知图式被联系在一起,认知图式就是一种对于世界各个方面进行思考时的心理框架。心理图象也在思维过程中起到了很重要的作用。

LO 7.1.B 区分潜意识思维和无意识思维,理解什么是多重任务处理和内隐学习。

并不是所有的心理加工过程都是有意识的。潜意识加工是存在于知觉之外的,但是在必要的时候可以被纳入到意识当中。潜意识加工让我们在其中一项活动已经高度自动化的前提下,同时进行两种或更多的活动。但是多重任务——在都没有达到自动化的任务之间进行切换——通常效率低下,会带来错误,甚至是危险。无意识加工也是在视觉之外的,但是依然会影响行为;无意识加工在内隐学习中起作用,内隐学习就是我们习得了一些东西而并不知道我们已经习得,而且也没有办法明确陈述我们学会了什么。

LO 7.1.C 对比作为决策策略的算法式和启发式,并解释洞察力和知觉在问题解决中所起的作用。

当问题已经被很好地定义之后,我们通常可以通过算法式策略来解决。然而,当问题模糊的时候,人们通常必须采用启发式策略来解决。一些问题本身就涉及到了无意识加工,例如直觉和洞察力。"快速"思维应用于做出快速的、直觉性的、情绪性的、几乎自动化的决策;"慢速"思维需要智力努力,这就是为什么人们通常依赖于前者并且犯错的原因。

LO 7.1.D 理解形式推理、非形式推理、辩证推理的定义属性,以及反省判断的阶段。

推理是有目的的心理活动,包括推断策略并且从观察、事实或者假设中得出结论。形式推理问题提供得出结论或解决方法所必需的信息,并且最终会得到一个单一的正确答案;非形式推理问题通常没有明确的正确的解决方法,因此需要辩证推理来考虑对立的观点。

对于反省判断的研究表明很多人在进行辩证思考时存在困难。前反省思维者不会区别知识和信念或者信念和证据之间的差别。准反省思维者相信这一点是因为知识有些时候是不确定的,关于证据的任何判断都是绝对客观的。

那些可以进行反省思维的人理解,尽管有些事情不能明确被知晓,有些判断也是比其他判断更有效的,取决于他们的一致性以及对环境的适应等等。

7.2 理性推理的障碍

LO 7.2.A 描述情感诱导和可用诱导是如何阐述夸大不可能的倾向。

人们倾向于夸大小概率事件发生的可能性,其部分原因是情感和可用诱导。能够轻易地想到一种事件的实例,尤其是有强烈的情感内容的实例,很容易让我们相信这种事件会经常发生。

LO 7.2.B 解释框架效应是如何使人们在概率判断中避免损失的。

我们在做出选择的时候也会受到想要避免损失和框架效应(选项如何被呈现)的影响——选择是怎样被做出的。同样的信息可能会由于以或积极或消极的方式呈现,而得到非常不同的评价。

LO 7.2.C 总结并分别给出一个公平偏见、事后聪明偏见、确认偏见以及心理定势的例子。

人们经常因为公平偏见而放弃经济利益,这种偏见似乎存在进化根源,通过大脑扫描,在灵长类和人类的婴儿身上都能发现这种现象。人们还会经常高估他们做出正确预测的能力(事后聪明偏见),并且倾向于更加关注能够确认他们想要相信的事情的证据(确认偏见)。另一个合理思考的障碍是人们倾向于形成心理定势,看到不存在的模式。

LO 7.2.D 讨论在何种条件下认知偏见可以被认为会不利于推理。

"偏见"听上去是不好的东西,但有时它们可以提高我们对于复杂世界的心理加工速度,或者让我们的社会交往更加顺畅,这也是有益处的。虽然我们更愿意相信其他人是具有偏见的(但我们自己没有),但事实上绝大多数人可以在很多情境下减少他们的不合理思维,例如在做出一个尤其重要或者对个人来说意义非凡的决定的时候。

7.3 智力测量

LO 7.3.A 定义智力及其晶体形式和流体形式之间的区别。

智力很难被定义。大多数心理学家认为有一种一般能力、G因素,是智力的潜在原因,这种一般智力可以被进一步解释为晶体智力(反映能够积累的知识)或者流体智力(反映推理能力以及使用信息解决问题的能力)。

LO 7.3.B　总结 IQ 的概念,它是怎样被测量的,以及考虑到文化背景时它的局限性。

智商,或者 IQ,代表了一个人比起其他人在智力测验中的表现如何。阿尔弗雷德·比奈设计了第一个被广泛使用的智力测验来鉴别什么样的儿童能从特殊教育中获益。IQ 测验已经由于偏爱白种人、中产阶级而受到批评;文化则几乎影响了测验的所有方面,从态度到问题解决的策略。关于一个人的种族地位、性别或者年龄的刻板印象可能导致一个人感到刻板印象威胁,这一威胁可能会导致影响测验的焦虑。

LO 7.3.C　描述元认知、智力的三元理论、多元智力以及情绪智力是怎样阐明"智力"内涵的多样性的。

智力中的认知取向强调几种人们用来解决问题的能力和策略。智力的一种重要认知要素是元认知,即理解和监控你自己的认知过程的能力。罗伯特·斯腾伯格的三元智力理论提出智力有三个方面:分析能力,创造能力和实践能力。加德纳的多元智力理论认为智力最好被定义为一种加工特定种类的信息的能力。情绪智力也很重要;正确识别情绪的能力,清楚地表达情绪的能力,以及管理情绪以适应社会交往的能力。

LO 7.3.D　概述纵向和跨文化研究是怎样阐明动机、努力以及智力成就之间的相互作用关系的。

智力成就也取决于动机、努力学习、自我约束以及坚毅。跨文化研究表明对于智力来源的看法、父母的标准以及对于教育的态度在学业表现中起到了非常重要的作用。

7.4　动物的智力

LO 7.4.A　总结支持和反对动物智力概念的证据。

有一些研究者,尤其是动物认知学的研究者,认为非人类的动物有着比我们所熟知的还要高的认知能力,一些动物可以把物品用作简单的工具,黑猩猩和鸟已经表现出简单的数字理解能力。一些研究者认为厉害的大猩猩、海豚还有大象都表现出了心理理论的一些方面,可以理解其他同类是怎样想的。

LO 7.4.B　总结支持和反对动物语言使用概念的证据。

在采用视觉符号系统或者美国手语系统的研究中,灵长类已经获得了语言技能。一些动物(甚至是非灵长类,例如海豚和非洲灰鹦鹉)似乎能够使用简单的语法顺序规则来表达或者理解意义。

LO 7.4.C　解释为什么拟人论和人类例外论都是有问题的理解动物认知的方法。

科学家对于怎样解释动物认知上的发现分裂成了不同的派别,有些担心拟人论(错误地估计了人类和非人类智力上的本质区别),另一些则担心人类例外论(相信人类和其他动物没有什么不同)。

第七章习题

1. 概念中最具代表性的实例被称为（　　）。

   A. 启发式策略　　　B. 基本概念　　　C. 图式　　　D. 原型

2. 发生在知觉意识外的心理加工(但是在需要的时候能被知觉到)被称为加工,而发生在知觉意识外的心理加工(但是无法被直觉到)被称为（　　）加工。

   A. 潜意识加工；无意识加工　　　　B. 无意识加工；前意识加工

   C. 前意识加工；潜意识加工　　　　D. 无意识加工；潜意识加工

3. 马诺什想在大学毕业后挣很多钱。在她决定要去选哪一个专业的时候,她将自己的选择限定在医学、经济学、工程以及计算机科技。尽管她并不能明确地知道她想学什么,也不知道什么类型的工作会让她快乐,她至少根据问题解决的需要将自己的选择限定在了一定范围内。马诺什依赖的这种决策策略是什么？（　　）

   A. 算法式　　　B. 启发式　　　C. 心理表象　　　D. 前反省思维

4. 杰拉尔德认为政客对于人们的日常生活影响太大了,而埃德加认为他们的影响太小了。"好吧",杰拉尔德说,"我想看待这个问题有很多种不同的方法。重要的事情是我们都认真思考过而且都针对我们的观点给出了看法。"哪一种金(King)和基齐纳(Kitchener)的问题思考类型描述了杰拉尔德的表述？（　　）

   A. 形式推理　　　B. 前反省思维　　　C. 准反省思维　　　D. 反省思维

5. 吉米问到以 ing 结尾的英语词是否比 n 在倒数第二个位置上的英语词更多。他的脑海中出现了一长串以 ing 结尾的词(running, jumping, reading, laughing),但是想不出几个以 n 为倒数第二个字母的单词(drink, second)。因此他错误地认为以 ing 结尾的词更普遍。吉米受到了哪种进行合理推理的障碍物的阻碍？（　　）

   A. 情感诱发　　　B. 可用诱发　　　C. 框架效应　　　D. 事后聪明偏见

6. 英加专心地听她的经济学教授解释在她的国家有 4% 的失业率。她的朋友马洛则参加了同样经济学课程的不同版本。英加受到这样的数据的困扰,和马洛谈论了这件事。"我们国家的失业率简直太可怕了！"英加哀叹道。"你指的是什么呢？"马洛问道,"教授明确地告诉我们在我们国家 96% 的人都有工作,这听上去对我来说很好了呀。"哪种理性推理的阻碍导致了英加和马洛得到不同的结论？（　　）

   A. 情感诱发　　　B. 可用诱发　　　C. 框架效应　　　D. 事后聪明偏见

7. 弗兰克和卡拉走在大街上,他们看到一个纸袋。卡拉是第一个捡起它的人,发现里面有 20 张 1 美元纸币。"这太棒了！"卡拉说,"给你 5 美元,我拿 15 美元。"弗兰克愤怒地喘着气说："你真是疯了！要么给我一半,要么把纸袋放下。我宁愿什么都不要,也不要你讨厌的施舍！"哪种理性推理的阻碍导致了弗兰克的表现？（　　）

   A. 公平偏见　　　B. 情感诱发　　　C. 确认偏见　　　D. 可用诱发

8. 什么时候人们对于认知偏见的依赖会倾向于减少？（　　）
   A. 当他们在做他们具有一些专业知识的事情时,或者当由几个人经过一系列的讨论作出这个决定时。
   B. 当他们通过其他人的行为作出判断而不是根据他们自己的行为作出判断时。
   C. 当他们判断他们自己在作出决策时的推理,而不是在他们尝试理解其他人作出的判断时。
   D. 当他们面对质性判断,而不是当他们面对量性判断的时候。

9. 认知技能和人一生中获得的特定的知识被称为（　　）。
   A. 心理理论　　　B. 流体智力　　　C. 晶体智力　　　D. 心理年龄

10. 以下的哪个陈述最好地抓住了智力测验测量什么以及智力测样应该怎样被应用的精髓？（　　）
    A. 智力测验测量与生俱来的能力；它们在预测基本水平的遗传智力技能方面已经被很好地证明了。
    B. 智力测验测量智力的一些方面,但是并不测量和这个概念相关的所有东西；正因如此,在评价个体时,它们应该和其他类型的证据联合起来使用。
    C. 智力测验应该首先被用在是否聪明这个维度上对人类进行区分。
    D. 智力测验已经被证明它们可以被用来测量全世界人类的智力；智力测验悠久的历史已经表明了这种测验测量的是先天的能力。

11. 根据智力的三元理论,哪一个要素和利用信息加工的技能如识别和定义问题、比较和对比解决方法以及评价问题解决策略的结果相关？（　　）
    A. 情绪智力　　　B. 经验智力　　　C. 分析智力　　　D. 创造智力

12. 萨拉拥有稍微高于平均水平的智力,但是她给自己设定并达到每天的日常学习任务,愿意工作到深夜,对于她在学校的进步保持积极的态度。以下的哪一个陈述,在研究结果的支持下,最好地总结了萨拉的情况？（　　）
    A. IQ是一个测量智力成就的有效指标,但是努力工作、动机还有自我控制也能预测学业成就。
    B. 没有了纯粹智力上的优势,萨拉在今后的生活中不可能取得很大的成功。
    C. 努力工作让人们获得成就感,但这只有在和高智力结合的情况下才能带来成功。
    D. 萨拉证明了情绪智力的所有要素,因此,她可能是情商高而不是智商高的人。

13. 关于他人的心理如何活动的信念系统被称为（　　）。
    A. 框架效应　　　B. 语境智力　　　C. G因素　　　D. 心理理论

14. 在客体不实际在眼前、而在其他时间或空间的情况下,谈论这一客体的能力被称为（　　）。
    A. 反省判断　　　B. 辩证推理　　　C. G因素　　　D. 替代

15. 聪明的汉斯的故事,那匹擅长解数学题的马,被用作一个警戒的故事告诉科学家们（　　）的危害。
    A. 拟人论　　　B. 人类例外论　　　C. 人体测量　　　D. 人类中心论

第八章 生活的主要动机：食物、爱、性和工作

学习目标

> 8.1.A 定义动机并区分其内在和外在形式。
>
> 8.1.B 讨论影响体重的生物学因素，并解释什么是体重的定点。
>
> 8.1.C 讨论并举例说明对体重产生影响的主要环境因素。
>
> 8.1.D 区分神经性厌食症和神经性贪食症，并讨论导致每种疾病的因素。
>
> 8.2.A 描述抗利尿激素、催产素和内啡肽是如何帮助我们理解爱的生物学的。
>
> 8.2.B 解释依恋理论如何应用于成人恋爱关系。

> 8.2.C 总结关于性别的研究以及两性关系中的文化差异。
>
> 8.3.A 描述关于性的早期研究发现，以及生物学、荷尔蒙和欲望如何导致男女性行为的差异。
>
> 8.3.B 讨论与性取向相关的生物学因素，以及伴侣偏好的单一解释的局限性。
>
> 8.3.C 讨论不同的性动机，并将其与强奸动机进行对比。
>
> 8.3.D 解释文化和性别对性冲动和性行为的影响。
>
> 8.4.A 描述使目标设定成功的条件，并区分成绩目标和掌握目标。
>
> 8.4.B 描述工作条件如何影响动机实现。
>
> 8.4.C 讨论研究表明什么使人们幸福，以及人们如何准确预测自己的幸福感。

提出问题：是什么导致了肥胖症的流行？

- 为什么我们会坠入爱河，为什么会爱上那个人？
- 男人和女人在性方面的想法（和行为）有什么不同？
- 挫折后为什么有些人坚持自己的目标，而有些人选择放弃？

> **互动** 你是否有和第一次在网上或手机应用上认识的人约会或恋爱的经历？
> ○ 是
> ○ 否

如果你曾经仔细观察过一所小学、牙医诊所或任意一家中型公司的办公室的墙壁，你可能会觉得你已经对动机有所了解了。有可能这些地方有几张带有普通照片的海报，还有一句清晰的鼓舞人心的话，比如"相信你能做到，你就在成功一半的路上"，"越努力，越幸运"，"团队里没有'我'，只有'我们'"。理解动机似乎很简单，只要花9.99美元和4个图钉即可。

但是如果你觉得这些看起来太简单了，你可能会愿意为一些"专家"的建议而付出更多金钱。谷歌搜索"励志演说家"，你会得到成千上万的结果。有无数的机构和个人随时准备告诉你一些最佳的方式，从创新的秘密到成功的关键，到未来的发展到找到理想伴侣……当然，一切都是收费的。如果你不想听45分钟的演讲，他们会为你推销一套精心制作的工作手册和视频，以提高你的学习动力。

说到这里，你可能已经猜到了，理解动机并不像海报设计者和网上的商家们看起来那么简单。理解一个人的动机意味着回答一个心理学的核心问题:为什么人们要做他们所做的事情?你自己的经验会告诉你,行为产生的原因是多种多样的,包括生理、心理、文化和人际关系。更重要的是,人们所表现出的多样的想法和行为,意味着任何单一的答案都不可能对"为什么"这个问题做出准确的解答。

过去的几十年里,对动机的研究主要集中在生物驱动上:需要获得食物和水,寻找伴侣,做爱,寻求新奇,避免不适和痛苦。但是,驱动理论并没有完全解释人类动机的复杂性,因为人是有意识的生物,他们思考和计划未来,为自己设定目标,并会为实现这些目标制定策略。例如,人们为了生存可能会开车去吃东西,但这些信息并没有告诉我们为什么有些人会绝食抗议不公正,而其他人则会在已经吃饱了的时候,去吃自助餐。人有联系社会和他人,并找到理想的亲密伴侣的驱动力(正如我们在本章开始的照片演示的那样),但并不能解释为什么你的一些朋友会从偶然相遇发展到长期关系。

问题进一步复杂化,心理学家们试图解释人类在生物学上的和经过几代进化形成的这些动机,但他们研究的对象——至少是人类——是生活在一个复杂而且技术发达的世界里的、具有自我意识的生物。一直以来,动物为了生存而必须繁殖,但在当今社会,人们可以通过交友网站和应用程序迅速跨越大洲与成千上万的潜在伴侣见面。从事实上来看,即使只有少数读者回答了开头的问题,他们说他们已经和网上认识的人产生了恋爱关系,但这一数字在未来几年可能还会增加。在社会持续发展的背景下,长期的行为倾向和偏好是心理学家特别感兴趣的地方,我们将在这一章的不同时段回到这个问题上。

具体来说,我们将研究人类动机的四个主要方面:食物、爱、性和工作(或成就)。我们也会认识到为自己设定的目标是如何影响我们的快乐和幸福的。

8.1 动机和饥饿的动物

我们开始研究特定动机之前,首先要了解"动机"对心理学家意味着什么。

动机的定义

LO 8.1.A 定义动机并区分其内在和外在形式。

把某人描述成"有动机的人"会让人联想到许多相符合的定义。像奋斗,有目标,或专注的同义词,但这些词语同样也需要被定义。疾跑的蟑螂看起来不会被鸟吃掉,但是你会把蟑螂的行为叫作"专注"吗?**动机**的一般定义是有必要的,对于大多数心理学

动机 一种使机体运动朝着特定目标或远离不良状况的心理活动过程。

内在动机 以追求自身的内在利益为机体活动驱动力的动机。

外在动机 以追求外部奖励,如金钱或表扬为机体活动驱动力的动机。

家来说,它指的是在人或动物体内,使有机体朝着一个目标前进或逃避不良情况的心理过程。

动机有两个主要来源。**内在动机**是指为了自己的利益和所带来的满足感而做某事的意愿。例如,跑步者可能会被激励去锻炼,仅仅是因为锻炼让他感觉良好并且充满力量。一个小孩可能会被激励去阅读,纯粹因为阅读是一种愉快的活动。**外在动机**是指为外部奖励而做某事的意愿,如金钱、好成绩或其他外部诱惑。一个跑步者的动机是赢得很多的奖牌,他关注的是与运动内在价值不同的东西。同样的,一个孩子如果只是为了被认可为好的阅读者而积累分数,或者为了从图书馆获得一份证书,那么他在书的世界里就不会有什么内在的乐趣了。正如我们在这一章中所看到的,无论你的动机是内在的还是外在的,都影响着你如何才能达到你的目标,实现这些目标会让你感到满足。然而,在讨论这个问题之前,让我们来看看为了生存需要满足的一个基本动机:饮食。

生物学上的体重

LO 8.1.B 讨论影响体重的生物学因素,并解释什么是体重的定点。

如果你曾经极度饥饿,你就会知道食物的驱动力有多强大。你只专注于满足你的饥饿,当你得到第一份食物时就不会去关心食物的美味。但是,假设在你吃东西之前没有达到饥饿的边缘,在日常生活中,基因、心理过程和环境会怎样影响我们吃东西的动机,或者怎样影响我们选择吃什么?

曾经有一段时间大多数心理学家认为超重是情绪紊乱的表现。如果你超重,那是因为你讨厌你的母亲,害怕亲密关系,或者试图用丰盛的甜点在你的内心填满一个情感上的漏洞。然而,这类理论的证据主要来自自我报告和有缺陷人群的研究,缺乏正常人群的控制组和客观衡量标准。当研究人员进行对照研究时,他们发现,将超重人群与体重正常人群的平均数据进行比较,超重人群并没有更多的情绪波动。更让人吃惊的是,研究人员发现,肥胖并不总是由暴饮暴食引起的(Munsch & Jansen, 2014;

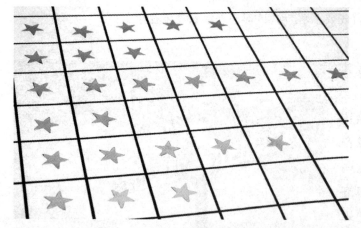

许多父母和学校用金色的星星和其他奖励来鼓励孩子们的某些倾向。这种外在的动机可以在短期内促进孩子表现和参与这些行为,但是一旦回报消失了,孩子们还会长期坚持这些行为吗?

Stunkardet，2004）。有许多肥胖的人确实吃了大量的食物，但瘦人也存在这种情况。在一项早期的实验中，志愿者们在几个月的时间里饮食保持充足时，苗条的人体重增加的困难程度与大多数人减肥时的困难程度一样。研究结束后，苗条的人体重下降的速度和节食者的体重增加的速度一样快（Sims，1974）。

遗传因素对体重和体形的影响。从一些发现中得出的解释是，一种生物机制在你不主观改变体重的情况下，使体重在一个受遗传影响的**定点**上得到保持，使体重在10%左右变动（Lissner et al.，1991）。定点理论对人体如何调节食欲、饮食和体重的增加与减少等问题进行了大量研究。每个人都有一个基因控制的基础代谢率，即身体燃烧卡路里能量的速度以及固定数量的脂肪细胞，储存的脂肪可以从中获取能量，并且也能改变它们的大小和数量。肥胖的人脂肪细胞数量是正常体重的成年人的两倍，他们的脂肪细胞更大（Kopelman，Caterson，& Dietz，2009）。当人们减肥时不会失去脂肪细胞，脂肪细胞会变薄并且很容易再次膨胀。

新陈代谢、脂肪细胞和荷尔蒙之间复杂的相互作用使人们保持体重，就像恒温器保持房子的温度一样。激素和其他增加食欲的物质被称为**开胃物质**，那些降低食欲的物质被称为**厌食物质**。当一个人节食时，身体的新陈代谢会减慢以节省机体能量并且储备脂肪（Harrington et al.，2013）。当一个瘦的人吃得过多，新陈代谢就会加速来燃烧能量。在一项研究中，16名苗条的志愿者每天多摄入1000卡路里，在8周后机体的新陈代谢就会加速燃烧多余的卡路里。他们就会像蜂鸟一样经常运动：坐立不安，调整步调，时常变化坐姿等等（Levine，Eberhardt，& Jensen，1999）。

什么决定了定点基因？一对成年的同卵双胞胎在不同的家庭中长大，双胞胎的体重和体型相似并且身体的发展速度相同。当双胞胎体重增加时，他们会在相同的地方获得相应的重量：在腰上增加赘肉，或者会在臀部和大腿上增加赘肉（Comuzzie & Allison，1998；Horn et al.，2015）。基因除了影响正常的白色脂肪外还会影响褐色脂肪的比例。褐色脂肪是一种消耗能量的脂肪，在调节体重和血糖方面似乎很重要。肥胖人群缺乏褐色脂肪，这可能是他们不能消耗摄入的所有卡路里的一个原因（Cypess et al.，2009）。然而，褐色脂肪的产生也是由寒冷和运动引起的，甚至在老鼠身上它会变成普通的白色脂肪（Ouellet et al.，2012）。褐色脂肪细胞很迷人，当它们耗尽自己的能量时，它们会从身体的其他部分吸取脂肪以使它们的主人保持温暖。

定点 一个人受遗传影响的体重范围，通过调节食物摄取、脂肪储备和新陈代谢等生物机制维持。

开胃物质 增加食欲的化合物，通常会导致更大的食物消耗。

厌食物质 一种降低食欲的化合物，通常会导致较低的食物消耗。

体重和体型在很大程度上受到遗传因素的影响。定点理论有助于解释为什么美国西南地区的皮马人很容易变胖,但减肥很慢,而一些来自其他地方的人能吃很多食物,却依然保持苗条。

基因改变和瘦蛋白 当调节正常饮食并控制体重的基因发生变化时,结果可能是变胖。一种叫肥胖的基因,简称 ob,会导致脂肪细胞分泌一种使人产生厌食的蛋白质,研究人员将其命名为莱普亭(来自希腊语 leptos,意思是"苗条")。莱普亭通过血液进入下丘脑,因为下丘脑与食欲调节有关。当莱普亭水平正常时,人们只吃足够的食物来维持体重。"当 ob 基因的突变导致莱普亭水平过低时,下丘脑认为身体缺乏脂肪储备,并暗示个体过量进食。"将莱普亭注入莱普亭缺失的小鼠可以降低动物的食欲,加快新陈代谢使它们更活跃,这些动物体重下降。

对老鼠的研究表明,莱普亭在早期生活中起着至关重要的作用,它改变了大脑的化学反应,影响了动物或人在后期食物的摄入。更具体地说,莱普亭通过加强下丘脑中能够抑制食欲的神经回路,以及削弱能够增加食欲的神经回路,从而降低食欲来调节体重(Elmquist & Flier, 2004)。在婴儿期的一个关键时期,莱普亭影响神经连接和定点的形成(Bouret, Draper, & sim, 2004)。一些研究人员推测,由于这种早期的神经具有可塑性,在下丘脑发育时过度喂养婴儿可能会导致日后肥胖。

这两种老鼠都有 ob 基因的突变,这通常会使老鼠变胖,就像右边的老鼠一样。但它们每天都被注射莱普亭时,吃得更少,燃烧更多的卡路里,变得苗条,就像其他老鼠一样。不幸的是,莱普亭注射液在大多数人身上并没有同样的结果。

导致肥胖的其他因素 其他许多基因都与超重或肥胖有关(Frayling et al., 2007; Hasnain, 2016; Herbert et al., 2006)。有一种基因可以调节一种蛋白质的产生,这种蛋白质能明显地将多余的卡路里转化为热量而不是脂肪。你的鼻子和嘴巴里有感受器驱使你吃更多的东西("食物就在那里!"很好!你的直觉告诉你,吃吧!)肠胃的感受器想要停止吃东西("你已经吃得够多了"),莱普亭和其他化学物质告诉你,你储存的脂肪已经够多了。导致食欲过盛的荷尔蒙——胃饥饿素会让你感到饥饿,使你渴望多吃,而莱普亭会让你在饭后食欲不振,让你吃得更少。这个复杂的定点系统似乎可以解释为什么节食减肥的人很少能够保持体重,即使减肥一年后,减肥者的身体仍然缺乏莱普亭,胃饥饿素的分泌会让人吃得更多,从而恢复已经减掉的体重(Kissileff et al., 2012)。

这些似乎还不足够,当面对含糖的食物时,即使你的舌头无法品尝或享受它们的口感,你的大脑也会对含糖的食物感到"兴奋"。甜食会增加大脑中的多巴胺含量,让你渴望更丰富的食物(de Araujo et al., 2008)。不要试图用人造甜味剂欺骗你的大脑,它们只会让你想要得到真正的甜食。一些肥胖的人可能有不活跃的满足回路,这导致他们过量饮食来提升他们的多巴胺水平(Stice et al., 2008)。当人们抱怨他们对油腻食物"上瘾"时,他们可能是对的。控制食欲和体重机制的复杂性解释了为什么那些抑制食欲的药物一旦长期使用就不可避免地失败:它们只针对那些使你保持体重的众多因素之一。

但是,根据美国疾病控制与预防中心(Centers for Disease Control and Prevention,简称CDC)最近的数据,在美国有69%的成年人和至少32%的儿童、青少年超重或肥胖。肥胖率的增加发生在男女人群中、所有社会阶层、所有年龄组以及其他许多国家中(Popkin, 2009),包括墨西哥、埃及、北非、加拿大、英国、日本、澳大利亚,甚至中国沿海和东南亚。许多健康研究人员对这种趋势感到担忧,因为肥胖被认为是导致Ⅱ型糖尿病、高血压、心脏病、中风和其他疾病的重要危险因素。食物的渴望和偏好的视频解释了为什么体重增加比减肥容易,并说明了从暴食到厌食的过程之间的复杂的平衡作用。

环境对体重的影响

LO 8.1.C 讨论并举例说明对体重产生影响的主要环境因素。

导致全球居民体重上升的罪魁祸首反映了环境的巨大变化:

1. 快餐和加工食品的大量增加。 当油腻的食物丰富时，人类就容易发胖，因为在我们物种的进化史上，饥饿状态经常存在。因此，一种以脂肪形式储存卡路里的趋势为人类提供了一个正确的生存优势。不幸的是，进化并没有为人类设计出一种与蜂鸟相似的摄食机制，使人们在没有美味可口、丰富多样、价格低廉和容易获取的食物时，可以从已经储存的过量能量中进行新陈代谢（Monteiro et al., 2013）。当然，这正是现状，我们被3/4磅的汉堡、薯条、墨西哥卷饼、糖果棒和比萨饼包围着。

一个研究小组跟踪了上万名的九年级学生，比较他们在学校附近开设新快餐店之前和之后的变化。在第二年里，那些在汉堡或比萨店附近的学校，比那些附近没有汉堡或比萨店的学校中有更多肥胖的学生（Currie et al., 2009）。邻近快餐店似乎是"增加15斤"的主要原因。一项研究调查了两所截然不同的大学，一所在中西部，另一所在东海岸，结果发现超过70%的一年级学生变胖（Lloyd-Richardson et al., 2009），当然导致新生体重增加还有其他很多可能因素，包括焦虑和乡愁。

在《健康下降》一书中，作者雅各布斯（Jacobs, 2012）尝试了多种可能的方法来改变他的饮食习惯，比如将零食放入个性化的口袋里，控制分量，在餐桌上为自己准备一面镜子，这样他就可以一边吃饭一边观察自己。雅各布斯的书以一种轻松愉快的视角审视了许多心理学家科学研究过的影响体重的环境因素。

2. 高糖、高热量的软饮料的大量消费。 在人类历史的大部分时间里，通过饮料摄入的卡路里（牛奶、葡萄酒、果汁等）的比例很低，因此人体没有进化出一种通过降低食物摄入量来补偿液体的摄入机制。然而，50年前，含糖和卡路里的软饮料开始在全球范围内盛行。那些每天喝两到三杯加糖苏打水的人会增加14磅的体重（Powell & Popkin, 2013）。

3. 能量消耗的急剧减少。 智能手机、笔记本电脑、平板电脑、电视、电子游戏以及开车带来了便利，并取代了步行或骑自行车，同时许多现代人也花费大量时间从事久坐活动。

4. 食物和饮料的分量增加了。 食物和饮料的分量已经变得非常大，比上一代产品的两倍或三倍还多。即使是婴儿和刚学走路的孩子也会获得比他们所需要的食物多出30%的热量（Fox et al., 2004）。在法国，人们喜欢吃油腻的食物，即便如此也比美国人吃的少得多。他们的酸奶、汽水、沙拉、三明治等常见食物的分量比美国小得多（Rozin et al.,2003）。

5.丰富多样的食物。当饮食可以预测的时候,人们可以遵从习惯并吃得少一点,这就是为什么限制人们只吃几种食物的饮食习惯一开始会奏效。然而一旦允许食物变得多样化,人们就会吃得更多,体重增加（Remick, Polivy, & Pliner, 2009）。事实上,当一个碗里装着10种颜色的糖果,比起碗里只有7种颜色时,人们会吃得更多（Wansink, 2006）。

最终,肥胖之谜要求我们应用批判性思维,包括"愿意思考""容忍不确定性"和"考虑其他解释"。毕竟,吃东西的动机是复杂的,正如布莱恩·汪辛克（Brian Wansink, 2016）在一系列巧妙的实验中所证明的那样。许多人认为他们吃什么和吃多少是受他们的饥饿感所控制的,但是汪辛克指出,以下一些不起眼的因素正在悄悄影响着你的饮食习惯:

包装尺寸:人们从大容器（比如爆米花）中吃的比小容器多。

盘子大小:当人们用大盘子吃东西而不是小碟子时,他们会吃得更多。

人们吃了多少东西的提示:当服务员很快地更换人们的脏盘子时,会消除已经吃了多少食物的迹象,从而使人们吃更多的东西。

厨房和餐桌布局:当食物和零食突出显示,尤其是种类丰富而且容易获取时,人们会吃得更多。

分散注意力:当人们被朋友和环境分散注意力时,他们可能会吃得更多。

可怕的苏打水:下次你和朋友出去的时候,记录下每个人吃了多少（包括你自己）,并注意这些因素是否在起作用:份量大小,盘子大小,暗示已经消耗了多少,环境干扰。

半磅汉堡:很多餐馆都提供多肉饼汉堡——这样能够提示比例——每份超过1000卡路里。

含糖零食:一个甜甜圈味道很好……两个味道更好。在你吃一整打之前,考虑一下能够控制你进食的因素。

身体做战场:饮食失调

LO 8.1.D 区分神经性厌食症和神经性贪食症,并讨论导致每种疾病的因素。

有些人每天挣扎在他们的身材和他们想要的身材之间,发展成严重的饮食失调,这反映了一种对肥胖的非理性恐惧。在**神经性贪食症**患者中,他们暴食(吃大量的油腻食物),然后通过诱导呕吐或滥用泻药来清洗肠胃。在**神经性厌食症**患者中,他们几乎不吃任何东西,因此变得消瘦并危及生命;患有厌食症的人通常都有严重扭曲的身体形象认知,即使他们瘦了,他们也会认为自己胖。厌食症是所有精神疾病中死亡率最高的,患者可能死于器官衰竭或骨骼疏松带来的并发症。

贪食症和厌食症是最常见的饮食失调,但许多病态的饮食行为并不符合贪食症或厌食症的诊断标准(Thomas, Vartanian, & Brownell, 2009)。暴饮暴食的人不会清洗肠胃;有些人吃掉他们想要的食物,但不吞咽就吐出来;有些人体重正常,但在吃饭时却一点也不快乐,因为他们担心体重会增加一磅。所有这些病态的饮食行为都包含着对待食物、体重和身体的不健康的态度。

基因在一些饮食失调的发展中起到重要作用,尤其是神经性厌食症,在不同的文化和历史中都有发现(Hinney et al., 2016; Striegel-Moore & Bulik, 2007)。然而,心理因素包括抑郁和焦虑、低自尊、完美主义和扭曲的身体形象,也在饮食失调的起源和发展中产生影响(Filbert et al., 2014; Bearman, Presnell, & Stice, 2004; Sherry & Hall, 2009)。文化因素也会使人们对自己的身体产生不满。在非西方文化中,厌食症是罕见的,而在西方文化中随着女性理想苗条身材的流行,这成为一个重大问题(Grabe, Ward, & Hyde, 2008; Keel & Klump,

神经性贪食症 一种饮食失调症,其特点是进食过多(暴饮暴食),然后强迫呕吐或使用泻药(清洗)。

神经性厌食症 一种饮食失调症,其特点是害怕肥胖,身体形象认知扭曲,食物消耗急剧减少,消瘦。

一些人认为,厌食症和其他饮食失调症发病率的增加是由于女性在杂志上看到非常瘦的时装模特。与此同时,男性的饮食失调和身体形象认知扭曲也在增加,因为"理想化"的男性体型是变得更大,更强壮。你觉得呢?

2003；Slevec & liggemann，2011）。美国文化也充斥着身材欺凌问题，对别人的身材进行无情的批判和嘲讽，这些人的身材照片会被传到博客和社交媒体上，包括娱乐杂志和脱口秀（Boepple & Thompson，2015）。

因此，可以想象，在美国，女性对自己身体的不满不分种族（Bucchianeri et al.，2016）。饮食失调和身体形象扭曲在男孩和男人之间也在增加，尽管在他们身上的表现形式不同。像厌食症的女性看到她们瘦弱的身体过于肥胖一样，一些男性也有这样的错觉：他们觉得自己肌肉发达的身体是弱小的，所以他们会滥用类固醇，并且强迫自己运动（Thompson & Cafri，2007）。与此相反，在中国台湾的中国男性和肯尼亚北部的牧民并不认为肌肉发达的男性身体特别令人向往或有吸引力，而且他们的文化也不会传播男性肌肉发达的媒体形象。在这些文化中，男性的身体形象障碍比美国男性更少，而且对肌肉制造药物几乎没有兴趣（Campbell，Pope，& Filiault，2005；Yang，Gray，& Pope，2005）。总而言之，在特定的环境中，遗传影响的特定体重和新陈代谢与心理需求、文化规范和个人习惯相互作用，形成了我们现在的样子。

日志 8.1　批判性思考——避免过度简化

说到吃，人们现在想到的都是：快餐、快速减肥计划，甚至是导致饮食失调的快速解决方案。根据你了解的关于饥饿和饮食的动机，为什么你会预测一个快速形成的"方法"可能不会是一个有效的解决方案？

模块 8.1 测验

1. 有人问玛丽为什么喜欢舞蹈表演。她回答说："我喜欢它，我想表达我自己。"奥利维亚也被问到同样的问题。"我想被一个有才华的星探发现，我想从那里得到一份合同。"玛丽显示出（　　）的迹象，而奥利维亚则表现出（　　）的迹象。

　　A. 外在动机；内在动机　　　　　　B. 心理奋斗；基因漂变

　　C. 基因漂变；心理奋斗　　　　　　D. 内在动机；外在动机

2 通过告诉下丘脑"身体储存了足够的脂肪"来帮助调节食欲的激素被称为（　　）。

　　A. 后叶加压素　　B. 胃饥饿素　　C. 瘦素　　D. 睾酮

3 以下哪项不是导致全球居民体重增加的主要环境因素？（　　）

　　A. 对稀缺资源的竞争　　　　　　B. 食物分量增加

　　C. 食物的多样性　　　　　　　　D. 运动的快速减少

4. 在过去的几十年里，美国人对"一份食物"的期望是（　　）。

　　A. 保持不变　　B. 减少　　C. 增加　　D. 呈反向 u 型趋势

5. 一种饮食紊乱,特征是饮食过量,接着是强迫呕吐,这指的是( )。
   A. 神经性厌食症　　　　　　B. 神经性贪食症
   C. 神经过敏　　　　　　　　D. 暴食

8.2　社会动物:爱的动机

2016年,卡塔尔·昌德(Kartari Chand)103岁,这很了不起,然而她的丈夫卡拉姆·昌德(Karam Chand)110岁,已经超过了她。长寿是一件值得庆祝的事情,而这对夫妇还有另一个传闻:直到卡拉姆在2016年10月去世,他们已经结婚90年了。他们是在1925年结婚的印度青少年,从那时起就在一起了。当被问及他们维系长期亲密关系的秘密时,昌德先生曾经提到过这样的建议:"重要的是没有秘密,不要争吵。"他还补充说:"我从来没有放弃过享受生活。"他每天晚上都会吸烟,每周喝一次威士忌。

除了酒精和烟草之外,昌德夫妇还知道哪些其他人不知道的呢?当一些激情在5年、5周,甚至5小时之后就消逝的情况下,是什么让他们相爱了90年?什么是爱情,是疯狂地、热血地、心悸地爱上一个人,还是那种稳定、坚定而持久的依赖感?研究爱情的心理学家把激情(浪漫)和爱情区分开来,它的特点是强烈的情感和性激情,来自伴侣的爱,以感情和信任为特征。热烈的爱情是迷恋、"一见钟情"和一些恋爱初期的表现。它可能会完全消失,或者演变成伴侣的爱。热烈的爱情在所有的文化中都是众所周知的,而且有着悠久的历史,甚至战争和决斗都是因为它,或者有人会因为它而自杀。在这一节中,我们将探讨关于爱情的生物学、心理和文化方面的观点。

生物学的爱

LO 8.2.A　描述抗利尿激素、催产素和内啡肽是如何帮助我们理解爱的生物学的。

在核磁共振成像的时代,研究人员必然会试图通过检查大脑来解释爱情。如果你认为科学家们在饮食和体重方面的发现是复杂的,那么他们努力去剥离出浪漫激情、性渴望和长期爱情之间的联系会使肥胖问题看起来像是小菜一碟。潜在伴侣的气味是嗅觉信号,可以让你接受(或拒绝)。此外,潜在伴侣的生理线索还藏在声

亲子关系的生物学可能是成人浪漫爱情的起源,它影响爱的凝视和依恋的深度。

音、身体形状、平滑的皮肤、微笑、丰满的嘴唇，甚至你们脸部的相似程度。这是多巴胺的奖赏作用，与让人期待的美餐或让人上瘾的毒品产生的激素一样。肾上腺素导致兴奋(Aron et al.，2005；Ortigue et al.，2010)，还有其他激素涉及依恋和联结。

爱是从哪里开始的？ 热烈的爱情的神经基础起源于婴儿期，婴儿依附于母亲或主要照顾者。在进化心理学家看来，父母和浪漫的爱情是人类最深层的依恋，有着共同的进化目的——物种延续，因此分享共同的神经机制，使依恋和联结的感觉很好。主要的神经递质和激素参与到快乐和奖励中，在父母—婴儿的联结中激活，后来又在成年恋人的联结中激活(Diamond,2004)。

社会联系的两个重要激素是抗利尿激素和催产素，它们在依恋护理系统中起着至关重要的作用，不仅影响父母和婴儿之间，还有朋友与恋人之间的爱、关怀和信任(Poulin, Holman, & Buffone, 2012；Walum et al.，2008)。在一项研究中，使用鼻腔喷雾剂吸入催产素的志愿者比对照组更可能在各种危险的活动中相互信任(Kosfeld et al.，2005)。在另一项研究中，与给予安慰剂的夫妇相比，给予催产素的夫妇增加了他们对彼此的非言语表达——凝视、微笑和抚摸(Gonzaga et al.，2006)。相反，当草原田鼠(一种一夫一妻制的物种)被赋予一种能够催生催产素的药物时，它们会继续交配，但并不依附于其伴侣(Ross et al.，2009)。

这些发现激发了一些人将催产素过于简化地称为"爱"或"拥抱"激素。但如果它真的如此刺激依恋，为什么人类有这么多争斗？事实证明，给予人一定剂量的催产素使他们更倾向于自己的群体而不是其他群体，并增加对外界的防御性攻击(De Dreu et al.，2011)。所以也许催产素是"拥抱你自己的种类和排斥其余的人"的激素。此外，人们的爱和依恋历史会影响他们对催产素的反应和方式(DeWall et al.，2014)。吸入催产素后，与得到安慰剂的男性相比，对母亲有良好依恋的男性会认为他们的母亲是特别关心和支持自己的，而那些早期依恋有问题的男性会认为他们的母亲极度缺乏关心(Bartz et al.，2010)。

内啡肽的作用 依恋过程中发生的一些特征感受是通过大脑中的奖励回路来传导的，并涉及内啡肽(大脑的天然阿片类物质)的释放。当小白鼠和其他动物与母亲分离时，它们会在痛苦中哭泣，而母亲的触觉会释放能够抚慰婴儿的内啡肽。但是给幼犬、天竺鼠和小鸡注射低剂量的吗啡或内啡肽，当与母亲分离时，它们表现出的痛苦比正常情况少得多，这些化学物质似乎是妈妈的生物学替代品（Nelson & Panksepp，1998）。而当小白鼠通过基因工程使其缺乏某些阿片受体时，它们就不会依附在母亲身上，并且在与母亲分离时不会出现痛苦迹象。这些发现表明，内啡肽刺激下产生的幸福感可能是孩子寻求亲情和拥抱的最初动机。实际上，依附在父母身上的孩子是一个沉迷于爱的孩子。成年人对激情之爱的成瘾品质，包括新欢分离时所感受到的身体和情绪上的痛苦，可能具有相同的生物化学基础（Diamond，2004）。

神经科学家使用功能性核磁共振成像（fMRI）技术，发现了父母与婴儿之间的爱与成人浪漫之爱的其他相似之处。与看到朋友或家具的照片时激活的脑区相比，当人们看到自己情侣的照片时，大脑的某些特定区域被激活，而这些脑区与母亲看到自己孩子的照片时激活的区域相同（Bartels & Zeki，2004）。显然，依恋的纽带有生物学原因。正如我们用催产素所看到的那样，避免过度简化是很重要的，比如简单地得出结论："爱情发生在大脑的这个角落，但不是那个角落。"人类的爱情事件涉及许多其他因素，这些因素影响我们选择谁，我们如何与其相处，以及多年来我们是否一直在一起（甚至可能是 90 年）。

心理学的爱

LO 8.2.B 解释依恋理论如何应用于成人恋爱关系。

许多浪漫主义者认为只有一个真正的爱在等待着他们。考虑到这个星球上有 70 亿人，找到这个人的概率有时似乎有点令人生畏。如果你在得梅因，而你的真爱在杜布罗夫尼克呢？你可能徘徊多年却从未相遇。幸运的是，进化已经使人类无需走遍世界就能形成深刻而持久的依恋。事实上，能够预测我们会爱上谁的第一个主要预测因素只是简单的接近：我们倾向于从生活、学习或工作的邻近环境中选择朋友和爱人。第二个主要预测因素是相似性，虽然人们普遍认为异性相吸，但事实是我们倾向于选择最喜欢我们的朋友和爱人（Montoya & Horton，2013；West et al.，2014）。我们容易被拥有相似职业、价值观、个性和外表的人吸引，同样会喜欢那些跟自己笑点相似，对音乐和电影的品味相似，同样喜欢巧克力蛋糕作为甜点的人（甚至是同样希望厨房过会儿再把树莓酱拿出来）。

"灵魂伴侣"的概念在电影、电视和书籍中都很流行。了解生物学在吸引人的过程中所起的作用是否会改变你对"灵魂伴侣"是否存在的看法？

网络的发展使人们在各种维度下的匹配成为可能：年龄、政治态度、宗教信仰、性取向以及对特定性行为的偏好和宠物所有权。配对公司管理庞大的调查问卷，声称使用标准原则来配对潜在的知心人。其中一个叫作化学（Chemistry）的公司，声称可以根据你的神经递质和性激素的模式找到与你匹配的人；另一个叫基因伴侣（GenePartner）的公司，声称它会找到与你 DNA 匹配的人。然而，这些公司通常不会公布它们的操作是建立在哪些研究上的，而这些听上去很科学的公司可能并没有那么科学（Finkel et al.，2012；King，Austin-Oden，& Lohr，2009）。

对网络约会的一个综述研究显示，这些网站通常不会带来维持终生的爱（甚至不超过一个月），并且它们对产生长期关系的帮助并没有优于老式方法（Fmlel et al.，2016）。你觉得为什么会这样？

- 一开始态度相当重要，但其他事情对于长远来说更重要，比如伴侣在面对决策和压力时应该如何应对，以及如何处理冲突。
- 人们的自我报告经常被扭曲，他们对自己以及问卷都撒谎。
- 大多数人不知道他们为什么喜欢上一个人，而不是另一个人。你可以喜欢一个人资料中的特征，但与你是否真正喜欢那个人没什么关系。同样，许多人认为他们确切知道他们要找的伴侣身上"必须拥有"的特质，然后他们遇到了那个人，完全没有这些特质，反而其他因素突然变得重要起来。

数字时代约会的最新趋势是智能手机应用程序，如 Tinder，Zoosk 和 Hinge，它们允许人们快速决定是否彼此吸引，并且设置了同样快捷的约会或聚会。另一个寻求潜在伴侣的方法是快速约会，在这种约会中，每个人与他人进行一个简短的包含自己主要信息的交流。事实上，一些研究人员已经举办过一些类似活动，以便更好地研究在控制条件下哪些因素影响了吸引力，详见视频"快速约会"和"关系科学"。

爱的依恋理论　当你找到爱人之后,你如何爱?根据菲利普·谢弗(Phillip Shaver)和辛迪·哈赞(Cindy Hazan,1993)的说法,成年人就像婴儿一样,在他们的依恋中可以是安全的、焦虑的或回避的。处于安全依恋的爱人很少会嫉妒或担心被遗弃。他们比不安全的人更富有同情心和乐于助人,并且根据需要更快地理解和原谅他们的伴侣(Konrath et al.,2014;Mhhncer & Shaver,2007)。焦虑的恋人对他们的关系更加不安,他们想要亲近但担心他们的伴侣会离开他们。其他人经常把这类人描述为黏人,这可能是为什么他们比安全的恋人更容易受暗恋的困扰。回避型恋人则表现出更多的不信任并且避免亲密。

成年人的依恋风格似乎大部分来自他们的父母曾经关心他们的方式(Simpson Rholes,2015)。儿童期会形成对关系的内部"工作模式"。如果一个孩子的父母很冷漠,并且很少提供情绪和身体上的安慰,孩子会期望其他关系也是这样。相比之下,如果孩子对可信赖的父母形成安全的依恋,他们会变得更加信任他人,预期在成年期也会与朋友和爱人形成安全依恋(Milan, Zona, & Snow, 2013;Simpson & Rholes, 2017)。然而,儿童自身的性情也有助于解释从童年期到成年期依恋风格的一致性(Fraley et al.,2011;Gillatht et al.,2008)。一个生性害怕或难以相处的孩子,或者奖赏回路功能不健全的孩子,即使遇到最亲切的父母,也可能会拒绝。这个孩子在成年期的依恋中可能也会感到焦虑或矛盾。

明尼苏达的纵向研究追踪了大量样本从出生到成年的风险和适应能力,以了解何时形成的依恋风格一级一级影响了成年期的依恋关系。那些在早期缺乏安全依恋的人,最终可能会走上一条难以形成承诺关系的路。在青少年时期,他们难以处理与同龄人的冲突,并且难以从中恢复;到了成年期,他们倾向于通过降低承诺来"保护"自己在恋爱中的关系。但是,如果这些人有幸能与一个安全的伴侣建立关系,这些难以维持稳定关系的问题就可以克服了(Orina et al.,2011;Simpson & Overall;2014)。

爱的要素　当要求人们定义爱情的关键要素时,大多认为是激情、亲密和承诺的混合物(Hutcherson, Seppala, & Gross, 2015;Lemieux Hale, 2000)。亲密关系是建立在对另一个人深刻认识的基础之上的,这种认识逐渐累积起来;但激情是基于情感的,而这种情感是由新奇和改变产生的。这就是为什么激情通常在一段关系开始时最高,那时两个人开始向对方吐露自己的事情。正如我们前面介绍的那样,生物因素,如大脑的阿片系统,可能有助于早期的激情。但大多数心理学家认为维持长期和亲密的爱情关系的能力与夫妻的态度、价值观和力量平衡有关,而不是基因或激素。

长期关系中最重要的心理预测因素之一是双方认为关系是公平的、有回报的、平衡的。伴侣中获得过多利益的一方(得到的多于付出的)往往会感到内疚,而受损的一方(没有得到他们认为应得的)往往会感到愤恨和愤怒(Galinsky Sonenstein, 2013;Sprecher, Regan, & Orbuch, 2016)。夫妻维持爱情能力的另一个关键心理因素是他们维持关系的主要动机的本质:是积极的(享受亲情和亲密)还是消极的(避免不安全感和孤独感)。属于前者的伴侣会报告更高的满意度(GabIe Poore, 2008)。我们会看到,这种积极或消极的动机差异会影响许多不同生活领域的快乐和满足感。

批判性思维指导方针"定义你的术语"可能永远不会比爱情更重要。我们定义爱的方式深深影响着我们对关系的满意度以及我们的关系是否持续。毕竟,如果你认为唯一真正的爱情是由痴迷、性激情和热情所定义的那种,那么当吸引力的初始阶段消失时,你可能会认为你失去了爱情,你可能会一再失望。人们以不同的方式坠入爱河:有些情侣先"建立友谊",然后逐渐地相爱;有的夫妻可能在结婚后很久才相爱(Aron et al., 2008)。世界上所有的功能磁共振成像研究都无法捕捉到人们彼此相爱的丰富多样。有关这些及相关主题的更多讨论,请观看视频"科学的爱"。

性别、文化和爱情

LO 8.2.C 总结关于性别的研究以及两性关系中的文化差异。

哪种性别更浪漫?哪种性别更可能坠入爱河但不承诺?大众心理学书籍会给出众多定型式答案,但现实中并不存在哪个性别比另一个爱得更多(Dion & Dion, 1993;Hatfield & Rapson, 1996/2005)。男人和女人同样可能遭受单恋的痛苦折磨,他们同样可能存在安全或不安全的依恋

(Feeney & Cassidy,2003)。如果爱情关系结束,男人和女人都会受苦,虽然他们不想。

然而,平均而言,女性和男性在表达爱和亲密关系的根本动机方面往往有所不同。很多文化中的男性很早就发现,显露情绪是敏感和脆弱的表现,被认为是非男性化的。因此,在这样的文化中,男性通常会发展出基于行为,而不是言语的方式表达爱意:为伴侣做事,发起性行为,性接触,或者只是陪伴侣做同样的活动(Schoenfeld, Bredow, & Huston, 2012; Shields, 2002)。

这种性别差异反映了社会、经济和文化力量所形成的性别角色。对于这个世界的大多数人类历史来说,两个人为了爱而结婚的想法被认为是荒谬的。("爱?无论如何,我们有结盟,有工作要做,有孩子要抚养。")只有在20世纪,爱才成为结婚的"正常"动机(Coontz, 2005)。现在,大多数人为内在的动机而结婚,如果最终结婚的话,因为喜欢与他们选择的伴侣在一起的乐趣(DePaulo, 2013)。在很多国家,只有很少的男人和女人会考虑嫁给一个他们不爱的人。出于现实原因而结婚的情况确实存在,特别是贫困率较高的社会或女性的性行为和婚姻财务条件仍由家族控制的社会(Coontz, 2005)。但即使在这些国家,如印度和巴基斯坦,关于婚姻选择的严格规定也在松动。即使在日本、中国和韩国等以前非常传统的国家中,禁止离婚的规则也在松动(Rosin, 2012)。

正如你所看到的,我们的爱的动机可能从生物学和大脑的运作开始,但它们是由我们早期的父母经历、我们生活的文化、性别规范和历史时代所塑造的。

日志 8.2 批判性思考——定义您的条款

许多人把爱定义为一种压倒性的浪漫激情。这样定义爱的后果是什么?随着时间的推移,其他哪些定义会给一段关系带来更高的满意度?

模块8.2 测验

1. 社会联结中扮演重要角色的两个激素是(　　)和(　　)。

  A. 抗利尿激素;催产素　　　　　　B. 褪黑激素;糊精

  C. 肾上腺素;去甲肾上腺素　　　　D. 胃促生长素;瘦素

2. 只要安娜在附近,奥黛丽就会感到一阵激动。她知道这是一见钟情,当她想到与安娜共度时光时,她感到无比兴奋。奥黛丽经历的那种爱被称为(　　)爱。

  A. 友爱的　　　B. 充满激情的　　　C. 外在的　　　D. 生物的

3. 多米尼克和别人在一起有点不自在。当一个人在感情上想要靠得太近时,他会感到紧张,他发现很难让自己依靠别人,但同时有些人似乎认为他太黏人了。哪种成人依恋类型最能描述多米尼克的感情和行为?（   ）

    A. 依赖型依恋   B. 安全型依恋   C. 逃避型依恋   D. 焦虑型依恋

4. 艾米丽和里奇在一起的动机是她喜欢和他在一起,感觉和他很亲近。莉迪亚和蒂姆在一起的动机是她不喜欢孤独,不确定是否能找到另一个伴侣。你认为哪种关系最令人满意?（   ）

    A. 莉迪雅和蒂姆   B. 艾米丽和里奇

    C. 两对伴侣的满意程度相当   D. 两对伴侣都有类似的不满

5. 在许多文化中,男人是如何学会表达爱的?（   ）

    A. 生孩子,组建家庭   B. 写他们的情绪

    C. 通过体贴或深情的行为   D. 通过向伴侣交流他们的感受

8.3 色情动物:性的动机

有些人认为性只不过是一种生物驱动力,仅仅是为了复制和繁衍物种而做的事情。有人可能会说:"性动机有什么可讨论的？这难道不是天生的,不可避免的,而且本质上是愉快的吗？"

毫无疑问,对大多数动物而言,性行为都是由基因编码的。即使没有指导,一条雄性棘鱼也确切地知道如何与雌性棘鱼发生关系,一只美洲鹤也确切知道什么时候该发声召唤。但正如性研究者和治疗学家利奥诺·提夫(Leonore Tiefer, 2004)所观察到的那样,对于人来说,"性不是一种自然行为"。她说,性更像是跳舞,是你学习的东西,而不是一个简单的生理过程。一种文化认为"自然"的活动——比如接吻或口交——在另一种文化或历史时期被认为是不自然的。其次,人们从经验和文化中学习他们应该怎么处理性欲望和性行为;第三,人们对性活动的动机并非仅仅是为了内在的愉悦。人类性行为受到生物、心理和文化因素的综合影响。

生物学的欲望

LO 8.3.A 描述关于性的早期研究发现,以及生物学、荷尔蒙和欲望如何导致男女性行为的差异。

在20世纪中期,阿尔弗雷德·金赛(Alfred Kinsey)及其同事(1948,1953)发表了两本有关人类性行为的开创性著作。金赛的团队从1938年到1963年对数千名美国人的性态度和行为进行了调查,他们还回顾了现

《金赛美国妇女报告》并没有受到称赞和认可。漫画家们取笑这本书是"重磅炸弹",在这张 1953 年的照片中,两位著名的爵士歌手和一位女演员戏弄性地表现了女性对这本书的震惊,以及她们对这本书的渴望。

有的性生理学研究。当时,很多人认为女性不像男性那样具有性动机,女性关心的是情感而不是性满足,金赛的采访恰恰反驳了这些观念。金赛被攻击不仅因为他的发现,更是因为他竟然敢真的向人们询问他们的性生活。伴随着金赛的报告,整个国家都歇斯底里了,这在今天看来似乎很难相信。虽然如今仍有许多成年人对讨论性行为感到不自在,但是那些以促进青年禁欲为名而减少性教育的策略,实际上却提高了青少年的性行为和怀孕率(J. Levine,2003;Trenholm et al.,2007)。

继金赛之后,下一个性研究浪潮开始于 20 世纪 60 年代,以威廉·马斯特斯(William Masters)医生和他的同事弗吉尼亚·约翰逊(Virginia Johnson, 1966)的实验室研究为代表。马斯特斯和约翰逊的研究帮助扫除了过去对身体如何工作的无知和迷信。在研究性兴奋和性高潮期间的生理变化时,他们证实男性和女性的高潮非常相似,并且所有高潮在生理上是相同的,而不管刺激的来源如何。

如果你曾经参加过性教育课,你可能不得不背诵马斯特斯和约翰逊的性反应周期阶段:欲望、性唤起(兴奋)、性高潮和解决。不幸的是,把这四个阶段看作洗衣机的周期势必引发对冲动的普适性的误解。不是每个人都会达到高潮,即使是在很高的兴奋之后,并且欲望可能发生在性唤起之后(Laan & Both, 2008)。马斯特斯和约翰逊的研究没有调查人们的生理反应如何随着年龄、经历、文化、遗传倾向以及抑制和控制性兴奋的能力而发生变化(Bancroft et al.,2009, Tiefer,2004)。也就是说,有些人加速很快,没有刹车,有些人加速缓慢但刹车快。有关历史和近期对性的态度的概述,请观看视频"性的力量"。

促进性欲的因素 一种促进男女性欲的生物因素是激素睾酮和雄性激素(男性激素)。因此,有些人认为,对于性欲低下的女性和男性,应该增加睾酮,就像为气罐添加燃料。如果目标是降低性欲,例如对待性犯罪者,则应该降低睾酮。然而,这些努力往往无法产生预期的结果(BerLin,2003;M. Anderson,2005)。为什么呢?一个主要原因是在灵长类动物中,与其他哺乳动物不同,性动机需要的不仅仅是激素,它也受到社会经验和背景的影响(Randolph et al.,2014;Wallen,2001)。的确,人工补给的睾酮激素在增加健康人的性满意度上并不比安慰剂的效果更多,睾酮的下降也不会导致性动机或享受的丧失。在对经手术切除子宫或卵巢或正在经历绝经期的女性进行的研究中,与安慰剂组相比,使用睾酮贴剂仅仅使其性活动每月增加了一次(Buster et al.,2005)。

男人和女人:相同还是不同? 尽管金赛和马斯特斯以及约翰逊认为性反应相似,但男性和女性之间在潜在的、基于生物学的性行为方面的差异问题仍然引发了激烈的争论。虽然从平均水平来看,女性与男性拥有一样享受性快感的能力,但是男性在各种性行为上的频率都高于女性,包括手淫、色情幻想、随意的性行为和性高潮(Peplau,2003;Sclunitt et al.,2012)。男性也比女性更有可能同意与陌生人发生性行为,后悔错过了性机会,并承认因为"机会出现"而发生性行为(Buss,2016)。

生物学家和进化心理学家认为,这些差异通常是由于男性和女性的性行为所涉及的激素和大脑回路不同所致。他们认为,对于男性来说,性行为与主导和侵略行为重叠,这就是为什么性行为和侵略行为更可能与男性相关的原因。对于女性来说,控制性和养育的回路和荷尔蒙似乎重叠,因此认为,性和爱更容易与女性相关联(Diamond,2008)。

然而，其他心理学家认为性行为中大多数性别差异反映了女性和男性不同的生活角色和经历（Ainsvortt Baumeister, 2012；Eagly Wood, 1999；Tiefer, 2008）。女性有时可能比男性更不愿意进行随意的性行为，这并不是因为她们有较小的"驱动力"，而是因为这种经历对她们来说不可能令人满意，因为伤害和意外怀孕的风险较高，而且由于社会耻辱可能会附带在有随意性行为的女性身上。异性恋女性实际上和男性一样可能会说她们会接受一个好看的人提供的性服务，而且两性都有可能说他们会接受与朋友的性生活，或者他们认为会给他们带来一些"积极的性经验"的偶遇伴侣（Conley et al., 2011；Rosin, 2012）。

生物学和性取向

LO 8.3.B 讨论与性取向相关的生物学因素，以及伴侣偏好的单一解释的局限性。

为什么大多数人都是异性恋，有些是同性恋，还有一些人是双性恋？对同性恋的解释，心理学家已经反复探讨了多年：同性恋不是由于有一个令人窒息的母亲、一个缺席的父亲或情绪问题，也不是由父母的做法或榜样造成的。大多数同性恋男子回忆说，他们从小就拒绝典型的男孩角色和男孩的玩具与游戏，尽管这种不符合传统男性的行为会招致父母和同伴的巨大的压力（Bailey Zucker, 1995）。绝大多数同性恋父母的孩子并不会成为同性恋者，尽管他们的父母比异性恋父母更有可能对同性恋和性别角色持开放态度，这与学习模型的预期恰恰相反（Fedewa, Black, & Ahn, 2015；Sasnett, 2015）。

因此，许多研究人员转向性取向的生物学解释。例如，那些同性恋行为，包括求爱展示、性活动以及两个同性个体共同抚养下一代，被发现普遍存在于约450个物种中，从宽吻海豚到企鹅到黑猩猩（Voller

关于同性恋行为是罕见的或"不自然的"的假设与超过450个非人类物种的同性性行为的大量证据相矛盾。在德国的一家动物园里，这些小雄性企鹅缠住它们的脖子，互相亲吻，互相呼唤，然后做爱——它们坚决拒绝雌性企鹅。另一家动物园的另一对雄性动物，西罗和罗伊，似乎非常绝望地想一起孵蛋，他们在巢里放了一块石头，然后坐在上面。它们的人类饲养员非常感动，他给了它们一个肥沃的卵让它们孵化。筒仓和罗伊在上面坐了34天，直到他们的小妞探戈出生，然后他们认真地饲养了探戈。"它们做得很好。"动物园管理员说。

资料来源：妮可·本吉维诺/《纽约时报》

Vasey,2006)。性取向似乎也存在一定的遗传,特别是在男性中(Bailey,Dunne,& Martin,2000；Rahman Wilson,2003)。但大多数同性恋男女都没有近亲是同性恋,他们的兄弟姐妹,包括双胞胎,绝大多数可能是异性恋(Peplau et al.,2000)。

研究人员还研究了产前暴露于雄激素的作用,以及它会如何影响脑组织和伴侣偏好(McFadden,2008；Rahman Wilson,2003)。那些在子宫内被意外暴露于雄激素的女婴,比其他女婴更容易成为双性恋或女同性恋者,并且更喜欢典型的男孩的玩具和活动(Collaer Hines,1995)。然而,大多数的雄激素化的女孩不会成为女同性恋者,并且大多数女同性恋者没有在子宫内暴露于雄激素的经历(Peplau et al.,2000)。

其他产前事件也可能会导致儿童发展为同性取向。数十项研究发现,一个男人成为同性恋的可能性会随着他拥有的同性恋兄弟的数量增加而显著提高。这种"兄弟效应"与家庭环境无关,而是与出生前子宫内条件有关(Bogaert,2006)。唯一可以预测性取向的因素是年长的生物遗传的兄弟,与年长的继兄弟或养兄弟(或姐妹)无关。这种影响即使在不同的家庭中抚养也会存在,只要是生物遗传上的兄弟。然而,如何用产前事件解释该现象,目前尚不清楚。

试图以单一原因解释性取向的主要问题是,性认同和性行为是两回事(Savin WilJiams,2006)。有些人在行为上是异性恋,但有同性恋的幻想,甚至将自己定义为男同性恋或女同性恋。在一些文化中,十几岁的男孩经历了一个同性恋阶段,并不影响他们与女性的未来关系(Herdt,1984)。同样,在南非的莱索托,女性与其他女性有密切的关系,包括热

菲利斯·莱恩(Phyllis Lyon)和德尔·马丁(Del Martin)(左图)一起生活了56年。2008年,在他们最终结婚后的2个月,马丁去世了。同性恋男性,类似右图这一对,越来越倾向于收养小孩。而导致性取向的因素仍然复杂,需要额外的研究,社会对同性婚姻的态度和教育在过去十年或二十年发生了巨大转变,并且在这样的家庭里的动态和心理结果会在未来几年继续吸引更多的研究关注。

情地接吻和口交,但她们没有将这些行为定义为性行为(Kendall,1999)。此外,虽然一些女同性恋者的一生都保持同性取向,但大多数女同性恋者的性取向具有阶段性。一位研究人员在10年的时间里追踪访问了100位女同性恋和双性恋女性,发现其中只有1/3表现出持续的同性取向。对于这些女性中的大多数人来说,爱情是完全盲目的,她们的性行为取决于她们是否爱伴侣,而不是伴侣的性别(Diamond,2008)。

生理因素不能解释性别反应、文化习惯或经历的多样性。因此,现在我们必须忍受不确定的性取向的起源。可能这个起源最终在男性和女性上是有差异的,抑或存在个体差异,无论他们最初的性取向是什么。这个性取向解释的录像提供了更多关于影响性取向的多个因素。

心理学的欲望

LO 8.3C 讨论不同的性动机,并将其与强奸动机进行对比。

在心理学家们的眼里,最性感的性器官是大脑,这个知觉开始的地方。人们的价值观、梦想和信念深深地影响他们的性渴望和性行为。这就是为什么在一个令人激动的约会上对膝盖的触摸感觉非常性感,但是在公交车上被一个诡异的陌生人同样的触摸却感觉令人厌恶和危险。也是为什么一个担忧的想法会立刻停止性冲动,而且幻想会比现实更色情。当大部分人倾向于自下而上思考性的时候,伴随着特殊器官的生理刺激,导致在大脑里更高水平的愉悦感,很显然对于性来说这里有一个非常重要的自上而下的成分(至少,当涉及好的性爱时)。性渴望、愉悦感,甚至性高潮都有明显的心理成分,同时正确的心态会促进这些体验。

性的主要动机 对大多数人来说,对性的首要动机看起来很明显:享受它的愉悦感,表达爱和亲密关系,或者生孩子。但是其他动机并非如此积极,包括责任或义务感、获得金钱或外快、反抗、对伴侣的权力,以及服从伴侣以避免生气或拒绝。

一项接近2000人的调查产生了237个性的动机,并且几乎每个动机都曾被某个人评价为最重要的动机。大部分的男人和女人列出了相同的前10排名的性动机,包括吸引伴侣、爱、乐趣和生理快感。但是有些人说,"我想感觉离神更近","我喝醉了","为了摆脱头疼","为了帮助我睡眠","让我的伴侣感觉更有活力","回馈别人的帮助","因为某些人挑衅我"或者"伤害一个敌人或对手"(Meston & Buss,2007)。通过性动机的研究,出现了几个主要的分类(Kennair et al.,015;Watson et al.,2016),就如图画举例:

生理:性的满足和愉悦感,压力减少。

目标成就:得到利益,得到地位或报复。

情感:向伴侣表达亲密关系和承诺,精神超越。

不安全感:确信你是有魅力的,希望给别人留下深刻印象或维持一个伴侣。

人们的性动机影响他们绝大部分的性行为,包括他们是否一开始就有性行为,他们是否享受性行为,以及他们是否有很少或很多性伴侣(Browning et al.,2000;Muise,Impett,& Desmarais,2013;Snapp et al.,2014)。外来动机,例如性交来获得他人的许可或得到一些实在的利益,是与危险性行为密切相关的,包括有很多性伴侣,不使用避孕措施,以及强迫别人性交(Hamby & Koss,2003)。对男人来说,普遍的外在动机包括同龄人压力和对看起来没有男子汉气概的恐惧。女人的外在动机包括不想失去伴侣关系或者想避免冲突和吵架(Impett,Gable,& Peplau,2005)。

当一个伴侣正感觉到没有安全感的关系时,他或她也更可能同意非自愿的性交。在一项125个大学女生的研究中,超过一半的人报告当她们不想性交时也会同意。你记得之前讨论的爱情依恋理论吗?焦虑依恋型的女人是最容易同意非自愿性交的,尤其是如果她们害怕她们的伴侣会比自己做出更少的承诺。她们报告说,她们经常出于责任感而做爱,为的是防止伴侣离开。安全型依恋女人也偶尔有不必要的性行为,但她们的理由是不同的:获得性经验,来满足她们的好奇心,或积极地使她们的伴侣高兴以及使他们之间更加亲密(Impett, Gable, & Peplau, 2005)。

强迫性行为和强奸 不幸的是,男女之间性经验最稳固的不同之一在于是否不得不接受强迫性行为。美国政府的一项基于全国代表性的16507名成年人进行的调查显示,近1/5的女性表示,她们至少曾被强奸或经历过一次强奸未遂。调查人员还发现了高频率的攻击,包括强制性地控制女性的生殖和性健康,这在强奸的研究中很少涉及。男性也报告说自己受到了伤害,但数字更低:1/7的人说他们曾被伴侣殴打,1%到2%的人说他们被强奸了,大多数是在他们还是孩子的时候(Black et al., 2011)。

然而,值得注意的是,许多报告性侵犯(符合强奸罪的法律定义)的妇女,她们被迫从事违背她们意愿的性行为,但并没有和通常一样定义这个行为(Mcmullin White, 2006; Peterson Muehlenhard, 2011)。大多数女性将"强奸"定义为被熟人或陌生人强迫进行性交,这是一种导致她们反击的行为,或者是作为一个孩子被猥亵的行为。如果她们被男友性侵犯后,她们最不可能把自己的经历称为强奸,她们之前曾与他发生过自愿的性行为,喝醉了或被麻醉了,或者被迫进行口交或不受欢迎的人工刺激。其他女性则目的明确地表示避免用这样一个充满指责的词来给自己的经历贴上标签,因为她们感到尴尬,或者仅仅是因为她们不想把自己认识的人看作是"强奸者"(Koss, 2011; Perilloux, Duntley, & Buss, 2014; Peterson Muehlenhard, 2011)。

是什么导致了一些男人强奸?进化学提出的观点是,这种强奸源于男性为了尽可能多地让女性受孕,然而这种观点并没有得到支持(Buss Schmitt, 2011)。在人类中,强奸通常是由地位高的男性所犯下的,包括运动英雄和其他名人,他们很轻易地就能找到自愿的性伴侣,但是儿童和不能生育的老年人是他们频繁的侵犯对象。虐待型强奸犯通常会伤害或杀死他们的侵犯对象,这很难使其基因延续下去,因此,人类强奸的动机似乎主要是心理上的,包括:

• **自恋和对女性的敌意**。性侵犯的男性往往自恋,无法与女性共情。他们错误地理解了女性在社会环境中的行为,将权力与性的感觉等同起来,并指责女性挑起了他们的性欲(Bushman et al., 2003; Widman Mcnulty, 2010)。

• **想要支配、羞辱或惩罚受害者的欲望**。在战争期间强奸俘虏的士兵(Olujic, 1998),以及在美国空军学院对女学员进行惯性强奸的报道中,这种动机很明显,目的是羞辱妇女并让她们辍学。其他男人强奸男人的动机也很强烈,通常是通过肛交,动机是征服和贬低受害者(King & Woollett, 1997)。

• **施虐**。一些强奸犯是暴力型罪犯,他们从给受害者带来痛苦中获得快感(Healey, Lussier, & Beauregard, 2013; Turvey, 2008)。

性别、文化和性

LO 8.3.D 解释文化和性别对性冲动和性行为的影响。

考虑一下亲吻。西方人喜欢考虑接吻,更不用说去做了。但是如果你认为接吻是自然的,试着记住你的第一个严肃的吻,你必须了解鼻子、呼吸,以及牙齿和舌头的位置。性之吻是如此复杂,以至于有些文化从未涉及它。他们认为亲吻另一个人的食物进入的地方——嘴——实在是太恶心了(Tiefer, 2004)!其他人把性之吻提升到高雅艺术层次,不然为什么有一种吻叫作法式深吻?

正如这个吻所表明的那样,仅仅拥有身体上的器官来完成性行为是不足以解释性动机的。人们必须了解什么让他们开启(或关闭)性动机,身体的哪些部位以及什么活动是色情的(或令人厌恶的),甚至是如何拥有愉快的性关系。在一些文化中,口交被认为是一种奇怪的性背离;在另一些人看来,这不仅是正常的,而且是非常可取的。在许多文化中,男人认为经历过任何形式的性快感的女人都会变得不忠,所以性关系仅限于快速性交;在其他文化中,男人的满足和骄傲取决于知道女人的性满足。在一些文化中,性本身被认为是一种快乐和美丽的东西,一种被提炼的艺术,就像一个人可以培养烹饪技艺一样。在另一些地方,它被认为是丑陋和肮脏的,是要尽快结束的东西。这些观念上的差异在视频

"文化规范和性行为"中得到了进一步的探索。

文化如何将他们的规则和要求传达给他们的成员？在儿童和青少年时期，人们学习他们的文化里的性别角色，以及决定男性和女性"适当"态度和行为的规则。就像剧中的演员一样，一个遵循性别角色的人依赖于一个**性脚本**，它提供了关于在性环境下这么做的指导（Gagnon Simon, 1973；Sakaluk et al, 2014）。如果你是一个十几岁的女孩，你应该是性自信还是性谦虚？如果你是一个十几岁的男孩呢？如果你是一个成年的女人或男人呢？不同的文化有不同的答案，因为成员的行为符合他们的性别、年龄、性取向、宗教、社会地位和同龄群体的性脚本。

性脚本 一套隐含规则，为特定情境下的人规定适当的性行为，随着人的性别、年龄、性取向、宗教、社会地位和同龄群体的不同而变化。

在世界的许多地方，男孩们在竞争激烈的气氛中获得了对性的态度，目标是给其他男性留下深刻印象，他们会和朋友谈论自慰和其他性经历。在很小的时候，女孩们就会知道，她们越接近文化中的理想美丽形象，她们的权力就越大，在性方面和其他方面也就越强（Impett et al., 2011；Matlin, 2012）。许多女孩和女性可能没有意识到的是，她们的服装越性感，她们就越有可能被视为无能和不聪明的人（Graff, Murnen, & Smolak, 2012；Montemurro & Gillen, 2013）。

脚本可以是行为的强大决定因素，包括安全性行为的实践。在对22至39岁的黑人女性的采访中，研究人员发现，进行安全性行为的可能性降低与包含以下信念的脚本有关，包括：男性要控制性关系，女性要维持性关系，男人出轨是正常的，男性控制性活动，女性想去使用避孕套但是否使用由男性决定（Bowleg, Lucas, & Tschann, 2004）。正如一位女性总结的那样，"球总是在他的球场上。"这些脚本鼓励妇女以牺牲自己的需要和安全为代价维持性关系。

这些个体都遵循他们的性别和文化的性脚本——男孩通过弯曲和试图展现超男子汉气概以令他人印象深刻,并且女孩通过自我夸耀和使用化妆品来看起来具有吸引力。

然而,现今性脚本正在改变,很大程度上是女性经济地位提高的结果。球不再总是在男人的球场上,作为结果,女孩和年轻女性越来越感觉自由地控制她们自己的性生活(Rosin,2012)。在女性需要结婚来保证她们的社会和财政安全的时候,她们已经把性作为一个交易筹码,一种被赋予了价值的东西,而不是一个为了她们自己目的来享受的活动。毕竟,一个没有自己经济来源的女性是负担不起随意寻找性愉悦感所带来的风险,包括非自愿怀孕、婚姻安全、社会名声或者她的人身安全。在过去20世纪50年代开始世界范围出现的三个主要变化,女性得到更好的教育、自我支持以及可以控制她们自己生育,此时她们更可能想要性愉悦而不是作为一种达到另一个目标的手段。

对这本书的许多读者熟悉的美国年轻人来说,文化脚本和期望是怎样的呢?当人们谈论性和现在在大学校园里或别处的年轻人时,讨论通常集中在"勾搭文化"(hook-up)上,这个概念即年轻人几乎每个晚上会和不同的对象进行临时、快速的性交。与过去更普遍的恰当的求爱、约会和承诺的关系相比,这被认为是一个新的发展。目前你应该知道,对于任何人类本性的假设,进行批判性思维是多么重要。并且事实上,一个新出现的勾搭文化可

电视剧《衰姐们》讲述了一个女主角和她的朋友们,包括一个处女和一个性开放女孩,寻求与男人的爱和性的故事。故事中女孩轻松和大胆地讨论性,是对女性传统性脚本的改写,因此既吸引了大量粉丝,也有不少批评。

能是一个很好的故事。

虽然"勾搭文化"这种称呼听起来就意味着性交,然而事实上一个最近的大学女性的调查表明,只有大约一半使用这种描述的情况发生了生殖器接触,而只有 1/3 的情况包含真实的性交(Fielder & Carey,2010)。也没有什么研究发现偶然的性交比以往更加普遍。美国综合社会调查的全国数据分析显示,在 1988 和 1996 年之间,有 49% 的年轻人报告说 18 岁以后有 2 个或更少的性伴侣。那么从 2004 年到 2012 年,在这样一个网上约会和"勾搭文化"流行的摩登时代,这个比例有什么变化?事实上基本没变,约为 51%(Monto & Carey,2014)。勾搭文化的出现也是一个现实例子,显示关于人类的性预期和假设并不总是与科学数据和真实行为一致。

日志 8.3　批判性思考——不要过于简单化

在性欲里给予最小水平的睾丸素是重要的,许多人假设增加睾丸素会增加欲望以及解除欲望低下。为什么这个假设问题过于简单?

模块 8.3 测验

1. 威廉·马斯特斯和弗吉尼亚·约翰逊描述了性反应周期的四个阶段。根据他们最初的研究,这些阶段的正确顺序是(　　)。

   A. 唤醒,欲望,解决,高潮　　　　　　B. 唤醒,欲望,高潮,解决

   C. 欲望,唤醒,高潮,解决　　　　　　D. 欲望,唤醒,解决,高潮

2. 在灵长类动物(包括人类)中,仅仅是增加的睾丸激素是如何影响性欲的呢?(　　)

   A. 这对女人来说是一件大事,但对男人却不是很重要。

   B. 一个伟大的交易,性欲望主要是一个生物过程。

   C. 不是很多,睾丸素不会导致性欲。

   D. 不是很多,灵长类的性欲望受到许多相互作用的过程的影响。

3. 下列关于性取向的陈述是正确的吗?(　　)

   A. 绝大多数同性恋父母的孩子不会成为同性恋。

   B. 人类是唯一证明同性性行为的动物物种。

   C. 暴露在体内的激素和性取向之间没有任何关系。

   D. 仅生物因素就能解释社会中所观察到的性反应、偏好和习俗的多样性。

4. 下列哪一种最能说明性快感有"自上而下"的成分?(　　)

   A. 维克拉姆一贯错误地将他的女性朋友的行为解读为对他的性兴趣,实际上她们只是展示友好。

B. 卡洛斯通常同意做爱,因为他觉得为了取悦他的伴侣,他有义务这样做。

C. 罗西爱上了她,当她听到她的新伴侣接近高潮时,她就会增加她自己的快乐程度。

D. 海莉从父母、榜样和媒体中获得了成功,这些媒体坚持社会的审美标准,将使她能够更好地利用自己的性取向来获得理想的结果。

5. 在什么条件下,女性最有可能把性作为"讨价还价的筹码"?(　　)

A. 当她们使用避孕措施时。

B. 当她们已经有两个孩子的时候。

C. 当她们在经济上依赖的时候。

D. 当她们被雇佣时,她们有自己的钱来讨价还价。

8.4　有能力的动物:获得成就的动机

几乎每个成年人都有这样或那样的工作。学生们以学习为工作,父母待在家里照顾孩子,通常比拿薪水的员工的工作时间要多,艺术家、诗人和演员都在工作,即使他们的薪水不规律(或者根本没有报酬)。大多数人都有动力去工作,以满足食物和住所的需求。然而,生存并不能解释为什么有些人想把工作做好,而另一些人只是工作。这并不能解释为什么有些人为了谋生而工作,然后把他们对成就的热情投入没有报酬的活动中,比如学习成为一名有成就的吉他手,或者去马达加斯加旅行,去看一看他们的观鸟名单上的稀有种类。在这一节中,我们将讨论动机如何影响工作,以及工作如何影响一个人的动机。观看"情绪的理论和动机"对这些问题的概述。

动机对工作的影响

LO 8.4.A　描述使目标设定成功的条件,并区分成绩目标和掌握目标。

心理学家,尤其是那些在工业组织心理学领域的心理学家,已经测量了激发成就的心理素质,以及影响生产力和满意度的环境条件。

目标的重要性 为了理解实现目标的动机,如今的研究人员强调的是目标,而不是内在动力:你所完成的目标取决于你为自己设定的目标和你追求目标的原因(Dweck & Grant,2003)。然而,不是任何目标都能促进成就。当三个条件得到满足时,一个目标最有可能提高你的动机和表现(Locke & Latham,2006):

- 我们的目标是具体的。模糊地定义一个目标,比如"尽你所能",就像没有目标一样无效。你需要明确你要做什么以及你什么时候做什么:"今天我要写四页的论文。"

- 目标是具有挑战性的,但却是可以实现的。你倾向于为艰难但可实现的目标付出最大的努力。最困难的目标会产生最高水平的激励和表现,当然,除非你选择了那些你永远无法实现的不可能的目标。

- 目标是建立在得到你想要的东西的基础上,而不是避免你不想要的东西。**接近目标**是你直接寻求的积极体验,比如获得更好的成绩或学习潜水。**回避目标**包括努力避免不愉快的经历,比如尽量不要在聚会上让自己尴尬,或者试图避免依赖他人。

接近目标 以期望的结果或经验制定的目标。

回避目标 以避免不愉快经历而制定的目标。

本章讨论的所有动机都受到方法与回避目标的影响。那些以具体的、可实现的方法来制定目标的人(例如,"我每周跑步三次就能减肥")自我感觉良好,比那些以回避的方式制定相同目标的人更乐观,也更不会抑郁(例如,"我要通过舍弃丰富的食物来减肥")(Coats, Janoff Bulman, & Alpert, 1996;Gable & Gosnell, 2013)。同样地,那些为了追求自己的身体快乐、为了追求伴侣的幸福,或者寻求亲密的关系而做爱的人,往往比那些为了避免伴侣失去兴趣或与伴侣争吵而发生性行为的人更快乐,也更少冲突(Muise, Impett, & Desmarais, 2013)。你能猜出为什么接近目标会产生比回避目标更好的结果吗?接近目标可以让你专注于你能积极做的事情来完成它们,以及活动的内在乐趣。回避目标会让你专注于你必须放弃的东西。

在工作的情况下,定义你的目标会让你沿着通往成功的道路前进,但是当你遇到一个坑洞时,会发生什么呢?有些人在目标变得困难或面临挫折时就放弃了,而另一些人则更坚定地想要成功。他们之间的关键区别在于,他们为什么要为这个目标而努力:在别人面前炫耀,或者为了满足自己的需要而学习这项任务。

成绩目标 目标是在别人面前表现得很好,被认为是亲切的,避免批评的。

掌握(学习)目标 以提高个人能力和技能的目标。

那些被**成绩目标**所激励的人主要关心的是被评价和避免批评。那些被**掌握(学习)目标**所激励的人关心的是提高他们的能力和技能,并在他们所学的东西中找到内在的快乐（Grant & Dweck，2003；Senko，Durik，& Harackiewicz，2008）。

当那些被成绩目标激励的人表现不佳时，他们往往会认为错误是他们的，并且停止努力去改进，因为他们的目标是展示他们的能力。当他们暂时失败时，他们会为自己感到悲伤，因为我们所有人都必须学习新的东西。相反，那些有动力去掌握新技能的人通常会把失败和批评当作有用信息的来源，帮助他们改进。他们知道学习需要时间。在商业、教育和其他生活领域，教训是显而易见的：失败对最终的成功至关重要。

掌握目标是各级教育和整个生活的强大内在激励因素。在大学学生中，那些以掌握新的知识领域为目标的学生，比那些只是为了获得学位和工作的学生，会选择更具挑战性的项目，坚持面对困难，用更深和更复杂的研究策略，也更少去作弊（Elliot & Mcgregor，2001；Grant & Dweck，2003）。不过，与往常一样，我们应该避免过于简单化：奥林匹克运动员、世界级的音乐家，以及其他决心在他们的领域中成为最好的人，会将他们的表现目标和掌握的目标结合在一起。

另一个成功的因素是自我控制（Duckworth & Gross，2014）。正如名字所暗示的，自我控制是在诱惑面前调节注意力、情感和行为的能力。如果电视、电话、照片分享和短信赫然出现时你仍能专注于学习，那么你就表现出了令人钦佩的自制力。事实上，你应该坚持下去。研究人员已经证明，在生命早期，更高的自我控制能力预示着后来的更大的学术成就、更好的身体健康、更好的就业和更高的收入（Duckworth Carlson，2013；Mischel，2014；Moffitt et al.，2011）。

最近的一项研究也强调了毅力的重要性，在一段时间内，坚持不懈地致力于充满激情的兴趣和努力（Duckworth & Gross，2014）。从顶尖的小提琴手到象棋大师，再到全国拼字比赛的获胜者，许多专家的表演往往是数千小时的专门练习的结果（Duckworth et al.，2011；Ericsson，2001）。这种坚忍不拔的感觉，在长期的过程中，是独立于自我控制的更集中的努力的结果。事实上，毅力预示着成就的结果，比如准时从高中毕业，成为一名有效的新老师，或者在西点军校度过艰难的第一年（Duckworth，2016；Eskreis-Winkler et al.，2014）。

期望和自我效能 你为某件事付出的努力也取决于你的期望。如果你对成功相当有把握，相比于你相当确定会失败，你会更努力地去实现一个目标。你的期望会受到你对自己和能力的自信程度的影响

自我效能 一个人相信他或她能够做出想要的结果,比如掌握新技能和达到目标。

(Dweck & Grant, 2008; Judge, 2009)。没有人天生就有自信或**自我效能**感。你通过掌握新技能、克服障碍、从偶然的失败中学习经验来获得它。自我效能感也来自成功的榜样,他们教导你,你的抱负是可能的,并让周围的人给你建设性的反馈和鼓励(Bandura, 2013)。

那些有强烈自我效能感的人很快就能解决问题,而不是对它们进行忧虑和沉思。在北美、欧洲和俄罗斯的研究发现自我效能与人们生活的方方面面都有积极的关系:他们获得的成绩,他们怎样一直追求他们的目标,他们的职业选择,他们的政治动机和社会工作的目标,健康的饮食习惯,甚至从心脏病发作中的恢复概率(Bandura et al., 2001; Luszczynska et al., 2016)。对几十年的研究的集中分析发现,自我效能和设置雄心勃勃但可实现的目标确实是学习和成就的最有力的预测因素(Lanaj, Chang, & Johnson, 2012; Sitzmann & Ely, 2011)。

互动 多种成就动机

威廉·福克纳(William Faulkner, 1897—1962),小说家
"真正的作家并不想要得到成功……他想在遗忘之墙上留下一点印记……在千百年之后有人会看见这些印记。"

海伦·凯勒(Helen Keller, 1880—1968),聋哑作家和讲师"知识就是幸福,因为拥有知识——宽广又深厚的知识——是从虚假中得到真实,从低档走向高档的事情。"

纳尔逊·曼德拉(Nelson Mandela, 1918—2013),南非前总统
"自由不仅仅是摆脱自己的束缚,而是要尊重和增强他人自由的方式。"

乔治亚·奥基夫(Georgia O'Keeffe, 1887—1986),画家
"我发现自己对自己说——我不能住在我想住的地方,去我想去的地方,做我想做的事……如果连绘画都不能像自己想要的那样,那我绝对是一个愚蠢的傻瓜。"

亨利·基辛格(Henry Kissinger, b.1923),前国务卿
"权力是最终的兴奋剂。"

爱莲娜·罗斯福(Eleanor Roosevelt, 1884—1962),人道主义者,讲师,女政治家"谈起成就,我只是做了我应该做的事情。"

佛罗伦斯·格里菲斯·乔伊纳(Florence Griffith Joyner, 1959—1998),奥运会金牌获得者
"如果你长期都是第二名,你要么接受,要么努力成为最好的。我做出了最好的尝试。"

伊万·布斯基(Ivan Boesky, b.1937),金融家,犯有内幕交易违规行为
"贪婪是很正常的……我认为贪婪是正常的。你能贪婪而且觉得自己挺好。"

工作对动机的影响

LO 8.4.B 描述工作条件如何影响动机实现。

很多人认为工作和动机是朝着同一个方向发展的:你有动力,所以选择了一个职业,并且努力工作来获得成功。但是心理学家也研究了不同的方向:生涯的可用性如何影响动机。例如,一个简单而有力的因素影响着许多人在特定领域工作的动机,即男性和女性在那个职业中所占的比例(Kanter,2006)。当职业被性别隔离时,许多人形成了对这种职业要求的性别刻板印象:所谓的"女性"工作需要善良和养育;"男性"工作需要力量和智慧。这种刻板印象,扼杀了许多人进入非传统职业的愿望,也产生了就业者自我实现的偏见(Agar,2004;Eccles,2011)。

印度的一个自然实验显示,榜样对青少年教育和成就抱负的强大影响(Beaman,2012)。在1993年,通过了一项法律,在500个随机选择的村庄保留妇女的领导职位。几年后,一项对8453名青少年的调查发现,在女性领导的村庄里,教育抱负的性别差距已经接近1/3。你看见的会明显地影响你想要的以及你认为你能得到的。

在美国,律师、兽医、药房和调酒几乎都是男性职业,而护理、教学和育儿几乎都是女性,很少有女性渴望进入男性职业。然而,当职业隔离不再合法时,人们的职业动机就发生了变化。如今,女性律师、兽医、药剂师和调酒师是很常见的。尽管女性在工程学、数学和科学方面仍然是少数,但是她们的数量一直在上升:1960年,女性在工程学博士学位中只占0.4%,数学中占5.2%,生活科学中占8.8%。但是根据政府统计,截至2012年,这些比例分别上升到22.2%、25.2%和52.4%。随着这些数字的增加,女性不适合工程、数学和科学的观点已经消失了。

工作条件 想象一下,你生活在有一个著名公司 Boopsie's Biscuit & Buns 所在的城市里。镇上的每个人都很感激 3B 公司,并很希望去那里工作。然而,不久很多员工开始发生奇怪的事情,他们抱怨很累,而且容易发怒,他们请了很多病假,生产力下降。在 3B 公司发生了什么事情?难道大家都很懒惰吗?

但是如果真是 3B 公司出了问题怎么办?心理学家想知道工作条件是如何培养或压榨他们成功的动力的。在人们工作过程中,是什么促使一些人做得好?为什么其他人会完全失去动力?首先,成就取决于有机会实现。当一个人在工作中做得不好时,别人往往会认为是这个人的过错,因为他/她缺乏内在的动力去继续完成这件事。但是这个人可能真正缺乏的是一个公平的机会,尤其是那些遭受系统歧视的人(Sabattini & Crosby,2009)。在他们进入职业生涯后,人们可能会变得更有动力或者更缺乏动力往上爬,这取决于他们被允许晋升到哪个地步。过去,在政治上很少有女性,但是现在州长、参议员、国会议员或总统候选人是女性已经不再是新闻了。

工作环境的其他几个方面可能会增加工作动机和满意度,并且减少情感枯竭的机会(Bakker,2011;Maslach,Schaufeli,& Leiter,2001;Rhoades & Eisenberger,2002):

- 对员工而言,工作是有意义和重要的。
- 员工有控制他们工作方面的权利,比如设定自己的时间和自主决定。
- 任务多样而不重复。
- 员工与上司和同事之间有良好的关系。
- 员工对工作做出有用的反馈,所以他们要知道他们已经完成了什么,以及需要做些什么来完善他们的工作。
- 公司为员工提供学习和进步的机会。

有这些培养条件的公司往往会有更多的生产力,员工的满意度也会更高。员工在思维上更富有创造性,更加专注于工作,并且比那些陷入日常工作中,无法控制或灵活完成任务的人自我感觉更好。

相反,当人们处于一种成功的欲望和能力被挫败的处境时,他们常常变得不满意,动机下降,并且很可能放弃。例如,一项对科学、工程和技术领域近2500名男女的研究,探讨了许多女性最终离开工作岗位的原因,其中一些人完全放弃了科学:那些失去了这些领域工作的女性报告了孤立无援的感觉。许多人说她们是工作组中唯一的女性,2/3 的人说她们遭受过性骚扰(Hewlitt,Luce,& Servon,2008)。其他的原因包括工资低于相同工作和工作条件的男性,公司不允许她们处理家庭义务。母亲仍然比父亲更可能减少她们的工作时间,改变工作时间表,而且因为照顾孩子,她们会感到心烦意乱(Sabattini & Crosby,2009)。

总而言之,正如你所见,工作动机或满意度取决于个人素质和工作条件之间的恰当契合。

不是只有心理学家们理解工作条件对雇员满意度和绩效产生显著的影响。卓别林（Charlie Chaplin）的《摩登时代》（Modern Times, 1936）可能是第一个在传统电影和电视节目中强调工作环境可能带来的潜在挫折感，他用喜剧和混乱的效果，展现了一个工厂工人如何被一条机械的生产线淹没。

在有关工作场所的电影中，有时会处理一些重要的社会问题。在《9到5》（9 to 5, 1980）中，多莉·帕顿（Dolly Parton）和她的女同事努力克服（精确有趣的报复）那些阻止女性在公司晋升的性别歧视问题。

《办公空间》（Office Space, 1999）成为一个里程碑式的经典，通过喜剧的形式展现了在乏味的环境中做一份枯燥的工作，具有摧毁灵魂的潜在风险。例如上图用棒球棒对付不合作的办公室打印机。

最近，电视剧《办公室》（The office）受到英美广大观众的好评。这些节目再次突出了日常工作条件对劳动生产率的影响，但他们也注意到了在工作环境中的个体社交（甚至浪漫的）生活在其中发挥的核心作用。

需求、动机与追求幸福

LO 8.4. C 讨论研究表明什么使人们幸福，以及人们如何准确预测自己的幸福感。

在本章中，我们研究了一系列的需求和动机，从寻找食物到寻找爱情，从渴望性爱到渴望工作满足。几年前，人道主义心理学家亚伯拉罕·马斯洛（Abraham Maslow, 1980）试图将人们各种需求组织成一个层次，设想这些动机形成一个金字塔。最底层是食物、睡眠和水的基本生存需求，上一层是安全需求、避难所和安全。更高层次的需求是社会性的，与尊重有关，而在顶端的是当所有其他需求满足之后，人会有自我实现和自我超越的需求。观看下一页的视频《马斯洛的需求层次（Maslow's Hierarchy of Needs）》以获得更详细的叙述。

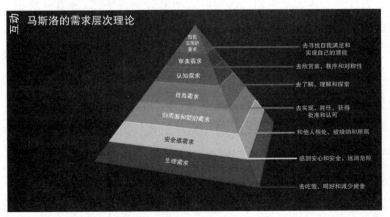

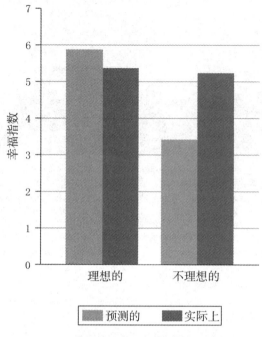

图8.1 情绪的错误预测

在现实生活中的纵向研究中,大学生被随机分配到一个宿舍中,然后预测他们在分配到理想或不理想的宿舍后会有多么幸福与不幸福。大部分学生认为他们在不理想的宿舍中会不高兴,但事实上,一年后,两组比较差异无显著性(Dunn, Wilson, & Gilbert, 2003)。

马斯洛的理论变得非常流行,而励志演说家经常使用五彩缤纷的金字塔图片来引用它。但是这一理论主要基于马斯洛对他自己选择的人的观察,而"自我实现"并没有多少理论支持(Sheldon, 2011; Sheldon et al., 2001)。

一个原因是人们同时需要舒适和安全、亲密和能力。更高的需求有时候甚至会取代最基本的需求。在历史上,有很多人宁愿牺牲,遭遇酷刑或者饿死,也不愿意牺牲信念。或宁愿冒险去创造新的艺术,而不愿安全地活着。满足、安全对不同的人意味着不同的东西。在生活中的主要动机这一章结束时,我们审视了心理学家了解到什么使人们快乐,以及人们认为什么会让他们快乐。

当考虑为自己设定目标时,有一个至关重要的心理发现:人们很难预测什么会使他们快乐而不是痛苦,也很难估计这些感觉会持续多久(Wilson & Gilbert, 2005; Eastwick et al., 2008)。在一项研究中,大学生被问到如果他们被随机分配住在他们认为的"理想的"或"不受欢迎"的宿舍里后,他们会感到多么高兴或不开心(Dunn, Wilson, & Gilbert, 2003)。学生们预测,他们的宿舍安排会对他们的整体幸福水平产生巨大的影响,而分配给一个不理想的宿舍会彻底破坏他们对整个社会的满意度。事实上,正如你从图8.1所看到的,一年后,无论生活在哪里,两个群体的幸福水平几乎相同。

为什么?因为学生们在预测他们未来的幸福感时,把重点放在了错误的因素上,他们对宿舍的样子和地点的重视比对室友更大。但事实上,是人们让生活变得有趣或不愉快,所有宿舍里都有可爱的人。因为学生们无法预测这一点,或者说他们无法预知自己是否喜欢新室友,因此他们错误地预测了未来的幸福。

这个结果在许多不同的情境中同样出现:善很少像我们想象的那样好,坏很少像我们想象的那样可怕。原因是,人们很快就适应了快乐的变化——新的关系、晋升、甚至赢得彩票——并没有预料到他们会像处理坏的经验一样快。然而,人们经常基于这种对未来的错误假设做出决定。许多人花很多钱在购买汽车和房子上,甚至超出他们的支付能力,因为他们认为这会让他们获得真正的快乐。

那么,干什么能让人们快乐呢?在我们研究的人类动机的所有领域中,一个关键的结论出现了:那些被一项活动的内在满足所激励的人比那些仅仅被外在奖励所激励的人更快乐,更满意(Deci & Ryan,1985;Deci,2016)。在美国,很多人更努力地赚钱,而不是去寻找自己喜欢的活动。他们认为,更大的财富会带来更大的幸福,但在达到基本舒适和安全的水平之后,更多的未必是更好的。他们很快就适应了这些财富,于是认为他们需要更多的财富来实现更高的幸福感(Dunn,Gilbert,& Wilson,2011;Gilbert,2006)。拥有巨大的财富甚至会损害人们享受小的愉悦,例如明媚的天气、冷饮和巧克力的乐趣(Quoidach et al.,2015)。

此外,无论生活在美国(富裕国家)还是俄罗斯(一个较不富裕的国家),那些主要动机是致富的人比那些主要动机是自我接受,与其他人交往,或想让世界变得更美好的人,心理调节和幸福感更差(Ryan et al.,1999)。尤其是当追求金钱的原因是外在的(为了给别人留下深刻印象,炫耀你的财产)而不是内在的(这样你就可以承担你热爱的志愿工作)(Carver & Baird,1998;Srivastava,Locke,& Bartol,2001)。相反,拥有积极的、内在的愉快经历比拥有东西更使人快乐,换句话说,做事情比买东西更令人满意(Carter & Gilovich,2012;Dunn & Norton,2013)。

日志 8.4 批判性思考——明确你的表述

正如文中所讨论的,人们有时用模糊的、不切实际的或消极的方式来设定他们的目标。考虑两个你想完成的目标,可以是提高学习效率,改善与家庭成员的交流,解决特定关系中的问题,或者变得更健康。现在描述你的这两个目标,使其满足以下要求:(1)具体的;(2)有挑战性的,但可以实现的;(3)趋近的,而不是逃避的。如何以这样的方式构架你的目标,提高你达到目标的动力呢?

模块8.4测验

1.霍雷肖想得到空手道黑段,下列哪种思维最有可能帮助他达到目标?(　　)

　　A."我肯定不会输掉很多比赛。"
　　B."我应该尽我所能。"
　　C."我会制定一些具体但难以实现的目标。"
　　D."我会设定明确的目标,我知道自己可以轻易达到。"

2. 米兰达想学溜冰,因为滑冰看起来很有趣,她喜欢尝试新事物。琼科(Junko)想学溜冰,因为她不想在明年冬天在她的朋友面前感到尴尬,她害怕被排除在娱乐活动之外。米兰达的动机是(　　),而琼科的动机是(　　)。

    A. 具体的;非具体的   B. 成就目标;成绩目标

    C. 回避目标;趋近目标   D. 趋近目标;回避目标

3. 克劳德和英戈都在为律师考试而学习。克劳德感到压力很大,因为他希望朋友和家人感到骄傲。英戈也感到压力很大,因为他想挑战自己,解决学习和学习的考验。克劳德受到的激励是(　　)目标,而英戈受到的激励是(　　)目标。

    A. 趋近;回避   B. 掌握;学习

    C. 表现;掌握   D. 非具体;具体

4. 研究表明,学习的一个最重要的预测因子是(　　)。

    A. 自反馈   B. 自我禀赋

    C. 自我回避   D. 自我效能感

5. 赞恩说:"如果我能中彩票,我就可以安排生活了。中彩票会改变一切,我每天都很快乐。"根据你所知道的预测未来情绪状态,你认为赞恩预言有多精确?(　　)

    A. 非常准确:研究表明,获得奖品后的彩票中奖者的生活方式变得完全不同。

    B. 有些准确:研究表明,人们可以在大约一半的情况下正确地预测未来的幸福。

    C. 不太准确:他可能会很快乐,但并不像他想象得那样快乐,他的生活也不会像他预料的那样戏剧化。

    D. 一点儿都不准确:一次性地获得大量财富和金钱让大多数人不快乐。

让心理学伴随着你:现代动机的再思考

    在本章中,我们探索了在日常生活中经验方面有关的动机。食物、爱、性、工作。几十年来,心理学家们探讨了在这些熟悉的领域中为什么会出现那些行为方式。

    这项探索最大的挑战之一是人类所展示的许多偏好已经经过很多代的进化了。随着时间的推移,帮助人类形成这些倾向的环境因素随着技术的进步而突然转变,在人类本性和现代社会之间产生了有趣的错位。例如,高糖、高脂肪和高蛋白质的食物曾经是稀有商品,促进了激烈的生存竞争。然而,如今,这种食品在社会中都很容易买到,甚至在坐在心理学课上的时候,你也可以安排一个人在一小时之内把冰激凌递给你,只需在你的手机上轻轻敲击一下(事实上,有一次,我们中的一个人在课堂上这样说,一个勇敢的学生做到了这一点,他点了一个这样的外卖,以令人难忘的方式证明了这一点的正确性)。然而,正是因为我们根深蒂固的对含糖和高脂肪食物的偏好持续存在,才导致了现代肥胖症的流行。

    或者考虑寻找伴侣。进化论认为当今的男性和女性仍然受到相同的偏好的驱使,这些偏好赋予了他们上一代的生殖优势：男性优先考虑身体上有吸引力的配偶，因为美丽意味着生育能力；女性更注重找到高水平的伴侣，即那些可以提供给她们资源的人（Buss,1995）。当然，其他心理学家会认为，文化信息强化了这些相同的偏好，提供了一个社会学习的解释。无论是哪种方式，你的批判性思维都会引导你去问这样的偏好是如何在一个社会中出现的，在这个社会中，越来越多的亲密关系通过网站或移动应用程序开始，正如本章的开题所暗示的。接近度对吸引力的影响是如何在一个日益联系的社会世界中运作的？当涉及在线约会简介或Tinder使用时，性别偏好和性取向的伴侣偏好如何表现出来？

更一般地说，我们希望在本章回顾的研究中也会促使你提出一些大问题，比如，你的价值观是什么？你最希望在生活中实现什么？财富，安全，激情，自由，名望，渴望改善世界，找到你的灵魂伴侣，成为一个运动或其他技能最好的人，还有别的吗？你的短期目标是什么？你想改善你的爱情生活吗？取得更好的成绩？更喜欢学校吗？减肥？成为一名更好的网球运动员？

全世界的励志演说家、书籍和DVD提供灵感、热情和一些神奇的步骤来改变你的生活，但我们希望现在你会运用批判性思维实现他们的承诺。热情的灵感是很好的，但它通常不会转移到帮助你作出真实的改变。相反，想想你在本章学到的：

- **寻找内在快乐的活动**。如果你真的真的想学习斯瓦希里语或瑞典语，即使这些语言不符合你的毕业要求，试着找到一种方法去做。正如伟大的作家雷·布莱伯利（Ray Bradbury）在89岁时所说，生活中高龄的秘诀是"做你爱做的事，爱你所做的事"。如果你不喜欢你的专业或工作，考虑找一条更具内在乐趣的路，或者至少确保你有其他的项目和活动，你可以为自己而享受。
- **专注于学习目标，而不仅仅是在成绩目标上**。总的来说，如果你的目标是学习，而不是向别人展示你有多好，你会更好地应付挫折。把失败看成是学习的机会，而不是无能的标志。
- **评估你的工作条件**。每个人都有工作条件。无论你是学生，还是个体工作者，还是待在家里的父母，如果你的动机和幸福感开始枯萎，检查你的环境。你得到别人的支持了吗？你有机会发展想法，改变你的日常生活吗？或者你期望每天都做同样的事情吗？是否有障碍限制了你在你所选择的领域的进步？
- **采取措施解决动机冲突**。你在竞争的目标之间被撕裂了吗？例如，你是否不幸地陷入了实现独立的目标和被父母关爱的目标之间？像这样的冲突和解对你的幸福很重要。

最重要的是，仔细考虑你为自己选择的目标：它们是你想做的，还是别人想要你做的？它们反映了你的价值观吗？如果你对自己的身体、人际关系、性生活或工作不满意，为什么不满意呢？想一想。然后制定战略并采取措施。

分享写作：生活的动机：食物、爱情、性和工作

想一想你的动机是什么：实现学业，在运动中胜出，改善你的爱情生活，改变一些不健康的习惯。尽可能具体地写下你现在的行为和你所期望的最终目标是什么。你是否发现内在动机和外在动机的结合推动了你从 A 点到 B 点的进步？对于你选择的目标来说，环境因素比遗传因素更能达到你的目标。

总结

8.1 动机和饥饿的动物

LO 8.1.A 定义动机并区分其内在和外在形式。

动机是指一个过程，使一个有机体走向一个目标或远离一个不愉快的情况。内在动机是指为了自己的利益和它带来的快乐而做某事的欲望。外在动机指的是对外部奖励的渴望，比如金钱和好成绩。

LO 8.1.B 讨论影响体重的生物学因素，并解释什么是体重的定点。

超重和肥胖不仅仅是意志力、情绪障碍或暴饮暴食的结果。饥饿、体重和进食是由一组身体机制调节的，比如基础代谢率和脂肪细胞数量，这使得人们接近其基因影响的定点。基因影响身体形状、脂肪分布、脂肪细胞数量，以及身体是否会将多余的热量转换成脂肪。厌食物质，如激素莱普亭，会减少食欲和食物消耗。开胃物质，如胃饥饿素，会刺激食欲。

LO 8.1.C 讨论并举例说明对体重产生影响的主要环境因素。

仅凭遗传学就无法解释为什么全世界所有社会阶层、种族和年龄的超重和肥胖率都在上升。主要的环境原因包括廉价的快餐和加工食品的增加、高热量含糖苏打水的消耗增加、久坐的生活方式的增加、食物分量的增加以及食物多样性的提高。

LO 8.1.D 区分神经性厌食症和神经性贪食症，并讨论导致每种疾病的因素。

神经性厌食症和神经性贪食症是最常见的进食障碍。遗传和文化因素影响进食障碍，但心理因素，包括抑郁、焦虑、低自尊、完美主义和扭曲的身体意象，也在饮食紊乱的发生和保持中起作用。

8.2 社会动物：爱的动机

LO 8.2.A 描述抗利尿激素、催产素和内啡肽是如何帮助我们理解爱的生物学的。

所有人都需要依恋和爱。各种脑化学物质和荷尔蒙，包括抗利尿激素和催产素，都与结合和信任有关；内啡肽和多巴胺产生了与浪漫激情相关的快乐和回报。

LO 8.2.B 解释依恋理论如何应用于成人恋爱关系。

人们彼此吸引的两个强烈的预测因子是接近性和相似性。恋爱时，人们会形成各种各样的依恋。依恋理论认为成人的爱情关系，像婴儿一样，是安全的、回避的或焦虑的。

LO 8.2.C 总结关于性别的研究以及两性关系中的文化差异。

男人和女人同样有可能感觉到爱和需要依恋，但一般而言，他们在表达爱的感受以及他们如何定义亲密关系方面是有差异的。一对夫妇的态度、价值观和感知关系是公平和平衡的,比基因或荷尔蒙更能预测长期爱情。

8.3 色情动物：性的动机

LO 8.3.A 描述关于性的早期研究发现,以及生物学、荷尔蒙和欲望如何导致男女性行为的差异。

人类的性欲并不仅仅是一个"顺其自然"的问题,因为对于一个人或文化来说,顺其自然是不自然的。金赛对男性和女性性行为的调查以及马斯特斯和约翰逊的实验室研究表明,生理上,两性都能进行性唤起和反应。然而,个体在性兴奋、反应和抑制方面变化很大。荷尔蒙睾酮促进两性的性欲,尽管荷尔蒙不会以简单、直接的方式引起性行为。

LO 8.3.B 讨论与性取向相关的生物学因素,以及伴侣偏好的单一解释的局限性。

许多研究者用生物因素来解释性取向,包括450个动物物种间同性性接触的证据。暴露的各种产前激素,以及以前居住在子宫的哥哥,被认为可以预测性取向。然而考虑到性别身份和行为会采取不同的形式,并且在生活中是流动的,因此很难单一地使用一个原因来解释性取向。

LO 8.3.C 讨论不同的性动机,并将其与强奸动机进行对比。

男女为了满足不同的心理动机而进行性生活,包括愉悦、亲密、安全、伴侣认可、同龄人认可或达成特定目标。人们对不想要的性行为的动机各不相同,这取决于他们在关系中的安全感和承诺。男性强奸犯出于不同的原因,包括对女人的自恋和敌视、对受害者的支配、羞辱或惩罚,有时甚至是施虐狂。

LO 8.3.D 解释文化和性别对性冲动和性行为的影响。

文化通过性别角色和性脚本传递关于性的观念,这在性别和年龄、性取向等方面规定了适当的求偶和性行为。就爱情而言,性别间的差异性(和相似性)受到文化和经济因素的强烈影响。随着性别角色变得越来越相似,女性变得更加经济独立。男人和女人的性行为变得越来越相似,女人渴望性爱,而不是讨价还价。在今天的年轻人中,许多关于"勾搭文化"的普及性的假设没有得到实际数据的支持。

8.4 有能力的动物：获得成就的动机

LO 8.4.A 描述使目标设定成功的条件,并区分成绩目标和掌握目标。

当人们为自己设定高但可实现的目标时,当他们接近目标(寻求积极的结果)而不是回避目标(避免不愉快的结果)时,人们获得更多的成就。实现动机还取决于人们设定的是掌握(学习)目标,以学好任务为重点;还是成绩目标,以表现好为重点。自信和勇气都有助于目标的实现。人们的期望来源于他们的自我效能感,而这些预期塑造了他们的表现。

LO 8.4.B 描述工作条件如何影响动机实现。

工作动机也取决于工作本身的条件。在高度性别隔离的工作环境中,人们容易产生性别的刻板印象。能够促进动机和满意度的那些工作条件包括为工人提供生活意义感、控制感,任务多样化,支持性的关系,给予反馈,以及进步的机会。

LO 8.4.C 讨论研究表明什么使人们幸福,以及人们如何准确预测自己的幸福感。

人们不善于预测什么会使他们快乐,什么会使他们痛苦,或者估计这些感觉会持续多久。当人们享受活动的内在满足感时,幸福感就会增加。拥有内在快乐的经历使大多数人比拥有财富和财产更幸福。

第八章习题

1. 卡瓦认为,如果他在学校取得好成绩,女孩会注意到他,朋友会钦佩他,父母会为他感到骄傲。因此,他通过自己的课程学习,但很少集中精力去理解材料而是着眼于获得他能得到的最高分数。卡瓦展示了所有存在的迹象是( )动机。

  A. 多样的   B. 内在的   C. 生态的   D. 外在的

2. 哪一个基因导致脂肪细胞分泌瘦素?( )

  A. ob   B. 生长素   C. 抗利尿激素   D. 催产素

3. 为什么你会认为去自助餐厅的人会比光顾一个更传统的餐馆的人吃得更多?( )

  A. 自助餐吸引大群体,大群体往往比小群体吃得多。

  B. 自助餐厅的特色食品比传统的餐馆或快餐店更容易让人发胖。

  C. 通过自助餐线的缓慢活动为脂肪细胞的建立提供了时间。

  D. 丰富多彩的食物通常会鼓励人们多吃东西。

4. 在所有精神障碍中死亡率最高的进食障碍是( )。

  A. 神经性贪食症   B. 神经性厌食症

  C. 暴食症   D. 夜食综合征

5. 皮特和布赖恩17年来一直保持着健康的浪漫关系。他们的关系很可能是( )。

  A. 强烈的情感   B. 热烈的爱情

  C. 友谊之爱   D. 迷恋

6. 劳拉在她的伴侣与其他人在聚会上聊天或与朋友度过周末时并不嫉妒。她明白夫妇喜欢一起做事但有时也需要分开做事,她不担心自己的伴侣会放弃她,不担心他更喜欢其他人。劳拉依恋风格似乎是( )。

  A. 焦虑   B. 逃避   C. 自信   D. 保护

心理学经典译丛

心理学的邀请

[美]卡萝尔·韦德
Carole Wade

[美]卡罗尔·塔佛瑞斯
Carol Tavris

[美]塞缪尔·萨默斯
Samuel Sommers

[美]莉萨·辛
Lisa Shin

著

白学军 等 译

（第7版）
下

华东师范大学出版社
全国百佳图书出版单位
上海

第九章　情绪、压力和健康

学习目标

9.1.A　解释什么是情绪、普遍的面部表情、情绪解码方面的限制。

9.1.B　讨论在情绪体验中涉及的大脑结构、镜像神经元的作用，以及情绪体验中的主要化学物质。

9.1.C　总结有关认知评价在情感体验中作用的基础研究结果。

9.2.A　描述情感体验在文化、概念、语言和期望等方面的差异。

9.2.B　解释表达规则和情绪操纵如何影响情感的交流。

9.2.C　描述和解释在情绪体验中可能存在的性别差异。

9.3.A 描述一般性适应综合征的三个阶段,以及 HPA 轴和心理神经免疫学的现代概念化如何扩展这些想法。

9.3.B 描述乐观主义、责任感和控制感对身体健康的贡献。

9.4.A 总结消极情绪(如敌对和抑郁)对健康有负面影响的证据。

9.4.B 总结积极情绪有助于健康的证据。

9.4.C 讨论忏悔、宽恕和其他形式的"让怨恨去"对健康的益处。

9.5.A 讨论有助于应对压力的情绪聚焦应对方式和问题聚焦应对方式。

9.5.B 描述并举例说明三种有效的应对策略,它们依赖于重新思考当前的压力问题。

9.5.C 讨论朋友帮助或阻碍成功应对的方式。

提出问题:想要怀疑

- 世界各地的人们都有同样的情感吗?
- 我们能控制自己的情绪,还是只是"不知从哪里冒出来的"?
- 情绪和压力如何与身体健康有关?
- 当生活给你一个柠檬(酸涩的问题),你怎么做成柠檬水?

> **互动** 你有没有发现在一学期当中,与其他时间相比,考试前后你常常会生病?
> ○是
> ○否

"很明显,他是一个充满仇恨的人。"

"有太多的悲伤、困惑和绝望。"

"我们的国家必须团结起来反对恐怖和仇恨,不允许偏见、暴力和恐惧占上风。"

"我们感到心碎和愤怒。"

这些评论是由美国政治领袖在 2016 年 6 月佛罗里达州奥兰多同性恋夜总会枪击案后所做出的,这场案件造成 49 名无辜受害者死亡,另有 53 人受伤。

这些引文所带的情感是真实无误的。事实上,这个故事带有强烈的感情色彩。想一想枪手的行为:恐怖主义。很少有情感术语能像"恐怖"一样强烈。枪手显然在心中存有愤怒和仇恨来指导他的行为,夜总会的顾客在袭击中遭受了恐惧和不安,受伤者和受害者家属感到的悲伤和痛苦肯定会需要时间才能消减。

像这样的悲剧也是压力和应对的故事。想一想那些在第一时间做出反应的人们,他们在高度警惕的情况下来到现场,他们不确定能够寻找到谁或者能够在哪里找到他们。附近居民可能会被迫面临封锁、宵禁、搜捕和巨大的不确定性。面对一个心爱之人的失去,重伤之后的重组,抑或是在悲剧过后简单地往前走下去,可能是所有压力中最大的压力。在当今世界 7/24 的新闻报道中,第一手的手机视频和新闻报道是通过智能手机应用程序和社交媒体传播的,即便是来自世界某一角落的事件也有可能从心理上影响到我们所有人。但是,不是说只有涉及生死的事件,才会有压力,才需要应对,甚至会影响到健康。本书的大部分读者都能体验到,与一学期的其他时间相比,他们发现自己更可能在期末考试时生病。这是有充分理由的!正如你所看到的,压力会削弱免疫系统,更容易产生疾病。

在这一章中,我们将研究情绪和压力的生理学和心理学。长期的消极情绪,如愤怒和恐惧,当然是压力,并且压力肯定会产生负面情绪。然而,这两个过程都是由我们如何解释发生在我们身上的事件、我们所处的环境的要求以及我们的文化规则所决定的。

9.1 情绪的本质

人们常常希望摆脱愤怒、嫉妒、羞耻、内疚和悲伤的痛苦情绪。但是想象一个没有情感的生活:你将不会被音乐的魔力所打动;你永远不会在乎失去一个你爱的人,不仅因为你不知道悲伤,而且因为你不知道爱;你永远不会笑,因为没有什么会让你觉得好笑;你会成为一个社会孤立者,因为你无法理解别人的感受。你可能不做任何事情,因为你没有情感,你会不在乎。

情绪的演化帮助人们迎接生活的挑战(Nesse & Ellsworth, 2009)。例如,厌恶是一种保护婴儿和成人不吃腐败的或有毒食物的机制(Stevenson et al., 2014)。尴尬和羞愧,对个人来说是痛苦的,但起着重要的作用:当你感到自己出丑、违反规则或违背社会规范时,能够让他人受到安抚(Crozier de Jong, 2013;Feinberg, Willer, & Keltner, 2012)。积极情绪,如快乐、欢笑和嬉闹,似乎并不是单纯自私的愉悦感;它们的适应功能是促进心理灵活性和弹性,与他人建立联系,激发创造力(Baas, De Dreu, & Nijstad, 2008;Kok et al., 2013)。

让我们从神经学家和其他研究者的研究结果开始,他们研究了情绪的生理方面:面部表情、大脑区域和回路以及自主神经系统。

情绪和表情

LO 9.1.A 解释什么是情绪、普遍的面部表情、情绪解码方面的限制。

情绪的组成部分包括面部、大脑和身体的生理变化;认知过程,如对事件的评价和解释;刺激我们战斗或逃跑的行动倾向;以及主观感受。另一方面,文化和社会背景也影响情感的内在体验和外在表现。

人类有许多表达思想和情感的交流渠道,但最简单的两分法是语言和非语言渠道。言语交际指的是一个人的讲话或写作——我们用来向另一个人发送信息的词汇。非言语渠道包括交际中使用的所有其他的机制:声音的渠道(如语音语调、言语犹豫或说话速率)、肢体语言(包括姿势、手势、人际距离、眼神接触)、面部表情,甚至我们穿的衣服或我们与环境相处的方式(Gosling,2009;Knapp,Hall,& Horgan,2014)。

值得注意的是,非言语交际的形式比言语交际的形式要多。非语言渠道可以传递大量的信息,特别是涉及情感交流的时候(Ekman Friesen,1969;de Gelder, de Borst, & Watson, 2015)。但是在非言语交际形式中,面孔传达了一个人情感状态的最大程度的信息。一个陌生人将双臂抱在胸前可能意味着一种消极情绪,但这具体是愤怒、担忧、蔑视,还是厌恶?布满了丰富肌肉的脸部,能够传达各种各样的表情,而且具有丰富的特异性(Hwang & Matsumoto, 2015)。

在1872年,查理士·达尔文(Charles Darwin)认为人类的面部表情,如微笑、皱眉、鬼脸、怒视,就如同一只受惊的鸟的翅膀颤动,一只知足的猫的呼噜声和一只受到威胁的狼的咆哮一样,都是与生俱来的(Darwin, 1872)。他说,之所以进化出这样的表达方式,是因为这能让我们的祖先一眼就能看出友好的人和敌对的人之间的区别。此外,他还认为,情绪功能的进化是为了有机体准备应对环境中的挑战,并向他人传达重要信息。现代研究的结果支持了这些观点(Hess & Thibault, 2009;Shariff & Tracy, 2011)。

情绪 一种涉及面部和身体变化、大脑激活、认知评价、主观感觉和行动倾向的觉醒状态。

非语言沟通渠道的信息量如何?一个小小的创意糖衣足以传递面包店陈列柜里饼干的情感状态。

图9.1　一些普遍情绪

不管情感传达者的年龄、文化、性别或历史时代如何,世界上的大多数人都能很容易地识别愤怒、快乐、厌恶、惊讶、悲伤和恐惧的表情,你能把情绪和每个表情相匹配吗?

几十年前,保罗·艾克曼和他的同事收集了大量证据来证明六种情绪的面部表情的普遍性:愤怒、快乐、恐惧、惊讶、厌恶和悲伤(Ekman, 2003; Ekman et al., 1987)。在他们研究的每一个文化中——在巴西、智利、爱沙尼亚、德国、希腊、意大利、日本、新几内亚岛、苏格兰、苏门答腊、土耳其和美国的大多数人都能够识别在其他文化中所描绘的这些情绪表达(见图9.1)。甚至那些从未看过电影或阅读过流行杂志的孤立文化群体的成员——如新几内亚岛东部的福雷(Foré)族人或苏门答腊岛的米南卡保人(Minangkabau)——都能识别出那些完全与他们无关的人所表达的情绪,而且西方人也能识别他们的情绪。

在大众传媒界,"核心情感"已经成为人们普遍熟知的一种观念。比如,2015年的皮克斯电影《头脑特工队》,里面有一个11岁女孩,她的头脑里有由不同的动画角色所代表的五种核心情感(尽管艾克曼和其他心理学家在制作电影时进行了顾问咨询,但惊喜的情绪并没有因为某种原因而减少)。

一些研究者不关注普遍认可的情绪。最近的研究关注了骄傲情绪,这种情绪有一种适应性的功能来激发人们的优势表现,从而增加他们对他人的吸引力(Williams & Desteno, 2009)。事实上,四岁的儿童以及来自孤立文化的人都可以有效地解码骄傲的面部表情和身体表情(Tracy & Robins, 2007, 2008)。

艾克曼和他的同事开发了一个编码系统来识别和分析脸部的80块相近的肌肉是如何与各种情绪相联系的(Ekman, 2003)。艾克曼认为,当人们试图隐藏自己的感受并展示一种情绪时,他们通常会使用与真实感受到的情绪不相同的肌肉群。例如,当人们试图假装感到悲伤时,只有15%的人能设法让眉毛、眼睑和前额向右皱起,模仿真正的悲伤自发表达的方式。而真挚的微笑只能持续2秒,假笑可能持续10秒或更多,而且很少涉及眼睛周围的肌肉(Ekman, Friesen, & O'sullivan, 1988)。

面部表情的功能 有趣的是,面部表情不仅反映而且影响着我们内心的感受。换句话说,有时我们不是因为快乐而笑,而是因为我们微笑而快乐。面部反馈的过程中,面部肌肉向大脑传达关于表达的基本情绪的信息:皱眉意味着愤怒或困惑。当人们被告知要微笑以及看起来愉悦或开心时,他们的积极情绪感受增加;当他们被告知要看起来生气、不高兴或厌恶时,积极的情绪感受就会减少(Kleinke Peterson, & Rutledge, 1998; Strack, Martin, & Stepper, 1988)。如果你装出一副怒气冲冲的样子,你的心率会比你开心的时候快,微笑可以帮助我们更快地从压力的经历中恢复过来(Kraft Pressman, 2012; Lee et al., 2013)。

如果面部反馈有助于我们处理情绪,那么当反馈被阻止时会发生什么——因为肉毒毒素A(也称为肉毒杆菌)的美容使用,它会麻痹皱眉时所使用到的面部肌肉。至少在一些研究中正如预测的那样,肉毒杆菌可以减少个体处理情绪的能力。例如,一项研究发现,肉毒杆菌注射(与注射非麻痹性物质相比)降低了对积极情绪影片的情绪反应(Davis et al., 2010)。另一项研究发现,接受肉毒杆菌注射的女性在对照片中人眼的积极和消极情绪进行解码时,比其他女性的准确率要低得多(Neal Chartrand, 2011)。最后,肉毒杆菌注射减少了在模仿他人愤怒表情时杏仁核的激活程度(Hennenlotter et al, 2009)。因此，麻痹面部肌肉不仅会使情绪更加难以表达，而且会影响情绪加工。

情绪表达和情绪感知是如何发展的呢？达尔文认为，面部表情的进化可能是为了帮助我们把我们的情绪状态传达给别人。

正如达尔文所建议的，面部表情很可能是为了帮助我们把我们的情绪状态传达给别人，并引起他们的反应——"过来帮帮我!" "走开!" (Fridlund, 1994; Ekman, 1979)。这种信号功能开始于婴儿期。对大多数父母来说，婴儿的痛苦或挫折的表情是显而易见的，他们通过对不舒服的婴儿进行抚慰或给脾气暴躁的孩子喂食来做出反应(Cole Moore, 2015; Izard, 1994)。一个婴儿快乐的微笑通常会融化最疲惫的父母的心，或者促成一个幸福的拥抱。

在六到七个月的年龄，婴儿对成人的恐惧情绪表现出特殊的敏感性(Leppanen Nelson, 2012)，并且很快就开始改变自己的行为，以回应父母的面部表情。这种能力也有生存价值。如果你曾经看到这样的情境，一个蹒跚学步的孩子跌倒了，孩子会看看他或她的父母，然后决定是哭泣或让这件事过去，你就能够理解父母面部表情的影响作用。这样你可以理解为什么这对婴儿有生存价值：婴儿需要能够读懂父母面部的警告信号，因为小孩子还没有判断危险的经验。

最后，虽然婴儿和幼儿可以明确地表现出各种不同情绪的面部表情，但他们必须学会如何分析解码成人的表情。起初，他们似乎只认识到两大类：积极的(快乐的)和消极的(特别是恐惧和愤怒)。儿童直到三岁左右才能识别成年人的悲伤表情，五岁左右能够识别厌恶，直到那时之前，儿童通常会将这些表情误解为愤怒(Widen Russell, 2010)。

语境中的面部表情　然而，具有普遍可读性的面部表情会受到文化和社会的重要影响。当你解码另一个人的面部表情时，你会被情境中发生的其他事情、你自己的情绪状态以及文化背景所影响(Barrett, Mesquita, Gendron, 2011; Jack et al., 2012)。与识别外国人的情绪相比，人们能够更好地识别自己的民族、国家或地区群体的情绪(Elfenbein, 2013)。在一种文化中，面部表情可以根据情况而有不同的含义：微笑可以表示"我很高兴!"或"我告诉你这些，但我不想让你生气。"

同样，人们也会用不同的方式解释相同的面部表情，甚至是普遍的情绪，如厌恶、悲伤和愤怒，这取决于他们在社会语境中所观察到的东西。例如，几乎所有的成年人都能够识别厌恶情绪，如果他们所看到的

2015年的电影《头脑特工队》里面描绘了一个11岁的女孩莱利头脑里的五个核心情绪：厌恶、喜悦、愤怒、悲伤和恐惧。然而，研究表明，非常小的孩子起初只会区分一般的积极和消极的情绪。

一切只是来自一张面孔的图片。但是当他们看到一张相同厌恶表情的男人的照片，他的手臂举起来，好像要罢工一样，人们会说，这种情绪是愤怒（Aviezer et al., 2008）。简而言之，面部表情很重要，但只讲述了情绪故事的一部分。

情绪和大脑

LO 9.1.B 讨论在情绪体验中涉及的大脑结构、镜像神经元的作用，以及情绪体验中的主要化学物质。

大脑的各个部分都参与了情绪体验的不同组成部分：识别另一个人的情绪，感受特定的情绪，表达情绪，调节情绪，以及情绪状态中的行动。如果个体因为中风影响到了体验厌恶情绪的脑区，那么这个人常常不能感受或注意厌恶。有一位中风的年轻患者的这些脑区受到了损伤，他对一些图像和观点几乎没有或根本不会产生情绪反应，比如粪便状的巧克力，尽管这对大多数人来说是恶心的（Calder et al., 2000）。当你读到这句话的时候，你是否会表现出厌恶的表情？而他却不能。

杏仁核在情绪中起着关键的作用。它负责评估感官信息，确定其情感重要性，并做出初步决定，是趋近还是回避一个人或一种情景（Ledoux, 1996, 2012）。杏仁核能够立刻评估潜在的危险或威胁，这通常是一件好事，因为它有助于保护你远离危险。然而，太多的杏仁核活化并不总是理想的。最近的一项研究发现，杏仁核某一段时间过度地激活预示着介于一到四年后的生活压力所增加的抑郁和焦虑（Swartz et al., 2015）。因此，杏仁核过度激活可能是应激后发展更为严重的抑郁和焦虑症状的危险因素。

杏仁核最初的反应有时会被大脑皮层所推翻，大脑皮层可以提供关于最初被视为潜在威胁的人或情景的更准确的信息。简言之，当你在黑暗的巷子里突然感觉到一只手的时候，你的杏仁核驱使你产生恐惧反应，但你的大脑皮层会帮助降低这种反应，当意识到这是一个朋友的

面部表情并不总是能够表达当下的情感。真正的幸福感可能并不明显。这位运动员看起来很生气或很痛苦，但其实更可能是在享受赢得金牌后的快乐。

手,他不过是幽默地想吓唬你一下。

如果杏仁核或大脑皮层的关键区域受到损伤,就会导致体验或识别他人恐惧情绪的能力异常。已知的文献中有一个名叫 S. M. 的病人,她患有一种罕见的疾病而使杏仁核受到损伤,因此她不能感受到恐惧,不会对蛇感到恐惧,看恐怖电影不会体验恐惧,甚至当她被一个带着刀的男人在公园里攻击时也不会恐惧(Feinstein et al., 2011)。另一方面,皮质受损的人可能很难摆脱自己的恐惧反应,从而导致焦虑。

前额叶皮层的一些部分参与了情绪调节,帮助我们改变和控制我们的感觉,使我们保持平稳,并恰当地回应他人(ackson et al., 2003)。研究者表示,一种破坏部分额叶细胞的退化性的疾病不仅仅会导致细胞的损失,而且会大大降低患者对他人情绪的反应能力和恰当调整情绪反应的能力。例如,一个慈爱的母亲会变得对孩子的受伤漠不关心;一个成年男人会做一些尴尬的事情,却不会注意到别人的反应(Levenson & Miller, 2007)。

> 2. 大脑皮层能够产生一个更完整的图像,它可以推翻由杏仁核发出的信号("是迈克穿着羽绒大衣")。
>
> 1. 杏仁核仔细检查其情感重要性的信息("这是一只熊!害怕!跑!")。

大多数情绪会激发某种反应(行为倾向):拥抱或接近向你传递快乐的人,攻击使你生气的人,回避你厌恶的食物,或逃离让你恐惧的人或情境(Frijda, Kuipers, & ter Schure, 1989)。大脑前额叶区域参与了这些接近或回避的冲动。右前额皮层区域专门负责撤退或逃离的冲动(如厌恶和恐惧)。左前额皮层区域专门负责接近他人的动机(如快乐—积极情绪和愤怒—消极情绪)(Harmon-Jones & Harmon-Jones, 2015)。左侧皮层区域(与右侧相比)的平均激活水平更高的个体,具有更多的积极情绪,有更快的恢复消极情绪的能力,以及更强的抑制负面情绪的能力(Urry et al., 2004)。这个大脑区域受到损伤的个体会丧失快乐的能力。

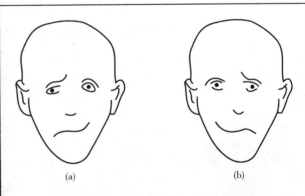

(a)　　　　　　　(b)

> 这些脸上有幸福的一面和悲伤的一面。请把目光集中在每一张脸的中心,即鼻子上,哪一张脸看起来更快乐?哪张脸看起来更悲伤?
>
> 你很可能认为 b 脸看起来是更快乐的,而 a 脸看起来是更悲伤的。原因是,对大多数人来说图片左侧是大脑右半球处理的,该部分主要负责认知情绪表达。

模仿与移情的神经元 1992年,意大利神经科学家团队意外地发现了一个惊人的发现。他们在恒河猴规划和执行运动的脑区植入了电极。每当猴子移动并抓住一个物体时,细胞就会放电,监视器就会登记上一个声音。一天,一个研究生听到监视器登记的声音,而当时猴子只是简单地在观察他吃冰激凌蛋卷。神经科学家们仔细地观察,然后发现猴子大脑中的某些神经元不仅会在猴子捡起花生并吃它们的时候激活,而且当猴子看到它们的人类看护者做完全相同的事情时也会激活。这些神经元只对非常特定的反应做出反应:一些特定的神经元在当猴子抓花生时会被激活,当看到科学家抓花生时也会被激活,但科学家抓住其他东西时却不会(Rizzolatti Sinigaglia, 2010)。科学家将这些细胞称为**镜像神经元**。

镜像神经元 当人或动物观察到另一个个体进行的动作时所激活的大脑神经细胞,这些神经元可能参与了移情、语言理解、模仿和情感阅读。

人类也有镜像神经元,当我们观察别人做某事并且自我模仿动作时就会激活。镜像系统包含数百万个神经元,帮助我们识别其他人的感受,理解他人的意图,模仿他们的动作和手势(Ferri et al., 2015; Fogassi & Ferrari, 2007)。当你看到另一个人痛苦时,你感到一丝共情的原因是涉及疼痛的镜像神经元激活了。当你看到蜘蛛爬到别人的腿上时,你会有一种令人毛骨悚然的感觉,那是因为你的镜像神经元被激活了,如果蜘蛛爬到你自己的身上,同样的神经元也会被激活。当你看到另一个人的面部表情时,你自己的面部肌肉通常会微微地模仿它,激活类似的情绪状态(Dimberg, Thunberg, & Elmehed, 2000)。

镜像神经元的发现是令人兴奋的,但科学家们仍在争论它们在人类中的作用(Gallese et al., 2011)。例如,这些神经元似乎强烈地参与了共情,但共情具有社会局限性:当人们看到他们不喜欢或有偏见的个体时,镜像神经元就会麻木。如果你喜欢一个人,模仿他们的面部动作和姿势会增加你的喜爱,但是如果你不喜欢这个人,模仿根本不会改善情况(Stel et al., 2010; van Baaren et al., 2009)。

在喜欢彼此的人中,镜像神经元可能是情绪感染(情绪从一个人传播到另一个人)的内在机制。你是否

镜像神经元肯定在这个对话中起作用。

曾经心情愉快地去和一位抑郁的朋友共进午餐,离开后,也感觉自己默默地郁郁寡欢?你有没有停下来和一个对即将到来的考试感到紧张的朋友聊聊天,最后也觉得自己很烦躁?这就是情绪感染在起作用。情绪感染也会在这种情况下起作用,如当两个人同一位有着积极的情绪、非言语信号和姿势的另一个人在一起时,也会感到友好融洽:他们的手势变得更加协调,他们的行为更加合作,他们感到更愉快(Wiltermuth & Heath, 2009)。这种现象可能是同步的人类活动——游行、乐队、舞蹈——在社会和情感上有益的原因。这意味着我们的朋友和邻居对我们的情绪比我们意识到的更有影响力。

情感能量 在与情绪相关的大脑区域被激活后,情绪传递的下一阶段是释放荷尔蒙以使你快速做出反应。当你处于压力之下或感觉到强烈的情绪时,自主神经系统的交感神经会刺激肾上腺分泌肾上腺素和去甲肾上腺素。这些化学信号促使个体产生兴奋和警觉。瞳孔扩张,变宽以允许更多的光线进入;心跳加快,血压升高;呼吸加快;血糖上升。这些变化为身体提供了行动所需的能量,无论你是快乐的,还是想接近你爱的人,或者害怕和想要逃离一个人(Low et al., 2008)。

尤其是肾上腺素提供了一种情感的能量,即熟悉的兴奋感。在肾上腺素释放达到高水平时,它会产生一种被"控制"或"淹没"的感觉,这种情绪超出了你的控制范围。从某种意义上说,你是无法控制的,因为你不能有意识地改变你的心率和血压。然而,当你在情绪的支配下,你可以学会控制你的行为。当唤醒减弱时,愤怒会消退成烦恼,狂喜变成满足,恐惧变成怀疑,过去的情感旋风般变成平静的微风。

这些情绪反应的生理成分也有现实世界领域的应用,如警察、调查员(和其他人)用来测谎。几个世纪以来,人们一直试图通过测量不能被意识控制的生理反应来判断一个人何时在说谎。这就是多种波动描记器(测谎仪)背后的理论,测谎仪是1915年一位哈佛教授威廉·马斯顿(William Marston)发明的。[马斯顿因一部非常重要的创作而闻名于世:《神奇女侠》(Wonder Woman)]。测谎仪所基于的假设是,对大多数人来说,谎言会导致产生情绪唤醒。犯罪嫌疑人会由于内疚和害怕被发现而反应为自主神经活动的增加:更快的心率、增加的呼吸速率以及增加的皮肤电导。

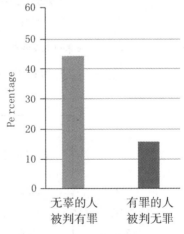

图9.2 误判无辜

这幅图显示了研究中使用测谎仪进行分类的结果平均百分比。近一半的无辜者被归类为有罪,许多有罪的人被归类为无辜者。犯罪嫌疑人的实际有罪或无罪是被其他手段独立证实的,如实际肇事者的承认(Iacono & Lykken, 1997)。

执法人员仍然对测谎仪充满热情,但大多数心理科学家认为它是无效的,因为没有哪个自主唤醒的生理模式对说谎是特定的(Leo,2008;Lykken,1998;Meijer & Verschuere,2015)。机器无法判断你是否感到内疚、愤怒、紧张,或被逗乐;仅仅是被连上一个测谎仪并回答警察调查员的问题,无辜的人可能会感到紧张。测谎仪能准确地捕捉到许多说谎者和有罪的人,但它也错误地识别了许多无辜的人撒谎(见图9.2)。出于这个原因,测谎仪的结果在大多数法庭上是不被允许的,即使政府机构使用它们来筛选潜在的雇员,一些警察部门继续使用它们来诱导犯罪嫌疑人坦白,通过告诉他们这场测试他们没有通过——不管他们是不是真的(Kassin,2014)。更多的关于测谎的科学,请看视频"测谎"。

总而言之,情绪的生理特征包括:面部表情;大脑特定部位的活动,特别是杏仁核,前额皮质的特殊部位,镜像神经元;以及交感神经系统活动,为身体行动做准备(表9.1)。

表9.1 情绪与身体

面部表情	反映内心感受,影响内心感受(面部反馈),传达情感,信号意图,影响他人的行为和感受(情绪传染),隐藏或伪装情绪(欺骗)
大脑	特定的区域和回路涉及处理特定的情绪(例如,厌恶)和在情绪体验的不同方面(例如,识别他人的面部表情,表达自己的情绪)
杏仁核	确定传入的感觉信息的情感重要性;负责最初的接近或回避的决定;参与学习、识别和表达恐惧情绪

(续表)

皮层	评价杏仁核情绪信息的意义。左前额区与"趋近"情绪(例如,快乐、愤怒)有关;右前额区与"回避"情绪(例如恐惧、悲伤)有关
镜像神经元	存在于大脑的各个部位,这些神经细胞对另一个人的行为或情绪产生反应,可能产生同步性,促进共情,并产生情绪传染
自主神经系统	激活荷尔蒙肾上腺素和去甲肾上腺素,产生兴奋和警觉

情绪和思维

LO 9.1.C 总结有关认知评价在情感体验中作用的基础研究结果。

我们的两个朋友从尼泊尔登山旅行回来。其中一个说:"我欣喜若狂!晶莹的天空,数以万计的星星,友善的人,巍峨的群山,宇宙和谐!"另一个说:"我很惨!臭虫和跳蚤,没有厕所,牦牛酥油茶,可怕的食物,不饶人的山!"同样的旅行,两种不同的情绪反应。正如这个故事所说明的,理解情感过程可能是复杂的。

如果你问人们体内的情绪如何"工作",大多数人可能会解释某些身体反应会导致某些情绪。于是一个徒步旅行者看到一只熊,她的心开始怦怦跳,因此她体验到了恐惧的感觉。有趣的是,一些研究表明,人们不会因为事件或由这些事件引发的身体变化而变得恐惧、愤怒、悲伤或欣喜若狂,而是因为他们对这些事件和身体反应的解释。斯坦利·沙赫特(Stanley Schachter)和杰罗姆·辛格(Jerome Singer)(1962)认为情绪的体验取决于两个因素:生理唤醒以及如何理解和解释唤醒。你的身体可能在高速运转,但除非你能解释和标记这些变化,否则你将不会感受到真正的情绪。

在他们最著名的实验中,他们安排参与者注射肾上腺素,正如你所知道的,这会引起生理上的兴奋。但参与者被告知的是,他们会被给予一种影响视力的药物。因此,他们不可能知道为什么他们随后经历了心率的增加和其他的唤醒迹象。为了弄清楚他们为什么这样感觉,他们在周围的环境中寻找线索。特别是,沙赫特和辛格(1962)发现参与者对他们的唤醒的解释取决于周围人的明显情绪表现。当被困在房间里的另一个"参与者"(实际上是一个演员)表现出愤怒时,参与者认为他自己一定很生气;当和一个假装快乐的"参与者"待在一起时,真正的参与者报告感到愉快。更多关于沙赫特和辛格的理论与研究,请观看视频"情绪的两因素"。

沙赫特和辛格的观点促进了其他研究者研究情绪是如何产生和受**评价**影响的:人们对自己和他人行为进行解释的信念、看法、期望和归因 (Fairholme et al., 2009;Lindquist Barrett, 2008;Moors et al., 2013)。毕竟,人类是唯一的物种可以说出:"我越想它,我就越疯狂。"我们可以用自我想象让自己进入一种情绪状态,有时我们也可以通过自我想象走出来。评价在情绪上的重要性也解释了为什么两个人对同一情况经常有不同的情绪反应。在心里想象一下你的期中考试得了 A,你会有什么感觉?或者也许你在期中考试中得到了 D,那你会有什么感觉?大多数人认为成功带来幸福,失败带来不幸,但你感受到的情感主要取决于你如何解释你的成绩。你把你的成绩归因于自己的努力(或缺乏努力)吗?或者是老师、命运还是运气? 在一系列的实验中,那些认为自己做得很好的学生往往会感到自豪、胜任和满意。那些认为自己因为侥幸而做得很好的人往往会感到感激、惊讶或内疚("我并不值得这些")。那些认为自己的失败是自己的过错的人往往会感到后悔、内疚或是放弃。那些责怪别人的人往往感到愤怒(Weiner, 1986)。

这些评价模式在不同的文化中也是不同的。日本人和美国人在评价错误和成功的原因时往往会有所不同。当事情出了差错时,日本人更有可能责备自己并体验到羞愧,而美国人更有可能责怪别人并体验愤怒。在成功的情况下,美国人更容易获得荣誉和自豪,而日本人更倾向于认为他们的成功反映了形势和机遇——因而感到幸运(Imada Ellsworth, 2011)。

评价 决定一个人在特定环境下感受哪种情绪的感知、信念、归因和期望。

关于思考如何影响情绪,这里有一个令人惊讶的例子。在两名奥运会决赛选手中,获得第二名银牌和获得第三名铜牌的人谁会感到更快乐?不是银牌得主吗?不是的。一项研究关注了在第1992届奥运会和第1994届帝国运动会中第二和第三名运动员的反应,发现铜牌得主比银牌得主更快乐(Medvec, Madey, & Gilovich, 1995)。显然,运动员们正在比较他们的表现和可能会怎样。第二名获得者将自己与金牌得主相比,他们会因为没有拿到金牌而不开心。但是第三名获得者将自己与那些比他们做得差的人相比,为自己获得了一枚奖章而感到高兴。显然,认知和生理在情感体验中有着密不可分的联系。然而,一个婴儿的原始情感并没有太多的复杂心智:"嘿,我疯了,因为没有人喂我!"随着孩子大脑皮层的成熟,这些评价变得更加复杂,情绪也如此:"嘿,我疯了,因为这种情况是完全不公平的!"一些情感,如羞耻和内疚,完全取决于更高的认知能力的成熟,在孩子两岁或三岁之前是不会出现的(或者对于某些人,你可能知道,永远不会)。这些自我意识的情绪需要有一种自我意识和察觉自己行为恶劣的能力(Baumeister, Stillwell, & Heatherton, 1994; Conroy et al., 2015; Tangney et al., 1996)。

在这届欧洲游泳比赛中,俄罗斯银牌得主维塔利·罗曼诺维奇(Vitaly Romanovich)(左)显然比意大利的金牌得主费德里科·科尔伯塔尔多(Federico Colbertaldo)不开心,而且也比意大利的铜牌得主塞缪尔·皮泽蒂(Samuel Pizzetti)更不开心。事实上,维塔利·罗曼诺维奇甚至连自己的奖牌都没拿出来。

因此,评价对大多数情绪的产生至关重要。当一个男人头戴灯罩在桌子上跳舞,或者一个女人露着胳膊和腿走到街上的时候,人们认为这样是可耻的。这些关于羞耻的想法是从哪里产生的?如果你是一个在你生气的时候大声咒骂别人的人,你是在哪里知道咒骂是可以接受的?为了回答这样的问题,我们接下来转向文化在情感表达和交流中的作用。

日志 9.1 批判性思考——证据核查

想一想你最后一次考试或你写的论文,写下你得到这个成绩的所有可能原因。哪些原因反映出你的成绩在你的控制之下?这些原因与你对成绩的感觉有什么关系?你的理由或感觉会因为成绩好坏而不同吗?

模块9.1 测验

1. 情绪的组成部分是生理变化、(　　)、行为倾向和(　　)。
   A. 面部表情；非言语行为　　　　B. 生物变化；文化规范
   C. 内在情感；外在表现　　　　　D. 认知过程；主观感受

2. 下列哪种情绪没有普遍的面部表情？(　　)
   A. 吃惊　　　B. 愤怒　　　C. 妒忌　　　D. 厌恶

3. 三岁的格里塞尔达看到她爸爸穿着一件猩猩服装,吓得跑开了。在她的情绪反应中可能涉及什么大脑结构？(　　)
   A. 脑桥　　　B. 杏仁核　　　C. 黑质　　　D. 松果体

4. 奥尔多正在观看3D电影《嗜血屠夫遇见疯狂的疯子》。当电影主角被攻击时,他的大脑中的什么细胞使他感到畏惧？(　　)
   A. 镜像神经元　　　　　　　　B. 桥脑的神经元
   C. 浦肯野细胞　　　　　　　　D. 丘脑伸展

5. "没有什么好的或坏的,而是思想使它如此。"威廉·莎士比亚戏剧《哈姆雷特》中的这一幕(第2幕,第2场)是对(　　)在情绪体验中的角色的总结。
   A. 去甲肾上腺素　　　　　　　B. 面部表情
   C. 评价　　　　　　　　　　　D. 丘脑

9.2　情绪和文化

在当今日益全球化的社会中,人们对来自其他文化的人的接触比以往任何时候都要多。因此,不会缺少网站记录所谓的跨文化差异,即在出国旅行或在国际上做生意之前"每个人都应该知道的"。以下是一些常见的在国外旅行时避免不礼貌的建议。在日本,直接提问或直接回答问题是不礼貌的。在中国,人们习惯于拒绝礼物好几次,然后再接受它。在墨西哥,你应该避免太多的目光接触或者用你的手做"OK手势"(这意味着有点不好)。在巴基斯坦,只能用右手吃饭,因为左手被认为是不干净的。在肯尼亚,要等到长者开始吃东西后再吃你的食物。

很难准确地评估这些网站上的忠告的准确性,即使是在特定的文化中,当地的规范从一个地区到另一个地区都有很大差异:例如,一个在东海岸大城市中长大的美国人可能会在美国中西部的杂货店中感到吃惊,因为陌生人会给他直接的眼神接触、微笑和口头问候。但是,在不同文化中,人们都会因为违反社会规则而感到愤怒和侮辱。而且,任何一位在国外旅行时冒犯过他人的人都可以告诉你——或者正如你所知道的,通过观看一系列记录文化冲击的电影中的任何一个,比如《圣诞精灵和波拉特》——来自不同文化的人不同意这些不成文的规定。在这一节中,我们将探讨文化如何影响我们所感受到的情绪以及表达它们的方式。

文化如何塑造情感

LO 9.2.A　描述情感体验在文化、概念、语言和期望等方面的差异。

某些情绪对特定的文化有特殊性吗?有些语言有着描述微妙情感状态的词汇,而其他语言没有,这意味着什么?德语中有 schadenfreude(幸灾乐祸),是对别人的不幸感到开心。日语中的 hagaii(哈格亚),是由挫折引起的无助的苦恼。塔希提人会说 mehameha,这是当普通类别的感知被暂停时所感受到的一种颤抖的感觉——在黄昏时分,在灌木丛里,看着没有热度的火焰。在西方,对一个无法被识别的事件通常会做出恐惧的反应,然而 mehameha 并不是描述西方人所说的恐惧或恐怖(Levy,1984)。文化也塑造和标记了情感交融的体验,如英语词汇中的 bittersweet(苦乐参半)或者 nostalgia(怀旧)中含有喜悦与遗憾的混合情感。但英语缺少一个情感词,这个词对伊法鲁克的密克罗尼西亚环礁的居民来说是最重要的:fago,翻译成"同情/爱/悲伤",这反映了一个人在缺少或需要爱人时的悲伤感觉,以及被关心和帮助的同情的愉悦感(Lutz,1988)。

这些有趣的语言差异是不是意味着德国人比其他人更可能感受到 schadenfreude,日本人更可能感受到 hagaii,塔希提人更可能感受到 mehameha?还是他们更愿意给这些微妙的情感一个名字(Hepper et al.,2014)?原型是一类事物的典型代表,各地的人们都认为一些情绪是情感概念的典型例子,因此,当被要求列出情感时,大多数人会在敏感和怀旧之前提到愤怒和悲伤。典型情感反映在幼儿最早学习的情感词汇中:快乐、悲伤、疯狂和恐惧。随着儿童的发展,他们开始描绘出那些不太典型的和特殊于他们的语言文化的情绪上的区别,比如狂喜、沮丧、敌视或焦虑(Hupka,Lenton,& Hutchison,1999;Shaver,Wu,& Schwartz,1992)。他们对特定情况的评价也会有所不同,正如我们之前所描述的美国人和日本人的差异——这取决于他们的文化价值观、规范和传统。通过这种方式,孩子和成年人开始体验到他们的文化强调的情感感受的细微差别。其结果是多种情感,有些相互遮蔽,在某些语言中有标签,但在其他语言中没有。

所有的情感都取决于塑造他们表达的文化和背景。愤怒可能是普遍的,但它经历的方式会因文化不同而有所不同,无论是好的还是坏的、

你对于吃昆虫的想法取决于你所处的文化。

有用的或破坏性的。文化决定人们对情感的感受。例如,厌恶是普遍的,但产生厌恶的内容随着婴儿的成熟而改变,不同文化之间也有差异(Rozin, Lowery, & Ebert, 1994)。在一些文化中,人们对虫子(而其他人却发现它的美丽或美味)、不熟悉的性行为、污垢、死亡、与陌生人握手,或特殊食物(例如,肉,如果他们是素食者)感到恶心。

交流情感

LO 9.2.B 解释表达规则和情绪操纵如何影响情感的交流。

表达规则 人们何时、如何以及何处调节表达或压抑情绪的社会和文化规则。

假设你亲爱的人死了,你会哭吗?如果是这样,你会独自还是在公共场合哭泣?你的答案一定程度上取决于你的文化对情绪的**表达规则**(Ekman et al., 1987; Gross, 1998; Hayashi Shiomi, 2015)。在某些文化中,悲伤是通过哭泣来表达的;在其他文化中,眼泪是由无泪的无奈来表达;还有一些是通过舞蹈、喝酒和歌曲来表达的。当你感觉到一种情绪

在世界范围内,表达情感的文化规则是不同的。在一个正式的日本婚礼中人们的表达规则是"没有直接的情绪表达",但不是每个家庭成员都学会了这个规则。

时,你很少是通过"我说出来我的感觉"来表达它。你可能不得不伪装你的感觉,你可能希望你能感觉到的是你所说的。

即使是微笑,这似乎是友好的直截了当的信号,但却有许多不普遍的含义和用途(Lafrance,2011)。美国人比德国人笑得更频繁,这不是因为美国人天生友善,而是因为他们对微笑在什么时候是恰当的有着不同的观念。在一次德美商务会议之后,美国人经常抱怨德国人冷漠和疏离,而德国人常常抱怨美国人过多地表现愉快,他们在微笑的面具下隐藏他们的真实感受(Hall & Hall,1990)。日本人的微笑甚至比美国人还要多,为了掩饰尴尬、愤怒或其他负面的情绪,这些情绪的公开表现被认为是粗鲁的和不正确的。

表达规则也控制身体语言、身体运动的非语言信号、姿势、手势和凝视(Birdwhistell,1970)。许多肢体语言是特定于特别语言和文化的,这使得即使是最简单的手势也会受到误解和冒犯(Matsumoto Hwang,2013)。得克萨斯大学奥斯汀分校橄榄球队的标志是长角羚,当拇指按住中指和无名指时,伸出食指和小指(钩,角)。在意大利和欧洲其他地区,这个手势可以有几个不同的含义,包括一个人的妻子对他不忠,这是一种严重的侮辱。

表达规则不仅告诉我们当我们感觉到情绪的时候做什么,而且告诉我们如何表达我们感觉不到的情感。大多数人都希望在葬礼上表现出悲伤,在婚礼上表现出快乐以及对亲人的感情。如果我们真的感受不到悲伤、快乐或深情呢?表现出一种我们并没有真正感觉到的情绪,因为我们认为它是社会适当的,被称为**情绪操纵**。当我们和别人在一起时,这是我们调节情绪的一部分(Gabriel et al.,2015;Gross,1998)。有时情绪操纵是一种工作需要:空乘人员、服务员和客户服务代表必须面带笑容,即使他们对一个粗鲁或酗酒的顾客非常生气时也要如此。而一个要账的人则必须保持严肃以示威胁,即使他们对正在要账的人感到抱歉时也要如此(Hochschild,2003)。

情绪操纵 情感的表达,通常是因为角色的需要,而不是一个人真正感受到的。

性别和情绪

LO 9.2.C 描述和解释在情绪体验中可能存在的性别差异。

男人经常抱怨："女人太情绪化了！"女人经常回应道："男人太封闭了！"这是一种常见的性别刻板印象。一般来说，当人们说女人很情绪化的时候，"与男人相比，她们不会想到那些更重要的证据"，她们会因为打架而失去冷静甚至互相残杀。那么，"太情绪化"意味着什么呢？我们需要先来定义我们的术语并检验我们的假设。我们还需要考虑男人和女人生活的文化背景，这个文化背景会影响不同性别的行为准则。尽管女性比男性更容易患抑郁症，然而几乎没有证据表明，一种性别比另一种性别更经常感受到日常情绪，但无论是情绪还是愤怒、焦虑、尴尬、爱还是悲伤（Archer, 2004; Kashdan et al., 2015; Kring & Gordon, 1998; Shields, 2005）。性别之间的主要区别与他们是否感受到情绪不太相关，而是与他们的情绪如何和何时表达，以及其他人如何感知这些表达有关。

美国女性比男性更多地谈论自己的情感。她们更容易在他人面前哭泣，并承认那些暴露脆弱和软弱的情绪，例如"感情伤害"、恐惧、悲伤、孤独、羞耻和内疚（Grossman Wood, 1993; Timmers, Fischer, & Manstead, 1998）。相比之下，大多数美国男性比女性更容易表达一种情绪：对陌生人的愤怒，尤其是对其他男人的愤怒。不然，男性通常被期待要掩饰负面情绪：当他们担心或害怕时，他们比女性更可能使用模糊的术语，说他们感到沮丧或不安（Fehr et al., 1999）。与许多性别差异一样，从幼年起就可以看出社会对其产生的影响：研究表明，在与学步儿童谈话时，父母更倾向于将愤怒线索与男孩联系起来，将悲伤和快乐线索与女孩联系起来（van der Pol et al., 2015）。

两性都对朋友有感情上的依恋，但他们往往表达不同的感情。从孩提时代起，女孩就更喜欢以共享感受为基础的"面对面"的友谊；男孩们更喜欢基于共同活动的"肩并肩"的友谊。

然而，特定情境的影响往往超越性别规则。在足球比赛或世界系列赛中，你会发现大量的男性情感表达。此外，当情境或工作需要时，两性会进行类似的情绪操纵。一名男性空乘服务员必须像女性乘务员一样对乘客微笑，女性 FBI 特工必须与男特工一样表现出强硬的情绪并控制情绪。情感表达中最重要的情境约束之一是参与者的状态，而不管他们的性别（Kenny et al.，2010；Snodgrass，1992）。当愤怒的对象是地位更高或权力更高的人时，男人很可能像女人一样控制自己的脾气；很少有人会轻易地向教授、警察或雇主叫喊。对于判断他人情绪的移情功能，被认为是女性的"技能"，一系列的实验发现，与上层阶级相比，工人阶级的男性和女性都更能够准确地进行共情——判断他人情绪以及在求职面试中读懂陌生人的情绪。工人阶层的男性和女性对那些能够读懂非言语线索的比他们地位更高、权力更大的人更感兴趣（Kraus，Cote，& Keltner，2010）。

即使性别差异存在，它们也不是普遍的。以色列和意大利男性比女性更可能掩盖悲伤情绪，但英国、西班牙、瑞士和德国男性比女性更不可能抑制情绪（Wallbott，Ricci-Bitti，& banninger-huber，1986）。总而言之，对于"哪种性别更情绪化？"的答案，有时是男人，有时是女人，有时都不是，这取决于当时的环境、他们的文化，以及我们如何定义我们的条件。

日志 9.2　批判性思考——提问，值得怀疑

如果一种语言有另一种语言缺乏的情感词汇，比如 schadenfreude（幸灾乐祸）或 hagaii（哈加伊），这意味着什么？是那些语言包含这些词的人更可能感受到这种情绪，或者只是有一个词来描述它？

模块 9.2 测验

1."Saudade……"你的葡萄牙朋友比阿特丽兹叹了口气。"Saudade，我有一种模糊的忧郁感"，她继续说，"你不明白，英语中没有一个等价词。"这是事实，但它如何影响我们对文化和情感体验的理解？（　　）

  A. 你和比阿特丽兹在 saudade 经历上可能会有所不同，但你们双方都会同样地理解和体验原型情感。

  B. 如果比阿特丽兹能很好地解释 saudade 的概念，你应该能够"翻译"成能够具有相同情感特征的一组三个或四个英语单词。

  C. 你和比阿特丽兹在生活中可能会产生非常不同的情绪，这个例子突出了情感体验中非凡的文化差异。

D. 情感词具有跨语言的可译对等,因为情感是普遍的;比阿特丽兹需要扩大词汇量来捕捉她试图传达的内容。

2. 你的日本朋友苏基被她的教授告知,她在考试中获得了 D。作为回应,苏基绽开了笑容,对教授表示了极大的感谢。当你的美国朋友罗恩收到同样的关于他考试成绩的消息时,他脸上流露出愤怒和厌恶的神色,然后溜回到座位上。怎样解释苏基和罗恩之间外在情绪表现的差异?(　　)

  A. 文化变量的表达规则　　　　B. 原型情感家庭
  C. 情绪的普遍面部表情　　　　D. 镜像神经元

3. Shiny Brite 公司为其客户服务代表制定了一项新政策。在与顾客互动时,他们需要在每句话的结尾微笑,从"你好吗?"到"谢谢您今天的光临!"的每个句子。正如你可能想象的那样,客户服务代表经常处理脾气暴躁、不满意的顾客,因此在他们的工作日里他们可能不会倾向于感觉到快乐。Shiny Brite 公司在要求雇员们做什么?(　　)

  A. 启用情绪替换　　　　　　　B. 表达调控
  C. 忍受情绪恢复　　　　　　　D. 进行情感操作

4. 与美国男性相比,美国女性倾向于(　　)。

  A. 更加自由地表达愤怒　　　　B. 更大程度地谈论她们的情绪
  C. 更频繁地感受日常情绪　　　D. 表达消极多于积极情绪

5. 男人比女人更容易表达什么情感?(　　)

  A. 愤怒　　　　　　　　　　　B. 悲伤
  C. 惊讶　　　　　　　　　　　D. 欢乐

9.3　应激的本质(压力的本质)

  我们知道,情绪可以变换为复杂程度和强度不同的多种形式,这主要是受到生理、认知加工和文化规则的影响。这三个因素可以帮助我们了解那些负面情绪变为慢性应激和慢性应激引发负面情绪的情况。

  当人们说他们有"压力"的时候,指代的可能是各种各样的事情:他们对与父母或伴侣经常发生的冲突感到沮丧,不能跟上工作的节奏,或者担心失去工作。研究人员将应激定义为对威胁或挑战环境中的事物(即应激源)的一种不愉快的反应。应激与偏头痛、胃痛、流感或更多危及生命的疾病有关吗?应激对每个人都有同样的影响吗?下面的调查问题将帮助你从日常琐事到创伤事件中思考你的生活中的应激源和应对方式,并将提出本章后面讨论的问题。

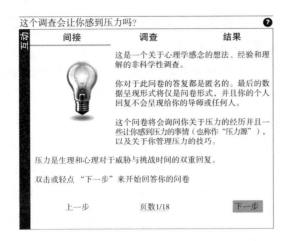

应激和身体

LO 9.3. A 描述一般性适应综合征的三个阶段，以及 HPA 轴和心理神经免疫学的现代概念化如何扩展这些想法。

对应激的研究开始于 1956 年，当时汉斯·塞利耶（Hans Selye）医生发表了《生命的压力》。汉斯·塞利耶写道，环境的应激源，如热、冷、毒素和危险，破坏了人体的平衡。然后，身体动员其资源来对抗这些应激源并恢复正常功能。汉斯·塞利耶将身体应对各种应激源的反应总结为**一般性适应综合征**，这是一组发生在三个阶段的生理反应。

1. 警戒阶段，身体动员交感神经系统以应对即时威胁。这种威胁可能来自参加过一项你没有学习过的测试，或者是跑离一只狂犬病狗。正如我们之前了解到的，伴随着强烈的情感，身体释放肾上腺激素、肾上腺素和去甲肾上腺素。它能增加能量，收缩肌肉，减少对疼痛的敏感，关闭消化能力（使血液更有效地流向大脑、肌肉和皮肤），并且增加血压。在汉斯·塞利耶之前的几十年里，心理学家沃尔特·佳能（Walter Cannon）（1929）把这些变化描述为"战斗或逃跑"的反应，这个短语至今仍在使用。

一般性适应综合征 根据汉斯·塞利耶的理论，一系列生理应激反应的发生包括三个阶段：警戒、抵抗和衰竭。

2. 抵抗阶段，身体试图抵抗或应付无法避免的应激源。在这个阶段，警戒期的生理反应持续，但这些非常的反应使身体更容易受到其他应激源的影响。当你的身体被动员起来应对一个热浪或一条断腿的疼痛时，你会发现你更容易被一些小挫折所困扰。在大多数情况下，身体最终会适应应激源并恢复正常。

3. 衰竭阶段，持续的应激耗尽身体的能量，从而增加身体问题和疾病产生的易感性。在警觉和抵抗期，让身体做出有效应对的反应同长期反应一样也是不健康的。紧张的肌肉最终会导致头痛和颈部疼痛。血压升高可成为高血压。如果正常消化过程中断或停止时间过长，则可能导致消化系统紊乱。

汉斯·塞利耶并不认为人们应该追求无压力的生活。他说，一些压力是积极的和富有成效的，即使它也需要身体产生短期能量：在运动项目中的竞争，坠入爱河，为你喜欢的项目努力工作。有些消极的压力是不可避免的，这叫作生活。要想了解你的身体在应激期间经历什么，观看视频"应激和你的健康1"。

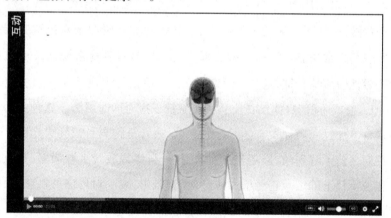

现有方法 汉斯·塞利耶最重要的观察之一是短期内适应性的非常的生物变化，因为它们允许身体对危险迅速做出反应，从长远来看可能会变得危险。现代研究者正在研究这是如何发生的（e.g, Mcewen, 2007）。

当你处于压力之下时，你的大脑下丘脑沿着两个主要途径向内分泌腺发送信息。一个是，如汉斯·塞利耶所观察的，激活自主神经系统的交感神经部分为"战斗或逃跑"产生从肾上腺内部（肾上腺髓质）释放的肾上腺素和去甲肾上腺素。此外，下丘脑发起激活沿着 **HPA 轴（下丘脑—垂体—肾上腺皮质）** 的活动。下丘脑释放与垂体沟通的化学信号，垂体释放信号给肾上腺外部部分（肾上腺皮质）。肾上腺皮质分泌皮质醇和

HPA 轴（下丘脑—垂体—肾上腺皮质） 一种激活身体以应对应激源的系统，其中下丘脑向垂体分泌化学信号，然后垂体又促使肾上腺皮质产生皮质醇和其他激素。

其他激素,提高血糖,保护机体组织免受炎症损伤(如图9.3所示)。

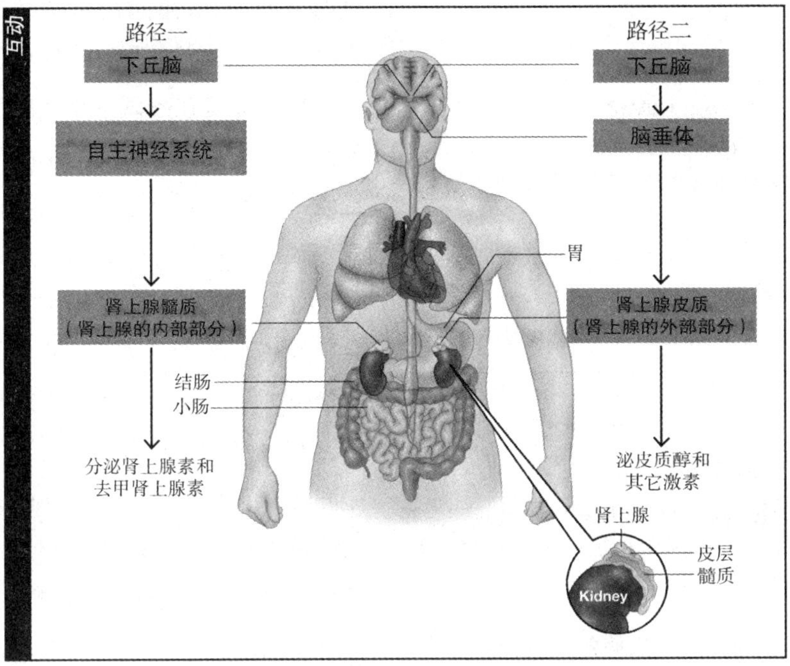

图9.3 压力下的大脑和身体

HPA轴激活的一个结果是增加能量,这对于应激源的短期反应是至关重要的(Kemeny,2003)。但是如果皮质醇和其他应激激素过长时间保持高水平,就会导致高血压、免疫紊乱、其他身体疾病和情绪问题,如抑郁症(Ping et al.,2015)。**皮质醇**水平的升高也会刺激动物(也可能是人类),以寻找丰富的舒适食物,并储存额外的热量作为腹部脂肪。

压力源的累积效应有助于我们理解为什么社会经济阶层较低的人比高社会经济阶层的人有更糟糕的健康和几乎所有疾病中更高的死亡率,以及更糟的医疗状况(Adler Snibbe,2003)。除了缺乏良好的医疗保健和对饮食的依赖而导致肥胖以及Ⅱ型糖尿病的明显原因外,低收入人群经常生活在持续的环境压力下:更高的犯罪率、歧视、倒塌的住房和更大的危险暴露,如化学污染(Gallo Matthews,2003)。这些外部条件多多少少地影响着在城市居住的黑人,并且可以用来解释他们的高血压(血压值高)的高发病率,高血压能够导致肾脏疾病、中风和心脏病发作(Clark et al.,1999;Pascoe Richman,2009)。持续的失业也会威胁到所有收入水平的人的健康,甚至增加他们对普通感冒的易感性。在一项研究中,勇敢的志愿者被给予普通的滴鼻液或含有感冒病毒的滴鼻液,然后隔离五天。最容易患感冒的人是那些至少一个月没有工作或失业的

皮质醇 肾上腺皮质分泌的一种激素,能在受到创伤的情况下提升血糖并保护身体组织。如果皮质醇水平由于压力而慢慢升高,则会导致高血压、免疫紊乱和抑郁症。

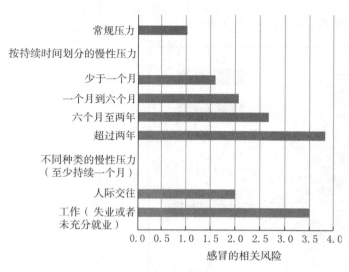

图 9.4　应激与普通感冒

持续一个月或更长时间的慢性压力会增加患感冒的风险。在与朋友或亲人发生问题的人中，风险增加；在失业的人中，风险最高（Cohen et al., 1998）。

人。如图 9.4 所示，工作问题持续的时间越长，患病的可能性越大（Cohen et al., 1998）。这项研究发现与那些在考试中比在学年的其他时候更容易生病的学生的经验是一致的。

儿童尤其容易受到与贫困或虐待有关的应激源的影响：他们暴露于家庭破裂、暴力和不稳定性的年份越久，他们的皮质醇水平就越高，而对他们的身体健康、心理健康和青少年与成年期的认知能力的滚雪球似的负面影响也就越大。持续性的童年压力通过生物机制，如长期升高的皮质醇和行为性的疾病来影响健康。生活在慢性压力下的儿童往往会变得对危险高度警惕，不信任他人，无法调节自己的情绪，滥用药物，不吃健康食品。难怪到成年时，他们患心血管疾病、自身免疫性疾病、2 型糖尿病和早期死亡率的风险较高（Eriksson, Raikkonen, & Eriksson, 2014; Evans & Schamberg, 2009; Miller, Chen, & Parker, 2011）。

　　与压力相关的生理变化在每个人身上发生的程度不同。人们对应激源的反应是根据他们的学习经验、性别、已有的医疗条件和各种健康问题的遗传倾向而变化的（Belsky & Pluess, 2013; Mcewen, 2000, 2007）。这就是为什么一些人对相同的应激源做出反应，其血压、心率和激素水平比其他个体高得多，而且他们的身体变化需要更长的时间才能恢复正常。这些反应过度的个体可能是最终患病的高危人群。关于如何减轻生活中压力的一些提示，请看视频"压力和你的健康 2"。

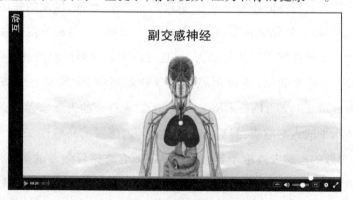

免疫系统　健康心理学领域的研究人员研究了心理和身体是如何相互影响来保持健康或导致疾病的。为了研究这些交织的因素，研究人员创造了一个具有跨学科特色的复杂的名称——**心理神经免疫学（PNI）**。"心理"部分代表心理过程，如情绪和知觉；"神经"部分代表神经和内分泌系统；"免疫学"表示的免疫系统，能够使身体抵抗疾病和感染。

心理神经免疫学（PNI）　研究心理过程、神经内分泌系统和免疫系统之间的关系。

PNI研究人员对免疫系统的白细胞特别感兴趣，它们用来识别外来或有害物质（抗原），如流感病毒、细菌和肿瘤细胞，然后破坏或消灭它们。免疫系统将不同种类的白细胞部署为武器，这取决于敌人的性质。自然杀伤细胞在肿瘤检测和排斥反应中起重要作用，并参与对抗肿瘤细胞和病毒的传播。辅助性T细胞增强和调节免疫应答；它们是HIV病毒引起细胞增强和AIDS的主要靶点。由免疫细胞产生的化学物质被发送到大脑，而大脑又发送化学信号来刺激或抑制免疫系统。任何干扰这个循环的事情——无论是药物、外科手术还是慢性应激——都会削弱或抑制免疫系统（Segerstrom & Miller，2004）。

免疫系统由战斗细胞组成，它看起来比好莱坞设计的任何外来生物更具想象力。这是一种将要吞噬并摧毁一种导致热带病的香烟状寄生虫。

一些PNI研究者通过降低细胞损伤的程度，来看压力如何导致疾病、衰老，甚至过早死亡。每个染色体末端都有一种叫作端粒的蛋白质复合物，从本质上讲，它告诉细胞它必须活多久。每一次细胞分裂，酶都会把一小块端粒切掉，当它几乎变为无时，细胞就停止分裂而死亡。慢性应激，特别是在儿童期开始的慢性应激，似乎会缩短端粒（Puterman et al.，2015）。一组研究人员比较了两组健康的成年女性：一组有健康的孩子，另一组是那些患有严重疾病的儿童的主要照顾者，如脑瘫。当然，患病儿童的母亲感到她们处于压力之下，且她们的细胞损伤也比健康儿童的母亲大得多。事实上，高压力下妇女的细胞看起来像至少老10岁以上的妇女，而且端粒短得多。要了解更多有关生物和心理因素如何影响健康的信息，请看视频"健康心理学"。

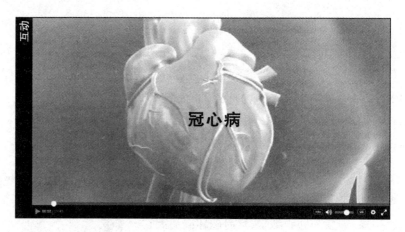

应激和思维

LO 9.3.B 描述乐观主义、责任感和控制感对身体健康的贡献。

在你试图说服你的导师,"持续学习"这个应激源对你的健康有害之前,思考一下这个秘密:有很大部分生活在压力下的人,甚至是严重压力下的人,比如失去工作或是心爱的人的死亡,都没有生病(Bonanno,2004; Taylor, Repetti, & Seeman, 1997)。是什么保护了他们?什么样的态度和品质与健康、幸福和长寿最密切相关?

乐观主义 当你遇到不好的事情时,你的第一反应是什么?你是否告诉自己你会以某种方式顺利渡过,或者你忧郁地喃喃自语:"更多的证据表明,好像是我自己出了什么问题,是这样吗?"从根本上说,乐观主义,就是一种普遍的期望,即尽管偶尔遇到挫折,事情还是会顺利发展,这使得生活充满可能。如果人们陷入困境,但相信事情最终会变得更好,他们会继续努力使这一预言成真。

首先,乐观主义(乐观地)报告乐观主义对健康、幸福甚至长寿都比悲观主义要好(Carver Scheier, 2002; Maruta et al., 2000)。你可以看到为什么媒体中的大众传播者用这个观点来解释,有些人声称乐观的态度会延长患有严重疾病的人的寿命。不幸的是,这个希望被证明是错误的:一组澳大利亚研究人员在8年的时间里追踪了179位肺癌患者,他们发现,乐观对他们的生活和寿命没有什么区别影响(Schofield et al., 2004)。事实上,对于每一个显示乐观的好处的研究,另一个研究表明它实际上是有害的:在其他事情

这个杯子是半空的还是半满的?乐观主义者可能会看到这种情况的好处("有总比没有好"),而悲观主义者可能会看到不利的一面("这并不是应该有的全部")。

中,乐观主义者更可能继续赌博,甚至当他们赔钱时,当希望的结果不会发生时,他们更容易受到抑郁的影响(Mcnulty & Fincham, 2012)。乐观主义也会阻碍人们做好手术并发症的准备("哦,一切都会好起来的"),或者使他们低估自己的健康风险(Friedman & Martin, 2011)。

悲观主义者自然会指责乐观主义者不切实际,而事实确实如此!乐观主义要获得好处,必须立足于现实,激励人们更好地照顾自己,把问题和坏消息视为他们能克服的困难。现实主义、乐观主义者比悲观主义者更有可能成为积极的问题解决者,得到朋友们的支持,并寻求能帮助他们的信息(Brissette, Scheier, & Carver, 2002; Geers, Wellman, & Lassiter, 2009)。他们保持幽默感,计划未来,并以积极的态度重新解释形势。

自觉与控制 预测健康和幸福本身并不乐观。你可以重复"一切都好!一切都会好起来的!"一天20次,但它不会带给你什么(除了你同学的奇怪眼神)。乐观需要一个行为伴侣。

在心理学史上最长的一个研究中——90年!——研究人员追踪了刘易斯·特曼(Lewis Terman)1921年开始研究的1 500多名儿童。刘易斯·特曼一直追踪这些孩子,亲切地称之为"Termites",直到他们长到成年,当他在1956去世时,其他研究人员接手了这个项目(Kern, Della Porta, & Friedman, 2014)。健康心理学家霍华德·弗里德曼(Howard Friedman)和莱斯利·马丁(Leslie Martin)(2011)发现Termites长寿的秘诀是责任心,坚持目标的能力,良好的教育,努力工作,享受工作和挑战,并负起责任。认真负责的人是乐观主义者,从某种意义上来说,他们相信自己的努力会得到回报,他们采取的行动是为了实现这种期望。在Termites(他们在很大程度上是白人和中产阶级的同质群体)身上的发现,也在不同种族和社会阶层的20个独立样本中得到了验证(Deary, Weiss, & Baty, 2010)。

责任感与健康的另一个重要认知成分有关:即存在一个内部控制点。**控制点**指的是你对能否控制发生在你身上的事情的一般期望(Rotter, 1990)。拥有内部控制点的人("内控者")倾向于相信他们应对他们发生的事情负责。那些拥有外部控制点("外控者")的人倾向于相信他们的生活是由运气、命运或其他人控制的。有一个内部控制点,尤其是关于你现在能做的事情,而不是模糊的未来事件,与良好的健康、学业成就、政治行动和情绪幸福感有关(Frazier et al., 2011; Roepke &

控制点 对你的行为结果是否在你自己的控制下(内部点)或超出你的控制(外部点)的一般期望。

Grant，2011；Strickland，1989）。大多数人可以忍受各种压力，如果他们感到能够预测或控制它们。想一下拥挤，老鼠真的很讨厌拥挤，但是很多人喜欢拥挤，在除夕或摇滚音乐会上自愿在纽约时代广场感受拥挤。人类表现出压力的迹象，不是在拥挤的时候，而是感到拥挤的时候（Evans, Lepore, & Allen, 2000）。对工作节奏和活动有最大控制力的人，如管理人员和管理者，比那些几乎没有控制能力的员工感到更少的疾病和压力症状，这些员工感觉被困在重复的任务中，并且晋升的机会很低（Canivet et al., 2012；Karasek & Theorell, 1990）。人们通常能更好地应付连续的、可预测的噪声（如熙熙攘攘的城市街道的嗡嗡声），而不是间歇性的、响亮的、不可预知的噪声（如机场附近居民听到的飞机的噪声）。这一信息在医疗保健中已被证明是重要的，因为在医院房间中，高分贝的哔哔声和警报会在不可预知的时间间隔内发生，这对病人来说常常是非常紧张的，导致他们血压和皮质醇升高（Stewart, 2011；Szalma Hancock, 2011）。

控制感影响免疫系统，这可能是为什么它有助于加速手术和一些疾病的恢复（E. Skinner, 1996；Griffin Chen, 2006）。拥有内部控制点的人比外部的人更能抵抗感冒病毒的感染（Cohen, Tyrrell, & Smith, 1993）。与现实乐观一样，控制感也使人们更可能在必要时采取行动来改善自己的健康状况。在对心脏病患者康复的研究中，那些认为心脏病发作是因为他们吸烟、不锻炼或有压力的工作的人更容易改变他们的坏习惯，并很快康复。相反，那些认为他们的疾病是由于运气不佳或命运导致的——控制之外的因素——不太可能产生康复计划，更有可能恢复他们的旧的不健康的习惯（Affleck et al., 1987；Ewart, 1995）。

日志9.3　批判性思考——考虑其他解释

大多数人认为压力是"外在的"发生在他们身上的事情。然而，另一种看待压力的方式是——看作是你内在的东西，这些取决于你的思想和情感。你是否将你的工作看成是一系列你永远不会完成的任务，还是作为一项挑战性的任务来完成？答案会影响你的压力。

模块9.3测验

1. 史提夫意外地在课堂上被要求讨论一个问题。他对这个答案一点儿也不了解；他感到自己的心在跳动，手心在流汗。根据塞里的一般适应综合征，史提夫处于应激反应的（　　）阶段。

　　A. 适应　　　　　B. 抵抗　　　　　C. 耗竭　　　　　D. 警报

2. 在受到创伤时,提高血糖并保护身体免受组织炎症的激素成为( )。

    A. 肾上腺素酶   B. 皮质醇   C. 雌激素   D. 催产素

3. 凯蒂在医学院完成学业后喃喃自语道:"疾病是身体的产物!"克里奥完成了临床心理学博士学位,他反驳道:"疾病是心灵的产物!"鲍里斯,他正在读生物学博士,指出:"疾病是身体的自然防御系统的产物!"听了所有这些,佩特拉说:"健康和疾病是三者的产物。"佩特拉学的是什么?( )

    A. 心理神经免疫学   B. 神经分类学

    C. 物理脑病理学   D. 药物营养学

4. 你预测哪一组人能获得最大的健康益处?( )

    A. 不切实际的乐观主义者   B. 不切实际的悲观主义者

    C. 现实主义乐观主义者   D. 现实悲观主义者

5. 阿尼卡通常把自己的工作任务做得很好归为对行动的合理安排,把失败归咎于缺乏努力。贝尼西亚则把她的成功归功于运气,把失败归咎于她是双子座。阿尼卡是( )控制,贝尼西亚是( )控制。

    A. 外部的;内部的   B. 发展的;未发展的

    C. 未发展的;发展的   D. 外部的;内部的

9.4 应激和情绪

也许你听过人们说"他很沮丧,难怪他生病了",或者"她总是很生气,她总有一天会心脏病发作"。消极的情绪,尤其是愤怒和抑郁,真的对你的健康有害吗?

在这之前,我们需要把负面情绪对健康人的影响从这些情绪对患病的人的影响中分离出来。当一个人已经感染病毒或医疗状况或生活在长期压力的情况下,消极的情绪,如焦虑和无助,确实可以增加疾病的风险,并影响恢复的速度(Kiecolt-Glaser et al., 1998)。心脏病发作后抑郁的人在接下来的一年中更容易死于心脏病,甚至控制疾病的严重程度和其他危险因素后,结果也是如此(Frasure-Smith et al., 1999)。

敌意和抑郁:它们有伤害吗?

LO 9.4.A 总结消极情绪(如敌对和抑郁)对健康有负面影响的证据。

20世纪70年代,把情绪与疾病联系起来的现代化成就之一是关于与心脏病有关的"A型人格"的研究。A型人格的人野心勃勃,缺乏耐心,易怒,刻苦工作,对自己的要求很高。然而后期的研究排除了以上所

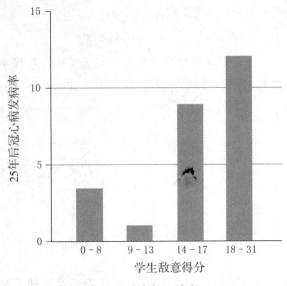

图 9.5 敌意与心脏病

敌对行为比繁重的工作更有害健康。年轻的医学专业学生中有最高敌意得分的男性 25 年以后最有可能罹患冠心病 (Williams, Barefoot, & Shekelle, 1985)。

有的因素,发现在 A 型人格中只有敌意这个因素是有害的(Myrtek, 2007)。事实上,努力工作和高标准被证明是健康和长寿的重要因素(Friedman Martin, 2011)。

这里说的敌意并不是指人们偶尔感觉易怒或生气,而是指那种愤世嫉俗或者具有对抗性的敌意。具有这种特质的人都是不相信别人,而且总是时刻准备着苛责和冷嘲热讽。有研究者对医学院的男学生进行访谈,并在 25 年后又对这些男医生进行了研究,结果发现,尽管排除了其他因素,如吸烟、饮食结构不好等,那些长期生气和愤恨的人患心脏病的概率是无敌意的人的 5 倍(Ewart & Kolodner, 1994; Williams, Barefoot, & Shekelle, 1985)(见图 9.5)。该结果在其他人群中也得到了印证,如美国黑人和白人,男人和女人(Krantz et al., 2006; Williams et al., 2000)。愤怒倾向是一个重要的危险因素,它本身会导致对免疫系统的损害、血压升高、心脏病甚至伤口愈合较慢(Chida & Hamer, 2008; Gouin et al., 2008; Suinn, 2001)。

临床上的抑郁症也会使心脏病和心血管系统疾病的患病率提高至少一倍(Frasure - Smith & Lesperance, 2005; Gan et al., 2014)。但是,这个联系的原因是什么呢?抑郁可能沿着几个不同的途径导致心血管疾病,这些途径的相对强度对不同的人可能不同。例如,抑郁症可伴有皮质醇升高,这会导致体重增加,血液中的循环脂肪和血糖升高,所有这些都会增加心血管疾病的风险。抑郁症也会增加心血管疾病的行为危险因素,如吸烟、饮酒和缺乏锻炼。最后,抑郁症与炎症和形成血凝块的风险增加相联系,这两者都与心血管疾病有关(Dhar Barton, 2016)。

一段时间以来,研究人员认为抑郁症也可能导致癌症,但现在看来,反过来说也正确,癌症能够导致抑郁症,而不仅仅是因为诊断是"令人沮丧的"。癌症肿瘤,以及与之斗争的免疫系统,会产生高水平的化学物质,这种化学物质会导致抑郁的情绪和行为症状(Bruning et al., 2015)。一项对大鼠的癌症研究发现,显然老鼠不会知道自己患了癌症,但患有癌症的老鼠会被动地漂在水里,而不是游向安全区域,同时还会表现出焦虑和冷漠(Pyter et al.,2009)。

积极情绪:它们有帮助吗?

LO 9.4.B 总结积极情绪有助于健康的证据。

正如消极情绪可能不健康一样,积极的情绪似乎是有益健康的,尽管很难区分因果关系。找到一群快乐的老年人并不意味着幸福有助于他们长寿:随着年龄的增长,他们往往变得不那么愤怒和更加容易满足。我们都知道,在他们20岁或50岁的时候,他们可能真的很暴躁。此外,快乐和健康可能共存,不是一个引起另一个的关系。哈佛大学的一项纵向研究发现,一些人生经验使人们感到快乐和幸福,而其他经验使人们感到悲伤和生病。幸福并没有带来健康,悲伤也不会导致疾病(Vaillant, 2012)。

尽管如此,积极的情绪在身体上是有益的,因为它们抵消了由负面情绪或慢性应激引起的高唤醒。它们可能会让人们更加创造性地思考他们的机会和选择,就像乐观主义和内部控制点一样,激励人们采取行动来实现他们的目标(Kok,Catalino,& Frederickson,2008)。表达积极情绪的人比那些总是苦恼和郁闷的人更容易吸引朋友和支持者,正如我们所看到的,社会支持是健康的最有力的贡献者之一(Friedman Martin, 2011;Ong,2010;Pressman & Cohen,2012)。

如果你没有在所有时间里感觉是有精神的和快乐的,不要担心;每个人都有觉得暴躁、易怒和不开心的时候。但是在你的生活中消极的情绪比积极的情绪更典型吗?如果是这样的话,你会采取什么行动来确保积极和消极情绪之间有更好的比例?健康心理学领域的一位开拓性的研究者讨论了视频"应对和健康"中的一些问题。

情绪抑制和表达

LO 9.4.C 讨论忏悔、宽恕和其他形式的"让怨恨去"对健康的益处。

如果消极情绪是有风险的,你可能会认为,当你感到愤怒、沮丧或担心时,最安全的事情就是试着压抑这些感觉。对于小问题和烦恼,抑制通常是好的。但是,任何一个试图忘却某种讨厌的思想、痛苦的记忆或对以前情人渴望的相思之苦的人都会明白,要做到这一点非常困难(Ryckman Lambert, 2015; Wenzlaff & Wegner, 2000)。当你设法摆脱一种思想时,其实你正在频繁地加工这种思想,你正主动地监视你的想法,寻找避免它的方法。这就是为什么,当你对自己曾经所爱恋的人念念不忘时,你试着不去想他,实际上只会加强你对他或她的情绪反应(Wegner & Gold, 1995)。

陀思妥耶夫斯基写道:"尝试做这个任务:不要想一头北极熊,你会发现这个物体会出现在你思维的每一分钟里。"他是对的。丹尼尔·韦格纳和他的同事让研究的参与者不要想一头白熊。参与者们常常失败,并且在后续的任务中,对白熊的思考常常闯入并打断他们。

也许你在一个不眠之夜经历了这样一种失败的思想压制,当你似乎更难忽略那些在脑海中回荡的激动思想时,它们却变得越来越烦躁不安。

提高你避免不必要想法的能力的一种方法是选择干扰的思考或想法来集中注意力。例如,韦格纳和他的同事们发现,如果被给予专注于红色大众的指令,参与者能够更好地避免思考白熊。

另一个解决办法是和别人谈论你的烦恼,而不是试图压制它们。你甚至不需要俘虏一个人类听众,正如下面更详细的探索,简单地写一些令人烦恼的经历和情感也能带来心理上的益处。

对思想和情感的持续抑制实际上需要身体上的努力,这对身体是有压力的。那些能够在重要事件中表达出更多情绪性的人显示出抗病白细胞水平的增加,而压抑这些情绪的人则往往会降低自己的抗病白细胞水平(Smyth,Pennebaker,& Arigo,2012)。压抑重要的情感也有社会消耗。在一项对正在适应新环境的大学一年级新生的纵向研究中,那些对其他人公开表达担忧和恐惧的学生与那些不表达的新生相比,在其后的大学生活中会建立更好的人际关系和更大的满足感(Srivastava et al., 2009)。

坦白的益处 考虑到负面情绪的有害影响以及抑制它们的困难和消耗,人们应该怎么对待它们?减少负面情绪消耗的一种方法来自对坦白的好处的研究:吐露(即使只是你自己的私人想法和让你感到羞愧、焦虑、害怕或悲伤的感受)(Pennebaker,2002,2011)。一项对156例首次心脏病发作患者的随机对照实验发现,那些将自己的心脏病发作的感受写下来的人比写中性日常活动的对照组表现得更好,改善得更快(Willmott et al., 2011)。对于那些私下里写下他们对来到大学的"最深的想法和感受"的一年级大学生呢?短期内,相比于写了一些琐碎话题的学生,他们报告了更多的思乡之情和焦虑。但到学年结束时,他们更少患流感,而且去医务室的次数也比对照组少(Pennebaker,Colder,& Sharp,1990)。

当人们写创伤经历时,这种方法尤其有力。当一组大学生被要求连续4天每天写20分钟的个人创伤经历时,许多人讲述了性强迫、殴打、羞辱或父母遗弃的故事。然而大多数人从未和任何人讨论过这些经历。研究人员收集了有关学生身体症状、白细胞数量、情绪以及向健康中心求助的次数。结果表明,那些能够写出自己创伤经历的学生在每一方面的情况都要比那些没有写出自己创伤经历的学生好(Pennebaker,Kiecolt-Glaser,& Glaser,1988)。研究显示,对创伤事件的表达和努力克服这段记忆比抑制入侵的干扰思想更有益(Dalgleish,Hauer,& Kuyken,2008)。只有当个体的暴露导致领悟和理解,从而培养你远离糟糕经验的能力,终止自己的强迫性思维,缓解了悬而未决的情感压力,坦白的益处才会发生(Kross & Ayduk,2011;Lepore,Ragan & Jones,2000)。一位年轻妇女在9岁时被比她大一岁的男孩调戏过,一开始,她写出了自己尴尬和

每个人都有秘密和悲伤反应的私人时刻。但是当你感觉到悲伤,害怕时间过长,保持这样的感受可能会增加你的压力。

内疚的心理;第三天时,她写出了自己如何对那个男孩生气。在最后一天,她开始从不同角度来看整个事件。毕竟,他也只是个孩子。在这项研究结束的时候,她说:"以前,每次想到这件事,我就对自己说谎……现在,我不再有意去想这件事,因为我已从心中驱除了它。我最终坦白发生过这件事。"

释放委屈的益处　在经典的电视节目《宋飞正传(Seinfeld)》中——我们知道,这个系列仍然值得一看——主角之一的父亲厌倦了圣诞节的商业化,进而发明了他自己的寒假:节日(每年12月23日的一个节日,该节日因出现在美国著名情景喜剧《宋飞正传》中,后被很多人所知并效仿剧情庆祝该节日)。节日("我们其他人的节日")在很多方面都是非传统的。一家人围着一根普通的铝杆,而不是一棵树,也不是喝鸡蛋酒和唱颂歌。主要的活动是诉诸委屈——实际上,就是告诉家庭其他成员他们在前一年让你失望的事情。当然这是荒谬的,它是娱乐性的,它不利于积极的家庭关系的形成。

当我们认为释放怨恨和过去的挫折会带来心理上的益处时,我们(或其他心理学家)所说的不是这种发泄"怨气"。相反,研究表明,释放消极情绪和不满的一种方式是放弃产生它们的想法,而采取一种可能导致宽恕的观点。当人们重复自己的牢骚和不满时,他们的血压、心率和皮肤电导都会上升。宽恕的想法减少了生理唤醒的迹象,恢复了控制的感觉(Witvliet et al., 2015)(见图9.6)。宽恕,就像忏悔在起作用时,帮助人们以新的眼光看待事件。它提升了移情能力,从另一个人的角度来看这种情况的能力,它加强和修复了正在进行的关系(Fehr, Gelfand, & Nag, 2010)。但重要的是不要过于简单化:宽恕并不总是一件好事,而是取决于冲突发生的背景(Mcnulty Fincham, 2012)。在一个家庭暴力庇护所的妇女的研究中,宽恕她们的虐待伴侣的妇女更有可能回到他们身边,并经历持续的心理和身体暴力(Mcnulty, 2011)。

宽恕并不意味着受害者否认、忽视

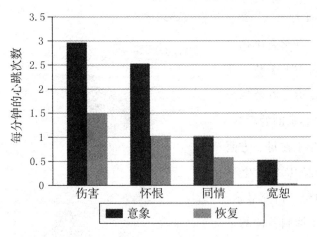

图9.6　衷心的宽恕

一个研究中参与者被要求去想一个他们感到冒犯或伤害他们的人。然后,他们被要求想象不可原谅的反应(如重复伤害和怀恨)和宽恕的反应(比如同情或宽恕他人)。正如你从黑色条所看到的,当他们的想法是不可原谅的(在伤害和怨恨的条件下),人们的心率从基线上大幅增加。灰色条表示心率在不可原谅的条件下也需要更长的时间才能恢复正常。(Witvliet et al., 2001)

或原谅他人所犯的那些可能是严重的罪行。它确实意味着受害者最终能够接受不公正,放下伤害、愤怒和复仇的执着情感。

> **日志 9.4 批判性思考——避免情感推理**
>
> 忏悔和宽恕是处理压力情绪负担的两个强有力的方法。然而,忏悔(对自己或对别人说一些一直困扰着你的充满感情的话题)和宽恕(面对不公正或放弃怨恨)往往是人们最不愿意做的事情。你会给那些情绪紧张的人什么建议?你如何鼓励一个人敞开心扉,释放委屈?

模块 9.4 测验

1. 哪个方面的 A 型行为对心脏最有害?(　　)

   A. 敌对性　　　B. 努力工作　　　C. 匆匆忙忙　　　D. 交通中的易怒性

2. 临床抑郁症与心脏病和心血管疾病有关。驱动这种联系的可能机制是什么?(　　)

   A. 抑郁的人有较高的皮质醇水平和参与行为,这是心脏病的危险因素。

   B. 抑郁导致肾上腺素分泌减少,进而使心脏泵难以维持健康。

   C. 低 HPA 水平与临床抑郁症相关,HPA 因素是心脏健康的贡献者之一。

   D. "沉重的心"这句话就是,应对抑郁本身就是对心脏的征税。

3. 卡梅伦通常乐观、积极,有良好的人生观。卡梅伦也有一个良好的健康管理方案,她感觉很健康。关于卡梅伦的积极情绪与健康状况的关系,我们可以得出什么结论?(　　)

   A. 卡梅伦的积极情绪导致良好的健康结果。

   B. 卡梅伦经历积极的情绪并享有良好的健康。

   C. 卡梅伦的良好健康结果引起了乐观的人生观。

   D. 卡梅伦对生活有着积极的看法,身体健康,她将继续这样做。

4. 亚历克斯同意借给他的朋友马特一大笔钱。然而,与最初的协议相反,马特从来没有回报亚历克斯,尽管有几次提醒。基于研究结果,亚历克斯应该如何减少他对马特行为的负面情绪反应?(　　)

   A. 亚历克斯应该关注马特背叛。

   B. 亚历克斯应该从马特的观点考虑一下,并考虑马特可能陷入严重财务困境的可能性。

   C. 亚历克斯应该结束与马特的友谊。

   D. 亚历克斯应该雇佣一家债权公司来收回马特的资金。

5. 安伯对上大学有很多担心,但她害怕告诉任何人。对她来说,什么是最健康的解决方案?(　　)

   A. 写下她的感受,然后重读并重新思考她写的东西。　　B. 告诉她的朋友她的心情。

   C. 经常听任何人说话。　　D. 试着不去想她的感受。

9.5 应激应对

我们注意到,大多数处于压力下的人,即使生活在困境中的人,也不会生病。除了乐观和控制之外,他们是如何应对的?

应对压力和消极情绪带来的生理紧张,最直接的方式就是要平静下来:暂时停止工作,降低身体的生理唤醒。一种成功的方法是古代佛教的正念冥想练习,它有助于情绪的平静。我们的目标是学会接受愤怒、悲伤或焦虑的情绪,而不去评判它们或试图摆脱它们(Davidson et al., 2003)。冥想练习有许多,一个常见的是专注于你的呼吸,当思想侵入时,承认它们,然后把它们送走,再将注意回到你的呼吸上。这样练习几个星期可以使大脑活动产生变化(Engstrom et al., 2010;Xue et al., 2011)。经过一段时间,冥想似乎能够刺激端粒长度的酶的活性的增加,并提高了关键免疫细胞的寿命(Jacobs et al., 2011;Moyer et al., 2011)。想要更多了解冥想的好处,观看视频"减轻压力,促进健康"。

减少负面情绪和降低患病风险的另一个主要方法是锻炼(Otto & Smits, 2011)。当身体健康的人比不太健康的人都处于相同的压力下,身体健康的人有更好的心血管健康和认知功能,更低的患 2 型糖尿病的风险。经常锻炼和适度锻炼的人对压力源也表现出较低的生理唤醒(Vita et al., 1998)。运动甚至会延缓帕金森等退行性疾病的进展(Gitler, 2011)。这些活动,以及任何其他使你的身体平静并集中精神的活动,如按摩、祈祷、音乐、舞蹈、烘焙面包等,都有益于健康。但是如果你的房子被烧毁了,或者你需要一个重大的手术时,需要其他的必要的应对策略。

问题解决

LO 9.5.A 讨论有助于应对压力的情绪聚焦应对方式和问题聚焦应对方式。

多年前,我们认识的一位名为思米·林顿的女子,在她 23 岁的时候,就遭遇了一场灾难。她和她的新婚丈夫以及她最好的朋友遭遇了一场严重的车祸。当思米在医院的病房里苏醒过来的时候，她对车祸只有模糊的记忆，她得知她的丈夫和好朋友已经死了，她自己也因永久性脊柱损伤而失去行走能力。一个人如何从如此毁灭性的事件中恢复过来呢？有人会建议灾难和悲剧中的幸存者"别再想它"或者"要意识到自己的情绪"。然而幸存者知道自己很痛苦，问题是他们应该怎么做呢？这个问题恰恰说明了情绪聚焦和问题聚焦的应对方式的差异（Lazarus & Folkman, 1984）。情绪聚焦应对方式集中于问题引起的情绪，无论是愤怒、焦虑还是悲伤。在任何悲剧或灾难之后的一段时间内，向这些情绪屈服并且感到不知所措是正常的。在这一阶段，人们常常需要对这个事件进行过多地谈论，以便他们能够接受它、理解它，并决定该怎么做（Lepore, Ragan, & Jones, 2000）。

最终，大多数人准备集中精力解决问题本身。问题聚焦应对的具体步骤取决于问题的性质：它是不是一个紧迫但一次性的决定；持续的困难，如残疾生活，或预期的事件，例如手术。在识别出问题之后，应对者可以从专业人士和其他处于相同困境的人那里尽可能多地了解它（Clarke & Evans, 1998）。被告知能够增加控制感，这反过来又能加快恢复速度（Doering et al., 2000）（但要警惕不良信息和那些在互联网上流传的所谓的有益信息）。

在思米的个案中，她学会了如何在轮椅上做事（包括跳舞），返回学校并取得了心理学的博士学位，再次结了婚，而且成为一名受人尊敬的老师、咨询师、作家和社会活动者，以帮助残疾人获得更好的条件和机会（Linton, 2006）。

重新思考问题

LO 9.5.B 描述并举例说明三种有效的应对策略，它们依赖于重新思考当前的压力问题。

当一些不能得到解决的问题会成为你生活中不可避免的事实时，比如无力生育、失业或面对慢性疾病。那该怎么办呢？健康心理学家认为有以下三个有效的认知应对方法：

1. 重新评价情境。尽管你不能摆脱应激性事件，但你可以换一种不同的思维方式，我们称之为"重新评价"

电视名人罗宾·罗伯茨（Robin Roberts）面临着一系列危及生命的疾病，但她使用了例如重评的应对策略来坚持着。

应对压力

互动

想象一下下面的情景：你下周有一个化学课的大考试。班上的每个人似乎都很紧张，因为学习材料很有挑战性，它对你的期末成绩有很大的影响。下一页中是一些你可以考虑的一般的应对机制，以应付考试的迫在眉睫的压力：点击每一个例子，看看详情。

复位　　返回　下一页

过程。重新评价可以使愤怒化为同情，忧虑转为果断，损失变成良机。比如你失去的工作本来就很沉闷，只是你一直不敢辞了它而去找一份新的工作，现在你可以了。重新评价可以增加主观幸福感，缓解消极情绪（Moskowitz et al., 2009; Ochsner & Gross, 2008）。

2. 从经验中学习。有的人在逆境中找到新发现或者新技能，因为他们不得不学习一些过去不了解的事，例如如何应对医疗系统，或者如何处理父母的遗产。有的人在其中发现了自己意想不到的勇气和力量。那些从无法避免的悲剧中获得教训、发现意义的人，能够在逆境中更好地成长，而不是简单地应付（Davis, Nolen-Hoeksema, & Larson, 1998; Folkman & Moskowitz, 2000）。事实上，有一些损失、困难、疾病或其他压力的经历，比没有逆境的生活能更好地预示近些年的健康结果（Seery et al., 2013）。当下面临的生活压力，给予了人们掌握和控制的技能，这是幸福的关键，能够让人知道如何处理未来的问题。

3. 进行社会比较。在困难的情境中，成功的应对者通常会把自己与其他更加不幸的人相比较。即使他们患有致命的疾病，他们也会发现有些人的情况比起他们还要糟（Taylor & Lobel, 1989; Wood, Michela, & Giordano, 2000）。有一位艾滋病患者在一次采访中说："我罗列了其他一些我宁愿得艾滋病也不愿得的病：鲁格瑞氏症，整天坐在轮椅中；风湿性关节炎，肌肉僵硬，疼痛难忍。"成功的应对者有时也会把自己与那些比自己做得更好的人相比较。他们可能会说："看看她——她有这样的家庭问题，在癌症的痛苦中幸存下来，她比以往任何时候都更幸福。她是怎么做到的？"或者"他和我有同样的问题。他为什么在学校比我做得好得多？有什么他知道而我不知道的？"当他们能够为一个人提供有关的应对方式，管理疾病，或改善压力情境的信息时，这种比较是有益的（Suls, Martin, & Wheeler, 2002）。

寻求社会支持

LO 9.5.C 讨论朋友帮助或阻碍成功应对的方式。

应对消极情绪和压力的最后一种方式是向他人求助。你的健康不仅依赖于你的身心状况,还依赖于你的人际关系:你能从他们那儿得到什么,以及你能给予他们什么。当社会团体赋予个体一种意义、目的或归属感的时候,这个团体就能对自己成员的健康和主观幸福感起到积极的心理支持(Haslam et al., 2009;Uchino, 2009)。参与社交网络和一个亲密的社区是长寿和健康的最有力的预测因素之一(Friedman Martin, 2011)。为什么呢?

当朋友帮助你应对的时候…… 思考一下你的家庭成员、朋友、邻居和同事能帮助你的所有方式。他们会关心你,爱护你,他们会帮助你评价问题并计划行动的进程,他们能为你提供一些资源和服务,比如借钱、借车,或者当你病了的时候,为你在课上做笔记。更重要的是,他们是人人毕生都需要的依恋和关系的来源。

拥有强大的社会关系甚至可以改善你的健康(Holt-Lunstad, Smith, & Layton, 2010)。社会支持对天天要求高心血管反应的压力比较大的工作者(如消防员)来说尤其重要。在应激事件过后,社会支持可以使人们的心率和应激激素很快就恢复正常(Roy, Steptoe, & Kirschbaum, 1998)。压力可以增加人对普通感冒的易感性,但以拥抱的形式进行社会支持和身体接触有助于降低这种风险(Cohen et al., 2003, 2015)。一项研究调查了 16 对夫妇,要求妻子躺在 MRI 仪器里说谎,同时对她们的脚踝阶段性地施加一个微小但足以造成压力的电击(Coan, Schaefer, & Davidson, 2006)。在实验过程中的不同时间,女性要么握住丈夫的手,要么握住陌生人的手,要么独自一人待在扫描仪里。当女性握住丈夫的手时,她们的不愉快评价和情绪反应时激活的大脑区域比独自一人相比更低。握住一个陌生人的手显示了类似的效应,尽管不那么强。

一个深情而受欢迎的接触可以促使一些"治疗性"荷尔蒙的分泌,特别是与母爱和依恋有关的催产素,能够帮助个体放松。事实上,人类的身体在应对压力和挑战的时候,不仅有"战斗或逃跑"的反应模式,还有"照料和友好"的反应模式,即友好和安抚,寻找朋友或爱人,以及照顾他人(Taylor & Master, 2011)。有关动物的研究显示,哺育早期受到父母或其他成年动物的"照料和友好"能增强 HPA 轴的敏感性,从而使幼儿动物更有弹性地应对以后的慢性压力(Young et al., 2014)。这些发现可能有助于解释为什么缺乏关爱养育的孩子变得更容易生病,为什么在不利条件下长大的少数儿童不会出现健康问题:因为他们受到温暖、母亲养育的保护(Miller et al.,2011)。

然而,再一次强调的是不要做出过于简单化的结论,认为如果人们拥有了足够的数量和种类的社会支持,人们可以战胜任何疾病。几年前一个精神病医生做了一项初步研究并在此基础上声称,患重度乳腺癌的女性如果加入支持小组可以活得更长。这项研究已被认定是不可信的,因为其结果从未被重复出来(Coyne et al.,2009;Coyne & Tennen,2010)。支持小组的治疗无法延长寿命,只是对成员在情绪上和社交上有帮助。

同时,不同的文化对"社会支持"的定义以及从中获益的方式也不同。一些群体更不情愿直接向朋友、同事和家人寻求帮助,也更倾向于隐藏自己的悲伤。例如,研究表明,亚洲人和亚裔美国人更不愿意明确寻求支持,甚至接近其他人,因为他们担心这样做可能会产生负面关系后果。因此,当他们需要帮助或透露他们的私人感情时,他们会感到压力更大,压力荷尔蒙也会升高(Kim, Sherman, & Taylor, 2008)。

当你必须面对朋友的时候…… 当然,他人并不总能为你提供帮助。有时候,他们本身就是你生气、愤怒和压力的来源。即使是脸谱网(face book),它带给数百万人情感的联系,但也有黑暗的一面。"每个人"看起来是如此地幸福和成功,晒成就、晒婴儿、晒促销、可爱的小狗、完美的饼干和超级假期,许多人在看到他们的朋友们的更新之后,对自己的感觉更差。毕竟,很多学生不会在社交媒体上发表自己孤独或被抛弃的帖子。一年级大学生的一系列研究发现,他们大多数都低估了朋友的负面情绪和经验,高估了同龄人的乐趣。与据称更快乐的脸谱网(face book)朋友相比之后的结果是,许多人看后会感到更孤独和沮丧,尤其是女性更容易受到不适感的影响(Ordan et al.,2011)。

朋友和亲戚除了成为冲突的源泉,也许只会由于对麻烦事情的无知或笨拙而不能支持你。有时他们会主动阻止你改变不良的健康习惯,比如酗酒或吸烟,或者取笑你或者强迫你遵守"人人"都做的行为。他们可能会抛弃你或者说一些愚蠢或伤害的话。有时,因为他们从来没有经历类似

朋友可以是我们温暖、支持和乐趣的最大来源,也是恼怒、愤怒和痛苦的根源,正如电影《贱女孩》中所示。

的情景,而不知道该做些什么来帮助你,他们可能会提供错误的支持。

最后,我们不应该总是接受他人的帮助,而忘记给予他人支持的益处。朱利叶斯·西格尔(Julius Segal,1986)是一位与大屠杀的幸存者、人质、难民和其他灾难性事件的幸存者一起生活的心理学家,他曾经写道,他们康复的关键在于同情他人:"通过帮助治愈"。为什么呢?因为从外体察自己的能力与我们讨论过的所有成功的应对机制有关。它鼓励你解决问题,而不是责备他人或只是发泄,它帮助你重新审视局势,从另一个人的角度来看它,培养宽恕,并允许你获得对自己的问题的看法(Brown et al.,2003)。通过帮助获得的痊愈有助于每个人接受现实世界里的困难情境。

正如你在表9.2中看到的,影响健康和疾病的因素包括那些从我们不能做的事情到我们能做的事情。成功的应对并不意味着消除所有的压力来源或所有不好的情绪:这并不意味着持续的幸福或是没有生气、悲伤和挫折的生活。健康的人正视问题,处理它,从问题中学习,并且获得超越。长期的问题、艰难的决定和偶发的悲剧是不可避免的。如何处理它们是对我们人性的考验。

表9.2 增加患病风险的因素

因素	例子
环境的	贫穷,缺乏医疗保健,接触有毒物质,犯罪,歧视
经验的	童年忽视,创伤性事件,慢性工作压力,失业
生物学的	病毒或细菌感染,疾病,遗传易损性,毒素
心理	敌意,慢性抑郁症,情绪抑制,低水平的责任感,外在控制点(宿命论),感觉无力
行为	吸烟,饮食不良,缺乏锻炼,酗酒和其他药物,睡眠不足
社会	缺乏支持的朋友,有意义的团体参与度低,处于敌对关系

日志9.5 批判性思考——不要过于简单化

你生活中的社会支持的来源是谁,来源在哪儿?你的短名单里可能包括家庭、朋友或室友,但谁形成了你的扩展支持网络?是否有社会或宗教团体,让你觉得在需要的时候是可以值得某种程度上信赖的？你的支持网络中包括年长的人吗,比如父母、亲戚、教练、顾问、教授？当你考虑你从周围的人那里得到和接受的时候,也要考虑在各种各样的应对情况下提供的支持种类和支持的有效性。

模块 9.5 测验

1. 马丁和刘易斯的家都遭到了偷窃。起初,他们两人都震惊了,告诉朋友们,他们对闯入是多么地害怕,他们对自己没有做好准备感到多么愤怒。三周后,马丁仍在哀叹自己的处境,而刘易斯则在比较保安公司和安装窗户锁。马丁使用的是(　　),而刘易斯使用了(　　)。

  A. 社会支持寻求；情绪聚焦应对   B. 社会比较；社会支持寻求

  C. 问题聚焦应对；社会比较   D. 情绪聚焦应对；问题聚焦应对

2. 你不小心弄坏了你的眼镜。哪种反应是重新评估的例子？(　　)

  A. 真可惜,不过我也一直想要新的框架了。

  B. 我真是个笨蛋,笨蛋！

  C. 我从没做过任何正确的事。

  D. 我会在健美操课上忘了这件事。

3. 奥利维亚在排球赛季中间摔断了拇指,不得不错过最后六场比赛。虽然她很失望,但她意识到她比琪拉雅好,她在排球赛季开始时摔断了手臂,一点儿都没打。奥利维亚使用什么应对策略？(　　)

  A. 正念   B. 社会比较

  C. 社会支持   D. 从经验中学习

4. 当快乐的伴侣拥抱时,什么激素会升高？(　　)

  A. 催产素   B. 奥施康定

  C. 羟考酮   D. 硫柳汞

5. 安吉拉知道她的室友樱花最近一直很难过。为了帮助她,她多次告诉樱花,她可以出去闲逛、聊天,或者提供任何樱花需要的东西来帮助她应付。每次,安吉拉的提议都被拒绝了,她开始认为她和樱花没有她认为的那么亲密。樱花拒绝的另一个可能原因是什么？(　　)

  A. 社会支持寻求的文化差异和社会支持的提供者是如何定义社会支持的。

  B. 樱花的问题是如此之大,反刍和惩罚是唯一有效的应对机制。

  C. 安吉拉希望提供情感聚焦的应对方式,但樱花正在寻求以问题为中心的应对方式。

  D. 樱花已经采取了倾向和友好的方式来解决她的问题,但是安吉拉的方法与战斗或逃跑的反应是一致的。

让心理学伴随着你：我们对情绪和健康有多大控制？

当我们感受到极端的情绪，或者当主要的压力源需要调动身体来应付威胁、恐惧或危险时，身体就会运转，行动起来给我们能量去回应。几乎每个人在一次重要的考试或工作面试之前都有过一次不愉快的经历，如心跳加速，手心冒汗和其他情绪感受的经历。我们还知道，负面情绪和压力会通过增加疾病的风险来影响我们的健康，比如从普通感冒到心脏病。回想一下，本章开始的问题，大约有一半的被调查学生报告，与学期其余时间相比，他们在期末考试期间更容易生病。事实上，有研究文献支持了这样的压力和疾病之间的联系。例如，在自愿接受甲型流感病毒剂量的人中，更高水平心理压力的感知与更严重的流感症状相关（Cohen et al., 1999）。而且，研究者们还发现，积极的情绪和社会支持降低了感染感冒或流感病毒后出现症状的风险（Cohen et al., 2003, 2006, 2015），这提醒我们，多种心理因素会在疾病的路径中起作用。

我们能够做些什么来控制负面情绪和压力，减少疾病发展的风险？在这一章中，我们回顾了一些不同因素对情绪、压力和健康影响的证据。其中一些因素涉及心理特征：有一个内在的控制点，乐观而有责任心，释放委屈，可以对情感和健康产生积极的影响。有些因素更具认知性，比如使用重新评价，从经验中学习，进行社会比较，所有这些都有助于缓解消极情绪。可以减少情绪和压力对健康的负面影响的其他因素更多的是行为的，如不吸烟（或戒烟），吃健康饮食，定期运动，并保证充足的睡眠。冥想和瑜伽也能减轻压力和降低唤醒。最后，社会支持被反复证明是缓解压力和降低患病风险的关键因素。

我们鼓励你批判性地思考如何最有效地处理你的情绪和压力——特别是在学生考试期间或其他特别有挑战性的时间里。正如我们在本章中看到的那样，敌意对健康特别有害，但是人们在激怒时应该怎么做呢？当我们检验证据时，我们发现流行的心理咨询建议"把你的愤怒驱散，并从你的系统中释放出来"常常适得其反：许多人在与愤怒对抗后身体和精神都会更差。当人们沉思和反省他们的愤怒时，不断地和别人谈论他们是多么生气，或者在敌对行为中释放他们的感情，他们的血压会升高，他们常常会感到更加愤怒，而且随后他们的行为会比愤怒感受减弱时变得更具有攻击性（Bushman et al., 2005；Tavris, 1989）。相反，当人们学会控制自己的脾气并有建设性地表达愤怒时，他们通常感觉更好，而不是更坏；更冷静，而不是更愤怒。

当人们感到愤怒时，他们可能无法控制加速的心跳或情绪本身，但他们可以控制下一步的行动：他们可以休息五分钟，冷静下来，凉一凉，而不是冲动行事，使事情变得更糟。他们可以使用批判性思维技巧来避免情绪推理，并检查他们对情境的感知的准确性。容易很快发怒的人倾向于将他人的行为解释为故意冒犯。不易发怒的人倾向于姑且相信别人，而不是专注于自己受伤的骄傲。

简而言之，我们可能无法控制我们生活中的压力源或我们在遭受巨大损失、不公正或悲剧之后感受到的某种情绪的强度，但是人类有一些更好的东西：即思考我们的行为和控制我们下一步做什么的能力。

分享写作：情感、压力与健康

你们中的许多人注意到压力时期和生病之间的联系，比如考试期间。记下四个或五个你常用的处理生活中压力的策略，然后批判性地思考它们。根据你在本章学到的知识，你依赖的技术有多有效？是不是你的一些策略对某些形式的压力（例如，期限、学习）效果更好，而有些策略则更适合于其他情况（例如，关系问题、家庭事务）？对于生活中的压力，你能做些什么不同的，而成为更好的应对者呢？

总结

9.1 情绪的本质

LO 9.1.A 解释什么是情绪、普遍的面部表情、情绪解码方面的限制。

情感进化使人们团结在一起，激励他们实现目标，帮助他们做出决定和计划。情绪体验包括生理变化、认知过程、行为倾向和主观感受。一些面部表情——愤怒、恐惧、悲伤、快乐、厌恶、惊讶、轻蔑和自豪感在不同文化中广泛存在。但是读懂他人的面部表情，在同一种族的成员中准确性会增加，因为这取决于社会背景。此外，因为人们可以伪装自己的情感，单看他们的表情并不总是能准确地交流。

LO 9.1.B 讨论在情绪体验中涉及的大脑结构、镜像神经元的作用，以及情绪体验中的主要化学物质。

杏仁核负责初步评估传入的感觉信息的情感重要性，尤其是检测潜在威胁。大脑皮层提供的认知能力能够推翻最初的评价。左侧前额叶皮层的区域是接近他人的动机（如幸福和愤怒）的特殊区域，而右前额区域是负责撤退或逃逸（如厌恶和恐惧）的特殊区域。当人们观察其他人，尤其是同一群体的其他人或跟他们相像的其他人时，大脑中的镜像神经元会被激活。这些神经元可能参与了移情、模仿、同步和情绪传染。在任何情绪的体验中，肾上腺素和去甲肾上腺素都会产生生理唤醒状态而为身体输出能量做准备。

LO 9.1.C 总结有关认知评价在情感体验中作用的基础研究结果。

情绪的认知方法强调不同情绪所涉及的感知和评价。思想和情感相互作用，相互影响。一些情感，如羞耻和内疚，需要复杂的认知能力。

9.2 情感和文化

LO 9.2.A 描述情感体验在文化、概念、语言和期望等方面的差异。

许多心理学家认为所有人类都有体验某些基本情绪的能力。然而，价值观、规范和评价中的文化差异产生了情感交融和文化特有的情感感受。文化影响情绪体验的每一个方面，包括哪些情绪被认为是恰当的或错误的以及人们对情绪的感受。

LO 9.2.B 解释表达规则和情绪操纵如何影响情感的交流。

文化强烈地影响着表达规则，包括那些支配非语言性身体言语的规则，它调节人们如何表达以及是否表达他们的情感。情绪操纵是指一个人做出努力来表现他或她虽然感觉不到，但却觉得不得不传达的情绪。

LO 9.2.C　描述和解释在情绪体验中可能存在的性别差异。

女性和男性同样有可能感受到所有的情绪,尽管性别规则使他们在情绪表达上形成了差异。平均而言,美国女性比男性更具表现力,除了对陌生人表达愤怒。男性和女性对一个地位较高的人都会较少表达,两性都会做出他们的工作所需要的情绪操纵,而有些情况下,在每个人身上都会展示出情绪表达。

9.3　应激的本质(压力的本质)

LO 9.3.A　描述一般性适应综合征的三个阶段,以及 HPA 轴和心理神经免疫学的现代概念化如何扩展这些想法。

汉斯·塞利耶(Hans Selye)认为,环境压力产生一个普遍的适应综合征,身体会出现三个阶段的反应:警报、阻抗和衰竭。如果一个压力源持续,它可能超过身体的应付能力,进而导致疾病。现代研究表明,当一个人处于压力或处于危险状态时,下丘脑沿着两个主要途径向内分泌腺发送信息。一个激活自主神经系统的交感神经部分,从肾上腺内部释放肾上腺激素。另一方面,下丘脑沿 HPA 轴开始活动。当压力源变成慢性时,它们可以增加人们的压力水平,增加他们患病的机会。但是个体对压力的反应不同,取决于应激源的类型和个体自身的遗传倾向。心理神经免疫学(PNI)的研究者研究了心理因素、神经内分泌系统和免疫系统之间的相互作用。

LO 9.3.B　描述乐观主义、责任感和控制感对身体健康的贡献。

现实的乐观、责任感、有一个内在的控制点能改善免疫功能,也能增加一个人忍受疼痛的能力,与持续的问题共存,并从疾病中恢复过来,这可能是因为它们能够激励人们更好地照顾自己。

9.4　应激和情绪

LO 9.4.A　总结消极情绪(如敌对和抑郁)对健康有负面影响的证据。

研究者探索了情感、压力和疾病之间的联系。慢性愤怒,尤其是敌对情绪,是导致心脏病的一个很强的危险因素。抑郁症也会增加患心脏病的风险。

LO 9.4.B　总结积极情绪有助于健康的证据。

有意识地压抑情绪(由严肃的事情引起的情绪)的人比承认和应对负面情绪的人更容易患病。压抑烦恼、秘密和记忆困扰的努力会对身体产生压力。

LO 9.4.C　讨论忏悔、宽恕和其他形式的"让怨恨去"对健康的益处。

释放消极情绪的两种方式包括忏悔和宽恕。我们的目标是洞察和理解自身,远离坏的经验,放手怨恨。当然,宽恕还是会使人们处于有害的暴力和辱骂的关系中。

9.5　应激应对

LO 9.5.A　讨论有助于应对压力的情绪聚焦应对方式和问题聚焦应对方式。

一种有效的应对方式是专注于解决问题(问题聚焦应对),而不是发泄由问题引起的情绪(情绪聚焦应对)。

LO 9.5.B 描述并举例说明三种有效的应对策略,它们依赖于重新思考当前的压力问题。

重新思考一个问题,包括重新评价,从经验中学习,比较自己与他人,可以提供新的见解和调整心境。

LO 9.5.C 讨论朋友帮助或阻碍成功应对的方式。

社会支持对维持身体健康和情绪健康至关重要,甚至延长生命,加快疾病康复。一个支持性伴侣的触摸或拥抱可以减少负面情绪并提高催产素水平,这可能导致心率和血压降低。然而,朋友和家人也可以成为压力的来源。在亲密关系中,以敌对和消极方式相互打斗的夫妻显示出免疫功能受损。

第九章习题

1. 艾达感到情绪低落——伤心、脾气暴躁,这不是她自己。她的祖母告诉她:"微笑,艾达,你会感觉好些的。"哪种理论预测祖母是正确的?( )

   A. 坎农—巴德理论　　　　　　B. 圆周情感模型

   C. 文化相对性　　　　　　　　D. 面部反馈

2. 如果你参观了陌生的异国的土地,仔细观察该文化成员的面部表情,你最容易误解的是哪种情绪?( )

   A. 嫉妒的　　B. 幸福快乐　　C. 悲伤　　D. 愤怒

3. 在紧张或情绪激动的时期,肾上腺分泌( )和( )激素,提高兴奋性和警觉性。

   A. 皮质醇;多巴胺　　　　　　B. 5-羟色胺;GABA

   C. 肾上腺素;去甲肾上腺素　　D. 胰岛素;瘦素

4. 弗洛里安在他即将去看医生期间必须接受一次免疫注射。前一天晚上,在去往那里的车上,在候车室里,他一直在想这次注射会有多痛,他会有多不舒服。当时间到了,医生拿着一根2毫米粗的针,轻轻扎进皮肤。尽管如此,弗洛里安还是痛苦地尖叫着。到底发生了什么事?( )

   A. 弗洛里安对这种情况的评价导致了一种情绪反应,它与情感诱发事件的实际强度或方向不一致。

   B. 一种情感交融,而不是一种主要情绪,导致弗洛里安爆发。

   C. 弗洛里安的谷氨酰胺和组氨酸水平升高,导致疼痛强度增加。

   D. 社会比较导致弗洛里安做出回应,因为他认为他应该得到平均免疫经验。

5. 伊达尔戈、托马斯、玛丽和松集都参加学生会的综艺趣味节目。他们可能会经历什么样的情感?( )

   A. schadenfreude(幸灾乐祸)　　B. fago

   C. 快乐　　　　　　　　　　　　D. hagaii

6. 在文化上可变的规范,规定了如何、何时以及向谁表达情感被称为( );工作中的角色要求,规定了情绪应该如何表达以及何时表达(即使没有经历过)被称为( )。

A. 情绪管理；情绪传染　　　　　　B. 情绪管理；情感管理
C. 表达规则；情绪操纵　　　　　　D. 情绪操纵；情绪管理

7. 谁更情绪化:女人还是男人？（　　）
   A. 这取决于环境以及你如何定义"情感"　　B. 妇女
   C. 男人　　　　　　　　　　　　D. 男人为幸福，女人为轻蔑

8. 下列哪一个不是汉斯·塞利耶(Hans selye)一般适应综合征的一个阶段？（　　）
   A. 抵抗　　　B. 耗竭　　　C. 准备　　　D. 警报

9. 金妮的座右铭是:"我是我命运的主宰。"弗里达的座右铭是:"无论将来是什么,将来都是。"你预测谁有内在的控制点？（　　）
   A. 既不是金妮,也不是弗里达　　　B. 弗里达
   C. 金妮和弗里达　　　　　　　　D. 金妮

10. A 型人格特质对健康的危害特征是（　　）。
    A. 不耐烦　　　B. 敌对性　　　C. 雄心勃勃　　　D. 勤奋

11. 积极的情绪会影响健康和长寿吗？（　　）
    A. 对女人来说是,对男人来说不是。
    B. 是的,微笑与皱眉的比例和寿命的长短有着直接的关系。
    C. 可能,但它们的影响可能是由于(以及其他)工作机制造成的。
    D. 没有证据表明积极的情感体验有助于健康,压力管理,应对或健康。

12. 什么是"让怨恨去"适当的策略？（　　）
    A. 宽恕需要互相帮助;为了任何一个有益于健康的结果,双方的委屈都需要互相原谅。
    B. 应不惜一切代价地严惩严重罪行。
    C. 宽恕可以产生最小的健康益处,尽管被宽恕的好处可能多于宽恕者的。
    D. 宽恕能激发同情心,解放思想,加强关系,有利于宽恕者。

13. 卡洛斯想减轻生活中的压力,所以他列出了导致他压力的所有事件的清单,确定了处理每一项的三种策略,并训练自己每天至少练习一种策略。卡洛斯使用了什么样的应对方案？（　　）
    A. 问题聚焦应对　　　　　　　　B. 情绪聚焦应对
    C. 监管的转变　　　　　　　　　D. 情绪管理

14. "当生活给你柠檬(酸涩的问题)时,可以把它做成柠檬水。"这句话是作为（　　）应对策略的一个例子。
    A. 重新评估情境　　　　　　　　B. 从经验中学习
    C. 进行社会比较　　　　　　　　D. 描绘社会支持

15. 社会支持网络为哪种类型的压力反应提供了机会？（　　）
    A. 战斗或逃跑　　　　　　　　　B. 照料和友好
    C. 这里和过去　　　　　　　　　D. 现在或永远

第十章　毕生发展

学习目标

- 10.1.A 概述产前发育的三个阶段和影响妊娠的因素。
- 10.1.B 描述婴儿与生俱来的一些能力，总结文化对婴儿心理和生理发展的影响。
- 10.1.C 解释依恋的概念、影响依恋的因素，以及依恋对整个生命周期的影响。
- 10.2.A 描述皮亚杰提出的认知发展的四个阶段，概述对皮亚杰的理论的评价和修正。
- 10.2.B 列出儿童前六年语言发展的里程碑。
- 10.3.A 解释和评价科尔伯格的道德阶段理论及其发展。
- 10.3.B 描述父母教养方式和自我调节在道德发展中的作用。
- 10.4.A 区分生理性别、性别认同、性别定型和性取向。
- 10.4.B 总结关于生物学的、认知的以及学习等因素影响性别认同和性别定型的基本研究发现。
- 10.5.A 概述男孩和女孩在青春期经历的生理变化。
- 10.5.B 概述男孩和女孩在青春期经历的心理和行为方面的变化。

> 10.6.A 列举埃里克森提出的八个发展"危机"。
>
> 10.6.B 概述男性和女性在成年初显期和中年期所经历的心理和行为变化。
>
> 10.6.C 描述认知功能随年龄增长发生的变化,并区分晶体智力和流体智力。

提出问题:婴儿的想法与成人有何不同?

- 什么使得18—25岁的生命阶段和青春期或成年期不一样?
- 老年人心理功能下降是不可避免的吗?
- 童年期的经历会影响我们一生吗?

> **互动** 小时候,你有没有因为想要参加一项别人认为"不合适的"活动而受到批评或嘲笑呢(例如:男孩想玩女孩的玩具,反之亦然)?
> ○ 是
> ○ 否

安妮格瑞特(Annegret Raunigk)非常了解生命发展的事情。这位65岁的教师住在柏林,有13个子女和7个孙子孙女,说她被孩子们包围了也不为过。但她的后代的队伍最近变得更加庞大了。2015年,通过体外受精,她生了四胞胎。她说,再生一个孩子的动机是她最小的女儿想要一个弟弟妹妹。安妮格瑞特本没打算生四胞胎,她说:"我只想要一个孩子,但后来事情发生了。我不是一个计划者,但就这样发生了。"提起对她提前14周分娩的担忧时,她说:"不了解我情况的人就没有资格批评我,我正在做我认为正确的事情。"

无论是通过体外受精还是收养,究竟多少岁的时候有一个自己的婴儿会被说年龄"太老了"呢?那么如果母亲"仅仅"55岁,会有什么不同吗?50呢?你对于年长的父亲与年长的母亲会有同样的看法吗?做父母是否有最合适的时间段呢?有没有合适的时间去做生命中的其他任何事情呢,去上学、离开你成长的地方、结婚、退休……直到死去?过去要比现在更容易预测一个人从出生到死亡的全部旅程。在很多文化中,上大学,选择一份工作,开始建立自己的家庭,进入退休行列,这些事件都是按照一定的顺序发生的。但是由于人口变迁、生殖技术的进步和许多其他推动力量,许许多多的人正在打乱顺序来做这些事情,如果他们要完成这些事件的话。现在看来,上大学,结婚,有自己的孩子,改变自己的职业,这些事情在成年期的——任何一个十年中都有可能发生。

发展心理学家研究生命全程中生理和认知的变化,还有它们如何受到遗传、文化、环境和经验的影响。一些心理学家关注儿童的心理和社会发展,包括社会化,即儿童学习社会对他们所期望的行为、规则的过程。回想一下我们在本章开始时提出的问题。接近一半的人记得小时候被告知,你想做的事情或玩的东西是"错误的",因为你的性别问题。也许你是那个小女孩,在万圣节的时候想穿士兵的制服,引来好奇的目光。也许你是那个小男孩,在你的儿童餐中别人给了你一辆玩具消防车,尽管你实际上想要那匹紫色的小马。本书的作者之一最近和一个3岁大的小侄子在商场聊天时,那个小男孩说:"我想当个女孩。"当被问及原因时,他的回答是:"我喜欢商店里女孩商品区里那些闪闪发光的粉色鞋子。"在这一章中,我们将回顾生物、认知和学习对性别认同发展的影响以及对性别角色和期望的认知。不过要记住,社会化是在整个生命周期中发生的,而不仅仅是在儿童期。事实上,发展本身就是一个终身的过程(请注意这一章的全称),所以尽管你在这一章里读到的许多理论和研究都集中在孩子身上,但是甚至研究产前发育的发展心理学家们,也会研究人在整个生命过程中发生的变化。例如,一些研究人员专门研究青少年、成年人或老年人。大脑的发展贯穿于整个生命周期,下面的视频"大脑的可塑性"中提供了详细阐述。

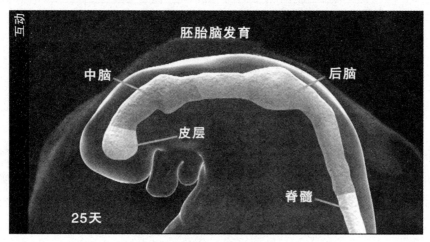

10.1 从怀孕到出生后第一年

婴儿出生前后的发展是一个令人惊叹的成熟化(maturation)过程,受遗传影响的行为和生理特征逐渐地显现出来。在母亲怀孕的短短9个月里,一个细胞从一个点那么大发育成哭叫的能量体,看起来像小老头,当然这也取决于谁来看。在接下来的15个月里,这个小婴儿长成一个咿呀学语、蹒跚学步的幼儿,好奇地关注着每件事。在人类的发展历程中再没有哪一个时期会带来如此多、如此快的变化。

胎儿期的发展

LO 10.1.A 概述产前发育的三个阶段和影响妊娠的因素。

胎儿期开始于怀孕,当男人的精子和女人的卵子结合时,受精的单细胞卵称为受精卵。

这些普通的孩子长大后,都长成了不同的成年人,无论好坏。在这一章的后面,你会了解他们的身份。当你了解他们的身份时,问问你自己,是什么因素和影响有助于解释这些孩子长大后最终走上不同的道路。

受精卵迅速分裂,在10到14天内变成一簇细胞并附着在子宫壁上。这一簇细胞的外壁蛋白会形成脐带和胎盘的一部分,内层蛋白形成胚胎。胎盘通过脐带和胚胎相连接,功能是从母亲体内获取营养用于胚胎的发育。它能输入营养并排出废物,它还可以将一些有害物质,但并非全部的有害物质,阻挡在外。孕后8周,胎儿只有1.5英寸长。从第4周到第8周,那些在基因上是男性的胚胎会由未发育的睾丸分泌睾酮激素;若没有这种激素,胚胎将发育成为解剖学上的女性。在8周后,被称为胎儿的有机体进一步发展那些在胚胎阶段就已初步成形的器官和系统。视频"性和性别差异"提供了胎儿如何发育成为女性或男性的详细信息。

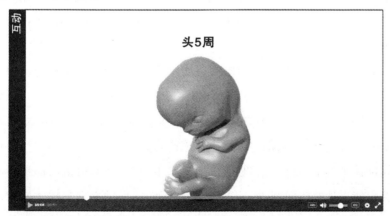

尽管子宫对于发育中的胚胎或胎儿来讲是一个相当坚固的保护地,但是胎儿受母亲自身的健康、过敏和饮食影响的产前环境也能够影响发

育的过程,例如,可能会导致婴儿先天倾向于出现肥胖和免疫问题(Coe & Lubach, 2008)。尽管大部分人没有意识到,但爸爸们在胎儿发展阶段也起着非常重要的作用。超过50岁的爸爸孕育有精神分裂症的孩子的风险概率是25岁以下的爸爸们的3倍(Gorely et al. , 2013);青少年爸爸的孩子早产或者是低出生体重的风险相对更高一些;在工作场所经常接触溶剂和其他化学药品的爸爸们的孩子更有可能流产,死胎或者出生之后得癌症;年老的爸爸们会增加孩子得孤独症或双相障碍的可能性(Frans et al. ,2008;Kong et al. , 2012; Sandin et al. , 2014)。

在女性怀孕期间,一些有害因素会透过胎盘屏障影响到胎儿(O' Rahilly & Muller,2001)。这些影响包括诸如德国麻疹(风疹)或性传播疾病,这两种疾病都可以传染给胎儿并引起生理异常;X射线或其他辐射、污染物和有毒物质可能会导致胎儿畸形和认知异常,例如,暴露于铅、汞(在被污染的鱼中最常见)、杀虫剂和空气污染都与注意力问题和低智商相关(Newland Rasmussen, 2003; Perera et al. , 2013; Raloff, 2011)。

药物对胎儿是有害的,无论是可卡因、海洛因等非法药物,还是酒精、抗生素、镇静剂等处方药物(Healy, 2012; Lester, Lagasse, & Seifer, 1998; Stanwood Levitt, 2001)。经常饮酒会杀死在胎儿大脑发育中的神经元(Gautam et al. ,2015; streissguth,2015)。一天超过两杯酒会显著增加胎儿患酒精综合征谱系障碍的风险,它与低出生体重、面部发育畸形、缺乏协调性和精神发育迟滞有关(Rangmar et al. , 2015)。怀孕期间吸烟也很危险,增加了流产和早产的可能性。这些负面影响可能也会长时间以后才发作,比如婴儿疾病、婴儿猝死综合征(SIDS),以及后来的儿童多动症、学习困难、哮喘甚至反社会行为(Button, Thapar, & McGuffin, 2005; Chudal et al. , 2015)。

就此而言,即使是母亲的压力也会影响胎儿,增加出现日后认知和情感问题的风险,并容易患上高血压等成人疾病(Ping et al. , 2015; Talge, Neal, & Glover, 2007)。在2001年世界贸易中心(World Trade Center)遭受袭击之后,那些母亲患有创伤后应激障碍的婴儿在出生时更有可能体重不足,而且一岁时的皮质醇水平异常,这两项指标都预示着未来可能出现健康问题(Yehuda et al. ,2005)。怀孕女性怎样才能增加生一个健康婴儿的可能性呢?除了避免上述有害影响外,她还可以保持健康的体重,服用产前维生素(特别是叶酸,可以预防大脑和脊髓的神经缺陷),并获得定期的产前护理(Abu – Saad & Fraser, 2010)。

婴儿的世界

LO 10.1.B 描述婴儿与生俱来的一些能力，总结文化对婴儿心理和生理发展的影响。

当婴儿第一次睁开眼睛时会发生什么？他们是否看到和成年人同样的景象，听到同样的声音，闻到一样的气味？还是像威廉·詹姆斯曾经说过的，只是一个婴儿的世界，一个有待通过经验和学习来组织的"模糊不清的、嗡嗡作响的混乱状态"？其实真相介于这两个极端之间。

新生儿不可能独自生存，但他们也并不是完全被动和无行动能力的。许多能力、倾向和特性都是人类普遍具有的，而且一出生就有表现，或者在一定的环境下很早就得到了发展。的确，环境在塑造婴儿的心理、大脑和基因表达中起着非常关键的作用。与有充足拥抱接触的同龄新生儿相比，几乎没有什么接触的新生儿会成长得很缓慢，释放更少的生长激素。而且，在他们的整个生命周期中，对压力的反应更强烈，更容易产生抑郁和认知缺陷（Diamond & Amso, 2008；Field, 2009）。

新生儿一出生就具有几种运动反射（motor reflexes），即一些对于生存所必要的自主行为。他们吮吸任何能吮吸的东西，比如，乳头或者手指。他们会紧紧地抓住一个压在他们手掌上的指头。他们会将头转向被触摸的脸颊或嘴角处，并寻找东西去吸吮，一个敏捷的"觅食反射"使得他们可以找到乳房或奶瓶。许多这样的反射最终会消失，但其他一些反射，如膝跳反射、眨眼反射和喷嚏反射等仍然会保持下来。

婴儿也具备一系列先天的感（知）觉的能力。他们会看，会听，会触摸，会嗅和品尝味道，尽管这些能力都还未完全发育成熟。我们是怎么知道这一点的？毕竟，和成人不同，婴儿无法用语言来向我们报告他们的体会。所以婴儿研究者们就需要一些创造力了。一个研究策略是"习惯化"。例如，一位研究者可能给婴儿反复呈现一个视觉刺激，直到婴儿对此习以为常且不再看它（即习惯化）。如果研究者替换一个新的视觉刺激，那些认出第二个物体的新异性的婴儿将会开始注视它。而那些仍然表现出习惯化的婴

婴儿从一出生就有抓握反射，他们会紧紧抓住递过来的手指。他们需要安抚的触摸，这正是成人照料者喜欢做的。

6个月大的婴儿通常不愿意爬过视崖的边缘，表明他们已经具有深度知觉。

儿，我们可以假定他们没能区分出第一个物体和第二个物体。另一个研究婴儿感知觉的方法是"注视偏好"。运用这种方法，研究者每次呈现两个（或更多）刺激，来观察婴儿是否会更多地注视其中某一个。

利用这些技术，大多数研究表明一个新生儿视觉聚焦的距离仅仅是8—12英寸，平均距离就是婴儿和抱他（或她）的人的脸之间的距离，但视觉能力发展得很快（Fantz,1963）。新生儿能分辨对比、阴影和边缘。他们似乎对注视类似于人脸的刺激表现出明显的偏好（Wilkinson et al.,2014）。而且他们靠嗅觉、视觉或声音几乎能立即分辨出母亲或其他早期照顾者。也许更让人印象深刻的是，婴儿天生就对新奇事物感兴趣，而且生来就有些基本的认知技能，包括基本的数感（他们知道三个物体比两个物体多）（Izard et al.,2009）。

研究人员还用了很巧妙的实验设计来测试婴儿的深度知觉。一个非常经典的情境是将婴儿放置在一个叫作"视崖"的装置上（Gibson & Walk,1960），这个装置实际上是覆盖了一块玻璃，看起来半边深、半边浅。两边都有着棋盘样式的图案。将婴儿放在平台中间，孩子的父母在浅侧或深侧的一端吸引宝宝。6个月大的婴儿会爬过浅侧，但在穿过"悬崖"时会犹豫不决，这表明他们有了深度知觉。婴儿经常花大量的时间在悬崖边缘来探究此时的情境（Adolph, Kretch, & Lo Bue, 2014）。这表明，让婴儿远离深的一侧的并不是害怕，而是一种探索的好奇心，他们意识到这种情境似乎并不适合像往常一样爬过去（Adolph,2000; Adolph & Kretch, 2012）。

虽然许多感知能力都是与生俱来的，但经验也会起到至关重要的作用。如果一个婴儿在发展的关键时期错过了

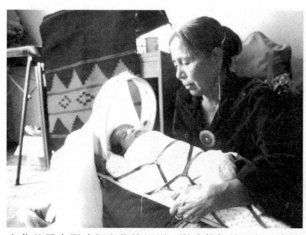

文化差异会影响新生儿的经历，影响他们的思想、大脑和基因表达。

特定的经验,神经系统中的细胞会恶化、改变或不能形成合适的神经通路,某些先天能力可能就无法存活下去。由于大脑具有强大的可塑性,一些人在童年或成年期之前无法看到或听到,都可以在后期的日常生活中获得足够的感知能力(Ostrovsky, Andalman, & Sinha, 2006;Sikiet, 2013)。但是,他们的知觉可能不能完全恢复。当那些从婴儿期失明的成年人恢复视力时,他们中的大多数人视力都不太好(Fine et al., 2003;Ostrovsky et al., 2009)。一般来说,如果婴儿的先天性失明在早期就得到治疗,那么就能够获得最好的恢复期。这可能是因为在婴儿或幼儿时期有着视觉发育的关键期。类似的发现也适用于听力。当那些天生耳聋的成年人接受耳蜗植入(刺激听觉神经并允许听觉信号传导到大脑的设备)时,他们听到的内容往往是令人困惑的,但耳蜗植入在儿童中比在成人群体中更加成功(Rauschecker, 1999)。

还有一个例子说明了经验在塑造婴儿的心理、大脑和基因表达中的重要作用,那些没有得到抚触的婴儿比他们得到充分拥抱的同伴长得更慢,且分泌出更少的生长激素。他们会终生倾向于对压力有更强的反应,更可能出现抑郁或认知缺陷(Diamond & Amso, 2008;Field, 2009)。婴儿发展的许多方面还依赖于文化习俗,这些习俗支配了他们的父母如何抱孩子、如何触摸、如何喂养以及如何与他们交流(Rogoff, 2003)。在美国、加拿大、德国和其他大部分欧洲国家,婴儿4—5个月大时就要他们夜间连续睡上8个小时。这个里程碑被看作是神经成熟的标志,尽管当父母在夜里把婴儿放在婴儿床里并离开婴儿的房间时,许多婴儿都会啼哭。但在玛雅人、印第安人、意大利乡村的人、非洲的村民和日本城市里的人中,就不会发生这种情况,因为在出生后的前几年里,婴儿都是与其母亲一起睡,差不多每四个小时醒来并哺乳一次(Super & Harkness, 2013)。婴儿睡眠安排中的这些差异反映了不同的文化差异和父母的价值观。显而易见,婴儿生来就有特定的反射、体质和其他一些"硬件"倾向,但是文化和经验影响了这些先天因素的表现。

依恋

LO 10.1.C 解释依恋的概念、影响依恋的因素,以及依恋对整个生命周期的影响。

人是社会动物。我们与他人建立情感联系,这不仅让我们感到更幸福,而且对整个人生的健康和生存都至关重要。依恋就是这样一种联系，一种强烈的、亲密的、持久的纽带。对于人类婴儿，母亲通常是婴儿第一个和主要的依恋客体，但是在许多文化中（和其他物种），婴儿会对父亲、兄弟姐妹和祖父母产生依恋（Hrdy, 1999; Shwalb & Shwalb, 2015）。

有些物种比我们人类更深入地理解了依恋的概念。下面是奥地利动物研究人员康拉德·洛伦兹(Konrad Lorenz)的照片。洛伦兹细致描述了灰雁在其生命最初几个小时内对所遇到的第一个移动物体产生印刻的趋势。通常情况下，这就意味着要对母亲产生印刻，然后跟着她四处寻找食物和获得保护。但这些可怜的灰雁都印刻在洛伦兹身上，尽管它们有机会可以接近它们真正的妈妈，但它们继续跟随洛伦兹左右。《摩登家庭》这部电视剧的粉丝们可能会知道印刻这个观点，类似的故事情节涉及菲尔·丹菲，他费劲努力想让孵化的鸭子印刻在他身上，但是当他与他的妻子克莱尔擦肩而过时，他的(可笑)计划失败了，那些鸭子对克莱尔产生了印刻。

对早期依恋重要性的研究兴趣开始于英国精神病学家鲍德温（John Bowlby, 1969, 1973），他观察了没有接触和拥抱对那些孤儿院长大的婴儿和在极端剥夺与忽视环境中成长的孩子们的毁灭性影响。这些婴儿生理上很健康，但是情感上绝望、疏远，没有秩序。鲍德温说，通过对主要抚养者的依恋，儿童获得了一个安全的基地去探索环境，当感觉害怕时，能够回到这个安全的地方。最理想的情况是，婴儿在依恋抚养者的情感与在新环境中自由探索和学习的情感之间找到一个平衡。事实上，被抚摸和拥抱的快乐不仅仅对新生儿很关键，而且在整个人生发展中都很重要，因为这会释放产生快乐和减少压力的内啡肽（Rilling & Young, 2014）。

玛格丽特（Margaret）和哈里·哈洛（Harry Harlow）通过将幼恒河猴和两类人造母亲一起喂养的方式，首次证明了触摸、接触、安慰（contact comfort）的重要性（Harlow, 1958; Harlow & Harlow, 1966）。第一个人造母亲称为"铁丝妈妈"，是一个由金属丝和保温灯构成的冷酷结构，连着一个奶瓶。第二个人造母亲称为"绒布妈妈"，是由金属丝制成但外面包裹着泡沫橡胶和温暖舒适的毛绒布。当时，许多心理学家都认为婴儿依恋母亲只是因为母亲给他们提供食物（Blum, 2002）。但哈洛实验室的幼猴在受到惊吓和恐吓后却跑向有毛绒布包裹的"母亲"，抱住它直到自己平静下来。人类儿童在处于一个陌生的环境中、受到噩梦惊吓或者跌倒受伤时，也会寻找接触安慰。想要更多地了解哈洛的研究，请观看视频"接触带来的安慰"。

分离和安全感 婴儿变得从情感上依恋他们的母亲或其他照料者，把她们作为"安全基地"，他们愿意不时地离开安全基地去探索周围的世界，但是也经常地返回安全基地寻求安慰。

被迫与安全基地分离可能是一个痛苦的经历。一般来说，在6到8个月之间，婴儿会变得警惕或者害怕陌生人。如果把他们放到一个陌生的环境或留给不熟悉的人，他们就会哭。而且，如果主要照料者暂时离开他们，他们就会表现出分离焦虑（separation anxiety）。这种反应通常会一直延续到2岁中期，但许多孩子直到大约3岁时对父母的离开都还会显现出忧虑的征兆（Hrdy，1999）。

尽管不同的文化中抚养儿童的方式会影响儿童感受焦虑的强度和持续时间，但所有的儿童都会经历这一阶段（见图10.1）。在一些文化中，婴儿与其他儿童及许多成人一起生活成长，而在另一些国家中婴儿主要对或只对母亲形成依恋，前者的分离焦虑就没有后者那么强烈和持久（Rothbaum, Morelli, & Rusk, 2011）。但是一项涵盖了加拿大、哥伦比亚、法国、意大利、日本、秘鲁、葡萄牙、美国等国家和地区的跨文化研究发现，所有地方的婴儿都倾向于将母亲作为安全基地（Posada et al., 2013）。

为了研究母婴依恋的本质，玛丽·安

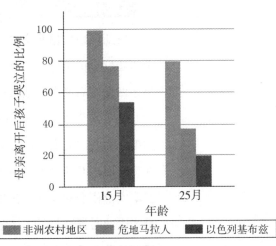

图 10.1 分离焦虑的升降趋势

大概到6个月大，当婴儿的主要依恋对象试图把他们交给别人或离开房间时，许多婴儿开始表现出分离焦虑。这种焦虑通常在1岁左右达到顶峰，然后逐渐下降。但不同的文化背景下，儿童以这种方式做出反应的比例各不相同。在非洲农村儿童中，这一比例较高；在以色列集体农庄中，婴儿与许多成人产生依恋，分离焦虑的比例较低（Kagan, Kearsley, & Zelazo, 1978）。

斯沃斯（Mary Ainsworth，1973，1979）设计了一个称为陌生情境（strange situation）的实验方法。一位母亲将孩子带进一个有很多玩具的陌生房间。过一会儿，进来一个陌生人并设法和孩子玩。母亲将孩子留给陌生人，自己离开。随后她回来并和孩子玩，而陌生人离开。最后，母亲将孩子单独留下来，3分钟后再返回。在每一种情形下，观察者都仔细地记录下孩子和母亲在一起、与陌生人在一起及独自一人时的行为表现。从那以后的几十年里，在许多不同的文化和样本中进行了许多有关这种情况的研究（Archer et al. 2015；van IJzendoorn & Sagi-Schwartz，2008）。举例可见"分离焦虑研究"视频。

安斯沃斯依据儿童对陌生情境的反应将其分为3类。一些婴儿是安全依恋（securely attached）：如果母亲离开房间他们就哭或抗议；他们欢迎母亲回来然后又高兴地玩；他们显然对母亲比对陌生人更加依恋。其他婴儿是不安全依恋（insecurely attached），这种不安全依恋又可分为两种类型。那些回避型（avoidant）依恋的婴儿，并不关心母亲是否离开房间，在母亲回来时几乎不去寻求和母亲接触，对陌生人和对母亲一样。另一些不安全依恋的婴儿是焦虑或矛盾型（anxious or ambivalent）的孩子，在母亲返回时抵制与母亲接触，但若母亲离开时就会大声抗拒。焦虑或矛盾型的婴儿可能会哭着要人抱起，然后又要求将其放下，或者他们可能会表现得就像对母亲很生气，并抵制母亲来安慰自己。

形成不同类型依恋的原因是什么？ 安斯沃斯认为安全型、回避型、焦虑或矛盾型依恋之间的差异主要是由母亲（或其他照料者）在头一年对待婴儿的方式造成的。她说，对婴儿的需要敏感和有责任心的父母会使婴儿形成安全依恋；对婴儿不敏感或者与婴儿相处不融洽的父母则会使婴儿形成不安全依恋。在许多人看来，这里隐含的假设是：为使婴儿形成安全依恋，从一开始就需要有"恰当类型"的养育，并且将孩子放进日托中心会妨碍这一重要能力的发展，这让很多职场父母产生严重的不安全感。

但是，安斯沃斯关于依恋的测量没有考虑到婴儿的经验。那些与多个成人建立依恋的婴儿，由于他们生活在大家庭中或者在日托中心接触很多成年人，可能妈妈离开时他们不会惊慌，因此在陌生情境中看起来像是回避型。但是，他们可能已经学会了对陌生人友好相处。更进一步说，尽管在母亲的敏感性和孩子的安全依恋之间有一定的相关，但这并没有告诉我们两者何为因、何为果，抑或是其他什么因素共同影响敏感性和安全感。

纵向研究发现，高质量的日托并不会对儿童依恋的安全性产生负面影响，而且往往有利于社交和智力发展（Carcamo et al., 2016; Oliviera et al., 2015）。

还有一点值得注意的是，尽管在母亲实际抚养儿童的方式上存在很大差异，但世界上的绝大多数孩子都形成了一种对母亲的安全依恋（LeVine & Norman, 2008）。德国的婴儿经常被母亲独自留下连续几个小时，因为这些母亲相信即使是婴儿也应该学着自力更生。在非洲的埃菲族中，婴儿有一半的时间都是离开自己的母亲，由其他大孩子或大人照顾（Tronick, Morelli, & Ivey, 1992）。然而德国和埃菲族的儿童并没有形成不安全型依恋，他们与那些和母亲长时间在一起的孩子成长得一样正常。

那么究竟是什么因素导致了不安全依恋呢？

- 在出生后的第一年或者第二年就被遗弃。在公共机构中的孩子要比被收养的孩子更有可能在后期存在依恋问题，但是在1岁或者2岁前被收养的婴儿和正常婴儿一样会形成安全的依恋（Lionetti, Pastore, & Barone, 2015; Vorria et al., 2015）。

- 由于父母长期不负责任或者是临床上的抑郁，导致其养育方式是虐待、忽略或者反复无常。南非的一个研究团体观察了147位有2个月大的婴儿的母亲，并且一直追踪到婴儿18个月大。许多产后抑郁的母亲对待她们的婴儿要么是太干涉，要么就是疏远的、不敏感的。这样一来，她们的婴儿在18个月时就很有可能形成不安全的依恋（Tomlinson, Cooper, & Murray, 2005）。

- 孩子本身受遗传影响的气质。从一出生就担心害怕和易于哭闹的婴儿比平静的婴儿在陌生情境中更可能表现出不安全依恋的行为，这就表明他们之后的不安全依恋可能反映了其气质倾向（Gillath et al.，2008；Khoury et al.，2015）。
- 儿童家庭中的紧张气氛。如果儿童的家庭正处于某一段压力之中，如父母离异或者父母一方得了慢性疾病，婴儿和年龄较小的儿童可能会暂时从安全依恋转向不安全依恋，总是缠着父母并害怕被单独留下来（Belsky et al.，1996；Mercer，2006）。

但是，基本状况是，婴儿从生理上决定了会对其照料者产生依恋，同时，尽管不同文化、家庭和个体在抚养儿童的方式上存在明显的差异，但在大多数情况下都会形成健康、正常的依恋。

依恋类型似乎也会对孩子今后生活产生长远的影响：纵向研究表明，随着他们年龄的增长，安全依恋的婴儿往往表现得更独立，能够自信地面对挫折，在不同的社交场合具有灵活性和适应性，且不太可能变得沮丧（Agerup et al.，2015；Sroufe，2005）。婴儿期的安全依恋可以较好地预测积极的情绪倾向和成人浪漫关系（Simpson et al．，2007）。但是，并没有研究表明依恋类型是永不改变的或一定就有积极或消极的后果。即使是在最坏的情况下，如果产前发育或出生后的第一年里出现了问题，大脑的可塑性和人类的恢复能力往往能克服早期的剥夺或伤害。

日志 10.1　批判性思考——考虑其他的解释

已有研究发现婴儿期的依恋类型可以预测儿童期的发展乃至成年后的浪漫关系。这些研究发现可能在一定程度上得出的结论是婴儿早期获得的养育质量决定了他们后来的社会性倾向。这对当前和往后的父母来说是一种恐怖的说法。而且公正起见，这是不是对于那些依恋类型和成年时表现相关的研究发现的唯一解释？气质和环境的哪些方面可能会影响这些研究发现？哪些环境因素会决定个体的依恋类型终生不变还是随着时间改变？

模块 10.1 测验

1. 下列哪项是产前发育的正确顺序？（　　）
   - A. 受精卵、胚胎、胎儿
   - B. 受精卵、胎儿、胚胎
   - C. 胚胎、受精卵、胎儿
   - D. 胚胎、胎儿、受精卵

2. 以下哪一项不是关于运动反射的?( )

    A. 它们倾向于帮助婴儿存活。

    B. 它们在不同的文化中有很大的不同。

    C. 它们是自动的。

    D. 有些随着年龄的增长而消失,而另一些则留到成年。

3. 一个典型的新生儿的视觉焦点距离有多远?( )

    A. 8—12 英寸   B. 1—3 英寸

    C. 2—3 英尺   D. 5—10 英尺

4. 7个月大的迪亚哥在母亲有事要离开几个小时的时候,被托付给一位有能力的保姆来。尽管这两个大人都很周到和积极回应,但当他的母亲离开时,迪亚哥仍然会哭泣。这个婴儿正在显露出( )迹象。

    A. 分离焦虑   B. 母亲忧虑

    C. 发育迟缓   D. 反应管理

5. 根据玛丽·安斯沃斯的分类系统,哪一种不是一种依恋形式?( )

    A. 焦虑   B. 回避

    C. 忧虑   D. 安全

10.2 认知发展

我的一个朋友告诉我,他和他两岁的孙子有一场有趣的交流。"你很老(old)了。"小男孩说。"是的,我是很老了。"他的祖父说。"我很新(new)。"这个孩子说。

两岁孩子的大脑已经开始工作,进行观察,试图理解并使用语言(创造性地)来描述观察到的不同之处。对于任何目睹了婴儿长大的人来说,童年时期的思维和语言的发展,都是一个奇迹。在本节中,我们将深入探讨这些过程是如何发生的。

思维

LO 10.2 A 描述皮亚杰提出的认知发展的四个阶段,概述对皮亚杰的理论的评价和修正。

儿童和成年人思考问题的方式不同。如果你把婴儿最喜欢的玩具用一块布盖上,那么婴儿就会认为它消失了,不再去寻找它。一个3岁的小女孩试图通过屏住呼吸和遮住自己的眼睛来躲藏。一个妹妹可能会抗议说,她的哥哥姐姐的果汁比她的要多,而实际上只是杯子的形状不同而已。

例如,看上面的两张照片。阅读本章的非学龄前读者都知道,左图中饼状和球形状的黏土含量可以很好地比较,右图中两个容器可以装有同样数量的果汁。当然,仅仅通过看这些图片很难做出准确的对比。但我们成年人认识到,黏土的形状和果汁的高度并没有告诉我们所有关于估算体积的东西。我们将在这一节中回顾,这对年幼的孩子来说实际上是一个十分复杂的问题,让他们觉得有些困难。

然而,值得我们注意的是,孩子们以他们自己独有的方式处理问题时,是相当聪明的。像优秀的小科学家一样,他们总是在测试"孩子们的尺度理论"是如何运作的(Gopnik,Griffiths,& Lucas,2015)。当你的孩子第六次把勺子扔在地上,你说:"够了,我不会再给你捡起勺子了。"幼儿马上就会验证你的声明。你是认真的吗?你是生气了吗?如果他再把勺子扔在地上会发生什么?他做这些不是在让你发疯,而是他正在学习他的期望和你的期望之间的不同,有时候这些差异是很重要的,有时候则不然。

儿童的思维是如何变化的,为什么会有这些变化?在20世纪20年代,瑞士心理学家让·皮亚杰(Jean Piaget,1896—1980)提出,儿童的认知能力是自然发展的,就像一朵花的开放。尽管这些年来皮亚杰的许多具体结论被否定或者是被修订,但是他的思想激励了许多研究者开展了上千项的研究。

皮亚杰的认知阶段理论　按照皮亚杰(1929/1960,1984)的观点,随着儿童的发展,他们必须不断地适应新的环境和经验。有时候他们新的信息"同化"进入已存在的心理结构中,例如,一个幼儿发现,当他拉他的小毯子的时候,毯子会离他更近。拉他喜欢的玩具时也是一样。当他遇到一个新的物体,比如一条拴着气球的绳子,他就也会去拉一下绳子。看,气球离他更近了,他把新的经验同化到已有的心理结构中了。但是在其他时候,儿童必须改变他们的心理结构来"顺应"新的经验。当这个孩子去拉家里小猫的尾巴时,迥然不同的后果发生了。这样,他就得改变自己的心理结果来反映这一新的发现。皮亚杰提出,在儿童经历认知发展的4个具体阶段中,同化和顺应这两个过程一直是相互作用的。

根据皮亚杰的理论,从出生到2岁,婴儿处于感知运动阶段(sonsormotor stage)。在这一阶段,婴儿通过具体的动作学习:看、触摸、听、把东西放进嘴里、吮吸、抓握。"思维"由与身体运动相协调的感觉信息构成。随着儿童对环境的不断探索以及学会了特定的运动会产生特定的结果,他们的这些运动也就逐渐变得更加有目的。拿开一块布会发现一个藏起来的玩具;松开毛绒玩具鸭子会使它跌落而无法够到;用汤勺敲桌子会得到一些吃的,也可能是妈妈把汤勺拿走。

即使是小孩子们,也会花费他们很多时间去检验他们周围世界的因果关系。

他像一个小科学家一样,试着找出因果联系:如果我扔了这个盘子,会发生什么事情?会有很大的响声吗?妈妈会很快过来给我把这个盘子捡回来吗?她会帮我捡几次?

根据皮亚杰的理论,这一阶段的主要成就是获得客体永久性,即理解了有些物体尽管你看不见或摸不着但仍然存在。他观察到,婴儿在头几个月,他们会专心看一个小玩具,但如果你把玩具藏在纸后面,他们不会看纸的后面或再试图去找到玩具。不过,大约6个月时,婴儿就开始掌握客体永久性概念,即无论他们能否看见,玩具都是存在的。如果处于这一年龄阶段的婴儿把玩具从他们的围栏中掉下后,他会四下寻找;他也会翻看下面藏着玩具的布去寻找玩具。到1岁时,绝大多数的儿童都发展出了客体永久的意识,即使玩具被一块布盖着,它也肯定在那儿。这正是儿童喜欢玩躲猫猫游戏的时候。皮亚杰说,客体永久性的产生表示儿童开始有了使用心理表象和符号的能力。这时,儿童即使不在物理上看到一个事物与之互动,也能在头脑中保存一个概念。

从2岁到7岁,儿童采用符号和语言进行运算。皮亚杰把这个阶段称为前运算阶段(preoperational stage),因为他认为儿童依然缺乏理解抽象原则和心理运算所必要的认知能力。皮亚杰还认为,前运算阶段的儿童不能采纳别人的观点,因为他们的思维是自我中心(egocentric)的。他们仅仅从自己的参照体系中看世界,难以想象其他人看到的是不同的世界(正如我们在后文将要看到的,这种观点几年来受到了挑战)。

皮亚杰进一步说,前运算阶段的儿童还未掌握守恒(conservation)的概念,即当物体的外观或形式改变时,其物理属性不变。这一阶段的儿童还不能完全理解,即使你将液体从一个杯子倒到另一个大小不同的杯子,或将积木搭成不同的形状,液体的量和积木的数目仍是一样的。这一阶段的儿童依赖液体的表面现象(液体中杯子里的高度)来判断液体的量,而不是通过将液体在两个杯子之间倒来倒去并不会改变液体本身这样的逻辑推理来进行判断。通过观看视频"守恒学习",可以用非液体来举例说明儿童掌握守恒概念的例子。

皮亚杰主张,从7岁到12岁,儿童逐渐能够从别人的视角看待问题并减少逻辑错误。皮亚杰认为这一阶段儿童的思维能力基于具体的信息,例如真实的经验或有具体意义的概念,因此将这一阶段称为具体运算阶段(concrete operations stage)。此时儿童不太擅长对"爱国主义""继续教育"这些抽象的观点进行推理。不过,在这几年,儿童的认知能力会迅速发展。他们开始理解守恒原则和因果关系;学会了心理运算,如基本的数学计算;学会了给事物分类(例如松树属于树)以及按从小到大、从亮到暗、从低到高的顺序排列事物。

皮亚杰认为,最后一个阶段是从十二三岁到成人,人们可以进行抽象推理,从而进入形式运算阶段(formal operations stage)。他们能对没有直接经历的情境进行推理,而且能想到未来的可能性,具有抽象推理能力。他们能系统地寻求问题的答案;他们还能从其文化和经验的共同前提下得出合乎逻辑的结论。

感知运动阶段	通过具体的动作来学习,比如看东西和触摸东西
前运算阶段	增加了使用的符号,但仍未能理解抽象的原则
具体运算阶段	与实际经验相关联的心理运算能力,而不是抽象的推理
形式运算阶段	具有抽象思维和得出逻辑结论的能力

经验和文化影响认知发展。使用黏土和其他材料的孩子,比如印度的这个小陶工,比没有这种经验的孩子更容易理解守恒的概念。

认知发展的新观点 学术界很好地支持了皮亚杰的核心观点:新的推理能力依赖于先前能力的出现,在你会数数之前你无法学会代数,在你理解逻辑之前你无法理解哲学。但是,自从皮亚杰的最初研究以来,发展心理学领域经历了一场富有创造力的研究的大爆发,这让研究者得以探查甚至是最小的婴儿的心理。这些研究的结果修正了皮亚杰的观点。一些科学家甚至说皮亚杰的观点已经被推翻了。以下是对皮亚杰观点的一些批评。

1. 认知能力是以一种连续的、重叠的、波浪的方式发展的,而不是一个离散的步骤或阶段。 如果你像皮亚杰一样观察不同年龄的儿童,似乎他们的推理方式各不相同。但如果你研究任一年龄的儿童每日的学习,你会发现一个儿童可能会用几种不同的策略解决一个问题,其中一些策略要比其他策略更复杂和精确(Siegler,2006)。学习是渐进的,在向新的思维方式前进的同时也会退后到先前的思维方式。儿童的推理能力也依赖于环境,例如提问者、所使用的单词、所用的材料以及他们正在推理的事情。简而言之,新的能力不是在儿童长到一定年龄就突然出现(Courage & Howe,2002),也不是说一旦我们到了12岁,认知发展就会停下来。

2. 学龄前儿童并不像皮亚杰所想的那样以自我为中心。 多数3—4岁的儿童都能采纳他人的观点(Flavell,1999)。例如,一个

皮亚杰的形式运算阶段似乎将13岁的孩子和成年人归为同一认知范畴。但是,许多社会对未成年罪犯维持着不同的司法制度和惩罚,反映了这样一种信念:青少年犯罪并不像成年人犯罪那样受到处罚。事实上,美国最高法院一直在努力解决未成年罪犯应该与成年人区别对待的问题,其理由往往是心理学研究认为青少年仍处于认知发展的过程中(Albert, Chein, & Steinberg, 2013; Steinberg, 2017)。

学龄前儿童给老师看一张画,画的是一只猫和一个无法鉴别的斑点。老师说:"这只猫很可爱,但是这是什么?"儿童说:"那和您没关系,那是猫正在看的。"

到三四岁,儿童也开始问为什么其他人会做出某些行为(为什么约翰尼如此的吝啬?)。简而言之,他们正在形成一种心理理论,即关于他们自己和其他人的心理工作和人们是怎样受到他们信念和情绪的影响的信念系统。他们开始使用"思考"和"知道"这些动词,到4岁时,他们理解别人想的和自己的信念可能不一样。在一个经典的实验中,一个孩子看到另一个孩子把球放在橱柜中并离开了房间,然后一个成人进来并把球移到了篮子里。3岁的儿童会预测那个放球的孩子回来后会去篮子里找球,因为这个3岁的儿童知道球在那里。但是一个4岁的儿童会说放球的孩子会去橱柜里找球,这是放球的孩子错以为球所在的位置(Flavell,1999;Wellman,Cross,& Watson,2001)。

值得注意的是,最早期的心理理论在婴儿时期就存在。15个月大的婴儿意识到一个成年人有错误的或假的信念时,他们会感到惊讶(Luo & Baillargeon,2010)。理解人们可能会有错误信念的能力是一个里程碑,因为这意味着孩子开始质疑我们成人是如何知道这件事情的——这是后来高阶思维的基础(Moll, Kane,& McGowan, 2015)

3. 儿童甚至是婴儿表现认知能力发展的时间早于皮亚杰所认为的发展阶段。基于儿童对新奇的和令人惊讶的刺激比熟悉的刺激看的时间更长这一事实,心理学家设计了一些十分具有创造性的测验婴儿理解力的方法。这些方法揭示了婴儿可能天生具有感知数字、客体空间关系和一些物理世界其他特征的心理模块或核心知识系统(Kibbe & Leslie, 2011; Schultz & Tomasello, 2015; Scott & Baillargeon, 2013)。

例如,假如一个球看起来要穿过一个坚固的障碍物、在两个平台之间跳跃,或者悬挂在半空中时,仅4个月大的婴儿盯着球看的时间会比当球遵循物理法则(即表现平常)时看得时间更长。这一现象表明,不寻常的事情正使得他们惊讶(参见图10.

可能事件

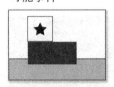

不可能事件

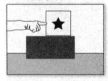 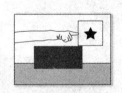

图 10.2 测验婴儿的知识
在这个设计精巧的程序中,一个婴儿在看看一个盒子被沿着一个直条纹的平台从左推到右。这个盒子被推到平台的末端(可能事件)或推到只有一点搁在平台上(一个不可能事件)。婴儿对不可能事件的注视时间长,暗示他们对此感到惊奇。不知何故他们知道一个客体需要物理支持,而且不能飘浮在空中(Baillargeon, 1994)。

2)。两个半到三个半月的婴儿就能意识到被其他物体掩盖的物体仍然存在,这是一种皮亚杰从未想到会在如此小的婴儿身上发生的客体持久性现象(Baillargeon,2004)。

对皮亚杰婴儿自我中心的观点最具挑战的是,即便是 5 个月大的婴儿都能够有目的地知觉其他人的行为。他们能够发现一个正在用手够玩具的人和偶然地用棍子碰到玩具的人之间的差异。在这么小的时候,婴儿当然还不擅长有意识地够取物体(Woodward,2009)。甚至是 3 个月大的婴儿也能够学会这个。但是,当实验者给婴儿带上"有黏着力的连指手套"时,婴儿实际上可以从经验中学会区分有意和无意地碰触物体(Sommerville,Woodward,& Needham,2005;Woodward,2009)。

4. 认知发展依赖于儿童的文化背景。皮亚杰的同时代人之一,俄罗斯心理学家维果斯基(Lev Vygotsky,1896—1934),以强调社会文化对儿童认知发展的影响而与皮亚杰的观点相对立。维果斯基(1962)写道,儿童通过文化、语言和环境来发展对世界的心理表达。成人在这个过程中扮演着重要角色,不断引导和教育他们的孩子。因此,他说,孩子的认知发展不是通过固定的阶段按严格顺序发展的,而是可以有很多发展趋势。的确,研究发现,文化,包括工具、语言、宗教仪式、信仰、游戏和社会制度,深刻地影响和建构了儿童的认知发展,培养儿童的某些能力而不是另一些能力(Tomasello,2014)。游牧民族的人在空间能力上表现很出色,因为空间定向对寻找水源和成功的狩猎路线很关键。相反,居住在农业社会中的儿童,如科特迪瓦的巴洛族人在数量能力上发展迅速而在空间推理上发展较慢。

值得注意的是,尽管有上述批评,皮亚杰还是留下了一份不朽的遗产:儿童不是被动地接受教育和经验的容器。儿童在其成长历程中一直都在积极地解释他们的世界,用他们发展起来的图式和能力去同化新信息并领会事物。而且,他最大的影响可能是什么?激励了一代又一代的研究人员关注人类发展的认知方面。当代研究儿童如何思考以及这些思维过程在一生中如何发展的研究者们,可能不同意皮亚杰的一些假设和结论,但他们仍在继续解决那些皮亚杰在近一个世纪前首次提出的前沿问题。

语言

LO 10.2.B 列出儿童前六年语言发展的里程碑。

试着大声读下面这个句子：

Kamaunawezakusomamanenohayawewenimtuwamanasana. ①

你能说出一个单词的开始和结尾吗？除非你知道斯瓦希里语，否则这个句子的音节听起来就像乱码。

对于每一个学习母语的婴儿来说，起先，每一个句子想必都是乱语。那么，一个婴儿在几乎不理解词的意思的情况下，如何从其身边环境中杂乱的声音里找出不连续的音节和单词？同时，儿童又是如何在短短几年的时间里，不仅能理解成千上万的词，还能产生和理解无穷无尽的新的组合词的呢？

为了回答这些问题，我们必须理解语言不仅仅是任何一种交流系统，它是一个将无意义的元素整合成表达意义的语句的相关规则的集合。这些元素通常是声音，但是它们也可以是美国信号语言（ASL）和其他听力受损的人们使用的手势语言。因为语言，我们不仅仅能表达此时此地，还能表达过去和将来的事件以及不在场的人们和事物。语言，无论是说的还是写的，都能够使人们表达和理解无数的新颖言辞。这种能力很关键。除了一些固定的短语（"How's it going?" "In a minute!"）之外，大部分我们说出的和听到的都是新的。

语言是建构的还是习得的？当今许多心理学家认为人类语言产生具有先天的能力，因为它对于生存是极其有好处的（Pinker, 1994）。它使我们的祖先能表达关于时间、空间和事件的精确信息（"你们今天是要去猎猛犸象吗？"），还能为了必要的生存而进行协商（"如果你跟我们分享坚果和浆果，我们就会和你分享猛犸象。"）语言的发展还可能是因为它给人们提供了相当于其他灵长类动物形成社会契约所依赖的互相"梳理"方式（Dunbar, 2004; Tomasello, 2008）。正如其他灵长类动物将互相清洁、轻抚和毛发梳理作为喜欢和联系的标志，人类朋友能够坐下来喝咖啡聊好几个小时。

语言发展的主流理论一度曾假定，儿童是通过模仿成人和关注成人对他们错误的纠正获得语言的。随后语言学家诺姆·乔姆斯基（Noam

---

①Kama unaweza kusoma maneno haya, wewe ni mtu wa mana sana, 在斯瓦希里语中，意思是"如果你能读出这句话，你就是一个卓越的人。"

Chomsky,1957,1980)争辩道,语言太复杂了,很难一点一点地学来,就像很难学习一串世界各国的首都一样。乔姆斯基说,因为实际上在我们蹒跚学步时并没有人教我们语法,因此人脑中一定含有一个先天的心理模块,使得幼儿只要在一个适当的交谈环境中就可以发展语言能力。儿童先天具有一种普遍的语法,也就是说儿童的大脑对于所有语言所共同的核心特征比较敏感,例如名词和动词、主语和宾语、否定词。甚至那些看上去很不一样的语言,如英语和莫霍克语,或者日本冲绳语和保加利亚语,也都有这些共同特征(Baker,2001;Clinque,1999;Pesetky,1999)。在英国,即便是2岁的儿童也会使用句法帮助他们习得文章中的新动词。他们理解"简推了这个婴儿"。这句话中包括了两个人,在"简推的!"这句话中仅仅包括简一个人,但是两句话使用了同一个动词"推"(Dautriche et al.,2014;Yuan & Fisher,2009)。

许多证据支持乔姆斯基的理论,即人类具有一个关于语言的先天心理模块。首先,不同文化背景下的儿童经历了相似的语言发展阶段,采用成人不可能使用的方式来组合词汇。他们将父母的句子["我们去商店吧!"(Let's go to store!)]减化为自己的双词句["去商店"(Go store!)],并会犯下许多成人不会犯的可爱的错误("The alligator goed kerplunk"美洲鳄扑扑通通地走)(Marcus et al.,1992)。成人也不是一直纠正孩子的语法,儿童还是正确地学会了说话或手语。一个2岁的孩子说"Want milk!(要牛奶)"很可能就会得到牛奶。绝大多数父母并不期待一个更加合乎语法的(或更礼貌的)要求。

令人叹服的是,从未学过标准语言(不论手语还是口语)的耳聋的儿童创造了他们自己的手语,而且在美国、中国台湾、西班牙和土耳其不同的文化背景下,这些语言在句子的结构上都显现出相似性(Fay et al.,2014;Goldin-Meadow,2015)。最令人震惊的例子来自尼加拉瓜,一个特殊学校的聋哑儿童们创造出了一种自己本土的手势语言,语法复杂却与西班牙语无关(Senghas,Kita,& Ozyurek,2004)。科学家们有了唯一的机会来观察这种语言的进化过程,它从一些简单的符号发展到成熟的语言系统。

然而,在过去的十年里,一些心理语言学家已经对乔姆斯基的观点提出了质疑,他们认为一般语法的假设是错误的(Dunn et al.,2011;Hinzen,2014;Tomasello,2003)。有些人认为文化是语言结构的主要决定因素，而不是天生的语法。虽然家长们可能不会整天都在纠正孩子们的讲话，但是他们会回应和扩展孩子们笨拙的句子（"猴子爬！""是的，猴子正在爬树"）。一些科学家认为，孩子们不是因为天生的能力而推断出语法规则，而是要通过学习了解到两个单词或音节相继出现的可能性（Seidenberg，Macdonald，& Sa，2002）。因为这么多的单词组合被重复使用（"捡起你的袜子！""来吃饭吧！"），小孩子似乎能够跟踪短的单词序列频率，这反过来又教给他们词汇和语法（Arnon & Clark，2011）。

这些尼加拉瓜聋哑儿发明了他们独有的语法复杂的语言，这种语言与西班牙语或者其他任何一种手语都无关。

尽管乔姆斯基学派与文化学派之间的争论还在继续，但双方都认为语言的发展既依赖于生物学的准备，也依赖于社会经验。那些在早年没有接触过语言的孩子，很少能正常讲话或理解语法。有证据表明，在生命最初的几年里，语言发展有一个关键时期。在这段时间里，孩子们需要接触语言以及通过与他人交谈练习新习得的语言技能的机会。出于同样的原因，年轻时学习第二语言比年老时要容易得多（Norrman & Bylund，2015）。我们来看看这些语言技能是如何发展的。

从咿呀学语到交流 语言的获得可能开始于子宫。加拿大心理学家让新生儿在10分钟内轮流听英语和塔加拉族语（飞利浦人的主要的语言）这两种语言，测量婴儿吮吸橡胶奶嘴的次数。妈妈在怀孕期间只说英语，孩子在听见英语时的吮吸次数较多，显示对英语更加偏爱。双语妈妈的孩子则显示出对这两种语言相同的偏爱（Byers-Heinlein，Burns，& Werker，2010；Fennel & Byers-Heinlein，2014）。

因此，婴儿已经对语言的音高、响度和语音做出应答，同时他们也能对声音中的情感和韵律做出反应。成人通过使用"婴儿指向式言语"来利用婴儿的这些能力。大多数成人对婴儿说话时的音调都会比平时高，而且富有变化，语调也会有些夸张。全世界的父母亲都这么做。事实上，南美无文字的狩猎——采集文化的舒阿尔族成年人，

象征性的手势出现得很早！

能够通过语调准确地辨别美国妈妈的婴儿指向式言语和成年人指向的言语(Bryant & Barrwtt, 2007)。这些婴儿指向式言语可以帮助婴儿学习母语的音调和韵律(Burnham, Kitamura, & Vollmer-Conna, 2002)。

4至6个月大时,婴儿常常能辨别出自己的名字和其他常说的带有情绪性的词,如"妈妈""爸爸"。他们也知道许多母语中关键的辅音和元音的发音,并能将其与其他语言中的声音区分开(Kuhl et al., 1992)。随着时间的推移,总是处在母语环境中会降低儿童对其他语言发音的感知能力。因此,日本的婴儿能听出英语中la和ra发音的不同,但年龄大的日本儿童和成人就不能。因为在他们的语言中不存在这种差异,他们对此已变得不敏感。

在6个月到1岁之间,婴儿对母语的发音结构愈加熟悉。他们能从一串语音中分辨出词。他们会花更长的时间去听那些发音与其期待违背的词,甚至在听到结果与其期待违背的句子时也会听更长时间(Jusczyk, 2002)。他们开始牙牙学语,发出许多"ba-ba"和"goo-goo"的声音,无休止地重复一些声音和音节。在7个月时,他们开始记住他们听到的单词,但是因为他们也关注说话者的语调、说话速度以及音量,所以并不总是能在不同的人说的话中识别出这些单词(Houston & Jusczyk, 2003)。在10个月时,他们就突然能做到了,在仅仅3个月里就有了显著的飞跃。在大概1岁时,尽管在这个时间点上有很大的个体差异,儿童开始对事物命名。儿童对熟悉的人和物已经有了一些心理概念,他们最早学会的词就代表了这些概念("妈妈""狗狗""车车")。

在第一年后期,婴儿发展出了一个象征性手势的指令系统,这是另一个重要的交流工具。他们做出手势来指代物体(如,吸鼻子表示"花"),提出需求(如,哑巴嘴要"食物"),描述物体(如,张开胳膊表示"大"),或回答问题(如,打开手掌或耸耸肩表示"我不知道")。那些被父母鼓励着用手势获取大量词汇的儿童比那些不被鼓励的儿童有更好的理解力,也是更好的听众,并且在努力与人交流的过程中也更少有挫败感(Goodwyn & Acredolo, 1998; Rowe & Goldin-Meadow, 2009)。当婴儿开始说话后,他们的语言仍会伴随着一些手势,正如成人说话时也经常打手势。反过来,父母也使用手势来吸引孩子的注意以及教孩子学习一些词汇的意义(Clark & Estigarribia, 2011)。

另一个没有词汇的交流的例子是音乐。就连年幼的婴儿也会记得旋律,并自发地爬向有音乐的地方(Trainor, Wu, & Tsang, 2004; Zentner & Eerola, 2010)。许多父母为了哄孩子上床睡觉,整夜不休息给孩子唱歌。为什么?因为音乐就像语言一样,是人类社会的纽带。在一个很有意思的研究中,5个月大的婴儿在家里听着由父母、录音机中的陌生人或玩具唱的歌(Mehr, Song, & Spelke, 2016),之后他们来到一个实验室,观看两个陌生人唱他们熟悉或不熟悉的歌的视频。结果婴儿会长时间地盯着熟悉歌曲的视频,但是也只有当这些歌曲最初是从父母那儿听到,而不是从录音机或玩具那里听到时这种情况才会发生。这一研究表明,音乐是儿童的另一种社会信息交流的手段,尤其是照料者提供的音乐。

在18个月到2岁之间,学步儿童开始说出两个或三个单词组合在一起的词("妈妈这里""臭虫走""我的玩具")。孩子最初对词语的组合具有一个共同的性质:电报式的言语(telegraphic speech)。由于人们要对电报中的每一个词付费,因此他们很快就学会去除不必要的冠词(a、an或the)和系动词(如is、are)。同样,学步儿童的双字词"电报"也忽略了冠词、系动词、词的结尾以及言语中的其他部分,但它们仍然非常精确地传达了信息。儿童使用双字词"电报"来给食物定位("那里狗"),提出要求("更多牛奶"),否定行为("不要"),描述事件("汽车走"),表示拥有("妈妈衣服"),提问("爸爸哪儿?")。这对小孩子来说非常好,对吧?

到6岁时,儿童平均掌握了8000—14000个词,这意味着儿童在2—6岁间每天都会习得一些新词(你最近是什么时候在一天中学习并使用5个新单词?)。他们一听到新词就注意到它,并通过他们的语法背景知识和构词规则很快推测这个词的意义(Golinkoff & Hirsh - Pasek, 2006)。总而言之,当你停止思考它时,这种在相对较短的时间内的快速发展是显著的,它反映了生物(先天)和环境(习得)的影响。

日志10.2　批判性思考——问问题,愿意思考

在大多数心理学实验中,如果研究人员想知道某人的观点、想法或反应,他们就会直接问那个人。这种策略对婴幼儿的效果并不好;指导一个10个月大的孩子"圈出一个数字来给出你的回答"并不能帮助你。研究人员可以测量什么行为来推断婴儿在思考或注意什么?我们如何才能验证我们的推论是准确的呢?

模块 10.2 测验

1. 皮亚杰认为,客体永久性是( )认知发展阶段的一个标志。
   A. 具体运算　　　　B. 前运算　　　　C. 感觉运动　　　　D. 形式运算

2. 根据皮亚杰的说法,孩子们很难掌握守恒定律是在( )认知发展阶段。
   A. 具体运算　　　　B. 前运算　　　　C. 感觉运动　　　　D. 形式运算

3. 下列哪一项与最初的认知发展理论大相径庭?
   A. 认知能力成熟并随时间变化。
   B. 儿童直到13岁左右才进入形式运算阶段。
   C. 儿童是积极的学习者,去自主解释他们的世界。
   D. 认知能力发展是同时的,而不是分离的阶段。

4. 诺姆·乔姆斯基提出,孩子学习语言是因为( )。
   A. 受到环境的强化　　　　　　B. 尝试和错误
   C. 普遍语法　　　　　　　　　D. 正规教育

5. 18个月大的劳尔告诉他的母亲"球我的"。这是一个( )的例子。
   A. 婴儿指向式言语　　　　　　B. 电报式言语
   C. 父母指向式言语　　　　　　D. 普遍语法

10.3　道德发展

你可能听人说过他们的孩子是"我们的小天使"。但是很明显,孩子们并不总是表现得像个天使!孩子们是如何辨别是非、抵制自私行为的诱惑、遵守社会行为准则的?这些行为是后天习得的,还是道德认知中也有遗传因素?在这一节中,我们将很好地讨论这些道德发展的问题。

道德的发展阶段

LO 10.3.A　解释和评价科尔伯格的道德阶段理论及其发展。

20世纪60年代,劳伦斯·科尔伯格(Lawrence Kohlberg,1964)在皮亚杰的研究启发下,认为儿童理解是非的能力是随着他们其他的认知能力而发展的。科尔伯格询问了人们对一系列道德两难问题的评价。

例如,描述一个丈夫买不起药去挽救他垂死的妻子。而一位化学家创造了这种药物,但拒绝便宜卖给他。因此,丈夫闯进实验室偷走了药品。科尔伯格更

感兴趣的不是受访者支持丈夫还是化学家,而是受访者背后的理由。

科尔伯格的模型提出,人们在思考诸如此类的两难问题时,会经历三个道德推理层次。他提出,很小的孩子遵守规则往往不是源于某种个人道德准则,而是因为他们害怕违反规则会受到惩罚。孩子们首先表现出的是前习俗水平,针对上述的两难处境,他们可能会说丈夫不应该偷东西,因为偷东西会让他进监狱。根据科尔伯格的说法,大约10岁的时候,道德判断转向了基于从众和他人的认可,以及对法治的尊重。这种道德水平的孩子可能会表示丈夫出于对妻子的忠诚应该偷药;或者认为他不应该这么做,因为偷药是违法的。科尔伯格提出,最后到成年时,有些人但并非所有人——会在抽象的原则、标准和对普世人权的关注基础上,发展至后习俗道德水平。在这个阶段,人们可能会建议丈夫偷药,因为人的生命比财产权更有价值。

与其他的阶段模型一样,科尔伯格的道德发展模型也受到了相当多的批评。首先,得出这个结论的研究是基于假设的,而且通常是不熟悉的场景。一些人还认为,科尔伯格的结论是基于一个相对较小的样本范围内的数据得出的。最著名的是,卡罗尔·吉列根(Carol Gilligan,1982)曾与科尔伯格一起工作,她认为科尔伯格的模型在很大程度上是基于男性被试的数据,忽略了女性。例如,我们上面提到的后习俗道德水平的人认为,与保护人类生命的需要相比,财产权是微不足道的。科尔伯格认为这是道德思维最高层次的一个例子。但吉列根认为,同样微妙和富有洞察力的观点可能是:丈夫不应该偷东西,因为那样的话,他就会进监狱,未来无法帮助妻子。如果妻子去世,他也无法养活全家。这是一个认识到长期关系结果的观点,科尔伯格的模型中并未将此视为最高的、后习俗的道德水平,但是吉列根认为这是该情境下一种复杂、成熟的道德观点。

科尔伯格说得对,儿童的道德推理能力在学龄期不断提高。不幸的是,欺骗、撒谎、暴力和使这些行为变得合理的认知能力也随之提高。因此,当前的发展心理学家重点强调儿童如何学会管理自己的情绪和行为(Mische,

儿童如何内化道德规则?他们怎么知道作弊、偷窃和抢弟弟妹妹的玩具是错误的呢?

2013)。大部分儿童学会抑制某些愿望,比如打他们的弟弟妹妹,偷同学的玩具,达不到目标就大声尖叫。儿童辨别是非并据此做出行为的能力的出现依赖于道德情感,比如,羞愧、内疚和同情(Kochanska et al.,2005;Ongley & Malti,2014)。

有趣的是,并非所有的道德行为和思想都是后天习得的。年幼的孩子遵守规则,因为他们害怕如果他们不这样做会发生什么,与此同时,他们遵守规则也是因为可以辨别是非。在 5 岁的时候,他们就已经知道,伤害一个人是不对的,即使老师让他们这样做也不行(Turiel, 2014)。在这个问题上,研究者给婴儿呈现两个作出不同行为的人物,观察婴儿对不同人物的态度,来看道德发展中先天和后天习得哪个是第一位的。研究发现,6 个月大的婴儿会更喜欢那些他们认为帮助别人的人,而不是阻碍他人的人,证明了道德意识和亲社会行为在孩子很小的时候就出现了(Hamlin Wnn, & Bloom, 2007)。这些发现表明,理解是非的能力可能具有先天的成分(Bloom, 2013;Delton et al.,2011;Krebs,2008)。

使孩子变好

LO 10.3.B 描述父母教养方式和自我调节在道德发展中的作用。

尽管如此,很明显,父母的早期行为和管教也塑造了道德感的发展,在你做错事的时候。当你是个孩子时,做错了事,家里的成人是打你、冲你大喊大叫、惩罚你,还是给你机会解释你行为中的错误呢?父母们最常采用的强制推行道德标准和好行为的方法之一就是权力施加(power assertion),包括恐吓、体罚、剥夺孩子特权,并且通常都会利用自己较大、较强壮和更有权力的优势来管教孩子。当然,所有的父母都可能在某个瞬间大喊:"因为我就是这么说的!"但是,有些父母把权力施加当成了一种长期使用的管教方式。

当权力施加由父母欺凌、残忍的责骂("你真是愚蠢。""真希望没有生你。")和经常性的体罚组成,就会与儿童更高的攻击性和反社会行为有关,并且会降低他们的同情心和道德推理能力(Alink et al.,2009;Kochanska et al.,2015)。体罚经常会事与愿违,尤其是使用的体罚不合理且失控时,会使儿童变得很气愤和不满。进一步说,攻击性的父母通过攻击性的管教方式教会了自己的孩子具有攻击性(Capaldi et al.,2003)。

第二种选择是什么?与权力施加相反,父母可以使用诱导的方法,即调动孩子自己的能力、同情心和责任感("你把道格惹哭了,咬人不好"

"你绝不可刺别人的眼睛,那样会刺伤别人")。或者父母会调动孩子自身的助人倾向("我知道你是一个喜欢对别人好的人"),这样做的效果远比使用外在理由更有效("你最好表现好一点,要不就不给你吃甜点")。

更为普遍的是,心理学家们已经对父母的教养方式进行了分类,并研究对比这些不同教养方式的后果。在一个早期但仍有影响力的模型中,鲍姆林德(Diane Baumrind,1966)描述了三种主要的育儿方式:权威的、专制的和宽容的(有时也被称为纵容)。最近的工作还增加了第四类的育儿方式:疏忽或不参与。当然,确定教养倾向与孩子行为之间的关系并不总是那么容易。例如,如果一个父母是宽容型教养方式的孩子出现了问题行为,很难判断是教养方式导致了问题行为,还是问题行为导致了更宽容的教养。或者,可能两者兼而有之。想了解更多关于育儿方式及其结果,请参见视频"育儿和社会化"。

高度契合
当父母的一方可以很好地理解他们的孩子,并且将他们的教养方式和孩子的需求和欲望相匹配。

权力施加是使用恐吓、体罚或其他类型的权力让孩子服从。例如:"照我说的做!""马上停止!"孩子可能会服从,但是仅仅当父母在场时才会这样,而且孩子常常会感到愤恨。

采用诱导方式的父母调动孩子好的天性、同情心和对他人的责任感,并且提供关于规则的解释。例如:"你已经是个大孩子了,不能那么做了。""打斗会弄伤你的弟弟。"孩子往往会内化良好行为的理由。

那么我们对一般的育儿方式和道德发展有什么了解呢？首先，正如你所预料的那样，依赖于绝对服从的权威主义者更有可能在试图塑造行为的过程中实践权力施加。另一方面，权威型的父母在权力和自主权之间寻求平衡，更可能设定限制，但也要与儿童分享这些限制的原因，并允许对这些限制规则反复谈判。研究表明这种坚定而民主的方式会带来一些好处。举个例子，有研究报告称，与其他三种主要的父母类型相比，权威型父母的孩子更不容易受到欺负（Gomez-Ortiz, Romera, & Ortega-Ruiz, 2016; Lereya, Samara, & Woke, 2013）。

正如我们在文中讨论的，儿童控制自己冲动、延迟满足的能力是其道德心和道德行为发展的里程碑。

自控和道德心 儿童需要获得的最重要的社交情绪技能之一是自我控制，就是控制他们的即时冲动和愿望的能力。特别是，他们需要学会延迟满足，以再晚一些时候获得更多好处。最初的延迟满足研究使用了棉花糖测试：为学龄前儿童提供了一个选择：马上吃一个棉花糖，还是等待几分钟，在实验人员回来后得到两个棉花糖（Mischel, Shoda, & Rodriguez, 1989）。在这之后有许多类似的研究都证实了最初的实验结果：那些能够抵抗一个棉花糖（或其他奖励）的孩子们，能够更好地控制负面情绪，关注手头的任务，在学校表现也更好。事实上，延迟满足的早期能力对健康、成功和幸福感有影响，这种影响甚至可以持续几十年（Casey et al., 2011; Mischel, 2014; Ponitz et al., 2009）。

那么，这项技能是从何而来呢？部分来自气质和个性，那些能够控制自己情绪和冲动的孩子，在不同的情况下通常都可以很好地自我控制（de Ridder et al., 2012; Raffaelli, Crockett, & Shen, 2005）。一部分原因是学习，因为小孩子可以通过思考自控之后带来的好处来提高他们延迟满足的能力。比如，分散他们对诱人奖品的注意力，在心理上"冷却"这个奖励吸引人的特点（例如，想把棉花糖想象成一朵云或一个小棉花球，而不是一种甜蜜的口感），还有一部分来源于父母对待他们的方式。

一项对106名学龄前儿童进行的纵向研究探讨了父母管教、孩子自我控制和良心出现之间的联系（Kochanska & Knaack, 2003）。研究人员是如何测量良心这一抽象概念呢?在这项研究中,研究者为孩子们呈现成对的木偶,这两个木偶对自己的道德倾向会有相反的陈述。

> **互动** 如果你的家人在你生日前一周送给你一份礼物,你会一直等到生日那一天再打开吗?
> ○ 是
> ○ 否

例如,一个木偶可能会说:"当我独自一人时,我通常不会做妈妈说不能做的事情。"另一个木偶可能会说:"有时候当我独自一人时,我会做妈妈说不能做的事。"然后,孩子们必须指出每一对中的木偶哪个更像自己。研究人员发现,在生活的早期,最有能力控制自己冲动的孩子最有可能在这个任务上有较高的良心得分。他们也被证明是最不可能在以后陷入打架或破坏东西的麻烦。

研究表明,育儿方式也很重要。在同样的研究中,一些孩子们的母亲命令他们的孩子去行动,也就是说,依赖于权力施加,这些孩子倾向于更加冲动和具有攻击性。正如我们上面提到的,因果关系是双向作用的。一些母亲依赖权力施加,可能因为他们的孩子是冲动的、目空一切的、好斗的,不会听从他们的。这一循环模式提醒我们,要避免做出"要么这是因为父母的原因,要么是因为孩子的个性"这样过于简单的结论。父母和孩子们似乎是在互相成就对方。

日志 10.3 批判性思考——避免情绪推理

你上面回答的问题和"棉花糖测试"不太一样。毕竟,无论你现在打开礼物还是在你真正的生日,它仍然是同样的礼物。但是你认为在学龄班的时候你在棉花糖测试中表现如何呢?你能抗拒一个棉花糖的诱惑,现在想要两个棉花糖吗?你认为随着年龄的增长,你延迟满足的能力保持不变,还是你的这些趋势发生了变化?今天,在某些方面,你是否比别人更能延迟满足感?你认为为什么是这样?

模块 10.3 测验

1. 科尔伯格认为非常年幼的孩子遵守规则是因为他们(　　)。
   A. 害怕被惩罚　　　　　　　　　　B. 知道这是正确的做法
   C. 理解规则背后的更大的道德原则　　D. 对道德有一种天生的理解力

2. 以下哪一个不是科尔伯格道德发展的阶段?

　　A. 前习俗　　　　B. 后习俗　　　　C. 反习俗　　　　D. 传统

3. "为什么我要给奶奶写封感谢信?"莫里问。"因为我告诉过你。"他的母亲回答说。莫里的妈妈似乎在使用(　　)。

　　A. 放纵　　　　B. 诱导　　　　C. 推论　　　　D. 权力施加

4. "为什么我要给奶奶写封感谢信?"莫里问。"因为感谢别人送自己礼物是有礼貌的,而你是个有礼貌的孩子。"他妈妈回答说。莫里的妈妈似乎在使用(　　)。

　　A. 放纵　　　　B. 诱导　　　　C. 权力施加　　　　D. 宽容

5. 亨丽埃塔正在车里等着她的父亲,而她的姐姐则在上舞蹈课。她父亲提议带她去糖果店买个小点心。然而,亨丽埃塔知道,如果她耐心地等着姐姐,她的父亲就会带她们去冰激凌店买一份更大的礼物。亨利埃塔决定:"谢谢你的邀请,爸爸,但我宁愿等到她完成了。""毫不惊讶。"她的父亲回答说,"这是你通常的选择。"根据你所知道的关于满足延迟的知识,你对亨丽埃塔的长期未来有什么预测?(　　)

　　A. 她的预期寿命只有不到40岁。

　　B. 她很可能是典型的"精疲力竭"的例子。

　　C. 在大多数的努力中,她可能不如她姐姐成功。

　　D. 她很可能事业成功,并且享受许多健康的好处。

10.4　性别发展

当他们得知有一个女婴即将降临的时候,我们的两位心理学家朋友用科学的方法来给她起名字。首先,他们查阅了过去几年里100个最受欢迎的名字的列表,并选出了51到100个。他们想要流行,但不太受欢迎的名字。然后,他们把名单缩小到与性别无关的名字中,如克里斯或摩根,并让一组朋友对一大堆名字的熟悉程度和女性特征进行打分。当数据被分析时(父母们权衡了自己的喜好),他们的女儿凯西终于有了自己的名字。

但奇怪的事情发生了。凯西出生时没有很多头发,她的父母也没有用耳环、缎带和蝴蝶结,或者粉红色的衣服来打扮她。所以在她生命的第一年里,陌生人就会评论道:"多可爱的小家伙!"或者"你好,小兄弟。"他们假设这个孩子没有很多典型的性别标记,那么一定是个男孩。为了给凯西一个公平的起点,给她起一个不会立即激活人们对女孩的刻板印象的中性的名字,这并没有阻止人们的刻板印象:男性是常见的,而女性是例外。

心理学家越来越多地将注意力转向对"女孩"或"男孩"、"女性"或"男性"的含义的理解,而所有这些都是在那些由来已久的、目前正在转变的如何对人进行分类的观念中出现的。就性别发展而言,一些主要的问题是:孩子们多久会注意到女孩和男孩是不同的性别,并理解自己的性别?孩子们如何学习所谓的女性气质和男子气概的规则?"女孩做的"事情与"男孩做的"有什么不同?影响我们性别发展的生物学、认知和学习因素是什么?

性别认同

LO 10.4.A　区分生理性别、性别认同、性别定型和性取向。

首先,让我们澄清一些术语。在过去,心理学家将生理性别(sex)定义为男性和女性在生理和解剖上的差异,将社会性别(gender)定义为男性和女性在后天习得的差异。因此,在描述男性和女性脱发的概率差异时,会用生理性别(sex)这个词;而在描述爱情小说中的情感差别时,会用社会性别(gender)这个词。现在,这两个术语经常混用,因为正如我们在这本书中所提到的,先天和后天难解难分地联系在一起(Roughgarden, 2004)。

另一个要区分的就是:性别认同(gender identity)指的是对身为男性或女性的基本认识,认为自己属于一种性别而不是另一种性别的感觉。性别定型(gender typing)是儿童进入性别角色的社会化过程,反映了社会关于哪种能力、兴趣、特质和行为分别适合于男性和女性的观点。一个人可以有强烈的性别认同,而不表现典型的性别角色。一个男人可能会对他是个男性很自信,但是当他做一些非男性的事情时,比如染手指甲,他也不会感到难以接受;一个女人可能对她是个女性很有自信,但是当她做一些非女性的一些事情时,比如搏斗,她也不会感到难以接受。本章开篇的问题是,你小时候是否因为想参与一些被认为不适合你性别的游戏或其他事情而受到嘲笑。换句话说,这个问题是关于性别定型的,一会儿我们会再回来讨论这个问题。

你会注意到,我们对性别认同的定义意味着性别非此即彼的问题。男性或女性?男孩还是女孩?但性别并不那么简单。一些男人和女人比其他人更强烈地认同自己的性别。但是有些人把他们自己称为"跨性别者",这个术语描述了一个更宽泛的范畴,用来描述那些不适合惯常的男性—女性和男性化—女性化的人们。

多年来,大众媒体对"非传统"性别形象或身份的描述通常是为了喜剧效果。但是1999年,《男孩不哭》是一部具有里程碑意义的电影,讲述了由费拉里斯旺(filary-swank)饰演的布兰登·丁丁的真实故事。

从那以后的几年里,观众们已经熟悉了电视节目中的一些变性人,有些是虚构的,比如在《女子监狱》中的索菲娅·伯塞特(由拉维恩·考克斯饰演)。

原名奥林匹亚·布鲁斯·詹纳(Olympian Bruce Jenner)的凯特琳·詹纳(Caitlyn Jenner)在2015年成为一名变性女子,她的故事衍生出了真人秀《我是凯特》(I Am Cait)。

有些跨性别者把自己当作"性别酷儿",甚至拒绝用"他"或"她"来指代自己。有些跨性别者则对自己的生理性别感到不舒服,他们希望自己是其他性别。在某些情况下,他们会采取激素和外科手术来改变他们的外貌。最近,脸书(Facebook)通过提供超过 50 种性别认同的可能性来证明人们对性别认同的多样性,比如性别流动(在不同时间经历性别认知改变)、非双性(非二元性别)、双性人(兼具男性和女性特征)或顺性别(个人生理性别与其行为完全一致)(Ball,2014)。

正如上图所示,在过去的几年里,媒体、政治和流行文化中对跨性别者的关注急剧增加。未来研究的一个问题是,哪些对跨性别者的通俗描述将会影响公众的态度和偏见。但更重要的是,越来越多的研究探讨对于跨性别者这个受欺负、社会压力、酒精和药物使用的高风险人群而言,哪些因素对他们的心理健康状况有积极影响(Reisner et al.,2015)。例如,最近的研究表明,两种不同类型的社会支持可

在同一时间,电视节目《透明家庭》(Tansparent) 赢得了金球奖(Golde Globe) 最佳音乐/喜剧系列的奖杯。这部剧描述了普菲弗曼家发现她们的父亲莫特 (Mort) 希望被认为是女性,并将以莫拉(Maura) 的身份生活。这种媒体对跨性别问题的好评和接受是否会转化为社会态度的改变,是未来研究的一个有趣而重要的问题。

以缓解跨性别者面临的挑战:一般社会支持和更具体的跨性别社团联系(Pflum et al.,2015)。

与性别发展的另一个相关问题是性取向的问题,或者说哪种性别对个体而言具有浪漫和性的吸引力。这本书的大多数读者很可能已经熟悉这样的类别,如异性恋(被异性吸引)、同性恋(被同性吸引)和双性恋(被男性和女性所吸引)。研究人员目前正在研究一系列与性取向有关的重要心理问题:什么能预测出家庭在孩子公开"出柜"以后对这件事的反应?(家庭满意度的正面预测因素包括:原有的灵活性、沟通和凝聚力。)(Glover & Turk, 2016)?同性伴侣抚养孩子的发展结果与异性夫妇抚养的孩子有何不同?简而言之,不会有差别(Richards et al., 2016)。当然还有,什么因素决定和预测了一个人的性取向?这个发展性问题的典型答案是包括了基因、生物和社会因素的综合影响,详细信息可见视频"性取向"。

性别发展的影响因素

LO 10.4.B 总结关于生物学的、认知的以及学习等因素影响性别认同和性别定型的基本研究发现。

为了理解性别发展的典型过程及其变化,发展心理学家研究了生物学的、认知的以及学习等因素对性别认同和性别定型的交互影响。

生物学的影响 从学前期开始,男孩和女孩就主要和其他同性别的孩子聚在一起(Maccoby,1998)。如果要求他们与异性孩子一起玩,他们也会一起玩,但假如让他们自由选择,他们通常还是会选择和同性的孩子玩。至少在通常情况下,男孩和女孩游戏的类型也不一样。小男孩,就像所有物种中的雄性物种一样,比女孩更可能打闹和攻击。全世界都是这种性别差异,几乎与成人对待儿童的方式无关(无论成人是鼓励男孩和女孩一起玩,还是分开玩)(Lytton & Romney, 1991; Maccoby, 1998,

2002)。许多家长也都感叹说,尽管他们试着给孩子们同样的玩具,但却没什么用。他们的儿子们还是想要卡车和玩具枪,而女儿们想要洋娃娃。当然,也存在组内差异,有的女孩喜欢卡车,有的男孩喜欢洋娃娃。

生物学研究者相信,这些游戏和玩具的偏好基于孕期的激素水平,尤其是雄性激素的有和无。出生前在子宫中接触高水平雄性激素的女孩比未接触雄性激素的女孩更喜欢"男孩的玩具",如汽车和消防车,她们也比其他女孩更具攻击性(Berenbaum & Bailey, 2003)。对超过 200 个健康孩子的研究也发现了胎儿期的睾酮水平和玩耍类型相关(睾酮在两种性别的胎儿中都会,尽管在男性中的平均水平更高)。胎儿期通过母亲羊水测得的睾酮水平越高,儿童后来在典型男性游戏中的分数也就越高(Auyeung et al., 2009)。

如果研究表明,男孩比女孩更有可能打扮成警察,我们该如何解释呢?是生物学上的差异,比如产前性激素的影响,还是从媒体和成人榜样中学习行为的结果?也许是这些解释或者其他原因的组合。

恒河猴的研究发现,雄性猴子就像人类男孩一样更加偏爱于玩耍带有轮子的玩具而不是抱着玩的毛绒玩具,而雌性猴子就像人类女孩一样在玩具的偏爱上更加多样化,而年幼的恒河猴当然不会受到它们父母可能的性别偏向的影响(Hassett, Siebert, & Wallen, 2008)。

认知的影响 认知心理学家通过研究儿童认知能力的改变来解释儿童的性别分离与玩具和游戏偏好。儿童甚至是在学会说话之前,就能够认识到存在两种性别。9 个月大时,大多数儿童能分辨男、女面孔(Fagot & Leinbach, 1993),而且还能将女性的声音和

看起来熟悉吗?在许多家庭和幼儿园的典型场景中,男孩喜欢玩卡车,而女孩则喜欢玩洋娃娃。无论这种行为是否基于生物学,只有文化规则强化了性别刻板差异,它才会不可避免地持续到成年。

女性的面孔匹配在一起(Poulin – Dubois et al.,1994)。18—20个月大时,大部分幼儿具备了性别的概念。他们可以很精确地从图画书中识别出里面人物的性别,并且开始准确地使用男孩、女孩还有男人这些词汇(有趣的是,女士和女人这些词是后来出现的)(Zosuls et al.,2009)。作为男孩或女孩,他(她)们不断地改变自己的行为,以符合他(她)们所属的类别。不用明确地教导,许多儿童开始喜欢同性的玩伴和性别传统的玩具(Halim et al.,2014;Martin,Ruble,& Szkrybalo,2002)。在玩具选择、游戏类型和攻击性方面,他们比那些始终不能给男性和女性贴上标签的孩子更具有性别特征。

大约在5岁时,大多数儿童都发展出了稳定的性别认同,这是一种无论穿什么衣服、做出怎样的行为都能一贯地将自己知觉为男性或者女性的意识。只有这样,他们才能够理解男孩和女孩所做的行为并不一定表明他们的性别。女孩子即使踢足球,也依然是女孩;男孩即使留长发,也依然是男孩。在这个年龄阶段,儿童将自己的知识,包括所有的误解和错误观点在内,整合到性别图式中。性别图式是一个信念和期望的心理网络,包括男性和女性应该是什么样的,每种性别的人应该穿什么、做什么,有什么感觉和想法(Bem,1993;Martin & Ruble,2004)。在5岁和7岁之间,儿童的性别图式是最严格的。在这个年龄阶段,很难改变儿童所持有的男孩和女孩能做什么的观点(Martin et al.,2002)。

性别模式甚至包括一些隐喻的东西。4岁以后,无论男孩女孩,都会常常说粗犷、尖尖的、机械的东西是男性的,而柔软、华丽、毛绒绒的东西是女性的。这只黑熊是雄性的,而粉红色的贵宾犬是雌性的(LeinbachHort,& Fagot,1997;Swinkels,2009)。但是,这些图式的内容并不是天生的。100年前,《女性家庭杂志》上的一篇文章建议:"粉色,是一种更坚定、更强烈的颜色,更适合男孩;而蓝色更精致,对女孩来说更漂亮。"(Paoletti,2012)性别特定的"婴儿和幼儿服装规则"是20世纪后期市场营销的产物。

许多人在他们的一生中都保持着顽固的性别图式,对于打破传统性别角色的男性或女性感到不舒服或者是很气愤,更不用说那些并不属于任一性别的跨性别者和想要改变自己性别的换性者。不过,随着经验和认知的成熟,年长儿童的性别图式中变得越来越灵活,当他们有一些异性朋友,以及他们的家庭和文化鼓励这种灵活性时尤为如此(Martin & Ruble,2004)。不同的文化和宗教的男性和女性性别角色图式也有所不同。一些文化中以宗教法律的名义禁止女性受教育,许多上学的女孩会受到死亡恐吓,还有一些女孩的脸上被泼硫酸。性别图式可能是很强大的,任何挑战其合理性的事件都可能是非常危险的。

学习的影响 对性别发展产生影响的另一个因素是环境,其中充满着各种微妙或不那么微妙的信息,向你暗示男孩和女孩应该怎么做。

行为主义和社会认知学习的理论者们研究了性别社会化过程是如何将这些信息灌输给儿童的(Eagley & Wood,2013)。他们发现,性别社会化的过程从一出生就开始了。成年人对同一个婴儿的反应也常常不一样,具体依赖于孩子是男孩打扮还是女孩打扮(Shakin & Strenglanz,1985)。

在不知不觉中,父母、老师还有其他的成年人就传达了他们关于性别的信念和期望。例如,当父母认为,男孩子天生就擅长数学或运动,而女孩子天生擅长英语,他们在对待孩子的成功和失败上,就会在无意中将这一信念表达出来。他们可能会告诉擅长数学的儿子:"你天生就是个数学能手,约翰尼!"但如果女儿得了好成绩,他们就会说:"哇,你确实在数学上下功夫了,珍妮,这就是证据!"这里隐含的意思是,女孩必须在数学上下功夫而男孩则有数学天赋。像这样的信息对儿童不会没有一点影响——他们会失去对其不具"天赋"的活动的兴趣,即使他们一开始的能力是相等的(Dweck,2006;Frome & Eccles,1998)。

再一次,回想一下我们在这一章开始时问你的问题,当你小的时候因为想参与那些被认为"不适合"你的性别的游戏或活动时,是否受到过批评。近一半的读者说,某种程度上,这种事情发生在了他们身上。在这件事情上被取笑是一种直接的、公然的社会化方式。但其他关于性别的期望是微妙的,当快餐店给男孩一个飞机玩具,而给女孩时装娃娃的时候;或者在儿童的电影中,大部分强大的人物角色是男性而不是女性的时候。孩子们接收了这些信息,有时甚至是无意识的。幸运的是,在当今社会的许多领域,人们对这些性别信息的认识似乎正在提升,正如下面和下一页的图片库中所详述的那样。

事实上,在今天这个快速发展的社会中,社会文化和家长传递给儿童的关于男性和女性的信息也一直在转变。因此,性别发展已成为一个毕生的过程。随着新经验的增加以及社会本身的变化,人们的性别图式、态度和行为也会发生转变(Rosin,2012)。5岁的儿童在试图搞清楚男性和女性分别意味着什么的时候,或许表现出性别歧视。他们的行为是由染色体、基因、认知图式、社会教育、宗教和文化习俗,以及经验结合起来进行塑造的。但是,5 岁儿童的性别定型的行为与他们在 25 岁或者 45 岁将会有什么样的行为表现之间没有太大关系。实际上,在成年早期,男性和女性在认知能力、人格特质、自尊或者是心理幸福感上没有很大的不同(Hyde,2007)。

康涅狄格的青少年安东尼娅·艾尔斯—布朗在网上发起了一项运动,说服麦当劳停止自动向购买快乐套餐的男孩和女孩提供不同的玩具。经过多年的努力,她终于收到了该公司首席多元化官的一封信,信中说,他们会建议员工只问孩子们喜欢哪种玩具,而不考虑"男孩玩具还是女孩玩具"。

2015 年,在线零售商亚马逊(Amazon.com)采取措施,将"男孩玩具"和"女孩玩具"从其搜索过滤器中移除。塔吉特公司几乎立即采取了同样的做法,并在他们的实体店中使用了同样的标签,但许多商店继续使用这种性别标签。

在其他情况下,针对性别信息的具体事例也引起了强烈抗议,比如 DC 漫画公司在很多商店向男孩售卖一些比较传统的超级英雄 T 恤,却为女孩们授权了一件写着"训练成蝙蝠侠的妻子"的衬衫。沃尔玛和其他商店将这些衬衫下架。

多年来,大多数儿童电影中的女性主角都被描绘成美丽的、需要一个坚强的英雄王子。最近的一些影片包括了一些强势、独立的女性主演,比如《像素 2012 勇士》(Pixars 2012 Brave) 的女主角梅里达,她最终反败为胜,而且并不是出于爱情。

这样,儿童可能会在一个极端性别定型的家庭中长大,然而到成人时,他们就会发现,自己在职业和人际关系中的表现是他们以前绝不可能想象的(Maccoby,1998)。如果 5 岁时是"性别警察",那么到了成年,许多成人最后都可能会"触犯法律"(译者注:指打破他们当时顽固执行的性别角色图式)。

作家克里斯特尔·史密斯(Crystal Smith)抄写了一些针对"男孩"(上图)或"女孩"(下图)的商业广告,并据此创作了这些"词语云"。你可以看到广告商是如何迎合夸张的性别模式的。

日志 10.4　批判性思考——定义术语

生理性别和性别,性别认同和性别定型,性别取向和性取向。所有这些成对的术语都描述了相似但截然不同的概念。选择一对术语并用自己的话解释,它们的差异是什么,引用具体的例子来阐释你的观点。你认为二者之间有着重要的区别,还是可以互换使用的标签?你得出这些结论的基础是什么?

模块 10.4 测验

1. 一个孩子的女性或男性的感觉被称为性别(　　)。

　　A. 期待　　　　　　B. 定型　　　　　　C. 社会化　　　　　　D. 认同

2. 关于性取向的研究表明(　　)。

　　A. 由同性伴侣抚养的孩子往往比异性夫妇抚养的孩子更有自信和社交能力

　　B. 对性取向发展的影响包括遗传、生物学和社会因素的结合

　　C. 同性男性父母的孩子往往比同性女性父母的孩子更有攻击性

　　D. 儿童通常在 3 岁的时候就知道自己的性取向

3. 从生物学的角度来看,产前激素,特别是(　　　)可能会导致儿童和男孩的游戏偏好和玩具偏好。

　　A. 雄性激素　　　B. 致畸剂　　　C. 胸腺素　　　D. 甲状腺

4. 内尔达以为,男孩们会穿裤子,在被打时不会哭,如果他们愿意的话,会在公共场合吐痰。内尔达已经发展出了(　　　)。

　　A. 性别图式　　　B. 性别归因　　　C. 性别认同　　　D. 性别角色

5. 成年人看一个不熟悉的婴儿,穿着黑色的帽子、米黄色的衬衫、白色的裤子和花色的玩具。一些成年人提前告知孩子是女孩,而其他人则被告知是男孩。之后,所有的成年人都被要求对孩子的攻击性进行打分。根据性别发展学习的观点,哪些成年人会认为孩子在游戏中更暴力呢?(　　　)

　　A. 那些认为孩子是男孩的人。
　　B. 那些认为孩子是女孩的人。
　　C. 两组成年人应该平等地评价孩子的游戏。
　　D. 那些已经是父母的成年人。

10.5　青春期

青春期指的是从发育期(puberty,个体能够繁殖的年龄)到成年期之间的一个发展阶段。历史上有很长一段时间,青春期持续的时间仅仅是几个月。在一些文化中仍然延续着这种观点,凡是性发育成熟的男孩或女孩就被预期去结婚并完成成人的任务。不过在现代西方社会里则认为,青少年在情感上还不够成熟去担当成人的权利、责任和角色。在这一小节,我们将仔细看看青春期的起伏,我们将从生理上的变化谈起,然后转到心理上的变化。

青春期生理学

LO 10.5.A　概述男孩和女孩在青春期经历的生理变化。

在儿童中期(6到12岁),孩子们经历了一个叫作"肾上腺功能初现"(adrenarche)的时期,此时肾上腺开始释放影响大脑发育的激素,最著名的是 DHEA(脱氢表雄酮,dehydroepiandrosterone)(Campbell, 2011)。这些激素改变大脑中的葡萄糖,促进了负责解释社会和情感线索的脑区的成熟。事实上,这几年里,儿童的大脑最灵活,对学习反应最灵敏。孩子们能够控制自己的冲动,更好地进行推理,关注并计划未来,理解道德和死亡。当孩子们的童年中期接近尾声时,他们进入青春期,也就是一个人能够有性生殖的年龄。

在青春期前,男孩和女孩产生大概同一水平的"男性激素(雄激素)"和"女性激素(雌激素)"。直到青春期,脑垂体开始刺激肾上腺和生殖腺分泌激素。也正是从那时起,男孩的雄性激素水平高于女孩,女孩的雌性激素水平高于男孩。男孩的生殖腺是睾丸,它释放精子;女孩的生殖腺是卵巢,它产生卵子。在青春期,这些性器官发育成熟,个体具有了生育能力。女孩胸部的发育和初潮(menarche),即月经的开始,是性成熟的标志。男孩的夜间遗精以及睾丸、阴囊和阴茎的发育,是性成熟的标志。激素也是第二性征出现的原因。例如男孩子的声音变粗,面部和胸部长出毛发,两性都长出阴毛。

发育期的开始依赖于生物和环境两种因素。例如,初潮依赖于女性拥有达到临界水平的身体脂肪,这些脂肪需要足以维持妊娠和促发激素变化。发达国家里儿童身体脂肪的增加在一定程度上可以解释,欧洲和北美性成熟的平均年龄在20世纪中叶有所下降的原因。现在,白人女孩初潮的平均年龄是12岁零6个月,黑人女孩比这还要早几个月(Anderson, Dalla, & Must, 2003)。然而,女孩其他的发育特征,例如体毛和乳房的变化,在更小的年龄就出现了。男孩也一样,进入发育期的年龄比之前估计的要早6个月到2年的时间。

在青春期的开始和延续时间上,往往存在很大的个体差异。有的女孩在9岁或者10岁开始有初潮,有的男孩在19岁之后身高还在增长。早熟的男孩通常对其身体有更积极的看法,而且较高的体形和较大的力量会推动他们去从事体育运动,成为一名优秀的运动员也会带给青年小伙子威信。但相比发育较晚的儿童,他们也更可能会抽烟、喝酒、滥用药物及违反法规(Cota-Robles, Neiss, & Rowe, 2002; Rudolph et al., 2014)。一些早熟的女孩则很有社交威望,但是她们也更可能与父母发生冲突,逃学,对身体形象持消极认识,愤怒或者抑郁(Skoog, Özdemir, & Statin, 2015; Westling, Andrews, & Peterson, 2012)。性早熟本身并不会引起这些问题,更确切地说,它往往强化了现有的行为问题和家庭冲突。相反,性晚熟的

研究表明发育期比以往更早开始。可能的解释包括儿童肥胖增加,接触新化学物质和家庭压力(Maron, 2015)。

女孩子,刚开始会有一段困难时期,但到青春期结束时,她们中的许多人都会比早熟的同班同学更快乐,也更受欢迎(Beltz et al.,2014;Caspi & Moffitt,1991)。

青少年的生理变化不仅仅是激素的改变和身体的成熟。青少年的大脑也经历了显著的发育变化,尤其是神经联结的修剪。这些修剪主要发生在负责冲动控制和计划的前额叶皮层,以及参与情感加工的边缘系统(Spear,2000)。青少年时期大脑修剪过程中发生的失误很可能与易感个体的精神分裂症发病有关。

大脑的另一种变化涉及髓鞘化,它可以为一些细胞提供绝缘的脂肪保护层。髓鞘化可以增强情绪边缘系统和复杂推理的前额叶系统之间的联结。髓鞘化过程或许会持续到青少年晚期直到20岁左右,这能够帮助我们解释为什么青春期强烈的情绪常常会压倒理性决策,并导致青少年比成人更容易冲动(Steinberg,2007)。这可以解释为什么青少年更容易受到同伴压力的影响,去做一些冒险的、愚蠢的和危险的事情。因此,"我敢打赌你不敢!"还有"你就是个胆小鬼!"这些嘲讽对15岁的青少年来说要比25岁的成年人更起作用。甚至当青少年知道他们正在做错误的事情,但是许多人都缺乏预测行为后果的推理能力(Reyna & Farley,2006)。想要理解更多关于青春期大脑发展的内容,请观看视频"青少年的大脑"。

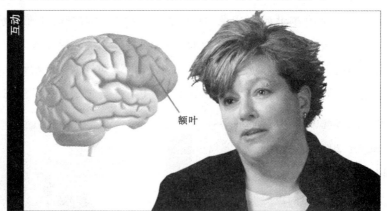

青春期心理学

LO 10.5.B 概述男孩和女孩在青春期经历的心理和行为方面的变化。

媒体很喜欢那些耸人听闻的故事,在这些故事中,青少年愤怒、暴力、情绪骚动、孤独、痛恨父母、放荡。典型的流行文化对青少年的描述通常集中在叛逆、焦虑和动荡,从《无理由的叛逆(Rebel without a cause)》(1950年代)中的詹姆斯·迪恩(James Dean)到《坏学生俱乐部(The Break fast Club)》(1980年代)中的青少年罪犯男子篮球队,再到最近的

《坏女孩(Mean Girls)》《朱诺(Juno)》《暮光之城(Twilight)》和《饥饿游戏(Hunger Games)》等电影。在现实生活中,父母和检察官对"发送色情短信,给朋友发电子邮件的做法"感到非常震惊,美国和加拿大有青少年因涉嫌制作和传播儿童色情作品而被判有罪。

但是事实上,无论是男孩还是女孩,自尊的整体水平都不会在13岁之后骤然下跌(Gentile et al., 2009)。而且,自1993年以来,青少年的犯罪率已经稳步下降了。在性方面,根据国家年轻人冒险行为调查,现在的青少年要比他(她)们的父母处在这个年龄段的时候更加保守。类似地,对于青少年有代表性的样本研究发现仅仅只有一小部分青少年是爱惹麻烦的、愤怒的或者是不高兴的。但是,在青春期有三种问题要比儿童期或成年期更加普遍:与父母之间的冲突,情绪波动和抑郁,粗鲁、破坏规则及冒险行为的概率越来越高(Steinberg, 2007)。

同伴对青少年来说变得尤其重要,因为同伴群体代表着他们所认同的一代人的价值观和风格,代表着在成年时分享经验的一代人(Harris, 2009; Smith, Chein, & Sternberg, 2014)。许多人都报告说,青春期同伴的拒绝比父母的惩罚更具破坏性。根据政府发起的关于网络技术是否以及如何影响儿童安全的综述,青少年所面临的最常见的危险不是色情或者甚至是巧取豪夺的成年人,也不是色情短信。研究报告指出"无论是线上还是线下,欺凌和骚扰是大多数人主要面临的威胁,这些欺凌和骚扰大多数都来自同伴"(Berkman Center for Internet & Society, 2008, 2012)。

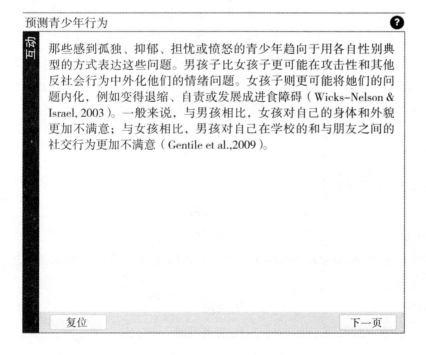

预测青少年行为

那些感到孤独、抑郁、担忧或愤怒的青少年趋向于用各自性别典型的方式表达这些问题。男孩子比女孩子更可能在攻击性和其他反社会行为中外化他们的情绪问题。女孩子则更可能将她们的问题内化,例如变得退缩、自责或发展成进食障碍(Wicks-Nelson & Israel, 2003)。一般来说,与男孩相比,女孩对自己的身体和外貌更加不满意;与女孩相比,男孩对自己在学校的和与朋友之间的社交行为更加不满意(Gentile et al., 2009)。

一些心理学家认为,如今的青少年与早些年的青少年有一个显著的区别:自恋。自恋是一种人格特质,与自尊不一样,它是过度的自我关注和对他人缺乏同理心或兴趣的结合(Twenge, 2013)。特文格和她的同事们(2008)提出,在当今的大学生和青少年群体中,自恋现象越来越多,以至于把这些青少年称为"我的一代"。例如,自恋型人格量表(NPI)评估关于重要性、权利和玩世不恭的自大妄想(例如"我希望有一天有人写我的传记"和"我发现很容易操纵别人")。特文格和她的同事们声称,在过去的20年里,大学生在该量表上的得分有所增加(Twenge et al., 2008; Twenge & Foster, 2010)。为什么?一个答案是,在我们生活的时代,美国文化变得更加专注于自我,而非他人导向。举例来说,最近的"自拍"文化的流行。这一代的人把自己作为关注的中心,专注于记录他们生活的方方面面。

另外一些心理学家提出,实际上并没有太多证据表明 NPI 量表得分随着时间有实质性的变化,而且人们总是在年轻的时候更加自恋,而在他们变老以后更少自恋(Roberts, Edmonds, & Grijalva, 2010)。你认为呢?当今年轻人的文化特别自恋吗?还是说每一代成年人都容易用挑剔的眼光看待年轻人?

日志 10.5　批判性思考——检验证据

青春期是从发育期到成年期之间的阶段。这个定义已经足够了。但是我们生活在一个喜欢分级和区分的文化中。现在很多人把传统意义上的青春期划分为"少年(teens)""青春期前期(preadolescenc)""青春期后期(late adolescenc)",等等。你认为这些区分有用吗?重要吗?思考在青春期发生的认知、社会性、生理和情感的变化。如果你知道一个人处于青春期的"早期"或"后期",是否会影响你对这个人的感知?

模块 10.5 测验

1.肾上腺分泌影响大脑发育激素的发育时期叫作(　　)。

  A.发育期   B.月经初潮

  C.肾上腺机能初现   D.更年期

2.胡里奥的声音越来越低沉,他的腋窝毛发越来越多。罗西的乳房正在发育,她的阴毛正在生长。两个孩子都在经历(　　)。

  A.肾上腺机能初现   B.初潮

  C.发育期   D.关键时期

3. 初潮是指( )。
   A. 一个人能够有性繁殖的时间　　　　B. 青春期男孩成长加速的时期
   C. 童年中期和肾上腺期之间的时间间隔　D. 女孩开始有月经
4. 暴力、孤独和性狂热的青少年( )。
   A. 只是少数,而不是规律　　　　　　　B. 这个年龄段的大多数人的典型特征
   C. 几乎不存在　　　　　　　　　　　　D. 晚熟的女孩
5. 以下哪一个不是与童年或成年期相比,在青少年时期出现频率更高的典型问题?( )
   A. 海洛因成瘾　　　　　　　　　　　　B. 鲁莽和冒险的行为
   C. 情绪波动和抑郁　　　　　　　　　　D. 与父母的冲突

10.6 成年期

按照古希腊传说,斯芬克斯是一个人面狮身的怪物,常恐吓经过底比斯的人。斯芬克斯会问每个过路人一个问题,然后杀死那些回答错误的人(斯芬克斯是一个相当严厉的评判者)。他所提问题是:什么动物早上用四条腿走路,中午用两条腿走路,晚上用三条腿走路?只有一个过路人俄狄浦斯正确答出了谜底。他说那动物是人,在婴儿时用四肢爬行,成人后直立行走,老年后拄着拐杖跛行。

斯芬克斯是第一个毕生发展理论家。从那以后,许多哲学家、作家和科学家都在思索成人发展的历程。成年期的变化也像儿童期一样可以预测吗?成人生活的主要心理问题是什么?人到老年时心理和生理的退化是不可避免的吗?有一件事是可以肯定的:尽管成年人都曾经是年轻人,年轻人都计划长大成人,但对于每个群体来说,理解另一个群体并不总是那么容易,正如视频"关于老化的观点"中呈现的那样。

阶段和年龄

LO 10.6.A 列举埃里克森提出的八个发展"危机"。

正如我们之前提到过的,尽管发展心理学的许多内容与儿童研究有关,但是发展心理学家对人的毕生发展感兴趣。最早提出毕生心理发展观的现代理论家之一是精神分析学家艾瑞克·埃里克森(Erik H. Erikson,1902—1994)。埃里克森(1950/1963,1982)提出,所有人一生中要经历8个阶段。每个阶段都面临一个特定的心理挑战,埃里克森称之为"危机"。在理想状态下这一挑战应该在个体进入下一阶段前得到解决。

- **信任对不信任**。婴儿出生后第1年里依靠他人提供食物,给以安慰、拥抱和温暖。如果这些需求没有获得满足,儿童就可能无法发展出与他人相处所必要的信任,而这是生活在世界上所必需的。

- **自主对羞怯和怀疑**。独立是学步儿童面临的挑战。这时儿童正在学习自主性,而且必须不能对自己的行为和能力感到过分没有把握。

- **主动对内疚**。随着学前儿童的发展,儿童获得新的身体和心理技能、制定目标,享受着新发现的才能的乐趣。但是儿童必须学会控制冲动。此时的危机在于对自己的愿望和幻想产生过强的内疚感。

- **胜任对自卑**。学龄儿童正在学习做事、使用工具并获得为成人生活做准备的技能。在这一阶段,没有掌握和胜任这些技能的孩子可能会感到能力不足和自卑。

- **同一性对角色混乱**。在青春期,青少年必须对他们是谁、他们将要到哪里去以及所希望的未来生活作出决定。埃里克森使用"同一性危机"这一术语来描述他所认为的这一阶段最主要的冲突。在这一发展阶段,解决了这些危机的人将会具有一个稳固的角色认同,并对未来做好准备。那些没有解决危机的人将会陷入彷徨迷失中,不能做出抉择。

- **亲密对孤独**。根据埃里克森的观点,在成年初期,一旦你决定了你是谁,你就必须要和他人分享自己,并学会承担义务。不论你在工作中多么成功,直到你能与人亲密相处之前,你都不能算是完成此阶段挑战。

- **繁衍对停滞**。在成年中期,你已经知道你是谁,而且有了亲密关系,你会沉浸于自满和自私中,还是会体验到"繁衍感"(即创造和延续)?父母身份是繁衍的最常见方式,但是人们在其工作中或与年轻一代的人际关系中,也能用其他方式完成生产、创造和培育。

- **自我整合对绝望**。这是成年晚期和老年面临的最后一个挑战。随着逐渐变老,人们在为达到智慧、精神安宁和接纳自己的生活这些最终目标而奋斗。埃里克森说,正如健康的孩子不害怕生活一样,健康的成人也不会畏惧死亡。

埃里克森认识到,文化和经济因素会影响人们在这些阶段中的发展。在一些社会中,这些发展过程会相对容易。如果你知道你会像你父母一样成为农民,而且别无选择,那么你就可能不会有青春期同一性危机(除非你憎恨务农)。然而,如果你有许多选择,或者由于经济的原因很难找到好工作,这个转变过程就可能会延长(Schwartz, 2004)。类似地,将独立和个人主义置于很高地位的文化,将会使这一文化中的许多人难以解决埃里克森所说的第六个危机,即亲密与孤独。

现在,人们的生活变得更加不可预测,这些心理主题可能以不同的顺序发生,或者有的问题在已然解决后仍然需要返回来重新面对。例如,尽管在西方社会中,青少年期是对同一性和志向感到困惑的时期,但是同一性危机并不仅限于青少年。在一个工作岗位上工作了20年的人在45岁时被解雇,之后他必须找到一份全新的职业,那么他可能也会遇到同一性危机。同样,胜任感也不是在儿童期一劳永逸获得的。在整个生命历程中,人们一直都在不断学会新技能并放弃旧技能,他们的胜任感也一直都在相应地提高和下降。此外,有较高繁衍力的人致力于帮助他们所处的群体或下一代,倾向于做志愿工作或选择那些终生为社会发展做贡献的职业(McAdams, 2006)。

因此,人们认为阶段理论不能充分描述成人在生命历程中如何成长、变化或保持不变的。然而,埃里克森正确地揭示了发展不会

根据埃里克森的观点,儿童必须克服胜任感危机,而成人必须解决繁衍感的挑战。这个孩子和他的祖母正在帮助彼此完成他们各自的发展任务。但是,胜任感和繁衍感只是在生命中的某一个阶段才重要吗?

停留在青春期或者成年早期,发展是一个不断持续的过程。因为埃里克森把成年期的发展放在家庭、工作和社会的环境之下,他详细地说明了成年期基本的关注点:信任、胜任、认同、繁衍以及享受生活和接纳死亡的能力。这些共同反映了成年期永恒和普遍的问题(Dunkel & Sefcek, 2009;Mcadams, 2013)。

发展阶段	年龄段	挑战
信任对不信任	出生后第 1 年	如果食物和安抚等基本需求没有获得满足,儿童就可能无法发展出与他人相处所必要的信任
自主对羞怯和怀疑	学步期	儿童正在学习自主性,而且必须不能对自己的行为和能力感到过分没有把握
主动对内疚	学前期	儿童获得新的技能和目标,但是必须学会控制冲动,不对自己的愿望和幻想产生过强的内疚感
胜任对自卑	学龄期	儿童正在学习做事并获得为成人生活作准备的技能。没有掌握和胜任这些技能的孩子可能会感到能力不足
同一性对角色混乱	青少年	青少年必须决定将要过怎样的生活。那些获得同一性的人将会陷入困惑之中
亲密对孤独	成年初期	一旦你决定了你是谁,你就必须要和他人分享自己,并学会承担义务
繁衍对停滞	中年	你已经知道你是谁,而且有了亲密关系,你会体验到繁衍感,即创造和延续吗?
自我整合对绝望	老年	随着逐渐变老,人们在为达到智慧、精神安宁和接纳自己的生活这些最终目标而奋斗

生活的转变

LO 10.6.B 概述男性和女性在成年初显期和中年期所经历的心理和行为变化。

一些事件倾向于在生命的某个特定时期发生：到学校学习，学习驾驶汽车，生儿育女和退休。当几乎每个你的同龄人都经历相同的事情或者是同时进入一个新角色，适应这些转变就会相对简单。类似地，如果你不做这些事情，而你认识的人也不做这些事情，你也不会感到不合拍。但是，在现代社会中，大部分人都面临着不可预期的转变，有些事情会毫无征兆地发生，例如，因为裁员而丢掉工作。还有许多人不得不去处理那些自己期望发生而未发生的事情，例如，在大学毕业之后没有找到工作，没有在他们期望的年龄结婚，不能够支付退休之后的开销，或者是得知他们不能生育（Schlossberg & Robinson,1996）。带着这些想法，让我们来看一下生活中的一些重大转变。

成年初显期 在工业化国家，主要的人口变化已经使职业抉择、结婚或同居，以及为人父母的时间都平均延迟到了20岁之后甚至是30岁。许多18—25岁间的年轻人正在上大学，至少经济上部分依赖于父母。这种现象创造了一个生命时期，一些研究者称之为"成年初显期"（Arnett,2014）。当询问这个年龄阶段的人是否感到自己已到成年，多数人的回答是：在某些方面是，某些方面不是。

在某些方面，初显期成人已经从青春期进入成熟期，变得更能控制情感，更自信，更少依赖，以及更少生气和疏远他人（Azmitia, Syed, & Radmacher,2008；Roberts, Caspi,& Moffitt,2001）。但他们也最有可能是生活不稳定、缺少根基感的群体。初显期成人比其他群体流动得更频繁，他们一会儿回到父母家，一会儿又搬出去，从一个城市搬到另一个城市；一会儿跟人同住，一会儿又单住。他们冒险行为（如酗酒、不安全性行为、飙车或酒后驾车）的比率高于包括青少年在内的其他任何年龄群体（Arnett,2014）。

当然，不是所有这一年龄段的年轻人都一样。例如摩门教徒，就提倡早婚和早育。那些贫穷的、辍学的、16岁就生孩子的，或极少有机会找到好工作的年轻人，也不会有金钱或时间去探寻许多可能的选择。但所有工业化国家中向全球经济的全方位转变，教育的提升、职业和成家抉择的延迟意味着，成年初显期作为一个延长探索和自由的独特阶段，其重要性可能在增加。想要了解关于这一发展的信息，可观看视频"成年初显期"。

互动 通过网络摄像头

Jerffrey Arnett
——克拉克大学

中年时期　对于大多数人来说，35至65岁这段中年时期在生命中最重要（MacArthur Foundation, 1999; Mroczek & Sprio, 2005; Newton & Stewart, 2010）。在很多"中年危机"的笑话中，原本传统的成人更换伴侣、工作、外貌，买豪华的新车。与这些笑话相反，这些年通常是幸福感、健康、生产力和社会参与最多的时期。这也常常是反思和重新评价的阶段。人们追溯他们已经取得的成就，盘点一下他们后悔没做的事情，并思考他们在人生剩余时间想要做的。当危机发生时，其原因与年龄无关，而与特定的生活变化事件有关，例如疾病、失业或丧偶（Robinson & Wright, 2013; Wethington, 2000）。

但是，更年期是否会造成多数中年妇女变得抑郁、易怒和缺乏理性呢？更年期通常发生在45—55岁之间，指在卵巢停止产生雌激素和孕激素后停止月经。这个过程确实会使许多妇女产生躯体症状，特别是当血管系统适应雌激素水平下降时产生的"潮热"。尽管抑郁风险在更年期有所增加，但是大多数女性并没有在这段时间经历新的抑郁发作（Cohen et al., 2006; Freeman et al., 2006）。最近的一项元分析显示，女性进入更年期越晚，抑郁的风险越低（Georgakis et al., 2016）。根据调查，大多数女性认为绝经是一种解脱，她们不再需要担心怀孕或月经期。

尽管女性在闭经之后会失去生育能力，而男性在理论上会终身保持生育能力，但男性也有一个"生物钟"。尽管不像女性体内的雌激素下降得那样急剧，但男性体内的雄性激素也会有所降低。精子数也会逐渐下降，而且正如之前我们所看到的那样，留存的精子很容易产生基因突变，从而增加了高龄父亲所生的孩子患上某些疾病的风险（Wyrobek et al., 2006）。

中年时期的躯体变化本身并不会预测人们会如何感受老化，或他们将如何应对（Schaie & Willis, 2002）。人们对老化的看法受到他们所生活的文化以及科技延长寿命和健康的希望（一些已经成为现实，一些仍停留在科幻小说中）的影响。老化是自然的、不可避免的、需要优雅接受的，还是一个用我们能够找到化学的、外科的或基因的武器与老化奋力搏斗的过程？如果我们能活到100岁，为何不在65岁的时候生个宝宝呢？社会对生命延迟干预的付出应该到什么程度？这些问题将在接下来的几年中被激烈讨论。

老年期

LO 10.6.C 描述认知功能随年龄增长发生的变化，并区分晶体智力和流体智力。

什么时候是老年期的开始呢？就在不久前，你在60岁后就会被认为进入了老年期。当今，在北美的人口分布中增长最快的是85岁以上的群体。2012年，85岁及以上的美国人口是580万。美国人口普查局预测，到2050年这部分人口数可能会有1800万之多（Ortman, Velkoff, & Hogan, 2014）。研究老化问题和老年人的老年学家研究了这一人口巨变的可能后果。

第一个后果是，退休之后的生活阶段将会发生显著变化。当人们期望仅仅可以活到70多岁时，65岁时的退休与丧失联系在一起，退出了工作和充实的活动，没有了太多的期盼，只剩下疾病和老化。现在，退休生活可能会持续二三十年。因此，从工作到不工作不再是一个简单的生活转变。一些心理学家将此阶段称为"积极的退休"，这个阶段的人们经常会找到一个新的职业、志愿者的工作，或者是新的引人入胜的活动（Halpern, 2008）。

不过，人的智力、记忆、决策和其他形式的心理机能的各个方面，都会随着年龄的增长而出现显著下降。大约在65岁以后，老年人在推理、空间能力和复杂问题解决的测试上的得分都比年轻人低。老年人在提取姓名、日期和其他信息上花费的时间更长。事实上，老年人认知加工的速度总体上都有所降低。但是，老年人有明显的个体差异，一些人的加工速度下降显著，一些人的加工速度仍很

越来越多的老人过着健康、积极、精神振奋的生活。

快(Lovden et al.,2010;Salthouse,2006)。

　　幸运的是,并非所有的认知能力都随年龄增长而退化。流体智力指演绎推理的能力和使用新信息去解决问题的能力。它部分反映了一种遗传倾向,并且在其发展和后期的下降上与其他生理能力并行(Au et al.,2015;Opitz et al.,2014)。晶体智力由毕生所习得的知识和技能组成,是一种使我们能计算、定义词汇或者选择政治立场的智力。它主要依赖于教育和经验,并在一生中都趋于稳定,甚至会提高。这就是为什么医生、律师、老师、农民、音乐家、政客、心理学家以及从事许多其他行业的人在进入老年期后仍然能继续很好地工作的原因(Halpern,2008)。而且,老年人常常运用年轻人在完成同样任务时没有激活的脑区来补偿与年老相关的能力下降。这是一个关于大脑令人印象深刻的灵活性的例子(Huang et al.,2012)。

　　许多躯体和心理机能丧失确实发生在老年期,这是具有遗传基础的,而且在所有社会中都可以见到。但是还有一些丧失却与文化、行为和心理因素相关(Park & Gutchess,2006)。而且,心理学家在区分那些曾被认为是老年人不可避免的情况与那些可预防或治疗的情况方面取得了很大进步。

- 老年人明显的衰老经常是由营养不良、处方药物、有害的药物组合,甚至非处方药物(如安眠药和抗组胺药)所导致的,所有这些都会对老年人造成危害(Saka et al.,2010)。

还记得本章开头的普通孩子吗?后来每个人的生活都变得不那么平凡了。他们是阿道夫·希特勒、伊丽莎白女王和阿尔伯特·爱因斯坦。既然你读了这一章,你能想到,什么样的遗传、家族和历史的影响可以解释为什么这三位名人如此不同。

- 虚弱、脆弱还有许多和老年相关的疾病，经常由不活动和久坐引起（Booth & Neufer，2005）。
- 抑郁、消极和记忆问题可能是因为丧失了有意义的活动、智力刺激、追寻目标和对事件的控制造成的（Wang & Blazer，2015）。

老年人可以从有氧运动和力量训练中受益，这可以保持身体力量和灵活性，促进大脑的血氧供应，促进海马和大脑其他区域新细胞的形成，改善诸如计划、专心和规划日程等功能（Erickson et al.，2011；Hertzog et al.，2008）。脑力锻炼也会促进大脑神经功能的增长，即使在老年期也是如此。丰富的认知不能预防大多数严重认知衰退和痴呆的病例，但能延迟衰退时间（Bozzali et al.，2015；Gatz，2007）。或许最好的消息是，当人们变老时，多数人能更好地调节负面情感，并增强正面情感。强烈负面情感发生频率的高峰是在 18—34 岁之间的人群，之后会急剧下降，直到 65 岁。65 岁后就趋于稳定，仅在面临患病和丧失亲人这样大的危机时才略有升高（Optiz et al.，2014；Urry & Gross，2010）。显然，许多人随着年龄增长确实变得更明智了，至少变得更加平和了。

一些研究老化的学者也因此而变得乐观起来。在他们看来，那些拥有挑战性的职业和兴趣、头脑活跃、定期锻炼、灵活地适应变化与丧失的人，更可能保持其认知能力和健康幸福。他们说："用进废退。"他们希望研究大脑非凡的可塑性，有一天能成功地预防或延缓认知衰退（Lovdent et al.，2010）。在一项对 100 岁的人进行调查的研究中，他们中有 73% 的人在他们死亡的时候没有痴呆（Hagberg & Samuelsson，2008）。为什么？全基因组关联研究开始发现了一些特定的分子回路，这些分子回路与一些有着良好的记忆的老年人相关（Barnes，2011）。

不过，其他研究者对此却并不乐观。他们回应说："当你已经真的失去了，你就不可能再用它。"他们对于 90 多岁甚至更长寿的老年人数目的增多感到担忧，因为这个年龄认知损伤和痴呆的发生率会急剧增长（Salthouse，2006）。社会面临的挑战是做好应对人数众多的高龄老人的准备，帮助尽可能多的老人使用他们的大脑而不是失去它们。

日志 10.6 批判性思考——考虑其他解释

人们认为，衰老不可避免地会导致衰老、抑郁、身体虚弱和智力下降。但是，除了简单地变老之外，还有什么其他因素可以帮助解释这些问题呢？

模块10.6 测验

1. 克劳斯正在审视他的生活。一方面,他可以接受现实,在物质财富和社会地位的包围下,安于安逸的满足。另一方面,他可以挑战自己,通过帮助他人、分享自己的才华或为社区作出贡献,使世界变得更美好。根据埃里克森的发展阶段理论,克劳斯处于什么阶段?(　　)

   A. 繁衍对停滞　　　　　　　　B. 主动对内疚

   C. 自主对羞愧　　　　　　　　D. 胜任感与自卑

2. 根据埃里克森的阶段模型,以下哪一个不是人们在生命周期中所面临的危机?(　　)

   A. 自我整合对绝望　　　　　　B. 同一性对角色混乱

   C. 自主对羞怯和怀疑　　　　　D. 信任对不信任

3. 18—25岁之间的时期(青春期后,部分大学毕业,没有充分具备生活能力)被称为(　　)。

   A. 后青春期　　　　　　　　　B. 成年初显期

   C. 月经初潮　　　　　　　　　D. "危机时期"

4. 月经的终止被称为(　　)。

   A. 男性更年期　　　　　　　　B. 肾上腺机能初现

   C. 初潮　　　　　　　　　　　D. 更年期

5. 对于一个80岁的老人来说,法蒂玛的祖父仍然很精明。在学习如何使用法蒂玛的技术设备方面,他不像以前那么快了,但他仍然可以在脑子里加上一大堆数字,就像他做会计时那样。爷爷的缺陷是在(　　)而不是在(　　)。

   A. 流体智力;晶体智力　　　　B. 归纳推理;演绎推理

   C. 演绎推理;归纳推理　　　　D. 晶体智力;流体智力

让心理学伴随着你:记住,发展是一辈子的事情

大多数人想当然地认为从童年到青春期的成长道路是一帆风顺的。我们认为是父母的教育影响了我们持久的态度、习惯和价值观。尽管我们会和家人争吵,但是我们一直对他们抱有深深的依恋。许多人都带着他们小时候遭受的情感创伤的伤疤。被父母殴打、忽视或经常遭受言语或身体虐待的儿童比其他儿童更容易出现情绪问题、犯罪和暴力,并发展出精神障碍和慢性压力相关疾病(Margolin Gordis, 2004;Repetti,Taylor, & Seemon, 2002)。

然而,当研究人员开始质疑"早期创伤总是具有持久的负面影响"这一根深蒂固的假设时,他们得到的图景却是完全不同的。他们发现,大多数孩子都有韧性,最终克服了战争、童年疾病、虐待或酗酒的父母,甚至性虐待的影响(Nelson et al., 2007;Rutter et al., 2004;Werner, 1989)。人们普遍认为从逆境中恢复过来的人一定很少见,而且有特殊的品质。但令人惊讶的是,有证据表明,韧性其实很普通(Masten, 2001)。许多从早期的贫困和创伤中成长起来的孩子都有随和

的性格,或自我效能感和自我控制能力等个性特征,这些都能帮助他们克服甚至是严重的打击。他们有一种安全的依恋风格,可以帮助他们以治愈创伤与恢复希望和情感平衡的方式来处理创伤事件(Mikulincer, Shaver, & Horesh, 2006)。或者他们经历家庭以外的学校、工作场所或者其他组织,给予他们的胜任感、道德支持、安慰和自尊(Cowen et al., 1990; Garmezy, 1991)。

为什么这么多孩子具有复原力?为何我们一生都在不断变化?或许对此最有力的解释是,我们在不断地对我们的经历做出解释。我们可以决定去重复父母所犯过的错误或摆脱他们的影响。我们可以决定继续做童年不幸经历的囚徒或选择在20岁、50岁或70岁时开辟人生的新方向。由于世界以不可预期的方式变化着,成年期的范围将继续拓展,提供新的疆域,同时能为我们导航的路标和地图却更少了。逐渐地,年龄的意义将由我们来决定。

所以我们绝不是童年期结束后的最终产品,我们不会绝望地任由自己受到早年经历的生物影响、认知倾向和文化信息摆布。这一结论的另一个例证可以从本章开头的关于性别定型的问题中看出。是的,几乎一半的读者们报告说他们在小的时候,因为有与性别不一致的偏好或行为受到批评。是的,人们受到了关于性别的角色、天赋、专业和社会期望等信息的狂轰滥炸,这塑造着人们自己的偏好和对未来发展的规划。研究人员发现,女性小学老师对数学感到焦虑的程度越高,她的班级里的女生(而不是男生)越有可能支持这个观点,即男孩擅长数学而女孩擅长阅读(Beilock et al., 2010)。即使来自父母、老师和其他榜样的微妙信息也会影响儿童的信念。

但我们并不受制于性别定型或其他社会期望。在这一章的所有读者中,有一些人在小时候由于某些倾向而受到嘲笑,其中一些是女性,她们会成为工程师、数学家、物理学家以及其他传统上由男性主导的专业人士;有些是男性,他们会成功地从事与女性相关的职业、业余爱好和其他活动。2016年,希拉里·克林顿(Hillary Clinton)成为第一位获得美国总统提名的女性。是的,这些成就需要极大的毅力和韧性来克服无数的挑战。但它们是可以实现的。

你也可以运用你的批判性思维技巧来克服这些障碍,把自己(和别人)放在最终成功的最佳位置。在一开始意识到性别定型和其他对性别认同的影响时,你能更好地帮助你自己的孩子(或其他年轻的亲戚)避免先入为主的观念,并为克服社会偏见制定策略吗?也许知道延迟满足的能力所预示的积极结果会改变你对饮食、预算或其他各种努力的看法。也许想想埃里克森的八种"认同危机"会提醒你,发展永远不会结束,而是贯穿一生。

所以,请把这一章的内容牢记在心。似乎在你生命的这个阶段所承受的考验、磨难、烦恼、悲伤、压力和风暴将永远伴随你。生命是一个不断变化和适应的过程。但即使是这样,你也可能比你自己所认为的更具有复原力。虽然基因、荷尔蒙、文化和我们最早的学习经历以戏剧性的方式塑造了我们的身份、思想和行为倾向,但我们人类不像那只小鹅,永远被我们出生后的第一次经历所印刻。我们每个人都有可能在从童年到成年的任何一件事情上走许多不同的路线。

分享写作:毕生发展

男女之间存在着生物学上的差异,这是毫无争议的。然而,性别定型聚焦于关于社会偏好、行为模式以及一个人如何在身体上表现自己的期望。我们中的大多数人都会同意,取笑小孩子表现出不恰当的性别倾向不是一件好事。很明显,孩子们将会学习根据性别和其他社会维度对人们进行分类——你认为这意味着性别定型和其他形式的刻板印象是不可避免的吗?换句话说,孩子们能学会识别人与人之间的身体差异(和相似之处),而不直接得出他们将要或应该如何行动的结论吗?我们是否应该努力避免这样的结论,或者你对这个问题的回答是否会因我们谈论的是性别还是其他方面而有所不同,比如种族、民族、性取向或其他?请结合本章的材料和你的个人经历来回答这些问题。

总结

10.1 从怀孕到出生后第一年

LO 10.1.A 概述产前发育的三个阶段和影响妊娠的因素。

孕期从受精开始,当男性的精子进入女性的卵子就形成了受精卵。在孕期的前8周,有机体被称为胚胎,此后被称为胎儿。会破坏胎儿正常发育的有害因素包括风疹、有毒的化学物质、一些性传播疾病、香烟、酒精(会造成胎儿酒精综合征和认知缺陷)、违禁药品,甚至是非处方药品。父亲也会影响胎儿的发育,青少年男性和超过50岁的男性的精子可能会增加流产、出生缺陷和某些疾病的风险。

LO 10.1.B 描述婴儿与生俱来的一些能力,总结文化对婴儿心理和生理发展的影响。

婴儿生来就具有运动反射和许多感知能力。文化实践影响着生理发育的里程碑进程。

LO 10.1.C 解释依恋的概念、影响依恋的因素,以及依恋对整个生命周期的影响。

婴儿具有对接触安慰的天生需求,倾向于在情感上依恋他们的照料者,把他们视为探索的"安全基地"。到6至8个月时,婴儿开始能感到分离焦虑。采用陌生情境范式的研究区分出了安全依恋和不安全依恋两种类型;不安全依恋又有两种形式,回避反应或焦虑—矛盾反应。依恋的形式相对来说不受正常范围内儿童教养方式的影响,也不受婴儿在日托中心时间长短的影响。婴儿的不安全依恋可由许多养育或其他环境因素来预测。

10.2 认知发展

LO 10.2.A 描述皮亚杰提出的认知发展的四个阶段,概述对皮亚杰的理论的评价和修正。

皮亚杰认为,儿童的思维通过同化和顺应得以发展和变化。皮亚杰提出了认知发展的4个阶段:感知运动阶段(从出生—2岁),在此期间,儿童学会了客体永久性;前运算阶段(2—7岁),在此期间,尽管儿童在推理上依然是自我中心,在心理运算上有些困难,但是儿童的语言和符号性思维得到发展;具体运算阶段(7—12岁),在此期间,儿童开始理解守恒、同一性和系列顺序;形式运算阶段(12岁到成人),在此期间,抽象推理能力得到发展。现在,我们已经能够知道,从一个阶段到另一个阶段的发展变化并不像皮亚杰所划分的那样清晰,发展是连续的、重叠的。婴儿和年幼儿童在早期就具有了比皮亚杰所观察到的更多的认知能力,小孩子的思维也不总是以自我为中心。

LO 10.2.B 列出儿童前六年语言发展的里程碑。

不同文化背景下的儿童经历相似的语言发展阶段,这支持了人类大脑具有一个对普遍语法敏感的心理模块。但是,语言也在世界各地各不相同,这表明语言是一个文化工具。在4到6个月,婴儿开始认识到母语中的语音。6个月到1岁是婴儿牙牙学语的时期,大概到1岁,婴儿开始说一些单字词以及使用符号性手势。2岁的时候,儿童会说一些两个或三个词组成的电报式句子,这些句子中会包含各种各样的信息。

10.3 道德发展

LO 10.3.A 解释和评价科尔伯格的道德阶段理论及其发展。

劳伦斯·科尔伯格提出,随着儿童认知的成熟,他们要经历道德推理的3个水平:前习俗、习俗和后习俗。然而,人们可以做出道德推理但不一定做出道德行为。有些学者批评科尔伯格的理论依赖于假设情境,而且是基于男性被试样本。发展心理学家研究儿童如何内化正确和错误的标准,以及如何以此来做出行为。这种能力依赖于道德心的出现和羞愧、愧疚、同情等道德情感。

LO 10.3.B 描述父母教养方式和自我调节在道德发展中的作用。

权利施加是一种教导儿童行为的策略,父母使用权利施加与儿童的攻击性和缺乏同情心相关联。而诱导则和儿童养成同情心、内化道德标准还有抵制诱惑相关联。幼儿延迟满足和自我管理的能力与内化的道德标准和道德心以及其他积极的结果相联系。

10.4 性别发展

LO 10.4.A 区分生理性别、性别认同、性别定型和性取向。

性别发展包括出现性别认同的意识和性别定型。性别认同是指能够从认识上理解一个人在生物属性上是男性还是女性;性别定型是男孩和女孩学习在他们的文化中男性化和女性化的意义的过程。一些人把自己称为跨性别者,认同与自己出生时的性别有所不同的性别。性取向指的是一个人认为哪种性别对自己有着浪漫关系和性的吸引力。

LO 10.4.B 总结关于生物学的、认知的以及学习等因素影响性别认同和性别定型的基本研究发现。

年幼儿童倾向于偏好自己性别的玩具,而且喜欢与同性别的孩子一起玩。生物心理学家从基因和孕期雄性激素水平来解释这种现象。认知心理学家研究儿童如何发展出关于"男性"和"女性"类别的性别图式,性别图式又反过来塑造他们的性别定型行为。学习理论者们研究那些促进性别定型的直接和间接强化以及相关的社会信息。

10.5 青春期

LO 10.5.A 概述男孩和女孩在青春期经历的生理变化。

在青春期,肾上腺开始分泌影响大脑发展的激素。青春期开始于发育期的生理变化。在女孩中,青春期以初潮和胸部发育为标志;在男孩中,青春期始于夜间遗精以及睾丸、阴囊和阴茎的发育。荷尔蒙引发了第二性征。例如,女孩和男孩都长出阴毛,男孩的声音变粗。

LO 10.5.B 概述男孩和女孩在青春期经历的心理和行为方面的变化。

大多数美国青少年都不会经历极端的情感波动、愤怒或叛逆。但是,和父母闹矛盾,心情阴晴不定、抑郁、粗鲁或者是违规的行为在青少年中增多。有人指出,当今的青少年比以往更加自恋。

10.6 成年期

LO 10.6.A 列举埃里克森提出的八个发展"危机"。

埃里克·埃里克森提出,生命历程由八个阶段组成,每个阶段都面临一个独特的、必须加以解决的心理挑战或危机,例如青春期的同一性危机。埃里克森指出了成年期所关注的许多必要问题,并认识到发展是一个毕生的过程。然而,心理问题或危机并不局限在某个特定的实际年龄或阶段。

LO 10.6.B 概述男性和女性在成年初显期和中年期所经历的心理和行为变化。

许多人在18—25岁之间,尤其是在他们经济不独立的时候,会发现自己处于一个生命阶段,即"成年初显期"。一般来说,中年并不是一个混乱或危机的时期,而是多数人生命中的全盛时期。在女性中,更年期始于50岁左右。中年男性的激素水平缓慢下降,生育力仍继续保持,但是胎儿畸形的风险增加。

LO 10.6.C 描述认知功能随年龄增长发生的变化,并区分晶体智力和流体智力。

到老年期,人的认知加工速度减慢,流体智力在最后的衰退上与其他的生物能力相平行。相反,晶体智力主要依赖于文化、教育和经验,并在一生中趋于稳定,甚至还有可能提高。尽管一些心理缺失不可避免,但锻炼和心理刺激会促进人脑神经突触的生长,甚至是在进入老年期后也是如此。

第十章习题

1. 胚胎形成是在( )。
　　A. 受精后48小时内　　　　　　B. 大约3天
　　C. 大约2周　　　　　　　　　　D. 大约4周

2. 影响新生儿发育的一个文化差异是( )。
　　A. 在出生后的头几个月的时间里,孩子是独立睡眠还是与父母一起睡
　　B. 新生儿出现吮吸反应的时间

C. 出生后到出现抓握反射的延迟

D. 是否曾接触过自然环境或在相对隔离的环境中长大

3. 陌生情境法指的是( )。

A. 新生儿在文化背景下生活的最初几周

B. 研究依恋关系的实验程序

C. 接触安抚的冲突来源

D. 不同年龄段的人进行社交活动

4. 皮亚杰观察到,有时候孩子们会把新的信息( )他们现有的心理类别,而有时候孩子们需要把他们的心理类别( )成新的经验。

A. 外化;操作化　　　　　　　B. 顺应;同化

C. 操作化;外化　　　　　　　D. 同化;顺应

5. 奥古斯特看着他的母亲在一个又矮又粗的玻璃杯里倒了一些果汁。然后,他看着她把液体从矮玻璃杯倒到细长的高杯中。"现在有更多的!"看着高高的玻璃杯,奥古斯特总结道。根据皮亚杰的认知发展阶段理论,奥古斯特大约( )。

A. 6个月　　　　　　　　　　B. 1岁

C. 4岁　　　　　　　　　　　D. 10岁

6. "宝宝想玩珠子吗？Do yooooooouuuu want to play with the beeeeeaaaaads? Yes you dooo00o!! Yes you dooooooooo, don't yooouuuuuuuuu?!!"这种风格的句子经常被称为( )。

A. 婴儿指向式言语　　　　　　B. 电报语

C. 奇怪的语言　　　　　　　　D. 普遍语法

7. 在20世纪60年代,提出道德发展历经了可识别的阶段的理论家是( )。

A. 劳伦斯·科尔伯格　　　　　B. 让·皮亚杰

C. 艾瑞克·埃里克森　　　　　D. 玛丽·安斯沃斯

8. 什么是一个有效育儿策略,能让孩子变得优秀,并让他们关注适当行为的内部准则？( )。

A. 诱导　　　　　　　　　　　B. 权力施加

C. 生成　　　　　　　　　　　D. 内化

9. 孩子在他们的文化中学习与男性或女性相关的能力、兴趣和行为的过程被称为( )。

A. 性别认同　　　　　　　　　B. 性别定型

C. 性别取向　　　　　　　　　D. 性取向

10. 人类和猴子的年轻雄性,都喜欢玩有轮子的玩具,而不是可爱的洋娃娃。而人类和猴子的年轻雌性,表现出各种各样的玩具偏好。诸如此类的跨物种证据使一些研究人员得出结论:( )影响在性别发展中起着重要作用。

A. 生物 B. 认知
C. 学习 D. 母源性

11. 女孩性成熟的标志是月经的开始和( )的发展；男孩性成熟的标志是生殖器的生长和( )的开始。

A. 雄激素；睾酮 B. 阴毛；睾酮
C. 乳房；夜间遗精 D. 性态度；与异性游戏

12. 孤独、焦虑或抑郁的青春期男孩倾向于( )这些问题，而那些有同样想法的少女则倾向于( )这些问题。

A. 写出来；说出来 B. 沟通；写出来
C. 内化；外化 D. 外化；内化

13. 根据埃里克森的人生发展阶段模型，成年早期面临的挑战是( )。

A. 亲密对孤立 B. 同一性对角色混乱
C. 繁殖对停滞 D. 胜任感对自卑

14. 关于35岁到65岁之间的成年中期，证据表明( )。

A. 对大多数人来说，这是一个健康、幸福、高效的时期，是对生活的全面反思
B. 对大多数人来说，这是一个动荡不安的时期，对错失的机会或失败的努力进行严厉的重新审视
C. 对大多数人来说，这是一个彻底改变态度、行为和兴趣的时期
D. 对大多数男性来说，这是一个不足感和缺乏成就感上升到意识层面的时期

15. 研究衰老和寿命延长的研究人员被称为( )。

A. 末世学家 B. 白发学家
C. 老年医学家 D. 存在论者

第十一章 社会心理学

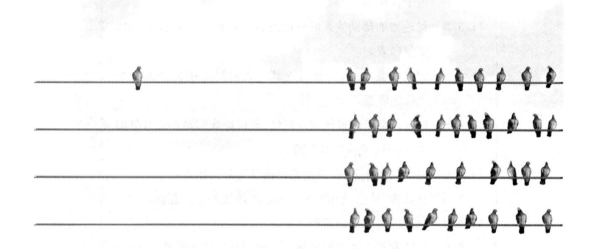

学习目标

```
11.1.A  区分社会规范和社会角色,并注意它们是如何影响行
        为规范的。
11.1.B  概述并评论米尔格莱姆的服从研究,并讨论更有可能不
        服从权威的特定条件。
11.1.C  概述并评论津巴多监狱实验。
11.1.D  解释破坏服从规范的因素。
11.2.A  比较情境和人格特质归因,并解释基本归因错误和人
        们所持有的归因偏差。
11.2.B  解释形成态度、预测说服和态度改变的因素。
```

11.2.C 概述认知失调的过程,以及它是如何导致态度改变的。

11.2.D 总结"洗脑"的社会心理因素。

11.3.A 概述阿希的从众研究,并讨论从众与诸如服从和说服等相关概念的不同之处。

11.3.B 定义群体思维并描述它的特征。

11.3.C 解释在人群中匿名感的增加是如何导致旁观者效应和去个性化的。

11.3.D 讨论增加帮助他人的可能性以及违反群体规范的具体情景因素。

11.4.A 定义社会同一性,并讨论其与人们对周围世界的看法之间的联系。

11.4.B 解释什么是内群体和外群体,并讨论我们是多么容易陷入"我们—他们"思维的。

11.4.C 定义刻板印象,并讨论其歪曲事实的具体方式。

11.5.A 从心理、社会、经济、文化多角度透视偏见的起源。

11.5.B 描述测量偏见的多种方式。

11.5.C 描述有利于减少偏见和群体内冲突的情景因素。

提出问题:想知道……

- 为什么看似平凡的人有时做着不可言喻的恶事?
- 当人们在政治或社会问题上存在争论时,为什么很少有人改变他们的观点呢?
- 是什么使一些人能够选择个人良知,而不是从众呢?
- 是什么造成了偏见?是什么减少了偏见?

> **互动** 你是否还记得某一次你知道你所在的团体做了一个错误的决定,但你没有大声说话阻止它吗?
> ○是
> ○否

想一想下面的(真实生活)场景:纽约市,1月的某个星期四,早上7点过后,警官们被叫到地铁Q线列车上,发现一名来自布鲁克林的美国邮政局雇员尤金·赖利(Eugene Reilly)死了。刚过午夜,他的工作就结束了,考虑他回家的时间通常只有30分钟,那么很可能在被发现前,他已经死亡6个小时了。目前还不清楚他在地铁期间有多少其他乘客自此经过。这件事让纽约市民想起了其他类似的地铁事件,例如有一次,一位来自特拉华州的游客在早上上班高峰时间,于1号线列车上丧生。尽管地铁车厢里挤满了从布朗克斯到曼哈顿下城的乘客,但至少过了3个小时,才有人通知当局,甚至发现其他乘客需要帮助。

现在想一想另一个(真实生活)场景,这是反映人类本性黑暗面的另一个实例,但更令人感到警醒甚至不幸的是其影响要广泛得多。曾经是纳粹精英的高级官员阿道夫·艾奇曼(Adolf Eichmann)被逮捕并被判以死刑,因为他在第二次世界大战期间驱逐、杀害数以百万计的犹太人。他总是为自己在工作中的高效率和抵抗自己对受害者的怜悯的能力感到自豪。但是,当以色列人抓住他时,他坚持说,他不是反犹太主义者,也不是对纳粹大屠杀所针对的其他宗教、政治、性或族裔群体抱有偏见。相反,艾奇曼认为自己是一个忠诚的士兵,只是简单地服从上级的命令——在纳粹德国这个更大的官僚机构中,他只不过是一个"工具"(正如他在信中所写的)。在执行死刑前不久,艾奇曼说:"我不是一个残忍的人。我是谬误的受害者。"(Brown,1986)艾奇曼提到的谬误是,"一个做出可怕行为的人肯定是一个残忍的人"的普遍想法。事实上,如果你和我们一样的话,你最初的倾向是把艾奇曼和其他对人类犯下可怕罪行的人贴上这样的标签:必须是疯狂的邪恶的怪物,而且他们是和我们完全不同的动物。在较小的程度上,也许你和那些在地铁里的乘客有类似的反应,他们根本懒得去检查一个在危难中的乘客。他们是多么冷酷无情、对世事漠不关心且自私自利的人啊,我们常常能很快下结论。

我们必须清楚:艾奇曼的罪行毫无疑问是可怕的,且我们都认为自己会帮助一个有需要的乘客。但在本章中,我们将探讨这样一种可能性,相比于邪恶的人,可能存在更多的邪恶行为;相比于冷漠的人格类型,可能存在更多的冷漠的旁观者。思考一下上面的问题:你是否还记得某一次你知道你所在的团体做了一个错误的决定,但你没有大声说话阻止它吗?超过3/4的学生回答是肯定的,这表明你们许多人从个人经历中知道,好人有时也是不能采取行动来防止不良后果的。当然,在回答这个问题的时候,你们中的大多数人可能并没有想到像帮助一个在火车上生重病的乘客这样生死攸关的情况——正如你们当然没有考虑是艾奇曼促成了那种暴行。但是,一些同样的心理倾向会阻止你,比如说,大声告诉你的研究小组,你认为他们弄错了一个重要概念的定义,这一失误也会在其他领域的决策中产生影响,甚至是破坏决策。

但是,请记住,我们本章的目标不是为这种有问题的行为辩护或辩解,而是为了更好地理解它(并且也许在将来防止它)。虽然世界上似

就像其他被认为犯了令世界震惊的罪行的人一样,如根据阿道夫·艾希曼的言行,我们很容易得出他是某种"怪物"的结论,但这是否过于简单化了呢?如果我们将所有的恶行都视为邪恶之人的结果,我们是否得到了人性的完整图景?

乎有许多残酷和冷漠，但也有许多善良、牺牲和英雄主义。毕竟，有时候在繁忙的地铁站里，乘客的确会跳到铁轨上去帮助一个摔倒的陌生人，而使自己处于危险之中；二战中的一些英雄人物会违背命令，冒着自己的生命危险去救无辜的人。那么，我们应该如何解释人性的两面性呢？

社会心理学和文化心理学领域通过研究社会和文化环境对个人和团体行为的强大影响来解决这个问题。在本章中，我们将重点介绍社会心理学的基础和基本原则，这些可以帮助我们了解为什么那些并不"疯狂"或"可怕"的人会做出无法言喻的邪恶事情？反过来，为什么另一些普通人在情况需要时，可能会达到英雄主义的高度？我们将研究社会角色和态度的影响，人们的行为如何受到他们所处的群体和情境，以及所遵守的或有异议的条件的影响。最后，我们会考虑一些造成群体之间偏见和冲突的社会和文化原因。

11.1 社会的力量

想象像隐士一样生活，完全地隔离社会，你可以在任何你希望的时间里做任何你想要做的，也无需非得见其他人。从某种程度上讲，这样的生活很吸引人，但不久，你可能发现他人的存在的重要性。看看这部电视喜剧《地球上的最后一个人》的第一集，名叫菲尔·米勒（Phil Miller）的懒鬼在病毒几乎消灭了整个人类之后探索了一个荒芜星球——地球（是的，这是一部喜剧，我们保证……）短期内，他享受着把荒芜的风景变成他的私人操场，住在高楼大厦里，用博物馆里价值连城的画作来装饰他的墙壁，用灯泡和满水的鱼缸作为打击物而不是其他易碎物来玩自己版本的保龄球。但孤独的剧痛很快就淹没了这种乐趣，使菲尔从无生命的物体中创造了"朋友"，并驱车穿越国家去寻找一个可以交谈的人。

这个公认的愚蠢的节目让我们意识到，人类是群居动物，我们为孤独、隔离和社会排斥付出了高昂的代价（Cacioppo et al., 2015；Freidler, Capser, & McCullough, 2015）。事实上，被排斥、拒绝或羞辱的社会痛苦激活了大脑中那些也会被肉体痛苦激活的部分（Chen et al., 2008；Williams, 2009）。然而，有时我们在社交活动上也要付出同样高的代价，因为任何人都了解这样一些场景：曾经和一个难相处的室友住在一起，某一次家庭旅行中与兄弟姐妹分享一小块空间，或者在一场起起落落的浪漫爱情关系中穿行。当人类进入互动的社会安排时，就隐含了一套复杂的规则、期望和标准。

正如菲尔·米勒在《地球上的最后一个人》中所发现的那样，拥有整个地球是有好处的。（曾经想在白宫住几天吗？加油！）但他也很快地了解到社会联系是多么重要，以及当被剥夺这种联系时我们会付出怎样的心理代价。

规则和角色

LO 11.1.A 区分社会规范和社会角色，并注意它们是如何影响行为规范的。

"我们都是社会关系网中被束缚的脆弱生物。"社会心理学家斯坦利·米尔格莱姆(Stanley Milgram)曾经这样说过。他所说的束缚是指社会**规范**(norms)，即关于我们怎样行动的规则：如果违犯就会受到惩罚的威胁；如果服从就会被承诺受到奖赏。规范是日常生活中的习俗，它可以使我们有预见地、有秩序地与他人相互作用；它就像蜘蛛网一样，无形但很强大。每个社会都有规范：如何接近一个陌生人；如何在交谈中运用非语言行为；如何在公共场合用餐；如何在购买时讨价还价等等。规范常常是人们不经思考就能理解的一种潜移默化的文化理解（例如"在公共汽车上不能大声唱歌"或"学生不应该在办公时间把脚放在教授的桌子上"）。

违反规范是很尴尬的，在极端情况下，会导致社会孤立。因此，只有当人们注意到其他人似乎也违反了一种社会规范时，他们才会感到如释重负。这样的话，维系社会团结稳固的"胶水"就会裂开。例如，在荷兰进行的六次实地实验中，研究人员发现如果人行道肮脏，没有打扫，墙壁上有涂鸦的标记，陌生人在非法燃放烟花爆竹，那么路人更有可能丢弃垃圾，非法停泊，甚至从邮箱窃取五欧元的钞票，这表明了他人也不会遵守社会规范(Keizer, Linderberg, & Steg, 2008)。

在每个社会中，人们都会扮演许多不同的社会**角色**(roles)，即社会规范规定不同身份的人应该如何进行行为的定位。对于男人和女人来说，性别角色规定了什么是适宜的行为；职业角色决定了对经理和员工、教授和学生来说，什么是正确的行为。每种角色的特定要求都应被满足，否则就会带来惩罚，包括情绪的、经济的或职业的。例如，作为心理学专业的学生，你应该知道你要做的是通过心理学课程的考试。那么你是如何知道人们对一个角色的要求是什么？与教学大纲的要求不同，它们并没有被写下来。然而，当我们有意或无意地违反角色要求时，我们自己是知道的，因为我们会感到不自在，或者其他人会设法使你感到不安。

社会角色的要求反过来依赖于所处的文化。**文化**可以被视为一种管理社区或社会中人们行为的共同规则程序，以及该团体中大多数成员

> **规范** 规范社会生活的规则，包括明确的法律和隐含的文化习俗。

> **角色** 一个给定的社会地位，由适当行为的一套规范所控制。

> **文化** 用于管理社区或社会成员的行为，以及该团体大多数成员共享的一套价值观、信仰和习俗。

单独或与朋友一起,尝试一种温和的、违反规范的行为(没有惊吓、淫秽、危险或冒犯,当然,时代广场的裸体牛仔很多,谢谢)。你可以在某处反向站到队伍的后面;在公共场所坐到陌生人的旁边,即使有其他座位空着;在谈话中,与一个朋友站得很近;或者在你走进教室的时候跟你的教授击掌或者是第一次撞到。当你违反这个规范时,注意一下旁观者的反应以及你自己的感受。你觉得做这个练习容易吗?容易或者不容易的原因是什么?

所共享的一套价值观、信仰和习俗,并代代相传(Heine, 2015; Lonner, 1995)。你通过学习你所处文化中的语言来学习绝大多数本文化的规则和价值观:这是显而易见的。某种文化规范规定了谈话距离的规则:即说话时人们彼此通常保持多近(Burgoon, Guerrero, & Floyd, 2016; Hall, 1976)。例如,阿拉伯人和拉丁美洲人通常喜欢离得很近以触摸你的手臂,看到你的眼睛——这种接近让许多北美人和北欧人感到不安,至少对一个陌生人来说是这样。来自黎巴嫩的一名学生告诉我们,他在理解文化在对话距离规则上的差异后感到释怀。"当白人学生离我很远的时候,我以为他们有偏见。"他说,"现在我明白为什么我在和拉美学生交谈时会更舒服,因为他们也喜欢站得很近。"

的确,仅仅意识到这种文化差异就能带来更好的社会结果。如果你发现自己对来自另一个文化的人正在做(或不做)的事情很生气,你可以运用你的批判性思维技巧来判断你的期望和预想是否合适。例如,当面临来自非握手文化的人拒绝握手,人们可能会觉得自己受到了侮辱或怠慢,除非他们问自己:"每个人都有和我的文化一样的握手习惯吗?"花时间检查一下你的假设和偏见,考虑对这种个人行为的其他解释,避免情绪化的推理,你可能会避开刻板印象的倾向以及以敌对、消极的方式看待交流中的文化差异。希望其他人也会为你做同样的事。

阿拉伯人在谈话时比西方人站得更近,近到可以感受对方的呼吸与"阅读"对方的眼睛。即使和一个亲密的朋友交谈,当站得如此接近时,大多数北美人也会感到"拥挤"。

当然,人们也会将自己的个性和兴趣融入他们所扮演的角色中。正如两位演员即使是阅读同样的剧本,他们在相同部分的表演也会有所不同,你对如何扮演学生、朋友、家长或雇主有自己的理解。然而,社会角色的要求是强大的,它如此强烈,甚至可能导致你以破坏关于自己是何种人的根本感觉的方式行事。现在我们来看两个经典的研究,这些研究阐明了社会角色在我们生活中的力量。

服从研究

LO 11.1.B 概述并评论米尔格莱姆的服从研究,并讨论更有可能不服从权威的特定条件

20世纪60年代早期,斯坦利·米尔格莱姆(Stanley

Milgram,1963,1974)设计了一项后来闻名于世的研究。米尔格莱姆想知道,当直接命令某人背离自己的道德标准时,有多少人会服从权威人物。他为什么对服从权威感兴趣?在这一部分,他想了解二战纳粹大屠杀(唯一可能发生的系统性种族灭绝)背后的心理状态,正如米尔格莱姆(1963)所说,"是否非常多的人服从命令"。

当然,研究这样的问题并不容易。米尔格莱姆设计出的创造性实验程序在很大程度上解释了为什么他的研究如此著名。在研究中被试(受试者,参与实验的人)以为自己是在参与有关惩罚对学习效果影响的实验。安排是随机的,每个被试都被分配扮演"老师"角色,另一个被介绍为志愿者的同伴是"学习者"。无论何时,一旦坐在相邻房间的学习者在背诵一列被认为应当已经记住的单词时犯下错误,老师就必须通过按压机器上的按钮给予"学习者"电击(见图 11.1)。伴随着每次犯错误,电压都会增加 15 伏(从 0 到 450 伏)。机器上的电击按钮标记着从"轻微电击"到"危险—严重电击",最后是高危致命的"XXX"。

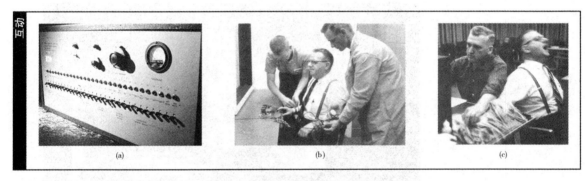

图 11.1 米尔格莱姆的服从实验

(a)米尔格莱姆最初的电击机器;(b)学习者被实验者和"老师"用皮带捆在椅子上;(c)在米尔格莱姆的研究中,当"老师"不得不直接对学习者实施电击时,服从率下降了[版权由斯坦利·米尔格莱姆(1965)所有,摘自宾夕法尼亚州立媒体销售公司发行的影片《服从》]。

实际上,"学习者"是米尔格莱姆的同盟,并未接受任何电击,但是在研究中"老师"不会知道这一点。"老师"行为的受害者(译者注:指学习者)令人信服地扮演了他们的角色:当研究继续进行时,他们痛苦地大叫并请求豁免,这些都是根据提前安排好的脚本进行的。因此,参与者——老师,认为隔壁房间的志愿者同事确实在受罪。当这一切进行的时候,一个穿着正式的白色实验服的研究员面无表情地坐在旁边,每当老师开始动摇的时候,他总是用平静但严厉的话语鼓励老师:"请继续。"例如,"实验要求继续。"米尔格莱姆的问题是:人们会在多大程度上服从这个权威人物的有问题的命令。

在这项研究之前,米尔格莱姆询问了许多精神病医师、学生和中产阶级的成人,询问他们认为有多少人会根据研究者的命令"一直坚持下去",直到XXX(450伏)。精神病医师预测超过150伏时大多数人都会拒绝,当学习者第一次求饶时,1000人中只有1个可能有些心理失常或虐待狂的人将实施最高电压。非专业人士也同意这种预测,所有人都说自己在实验程序中会更早地不服从命令。

但是,实验结果却并非如此。每个人都对学习者实施了一些电击,约2/3不同年龄、职业的被试最大程度地服从了要求。许多人对实验者提出抗议,但是当实验者平静地说"实验需要你继续"时,他们最终放弃了他们的主张。无论受害者请求停下来时喊得多响,无论电击看起来多么痛苦,他们都服从了电击指令。正如米尔格莱姆(Stanley Milgram,1974)提到的,被试会"出汗,发抖,口吃,咬嘴唇,呻吟,用指甲掐自己的肉",但他们仍旧服从了。要看米尔格拉姆研究中一位参与者的经典镜头,请看视频"米尔格莱姆服从研究"(图)。

几十年来,不同种族的超过3000人已经重现了米尔格莱姆的研究结果。他们中大多数人(男女大致相等,各种国家和文化背景)都因以为自己对另一个陌生人实施了大量电击而感到痛苦(Caspar, Christensen, Cleeremans, & Haggard, 2016; Meeus & Raaijmakers, 1995)。在最近的一次重复研究中(Burger, 2009),"老师们"没有听说过最初的米尔格莱姆研究,他们只被要求用150伏特(学习者第一次开始抗议的阶段)的电压进行点击。这个电击的程度在米尔格莱姆的研究中是一个关键的选择点,在执行150伏电击的被试中有80%的人最后一路走到尽头。总的来说,在2009年的研究中,服从率仅略低于米尔格莱姆的实验结果。再次说明,性别、教育、年龄和种族与服从率无关。在另一个相当可怕的网络版米尔格莱姆研究中(Burger,2009),参与者被要求在电脑屏幕上电击一个虚拟的女人。尽管他们知道她不是真的,但心率却加快了,而且他们报告说他们对实施"电击"的感觉很不好,但他们还是坚持这么做(Slater et al.,2006)。欲了解更多关于服从权威的当代研究,请看视频"米尔格莱姆服从研究"(图)。

米尔格莱姆随后设置了几种研究变量,以确定何种环境下人们可能会不服从实验者。实际上,他们发现任何受害者所做的或所说的都无法改变服从的可能性,即使受害者说自己有心脏病,痛苦地尖叫或完全停止反应,就好像已经崩溃了。但是,人们更可能在以下情况下不服从:

- 当实验者离开房间时,许多人执行了低水平电击却报告服从了命令,以此来抗拒权威。
- 当受害人正在同一个房间里,"老师"不得不直接对受害者的身体施加电击时,许多人拒绝继续。
- 当两个实验者发出的是继续实验还是立即停止的要求矛盾时,在这种情况下,没人会坚持执行令人痛苦的电击。
- 当命令他们继续实验的是一个普通人,看起来是另一个志愿者而非权威的实验者时,许多参与者不服从。
- 当被试的同伴拒绝再继续实验时,看到别人反抗给了被试不服从的勇气。

米尔格莱姆认为,服从更多的是一种情境性功能,而非被试的特定人格。米尔格莱姆(Milgram,1974)总结道:"(他们)行为的关键不在于被抑制的愤怒或攻击,而在于他们与权威之间的关系所具有的性质。他们已把自己交给了权威;他们把自己看作执行权威意愿的工具;一旦形成这样的认识,他们就不能从中挣脱出来。"

对米尔格莱姆的研究也有批评之声(Griggs & Whitehead, 2005)。可以理解的是,一些人认为,该研究不道德,因为许多参与者体验到情感痛苦,且直到整个过程结束(当然,提前告知会导致研究无效),对于真正发生了什么,被试一直都被蒙在鼓里(Perry, 2013)。一些心理学家质疑米尔格莱姆的结论,即人格特质与人是否服从权威在本质上是无关的。他们注意到某些特质,尤其是敌意、自恋和刻板,会增加服从和对别人造成痛苦的意愿(Blass, 2000; Twenge, 2009)。还有些人反对米尔格莱姆将研究中被试的行为与纳粹实施的残忍行为画等号。米尔格莱姆研究中的被试只有实验者在旁边时才不情愿地服从。与之相对,大多数纳粹分子的行为并没有权威直接监管,也没有外部压力和痛苦感。

毫无疑问,米尔格莱姆的这项令人叹服的研究对于公众认识到不加批判地服从所带来的危险有着巨大影响。正如约翰·达利(John Darley, 1995)评述的:"米尔格莱姆的研究结果向我们展示了在社会力量的控制下,在现实世界中普通人如何变得残暴的开始之路。"

监狱研究

LO 11.1.C 概述并评论津巴多监狱实验。

另一项闻名于世的、有关角色力量的研究是斯坦福监狱研究。其设计者菲利普·津巴多(Philip Zimbardo)想知道普通大学生被随机分配到犯人和看守角色后会发生什么。他和助手在斯坦福大楼的地下室布置了设有小单间、犯人的制服和看守者的警棍的逼真"监狱"(Haney, Banks, & Zimbardo, 1973)。参与研究的学生同意在这里生活两周。

在很短的时间里,大多数犯人就变得痛苦、无助和恐慌,出现了情绪症状和生理失调。一些人变得情感淡漠;另一些人变得极其反叛且难以控制;还有一人变得惊慌失措,崩溃了。然而在同样短的时间内,看守开始喜欢上他们的新权力。一些人努力表现出友善,帮助犯人并为他们做好事。一些人"严厉但公平"。但是,约1/3的人变得严酷和富有惩罚性,即使犯人不再抗拒,他们也总是选择残酷和虐待的手段。一名警卫变得异常残忍,用警棍拍着手掌,发誓要"抓住"囚犯,并指示其中两人

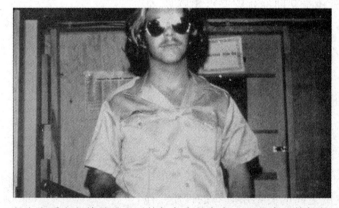

犯人和看守很快就进入了他们各自的角色,这通常比他们的人格对行为所具有的影响要更大。该图片是津巴多监狱研究中的一名守卫。

模仿性行为(他们拒绝了)。津巴多没有料到学生们会如此快地发生这些令人担忧的变化,因此这项研究仅仅持续了6天就结束了。

几代学生通过当时制作的录像看到一些充满情绪的片段。对研究者而言,其研究证明了角色如何影响行为。他们说,看守者的攻击完全是因为他们穿着看守制服以及拥有看守角色权力(Haney & Zimbardo,1998)。但是一些社会心理学家批判说,该研究实际上是服从权威和人们有多愿意服从指令的另一个例子,在这个例子中,命令来自津巴多本人(Carnahan & McFarland,2007;Haslam & Reicher,2003)。想一想津巴多在研究刚开始时给"看守"的指示:

> 你可以制造犯人一定程度的厌烦感和恐惧感,你可以创造专断的理念,就是说他们的生活完全被我们,即这个系统、你、我所控制,他们将没有隐私……我们将在各个方面剥夺他们的个性。总体上,这些都会导致一种权力感。也就是说,在这种情境下,我们将拥有所有的权力,而他们则一点也没有(斯坦福监狱研究视频,引自 Haslam & Reicher,2003)。

上述指令是关于看守被允许表现出什么行为的十分有利的暗示,它们传达了津巴多的个人鼓励("我们"拥有所有权力),所以一般人会听津巴多的话并表现出残酷行为就不足为怪了。一个施虐的警卫后来说,他只是试图扮演他曾在电影里看到过的"最糟糕的 S.O.B. 警卫"。即使研究者本人当时也指出:"由于选择性抽样而可能会出现错误,视频和录音往往集中在更有趣的、戏剧性的事件上。"(Haney, Banks, & Zimbardo, 1973)

事实上,最近重复的津巴多的研究表明,没有使用同样的提示性指令,就没有产生在原始的实验中观察到的相同类型的病理行为(Bartels,2015)。

当然,有许多人提出了对于监狱研究本质的伦理关注,甚至比对米尔格拉姆的研究还要多。从狱警的虐待到现实情况,当参与者被当做犯人关押着且当他们没有权利为自己所遭受的种种发声的时候,我们就很难确定被试(研究的参与者)是真正自愿的。虽然总体上斯坦福监狱实验存在着缺点,它确实是被当作一个警示故事:在真实的监狱中,狱警确实拥有极大的权力,并且他们被给予太多可以使用严苛手段的权力。因

此,监狱实验就提供了一个潜在社会地位会影响人的行为致使一些人的行事方式一反常态的例子。实际上,在今天米尔格拉姆和津巴多的实验研究仍保持着相当的知名度和影响力,在2015年作为独立的纪录片发布,向人们讲述了他们的故事(实验者,由彼得·萨斯加德主演;斯坦福监狱实验,由比利·克鲁德普主演)。

人们为何服从?

LO 11.1.D 解释破坏服从规范的因素。

当然,对权威或对某种情境规范的服从并非总是有害的或不好的。在任何群体中,都要求人们服从相当多的规则,而且服从权威是有好处的。如果所有公民都无视交通规则,偷税漏税,随意倾倒垃圾或者相互攻击,那么国家将无法正常运转。如果人们只有在想工作的时候才工作,那么所有部门都将无法正常行使其职能。当然,服从也有其阴暗的一面。历史上,人们常常用"我只是在服从命令"这样的借口来为自己愚蠢的、破坏性的或非法的行为寻找借口。

大多数人服从命令都是因为担心不服从命令会给自己带来显而易见的后果:他们可能会被学校开除、被解雇或被捕。但人们服从也有可能是为了得到个人的提升,抑或因为他们对权威的正确性深信不疑(van der Toorn, Tyler, & Jost, 2011)。那么,为什么所有在米尔格拉姆实验中认为自己在做错事,并希望赶快脱离实验恢复自由的人,却始终不能解开束缚他们的"社会约束网"呢?为什么人们知晓自己的行为方式,在本质上,还是违背了自己的优先顺序和价值观呢?

在米尔格拉姆的研究中,一种可能的答案是参与者受到各种草率判断和先入为主观念的影响。他们参与大学校园的科学研究,由一名穿着白色实验服的可信的男性监督指导着,这一切都向我们表示这个实验研究过程是可靠的——我们许多人会认为没有哪个令人尊重和信赖的大学科研人员会让一些真正危险的事情发生在实验研究中。如此,他们不情愿地服从实验人员的指示(与之相反,当给予指示的人没有像研究员一般穿着实验服时，服从率大幅度下降）。

另一种答案是**诱捕**（entrapment），个体为了使自己的投入合理化而逐渐增加对一系列行为的承诺的过程（Brockner & Rubin,1985）。诱捕的第一步是让人们做出相对来说毫不费力的选择，但是随着人们一步一步走下去或决定继续下去，他们将为自己进一步的行为做辩护，这使得他们认为自己的做法是正确的。不久后，这个人对一系列行为做出承诺，而愈发地事与愿违，感到痛苦、愚蠢。

思考一下，例如在米尔格拉姆实验中，对于目前仅给出15伏电击的参与者而言，下一个电击水平"仅仅"是30伏。因为每次电击水平增加得很少，在他们意识到之前，大多数人都已实施了他们认为非常危险的高电击，这时便很难果断决定放弃——如果我已经给予了150伏电击，那我要如何拒绝165伏呢？那些实施高压电击的人经常会通过在思想意识上将责任转移给权威（实验者）来证明他们的行为是正当的，从而免除自己行为的责任（Burger,2014；Modigliani & Rochat,1995）。相比之下，拒绝给予高度电击的人通过对自己的行为来证明他们放弃实施电击的决定是正确的。一位32岁的工程师说："我认为试图将责任推到别人身上是一件非常懦弱的事。看，如果我现在转过来说'这是你的错……这不是我的'，我会称之为懦弱。"（Milgram,1974）

一项令人寒心的诱捕研究，专门针对25名曾在结束于1974年的独裁政府希腊军队营区服役过的男子组织开展（Haritos & Fatouros,1988）。一位心理学家对这些男子进行访谈，确定了用于训练他们使用拷打折磨来审问犯人的步骤。首先，命令这些男子在审问和拷打房间外站岗。其次，让他们在拘留室内站岗，在那里他们可以观察到对犯人的折磨。最后，让他们"协助"拷打犯人。刑讯专家发现，一旦他们顺从地服从这些命令并积极参与其中，他们更容易实施暴力行为。不幸的是类似的程序已经被用来训练军人和警察讯问者去折磨政治对手和犯罪嫌疑人（Huggins,Haritos-Fatouros, & Zimbardo,2003；Mayer,2009）。

这对于那些试图把世界分成"好人"和"坏人"的人，拷问室情境或其他残忍的服从行为，这些进行起来是多么困难。我们一些人很难去想象好人可能会做残忍的事；如果是错误的行为，那么无疑是坏人在做。然而，正如在米尔格拉姆的研究中一样，在日常生活中人们也常常会走上一条含混不清的道德之路，最终却发现自己已经偏离原则很远了。从希腊的拷问者到纳粹官僚，从米尔格拉姆的研究中那些热心的志愿者到日

诱捕 一种渐进的过程，个人提高他们对行动方针的承诺，以证明他们投入时间、金钱或努力是合理的。

常生活中所有的人,从对朋友说谎到在考试中作弊,人们经常要面对那条自己画定的困难任务线——那条绝对不能越过的界线。研究表明很多时候,对准则、职能的需求和所处情境的社会压力会战胜人们内心良知的呐喊。

> **日志 11.1　批判性思考——定义你的部分**
>
> 　　想一想你通常遵守的两种社会准则,再想一想你的两种社会职能。这些准则和职能有哪些是隐含的,有哪些是明确的?现在描述一下你可能会做的什么事是违背这些的。你周围的人会有怎样的反应,而你会因你的违规受到怎样的惩罚?最后,讨论一下你所处的社会情境是怎样的,而你又支持何种准则和职能。

模块 11.1 测验

1. 诸如明确的法律和不明确的文化习惯,这些维持着社会生活的规则,被称作(　　)。
   A. 规范　　　　B. 标准　　　　C. 习俗　　　　D. 职能
2. 在米尔格拉姆的研究中,下列"学习者"的哪个行为可以减少"老师"电击的可能性?(　　)
   A. 实验在很著名的地方进行。
   B. 实验者展现出公正的权威人物的样子。
   C. 实验者不是真实出现的。
   D. 米尔格拉姆自己站在老师身边并给予指令。
3. 下面哪项是对于米尔格拉姆服从实验的批评呢?(　　)
   A. 米尔格拉姆没有充分强调在实验参与者和纳粹之间是平等的。
   B. 米尔格拉姆不应该在询问参与者后指出实际上不存在电击。
   C. 米尔格拉姆不应该事先告知参与者实验方法的设计。
   D. 米尔格拉姆得出的关于个人特质与是否服从权威几乎无关紧要的结论,是有争议的。
4. 下列哪项关于津巴多监狱实验的描述是正确的?(　　)
   A. 实验中的"犯人"关于他们如何被对待有很多想说的。
   B. 研究人员对"监管者"的指令可能有让他们残忍地对待"犯人"的倾向。
   C. 研究已经重复了很多次,对"监管者"使用更少受他人影响的命令,更多近期研究得到了同样的病理学表现。
   D. 实验说明只有在高度异常的情况下社会情境会影响行为。
5. 当人们为了证明自己投入的合理化,会逐渐增加对一系列行为承诺,即使这些是错的或有害的,这个过程中(　　)已经发生了。
   A. 承诺　　　　B. 顺从　　　　C. 从众　　　　D. 诱捕

11.2 社会信念

社会心理学家们感兴趣的不仅仅是人们在社会情境下做什么,还有当人们在做这些事的时候,他们在想什么。社会认知领域的研究者考察了人们如何感知自己和他人,而社会环境又怎样影响思想和信念。在这一部分,我们将会考虑社会认知中两个重要的话题:归因和态度。

归因

LO.11.2.A 比较情境和人格特质归因,并解释基本归因错误和人们所持有的归因偏差。

我们日常会花费很多的时间试着找出身边人做事的原因:售货员是真的认为这件衬衫适合我,还是说这只是她的工作任务?我的朋友骂了我,是因为没能睡足使其暴躁,还是说他就是个混蛋?通过**归因理论**(attribution theory),对于行为的解释大体可以归为两类。当做出情境归因时,我们把行为的原因看做是某些情境或环境中的东西:"瓦尔特开始以贩毒为生是因为他家需要钱。"当做出人格特质归因时,我们把行为的原因看作某些与个人有关的东西:"瓦尔特开始以贩毒为生是因为他生来就渴望权力,道德上也有问题。"

归因理论 这样一种理论认为,人们通过将其行为的原因归因于一种情境或性格来解释自己和他人的行为。

当人们试图去解释别人行为的原因时,常会高估人格特质的影响,低估情境的影响(Gilbert & Malone,1995;Li et al.,2012)。言语归因理论认为人们常忽略情境归因而喜欢进行人格特质的归因。这种倾向被称为**基本归因错误**(fundamental attribution error)(Jones,1990)。

基本归因错误 在解释他人的行为时,有高估人格因素、低估情境影响的倾向。

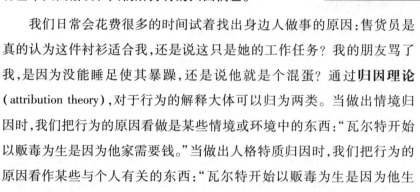

"为什么奥列利娅近来那么刻薄易怒?"	
情境归因	人格特质归因
"她的工作压力很大。"	"她很自恋,而且有些愚蠢。"
"她的孩子病了,而且她没有睡足。"	"她是个不友善的人。"
"她经济上出了点儿问题。"	"她丝毫不懂得替他人着想。"

米尔格拉姆实验中数百名服从者,他们都是天生的虐待狂吗?地铁司机没有去帮助一名乘客,那他天生就是一个冷漠的人?那些这样想的人正在犯基本归因错误。根据人格特质来解释个体行为的冲动太强烈了,以至于即使我们知道其他人是被要求以某种方式行动时,我们也会

那样认为(Yzerbyt et al.,2001)。

　　基本归因错误普遍存在于西方国家(Na & Kitayama,2011)。比如,当提出问题后,许多美国人反馈的是"他们"应该拒绝实验者残忍的命令而且应该去帮那个地铁乘客。与之相比,如在印度、日本、中国、韩国这些国家,这些人更加注重集体目标和个体间的联系,人们更可能意识到情境对行为的限制(Balcetis,Dunning,& Miller,2008;Choi et al.,2003)。因此,如果某人行为古怪,做错了事或在道德方面出现了问题,印度人或中国人更可能对其行为做出情境归因("他压力太大了"),而西方人则更可能对其做出个人特质归因("他能力不足")。

　　基本归因错误的主要原因是人们依靠不同的信息来判断自己和其他人的行为。你知道你自己在想什么,但你往往无法同样地了解其他人。因此,我们可以通过内省我们的感受和意图评估自己的行为,但是当我们观察他人的行为时,我们只能根据他们的行为来指导我们的解释(Pronin,2008)。社会知觉的这种基本不对称性通过自我服务偏差,也就是使我们对自己感到良好的思维习惯而进一步扩大,甚至(可能尤其是)当我们不应该这么归因时,例如当我们选择最宽容的归因来解释我们行为中的过失。下面你会了解到两种更加具体的自我归因偏差,这同样也影响着我们的社会知觉。不过,请先完成下面的快速问答:

互动　你的驾驶水平比一般人好吗?

○是

○否

你的领导能力比一般人强吗?

○是

○否

你的社交能力比一般人好吗?

○是

○否

---

1. 认为我们比一般人要好的偏差。大多数人倾向于认为在价值维度上他们是高于平均水平的:更善良、慷慨、有道德;更有能力;更有吸引力(Balcetis,Dunning,& Miller,2008;Brown,2012)。他们高估了自己在道德困境、做慈善、帮助处于困境的陌生人等种种情况下,做所谓正确的

事的渴望。当然,每个人(或者说几乎每个人)都无法高于平均水平。因为那就不是平均水平的人所做的事情!当归因接近我们存在问题的行为时,这种时而膨胀的自信心,会给我们一种夸大怀疑益处的趋向。调查是否提供了有关这种**优于常人效应(better-than-average effect)**的证据?当我们要求班里认为自己驾驶水平超过平均驾驶水平的学生举起手时(先告诉他们闭上眼睛避免周围人注视,或潜在尴尬感的影响),我们通常发现班里超过3/4的学生认为自己高于平均水平。

2. 相信世界是公平的偏差。根据**公正世界假设(just-world hypothesis)**,相信正义必胜,好人会得到上天的馈赠,坏人终究会受到应有的惩罚,人们对于这种思想的需要也使归因受到影响(Lerner,1980)。当这种信念被怀疑时,特别是当像我们这样的"好人"身上发生了坏事时,我们有动力去修复它(Aguiar et al.,2008;Hafer & Rubel,2015)。不幸的是,修复公正世界信念的一种常见方法是被称为"谴责受害者"的个人特质归因。比如,听说一个同学被抢劫了或是被人打了,这件事令你十分担心校园安全问题。于是就认定受害人一定是做了些什么,发生的或是来袭的事都是他应得的——夜里很晚了还在外独自步行,在外面被伤害——可能是一个说服自己不会遭遇同样事件的临时办法。当然,这种有问题的心态出现,是由于损失了对受害者的同情,而将事件的过失施加于错误的当事人。

认为自己比他人更加友善,更有能力,更道德,并相信只要我们是好人,坏事就不会发生在我们身上,这对我们自尊的维护是有好处的。而为什么这些信念被称作自私。有时这种夸大的错觉也会使得信息沟通交流失真,妨碍冲突的解决,从而导致严重的误会(Makridakis & Moleskis,2015)。

当然,有时候人格特质归因确实能够解释个人的行为。要记住的是归因会产生巨大的后果。比如,幸福的伴侣倾向于把配偶偶然的失误归因于某些情境因素("那穷家伙处于巨大的压力之中"),把其积极行为归因于稳定的内在本质("她天性可爱")。但是,不幸福的伴侣的做法则恰恰相反:他们把失误归因于配偶的人格("她完全是一个自私的人"),把好行为归因于情境("是的,他是给了我礼物,但这仅仅是因为他妈妈教他这样做的")(Karney & Bradbury,2000)。你对配偶、父母和朋友的归因将在很大程度上影响你如何与他们相处,以及他们对你容忍的程度。

优于常人效应 大多数人倾向于认为自己在大多数领域的表现都高于平均水平。

公正世界假设 许多人需要相信世界是公平的,坏人受到惩罚,好人得到奖励。

概念	定义
归因理论	讨论了人们通过把行为原因归为内在或外在力量来解释自己和他人行为的理论
情境归因	结论表明,一个人的行为是受到个人所处情境、背景、周围环境作用的影响
人格特质归因	结论表明,一个人的行为是由于内因;是关于这个人自身的
基本归因错误	是一种偏向,当解释他人的行为时,偏向于会高估人格因素而低估情境力量在个体身上的效果
自利性偏差	一种归因的偏差,将个人置于非常有利的位置
公正世界假设	一种很多人都持有的、相信善有善报恶有恶报、世界公平的信念

态度

LO 11.2.B　解释形成态度、预测说服和态度改变的因素。

人们对食物、电影、体育明星、死刑、婚姻平等所有事都会持有某种态度。态度是关于人、群体、观念或活动的信念。一些态度是外显的,我们能意识到它们的存在,并会影响我们有意识的决定和行动。这种态度可以通过自陈问卷进行测量。另一些态度是内隐的,我们意识不到它们的存在,但它们会在无意之间影响我们的行为。这种态度可以通过许多间接方式对其进行测量(Hahn, Judd, Hirsh, & Blair, 2014)。

关于我们日常的话题、音乐、电视节目,是否首先通过存储空间更加有效地存入或提取,人们的态度联结由随意的变为坚实的。如果你的好朋友对棒球持中立态度,而你是一个疯狂执迷的粉丝,那你们的友谊可能会继续保持下去。但是当涉及对人的生活有意义或影响的信念,尤为显著的就是政治和宗教,这就是另一回事了,需要再讨论。人们正为了他们最为狂热的信仰而战(不幸的是,当你读到这里时,战争还在进行)。不可调和的态度会导致持续的冲突,甚至在极端情况下还被用来为恐怖主义和其他暴行辩护,后面我们会探讨更多的细节。

成功的广告商,比如电视节目《广告狂人》中的唐·德雷珀,可以利用态度改变的心理原则,让几乎任何产品看起来都有吸引力、有用,甚至是必要的。

你周围的所有人、广告商、政客和朋友每一天都试图影响着你的态度。他们使用的一种武器就是一点一滴不断重复同一个主题，反复对你进行思想的渗透（Lee, Ahn, & Park, 2015）。即使是对一个如"zug"的无意义音节的反复暴露也足以使一个人对它的反应变得更积极（Zajonc, 1968）。**熟悉效应**指的是对熟悉的人或事倾向于保持积极的态度，它已经在各种文化、物种、意识状态之间得到了证明，从警惕到关注状态（Kawakami & Yoshida, 2015）。一些相似的事物，如安慰食物、声音、味道，甚至是高辨识度的商业歌谣、让人温暖的感觉，这些是我们从小就记得的。

熟悉效应 人们对一个人、产品或物品越熟悉就越积极。

人们也可以通过不同的方法（或途径）去改变我们的态度。根据劝说的**精细加工可能性模型**（elaboration likelihood model），有时我们会密切关注有说服力的谈话中的信息，其他时候则不是（Pretty & Cacioppo, 1996; Pretty & Brinol, 2014）。当我们有动力（和认知能力）去仔细检查信息时，我们更能够被争论的力量而非个人表面的现象所说服，例如表现出有吸引力的个人。换句话说，当话题是关于对我十分重要的中心个人，我们会对信息进行详细说明，并会认真地思考它的内容。心理学家把这称作说服的中心路径。其他时候，当我们缺乏动力或认知来源（例如，我们很忙，注意力不集中或者很累），我们会受到说服的边缘路径的影响。边缘路径是一种更少留心、更少思考的说服方法，在其中我们会发现长信息会比短信息更具有说服力。而且，名人间的争论会比普通人的更具有说服力，不管事实是如何呈现的。

精细加工可能性模型 一个提出了两种途径（中心和外围）的模型，通过它，说服性沟通可以产生态度的改变，由个人的认知能力和动机所决定。

下次你想要改变别人态度的时候，最好考虑一下运用怎样的说服途径才能更好地将信息说明并呈现给听众，而且有时候你想做的可能不仅是改变别人的信念，还想让他们采取明确的行动。一种可以达到这一目的且经过检验是靠得住的策略就是"登门槛技术"，它分为两个步骤，首先让他人答应你一个小的要求，这使得他更可能同意第二个更大的要求（Burger, 1999）。让别人同意你的请求可以让他们认为自己是有用的人，然后使得他们更可能答应接下来的要求。有趣的是一个与之相反的策略也同样有效：首先提出一个你明知会被拒绝的、较大要求，接下来再提出一个与前者相比似乎更加合理的、小一些的，这被人们叫作"留面子技术"（Feeley et al., 2016）。观看关于劝说的视频，去了解更多策略，就像是这两种态度改变的路径。

认知失调

LO 11.2.C 概述认知失调的过程,以及它是如何导致态度改变的。

当其他人在劝说你,当你有了新的经历,或偶尔由于你认为自己在某事上做出了错误的决定时,你的态度就会发生改变。但是态度也会因为在信息加工过程中大脑的正常偏差和对于前后一致性的心理需要而改变。当两种态度或一种态度、一种行为发生冲突,或是处于不和谐状态时,个体会产生一种不舒服的感觉,即**认知偏差**(cognitive dissonance)。大多数人会改变自己的一种态度来消除偏差。如果一个你欣赏的政治家或名人做了愚蠢的、不道德的或是违法的事,你可以通过淡化自己对他的看法,或认为他的行为终究也不是太糟来修复前后认知的一致性。

一个贴近我们生活的例子:作弊(Bryan, Adams, & Monin, 2013)。两个学生对作弊持有相同的态度,认为作弊不是获得成功的最佳方式,但也不是最严重的错误。现在正进行一场重要的考试,他们在一道关键的题目上卡住了,他们有两种选择:偷看旁边人的试卷作弊,或保持诚实之后得到低一些的分数。给我们一种错觉是一个人会选择作弊,而另一个人不会。现在发生了什么?他们改变自己的行动使之与信念一致来减少认知失调。忍住没有作弊的人会去想作弊是很严重的,它对每个人都会造成伤害,而且作弊的人应该受到惩罚("赶走他们!")。但是作弊的人就需要去修复"我是一个诚实的人"和"我刚刚作弊了"之间的失调。这个学生也许会说:"我想我终究不是一个诚实的人。"但他(或她)更可能认为作弊这件事本没有那么严重("大家都会作弊的!")。

理解认识失调是怎样工作的,对于保持信念和行为的和谐十分重

认知偏差 当一个人同时持有两种心理上不一致的认知,或者当一个人的信念与他或她的行为不一致时,就会发生的一种紧张状态。

要,因为我们减少失调的途径会有意想不到的效果。有"作弊,仅此一次"念头的学生,在之后的任务更容易有作弊行为,也许之后上交的试卷是他人写的——就像沿着斜坡入了圈套。这时作弊者已经滑到了底部,他很难再回去了,因为他已完全承认:"我是错的,我做了错事。"这就是一些小的不诚实行为、贪污,或是错误——从考试作弊到维持不恰当关系——会让一个人走上越来越自欺欺人和鲁莽的道路……并且难以逆转(Tavris & Aronson,2007)。

对批判性思维而言是不幸的,人们经常通过驳回那些可能质疑他们现有信念的证据来重构认知的一致性(Aronson,2012)。事实上,人们甚至会对信仰更加忠诚,除非它是不足信的。在一项研究中,当人们对那些对于自己十分重要的信念(如,素食或肉食主义者)的正确性产生怀疑时,他们会更加热烈地拥护自己原有的观点来减少认知的失调。正如研究者总结的那样:"当你怀疑时,就大声地喊叫!"(Gal & Rucker,2010)这种倾向帮助我们解释了为什么很多宗教信徒们在对末日预言的投资失败时很少说:"令人欣慰的是我错了。"反而,许多人对这一事业更加投入(Festinger, Riecken, & Schachter, 1956)。观看"认知失调"的这个视频来了解更多内容。

说服还是"洗脑"？ 自杀式人体炸弹的例子
LO 11.2.D　总结"洗脑"的社会心理因素。

现在让我们来想想目前所讨论的社会心理因素可以怎样帮助我们解释这种极端形式的残忍行为,比如自杀式人体炸弹这种令人不安的行为。在许多国家,成年男女用炸药引爆自己,炸死士兵、平民,甚至是儿童,在这过程中他们也结束了自己的生命。尽管战争的双方对于恐怖主义的定义存在着争议,一方的"恐怖主义"恰好是另一方的"自由斗士",但大多数社会学家将恐怖主义定义为:具有政治动机的暴力,目的是在人群中灌输恐怖和无助的感觉(Moghaddam,2005;Roberts,2015)。这些犯罪者是有精神疾病吗?他们是被"洗脑"了吗?

"洗脑"意味着一个人在没有意识到的情况下突然改变了主意,这听起来神秘。相反,用于创造恐怖主义自杀式袭击者的方法却很简单(Bloom,2005;Moghaddam,2005)。有些人可能比其他人更容易受到这些方法的伤害,但大多数成为恐怖分子的人很难与普通大众区别开来。此外,大多数人并没有心理问题,并且多数都受过相当好的教育,是生活富裕的人(Krueger,2007;Sageman,2008)。他们将自己看作为了更大的利益而实施自我牺牲的暴力,而非定义为暴徒。多数的自杀式袭击者都因他们的"牺牲"而被他们的家人和社区所赞美和尊敬,而非视作疯狂的孤独者。这种社会支持增强了他们对于这一"事业"的"献身精神"(Bloom,2005;Ginges & Atran,2011)。教化的方法包括:

- 这个人落入了圈套。一般人不会在一夜之间成为恐怖分子,这个过程是逐步进行的。起初,新人只同意做一点小事情,但要求逐渐增加,他或她被要求付出更多的时间、更多的钱、更多的牺牲(Moghaddam,2005)。

- 这个人的所有问题,无论是个人的还是政治的,都由一个简单的归因来解释,反复强调:"这是那些坏人的错,我们必须消灭他们。"

- 这个人被提供了一个新的身份,并被许诺会得到救赎。这个人被告知,他或她是被选定的一部分人。在1095年,教皇乌尔班二世发动了一场针对穆斯林的"圣战",他向他的军队保证在战争中被杀死的每一个人都会直接进入天堂。这就是今天一些穆斯林恐怖分子得到的对于杀害西方"异教徒"的承诺。

- 这个人获取不确定(不协调)信息的途径受到严格控制。一旦一个人成为坚定的信徒,领导者就会限制他的选择,贬低批判性思维并压制个人怀疑。新人与家庭分离,被灌输和训练18个月或更长时间,最终与团体和领导形成情感上的关系(Aran,2010)。

这些方法和那些被用来吸引美国人进入宗教和其他教派的方法相类似(Ofshe & Watters,1994;Singer,2003)。20世纪70年代,邪教首领吉姆·琼斯(Jim Jones)告诉他的900多名"人民教"成员到该死的时候了,他们排列好喝了掺有氰化物的饮料（这场悲剧留下的唯一遗产就是"喝饮料"，是一个个人或团体对某种信仰毫无疑问的崇拜）。1997年，马歇尔·阿普尔怀特说服了30多名"天堂之门"的追随者服用了致命剂量的巴比妥酸盐，据说是为了与一艘隐藏在 Hale-Bopp 彗星尾部的宇宙飞船相遇。在这些群体中，大多数人一开始都是普通人。然而，在经历了我们所描述的这些影响技术后，他们最终做了一些他们曾经觉得不可思议的事情。社会心理学原则可以帮助人们解释在恐怖主义和邪教活动中发现的极端劝说的现象，比如那些在生活中的案例，以及最近的电视节目中描述的邪教活动，比如"牢不可破的吉米施密特"（The unbreakebale Kimmy Schmidt）和"这条小路"（The Path）。

> **日志 11.2　批判性思考——一种假设和偏见**
>
> 想想上次你对一个人的行为做出了不利的性格归因（"那个家伙真是个混蛋！"）。你从中获得了什么信息？那个人又获得了什么信息？这就是，作为一个观察别人行为的观察者，你关注的是什么，你的关注点是如何影响你对这个人的行为做出归因的结论的？现在想象一下别人的看法：他的关注点是什么？他的关注点又是如何导致他改变关于自己行为形成原因的结论的？

模块 11.2 测验

1. 当（　　）的时候，基本的归因偏差会出现。

    A. 观察者没有降低关于他人特质的影响。

    B. 观察者高估了当时情境的影响，低估了他人特质的影响。

    C. 观察者低估了当时情境的影响，高估了他人特质的影响。

    D. 我们认为其他人更接近我们自己，实际上可能不是这样。

2. 指责受害者意味着（　　）。

    A. 诱使犯罪

    B. 给某人的厄运作一个情境归因

    C. 在一个公正的世界里恢复一个人的信仰

    D. 生产虚假共识效应

3. 莫里斯是一个聪明的人，他在乎自己的健康而且明白抽烟对他是不好的。然而他还是每天抽一包烟。根据认知失调理论，莫里斯（Morris）将会（　　）。

    A. 随着时间流逝，习惯于抽更多的烟

B. 对他抽烟的动机做一个内归因

C. 发现他的态度和行为之间的矛盾

D. 通过外围路线说服自己停止抽烟

4. 根据详细加工可能性模型(elaboration likelihood model)，下列哪一项最符合中心说服路线?( )

A. 更多地受发言者的外貌而不是受他的论据影响。

B. 仔细考虑某个事件的动机。

C. 持有遗传可能性小的态度。

D. 想要获得认知捷径的欲望。

5. 下列哪一项不是支持教化过程的因素?( )

A. 通过一种原因来解释一个人的问题。

B. 一个人在头脑中会有一个突然改变，但是却没有意识到发生了什么。

C. 一个人获取不确定(不协调)信息的途径受到严格的控制。

D. 诱惑一个人犯罪。

11.3　群体中的个体

加入其他成员和归属于社会组织的需要是所有人类动机中最强大的(记着，拥有整个地球的你会在仅仅经过一个半小时或者两小时的间歇后厌倦)。社会拒绝阻碍移情、批判性思维和解决问题的能力，以及能够导致消极心理的结果，例如进食障碍和自杀未遂等(Buelow, Okdie, Brunell, & Trost, 2015)。反之，社会接受一种归属感，这种归属感会产生许多积极的效应。例如，认为自己属于学校的少数学生有更好的成绩，更健康，也更有幸福感(Walton & Cohen, 2011)。

这种与他人相处的动力也具有良好的进化意义，因为，像猿、蜜蜂和大象一样，人类如果没有成为部落的一部分的话将很难存活下来。当然，我们都隶属于许多不同的群体，这些群体对我们的重要性有所不同。但是需要强调的一点是一旦我们加入了一个群体，我们的行为就会和我们自己一个人时的行为有所不同。无论群

为了亲眼看看你是如何"社交"的，做一个简单的小实验：将你的手机关掉，你可以在不检查你的短信、推特(Twitter)、照片墙(Instergram)、色拉布(Snapchat)、电子邮件或者其他任何上网软件的情况下走多远？这种和社交媒体失联的状态有没有使你感到焦虑和不安？在你感到孤立于你的朋友和家人之前，你还能保持多久？

体是召集在一起解决问题做出决策,这些成员包括那些不认识的旁观者,还是举办聚会,这种改变都会出现。在这个部分,我们将了解他人在场对我们行为诸多方面的改变。

从众

LO 11.3.A 概述阿希的从众研究,并讨论从众与诸如服从和说服等相关概念的不同之处。

许多流行网站都提供了一些关于"你可能也会是"主题的变体。无论你是在下载一本书或者购买一首歌曲,很有可能你会收到一条信息,突出显示那些购买了相同商品的人的推荐和偏好。这种策略直接来自一种叫作"群众智慧"的现象:一个群体共同的决策往往比其中某一个个人的决策要更正确(Surowieecki,2004;Vul & Pashler,2008)。就像神经元网络中神经元互联可以创造出超越任何一个单个细胞所能产生的思想和行为一样,所以当一个群体建立了一个社会网络之后,它的表现将会超出群体中任何成员的预期(Goldstone, Roberts, & Gurekis, 2008)。但是群体也会造成不利的影响。他们会传播谣言,传达错误信息以及引起恐慌,这和他们为你的网飞队列(Netfix queue)提供建议一样快。他们可以在一瞬间从有益的和平转变为误导,甚至是破坏性的。

假定你要在心理学实验室中参加一个知觉实验,你加入了已经坐在房间中的其他7名学生当中。研究者向你们呈现了一条10英寸长的线段,然后要求你们从右边3条线段中选出一条和它一样长的。显然,正确答案是A,所以当群体中的第一个人选B时,你被逗笑了。"糟糕的视力。"你对自己说,"他差了足有2英寸!"第二个人也选了B。"真糊涂!"你想。但当第五个人也选了B时,你就会开始怀疑自己。等到第六个和第七个学生也选了B,现在你开始担心自己的视力。实验者看着你,"该你了。"她说。这时你会依据自己看到的还是群体的集体判断作出选择?

这是所罗门·阿希设计的一系列著名的从众研究(Solomon Asch, 1952, 1965)实验。7个"近视眼"学生实际上是阿希的同伙。阿希想知道当一个群体都毫无异议地否认一个明显事实时,人们会怎样做。他发现,当人们自己做线段比较时,几乎总是正确。但是在群体中,正确性下降了。虽然人们往往还是会给出正确的答案,但是只有37%的学生每次都保持了完全的独立性,并且他们常常为不同意别人而道歉。75%的人一半多的时间从众了群体不正确的决定,其余人至少有一些时候是从众的。无论从众与否,学生常常感到对决断有种不确定感。正如一位被试后来谈到的:"我感到不安、迷惑、孤单,好像被其余人抛弃了。"阿希的实验已经在多个国家被多次复制(Bond & Smith, 1996)。为了更多地了解这个经典的研究,以及最近关于重现此研究的内容,我们来看"阿希的线条判断实验"(Asch's Line Study)的视频。

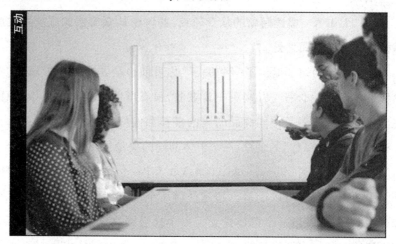

关于从众的动机有两个,而且很明显,每种动机都在其他物种上有所体现,从大老鼠到灵长类动物,这说明从众有着很强的适应功能(Claidiere & Whiten, 2012)。从众的一个动机是社会接纳的需要,这就是为什么人们最后会发展为去做所有那些愚蠢的(或者聪明的)事情,那是因为他们的朋友做过这些事,他们这样做只是为了迎合朋友。正如我们前面讨论的,这种跟随群体标准的动机是很强大的。通过了解这些,社会心理学家们充分利用人们的同伴群体,已经设计出了帮助他们戒烟戒酒,不辍学,远离打击欺凌,以及那些他们自己一个人也许不会做的有利改变的干预措施(McDonald & Crandall, 2015;Wilson, 2011)。几年前的一个夏天,如果他们没有第一时间在媒体上看到朋友们也在进行冰桶挑战,成千上万的人们还会接受冰桶挑战来为渐冻症患者筹钱吗?极不可能。是加入一项社会运动的渴望促进了冰桶挑战现象的产生。

从众的第二个动机是在做"正确"事情的决定前信息的需要(Cialdini, 2009;Sherif, 1936)。人们会有一个直观的理解,认为群体有时会比他们自己要知道更多的信息,这种认识在童年早期就开始出现了。当让三四岁的儿童从三个人或者一个人提供的他不熟悉的对象的名称信息中做选择时,他们会选择人数多的一方提供的信息(Corriveau, Fusaro, & Harris, 2009)。人们认为"其他人"做某件事的信念通常意味着这一定是最明智的选择或行为。社会心理学家们再次用这一知识来引导人们改进。当酒店在客卫张贴告示说"大多数来酒店的客人都会重复使用毛巾"（与简单的要求他们这样做因为对环境有利相比），选择重复使用毛巾的数量客人显著增多（Goldstein，Cialdini，& Griskeevicius，2008）。

像服从一样，从众有其积极的一面。当人们知道在特定情境中如何行动，并且享有同样的态度和举止时，社会就会运行得更顺利。但是也像服从一样，从众有负面的后果，特别是压抑批判思维和创造性。在群体中，许多人为了被群体接纳都会否认他们的个人信念，同意愚蠢的主张，甚至抛弃他们自己的价值观。

有时候，人们喜欢从众以感觉自己是群体的一部分……有时他们喜欢坚持自己的个性。

考虑从众和其他相似概念，比如服从之间的不同也是很重要的。毕竟在米尔格拉姆（Milgram）和阿希（Asch）的研究中是有明显的相似之处的。在两个实验中，个人在群体和独自一人的情境下都表现出了不同的行为。在米尔格拉姆（Milgram）的研究中，研究者们命令被试怎样去表现，任何行为的改变都反映出对权威的服从。在阿希（Asch）的研究中，没有人告诉被试应该做什么，而是让被试自己推测怎样的行为会被接纳。从众不是告诉你应该做什么，而是让你自己感知你的期望是什么，再相应地判断自己的行为。

同样，从众也可以和劝说区别开来，劝说通常不是一个微妙的内部过程，而是一个阵营通过有意的努力来改变另一个阵营的态度的过程。简单来说，许多在这一章提到的群体的相同主题的倾向都影响个人，但是重要的一点是我们要记住这些概念之间的关键性区别。

群体思维

LO 11.3. B 定义群体思维并描述它的特征。

紧密的、友好的群体通常在一起工作得很好。但是他们面临的问题是不要想从群体成员那里得到最好的思想和努力——有时候为了尽可能做出最好的决定，群体会过分强调牺牲个体的利益这一点。就像我们

群体思维 一个群体的所有成员为了和谐而产生一致的倾向。

在本章开头的调查问题,大多数人已经阅读了这些问题,在你的生活中至少有一次,你明知道群体的决策从某种意义来说是有问题的,但你还是跟随了群体的决策。这种极端的从众形式就叫作**群体思维**,即一种进行相似思维、压制异议的倾向。根据欧文·詹尼斯(Irving Janis, 1982, 1989)的看法,群体思维发生在要求完全一致的群体需要压倒了做出最英明决策的需要时。群体思维包括以下特征:

- 无懈可击的错觉。群体相信它不会出错,百分之百决策正确。
- 自我审查。反对意见者决定默不作声,而不是找麻烦,伤朋友的感情,或冒着被嘲笑的危险。
- 施压使不同意者遵从。领导者取笑或羞辱不同意见者,不然就施压使他们同意。
- 全体一致的错觉。为了劝阻不同意者,领导者和群体成员创造了一种全体一致的错觉。他们甚至可能明确地命令被怀疑可能会不同意的人保持安静。

研究者们已经将群体思维这个概念运用到了现实生活中的灾难性决策这一方面。1986 年,美国国家航空及太空总署(NASA)不听工程师们关于"挑战者号"航天飞机不安全的警告,发射了"挑战者号",结果"挑战者号"升空不久后爆炸。以及在 2003 年当布什总统发动伊拉克入侵时,声称该国有大规模毁灭性武器,并与基地组织结盟。他和他的团队忽视了认为这些指控不真实的异议人士和情报机构的证据(Mayer, 2009)。这些机构后来指责布什政府"群体思维"。

幸运的是,如果领导人奖励怀疑和异议的表达,保护和鼓励少数群体的观点,要求小组成员尽可能多地想出解决问题的方法,并且让每个人都试着去考虑他们所选择的决策的风险和不足,那么群体思维可以最小化(Packer, 2009; Tumer, Pratkanis, & Sanuels, 2003)。并不是所有的领导人都希望以这种方式运行他们的团队。将那些赞同他们想要做的事的成员围绕在身边,以"不忠诚"为理由远离或者解雇那些不赞成的成员,这对于许多处于权力地位的人(从总统到公司高管到电影大亨)的诱惑是很大的。也许伟大领

许多重要的决策都是群体做出的,而不是个人。当一个群体由具有相似态度的人组成时,人们会更喜欢群体,而当不同的观点被表达出来时,群体的表现往往是最好的。

袖的一个关键品质是他们能够超越这种诱惑。

责任扩散

LO 11.3.C 解释在人群中匿名感的增加是如何导致旁观者效应和去个性化的。

假如你在城市大街上或其他公共场所遇上了麻烦,比如说,遭到袭击或突发盲肠炎。你觉得在哪种情况下你更可能得到帮助?如果(a)有一个人正好经过;(b)有几个陌生人在那儿;(c)很多人在那儿。大多数人都会选第三种答案,但事实却并非如此。相反,你周围的人越多,其中之一来帮助你的可能性就越小。你可能会问:这是为什么?

答案与一种被称为**责任扩散**的群体过程有关。在这种过程中,对结果的责任扩散到许多人中,从而降低了每个个体的责任感。试想如果你收到了一堆需要你花费时间和精力来回复的群发邮件。如果你和我们的想法一致,你可能会找一个借口来删除或者是忽略掉它们,而不是一条一条地回复。或者,假如你看见了一盏坏了的路灯,你假定别人会叫人来把它修好是很正常的。在这两个例子中,很讽刺的一点是,你越指望周围的其他人去做某些事,你越会有匿名和不负责任的感觉。同样的过程会在一个紧急事件中上演。

当周围只有自己时,人们更愿意给陌生人提供帮助,在这种情况下,责任不能扩散给其他人——它全部在你肩上,只有你一个人可以做些什么。但是一种结果是在人群中,当有人遇上麻烦,个体常常不会采取行动上前帮助或去求援,因为他们猜测别人会这么做(Darley & Latané,1968;Fischer et al.,2011)。思考一下我们在本章开头提到的地铁的例子。事实上,最近的研究表明旁观者效应在儿童5岁时就已经很明显了(Plotner, Over, Capenter, & Tomasello,2015)。研究者们创造了一种非紧急情况的情境,让孩子们在这个情境中画一幅画。一些5岁的小孩和一个成人在同一个房间里,另一些小孩待的房间除了一个成人外,还有另两名小孩。当成人"不小心"打翻了一杯水时,自己一个人画画的儿童比那些和其他小孩一起画画的儿童更有可能去帮助成人清理,虽然那些和别人一起画画的儿童也有空去帮助成人。

责任扩散有时也会有乐观的方面。一个关于旁观者效应的许多项研究的汇总分析显示,人们在经历真正的危险和紧急情况的时候,旁观者经常会在第一时间给予帮助。其中一个原因是无论是何人,都会得到来自旁观者的身体上或心灵上的支持。此外,危险的紧急情况通常会通

旁观者效应 研究发现,周围的人越多,其中任何一个人就越不可能帮助需要帮助的人。

责任扩散 在小组中,成员避免采取行动的倾向,因为他们认为其他人会采取。

过旁观者之间的团结协作来得到有效的控制（Fischer et al., 2011；Greitmeyer, 2015）。让我们通过观看"他人的影响"这个视频来复习解释（或减轻）旁观者效应的过程。

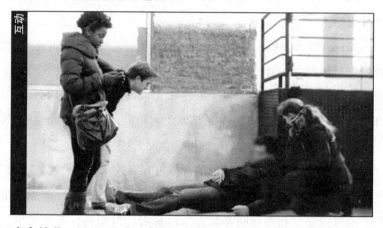

去个性化 比起导致群体懒散，群体中的匿名者可能会做很多事情。责任扩散的最极端例子发生在大规模的、互不认识的群众或人群中，无论他们是高兴的体育观众，还是生气的暴动者。在这样的人群中，人们常常意识不到自己的个性，似乎把"他们自己"交给了整个人群的情绪和行为，这是一种**去个性化**的状态（Festinger, Pepitone, & Newcomb, 1952）。在大都市中没人认识你，比起无处可藏的小城镇，你更可能感到丧失个性（比起在小规模的班级中，在大班中你可能错误地认为，更可能感到失去个性）。有时组织为了提高其成员对群体的协调和忠诚，会主动增进成员的去个性化。这是制服或面具的一项重要功能，它消除了每个成员的不同个性。

去个性化 失去对自己个性的意识，人群中的人感到匿名，可能会做一些他们永远不会自己做的破坏性的事情。

当人们在群体中感受到匿名性时，他们会做出一些他们自己一个人不会做的去个性化的事情。

长期以来，去个性化一直被看作是群众暴动的首要原因。根据这种解释，因为人群中去个性化的人"忘记了自己"，感到不必对自己的行为负责，他们比自己一个人时更有可能偏离社会规范和法律：打破商店橱窗，抢劫，打架，在体育事件中制造骚乱。最近的研究也将匿名的频率和网络欺凌联系了起来（Barlett, 2015）。但是去个性化也并非总是使人变得杀气腾腾，有时它也会使人变得更友好。想想那些好闲聊的、互不相识的公共汽车上和飞机上的人,他们有时会对其邻座说出一些永远不会告诉自己熟人的事。

当人们处于一大群人中间或陌生情境中时,真正发生的事似乎并不会使他们变得杀气腾腾。相反,他们被剥夺了特权,就像他们喝醉了一样。这个特权使他们更有可能去遵从特定情境的规范,这些具体情境有可能是反社会的,也有可能是亲社会的(Hrish,Galinsky, & Zhong,2011)。春假期间狂饮的大学生可能会违反当地的法律和学校的规范,这并非因为他们释放了"攻击性",而是因为他们正在遵从同伴学生"让我们欢聚"的规范。群体规范也会产生助人效应,正如世贸中心遭袭后许多纽约匿名者所做的,他们站出来帮助受害者和救援工人,留下食物、衣服和其他捐献物资。因此,群体的影响是正反两方面的,但是有一个结论却是很清楚的:我们常常在群体中的表现和独自一人时差别很大。

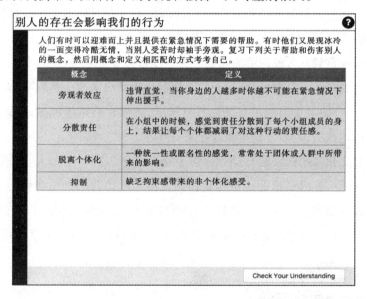

利他主义和提出异议

LO 11.3.D 讨论增加帮助他人的可能性以及违反群体规范的具体情景因素。

至此,我们已经看到了社会角色、规范以及服从权威或遵从一个人所属群体的压力,如何导致人们以本来或许不会那样做的方式表现行为。然而在整个历史中,人们都一直在对他们认为错误的命令拒绝服从,并反抗流行的主导文化信仰。别忘了,在阿希(Asch)的线条判断实验中,有75%的从众者,也就是说有25%的人坚持了自己的观点。大约有95%的被试至少在第一次是不同意剩下的其他成员的看法的。更重要的是,非从众者也改变了社会的进程。1955年,在亚拉巴马州的蒙哥马利市,罗莎·帕克斯(Rosa Parks)拒绝根据当时隔离法的要求坐到公共汽车后面的座位上。她被捕并被判犯法。她的抗议引发了一场长达381天的公交车抵制运动,并引发了现代民权运动。

不幸的是,异议、勇气和诚实的代价往往很高。记住,大多数群体不欢迎意见不同的人。大多数群体中都不会欢迎提出异议者。许多内部举报人并没有因为他们的勇敢而得到嘉奖,而是付出了高昂的个人或职业的代价。关于内部举报者的研究发现,2/3的人丢掉了工作,并且已经完全远离了他们的职业。许多人失去了家庭和家人(Andrade,2015)。

不一致的是,不满、抗议和利他,即为了别人的利益愿意采取无私或危险的行为的意愿,是关系到个人信仰和道德心的一部分。但是,正如服从和从众有情境原因一样,对于说出一个不受欢迎的意见,选择良心而非从众的善恶观念或帮助有麻烦的陌生人也受其外部影响。这里有一些决定不怕"惹麻烦"或采取勇敢行动的情境因素:

1. 知觉到介入或帮助的需要。这一点看似显而易见,但是你在采取独立行为之前,必须意识到行动是必要的。当情境需要个体有更多注意的时候,个体就会出现对行动的盲目追求,就像在高密度的城市和人口密集的地铁站,人们总是急匆匆赶路一样。

2. 文化鼓励你采取行动。你会不会自发地告诉一个路人他或她掉了一支笔?你愿意帮助一位腿受伤的人捡起他掉落的杂志吗?会帮助盲人过马路吗?一项在美国23个城市和22个其他国家的城市进行的陌生人互助研究发现,在预测助人水平上,文化规范比人口密度更重要。研究发现助人行为的概率有较大的差异,范围从巴西里约热内卢的93%,到马来西亚吉隆坡的40%(Levine, 2003; Levine, Norenzayan, & Philbrick, 2001)。

3. 有同盟存在。在阿希(Asch)的从众实验中,有给出正确答案的他人存在,足以减少对大多数人意见的认同。在米尔格莱姆的实验中,不同意实验者的电击指令的同伴的存在,极大地增加了

助人行为并不总是要引人注目的英雄行为。这些人在一起互相帮助,并提高了他们的一致性。

不服从实验者的人数。一个不满的群体成员可能会被看作一个找麻烦的人,两个不满的成员会被看作合谋,但是,一些人不满就形成同盟。同盟确保了人们反抗的权利,他们的联合努力也许最终会说服大多数人(Wood et al.,1994)。

正如你可以看到的,特定的社会和文化因素使得利他、不服从和异议更可能发生,正如其他因素会压抑它们一样。

日志 11.3　批判性思考——不要过于简单化

从众是好是坏?事实证明这个简单的问题是有细微差别的。请描述两种从众情境,在这两种情境中,从众是良性的,产生良好的结果;之后,再描述两种从众情境,这些从众情境是灾难性的,可能导致不好的结果,或者似乎完全是错误反应的情境。

模块 11.3 测验

1. 在这一系列著名的从众研究中,阿希(Asch)打算知道当全体一直反驳一个明显的事实时,人们将如何表现。在阿希(Asch)的线条研究实验中,有75%的被试(　　)。

　　A. 在单独做线条比较实验时,给出了不准确的答案

　　B. 为了服从群体错误的答案,拒绝纠正成一个正确的答案

　　C. 沉浸在群体错误的答案中,完全改变了自己的信仰

　　D. 从一开始就跟随群体的答案

2. 托尼亚在一个商业会议上参加了一个鸡尾酒会,她不确定是自己给调酒师小费,还是应该由活动的组织者负责。她向一个服务生寻求建议,服务生说:"给调酒师小费取决于与会者的个人意愿。"所以托尼亚照做了。托尼亚的行为说明了从众的哪一方?(　　)

　　A. 公平的需要　　　　　　B. 社会接纳的需要

　　C. 信息的需要　　　　　　D. 不反驳的需要

3. 下列哪一项不是群体思维的特征?

　　A. 自我审查　　　　　　　B. 一致性错觉

　　C. 无懈可击的错觉　　　　D. 一个包容性的领袖

4. 在其他令人尊敬的公民看来,在暴乱中煽动暴力的行为是(　　)的例证。

　　A. 熟悉效应　　　　　　　B. 领导者跨文化的行为差异

　　C. 参与者的去个性化　　　D. 社会抑制的效果

5. 你看见一个盲人转入了一条繁忙的街道,尽管你可以很容易地去做你自己的事,但是你却提供帮助让这个盲人回归到正确的轨道上。为什么助人行为会突然产生?(　　)

　　A. 责任扩散被控制,虽然你采取行动时产生的责任心很小,但是依然比路上其他人感觉

到的多。

B. 文化规范鼓励你采取行动,在这个程度上,一个标准就是:"我们应该帮助这些需要帮助的人。"

C. 利他主义在很大程度上是遗传的原因,你助人的遗传倾向,超越了情境冲动,以至于你首先考虑到自己的利益。

D. 旁观者效应起了作用,作为一个旁观者,你觉得你有道德上的义务去提供帮助。

11.4 我们 vs 他们:群体同一性与群体冲突性

现在请你思考一个问题:"我是谁?"别误会,这个有些像自省的提问并不是在向谁叫板。无意冒犯,我们提出这个问题只是想让你感受一下长期以来社会心理学家们一直忙于探讨的中心议题。在日常生活中,我们通常会选择用自省和换位思考的方式来定义自己,但这样做真的是科学的吗?别急,本节内容将会以"什么是社会同一性"这个问题为开端,引领你一起探讨相关问题。

社会同一性

LO 11.4.A 定义社会同一性,并讨论其与人们对周围世界的看法之间的联系。

通常情况下,我们会以自己独一无二的特质和与众不同的生活经历为基础来发展出我们的个体同一性。事实上,18个月大的幼儿就可以在镜子前认出镜子里的"ta"是自己(令成年人觉得有意思的是,他们和更小的时候不一样,会盯着镜子里自己的脸看,并认为镜子里的是另一个人;Ross et al., 2016),这意味着他们的自我意识在这个时候已经开始形成了。同样地,我们也会以我们所处的群体为基础来发展我们的**社会同一性**,这里所提到的"群体"主要包括国家、宗教、种族、政治和职业团体(Abrams, 2015;Tajfel & Turner, 1986)。那么,我们要如何确定自己已经建立了社会同一性呢?本书提供了以下几点标准来帮助你对此进行判断:(1)你是否对该团体有认同感;(2)你是否为身为该团体的一员而感到自豪;(3)你对该团体在情感上是否存在依恋感;(4)你是否愿意按照该团体的规则、规范及其价值观行事。

事实上,我们大多数人都拥有多重的社会同一性,只是在不同时间

社会同一性 一个人的自我概念中基于其对民族、宗教、职业或其他社会联系的认同的部分。

和不同的情况下,我们会根据当时的情境来选择激活我们自我意识中与之相对应的部分。有研究表明,我们倾向于选择一些更具有特色的词汇来描述自己(和 H)。比如,当你和你其他同学都坐在报告厅的时候,我们邀请你们写出自己的社会同一性(即我们在本节内容的一开始提出的"我是谁?"的问题)。那么,在这种情况下,即使你确实是一位大学生,你也不会将"大学生"这一社会同一性作为首选答案来描述自己。因为在此时此刻,你的周围"充斥"着"大学生",对于你而言,"大学生"这个社会同一性并不够具有特色。但是,如果我们在一些会使你的学生身份更加具有鲜明特色的地方请你回答同样的问题,比如机场、医院或商店,你的回答就很有可能会发生微妙的变化了。答案很简单,因为在那些环境中,你的心理活动会告诉你:"大学生"这一身份与你更相符。同样地,我们可以推测,交换留学生在国外比在家里更常提及自己的国籍同一性,男性在给婴儿洗澡时比自己在足球比赛中更在意自己的性别同一性。当然,在日常生活中,像这样的例子还有很多,并且有学者认为,拥有多种可兼容的社会同一性就意味着这个人是心理健康的。其实这是有一定道理的:当你面对其他复杂的人际关系时,你也能够及时切换自己的社会同一性,轻而易举地来处理当前的问题。不同的社会同一性在多元文化社会中极易出现同一性冲突,比如,许多立场不坚定的团体成员经常会面临平衡民族同一性和文化融合的困境:前者是对宗教或民族群体的认同,后者是对主流文化的认同(Cheung, Chudek, & Heine, 2011;Phinney, 2006)。

　　同样值得引起我们注意的是,社会同一性之间的界限并不是大多数人想象的那般严格。在 2010 年,美国有近 15% 的新婚夫妇是跨种族的,"自定义"(self-identified)的混血美国人在短短十年内增加了 1/3。有研究表明,根据同伴和任务的不同,混血个体有时会"选择"切换社会同一性来减轻自己的压力(Gaither, 2015)。这种灵活性与他们多种族的混血身份相关,换句话说,就是具有多重社会同一性的人在面对问题时会更具创造性思维(Gaither et al., 2015)。这样看来,常用灵活的方式来自省,也会影响到我们脑中其他的思维过程。

内群体和外群体

LO 11.4.B 解释什么是内群体和外群体,并讨论我们是多么容易陷入"我们—他们"思维的。

　　众多的社会同一性给我们一种身处世界的空间感和位置

感。无论你是某个政治团体的一员,还是某个学校的一名学生,或是某个体育队的一个小粉丝,都能在所属的群体中感受到成为"我们"的美好。但是,你有没有思考过,大家都这么急切渴望地加入,想要成为"我们"的一分子,这其中有什么不好的地方吗?这样的行为是否意味着我们已经自动地认为这种感觉优于"他们"了?的确,人们似乎普遍倾向于认为自己的文化、民族、宗教(以及政治团体、学校或体育队)都比其他人的优秀。从某种程度上来讲,这很有可能是一种通过增加人们对自己所处群体的依恋感和为其效力的意愿来适应群体的一种适应性倾向。这种倾向甚至可以被嵌入语言中:在中国人的思想观念中,中国可以用"世界的中心"来诠释(这表明地球上的另外 60 亿人居住在郊区);而在纳瓦霍(Navajo)、基奥瓦(Kiowa)和因纽特(Inuit),那里的居民都简单地称呼自己为"人(The People)"。

当我们创建出一个名为"我们(us)"的分组时,我们就已经认为别人属于"非我们(not us)"的范畴了。在前面已经提到过的社会同一性中,每个"内群体(in-groups)"都存在,且至少存在一个"外群体(out-groups)"。比如,在政党方面,一个美国选民在登记时是民主党,那么他就属于民主党"内群体"的一员,而美国除了民主党之外,还有共和党及其他政党,其他派系的政党对他而言就是"外群体"。同理可推,在宗教方面,有天主教,也有基督教和佛教,在信奉天主教的教徒眼中,信仰其他教的教徒就是"异类"。在体育爱好方面也一样,如果你是洋基队(Yankee)的粉丝,那么恭喜你,你刚刚已经以棒球队球迷的区分形式获得了 29 个新的外群体。

事实上,就像亨利·塔杰菲尔(Henri Tajfel)等人所做的那样,群体内的团结是可以在实验室中"制造"出来的(1971)。塔杰菲尔给一所英国学校的男孩子们展示了许多有不同数目圆点的幻灯片,并让学生们对圆点的数目进行猜测。研究人员会随机告知一些学生他们是圆点计数的"高估者"或"低估者"。接下来,所有的男孩都被要求完成另一项任务,他们将有机会给其他"高估者"和"低估者"同学打分。尽管每个男孩都是独自在自己的小隔间里进行评分任务,但几乎每个男孩都根据他们是否同为"高估者"或同为"低估者",给了那些他认为像他一样的男孩更高的分数。换句话说,这些男孩们对属于自己的团体内部成员表现出了一种**内群体偏好(in-group favoritism)**,即他们对与自己思想和行为一致的人有更多的慷慨倾向。在视频"微群体(Minimal Groups)"中可以找到

内群体偏好 人们对自己群体的其他成员往往比对其他群体的成员更慷慨。

关于内群体偏好和塔杰菲尔等人研究的更多资讯。

当两个群体相互竞争时,"他们—我们"的社会同一性会被加强。多年前,穆扎弗·谢里夫(Muzafer Sherif)和他的同事利用自然环境——一个名叫罗伯斯山洞(Robbers Cave)的童子军营地,来证明群体间的竞争会带来敌意和冲突的影响(Sherif,1958;Sherif et al.,1961)谢里夫把11—12岁的男孩子们随机分配到飞鹰队和响尾蛇队中。为了让他们能建立起内群体认同和团队精神,他让每队一起完成目标工作,如造一座桥,修一块跳水板。接下来,谢里夫让飞鹰队和响尾蛇队竞争奖金。在激烈的足球、棒球和拔河比赛后,男孩子们很快就被激起了超过游戏范畴的狂热竞争。并且这种竞争很快就蔓延到了球场之外,他们开始袭击彼此的小屋,相互谩骂,掀起了一场热火朝天地决斗。

接着,谢里夫决定努力消除他制造的这种敌意,并打算在飞鹰队和响尾蛇队之间建立和平。谢里夫和他的同事们对此进行了一系列的假设,他们猜想,如果设置一些需要两组人员协同努力才能达成期望目标的任务——例如,让他们集中资源才能获得一部大家都想看的电影,或者在营地旅行的过程中一起推载人卡车上山。这种令他们相互依赖才能实现共同目标(interdependent mutual goals)的策略成功地降低了男孩子们的冲突和敌意;男孩子们最终与他们之前的敌人们交上了朋友(见图11.2)。另外,在成人组也有这种相互依赖的相似效

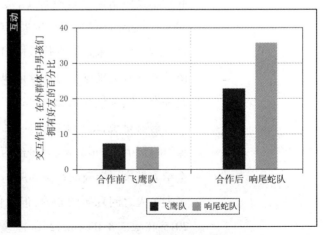

图11.2 Robbers Cave实验

在实验中,竞争性的游戏助长了飞鹰队和响尾蛇队的竞争。一开始,极少有男孩在另一队中有朋友(图中左半部分),但是在两队必须通过合作来解决各种问题之后,两组成员"越界"交朋友的比例直线上升(图中右半部分)。

应出现(Gaertner & Dovidio,2012)。这其中的原因大概是,合作使人们把自己看作一个大群体中的一员,而并非"我们"和"他们"两个对抗群体中的成员。

刻板印象

LO 11.4. C 定义刻板印象,并讨论其歪曲事实的具体方式。

我们敢打赌,你对利希滕斯坦(Lichtenstein)一定不了解。那是一个位于瑞士和奥地利之间阿尔卑斯山脉的小国,它只有62平方英里的国土面积和37000的人口数量,比美国的许多城市都要小。然而现在,你已经知道了这一点,在此时此刻你很有可能已经形成了一种观点,即利希滕斯坦那里可能是什么样的。也许你会这样猜测:白皮肤、富有、善于滑雪……或者那里的人们会喜欢约德尔调(yodeling,用约德尔唱法歌唱,即以瑞士传统的真假嗓音交替歌唱,译者注)吗?**刻板印象**就是一种对群体中群体成员共同特征的印象总结。人们对那些开法拉利或本田车的人,对那些学工程或学艺术的学生,对那些倡导女权主义或大男子主义的人,往往都会有刻板印象。

刻板印象可以是消极的(X组的成员们是懒惰的),但它也至少可以做到令大家认为在表面上是积极的(Y组的成员们擅长数学),尽管这对很多人来说,这种刻板的"积极的"体验还是令人觉得不舒服,有压力(Thompson & Kiang,2010)。有时候,刻板印象也是准确的(Lee,McCauley & Jussim,2013),并且它可以成为一种对我们来说十分有用处的"心理工具箱里的工具",这种"工具"可以帮助我们节能、高效地做出决定,也能使我们迅速对新信息进行加工,对记忆进行提取(Macrae & Bodenhausen,2000)。它允许我们组织过去的经验去感受个体与群体之间的差异,进而预测人们在未来会有什么样的行为。事实上,大脑会对性别、种族、年龄这些基础类别进行自动登记和编码,这可以说明刻板印象的认知效率是拥有一定神经性基础的(Ito & Urland,2003)。

这就是说,正如上文中提到的那样,我们有很多人都有过"被刻板印象"的经历——很显然,这种经历是令人不安的,尤其是负面的刻板印象会给人带来更消极的情绪体验。但是,尽管刻板印象在一定程度上反映了人与人之间真实的差异,但它们也从一些方面歪曲了现实(Hamilton,2015;Rogers & Biesanz,2014)。第一,刻板印象夸大了组间差异,使被冠有刻板印象的群体看上去显得奇怪、陌生或危险,不像"我们";第二,刻板印象使人们产生了有选择性的知觉,倾向于只看到符合刻板印象的证据,主观拒绝接受任何与之相悖的其他观点;第三,刻板印象使人们无意

刻板印象 一种总结性的印象,即一个人认为一个群体的成员有共同的特征。

中低估了其他群体中内部的个体差异,创造出了一种在"被刻板"群体中的全体成员都一样的印象。

文化价值观也会影响人们对其他群体行为的评价,进而使一些特定的刻板印象走向消极(Forgas & Bond,1985)。例如,中国香港,十分重视集体主义和尊敬长辈,在这样的文化价值观的影响下,学生们更倾向于认为上课迟到或因成绩与父母吵架是自私的,不尊重长辈的。但在尊崇个人主义的澳大利亚,那里的学生们则认为同样的行为就是非常合理的。由此,你也就会明白中国人为什么会形成"无礼的"澳大利亚人的消极刻板印象,以及澳大利亚人为什么会形成"过分恭敬的(overly deferential)"中国人的消极刻板印象。而从消极刻板印象到偏见的距离,往往就只有一小步。在下一部分中,我们将会研究偏见是如何形成发展的,科学家们又将如何测量偏见以及如何减少偏见的一些相关问题。那么,在我们讨论这些话题之前,先看一段"刻板印象与偏见"的视频来补充一下有关刻板印象的其他观点吧。

你能猜到这位女性的职业是什么吗?在西方非穆斯林社会,人们普遍认为这种戴长黑色面纱的穆斯林妇女一定会在性和政治上受到压抑。但真实的答案却打破了成见。这位女性的真正身份其实是博特·洛塔赫(Wedad Lootah),一位居住在阿拉伯联合酋长国迪拜的穆斯林,是婚姻顾问、性活动人士,也是畅销书《绝密:对已婚夫妇的性指导》的作者。

你能猜出这个女人的职业是什么吗?在西方的非穆斯林中,人们认为穿着全身黑色面纱的穆斯林妇女必须在政治上受到压制,更不用说性行为了。但我们这里问题的答案打破了这种刻板印象:博特·洛塔赫,一位住在迪拜的穆斯林,是一名婚姻顾问、性活动家,著有阿拉伯畅销书《绝密:对已婚夫妇的性指导》。

日志 11.4　批判性思考——一种指向其他群体的态度

请写下你持有的三个刻板印象（因为我们大家都有，所以你无需试图争辩说你没有）。现在请你写一下这些刻板印象是如何在你的日常生活中形成的。举个例子，你的种族和身份在你如何看待他人时起到了怎样的作用？你是否会有意无意地接受一些刻板印象？一个人的行为会让你得出 X 组整组人都是这样的结论吗？有时候，批判性地思考你的态度（此处和下一处的态度主要是指刻板印象和偏见，译者注）来源，可以在一定程度上摧毁产生这些态度的伦理基础。另外，把你的想法用语言表达出来可以帮助你理解刻板印象的形成过程。

模块 11.4 测验

1. 下面哪项关于社会同一性的描述是正确的？（　　）

　　A. 大多数人都只有一个社会身份。

　　B. 拥有更多社会身份往往都代表他们的心理不太健康。

　　C. 有时候，社会同一性之间会发生冲突。

　　D. 社会同一性与外群体建立了牢固的联系。

2. 威利知道也喜欢他家乡那些在私立学校上学的孩子们，但是，他私下却认为和他一起在公立学校上学的孩子们比其他地方的学生都要优秀。威利会有这种观点的证据是（　　）。

　　A. 文化框架　　　　　　　　B. 基本归因错误

　　C. 内团体偏好　　　　　　　D. 外群体刻板印象

3. 在罗伯斯山洞实验中提到的降低"他们—我们"思维和两组间敌意的策略是什么？（　　）

　　A. 争夺稀缺资源。

　　B. 相互依赖实现共同目标。

　　C. 从每组中选出代表，进行交流和辩论。

　　D. "分时共享（time-sharing）"地成为领导者。

4. 一个阿尔巴尼亚家庭搬到了巴里的社区。一天，巴里和他的邻居聊天时，说道："是的，所有阿尔巴尼亚人都是一样的——冷淡又傲慢。"尽管巴里不认识其他任何阿尔巴尼亚人，也没有和任何阿尔巴尼亚人打过交道，甚至在地图上也找不到阿尔巴尼亚的位置。在这种情境中，巴里的观点表达了什么？（　　）

　　A. 去个性化　　　　　　　　B. 文化适应

　　C. 民族同一性　　　　　　　D. 刻板印象

5. 我们能从刻板印象的特性中得出什么样的结论？（   ）

　　A. 刻板印象能够向人们提供对他人的客观看法。

　　B. 刻板印象总是完全错误的，与他人的真正倾向无关。

　　C. 刻板印象是能够让我们有效处理社会问题的"心理工具"。

　　D. 刻板印象在不同的文化中有着相同的含义。

11.5　偏见

刻板印象具有可认知性，就是说，刻板印象关注的是对其他群体的看法。在刻板印象中，尤其是消极的刻板印象，往往会伴随着偏见这种更强烈的情绪情感。**偏见**意味着强烈地、莫名地不喜欢甚至厌恶一个群体，与此同时，它也会加剧冲突。一个群体的行为可能会被认为是对另一个群体的挑衅，当这些行为通过先入为主的观念和长期的固着信念来解释时，群体间的冲突就会加剧。在本节内容中，我们将引领你一起探索偏见的前因后果，并思考如何减少偏见引发的冲突。

偏见 对一个群体及其成员的强烈的、不合理的厌恶，往往与负面的刻板印象相一致。

偏见的起源

LO 11.5.A　从心理、社会、经济、文化多角度透视偏见的起源。

偏见的众多目标会随着时间和社会的变化而变化。可以说，世界上最古老的偏见应该是性别歧视了，这是一种将性别角色和权利不公平行为正当化的现象。在一项对19个国家的1.5万名男性和女性的研究中，心理学家发现主动表达出不喜欢女性的"敌意性别偏见"，与表面上对女性持积极态度实际上却强调女性从属地位的"仁慈性别偏见"有所不同。后者的偏见类型虽然看起来是体贴的，但是实质上蕴含着一种"恩赐"的态度，这种态度传达出一种既然女性如此地了不起、和善而且品行端正，那她们就应该待在家里远离混乱又激烈（包括权力和收入）的公众生活（Glick et al.，2000；Glick & Fiske，2012）。因为"仁慈性别偏见"缺乏对女性的敌意，所以这对许多人来说都算不上是一种偏见，而且许多女性也会把这种态度误认为是自己的性别相比于男性是更好的。但这两种形式的性别歧视，无论是认为女性不够好还是太好，都是在为性别歧视进行辩解（Brandt，2011）。

尽管时代、文化和目标之间有所差异，但偏见依旧会以其他形式无处不在。为什么呢？很大程度上是因为它有来源和功能：心理上的、社会上的、经济上的和文化上的。

尽管由于时代和社会的不同，偏见会以不同的方式表现在不同的群体上，但其共同的来源可以被归纳为心理上的、社会上的、经济上的和文化或民族上的。

表11.2　偏见的来源

心理	社会	经济	文化/民族
低自尊 焦虑 不安全感 无力感	群体思维 社会规则要求 家长的教诲	保证自己的地位的渴望，职位、权力与资源的竞争	内群体/外群体思维 群体统一性的渴望，发起战争的正当理由
不同来源的偏见所产生的例子			
"那些人不如我们道德和正派。"	"我的父母教导我那些不是什么好人。"	"那些人不够聪明去做那些工作。"	"我们不得不从那些'野兽'手下保护我们的宗教/国家/政府。"

1. 心理方面。偏见常常可以避免怀疑、恐惧等不合理情绪。正如许多国家的研究已经证明的那样，偏见只是一种低自尊者的"补给品"：尽管我们都不愿意去承认，我们会通过将自己不喜欢或憎恶的群体视为劣等群体的方式，来阻止自己的低自我价值感（Goplen & Plant, 2015；Pica et al., 2015）。同样地，偏见也会默许人们使用目标群体作为"替罪羊"："全是那些人给我捣乱。"并且，对"替罪羊"的偏见可能也是人们发泄愤怒情感或应对无力感的一种方式。在2001年"9·11"恐怖袭击事件发生后，一些美国白人把他们的怒气全都发在了那些刚好是阿拉伯裔、锡克裔、巴基斯坦裔、印度裔或阿富汗裔的美国人同伴身上。但是，从另一种角度来看，偏见又有助于缓和不安全感，能够在不可预测的世界中增加秩序感。

2. 社会方面。并非所有的偏见都有根深蒂固的心理根源，一些偏见会通过群体思维和其他社会压力变为自己朋友、亲戚或同伴方的观点。如果你不赞同一个群体对另一个群体的偏见，那么你很有可能会被委婉或唐突地要求离开这个群体。其中有一些偏见是无意间通过一代又一代人地传递形成的，比如通过父母教育孩子的方式——"咱们家人从不与那样的人结交。"

3. 经济方面。通过满足多数群体对控制、地位和财富的需要，偏见使官方形式的偏见变得似乎是合理的。无论在何处，大多数的人都会选择系统地歧视少数人群来保护其自身的权利，他们会声称自己的行为是正当的,因为少数人群显然是低等的和能力不足的(Jost et al. ,2008;Sidanius, Pratto, & Bobo,1996)。通过观察两组人对工作的直接竞争或他们为未来收入担忧时的偏见增加,你可以看到:偏见是随着经济变化而起伏着的。

4. 文化/民族方面。最后,偏见的形成有时也同我们所属的国家和民族这类群体联系密切。通过不喜欢"他们"的判别方式,人们似乎就会感觉与像"我们"的那些人更亲近了。这种感觉反过来还可以证明我们为了保护我们的风俗和国家政策,对"他们"国家的所作所为也都应该是合理的。尽管有许多人认为偏见会导致战争,但真相却恰恰相反:战争导致偏见。当两个国家公然宣战,一个国家决定入侵另一个国家时,或当一个羸弱的领导人将国家的经济问题转移到少数的替罪羊身上时,公民对这个"入侵者"或"替罪羊"的偏见将会被激起。一开始,他们的愤怒是正当的,但战争通常会把合理的愤怒扭曲为盲目的偏见:很快地,人们开始认为这些人不仅仅是敌人,他们根本就不配被称之为人,消灭他们是天经地义的事情(Haslam & Loughnan,2014)。这就是为什么敌人经常被描述为除了像我们"人"以外的任何事物,比如害虫、疯狗或者怪物。

测量偏见

LO 11.5.B 描述测量偏见的多种方式。

在2008年那次具有历史意义的选举中,巴拉克·奥巴马(Barack Obama)成为美国历史上第一位非洲裔的总统。这一历史事件和女性在商界与政界越来越能够占领一席之地的现象,使许多人对种族歧视现象最为严重的美国充满希望,他们仿佛能够因此看到种族歧视将会在美国结束。确实,在当今时代,当人们被询问他们的态度与种族、性别以及其他社会形态是否有关时,他们总是会说(并且真的相信)"我们没有偏见"。然而,最近一些涉及警察和少数族裔成员的重大案件吸引了种族主义者的目光,激发了他们的怒火,在政治集会上爆发了丑陋的仇外主义言论,上演了一出闹剧。经统计,在这之后,仇恨犯罪率急剧上升。另外,在工资这一点上的性别差异依然存在,女性的平均工资仍比男性的低。简而言之,偏见还是持续地存在着(Richeson & Sommers,2016)。

其中一个原因正如戈登·奥尔波特(Gordon Allport,1954/1979)多年前发现的那样,"偏见被理智击败,却仍在情感中徘徊。"歧视行为可能是法律所不允许的,但它根深蒂固的负面情绪和偏执很有可能会在情感中以一种微妙的方式继续持续下去。这种感觉就好比是,在经济繁荣时期,偏见处于休眠状态;但一旦经济开始低迷,偏见就很容易被唤醒。从这个意义上讲,偏见就像抹了油的一头猪,我们难以控制甚至仅仅是抓住它。并且,并非所有的偏见者都以相同的方式或同样的程度持有偏见。假设雷蒙德希望成为一个宽容大度的人,但他在同质化的小社区中长大,与其他文化和宗教团体的人在一起时总是感到不自在。鲁珀特是一个直言不讳的顽固分子,他十分憎恨除了他自己种族以外的所有种族。那么我们应该把雷蒙德和鲁珀特归为一类人吗?好的意愿是否应该被考虑在内呢?如果雷蒙德对伊斯兰教徒一无所知,无心地脱口而出一些显示出他无知的言论会怎样呢?那这种情况是偏见,还是做事欠考虑呢?我们对那些自称不抱有偏见的人在喝醉或者生气的时候提出的性别歧视和种族歧视又该如何理解呢?

尽管一些社会心理学家们意识到了外显的、有意识的偏见正在减少,他们在接受这些现实的同时,也在尝试用巧妙的方式测量群体间内隐的、无意识的消极情绪是否也减少了。他们认为,内隐的态度是自动的和无意识的,它反映了一些挥之不去的负面情感,这让偏见仍存在于表象下面(Cheon et al.,2015;Dovidio & Gaerner,2008)。对此,研究人员设计了多种方法来测量这些情感(Olson,2009):测量社会距离和"微歧视"。社会距离可能是一种针对偏见行为的表达,具体表现为不愿意与其他群体"太亲近"。请试想一下:一个异性恋男性离一个同性恋男性的距离会比离另一个异性恋男性的距离更远吗?一个健康的女性会远离一个坐在轮椅上的女性吗?

偏见的许多目标

偏见有着一段悠久而平常的历史。那么为什么它会一直更迭,在旧偏见或得以保存或退出历史舞台的时候,新的偏见还能够层出不穷吗?

一些偏见的兴衰随着战争或征服类的历史事件而起伏。比如,在20世纪20年代到40年代时,美国的反日情绪高涨;而在经济全球化的今天,他们对日本的偏见远没有当年那么普遍。

一些像美国人与土著人之间的偏见,已经流传了好几个世纪。

(Continued)

一些仇恨，尤其是恐同和反犹太主义的偏见，反映了人们更深层次的焦虑，因此也更加持久。

对非裔美国人和女性的歧视一直是西方历史的一部分。在美国，直到20世纪50年代，男人的俱乐部女性是不得入内的；对黑人的种族隔离还是合法的。

还有一些偏见随着经济和地缘政治的变化而出现。比如，本地人经常会因为担心自己的职位受到外来人员冲击而产生反移民的偏见；在2001年9月11日的恐怖袭击事件之后，美国人对中东人和穆斯林的敌意与日俱增。

1. 测量社会距离以及"微观侵犯"。 社会距离可能是一种偏见行为的表达，表现为不情愿与其他群体距离太近。一个异性恋男性离一个同性恋男性的距离会比离另一个异性恋男性更远吗？一个健康女性会远离一个坐在轮椅上的女性吗？一些心理学家把这些微妙的行为称为"微观侵犯"，即：许多少数民族和身体残疾者经历过的"轻视、侮辱和压抑"（Dovidio, Pagotto, & Hebl, 2011；Jones & Galliher, 2015）。德拉尔德·

苏（Derald Sue）（2010）对以上内容作出了举例：一个白人教授称赞了一个亚裔的美国本科生，说他有着极好的英语水平，尽管这个学生从出生起就生活在美国。在一次讨论会中，有人忽略了在场唯一女性的贡献，在她旁边说话，并且只关注其他人。一个白人女性结束工作离开办公室准备进入电梯，这时她看到一个黑人在电梯里，她用手遮住了项链，假装她还有东西"忘记"在办公室，需要回去拿。

2. 测量不公平对待。在美国，大多数形式的明确歧视现在都是非法的，但偏见可以通过不太明显的行为方式表达出来。这在黑人和白人在反对毒品的战争中得到的不平等待遇中看出（Fellner，2009）。相对于他们在普通人群和毒品犯罪者中的人数，更多的非洲裔美国人被不公平地逮捕、定罪并被控以毒品罪名。一个在西雅图进行的有 70% 的参与者是白人的研究发现，绝大多数使用或出售严重毒品的人都是白人，但近 2/3 的被捕者是黑人。白人占使用或销售甲基苯丙胺、迷魂药、粉末可卡因和海洛因的人的大多数，而黑人是使用或销售霹雳可卡因的大多数。研究人员总结到，警察部门的禁毒执法就反映了种族歧视：关于是谁造成了城市毒品问题，这是种族的无意识影响（Beckett & Nyrop Pfingst，2006）。

3. 测量人们在感到压力或愤怒时做什么。许多人在正常情况下愿意控制自己的负面情绪，但一旦他们感到愤怒、喝醉、遭遇挫折或者自尊心受损，暗藏的偏见常常会暴露出来（Aronson，2012）。早期的一项研究证实了这一现象，在一项伪装成生物反馈实验的研究中，研究者要求白人学生被试对另一名黑人或者白人进行电击，被电击者实际为研究者的同伴。实验条件下，被试会偶尔听到伪装为参与生物反馈的"接受电击者"（其实没有受到电击）对他们说一些不敬的话。控制条件下，被试不会听到这样不敬的话语。所有的被试都有机会电击受害者，他们实施电击的数量被定义为其攻击性程度。最初，白人学生被试对黑人比对白人表现出更少的攻击性。但当他们被偶尔听到的那些不敬的话语激怒时，对黑人表现出比对白人更多的攻击性（Rogers & Prentice–Dunn，1981）。同样的模式出现在说英语的加拿大人对待说法语的加拿大人（Meindl & Lerner，1985）、异性恋对待同性恋、非犹太学生对待犹太学生（Fein & Spencer，1997）以及男人对待女人的研究中（Maass et al.，2003）。

4. 测量大脑活动。另一种测量方法是依赖于功能性核磁共振成像和正电子发射断层扫描来确定脑的哪些部分参与形成刻板印象，持有偏见信念，及对另一种族感觉厌恶、愤怒或焦虑（Cacioppo et al.，2003；

Harris & Fiske, 2006; Stanley, Phelps, & Banaji, 2008)。在一项研究中，当非洲裔美国人和白人看彼此的照片时，研究者发现其杏仁核（与恐惧和其他负面情绪相关的脑结构）的活动变得活跃。但当他们看自己群体成员的照片时，其杏仁核活动则没有增加（Hart et al., 2000）。然而，在某些条件下大脑某些部位的激活并不意味着一个人持有偏见。大脑可能被设计用来记录差异，但任何与这些差异相关的负面联想都依赖于环境和学习（Wheeler & Fiske, 2005）。

5. 测量内隐态度。最后，一种有争议的测量偏见的方法是内隐联想测验（IAT），它用于测量人们对目标群体的积极和消极联想的速度（Greenwald, McGhee, & Schwartz, 1998; Greenwald et al., 2009）。IAT 的支持者认为，如果白人学生对与积极词汇（如成功、诚实）相联系的黑人面孔比与消极词汇（如恶棍、失败）相联系的黑人面孔的反应时更长，这必定意味着白人学生对黑人有无意识的内隐偏见，这种偏见能以各种方式影响行为。超过三百万人在网上进行了此测验，此测验还测量了学生、企业管理者及许多其他群体以确认他们所谓的对黑人、亚洲人、女人、老人和其他人群的偏见（Nosek, Greenwald, & Banaji, 2007）。

我们说"所谓的"偏见，是因为其他社会心理学家认为，测试不能评估个人的态度（De Houwer et al., 2009; Oswald et al., 2013）。一些人认为测试可以捕捉到文化联想，这与人们能更快地配对"牛奶和饼干"而不是"牛奶和电话"的方式非常相似，这仅仅是因为比起其他想法来说，他们能更早地把这些想法联系到一起。值得注意的是，一些研究表明，一个人的 IAT 偏差得分越高，他或她越有可能对这个目标带有歧视（Greenwald Banaji & Nosek, 2015）。但仅仅因为人们得到一个更指向偏见的 IAT 分数，这并不一定意味着我们可以明确地预测他们将来是否会以歧视的方式行事。

正如你看到的，定义和测量偏见并非易事！要理解偏见，我们须要区分外显态度和内隐态度、强烈的敌意和轻微的不适、人们说出来的和感受到的以及人们感受到的和实际上做出的。

减少冲突和偏见

LO 11.5.C 描述有利于减少偏见和群体内冲突的情景因素。

从偏见研究中得出的结论告诉我们，通过诉诸道德或智力辩论来减少偏见的努力是不够的，还必须触及人们深层的不安全感、恐惧或对群体的消极联想。当然，考虑到偏见的众多来源和功能，单一的办法不会对所有情况或所有偏见起作用。但是就像社会心理学家研究那些会增加群体间偏见和敌意的情境一样，他们也研究了可以减少偏见的情境。下面是四种减少偏见的情境（Dovidio, Gaertner, & Validzic, 1998；Pettigrew & Tropp, 2006）：

1. 双方必须拥有同等的法律地位、经济机会和权力。这一要求是努力改变那些允许歧视的法律背后的动力。如果民权倡导者一直等到种族隔离主义者改变立场，那么美国南部的公共设施的种族融合现象就永远不会发生。女人将永远也不会得到选举权、上大学的权利或"男人做的工作"。但是如果两个群体仍保持对工作的竞争或者一个群体享有对另一个群体的权力和控制，单是改变法律仍是不够的。

2. 当局和文化制度必须为双方提供道义、法律和经济上的支持。社会必须建立平等的规范并在其成员——教师、雇员、审判系统、政府官员和警察的行动中支持他们。在那些种族隔离是官方政府政策或是非政府的但却得到实际应用的地方，冲突和偏见不仅会持续存在，还会看起来是正常的，并且具有正当理由。

3. 双方必须有很多正式的或非正式的工作和社交的机会。根据接触假设，当人们有机会习惯另一群体的规则、食物、习俗和态度，因而发现彼此有共同的兴趣和人性，并知道"那些人"事实上并不都一样时，偏见就会减少。多民族大学校园是检验接触的活生生的实验室。有跨种族的室友、朋友和恋人的白人学生倾向于会有更少的偏见，并找到共同点（Van Laar, Levin, & Sidanius, 2008）。跨群体的友谊也有利于少数民族裔学生减少他们的偏见。但一项针对在白人占多数的大学里的黑人和拉丁裔学生的纵向研究发现，与白人学生的友谊增加了他们的归属感，减少了他们对学校的不满情绪（Mendoza-Denton & Page-Gould, 2008）；对于作为少数成员而被拒绝，同时感到不安全的学生来说尤其如此（Mendoza-Denton & Page-Gould, 2008）（见图11.3）。

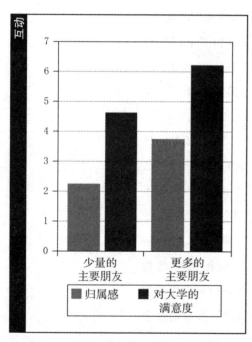

图11.3 跨种族的友谊对少数民族裔学生幸福感的影响

跨种族的友谊使双方均受益。在对一所白人为主的大学中的少数黑人学生进行的纵向研究发现，许多黑人学生开始时觉得自己被排除在学校生活之外，因此对他们的教育体验感到不满。但是，他们的白人朋友越多，他们的归属感（紫色条）和对大学的满意度（绿色条）就越高。对那些最初对被拒绝非常敏感的和对在一所白人为主的学校里感到最多焦虑和不安的少数民族裔学生来说，这一发现尤为重要。这项研究后来在少数拉丁裔学生中得到重复验证（Mendoza-Denton & Page-Gould, 2008）。

4. 双方必须合作，一起为一个共同的目标而

努力。

尽管接触减少了偏见,但偏见也会减少交往。就像以德国、比利时和英国学生被试进行了一项纵向田野调查所发现的,当各个群体互不喜欢,被迫的交往只会让每一方都感到愤愤不平,甚至产生更多偏见(Binder et al.,2009)。在许多族裔的美国高中里,各族裔群体形成小团体和帮派,互相争斗,捍卫自己的观点。为了减少存在于许多学校中的群体间的紧张和竞争,埃利奥特·阿伦森(Elliot Aronson)和他的同事们开发了"拼图"方法来培育合作。来自不同族裔的学生共同完成一项任务,这个任务就像拼图游戏一样被打散了。学生们需要互相合作把任务拼接到一起。比起传统课堂里的学生,在这样的课程里的从小学到大学的学生,倾向于做得更好,更喜欢他们的同学,思维中的刻板印象和偏见更少(Aronson,2000;Aronson,2010)。

通过创造一个包容的社会身份,如"鹰和响尾蛇"队,合作和相互依赖往往会减少"他们—我们"的思维和偏见。同样的事情似乎也发生在虚构的宇宙中,如《暮光之城》系列电影,影片中狼和吸血鬼是一个相互竞争且相互蔑视的古老敌人,直到他们必须联手合作保护女主角贝拉。结果,先前的敌人对彼此产生了尊重,各个群体对对方的偏见也开始瓦解,并形成了新的社群意识。

> **日志 11.5　批判性思考——明确你的用语**
>
> 偏见意味着什么?偏见总是明目张胆地充满敌意吗?还是它包括与另一个群体接触时感到的一种说不清楚的不适感?是一种被保护的优越感,还是一种无意识的反感情绪呢?

如果与其他背景的人接触可以减少偏见,那么与来自不同种族的电视人物接触呢?例如,观看美剧《喜新不厌旧》中约翰逊家族的可笑滑稽动作,对白人(或其他非黑人)观众的种族态度有何影响?怎么仅仅通过电视来了解美剧《初来乍到》中黄氏家族如何影响他人对亚洲人的态度的呢?虽然在之前的研究中发现电视人物的互动可以影响观众的种族态度(Weisbuch, Pauker, & Ambady, 2009),但对于如何将接触假设应用于大众媒体,还需要更多的研究。

模块11.5 测验

1. 以下哪一项是偏见的心理原因？（　　）

　　A. 人们通过看其他群体的劣势来增加自己的自我价值感。

　　B. 通过积极抗争另一个群体，人们获得了更大的民族自豪感。

　　C. 人们不喜欢一个团体的成员，是因为他们的父母和祖父母也不喜欢这个团体。

　　D. 人们不喜欢一个团体的成员，是因为这些成员不公平地使用了有限的资源。

2. 保罗叫女人"宝贝"或者"亲爱的"，赞扬她们为成为更好的家庭主妇而付出的努力，并且普遍认为她们是纤弱的性别。虽然他可能是善意的，但保罗的态度有许多性别歧视的（　　）标志。

　　A. 民族的　　　　　B. 敌对的　　　　　C. 优越的　　　　　D. 和善的

3. 爱罗每天步行上下班，然而，他选择了一条较长的路线，来避开他所描述的"城市的一个粗糙部分"。警察的统计数据显示，该地区的犯罪率并不比隔壁地区的犯罪率高。但是，爱罗坚持他的选择。爱罗的行为可能是（　　）如何衡量偏见态度的一个有用的例子。

　　A. 测量不平等对待　　　　　　　　　B. 大脑活跃

　　C. 社会距离　　　　　　　　　　　　D. 内在的鄙视

4. 根据接触假设，在以下哪个环境中可以减少偏见和两个群组间的敌对？（　　）

　　A. 有敌对历史的团体应该被限制接触。

　　B. 法律、授权或禁令应该掌控这两个组织的行为。

　　C. 法律、授权或禁令应该掌控其中一个组织的行为。

　　D. 应该有机会去认识竞争对手的成员个人。

5. 以下哪一种是为了在不同背景的人之间建立合作而创建的课堂类型？（　　）

　　A. 拼图　　　　　B. 外群体　　　　　C. 归属　　　　　D. 拼凑被子

让心理学伴随着你：成为一个更周到和更有活力的社会存在

在这一章中，我们已经看到"人性"包含了不可言说的残忍行为和令人鼓舞的善良行为的潜能。大多数人认为，一些文化和个人本质上是善良的或者邪恶的；如果我们可以摆脱那些少数的邪恶的个体，一切都会好起来。但是从社会和文化心理学的角度来看，所有人类，就像所有文化一样，都包含着这两种潜力。

哲学家汉娜·阿伦特对阿道夫·艾希曼的审判进行了报道，艾希曼是一名纳粹官员，负责监督数百万犹太人的驱逐和死亡。阿伦特（Arendt,1963）使用"恶之平庸"这个词来形容艾希曼和其他纳粹德国的普通民众是如何犯下暴行的（平庸意味着"平凡的"或"非独创的"）。也许，"恶之平庸"的强力证据是心理学最难的一课。显然，有些人确实是出类拔萃的英雄或不正常的虐待狂。但正如我们所看到的，好人可以做出令人非常不安的事情，对这种现象的解释包括我们在本章中讨论的"太正常"的过程,包括民族优越感、服从权威、从众、群体思维、去个性化、刻板印象和偏见。

这也许是所有人最难以接受的结论。这些过程,以及它们可能导致的潜在问题,存在于每个人内部,包括你们和我们。作为一个例子,仔细思考一下我们在本章开始时的调查问题:我们中的许多人已经发现自己处于过去的情况中,在这种情况下,我们身边的其他人或者我们所属的整个群体都参与了可疑甚至是破坏性的行为,同时我们也参与其中。也许我们没能说出为了保护个人免受他人的不良待遇的事件。也许我们加入了,并一起从事了某个群体的行为,而我们自己从来没有考虑过这样的行为。

尽管了解这些现象也是允许的。你现在已经知道,本章的许多读者都与一个团队的错误决定一起,违背了他们的判断力或个人价值观。但是你也知道,在这种情况下,独立思考和符合原理的意见更容易实现。

展望未来,你可以利用发现新事物的意识和批判性思维技能来对抗一些人性中的不太好的倾向。

例如,当你下一次与一个群体相处时,问问自己,问题的一致性是无害的还是破坏性的。请记住,我们的大多数,包括阅读这个章节的很多人,都会面对这样的情形:我们现在做出的决策并不理想。为什么我们很容易融入一个团队?因为我们需要被接受感,而且因为有时我们需要依靠其他人作为信息来源。

这些倾向不总是一件坏事,但却能引导一个坏的结果。在这一结论的背后,产生了新的研究结果,你可以在自己的社交圈中寻找符合性和一致性的破坏形式,并更好地制定出阻止团队流程出错的方案。

相似地,下一次你遇到一种模糊的情况,在这个情况中他或她可能需要帮助,但是没有人帮助他们,那么这时,问问你自己,责任扩散是否会阻止你行动。下一次你发现你自己反感另一个小组、组织或者团队的时候,停止思考通过情境因素来减少冲突的方式。就此而言,通过确定创造"恶之平庸"的条件,也许我们可以创造一种促成"美德的平庸"的情况,每一天以善良、无私和慷慨的行为行事。

分享写作:社会心理学

在本章开头的时候,我们问过,你是否经历过这样一件事:在你明确地知道你的小组正在做一个错误决定的时候,你却没有站出来去阻止。你们中的大多数人的答案都是肯定的吧。即使你没有经历过,那么你也会想到你认识的人经历过这样的情形,特别是在初中同伴压力存在的日子里。把你发现新事物的思维放到这样一个文本中:假设你在与一个即将升入初中的人谈话,你想帮助他为青少年经历中的同伴压力做好准备。在本章详述的与群体有关的过程中,例如,附合性、服从权威、旁观者冷漠、去个性化、群体思维,选择一个用你自己的语言来解释它的意思。然后给你的年轻亲属举一个关于这个情况的例子,说明这种趋势可能出现的情况,以及他或她是如何抵抗这种群体压力导致的消极行为的。

总结

11.1 社会的力量

LO 11.1.A 区分社会规范和社会角色,并注意它们是如何影响行为规范的。

社会心理学家研究社会角色、态度、关系和群体怎样影响个体;文化心理学家研究文化对人类行为的影响。许多文化规则,例如保持正确的谈话距离,是不成文的但却很有影响力。

LO 11.1.B 概述并评论米尔格拉姆的服从研究,并讨论更有可能不服从权威的特定条件。

米尔格拉姆的服从研究解释了影响个人行为的角色和规则的力量;由于实验者的权威,"老师"角色中的大多数人对另一人做了极度震惊的事情。

LO 11.1.C 概述并评论津巴多监狱实验。

在斯坦福监狱研究中,大学生很快就自然地进入了"犯人和看守"角色并依此行事。这种社会状况对个体行为产生了强有力的影响,并促使他们以非常规的方式行事。

LO 11.1.D 解释破坏服从规范的因素。

对权威的服从可以使社会更平稳地运转,但是服从也会导致致命的、愚蠢的或非法的行为。人们遵守命令是因为不遵守就会遭受惩罚,或者是出于对权威的尊敬,或是为了获取利益。即使他们不愿遵从可能也会这样做,因为他们有可能掉入了陷阱,评判自己的每一步和每一个决策,并且为他们向权威承诺的任何有害的行为过度负责。

11.2 社会信念

LO 11.2.A 比较情境和人格特质归因,并解释基本归因错误和人们所持有的归因偏差。

根据归因理论,人们被寻找自己和别人行为原因的动机所激励。他们的归因可能是情境的或素质的。基本归因错误发生在人们高估人格特质作为行为的原因而低估情境的影响时。归因会受到三种自我服务偏差的影响:为自己的行为选择最令人喜欢的、最可被原谅的解释;我们比别人更好,更聪明,更善良;世界是公平的(公正世界假设)。

LO 11.2.B 解释形成态度、预测说服和态度改变的因素。

人们对人、事和观念持有许多不同的态度。态度可能是外显的(有意识的),也可能是内隐的(无意识的)。一种影响态度的有效方法是利用熟悉效应,而其他的则通过阐述说服力的可能性模型中所描述的中心路线和周边路线进行。许多涉及宗教、思想和政治信仰的态度也表现出一定程度的遗传性。

LO 11.2.C 概述认知失调的过程,以及它是如何导致态度改变的。

由信念之间(或信仰与行为之间)不一致所引起的不舒服感觉被称为认知失调。当面对不一致时,人们会采取各种策略来缓解这种不适,包括努力证明有问题的行为是正当的,并最大限度地减少表面上的不一致,或者排除那些会产生更多不一致的信息。

LO 11.2.D　总结"洗脑"的社会心理因素。

自杀式炸弹和恐怖主义者并不是被"洗脑"了,也不是有精神疾病。大多数人是被逐渐引诱开展针对真实的或假想的敌人的暴力行为,被鼓励将所有的问题都归罪于敌人,被给予了一个新的认同和救星,被切断了可能会导致失调的信息来源。

11.3　群体中的个体

LO 11.3.A　概述阿希的从众研究,并讨论从众与诸如服从和说服等相关概念的不同之处。

在群体中,个体常常表现出与自己一个人时不同的行为。从众使社会更平稳地运作,但它也能引导问题的结果。一致性的两个动机是对社会接受的需要,以及对信息的需要。正如著名的实验所显示的,大多数人即使当别人表现出明显错误时仍会遵从别人的判断。比起顺从性和说服性,符合性是一个更加微妙的过程,个人通过这个过程来感知他们的期望,并据此调整行为。

LO 11.3.B　定义群体思维并描述它的特征。

紧密凝聚在一起的群体易于产生群体思维。群体思维是一种群体成员想法相似、自我审查、主动压制不同意见、感到他们的决定无懈可击的倾向。群体思维常常产生错误决定,因为群体成员不会寻找与其观点相反的证据。但是,群体可以被建构以抵消群体思维。

LO 11.3.C　解释在人群中匿名感的增加是如何导致旁观者效应和去个性化的。

与我们的直觉相反,在一个突发情况中,你周围的人越多,你越不可能提供帮助,这是旁观者效应的一个显著趋势。对这种趋势的一个解释就是责任扩散,人们不去采取行动提供帮助是因为他们觉得周围的其他人会提供帮助。对于人们这种个人感的缺失,一个更极端的结果是去个性化,它与暴乱和其他形式即所谓暴民心态有关。

LO 11.3.D　讨论增加帮助他人的可能性以及违反群体规范的具体情景因素。

愿意说出不流行的观点,揭露非法行为,帮助有困难的陌生人或表现出其他利他行为,这些行为有一部分是个人信念和道德心的结果。但是有几种情境因素同样重要:当事人认为有必要采取帮助;当事人有同盟;当事人陷入允诺帮助或异议的陷阱。

11.4　我们 VS 他们:群体同一性与群体冲突性

LO 11.4.A　定义社会同一性,并讨论其与人们对周围世界的看法之间的联系。

人们基于其群体相似性,包括国籍、民族、职业形成社会身份。大多数人有多种社会身份,以在不同的环境中可以证明不同的自己。两者相互碰撞并相互补充,来塑造他们对周围世界的看法。

LO 11.4.B　解释什么是内群体和外群体,并讨论我们是多么容易陷入"我们—他们"思维的。

我们所拥有的每一个社会认同都会创建一个组内的团队,从而创建一个(或多个)组外团队。这种区别可能会导致"我们—他们"的思维、群体之间的敌意以及群体偏好形式的偏见。减少集体冲突的一种方式似乎是相互依存,或迫使双方共同努力达成共同目标。

LO 11.4.C 定义刻板印象,并讨论其歪曲事实的具体方式。

刻板印象能够帮助人们快速处理新信息,组织体验并预测其他人的行为。但它们也可以通过夸大群体之间的差异,估计群体内部的差异,产生选择性认知的方式下扭曲现实。

11.5 偏见

LO 11.5.A 从心理、社会、经济、文化多角度透视偏见的起源。

偏见是一种对某一类人的不合理的消极情绪。从心理上讲,偏见避免了焦虑和怀疑的感觉,能够在一个人感觉受到威胁时支撑其自尊(通过提供替罪羊)。偏见也有社会原因:人们盲目地通过从众和父母的教训来获取偏见。偏见也为多数群体的经济利益和统治地位提供了理由。最后,偏见服务于文化和国家的目的,将人们与他们的社会团体和国家联系在一起,极端的个例是证明战争的正当性。

LO 11.5.B 描述测量偏见的多种方式。

心理学家们以多种方式测量了种族的和其他的偏见。有些人试图通过以下方式间接地衡量偏见:测量社会距离以及"微观侵犯"的距离;测量警察和其他社会机构的不公平对待;看看当人们感到压力或愤怒时,他们是否更有可能对目标具有攻击性;观察大脑的变化;或者评估对某个群体的积极或消极的联想,如内隐联想测验(IAT)。

LO 11.5.C 描述有利于减少偏见和群体内冲突的情景因素。

减少偏见需要同时瞄准人们的外显态度和内隐态度。四种条件可以降低两个群体对彼此的偏见和群体间冲突:双方必须有同等法律地位、经济机会和权力;双方必须有官方和文化制度在法律、道义和经济上的支持;双方必须有机会非正式和正式地一起工作和社会交往(接触假设);双方必须一起努力来实现某个共同目标。

第十一章习题

1.当阿卜杜拉第一次见到艾曼纽的时候,他就被三件事情吸引了:她很漂亮,她有可爱的法国口音,她背对着他离得很远。艾曼纽也被三件事情吸引了:阿卜杜拉很帅气,他很高,但是站得离她很近,事实上,是让人很不舒服的近距离。在他们的初印象中,对这种主要差异最可能的解释是什么?(　　)

　　A. 文化规则影响了每个人需要遵守的社会角色。

　　B. 他们两个违反了眼神接触这种社会规则。

　　C. 他们两个在交往中违反了各自的社会角色。

　　D. 在不同的文化中,关于合适的谈话距离的规范是不同的。

2.托马斯被要求在一个模仿真实监狱的场景中扮演一个狱警。随着时间流逝,你认为在这个环境中,托马斯的行为会是什么样的?(　　)

A. 他将会违反高层人员的不合理要求。

B. 他将会保持他自己的信念和价值观。

C. 他将会采纳许多真实狱警的言谈举止、态度和行为。

D. 他的行为将会更像一个罪犯,而不是一个狱警。

3. 对于特权人物的一再的承诺的要求,最后会导致什么样的情绪?(　　)

　　A. 同一感　　　　B. 愤怒感　　　　C. 滞留感　　　　D. 抵抗感

4. 公正世界假设认为(　　)。

A. 人们会根据情况表现出自己的行为倾向。

B. 善有善报,恶有恶报。

C. 好的结果往往归因于性格,而不好的结果往往归因于情境的影响。

D. 只有今生,没有来世。

5. 凯沙跟她的朋友说她这学期要多多锻炼,但是当她的朋友去学校操场的时候,她一直在看电视,沉浸在一段轻松的不活动的时间。下列哪一项可以描述当她想到她运动目标时的感觉?(　　)

　　A. 认知偏见　　　　　　　　B. 认知一致

　　C. 隐含的熟悉感　　　　　　D. 认知失调

6. 玛茜加入了一个邪教组织,并受到她的最高领导人的指示进行政治暗杀。她相信,这是实现世界和平的唯一手段,并将最高领导人放在世界统治的正当地位。玛茜知道她无疑会因为她的行为而被枪杀,但她期待着永恒的拯救,并承诺完成她的使命的上天的奖励。玛茜有多大可能完成她的任务?(　　)

A. 她似乎并不相信自己的事业。

B. 可能;她表现出很多被灌输的特点。

C. 她对该情况的影响做出了倾向归因。

D. 不太可能;诱人犯罪是很容易被克服的。

7. 所罗门·阿希在他最著名的关于判断线的长度的研究中发现了什么?(　　)

A. 许多人声称他们的信息非常有权威,并使组织信仰自己。

B. 有大量的人,在群体的观点和自己的不同的时候会提出异议。

C. 只有意愿低的个人,才让他们的朋友去定义符合该团体的意见。

D. 尽管组织的观点是明显错误的,还是有许多人会同意组织的观点。

8. 团体成员努力达成共识和一致意见,而因此不实际考虑其他观点和相关信息,这种趋势被叫作(　　)。

　　A. 社会懒散　　　B. 群体想法　　　C. 群体思维　　　D. 群体极化

9. 在一个突发情况中,周围的人越多,越不可能有人伸出援手。下列哪一项可以用来解释这

种令人好奇的和烦恼的发现？（　　）

  A. 公正世界假设   B. 群体思维

  C. 服从   D. 责任扩散

10. 哪些方式可以提高助人行为？（　　）

  A. 提高当前情境的去个人化感受。   B. 提高可提供帮助的人的数量。

  C. 第一个提供帮助的人的出现。   D. 等待一个旁观者出现。

11. 以下关于社会身份的描述哪个是正确的？（　　）

  A. 大多数人有一个社会身份。

  B. 我们能想到的一个社会身份往往是能让我们在某一个情形中脱颖而出的身份。

  C. 有多种社会身份往往使我们有较少的创造力。

  D. 有多种社会身份不会让我们提高心理的幸福。

12. 玛丽认为所有的亚洲人都擅长数学，尽管这可能被认为是一个赞美的想法，但这也是一种（　　）。

  A. 差别对待   B. 偏见

  C. 刻板印象   D. 文化适应

13. 关于偏见的一个外部测量可以根据（　　）来获得。

  A. 人们看其他种族照片时的脑电活动   B. 人们对有关偏见态度的问卷的回答

  C. 人们在生气或者压抑的时候怎么做   D. 人们对内隐联想测验的回复

14. Plain-Bellied Sneeches 和 Star-Bellied Sneeches 有敌对和组间冲突的历史，以下哪个事件最有可能减少他们的冲突？（　　）

  A. 两个组织合作重建一个倒塌的中心体育场。

  B. 当地的部长要求两个组织的成员参加关于和谐与团结的说教。

  C. 当地的社区中心举办两个组织的掷球比赛。

  D. 城市为 Star-Bellied Sneeches 建造一个公园。

15. 对顺从、偏见、帮助他人、团体思维以及一致性的研究解释了，当规范、角色、情形影响到他们的时候，人们可能会做非常坏的事情。但是一些研究也指出（　　）。

  A. 个性差异比起情境因素来说，更能预测一个人的行为

  B. 在社会压力提高的时候，人们甚至会更残暴

  C. 当规范、角色、情形暗示的时候，人们可能会做非常好的事情

  D. 人性本是善良的，是社会让我们产生了不好的行为

第十二章　人格理论

学习目标

> 12.1.A　描述精神分析关于人格结构、心理防御机制及性心理发展阶段的观点。
>
> 12.1.B　解释卡尔·荣格和西格蒙德·弗洛伊德对于人格分析的不同观点。
>
> 12.1.C　总结在科学审视下心理动力学方法的不足。
>
> 12.2.A　概述客观的人格测验和通俗的人格测验在商业活动、约会或者网络线上交流等领域使用上的差别。
>
> 12.2.B　列举并描述"大五人格"的每个维度的特点。
>
> 12.3.A　为气质下定义,并讨论气质与人格特点有怎样的联系。

> 12.3.B 解释双生子研究在评估人格遗传性方面是如何应用的。
>
> 12.4.A 解释交互决定论的概念,并讨论人格特点和行为是怎样被环境塑造的。
>
> 12.4.B 总结关于父母对儿童人格发展有限影响的证据。
>
> 12.4.C 讨论同伴影响儿童人格发展的方式。
>
> 12.5.A 比较并描述个体主义文化和集体主义文化下一般性的人格差异。
>
> 12.5.B 评价通过文化理解人格的利弊。
>
> 12.6.A 描述亚伯拉罕·马斯洛,卡尔·罗杰斯,罗洛·梅等人提出的人本主义观点。
>
> 12.6.B 讨论叙事方法是如何回答"我是谁"这个核心问题的。
>
> 12.6.C 总结人本主义及叙事方法对人格研究的主要贡献和不足。

提出问题:想知道

- 心理测验是如何让你精确地知道自己是什么人格类型的?
- 一些人格特质是核心的或者比其他特质更具影响力吗?
- 当你听到羞怯或者其他的人格特质是"遗传的",那么这将意味着这种特质无法改变吗?
- 为什么同样一个人在家庭、朋友中或在班级里通常会表现出不同?

> **互动** 在小组活动中,你喜欢一对一的对话吗?
> ○是
> ○否

如果你被安排了一次相亲,你可能听说过对方是一个有"伟大人格"的人。那么,这实际上是什么意思呢?是什么将这种"伟大的人格"和"非常好的人格"区分开来呢?人格最初来源于哪里?

在浪漫的情侣关系中,"人格"通常指一系列令人满意的特点。比如,一个人是风趣的、健谈的、体贴关心他人的以及外向的等。但是当心理学家谈及人格的时候,他们指的不是诸如此类的一系列特点,他们研究其他更加全面化的持续性的思想或者行为模式。实际上,"人"是"人格"

的一部分,这说明一定存在着一种稳定的、包含所有的、恒常的东西,这些核心的东西使得一个人成为他(她)自己而非别人。

思考一下上面这个开放性的问题。超过2/3 的学生报告自己在更大的团体中更偏好亲密的、一对一的交往模式。有些人则指出,给出这样答案的大多数人是内向型的,而不是外向型的(我们稍后将在本章回顾这个术语)。但是仅仅根据这个情节的描述就得出他们内向或者外向的结论可靠吗?

当你思考一下问题中提出的一对一聊天是和自己的朋友,还是和一个陌生人时,你的答案会有所不同吗?或者与一群不了解的人在一起与和一些亲密的朋友郊游会有所不同吗?

说到这里,内向的人格和外向的人格哪个更好呢?有研究表明开朗外向的人同时也报告自己有更高的幸福感和工作满意度(Lucas,Le,& Dyrenforth,2008;Seddigh et al.,2016)。也许当处于小组协作讨论问题或者在拥挤喧闹的咖啡馆里时,你或你了解的其他人可能更加地善于表达。另一方面,苏珊·坎得德(Susan Caindede)的畅销书《安静》中的一篇文章《内向性格的竞争力》中指出,大量的创新和生产力都来自那些被弃之于孤独而能够独立思考以及在相对孤独的境地保持专注力的人。

在本章中,我们将关注这些问题。我们将看到心理学家如何研究人格以及他们怎样解释人格来源于哪里。我们将从关注最早的人格理论——心理动力学谈起,这样你将对这个理论有何影响以及为什么这个理论中的诸多观点已经过时了有所了解。其次,我们将为探索新的理论——遗传学观点寻找证据。我们将从检验人格研究的主要途径开始,这些途径既不属于心理动力学范畴,也不属于生物学范畴,诸如:环境的途径,强调社会学习、父母及同伴的作用;文化的途径,强调文化对特质和行为的影响;人类学和自传体叙事的途径,强调人们的自我监测和对自我的认识。

12.1 人格的心理动力学理论

一个男人因将自己工作上的沮丧情绪"转移"到家庭中而感到愧疚。一个女人在怀疑自己在"压抑"童年的创伤。一个酗酒者表明他不再"否定"自己酗酒了。一个老师向一对离异夫妇证明他们8岁的孩子出现了"退行"的不成熟行为。转移、否定、退行等概念在日常生活的用语中已经变得如此普遍。但是它们的来源不得不追溯到弗洛伊德的人格观点中。

弗洛伊德和精神分析

LO 12.1.A 描述精神分析关于人格结构、心理防御机制及性心理发展阶段的观点。

如同我们在本章将要提到的大多数理论家以及研究者一

西格蒙德·弗洛伊德(1856—1939)

人格 人格是一种由行为、思想、动机和情绪构成的与众不同却相对稳定的模式。

精神分析 精神分析是一套由弗洛伊德发展出来的人格理论和精神疗法，强调无意识动机和矛盾。

心理动力学理论 按照个体内在的无意识能量动力来解释行为和人格的理论。

样，弗洛伊德将**人格**看作是一种行为、特殊习惯、思想、动机以及情绪等具有区分度的模式，个体的这个模式在不同情境下是持续稳定的。但是进入弗洛伊德的世界你就进入了一个充满无意识的动机、愤怒的激情、羞愧的秘密、无法言说的渴望以及欲望和责任之间的矛盾的世界。弗洛伊德认为这些人格中不可见的力量具有远超过我们意识范畴的意图所具有的强大的力量。弗洛伊德的**精神分析**理论表明这些内在动机和矛盾塑造了我们的人格。

弗洛伊德的理论被称为**心理动力学理论**，因为它强调心理能量在个体内部的运动（动力学是一个借用于物理学的术语，指的是个体外在或者内在力量的运动和平衡系统）。如今的心理动力学理论和弗洛伊德理论有所不同，但是它们都强调在内心世界中的无意识加工过程。并且，也都假设成人的人格及其问题都是由儿童早期的经验所塑造的。这些经验的形成是由无意识的思维和感情构成的，正是这些经验在后期塑造了个体的习惯、内心的矛盾以及一贯的自我防御行为。

人格的结构 在弗洛伊德的理论中，人格是由三个主要的系统构成的，即本我、自我和超我。我们采取的行为以及我们自身面临的问题都是这些系统的交互及平衡程度的变化造成的（Freud，1905b，1920/1960，1923/1962）。

本我 在精神分析中，被无意识驱动的那部分人格，尤其指那些追求快乐的动机。

力比多 在精神分析中，驱动生存和性本能的心理能量。

本我在个体出生时就已体现出来，它是储藏无意识心理能量和动机的容器，它使个体免于遭受痛苦，获得快感。本我包含两种本能：生存本能和性的本能（本能是由一种叫**力比多**[**Li－BEE－do**]的性能量所驱动的）以及死亡或者攻击性的本能。当能量在本我中聚集，紧张就产生了。本我可能通过放松的行为、躯体症状或者无约束的心理想象和思考来排解这种紧张。

自我 在精神分析中，体现理性、良好判断力和理性自我控制的人格部分。

自我，是构成人格的第二个系统，负责呈现和担任本能需要和社会要求之间的参照的作用。它屈从于生活实际，为本我对性本能和攻击本能的肆无忌惮的渴求套上缰绳，直到发现一个合适的、被规则允许的发泄口。弗洛伊德说，自我既是意识的，也是无意识的，它体现着理智和良知。

超我 在精神分析中，表现良知、道德和社会标准的人格部分。

超我是人格发展的最后一个系统，它是道德的呼唤，代表着道德和父母的权威。超我对本我的行动进行判断，当你很好地做成一件事时，它将散发积极的情绪情感，例如骄傲和满足，而当你打破规则时，它将散发痛苦的情绪情感，例如愧疚和羞耻。超我的一部分是意识的，但大部分是无意识的。

根据弗洛伊德的观点,健康的人格必须保持这三个系统之间的平衡。个体如果过多地被本我控制则会失去必要的克制性,表现出冲动和自私的特点;如果过多地被超我控制,则体现出死板、道德观念过强甚至强势的特点;如果个体具有一个较弱的自我,他将无法保持自身需求、期望和社会责任及现实约束之间的平衡。

防御机制 弗洛伊德认为如果个体由于本我的欲求和社会规则之间存在矛盾而感觉到焦虑或者恐惧时,本我就会发出命令通过否认或者扭曲现实来释放这种紧张,这种无意识的策略就叫作防御机制,但这些防御机制也会保护我们免于内心矛盾和焦虑的困扰。只有在这些防御机制引起自我贬低的行为和情绪问题时才是有害的。以下我们将介绍弗洛伊德及后续的精神分析学者们提出的五种基本的**防御机制**(A. Freud,1967;Perry & Metzger, 2014;Vaillant, 1992):

1. 压抑 封锁威胁的想法、记忆或者情绪,使其免于进入意识。例如,一位女士拥有一个可怕的童年经历,她无法回忆起来,我们就说她将这些不好的经历压抑了。尽管弗洛伊德使用"压抑"这个术语同时来表示从意识中被剥离的那部分扰人的无意识内容,也表示意识内的同样内容,但是当代的精神分析学者则趋向于认为"压抑"作为一种防御机制只存在于无意识层面。

2. 投射 当个体拥有了无法接受或者受威胁的情绪情感并将其压抑时,他们转而将此归因或者转投到他人身上,这个机制就是投射。例如,一个男人因为对另一个男人产生了性欲望和情感而感觉尴尬,依据道德标准他感受到了消极的信念,但为了消解这种不安,他会告诉自己同性恋是普遍的现象。

3. 转移 当个体遭遇到直接让他们感受到不安或者矛盾的感受(一般是愤怒和性欲)时,它会将这种感受转向另外的客体,而这个客体并非引发他这种感受的直接对象,这个情感转向的过程就是转移。例如,一个被禁止向其父母表达愤怒的男孩儿将他的愤怒发泄到他的玩具或者自己的妹妹。当"转移"服务于更高层次的文化或者社会目的时,它就被称作"升华"。例如,将性激情转化成艺术创造中或者将攻击的心理能量转化进运动中时,就是升华的过程。

4. 退行 个体退回之前的心理发展阶段时就是退行。例如,一个8岁小女孩为她父母的离异感到焦虑时出现吸吮手指或者黏人的行为。成年人在处于压力中会出现不成熟的行为,例如,当他们无法有效处理

防御机制 自我用来阻止无意识焦虑或者威胁的想法进入意识的方法。

自己的某些问题时会如同孩童一样发脾气。

5. 否定 个体拒绝承认一些不愉快的事情发生的机制就是否定。例如,受到同伴虐待;或者自身有酗酒的癖好;或者他们感受到自己的诸如愤怒的情绪被禁止表达时,他们否定这些事情的存在。否定机制保护了个体的自我形象,也形成了自我未受其害的错觉:"这没有发生在我身上。"

防御机制

弗洛伊德提出了一些心理防御机制,他认为自我使用这些防御机制来保护其自身不受本我冲动的影响。请你回顾每一种防御机制并做自我测试。

防御机制	解释
压抑	封锁有威胁性的想法、记忆或者情绪使其免于进入意识。
投射	当个体直接的情绪使其感到不安的时候,将这种情绪归因到另外的客体,而该客体并非引起这种情绪的一方。
转移	个体直接的情绪使他们感到不安或者矛盾时(通常是愤怒或者性欲),将这种不安和矛盾转移到他人、动物或者物体上,而这些事物并不是令他不安或者矛盾的对象。
退行	个体退回到之前的心理发展阶段。
否定	个体拒绝承认自身的问题或者一些不好的事情已经发生。

性心理发展阶段 在弗洛伊德的理论中,性能量随着儿童发展到成熟具有不同的表现形式,经历:口唇期、肛门期、性器期(恋母情结)、潜伏期、生殖期。

人格的发展 弗洛伊德认为人格在一系列的**性心理发展阶段**中得以发展。在这些阶段中,性能量在儿童发展的不同阶段以不同的形式体现。每个新的发展阶段都会产生一定量的沮丧、矛盾和焦虑。如果这些消极情绪得不到排解,将影响儿童的正常发展,且这些消极情绪可能被固着下来,使个体定格在当前的发展阶段。

弗洛伊德认为,一些人仍旧固着在口唇期(oral stage),这一时期处于儿童1岁左右。此时的婴儿用嘴来感受周遭的世界,到了成年时,他们将通过吸烟、暴饮暴食或者啃噬指甲来寻求快感和满足。另有一些人则停留在肛门期(anal stage)。这一时期发生在2—3岁。此时如厕训练和排泄控制是儿童面临的关键问题。这些问题如果得不到很好的解决,他们可能变成"肛门滞留型人格"（anal retentive），即将排泄物滞留，在保持干净整洁方面，他们过分苛求。或者，他们也可能变成相反的"肛门排出型人格"（anal expulsive），表现出肮脏的、散漫的状态来。

然而，弗洛伊德的理论中，人格形成最重要的阶段是性器期（phallic〔Oedipal〕stage）。这一时期大约处于3—5或6岁左右。此时儿童迷恋异性父母，排斥同性父母，儿童通常会骄傲地宣称"当我长大了，我要娶妈妈或者要嫁给爸爸"，并排斥同性父母，和他（她）"竞争"。弗洛伊德将这种现象称为**"俄狄浦斯情结"（Oedipus complex）**。这个情结的命名来自希腊神话中的国王俄狄浦斯在不知情的情况下杀父娶母的故事。

俄狄浦斯情结 精神分析中，存在于性器期的矛盾，即儿童对异性父母一方具有性欲望，而将同性父母一方视为竞争者。

弗洛伊德认为，当儿童到了五六岁之后，俄狄浦斯情结被解决了，儿童的人格也就基本形成了。他们在无意识中和异性父母之间没有解决的矛盾、内疚和态度将固着下来，继续重演，终其一生。儿童一般也会经历一段无性别概念的潜伏期（latency stage），这是为生殖期（genital stage）做准备的时期。性器期从青春期开始，导致个体产生成人的性欲。因此，根据弗洛伊德的观点，你的成人人格是由一系列内容塑造的，包括你怎样经历早期的性心理发展阶段，你发展什么防御机制来减少成长的焦虑，以及你的自我是否足够强大来平衡本我（你想做什么）和超我（你的良知）之间的矛盾。

弗洛伊德的观点 如同你所能够想象到的，弗洛伊德的观点必然是具有争论性的。5岁的儿童有性欲！受人尊重的成年人会压抑自己的欲望！无意识在梦中发挥作用！这些观点在20世纪引发了不小的轰动，不久之后，精神分析便在欧洲和美国掀起了热潮。

人格发展的性心理阶段

学习表格里的内容，准备好后，点击"检查自己的理解情况"按钮。

阶段	解释
口唇期	1岁左右
肛门期	2—3岁
性器期	3—5岁、6岁左右
潜伏期	5岁—青春期
生殖期	贯穿青春期与成年

但是，心理分析与新兴的学院派实证主义的心理学出现了尖锐的分歧，因为弗洛伊德的观点是无法通过科学来检验的，或者无法获得科学的证据支持。当代批评家发现弗洛伊德并不是如他自己宣称的那个理

论天才、公正的科学家或者成功的临床医生。相反,弗洛伊德强迫他的患者接受他对其症状的解释——最大的诟病在于他对任何人都宣称自己是个科学家——但他忽略的是所有证据都无法证明他的观点(Vorch - Jacobsen & Shamdasani,2012;Samuel,2013;Webster,1995)。

而积极方面则是,弗洛伊德主张妇女参与工作,并通过富有表现力的文笔强调了社会对于女性性欲压抑的毁灭性后果。并且,他似乎超越自身所处时代认为同性恋既不是罪孽,也不是堕落,而是"性功能的变异"而已,"没有什么可羞耻的"(Freud,1961)。他对潜意识对日常行为的影响的关注作为启发而得到当代研究的回应。因此,弗洛伊德是具有理性视角却盲目、敏感、傲慢自大的混合体。他具有挑战性的观点为心理学留下了颇具争议的传说,以待他人进行及时的补充。

其他心理动力学方法

LO 12.1.B 解释卡尔·荣格和西格蒙德·弗洛伊德对于人格分析的不同观点。

一些弗洛伊德的追随者停留在心理分析的传统上,方法有何区别并从内部开始对弗洛伊德的观点进行修订。例如,克拉拉·汤普森(Clara Thompson,1943—1973)和卡伦·霍妮(Karen Horney,1926—1973)对弗洛伊德所谓女性在自身发展过程中会体会到"阴茎嫉妒"的观点提出了质疑,认为这对于女性是侮辱性的,且由此而宣称人类中有一半人会对自己的生理解剖结构不满的说法是不科学的。此外,他们指出,当女性感受到自己相比男性而产生自卑时,我们应该从女性在社会中所处次级地位所带来的劣势中寻找解释。其他的精神分析学者也脱离了弗洛伊德,或者主动拒绝跟随他并建立了自己的学派。

卡尔·荣格(Carl Jung,1875—1961)是弗洛伊德最亲密的朋友和学术圈内成员,但两人的友谊终止于关于潜意识的本质问题的激烈争论。荣格逝世后的1967年,其发表的文章中指出在个人自身的无意识之外,人类共享了一个庞大的"**集体无意识**"(collection unconscious),包括共同的记忆、故事和符号象征,这些共同的内容被荣格称为"**原型**"(archetypes)。

一个原型可以是一个图像,例如,可以是一个"魔法圈",在东方宗教中称为"曼陀罗"(mandala)。荣格借此象征人生的共性和"人生的全部"。原型也可以是一个童话、神话和大众故事中的形象,例如,英雄、大地母亲、强壮的父亲或者邪恶的女巫;它也可以是自我的一个方面;幽灵

集体无意识 在荣格的理论中,通过符号、故事和图像(原型)表现出来的,在所有文化中都存在的人类的共同记忆和经验被称为集体无意识。

原型 出现在神话、艺术和梦境中,反映人们集体无意识的具有普遍意义的符号图像。

的原型反映了史前人类对野生动物的恐惧,反映的是人类本质上残忍、邪恶的一面。实际上,原型总是出现在日常社会生活中的故事和图像中(Campbell,1949—1968;Neher,1996)。荣格的支持者会认为黑武士、吸血鬼、《蝙蝠侠》电影里的小丑和《哈利·波特》电影里的伏地魔都是幽灵原型的表达。尽管荣格和弗洛伊德一样也肯定人格黑暗面的魔力,但是他对自我积极的、上进的优势的一面是更加有信心的。

按照荣格的观点,《哈利·波特》中的伏地魔(Voldemort)是一个现代恶魔的原型,他与智慧善良的英雄邓布利多(Dumbledore)相对立。

荣格相信人们不仅仅是被自己过往的内心矛盾所激发前行,而且也被他们自己对未来的目标和对完善自我的渴望所推动。相比实证主义心理学而言,荣格的许多观点是与神学和哲学相一致的,这也是荣格有很多的观点在新时代和其他的精神运动一样如此流行的原因。然而,荣格的理论观点中最值得关注的是他最先将人格维度区分为内向和外向。

心理动力学理论的评价

LO 12.1 C 总结在科学审视下心理动力学方法的不足。

心理动力学好比是心理学之手的拇指,它连接着其他的手指,但是也与它们有区别,因为它在根本上与实证方法是有区别的,这些区别体现在各自的表达、方法和评价可接受证据的标准上。许多心理学领域的科学家都认为心理动力学更加偏向于哲学或者文学而非学术范畴的心理学。但是一些心理学家和心理学圈外人士仍旧对心理动力学强调的关于人格的不可见性及阴暗面所着迷。

尽管当代心理动力学理论者在多个方面均有所差异,但他们都相信为了理解人格我们必须探索其潜意识的动力和本源问题。他们将整个弗洛伊德的理论框架视作永恒的和明智的,尽管他的一些具体的观点是有误的(Westen, Gabbard, & Ortigo, 2008)。然而,多数心理学领域的科学家认为心理动力学的大多数假设最终被视为文学的隐喻而非科学的解释(Ciooffi，1998；Crews，1998)。实际上，大多数精神分析的基础性假设，比如心理"压抑"创伤的经验的说法还没有得到科学的支持(Rofé，2008；Wegner，2011)。

心理学领域的科学家认为心理动力学理论存在至少三个科学方面的不足：

根据心理动力学的理论，一个婴儿构建自己对父母的无意识表征，而这将终生影响这个儿童与他人的关系。

1. 违反了可证伪原则。实际上，心理动力学许多有关无意识动机的概念不可能被证明或者证伪。该理论的追随者们通常因为一个观点在直觉上是正确的，或者他们自身经历过而接受它。任何怀疑其中的某一个观点或者提供不确定性证据的人，都被指责为是对那个问题的一种"防御"和"否认"。

2. 从少数典型病人的经验中获取普遍性的原则。当然，有些时候案例研究为人类行为的研究提供可靠的视角。但是，当观察者无法通过引入对照组以更大的具有代表性的样本证明他(她)的发现时，问题就出现了。例如，一些心理动力学导向的咨询治疗，推崇弗洛伊德有关儿童"潜伏期"的概念，从而假定如果一个儿童有手淫行为或者沉迷色情剧，那么这个儿童很可能此前遭受过性骚扰。但是研究发现，手淫和性好奇并非只在受虐儿童群体中得以发现，而这些是正常儿童具有的普遍行为(Bancroft，2006；Fridrich et al.，1998)。

3. 基于人格发展理论对成人的经历进行回溯。大多数心理动力学理论并非对不同年龄儿童的随机样本进行观察来构建他们的人格发展理论。相反，他们从事反向的工作，即基于成人的童年记忆来创造理论。但是记忆通常是不够精确的，很多时候也会同时受到我们生活中当前发生和过去发生的事情的影响。回溯研究通常会造成事件之间的因果关系错觉(illusion of causality)。人们通常假设 A 事件在 B 事件之前,然后,A 事件引起了 B 事件:如果你的母亲在你 5 岁时住院 3 个月,而如今当你在学校感到害羞或者不安时,你会倾向于在这两件事情之间建立联系。而实际上,有很多其他的事情会引起你的害羞和不安。当心理学家采取从儿童到成人的纵向研究时,他们通常会得到一个和采用回溯方法得到的完全不一样的因果关系结果。

尽管存在这些问题,一些心理动力学概念已经被实证研究所证实。研究证明了我们通常没有意识到潜藏在我们令人费解的或者自我防御的行为背后的动机。研究者已经发现了一些防御机制的证据,例如,投射、否定和转移(Baumeister, Dale, & Sommer, 1998; Caramer, 2000; Marcus-Newhall et al., 2000)。一个有趣的研究表明对同性恋的恐惧是由于个体企图去处理无意识的但却令自己恐惧的同性恋的情绪。在一个实验中,研究者在视觉阈限以下向参与者呈现单词"我"或者"他人",之后在意识范畴呈现与同性恋或者异性恋有关的图片或单词,让参与者将这些图片或文字分到一个合适的类别中。此时,以"我"作为启动线索的情况下,多数参与者对与自己性取向一致的文字和图片分类的速度更快。但是一小部分自我认同为异性恋的参与者在被"我"作为线索启动条件下对同性恋的词或图片的归类时间更短,这些人也更可能支持同性恋(Weinstein et al., 2012)。

> **日志 12.1　批判性思考——假设分析**

弗洛伊德和他的追随者们从临床研究中获得人格的一般性原则,即儿童时期的创伤不可避免地造成持续终生的情感上的后果,并且认为记忆对过去经验的指导意义是可靠的。这些假设有什么不当之处?

模块 12.1 测验

1. 根据弗洛伊德的精神分析理论,人格中包含的与性和攻击性的无意识心理能量被称作(　　)。

　　A. 自我　　　　　　　　B. 超我
　　C. 本我　　　　　　　　D. 集体无意识

2. 一个 4 岁的女孩儿想在父亲的膝盖上撒娇却不愿意亲吻自己的母亲。以下来自弗洛伊德的哪个概念可以解释?(　　)

　　A. 压抑　　　　　　　　B. 俄狄浦斯情结
　　C. 升华　　　　　　　　D. 否定

3. 唐尼是一个单身主义教父,他写了一首获奖的诗歌是关于性激情和西方与东方激情史的。以下弗洛伊德提出的哪个概念可以解释这个现象?(   )
   A. 压抑   B. 否定
   C. 投射   D. 升华

4. 荣格认为人类共享了共同的记忆、符号和图示,他称其为(   ),它存贮在(   )。
   A. 原型;集体无意识   B. 雏形;超我
   C. 情结;本我   D. 客体;个人无意识

5. 以下观点哪一个不是对心理动力学人格理论的批评?(   )
   A. 许多心理动力学理论学者基于临床治疗中的少数病人的治疗经验作为普遍性的原则。
   B. 心理动力学违反了可证伪的科学原则。
   C. 尽管在心理学领域是有影响力的,但是这些理论还没有得到整个社会和外行人士的关注。
   D. 心理动力学对于人格发展的解释通常是基于成人所提供的经历的回溯。

12.2 当代人格研究

几个世纪以来,人们热衷于将自己或者朋友的人格进行"分类"。早期希腊的哲学家按照我们体液的不同混合类型将人格分为 4 种基本的类型。如果你是易怒急躁的人,你可能有过多的胆汁,进而用"胆汁质"(choleric)来描述一个急性子的人。如果你是行动迟缓并且情绪唤醒度较低的人,你可能黏液过多,因此你就是一个"黏液质"(phlegmatic)的人。

如今,我们仍旧很热衷于对人格进行类型划分。许多求职者在面试过程中需要完成一个人格调查,其逻辑是特定的岗位适合特定的人(一个外向的人可能在销售领域能更好地发展,而一个亲和力好且属于风险回避型的人则更适合客服工作)。在社交媒体和各种网站上,你常常会被邀请参加一个快速的测验来了解一些情况,例如:你是一个自恋的人吗?你觉得你是《权力的游戏》剧中的哪个角色?你认为哪个水果可以代表你的人格类型?你不必为有些人格测验比其他人格测验更加科学严谨而感到震惊,如下内容所示。

较流行的人格测验

LO 12.2.A 概述客观的人格测验和通俗的人格测验在商业活动、约会或者网络线上交流等领域使用上的差别。

一个被广泛使用的人格测验并不表明它相对可靠或者科学。例如,在商业、励志演讲、婚姻介绍等领域非常流行的迈尔斯·布里格斯类型指标(Myers-Briggs Type Indicator),每年有几百万的美国人在使用这个测验（Gladwell,2004）。这个测验受到了荣格的人格理论影响,使用不同的维度,例如敏感性、直觉和思维、情绪将人格分为16个不同类别。遗憾的是,迈尔斯·布里格斯测验并不比希腊哲学家提出的体液测试的方法更加地可靠。有研究发现只有不到一半的回答者在5周之后的重复测验中回答了相同的答案。更糟的是,不同人的人格测验答案无法准确地预测他们在工作或者人际关系中的行为（Barbuto,1997；Paul,2004；Pittenger,2005）。

从科学有效性角度来看,另外一个测试可能要更好一些,它就是明尼苏达多项人格测验（Minnesota Multiphasic Personality Inventory, MMPI；Egger et al.，2003；Van der Heijden et al.，2013）。MMPI已经有75年的历史了,在几十年中它经过多次的更新和修订。它由几百个对/错问答的题目,被翻译成许多国家的语言在几十个文化背景不同的国家中使用（Butcher & Williams 2009）。MMPI似乎并不是用来将人分成不同的一般类型,而是用作临床评估——用来评估与一些人格维度有关的特质,例如,焦虑、强迫、行为问题、社会适应不良、偏执等。MMPI还建立了一些防范措施,旨在防止受测者通过夸大自己的积极特质或淡化个人问题来隐瞒自己的实际情况。

好了,男巫和女巫们,让我们重回一次《哈利·波特》的霍格华兹魔法学校（Hogwarts）。这种人格分类方式甚至在《哈利·波特》系列作品中以分院帽的方式体现出来,用以评估学生们的人格倾向和能力,并把它们分配到学校的四个房间中。于是,善良和谦卑被赋予赫奇帕奇（Hufflepuff）,智慧和自满被赋予拉文克劳（Racenclaw）,狡诈和权力欲望被赋予斯莱特林（Slytherin）,勇敢和侠义被赋予格兰芬多（Gryffindor）。

简言之,对于宽泛的人格"类型"的认识还没有促进更多关于人格的研究。有关**特质**——习惯化的行为、思想、情感的特点——得以产生,用来更加科学地测试研究在实践中更有用的人格特点。**客观测验(量表)(objective tests)**〔inventories〕是一种标准化的问卷,其中包含了有关人格的多方面信息,用来测量人格的特点,包括价值观、兴趣、自尊、情绪问题和对于情境的反应方式等。使用结构化的量表,心理学家已经归纳出了上百种人格特质,从感觉寻求（风险偏好）到情绪感知（将注意指向一个人的情绪状态）再到完美主义（对完美的追求）。视频"测量人格"（Measuring Personality）中回顾了人格测验的特点。

特质 个体的一个人格特点,描述个体习惯的行为方式、思想或者情感。

客观测验(量表) 标准化的问卷,通常包括个体被征询关于对自身评估的测试评分题目。

核心人格特质

LO 12.2.B 列举并描述"大五人格"的每个维度的特点。

一些人格特质会比其他人格更重要,更居于核心地位吗?它们其中的一些可以被叠加成一种或者被分解成多种特质吗?对于高尔顿·威拉德·奥尔波特(Gordon Willard Allport)而言,这些问题的答案是肯定的。他是一个在人格的实证研究领域颇具影响力的心理学家。奥尔波特(1961)认为,不是所有的人格特质对于人生来说都是同等重要的。他说,我们中的大多数人,拥有5—10种核心的特质(central traits),这些核心特质反映了我们的行为、与他人相处、对新情境的反应的特点。例如,有些人认为外界是充满敌意的、危险的,然而,另有人认为外界是充满愉快和欢乐的。相对地,次要特质(secondary traits)体现了人格的可变的方面,例如,对音乐的偏好、习惯、偶然的看法和喜好等。

雷蒙德·卡特尔(Raymond Cattell)(1973)采用**因素分析(factor analysis)**的方法对这个问题进行了研究,进行一项因素分析的研究如同向面粉中加水,将松散的材料汇聚成团。

当这种方法应用在人格特质上时,这个过程会将潜在于因素下的彼此有关联的项目汇聚起来,因为,这些项目似乎在测量相同的内容。如今,数以百计的因素分析研究支持了既存的5个粗略的人格因素,就是众所周知的所谓"大五人格"(Chang, Connelly, & Geeza, 2012;Chiorri et al., 2016;Costa & McCrae, 2014):

1. 外向性与内向性 这个维度描述个体是外向开朗的,还是内向自我关注的程度。它包括个体善于交际,还是喜好独处;爱冒险的,还是谨慎的;强势主动的,还是被动的;寻求他人关注的还是偏好停留于阴暗之中的。

2. 宜人性与敌对性 这个维度描述的是个体是平和,还是敌对的程

> **因素分析** 一个识别一簇测量数据或分数的方法,这些测量数据或分数被假定评估了相同的潜在人格特点或能力(例如,人格要素)。

度。包括个体是和善的,还是易怒的;是乐于合作的,还是容易伤人的;是有安全感的,还是多疑猜忌的。

3. 责任心与冲动性 这个维度描述个体的责任心和冲动的程度。包括个体是脾气好的,还是过度敏感的;是有毅力的,还是很快放弃的;是整洁的,还是粗心大意的;是自我约束的,还是冲动的。

4. 情绪稳定性与神经质 这个维度描述个体情绪化和神经质的程度。包括个体是喧闹的、无法控制自身冲动的,还是容易焦虑并感受到消极情绪的,例如,愤怒,羞耻,怨恨。神经质的个体尽管没有主要的问题,但还是会感到担忧,充满抱怨以及觉得自己失败(Barlow et al., 2014)。

5. 对于经历的开放性与抵抗性 这个维度来描述人们对自身经历的开放包容和抵御的程度。包括个体是好奇的,具有想象力的,有创造力的还是守旧的,不具有想象力的,对新事物感到不安的。

尽管存在一些文化差异,但是"大五人格"测试提出的核心人格因素已经在多个国家文化中得到认可,这些国家包括澳大利亚、英国、加拿大、中国、捷克共和国、埃塞俄比亚、韩国、西班牙和土耳其等(Atari et al., 2017; Katigbak et al., 2002; McCrae et al., 2005)。在一项具有挑战性经典的研究中,研究者们聚集了来自 50 种文化背景下的上千人的数据。在这个大规模的研究中,如同一些相对小范围的研究一样,无论是参与者自我报告还是被他人评估,在这个研究中都产生了上述的五个核心要素(McCare et al., 2005; Terracciano & McCrae, 2006)。

评估你自己的人格特质

请你按照如下的 10 个题目,在前面的横线上填上 1—7 的数字,用以表达每个项目与你自己特质的符合程度,1 代表"我认为这个特质完全不符合我的特点",7 表示"我认为这个特质完全符合我的特点"。如果你既不同意也不反对它的说法,则填中间档次的分数 4(这个自评测试来自于 Gosling, Rentfrow, & Swann, 2003)。

1. _____ 外向的,热情的
2. _____ 批判的,好争论的
3. _____ 可靠的,自我约束的
4. _____ 焦虑的,容易心烦的
5. _____ 对全新体验持开放态度
6. _____ 冷淡的,安静的
7. _____ 热情的,温和的
8. _____ 有同情心的,温和的
9. _____ 冷静的,情绪稳定的
10. _____ 保守的,缺乏创新性的

使用以下项目来对自己的"大五人格"测试进行打分

外向性与内向性: 在问题 1 上为高分,在问题 6 上为低分
神经质(消极情绪)与情绪稳定性: 在问题 4 上为高分,在问题 9 上为低分
宜人性与对抗性: 在问题 7 上为高分,在问题 3 上低分
谨慎性与冲动性: 在问题 3 上为高分,在问题 8 上为低分
对经验的开放性与对新经验的抵制: 在问题 5 上为高分,在问题 10 上为低分

现在让你的朋友或家人依据上述十个条目作出评定。该评定与你自己在多大程度上相符合呢?如果与自身有差异,可能的原因是什么?

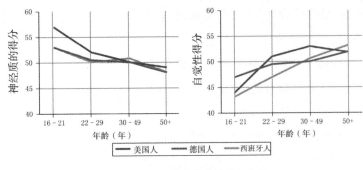

图12.1 一生中人格的构成和变化

尽管"大五人格"特质是相对稳定的,但是在人的一生中还是会有一定变化的。如下图所示,神经质分数在青年期的时候是最高的,随后下降。而责任心分数在青年期最低,随后稳步增加(Costa et al., 1999)。

尽管"大五人格"在一生中是相对稳定的,但这些特质仍旧会受到个体成熟和年龄的增长过程的影响。一项包含92个纵向研究的元分析结果表明年龄在16—21岁的年轻人具有最高的神经质(情绪消极性)分数和最低的宜人性和责任心分数。但是,对于坏脾气和冲动的神经质个体而言,还是有好消息的。

如同图12.1所示,个体会在30—40岁区间内变得更加具有宜人性,有责任心,情绪也趋于稳定(Bleidom et al., 2013; Roberts, Wlton, & Viechtbauer, 2006)。在晚年时,个体也对新的体验趋于内向和封闭(Roberts & Mroczek, 2008; Specht, Egloff, & Schmukle, 2011)。

个体的经验也塑造着人格特质。例如,外向的人很容易寻找到既定的经验,内向的人则不会。但是,当个体处在一个给他们带来全新体验的情景中时,他们的特质可能就会被相应地修订(Specht et al., 2011)。这些情景可以随着社会和经济条件的变化而变化。一项研究追踪了来自米尔斯女子大学的一个大样本女生团体参与者,从在校时一直到她们70岁的发展的过程——真是一项不小的工程!当这些女性参与者在年轻阶段时,她们都处在受到性别刻板印象约束的生活中。这造成的结果就是,她们的人格特质无法预测她们的工作或者教育经验——外向的人和内向的人在她们选择家庭和工作方面通常是相似的。但是当性别角色发生变化,女性在社会中总体上更加开放之后,这群女性参与者的个人人格特质就能够更加强有力地预测其行为。尤其是对于自身的经历,她们的外向性、责任心和开放性特质可以更好地预测她们正在从事什么工作,并可以很好地预测她们在中年和老年阶段是否觉得满足(George, Helson, & John, 2011)。

当然,"大五人格"并没有描绘一幅完整的人格画卷。临床心理学家发现精神类疾病患者的多种特质实际上是缺失的,例如,精神病(缺少懊悔和同情)、自私自利以及强迫症状患者都是如此(Westen & Shedler, 1999)。人格研究者也发现了其他重要人格特质的缺失,例如,虔诚、欺骗、幽默、独立和同情心等(Abranhamson, Baker, & Caspi, 2002; Paunonen

& Ashton, 2001),但是大部分的研究者赞同"大五人格"所确定的特质如今在人群中仍旧是核心的存在。如今,在一个有趣的人格评估研究中,研究者们已经开始探索如何从一个人的卧室、办公室、脸书页面和推特简讯中了解一个人的人格(Gosling, 2008; Qiu et al., 2012)。有关这个研究的更多内容,请参看视频"物如其人"(The personality of Stuff)。

日志 12.2　批判性思考——定义你的人格特质

"腼腆"这个词在非正式对话中很常见。你也可能认为自己是一个腼腆的人,或者认为他人是个腼腆的人;也可能你认为自己在一些场合中是个腼腆的人,而在其他场合则不是。那么你是如何将"腼腆"这个词对应到"大五人格"上去理解的?换言之,想一下某个你认为腼腆的人,并推测一下他或她在"大五人格"各个维度上的得分。你可能会因为一些人在某些场合下比较腼腆而在另外的场合下则不是,而改变对"大五人格"特质稳定性的思考吗?

模块 12.2 测验

1. 科学有效的人格测验叫作(　　)。

    A. 客观测验　　　　B. 投射技术　　　　C. 兴趣指标　　　　D. 特质协议

2. 雷蒙德·卡特尔通过(　　)进行人格研究?

    A. 将荣格提出的概念量化　　　　B. 发展个案研究分析

    C. 发明了迈尔斯—布里格斯　　　　D. 使用因素分析的方法

3. 以下哪一个不是"大五人格"因素?(　　)

    A. 宜人性　　　　B. 内向性　　　　C. 精神质　　　　D. 开放性

4. 在"大五人格"模型中,哪一个维度提供了一个与责任心相反的极端特质?(　　)

    A. 冲动性　　　　B. 神经质　　　　C. 开放性　　　　D. 内向性

5. 以下"大五人格"特质中,哪个在 40 岁时会衰退?(   )
   A. 宜人性　　　　　B. 神经质　　　　　C. 外向性　　　　　D. 开放性

12.3　遗传对人格的影响

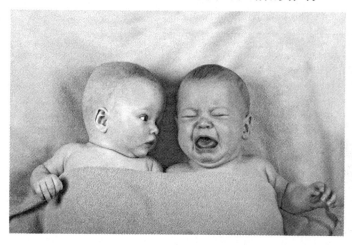

一个母亲是这样描述她的两个孩子的:"我的女儿一直都很执拗、紧张、暴躁,但是,我的儿子正好相反,他一般很温和。他们都是从子宫里出来的。"她说得对吗?有没有可能一个人出生就是易怒的或者温和的?人格的哪个方面可能是遗传的?研究者测量了遗传因素在多个方面对人格产生了影响,这些研究包括:通过研究人类婴儿和儿童的脾气,通过研究其他物种的人格特质,通过双生子或者个体的遗传研究等。下面我们就来依次检验一下这些方法。

遗传与气质

LO 12.3.A　为气质下定义,并讨论气质与人格特点有怎样的联系。

在出生后的两周时间左右,新生儿在行为水平、情绪、响应能力、心率和注意广度上都会存在差异(Fox et al., 2005a)。他们中的一些是暴躁的;有些则是温和冷静的。有些依偎在成人臂弯里,紧紧拥抱;有些是局促不安的,就好像没有人能抓住他们一样。而这些差异尽管在控制了产前的一系列影响因素后仍然存在,例如,母亲在孕期间的营养情况,是否吸毒,或者怀孕期间的其他问题。因此,婴儿会有一个遗传性的**气质(temperament)**、秉性来以不同的方式应对外界环境(Clark & Waston, 2008)。气质包括反应性(reactivity)(包括婴儿的兴奋程度、唤醒程度或者响应性如何)、安抚性(soothability)(一个婴儿从焦躁回复到平静的容易程度如何),以及积极和消极的情绪性。气质始终比较稳定,它是孕育形成后天人格特质的土壤(Dyson et al., 2015;Else-Quest et al., 2006;Li et al., 2016)。

甚至在 4 个月的时候,高响应性的婴儿就表现出兴奋、紧张、恐惧等特点;他们对任何小事都能过度反应,甚至对于一些眼前的彩色图片也是这样。作为蹒跚学步的婴儿,他们趋向于对新事物保持谨慎的态度,

气质　一种被认为是天生的对于周遭环境采取特定方式反应的心理倾向,气质在人类以及非人类物种幼小时期就体现出来。

这个女孩儿的腼腆可能由她的气质所塑造的；研究表明，她可能在适当压力任务中有所反应，她的心率和压力荷尔蒙水平会增高。

相似的反应在动物身上也可以观察到，例如，这只胆小的恒河猴在陌生人面前躲在了自己的同伴身后。

这些发现也不仅仅局限于灵长类动物。对于地松鼠的研究表明，这些小动物在遇到新颖的物体时表现出了警觉的倾向，并出现了更高水平的压力荷尔蒙水平。

这些东西可能是能够发出声音的玩具、样子奇怪的机器人等，这些表现甚至在他们的父母在旁边也是如此。到了 5 岁的时候，这些儿童中的多数对于新的情景和陌生人仍旧会感到小心和不安（Hill-Soderlund & Vraungart-Rieker, 2008）。有一些儿童即使他们从没有过心理创伤，但是到了 7 岁时仍旧会有焦虑的症状。他们会因为与父母的分离感到焦虑，他们需要开灯睡觉，害怕在不熟悉的房间里睡觉。相反，反应性低的婴儿，他们安静地躺在那里，开心地咿呀自语。作为蹒跚学步的儿童，他们对新的玩具和事件保持开放和好奇的态度。他们在整个儿童期都是悠闲自在的（Fox et al., 2005a; Kagan, 1997）。

以上两种极端的儿童在生理上也是有差异的。在适度的压力任务中，反应性高的儿童比反应性低的儿童有更高的心率水平、更高的脑活动和压力荷尔蒙水平（参见 Fu, Taber-Tomnas, & Pérez-Edgar, 2017）。你会看到基于生物学的气质可能后期在我们称作外向性、宜人性或者神经质等人格特质发展过程中的塑造作用。

如同之前照片所描述的那样，近些年的研究中科学家从生理学、遗传学和生态学角度对陪伴人们的动物的气质本质进行了研究，这么做是为了更好地了解人类人格的进化和生物学基础。这些研究认为正是由于这些特质对于人类而言在面对自己周遭环境的变化

和人一样，一窝出生的小狗通常显示出不同的人格特征。有的姿势优雅；有的漫不经心，精神涣散，有的呆若木鸡，被同伴咬着耳朵。在一项富有想象力的研究中，高斯林（Gosling）与其同事（2003）在公园里招募了小狗和他们的主人研究了犬科的人格。首先，主人提供了对他们小狗和他们自己人格的评估。然后，主人指定另一个认识他及其小狗并能对二者的人格做出评价的人。接着，主人带着自己的小狗进入公园的封闭房间里，在那里，另一位中立的观察者对小狗进行评价。小狗的主人、他们的朋友，以及中立的观察者对这只小狗的人格在"大五人格"测试的外向性、宜人性、情绪稳定性和开放性四个维度上都具有一致的评分。

时是进化出来的，相对适当的，因此在动物身上应该是已经存在了的。对于一个物种而言，一些成员是大胆冲动的，冒着生命危险去面对陌生人或品尝新食物，而另一些成员是小心谨慎的。

实际上，熊、狗、猪、土狼、松鼠、绵羊、猫当然还有灵长类都会采用不同的、独特的行为使它们与陪伴我们的同类物种有所区别（Adams et al., 2015；Clary et al., 2014；Weinstein, Captitanio, & Gosling, 2008）。科学家曾勉强地将这些不同的模式与人格特质联系起来，但是在19世纪50年代和19世纪60年代有关袋鼠人格的文章，以及1993年的一篇学术论文描述了不太可能的物种——章鱼的人格。当研究者将一只螃蟹放到一个装满章鱼的箱子中，并指定专人对它们进行观察时，其中一些章鱼迅速抓住猎物，而其他的章鱼似乎很被动，静候螃蟹在它们身边游动；还有一些则等待没有人看到的时候攻击螃蟹（Mather & Anderson, 1993）。显然，你不必为了拥有人格而成为一个人，甚至你不需要为此成为一个哺乳动物。

遗传力 对一种给定的特质在多大程度上可以被同组内个体的遗传差异所解释的统计学评估。

迄今为止，"大五人格"的因素在64个物种身上都发现了，包括软体的鱿鱼。这些发现表明了"大五人格"及其生物基础进化的重要性。所以，当你听到你热爱养狗、养猫、养马的朋友说："罗弗（Rover）是一个腼腆又紧张的家伙，而斯普林格斯（Sprinkles）先生是开朗而乐于交往的。"你的朋友可能是经过仔细地观察的。

同卵双生子杰拉尔德·李维（Gerald Levey）（左）和马克·纽曼（Mark Newman）（右）在出生时就分开，并在不同的城市长大。他们在31岁时重聚，他们具有令人惊讶的相似点。他们都是反战志愿者，都留胡子，都没有结婚，都喜欢打猎，看老约翰·韦恩（old John Wayne）的电影以及吃中国菜。他们喝相同牌子的啤酒，都是用小手指拿啤酒罐，喝完后都压扁。用遗传力来解释这一切似乎很有吸引力，但是我们也应该考虑其他的解释：这样的结果可能部分是由于他们成长的环境因素导致的，例如，社会阶层和教养方式，而另外可能只不过是偶然。对于任何一对双胞胎而言，完全解释这些相似性是很困难的。

遗传力和特质

LO 12.3.B 解释双生子研究在评估人格遗传性方面是如何应用的。

研究遗传对于人格的贡献的另一个方式是研究儿童或者成人群体中特殊特质的遗传力。**遗传力**是指一个特质中的变异性在多大程度上可以被遗传因素所解释。对遗传力的评估来自对于儿童以及同卵或者异卵双生子分离培养和共同培养的行为——遗传学研究。

来自收养和双生子的研究结果为基因对人格的影响提供了引人瞩目的支持证据。同卵双生子通常会在手势、特殊的习惯和情绪方面有令人惊讶的相似性,实际上,他们的人格通常与身体有同样的相似性(Bruangart et al.,1992;Plomin,DeFries,& Knopik,2013)。行为遗传学的研究已经发现了明显一致的结果:对于"大五人格"和许多其他的特质,从攻击性到总体的幸福观,遗传的贡献约占到50%的比重(Bartels,2015;Vukasovic' & Bratko,2015;Weiss,Bates,& Luciano,2008)。这意味着,一群人中,这些特质中有50%的差异可以被这些人之间的基因差异所解释,这些结果已经在多个国家得到证实。了解更多关于遗传力和人格的信息可观看视频"双生子和人格"(Twins and personality)。

迄今为止,行为遗传学研究只允许我们去推断有关基因的存在。科学家期望实际潜在于关键特质背后的基因有一天会被发现,目前已经报告的与人格特质可能有关的特殊基因已达数十种(Plomin,DeFries,& Knopik,2013;Verweij et al.,2016)。未来你将听到更多有关基因发现的消息,因此,这对我们理解这些基因的发现意味着什么、不意味着什么是有好处的。

心理学家希望的行为遗传学发现的一个明智的应用就是帮助人们更加接受他们自己和他们的孩子。尽管我们都可以提高和修正我们的人格,但是由于遗传的性情和气质,我们中的大多数人将永远不能完全改变我们的人格。这可能使人们更加现实地看待心理治疗对他们所能做的事情,以及看待他们能够对自己的孩子做的事情。

然而,许多人小看了这些信息,并得出"一切都是基因造成的"这样的结论。一个纽约的法官最近对一个藏有大量儿童色情资料的人进行定罪,因为这个法官确定这个男子有"一个至今未被发现的基因",而这个基因引起了他的犯罪行为,并且假定这致使该男子会对安全造成永久性的威胁(那个法官应该学习心理学课程)。幸运的是,这个裁决被推翻了。这个法官不仅不了解遗传学——不存在"色情基因"——甚至不了解遗传学在行为方面的影响,遗传的易感性并不必然意味着遗传的必然性。一个人可能患有抑郁或者焦虑的遗传易感性,但是没有确定的环境或者情境压力,这个人很可能不会发展出情绪疾病。

如同遗传学家罗伯特·普洛闵(Robert Plomin)(1989)所注意到的那样:"对于遗传影响行为这种观点的接受浪潮之剧烈,恐怕会吞噬了这个研究另一个方面的信息:同样的数据也为环境的影响提供了最可靠的证据。"现在让我们看看这些可能的影响。

日志 12.3　批判性思考——不要过度简单化

一些人格特质,诸如开放性是具有高遗传性的。一些人认为这意味着"遗传决定一切"。如果一个人对于新事物不够开放,那么他将永远没有优势,因此他也就没有必要改变了。如何更加准确地思考遗传力对人格的影响呢?

模块12.3 测验

1. 气质是指(　　)。
   A. 一种在1岁之内获得的依恋类型
   B. 一种经验学习的模式,它塑造了人格特质的表现
   C. 以确定性的方式对环境进行反应的性情
   D. 在某个环境中与个体的特质发生交互的环境的特性

2. 以下哪些是气质的例子(　　)。
   A. 快乐、悲伤和愤怒　　　　　　B. 天赋、习得和学习
   C. 编码、图示化和表情　　　　　D. 反应性、安稳性和情绪化

3. 5岁的朱丽亚(Julia)是一个兴奋的、紧张的、爱担忧的人。她可能被描述成如下哪种气质?(　　)
   A. 易激惹的　　　　　　　　　　B. 反应性的
   C. 气质倾向的　　　　　　　　　D. 退化的

4. 一组人群中,人格总变异当中可以被遗传变异所解释的那部分比例被认为是(　　)。
   A. 遗传漂变　　　　　　　　　　B. 基因连锁
   C. 遗传力　　　　　　　　　　　D. 遗传稳定性

5. 拥有一个对于特定行为的遗传易感性是什么意思?(　　)
   A. 这些行为在一个既定的环境中可能表现出来,也可能不表现出来。

B. 拥有某种遗传易感性的人会以该种易感性特有的方式行动。

C. 环境对这些行为的修正没有影响。

D. 这些行为在一生中终究会被发现。

12.4　环境对人格的影响

环境可能对于人格的变化产生影响,但是实际上,对于人格来说,环境到底指什么呢?在这一章节中,我们将从三个方面讨论环境的有关影响:你找寻自我的特殊的情境、你的父母如何抚养你以及你的同伴是谁?

知名的媒体通常会提供一个备受关注的案例,说的是一个人的人格怎样随着他们所处情境的变化而变得面目全非,人们深陷于这个环境中去探索自我。电视剧《绝命毒师》的粉丝可以回忆一下剧中的沃特·怀特(Wlater White)在担忧自身健康和经济之时,如何将自己从一个化学教师转变成一个毒品制造商,甚至是黑街太保的过程。

情境和社会学习

LO 12.4.A　解释交互决定论的概念,并讨论人格特点和行为是怎样被环境塑造的。

特质的定义中非常重要的一点是特质在不同情境下是一致的。但是人们通常与父母在一起和与朋友在一起时的表现是不同的,在家里是一个状态,在其他场合则是另一个状态。在学习方面,这种不一致是因为在不同情境下,这些行为是被奖励、惩罚或者忽视的结果。如果你处在为泰勒·斯威夫特尖叫欢呼的气氛之中,而不是在一个图书馆或者一个工作面试的场合下,你会变得更加地外向。这就是为什么一些行为主义者认为,没有太多必要去讨论关于"人格"问题的原因。

然而,社会认知学习理论者认为,人们从学习历史和对自身、对事件结果的预期上形成核心的人格特质。一个努力学习并取得良好学习成绩、被朋友们崇拜、被父母赞扬的孩子会期望在其他场合通过努力学习也可以得到同样的回报。这个儿童可能将会形成所谓的"有雄心的"和"积极进取的"人格特质。一个儿童如果学习努力但是并没有取得好成绩,从而被老师和父母忽视,在工作中总是被朋友排斥,那么他将认为努力学习或工作是没有价值的。这个孩子将形成"没有上进心的"或者"消极懈怠"的人格特质。

如今,大多数人格领域的研究者认识到,人们拥有一个稳定的核心特质,而他们的行为却随情境的变化而变化(Fleeson, 2004; Rauthmann et al., 2015)。你的气质、习惯和信念影响着你,比如影响到和你一起闲逛的人以及你对于所处情境的反应(Bandura, 2001; Mischel & Shoda, 1995)。反过来,情境也会影响你的行为和信念,诸如回报或者惩罚他人。在社会认知学习理论中,这个过程被称为"**交互决定论**"(reciprocal determinism)。

交互决定论 在社会认知学习理论中,环境和个体两方面双向塑造人格特质的交互过程。

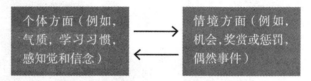

交互决定论的双向过程(相对于单向的"基因决定一切"和"一切都是学习的结果"而言)帮助我们回答了每个人都会问的问题:除了基因之外,是什么让一个在同一个家庭中长大的孩子如此不同?答案似乎是:每个孩子的自身经验使他们不同;偶然事件是无法预测的,所以情境使得儿童在其中发现自我,以及儿童所属的朋辈群体不同(Harris, 2006; Plomin, 2011)。行为遗传学家将这种唯一和其他家庭成员不同的偶然经验称作**非共享性环境**(nonshared environment):比如在施密特夫人四年级课堂上可能激励你成为科学家,在校级联赛上赢得冠军可能促使你开始你的运动生涯,或者在学校被霸凌可能让你觉得自己是软弱无能的。所有这些经验与你对它们的解释、你的气质和你的感知觉——施密特夫人的课令你感到兴奋还是无聊——都会相互影响。

非共享性环境 个体所处环境和经历中唯一的不与其他家庭成员共享的方面。

父母的影响及其局限性

LO 12.4.B 总结关于父母对儿童人格发展有限影响的证据。

如果你查阅了育儿书籍你会发现,尽管这些书籍提供了很多不同的建议,但是它们都具有一个共同的根深蒂固的观念:对于儿童人格发展而言,父母对孩子的抚养具有最重要的影响,可能也是唯一的影响。

几十年来,很少有心理学家质疑这个假设,目前这种观点可能仍旧被接受。然而认为人格主要取决于父母如何抚养孩子的观点可能被如下三个证据所粉碎(Harris, 2006, 2009; Plomin, 2011):

谁是真正的碧昂斯（Beyoncé）——溺爱孩子的母亲还是双面碧昂斯（那个在每个节目中充当的角色）？通过理解交互决定论，我们可以避免过度片面化地看问题。我们遗传的性情和人格特质决定我们从众多情境中选取其一，同时，情境反过来影响我们表达出来的人格特点。

1. 对于大多数人格特质而言，共享的家庭环境影响相对较小。在行为遗传研究中，"共享环境"包括你和你的兄弟姐妹以及父母所共享的经验和家庭背景。如果这些通常像假设的那样具有重要影响，那么有关研究应该能够发现被抚养的儿童和抚养他们的父母的人格特质之间有较强的相关性。但实际上，相关性弱到几乎不存在。这表明与基因相比，抚养儿童的方式和家庭生活对人格特质的影响微乎其微。

2. 很少有父母只拥有单一的抚养方式，且这种抚养方式总是用在所有孩子身上。发展心理学家已经通过多年尝试去识别特殊的抚养实践对儿童人格特质的影响。但问题是父母的实践是不同的，这取决于他们自身的压力、情绪和对婚姻的满意程度（Hold & Miller, 1999）。比如，一个孩子对愤怒的妈妈说道："妈妈，我每天都淘气啊，为什么你今天责骂我？"此外，父母趋向于使自己的教养方式与孩子的气质相一致。他们通常对脾气随和的孩子更加宽容，对难管的孩子更加严厉。

3. 甚至当父母尝试使自己的教养方式始终保持一致，他们的教养方式和孩子最终长成的样子之间的关联也很小。一些让人头疼的儿童面对专制型教养方式的父母并没有受到情绪上的伤害，一些友善的孩子面对良好教育方式的父母时却最终被毒品、精神疾病或者黑势力团伙所摧毁。

当然,父母的很多因素影响到自己的孩子,而这些因素和孩子的人格并没有关系。他们影响孩子的宗教信仰、心智和职业兴趣、成功的动机,以及对待传统或现代性别观念的坚持(Beer, Arnold, & Loehlin, 1998; Krueger, Hicks, & McGue, 2001)。

综上所述,无论他们的孩子是感受到爱、安全、谦卑、恐惧还是卑微,父母对他们与孩子之间的关系都有重要影响(Harris, 2009)。

父母也对孩子的特质产生影响,这些特质具有较高的遗传性。一项纵向研

你有兄弟姐妹吗?你不得不做的就是去领会教养方式如何始终处于逐步形成的过程之中。你得去思考出生顺序可以预测儿童和父母之间不同的交互模式。

究跟踪了一群儿童,考察他们从 3 岁到 21 岁之间的变化。3 岁时,他们是冲动的、无法自控的、有攻击性的,而长大后可能比沉稳冷静的儿童更加冲动、不可靠、反社会,甚至还可能犯罪(Caspi, 2000)。早年的气质对后期的人格特质有很强的预测性。但是并不是每个儿童都是如此。为了保护儿童避免一些成长风险,帮助他们向健康方向发展,父母需要确保他们待在学校,严格监督他们,始终用纪律约束他们。

然而,很明显,总的来说,父母对孩子性格的影响比许多人想象的要小。由于相互决定论,这种关系是双向的,父母和孩子不断地相互影响。此外,一旦孩子们从学前教育开始离开家,父母对孩子们外出行为的影响就会开始减弱。非共享环境将被接管。

同伴的力量

LO 12.4. C 讨论同伴影响儿童人格发展的方式。

有两个心理学家对 275 名来自康奈尔大学的新生进行调查,发现这些人中的大多数具有隐私的自我,这是不会暴露给自己父母的一面(Garbarino & Bedard, 2001)。例如,在社交媒体上,很多人报告自己曾有过犯罪、酗酒、吸毒、作弊、发色情短信或者有过性行为,但所有这一切都丝毫没有让父母知道(他们通常错误地假设,他们的行为是私密的,只有他们的朋友和追随者才知道)。这种向父母展示的人格与向自己同伴展示的人格完全不同的现象在青春期表现得尤为明显。

和成人一样，儿童也生活在两个环境当中：他们的家庭和家庭之外的世界。在家中，儿童学会按照父母希望他们做什么和不希望他们做什么的规则行事；然而，当他们去学校的时候，他们通常会和他们的同伴在衣着、语言和规则上保持一致。大多数成人可以回忆起同伴嘲笑他们是"傻瓜"的时候那种痛苦的感觉（而在这件事上其他孩子并不是这么做），并且，很多人删除了头脑中的痛苦回忆。为了避免被嘲笑和排斥，多数儿童将做出符合他们亲密同伴群体规则的事（Harris，2009），包括避免做一些让他们自己陷入困境，甚至是违法的事情。

区分父母和同伴对于人格的影响效应是很困难的，因为父母通常给儿童安排事情做，以至于他们的孩子受到父母的价值观和习惯的影响。为了弄清父母和同伴哪一方对人格的影响较大，我们必须关注同伴族群的价值观与父母价值观有差异的情景。当父母宣扬一种学业成就很重要的价值观时，他们孩子的同伴认为学校里的成功并不重要，或者成功就意味着背叛。谁的观点获胜？答案一般是同伴的观点获胜（Harris，2009；Menting et al.，2015）。相反，父母没有对取得成功的孩子可能从同伴那里找寻到的自我给予鼓励，而这些疯狂努力学习考进高校的同伴可能激励他们的孩子开始主动学习。

因此，同伴在我们的人格特质、行为形成过程中起到至关重要的作用。他们强化了我们的某些态度，而不重视我们所拥有的其他态度。当然，依据交互决定论的内容可以推测，我们的气质和性情也促使我们去选择同伴族群（如果他们是可靠的），并且，我们的气质预测了我们在所选族群中的行为。但是当我们处于同伴之中时，我们中的大多数人会和他们保持一致，会迫于压力而调整我们人格的某些方面。总之，核心人格特质可能源自于遗传倾向，但

同伴的力量

互动 把你认为青少年可能去做以下行为的百分比填入框中

报告自己24小时或更长时间为了减肥不吃饭的百分比

报告自己有时、很少甚至从来不使用防晒霜的百分比

报告自己每天看3小时甚至更长时间的电视的百分比

报告自己每天看视频或玩电脑游戏3个小时或者更长时间的百分比

报告自己在过去的一周至少有一天运动时间没有超过60分钟的百分比

复位　　　　　　　　　　　　　　　　下一页

是后天习得、同伴、情境、经验对我们的人格进行了深入的塑造,如同我们接下来看到的最大的环境:文化。

> **日志 12.4　批判性思考——证据检验**
>
> 思考一下你和你亲密的同伴所共有的人格特质,你可能会真正了解你自己的人格,可能你特别开朗或者热情,或者武断,或者风趣。现在回答一个问题:什么样的环境力量塑造了这个特质(不要回答"我生来如此")?你的父母或者其他家庭成员对这个特质的发展有什么影响?你的同伴、朋友或者老师是如何帮助你塑造了你人格的这个方面?举一个你在其中找到自我的情境的例子,以及一个与其相互影响并帮助你打磨自己人格的人的例子。

模块 12.4 测验

1. 你的行为、习惯和信念影响你与谁产生交互影响,也影响你选择怎样的情境;此外,和你产生交互影响的人以及你从中找寻自我的情境,也影响你的行为习惯和信念。这种循环的过程被称为(　　)。

    A. 交互决定论　　　　　　　　　B. 共享身份

    C. 表现整合　　　　　　　　　　D. 对经验的开放性

2. 以下哪项对兄弟姐妹之间的人格特质差异影响最大?(　　)

    A. 父母对待他们的方式。

    B. 他们共享的家庭环境。

    C. 他自己独有的而不被其他家庭成员共享的经验。

    D. 他们在家庭中共同成长的时间。

3. 父母对儿童人格形成过程中有多大影响?(　　)

    A. 极大影响　　　　　　　　　　B. 很小的影响

    C. 23% 的影响　　　　　　　　　D. 一点儿也不影响

4. 玛丽努力以相同的方式对待自己的几个孩子,平等地推行她的教养规则和标准,但是她所忽略的情况是:有时她对卡塔丽娜更加仁慈,有时她对伊莎贝拉(Isabella)更加严格,还有时候她奉劝路易莎(Luisa)要远离犯罪。大家担心玛丽的教养方式会影响孩子们的人格发展。但是为什么她自己却不担心呢?(　　)

    A. 很少有父母会采用单一的育儿模式,并始终保持一致。

    B. 气质是人格的唯一决定因素,所以,玛丽几乎不能改变什么。

    C. 尽管玛丽忽略了一些事情,但是她作为一个典型的母亲角色是得到认可的。

D. 同他们面对的具体行为相比，儿童对一个潜在的教养方式反应更加强烈。

5. 14岁的哈维尔在父母面前是安静冷漠的，而在他朋友面前是喧闹的，甚至有点儿令人厌烦。这种行为模式在儿童和青少年中常见吗？（　　）

  A. 并不常见；甚至在不同的交互模式中，青少年的行为也有明显的一致性。

  B. 相当常见；不同环境中的行为方式是父母和同伴对行为形成过程中影响差异的反映。

  C. 相当常见；"多重身份理论"表明，核心特质对行为形成几乎没有影响。

  D. 很不常见；人格特质和行为倾向在人生早期就已经形成了。

文化因一个群体更加强调个人主义还是集体主义的不同而不同。一个更加个人主义的文化可能强调通过骑车、徒步或者慢跑来锻炼身体。这都是以差异为导向的。右侧图片中描绘了一个更加集体主义化的常规形式，在这个例子中，日本应聘者以相同的方式进行招聘仪式。

12.5 文化对人格的影响

如果你要在上午7点参加一个聚会，你实际上可能几点到那里？如果有人让你描述一下你是哪种类型的人，你会根据稳定的人格特质或者社会角色、团体成员以及家庭因素来描述你自己吗？多数心理学家认为自我通过遗传的性情和人生经验被反映出来。但是文化也对人们的行为、态度和他们推崇或无视的特质有重要影响（如同你即将读到的，文化很可能让你获得以上问题的答案）。

文化、价值观和特质

LO 12.5.A　比较并描述个体主义文化和集体主义文化下一般性的人格差异。

快速回答这个问题——"你是谁？"

你的答案将被你所处的文化背景所影响，尤其被你所属的文化是强调个人主义还是集体主义所影响（Krassner et al., 2016; Markus & Kitayama, 1999; Triandis, 1996）。在**个体主义文化**中，个体的独立性优先于群体的需求，并且自我也通常被定义为人格特质的集合（"我是开朗的、平易近

个体主义文化　在这样的文化中，自我更可能被视为自治的，个体的目标和愿望被放在比他人的责任和关系更高的位置上。

集体主义文化 在这样的文化中,自我更可能被视为嵌入在关系当中的,团体和谐被放在比个体的目标和愿望更高的位置上。

人的、有雄心壮志的")。在**集体主义文化**中,集体的和谐通常优先于个体的欲求,自我通常在关系和群体中被定义("我是三兄弟中的一个,农民的儿子,是从我的农民父亲一方继承而来的……")(见表12.1)。

一个有趣的研究探索了这个维度是如何嵌入语言当中的,以及它是如何塑造我们的想法的。在中国出生的二元文化者对于用英文呈现的"我是谁"这一问题的答案,与他们自己的个人态度是一致的。但是当用中文书写这个问题时,他们的答案与他们自己和他人的关系相一致(Ross, Xun, & Wilson, 2002)。

表12.1 个人主义文化和集体主义文化之间的一些普遍差异

个人主义文化的成员	集体主义文化的成员
将自我定义为自治的、独立的团体	将自我定义为独立于团体的部分
给予个体及其目标更多的优先权	对个体需要和目标赋予有限的权利
价值观独立,强调领导力、成就、自我实现	以团体的和谐、责任、职责和安全为主要价值观
给予个体的态度和偏好更多的权重,而不是将团体规范作为行为的解释	给予团体规范更多的权重,而不是将个体的态度作为行为的解释
关注人际关系的利益和成本;如果成本超过获益,个体将有可能放弃人际关系	趋向于团体成员的需求;如果一种关系让团体获益而对个体形成损耗时,个体仍旧可能维持人际关系

内容源自:Triands(1996)

文化和自我 个体主义和集体主义方式定义下的自我影响了生活的多个方面,包括我们推崇的人格特质,我们如何以及是否已表达情绪,我们有多看中人际关系或者保持自由(Forbes et al., 2009; Oyserman & Lee, 2008; Yamawaki, Spachckman, & Parrott, 2015)。这种影响是微妙而有力的。在一个研究中,中国和美国的参与者作为搭档共同完成一个交流游戏,这个游戏要求每个人能够秉持别人的观点。眼动测量显示,中国参与者总是能够站在对方的角度看问题,而美国参与者通常不能(Wu & Keysar, 2007)。当然,两种文化中的成员都理解彼此文化之间的差异,但是集体主义文化下的中国参与者更加紧密关注非言语表情和他人的观点。

因为来自集体主义文化中的人通常更加关注自身行为是否符合所处的社会背景,所以,相比于来自个体主义文化的人,他们趋向于将自己的人格和对自我的观感定义为更加灵活或具有良好适应性的状态。一项关于日本人和美国人的比较研究发现,美国人报告他们自我中的5%—10%的比例会根据情境不同而发生改变。而日本人报告其自我中有90%—99%会随着情境的改变而改变(de Rivera, 1989)。集体导向的日本人相信持有自己的立场,正确行使你的社会角色,与他人和谐相处是很重要的。相反,美国人趋向于推崇"做真正的自己",并具有一个"核心身份"(Hamamura & Heine, 2008)。

另一组跨文化研究的心理学家对中国人(针对中国香港和中国大陆的人群)和南非人进行了一项深度的研究。这项研究对参与者实施了西方人格调查,同时也对本土人格进行测量,以此来获得文化之间的差异数据(Cheung, can de Cijver, & Leong, 2011)。在中国他们发现了一个被称作"人际关系"的人格因素的证据。这个特质普遍存在,如同"大五人格"所测量的那样,但是亚洲人和很难适应美国社会的亚裔美国人,也在这些测验上比欧裔美国人或者更容易适应美国社会的亚裔美国人,获得了更高的分数。在南非,人格在九种班图语、南非荷兰语和英语中被发展起来。研究者发现了熟悉的"大五人格"特质,也发现了一些其他的核心因素,包括"关系和谐性"和"仁慈"。

文化和特质　　当人们无法理解文化对行为的影响,便可能将其他个体的神秘或者令人讨厌的行为归因于个体的人格特质上。许多年前,在一项跨文化研究中,研究者测量了儿童利他(提供帮助、支持,或者无私地提供建议)和利己(寻求帮助和关注或者控制他人)行为发生的频率。这项研究涉及肯尼亚、印度、墨西哥、菲律宾、日本、美国和5个其他国家的社会文化形式(Whiting & Edwards, 1988; Whiting & Whiting, 1975)。在测试中,美国儿童很少利他而是非常地以自我为中心。最为利他的儿童来自被赋予很多责任的社会环境中,这些责任包括关爱年幼儿童、收集和准备食物等。这些儿童知道自己的工作对于家庭的幸福着实重要。在推崇以个体成就和自我提高为价值观的文化中,照顾他人并非重要的,利他主义作为一种人格特质没有被培养成与其他特质一样的程度(de Guzman, Do, & Kok, 2014)。

人们在是否准时到达或者总是迟到之间是存在差异的,而文化标准首先影响了个体如何看待时间。在北欧国家与加拿大、美国和许多其他个体主义文化的国家中，时间轴被分割成不同的分段，每个时间段中，人们就做一件事（Hall, 1983; Leonard, 2008）。平日的时间已经被划分为固定的分段，因为时间是一个宝贵的日用品，人们不愿意在任何一项活动上浪费或者花费更多的时间。在这种文化中，准时已经成为无意识符号了，而迟到则是无视对方或者蓄意无礼的标志。因此，让他人等待被认为是极为粗鲁或者极为傲慢的行为。但是，在墨西哥、南欧、中东、南美以及非洲，时间是以平行的方式组织起来的。人们在一个时间段内做多件事，朋友和家庭的需要仅仅是约会。他们对于等上几小时或者几天时间来见一个人并不觉得有什么。对于他们来说，必须准时到达某个地方，好像时间比一个人更重要，这是无法想象的一件事。

在很多文化中，儿童被期望为自己的家庭收入和照顾好自己的弟弟妹妹而尽责。这样的期望值鼓励他们成为助人的人，而非独立的人。

评估文化的方法

LO 12.5.B 评价通过文化理解人格的利弊。

据我们所知，有一个出生在英格兰的女人嫁给了一个黎巴嫩男人。他们在一起很快乐，但是也经常会发生误会和口角。几年之后，他们拜访了丈夫在黎巴嫩的老家，而她从没去过那里。"我当时震惊了"，她告诉我们，"我认为他由于自身人格做的所有的事情都因为他是一个黎巴嫩人！那里的每个人都和他一样！"

她的反应同时说明了文化对于人格研究的贡献和限制。在认为她丈夫的行为归因于其所在的文化这一点上她是对的；实际上，他的黎巴嫩式的时间概念与妻子的英格兰式的时间概念是完全不同的。但是这个女人就此推理所有黎巴嫩人都"和他一样"就错了：个体受到所属文化的影响，但是在文化中，个体是变化多样的。

文化心理学家面对的问题是怎样在不过分简单化和刻板化的情况下描述文化对人格的影响（Church & Lonner，1998）。我们的一个学生提出："为什么当我们说日本人或者白人或者拉丁美洲人的时候就是刻板化，并且当你这么做时，就是跨文化的心理学？"这个问题体现了一种至关重要的批判思维。文化的研究并不是停留在所有文化成员都以相同的方式行动，或者具有相同的人格特质这一假设之上。人们会由于气质、信仰、所了解到的历史而有所不同，这种差异在每种文化之中都是存在的。

此外，在每个社会中，文化具有多样性。美国总体上是个体主义文化，但是在美国南部社会则具有强烈的种族身份，其文化风格比粗狂、独立的西部更具集体主义特点（Vandello & Cohen，1999）。集体主义的中国和日本都推崇群体和谐，但是中国人也推崇个人成就，而日本人可能更推崇群体意识（Dien，1999；Lu，2008）。非洲裔美国人可能比美国白人更具有混合美国的个体主义和非洲的集体主义的双重特点（Komarraju & Cokley，2008）。甚至在个体主义和集体主义维度的影响下，文化差异在平均水平上也不是与社会中所有群体严格契合和一致的（Oyserman & Lee，2008）。

最后，尽管存在差异，文化仍旧分享了许多人文关怀和对爱、成就、家庭、工作和公共传统的需求。但是，平均来看，文化限定瑞典人和贝多因人的不同，也限定了柬埔寨人和意大利人的不同。我们推崇的特质、我们对自我区别于对群体的观感，以及我们对正确行为方式的概念——所有人格的关键方面——都始于我们很久以前的文化。我们的自尊和愿望都被我们对自己的人格特质和文化标准间的匹配所深刻影响：外向的人在一种推崇个人成功和自我提高的文化中是最幸福的；谨慎的人在一个干净、规范化管理的国家中是最幸福的。当一个个体主义者的人格特质与之对更大文化背景的认同相违背时，如同旅行者和移民那样，人们会感觉到与周遭世界很难同步（Fulmer et al.，2010）。

日志 12.5　批判性思考——不要过度简单化

人们通常会说德国式人格或者英国特色。在不陷入刻板化的情况下，我们如何看待影响人格特点的文化因素？

模块 12.5 测验

1. 文化对于团体和谐和团体规则具有首要的影响，这种文化被称作（　　）文化。

A. 同轴心的 B. 集体主义的
C. 公共的 D. 社会主义的

2. 澳德瑞认为自己是一个为了自己想要的东西努力争取的独一无二的个体。她的外向性使她在群体中脱颖而出，她喜欢自己这样。澳德瑞认为她拥有一个独一无二的人格，这使她与自己的家人和朋友有所不同。以下的观点中，哪一个最有可能是澳德瑞出身的国家？（　　）

A. 印度尼西亚 B. 韩国
C. 哥斯达黎加 D. 美国

3. 西玛丽出生、成长在日本。如果让她描述自己，以下哪个表述最可能是她说的？（　　）

A. "我是父母的女儿，是一个努力工作的小组成员。"

B. "我具有雄心壮志并且为人开朗，我喜欢在群体中脱颖而出。"

C. "我不知道怎么描述我自己。"

D. "我身高5英尺7英寸，我具有明亮的褐色眼睛，我喜欢马。"

4. 克里西正在和自己的几个朋友闲逛。他的朋友分别是来自墨西哥的米格尔、来自意大利的努兹奥、来自加拿大的弗利克斯。他们同意在次日晚上7:00一起吃饭。"等一下"，弗利克斯说，"晚上7:00是北美的时间吗？那个时间每个人都会准时露面吗？"弗利克斯为什么要问这个问题？（　　）

A. 米格尔、努兹奥和弗利克斯都可能在10分钟之内露面，而克里西将可能迟到45分钟。

B. 基于自己的文化背景，弗利克斯很可能迟到。

C. 文化的差异与成员对指示和命令的理解好坏相一致。

D. 对时间的评价标准存在文化的差异。

5. 为什么评估文化对于人格的解释力是一件困难的事情？（　　）

A. 资源的不公平和经验的差异使得我们不可能在脱离当事人所生存的文化环境的情况下有效理解文化对于该个体的影响。

B. "文化"不可能被充分定义。

C. 在没有人存在刻板印象的情况下描述广泛文化趋势和忽略普遍的人生经验之间存在一个良好的平衡。

D. 相比于详细的科学研究，人格上的文化差异的证据已经在坊间广为流传。

12.6　内心体验

洞悉人格的最后一个途径就是通过一个人自己自内向外的体验。生物学因素可能使我们变得喜怒无常，或使我们获益，或带来束缚，环境可能给我们带来一些困难或者幸运的经历，我们的父母可能以我们希望或者不希望的方式对待我们，但是我们独立的人格是所有这些因素编制而成的。观看视频"人格是什么?"来欣赏人们可能采取的多种定义人格的方式。

人本主义的方法

LO 12.6.A 描述亚伯拉罕·马斯洛、卡尔·罗杰斯、罗洛·梅等人提出的人本主义观点。

剖析人格的一个重要方法来自**人本主义心理学**。它引发了20世纪60年代早期的思想运动。这一运动的领导者亚伯拉罕·马斯洛、卡尔·罗杰斯、罗洛·梅到了由第三种力量替代精神分析和行为主义的时候了。心理学家强调人们有自己独立的能力去决定我们的行为和未来。

亚伯拉罕·马斯洛(Abraham Maslow)(1970,1971)认为心理学的麻烦在于忽略了许多生活的积极方面,例如快乐、欢笑、爱、高峰体验、获得成就带来的短暂狂喜的时刻,或者美好的体验。马斯洛认为人格最核心的特质不是"大五人格",而是作为一个自我实现的人(self-actualized)的品质。拥有这种品质的人会为让自己的生活更有意义、有挑战性和自我满足而奋斗。

对于马斯洛而言,人格发展应该被视为一个走向自我实现的层级发展的过程。他认为大多数心理学家对人的本质有一种偏见,其结果就是强调研究情绪问题和消极特质,例如神经症或者不安全感。如同马斯洛(1971)所写到的:"当你仔细研究健康的人、强壮的人和富有创造力的人……你会得到一个完全不同的观点……你将会思考人们可以长多高,一个人可以成为一个什么样的人。"

卡尔·罗杰斯(Carl Rogers) 作为一个临床医生,卡

人本主义心理学 一个强调个人的成长、自我适应能力和人类获得成就的潜能的心理学分支。

对于自我实现而言,你永远都不老。图片中的胡达·克鲁斯(Hulda Crooks),在91岁高龄时正在攀登富士山,她54岁时开始登山。"这对我来说是一种最好的激励。"她在101岁时说,"当我从山顶下来的时候,我感觉我可以再次对抗这个山谷。"

尔·罗杰斯(1951,1961)不仅关注非正常的人群,也关注他所谓的"充分发挥功能的人"。他说,你如何行动取决于你的主观实际,而不取决于你外界的实际。充分发挥功能的人体验到了他向别人展示的图景与自身真实的感受和期望之间的一致(congruence)与和谐。他们相信温暖和开放,而不是防御和狭隘。他们对于自身的信仰是真实的。

罗杰斯认为,为了成为充分发挥功能的人,我们都需要**无条件的积极关注**(**unconditional positive regard**),即无条件的爱和我们周围人的支持。这并不是说威妮弗蕾德(Winifred)在生气的时候应该去踢她的哥哥,或者威尔伯(Wilbur)由于不喜欢炖牛肉而可能将自己的晚餐扔出窗外。在这些例子中,父母可以在不撤回自己对孩子的爱的情况下,对孩子的行为进行矫正。不只是孩子,成人也一样。在这个过程中,他们可以学习到什么是不好的行为。"孩子,我们家的规则是'非暴力'"和"你这样做真是一个坏透了的孩子"二者之间是完全不同的。

遗憾的是,据罗杰斯观察,许多孩子在一个有条件的积极关注(conditional positive regard)下成长的:"如果你做得好,我就爱你;如果你做得不好,我就不爱你。"成人之间也经常以这种方式对待彼此。人们使用这种有条件的积极关注,始于他们需要压抑或者否认那些自己认为的心爱的人无法接受的情绪或行为。罗杰斯说,这样做的结果就产生了所谓的不一致,这种不一致是一种你无法真实触摸自己的情感的状态,它不是你真正的状态。它进而会产生低自我关注,防御和不快乐。一个经历了不一致状态的个体在神经质维度上的得分高,也意味着他更加痛苦和消极。

罗洛·梅(Rollo May) 梅和其他人本主义者同样保持对自由意志的信念。但是他也强调人性内在固有的困难和悲剧的方面,包括孤独、焦虑和疏离感。梅将欧洲哲学中的**存在主义**(**existentialism**)元素注入了美国心理学中。存在主义强调在人们寻找生命意义的时候,不可避免地要面对的挑战是必须面对死亡,面对我们行动所担负的重要责任。

梅写道,自由意志需要以焦虑和失望为代价,这就是为什么许多人尝试逃离自由,逃向狭隘并为自己的不幸而指责他人。对于梅而言,我们的人格反映了我们努力找寻存在的意义,明智地发挥自由的作用,勇敢面对不幸遭遇和死亡所做的努力。梅宣传的人本主义观点是我们可以通过吸收内在的资源,如爱和勇气,去成为最好的自己,但是他补充到,我们永远也不能从现实生活的尖锐和失去中逃离。

无条件的积极关注 罗杰斯将其定义为给予他人的无附加条件的爱或支持。

存在主义 一种强调不可避免的困境和人类生存的挑战的哲学方法。

叙事方法

LO 12.6.B 讨论叙事方法是如何回答"我是谁"这个核心问题的。

在过去的20年中，另外一种人格分析方法关注了生活叙事（life narrative）的重要性，我们自己身上发生的故事也在解释着我们自己，并在每一天中诠释着生活的意义（Bruner, 1990; McAdams & Guo, 2015; McAdams & Manczak, 2015）。从叙事角度来看，你独特的人格蕴含在你对"我是谁"这个问题所叙述的故事中。

存在主义心理学家向我们展示了人类生存所不可避免的奋斗，例如对抗孤独和疏离感。

因为叙事方法强调我们叙述自己的故事时是如何赋予自己一个身份，塑造我们的行为，激发我们追求或者放弃目标的，它综合了我们在本章提到的多个对人格影响的方面。你认为自己是痛苦童年经历的牺牲品，还是幸存者？你认为你不稳定的性情是由生化激素失衡，还是情爱中的失衡事件引起的？当你向人诉说自己的人生时，你是扮演一个英雄的角色，还是一个被动旁观者的角色？

你为自己创造的生活叙事反映了你对自己成功或失败，以及解决自己问题情况的判断。它影响你是否能感觉到自己有能力解决自身问题和转变自己的生活（McAdams & Manczak, 2015）。心理治疗师大卫·艾普森（David Epston）接待了一位名叫玛丽莎（Marisa）的移民妇女，她的一生中总是受到谩骂和排斥。艾普森让她"说一个关于你生活的故事，把它变成一段历史"，他说："一个可以被抛在脑后的故事，可以使你更容易创造一个属于你自己的未来。"（引自O'Hanlon, 1994）玛丽莎慢慢发现，关于自己的经验，她可以讲一个新的故事，一个不再强调发生在自己身上的悲剧，而是她克服困难取得胜利的故事。她告诉艾普森："现在，我的生活有未来了,它再也不会如从前那样了。"

从叙事的观点来看,关于你讲述的如何看待和解释自己的故事是你人格的本质,它笼罩了你身上曾经发生的一切以及所有影响你的生理、心理和人际关系的因素。而这些使你成为那个独一无二的人。

评价人本主义方法和叙事方法

LO 12.6.C 总结人本主义及叙事方法对人格研究的主要贡献和不足。

如同对心理动力学理论的批评那样,对于人本主义心理学的科学性批评也是由于它的许多假设无法进行验证。弗洛伊德看到的是人性的毁灭趋向、自私和性欲的一面。马斯洛和罗杰斯看到的是合作、无私和爱的一面。梅看到的是自由、孤独和为生命的意义而奋斗的一面。批判家们说,这些差异可能向我们展示的更多的是观察者自身的东西,而非观察到的东西。

许多人本主义的概念在直觉上是很吸引人的,但在实际操作上是很难被定义的。我们如何知道一个人是不是自我完善,或者自我实现的呢?我们如何分辨一个女人从会计岗位上辞职并成为一个职业竞技表演者是表明她"为自由而逃离",还是单纯的自由选择?无条件的积极关注实际上是什么?如果它被定义为对一个孩子努力掌握一个新技能所提供的无争议的支持,或者假设这个孩子犯了错误但是仍旧得到了爱,那将是不错的解释。但是,在特殊的文化中,这通常被解释为永不情愿地说"不",或是提出孩子真正需要的建设性的批评和约束。

尽管存在这种担忧,人本主义心理学家为人格的研究带来了平衡。"积极心理学"作为一个特别的心理学门类而被众人所知。它就是追随了人本主义心理学的脚步,关注人们乐观积极的一面,以及促使人们提高面对压力时的心理弹性(Donaldson, Dollwet, & Rao, 2015; Gable & Haidt, 2005; Seligman & Crsikzentmihaly, 2000)。受到人本主义心理学的部分影响,这些心理学家对人的许多积极特质进行了研究,例如,勇气、利他主义和超越的动机。发展心理学家正在研究儿童共情能力和创造力的培养,也有一些研究者正在研究对死亡恐惧的情绪化和存在主义的影响。

对于叙事方法的研究是很丰富的,这些研究彰显了我们诉说自己的故事在塑造我们独特人格方面的重要作用(McAdams & Manczak, 2015)。认知心理学家阐明了我们的故事是如何塑造和扭曲我们的记忆的。精神治疗时常在探索一些途径,这些途径能让患者通过讲述自己对抗生活中的困难,扭转自己的困境,创造更有希望和积极的生活。

社会和文化心理学家探讨文化或社会中主流的神话、共享的故事怎样影响人们的志向、期望、政治观点和对于世界是不断发展还是永不改变等的问题。

人格的人本主义、存在主义和叙事观点提供了共同的信息:我们拥有选择自己命运的力量,甚至在命运将我们推向悲剧时亦是如此。纵观整个心理学,这个信息使人们在面对逆境时表现出了心理弹性的增强。

回顾影响人格的主要观点,见表12.2。

表12.2 影响人格的主要因素

心理动力学	无意识动力塑造人的动机、内疚、矛盾和防御
遗传	儿童生来具有独特的气质,大多数特质深受基因影响
环境	学习、地位、特有的经历影响了被鼓励的特质,并通过基因表达出来
父母	父母修正和塑造一个儿童的气质和遗传的性情;影响性别角色、态度和自我概念;影响亲子关系
同伴群体	影响个体的价值观、行为、志向和目标等
情境	情境决定何种行为被鼓励,何种被惩罚或者忽视,因此塑造了特殊特质的表达和抑制
偶然事件	可能以一种不可预料的形式影响一个人的经历和选择,因此鼓励一些特质的发展而忽略其他的特质
文化	规则决定了哪种特质被推崇,影响了自我和人格的基本概念,从攻击性到利他性维度来塑造行为
人本主义	尽管遗传、环境、文化和心理动力学对人格有影响,但是人们可以根据自己的自由意志成为自己想成为的人
叙事	人格停留在人们为了解释自己的生活而创造出来的故事中(例如,无论他们将自己视为受害者还是幸存者),这种故事可以被改变

日志12.6 批判性思考——术语界定

无条件的积极关注听起来是一件好事,但是它实际上是什么意思呢？它的含义是给你爱的人所有的支持和赞成，无论他们做了什么吗？它允许设定限制，提出建设性的批评吗？你能想到在什么情况下告诉一个人他做的事令你不愉快，或者你想对其行为设置障碍？

模块12.6 测验

1. 以下哪个理论家通常与人本主义心理学运动无关？（　　）

  A. 卡尔·罗杰斯　　　　　　　　B. 罗洛·梅

  C. 阿伯拉罕·马斯洛　　　　　　D. 卡尔·霍夫兰德

2. 根据卡尔·罗杰斯的观点，（　　）的个体体验到了他们投射给他人的图景和自身内在感受的一致和平衡。他们温暖而开放，他们对自己持有实实在在的信念。

  A. 自主的　　　　　　　　　　　B. 充分发挥功能的

  C. 无条件的　　　　　　　　　　D. 自我完成的

3. 生活中存在不可避免的困境和挑战。我们都需要面对死亡的恐惧，探索生命的意义，我们都需要为自己的行为负责。我们处理这一切的方式塑造了我们，使我们成为独一无二的个体。以上这三句话很好地概括了（　　）。

  A. 逻辑实证主义　　　　　　　　B. 斯多葛哲学

  C. 僧侣主义　　　　　　　　　　D. 存在主义

4. 德里亚在心理学课上被安排了一个困难的任务："说说你是谁。"短短几个字形成的开放性问题，答案具有多种可能：可能是一个物理的描述，一个特质的列表，父母在遗传中的作用，社会文化群体对她作为一个人的定义等。为了完成这个任务，德里亚决定简短地书写自己生活的故事，记录到目前为止人生的起伏、喜悦和悲剧。以下哪一个是德里亚采用的理解人格的方法？（　　）

  A. 叙事　　　　　　　　　　　　B. 心理动力学

  C. 特质　　　　　　　　　　　　D. 演绎推理

5. 以下哪个不是人本主义人格理论的重要内容？（　　）

  A. 人本主义理论包含的概念是很难进行操作性定义的。

  B. 尽管这个理论在心理学界很有影响，但是在外行层面还没有得到社会的更广泛的关注。

  C. 人本主义理论包含的概念是模糊的，对该理论的解释是开放性的。

  D. 人本主义对于人格的解释所包含的假设是不可测的。

让心理学伴随着你：科学角度看人格

纵观本章，我们从一个开放性问题开始：你喜欢和一个人单独面对面交流，还是喜欢在小组中交流？本章中，你已经读到了一系列不同的企图测验人格的方式。就让我们多了解一点。以下这段话很好地描述了你的人格吗？

你的一些抱负不是很切实际。有时你是外向的、友善的、善于交际的；而另一些时候你是内向的、谨慎的、冷漠的。你为自己是一个独立思考者而感到骄傲，并在没有充分证明的情况下不接受别人的观点。你喜欢一定程度的改变。当你受到约束时你就感到不满。有时你非常怀疑自己是否做了正确的决策或者做了正确的事情。

当人们相信以上这段叙述就是在描述他们自己，如同占星术或者笔记分析的结果那样，他们总是会说："这个描述对我来说太准确了！"人们很容易认为这个描述是准确的，因为它足够模糊，以至于几乎对所有人都适用。再加上奉承的话。我们谁不认为自己是一个"独立的思考者"？

这就是令许多心理学家担心的"巴纳姆效应"（Barnum effect）（Snyder & Shenkel, 1975）。巴纳姆（P. T. Barnum）是一个出色的马戏表演者，他说："每一分钟都诞生一个受骗的人。"他知道成功的通用公式就是"说一些对于每个人都适用的话"，这也是网络线上人格测验和占星术的共同特点。他们具有"一些适用于每个人的内容"，因而是无法被检验的。如果你不想成为"巴纳姆效应"的受害者，以下这些研究的建议会帮助你对不科学的人格测验进行批判性的思考：

- **提防适用于任何人的通用性描述。** 有时候你怀疑自己的决策，试问，我们有谁不是这样？有时你感觉自己是开朗的而有时又是腼腆的，谁不是呢？你是否有一些"害怕坦白的性秘密"？恰好每个人都是如此。你应该识别这些一般性的陈述，这些陈述可以或多或少地适用于任何人，因此并没有提供真正的内在信息。

- **提防你的选择性直觉。** 当一个占星者、巫师或者笔记分析者说了些"准"的事情，我们就会忽略他们说的其他的明显错误的内容。用你的批判性思维抵消确定性的偏见，即趋向于回避所有不符合我们预想标准的解释，而只选择符合的。

- **抵制奉承和带有情绪性的推理。** 这是一个很困难的事情。拒绝一个说你自私或者愚蠢的描述是很容易的。对于通过说你是如何完美聪慧，是一个好的领导者，或者说你对于自己的独特才能是如何谦虚等使你感觉很好的说话者，你需要小心。读心术和有偿的人格评估很少能够描绘一个对你进行挑剔的图景，这些服务的供应商提供这样的服务需要使你感到开心，从而让你再次访问并支付更多。

如果你保持对自己的批判性思维，你将结束对人格测验软件提供的答案支付重金，也将避免选择一个所谓"和性格类型匹配"但自己却不喜欢的工作。你将不会成为像近期的一个心理学研究中所提到的那样作为一个"虚假深刻内容"的牺牲品，嗯，让我们一起摒弃虚假的糟粕（Pennycook et al., 2015）。换言之，你会证明"巴纳姆效应"的错误性。

分享写作：人格理论

用10个词（不多不少）描述你自己。即回答本章中强调的问题：你是谁？

10个词完成任务并不容易，对吧？但是现在最困难的部分已经完成了，回顾一下你的答案。

你对自己的观感,如你所述,更多地反映了遗传、环境还是文化对人格的影响?它与心理动力学、"大五人格"、人本主义、叙事方法哪个更一致?为什么这么说?

总结

12.1 人格的心理动力学理论

LO 12.1. A 描述精神分析关于人格结构、心理防御机制及性心理发展阶段的观点。

西格蒙德·弗洛伊德是精神分析的创始人,该理论是第一个心理动力学理论,强调无意识加工以及儿童早期经验和无意识矛盾的作用。弗洛伊德认为,人格由本我、自我和超我组成。防御机制保护自我免受无意识焦虑的侵害。这些心理防御机制包括压抑、投射、转移(其中一个形式是升华)、退行和否定。弗洛伊德认为人格的发展经历一系列的性心理阶段,性器期(恋母情结)阶段最为关键。

LO 12.1. B 解释卡尔·荣格和西格蒙德·弗洛伊德对于人格分析的不同观点。

一些思想家从弗洛伊德最初的心理动力学中分离出来。卡尔·荣格认为人们共享了一个集体无意识,它包含了人们普遍的记忆和图示,这些普遍记忆和图示被称为原型。许多原型在不同文化中都会出现,例如,英雄、地球母亲、坚强的父亲以及险恶的阴影等。

LO 12.1. C 总结在科学审视下心理动力学方法的不足。

心理动力学方法由于违法了科学的可证伪性,过度地将非典型病人的结论过度推广到一般人群中,基于不可靠的记忆和成人回溯的内容构建理论而遭到批评。然而,一些心理动力学理论观点得到了实证研究的支持,包括无意识加工的存在和防御机制。

12.2 当代人格研究

LO 12.2. A 概述客观的人格测验和通俗的人格测验在商业活动、约会或者网络线上交流等领域使用上的差别。

许多测验将人格划分为不同的类型,这种做法并不可靠,或者缺乏科学性。在研究中,心理学家一般会依靠客观的测验(量表)来识别和研究人格特质和精神症状。

LO 12.2. B 列举并描述"大五人格"的每个维度的特点。

高尔顿·阿尔伯特认为,个体都有几个核心特质,这是他们人格的关键,同时也具有大量的非基础性的次要特质。雷蒙德·卡特尔使用因素分析识别了特质族群研究了人格的基本成分。世界范围内的研究为"大五人格"提供了强有力的证据:内、外向性,神经质(消极情绪性)和情绪稳定性,宜人性和敌对性,责任心和冲动性,对新经验的开放性和抗拒性。尽管这些维度相对稳定,但是其中一些也会在人生中发生变化,这是对个体的成熟发展、社会事件和成年责任的反应。

12.3 遗传对人格的影响

LO 12.3. A 为气质下定义,并讨论气质与人格特点有怎样的联系。

在人群当中,个体在气质方面的差异在出生或生命早期就出现了。例如,灵活性、稳定性和积极或消极的情绪性,气质影响后续人格的发展。相似的趋势已经在其他类别的动物物种中被观察到了。

LO 12.3.B 解释双生子研究在评估人格遗传性方面是如何应用的。

来自双生子和抚养研究的行为—遗传学数据表明,许多成人的人格特质的遗传力是0.5。遗传对性情的产生造成影响,并对特殊特质的表达形成约束,即使如此,具有高遗传力的特质通常也会被生活中的情境、偶然事件和后天学习所修正。"天赋即命运"的说法是不可靠的。

12.4 环境对人格的影响

LO 12.4.A 解释交互决定论的概念,并讨论人格特点和行为是怎样被环境塑造的。

人们的行为通常因情境的不同而有所变化,在某个情境中可能得到奖励,而在另一个情境中可能受到惩罚或者忽视。根据社会认知学习理论,人格是环境和个体的多方面以交互决定论的模式相互作用产生的结果。

LO 12.4.B 总结关于父母对儿童人格发展有限影响的证据。

有三点证据对"父母对儿童人格和行为产生最大影响"的假设提出了挑战:(1)行为遗传学研究发现,环境的影响主要来自非共享性的环境;(2)很少有父母在儿童整个成长过程中或对不同的儿童采取一成不变的教养方式;(3)即使父母尝试保持教养方式一致,在父母所做的和儿童所最终形成的人格之间也很少有关系。然而,父母可以修正其子女的气质,避免他们养成反社会的不良行为,同时也影响其子女的价值观和态度。

LO 12.4.C 讨论同伴影响儿童人格发展的方式。

一个人的同伴群体可以比父母更多地影响其人格。多数儿童和青少年由于多种原因而对待父母和对待同伴具有不同的行为。

12.5 文化对人格的影响

LO 12.5.A 比较并描述个体主义文化和集体主义文化下一般性的人格差异。

被心理学家作为个体人格特质的许多品质都受到文化的严重影响。一般来看,来自个体主义文化的个体和来自集体主义文化的个体在定义自己的时候采用了不同的术语。他们在不同的情境中觉知到的"自己"是相对稳定的。行为标准的文化差异是存在的,例如对于利他主义和时间概念的认识上。

LO 12.5.B 评价通过文化理解人格的利弊。

人格的文化理论面对的问题是:描述广泛的文化差异和在避免刻板印象并忽略普遍人类需求的情况下考察文化对人格的影响。

12.6 内心体验

LO 12.6.A 描述亚伯拉罕·马斯洛、卡尔·罗杰斯、罗洛·梅等人提出的人本主义观点。

人本主义心理学家关注主体对自我的观点,以及未改变却具备的自由意志。他们强调人类的潜能和人类本能的力量,例如,阿伯拉罕·马斯洛提出的高峰体验和自我实现的概念。卡尔·

罗杰斯强调无条件积极关注在塑造一个充分发挥功能的人的过程中的重要性。罗洛·梅将存在主义引入到心理学,强调人们内在的挑战是由于自由意志的结果,例如,寻找生命的意义。

LO 12.6.B 讨论叙事方法是如何回答"我是谁"这个核心问题的。

如同从"内在"理解人格一样,一些人格心理学家研究生活叙事,即人们用来解释自身并形成他们的自我观点的故事。这些故事可能用来压抑生活的变故或者鼓励人们继续前行。

LO 12.6.C 总结人本主义及叙事方法对人格研究的主要贡献和不足。

一些人本主义和叙事心理学的观点是主观的,测量起来比较困难,但是另一些人研究了人格的积极方面,例如,乐观和困境下的心理弹性问题。

第十二章习题

1. 根据弗洛伊德的心理动力学理论,哪一个是人格发展中性心理发展的正确阶段?(　　)

   A. 本我,自我,超我

   B. 口唇期,肛门期,性器期,潜伏期,生殖期

   C. 口唇期,肛门期,潜伏期,生殖期,性器期

   D. 肛门期,口唇期,潜伏期,性器期,生殖期

2. 一个十字图形(横竖两条线相互垂直)可以从不同的文化、国家、种族和世界上的其他团体中发现。卡尔·荣格将以这个十字图形作为(　　)的证据。

   A. 客体关系　　　　　　　　　B. 熟悉的事物

   C. 原型　　　　　　　　　　　D. 心理动力学的曼陀罗

3. "人们无法想起童年的创伤和婴儿时期的性冲动是因为他们将这些压抑到了潜意识中,而在意识中这些一直被掩藏。当儿童长大后,我们询问他们有关他们的梦境,从象征性的梦境内容中将碎片化的信息整合起来,这些信息显示了发生在30年前的被压抑在潜意识中的真实经历。"这个理论可以为科学测试提供多少基础性的支持?(　　)

   A. 非常多　　　　　　　　　　B. 一点儿也没有

   C. 正等程度　　　　　　　　　D. 大量的

4. 毛里西奥说:"我进行了一次网上人格测验,它告诉我说我是一个高移情倾向的情绪调节者。我猜我是这样的人。"克莱尔说:"我进行了一次网上人格测验,结果表明我具有高社交性;现在我知道我是这样的人了。"马丁说:"曾经我的网上人格测验结果告诉我说,我是一个依赖直觉推理的共情者,我已经很充分地了解自己了。"卡珊德拉说:"我进行了一次网上人格测验,那很有趣。现在我准备回归到正规的科学心理学当中。"谁得到了关于自己经历的正确结论?(　　)

   A. 马丁　　　　　　　　　　　B. 克莱尔

   C. 毛里西奥　　　　　　　　　D. 卡珊德拉

5. "大五人格"维度包括外向型和(　　),宜人性和(　　),(　　)和冲动性。

A. 内向性;敌对性;责任心

B. 神经质;对经验的开放性;情绪稳定性

C. 责任心;神经质;敌对性

D. 反抗性;内向性;对经验的开放性

6. 诺娜正在描述她4岁的女儿(劳瑞欧)Laurel。"她容易被任何声音惊扰。她通常显得紧张、恐惧以及对极小的打扰表现出过度反应。有一天在操场上一只小狗舔了她的肩膀,她不得不跑回家,因为她哭了,并尖叫。她一边尖叫着一边哭着跑回家。"你怎样描述劳瑞欧的气质?(　　)

　　A. 不专心的　　　　　　　　B. 慢热型的

　　C. 高反应性的　　　　　　　D. 灵活性的

7. 设想一下你了解到一个特殊的特质,它的遗传力是0.35。这意味着什么?(　　)

　　A. 你行为的35%被问题中的这个特质所规定,这取决于你的遗传天赋。

　　B. 你特殊人格中的35%的组成成分归因于遗传因素。

　　C. 你特殊人格中的35%的组成成分归因于环境因素。

　　D. 问题中的特质的35%的组成成分归因于族群内的遗传变异。

8. 沃利是一个很腼腆的、不善交际的人。因此,他寻找适合自己内向气质的去处,例如,图书馆、山顶、午后的电影院。在这些环境中寻找自我强化了他的腼腆和不善交际。沃利的案例是(　　)的例子。

　　A. 交互决定论　　　　　　　B. 非共享环境

　　C. 归因的偏差　　　　　　　D. 归因的转变

9. 尽管与多数人所假设的不同,但以下哪个是父母对于其子女人格的影响很小的原因?(　　)

　　A. 共享的家庭环境对于人格的发展几乎没有影响;非共享环境具有强烈的影响。

　　B. 教养方式在不同的儿童之间趋于一致;正因如此,我们可以预期在同一个家庭环境中长大的兄弟姐妹具有相似的人格,但是事实并非如此。

　　C. 人格特质在总体上来说主要是遗传的。

　　D. 父母一般花更多时间彼此陪伴,而不是陪伴自己的孩子;因此,父母对子女人格的影响是很小的。

10. 在莫莉离开家去中学上学的每一天,她都按照妈妈喜欢的样子穿得很保守。然而,当她等公交车的时候,她解开了衬衫上最高的纽扣,将裤子往膝盖上拉高了一些,并涂了眼影和口红,这一切都和她朋友的风格一致。她的行为有多么不寻常吗?(　　)

　　A. 非常不寻常;青春期是一段迷茫的时期,尤其对于女孩儿来说,因此她们趋向于按照父母建立起来的规则和榜样行事。

　　B. 相当不寻常;莫莉有意地做了一件违反妈妈要求的事情,因此她显然经历了一次心理动力学所说的转变。

    C. 没有那么不寻常；青少年处于一个受父母影响的环境和一个受同伴影响的环境中，而这些影响通常是不同的。

    D. 相当不寻常；莫莉的文化标准，在家庭环境中得以强化，也应该在她学校的日常生活中起作用。

11. 卡尔崇尚独立、成就和自我完善。如果到了紧要关头，他将不惧挑战小组的意愿并按照自己的喜好作出自己的决策。卡尔的文化背景最可能是(   )。

    A. 个体主义   B. 集体主义

    C. 存在主义   D. 委内瑞拉式的

12. 莉迪亚小声抱怨道："杰罗恩可能不会借我20美元。荷兰人是很固执的！我已经寻找到机会从翁贝托那里得到20美金，这些印第安人是容易相处的……重感情的。正如我在心理学课上学到的那样，我赞同'文化决定命运'。"如果有的话，莉迪亚的推理犯了什么错误？(   )

    A. 她高估了不同族群文化之间的差异。

    B. 她忽略了文化对个体的人格会产生影响。

    C. 她认为研究文化差异会导致刻板思维。

    D. 她假设文化的影响等同于文化本质。

13. 当杰瑞去年去尼泊尔旅游时，他坐在山顶有一种奇怪的感觉。那是一种内在的平和，与宇宙融为一体的感觉。他无法清楚描述这种感觉。但它就像一种超然的觉醒的内在自我。根据阿伯拉罕·马斯洛的观点，杰瑞拥有了一个(   )，此外，他很可能达到了(   )的状态。

    A. 存在主义的突破；和谐协调   B. 剥离；一个创造潜力

    C. 高峰体验；自我实现   D. 无条件时刻；功能充分发挥

14. 一种将遗传、文化、环境和内在经验觉知整合起来的理解人格的方法是(   )方法。

    A. 心理动力学   B. 叙事

    C. 瑟利马   D. 集体主义

15. 具有高峰体验的主要证据似乎是你认为你已经拥有了一个高峰体验的感觉。哪一个结论是错误的推理解释？(   )

    A. 心理动力学理论比人本主义能更好地对人的行为进行预测

    B. 人本主义基本原理是很难被定义，被操作和测量的。

    C. 人类经验的唯一性意味着我们无法制定一个普遍的行为原则。

    D. 人是有差异的，样本也是有差异的；尝试去解释这些差异是没有用的。

第十三章　心理障碍

学习目标

13.1 A　思考为什么为"精神障碍"找到一个大家都能认可的定义是困难的。

13.1.B　描述DSM,并介绍在使用DSM诊断精神障碍时遇到的挑战性例子。

13.1.C　描述自陈式问卷和投射测验,并利用这些技术识别发现潜在问题。

13.2.A　描述抑郁症和普通伤心的区别。

13.2.B　解释躁狂症的主要特征。

13.2.C　讨论抑郁症发病的影响因素。

13.3.A　区别广泛性焦虑症和惊恐障碍的主要症状。

13.3.B　描述恐惧症的主要特征,并解释广场恐惧症为何难以治疗。

13.4.A　定义创伤后应激障碍,讨论它的症状和来源。

13.4.B　区分强迫观念和强迫行为,并讨论强迫障碍的定义。

13.5.A　解释边缘型人格障碍的主要特征。

13.5.B　区分精神病和反社会人格障碍,并给出它的基本成分。

13.5.C　列出并解释精神病特征形成的主要因素。

13.6 A　讨论成瘾的生物模型如何解释药物和酒精滥用障碍。

13.6.B　讨论成瘾的习得模型如何解释药物和酒精滥用障碍。

13.7.A　讨论造成身份识别障碍具有争议性的因素。

13.7.B　评估身份识别障碍的可能解释。

13.8.A　描述精神分裂症的五个主要症状,并分别举例。

13.8.B　描述三种导致精神分裂症的主要因素。

提出问题:乐于思考

- 在不同的文化中精神障碍是否一致?
- 为什么有些人能很快从创伤性经历中恢复,而另一些人却发展出了创伤后应激综合征?
- 为什么有些人会因为微不足道的原因罹患抑郁症,而另一些人却不患抑郁症?
- 如何解释精神障碍人群的欺骗和残酷行为?
- 是否可能让饮酒问题者正常饮酒?

互动　沉迷于使用智能手机或互联网会导致成瘾吗?
○ 是
○ 否

莱昂纳多·迪卡普里奥曾五次被提名奥斯卡奖,他的知名作品有《泰坦尼克号》《无间行者》和《荒野猎人》。黛米·洛瓦托在成为《X音素》(选秀节目)的评委和举办个人巡演之前,首次成名于出演迪士尼电视剧。约翰·纳什曾经是一名普林斯顿大学的知名数学家,他的领域是非合作博弈均衡理论,最后获得了诺贝尔经济学奖。里奇·威廉姆斯作为得克萨斯大学的队员赢得了海斯曼杯,然后他进军橄榄球职业比赛,先后效力于新奥尔良圣徒队、迈阿密海豚队和巴尔的摩乌鸦队。罗宾·威廉姆斯曾经被认为会是有前途的喜剧演员,并且因为他的演技和配音技术而被大众喜爱。如果作家J. K.罗琳不出版其他作品,她只会以小说《哈利·波特》的作者而闻名于世。

尽管这些人的背景不同，成名的领域和方向也大不一致，但他们有一点是相同的，即他们都患有不同形式的精神疾病，而这些精神疾病影响了他们的生活。迪卡普里奥曾谈到过他纠结于强迫症障碍，包括将生活和周围环境的细节控制到最低程度的冲动。洛瓦托曾经展示过她的躁狂症诊断结果，躁狂症是一种极度激动兴奋和深度抑郁在一段时间内交替出现的病症。作为《美丽心灵》中的原型，约翰·纳什在他成年后的大部分时间中都在和精神分裂症对抗，精神分裂症是一种可以导致不稳定行为和破坏人际关系的大脑障碍。因为里奇·威廉姆斯患有社交恐惧障碍，他经常在全美橄榄球联盟的聚光灯下感到力不从心，他有时会带着橄榄球头盔或面具接受采访。罗宾·威廉姆斯与物质滥用和抑郁症抗争，最终于2014年自杀。罗琳也同样面临着抑郁症；事实上，她在《哈利·波特》中对摄魂怪的描写基本上就是基于自己的个人体验。摄魂怪是一些强力的生物，它们会吸取受害者的灵魂，而这些受害者的特征之一就是他们觉得自己再也不能开心起来。

大多数的心理问题非常没有新闻价值，并且远比大众对它们的印象要平常。一些人可能会有低自我效能感的阶段，但是他们在这些时间之外能够保持正常。一些人机能正常但却常常遭受忧郁心境的影响。还有一些人不能控制他们的焦虑和暴躁。在本章中，你将了解一些心理问题，这些心理问题能够导致人们不幸福和痛苦。你还将学习一些能够使人们失去自控能力的心理障碍的基本知识。但需要提前提醒各位读者，我们学习的有关心理障碍的知识，有时容易让阅读者对号入座，进而使读者产生对自己可能患有心理疾病的焦虑。对心理不正常怀有恐惧是正常的，特别是当你在学习心理问题的知识时。所有人都会遇到棘手的解决不掉的问题，一旦"正常"的问题逐渐转化为不正常的问题时，也不必惊慌。区分正常心理状态与不正常心理状态的难点在于我们在本章开头提出的问题。特别是，当我们提出那个滥用智能手机或互联网能否导致成瘾（也是一种心理失常）的问题，大多数人的回答都是肯定的，这说明他们认为正常使用和滥用之间存在一条边界。但这条边界到底应当如何界定？在何种程度上正常使用会转化为滥用？谁有资格做这个判定？我们将在本章中了解这些问题。

13.1 精神障碍的诊断

许多人都被不正常行为所困扰着，所谓不正常行为是指脱离了正常行为并伴有精神障碍的行为，但不正常行为和精神障碍并不是一码事。个体在没有精神疾病的前提下表现出统计学上很稀少的行为（收集陶瓷海豚，成为数学天才，犯下杀人罪行）是可能的。人们还经常容易混淆精神障碍和精神病的区别。在法律上，精神病的定义主要是基于个体能否明晰其行为的后果并且控制他们的行

为。但精神病只是个法律范畴的概念,一个患有精神疾病的个体可能被法庭裁定为"正常"。

难以定义的精神疾病

LO 13.1 A 思考为什么为"精神障碍"找到一个大家都能认可的定义是困难的。

我们如何定义"精神障碍"呢？诊断精神疾病的标准并不像诊断生理疾病(例如糖尿病或阑尾炎)那样明晰。当前最被认可且考虑了进化和社会价值因素的定义是:精神障碍是一种"有害的机能失调"。这一定义下涉及的情绪和行为状态包括:(1)在当地文化或社区中被认为对自

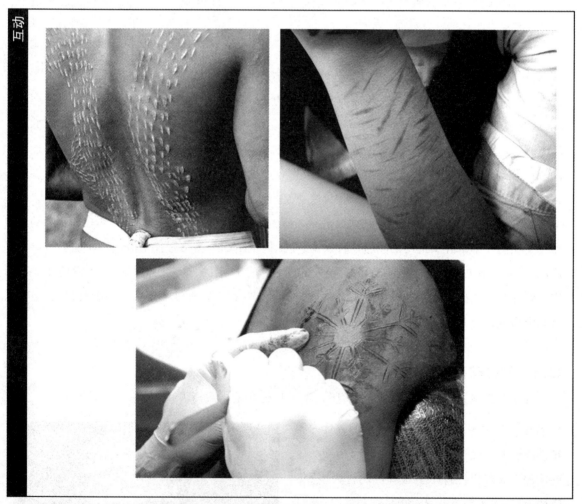

什么是精神障碍？在巴布亚新几内亚,人们有着一个成年礼,会在他们的背上割上一道很小很深的永久性刀疤,象征着鳄鱼鳞。这种普遍的文化习俗不会被定义为障碍(左上)。相对比,一个仅仅是为了制造伤痛而伤害自己的女人,就像右上图那个病人所做的,我们绝大多数人都会认为她是有精神障碍的。但是,另一个因为践行"身体艺术家"理念而在手臂上弄出伤痕的23岁女人呢？在她的腿上和肚子上,有着29个穿孔,那么她也有精神障碍吗(下图)？

己或他人产生危害;(2)定义为机能失调的原因是它表现不出进化上的功能(Wakefield,2006,2011)。进化赋予我们在危险中感受恐惧的机制,这样我们才能逃离危险情景;机能失调存在于如下两种情境中,这一正常的报警机制在个体面临危险时没有起作用,或者在危险过去之后才关闭。如果一个行为没有对自己或社会造成伤害或困扰,那它就不能被称为精神障碍。相反地,即使一个行为是有害的或不良的(比如文盲或少年犯罪),但如果进化功能没有受到影响,就不能被称为精神障碍。

这一定义排除了那些与当前社会或文化的正常观念相背离的行为:一个浑身遍布文身的学生可能与主流价值观不符,但不代表他有精神障碍。但是,这一定义也包括了那些认为自己的行为完全没有任何问题的人,然而他们对自己和他人造成了巨大的伤害。就像那些控制不住自己纵火欲望的儿童,那些冲动赌博导致妻离子散、家财散尽的人,又或者那些受人指使跟踪名人的人。将精神障碍定义为"有害的机能失调",最具有争议性的一点就是我们必须知道哪些特殊行为的进化功能是我们可以在之前就确定它是否被损害,这一辨别工作是不易进行的。因此,在本章中,我们将**精神障碍**定义为思想、情绪或行为中的混乱,这种混乱能够使个体感到痛苦,具有自毁性,严重损害个体正常的工作能力、与他人相处的能力,或者使一个人不能控制伤害他人的欲望。如果使用这种定义,那么许多人都会在他们生命中有或多或少的精神健康问题。

精神障碍 思想、情绪或行为中的混乱状况,能够使个体感到痛苦,它是自毁性的,会严重损害个体正常的工作能力和与他人相处的能力,或者使一个人不能控制自己伤害他人的欲望。

诊断的困境

LO 13.1 B 描述 DSM,并介绍在使用 DSM 诊断精神障碍时遇到的挑战性例子。

即使精神障碍有着合理且一般化的定义,但对精神障碍进行准确而无偏见的分类,并不是一项简单的工作。在这一小节,我们将解释为什么是这样的。

障碍分类:DSM 是用来诊断精神障碍的标准参考手册,是诊断性和数据性的精神障碍手册(DSM),由美国心理学会发布(2013)。DSM 的主要目标是描述性的,为诊断提供清晰明确的依据,以便医生和研究者在如下方面达成一致:他们是在谈论哪一种障碍,研究者可以研究哪一种障碍,医生如何治疗患者。其多样化的诊断分类包括:神经发育障碍、认知神经障碍(由于毒品或者疾病造成的脑损伤)、暴食和进食障碍、性别认同问题、冲动抑制障碍(比如暴力愤怒和病态的赌博或偷窃)、人格障碍、睡眠障碍,还有其他的在这一章我们会讲到的主要障碍。

如果你曾经监护过一群儿童，你就会知道他们经常会很冲动并且不怎么休息。这些现象同样也是 ADHD 的诊断标准。你应该如何区分儿童正常的躁动和临床诊断？是否存在一个能够使诊断更加方便的诊断标准？

DSM 列出了每个障碍的症状，尽可能给出该障碍可能发生的典型开始年龄、诱发因素、障碍的过程、障碍的流行性、可能会影响诊断的性别比例问题以及文化因素。医生在做诊断的时候需要考虑很多因素，例如人格特质、医疗条件、工作和家庭生活上的压力、症状的持续时间和严重程度（Caspi et al., 2014; Galatzer-Levy & Bryant, 2013）。

DSM 在世界上有着非同一般的影响力。基本上，所有精神病学和心理学教科书对精神障碍的讨论都是基于 DSM 进行的。随着每一版手册的更新，精神障碍的数量也在增加。第 1 版出版于 1952 年，仅有 86 页且包含了 100 个诊断。DSM-Ⅲ-R 出版于 1987 年，长度是前一版本的 6 倍，包含了 292 个诊断。DSM-Ⅳ 出版于 1994 年，修订于 2000 年，已超过了 900 页，包含近 400 个精神障碍的诊断。DSM-5 于 2013 年出版，有 947 页，精神障碍的数量与 DSM-Ⅳ 中相同。

从 DSM 的第 1 版到最新版，诊断数量以三倍数增加，是什么原因导致了精神障碍的显著增加呢？这并不意味着更多的人将面临精神障碍。也许只意味最近的 DSM 版本囊括到了更多现存的精神障碍（把它们进行了更详细的分类）。当然也有一些很实际的原因，比如保险公司需要医生给他们的客户一个合适的 DSM 诊断编码，而无论他们客户的问题是什么。这就无形之中给编写手册的人施加了压力去增加新的诊断。从而，更多的患者被纳入医保，医生和心理治疗家会得到酬劳（Zur & Nordmarken, 2008）。一个诊断是否被涵盖以及如何被涵盖，都会影响一个学龄儿童是否享有个人教育计划的资格（Lobar, 2015）。

DSM 在不同的方面影响着我们每个人，这点或许你自己都无法想象。它对我们的影响可能发生在当我们讨论某人有"躁狂症"、"阿斯伯格综合征"或者遭受着创伤后应激综合征（PTSD）时。我们会发现，一些诊断分类或多或少地会变得像文化潮流一样，如野火般传播，在消退之前造成很多危害。其他时候，DSM 的跨版本评估有着积极的影响，如同性恋，曾被作为障碍写进 1973 年版中，如今已经被移除出去。PTSD 也是受到军队老兵的游说才首次在 1980 年版中出现。因为 DSM 的广泛影响力,所以了解它的局限性和一些关于它如何分类的知识,如何给精神障碍下定义就显得至关重要。

1. 过度诊断的危害。老话说得好,如果你给孩子一个铁锤,那么他遇到的所有事物似乎都需要敲击。同样地,有评论说,如果你给精神健康专业人员一种新的诊断,那么他们遇到的每一个人似乎都有这种新诊断的症状。换句话说,有了一个新诊断后,可能会鼓励医生不断使用这个诊断,即使有时使用得并不准确,并且可能会导致过度诊断。

当提到注意缺陷多动障碍(ADHD)时,是对那些冲动、躁动、易受挫、难以集中注意力到了受损的程度的成人或者儿童下的诊断。自从 ADHD 被纳入 DSM、ADHD 案例的数量在美国开始破天荒地增长,相比于欧洲至少增加了 10 倍。评论家担心家长、老师、精神健康专家会过度诊断,尤其是在男孩身上,因为他们占了 80%—90% 的 ADHD 案例。评论家还说,在孩子们身上的正常行为,比如难以控制、拒绝午睡、在学校不听家长的话都变成了心理问题(Cummings & O'Donohue, 2008)。对这个的批判也在媒体上出现,如《The Onion》上,一篇标题为《越来越多美国儿童被诊断有青春倾向障碍(youthful tendency disorder)》的讽刺性文章出现。根据这个半开玩笑的说法,在青春倾向障碍的影响下,这些孩子会跑、跳、爬、旋转、喊叫、翻跟斗,进入不真实、无法解释却令患者本人坚信不疑的情境。最重要的是,一些评论家建议,在正常孩子和 ADHD 患者之间需要一个分界。

2. 诊断标签的力量。当一个人被诊断完,其他的人便开始基于这个标签去看待这个人,而忽视其他可能的解释,当一个反叛的、不服从的青少年被诊断为有"对立违抗性障碍",或一个孩子被贴上"破坏性情绪失调症"时,人们便倾向于把这些问题看作是个体内在固有的。但是可能这些青少年目中无人的原因是他们的父母不听他们的,也可能这些孩子有毁灭性的暴脾气的原因是他们的父母没有给他们设限。其危险在于当标签贴上后,旁观者会忽略他们未来行为的变化(但也许青少年不会一直目中无人,也不会一直暴脾气)。

从另一方面来说,很多人欢迎诊断标签用在他们身上,这使那些为自己情绪化症状找原因和借口的人更放心("噢!所以就是这样")。一些人甚至根据诊断标准给他们自己下诊断,把这个作为他们生活的关注重心。有着阿斯伯格症的人们已经建立了网站,成立了支持团体,甚至接受了 Aspies 这个称呼。那之后会怎么样呢?这些标签什么时候会消失呢？那些个体会把这当作社会支持的一种损失，还是一种认同？实际上，当阿斯伯格症作为一种单独诊断被移除，同时纳入更广泛的孤独症谱系障碍中去时，很多患者都为此抗议。要了解更多的阿斯伯格症的知识，请观看视频"阿斯伯格症"。

3. 对客观的错觉。一些心理学家争论，DSM付出所有的努力都是对固有的主观过程的伪科学的无效尝试（Horwitz & Grob，2011；Houts，2002；Kutchins & Kirk，1997）。评论家认为，关于该把什么作为精神障碍纳入DSM的决定，很多不是基于实证主义的，而是基于团体的一致意见，问题是这些团体意见常常反映的是主流态度和偏见，并不是客观事实。这些偏见在过去如何被操纵是显而易见的。在19世纪初期，医生们说，很多奴隶是因为受到漂泊症（drapetomania）的驱使，才会出现从奴隶主那里逃走的强烈迫切感（Landrine，1988；他由"drapetes"这个拉丁词去构词，意味着逃跑的奴隶，而"mania"意味着"疯狂的"）。因此，医生们可以向奴隶主保证，是精神疾病而不是难以忍受的奴役条件使奴隶们寻求自由，这种诊断对奴隶主们来说十分有利。尽管今天，我们知道奴隶制是多么残酷和荒谬。

这些年，精神病学家否定了很多其他的反映文化偏见的障碍，例如女性缺乏性高潮、童年期手淫障碍和同性恋。但是评论家争论，一些DSM的诊断依然被社会偏见和个人价值观影响着，像医生们想判定性生活过多或过少是不是也意味着精神障碍（Walefield，2011）。与月经有关的情绪性问题也保留在DSM-5中，但是与睾丸相关的行为问题却没有被考虑进去。简言之，评论家认为很多诊断依然植根于是什么组成正常和合适行为的文化偏见。

4. 不确定的诊断。大多数的医疗条件被它们根源的原因所定义，例如，一个因为病毒性流感而引发的发烧，不应该被看作是发烧障碍。相反，到底是什么导致了心理障碍还无从知晓，所以 DSM-5 必须基于症状和可观察的信号去定义疾病。尽管 DSM-5 提供了很多关于诊断的细节描述，但是始终不能证明它很明确、很完整地定义了这个障碍，不能反映出障碍的原因，不能说明在没有任何武断定义束缚的情况下障碍是如何自然

哈莉特·塔布曼（Harriet Tubman）(左边)和她帮助的人从地下铁路逃离奴役。对于塔布曼（Tubman）和其他为了自由逃跑的行为是因为他们患有"漂泊症"精神障碍这个说法，奴隶主们很是喜欢。

出现的。例如，根据 DSM-5，有着神经暴食症的个体会经历着大吃大喝和不合适的补偿行为（比如刻意的呕吐），这种行为三个月内每周至少一次。那我们如何知道这是一个正确的频率？为什么不是两个月？四个月？拿另一个例子来说，抑郁和创伤后应激障碍有重叠的症状并常常共存于一个个体当中，那么根据 DSM-5，这是两个不同的障碍，还是它们是单一障碍两个稍有不同的层面？

去解决这个问题的一个方法是用另一种方式去思考心理障碍，它既不是一种在个体身上时有时无的离散归类法，也不是在情感、认知、行为维度上从温和平缓到严重的等级排列法。事实上，医生、科学家还有资助机构（国际精神机构 NIMH）正在改变进行研究的方式，更少关注分散的诊断，更多关注情绪、认知或者行为维度的潜在层面(Cuthbert, 2014; Watkins, 2015)。例如，并没有直接研究 PTSD 的脑运作机制，NIMH 资助的研究者在研究与 PTSD 有关的行为的脑机制，比如恐惧学习等。然而，评论家认为这个方法在医学上是无用的，因为这对医生挑选合适的治疗方法没多大帮助(Frances, 2014)。

除去 DSM 的局限性，它的支持者始终认为，至少在另一个新的系统被开发之前(Frances, 2014)，还是需要 DSM 诊断为挑选合适的治疗方法做出引导。支持者们承认了精神障碍和普通问题的界限是迷糊的且很难分清的(Helzer et al., 2008; McNally, 2011)。

文化和精神疾病 研究者们通过研究那些来自特定文化情境、规范和传统的人群，已经在区分广泛精神障碍上做出了很大的进步——包括

基因缺陷脑疾病和脑损伤。为了回应评论家关于几乎所有精神障碍都是主观判定的争论,医生指出,一些障碍在哪儿都可能发生,从阿拉斯加的因纽特人到太平洋岛民到尼日利亚的约鲁巴人。一些个体有精神分裂症妄想,有着很严重的抑郁,不能控制他们的攻击行为,或者说伴随着可怕的攻击(Butcher, Lim, & Nezami, 1988; Kleinman, 1988)。

然而,文化会使这些障碍的患者以特定的症状显现出来。在拉丁美洲和南欧,一个人遭受了恐怖袭击可能会报告出有窒息的死亡恐惧。在美国,"变疯狂"的恐惧相比于其他地方是一种更普遍的症状。在格陵兰岛,一些渔民患有"皮划艇焦虑症",当他们乘坐单人小皮艇捕鱼时,会突然出现头晕眼花和恐惧(Amering & Katschnig, 1990)。抑郁同样在世界各地发生,但是不同的种族团体表现出来的症状不同(例如疲劳、狂饮、哭泣、退避),在他们意愿的范围内去诉说他们的情感,在自杀的时候寻求帮助的可能性也不相同。在美国,自杀率高发的团体是美洲印第安男性,自杀率暴发频率最低的是非裔美国女性(Goldston et al., 2008)。

> **互动** DSM-5 在阐明文化对精神障碍和其症状的影响上作出了很大的努力,以下讨论三个与文化相关的层面。
>
> - 文化综合征,专门针对这个文化在哪发生的一种症状。例如,拉丁美洲人可能会有一种名为 atague de nervios 的症状,包括一系列的不可控的喊叫、哭泣和激动。日本的 taijin kyofusho 指一种强烈的恐惧,这种恐惧让身体及其他每个部分或其机能都可能时刻警惕着其他人。
> - 苦恼的文化习语,没有与特定的诊断相关的语言学术语或者方式。例如,津巴布韦的 Shona 有 kufungisysa ("想太多"),在一些令人心烦的思考和担忧上反刍。
> - 症状上的文化解读,用文化的独特视角去解读疾病,例如在海地的 maladi moun ("人为造成的疾病")就是一种因为其他人的嫉妒和恶意导致的疾病。

跨越不同时间和地域去比较精神和情绪障碍的症状,研究者可以从文化症状中区分出普遍障碍。一个元分析研究发现,神经暴食症(包括狂吃的循环和利用呕吐去保持体重)是一个文化性的症状,它主要发生在美国,并且在世界上的其他地区并不多见。然而,神经性厌食症(anorexia nervosa)患者会有感觉自己很肥的幻肢障碍,这些幻觉驱动患者甚至会选择饿死,这个在历史上和跨文化上都能找到证据(Keel & Klump, 2003)。总的来说,知道这些障碍是如何在不同的文化背景下呈现的,可以帮助医生做出正确的诊断,以及选择合适的治疗方案。

心理测验

LO 13.1.C 描述自陈式问卷和投射测验,并利用这些技术识别发现潜在问题。

咨询心理学家和精神病学家通过访谈和观察病人的行为下诊断,但是也常常利用心理测验下诊断。这样的测验也可以用在学校(例如:判断一个孩子是不是有学习障碍)和法庭(判断一个被告是否在精神上可以接受出庭受审)。

自陈式问卷。许多医生用自陈式问卷即直接询问问卷来评估受访者的行为和感受。评估抑郁的主要问卷便是贝克抑郁问卷,评估人格和情绪障碍的最广泛使用的问卷是MMPI,其有10个分量表,包括如抑郁、偏执、精神分裂等部分,四个效度量表去判断被测者是否在回答问题时说谎、防御或者回避。自陈式问卷也用于测量很多心理特质,例如焦虑、幸福感、敌意、日常功能、情绪调节等等。

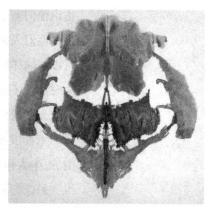

一张罗夏墨迹测验图,你从中看到了什么?

自陈式问卷的好坏只取决于项目本身以及解释它们的知识。比如,一些MMPI上的问题没有考虑文化、宗教和经济、社会间的差异。墨西哥人、波多黎各人和阿根廷回答者在男子气概、女子气概分量表的平均分上与西班牙裔美国人有着不同,这个不同没有反映出情绪问题,但是反映出了传统拉美人对性别角色的态度(Cabiya et al., 2000)。而且,当人们的反应是可理解的压力和冲突的结果时,MMPI可能会给这个人的反应贴上标签以作为精神障碍的证据,比如在离婚阶段和其他法律争端的时候,

许多年来,很多治疗师利用解剖学玩偶作为投射测验的一种工具去判断一个小孩子是否被性侵。但是根据将没受到性侵的儿童作为控制组的实证研究,这种实验是无效的。这会导致治疗师对那些仅仅只是对玩偶生殖器好奇的、没被性侵的孩子做出错误的判断。

或是参与者很焦虑、很生气的时候(Guthrie & Mobley, 1994)。然而,测验研究者们将继续在临床评估上提高 MMPI 的信效度,调整量表去反映当前关于精神障碍和人格特质的研究(Butcher & Perry, 2008)。

投射测验。 投射测验包含了有歧义的图片、句子或故事,需要受试者完成或解释。一个孩子和成人可能会被要求画一个人,一个房子或是其他事物,或是去填补一个句子(比如,我的父亲……)。在投射测验背后的一个假设是,一个人的潜意识是会被投射到测验当中的,会在一个人的回答中被揭示。

投射测验可以帮助医生与病人建立紧密关系,可以帮助来访者去表达出他们羞于说出口的焦虑和冲突。但是很多测验却缺少信效度,这对评估他们人格特质和下诊断都不太合适。缺乏信度是因为,不同的医生可以对同样的分数做出不同的解读,也许在判断受试者特定的答案的意义时加入了自己的信念和假设。低效度的原因是因为测验没有去测量应该去测量的东西(Hunsley, Lee, & Wood, 2015)。可能的原因是,受试者的回答很容易受到当天睡眠、饥饿、药物治疗、担忧、口语能力、医生介绍、医生人格特质以及当天早些时候发生的事情的影响。

最流行的投射测验是罗夏墨迹实验,是瑞士精神病学家赫尔曼·罗夏(Hermann Rorschach)于 1921 年开发的。这个测验包含了 10 张有着对称图形的卡片,最开始是用泼洒的墨汁制成,医生根据具有象征意义的意思得出答案。这个投射测验在诊断精神障碍上并不是可靠可信的。

很多精神科医生和临床社会工作者们将投射测验给小孩子们使用,去帮助他们表达那些不能口头说出来的情绪情感。但是在 20 世纪 80 年代,一些人用投射测验有了其他目的,如去判断一个孩子是不是被性侵。他们解释道,通过观察孩子们如何玩"具有解剖学细节"的玩具(有着真实的生殖器的玩偶)可以辨别出这个孩子是否被性侵(Ceci & Bruck, 1995)。

不幸的是,这些治疗师在利用这个基础科学测验的过程中并没有用与控制组作比较的方法检验他们的想法。他们并没有问"没有受性侵的孩子们是怎么玩玩偶的呢"。研究者们为了得出这个答案做了实验,最终发现,大概率的没有受到性侵儿童也对玩偶的生殖器感兴趣。他们会戳它,占有它,把其他东西塞进去或者是做一些让成年人都震惊的事情。关键结论是:不能够完全地依赖孩子们怎么玩玩偶去判断这个孩子是否遭遇性侵(Bruck, Ceci, & Francoeur, 2000; Hunsley, Lee, & Wood,

---

投射测验 投射测验基于一个人对有歧义刺激的解释去推断一个人的动机、冲突和潜意识。

2015；Koocher et al.,1995）。这些年,医生们转向了其他类型的、希望能够促进孩子自我报告性侵的道具。不幸的是,研究涉及的所谓的性侵受害者是那些已经经受过医学测试和参与过实验室实验的孩子,因此在证明"道具"能促进孩子们准确报告性侵的尝试中,这些研究没有能够提供一致的证据。另一方面,道具实际上提高了因为接触道具而错误报告的风险（Poole,Bruck,& Pipe,2011）。你可以看到那些没有利用好投射测验理解问题,或者说缺乏对孩子认知局限了解的人可能会对理解儿童行为造成多大的错误。

我们将会对 DSM 里面的一些障碍进行更进一步的测验。因为我们不能在一章中将所有的障碍都概述完,我们从最普遍的到最不普遍的障碍中,选出了一些使人苦恼的心理问题。

日志 13.1　批判性思考——结合自己的情况

心理障碍的研究通常被称为变态心理学,其字面意思是"偏离正常或平常"。一个人的行为可以既不正常也不混乱吗？你能从你自己的行为中举出一些例子吗？比如当你"偏离了正常或平常"但又不觉得自己会被诊断为有临床意义的障碍的例子？

模块 13.1 测验

1. 根据这一章节,一个有精神障碍的人必须有如下行为和/或情绪（　　）。

    A. 偏离常态

    B. 在文化或群体意义上造成了伤害

    C. 与以前的功能相比出现了永久性的变化

    D. 缺少分辨是非的能力

2. DSM 的主要目的是（　　）。

    A. 将对精神障碍的诊断分类数量保持到最少

    B. 帮助心理学家选择最好的处理精神障碍的方法

    C. 描述常见障碍的原因

    D. 为诊断精神障碍提供描述性标准

3. 下列哪个选项是使用 DSM 可能的潜在局限？（　　）

    A. DSM 缺乏识别障碍的描述性信息

    B. DMS 缺乏心理学领域内普遍的接受

    C. 存在对于精神障碍流行率低估的可能性

    D. DSM 标准的精确性很难评估

4. Emily 被诊断为有着严重的精神疾病。根据 DSM,如何合适地描述她的状况?(　　)

　　A. Emily 是一个有着精神分裂症的人。

　　B. Emily 是一个精神分裂症患者。

　　C. Emily 疯了。

　　D. Emily 是一个精神病人。

5. 根据心理测试,以下哪个说法是错误的?(　　)

　　A. 一些自陈量表包括效度量表,这些效度量表可以帮助探测撒谎或模棱两可的回答。

　　B. 罗夏墨迹测验是一种投射测验,在这种测验中,参与者报告他或她在一系列墨迹中看见了什么。

　　C. 比起自陈量表,投射测验有着更高的效度和更低的信度。

　　D. 一个人在自陈量表上的回答会部分反映他或她的文化或社会经济背景。

13.2　抑郁症和躁狂症

在精神障碍诊断与统计手册(第 5 版)中,抑郁症包括一系列的条件,这些条件可以导致持久的悲伤情绪、空虚或易激惹的心境,同时伴随着生理上和认知上的功能缺失,这些功能缺失会影响患者的日常生活。一些人经常会说自己感觉抑郁,每个人都会时不时地感受到悲伤的情绪。但这些情绪远远不能称为临床上的抑郁症。

抑郁症

LO 13.2.A　描述抑郁症和普通伤心的区别。

重度抑郁 重度抑郁包括了情绪上的障碍(极度悲伤),行为上的障碍(对以前感兴趣的活动失去兴趣),认知上的障碍(丧失希望的感觉)和身体机能上的障碍(疲劳和食欲不振)。

重度抑郁症主要包括情感、行为、认知和生理上的剧烈变化,这些变化足以扰乱个体的正常机能。病程可以长达 20 周以上,病情减缓后还可能复发。患有重度抑郁的人会感到绝望和毫无价值。他们会感觉到自己无法起床去做一些事情,甚至连穿衣服都需要巨大的努力。他们可能会暴饮暴食或不吃饭,难以入睡或嗜睡,难以集中注意力,时刻都感到疲倦。他们会对平时能让他们快乐的事情失去兴趣。

重度抑郁的一个症状是经常有关于死亡的念头,这使一些患者尝试去自杀。在美国的 15—24 岁的人群中,第二大死因就是自杀,仅次于意外事故之后(美国疾病控制和预防中心,2013)。大多数有自杀念头的人不是真的想死,他们只是想将自己从无人关心的痛苦中解放出来。这种痛苦通常使他们感觉人生没有意义,认为他们只是他们所爱之人的负担

（Mandrusiak et al.,2006；Van Orden et al.,2006）。

在全世界范围内，女性重度抑郁的发病率至少是男性的两倍。但是，由于女性更愿意倾诉她们的感情，也更愿意向外界寻求帮助，男性中可能有更多未被发现和诊断的抑郁症患者（男性比女性更倾向于自杀）。男性抑郁患者更倾向于通过退缩、酗酒、嗑药和暴力来掩盖他们的感觉（Canetto & Cleary,2012）。抑郁的生理基础已经被发现了，在"抑郁症"视频中。

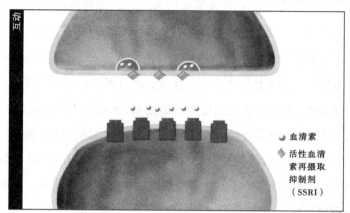

躁狂症

LO 13.2.B 解释躁狂症的主要特征。

抑郁症的对立面是躁狂症，躁狂症是一种不正常的高度兴奋状态。躁狂症不是爱情或运气所带来的正常的开心。躁狂症患者在遭遇挫折时极度兴奋和暴怒，而不是感到疲倦或懈怠。他们会感到自己充满力量，计划周全，而不是没有希望或无力面对。尽管这些计划通常是基于妄想的，比如说想象自己发明一种能够解决世界能源问题的方法。在躁狂状态中的人会陷入严重的问题，比如陷入无节制无意义的狂欢或做出冲动的决定。

当个体患有躁狂症，并与典型的抑郁症交替出现时，就可以说这些人患有**躁狂症**（正式名称是狂躁—抑郁障碍）。伟大的小说家马克·吐温就患有躁狂症。他将躁狂症形容为："情绪的周期性地，突然地改变……从深重的悲伤到半疯狂的风暴。"许多其他的文学家、艺术家、音乐家、科学家也曾经深受其苦（Jamison,1992）。在情绪高涨的时候，他们创作了为世人惊叹的成果，但在情绪低落的周期，却伴随着灾难性的关系、破产和自杀。

《十三个原因》这部电视剧讲述了一个虚构的少女，汉娜·贝克（Hannah Baker）为什么要自杀的故事。一些人称赞这部电视剧提高了公众对校园霸凌和青春期自杀的关注程度。但另一些人却批评这部剧没有充分探索与自杀有关的大量精神疾病，还有人认为这部剧存在潜在的美化自杀的现象，另一部分人则担心青少年可能会模范剧中的行为去自杀。

躁狂症 一种情感障碍，抑郁和躁狂（过度兴奋）交替出现。

《精神障碍诊断与统计手册(第5版)》将躁狂症作为抑郁障碍和精神分裂之间的桥梁收录进来。其原因是有研究证明躁狂症的症状和病因与抑郁症和精神分裂症重合(并且其他精神障碍也是如此)。

抑郁症的病因

LO 13.2.C 讨论抑郁症发病的影响因素。

频繁的压力事件会导致抑郁症的发生。但是抑郁症最令人费解的一点是大多数经历了压力事件的人并不会发展出抑郁症,并且很多经过临床诊断患抑郁症的人所经历的压力性事件并不是那么严重(Monroe & Reid,2009)。因此其他因素在抑郁症发病的机制中也是很重要的。事实确实也是如此,很多学者强调**压力易感模型**,所谓压力易感模型是指个体的脆弱程度(基因易感性、个人经历、思考问题的模式)可能会与当前的压力事件(暴力、虐待、爱人去世、失业等)产生交互作用,从而发展成为心理障碍(详见图13.1)。这一模型可以帮助人们估计抑郁症和其他心理障碍的发病原因。

> **压力易感模型** 压力易感模型是一种描述精神障碍如何致病的方法。它强调个体本身的易感性如何与外界压力产生交互作用从而发展出特定的精神障碍(比如抑郁)。

让我们来一起看看抑郁症的几大主要病因的证据:

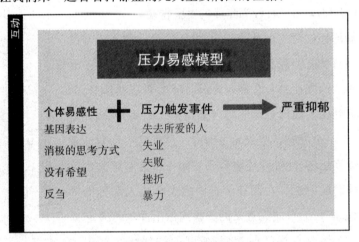

图13.1 压力易感模型

压力易感模型强调个体差别(在基因、人格或认知风格等方面)和外界环境(比如生活压力事件)之间的相互作用。单纯的易感性本身不会导致精神疾病,压力事件也是如此。只有这两者同时作用时才会导致精神障碍,比如抑郁症。

1. 遗传易感性。重度抑郁是与遗传中度相关的心理障碍,但到目前为止,对抑郁障碍的基因定位研究还没有成功。一个集中的研究方向是血清素调整的基因,血清素是一种与情绪变化有关的神经递质。一种早期的理论观点认为抑郁症的病因是由于这种神经递质的缺乏。但是,排除血清素的影响不能导致动物患上抑郁症,增加血清素在大脑中的含量也不能缓解抑郁症的症状。一些抗抑郁药物通过提升血清素含量来达到治疗效果,并不能说明低血清素导致抑郁症,这是一个常见的错误推论(Kirsch,2010;Lacasse & Leo,2005)。

在2003年有这样一项研究,研究的对象是847个新西兰人,研究者们使用时间序列的追踪研究方法观察了他们从出生到26岁的相关状况。研究报告显示,那些缺少各种血清素转化基因(5-HTT)的被试比那些有这些基因的被试更容易在之后的压力性事件中患上严重的抑郁症(Caspi et al.,2003)。这一主效应在许多个体实验(举例来说,Kendler et al.,2005)中都得到了证实(但不是所有的实验)。但是5-HTT基因、生活压力和抑郁症是否有关联一直都被怀疑(Culverhouse et al.,2017;Duncan & Keller,2011),这一结论比早期研究所证实的结果更加复杂。举例来说,也许对被试中的一部分来说,这一效应也许是最强烈的(举例来说,那些童年遭受过虐待或者海马体积更小的被试;Dunn et al.,2015;Little et al.,2015)。虽然如此,但是那些研究基因和环境相互作用的研究有了新的关注点:基因是如何通过下丘脑对人的压力应对产生调节作用。

因此,那些具有风险基因的个体并不一定会发展出抑郁症,这一观点很重要。举例来说,具有抑郁风险(或其他疾病风险)基因的儿童可能并不会发展出相应的疾病,特别是当他们的父母注重监控和管理不让其受伤时(Dick et al.,2011;Dougherty et al.,2011)。此外,基因和环境对人的影响的相关性在人的一生中都是变化的。一项对八个双生子研究的综述发现虽然基因易感倾向能够预测双生子童年期的抑郁和焦虑等级,但到了成年中期,环境因素和生活经验将成为更有影响力的因素(Kendler et al.,2011)。

2.认知习惯。抑郁症患者通常会以一种特殊的消极的方式来认知世界(Beck,2005;Mathews & Macleod,2005)。抑郁症患者通常认为他们的情况是稳定的(我身上什么好事儿都不会发生)和不可控的(我抑郁是因为我又蠢又糟糕,而且我做什么都不会使处境好转)。因为看不到对生活的任何希望,他们不去做任何改变生活现状的努力,并且也因此一直处于不幸福的状态。当抑郁症患者和非抑郁症患者执行在给定的消极情绪下选择开心和不开心的人的脸庞时,抑郁症患者会选择那些悲伤的表情,这是一个他们如何在总体上加工这个世界的信息的隐喻,其中,他们更愿意肯定生活中的一切都是黑暗的、消极的（Joormann & Gotlib，2007）。当研究人员让他们回忆生活中的开心的事情的时候，非抑郁症患者感受到了情绪上的改善，但抑郁患者甚至会觉得更加压抑，好像开心的记忆会让他们觉得自己再也不可能像那时候一样开心了（Joormann, Siemer, & Gotlib, 2007）。

这些认知偏差不止与抑郁相关。纵向研究显示认知偏差也是严重的生活压力发展为更严重的、普遍的抑郁阶段的原因（Hallion & Ruscio，2011；Monroe et al.，2007）。抑郁症患者，特别是那些具有低自尊的患者，会倾向于反刍思维。反刍思维是一种对自己生活中所有错事的不断沉思，他们会不断说服自己"没人在乎我"，并且会仔细思考那些让自己毫无希望的原因。他们不能阻止这些想法在头脑中的留存和回想，这些想法通常都是关于过去的不太愉快的经历（Joormann, Levens, & Gotlib, 2011；Kusiter, Orth, & Meier, 2012；Moore et al.，2013）。作为对比的是，没患抑郁症的、经历压力事件的人通常能够转移视线，去关注外部世界，寻找解决方法。在青春期，女孩子比男孩子更容易发展出反刍现象，而反刍现象对女性长期抑郁和报告中性别比例的不同作出了解释（Hamiltion et al.，2015；Nolen - Hoeksema，2004）。

3. 暴力和虐待。与重度抑郁症相关的最严重的因素可能是反复暴露于暴力下。世界卫生组织曾经进行过一次规模巨大的调查，这一国际性的研究计划包括了 21 个国家，超过 100 万名 18 岁以上的人参与。研究报告显示无论是在贫穷的国家还是富裕的国家，对自杀行为和试图自杀的行为最强的预测因素都是在年轻时反复暴露于性虐待和暴力中（Stein et al.，2010）。

在成年人中，家庭暴力也给女性造成了巨大的不良影响。一个跟踪 18—26 岁的纵向研究，比较了那些处于身体虐待关系的人和那些没有处于虐待中的人。尽管一开始患有抑郁症的女性更容易处于虐待关系，处于暴力关系会增加她们患抑郁症和焦虑症的概率，这一相关作用是独立的。但是这样的前提并不会影响男性的抑郁和焦虑症的发病率（Ehrensaft, Moffittt, & Caspi，2006）。

4. 失去重要关系。另一条探索抑郁症成因的路线是强调失去早期重要关系对易感个体患抑郁症的影响。当一个婴儿与他的主要依恋对象分离，带来的不仅仅是绝望和被动，也对免疫系统有影响，这种影响会导致今后易发抑郁症(Hennessy, Schiml, & Deak, 2009)。很多抑郁症患者经历过与依恋对象分离、失去依恋对象、被依恋对象回绝等诸如此类受损的、没有安全感的依恋关系(Cruwys et al., 2014; Hammen, 2009; Nolan, Flynn, & Garber, 2003)。

这些我们描述的可能致病的因素——基因、认知习惯和认知偏差、暴力、丢失重要亲人关系,共同作用从而成为抑郁症的病因。这就是为什么同一事件(挂科、分手、失业)对不同的人有完全不同的影响。也就是说,一个人在重击之下仍然运转,另一个人被击垮了。

> **日志 13.2　批判性思考——考虑其他的解释**
> 一条新闻报道宣称已经确认基因是导致抑郁症的原因。这是否意味着每一个具有这种基因的人都会患上抑郁症？一个具有辩证思维能力的人如何理解这一研究结果？

模块 13.2 测验

1. 在下列的哪一个群体中能诊断出更多的抑郁症患者？（　　）
　　A. 儿童　　　　　　B. 男人　　　　　　C. 太平洋土著　　　　　　D. 女人
2. （　　）和（　　）的交替出现是双相障碍的特征。
　　A. 抑郁;焦虑　　　　　　　　B. 躁狂;抑郁
　　C. 强迫观念,强迫行为　　　　D. 愤怒;悲伤
3. 以下哪一个因素不是抑郁症的主要致病因素（　　）？
　　A. 心理脆弱　　　　　　　　B. 失去重要的关系
　　C. 认知习惯　　　　　　　　D. 基因遗传
4. 在基因对抑郁的作用中,下列哪一个是正确的？（　　）
　　A. 已经确定了一个抑郁症的主要致病基因。
　　B. 许多不同的基因都会与压力环境发生交互作用从而引发抑郁症。
　　C. 所有 5-HTT 长基因的携带者都会患抑郁症。
　　D. 抑郁症主要由童年期的虐待引起,与基因没有关系。
5. 抑郁症患者会倾向于认为他们的不幸是（　　）。
　　A. 暂时的　　　　　　　　B. 由情境引起
　　C. 不受他们自己掌控　　　D. 可以控制的

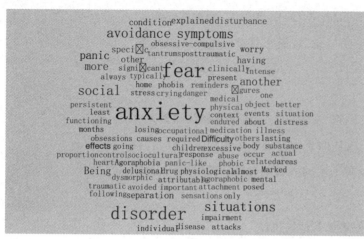

13.3 焦虑障碍

那些等待结果的人或生活在不确定条件下的人对焦虑很敏感,焦虑是担心或心理紧张的一种一般状态。那些认为他们周围的环境是危险和不熟悉的人,就像第一次跳伞或徒步时遇到蛇,会很容易感觉到很害怕。从短期来看,这些情绪具有适应性,能够帮助个体在面临危险时做好准备。这些情绪保证了我们不会在不会操作降落伞的情况下跳伞,并且在遇到蛇时躲得尽可能远。但有时,焦虑和恐惧也会独立于真实的危险出现,这些情绪也会在危险和不确定性过去之后继续存在。这一现象所带来的后果可能是广泛性焦虑,广泛性焦虑通常以持久的焦虑、担心和惊恐性障碍为标志;有时还伴有惊恐发作,惊恐发作是短期但紧张的唤醒感或恐惧感;或引起恐惧症,恐惧症是对某种特定的事物或情景感到极度恐惧。

焦虑和惊恐

LO 13.3.A 区别广泛性焦虑症和惊恐障碍的主要症状。

广泛性焦虑障碍 一种持久的状态,这种状态以恐惧、忧虑、难以集中注意力和不安的迹象为标志。

广泛性焦虑障碍的主要特征是不可控的、极度的焦虑或担心。这些情绪通常包括不祥的预感和恐惧,通常要在半年期间的大部分时间内反复出现,并且这些情绪不是通过身体上的变化导致的,比如说疾病、服用药物、过量饮用咖啡等。一些广泛性焦虑障碍的患者并没有经历过特定的焦虑事件。他们可能对于经历广泛性焦虑障碍的症状有着基因易感性,例如在不熟悉或不可控的情境下坐立难安,心神不宁,睡眠障碍,肌肉紧张,精神难以集中。基因的不同也有可能对杏仁核和前额叶的活动产生影响,杏仁核是感受恐惧情绪的核心结构,而前额叶是知觉危险是否过去的关键成分(Lonsdorf et al.,2009)。

与压力易感模型相同,基因和神经生物易感性可以与有害的外部环境产生交互作用,从而导致焦虑的产生(Gorka et al.,2014;Hanson et al.,2015)。无论广泛焦虑障碍的病因是什么,患者都有加工处理惊恐信息方面的心理偏差。他们将所有事情都认知为灾难,这一认知偏差是他们焦虑的来源,并且也是他们一直焦虑的原因(Boswell et al.,2013;Mitte,2008)。

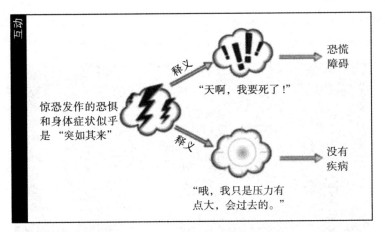

惊恐障碍 焦虑障碍的另一种形式是**惊恐障碍**。惊恐障碍的患者会爆发强烈的恐惧和许多生理唤醒的症状。惊恐障碍的主要症状包括心跳加速,胸口疼痛或不舒服,呼吸困难,眩晕,感觉不真实,忽冷忽热,出汗,颤抖——并且这些有关恐惧的身体症状会导致——对死亡的恐惧,疯狂,失去控制。许多患者害怕他们是心脏病发作。

尽管惊恐障碍的病因难以追究,但通常发作于压力事件、拖延感情、特定的恐惧或惊恐经验。我们的一个朋友有曾在33000英尺高空的飞机上被炸弹威胁的经历。他当时完美地控制了感情,但两星期以后看起来无缘无故地,他突然惊恐障碍发作。这种在危及生命的恐慌之后的延迟性惊恐障碍发作是正常的。

> **互动** 你是否曾经经历过那些马上能让你感觉到强烈的恐惧,心跳加速,胸闷气短和头晕目眩的惊恐障碍发作?
> ○是
> ○否

惊恐障碍在正常人中是很常见的,28.3%的人一生中都或多或少地经历过惊恐障碍;与之形成对比的是,只有4.7%的人体验过惊恐障碍的全部症状(Kessler et al.,2006)。为什么更多人没发展出惊恐障碍呢?一个可能的原因是他们在面临惊恐发作所带来的身体反应时有不同的解释方法(Barlow,2000;Bentley et al.,2013)。大多数偶尔惊恐发作的人正确地将这些症状看作是已经过去的危机或已经过去的压力的结果。但那些发展出惊恐障碍的人将惊恐发作看作是生病或即将死亡的标志,这样的看法只能使惊恐发作带来的身体反应加剧。而后他们开始害怕

惊恐障碍 有焦虑障碍的个体经常反复地惊恐发作,强烈的恐惧,马上就要死去或遭遇不幸的感觉,通常还会伴随一些生理上的症状,例如心动过快或头晕眼花。

未来可能的惊恐发作，并限制自己的生活，希望以此避免发生惊恐发作。要了解更多这一情况下的生理基础，请看视频"惊恐发作"。

恐惧和恐惧症

LO 13.3.B 描述恐惧症的主要特征，并解释广场恐惧症为何难以治疗。

你害怕虫子、蛇或者狗吗？或只是对站在它们旁边感到一种莫名的不舒服或害怕以至于你无法忍受与之待在一起？**恐惧症**是对特定情景、活动或事物的夸人的害怕和逃避。一些常见的恐惧症——例如对苍蝇的恐惧症，对高度的恐惧症（恐高症），对血的恐惧症，或对陷于封闭空间的恐惧症（幽闭恐惧症）可能已经发展为人类中最容易患有的恐惧症，因为这些恐惧反映了真实的危险。一些恐惧，比如说对数字 13 的恐惧（黑色星期五恐惧症），可能反映出了特殊经验或是文化传统。无论病因如何，一种真正的恐惧症会使其患者受到惊吓并觉得难以承受。这不仅仅是在看到狼蛛时容易受到惊吓的倾向，或避免与马戏团中的小丑有眼神接触。

恐惧症 极端的、不切实际的恐惧，逃避一些特定情景、活动和对象。

什么东西令你恐惧？每一个人都会害怕些什么。花一点时间想想你最害怕什么。恐高？害怕蛇？还是在公共场合讲话？问自己几个问题：(1)你害怕这件事情(或场合)有多久了？(2)当你无法躲避时，你的焦虑程度如何？(3)为了避免你所害怕的东西，你愿意付出怎样的代价？(4)这种恐惧是否会影响你的生活或损害你的生活质量？

思考自己在前面这些问题上的回答。如果你在想自己的恐惧是正常的还是已经发展为一种恐惧症，最关键的一点是，这些恐惧和回避是否已经影响到了你的生活、社交、学业或其他方面的正常功能。如果没有产生这样的影响，你可能只是有一些"普通"的恐惧而不是恐惧症。

那些患有**社交焦虑障碍**(也称作社交恐惧症)的人会在被其他人观察的情境下表现出异常的焦虑，比如说在饭店中吃饭，在大众面前演讲，在观众面前表演。他们担心自己将会做一些使自己陷入极度尴尬的情景，而其他人将会嘲笑和拒绝他们。每个人都经历过在他人面前或是社交场合中偶尔的害羞或社交焦虑，这些恐惧症是它们的一种更严重的更具有危害性的形式。对于具有社交恐惧症的人来说，仅仅是想想去一个满是陌生人的新环境就已经足够恐怖到让他们流汗、颤抖、恶心以及一种压倒一切的无能感。所以他们干脆选择不去这些场合，这样更增加了他们的孤独感和想象中的恐惧。

社交焦虑障碍 社交焦虑障碍的特点是对于有他人在场的社交场合感到害怕或者焦虑，或尽量避免他人可能的消极评价。

患有广场恐惧症的典型症状是会担心一旦出现恐慌症发作或其他丧失行为能力的症状，逃生或救援可能会很困难(例如，在一个非常拥挤的商店中或在路上行驶时)。(在古希腊，集会"agora"是城市中社交、政治和商业的中心，是离居住区较远的人们会面的场所。)**广场恐惧症**通常开始于看似毫无理由的惊恐发作。这种惊恐发作是不可预料且很恐怖的，以至于这些患者试图避免那些他们认为可能招惹到其他人的情境。这种逃避行为变得愈加严重，直到患者完全不愿出门，即使出门也是在至亲好友的陪伴下。

广场恐惧症 对一些特定的场所感到恐惧，患者认为如果在这些场所中惊恐发作或有一些其他症状，自己将很难逃跑或是得到援助。

日志 13.3 批判性思考——定义你的条款

在生活中有着许多可怕或/和厌恶的情况，例如在跑步道上遇到响尾蛇，去看牙医或者听到飞机驾驶员说：这些按钮是干嘛的。但是如何将合理的恐惧从破坏性的恐惧症中分离出来？有时候对于害怕的事情产生恐惧是正确的反应，比如当你恐惧的事情可能杀死你时。在其他情况下，可能你害怕的事情并没有什么危险系数。所以什么恐惧才是属于正常反应和恐惧症的分界线呢？

模块13.3测验

1. 下列哪种障碍具有以下特征：持续的焦虑，惊慌，肌肉紧张和难以集中注意力？（　　）

    A. 惊恐发作　　　　　　　　　　B. 一般性焦虑障碍

    C. 惊恐障碍　　　　　　　　　　D. 重度抑郁

2. 伯在昨天晚上与朋友们一起放松娱乐，突然他感觉到自己在出汗并且身体很湿冷，这时他的心脏仿佛要跳出胸腔一样。身为一名年轻人他很惊讶自己居然有心脏病。他的朋友马上拨打了报警电话。护理人员进行了一系列的检测，确认他的心脏没有问题。你认为他们可能会给出怎样的诊断结果？（　　）

    A. 广泛性焦虑障碍　　　　　　　B. 自恋型人格障碍

    C. 癫痫症　　　　　　　　　　　D. 惊恐发作

3. 以下哪一个因素是发展出惊恐障碍的关键因素？（　　）

    A. 文化差异对定期进行精神健康检查的重视程度

    B. 人们如何解释和看待他们与压力和焦虑相关的生理反应

    C. 对情绪障碍的易感性

    D. 个体是否经历过明显的童年创伤

4. 乔治特对鸟类有强烈的恐惧。她从来没有关于鸟类的不好的回忆，但是她仍然害怕见到鸟，甚至害怕它们的照片，也害怕听到它们叽叽喳喳的叫声和扑打翅膀的声音。所以乔治特患有（　　）。

    A. 广泛性焦虑障碍　　　　　　　B. 恐惧症

    C. 惊恐发作　　　　　　　　　　D. 惊恐障碍

5. 什么是恐惧症和恐惧的主要区别？（　　）

    A. 恐惧比恐惧恒更令人痛苦。

    B. 恐惧症包括对一个或更多的场景或客体的焦虑。

    C. 恐惧症是有害的但恐惧不是。

    D. 恐惧症比恐惧更常见。

13.4　创伤障碍和强迫障碍

压力症状是人在面对常见问题和生活中的冲突时常有的反应，甚至在面对人生中的重大变故时也是如此。同样地，多次纠结于一些人或目标，或是求助于一些小的迷信仪式是正常的。但有些时候这些症状会升级转变为能够影响人的正常机能的障碍。

创伤后应激障碍

LO 13.4.A 定义创伤后应激障碍，讨论它的症状和来源。

侵入性记忆、失眠、兴奋以及其他痛苦迹象是经历困境的典型体验，同时常常出现在个体经历战争、被强奸、被虐待、自然灾害、亲人离世或恐怖袭击等危机事件后。但是如果这些症状持续一个月以上，并对人体的正常机能产生危害，就可以说个体患有**创伤后应激障碍（PTSD）**。PTSD 的症状包括重复体验创伤时的情景、创伤记忆、闪回、噩梦；避免任何提及创伤事件的对话；对他人的疏离，对日常活动没有兴趣；并伴随增加的生理唤醒，比如失眠、烦躁易怒、过度警觉（对潜在威胁的注意增加），还有注意力的破坏。

创伤后应激障碍 患者通常经历过创伤性事件或惊恐事件，主要症状有噩梦，闪回，失眠症，重现性创伤体验和较多的生理唤醒。

在"9·11"事件发生的数年后，很多人出现了 PTSD 的症状。特别是那些失去亲人的受害者或在附近工作的人，他们是第一批产生反应的（Maslow et al., 2015；Neria, DiGrande, & Adams, 2011）。但是大多数经历创伤性事件的人最终恢复了，也并没有发展出 PTSD。"9·11"之后曾有专家预测 PTSD 会大规模爆发，但并没有（Bonanno et al., 2010）。为什么有些人能在经历创伤性事件之后恢复，而有些人不能，甚至症状持续数年以至于数十年？

压力易感模型能够帮助解决这个问题。先前存在的压力易感性能够解释某些个体为什么在创伤性事件后发展出了 PTSD。一种压力易感性与基因有关。普通人群中的双生子和经历过战争的老兵中的行为——基因研究显示 PTSD 症状中存在遗传成分（Almli et al., 2015）。

另一种压力易感性与神经生物相关。有意思的是，许多 PTSD 的患者中，他们的海马体积小于平均水平（O' Doherty et al., 2015）。海马在自传记忆中起关键性作用。如果创伤事件的经历者的海马非常小，对过去记忆的应对会产生困难，从而导致经历者不断回忆起过去的事情。一项针对同卵双生子的核磁共振成像研究显示，两兄弟中经历过越南战争并患有 PTSD 的个体海马小于正常水平，但没去参与过越南战争，也没有 PTSD 的兄弟的海马也小于平均水平。这说明，海马体积较小这一家族遗传性，会增加创伤性事件后罹患

可以理解的是，许多士兵受到创伤后压力症状的影响，但为什么有些最终恢复了，而有些却多年受到创伤后应激障碍的影响？

PTSD 的风险（Gilbertson et al.,2002）。

患有 PTSD 的个体也在杏仁核和背侧扣带回前皮质中有超高水平的活动,这两个脑区负责恐惧调节和察觉环境中的潜在威胁。在这些脑区中不正常的高激活水平可能解释了为什么 PTSD 的患者显示出了（条件性的）恐惧和被创伤记忆激发的唤醒,也解释了为何他们即使在安全的环境中也非常警惕。此外,这两个脑区的过度兴奋也可以看作是先天的易感性,这增加了经历创伤性事件后发展为 PTSD 的概率（Admon, Milad, & Hendler,2013）。一项针对以色列国防军士兵的研究发现,比起常人,那些服役前杏仁核过度激活的士兵在服役大约 18 个月以后有着更严重的 PTSD 症状（Admon et al.,2009）。另一个与上文中的双生子实验相似的研究显示那些患有 PTSD 的老兵和他们没有患 PTSD 的兄弟的背侧扣带回前皮质中激活程度均高于常人。这些脑区的高激活程度使一些人在创伤性事件后更容易患上 PTSD（Shin et al.,2009,2011）。

先前存在的易感性还有可能是情绪或认知。心理疾病的病史,例如焦虑和冲动型攻击可能会增加 PTSD 的患病概率（Breslau, Lucia, & Alvarado,2006）。另外,IQ 更低的个体有更大的患病风险（Koenen et al.,2007）,甚至在创伤性事件得到控制后还是如此（Macklin et al.,1998）,这可能是因为低 IQ 代表了认知应对能力的低下。

总而言之,存在于创伤性事件之前的神经生理、情绪和认知机能等方面的不足可能会增加经历创伤性事件后患有 PTSD 的概率。这就可以解释为什么有些人长期受 PTSD 症状的折磨,而另一些人恢复得很快。

日志 13.4　批判性思考——积极提问；愿意求知

这有一些独特的发现:大多数的经受过重大创伤的人并不会发展成为创伤后应激后遗症。这是为什么呢？请确保你的答案是从基因、神经学、情绪、认知和文化角度来解释为什么发展或不会发展成创伤后应激后遗症。

强迫观念和强迫行为

LO 13.4.B　区分强迫观念和强迫行为,并讨论强迫障碍的定义。

强迫障碍（OCD）的定义是:反复的、持久的、违背自身意愿的想法或意象（强迫观念）和重复的、仪式化的行为（强迫行为）,患者执行这些行为,以逃过自己认为的不幸。当然,许多人有琐碎的强迫行为,并会做一些迷信仪式。棒球运动员就很典型,当需要连续击球的时候,有些人不换袜子,而另一些坚持每天吃鸡肉。强迫观念和强迫行为只有在不可控

强迫障碍　一种使患者陷入重复且持续的焦虑障碍的症状（强迫观念）,同时伴有重复的仪式化的行为和精神活动（强迫行为）。

且干扰到个体的正常生活时才变为强迫障碍。

那些有强迫观念的人常常会察觉到自己有一些令人恐惧和厌恶的想法,比如杀害儿童,握手时弄脏自己的手,想在交通事故中把不认识的人撞死。强迫观念有很多种形式,但它们都对信息加工和归因有害。

对于强迫行为来说,最普遍的症状是洗手、数数、触摸和检查。有一位女士必须在她睡觉之前检查20遍火炉、灯光和门锁。有一位男士必须重复开关他的公寓门直到他感觉那门"正正好好"地关上了。强迫障碍的患者知道他们的行为是缺乏理智的,他们也受到自己强迫仪式的折磨。但如果他们要与自己的强迫行为对抗,他们会感到越来越焦虑,直到他们重新服从于自己的强迫行为。但是,不是所有强迫症患者都能确定他们那些仪式到底能预防什么灾难,有些人发展出了对抗一般的悲伤情绪的仪式。

在许多患有强迫障碍的人中,前额叶皮质的异常造成了他们的认知僵化,即他们总会纠结于突然闯入的想法;他们还会行为僵化,即他们在受到消极反馈后很难改变自己的强迫行为(Snyder et al.,2015)。通常来说,个体在危险已经过去或是意识到没有理由恐惧时,大脑中的报警信号就会停止。但对于强迫症患者来说,大脑却持续释放出错误的危险信号,情绪网络中也持续给出错误的恐惧信息(Graybiel & Rauch,2000)。患者会感到持续的危险的状态,并且他们会尽量避免这一状态所带来的焦虑感受。

《精神障碍诊断与统计手册(第5版)》中的强迫障碍条目下包括了囤积障碍(Slyne & Tolin,2014)。病理性的囤积障碍者在家里堆满垃圾,比如报纸、装着旧衣服的袋子、用过的纸巾盒———一切种类的垃圾。他们对要丢掉今后可能要用到的东西感到恐惧,这种恐惧使他们饱受折磨。一项针对强迫囤积患者和有强迫症状者的脑成像对比研究显示,囤积障碍者在脑部的许多区域存在明显的紊乱,比如决策区域、监控区域、记忆区域和知觉身体不愉快的区域(An et al.,2009;Saxena et al.,2004;Tolin et al.,2012)。或许这些缺陷能够解释一些现象,包括为什么囤积障碍者不能决定什么该扔掉,为什么他们处于持久的焦虑中,他们为什么在起居室、厨房甚至床上囤积这么多东西。原因是,他们不能记住东西在哪里,并且因此觉得需要保持这些东西在视线中。

模块13.4 测验

1.下列四个选项中的哪一个不是创伤后应激障碍的主要症状?(　　)

A. 噩梦 B. 强烈的生理唤醒
C. 重现性创伤体验 D. 产生幻觉

2. 从解剖学上来讲,PTSD 患者与非 PTSD 患者有什么不同?（　　）
A. 更小的前额叶 B. 更大的前额叶
C. 更大的海马体 D. 更小的海马体

3. 朋克音乐家拉蒙以他的迷信和宗教仪式出名。在到达终点之前他必须多次在飞机舷梯上走来走去;开门之前连续三次触摸球形门把手;进屋之前要在门口来回踱步。由此可知他患有（　　）。
A. 边缘型人格障碍 B. 创伤后应激障碍
C. 强迫障碍 D. 广泛性焦虑障碍

4. 弗里茨不能停止洗手,他一天洗 23 次手。维丽特不能停止想象她会在何时以何种方式死亡;这种想法在她的大脑中一小时就出现 18 次。弗里茨患有（　　）而维丽特患有（　　）。
A. 人格障碍;情感障碍 B. 强迫观念;强迫行为
C. 情感障碍;人格障碍 D. 强迫行为;强迫观念

5. 囤积障碍在 DSM-5 中被分类于（　　）条目下。
A. 强迫障碍 B. 情绪障碍
C. 人格障碍 D. 分离性障碍

13.5　人格障碍

人格障碍无处不在,人格障碍是一种感情上和行为上的持久的模式,这种模式会对个体与他人交流相处的能力产生巨大的损害。《精神障碍诊断与统计手册》中包括了 12 种不同的人格障碍,这些人格障碍由不同的病理学症状区分,例如极度的情绪不稳定或冷漠无情。

边缘型人格障碍

LO 13.5.A　解释边缘型人格障碍的主要特征。

边缘型人格障碍 边缘型人格障碍的主要特点是极度的消极情绪,并且无法调整自己的感情。边缘型人格障碍通常会导致紧张的、不稳定的人际关系和冲动的自残行为,还有空虚感以及害怕被抛弃的感觉。

边缘型人格障碍的主要特征是,其患者的情绪极其负面并且不能自己调整。他们曾有过紧张和不稳定的人际关系,他们时而理想化同伴,时而贬低同伴。他们疯狂地避免真实,或者想象自己被其他人抛弃,即使这种"抛弃"只是某个朋友简短地休了个假。他们具有自我毁灭性且十分冲动,长期苦于空虚感,并且常常威胁他人要自杀。他们的情绪不稳定,在愤怒、兴奋和焦虑之间来回摇摆(Crowell, Beauchaine, & Linehan, 2009; Schuleze, Shmahl, & Niedtfeld, 2015)。他们爱和恨的感情都非常剧烈,并且有时两者同时存在("边缘型"这一词条来源于心理动力学的观点,原意指落在了轻微和严重的精神疾病边缘,由此发展出了对适应世界不协调的机能)。

大多数患有边缘型人格障碍的人通过切割或自残的方式来伤害自己。这种"非自杀自残"几千年前就出现了,并且全世界的各个地方都有,这种现象在青春期和成年早期出现较多。自残有两种主要功能:第一,自残可以释放个体压力;第二,自残能够带来社会支持,让人从不想承担的社会责任中解脱出来(Fox et al.,2015;Nock,2010)。

目前还不清楚边缘型人格障碍是如何发展的。主要观点认为,存在一个描述边缘型人格障碍发展的模型,这一模型是由玛莎·莱因汉(Marsha Linehan)提出的,她也患有边缘型人格障碍(并且她的病情已经发展为最成功的治疗案例之一)。在这一"生理社会"模型中,这些是边缘型人格障碍的易感变量——压力模型,一个孩子可能在出生时就伴有边缘型人格障碍的易感性,这种易感性通常是前额叶的缺陷,前额叶在情绪中作用很大,并且这种易感性会让他们更倾向于消极情绪。所以,这些孩子变得行为冲动且情绪敏感,并且在莱因汉所说的"无效环境"中会更加恶化。"无效环境"是指这些孩子的父母不能忍受孩子们的情绪和表达,告知孩子他们的感觉是没有理由且荒谬的,并且让孩子自己去面对。与此同时,这些父母不时用注意来强化孩子的情绪爆发。这些因素的共同作用,使孩子不会理解自己的情绪,也不会对自己的情绪分类,同时也丧失了冷静调节自己情绪的能力。相反地,这些孩子变得无助,他们试图抑制自己的情绪,并且将情绪转变为极端的表达方式(Crowell,Beauchaine,& Linehan,2009;Crowell,Kaufman,& Beauchaine,2014)。尽管学界也存在其他的解释边缘型人格障碍的模型,但它们都使用了基因易感性和监护人——儿童之间的问题动力学的交互作用的核心思想(Sharp & Fonagy,2015)。

查理·曼森(Charles Manson)目前正在监狱中服刑。他的刑期是终身监禁——因为他在1960年代犯下的一系列谋杀罪行。那些不关心其他人的痛苦并且对自己犯下的恶性罪行毫无悔意的人可能具有反社会型人格。

反社会人格障碍

LO 13.5. B 区分精神病和反社会人格障碍,并给出它的基本成分。

在《精神疾病诊断与统计手册》的许多版本中,**反社会人格障碍(APD)** 的定义是经常违反法律并侵犯他人权力的行为;他们行为表现冲动,并喜欢追求刺激;莽撞地无视安全问题;经常打架或攻击他人,并且蛮不讲理;他们很难坚持工作或履行义务。这一定义的不足之处是,它

反社会人格障碍 反社会型人格障碍的标志是不负责任和反社会行为,例如违法,暴力和其他冲动和鲁莽的行为。

列举了一系列反社会人格障碍患者的外在症状表现,却忽视了这些症状的原因和基础——即隐藏在其下的精神障碍。此外,这一定义对常年混进"不良群体"的人和被研究者称之为"毕生持续的侵犯者"两种人都适用。对于后者而言,违反规则和不负责任可能从童年时期就开始了,只不过对于不同的个体来说,可能在不同的时间以不同的形式发生。例如:"4岁的时候咬人,打人;10岁的时候偷窃店铺,逃学;16岁时贩卖违禁药物,偷车;22岁时抢劫,强奸;30岁时诈骗,虐待儿童"(Moffitt,1993,2005)。攻击性的个体差异在婴儿1岁生日时就能明显体现出来,几乎是在婴儿拥有击打或施力的运动技能时就能体现出来,这似乎是日后暴力行为的早期预测指标(Baker et al.,2003;Hay et al.,2011)。

反社会行为看上去有基因基础,至少有部分基础(Raine,2013)。在一项针对那些经受过身体虐待的男孩的纵向研究中,那些在关键基因(该基因是有关于一种能够破坏神经递质的酶)中有变异的被试比那些没有这些变异的被试显示出了更多的极端的反社会行为(Caspi et al.,2002)。尽管只有12%的受过虐待的儿童有这种基因变异,但他们在未来的暴力犯罪中所占的比例接近一半。

但是请记住,基因并不是决定性因素。正像刚才研究中所描述的,大多数具有这种基因变异的男孩如果被父母以充满关爱的方式抚养长大,则不会出现暴力犯罪的情况。基因可能会影响大脑,使儿童倾向于破坏规则和产生暴力行为,但是许多环境因素可以打乱这一进程并使这些基因以不同的方式表达出来。其中一点就是出生之后三年的营养缺乏,这可能与青春期中的反社会行为相关;第二点是早期与母亲的分离;最后一点则是父母虐待导致的大脑损伤(Raine,2008)。

这些能够增加反社会人格障碍(APD)的患病风险的基因可能也与大脑结构和机能相关。现在已经有非常明显的证据表明:反社会人格障碍与前额叶的异常是相关的。反社会人格障碍的患者与那些不患此病的人相比,他们前额叶的激活更弱,前额叶灰质也相对较少(Glenn & Raine,2014;Yang & Raine,2009)。额叶负责计划和冲动控制,这一区域的损伤将导致个体不能对挫败感和愤怒做出恰当的反应,例如不能正确地调节情绪,不能明白短暂的放纵带来的长期后果(Fairchild et al.,2013)。额叶异常可能是遗传的,也可能是疾病、意外或身体虐待导致的(Glenn & Raine,2014)。

反社会障碍的另一个特点就是其与杏仁核的功能和结构异常相关

（Glenn & Raine,2014）。一项研究显示,在不同程度攻击性的人中,杏仁核体积小的人攻击性更高,在研究中更小的杏仁核体积这一变量成功预测了这些被试在今后三年中更高的攻击性和更频繁的暴力行为（Pardini et al. ,2014）。

听取了许多临床科学家的反对意见后,《精神疾病诊断与统计手册》中对反社会人格障碍的诊断做出了调整。这一调整表现为诊断标准更倾向于强调个体的反社会行为,而不是在这些行为之下隐藏着的心理异常。举例来说,这些心理异常包括缺乏自责、同情和恐惧感,而这些正是下文要阐述的精神病的主要特征。

精神病：传说和证据

LO 13.5.C 列出并解释精神病特征形成的主要因素。

数十年前,赫维·克莱克利（Hervey Cleckley）（1976）使**精神病（sigh-CAW-pathee）**的概念普及开来。他将精神病定义为:无情无义,极度缺乏道德感,不能感受正常的感情。精神病患者无法正确处理惩罚带来的悔恨感和恐惧感。同时,对于他们伤害的人,他们缺乏羞愧感、负罪感和同理心。如果他们在撒谎或犯罪时被抓了个现行,他们可能会非常诚恳地道歉并保证悔改,但这只是一种表演。一些精神病患者有暴力倾向或是虐待狂,他们可以杀害宠物、儿童或素不相识的成年人,并感受不到任何一点的悔恨之意。但另一些精神病患者非常迷人且善于操纵他人,他们擅长于将自己的能力用于骗局或职业上的成功,这些精神病患者更倾向于从情感上和经济上虐待他人,而不是从身体方面（Skeem et al. ,2011）。

精神病 精神病是一种伴随着反社会人格障碍的精神疾病,是一种以缺乏恐惧、同理心、负罪感和悔恨感为标志的人格缺陷。他们通常会欺骗他人,并且铁石心肠。

> **互动** 一组研究者通过一个详细而彻底的研究,将精神病的传言和真实情况区分开来。首先,精神病患者不符合以下的几个情况:
>
> 1. 精神病与暴力和虐待狂是不同的。许多精神病患者没有犯罪史或者暴力记录,并且许多罪犯也不是精神病患者（Poythress et al. ,2010）。
> 2. 精神病与"psychotic"是不同的:精神病不是幻想,脱离现实,或者不清楚自己行为的后果;他们清楚,只是不在乎自己行为的后果。
> 3. "精神病是天生的而不是后天形成的。"这一观点是错误的。有很多导致精神病的原因,但它们都与基因表达和环境的交互作用有关系。

> 4. "精神病不会改变它表现的方式"，这句话也是错的。一些在精神质方面得分较高的成人和儿童通过高效的治疗后能产生较好的效果。
>
> 除此以外，精神病并不是一个单独的整体，它包含着一系列不同的人们已经研究出的特征。

一些精神病患者有虐待倾向和暴力倾向。加里·L.里奇韦（Gary L. Ridgway）（外号：Green River Killer）是美国历史上最臭名昭著也是最致命的连环杀手，他勒死了48个女人，并且把她们悬挂在全国各处，以方便他"持续追踪她们"。但是最神经质的不是杀手们。缺乏同理心和良心，他们利用自己迷人的外表和精心设计的骗局陷害和欺骗他人。伯尼·麦道夫（Bernie Madoff）利用自己迷人的外表和名声欺骗了投资者超过170亿美元。

尽管精神病可能在个人主义化的西方社会中较为普遍，但是也有观点认为精神病在全世界的所有文化中普遍存在，从古至今。即使在某些奉行团结和集体的文化中也是如此，举例来说，加拿大的尤皮克部族中专门有个单词代表精神病患者"kunlangeta"（Seabrook，2008）。一个人类学家曾经询问过一个该部族成员他们会如何对待"kunlangeta"，这位部族成员是这样回答的："有人会趁别人不注意时将他推下冰缝。"精神病人在每一个地方都令人害怕和厌恶。

几乎可以肯定的是，精神病患者的情感联结出了问题。这种情感联结使所有的灵长类动物（不仅仅是人类）感觉到自己与同类之间的联系。精神病人在情感感受能力上的退化说明了他们中枢神经系统中的失常（Hare，1965，1996；Lykken，1995；Raine et al.，2000）。大多数的精神病人并不能像其他人一样在生理上感受到惩罚的威胁，这就能说明他们为什么不惧怕能够吓死别人的情景。通常来说,当一个人处于危险、疼痛或惩罚中时,他的皮肤电导率会发生变化。这种变化是人在面对焦虑和威胁时的一种典型反应。但是精神病人这种变化发展得很慢,这就说明了他们在感受焦虑方面存在困难,而这种对焦虑的感受性对于个体了解自己的行为会产生不良后果是很有必要的(Lorber,2004;见图13.2)。此外,这种损伤可能在年龄很小时就开始了。一项研究对被试3岁时的恐惧习得损伤进行了评定,发现这一指标可以预测被试未来(23岁时)的犯罪行为(Gao et al.,2010)。缺乏同理心也可能存在生理基础。与非精神病人相比,精神病人在看到他人哭泣、悲痛的图片时,他们的出汗、肌肉紧张和震惊反应程度几乎不变(Blair et al.,1997;Herpertz et al.,2001)。此外,精神病的症状还包括了缺乏对自己有关系的人的关心,这种现象通常伴随着大脑中有关同情心的区域的激活减弱(Seara-Cardoso et al.,2015)。

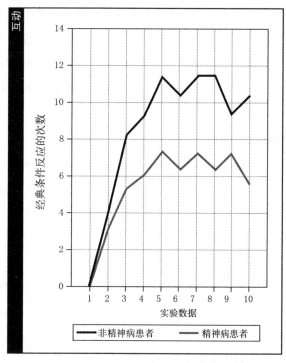

图13.2 情绪和精神病

在许多实验中,那些被诊断出精神病的被试通常都会在经典性条件反射的发展中产生困难,这些经典型条件反射通常都与危险、疼痛或惊吓有关。这种缺陷可能导致精神病患者以一种毁灭性的方式行事,而不存后悔之意,也注意不到自己行为的后果。

精神病人还在识别恐惧表情上有困难。近期,临床科学家开发了一些能够测量儿童的麻木与冷漠程度的方法。这些方法也能够评估那些日后可能会发展成为精神病的核心人格(Bedford et al.,2015;Frick & Viding,2009)。具有这些特点的年幼的孩子在正确解读恐惧表情上有困难,这些表情包括了面部表情、语音表情或身体表情。举例来说,相比正常的男孩,那些展现出麻木不仁、冷漠无情的性格的男孩,他们的杏仁核在识别恐惧的面部表情时的激活程度更低(Jones et al.,2009)。他们既不能感受到恐惧,也无法感知其他人是否处于恐惧当中。所以,这可能导致他们的父母或其他人对孩子的社会化所做出的努力化为乌有,进而,也无从发展出道德感或良心(Sylvers,Brennan,& Lilienfeld,2011)。

日志 13.5 批判性思考——结合自己的情况

在你生命中的某个时刻,你很有可能曾把某人描述过为"神经病",或者听到别人这么说过。这个词可能用得并不恰当。首先,简要描述您使用或听到该描述符时的实例。是什么情况导致了这句话？是什么原因促使人们使用这种描述呢？接下来，考虑一下边缘性人格障碍、反社会人格障碍、精神病和一般人格障碍的定义。当人们使用这个术语时，这些疾病的哪些特征与他们通常想到的最接近？

模块 13.5 测验

1. 南茜在感情上依赖别人，并且在她感到她的朋友抛弃她时会感到恐惧和生气，就算她的朋友们只是去度假。她会通过自残和扬言自杀来威胁他人以此获得自己想要的。你倾向于为她下何种诊断？（ ）

    A. 躁狂症   B. 精神病

    C. 反社会人格障碍   D. 边缘型人格障碍

2. 查理的长期行为模式是这样的：不负责任的行为，包括暴力行为、违法行为、冲动和鲁莽的行为。一个临床医生在他的牢房中对他进行了访谈，查理可能被诊断为（ ）。

    A. 强迫症   B. 反社会人格障碍

    C. 创伤后应激障碍   D. 分离性身份识别障碍

3. 许多被诊断为反社会人格障碍的患者在解剖学上体现出（ ）的异常。

    A. 枕叶   B. 额叶   C. 黑质   D. 基底核

4. 当杰弗里还是个孩子的时候，他喜欢折磨和虐杀小动物——邻居的宠物，他在森林中设陷阱抓住的兔子，几乎所有他能抓住的没有希望且无力抵抗的生物。杰弗里从他的行为中感受不到开心或不开心，他没有任何感觉，也没有负罪感或后悔的感觉。从杰弗里已经显示出的症状，我们可以判断他与（ ）相关。

    A. 精神病   B. 边缘型人格障碍

    C. 重度抑郁   D. 人格分裂障碍

5. "精神病"是心理学的一种学名，它常常用来描述那些（ ）。

    A. 妄想信念

    B. 品行障碍

    C. 一系列的持久人格，通常包括缺乏同理心，悔恨感和恐惧

    D. 幻听

13.6 成瘾障碍

在《精神疾病诊断与统计手册（第 5 版）》"物质相关和成瘾障碍"的条目中，包括了 10 种药物，包括了酒精、咖啡因、迷幻剂、吸入剂、可卡因和烟草等，并且加入了"其他（或未知）物质"，以防还有其他没有确定的

能够导致成瘾的方式。药物滥用能够通过破坏大脑中奖赏系统的方式，损害个体的许多能力，包括完成学业、正常工作、照顾孩子或与他人相处。《精神疾病诊断与统计手册（第5版）》也将"赌博障碍"纳入到成瘾障碍的条目中。因为，强迫性赌博作用于大脑奖赏机制的方式与药物相同。但《精神疾病诊断与统计手册》将"网络游戏障碍"作为未来研究归类到附录中，并且不将极端行为模式包括在内，包括"性瘾""购物瘾"或"运动成瘾"。因为正如同这一手册解释的那样：没有证据显示这些构成了精神障碍。

在本节中，我们集中于探讨一些基本的例子，比如说酒精成瘾（即酗酒）。我们将会讨论两种主要的，能够帮助我们理解成瘾障碍的模型——生物模型和习得模型——并且学习它们如何统一。我们将会在本章的结论中再次思考例如智能手机滥用这种行为能否被真正称为成瘾这一问题。

菲利普·塞莫尔·霍夫曼（Philip Seymour Hoffman）是一名天才演员。他参与拍摄的电影斩获了电影界中的许多重要奖项，例如《谋杀绿脚趾》《饥饿游戏》《点球成金》。不幸的是，他一直都在与药物成瘾作斗争。霍夫曼2014年死于急性混合药物中毒。在他的身体中发现了海洛因、可卡因、安非他命和苯二氮。

生物和成瘾

LO 13.6 A 讨论成瘾的生物模型如何解释药物和酒精滥用障碍。

"生物模型"也叫作"疾病模型"，解释了像酗酒或其他药物这样的成瘾现象是否由个体的神经系统或基因易感性决定。尽管吸烟率在最近的50年之内一直在降低，尼古丁成瘾依然是世界范围内最严重的健康问题。不像其他的成瘾障碍，尼古丁成瘾的发生非常快，甚至在抽完第一根香烟的一个月之内——对于某些青少年来说，成瘾甚至只需要一根香烟——因为尼古丁能够迅速改变大脑中对药物做出化学反应的神经元受体（DiFranza，2008）。基因的不同能够让尼古丁受体呈现出多种不同的性质，这就是为什么有些人非常容易对香烟上瘾，并且在试图戒烟时会出现严重的戒断反应的原因。反之，不具有这些基因特性的人，即使烟瘾非常大，也能够立即戒烟（Berrettini & Doyle，2012；Bierut et al.，2008）。

对于酗酒者来说，情况就更加复杂了。基因在很多种形式的酒精成瘾中都起到了作用，但并不是所有的酒精成瘾都受到基因的影响。遗传物质确实在一些开始于青少年时期的酗酒行为中有作用，并且这些酒精滥用行为通常与冲动、反社会行为和犯罪相关（Dick et al.，2008；Schuckit et al.，2007；Verhulst, Neale, & Kendler, 2015）。但是基因类型与成年时

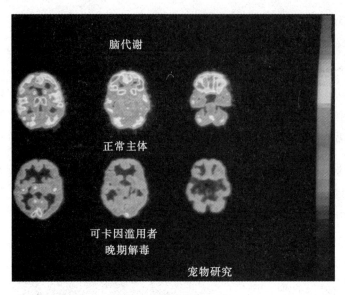

图 13.3 成瘾后的大脑

PET 研究显示可卡因成瘾的大脑对多巴胺的反应更小。多巴胺是一种对感受愉悦很重要的神经递质（在脑成像中，更多的红色和黄色区域代表了更多的活跃性）。那些对甲基苯丙胺、酒精甚至食物成瘾的人显示出了多巴胺的缺乏。

期开始的，不关联其他障碍的酗酒没有关系。基因还影响了对酒精的"敏感度"——即个体多快能对酒精做出反应，他们是否难受，需要多少才能喝醉（Hu et al. ,2008；Morozova, Mackay, & Anholt, 2014）。一项仍然在进行中的纵向研究中有 450 名年轻被试，结果发现，20 岁时需要比别人喝的更多才能有感觉的人在未来十年内对酒精成瘾的风险更高。这一研究真正忽视了他们一开始的饮酒习惯和家庭酗酒史（Schuckit et al. ,2011）。

相反地，那些对酒精较为敏感的人不易过度饮酒，各个种族之间的酗酒率也不一样。一个基因上的因素导致了某些人酒精新陈代谢的酶活性偏低。缺少这种酶的人就会在饮酒之后产生不适反应，比如恶心和脸红。这种基因保护在亚洲人中比较常见，但在欧洲人中较少，这就是为什么高加索人的酗酒率比亚洲人高（Heath et al. ,2003；Luczak et al. ,2014）。不是所有亚洲人在这一点上都一样，韩裔美国大学生就比华裔美国大学生的酒精敏感性要低且酗酒率更高（Duranceaux et al. ,2008；Luczak et al. ,2004）。

多年以来，对生物因素和成瘾障碍的观点通常都是这样的：人们假设生物因素导致了成瘾障碍的发生。但是，这样的因果关系也可以反向运作：成瘾行为也可以导致生理上的变化（Crombag & Robinson, 2004；Lewis, 2011）。许多人成瘾的原因不是他们的大脑让他们去滥用药物，而是因为药物滥用改变了他们的大脑。随着时间的推移，重复地对大脑分泌多巴胺进行刺激，导致了药物（或其他成瘾行为，比如赌博）吸引力的最大化，同时，使其他奖赏降到最低，并且会扰乱认知功能，例如工作记忆、自我控制、决策。这就是为什么成瘾行为好像已经被自动化了一样（Houben, Wiers, & Jansen, 2011；Lewis, 2011）。滥用可卡因、酒精和其他药品减少了多巴胺受体的数量，并且会导致个体产生服用这些药物的冲动（Volkow et al. ,2001；Volkow & Morales, 2015；见图 13.3）。在酗酒的案例中,酒精滥用还会导致止痛内啡肽分泌数量降低,对神经系统产生伤害,并且使大脑皮层缩小。这些大脑中的变化会使个体产生摄入更多酒精的欲望,这会导致个体有越来越多的时间处于醉酒状态,这时,他们喝酒不是为了开心,而是为了缓解戒断反应(Heiling,2008)。即使最终戒断了药物使用,他们的多巴胺回路也会一直保持迟钝。

因此,药物滥用开始于自愿行为,发展成药物成瘾后就会成为一种不可控制的冲动行为。

习得、文化与成瘾

LO 13.6.B 讨论成瘾的习得模型如何解释药物和酒精滥用障碍。

如果在大脑中发现了关于成瘾性的异常,人们通常认为对这样的成瘾性行为是束手无策的。但是有一群科学家曾研究过物质滥用者以及其没有物质滥用史的兄弟姐妹在大脑上的区别(Ersche et al.,2012)。研究显示物质滥用者和其正常的兄弟姐妹都有大脑脑区的异常,这些脑区主管自我控制。确实,难以抑制对某物即时的渴求是成瘾的特征之一(也包括无法控制暴饮暴食、赌博、发短信或其他行为)。但是是什么因素使他们有同样的成瘾易感性的兄弟姐妹抵制住了诱惑和成瘾?可能的原因有恢复能力、同龄人的圈子、应对挫折的能力和强力的应对能力(Volkow & Baler,2012)。习得模型检验了环境、学习、文化和其他因素在鼓励和抑制成瘾行为中的作用。四个系列的研究支持了这一模型:

1. **成瘾模式随着文化习俗的不同而改变。** 酗酒现象更容易发生在那些禁止儿童饮酒但宽容成人醉酒的国家(美国和爱尔兰就是这样)。但在那些教小孩子如何对自己喝酒负责并谴责成年人醉酒的国家(法国、希腊和意大利),酗酒的人就没有那么多。在那些酗酒率更低的文化中(不包括那些禁止一切精神药物的宗教国家),成年人都在孩童时就建立了正确的饮酒观念,这些观念是在安全的家庭环境中被逐步介绍给儿童的。在这些文化中喝酒不是成年礼,不喝酒的人也不会被取笑,酗酒者也不会被认为是有吸引力的(Peele,2010;Peele & Brodsky,1991;Zapolsky et al.,2014)。

文化环境可能对那些具有成瘾基因易感性的年轻个体发展成瘾行为有特别重要的作用(Schuckit et al.,2008)。在一组401人的美国印第安人中,那些在后期发展出酒精成瘾行为的个体都处于鼓励过量饮酒的族群中,他们的饮酒行为也是从父母身上或是同龄人身上学到的。但是那些对自己的文化感到骄傲的个体和那些忠于自己宗教传统的个体更少地发展出酒精滥用障碍,即使他们的父母和同龄人也会鼓励他们饮酒(Yu & Stiffman,2007)。

在一个人离开自己的原生文化环境并进入到一个饮酒规则不同的文化环境时,物质滥用和成瘾现象可能会变得严重(Westermeyer,1995)。在大多数拉丁文化中,比如墨西哥和波多黎各,喝酒是男性的活动。拉丁美洲女人很少喝酒,就算有,她们的酒精滥用也是发生在搬到盎格鲁美洲之后才有的(Canino,1994)。同样地,当一种文化的内部发生改变时,这种文化之内的饮酒习惯和成瘾现象也会发生改变。在美国大学的饮酒文化中,过去女人通常更节制;而现在女大学生比以前任何时候都更倾向于酒精滥用(Grucza, Norberg, & Bierut, 2009)。

生物和习得模型在解释药物成瘾和解决问题方面是不同的(参见表13.1):

生物(疾病)模型认为,如果儿童哪怕尝试了一点点药物或酒精,就会在今后的生活中更容易染上酒瘾或毒瘾。而习得模型认为文化环境是人们是否染上成瘾行为的关键。事实上,如果当地的文化使孩子们在儿童时期在家中学会了适度饮酒的规则(就如同左图中的犹太逾越节那样),他们成年后的酒精成瘾率要低于那些主要在酒吧或私密环境中饮酒的文化。同样,在牙买加的拉斯特法利教,他们的信徒将吸食大麻作为宗教传统,他们将大麻称为"智慧草",在这种文化环境下使用大麻不会导致成瘾或过度吸食。

表13.1 成瘾行为的生物模型和习得模型的对比

生物模型	习得模型
成瘾是一种生物性的,基因决定的慢性疾病。成瘾会随着时间的推移而恶化。大脑会随着长期的成瘾物品的使用而产生病变	成瘾是人们面对其他事件的应对方式,并且人们能够学着去做出更好的选择
一旦成瘾,终身成瘾	个体能够克服对酒精或药物的需求

(续表)

一个人要么有成瘾行为,要么没有	成瘾行为有很多等级,取决于受害者的情况不同
一个瘾君子必须戒掉他的成瘾行为	许多酗酒者可以学着以一种更适度的方式饮酒
解决方法是药物治疗。还有让患者处于一个能够提醒他自己是一名成瘾障碍康复者的环境中	治疗方法是让患者学习新的应对方式和改变他们所处的环境
瘾君子都需要同样的治疗方法和永久的团体支持	治疗可以在患者停止滥用药物后终止

> **互动　检查你的饮酒动机**
>
> 如果你喝酒,原因是什么?对照下表检查自己的饮酒动机。
>
> ___为了放松　　　　___为了与群体一致
> ___为了应对抑郁　　___为了解闷
> ___为了喝到神志不清　___为了表达愤怒
> ___为了配一顿美餐　　___为了做爱
> ___为了反抗权威　　　___为了社交
>
> 人们饮酒的原因很多。其中一些是合理的,比如"为了配一顿美餐"或"为了社交"。其他选项可能代表不良的饮酒行为。比如"为了喝到神志不清""为了解闷"或"为了应对抑郁"。另一些选项也可能导致不良的后果比如"为了做爱"或"为了反抗权威"。

2. 各种政策限制会提高成瘾行为的发生,而宽松政策反而能起到正面效果。在美国,20世纪初进行的禁酒运动认为饮酒会导致酗酒,并由此导致犯罪。解决方案是政府在1920—1933年执行了禁酒令。与习得模型一致的是,禁酒令总体上降低了喝酒的比例,但是却增加了以前就喝酒的人中酗酒者的比例。因为人们没有机会学习如何有节制地喝酒,在这种环境下大家一有机会就使劲儿喝(McCord,1989)。如果一种物品被禁止,自然而然地就会提升这种物品对某些人的吸引力。

3. 不是所有违禁药物都有戒断反应。当物质滥用者停止使用某种药物时,他们通常都会有很难受的戒断反应,例如恶心、腹痛痉挛、低落沮丧和睡眠问题。但这些症状不常见。在越南战争中,有30%的美国士兵都使用了远远超过美国街头上能搞到的剂量的海洛因。这些士兵被认为已经产生了成瘾性,专家预测他们在退役后会患上药物戒断疾病。但这一预言从未成真。当他们退役回家面对全新的环境时,超过90%的军人轻松戒断了海洛因,并没有什么明显的戒断痛苦(Robins, Davis, & Goodwin,1974)。后来的研究发现这不是一种例外,而是常态(Heyman,

2009,2011)。这是一个反对成瘾行为是一种慢性病的观点的有力证据。很多人可能觉得很震惊,甚至不可置信,可能是因为那些不需要帮助就能戒断的人从未进入公众和医疗界的视野。

一个人们之所以能够戒断药物的原因是使用药物的环境因素和个体的期待影响了使用药物的生理和心理效果。你可能会想,如果是一剂能够达到致死剂量的安非他命,那么在哪儿注射它可能区别不大。但研究却发现,对老鼠来说,毒品的致死剂量随着环境的改变而改变——取决于它们的实验笼是大还是小,也取决于它们是否与其他老鼠待在一起。人类对一种特定药物的生理反应受环境影响,要看成瘾者是否处在一个与物质滥用相关的环境中,例如烂尾楼,抑或一个与毒品或其他滥用物质无关的环境中(Crombag & Robinson, 2004)。这就是如果成瘾者要戒断药物首先要转变环境的原因。这指的不仅仅是远离物质滥用的群体,而是真正改变他们大脑中那些与物质滥用有关的神经反应。

4. 成瘾性不光取决于滥用的物质属性,并且也受到物质滥用的原因的影响。 数十年来,医生们在治疗那些具有长期痛苦的病人时,不敢对他们使用精神类药物,因为怕病人上瘾。因为这一简单的原因,数百万人不得不承受慢性病带来的持久的痛苦,例如关节炎、神经性疾病和其他症状,也包括那些影响呼吸的疾病。但是研究者发现绝大多数受长期疼痛折磨的患者使用吗啡或鸦片类药物不是为了逃避这个世界,而是为了面对和适应,并且他们也并没有染上毒瘾(Portenoy, 1994; Raja, 2008)。当然,强力的鸦片类制剂不应当用于应对轻微的疼痛,并且它们的使用必须被严格监控。

在酒精滥用的案例中,那些仅仅是为了放松或社交而喝上一杯的人往往不容易发展为成瘾障碍。有问题的饮酒发生在人们想通过喝酒来发泄焦虑和压抑时,发生在一个人喝闷酒,沉浸在自己的痛苦中时,发生在一个人想要释放自己心中的压抑时(Mohr et al., 2001; Schuckit & Smith, 2006)。在许多案例中,开始滥用药物的原因取决于人们的动机,然后是群体中的规则和文化,然后才是药物本身的化学特性。

日志 13.6 批判性思考——避免感性推理

人们一直在争论酗酒者能否学会适度饮酒。我们如何能够超越对这个争论性问题的感性推断?如何将生物模型和学习模型相协调,以便更全面地了解药物滥用的原因和潜在的治疗方案?

模块 13.6 测验

1. 遗传物质在酒精成瘾中的作用可能是(　　)。

    A. 在成年期获得

    B. 影响亚裔和非裔美国人，但不影响拉美裔

    C. 影响女人但不影响男人

    D. 在青春期早期的饮酒行为，并且与冲动和反社会行为相关

2. 下列哪一项关于基因在酒精滥用中的说法最有道理？(　　)

    A. 没有关键基因，一个人永远不可能酗酒。

    B. 如果有关键基因，那么基本上可以肯定一个人会酗酒。

    C. 基因会使一些人更容易对酒精上瘾。

    D. 基因在酒精成因中不起任何作用。

3. 在以下哪些文化实践中酗酒率更低？(　　)

    A. 缓慢有序地在家学习喝酒。　　B. 很少饮酒作乐。

    C. 将饮酒当作成年礼。　　D. 政策禁止饮酒。

4. 下列哪一项不支持成瘾行为的习得模型？(　　)

    A. 成瘾模式与文化实践相关。

    B. 禁酒政策更可能增加而不是减少人们的酗酒率。

    C. 不是所有的酗酒者在戒酒时都有戒断反应。

    D. 对于实验室中的动物来说，大脑区域的化学变化会导致成瘾。

5. 全面的、严格的、不允许任何人喝酒的禁酒令，经研究发现会产生(　　)的后果。

    A. 降低总体的饮酒率，但提高了那些喝酒的人的酗酒率。

    B. 减少饮酒率和酗酒率。

    C. 适得其反，提高饮酒率和酗酒率。

    D. 对饮酒率和酗酒率都没有影响。

13.7　身份识别障碍

当大多数人说"我今天都不是我自己了"，常常意味着他们心情很差，很疲惫，或者是心事重重。但是作为一个医疗诊断，"不是你自己"这一说法，让很多心理学家高度存疑。

一个有争议的诊断

LO 13.7.A　讨论造成身份识别障碍具有争议性的因素。

DSM-5 中最具争议性的诊断就是**身份识别障碍(DID)**，也被称为多重人格障碍。这个标签描述了一个人有着两个或两个以上显著不同

身份识别障碍　分离性身份识别障碍是一种有争议的障碍，它的特点是在一个个体的内部有两个或更多截然不同的人格，每一个人格都有它的名字和特点。分离性身份识别障碍以前被叫作多重人格障碍。

的身份,每一个身份有着自己的名字、记忆和人格特质。DID 的案例被广泛地用在潮流媒体中,迷惑公众好多年,现在也依然如此。在 2009 年,美国电视网(Showtime)播出了《泰拉》(United States of Tara),讲的是一个有着很高容忍度丈夫的女人,两个年轻女孩不断地闯入她三重身份之一,这三重身份分别是,对性和购物疯狂的女孩、嗜枪的红脖男性、20 世纪 50 年代的家庭主妇。

一些精神病学家和临床心理学家认为 DID 源起于童年时期,是一种复制虐待和创伤经历的一种手段(Gleaves,1996)。在他们看来,创伤来自精神的分裂:出现一种人格用于掌控每天的经历,另外一种人格(叫作 alter)用于处理那些坏的经历。在 1980 年到 1990 年,医生们认为如果一个患者患有多重人格障碍,那么会常常利用暗示性技巧把那些"alter"引出来,比如催眠、使用毒品和彻底强制(McHugh,2008;Rieber,2006)。精神病学家理查德·克鲁夫特(Richard Kluft)(1987 年)写道:"判断 alter 存在需要两个半小时到四个小时持续采访。(这个过程中)需要避免被采访者因为休息而恢复镇静。在最近的一个案例中,分裂的第一个信号记录在第六个小时,明显自发的一个人格转变在第八个小时发生。"

可是,在八个小时没有任何间断的持续性访问后,我们中有多少人不会去做采访者想让我们做的事情呢?管理访谈的这些医生争论,他们仅仅允许其他人格进行自我揭露,但是充满怀疑的心理学家们反驳道,医生会通过建议生动地创造出其他人格,甚至会恐吓到那些有心理问题的脆弱患者(Lilienfeld & Lynn, 2015)。

心理学家表明,"分离性遗忘症"这种机制导致创伤儿童压制他们的创伤经历,以至于发展出很多身份,但这一说法缺少实证性支持(Lynn et al., 2012)。真正的创伤经历是会记住很长时间而且记得很完好的(McNally, 2003;Pope et al., 2007)。再者,科学研究显示,与主观案例研究不同,关于其他人格特质都做了些什么,他们在 DID 上是有遗忘的这点并没有得到确认。在一项 9 个 DID 患者与控制组的对比研究中,患者和其他人一样,当信息作为任务的一部分被需要的时候,自传记忆和身份就会转换。尽管患者说他们不能回忆起"alter"的自传细节,但结果却表示他们是可以回忆起来的(Huntjens, Verschuere, & McNally, 2012)。

关于 DID 的批判性思考

LO 13.7.B 评估身份识别障碍的可能解释。

所以,什么是 DID 呢?证据显示这是与本土文化相结合的一种症状。在1980年前,世界上只有少数人被诊断有 DID,然而到了20世纪90年代中期,成千上万的案例被报道出来,这些案例大部分都是出现在美国和加拿大。DID 变成了一个利润丰厚的业务,使医院通过开设特殊诊所提供治疗新障碍的治疗师、精神病学家以及写了畅销书的患者获益。在20世纪90年代后期,整个国家出现了很多治疗不当的案例。在精神病学以及心理学的科学研究证据之上,很多法庭认为 DID 的爆发是因为那些相信它们存在的医生们。随后医院的这些诊所因此关闭,精神病学家们也变得很谨慎,案例的数量骤减。

人们认为,那些有麻烦、高想象力的个体有着很多不同的人格。但是 DID 的"社会认知解释"认为,此现象是我们可以向他人展现人格不同层面的特定形式(Lilienfeld et al., 1999; Lynn et al., 2012)。这个障碍对相信它的医生和患者来说看上去非常真实,但是在社会认知视角下,这来源于医生的压力和建议,通过和脆弱的患者探讨接受度,这些患者对分离人格给出了貌似可信的解释。反过来,那些相信自己诊断的治疗师会通过给予这些患者注意和表扬,以此揭露出越来越多的人格,同时,一种文化束缚综合征(culture-bound syndrome)也就诞生了(Hacking, 1995; Piper & Merskey, 2004)。当加拿大的精神病学家哈罗德·默斯基(Harold Merskey)(1992)回顾关于多重人格障碍的发表案例时,他发现没有哪一个患者是没受到治疗师建议和报告影响的。

DID 的故事在批判性思维上给我们上了很好的一课,因为其教会我们对于一个新的诊断或是以前很罕见的障碍突然在当前文化中流行起来时,我们一定要小心谨慎。我们一定要考虑其他的解释,考察其假设和偏见,需要一个好的证据,而不仅仅是接受一个毫无怀疑

为什么随着时间的推移,人们报告的"alters"的数量增加了呢?在早期的案例中,多重人格只会成对出现:在1886年杰基尔博士和海德先生的故事中,善良的杰基尔博士变成了凶残的海德先生。20世纪90年代,在北美 DID 流行的高峰期,人们声称拥有数十个,甚至数百个 alters,其中包括恶魔、儿童、外星人和动物。

的媒体报道。

> **日志 13.7　批判性思考——考虑其他解释**
>
> 你已经在这一章里学习了很多的障碍(焦虑症、抑郁症以及成瘾)，这些障碍都影响着很多的人并且会造成毁灭性的结果。想想物质滥用和成瘾，全世界有数不清的人努力克服这些有可能摧毁生活、毁坏家庭甚至杀人的障碍。鉴于此，你觉得为什么身份认同障碍会那么吸引公众的关注？在影响了很多人这一点上，从未有争议，甚至也没有被可靠地诊断过。相比于抑郁或是酒精成瘾，是什么特性使其如此激发人们的兴趣？

模块 13.7 测验

1. 身份分离障碍的分离指的是(　　)。

   A. 从现实中的分离　　　　　　　　B. 意识和身份的分离

   C. 对单一创伤事故的遗忘性反应　　D. 精神分裂的遗传性前兆

2. 在一个被诊断有 DID 的人，主要的人格与世界进行着正常基础交流着，但是另一个称作(　　)的人格潜伏在意识深处。

   A. others　　　　　　　　　　　　B. alters

   C. lessers　　　　　　　　　　　　D. pairs

3. 普里扬卡在她的童年时期遭遇过一场冗长的创伤事件。以下哪一种预测最有可能在她童年中发生？(　　)

   A. 如果没有年龄回归治疗她回忆起这些创伤事件是有难度的。

   B. 她会发展出 DID 作为应对这些记忆的手段。

   C. 忘记这些创伤性事件有难度。

   D. 在没有催眠的帮助下回忆起这些创伤事件是有难度的。

4. 哪些证据证明 DID 是一种文化联结症状？(　　)

   A. 一个人的 alter 说话常带有口音或是使用另一门外语。

   B. 在过去十年里，一个 DID 可疑的遗传标志受到了越来越多的研究。

   C. 全世界只有很少一部分人被诊断为 DID，然而，然而在诊断变得有利可图之后，美国和加拿大有成千上万的案例被报告出来。

   D. DID 的真实案例只在加蓬赤道几内亚以及喀麦隆被识别。

5. 一个关于 DID 特征的可信的解释是(　　)。

   A. 社会认知解释　　　　　　　　　B. 备选假设

   C. 非社会认知解释　　　　　　　　D. 欧米茄假设

13.8 精神分裂症

现在我们来看看精神障碍的最后一个主要类别,此障碍自从在1800年后期有了这个名字后,就引起了人们对它的广泛解释(Kraepelin, 1896)。为探索我们现在所知的脑疾病,产生原因从直觉间冲突到内分泌系统毒素、社交条件、本性冲动受挫,纷纷被提出(Brown & Menninger, 1940; Hunt, 1938; Lazell & Prince, 1929; Meyer, 1910-1911)。了解更多关于精神分裂症,请观看视频"精神分裂症的症状"。

精神分裂症的症状

LO 13.8.A 描述精神分裂症的五个主要症状,并分别举例。

在1911年,瑞士精神病学家欧根·布鲁勒(Eugen Bleuler)创造了精神分裂症这个词,用来描述一个人丧失了自身的完整性。与流行观点不同,有着**精神分裂症**的人不会有解离性或是多重人格。精神分裂症者的机能是支离破碎的,有说话词不达意、行为与动机分离、感知与现实分离等不合理行为以及在生活中很多层面不能够正常运作。DSM-5的分类是《精神分裂症系列和其他精神障碍》,依据严重性和持续时间划分。

精神分裂症是精神疾病的癌症:难以捉摸,复杂,并且在形式上各不相同。DSM-5为精神分裂症列出了五条核心异常症状的标准:

1. 奇怪的妄想。一些有着精神分裂症的人会有偏执妄想,会把一些无关的事件——例如一个陌生人的咳嗽、头顶飞着的直升机——当作别人要伤害他们。他们会坚信他们的思想被某人所控制或者被电视直播着。认为一些普通的事物和人都非同一般,可能是伪装着的一些天外来客。有些甚至有着宏伟的妄想,认为他们自己相当地有名,有能力。

2. 幻觉。有着精神分裂症的患者会遭受错误感知,并且看上去相当

精神分裂症 精神分裂症是一种精神障碍,它的特点是妄想,幻觉,语言上组织混乱且语无伦次,并且患者的认知也受到损伤。

精神病 一种精神上的极端紊乱,伴随着对现实知觉的扭曲,不合理的行为和各种机能的退化。

地真实。到现在为止，最普遍的幻觉是幻听。事实上，这是这类疾病的特点。患者被这些声音所折磨，以至于他们甚至愿意自杀去逃避那些声音。一个男人描述了他是如何听到将近50种声音在诅咒他，催促着他去偷走他人脑细胞，或是命令他去杀了他自己。他一旦接起电话就会听见他们在尖叫，"你是有罪的"，一遍接着一遍。他们呼喊，声音大得就像用了喇叭筒一样，他告诉一个记者："那是一种彻底地绝望，我感到恐惧，他们总是在身边。"(Goode，2003)

3. 混乱的语无伦次的演讲。患有精神分裂症的人的语言通常由没有逻辑的杂乱想法和象征符号组成，它们与毫无意义、毫无韵律的单词联系起来。这些演讲太混乱以至于几乎难以理解（叫作词语沙拉）。一个布洛伊尔的患者写道："橄榄油是一种阿拉伯酱，是阿富汗人、摩尔人和穆斯林用在鸵鸟农耕上的。印度的车前草树是帕西和阿拉伯人的威士忌。大麦米糖甘蔗，叫作洋蓟，尤其在印度生长得特别好。婆罗门生活在俾路支斯坦的种姓中，大马士革占领中国。中国是巴拉圭人的黄金国。"(Bleuler，1911，1950)他人在对话中仅仅是做出简短空洞的回复，不是因为没有说话的意愿，而是因为混乱的思维。

4. 毫无组织性、紧张性的行为。这种行为可能从小孩子般的愚蠢到无法预测的暴力性激动。这样的人可能会在大热天穿三件大衣，戴着手套，开始捡垃圾，囤剩菜。一些则完完全全退回到私人世界里，几个小时坐着不动，这是一种叫作紧张性木僵的情况。紧张性神经症也可以是很疯狂的，一种漫无目的地持续几小时的行为。

5. 消极症状。很多有着精神分裂症的人，丧失了照顾他们自己以及与他人交流的能力和动力；他们停止工作或者沐浴，变得与世隔绝。他们丧失表达欲，且看上去情感单调；他们的面部表情没有回应性，且眼神交流很差。这些症状被称为是消极的，因为这是正常情感和行为的缺失。

一些精神分裂症的信号会很早出现，在童年后期或者是青少年早期（Tarbox & Pogue-Geile，2008），全面爆发的精神病案例发生在青少年后期或是成年早期。在一些个案中，病情爆发是很突然的，并且是复发情况，是很难康复的。而且，与刻板印象不同的是，超过40%的精神病患者都会有一次或两次的病情复发，然后继续工作，并且有着良好的人际关系，特别是这个患者有着很强的家庭支持或社区项目（Harding，2005；Hopper et al.，2007；Jobe & Harrow，2010）。那到底是哪一种神秘的疾病会导致这样那样的症状和结果呢？

布赖恩·查恩利（Bryan Charnley）画了17幅有评论的自画像，反映了他与精神分裂症的斗争过程。他在1995年3月画下了这一幅，当时他的脑子还是清醒的。6月他就自杀了。

4月20日："（我感觉到）自己是偏执狂。楼上的人能够读我的心并且一直在我背后说话，让我保持一种自我献祭的状态……我之所以这样感觉是因为我一直释放出一种特别强大的心灵感应。"

5月6日："我没有舌头，没有真正的舌头，并且只能奉承……钉在我嘴里的钉子证明了这一点。我周围的人不能理解我有多愚蠢并且也不能原谅我……因此我是一个目标。钉在我眼里的钉子证明了我看不见，然而我周围的人看上去都有超感官的知觉，我在这方面却是盲的。"

5月18日："我的大脑正在传播思想，（并且）它可以超越我的意志并为此做一切事情。我将这种想法总结并画成一张巨大的嘴……问题似乎来源于一颗破碎的心，所以我在那里画上了很多血迹。我感觉到我散发出了强烈的人格震动，因此我画出了从大脑散发到外界的线条。"

精神分裂症的起源

LO 13.8. B 描述三种导致精神分裂症的主要因素。

精神分裂症是一种脑疾病。它事关前额皮质和颞叶灰质的减少，海马体异常，神经递质异常，神经活动和涉及认知机能、记忆、决策以及情绪处理的神经区域的交流瓦解(Karlsgodt, Sun, & Cannon, 2010)。大多数有着精神分裂症的个体心室扩大,脑空间被脑脊液填充(Dazzan et al.,2015)(见图13.4)。与非精神分裂症患者相比,他们更可能有丘脑异常,过滤感觉与关注注意力的脑区的异常(Andreasen et al., 1994; Hur et al., 1998)。很多患者在与言语知觉和处理过程相关的听觉皮层、布罗卡区、威尔尼克区上都有缺陷,这些也许可以解释产生声音、噩梦、幻觉的现象(Jardri et al., 2011)。

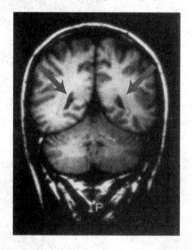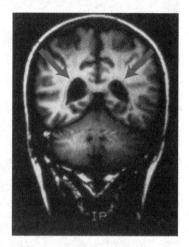

图 13.4 精神分裂和大脑

患有精神分裂症的患者通常有更大的脑室(空间)。如图是两幅MRI扫描图片,属于一对同卵双胞胎。左侧没有精神分裂症而右侧有,可以观察到明显的脑室大小的不同。

目前,研究者发现了三个导致这一障碍的因素:

1. 遗传易感性。精神分裂症有着高遗传性。如果一个人的同卵双胞胎有此症状,她或他也有高风险患上此症状,即使他们两人没有被一起抚养长大(Gottesman, 1991; Heinrichs, 2005)。与普通人患病概率只有1%相比,父母一方有着精神分裂症的儿童一生中患上精神分裂症的概率在7%至12%,父母双方都患有精神分裂症,那么孩子患病概率在27%至46%(见图13.5)。全世界各地的研究者都在寻找与特殊症状有关的基因,比如幻觉、认知修复和社会回避/退缩(Desbonnet, Waddington, & O'Tuathaigh,2009; Tomppo et al., 2009)。然而,因为很多基因都与之相关,因此寻找导致精神分裂症基因的工作并不容易,而且那些基因不仅仅和精神分裂症相关,还和其他的精神障碍相关,包括孤独症、注意力缺陷障碍、躁狂症和诵读困难症(Fromer et al., 2014; Walker & Tessner, 2008; Williams et al., 2011)。

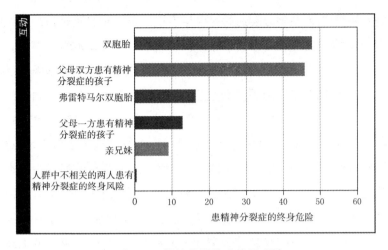

图表13.5 精神分裂的遗传易感性

在这个表格中，汇总了基于40个欧洲双胞胎和收养的儿童，跨度为70年的研究中的数据。该研究显示与精神分裂患者的基因越相近，越有可能患上精神分裂症。（Gottesman,1991; Gottesman et al., 2010）

2. **产前问题和生产并发症**。对婴儿脑的损伤会增加之后患上精神分裂症的可能性。如果母亲营养不良这种损伤也会发生；精神分裂症在饥荒时期概率上升，在中国和一些地方就曾出现过这类情况（St. Clair et al., 2005）。同样，如果母亲在产前头四个月感染流感病毒，患上精神分裂症的风险会翻三倍（Brown et al., 2012）。而且如果在生产的时候孩子的脑受到损伤或是出现缺氧情况，精神分裂症也可能发生（Byrne et al., 2007; Cannon et al., 2000）。其他非基因性的产前因素，都会增加孩子精神分裂症的患病风险，尤其是它们互相结合的时候，如母系糖尿病、情感压力、有一个超过55岁的父亲和非常轻的出生重量等等（King, St-Hilaire, & Heidkamp, 2010）。

3. **在青年期的生理事件**。在青年期时，人的脑神经突触会经历一次自然的修剪。一般来说，这次修剪会帮助大脑在处理成年期的新挑战时更有效率。但证据显示，精神分裂症患者的大脑会攻击性地修剪掉过多的突触，这就可以解释为什么在青年期和成年早期精神分裂症会迎来全面的爆发。在13到18岁期间，健康的青少年会损失大概1%的脑灰质。但是你可以在图13.6中看到，一项研究追踪了五年中灰质在人脑中

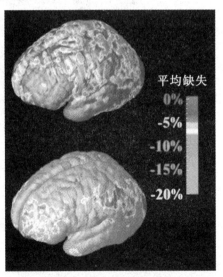

图13.6 青少年的大脑和精神分裂症

这些戏剧性的图片强调了在青春期时期的5年间患上精神分裂症造成大脑组织缺失的情况。缺失区域最多的部位用红色和品红色标出（这些区域负责掌控记忆、听觉、运动功能和注意）。而没有患上精神分裂的个体的大脑（上方）看上去基本上是蓝色的（P.Thompson et al., 2001b）。

的损失过程,有着精神分裂症的青少年表现出更大量且更迅速的组织损失,主要是在感知和运动控制中心区(Thompson et al.,2001b)。

因此,精神分裂症的发展是某种形式的传递,它起源于基因的易感体质,这可能结合了产前因素或是生产并发症,这些都会影响到脑的发展。这些易感性会等待着下一个阶段,即青春期的突触修剪(Walker & Tessner, 2008)。然后,根据这些弱点——精神分裂症的压力模型,这些生理上的改变会与环境压力相交引发疾病。这个模型解释了为什么同卵双胞胎,其中一个患上了精神分裂症而另一个没有:两者都有基因上的易感性,但是只有一个可能暴露于子宫、生产并发症、压力事件等风险因素中。我们将在视频"精神分裂症的起源"中讨论这个障碍的上述起因和其他层面的内容。

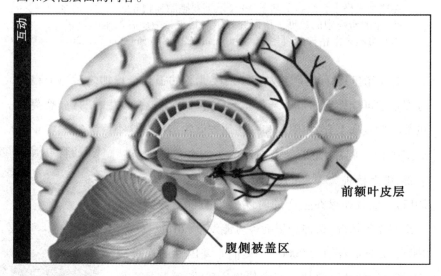

日志 13.8　批判性思考——检验证据

正如你在许多警匪片中看到的那样,许多心理障碍都是可以伪造的。即使在现实生活中,罪犯也会为了获得同情、减刑或避免罪责而装作有心理疾病。精神分裂症似乎是一种很容易伪装的疾病:"装疯就行了。"但如果你的任务是确定某人对精神分裂症诊断的有效性,你会参考什么证据呢?用什么关键指标来区分错误诊断和真实诊断?在你看来,判断一个人是否有合法诊断的最好证据是什么?

模块 13.8 测验

1. 以下哪一个不是精神分裂症的症状?(　　)

　　A. 毫无逻辑的言语　　　B. 幻觉　　　C. 妄想　　　D. 人格分裂

2.耶洗别有着对现实的扭曲感知,她认为她的猫在控制着她的思想,在生活中很多方面都表现出一种无能为力:她无法工作,她孤立地生活,很少洗澡。耶洗别是典型的(   )。

    A.抑郁症　　　　　　　B.神经症　　　　　　C.精神病　　　　　　D.身份分离

3.休说他听见声音在指责和评论他日常的生活,但是实际上并没有任何一个人在他身边,没有人对他说话,休在承受着(   )。

    A.幻觉　　　　　　　　B.妄想　　　　　　　C.偏执狂症　　　　　D.分离型人格障碍

4.哪一类型的人最容易体现基因易感性从而发展为精神分裂症?(   )

    A.兄弟中有一个患有精神分裂症　　　　　　B.有精神分裂症家长的儿童

    C.同卵双胞胎患有精神分裂症的人　　　　　D.兄弟姐妹中有一个患有精神分裂症

5.一个人第一次全面爆发精神分裂症会在哪个时段爆发?(   )

    A.青年期和成年早期　　　　　　　　　　　B.中年期

    C.根据个人　　　　　　　　　　　　　　　D.认知发展的前运算阶段

让心理学伴随着你:关于精神障碍,我们再多做些思考

    我们对精神障碍的问题了解已经进入一个尾声。从那些导致暂时性困难的,比如偶尔的焦虑,到对他人来说影响较大的重度抑郁症和精神分裂症等。心理学家在尽力学习生物、思维过程、文化、经历是如何交互导致问题产生的,以此来更好地解决这些问题。

    现在你已经学习了这些障碍的症状和特点,你一定有能力以批判的眼光去审视这些事情,以及对精神障碍的媒体描述。举个例子,在第一章的开头,我们提到电影《美丽心灵》,提到数学家约翰·纳什(Jonh Nash)的时候,你可能会问你自己,这部电影真实地描绘了幻觉吗?若是将精神分裂症描述为一种障碍,那么一个人可能通过智力而不是药物来控制症状,这种描述有什么问题吗?在其他电影、电视节目中呢?以及书中,对问题的描述有多么准确呢?布莱德利·库珀在剧本中的性格与躁狂症在多大程度上符合现实呢?或是杰克·尼科尔森在作品中的强迫症状在多大程度上符合现实呢?对精神障碍和症状的媒体描述是很普遍的,批判性看待这些问题是很重要的。

    我们也鼓励你对 DSM 中精神障碍是如何定义以及分类做出批判性思考。DSM 诊断不是基于精神障碍的生理起因,因为这还无从知晓。诊断是基于症状表现症候群的。很多被选中去对 DSM 进行写作(和矫正)的临床研究者已经决定将它们进行分类,给选择哪一种治疗方案作出指导,并预测过程和结果。从某种程度上来说,研究肯定了 DSM 的作者们做出的选择。比如,最近的研究显示,PTSD 症状从数据上分成了四个小类(Friedman et al.,2011),研究也使得 DSM-5 的作者据此重新整理这些分类症状。然而不是所有的研究者都同意这个修改(Yehuda et al.,2015),也没有明确证据可以显示 DSM-5 的标准相比于 DSM-Ⅳ 更准确。

    DSM-5 的作者也对几个诊断做出了富有争议性的修改。其中一个很有意义的修改是将赌博成瘾作为一种成瘾障碍。赌博障碍被定义为一种循环复发的赌博行为,导致临床意义上显著

损伤以及一些症状,如关注赌博,即使有不好的结果仍然继续赌博,当脱离赌博时会易怒,以及对于停止赌博的无数次尝试。DSM-5将赌博成瘾作为一个成瘾障碍的合理原因是赌博障碍和其他成瘾障碍都在大脑回路中表现出相似的活跃(Fauth-Buhler, Mann, & Potenza, 2016)。这种改变相当于给我们提出了一个问题:其他什么样的行为成瘾会被正式纳入DSM的未来版本中。网络游戏障碍已出现于下一波的评估队伍中。那下一个是什么呢?购物成瘾吗?智能手机成瘾吗?数量空前扩大的诊断会被纳入到DSM中吗?我们又该如何决断呢?这些问题对于医生和研究者来说都是很重要且值得考虑的。但是如何做出最好的诊断、分类、治疗精神障碍有着更广泛的影响:毕竟不论是我们自身或是家人朋友,一生中会遇到的每一种心理问题对我们来说都是很大的挑战。

下次你在观看描述心理疾病的电影时——就像《美丽心灵》描述约翰·纳什的精神分裂症那样——你就有足够的知识储备去判断那些电影在心理障碍上的描述有多少是真实的。例如他们描述心理障碍的症状,表现和潜在的治疗方式是否真实。

对于大多数人来说,要回想起智能手机出现之前的生活并不容易。事实上,大多数人在与手机分开的时候都会感到不适。哪些症状能够使未来版本的DSM将手机成瘾列入心理障碍的范畴之内呢?

分享写作:心理障碍

不少人觉得对手机或是网络的过度使用会使之成瘾。也就是说你被邀请加入编写下一版DSM的委员会,将会把手机成瘾作为一个新的诊断。记住精神障碍的定义,对于这个新的障碍,你会将什么迹象和症状作为一个标准纳入其中呢?又会面临哪些关于手机成瘾的争论和挑战?

总结

13.1 精神障碍的诊断

LO 13.1.A 思考为什么为"精神障碍"找到一个大家都能认可的定义是困难的。

当定义精神障碍时,精神健康专业人员强调在思维、情感或行为上的干扰导致一个人遭受着自我毁灭,严重地损害着他与其他人相处和工作的能力,使一个人无法控制威胁他人的冲动。

LO 13.1.B　描述 DSM,并介绍在使用 DSM 诊断精神障碍时遇到的挑战性例子。

《精神疾病诊断和统计手册》为精神障碍的诊断和分类都给出了客观的标准。评论家认为精神障碍的诊断不像其他医学疾病,而是一个固有的主观过程。他们认为 DSM 导致了一个误诊,高估了被贴上诊断标签后的消极后果;造成了一个客观的错觉;也许是不准确的。DSM 的支持者认为当 DSM 的标准被正确地使用并且加入有效性测试后,诊断的可信性才会得到改善。

LO 13.1.C　描述自陈式问卷和投射测验,并利用这些技术识别发现潜在问题。

在诊断精神障碍的过程中,医生经常用投射测验,比如罗夏墨迹测验,给儿童仿真娃娃。这些方法信效度都很低,在法律审判或是障碍诊断上都制造了很多问题。总的来说,自陈式测验,比方说 MMPI,比投射测验就更加有效、可靠。

13.2　抑郁症和躁狂症

LO 13.2A　描述抑郁症和普通伤心的区别。

重度抑郁的症状包括了扭曲的思考模式,感觉没有价值甚至绝望,生理上的不适,例如疲劳和食欲丧失,对日常感兴趣的事物都丧失了兴趣。在患抑郁症的概率上,女性是男性的两倍,但是男性的抑郁症可能被漏诊。

LO 13.2.B　解释躁狂症的主要特征。

在躁狂症中,一个人会经历一系列的抑郁和狂躁(过度的欣快症),典型的在两者中转换。在两性中出现的概率是相同的。

LO 13.2.C　讨论抑郁症发病的影响因素。

抑郁的易感模型(或者其他任何障碍)强调个体的易感性和压力之间的交互作用。因为抑郁是中等程度遗传的,对特定的基因研究在继续着。对那些易感性的个体来说,亲近关系的重复丧失会引发重度的抑郁症。暴力或是童年期的家长忽视的经历,提高了成年期患抑郁症的风险。认知习惯也在其中扮演着角色:认为一个人不开心的起源是永久的和无法控制的,感受无望和悲观,沉思或是反刍某一个问题。

13.3　焦虑障碍

LO 13.3.A　区别广泛性焦虑症和惊恐障碍的主要症状。

焦虑障碍涉及持续的慢性焦虑和担心,干扰日常运作;惊恐障碍涉及突然的、强烈的、影响深远的害怕和肢体唤醒的症状。惊恐发作作为压力和惊吓经历的后果出现是很正常的,那些发展成障碍的人,是把这些压力作为即将发生灾难性感受的一种信号。

LO 13.3.B　描述恐惧症的主要特征,并解释广场恐惧症为何难以治疗。

恐惧症是对特定情景、活动或者事物的不切实际的一种恐惧。社交焦虑障碍或者说社交恐惧包括了在公共场合说话,在酒店吃饭,给观众表演的恐惧。广场恐惧是对特定地点的恐惧,在这些地点,如果发生惊恐发作或者其他危险情况,逃脱和进行急救是比较困难的。常常开始于惊恐发作，人们希望能够通过与"安全"的地方或人接触避免这种惊恐发作。

13.4 创伤障碍和强迫障碍

LO 13.4. A　定义创伤后应激障碍，讨论它的症状和来源。

大多数经历创伤后的人最后会恢复，但是少数人会发展出创伤后应激综合征（PTSD），他们常常会有噩梦、闪回、失眠和不断增加的心理唤醒等症状。这些不断增加的对创伤的脆弱易感可能源于基因易感性、心理问题的历史文化因素、社会认知资源的缺乏和特殊脑区域的异常。

LO 13.4. B　区分强迫观念和强迫行为，并讨论强迫障碍的定义。

强迫症（Obsessive-compulsive disorder, OCD）包括反复出现的、不喜欢的想法或图像（强迫观念），以及一个人感到无法控制的、重复的、仪式化的行为（强迫行为）。有着OCD的人在前额叶区域会有异常，这个部分控制着他们的认知和行为定式。他们大脑中涉及恐惧和对威胁的反应的部分也比正常人活动得更强烈。

13.5 人格障碍

LO 13.5. A　解释边缘型人格障碍的主要特征。

人格障碍被塑造成有着病理性人格特质，这种特质会导致痛苦或者无法与他人相处。人格障碍的其中一个便是边缘型人格障碍，它的特征是极端的消极情绪以及难以调节情绪，这常常导致紧张但不稳定的人际关系、自残行为、情感空虚以及对被抛弃的恐惧。

LO 13.5. B　区分精神病和反社会人格障碍，并给出它的基本成分。

反社会人格障碍指有着攻击性、不计后果、冲动性且常伴有犯罪行为的个体。一些有反社会人格障碍的个体在前额叶是有异常的，这可能是基因、疾病或者身体虐待导致的。

LO 13.5. C　列出并解释精神病特征形成的主要因素。

精神病指一个人缺乏意识和同情心，他们很难感觉到恐惧且难以在别人身上识别出危险信号，这使正常的社会化变得困难。对于不当行为，他们不会感到懊悔、愧疚和焦虑，他们可以轻松地欺骗别人。与刻板印象相反，多数的精神病人并不是暴力犯，很多罪犯也不是精神病人。

13.6 成瘾障碍

LO 13.6. A　讨论成瘾的生物模型如何解释药物和酒精滥用障碍。

根据成瘾的生物（疾病）模型，一些人对这种酒精的基因易感性是从早期青年期开始的，这与冲动的反社会行为以及犯罪有联系。基因同样也影响对酒精的敏感度，这一点在不同的个体和种族中是不一样的。严重的药物滥用也会改变大脑，易导致更容易成瘾。

LO 13.6. B　讨论成瘾的习得模型如何解释药物和酒精滥用障碍。

成瘾的习得模型指出以下几点：成瘾模式会因文化和价值观各有不同，完全禁止的政策可能会导致成瘾概率的上升以及滥用，因为很想要喝酒的人没有能够学习如何有节制地喝酒；很多人都可以没有戒断反应地停止用药；药物滥用依赖于使用药物的原因。

13.7 身份识别障碍

LO 13.7.A 讨论造成身份识别障碍具有争议性的因素。

在身份认同障碍中,通常也被称为多重人格障碍,两种或者两种以上的人格和身份由一个人身上分裂而来。媒体所报到的轰动一时的多重人格障碍案例加剧了1980年后案例数量的急剧上升。

LO 13.7.2 评估身份识别障碍的可能解释。

一些医生认为DID是合理的并且起源于童年期的创伤。但是心理学家从社会认知的角度进行解释,他们认为DID是向他人展现人格不同层面的一种极端形式。从这个角度上看,这种疾病是一种文化束缚综合征,它是由临床医生的压力和建议产生的,他们相信这种疾病普遍存在并与那些易受伤害的、发现诊断是对他们问题的合理解释的病人互动。

13.8 精神分裂症

LO 13.8.A 描述精神分裂症的五个主要症状,并分别举例。

精神分裂症涉及了幻想、妄想、语无伦次的言语、不合理行为以及消极症状,比如缺乏照顾一个人的动机以及情感平整度的丧失。

LO 13.8.B 描述三种导致精神分裂症的主要因素。

精神分裂症是一种脑疾病,包括了某些脑结构的异常,比如脑室的扩大和皮质中灰质的减少。在形成障碍的过程中,基因易感性、产前问题、出生并发症以及在突触青年时期的大量修剪与环境压力因素交互作用。

第十三章习题

1. 李志勋被很多烦人的想法和行动困扰着,这使他承受着很多的痛苦。根据这章对精神障碍的定义,在得出李志勋患有精神障碍的结论前,你想问哪个附加的问题?(　　)

　　A. "这些想法和行为导致了这种痛苦吗?"　　B. "他的行为是正常的吗?"
　　C. "这种行为符合精神病的定义吗?"　　D. "这种情况可以治疗吗?"

2. 用于医学诊断精神疾病的参考书是(　　)。

　　A. DMSO　　　　B. IPV　　　　C. ICBM　　　　D. DSM

3. 将投射测验作为诊断精神障碍的主要手段时,以下哪一项不符合其特点?(　　)

　　A. 它们最近在发展,所以它的完整性无从知晓。
　　B. 它们是不可靠的,对于来访者的不同反应常有不同的解释。
　　C. 它们是无效的,基于不可测试的心理动力学理论。
　　D. 支持主要来自经验性的认可而不是实证研究的测试。

4. 巴洛一直感到紧张和焦虑,尽管缺少明显的外部环境去证实他的心情。他在集中注意力上有困难,并且他的下巴和肌肉时常紧张。当被问到他的感觉的时候,他常有的回答是"糟糕透

了。"你会依据巴洛的情况作出以下哪一个诊断呢？（　　）

  A.惊恐障碍　　　　　　　　　　　　B.广泛性焦虑障碍

  C.伴随紧张精神症的惊恐障碍　　　　D.幽闭恐惧症

5.索菲亚发现自己在一家繁忙的餐厅里，突然患上了惊恐障碍，这是由于她最近的健康问题以及朋友和亲人的死亡给她带来的压力造成的。几周后，她又经历了一次惊恐发作，这次是在一家杂货店。随着时间的推移，索菲娅逐渐减少了与外界的接触，她担心随时会惊恐发作，担心自己会在公共场合感到无助、痛苦和尴尬。索菲亚一开始的问题已经发展成了（　　）。

  A.恐高症　　　　B.广场恐惧症　　　　C.一种人格障碍　　　　D.幽闭恐惧症

6.以下哪一个陈述恰当地描述了创伤后应激障碍综合征的起源和发展？（　　）

  A.PTSD 是由能够引起外周神经系统活跃的基因引起的

  B.大部分经历过战争恐怖的老兵会发展出 PTSD

  C.大多数 PTSD 患者（约60%）都有着童年的创伤经验

  D.PTSD 看上去是认知功能和神经功能的损伤引起的，是由创伤性事件引起的

7.米卡一天洗三次脚。他会用特定强度的消毒剂、强力脱毛刷以及滚烫的开水来擦拭，之后，他还会用到机械师的除油剂、沐浴露和强碱肥皂。他每天十二小时里要重复这个仪式四次。米卡展现的是一种（　　）的典型迹象。

  A.精神病　　　　B.强迫观念　　　　C.强迫行为　　　　D.人格障碍

8.希尔渐渐地感受到精神萎靡，没有价值感，没有希望感并且非常失望。以前给他带去快乐的活动现今也意义全无，他还强迫自己一直吃东西。希尔最有可能被诊断患有（　　）。

  A.广泛性焦虑障碍　　B.重度抑郁　　　　C.狂躁症　　　　D.躁狂症

9.亚历克萨曾经和她的大学室友尤金尼亚一起生活超过了两个月。她们变成了好朋友，然而亚历克萨越来越受到尤金尼亚行为的干扰。有一次尤金尼亚关着灯躺在床上三天，没有和人交流，对她的朋友和课程也不感兴趣。然而，有一天亚历克萨回到家发现尤金尼亚把所有的家具都堆到了屋子中心，把她自己比作米开朗琪罗，开心地和人谈论用牙刷涂天花板的事，激动地和人描述她是如何在三个科目——艺术、生物化学、政治学——上制定出计划。亚历克萨带着尤金尼亚去了校健康中心，尤金尼亚可能获得（　　）的初步诊断。

  A.躁狂症　　　　B.强迫症　　　　C.边缘性人格障碍　　　　D.重度抑郁

10.抑郁的人有着一种常见的认知习惯，即他们相信他们的情景是（　　）和（　　）的。

  A.可怕的；短暂的　　　　　　　　　B.外生的；内生的

  C.未诊断的；可治疗的　　　　　　　D.永久的；不可控制的

11以下哪一个症状不是边缘型人格障碍的主要特征？（　　）

  A.极端消极的情绪　　　　　　　　　B.不稳定的关系

  C.缺少悔恨感　　　　　　　　　　　D.对调节的无能为力

第十三章 心理障碍

12. 基于（　　）可以将反社会人格与精神病分开。这个症状在精神病中肯定存在，但是在反社会人格上却不一定。

  A. 冲动行为　　　　　　　　　　B. 不负责任的行为

  C. 缺乏同情　　　　　　　　　　D. 违法

13. 精神病的两个特点是（　　）和（　　）。

  A. 缺乏畏惧感；缺乏共情　　　　B. 不稳定的关系；社交不安

  C. 寻找注意力；需要被赞赏　　　D. 高智商；谨慎的计划

14. "酒精不可以改变他们是谁，一旦成瘾，终身成瘾。"这种观点与（　　）成瘾模型相一致。

  A. 分离　　　　B. 关联　　　　C. 学习　　　　D. 生物

15. "一个人物质成瘾的程度取决于这个人是否能够发现她或他自己在其中；解决这种成瘾障碍需要改善环境并且教授他们更好的生活技巧。"这个观点与（　　）成瘾模型相一致。

  A. 学习　　　　B. 依恋　　　　C. 生物　　　　D. 关系

16. 成瘾戒断项目会鼓励那些倾向于（　　）成瘾模型的人，减少摄入的项目会倾向于采用（　　）成瘾模型。

  A. 分离；依恋　　B. 学习；生物　　C. 依恋；分离　　D. 生物；学习

17. 以下哪一种陈述反对身份识别障碍的传统诊断观点？（　　）

  A. 有着分裂人格的 DID 病人会互相躲藏。

  B. 不同的 alter 会使用不同的风格以及不同的演讲形式。

  C. DID 病人的自传体记忆可以在不同身份间转换。

  D. DID 病人可能有超过一种 alter 或者可识别的人格。

18. 基于科学的实证研究来看，以下哪一种解释最符合几十年前对身份识别障碍的诊断？（　　）

  A. 有关 DID 的污名被消除，患者比过去更愿意去寻求治疗。

  B. 更好的测试和细致的诊断分类会使 DID 的诊断更加精确。

  C. 治疗学的意见和影响可能会创造出一个原本不存在的症状。

  D. 临床培训的改进便于医生在来访者群体中识别出 DID 案例。

19. 以下哪一个不是精神分裂症消极症状的例子？（　　）

  A. 社会互动的减少　　　　　　　B. 个人关怀的缺失

  C. 幻想　　　　　　　　　　　　D. 情感单调

20. 以下哪一个脑结构，在精神分裂症患者中是扩大的？（　　）

  A. 心室　　　　B. 前额叶灰质　　C. 颞叶灰质　　D. 小脑

第十四章　治疗方法

学习目标

14.1 A　描述通常用于治疗精神疾病的主要药物类别，并讨论与药物治疗相关的主要注意事项。

14.1 B　指出用于治疗精神障碍的直接的脑干预形式，并讨论每一种形式的局限性。

14.2 A　总结精神动力疗法的主要内容。

14.2 B　描述行为治疗的方法，并讨论认知疗法中使用的主要技术。

14.2 C　总结人本主义疗法和存在主义疗法之间的相似性和差异。

> 14.2 D 列出家庭系统观的特点,并描述它们如何应用于家庭和婚姻治疗。
> 14.3 A 定义"科学家—实践者鸿沟",并指出与评估该疗法效果相关的一些问题。
> 14.3 B 举例说明认知和行为疗法在哪些领域特别有效。
> 14.3 C 讨论并举例说明干预措施对来访者可能造成的损害。
> 14.3 D 讨论文化如何影响心理治疗的经验。

提出问题:敢于怀疑

- 什么样的治疗方法效果最好?针对哪些问题?
- 治疗能改变大脑结构和功能吗?
- 来访者与咨询师的种族相同或文化背景一致对他们是有益的吗?
- 治疗会有害处吗?

> 互动　您是否听说过:媒体曾报道,抗抑郁药会增加年轻人尝试自杀的风险?
> ○是
> ○否

你是否曾经历过一场创伤性的事件——战争,你家附近的暴力事件,亲人的意外死亡或者自然灾害?你是否曾经不得不离开你成长的国家或文化环境,独自在一个新的世界孤独挣扎?你上大学的压力如何?这些经历是否曾经让你感到沮丧、担心或恐慌?

对于我们大家所遭受的大部分情绪问题,两个最好的愈合剂来自时间和朋友或家人的支持。然而,对于一些人来说,时间、朋友或家人的支持是不够的,他们仍然受到日常生活困难的困扰,比如家庭争吵或害怕公开讲话、抑郁症、广泛性焦虑症等精神障碍或创伤后应激障碍。哪些治疗可能有帮助?他们如何工作?他们都安全吗?我们的调查显示,41%的学生听到媒体报道说抗抑郁药增加了年轻人自杀意图的风险。是否有证据支持这一说法?

在本章中,我们将评估:

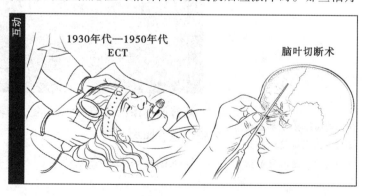

（1）主要由精神科医师或其他医师提供的生物治疗，其中包括媒体或脑功能的物理操纵；（2）心理治疗，特别是心理动力学治疗、认知和行为理论、人本主义治疗、家庭治疗或夫妻治疗。我们将评估哪种药物和心理治疗最适合哪些问题，哪种药物和心理治疗不起作用，哪种甚至会有害。有关心理障碍治疗的简要历史，请观看视频"治疗的演变"。

14.1 精神障碍的生物治疗

数百年来，人们试图识别心理疾病的起源，在不同时代曾将这种起源归于邪恶的灵魂、颅内压、疾病或恶劣的环境。如今，生物的解释和治疗占有优势，部分是因为有证据显示一些身心方面的失调有基因的成分，或者包含一个生化的或神经学的畸形，也有部分原因来自医师和制药公司大刀阔斧地促进生物医学的解决方案。

药物问题

LO 14.1.A 描述通常用于治疗精神疾病的主要药物类别，并讨论与药物治疗相关的主要注意事项。

最普遍用作生物治疗的是用来改变大脑中的神经递质的产生或反应的药物制剂。因为近来药物被非常广泛地宣传和使用，均是为了治疗严重的失调，例如精神分裂症或更普遍的问题，例如焦虑和抑郁，对此，消费者需要理解的是这些药物是什么，它们怎样被最好地利用以及它们的局限。关于生物医学治疗的细节方面的讨论详见视频"具体的治疗方法1"。

抗精神病类药物出现之前的那些年里，患有严重精神疾病的病人通常被穿上束缚衣，或者被链子锁在他们的床上，以防止他们伤害到自己或者别人。

被普遍用作治疗精神障碍的处方药 在精神障碍的治疗中使用的药物主要有四类：

抗精神病药物 这些药物普遍应用在对精神分裂症和其他精神障碍的治疗上。

1. **抗精神病类药物**被普遍用在精神分裂症和其他精神疾病的治疗

中。然而,抗精神病类药物正逐渐被用于那些非精神障碍的人,比如重性抑郁障碍、双相障碍、创伤后应激综合征(PTSD)、孤独症、注意缺陷障碍和痴呆。抗精神病药物可以被分成两个大致的种类:旧型抗精神病药物(有时被称为神经松弛剂),例如氯丙嗪和氯派丁苯制剂,以及新型的("二代")抗精神病药物,例如氯氮平片剂、维思通、再普乐和思瑞康。

大多数抗精神病药物的目的是阻隔或者减弱大脑感受器的敏感性,即对多巴胺的反应;一些也阻隔5-羟色胺。抗精神病药物能减弱兴奋、妄想和错觉,并且它们能缩短精神分裂症的时长。但是它们对精神分裂症患者的其他症状能提供的缓释很少,比如混乱的想法,很难专心,冷漠,情绪上索然无味或者不能与他人互动。这就是为什么药剂本身很难充分地去帮助那些患有精神分裂症的人们应付他们的症状。

抗精神病药物经常导致令人不安的副作用,尤其是肌强直或其他无意识的肌肉运动,这可以发展成一种被称为迟发性(晚出现的)偏头痛的运动障碍。另一种潜在的副作用是体重剧增——一年增加额外的100多磅——这已经导致了成千上万的糖尿病病例的增加,其他的风险包括中风和突发心脏病死亡(Masand,2000;Suzuki & Uchida,2014;Wallace Wells,2009)。

新型药物如今已占领90%的抗精神病药物市场,一项大型的联邦资助的研究发现,新型药物相对于旧型药物来说并不是更加具有安全性或者更有效果,更便宜(Lieberman et al.,2005;Swartz et al.,2007)。尽管抗精神病药物有时被用来治疗与注意力缺陷障碍相关的冲动攻击、痴呆和一些其他精神疾病,但是这些药物对这些身心障碍是没有明显效果的。一项研究追踪了86例年龄在18岁到65岁之间的人,这些人曾分别服用维思通、氟哌丁苯制剂或者一种安慰剂(非活性糖丸)来治疗他们的攻击性的爆发行为(Tyler et al.,2008)。被给予安慰剂的小组提升得最多。被给予大概1/5罹患创伤后应激综合征的抗战老兵的抗精神病药物,在减轻这种障碍的症状方面也是没有明显效果的(Krystal et al.,2011)。

2. 抗抑郁药被普遍应用于抑郁、焦虑、恐惧和强迫性神经失调的治疗上。单胺氧化酶抑制剂(MAOIs),例如硫酸苯乙肼制剂,通过阻碍或者制约一种酶的作用并使这些神经递质无效的方式,提高了大脑中去甲肾上腺素和5-羟色胺的水平。三环抗抑郁药,比如盐酸阿米替林制剂和盐酸丙咪嗪,通过阻止一般的再吸收或"再摄取",增加去甲肾上腺素和

抗抑郁药 这些药物普遍应用在对抑郁和焦虑性障碍的治疗上。

5-羟色胺的水平,来使得这些物质通过细胞得以释放。这些旧型的抗抑郁药相对于近期流行的药物来说,通常对严重的抑郁更加有效,被称为选择性血清素再吸收抑制剂(SSRIs),例如百忧解、舍曲林、草酸艾司西酞普兰片和西酞普兰(Healy,2012)。SSRIs 按照与三环抗抑郁药相同的原理起作用,但是特别地以5-羟色胺为靶;度洛西汀和瑞美隆(米氮平片剂)都是以5-羟色胺和去甲肾上腺素为靶。安非他酮在化学成分上与其他抗抑郁药无关,但是经常被指定用来治疗抑郁,有时还会作为戒烟的帮手。

抗精神病药物可以帮助一些患有精神分裂症的人们过上普通的生活。左图中,是丹妮·邓恩(坐着的那位)和她的母亲。丹妮在17岁时被确诊为患有精神分裂症和双向情感障碍,但是药物治疗、心理治疗和家庭的支持帮助了她。"我依然面对着挑战和问题,"丹妮说,"但是人生比它原本的样子更好。"右图中的是USC的法律教授,同样受益于药物治疗和心理治疗的艾琳·萨克斯,她写下了一本有关《疯癫的游历经历》的回忆录。由于她对精神保健法的贡献,她收到了一笔来自麦克阿瑟基金会的"天才奖金"。

所有的抗抑郁药都趋向于产生一些令人不悦的身体反应,包括口干、头痛、便秘、反胃、坐立不安、肠胃问题、体重增加,多达 1/3 的病人性欲降低,以及阻碍或者延迟性高潮(Hollon, Thase, & Markowitz, 2002)。具体的副作用因特定的药物而定。单氨氧化酶抑制剂与某些食物(例如某种种类的奶酪)互相作用,它们可能将血压升高到危险的高水平,因此必须仔细监测它们。

如果没有医生的监督,就不能突然停止对抗抑郁药物的服用,因为可能会出现身体和情绪上的戒断症状:包括抑郁症和焦虑——这可能会被误认为旧病复发,甚至是躁狂症,这可能会导致患者被误诊为患有双相障碍(Kirsch, 2010; Whitaker, 2010)。抗抑郁药物现在对诱发自杀的风险有强烈的警示作用。当然,一些严重抑郁的人有自杀倾向,这些药物可以帮助缓解这种冲动。但是这个警示意味着临床医生和病人需要意识到,服用这些药物的人可能会变得更糟;如果发生这种情况,应该立即对这种药物进行重新评估(Healy,2012)。我们将在后面的章节中讨论这个问题。

3. 抗焦虑症药物(镇静剂)——如安定、赞安诺(阿普唑仑)、劳拉西泮、氯硝西泮制剂——增加了神经递质伽玛氨基丁酸(GABA)的活性。这些镇静剂可能会暂时帮助那些患有急性焦虑发作症的人,但随着时间的推移它们并不被认为是治疗的选择。如果停止用药,症状通常会复发,而服用过镇静剂的人有很大比例会过度服药,并出现戒断和耐受性问题(即他们需要更大的剂量来获得相同的效果)。受体阻滞剂是一种主要用于治疗心脏不规则跳动和高血压的药物,有时被规定为减轻急性焦虑——例如,由于怯场和体育竞争引起的——它们通过减慢心率和降低血压来实现。但是受体阻滞剂不能被用于焦虑症。

抗焦虑药物(镇静剂) 医生通常会给抱怨自己总是过度焦虑或者担心的病人开这种药。

4. 心境稳定剂通常用于治疗双相情感障碍 一种心境稳定剂是碳酸锂,尽管它产生的效果并不清楚,因为它对大脑有许多不同的影响(Malhi et al.,2013)。锂必须在完全正确的剂量下使用,而且药物的血液水平必须仔细监控,因为太少不会起作用,而太多则是有毒的。在一些人体内,锂会产生短期的副作用(战栗)和长期的问题(肾损害)(Kemp,2014)。其他的通常为双相情感障碍患者开出的药,包括抗痉挛药双丙戊酸钠和酰胺咪嗪。

心境稳定剂 患有双相情感障碍的病人经常会服用这种药物。

关于其他药物及其用途的综述,见表14.1。

表14.1 常用的治疗心理障碍的药物

	抗精神病药物	抗抑郁药物	抗焦虑症药物	情绪稳定剂
例子	氯丙嗪	百忧解(选择性血清素再摄取抑制剂)	安定	锂
	氟哌丁苯制剂	苯乙肼(单胺氧化酶抑制剂)	阿普唑仑	双丙戊酸钠
	氯氮平片剂	盐酸阿米替林(三环的)	氯硝西泮	卡马西平
	维思通	帕罗西汀(选择性血清素再摄取抑制剂)	β-受体阻滞药	
	思瑞康	安非他酮缓释片剂(其他) 度洛西汀(其他) 瑞美隆(米氮平片剂)(其他)		

	抗精神病药物	抗抑郁药物	抗焦虑症药物	情绪稳定剂
主要用于	精神分裂症	抑郁症	情绪障碍	躁狂症
	其他精神疾病	焦虑性障碍	恐慌症	
	冲动愤怒	惊恐性障碍	急性焦虑（例：舞台打斗）	
	双相情感障碍	强迫性神经官能症		

一些对于药物治疗的警告　毫无疑问,药物使一些人摆脱了绝望情绪,并且帮助了许多生活在精神分裂症、恐慌症和强迫症等慢性疾病中的人。药物使患有严重抑郁或者精神抑郁的人能够从医院中走出,发挥他们自身的价值,并积极配合心理治疗。然而许多精神病学家和药物公司吹嘘这些药物的好处,却没有告知公众它的局限性。

许多人都没有意识到出版物是如何产生的——期刊趋势是发表积极的发现,而不是消极的或者模棱两可的观点——影响了我们所知道的。独立的研究人员能够获得未发表的数据递交给美国。食品药品监督管理局对12项常见的抗抑郁药品进行了研究,你可以看到他们在图14.1中展现的惊人的结果。在38项结果呈阳性的报告中,37项后来被公布。在36项结果呈负面或混合的报告中,只有14项被公布(Turner et al.,2008)。更令人担忧的是,对于公正研究的前景,大多数研究药物有效性的研究人员与医药行业有着经济联系,包括利润丰厚的咨询费、临床试验的资金、股票投资和专利。研究表明,独立资金的研究

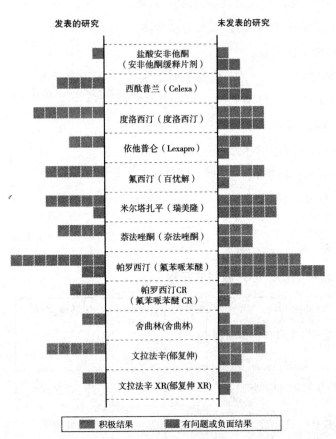

图14.1　药物和发表偏差

为了获得食品药品监督管理局的新药批准,制药公司必须提供药物有效性的证据。在这个图表的栏中,每一个框代表了一个研究。在左边,你可以看到大多数发表的研究都支持12种抗抑郁药物的有效性。但当独立研究人员掌握了提交给食品药品监督管理局的所有数据后,他们发现许多未发表的研究存在问题或负面结果（基于Turner et al., 2008）。

通常不会得到行业资金投入的药物试验所带来的积极效果（Angell,2004；Healy,2002；Krimsky,2003）。因此,在这个部分我们想让你了解你在药物公司没有听过的事情。

1.安慰剂效应 新药通常会保证又快又有效的治疗效果。但是研究自我安慰的效果发现,许多人将会积极地回应一种新药,仅仅是因为他们对新药的热情或是他们期望这种药将会使他们感觉好一点。隔了一阵子,当心理安慰的效果降低,那么许多新药将不再是有效的保证,而且也不会被广泛应用了(Healy,2002；Moncrieff,2001,2013)。

事实上,大量的证据表明抗抑郁药的大部分效果是由于自我安慰的作用,尤其是对于那些患轻度抑郁的人来说(Khan et al.,2003；Kirsch,2010)。从总体上来说,大约仅仅一半的抑郁症患者对任何服用的抗抑郁药都给予积极的回应,只有不到一半的患者会真正从药物的生物学效应上进行评价(Hollon,Thase,& Markowitz,2002)。一个对5000多名患者的元分析研究显示,自我安慰的效果是"特别大的",并表示会有超过80%的症状被缓解。然而,这种安慰却在那些严重的抑郁症患者身上体现出了最大的效应(Kirsch et al.,2008)。人们通过自我安慰能够改善的心理预期实际上和真正的药物产生了一些相同的大脑变化(Banedetti et al.,2005)。

2.副作用和药物停用 一个人服用抗精神的或是抗抑郁的药物也许会有短暂的疗效。然而,在某种程度上因为这些药会有不舒服的副作用,所以有1/2到2/3的人会停止服药。当他们停止了服药,那就很有可能会退回原来的症状,尤其是当他们还没有学会如何对付自己的疾病的时候(Hollon et al.,2002)。

一个原因是一些患者被给予了错误的剂量,从而产生了过度的副作用或是不良反应,导致他们停止服药。因为对于不同年龄、性别和种族的人来说,相同剂量的药可能会有不同的代谢变化（如 Chaudhry et al.,2008；Harvey et al.,2007）。由于代谢速率、体脂肪量、大脑中药物受体的数量或是种类的不同,或是在吸烟和饮食上的文化差异,导致小组内被试能够承受的药物剂量是不同的。

3.忽视药物的有效性,或许非药物治疗更好 药物的流行一方面来自管理式医疗组织的压力,即这个组织更喜欢用一个处方药对待来访的患者,而不是选择对患者进行10次心理治疗;另一方面是因为药物公司的市场和广告。在1997年,美国食品和药物管理局允许制药公司直接向公众做广告,这种情况在世界的大部分地方仍是禁止的。如今,大多数

安慰剂效应 一种药或是一种治疗方法,由于患者自己的期望或希望带来的明显效果,而不是药物或治疗本身的效果。

看电视的美国人更喜欢卡通人物、动画形状和弯曲线条,不现实且快乐的人的软焦点也集中在这样的广告中。

因为这些广告的投入,带来了很好的效果。药物通常被看作是治疗情绪和行为问题的最好方式,由于消费者的需求,新药的销售量已经开始猛涨。但是在不同的条件下,非药性的治疗也许会有相同甚至更好的效果。比如有一项研究,168000多名注意力缺陷障碍的儿童接受行为方面的治疗措施。超过60%的男孩和23%的女孩在治疗期间同时服用利他林或是其他药物。但是在孩子接受六个阶段的行为疗法、其父母接受十个阶段治疗之后,仅仅有11%的男孩和2%的女孩仍需继续吃药(Cummings & Wiggins,2001;March,2011)。

4. 随着时间带来的未知风险和药物相互作用　服用抗抑郁药的影响仍有无限的不确定性,尤其是对那些脆弱的群体,比如儿童、孕妇和老人,以及大脑仍在快速发育的青春期阶段或是从小被他人收养的青壮年。

直到某种药物问世几年我们才会知道药物的长期效应。那就是说引入大多数新药进市场的代价是很高的,而且制造商认为他们不可能等待多年来看这种药是否会有长期的危害。最初的新药测试仅仅是由几百个人服用几周或几个月或是有的人会无限期服用此药,以此来确定药的效果(Angell,2004)。尽管如此,许多精神病医生因为现有的抗精神病药和抗抑郁药没有帮助到他们的患者而感到沮丧,这是可以理解的。他们正在尝试着研究类似鸡尾酒疗法(联合使用三种抗病药进行治疗,以减少单一用药的抗药性)的药物,既抗焦虑又抗抑郁,同时可以避免副作用。他们在某种程度上有成功的迹象,但是目前几乎没有关于这些方法结合的利益与风险的研究。

5. 未检验的适应症外用途　大多数消费者并不知道,只有在美国食品和药物管理局检验某种药合格之后,医生才被允许用它面向大众开处方药,而不是说在药物完成最初的测试之后就被允许使用。正如已经指出的,抗精神病药物被使用在非精神性的疾患上,比如维思通。然而,实际上一些抗精神病的药的适应症外用途是之后学者要研究的,并会被验证是有效的(Watts et al.,2013)。

在未来几年中,你将会听到许多"有保证的药物",专门针对普遍的心理问题,比如说记忆丧失、吸烟和酗酒。到时候制药公司将会致力于这些药物的生产。但是我们希望能抵制住追求新药时尚的冲动。针对治疗心理问题的药物,思考者必须权衡它的利与弊,耐心等待保险并有效的数据统计结果,抵制住过于简单化结果的诱惑。

直接的大脑干预

LO 14.1.B 指出用于治疗精神障碍的直接的脑干预形式,并讨论每一种形式的局限性。

对于人类的大部分历史来说,一个遭受精神疾病的人通常会得到一个相当极端形式的"帮助"。一个好的部落治疗师,或者是在几个世纪以后,一名医生将会尝试着通过在患病者的颅骨上钻孔的方法以释放患者的"精神压力"。这是不起作用的!

当前最有名的治疗精神疾病的技术是精神外科——在1935年问世的大脑直接干预法,当时有一名葡萄牙的精神病学家安东尼奥·埃加斯·莫尼兹(Antonio Egas Moniz)在一名精神病患者的颅骨上钻了两个洞,并用一个仪器粉碎了在前额叶和其他区域之间运行的神经纤维。这个手术被称作"前额叶切除手术",它被认为在没有损害智力能力的前提下,会减少患者的精神症状。这个从来没有被科学评估或是确认过的手术,却在40000多名美国人身上操作过,甚至包括前总统肯尼迪(Kennedy)的妹妹罗斯玛丽(Rosemary),这是十分不可思议的。可悲的是,做完前额叶切除术的患者会变得冷漠、回避,甚至不能照顾自己(Dully,2008;Raz,2013;Vin,1986)。而且,莫尼兹恰恰是因为这项手术操作而获得了诺贝尔奖。

幸运的是,精神外科的其他形式是比前额叶切除术成功的。一个更精准的手术"扣带回前部切开术"被证实对于严重的强迫性神经症和抑郁是很有帮助的(Banks et al.,2015;Shields et al.,2008)。这个手术通过患者的颅骨上的洞向背侧前扣带回插入电极(背侧前扣带回被认为是影响焦虑和情绪混乱的重要脑区),然后加热电极的尖端,从而创造一个小的损伤。通常情况下,一个病人会接受不止一次损伤。45%—70%接受了扣带回前部切开术的强迫症精神患者的症状有所好转。值得注意的是,那些以前治疗失败的、最严重的患者也可以通过做这个侵入性手术而有所好转(Banks et al.,2015)。更多的细节请看"精神外科"视频。

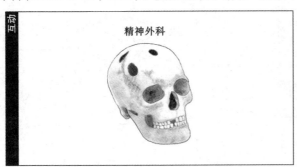

另一个精神外科的程序是最初为帕金森疾病和癫痫病人所做的脑深层刺激手术（DBS），现在，它开始被应用到许多的精神疾病中去，例如强迫症和抑郁症（Sharma et al.，2015）。脑深层刺激手术需要做一个在脑内植入电极和在锁骨下栽种一个类似于起搏器小盒子的外科手术，但是这个手术是被实验过的，并且是有风险的（Lozano et al.，2008）。持反对意见的人担心这个方法还没有被充足地试验完毕，而且它的效力和长期的副作用还有很大一部分不被人所知道（Barglow，2008；Fins et al.，2011）。

另一个改变脑功能的方法是对大脑外部进行电刺激。最原始的方法就是**电休克疗法（ETC）**，也可以叫作"休克疗法"，这种疗法经常被用来治疗一些抑郁症，尽管没有人确切地知道它是如何起作用的。在脑的一侧放置一个电极并通过简短的电流，这段电流会引发一段典型的持续一分钟的使身体抽搐的癫痫。在过去因为滥用电休克疗法出现过许多让人惊骇的事例，而且对记忆也会有可怕的影响。在类似于《飞越疯人院》这样的电影中，对电休克疗法的这些不利的、有缺陷的描述使得这种疗法的名声越来越坏。而现在，会对病人们进行肌肉放松和麻醉，让他们睡过整个治疗过程来使他们的抽搐程度降低到最小。世界精神病学协会和食品药品监督管理局已经认证，电休克疗法尤其是对于那些曾经患有严重抑郁症、有过自杀冲动、没有从其他的治疗中得到帮助的人来说是安全并且有效的（Shorter & Healy，2008）。每年有大约100000名美国人接受电休克疗法。然而，电休克疗法对于情绪提升的影响通常是十分短暂的，在接受治疗几个星期或几个月后抑郁症也会复发（Hollon，Thase，& Markowitz，2002；U. S. Food & Drug Administration，2011）。电休克疗法对于其他的疾病也起作用，例如精神分裂症和酗酒，尽管它在这些情况中被滥用。想要了解更多有关这种治疗方法的信息，请观看视频"电休克疗法"。

电休克疗法（ETC） 用来治疗重症抑郁的，对大脑应用电流并引发简短抽搐的治疗过程。

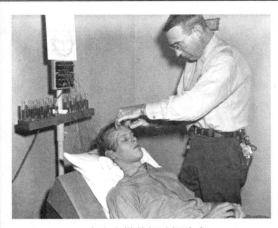
一个人在做前额叶切除术

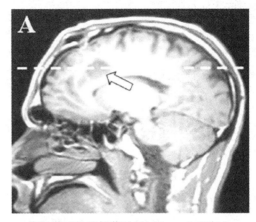
前扣带回的脑损伤（Shields et al.,2008）

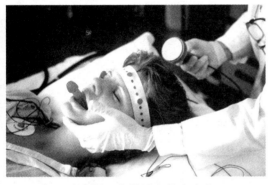
一名女性正在接受电休克治疗

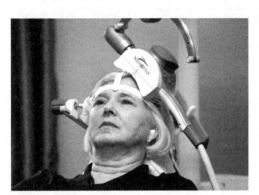
一名研究者正在展示经颅磁刺激

精神系统科学家正在尝试用侵略性更小的方法来刺激一些抑郁个体的大脑（Nieudworp et al.，2015；Nitsche et al.，2009）。其中一种方法是经颅磁刺激（TMS），就是在抑郁症病人更少活跃的前额叶皮质的脑区上放一个脉冲磁线圈。相比于电休克疗法，虽然经颅磁刺激出现的时间比较短暂，但是它对于一些病人来说更为有效，而且副作用比电休克疗法更少（Brunoni et al.，2016；Prasser et al.，2015）。

日志 14.1　批判性思考——避免情感原因

你听到了一种新药对于抑郁症有"重大突破"的声明，像这种声明总是会经过许多的实验。为什么人们应该对他们期待了已久的奇迹般的新药的发明保持小心谨慎？公众们还有什么信息没有从制作新药的公司那里了解？

模块 14.1 测验

1. 卡尔患有幻觉、妄想症和与精神分裂症相关的一般性躁动。下列的药物中,哪一个能够缓解卡尔的症状?(   )

    A. 抗抑郁药物 　　　　　　　B. 抗精神病药物

    C. 抗焦虑药物 　　　　　　　D. 碳酸锂

2. 抗抑郁药物中,与(   )相比,(   )被认为有更持久的疗效,并且对于重度抑郁的治疗也更有效。

    A. OBEs；MBEs 　　　　　　B. omega7s；OCDs

    C. TMSs；DBSs 　　　　　　D. MAOIs；SSRIs

3. 在治疗抑郁、狂躁型抑郁症患者的时候,碳酸锂是如何发挥作用的?(   )

    A. 它降低了胼胝体中 6 型脱水酶的产生。

    B. 它改变了 ASPM 基因的构成。

    C. 其作用机制尚不清楚。

    D. 它提高了 5 - 羟色胺受体中 DHO - 3 的水平。

4. 在食品药品监督管理局批准药品后,如何由合格的医护人员开出处方?(   )

    A. 只要是由医护人员开出的处方就行。

    B. 仅仅看药品生产厂商开发该种药品的预期用途。

    C. 对年龄相似的组别进行最初测试。

    D. 对年龄大于目标群体的组别进行测试。

5. 电休克疗法(ECT)何时使用?(   )

    A. ECT 应该是治疗的首选。

    B. 在患者表现出积极自杀,或者其他可行的治疗失败后,应当考虑 ECT。

    C. 在用药之后,行为疗法之前使用 ECT。

    D. ECT 不再被认为是治疗抑郁症等精神障碍的有效疗法。

14.2 心理治疗的主要流派

　　好的心理治疗师希望帮助客户以新的方式思考生活,以及找到困扰他们的问题的解决方案。在这一节中,我们将讨论心理治疗的主要流派。为了说明每一个流派的哲学思想和治疗方法,我们将关注一个虚构的家伙——本(Ben)。本是个聪明人,他的问题对很多学生来讲都再熟悉不过了:他总是拖拖拉拉。他舒舒服服地坐下来,写学期论文对他来讲似乎是一件不可能的事。他总是有做不完的事,过不了多久那些未做完的事就会变成一个个 F 的成绩。为什么本要拖延,给自己制造痛苦呢？什么类型的治疗方法可以帮助他呢？观看"行为治疗2"，我们可以获得精神卫生专业人员可掌握的技术的概观。

精神动力疗法

LO 14.2.A 总结精神动力疗法的主要内容。

西格蒙德·弗洛伊德是"谈话治疗法"之父，"谈话治疗法"是他的一位病人的称呼方式。在他的**精神分析**疗法中，病人需要每周治疗几天，通常需要数年的时间。治疗过程中，病人们谈论的不是他们的直接问题，而是他们的梦和孩提时代的记忆。弗洛伊德认为：对这些梦和记忆的深入分析会让患者自己洞悉到他们症状的潜意识层面的原因。弗洛伊德相信，通过自我洞悉和情绪的释放，患者的症状会逐渐消失。

弗洛伊德的精神分析疗法已经演变为许多不同形式的精神动力疗法，但它们有一个共同的目标——探究人格中潜意识的动力，例如防御和冲突。精神动力疗法的支持者常常把它们称作"深度"治疗，因为其目的是深入探究患者症状来源的深层的、无意识的过程，而不是集中于"肤浅的"表面症状和有意识的信念。

大多数精神动力疗法的一个主要原理是**移情**。移情——当事人对自己内心生活的情感元素的替代，通常是当事人将自己对父母的情感外化到分析师的身上。你是否有过这样的经历——对一个刚认识的人做出异常迅速的反应，喜欢或者不喜欢，后

精神分析 一种人格理论和心理治疗的方法，由西格蒙德·弗洛伊德提出，强调对无意识动机和冲突的探索。

移情 在精神动力疗法中，移情是一个至关重要的过程，在这个过程中，当事人将无意识的情绪或反应，例如，他或她对父母的情绪感受，转移到治疗师身上。

精神动力疗法学派的治疗师强调移情在临床中的重要性，即当事人将对自己生命中重要的人的情感感受转移到治疗师身上的过程。在20世纪初，黑手党戏剧《女高音》是第一个广泛关注心理治疗的电视节目之一。其中，一个反复出现的情节是托尼对他的治疗师詹妮弗·梅尔菲（Jennifer Melfi）的浪漫情感。事实上，托尼一度试图亲吻梅尔菲医生，他解释道：他的感受完全是在他们共同进行治疗的过程中所取得的进步的结果，并且与正常移情过程有关。

来才意识到,是因为这个人使你想起了一个你爱或者讨厌的亲戚。这种经历与移情相似。在治疗过程中,一位女性或许会把她对自己父亲的爱转移到分析师身上,并且相信自己爱上了这位分析师。一位男性,由于他的母亲拒绝了他,在潜意识中产生了愤怒,或许会因为分析师去度假而愤怒。通过在治疗环境中对移情的分析,精神动力疗法学派的治疗师认为——通过这些分析,他们的当事人能够看到自己在行动和工作中的情感冲突(Dahl et al., 2016; Westen, 1998)。

今天,大多数精神动力疗法学派的治疗师从其他治疗形式中借鉴治疗方法。相比于传统的分析师,他们更关注帮当事人解决自身的问题,以及缓解当事人的情绪症状;而且他们会限制治疗次数到具体的数字,例如,10或20。或许他们可以帮助我们的朋友本洞悉到——他的拖拖拉拉是对父母表达愤怒的一种方式。他可能意识到了自己生气是因为父母坚持认为他为了一份自己不喜欢的职业而学习。理想条件下,本会亲身体会到这种洞察力。但如果是分析师给出的解释,本肯定会感到过于保守而无法接受这种解释。

行为与认知疗法

LO 14.2.B 描述行为治疗的方法,并讨论认知疗法中使用的主要技术。

实践行为疗法的临床心理学家会通过探究"在本人的周围环境中,维持他行为的强化物是什么"来正确地处理问题。他们会说:"本,忘掉洞察力吧!你的学习习惯非常糟糕。"实践认知疗法的临床心理学家将专注于帮助本理解他对于学习、写论文和成功的信念是多么不切实际。通常情况下,这两种方法是一起使用的。

行为学技术 行为疗法是基于经典条件反射和操作性条件反射的原理。这里有四种方法(Martin & Pear, 2014)。

1. 行为自我监控。在你改变你的行为之前,它有助于发现巩固支持行为的强化物:来自他人的关心或者有形的奖励,例如,金钱或美餐,能暂时缓解紧张或者不愉快。这样做是为了记录你想要改变的行为。你想要少吃点糖吗?你可能没有意识到你在一整天之内吃了多少东西,而行为记录则会显示你在什么情况下吃了多少。一个母亲可能会抱怨她的孩子"总是"发脾气,而行为记录将显示孩子发脾气时是在何时、何地以及与谁在一起。在它识别出不想要的行为和一直维持着这种行为的强化物之后,一个处理程序将被设计出来改变这种行为。例如,你可能

行为疗法 一种治疗方法,它运用经典条件反射和操作性条件反射的原理来帮助人们改变自我挫败或问题行为。

行为自我监控 行为治疗中的一种方法,它能保持频率的细节数据和行为改变的结果。

会在你的能量很低的时候找到除了吃以外的其他方法来减少压力,并且确保你在深夜时附近没有垃圾食物。而那位母亲可以无需自己付出注意力(或是用蛋糕换来安静)就对自己的孩子发脾气做出反应,但让孩子闭门思过,即把孩子放逐到一个无正向强化物可用的角落。

2. 曝光疗法。最广泛使用的治疗恐惧和恐慌的行为方法是**分级曝光**。当人们害怕某些情况、物体或不愉快的回忆时,他们通常尽其所能以避免面对或思考它。不幸的是,这种看似合理的反应只会让恐惧更糟。曝光疗法旨在扭转这种趋势。在分级曝光中,客户控制着与恐惧来源的对抗程度。例如,有些恐高的人可能会站在某建筑物的二楼阳台上几分钟,一直到他的恐惧和痛苦感下降。接下来,他可能会站在三楼的阳台,接下来是四楼的阳台,以此类推直到他能从楼顶向外眺望。一种更为戏剧性的曝光形式是洪水,在这种情况下,治疗师将客户直接带到令他恐惧的情形中(例如,在前一个例子中的建筑物楼顶),并一直保持这种情形直到客户的恐惧和痛苦感下降。**曝光疗法**可以非常有效地解决针对特定事物的恐惧症。例如,在电视节目《动物星球——动物我最怕》中,对个体从野生动物到家养宠物的各种恐惧都进行了研究。

分级曝光 在行为治疗中,有一种方法是,让患有恐惧症或惊恐障碍的人逐渐进入他所害怕的情境中直到焦虑平息。

3. 系统脱敏疗法。系统脱敏是一种较早的行为方法,它类似分级曝光法,但涉及放松曝光(Wolpe, 1958)。它是基于反条件作用的分类调节程序,在这个过程中控制能激发想得到的反应(如恐惧)的刺激(如蜘蛛)与其他的刺激或情境相结合引发与不良反应不相容的反应。在这种情况下,不相容反应通常是放松。客户当想象或看着一系列令人恐惧的刺激时要学着深度放松,从最小的恐惧到最可怕的恐惧(在客户脑海中)。最终,恐惧反应不复存在。

曝光疗法 在行为治疗中,一种暴露疗法是直接将来访者带入他最害怕的情境中直到他的焦虑平息。

在一个叫作网络疗法的专业领域,一些行为治疗师使用虚拟现实(VR)prog来辅助暴露疗法治疗各种恐惧症(Gregg & Tarrier, 2007; Jacob & Storch, 2015; Wiederhold & Wiederhold, 2000)。另一些则是用虚拟现实技术来治疗那些患有顽固性创伤后应激症状的老兵。在一个名为

在这个虚拟的现实暴露情境中,这位男士使用技术去克服他的恐高。

"虚拟伊拉克/阿富汗"的项目中,兽医得到了曝光和脱敏治疗的结合(Rizzo et al., 2015b)。他们戴着头盔,戴着视频护目镜和耳机,听着战争的声音,然后玩一个改装版的 VR 游戏全谱战士,适应了伊拉克战争(Halpern, 2008; Rizzo et al., 2015a)。

技能培训 在行为治疗中,努力教会来访者不会的技能,以及建立新的建设性行为来取代自我挫败的行为。

4. 技能培训。如果一个人不知道如何与人闲聊,那么只告诉他"不要害羞"是不够的;如果一个人不知道如何平静地表达自己的感受,那么仅仅告诉他"不要叫喊着说话"是不够的。因此,一些行为治疗师使用操作性条件反射技术,建模和角色扮演来教授客户可能缺乏的技能。害羞的人可能会学习如何在社交场合发言,而不是关注自己的不安感。技能培训项目是为了解决各种行为问题而设计的:父母如何训导自己的孩子,冲动的成年人如何管理愤怒,孤独症儿童在社交中如何表现,以及精神分裂症患者如何找到工作。这些技能在虚拟世界也被教授,例如"第二人生"。在与治疗师面对面交流后,被试创建一个虚拟化身来探索虚拟环境和新行为实验。治疗师可以监控被试的心理逻辑,甚至是生理反应。

一个行为主义者能用几种方法对待本的拖延症。用日记来监控本可以让他清楚地知道他如何安排时间以及他的每件事应该用多少时间。本可以设定一些具体的小目标,不是模糊的比如"我要重新规划我的生活"的大目标,而是比如阅读一篇英文论文所需要的两本书并写一页阅读作业。然而本不知道如何写清楚,即使写一页也让人有很大压力,他也许需要一些技能培训,例如基础的写作班。最重要的是,治疗师会改变影响本的拖延行为的强化因素,也许是与朋友聚会间接的满足感用强化物取代它们来完成工作。

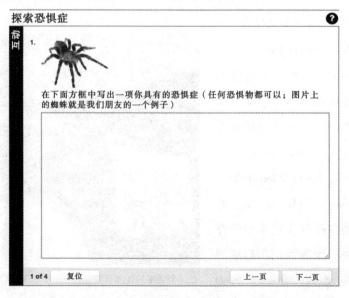

认知技术 悲观思想会产生一系列消极情绪和弄巧成拙的行为。**认知疗法**的基本前提是,建设性的行为会起到相反的作用,减少或消除愤怒、恐惧和沮丧。认知治疗师帮助客户识别可能不必要的延长他们的痛苦冲突和其他问题的信念和期望(J. Beck, 2011)。他们要求客户检查他们信念的证据来证明他们是失败的,其他人是吝啬自私的,或者浪漫的关系都是注定要失败的。客户倾向于考虑为其他人的行为进行另一方面的解释,因为他们的行为惹恼了他们,我的父亲严厉地对我就是为了控制我,就像我一直想的那样吗?也许他真的是想保护我,照顾我呢?通过要求人们识别他们的假设和偏见,检查证据,并考虑其他解释,如你所见,认知疗法教授批判性思维。

> **认知疗法** 一种旨在识别和改变非理性的、非生产性的思维方式,从而减少负面情绪的疗法。

亚伦·贝克(Aaron Beck)率先应用认知疗法治疗抑郁症(Beck, 1976; Beck & Dozois, 2011)。抑郁往往来自悲观主义思想,即你的痛苦的根源是永久的,没有什么好事会再发生在你身上。对贝克而言,这些理论是"非理性"的,不如说他们的理论是徒劳的,或者是建立在错误信息的基础上。使用贝克方法时咨询师会要求你根据测试来检验你对证据的信念。如果你说:"但是我知道没有人喜欢我。"咨询师可能会说:"哦,是吗?你真的没有朋友吗?去年有对你好的人吗?"

另一种认知流派的疗法是阿尔伯特·埃利斯(Albert Ellis)的"**理性情绪疗法**"(REBT; Ellis, 1993; Ellis & Ellis, 2011)。在这种方法中,咨询师使用合理的论点直接挑战来访者的不现实的信念或期望。埃利斯指出,情绪低落的人往往过于泛化,他们认为某人的一个令人讨厌的行为意味着那个人在各个方面都很糟糕,或者说一个普通的错误是他们堕落到极点的证据。许多人也把小问题扩大化。"我考试没有及格,现在我退学了,没人会喜欢我,我永远找不到工作。"许多人对自己"必须"做的事情感到疯狂。咨询师直接挑战这些想法,向来访者展示为什么他们是不理性的和误入歧途的。

> **理性情绪疗法(REBT)** 阿尔伯特·埃利斯(Albert Ellis)提出的一种认知疗法,旨在改变来访者不切实际的想法。

一名认知学派的咨询师可能通过让来访者写下他对工作的想法来治疗本的拖延症,让他把这些话当作别人说过的话,然后给每个人写一个理性的回复。这种治疗的方法会鼓励本去研究他的假设和信念的有效性。许多拖延症患者都是完美主义者,如果他们做不到完美的事情,他们就不会做。由于无法接受自己的局限性,他们制定了不可能的标注,并造成了灾难。

消极想法	合理回应
如果我的论文得不了 A⁺，我的生活就全毁了	如果我一直这样不作为，我的生活可能会很糟糕，拿到 B 甚至是 C，总比什么都没有要好很多
当我的教授读到这篇文章的时候，他一定认为我是傻瓜。我会因为他的批评感到十分羞愧	至少他现在还没说我是个傻瓜。如果他批评我，我可以从中学习到很多，并且下次会做得更好

在过去，行为和认知学派的咨询师争论改变来访者的想法或改变他们的行为是不是最有帮助的。而如今，大多数人认为思想和行为是相互影响的，这就是认知行为疗法(CBT)为什么比单独的行为疗法和认知疗法更常见的原因。你可以通过观看"认知行为疗法"的视频来了解更多关于这项疗法及其应用的信息。

一批新的 CBT 的咨询师，受到一些例如佛学的东方哲学的影响，已经开始质疑目标，这个目标能改变一个来访者的自我挫败感。他们认为完全消除不必要的想法和感觉是困难的，尤其是当人们已经预演了很多年时。因此他们提出了一种基于"正念"和"接受"的 CBT 形式。来访者学会明确地识别和接受任何消极的想法和感觉，而不是试图根除或使他们破坏健康的行为(Khoury et al., 2013; Norton et al., 2015)。如果一个来访者害怕公开发表演讲，他的恐惧是不理性的，那么采用这种方法的人就会鼓励他接受这种焦虑的想法，而不是评判他们的情感或者他本身。另一种有效的方法是基于正念减压的，并加有东方传统的"注意呼吸"，一种来访者可以在其自己处于低情绪状态或开始出现一种消极、抑郁的想法时实行的方法(Coelho, Canter, & Ernst, 2017; Segal, Teasdale,

& Williams,2004),一个人可以打断消极思考的契机,通过静坐,集中注意力于当下,尤其是感受自己的呼吸。健康心理学家建议这种方法,可以减少压力,改善日常生活。

人本主义和存在主义疗法

LO 14.2.C 总结人本主义疗法和存在主义疗法之间的相似性和差异。

在20世纪60年代,人本主义心理学家否定了两项占主导地位的心理学研究方法,当代的精神分析主义和行为主义。人本主义学者认为精神分析学派强调有问题的性和具有侵略性的冲动,过于悲观地看待人性,忽视了人类的韧性和快乐的能力。而且人本主义学者认为行为主义的强调可观测的行为,过于机械和"盲目"的人性观,认为行为主义忽视了什么是对大多数人来说真正重要的东西——他们独特的人类希望和愿望。在人本主义者的观点中,人类的行为并不是完全由潜意识冲突或者环境所决定的。人类是能够有自由意志的,因此他们有能力比精神分析学家或行为主义学家做出更多关于自己的预测。人本主义精神的目标仍然是:帮助人们更加有创造性地表达自己,并发挥他们全部的潜力。

人本主义疗法是在人本主义哲学的基础上,认为人性本善,人们的恶意行为和发展带来的问题都是因为自身的缺陷所扭曲而致。因此,人本主义治疗师想要知道来访者是如何主观地看待他们自己的处境,以及他们是如何分析周围的世界。他们探索"此时此刻",而不是"为什么和如何",最近的实证研究也支持了这类心理治疗。

在卡尔·罗杰斯(Carl Rogers)以**来访者为中心(非指导性)的疗法**中,这种疗法是以接受、非判断的方法去倾听来访者的需求。提供罗杰斯所说的无条件的积极关怀。不管来访者具体抱怨了什么,目标是建立来访者的自我接纳,并且帮助来访者找到一种更有效的方法去看待他或她的问题。因此,可能会认为本的拖延掩盖了他的自卑,而本已经脱离了他的真实的情感和愿望。也许他没有通过他的课程是因为他想让他的父母在他偷偷成为一名艺术家的时候感到高兴。罗杰斯(1951,1961)认为成功的治疗师必须是热情和真诚的。对于罗杰斯而言,移情是咨询师必备的能力。理解来访者所说的和确定来访者的感受,是以来访者为中心的疗法的成功要素:"我知道一定很沮丧,本,因为无论你多努力,你都不会成功。"最终,来访者会内化治疗师的支持,并更容易地接纳自我。

人本主义疗法 以人性哲学为基础的一种心理治疗,强调个人成长、恢复能力以及人类潜力的实现,来访者能够改变而不是注定不断重复过去的矛盾。

来访者为中心的疗法 一种人本主义疗法,由卡尔·罗杰斯提出,强调咨询师对来访者的共情以及无条件的积极关注。

人本主义治疗师强调温暖、关心以及带着同情心地聆听是非常重要的。

存在主义疗法 帮助来访者探索存在的意义和面对生命中的重大问题,例如死亡、自由和孤独的一种治疗方法。

存在主义疗法(Existential therapy)可以帮助来访者面对一些重大的生存问题,例如死亡、自由、孤独和无意义感。存在主义疗法治疗师和人本主义疗法治疗师一样,认为我们的生活不是完全由过去的经历或周围的环境所决定的,我们有选择自己命运的自由。正如欧文·雅洛姆(Irvin Yalom)(1989)所说:"治疗中关键的第一步是来访者为自己生活困境负责任的假设。"雅洛姆认为治疗的目标是帮助来访者解决生活中无法逃避的责任和死亡及无意义的挣扎。无论我们的经历有多严峻,他认为"它们包含了智慧和救赎的种子"。或许最著名的人类可以在贫瘠的土地上发现智慧种子的例子就是维克托·弗兰克(Victor Frank,1905—1997),从纳粹集中营逃出来后他提出了存在主义疗法。在那个恐怖的深渊中,弗兰克(1955)发现一些人仍能保持头脑清醒,因为他们仍能找到生活经历中的意义,即使生活已经粉碎了。

一些观察者相信所有的治疗方法都是可以存在的。治疗法通过不同的方法帮助人们明确,对他们来说什么是重要的,什么样的价值观引导着他们,他们有勇气去做怎样的改变。一个人本主义或存在主义治疗师可能帮助本思考关于拖延的重要性,他生命的最终目标是什么,以及他如何找到实现目标的力量。

家庭和婚姻疗法

LO 14.2.D 列出家庭系统观的特点,并描述它们如何应用于家庭和婚姻治疗。

本的情况每况愈下。他的父亲开始称他为"明天的人"(Tomorrow Man),这也使他的母亲感到难过,他数学专业的弟弟已经开始计算本的不完美花了多少费用。他的姐姐,一个生活中从没出现过不完美成绩的生化专家,建议他们一家应该去找一个家庭治疗师。她说:"本并不是这个家里唯一有麻烦的人。"

家庭治疗师(Family therapists)会认为本的问题是在家庭背景中形成的,是由家庭动力因素所促成的,并且他所做的每一个改变都会影响到其家庭成员(Nichols, 2012)。一位早期著名的家庭治疗师萨尔瓦多·米纽庆(Salvador Minuchin)(1984),把家庭比作万花筒,有不断变化着的拼花图案,而其变化形式大于任意一片拼花的变化形式。在这种观点下,孤立地治疗一个家庭成员而不顾其他成员的疗法注定会失败。只有所有的家庭成员揭露他们对彼此的不同感受,错误和误解才能被发现。例如一个青少年,可能认为他的母亲易怒和唠叨,而实际上她可能只是累了并且有点担忧。一对父母可能认为孩子很叛逆,而实际上孩子只是感到孤独和缺乏关注。

家庭成员常常意识不到自己对其他成员的影响。家庭治疗师希望通过观察整个家庭,发现家庭在权力和沟通中的紧张和不平衡。一个孩子可能患有慢性病或是心理问题(如厌食症),就会影响整个家庭的功能。父母一方可能会变得过于关注这个孩子,当另一方稍有退缩,双方就会彼此责备。反过来,孩子可能会用生病或心理紊乱的方式作为表达愤怒的方式,使父母仍在一起或获得父母的注意(Cumming & Davies, 2011)。

即使有时候没办法治疗整个家庭,一些家庭治疗师仍会以家庭系统观(family-system perspective)来治疗每个个体。**家庭系统观**认为个体在家庭中的行为就像两个舞者之间的相互关系(Bowen, 1978;Cox & Paley, 2003;Ram et al., 2014)。来访者知道无论以任何方式做出改变,即使是变得更好,他们的家庭成员可能会激烈地抗议或发出敏感的信息,"再改变回来!"为什么会出现这种情况呢?因为当一个家庭成员做出改变,其他成员中的任何一个也必须都要改变。正如上面说的,像两个人跳探戈舞,如果一方停下来,另一方也必须停下来。但是大多数人不喜欢改变。他们安于旧的行为方式,即使这种方式已经会给他们带来麻烦。

家庭系统观 通过辨别每个家庭成员是如何形成一个更大的相互系统中的一部分而进行治疗的方式。

当一对夫妻经常因为看起来似乎无法解决的事情而争论时,他们可以一起去进行婚姻咨询(couples therapy),从而获得帮助。婚姻治疗就是帮助夫妻解决那些发生在所有关系中的不可避免的冲突。夫妻间最常会抱怨的一个问题就是"需求—退缩"模式。一方因另一方理解错误,要求对方做出改变而纠缠不休。一方

婚姻咨询是以帮助人们找到可能会关系脱轨的矛盾和误解为目的的。除了治疗的目的,夫妻还会获得类似的潜在益处吗?最近的一项研究认为,这个问题的回答是肯定的。新婚夫妇要求一起去观看并讨论,与婚姻复杂性问题有关的电影(每周一次)。这样的新婚夫妇三年后的离婚率低于参加传统夫妻咨询的新婚夫妇(Rogge et al., 2013)。当然,对于出了问题的婚姻最好的治疗方法可以在你的电视剧中找到,在得出这种结论之前还必须更多的研究来证实。

越是纠缠不休,另一方就越可能退缩、犹豫或回避这个问题(Baucom et al., 2011; Christensen & Jacobson, 2000)。婚姻治疗师通常会坚持夫妻双方都参加,这样可以听取两方面的意见。他们会忽略抱怨和攻击("她从来不听我的!""他什么事情都不做!"),而是聚焦在帮助夫妻解决他们之间的分歧,减少伤害和抱怨并做出行为上的改变来减少愤怒和矛盾。

很多婚姻治疗师,像认知治疗师一样,不会调解所有的分歧。相反,他们会帮助夫妻去接受伴侣一些不打算做出太多改变的性格,并学着与它们相处(Baucom et al., 2011; Hayes, 2004)。一位妻子不再尝试将自己冷静沉着的丈夫变成一个不由自主的冒险家("毕竟,那是我一开始爱他的原因,他稳重得像块石头")。一位丈夫,不再尝试让自己害羞的妻子变得更加自信("我一直爱她特别宁静的样子")。

不同心理疗法的特征

不同的治疗方法强调思想和行为的不同方面。回顾下面的表格,然后测试一下自己,将疗法类型和它的特征相匹配。

治疗方法	特征
心理动力学疗法	移情
行为疗法	系统脱敏
存在主义疗法	直面死亡的恐惧
认知疗法	矫治不合理信念
人本主义疗法	无条件的积极关注
家庭疗法	评定家庭成员之间的互动

检验自己的理解

家庭婚姻治疗师在工作中可能会使用到心理动力疗法、行为疗法、认知疗法或者人本主义疗法等方法;他们都关注家庭或者夫妻。在本的案例中,一个家庭治疗师将会观察本的拖延与其家庭动力之间的适应性。或许它使本得到父亲的注意和母亲的同情。又或许它使本远离自己极大的恐惧:如果他完成了他的工作,可能无法达到其兄弟姐妹的超高标准。治疗师不仅会帮助本改变他的工作习惯,还会帮助他的家庭和一个改变了的本相处。

我们讨论过以上的几种心理疗法,其理论和技术完全不相同(如表14.2所示)。尽管在实践中,很多心理学家会使用整合的方法(integrative approach),吸收各学派的方法和理论而避免使用任何一种单一的方法。这种灵活性可以使他们,运用最合适和有效的方法对待来访者。一项网络调查中的超过2400位的心理动力学治疗师、2/3的人说他们使用认知—行为疗法、他们选择的最有影响力的治疗师是卡尔·罗杰斯,他们经常融入正念和接受的思想(Cook,Biyanova,& Coyne,2009)。

表14.2 主要流派的治疗比较

	首要目标	方法
心理动力学	深入探索拖延症状的无意识动机和感觉	探索无意识动机,考查转变的过程,探索童年的经历
认知行为学 行为的	改变问题行为	行为记录,探索,系统脱敏,行为训练
认知的	改变不合理的或错误的信念	使患者根据事实了解自己的想法,在过度生成和灾难化中暴露错误的推理,有时候也要帮助患者接纳自己不愉快的感觉和想法并产生共情
人本主义 人本的	领悟;自我接受和自我满足;关于人和世界新的积极的看法	提供一个讨论问题的非判断性设置 通过这种治疗使来访者会用共情和无保留的积极方面
存在的	寻找生活的意义,接受不可避免的损失	不同的治疗师;讨论生命的哲学意义、来访者的目标,找寻弥补一些损失和更好生活下去的勇气
家庭和夫妻 家庭	改变家庭模式	或许可以使用一些方法来改变不停有问题和冲突的家庭模式
夫妻	解决冲突,改变破坏性的习惯	或许可以使用一些方法帮助夫妻更好地交流,解决冲突或者接受一些不能改变的事情

生活叙事(我们每个人都为解释自己是谁以及如何获得这种方式而发展起来的故事)是很重要的(McAdams & McLean,2013)。所有成功的治疗方法都有两个关键的因素,它们能激励患者改变自己的想法,并且将患者悲观和不切实际的叙述替换为更有希望和更可接受的叙述(Howard,1991;Schafer,1992)。

日志14.2 批判性思考——分析、假设和偏见

很多治疗师认为治疗是种艺术,是治疗师和患者之间的一种交流,其本质不能被研究所掌握。这一假设会多有效?消费者应该能借助接受过治疗并很满意的患者作为一种参考,去选择他们真正需要的适合他们的治疗方式吗?

模块 14.2 测验

1.康苏埃拉接受心理动力治疗已经有 4 个月了,她觉得她真正和自己的治疗师建立起了联结,因为从来没有一个人像她的治疗师一样真的很懂她真实的"内在自己"。康苏埃拉告诉她的朋友她的治疗师对自己多么有帮助,多能共情和关心她,她有多期望他们的治疗。当她的治疗师在一次治疗期间问她:"今天你准备好要做一些艰难的工作了吗?"康苏埃拉回答:"当然,爸爸。"康苏埃拉在治疗过程中表现出了许多( )信号?

  A.本我扩张   B.反应形成   C.不稳   D.移情

2.在过去的几十年,许多家长都认为教孩子游泳的办法就是划船到湖中央,把孩子扔到海里。这种"沉船或游泳"的哲学是建立在这样一种观念上,那就是,孩子会很快学想要的行为(游泳)以避免不想要的行为(溺水)。在某种程度上,这一方法反映了( )行为治疗技术。

  A.洪水行为   B.行为自我监控

  C.逐渐暴露   D.系统脱敏

3."我不能减肥。"一位沮丧的艾玛抱怨着,"我知道我每天都在吃更多的水果和蔬菜,而且我减少了糖果和零食,但是体重并没有少!""你有没有考虑过记录你的食物摄入量?"她的朋友里蒂卡同情地说。"那样的话你就可以清楚地看到你到底在吃什么,用这样的方式塑造你的行为目标。"里蒂卡向艾玛推荐了( )理论作为减肥方法。

  A.行为训练   B.脱敏   C.行为监控   D.洪水

4."我对我的生活感到十分沮丧。"亚历克斯抱怨,"生活显得毫无意义,空虚。"莫莱回答。"上帝对我有什么计划吗?"亚历克斯期待地问道。"这是个冰冷和随意的宇宙……"莫莱回答道,"我知道总有一天我会死去,然后被遗忘,同时,我会在孤独的海洋中跋涉。"亚历克斯低声地说:"没错,没错,很可能是这样的。"莫莱回答道。"那这一切有什么意义?!"亚历克斯说。"严酷的现实在塑造你的世界时会激发你自我实现和个人责任感的欲望。"莫莱说。莫莱用的是哪种治疗方式?( )

  A.认知行为治疗   B.暴露疗法

  C.认知疗法   D.生存疗法

5.德多美尼科解释她的工作方法:"这个单元由几个相互作用的部分组成。如果单元失败了,也就会出现成分元素的问题。但是只修理部分并不意味着整个单元就能有效工作,对各个元素和整个单元进行修改才能使整个系统重新有效地工作。"德多梅妮科治疗师运用的是哪种治疗?( )

  A.生物医学治疗   B.理性行为疗法

  C.心理动力修复   D.家庭系统疗法

14.3 心理治疗方法评估

可怜的本！他对所有这些疗法感到困惑,他想尽快做出选择,也没有理由拖延。他想知道有什么科学的实证帮助他决定选择哪种治疗方法或者哪种治疗师更适合他？

科学家和实践者鸿沟

LO 14.3.A 定义"科学家和实践者鸿沟",并指出与评估该疗法效果相关的一些问题。

许多心理治疗师认为,试图用标准经验的方法来评估心理治疗是徒劳的:他们认为数字和图表不可能捕捉到发生在治疗师和患者之间的复杂交流。他们坚持认为,心理治疗是一门从临床经验中获得的艺术,而不是一门科学。这就是为什么几乎每一种方法都能适用于一些人的原因(Laska, Guran, & Wampold, 2014;Lilienfeld, 2014)。其他临床医生认为,衡量治疗效果时都忽视了这样一个事实,即许多患者有各种各样的情绪问题,需要治疗的时间比研究认为的合理允许的时间要长(Marcus et al., 2014;Westen, Novotnu, & Thompson-Brenner, 2004)。

就他们而言,心理科学家认为治疗通常是一个复杂的过程,他们认为这是没有理由的。就像任何其他复杂的心理过程一样没有被科学证实过。比如语言和个性的发展,或者坠入爱河的经历(Crits-Christoph, Wilson, & Hollon, 2005;Kazdin, 2008)。此外,他们还担心,当治疗师在跟随这个领域的经验发现失败时,他们的患者也会受到影响。科学家们说,了解对特定问题最有益的方法、无效或者潜在的有害的技术以及与他们实践相关的话题,比如记忆和儿童发展的研究(Lilienfeld, Lynn, & Lohr, 2015)。

多年来,科学家和治疗师之间的分歧扩大了。造成了所谓的科学家—实践者鸿沟。这种分裂日益扩大的一个可能的原因是专业学校的兴起并没有与学术领域相联系起来,这些专业学校只训练学生进行心理治疗。这些学校的毕业生有时候对研究方法知之甚少,甚至对评估不同治疗技术的研究也知之甚少。科学家和实践者之间的距离扩大也是因为在激烈的市场竞争中未经过验证的疗法激增。有些人用新的名称重

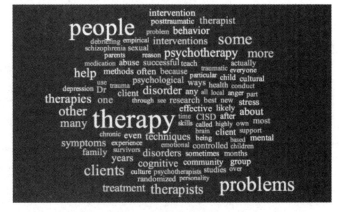

新包装已经建立起来的技术,有些名称完全基于治疗师的名字和魅力。

心理治疗评估中存在的问题　由于太多的疗法都声称十分有效,加之担保人的经济压力和上升的医疗成本,越来越多的人呼吁临床心理学家们对疗法进行实证评估。为什么只询问他们这样的疗法是否有帮助?回答是无论使用了何种疗法,被试都会说有帮助。他们会惊呼:"比利兹尼克是个天才!""如果不是比利兹尼克医生,我永远不会获得这份工作(或搬到辛辛那提市,或发现我的真爱)!"每一种设计好的疗法都会从那些认为自己被拯救的人们那里得到热情的赞美和肯定。

这些赞美和肯定所产生的第一个问题就是,没有人能够成为我们自己的控制组。人们怎么能认为如果没有比利兹尼克医生对他们的治疗,他们无论如何都无法获得工

在科罗拉多州奥罗拉市的一家电影院,两名年轻女子在一场枪击事件后的纪念活动中互相安慰,这次枪击事件造成了12人死亡,58人受伤。

作,搬到辛辛那提市或者找到自己的真爱呢?其次,比利兹尼克医生的成功可能归因于安慰剂效应:被试对于疗法必然生效的预期和对比利兹尼克医生那超乎想象的新型疗法的多方关注可能对治疗产生影响,而非这个疗法本身。第三,注意我们从来没有从那些中途退出的人口中听到过这样的赞美,这些人可能并没有得到改善,甚至可能变得更糟糕。因此研究人员不能因这些赞美与肯定而自我满足,无论它是多么热情洋溢。要知道投入时间、金钱、精力的人们会告诉你那是值得的。没有人会希望有人这样说:"啊,我认识比利兹尼克医生五年了,兄弟,那真是浪费时间。"

随机对照试验　是一种确定药物或治疗形式的有效性的研究,在这种情况下,有特定问题或障碍的人被随机分配到一个或多个治疗组或对照组。

为了防范这些问题,一些临床研究者发明了**随机对照试验**,实验中人们在给定的问题或症状下随机分配到一个或多个治疗组或控制组里。有时随机对照试验的结果相当令人震惊。在自然或人为导致的大灾难过后,心理治疗总是当场进行,为幸存者的创伤症状进行干预。在一种称之为危机事件应激晤谈(CISD)的干预中,幸存者们聚集成团进行"晤谈",整个过程持续1到3个小时。被试很可能将创伤经历有关的思绪和情感全部封闭,这时团队领导者就警告成员们这些创伤经历可能会被放大。

第十四章 治疗方法

然而对那些承受过痛苦体验的人群——包括烧伤、事故、流产、暴行以及战争——随机对照研究发现,在某些人群中创伤后干预会使被试延缓康复(van Emmerik et al., 2002; McNally, Bryant, & Ehlers, 2003; Paterson, Whittle, & Kemp, 2005)。一项研究持续3年跟踪调查了重大车祸事故中的受害者;一些人接受了CISD干预,另一些人没有。如图14.2中所见,几乎所有人都在仅仅4个月之后恢复健康,并在3年后保持较好的状态。接着研究人员把幸存者分为两组:起初对事故表现出较大情绪反应的人群("高分组")和起初没有较大情绪反应的人群("低分组")。对于低分组来说,这种干预是没有差异的,他们恢复得更快。

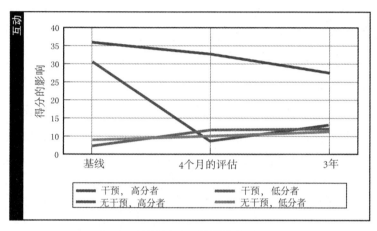

图14.2　创伤后干预措施有帮助吗?

4个月后和3年后,我们对严重车祸的受害者进行了评估。一半的人接受了一种称为关键事件压力汇报(CISD)的创伤后干预;一半没有接受任何治疗。正如你所看到的,几乎每个人都在4个月内康复了,但有一组人的压力症状比其他人都高,甚至在3年之后:在事故发生后情绪最痛苦的人,他们接受了CISD。这种治疗实际上阻碍了他们的康复(Mayou et al., 2000)。

现在看看那些受事故创伤最大的组别发生了什么:如果他们没有得到CISD干预,他们在4个月之后也会像其他人一样痊愈。但是对于得到干预的人而言,CISD实际上阻塞了这个过程,即使在3年之后他们也比实验中的其他人表现出更强的应激症状。研究者最终得出结论:"心理疏泄是无效的,并且具有长期的不利影响。这对创伤受害者不是一个合适的治疗方法。"(Mayou et al., 2000)处理全世界创伤幸存者问题的世界卫生组织官方认可了这一结论。

那么你就可以明白,为什么对心理治疗的主张和方法的科学评估是如此重要了。

心理治疗何时有效？

LO 14.3.B 举例说明认知和行为疗法在哪些领域特别有效。

我们现在讨论一些体现心理治疗益处的例证：哪些疗法大体是最有效的，以及这些疗法所针对的症状（例如，Chambless & Ollendick, 2001）。对很多心理问题和大多数情感障碍而言，认知行为疗法都是一种可选择的方法（Hofmann et al., 2012）。

- **抑郁症** 认知疗法最大的成功即存在于对情绪紊乱的治疗中，尤其是抑郁症（Beck, 2005），接受认知疗法治疗的病人相比于依靠药物治疗的病人在治疗结束后故态复萌的可能性更低。原因可能是在认知疗法中习得的教训在治疗之后能够持续很长时间，这个结论来源于多次时间间隔从 15 个月至数年不等的后续跟踪评估（Hayes et al., 2004；Hollon, Thase, & Markowitz, 2001；Watts et al., 2015）。

- **自杀未遂** 在一项关于曾尝试自杀并被送往医院急诊室的 120 个成年人的随机对照试验中发现，相比于那些仅仅追踪其心理状况，并只在要求帮助时给予帮助的被试群体，接受了 10 个会期的行为疗法的被试组只有一半左右的被试可能在未来 18 个月内再次尝试自杀。他们在抑郁情绪和绝望的测试中报告的分数也显著较低（Brown et al., 2005；Ougrin et al., 2015）。

- **焦虑症** 对创伤后应激障碍、广场恐怖症和特殊恐怖症来说，暴露技术比任何其他治疗方法都更为有效。对惊恐障碍、广泛性焦虑障碍和强迫症而言，认知行为疗法总是比药物治疗更加有效（Adams et al., 2015；Otto et al., 2009；Watts et al., 2015）。

- **愤怒与冲动性暴力** 认知疗法在减少慢性愤怒、谩骂和敌意中总是十分成功，它也教会人们如何更冷静、更积极地表达愤怒（Deffenbacher et al., 2003；Hoogsteder et al., 2015）。

- **健康问题** 认知行为疗法在很大程度上帮助了人们解决痛苦、慢性疲劳综合征、头痛和肠易激综合征方面的问题；在戒烟或戒除其他成瘾问题上也有很大帮助；帮助人们从进食障碍中恢复过来，例如暴饮暴食；还帮助人们克服失眠症，提高了他们的睡眠质量以及帮助处理其他的健康问题。

- **儿童和青少年的行为问题** 行为治疗法是治疗行为问题的最有效的方法，从尿床到冲动性愤怒，甚至是先天的问题，例如孤独症。

- **复吸** 认知行为疗法是在复吸问题上减少复吸率的最有效的方

法,例如药物滥用、抑郁症、青少年性犯罪,甚至是精神分裂症。

然而,没有一种疗法是适用于每一个人的。尽管认知行为疗法有很多成功的案例,但它也存在着失败的例子。尤其是对那些没有动机行为,以及有认知问题或精神障碍和精神疾病的人。此外,行为认知疗法是为特定的、明确的问题而设计的。但有时人们寻找疗法的目的并没有那么明确,比如只是为了了解自己或是探讨道德问题。并且,治疗的时长是没有明确规定的。如果基于合理的精神治疗原理,有时一个疗程就会很有效果。此外,有些人的问题需要结合多种治疗手段。例如有精神分裂症的年轻人最好的方法是将药物和家庭干预法相结合,这些疗法可以教父母如何对待他们的孩子,以及教会家庭如何建设性地应对问题。为期两年的研究中,有家庭干预的精神分裂症患者只有30%复发,而那些没有家庭干预的精神分裂症患者有65%复发。同样地,结合药物和家庭干预的疗法也能降低青少年双向情感障碍和延迟复发的严重程度。

特殊问题和人群　一些疗法是针对特定人群的。康复心理学家关注的是由于慢性疼痛、身体损伤或其他情况导致的身体残疾、暂时性或永久性疾病的人的评定和治疗。他们开展研究,寻找教残疾人生活的最佳方法,以此来提高他们的生活动力、性感受以及寻找符合他们身体健康的养生方法。越来越多的在创伤中幸存的人,随着时间的推移,慢性疾病也在慢慢地产生。所以,康复心理学是医疗保健领域发展最快的领域之一。

有些问题是需要心理治疗师提供一对一帮助的。社区心理学家在社区里设立机构,经常在当地的诊所提供协调服务。一些社区机构还帮助那些有精神疾病的人,如精神分裂症,通过设立集体之家提供就业和技能培训方面的咨询,以此设立一个支持网络。如果没有这些社区的帮助,许多精神病患者在医院接受治疗,出院后,停止他们的药物。他们的精神病又会复发,以至于再次回到医院,并最

康复治疗中动物的参与越来越多,这可以帮助许多有心理或身体问题的人们。

终形成一个旋转门循环。

社区干预 被称为**多系统治疗（MST）**,在减少青少年暴力、滥用药物和在混乱内城社区里学校的问题已经非常成功。MST 的践行者们将家庭系统和行为方法相结合,并在当地领导人、家长和教师形成的"邻里伙伴关系"的背景下应用它们。多系统治疗的前提是由于青少年的家庭、同龄人和当地文化强化或导致的侵犯性和药物滥用。因为你不能只解决青少年自身的问题,而不"治疗"他们的生活环境。事实也证明,MST 比其他方法更有效。

生理治疗和心理治疗 历史上最长久的辩论之一是:治疗精神疾病的最好的方法是生理治疗,还是心理治疗?这个争论建立在一个常见但错误的假设上:如果一种疾病是基因或生化异常,那么生理治疗无疑是最合适的。但其实心理治疗也可以改变你的行为和意识或其他新体验来改变你的大脑的运作,就像一种安慰剂一样。

意识和大脑之间的这种的奇妙的联系是在对强迫症患者进行的 PET 扫描中发现的。在服用 SSRI Prozac 的人群中,他们的大脑中的一个关键部位发生了葡萄糖代谢速率下降的现象,这表明了该药物对大脑中的该区域有着"镇静"的效果。但在有认知行为疗法无药物治疗的患者中,也有着同样现象的发生。其他几项研究表明,CBT 能对接受此治疗人群的大脑中进行神经活动的改变,这与抑郁症有关。其他研究表明,生物测量,如特定的脑回路的活动,能够帮助预测认知行为治疗的反应。

尽管生理治疗有治疗的效果,但还不能称之为"治愈"。因为抗抑郁药虽然对那些因为生活中的困难而感到绝望的人有生理的效果,但抗抑郁药并没有教会他们如何应对那些困难。近年来,很多公众人物都直接承认他们自己患有严重的心理问题,并讲述了他们为活着而做出的斗争。例如,坦普尔·葛兰丁（Temple Grandin）讲述了关于她患孤独症的经历;还有艾琳·萨克斯（Elyn Saks）讲述了她如何学习与精神分裂症患者相处的故事。虽然这些都只是奇闻轶事,但它们都表明了生理治疗只是全世界活动、支持和治疗中的一个相对较小的一部分。

当干预措施产生危害

LO 14.3.C 讨论并举例说明干预措施对来访者可能造成的损害。

在一则新闻中,警方逮捕了四个人,罪名是"再生"疗法(据推测,收养孩子的程序是通过让孩子"重温"出生的过程来让孩子对养父母产生依恋)中导致 10 岁的坎迪斯·纽麦克（Candace Newmaker）死亡。"再生"过程是:孩子被完全包裹在毯子里(子宫),被大枕头包围着。治疗师随后按下枕头来模拟宫缩,并告诉孩子从毛毯里往外推。

坎迪斯反复说孩子无法呼吸,觉得自己要死了。但是,治疗师说:"如果你想要出生,你就得使劲推,或者你想待在里面,然后死亡。"坎迪斯失去了意识,被紧急送往医院,但最后还是死亡了。康奈尔·沃特金斯和朱莉·考特,他们是未经许可的社会工作者,经营着一家心理咨询中心,因为鲁莽地虐待儿童导致其死亡,最后入狱。

坎迪斯的悲剧是一个极端的例子,但每一次干预都有一定的风险(Koocher, McMann, & Stout, 2014)。在很小程度的情况下,一个人的症状可能会恶化。病人可能变得过于依赖治疗师,或者病人的外部关系可能恶化(Lilienfeld, 2007)。病人的风险可能会由下列因素而增加:

1. 使用经验少的、有潜在危险的技术 "再生"疗法出现于20世纪70年代,当时它的创始人声称,在洗澡的时候,他再次体验了自己的创伤。但是,这种方法的基本假设——人们可以从创伤、不安全的依恋或其他心理问题中恢复过来,通过"重温"他们从子宫里的出生——是通过对依恋、记忆和创伤后应激障碍的研

问题少年参加了一个新兵训练营,旨在为不良行为进行干预。经过精心控制的研究结果表明,这种干预措施的成功是值得怀疑的。

究得出的结论。然而,为什么会有人认为出生是痛苦的? 从狭小的房间走出来,看到阳光和灿烂的父母的脸,难道不是很美好的吗?

再生疗法是诸多实践中的一种,统称为附加疗法。这种疗法的基础是严厉的策略,据说可以帮助父母和孩子建立联系。这些方法包括不给食物、长期隔离儿童、羞辱他们以及要求他们锻炼到精疲力尽(Mercer, Sarner, & Rosa, 2003)。然而,辱骂方法在治疗行为问题上是无效的,往往适得其反,使孩子生气、怨恨和退缩。他们很难帮助一个被收养或者情感上有问题的孩子感觉到更多的对父母的依恋。

表14.3列出了一系列的干预措施,通过随机对照试验和分析,证明这些干预措施有伤害病人的重大风险。

表 14.3 可能有害的干预措施

干预	潜在的危害
介入紧急事件上压力汇报（CISD）	情绪症状风险增加
害怕直接干预	恶化的行为问题
促进交流	对性行为和虐待儿童的虚假指控
附加疗法	死亡和对儿童的严重伤害
恢复记忆技术（梦的解析）	诱发对创伤的错误记忆，家庭破裂
多重人格障碍——导向治疗	"多个"人格的感应
为有正常丧亲反应的人提供悲伤辅导	增加抑郁症状
表达性体验疗法	恶化并延长痛苦的情绪
对品行障碍的训练营干预	攻击性的恶化和行为的问题

2. 不恰当或强制的影响，会给病人带来新的问题 在任何成功的治疗中，治疗师和病人都同意对病人的问题进行解释。当然，治疗师会根据他或她的训练和哲学来做出这个解释。然而，一些治疗师越过了界限。他们狂热地相信某些疾病或问题的流行，以至于他们实际上诱导了病人产生了他们正在寻找的症状（Mazzoni, Loftus, & Kirsch, 2001; McHugh, 2008; Nathan, 2011）。治疗师的影响，有时甚至是直接的胁迫，是 20 世纪 80 年代和 90 年代被诊断为多重人格障碍的人数众多的原因，也是这一时期性虐待的恢复记忆的一种可能的原因。

3. 治疗师的偏见和无知 有些治疗师可能因为病人的性别、文化、宗教或性取向对病人产生一些偏见。他们可能没有意识到自己的偏见，却用非语言的方式表达出来，让病人感到被忽视、不尊重和被贬低（Sue et al., 2007）。治疗师也可能试图诱导病人遵从治疗师的标准和价值观，即使他们并不符合客户的最佳利益。多年来，接受治疗的男同性恋和女同性恋被告知同性恋是一种可以治愈的精神疾病。一些所谓的治疗方法是苛刻的，比如电击为了"不恰当"的激励。尽管这些方法在几十年前就已经不为人所相信了（Davison, 1976），但是其他的修复疗法（其从业者声称他们可以把男同性恋和女同性恋变为异性恋者）继续进行。但是都没有可靠的经验证据支持这些说法，并且美国心理协会和美国精神病协会都反对以伦理和科学为基础的修复疗法。该组织已经发布了《关于女同性恋、男同性恋和双性恋群体的心理实践指南》(2012)。

4. 治疗师的性暗示或其他不道德行为 APAs 的伦理准则禁止治疗师与客户发生任何性行为或违反其他职业界限。有时，一些治疗师表现得像邪教领袖,让他们的病人相信他们的心理健康要依赖于继续治疗,并切断病人与他们的"有毒的"家庭的联系(Watters & Ofshe,1999)。这种心理治疗是由治疗师使用技术来隔离病人,防止病人终止治疗,降低病人的批判性思维能力。

为了避免这些风险,并从有效的心理治疗中获益,寻求正确治疗的人必须成为受过教育的消费者,愿意使用我们在本书中强调的批判性思维的技巧。

现代心理治疗对许多人来说有巨大的价值。但心理治疗师自己也提出了一些颇具争议的问题——关于他们所做的事情的内在价值。有多少的个人改变是可能的?心理治疗是否促进了对无尽幸福和完全自我实现的不切实际的想法的产生?许多美国人持乐观态度。相反,东方文化对变化的看法不那么乐观,他们倾向于更宽容地对待他们认为不受人类控制的事件。正如我们在这一章中所看到的,一些西方的心理治疗师教的是专注力和更大的自我接受,而不是自我提升(Hayes et al.,2004;Kabat - Zinn,1994)。

在一个富有同情心和知识渊博的从业者的手中,心理治疗可以帮你做出决定,明确你的价值观和目标。它可以教给你新的技能和新的思维方式。它能帮助你和你的家人相处得更好,并摆脱破坏性的家庭模式。当没有人关心或理解你的感受时,它可以帮你渡过难关。它能教你如何管理抑郁、焦虑和愤怒。

然而,尽管心理疗法有很多好处,但它不能把你变得不像你。它不能把内向的人变成外向的人(反之亦然)。它不能在一夜之间治愈一种情绪紊乱。它不能提供一个没有问题的生活。它并不是用来代替那些令人满意的工作、持续的关系、愉快的活动。

文化和心理治疗

LO 14.3.D 讨论文化如何影响心理治疗的经验。

尽管许多心理治疗师和来访者来自不同背景,但他们之间可以建立成功的咨询关系。但有时,文化差异可能会引起由忽视或者偏见造成的误解(Comas - Diaz,2006;Draguns,2013;Sue et al.,2007)。种族主义的人生经验和普遍的文化不信任可能会使一些非裔美国来访者不会在一个白人治疗师面前表露情绪,因为他们认为白人治疗师不会理解或接受(Whaley & Davis,2007)。误解和偏见可能是亚裔、拉丁裔以及非裔美国来访者更可能选择与自己相同种族的治疗师进行治疗的一个原因。

当来访者与心理治疗师在文化上相匹配,他们就更可能去分享对于来访者问题的看法,对最好的应对方式的达成共识并且对治疗能达到的目标有相同的期望(Hwang, 2006; Zone et al., 2005)。

理解一种文化特定的传统也能够帮助临床医生选择对个体及社区问题来说更为有效的干预方式。在太平洋西北部,物质滥用在当地美国人和阿拉斯加人之间造成了广泛且毁灭性的影响,一种社区参与的整合了两种不同文化的技巧训练的成功的方法,在当地生活中起到了重要的作用(Hqwkins, Cummins, & Marlatt, 2004; Smith et al., 2014)。

越来越多的心理治疗师对文化差异造成的问题更加敏感(Arredondo et al., 2005; Sue et al., 2007)。许多拉丁美洲和亚洲的来访者更可能在正常访谈中对一名相对被动并且不同的治疗师做出反应,这导致一些治疗师将这种文化模式误诊为一种羞怯问题。在拉丁美洲人的文化中,惊恐症,或"失去灵魂",是对极其悲伤或恐惧的一种正常反应;他们相信自己的灵魂随着逝世的亲属一起离开了。一名对这种明确的文化反应不熟悉的心理治疗师可能会认为这名来访者产生了幻觉或者将其诊断为精神疾病。比起英国人,拉丁美洲人更倾向于将一种关系评价为和谐的,这经常被认为是直接面对家庭成员或朋友不乐意表达负面情绪,因此,治疗师需要找到一种方法帮助这种文化背景下的来访者更好地交流(Arredondo et al., 2014)。拉丁美洲裔的临床医生,已经意识到他们文化中这种心理治疗的缺点,他们也正在发展一种方法帮助他们的来访者克服寻求心理帮助的矛盾情绪(Anez et al., 2008)。

然而,意识到文化差异并不意味着治疗师应该对来访者产生刻板印象。毕竟,一些亚洲人确实有过于羞怯的问题,一些拉丁美洲人确实有精神疾病。意识到文化差异意味着治疗师必须确保他们的来访者认为他们是可信任的,并且有疗效的以及来访者也必须意识到他们自己的偏见。

日志14.3　批判性思考——严肃思考并检验证据

新治疗通常建立在一些人认为听起来合理的见解的基础上,比如准确记忆可以通过催眠"连根拔起"或者情绪问题起源于童年期的"创伤"。将一种新的疗法建立在未经证实的直觉上,而不是证明它有效的证据上有什么问题呢?

模块14.3测验

1. 卡尔坚称他有所有他能够有效完成工作的"证据"。"我已经做心理治疗40年了。"他说道,"我知道什么对我的来访者有用,而什么没有用。我可以说我的方法是有效的,因为每一次在每个阶段结束时,当我问我的来访者,他们很快告诉我他们感觉好多了。"卡尔的态度说明了什么?( )

  A.治疗配合   B.心理动力学的忠诚

  C.人本主义联盟   D.科学家和实践者间的差距

  2.拉吉莎想去心理治疗来帮助她抑郁的情绪。基于你对不同类型治疗的有效性的了解,你会给她推荐哪种类型的治疗?( )

  A.心理动力学治疗   B.认知行为治疗

  C.精神分析治疗   D.人本主义治疗

  3.( )心理学家会评估治疗身体有残疾的人。

  A.拒绝性的   B.恢复性的

  C.复原性的   D.修缮性的

  4.下列哪个陈述是关于认知行为疗法(CBT)对大脑的效果是最准确的?( )

  A.CBT 能够改变大脑功能,并且这种改变与症状改善相关。

  B.CBT 对大脑功能没有效果。

  C.CBT 能够改变大脑功能,但是只改变颞叶。

  D.CBT 能够改变大脑结构,而不是大脑功能。

  5.莱赫医生坚持认为他接手的任何一个新来访者做治疗都同意第一次参与一周休息包括他专有的感觉触摸、性欲觉醒以及亲密探索的 28 步的项目。总共 2500 美元的费用必须在进行之前交付,相应地,莱赫医生承诺他会参与每个来访者的 28 个步骤。他的理念是这是对那些寻求临床戒烟治疗的人必须做的第一步。什么时候莱赫医生的理念会被政府或心理学所容许?( )

  A.永远不会。

  B.如果他将费用降到 500 美元时。

  C.如果来访者能够得到保险公司的报销。

  D.如果 28 个步骤项目能够分 28 次付款。

让心理学伴随着你:成为一个聪明的心理学治疗的消费者

  如果你有一个顽固的问题使你非常不幸福,并且你不知道如何去解决它,或许这就是寻求帮助的时机。回想一下这一章的内容,你可能会愿意考虑以下建议:

  对处方药的广告保持怀疑!当前只有美国和新西兰容许制药公司直接向消费者宣传处方药。记住这些广告不是用来科普,而是要卖给你产品。"新"并不总是意味着更好;许多新药品与畅销药品的公式只有极小的不同,然后会合法(如果不是医学上的)地宣称这是"新的并且有改善的"。咨询你的医生、药剂师或者FDA's网站,然后检查任何你将要服用的药物,寻求不是由制药工厂建立的更可靠的来源。

一个严谨的思考者会仔细评估信息的所有来源,甚至是那些普遍声誉很好的药品。例如,在2004年,FDA发文提醒服用抗抑郁药的孩子和青少年可能会增加自杀想法和行为的风险。然而,对这些警告的元分析表明这个基础有方法学限制(Lu at el., 2014)。尽管,FDA的提醒得到了大量媒体报道,在我们公开的问卷调查中,41%的人都听说过与报道相关的信息。因此,服用抗抑郁药的儿童和青少年的数目下降了,与其他类型治疗没有关系,并且自杀尝试率确实提升了(Gibbons et al., 2007; Lu et al., 2014)。因此,看起来,尽管FDA的提醒导致许多人立刻拒绝抗抑郁药治疗,或许并没有考虑这样做的潜在风险。记得检验证据并考虑别的解释!抗抑郁药的使用和自杀想法间的明确的关系反映了一个事实,即使用抗抑郁药的人群在服用药物之前就存在自杀想法。

当选择治疗师时做出知情决策。确保你的治疗师是一个拥有合适资格证书和经过训练的有良好声誉的人。你的学校咨询中心会是开始的好地点。你可能也会寻求一个大学心理临床中心,在那里你可能会得到经过训练的毕业生的治疗;这些学生会被严格监督,并且费用较低。

选择最可能帮助到你的咨询或治疗。如果可能的话,最开始与一个有能力的心理治疗师或者咨询师谈谈你的问题,以及什么样的干预方式可能能够帮助你。但是不要忘记,不是所有治疗对所有问题都有一样的疗效。你不应该花费数年时间用心理动力学治疗应对惊恐发作,一般认知行为疗法的一些阶段能够帮助惊恐发作的问题。同样地,如果你有一种特定的情绪问题——如抑郁、愤怒或者焦虑——或者如果你正在应对慢性健康问题,寻找一个认知或者行为治疗师。然而,如果你只是想与一位明智且有同理心的咨询师谈谈你的生活,这种认知行为治疗师可能就不是那么合适了。

考虑通过视频、手机或电子邮件的线上治疗,但需谨慎。许多人不愿意去寻求一对一的治疗帮助或者没法这样去做,因为他们住得比较远。临床科学家已经研究并且推进了针对这类人群的一种技术的使用(Kazdin, 2015)。随机控制研究证明了一些网络程序的效度,如设计用来帮助人们戒烟的程序(Munoz et al., 2006)以及一些通过监控器或是有效的CBT指导语的方法。电话治疗——有时也叫作"电话心理治疗"——有成功帮助人们戒烟的事例支持这种方法也很有帮助(Lichtenstein, Zhu, & Tedeschi, 2010; Toll et al., 2015)。事实上许多人更愿意进行电话治疗,而不是面对面治疗。然而,如果你与一名专业治疗师通过电子邮箱、电话或者视频开始任何一种治疗,确保这名治疗师使用了一种"HIPAA - compliant"方法——也就是说,遵从政府条例以保护你的隐私。尽管通过邮件的治疗可能很容易,但是作为一种治疗方式它还是存在严格的限制,因为治疗师不能看到来访者的非语言信息,反之亦然。

考虑自助团体。并不是所有的心理问题都需要专业帮助。在美国,大约700万到1500万的人会因为某种可能的问题加入自助团体(线上或个人)——因为酗酒问题或与酗酒相关的问题,患有乳腺癌的女性、阿兹海默相关疾病的病人等等。自助团体可以是由家庭、朋友给予安慰和支持的方式,心理治疗师有时候并不是这种方式的来源。例如,残疾人群体会面临一个独特的问题,即不仅要面对身体上的问题,还需要面对许多健全人的傲慢态度、敌意以及偏见(Linton,1998)。另一些能够面对这些挑战的残疾人,能够提供合适的共情和有用的建议。

然而,你需要时刻保持严谨的思考,自助团体并不受法律监管或者有专业标准,并且他们的观点与方法有很大的变化。一些能够接受并包容你,提供支持和精神指引。其他一些会有强制性,那些不同意该团体的前提的成员可能会觉得不正常、疯狂,或者"否认"。

选择有科学基础的自助书籍,从而推进现实目标达成。你能够找到有关某个问题的自助书籍,从如何训练你的孩子上厕所到如何追寻快乐。严谨的思考使你能够从无用的书籍中区分出好的书籍。首先,好的自助书籍不会承诺不可能的事情,这排除了那些承诺完美的性、全部的爱或者30天内提升自尊的书籍。真正有帮助的书不是以某个作者的伪科学理论、不切实际的观察,或者个人解释为基础的。当然,那些从磨难中站起来的人能够讲述激励人心的故事,但是一位作者的个人经历或不明确的建议如"发现你心中的爱"或者"掌控你的人生",这并不会对你有很大的帮助。相反,当自助书籍提出一个使读者遵从的具体的、一步一步并且有实证支持的程序时,这些书确实能够获得与治疗师所做的治疗相同的疗效——如果读者遵循了这个程序的话(Rosen et al.,2015)。

因为现在世界上充斥着缺乏实证支持的治疗方法,这就需要知识和严谨思维从有害的治疗中区分出好治疗,从虚假中区分出真实来。但是只要人们渴望一种魔法药片来治愈他们的问题——医学的、心理的或技术方面的——快速修复方法就会有早就准备好的来访者。如果你或其他你认识的人正在考虑寻求这方面的帮助,视频"如果你需要寻找一名治疗师"会提供有用的指导。

分享写作:治疗方法

你的姐姐告诉你最近几个月她一直感到情绪低落,同时她的睡眠、饮食都有问题,并且无法集中在工作上。她知道你在上心理学课程,因此她问你她是否应该尝试抗抑郁药或者心理治疗。这两种选择各有什么优缺点?你会向她推荐什么?为什么?

结语：应用这本书

从你阅读本书开始，你已经学到很多内容了。因为你的课程即将结束，我们请你回顾并且问问自己你从所有学过的主题、研究以及争论中学到了什么。你能够把一些基础原则应用到你的个人经历中吗？如果这本书的理论及研究结果对你来说有长远价值，那么它们就能够跳出书本进入你的日常生活中。

第一章中所介绍的四个普遍观点提示你，当你认为一些事情或者问题困扰到你时你可以从这四个方面提问题。当你感到沮丧时，生物学的观点指引你去思考你的身体到底怎么了。你是不是因为生理原因影响到了你的心情？是不是酒精或者其他药物如你所愿地改变了你的决策能力？学习观点指引你集中在你环境中的强化和惩罚上。什么结果维持了你想要改变的行为（你自己的或者是别人的）？社会文化观点提醒你分析，在你实现目标时你的朋友和亲属是如何支持或阻碍你的。你对自己是名男性或女性、浪漫伴侣、家庭成员、学生或员工的角色是否感到舒适？认知观点指引你分析你关于情景的想法。你是否沉思过多，产生了消极想法？你能否接受挑战你信仰的信息或者这仅仅是一种"证实偏差"？

应用具体的心理学概念的一种很好的方法就是回顾本书每章最后的关键词汇抽认卡——比如，积极强化、控制点，或者应对策略——并且思考它们应用于你自己生活中的方式。因为你已经学过了这门课程，心理学的研究发现同样可以应用于更多的社会问题，比如邻国和民族的争论，偏见与跨文化关系，提高孩子的学习成绩，或者减少犯罪。

总之，我们希望你能够意识到，学习这本书的最好的方法就是实践它所强调的批判性和科学思维的原则。旧的理论可能会被新的理论取代，新的发现可能会被新的证据修正，但是心理学的方法仍在继续，它们的特点是批判性思维。

——作者

总结

14.1 精神障碍的生物治疗

LO 14.1.A 描述通常用于治疗精神疾病的主要药物类别，并讨论与药物治疗相关的主要注意事项。

心理疾病的生物治疗越来越流行，因为一些研究发现了一些疾病的基因和生物原因以及经济和社会因素。包括抗精神病药、抗抑郁药、抗焦虑药以及心境稳定剂是最常用于心理疾病的药物。药物治疗的缺点包括安慰剂效应、服药人群的高停药率和复发率，同时没有学会如何应对他们的问题，寻找每个个体的正确剂量十分困难，以及药物治疗的长期风险和几种药物同时服用时的可能的药物交互作用。处方药品的使用不应该不严谨以及日常化，尤其是当心理治疗能够对许多心理行为问题发挥作用的时候。

LO 14.1.B 指出用于治疗精神障碍的直接的脑干预形式,并讨论每一种形式的局限性。

当药品和心理治疗对严重心理失常者没有帮助时,一些心理治疗师会直接干预大脑(精神外科学),涉及造成一个脑损伤的扣带回前部切开术,已被证明有助于治疗非常严重的强迫症和抑郁症。电休克疗法(ECT)已成功用于治疗自杀、抑郁症的急性发作,尽管其作用难以持续。正在研究一种更新的方法,经颅磁刺激(TMS),作为治疗严重抑郁症的一种方法。脑深层刺激(DBS)需要手术植入电极和刺激装置。

14.2 心理治疗的主要流派

LO 14.2.A 总结精神动力疗法的主要内容。

心理动力疗法包括弗洛伊德精神分析及其现代变体。这些疗法通过集中于移情的过程来突破患者的防御,并通过检查童年问题和过去的经验来探索潜意识的动机。

LO 14.2.B 描述行为治疗的方法,并讨论认知疗法中使用的主要技术。

行为治疗师借鉴经典和操作性条件反射的原理。他们使用诸如行为的自我控制、逐步曝光和淹没、系统脱敏、技能训练等方法。认知治疗师的目标是改变负面情绪和自我挫败行为中的不合理信念。亚伦·贝克式的认知疗法和阿尔伯特·埃利斯的理性情绪行为疗法(REBT)是两种主导方法。认知行为疗法(CBT)是现在最常见的方法。

LO 14.2.C 总结人本主义疗法和存在主义疗法之间的相似性和差异。

人本主义疗法认为人本质上是好的,并试图通过集中注意此时此地的问题以及改变他们的能力来帮助人们对自我感觉更好。卡尔·罗杰斯的来访者中心(间接)疗法强调治疗师移情,以及能够提供无条件积极关注的能力的重要性。存在主义疗法可以帮助人们应对生存困境,如生的意义和死的恐惧。

LO 14.2.D 列出家庭系统观的特点,并描述它们如何应用于家庭和婚姻治疗。

家庭疗法的基础观点是,个人问题是在整个家庭网络背景上形成的。他们倾向于分享一个家庭系统的观点,理解任何一个人在家庭中的行为都会影响其他家庭成员。在婚姻治疗中,治疗师通常要求关系中的夫妻双方都要到场。

14.3 心理治疗方法评估

LO 14.3.A 定义"科学家和实践者鸿沟",并指出与评估该疗法效果相关的一些问题。

科学家—实践者鸿沟形成的原因是,研究者和临床学家在采取心理治疗和评估其效果的经验研究的价值上所持的假设不同。在评估心理治疗的有效性时,研究人员需要控制安慰剂效应,并依赖随机对照试验来确定哪些疗法是经验支持的。

LO 14.3.B 举例说明认知和行为疗法在哪些领域特别有效。

对于一些特殊的问题,有些疗法明显好于另一些疗法。行为疗法和认知疗法通常对抑郁、焦虑障碍、愤怒问题、某些健康问题(如疼痛、失眠、进食障碍)、儿童和青少年的行为问题最有效。家庭疗法,尤其是在多系统治疗中结合行为技术,对儿童和成年早期精神分裂症和攻击性青少年尤其有帮助。成功治疗所需的时间长短取决于问题和个人。有些问题仅能在一个或两个会话中带来收益;长期的心理动力疗法对患有严重障碍和人格问题的人有帮助。

LO 14.3.C 讨论并举例说明干预措施对来访者可能造成的损害。

在某些情况下,治疗是有害的。治疗师可能使用经验不支持的和潜在有害的技术,例如"再生"疗法;通过不适当的影响或建议导致来访者产生新的障碍;对来访者的性别、种族、宗教或性取向带有偏见;或者有不合乎伦理的行为,例如允许与来访者发生性关系。

LO 14.3.D 讨论文化如何影响心理治疗的经验。

尽管来自不同的文化背景,治疗师和来访者可以建立成功的工作关系;但是,文化差异有时会导致由于无知或偏见而产生的误解,而这些误解可能导致误诊、非最佳的疗法选择或过早地终止治疗。当来访者和治疗师的文化相匹配时,他们更有可能分享对来访者问题的看法,同意最好的应对方式,并对治疗能达到的目标抱有同样的预期。

第十四章习题

1. 通常用于治疗精神疾病的药物有哪些种类:(　　)、镇静剂、(　　)、抗抑郁药。

    A. 尖峰态;低峰态

    B. 抗精神病药;情绪稳定药

    C. 抗癫痫药;防晕药

    D. 单胺氧化酶抑制剂;选择性血清素再吸收抑制剂

2. 给患有躁狂症的人可能开出的药物是(　　)。

    A. 抗焦虑药物　　　　　　　　B. 镇静剂

    C. 碳酸锂　　　　　　　　　　D. β受体阻滞剂

3. 抗焦虑药物通过增加(　　)的活性发挥作用。

    A. GABA　　　　　　　　　　B. 锂

    C. 谷氨酸盐　　　　　　　　　D. 交感神经系统

4. 尼克普洛斯医生开了阿司匹林来治疗亚伦的病情,但他告诉亚伦,这种药物是一种强大的新型抗抑郁药物。在服用该药一个月后,亚伦告诉医生他的症状减轻了,他的前景变得光明了,他的情绪也得到了改善。这是怎么回事?(　　)

    A. 亚伦遭到了强迫。

    B. 发现了一种作用于阿司匹林的新的精神药物。

    C. GABA受体被激活。

    D. 安慰剂效应在起作用。

5. 一种过程包括切断或破坏前额皮质与大脑其他部分之间的联系,这一过程被称作(　　)。

A. 脑深层电刺激 B. 电休克疗法
C. 前脑叶白质切除术 D. 经颅磁刺激

6. ECT 和 TMS 都主要用于治疗(　　)。

    A. 抑郁症 B. 焦虑
    C. 饮食失调 D. 惊恐障碍

7. 西格蒙德·弗洛伊德的心理疗法被称为(　　)。

    A. 认知行为疗法 B. 康复疗法
    C. 对抗性条件作用 D. 精神分析法

8. 里科害怕蛇,他的治疗师提出了一种技术,让里科首先学习一些放松练习。在里科已经掌握了镇静自己的方法之后,他的治疗师给他看了一张从远处拍摄的蛇的照片,而里科练习放松。在掌握了这一步骤之后,里科亲身参与,按照顺序,蛇的特写镜头、去动物园看它们。里科的治疗师使用的是什么治疗技术?(　　)

    A. 淹没 B. 系统脱敏
    C. 行为自我监控 D. 合理信念促进帮助

9. 弗朗西丝卡希望她对别人更有耐心,并在工作环境中更放松。她很聪明,知道许愿并不会真的使想法成真。所以心理医生教她培养耐心和合作精神的技术来帮助她,比如在回答问题之前默数到三,设定一个定时器来在每 2 小时建立一个 10 分钟的休息时间,以及一个学习她所有同事的名字和爱好的练习。治疗师正在给弗朗西丝卡进行(　　)。

    A. 技能训练 B. 行为自我监控
    C. 移情 D. 逐步曝光

10. "如果我没有进入一所好大学,我绝对不会得到一份好工作!"道格向他的治疗师哭诉。"这样想一想",他的治疗师开玩笑说,"这真的会发生什么,还是你只是小题大做?""但是……但是……如果我不上好大学,我的父母会恨我,我的女朋友会抛弃我。"道格反驳。"不上一所好大学不会剥夺你所有让人爱你的优秀品质。"他的治疗师厉声说道,"不上一所好大学意味着你没有进入一所好大学;这不是世界末日,也不意味着天会塌下来。"道格的治疗师似乎在做什么样的治疗?(　　)

    A. 心理动力疗法 B. 理性情绪行为疗法
    C. 精神分析疗法 D. 行为控制疗法

11. "如果我没有进入一所好大学,我绝对不会得到一份好工作!"道格向他的治疗师哭诉。他的治疗师回答说:"这真的会让人心烦意乱,大多数人都会被这种经历弄得心烦意乱,这是一种自然的感觉。你能告诉我更多关于这让你有什么感觉吗?""如果我进不了一所好的大学,我的父母会恨我,我的女朋友会把我甩了。"道格继续说道。道格的治疗师安慰地说:"错过一个重要的目标肯定会让你失望,但真正爱你的人会继续爱你,这只是我的观点,但重要的是要记住你是一个有价值的

人,你可以渴望并实现生活中的许多事情。"道格的治疗师似乎在进行什么样的治疗?(　　)

  A. 认知行为疗法   B. 多系统疗法

  C. 网络疗法   D. 人本主义疗法

12. 莉莎和阿尔利森的关系出现了问题。他们似乎在为钱而争吵(莉莎喜欢花钱,阿尔利森不喜欢),他们在这个问题上的沟通方式也不是很好。他们的关系在大多数其他方面是相当稳固的,他们毫无疑问相爱和尊重对方。什么样的治疗方法可能对他们有好处?(　　)

  A. 婚姻治疗   B. 对阿尔利森进行行为疗法

  C. 对莉莎进行行为疗法   D. 网络疗法

13. 随机对照试验是怎样评估治疗效果的?(　　)

  A. 临床医生的病例记录,代表单个病例的不同观点,由一组合格的心理健康专家进行审查,以判断最佳结果。

  B. 最佳临床实践被编成一种"手册",采用这种治疗观点的临床医生可以遵循该手册。

  C. 心理学家在匿名的来访者中回顾查看一个随机选择的病例笔记上,在此之前,障碍的参数已被小心控制。

  D. 患有特定疾病的人被随机分配到一个或多个治疗组或者对照组。

14. 伊尼戈希望被帮助戒烟。他应该接受哪种治疗方式?(　　)

  A. 认知行为疗法,通过学习技术来改变他的行为并消除他的不良行为。

  B. 心理动力疗法,抽烟是通过探索口唇抚慰以达到一种无意识的性满足。

  C. 人本主义疗法,这样他能够对他生活中已经做出的选择感到满意,并接受他是一个吸烟者——一个优秀的吸烟者的事实。

  D. 存在主义疗法,这样能够意识到吸烟是我们所有人必须面对的最终意象,癌症可以减轻生存的痛苦。

15. 下列哪一项对接受治疗的来访者没有风险?(　　)

  A. 治疗师对来访者的习俗或文化线索贬低。

  B. 失眠、食欲增加和性功能障碍的副作用。

  C. 经验不支持的治疗技术。

  D. 治疗师作用于来访者的强制影响。

参考文献

Abbott, J. D., Wijeratne, T., Hughes, A., Perre, D., & Lindell, A. K. (2014). The influence of left and right hemisphere brain damage on configural and featural processing of affective faces. *Laterality: Asymmetries of Body, Brain and Cognition*, 19, 455–472.

Abrahamson, A. C., Baker, L. A., & Caspi, A. (2002). Rebellious teens? Genetic and environmental influences on the social attitudes of adolescents. *Journal of Personality and Social Psychology*, 83, 1392–1408.

Abrams, D. B., & Wilson, G. T. (1983). Alcohol, sexual arousal, and self-control. *Journal of Personality and Social Psychology*, 45, 188–198.

Abrams, D. (2015). Social identity and intergroup relations. In M. Mikulincer, P. R. Shaver, J. F. Dovidio, & Jeffry A. Simpson (Eds.), *APA handbook of personality and social psychology: Volume 2. Group processes* (pp. 203–228). Washington, DC: American Psychological Association.

Abu-Saad, K., & Fraser, D. (2010). Maternal nutrition and birth outcomes. *Journal of Epidemiologic Reviews*, 32, 5–25.

Ackerman, P. L., Kanfer, R., & Calderwood, C. (2010). Use it or lose it? Wii brain exercise practice and reading for domain knowledge. *Psychological Aging*, 25, 753–766.

Adams, M. J., Majolo, B., Ostner, J., Schülke, O., De Marco, A., Thierry, B. ..., Weiss, A.. (2015). Personality structure and social style in macaques. *Journal of Personality and Social Psychology*, 109, 338–353.

Adams, T. G., Brady, R. E., Lohr, J. M., & Jacobs, W. J. (2015). A meta-analysis of CBT components for anxiety disorders. *The Behavior Therapist*, 38, 87–97.

Ader, R. (2000). The placebo effect: If it's all in your head, does that mean you only think you feel better? *Advances in Mind-Body Medicine*, 16, 7–11.

Adler, N. E., & Snibbe, A. C. (2003). The role of psychosocial processes in explaining the gradient between socioeconomic status and health. *Current Directions in Psychological Science*, 12, 119–123.

Admon, R., Milad, M. R., & Hendler, T. (2013). A causal model of posttraumatic stress disorder: Disentangling predisposed from acquired neural abnormalities. *Trends in Cognitive Sciences*, 17, 337–347.

Admon, R., Lubin, G., Stern, O., Rosenberg, K., Sela, L., Ben-Ami, H., & Hendler, T. (2009). Human vulnerability to stress depends on amygdala's predisposition and hippocampal plasticity. *Proceedings of the National Academy of Sciences*, 106, 14120–14125.

Adolph, K. E. (2000). Specificity of learning: Why infants fall over a veritable cliff. *Psychological Science*, 11, 290–295.

Adolph, K. E., & Kretch, K. S. (2012). Infants on the edge: Beyond the visual cliff. In Alan M. Slater & Paul C. Quinn (Eds.), *Developmental psychology: Revisiting the classic studies* (pp. 36–55). London: Sage.

Adolph, K. E., Kretch, K. S., & LoBue, V. (2014). Fear of heights in infants? *Current Directions in Psychological Science*, 23, 60–66.

Affleck, G., Tennen, H., Croog, S., & Levine, S. (1987). Causal attribution, perceived control, and recovery from a heart attack. *Journal of Social and Clinical Psychology*, 5, 339–355.

Agars, M. D. (2004). Reconsidering the impact of gender stereotypes on the advancement of women in organizations. *Psychology of Women Quarterly*, 28, 103–111.

Agerup, T., Lydersen, S., Wallander, J., & Sund, A. M. (2015). Associations between parental attachment and course of depression between adolescence and young adulthood. *Child Psychiatry and Human Development*, 46, 632–642.

Aggarwal, S. K., Carter, G. T., Sullivan, M. D., ZumBrunnen, C., Morrill, R., & Mayer, J. D. (2009). Medicinal use of cannabis in the United States: Historical perspectives, current trends, and future directions. *Journal of Opioid Management*, 5, 153–168.

Agrawal, Y., Platz, E. A., & Niparko, J. K. (2008). Prevalence of hearing loss and differences by demographic characteristics among US adults. *Archives of Internal Medicine*, 168, 1522–1530.

Aguiar, P., , Vala, J., , Correia, I., & Pereira, C. (2008). Justice in our world and in that of others: Belief in a just world and reactions to victims. *Social Justice Research*, 21, 50–68.

Ahn, S. J., Le, A. M. T., & Bailenson, J. (2013). The effect of embodied experiences on self-other merging, attitude, and helping behavior. *Media Psychology*, 16, 7–38.

Ainsworth, M. D. S. (1973). The development of infant-mother attachment. In B. M. Caldwell & H. N. Ricciuti (Eds.), *Review of child development research* (Vol. 3). Chicago: University of Chicago Press.

Ainsworth, M. D. S. (1979). Infant-mother attachment. *American Psychologist*, 34, 932–937.

Ainsworth, S. E., & Baumeister, R. F. (2012). Changes in sexuality: How sexuality changes across time, across relationships, and across sociocultural contexts. *Clinical Neuropsychiatry: Journal of Treatment Evaluation*, 9, 32–38.

Albert, D., Chein, J., & Steinberg, L. (2013). The teenage brain: Peer influences on adolescent decision making. *Current Directions in Psychological Science*, 22, 114–120.

Alink, L. R. A., Mesman, J., van Zeijl, J., Stolk, M. N., Juffer, F., Bakermans Kranenburg, M. J. ... Koot, H. M. (2009). Maternal sensitivity moderates the relation between negative discipline and aggression in early childhood. *Social Development*, 18, 99–120.

Allport, G. W. (1954/1979). *The nature of prejudice*. Reading, MA: Addison Wesley.

Allport, G. W. (1961). *Pattern and growth in personality*. New York: Holt, Rinehart & Winston.

Almli, L. M., Fani, N., Smith, A. K., & Ressler, K. J. (2014). Genetic approaches to understanding post-traumatic stress disorder. *International Journal of Neuropsychopharmacology*, 17, 355–370.

Almli, L. M., Stevens, J. S., Smith, A. K., Kilaru, V., Meng, Q., Flory, J. ... Ressler, K. J. (2015). A genome-wide identified risk variant for PTSD is a methylation quantitative trait locus and confers decreased cortical activation to fearful faces. *American Journal of Medical Genetics Part B: Neuropsychiatric Genetics*, 168, 327–336.

Amabile, T. M., & Khaire, M. (2008). Creativity and the role of the leader. *Harvard Business Review*, 86. Online at http://hbr.harvardbusiness.org/2008/10/creativity-and-the-role-of-theleader/ar/1.

Amabile, T. M., & Pillemer, J. (2012). Perspectives on the social psychology of creativity. *The Journal of Creative Behavior*, 46, 3–15.

Ambady, N. (2011, May/June). The mind in the world: Culture and the brain. *APS Observer*, 24.

Amedi, A., Merabet, L., Bermpohl, F., & Pascual-Leone, A. (2005). The occipital cortex in the blind: Lessons about plasticity and vision. *Current Directions in Psychological Science*, 14, 306–311.

American Psychiatric Association. (2013). *Diagnostic and statistical manual of mental disorders* (5th ed.). Arlington, VA.

American Psychological Association. (2012). Guidelines for psychological practice with lesbian, gay, and bisexual clients. *American Psychologist*, 67, 10–42.

Amering, M., & Katschnig, H. (1990). Panic attacks and panic disorder in cross-cultural perspective. *Psychiatric Annals*, 20, 511–516.

An, S. K., Mataix-Cols, D., Lawrence, N. S., Wooderson, S., Giampietro, V., Speckens, A., ... Phillips, M. L. (2009). To discard or not to discard: The neural basis of hoarding symptoms in obsessive-compulsive disorder. *Molecular Psychiatry*, 14, 318–331.

Anastasi, A., & Urbina, S. (1997). *Psychological testing* (7th ed.). Upper Saddle River, NJ: Prentice-Hall.

Anderson, C. A., Berkowitz, L., Donnerstein, E., Huesmann, L. R., Johnson, J. D., Linz, D., Malamuth, N. M., Wartella, E. (2003). The influence of media violence on youth. *Psychological Science in the Public Interest*, 4 [whole issue].

Anderson, C. A., Shibuya, A., Ihori, N., Swing, E. L., Bushman, B. J., Sakamoto, A., Rothstein, H. R., & Saleem, M. (2010). Violent video game effects on aggression, empathy, and prosocial behavior in eastern and western countries: A meta-analytic review. *Psychological Bulletin*, 136, 151–173.

Anderson, M. (2005). Is lack of sexual desire a disease? Is testosterone the cure? *Medscape Ob/Gyn & Women's Health*. Available at www.medscape.com/viewarticle/512218.

Anderson, S. E., Dallal, G. E., & Must, A. (2003). Relative weight and race influence average age at menarche: Results from two nationally representative surveys of U. S. girls studied 25 years apart. *Pediatrics*, 111, 844–850.

Anderson – Barnes, V. C., McAuliffe, C., Swanberg, K. M., & Tsao, J. W. (2009, October). Phantom limb pain: A phenomenon of proprioceptive memory? *Medical Hypotheses*, 73, 555 – 558.

Andrade, J. A. (2015). Reconceptualising whistleblowing in a complex world. *Journal of Business Ethics*, 128, 321 – 335.

Andreano, J. M., & Cahill, L. (2006). Glucocorticoid release and memory consolidation in men and women. *Psychological Science*, 17, 466 – 470.

Andreasen, N. C., Arndt, S., Swayze II, V., Cizadlo, T., Flaum, M., O'Leary, D., Ehrhardt, J. C., Yuh, W. T. (1994). Thalamic abnormalities in schizophrenia visualized through magnetic resonance image averaging. *Science*, 266, 294 – 298.

Andresen, G. V., Birch, L. L., & Johnson, P. A. (1990). The scapegoat effect on food aversions after chemotherapy. *Cancer*, 66, 1649 – 1653.

A? ez, L. M., Silva, M. A., Paris Jr., M., & Bedregal, L. E. (2008). Engaging Latinos through the integration of cultural values and motivational interviewing principles. *Professional Psychology: Research and Practice*, 39, 153 – 159.

Angell, M. (2004). *The truth about the drug companies: How they deceive us and what to do about it*. New York: Random House.

Angus, L., Watson, J. C., Elliott, R., Schneider, K., & Timulak, L. (2015). Humanistic psychotherapy research 1990 – 2015: From methodological innovation to evidence – supported treatment outcomes and beyond. *Psychotherapy Research*, 25, 330 – 347.

Annese, J., Schenker – Ahmed, N. M., Bartsch, H., Maechler, P., Sheh, C., Thomas, N. ... Corkin, S. (2014). Postmortem examination of patient H. M.'s brain based on histological sectioning and digital 3D reconstruction. *Nature Communications*, 5. doi:10.1038/ncomms4122.

Antrobus, J. (1991). Dreaming: Cognitive processes during cortical activation and high afferent thresholds. *Psychological Review*, 98, 96 – 121.

Antrobus, J. (2000). How does the dreaming brain explain the dreaming mind? *Behavioral and Brain Sciences*, 23, 904 – 907.

Archer, J. (2004). Sex differences in aggression in real – world settings: Ameta – analytic review. *Review of General Psychology*, 8, 291 – 322.

Archer, M., Steele, M., Lan, J., Jin, X., Herreros, F., & Steele, H. (2015). Attachment between infants and mothers in China: Strange situation procedure findings to date and a new sample. *International Journal of Behavioral Development*, 39, 485 – 491.

Arendt, H. (1963). *Eichmann in Jerusalem: A report on the banality of evil*. New York: Viking.

Ariely, D. (2008). *Predictably irrational: The hidden forces that shape our decisions*. New York, NY: HarperCollins.

Arkes, H. R. (1993). Some practical judgment and decision – making research. In N. J. Castellan, Jr., et al. (Eds.), *Individual and group decision making: Current issues*. Hillsdale, NJ: Erlbaum.

Arnett, J. J. (2014). *Emerging adulthood: The winding road from the late teens through the twenties*. (2nd ed.) New York: Oxford University Press.

Arnon, I., & Clark, E. V. (2011). Why "on your feet" is better than "feet": Children's word production is facilitated in familiar sentence – frames. *Language Learning and Development*, 7, 107 – 129.

Aron, A., Fisher, H., Mashek, D. J., Strong, G., Li, H., & Brown, L. L. (2005). Reward, motivation, and emotion systems associated with early – stage intense romantic love. *Journal of Neurophysiology*, 94, 327 – 337.

Aron, A., Fisher, H. E., Strong, G., Acevedo, B., Riela, S., Tsapelas, I. (2008). Falling in love. In S. Sprecher, A. Wenzel, & J. Harvey (Eds.), *Handbook of relationship initiation*. New York: Psychology Press.

Aronson, E. (2000). *Nobody left to hate*. New York: Freeman.

Aronson, E. (2010). *Not by chance alone: My life as a social psychologist*. New York: Basic Books.

Aronson, E. (2012). *The social animal* (11th ed.). New York: Worth.

Arredondo, P., Gallardo – Cooper, M., Delgado – Romero, E. A., & Zapata, A. L. (2014). *Culturally responsive counseling with Latinas/os*. New York: American Counseling Association.

Arredondo, P., Rosen, D. C., Rice, T., Perez, P., & Tovar – Gamero, Z. G. (2005). Multicultural counseling: A 10 – year content analysis of the Jour? nal of Counseling and Development. *Journal of Counseling and Development*, 83, 155 – 161.

Arum, R., & Roksa, J. (2011). *Academically adrift: Lim-*

ited learning on college campuses. Chicago: University of Chicago Press.

Asch, S. E. (1952). Social psychology. Englewood Cliffs, NJ: Prentice - Hall.

Asch, S. E. (1965). Effects of group pressure upon the modification and distortion of judgments. In H. Proshansky & B. Seidenberg (Eds.), Basic studies in social psychology. New York: Holt, Rinehart & WinstonAtari, M., Barbaro, N., Sela, Y., Shackelford, T. K., & Chegeni, R. (2017). The Big Five personality dimensions and mate retention behaviors in Iran. Personality and Individual Differences, 104, 286 - 290.

Atkinson, R. C., & Shiffrin, R. M. (1968). Human memory: A proposed system and its control processes. In K. W. Spence & J. T. Spence (Eds.), The psychology of learning and motivation: Vol. 2. Advances in research and theory. New York: Academic Press.

Atkinson, R. C., & Shiffrin, R. M. (1971, August). The control of short - term memory. Scientific American, 225, 82 - 90.

Atran, S. (2010). Talking to the enemy. New York: HarperCollins.

Au, J., Sheehan, E., Tsai, N., Duncan, G. J., Buschkuehl, M., & Jaeggi, S. M. (2015). Improving fluid intelligence with training on working memory: A meta - analysis. Psychonomic Bulletin and Review, 22, 366 - 377.

Auyeung, B., Baron - Cohen, S., Ashwin, E., Knickmeyer, R., Taylor, K., Hackette, G., & Hines, M. (2009). Fetal testosterone predicts sexually differentiated childhood behavior in girls and in boys. Psychological Science, 20, 144 - 148.

Aviezer, H., Hassin, R. R., Ryan, J., Grady, C., Susskind, J., Anderson, A., Moscovitch, M., & Bentin, S. (2008). Angry, disgusted, or afraid? Studies on the malleability of emotion perception. Psychological Science, 19, 724 - 732.

Axel, R. (1995). The molecular logic of smell. Scientific American, 273, 154 - 159.

Azmitia, M., Syed, M., & Radmacher, K. (2008). On the intersection of personal and social identities: Introduction and evidence from a longitudinal study of emerging adults. New Directions for Child and Adolescent Development, 120, 1 - 16.

Baas, M., De Dreu, C. K. W., & Nijstad, B. A. (2008). A meta - analysis of 25 years of mood - creativity research: Hedonic tone, activation, or regulatory focus? Psychological Bulletin, 134, 779 - 806.

Baddeley, A. D. (1992). Working memory. Science, 255, 556 - 559.

Baddeley, A. D. (2007). Working memory, thought, and action. New York: Oxford University Press.

Bahrick, H. P. (1984). Semantic memory content in permastore: Fifty years of memory for Spanish learned in school. Journal of Experimental Psychology: General, 113, 1 - 29.

Bahrick, H. P., Bahrick, P. O., & Wittlinger, R. P. (1975). Fifty years of memory for names and faces: A cross - sectional approach. Journal of Experimental Psychology: General, 104, 54 - 75.

Bailey, J. M., Dunne, M. P., & Martin, N. G. (2000). Genetic and environmental influences on sexual orientation and its correlates in an Australian twin sample. Journal of Personality and Social Psychology, 78, 524 - 536.

Bailey, J. M., & Zucker, K. J. (1995). Childhood sex-typed behavior and sexual orientation: A conceptual analysis and quantitative review. Developmental Psychology, 31, 43 - 55.

Baillargeon, R. (2004). Infants' physical world. Current Directions in Psychological Science, 13, 89 - 94.

Baker, E., Shelton, K. H., Baibazarova, E., Hay, D. F., & van Goozen, S. H. M. (2013). Low skin conductance activity in infancy predicts aggression in toddlers 2 years later. Psychological Science, 24, 1051 - 1056.

Baker, M. C. (2001). The atoms of language: The mind's hidden rules of grammar. New York: Basic Books.

Bakermans - Kranenburg, J., & van IJzendoorn, M. H. (2008). Promoting positive parenting: An attachment - based intervention. New York: Taylor & Francis.

Bakker, A. B. (2011). An evidence - based model of work engagement. Current Directions in Psychological Science, 20, 265 - 269.

Balcetis, E., & Dunning, D. (2010). Wishful seeing: More desired objects are seen as closer. Psychological Science, 21, 147 - 152.

Balcetis, E., Dunning, D., & Miller, R. L. (2008). Do collectivists know themselves better than individualists? Cross - cultural studies of the holier than thou phenomenon. Journal of Personality and Social Psychology, 95, 1252 - 1267.

Ball, A. L. (2014, April 6). Who are you on Facebook

now? *New York Times*, p. ST16.

Ball, T. M., Stein, M. B., & Paulus, M. P. (2014). Toward the application of functional neuroimaging to individualized treatment for anxiety and depression. *Depression and Anxiety*, 31, 920–933.

Balter, M. (2012). "Killjoys" challenge claims of clever animals. *Science*, 335, 1036–1037.

Bancroft, J. (2006). Normal sexual development. In H. E. Barbaree & W. L. Marshall (Eds.), The juvenile sex offender (2nd ed.). New York: Guilford Press.

Bancroft, J., Graham, C. A., Janssen, E., & Sanders, S. A. (2009). The dual control model: Current status and future directions. *Journal of Sex Research*, 46, 121–142.

Bandura, A. (1977). *Social learning theory*. Englewood Cliffs, NJ: Prentice–Hall.

Bandura, A. (1986). *Social foundations of thought and action: A social cognitive theory*. Englewood Cliffs, NJ: Prentice–Hall.

Bandura, A. (1999). Moral disengagement in the perpetration of inhumanities. *Personality and Social Psychology Review*, 3, 193–209.

Bandura, A. (2001). Social cognitive theory: An agentic perspective. *Annual Review of Psychology*, 52, 1–26.

Bandura, A. (2012). Social cognitive theory. In P. A. M. van Lange, A. W. Kruglanski, & E. T. Higgins (Eds.), *Handbook of theories in social psychology* (Vol. 1, pp. 349–373). Thousand Oaks, CA: Sage.

Bandura, A. (2013). The role of self-efficacy in goal-based motivation. In E. A. Locke & G. P. Latham (Eds.), *New developments in goal setting and task performance*. New York: Routledge/Taylor & Francis Group.

Bandura, A., Caprara, G. V., Barbaranelli, C., & Pastorelli, C. (2001). Sociocognitive self-regulatory mechanisms governing transgressive behavior. *Journal of Personality and Social Psychology*, 80, 125–135.

Bandura, A., Ross, D., & Ross, S. A. (1961). Transmission of aggression through imitation of aggressive models. *Journal of Abnormal and Social Psychology*, 63, 575–582.

Bandura, A., Ross, D., & Ross, S. A. (1963). Vicarious reinforcement and imitative learning. *Journal of Abnormal and Social Psychology*, 67, 601–607.

Banks, G. P., Mikell, C. B., Youngerman, B. E., Henriques, B., Kelly, K. M., Chan, A. K., Sheth, S. A. (2015). Neuroanatomical characteristics associated with response to dorsal anterior cingulotomy for obsessive compulsive disorder. *JAMA Psychiatry*, 72, 127–135.

Barash, D. P., & Lipton, J. E. (2001). *The myth of monogamy: Fidelity and infidelity in animals and people*. New York: W. H. Freeman.

Barbuto, J. E. (1997). A critique of the Myers–Briggs Type Indicator and its operationalization of Carl Jung's psychological types. *Psychological Reports*, 80, 611–625.

Bargary, G., & Mitchell, K. J. (2008). Synaesthesia and cortical connectivity. *Trends in Neurosciences*, 31, 335–342.

Barglow, P. (2008). Corporate self interest and vague nerve stimulation for depression. *Skeptical Inquirer*, 32, 35–40.

Barlow, D. H. (2000). Unraveling the mysteries of anxiety and its disorders from the perspective of emotion theory. *American Psychologist*, 55, 1247–1263.

Barlow, D. H., Ellard, K. K., Sauer–Zavala, S., Bullis, J. R., & Carl, J. R. (2014). The origins of neuroticism. *Perspectives on Psychological Science*, 9, 481–496.

Barnes, C. (2011, September 1). Secrets of aging. The Scientist. Available at http://the-scientist.com/2011/09/01/secrets-of-aging/.

Barnier, A. J., Cox, R. E., & McConkey, K. M. (2014). The province of "highs": The high hypnotizable person in the science of hypnosis and in psychological science. *Psychology of Consciousness: Theory, Research, and Practice*, 1, 168–183.

Barnsley, N., McAuley, J. H., Mohan, R., Dey, A., Thomas, P., & Moseley, G. L. (2011). The rubber hand illusion increases histamine reactivity in the real arm. *Current Biology*, 21, R945–6.

Barrett, L. F., Mesquita, B., & Gendron, M. (2011). Context in emotion per? ception. *Current Directions in Psychological Science*, 20, 286–290.

Barsky, S. H., Roth, M. D., Kleerup, E. C., Simmons, M., & Tashkin, D. P. (1998). Histopathologic and molecular alterations in bronchial epithelium in habitual smokers of marijuana, cocaine, and/or tobacco. *Journal of the National Cancer Institute*, 90, 1198–1205.

Bartels, A., & Zeki, S. (2004). The neural correlates of material and romantic love. *NeuroImage*, 21, 1155–1166.

Bartels, J. M. (2015). The Stanford prison experiment in introductory psy? chology textbooks: A content analysis. *Psychology Learning and Teaching*, 14, 36–50.

Bartels, M. (2015). Genetics of wellbeing and its components satisfaction with life, happiness, and quality of life: A review and meta-analysis of heritability studies. *Behavior Genetics*, 45,, 137-156.

Barlett, C. P. (2015). Anonymously hurting others online: The effect of anonymity on cyberbullying frequency. *Psychology of Popular Media Culture*, 4, 70-79.

Bartlett, F. C. (1932). *Remembering*. Cambridge, UK: Cambridge University Press.

Bartoshuk, L. M., Duffy, V. B., Lucchina, L. A., Prutkin, J., & Fast, K. (1998). PROP (6-n-propylthiouracil) supertasters and the saltiness of NaCl. *Annals of the New York Academy of Sciences*, 855, 793-796.

Bartoshuk, L. M. (1998). Born to burn: Genetic variation in taste. Paper presented at the annual meeting of the American Psychological Association, San Francisco.

Bartoshuk, L. M. (2009). Taste. In J. M. Wolfe, K. R. Kluender, D. M. Levi, et al., Sensation and perception (2nd ed.). Sunderland, MA: Sinauer Associates.

Bartoshuk, L. M., & Snyder, D. J. (2012). The biology and psychology of taste. In K. D. Brownell & M. S. Gold (Eds.), *Food and addiction: A comprehensive handbook* (pp. 126-130). New York: Oxford University Press.

Bartz, J. A., Zaki, J., Ochsner K. N., Bolger, N., Kolevzon, A., Ludwig, N., & Lydon, J. E. (2010). Effects of oxytocin on recollections of maternal care and closeness. *Proceedings of the National Academy of Sciences*, 107, 21371-21375.

Basson, R., McInnis, R., Smith, M. D., Hodgson, G., Koppiker, N. (2002). Efficacy and safety of sidenafil citrate in women with sexual dysfunction associated with female sexual arousal disorder. Journal of Women's Health and Gender-Based Medicine, 11, 367-377.

Battaglia, F. P., Benchenane, K., Sirota, A., Pennartz, C. M., & Wiener, S. I. (2011). The hippocampus: hub of brain network communication for memory. *Trends in Cognitive Sciences*, 15, 310-318.

Baucom, K. J. W., Sevier, M., Eldridge, K. A., Boss, B. D., & Christensen, A. (2011). Observed communication in couples two years after integrative and traditional behavioral couple therapy: Outcome and link with five-year follow-up. Journal of Consulting and Clinical Psychology, 79, 565-576.

Bauer, P. (2015). A complementary processes account of the development of childhoodamnesia and a personal past. *Psychological Review*, 122, 204-231.

Baumann, C. R., Mignot, E., Lammers, G. J., ,Overeem, S., Arnulf, I., Rye, D., ... Scammell, M. D. (2014). Challenges in diagnosing narcolepsy without cataplexy: A consensus statement. *Sleep: Journal of Sleep and Sleep Disorders Research*, 37, 1035-1042.

Baumann, O., Borra, R. J., Bower, J. M., Cullen, K. E., Habas, C., Ivry, R. B. ... Sokolov, A. A. (2015). Consensus paper: The role of the cerebellum in perceptual processes. *Cerebellum*, 14,, 197-220.

Baumeister, R. F., Campbell, J. D., Krueger, J. I., & Vohs, K. D. (2003). Does high self-esteem cause better performance, interpersonal success, happiness, or healthier lifestyles? *Psychological Science in the Public Interest*, 4[whole issue].

Baumeister, R. F., Dale, K., & Sommer, K. L. (1998). Freudian defense mechanisms and empirical findings in modern social psychology: Reaction formation, projection, displacement, undoing, isolation, sublimation, and denial. *Journal of Personality*, 66, 1081-1124.

Baumeister, R. F., Stillwell, A. M., & Heatherton, T. F. (1994). Guilt: An interpersonal approach *Psychological Bulletin*, 115, 243-267.

Baumrind, D. (1966). Effects of authoritative parental control on child behavior. *Child Development*, 37, 887-907.

Beaman, L. Duflo, E., Pande, R., & Topalova, P. (2012). Female leadership raises aspirations and educational attainment for girls: A policy experiment in India. *Science*, 335, 582-586.

Beauchamp, G. K., & Mennella, J. A. (2011). Flavor perception in human infants: Development and functional significance. *Digestion*, 83, 1-6.

Bechara, A., Dermas, H., Tranel, D., & Damasio, A. R. (1997). Deciding advantageously before knowing theadvantageous strategy. *Science*, 275, 1293-1294.

Beck, A. T. (1976). *Cognitive therapy and the emotional disorders*. New York: International Universities Press.

Beck, A. T. (2005). The current state of cognitive therapy: A 40-year retrospective. *Archives of General Psychiatry*, 62, 953-959.

Beck, A. T., & Dozois, D. J. A. (2011). Cognitive therapy: Current status and future directions. *Annual Review of Medicine*, 62. 397-409.

Beck, D. M. (2010). The appeal of the brain in the popular press. *Perspectives on Psychological Science*, 5, 762-766.

Beck, H. P., & Irons, G. (2011). Finding Little Albert: A seven-year search for psychology's lost boy. *The Psychologist*, 24, 392–395.

Beck, J. S. (2011). *Cognitive behavior therapy: Basics and beyond* (2nd ed.). New York: Guilford Press.

Becker, D. V., Kenrick., D. T., Neuberg, S. L., Blackwell, K. C., & Smith, D. M. (2007). The confounded nature of angry men and happy women. *Journal of Personality and Social Psychology*, 92, 179–190.

Beckett, K., Nyrop, K., & Pfingst, L. (2006). Race, drugs, and policing: Understanding disparities in drug delivery arrests. *Criminology*, 44, 105–137.

Bedford, R., Pickles, A., Sharp, H., Wright, N., & Hill, J. (2015). Reduced face preference in infancy: A developmental precursor to callousunemotional traits? *Biological Psychiatry*, 78, 144–150.

Bedrosian, T. A., Fonken, L. K., & Nelson, R. J. (2016). Endocrine effects of circadian disruption. *Annual Review of Physiology*, 78, 109–131.

Beer, J. M., Arnold, R. D., & Loehlin, J. C. (1998). Genetic and environmen? tal influences on MMPI factor scales: Joint model fitting to twin and adoption data. *Journal of Personality and Social Psychology*, 74, 818–827.

Beilock, S. L., Gunderson, E. A., Ramirez, G., & Levine, S. C. (2010). Female teachers' math anxiety affects girls' math achievement. *Proceedings of the National Academy of Sciences*, 107, 1860–1863.

Belsky, J., Campbell, S. B., Cohn, J. F., & Moore, G. (1996). Instability of infant-parent attachment security. *Developmental Psychology*, 32, 921–924.

Belsky, J., & Pluess, M. (2009). Beyond diathesis stress: Differential susceptibility to environmental influences. *Psychological Bulletin*, 135, 885–908.

Belsky, J., & Pluess, M. (2013). Beyond risk, resilience, and dysregulation: Phenotypic plasticity and human development. *Development and Psychopathology*, 25, 1243–1261.

Beltz, A. M., Corley, R. P., Bricker, J. B., Wadsworth, S. J., & Berenbaum, S. A. (2014). Modeling pubertal timing and tempo and examining links to behavior problems. *Developmental Psychology*, 50, 2715–2726.

Bem, S. L. (1993). *The lenses of gender*. New Haven, CT: Yale University Press.

Ben Amar, M. (2005). Cannabinoids in medicine: A review of their therapeutic potential. *Journal of Ethnopharmacology*, 105, 1–25.

Benedetti, F., & Levi-Montalcini, R. (2001). Opioid and non-opioid mechanisms of placebo analgesia. Paper presented at the annual meeting of the American Psychological Society, Toronto.

Benedetti, F., Mayberg, H. S., Wager, Tor D., Stohler, C. S., & Zubieta, J. K. (2005, November 9). Neurobiological mechanisms of the placebo effect. *The Journal of Neuroscience*, 45, 10390–10402.

Benjamin, A. S., & Bjork, R. A. (2000). On the relationship between recognition speed and accuracy for words rehearsed via rote versus elaborative rehearsal. *Journal of Experimental Psychology: Learning, Memory, and Cognition*, 26, 638–648.

Benjamin, L. T., Jr. (1998). Why Gorgeous George, and not Wilhelm Wundt, was the founder of psychology: A history of popular psychology in America. Invited address presented at the National Institute on the Teaching of Psychology, St. Petersburg Beach.

Benjamin, L. T., Jr. (2003). Why can't psychology get a stamp? *Journal of Applied Psychoanalytic Studies*, 5, 443–454.

Bennett, C. M., Baird, A. A., Miller, M. B., & Wolford, G. L. (2010). Neural correlates of interspecies perspective taking in the post-mortem Atlantic Salmon: An argument for multiple comparisons correction. *Journal of Serendipitous and Unexpected Results*, 1, 1–5.

Bentley, K. H., Gallagher, M. W., Boswell, J. F., Gorman, J. M., Shear, M. K., Woods, S. W., & Barlow, D. H. (2013). The interactive contributions of perceived control and anxiety sensitivity in panic disorder: A triple vulnerabilities perspective. *Journal of Psychopathology and Behavioral Assessment*, 35, 57–64.

Beran, M. J., & Beran, M. M. (2004). Chimpanzees remember the results of one-by-one addition of food items to sets over extended time periods. *Psychological Science*, 15, 94–99.

Berenbaum, S. A., & Bailey, J. M. (2003). Effects on gender identity of prenatal androgens and genital appearance: Evidence from girls with congenital adrenal hyperplasia. *Journal of Clinical Endocrinology and Metabolism*, 88, 1102–1106.

Berger, S. L., Kouzarides, T., Shiekhattar, R., & Shilatifard, A. (2009). An op? erational definition of epigenetics. *Genes and Development*, 23, 781–783.

Berkman Center for Internet & Society. (2008). Enhancing child safety and online technologies: Final report of the Internet Safety Task Force. Final report available at http://cyber. law. harvard. edu/sites/cyber. law. harvard. edu/files/ISTTF_Final_Report. pdf.

Berkman Center for Internet & Society. (2012). Bullying in a networked era: A literature review. Authored by N. Levy; S. Cortesi; U. Gasser; E. Crowley; M. Beaton; J. Casey; & C. Nolan. Available at http://papers. ssrn. com/sol3/papers. cfm? abstract_id = 2146877.

Berlin, F. S. (2003). Sex offender treatment and legislation. *Journal of the American Academy of Psychiatry and the Law*, 31, 510 – 513.

Berntsen, D., & Thomsen, D. K. (2005). Personal memories for remote historical events: Accuracy and clarity of flashbulb memories related to World War II. *Journal of Experimental Psychology: General*, 134, 242 – 257.

Bernstein, I. L. (1999). Taste aversion learning: A contemporary perspective. *Nutrition*, 15, 229 – 234.

Berrettini, W. H., & Doyle, G. A. (2012). The CHRNA5 – A3 – B4 gene cluster in nicotine addiction. *Molecular Psychiatry*, 17, 856 – 866.

Best, J. (2012). *Damned lies and statistics: Untangling numbers from the media, politicians, and activists* (updated ed.). Berkeley and Los Angeles: University of California Press.

Bhatarah, P., Ward, G., & Tan, L. (2008). Examining the relationship between free recall and immediate serial recall: The serial nature of recall and the effect of test expectancy. *Memory and Cognition*, 36, 20 – 34.

Bierut, L. J., Stitzel, J. A., Wang, J. C., Hinrichs, A. L., Grucza, R. A., Xuei, X., Goate, A. M. (2008). Variants in nicotinic receptors and risk for nicotine dependence. *American Journal of Psychiatry*, 165, 1163 – 1171.

Binder, J., Zagefka, H., Brown, R., Funke, F., Kessler, T., Mummendey, A., Leyens, J. P. (2009). Does contact reduce prejudice or does prejudice reduce contact? A longitudinal test of the contact hypothesis among majority and minority groups in three European countries. *Journal of Personality and Social Psychology*, 96, 843 – 856.

Birdwhistell, R. L. (1970). *Kinesics and context: Essays on body motion communication*. Philadelphia: University of Pennsylvania Press.

Birkhead, T. (2001). *Promiscuity: An evolutionary history of sperm competition*. Cambridge, MA: Harvard University Press.

Bischof, M., & Bassetti, C. L. (2004). Total dream loss: A distinct neuropsychological dysfunction after bilateral PCA stroke. *Annals of Neurology*, 56, 583 – 586.

Biss, R. K., & Hasher, L. (2012). Happy as a lark: Morning – type younger and older adults are higher in positive affect. *Emotion*, 12, 437 – 441.

Biswal, B. B., Mennes, M., Zuo, X. N., Gohel, S., Kelly, C., Smith, S. M., Milham, M. P. (2010). Toward discovery science of human brain function. *Proceedings of the National Academy of Sciences*, 107, 4734 – 4739.

Bjork, E. L., & Bjork, R. A. (2011). Making things hard on yourself, but in a good way: Creating desirable difficulties to enhance learning. In M. A. Gernsbacher, R. W. Pew, L. M. Hough, & J. R. Pomerantz (Eds.), *Psychology and the real world: Essays illustrating fundamental contributions to society*. New York: Worth.

Black, M. C., Basile, K. C., Breiding, M. J., Smith, S. G., Walters, M. L., Merrick, M. T., Chen, J., & Stevens, M. R. (2011). The national intimate partner and sexual violence survey: Summary report. National Center for Injury Prevention and Control, Centers for Disease Control and Prevention, Atlanta, Georgia.

Blagrove, M. (1996). Problems with the cognitive psychological modeling of dreaming. *Journal of Mind and Behavior*, 17, 99 – 134.

Blair, R. D. J., Jones, L., Clark, F., & Smith, M. (1997). The psychopathic individual: A lack of responsiveness to distress cues? *Psychophysiology*, 45, 192 – 198.

Blass, T. (2000). *Obedience to authority: Current perspectives on the Milgram paradigm*. Mahwah, NJ: Erlbaum.

Bleidorn, W., Klimstra, T. A., Denissen, J. J. A., Rentfrow, P. J., Potter, J., & Gosling, S. D. (2013). Personality maturation around the world: A crosscultural examination of social – investment theory. *Psychological Science*, 24, 2530 – 2540.

Bleuler, E. (1911/1950). *Dementia praecox or the group of schizophrenias*. New York: International Universities Press.

Bliss, T. V., & Collingridge, G. L. (1993). A synaptic model of memory: Long – term potentiation in the hippocampus. *Nature*, 361, 31 – 39.

Bloom, M. (2005). *Dying to kill: The allure of suicide terror*. New York: Columbia University Press.

Bloom, P. (2013). *Just babies: The origins of good and evil*. New York, NY: Crown.

Blum, D. (2002). *Love at Goon Park: Harry Harlow and the science of affection*. Cambridge, MA: Perseus Books.

Blumberg, M. S., Gall, A. J., & Todd, W. D. (2014). The development of sleep-wake rhythms and the search for elemental circuits in the infantbrain. *Behavioral Neuroscience*, 128, 250-263.

Bluming, A., & Tavris, C. (2009, April 22). Hormone replacement therapy: Real concerns and false alarms. *The Cancer Journal*, 15, 93-104.

Bock, J., Poeggel, G., Gruss, M., Wingenfeld, K,. & Braun, K. (2014). Infant cognitive training preshapes learning-relevant prefrontal circuits for adult learning: Learning-induced tagging of dendritic spines. *Cerebral Cortex*, 24, 2920-2930.

Boepple, L., & Thompson, J. K. (2016). A content analytic comparison of fitspiration and thinspiration websites. *International Journal of Eating Disorders*, 49, 98-101.

Boesch, C. (1991). Teaching among wild chimpanzees. *Animal Behavior*, 41, 530-532.

Bogaert, A. F. (2006). Biological versus nonbiological older brothers and men's sexual orientation. *Proceedings of the National Academy of Sciences*, 103, 10771-10774.

Bolshakov, V. Y., & Siegelbaum, S. A. (1994). Postsynaptic induction and presynaptic expression of hippocampal long-term depression. *Science*, 264, 1148-1152.

Bonanno, G. A. (2004). Loss, trauma, and human resilience. *American Psychologist*, 59, 20-28.

Bonanno, G. A., Brewin, C. R., Kaniasty, K., & La Greca, A. M. (2010). Weighing the costs of disaster: Individuals, families, and communities. *Psychological Science in the Public Interest*, 11, 1-49.

Bond, R., & Smith, P. B. (1996). Culture and conformity: A meta-analysis of studies using Asch's (1952b, 1956) line judgment task. *Psychological Bulletin*, 119, 111-137.

Booth, F. W., & Neufer, P. D. (2005). Exercise controls gene expression. *American Scientist*, 93, 28-35.

Borch-Jacobsen, M., & Shamdasani, S. (2012). *The Freud files: An inquiry into the history of psychoanalysis*. New York: Cambridge University Press.

Boring, E. G. (1953). A history of introspection. *Psychological Bulletin*, 50, 169-187.

Born, J., & Wilhelm, I. (2012). System consolidation of memory during sleep. *Psychological Research*, 76, 192-203.

Borness, C., Proudfoot, J., Crawford, J., & Valenzuela, M. (2013). Putting brain training to the test in the workplace: A randomized, blinded, multisite, active-controlled trial. *PLoS One*. doi: 10.1371/journal.pone.0059982

Boroditsky, L. (2003). Linguistic relativity. In L. Nadel (Ed.), *Encyclopedia of cognitive science*. London: Nature Publishing Group.

Boroditsky, L., Schmidt, L., & Phillips, W. (2003). Sex, syntax, and semantics. In D. Gentner & S. Goldin-Meadow (Eds.), *Language in mind: Advances in the study of language and thought*. Cambridge: MIT Press.

Bosch, M., Castro, J., Saneyoshi, T., Matsuno, H., Sur, M., & Hayashi, Y. (2014). Structural and molecular remodeling of dendritic spine substructures during long-term potentiation. *Neuron*, 82, 444-459.

Boswell, J. F., Thompson-Hollands, J., Farchione, T. J., & Barlow, D. H. (2013). Intolerance of uncertainty: A common factor in the treatment of emotional disorders. *Journal of Clinical Psychology*, 69, 630-645.

Botvinick, M., & Cohen, J. (1998). Rubber hands feel touch that eyes can see. *Nature*, 391, 756.

Bouchard, T. (1995). Nature's twice-told tale: Identical twins reared apart—what they tell us about human individuality. Paper presented at the annual meeting of the Western Psychological Association, Los Angeles.

Bouchard, T. (1997). IQ similarity in twins reared apart: Findings and re? sponses to critics. In R. J. Sternberg & E. Grigorenko (Eds.), *Intelligence: Heredity and environment*. New York: Cambridge University Press.

Bouchard, T. (2014). Genes, evolution, and intelligence. *Behavior Genetics*, 44, 549-577.

Bouret, S. G., Draper, S. J., & Simerly, R. B. (2004). Trophic action of leptin on hypothalamic neurons that regulate feeding. *Science*, 304, 108-110.

Bousfield, W. A. (1953). The occurrence of clustering in the recall of randomly arranged associates. *Journal of General Psychology*, 49, 229-240.

Bouton, C. E., Shaikhouni, A., Annetta, N. V., Bockbrader, M. A., Friedenberg, D. A., Nielson, D. M., Rezai, A. R. (2016). Restoring cortical control of functional movement in a human with quadriplegia. *Nature*, 533, 257-250.

Bowen, M. (1978). *Family therapy in clinical practice*. New York: Jason Aronson.

Bowlby, J. (1969). *Attachment and loss. Vol. 1. Attachment*. New York: Basic Books.

Bowlby, J. (1973). *Attachment and loss: Vol. 2. Separation*. New York: Basic Books.

Bowleg, L., Lucas, K. J., & Tschann, J. M. (2004). "The ball was always in his court": An exploratory analysis of relationship scripts, sexual scripts, and condom use among African American women. *Psychology of Women Quarterly*, 28, 70–82.

Bowles, S. (2008). Policies designed for self-interested citizens may under? mine "the moral sentiments": Evidence from economic experiments. *Science*, 320, 1605–1609.

Bozzali, M., Dowling, C., Serra, L., Span, B., Torso, M., Marra, C., Cercignani, M. (2015). The impact of cognitive reserve on brain functional connectivity in Alzheimer's disease. *Journal of Alzheimer's Disease*, 44, 243–250.

Brady, T. F., Konkle, T., Alvarez, G. A., & Oliva, A. (2008). Visual long-term memory has a massive storage capacity for object details. *Proceedings of the National Academy of Sciences*, 105, 14325–14329.

Brand-Miller, J. C., Fatima, K., Middlemiss, C., Bare, M., Liu, V., Atkinson, F., & Petocz, P. (2007). Effect of alcoholic beverages on postprandial glycemia and insulinemia in lean, young, healthy adults. *American Journal of Clinical Nutrition*, 85, 1545–1551.

Brandt, M. J. (2011). Sexism and gender inequality across 57 societies. *Psychological Science*, 22, 1413–1418.

Braun, K. A., Ellis, R., & Loftus, E. F. (2002). Make my memory: How advertising can change our memories of the past. *Psychology and Marketing*, 19, 1–23.

Braungart, J. M., Plomin, R., DeFries, J. C., & Fulker, D. W. (1992). Genetic influence on tester-rated infant temperament as assessed by Bayley's Infant Behavior Record: Nonadoptive and adoptive siblings and twins. *Developmental Psychology*, 28, 40–47.

Breland, K., & Breland, M. (1961). The misbehavior of organisms. *American Psychologist*, 16, 681–684.

Brennan, P. A., & Mednick, S. A. (1994). Learning theory approach to the deterrence of criminal recidivism. *Journal of Abnormal Psychology*, 103, 430–440.

Brescoll, V. L., & Uhlmann, E. L. (2008). Can an angry woman get ahead? Status conferral, gender, and expression of emotion in the workplace. *Psychological Science*, 19, 268–275.

Breslau, N., Lucia, V. C., & Alvarado, G. F. (2006). Intelligence and other predisposing factors in exposure to trauma and posttraumatic stress disorder. *Archives of General Psychiatry*, 63, 1238–1245.

Brezina, V. (2010). Beyond the wiring diagram: Signaling through complex neuromodulator networks. *Philosophical Transactions of the Royal Society of London B: Biological Sciences*, 365, 2363–2374.

Briggs, G., Hole, G. J., & Land, M. G. (2011). Emotional involving telephone conversations lead to driver error and visual tunnelling. *Transportation Research Part F: Traffic Psychology and Behaviour*, 14, 313–323.

Brissette, I., Scheier, M. F., & Carver, C. S. (2002). The role of optimism in social network development, coping, and psychological adjustment during a life transition. *Journal of Personality and Social Psychology*, 82, 102–111.

Broadway, J. M., & Engle, R. W. (2011). Lapsed attention to elapsed time? Individual differences in working memory capacity and temporal reproduction. *Acta Psychologica*, 137, 115–126.

Broberg, D. J., & Berstein, I. L. (1987). Candy as scapegoat in the prevention of food aversions in children receiving chemotherapy. *Cancer*, 60, 2344–2347.

Brockner, J., & Rubin, J. Z. (2012). *Entrapment in escalating conflicts: A social psychological analysis*. New York: Springer Science & Business Media.

Broks, P. (2004). *Into the silent land: Travels in neuropsychology*. New York: Grove Press.

Brook, A. T., Garcia, J., & Fleming, M. A. (2008). The effects of multiple identities on psychological well-being. *Personality and Social Psychology Bulletin*, 34, 1588–1600.

Brooks-Gunn, J. (1986). Differentiating premenstrual symptoms and syndromes. *Psychosomatic Medicine*, 48, 385–387.

Brosnan, S. F., & de Waal, F. B. M. (2003). Monkeys reject unequal pay. *Nature*, 425, 297–299.

Brown, A. S. (2004). *The déjà vu experience: Essays in cognitive psychology*. New York: Psychology Press.

Brown, A. S. (2012). Epidemiologic studies of exposure to prenatal infection and risk of schizophrenia and autism. *Developmental Neurobiology*, 72, 1272–1276.

Brown, A. S. (2012). *The tip of the tongue state*. New York: Psychology Press.

Brown, A. S., Begg, M. D., Gravenstein, S., Schaefer, C. A., Wyatt, R. J., Bresnahan, M., Babulas, V. P., & Susser, E. S. (2004). Serologic evidence of prenatal influenza in the etiology of schizophrenia. *Archives of General Psychiatry*, 61, 774 – 780.

Brown, D., Scheflin, A. W., & Whitfield, C. L. (1999). Recovered memories: The current weight of the evidence in science and in the courts. *Journal of Psychiatry and Law*, 27, 5 – 156.

Brown, G. W., & Harris, T. O. (2008). Depression and the serotonin trans? porter 5 – HTTLPR polymorphism: A review and a hypothesis concerning gene – environment interaction. *Journal of Affective Disorders*, 111, 1 – 12.

Brown, G. R., Laland, K. N., & Mulder, M. B. (2009). Bateman's principles and human sex roles. *Trends in Ecology and Evolution*, 24, 297 – 304.

Brown, G. K., Ten Have, T., Henriques, G. R., Xie, S. X., Hollander, J. E., Beck, A. T. (2005). Cognitive therapy for the prevention of suicide attempts. *Journal of the American Medical Association*, 294, 563 – 570.

Brown, J. F., & Menninger, K. A. (1940). The psychoses primarily functional in origin. In J. F. Brown & K. A. Menninger (Eds.), *The psychodynamics of abnormal behavior* (pp. 316 – 336). New York: McGraw – Hill.

Brown, J. D. (2012). Understanding the better than average effect: Motives (still) matter. *Personality and Social Psychology Bulletin*, 38, 209 – 219.

Brown, P. C., Roediger, H. L., III, & McDaniel, M. A. (2014). *Make it stick: The science of successful learning*. Cambridge, MA: Belknap Press of Harvard University Press.

Brown, Q. L., Sarvet, A. L., Shmulewitz, D., Martins, S. S., Wall, M. M., & Hasin, D. S. (2016). Trends in marijuana use among pregnant and nonpregnant reproductive – aged women, 2002 – 2014. *JAMA*. doi:10. 1001/jama. 2016. 17383

Brown, R. (1986). *Social psychology* (2nd ed.). New York: Free Press.

Brown, R., & Kulik, J. (1977). Flashbulb memories. *Cognition*, 5, 73 – 99.

Brown, R., & McNeill, D. (1966). The "tip of the tongue" phenomenon. *Journal of Verbal Learning and Verbal Behavior*, 5, 325 – 337.

Brown, S. L., Nesse, R. M., Vinokur, A. D., & Smith, D. M. (2003). Providing social support may be more beneficial than receiving it: Results from a prospective study of mortality. *Psychological Science*, 14, 320 – 327.

Browning, J. R., Hatfield, E., Kessler, D., & Levine, T. (2000). Sexual motives, gender, and sexual behavior. *Archives of Sexual Behavior*, 29, 135 – 153.

Broyd, S. J., van Hell, H. H., Beale, C., Yücel, M., & Solowij, N. (2016). Acute and chronic effects of cannabinoids on human cognition—A systematic review. *Biological Psychiatry*, 79, 557 – 567.

Bruck, M., Ceci, S. J., & Francoeur, E. (2000). Children's use of anatomically detailed dolls to report genital touching in a medical examination: Developmental and gender comparisons. *Journal of Experimental Psychology: Applied*, 6, 74 – 83.

Bruder, C. E., Piotrowski, A., Gijsbers, A. A., Andersson, R., Erickson, S, Diaz de Sthl, T., Dumanski, J. P. (2008). Phenotypically concordant and discordant monozygotic twins display different DNA copy – number-variation profiles. *American Journal of Human Genetics*, 82, 763 – 771.

Bruinius, H. (2006). *Better for all the world: The secret history of forced sterilization and America's quest for racial purity*. New York: Knopf.

Bruner, J. S. (1990). *Acts of meaning*. Cambridge, MA: Harvard University Press.

Brüning, C. A., Martini, F., Soares, S. M., Savegnago, L., Sampaio, T. B., & Nogueira, C. W. (2015). Depressive – like behavior induced by tumor necrosis factor – r is attenuated by m – trifluoromethyl – diphenyldiselenide in mice. *Journal of Psychiatric Research*, 66, 75 – 83..

Brunoni, A. R., Chaimani, A., Moffa, A. H., Razza, L. B., Gattaz, W. F., Daskalakis, Z. J., & Carvalho, A. F. (2017). Repetitive transcranial mag? netic stimulation for the acute treatment of major depressive episodes: A systematic review with network meta – analysis. *JAMA Psychiatry*, 74, 143 – 152

Brunoni, A. R., Moffa, A. H., Fregni, F., Palm, U., Padberg, F., Blumberger, D. M., Loo, C. K. (2016). Transcranial direct current stimulation for acute major depressive episodes: Meta – analysis of individual patient data. *The British Journal of Psychiatry*, 208, 1 – 10.

Bryan, C. J., Adams, G. S., & Monin, B. (2013). When cheating would make you a cheater: Implicating the self prevents unethical behavior. *Journal of Experimental: General*, 142, 1001 – 1005.

Bryant, G. A., & Barrett, H. Clark. (2007). Recognizing intentions in infant directed speech. *Psychological Science*, 18, 746–751.

Bucchianier, M. M., Fernandes, N., Loth, K., Hannan, P. J., Eisenberg, M. E., & Neumark-Sztainer, D. (2016). Cultural diversity and ethnic minority. *Psychology*, 22, 137–146.

Buchanan, T. W. (2007). Retrieval of emotional memories. *Psychological Bulletin*, 133, 761–779.

Buck, L., & Axel, R. (1991). A novel multigene family may encode odorant receptors: A molecular basis for odor recognition. *Cell*, 65, 175–187.

Buelow, M. T., Okdie, B. M., Brunell, A. B., & Trost, Z. (2015). Stuck in a moment and you cannot get out of it: The lingering effects of ostracism on cognition and satisfaction of basic needs. *Personality and Individual Differences*, 76, 39–43.

Buhrmester, M., Kwang, T., & Gosling, S. D. (2011). Amazon's Mechanical Turk: A new source of inexpensive, yet high-quality, data? *Perspectives on Psychological Science*, 6, 3–5.

Bulatov, A., Bulatova, N., Loginovich, Y., & Surkys, T. (2015). Illusion of extent evoked by closed two-dimensional shapes. *Biological Cybernetics*, 109, 163–178.

Buller, D. J. (2005). *Adapting minds: Evolutionary psychology and the persistent quest for human nature.* Cambridge MA: MIT Press.

Burgaleta, M., Head, K., álvarez-Linera, J., Martínez, K., Escorial, S., Haier, R., & Colom, R. (2012). Sex differences in brain volume are related to specific skills, not to general intelligence. *Intelligence*, 40, 60–68.

Burger, J. M. (1999). The foot-in-the-door compliance procedure: A multiple-process analysis and review. *Personality and Social Psychology Review*, 3, 303–325.

Burger, Jerry M. (2009). Replicating Milgram: Would people still obey today? *American Psychologist*, 64, 1–11.

Burger, Jerry M. (2014). Situational features in Milgram's experiment that kept his participants shocking. *Journal of Social Issues*, 70, 489–500.

Burgoon, J. K., Guerrero, L. K., & Floyd, K. (2016). *Nonverbal communication.* New York: Routledge.

Burnham, D., Kitamura, C., & Vollmer-Conna, U. (2002). What's new, pussycat? On talking to babies and animals. *Science*, 296, 1435.

Bushman, B. J., & Anderson, C. A. (2009). Comfortably numb: Desensitizing effects of violent media on helping others. *Psychological Science*, 20, 273–277.

Bushman, B. J., Bonacci, A. M., Pedersen W. C., Vasquez, E. A., & Miller, N. (2005). Chewing on it can chew you up: Effects of rumination on triggered displaced aggression. *Journal of Personality and Social Psychology*, 88, 969–983.

Bushman, B. J., Bonacci, A. M., van Dijk, M., & Baumeister, Roy F. (2003). Narcissism, sexual refusal, and aggression: Testing a narcissistic reactance model of sexual coercion. *Journal of Personality and Social Psychology*, 84, 1027–1040.

Bushman, B. J., Ridge, R. D., Das, E., Key, C. W., Busath, G. L. (2007). When God sanctions killing. *Psychological Science*, 18, 204–207.

Buss, D. M. (1994). *The evolution of desire: Strategies of human mating.* New York: Basic Books.

Buss, D. M. (1995). Evolutionary psychology: A new paradigm for psychological science. *Psychological Inquiry*, 6, 1–30.

Buss, D. M. (1999). *Evolutionary psychology: The new science of the mind.* Boston: Allyn & Bacon.

Buss, D. M., & Schmitt, D. P. (2011). Evolutionary psychology and feminism. *Sex Roles*, 64, 768–787.

Buss, D. M. (2016). Human mating strategies. In R. J. Sternberg, S. T. Fiske, & D. J. Foss (Eds.), *Scientists making a difference: One hundred eminent behavioral and brain scientists talk about their most important contributions* (pp. 383–388). Cambridge University Press.

Buster, J. E., Kingsberg, S. A., Aguirre, O., Brown, C., Breaux, J. G., Buch, A., Casson, P. (2005). Testosterone patch for low sexual desire in surgically menopausal women: a randomized trial. *Obstetrics and Gynecology*, 105, 944–952.

Butcher, J. N., Lim, J., & Nezami, E. (1998). Objective study of abnormal personality in cross-cultural settings: The MMPI-2. *Journal of Cross-Cultural Psychology*, 29, 189–211.

Butcher, J. N., & Perry, J. N. (2008). *Personality assessment in treatment planning: Use of the MMPI-2 and BT-PI.* New York: Oxford University Press.

Butcher, J. N., & Williams, C. L. (2009). Personality assessment with the MMPI-2: Historical roots, international adaptations, and current challenges. *Applied Psychology: Health and Well-Being*, 1, 105–135.

Button, T. M. M., Thapar, A., & McGuffin, P. (2005). Relationship between antisocial behaviour, attention-deficit hyperactivity disorder and maternal prenatal smoking. *British Journal of Psychiatry*, 187, 155–160.

Byers-Heinlein, K., Burns, T. C., & Werker, J. F. (2010). The roots of bilingualism in newborns. *Psychological Science*, 21, 343–348.

Byrne, M., Agerbo, E., Bennedsen, B., Eaton, W. W., & Mortensen, P. B. (2007). Obstetric conditions and risk of first admission with schizophrenia: A Danish national register based study. *Schizophrenia Research*, 97, 51–59.

Cabiya, J. J., Lucio, E., Chavira, D. A., Castellanos, J., Gomez Jr., F. C., Ve? lasquez, R. J. (2000). MMPI-2 scores of Puerto Rican, Mexican, and U.S. Latino college students: A research note. *Psychological Reports*, 87, 266–268.

Cacioppo, J. T. (2013). Psychological science in the 21st century. *Teaching of Psychology*, 40, 304–309.

Cacioppo, J. T.; Bernston, G. G.; Lorig, T. S.; et al. (2003). Just because you're im? aging the brain doesn't mean you can stop using your head: A primer and set of first principles. *Journal of Personality and Social Psychology*, 85, 650–661.

Cacioppo, S., Grippo, A. J., London, S., Goossens, L., & Cacioppo, J. T. (2015). Loneliness: Clinical import and interventions. *Perspectives on Psychological Science*, 10, 238–249.

Cahill, L. (2012). A half-truth is a whole lie: On the necessity of investigating sex influences on the brain. *Endocrinology*, 153, 2541–2543.

Cahill, L., Prins, B., Weber, M., & McGaugh, J. L. (1994). β-adrenergic activation and memory for emotional events. *Nature*, 371, 702–704.

Cain, S. (2012). *Quiet: The power of introverts in a world that can't stop talking*. New York, NY: Crown.

Calder, A. J., Keane, J., Manes, F., Antoun, N., & Young, A. W. (2000). Impaired recognition and experience of disgust following brain injury. *Nature Neuroscience*, 3, 1077–1078.

Camera, D., Coleman, H. A., Parkington, H. C., Jenkins, T. A., Pow, D. V., Boase, N., Kumar, S., & Poronnik, P. (2016). Learning, memory and long-term potentiation are altered in Nedd4 heterozygous mice. *Behavioral Brain Research*, 303, 176–181.

Cameron, J., Banko, K. M., & Pierce, W. D. (2001). Pervasive negative effects of rewards on intrinsic motivation: The myth continues. *Behavior Analyst*, 24, 1–44.

Campbell, B. C. (2011). Adrenarche and middle childhood. *Human Nature*, 22, 327–349.

Campbell, B. C., Pope, H. G., & Filiault, S. (2005). Body image among Ariaal men from Northern Kenya. *Journal of Cross-Cultural Psychology*, 36, 371–379.

Campbell, F. A., & Ramey, C. T. (1995). Cognitive and school outcomes for high risk students at middle adolescence: Positive effects of early intervention. *American Educational Research Journal*, 32, 743–772.

Campbell, J. (1949/1968). *The hero with 1,000 faces* (2nd ed.). Princeton, NJ: Princeton University Press.

Canetto, S. S., & Cleary, A. (2012). Men, masculinities, and suicidal behavior. *Social Science and Medicine*, 74, 461–465.

Canino, G. (1994). Alcohol use and misuse among Hispanic women: Selected factors, processes, and studies. *International Journal of the Addictions*, 29, 1083–1100.

Canivet, C., Choi, B., Karasek, R., Moghaddassi, M., Staland-Nyman, C., & Östergren, P. O. (2012). Can high psychological job demands, low decision latitude, and high job strain predict disability pensions? A 12-year follow-up of middle-aged Swedish workers. *International Archives of Occupational and Environmental Health*, 86, 307–319.

Cannon, T. D., Huttunen, M. O., Loennqvist, J., Tuulio-Henriksson, A., Pirkola, T. Glahn, D. ... Koskenvuo, M. (2000). The inheritance of neuropsychological dysfunction in twins discordant for schizophrenia. *American Journal of Human Genetics*, 67, 369–382.

Cannon, W. B. (1929). *Bodily changes in pain, hunger, fear and rage* (2nd ed.). New York: Appleton.

Capaldi, D. M., Pears, K. C., Patterson, G. R., & Owen, L. D. (2003). Continuity of parenting practices across generations in an at-risk sample: A prospective comparison of direct and mediated associations. *Journal of Abnormal Child Psychology*, 31, 127–142.

Cappuccio, F. P., D'Elia, L., Strazzullo, P., & Miller, M. A. (2010). Sleep duration and all-cause mortality: A systematic review and meta-analysis of prospective studies. *Sleep: Journal of Sleep and Sleep Disorders Research*, 33, 585–592.

Cárcamo, R. A., Vermeer, H. J., van der Veer, R., &

van IJendoorn, M. H. (2016). Early full - time day care, mother - child attachment, and quality of the home environment in Chile: Preliminary findings. *Early Education and Development*, 27, 457 – 477.

Carnagey, N. L., & Anderson, C. A. (2005). The effects of reward and punishment in violent video games on aggressive affect, cognition, and behavior. *Psychological Science*, 16, 882 – 889.

Carnahan, T., & McFarland, S. (2007). Revisiting the Stanford prison experiment: Could participant self - selection have led to the cruelty? *Personality and Social Psychology Bulletin*, 33, 603 – 614.

Carr, F. (2015). Learning and memory: Conditions for fear. *Nature Reviews Neuroscience*, 16, 576 – 577.

Carter, T. J., & Gilovich, T. (2012). I am what I do, not what I have: The differential centrality of experiential and material purchases to the self. *Journal of Personality and Social Psychology*, 102, 1304 – 1317.

Cartwright, R. D. (1977). *Night life: Explorations in dreaming*. Englewood Cliffs, NJ: Prentice – Hall.

Cartwright, R. D. (2010). *The twenty – four hour mind: The role of sleep and dreaming in our emotional lives*. New York: Oxford University Press.

Cartwright, R. D., Young, M. A., Mercer, P., & Bears, M. (1998). Role of REM sleep and dream variables in the prediction of remission from depression. *Psychiatry Research*, 80, 249 – 255.

Carver, C. S., & Baird, E. (1998). The American dream revisited: Is it what you want or why you want it that matters? *Psychological Science*, 9, 289 – 292.

Carver, C. S., & Scheier, M. F. (2002). Optimism. In C. R. Snyder & S. J. Lopes (Eds.), *The handbook of positive psychology*. New York: Oxford University Press.

Casey, B. J., Somerville, L. H., Gotlib, I. H., Ayduk, O., Franklin, N. T., Askren, M. K., Shoda, Y. (2011). Behavioral and neural correlates of delay of gratification 40 years later. *Proceedings of the National Academy of Sciences*, 108, 14998 – 15003.

Caspar, E. A., Christensen, J. F., Cleeremans, A., & Haggard, P. (2016). Coercion changes the sense of agency in the human brain. *Current Biology*. http://dx.doi.org/10.1016/j.cub.2015.12.067

Caspi, A. (2000). The child is father of the man: Personality continuities from childhood to adulthood. *Journal of Personality and Social Psychology*, 78, 158 – 172.

Caspi, A., Houts, R. M., Belsky, D. W., Goldman - Mellor, S. J., Harrington, H. L., Israel, S., Moffitt, T. (2014). The p factor: One general psychopathology factor in the structure of psychiatric disorders? *Clinical Psychological Science*, 2, 119 – 137.

Caspi, A., McClay, J., Moffitt, T. E., Mill, J., Martin, J., Craig, I. W., Taylor, A., & Poulton, R. (2002). Role of genotype in the cycle of violence in maltreated children. *Science*, 297, 851 – 857.

Caspi, A., & Moffitt, T. E. (1991). Individual differences are accentuated during periods of social change: The sample case of girls at puberty. *Journal of Personality and Social Psychology*, 61, 157 – 168.

Caspi, A., Sugden, K., Moffitt, T. E., Taylor, A., Craig, I. W., Harrington, H., Poulton, R. (2003). Influence of life stress on depression: Moderation by a polymorphism in the 5 – HTT gene. *Science*, 301, 386 – 389.

Cattell, Raymond B. (1973). *Personality and mood by questionnaire*. San Francisco: Jossey – Bass.

Cena, H., & Oggioni, C. (2016). Tasters, supertasters, genes and environment: How dietary choices influence our health. In Enzo Grossi & Fabio Pace (Eds.), *Human nutrition from the gastroenterologist's perspective* (pp. 123 – 138). Springer International Publishing.

Centers for Disease Control & Prevention. (2013). National Vital Statistics System, National Center for Health Statistics, CDC. Available at www.cdc.gov/injury/wisqars/pdf/leading_causes_of_death_ By_age_group_2013 – a. pdf.

Cervenka, M. C., Boatman - Reich, D. F., Ward, J., Franaszczuk, P. J., & Crone, N. E. (2011). Language mapping in multilingual patients: Electrocorticography and cortical stimulation during naming. *Frontiers in Human Neuroscience*, 5, 13.

Chabris, C. F., Hebert, B. M., Benjamin, D. J., Beauchamp, J., Cesarini, D., van der Loos, M. ... Laibson, D. (2012). Most reported genetic associa? tions with general intelligence are probably false positives. *Psychological Science*, 23, 1314 – 1323.

Chabris, C. F., & Simons, D. (1999). Gorillas in our midst: Sustained inattentional blindness for dynamic events. *Perception*, 28, 1059 – 1974.

Chabris, C. F., & Simons, D. (2009). *The invisible gorilla, and other ways our intuitions deceive us*. New York: Crown.

Chambless, D. L., & Ollendick, T. H. (2001). Empirically supported psychological interventions: Controversies and evidence. *Annual Review of Psychology*, 52, 685 – 716.

Chan, B. L., Witt, R., Charrow, A. P., Magee, A., Howard, R., Pasquina, P. F. (2007). Mirror therapy for phantom limb pain [correspondence]. *New England Journal of Medicine*, 357, 2206 – 2207.

Chance, S. A. (2014). The cortical microstructural basis of lateralized cognition: A review. *Frontiers in Psychology*, 5, doi: 10.3389/fpsyg.2014.00820.

Chang, A. – M., Buch, A. M., Bradstreet, D. S., Klements, D. J., & Duffy, J. F. (2011). Human diurnal preference and circadian rhythmicity are not associated with the CLOCK 3111C/T gene polymorphism. *Biological Rhythms*, 26, 276 – 279.

Chang, L., Connelly, B. S., & Geeza, A. A. (2012). Separating method factors and higher order traits of the big five: A meta – analytic multitrait – multimethod approach. *Journal of Personality and Social Psychology*, 102, 408 – 426.

Chaudhry, I. B., Neelam, K., Duddu, V., & Husain, N. (2008). Ethnicity and psychopharmacology. *Journal of Psychopharmacology*, 22, 673 – 680.

Chaves, J. F. (1989). Hypnotic control of clinical pain. In N. P. Spanos & J. F. Chaves (Eds.), *Hypnosis: The cognitive – behavioral perspective*. Buffalo, NY: Prometheus Books.

Chebat, D – R, Schneider, F. C., Kupers, R., & Ptito, M. (2011). Navigation with a sensory substitution device in congenitally blind individuals. *Neuroreport*, 22, 342 – 347.

Chen, Z., Williams, K. D., Fitness, J., & Newton, N. C. (2008). When hurt will not heal. *Psychological Science*, 19, 789 – 795.

Cheney, D. L., & Seyfarth, R. M. (1985). Vervet monkey alarm calls: Manipulation through shared information? *Behavior*, 94, 150 – 166.

Cheng, C. H., & Lin, Y. Y. (2012). The effects of aging on lifetime of auditory sensory memory in humans. *Biological Psychology*, 89, 306 – 312.

Cheon, B. K., Linvingston, R. W., Chiao, J. Y., & Hong, Y – Y. (2015). Contribution of serotonin transporter polymorphism (5 – HTTLPR) to automatic racial bias. *Personality and Individual Differences*, 79, 35 – 38.

Cheung, B. Y., Chudek, M., & Heine, S. J. (2011). Evidence for a sensitive period for acculturation: Younger immigrants report acculturating at a faster rate. *Psychological Science*, 22, 147 – 152.

Cheung, F. M., van de Vijver, F. J. R., & Leong, F. T. L. (2011). Toward a new approach to the study of personality in culture. *American Psychologist*, 66, 593 – 603.

Chiao, J. Y. (2015). Current emotion research in cultural neuroscience. *Emotion Review*, 7, 280 – 293.

Chiarello, C., Welcome, S. E., Halderman, L. K., Towler, S., Julagay, J., Otto, R., & Leonard, C. M. (2009). A large – scale investigation of lateraliza? tion in cortical anatomy and word reading: Are there sex differences? *Neuropsychology*, 23, 210 – 222.

Chida, Y., & Hamer, M. (2008). Chronic psychosocial factors and acute physiological responses to laboratory – induced stress in healthy populations: A quantitative review of 30 years of investigations. *Psychological Bulletin*, 134, 829 – 885.

Chiorri, C., Marsh, H. W., Ubbiali, A., & Donati, D. (2016). Testing the factor structure and measurement invariance across gender of the Big Five inventory through exploratory structural equation modeling. *Journal of Personality Assessment*, 98, 88 – 99.

Chipuer, H. M., Rovine, M. J., & Plomin, R. (1990). LISREL modeling: Genetic and environmental influences on IQ revisited. *Intelligence*, 14, 11 – 29.

Choi, I., Dalal, R., Kim – Prieto, C., & Park, H. (2003). Culture and judgment of causal relevance. *Journal of Personality and Social Psychology*, 84, 46 – 59.

Chomsky, N. (1957). *Syntactic structures*. The Hague, Netherlands: Mouton.

Chomsky, N. (1980). Initial states and steady states. In M. Piatelli – Palmerini (Ed.), *Language and learning: The debate between Jean Piaget and Noam Chomsky*. Cambridge, MA: Harvard University Press.

Chomsky, N. (2015). Some core contested concepts. *Journal of Psycholinguistic Research*, 44, 91 – 104.

Chrisler, J. C. (2000). PMS as a culture – bound syndrome. In J. C. Chrisler, C. Golden, & P. D. Rozee (Eds.), *Lectures on the psychology of women* (2nd ed.). New York: McGraw – Hill.

Christakis, D. A., Zimmerman, F. J., DiGiuseppe, D. L., & McCarty, C. A. (2004). Early television exposure and subsequent attentional problems in children. *Pediatrics*, 113, 708 – 713.

Christensen, A., & Jacobson, N. S. (2000). Reconcilable differences. New York: Guilford.

Chudal, R., Brown, A. S., Gissler, M., Suominen, A., & Sourander, A. (2015). Is maternal smoking during pregnancy associated with bipolar disorder in offspring? *Journal of Affective Disorders*, 171, 132–136.

Church, A. T., & Lonner, W. J. (1998). The cross-cultural perspective in the study of personality: Rationale and current research. Journal of Cross-*Cultural Psychology*, 29, 32–62.

Cialdini, R. B. (2009). We have to break up. *Perspectives on Psychological Science*, 4, 5–6.

Cioffi, F. (1998). *Freud and the question of pseudoscience.* Chicago: Open Court.

Claidière, N., & Whiten, A. (2012). Integrating the study of conformity and culture in humans and nonhuman animals. *Psychological Bulletin*, 138, 126–145.

Clancy, S. A. (2005). *Abducted: How people come to believe they were kidnapped by aliens.* Cambridge, MA: Harvard University Press.

Clark, E. V., & Estigarribia, B. (2011). Using speech and gesture to inform young children about unfamiliar word meanings. *Gesture*, 11, 1–23.

Clark, L. A., & Watson, D. (2008). Temperament: An organizing paradigm for trait psychology. In O. P. John, R. W. Robbins, & L. A. Pervin (Eds.), *Handbook of personality: Theory and research* (3rd ed.). New York: Guilford Press.

Clark, R, Anderson, N. B., Clark, V. R., & Williams, D. R. (1999). Racism as a stressor for African Americans: A biopsychosocial model. *American Psychologist*, 54, 805–816.

Clark, V. P., Coffman, B. A., Mayer, A. R., Weisend, M. P., Lane, T. D. R., Calhoun, V. D., Wassermann, E. M. (2012). TDCS guided using fMRI significantly accelerates learning to identify concealed objects. *Neuroimage*, 59, 117–128.

Clarke, P, & Evans, S H. (1998). *Surviving modern medicine.* Rutgers, NJ: Rutgers University Press.

Clary, D., Skyner, L. J., Ryan, C. P., Gardiner, L. E., Anderson, W. G., & Hare, J. F. (2014). Shyness-boldness, but not exploration, predicts glucocorticoid stress response in Richardson's ground squirrels (*Urocitellus richardsonii*). *International Journal of Behavioural Biology*, 120, 1101–1109.

Cleary, A M. (2008). Recognition memory, familiarity, and déjà vu experiences. *Current Directions in Psychological Science*, 17, 353–357.

Cleckley, H. (1976). *The mask of sanity* (5th ed.). St. Louis, MO: Mosby.

Coan, J. A., Schaefer, H., & Davidson, R. J. (2006). Lending a hand: Social regulation of the neural response to threat. *Psychological Science*, 17, 1032–1039.

Coats, E. J., Janoff-Bulman, R., & Alpert, N. (1996). Approach versus avoidance goals: Differences in self-evaluation and well-being. *Personality and Social Psychology Bulletin*, 22, 1057–1067.

Coe, C. L., & Lubach, G. R. (2008). Fetal programming: Prenatal origins of health and illness. *Current Directions in Psychological Science*, 17, 36–41.

Coelho, H. F., Canter, P. H., & Ernst, E. (2007). Mindfulness-based cognitive therapy: Evaluating current evidence and informing future research. *Journal of Consulting and Clinical Psychology*, 75, 1000–1005.

Cohen, D. B. (1999). *Stranger in the nest: Do parents really shape their child's personality, intelligence, or character?* New York: Wiley.

Cohen, L. S., Soares, C. N., Vitonis, A. F., Otto, M. W., & Harlow, B. L. (2006). Risk for new onset of depression during the menopausal transition: The Harvard study of moods and cycles. *Archives of General Psychiatry*, 63, 385–390.

Cohen, S., Doyle, W. J., & Skoner, D. P. (1999). Psychological stress, cytokine production, and severity of upper respiratory illness. *Psychosomatic Medicine*, 61, 175–180.

Cohen, S., Doyle, W. J., Turner, R. B.., Alper, C. M., & Skoner, D. P. (2003). Emotional style and susceptibility to the common cold. *Psychosomatic Medicine*, 65, 652–657.

Cohen, S., Doyle, W. J., Turner, R., Alper, C. M., & Skoner, D. P. (2003). Sociability and susceptibility to the common cold. *Psychological Science*, 14, 389–395.

Cohen, S., Frank, E., Doyle, W. J., Skoner, D. P., Rabin, B. S., & Gwaltney Jr., J. M. (1998). Types of stressors that increase susceptibility to the common cold in healthy adults. *Health Psychology*, 17, 214–223.

Cohen, S., Tyrrell, D. A., & Smith, A. P. (1993). Negative life events, perceived stress, negative affect, and susceptibility to the common cold. *Journal of Personality and*

Social Psychology, 64, 131 – 140.

Cohen, S., Alper, C. M., Doyle, W. J., Treanor, J. J., & Turner, R. B. (2006). Positive emotional style predicts resistance to illness after experimental exposure to rhinovirus or influenza a virus. *Psychosomatic Medicine*, 68, 809 – 815.

Cohen, S., Janicki – Deverts, D., Turner, R. B., & Doyle, W. J. (2015). Does hugging provide stress – buffering social support? A study of susceptibility to upper respiratory infection and illness. *Psychological Science*, 26, 135 – 147.

Cohen K., R. (2015). Modulating and enhancing cognition using brain stimulation: Science and fiction. *Journal of Cognitive Psychology*, 27, 141 – 163.

Cole, M., & Scribner, S. (1974). *Culture and thought*. New York: Wiley.

Cole, P. M., & Moore, G. A. (2015). About face! Infant facial expression of emotion. *Emotion Review*, 7, 116 – 120.

Collaer, M. L., & Hines, M. (1995). Human behavioral sex differences: A role for gonadal hormones during early development? *Psychological Bulletin*, 118, 55 – 107.

Collins, A. M., & Loftus, E. F. (1975). A spreading – activation theory of semantic processing. *Psychological Review*, 82, 407 – 428.

Collins, F. S. (2010). *The language of life: DNA and the revolution in personalized medicine*. New York: HarperCollins.

Coltman, D. W., O'Donoghue, P., Jorgenson, J. T., Hogg, J. T., Strobeck, C., & Festa – Bianchet, M. (2003). Undesirable evolutionary consequences of trophy hunting. *Nature*, 426, 655 – 658.

Comas – Díaz, L. (2006). Latino healing: The integration of ethnic psychology into psychotherapy. *Psychotherapy: Theory, Research, Practice, Training*, 43, 436 – 453.

Comuzzie, A. G., & Allison, D. B. (1998). The search for human obesity genes. *Science*, 280, 1374 – 1377.

Conley, T. D., Moors, A. C., Matsick, J. L., Ziegler, A., & Valentine, B. A. (2011). Women, men, and the bedroom: Methodological and conceptual insights that narrow, reframe, and eliminate gender differences in sexuality. *Current Directions in Psychological Science*, 20, 296 – 300.

Conroy, D. E., Ram, N., Pincus, A., & Rebar, A. L. (2015). Bursts of self-conscious emotions in the daily lives of emerging adults. *Self and Identity*, 14, 290 – 313.

Constantinidis, C. (2016). A code for cross – modal working memory. *Neuron*, 89, 3 – 5.

Cook, J. M., Biyanova, T., & Coyne, J. C. (2009). Influential psychotherapy figures, authors, and books: An Internet survey of over 2,000 psychotherapists. *Psychotherapy: Theory, Research, Practice, Training*, 46, 42 – 51.

Coolin, A., Erdfelder, E., Bernstein, D. M., Thornton, A. E., & Thornton, W. L. (2015). Explaining individual differences in cognitive processes underlying hindsight bias. *Psychonomic Bulletin and Review*, 22, 328 – 348.

Coontz, S. (2005). *Marriage, a history: How love conquered marriage*. New York: Penguin.

Corkin, S. (2013). *Permanent present tense: The unforgettable life of the amnesic patient, H. M.* New York: Basic Books.

Corkin, S., Amaral, D. G., Gonzalez, R. G., Johnson, K. A., & Hyman, B. T. (1997). H. M.'s medial temporal lobe lesion: Findings from magnetic resonance imaging. *Journal of Neuroscience*, 17, 3964 – 3979.

Corriveau, K. H., Fusaro, M., & Harris, P. L. (2009). Going with the flow: Preschoolers prefer nondissenters as informants. *Psychological Science*, 20, 372 – 377.

Cosmides, L., Tooby, J., & Barkow, J. H. (1992). Introduction: Evolutionary psychology and conceptual integration. In J. H. Barkow, L. Cosmides, & J. Tooby (Eds.), *The adapted mind: Evolutionary psychology and the generation of culture*. New York: Oxford University Press.

Costa, P. T. Jr., & McCrae, R. R. (2011). The Five – Factor Model, Five – Factor Theory, and interpersonal psychology. In L. M. Horowitz & S. Strack (Eds.), *Handbook of interpersonal psychology: Theory, research, assessment, and therapeutic interventions* (pp. 91 – 104). New York: Wiley.

Costa, P. T. Jr., & McCrae, R. R. (2014). The NEO inventories. In R. P. Archer & S. R. Smith (Eds.), *Personality assessment* (2nd ed., pp. 229 – 260). New York: Routledge/Taylor & Francis Group.

Costa, P. T., Jr., McCrae, R. R., Martin, T. A., Oryol, V. E., Senin, I. G., Rukavishnikov, A. A., Realo, A. (1999). Personality development from adolescence through adulthood: Further cross – cultural comparisons of age differences. In V. J. Molfese & D. Molfese (Eds.), *Temperament and personality development across the life* span. Hillsdale, NJ: Erlbaum.

Cota-Robles, S., Neiss, M., & Rowe, D. C. (2002). The role of puberty in violent and nonviolent delinquency among Anglo American, Mexican American, and African American boys. *Journal of Adolescent Research*, 17, 364–376.

Courage, Mary L., & Howe, Mark L. (2002). From infant to child: The dynamics of cognitive change in the second year of life. *Psychological Bulletin*, 128, 250–277.

Cotelli, M., Manenti, R., Zanetti, O., & Miniussi, C. (2012). Nonpharmacological intervention for memory decline. *Frontiers in Human Neuroscience*, 6, 46.

Cowan, N., Morey, C. C., Chen, Z., Gilchrist, A. L., & Saults, J. S. (2008) Theory and measurement of working memory capacity limits. In B. H. Ross (Ed.), *The psychology of learning and motivation*. San Diego: Elsevier.

Cowan, R. S. (2008). *Heredity and hope: The case for genetic screening*. Cambridge, MA: Harvard University Press.

Cowen, E. L., Wyman, P. A., Work, W. C., & Parker, G. R. (1990). The Rochester Child Resilience Project (RCRP): Overview and summary of first year findings. *Development and Psychopathology*, 2, 193–212.

Cox, C. R., Seidenberg, M. S., & Rogers, T. T. (2015). Connecting functional brain imaging and parallel distributed processing. *Language, Cognition, and Neuroscience*, 30, 380–394.

Cox, M. J., & Paley, B. (2003). Understanding families as systems. *Current Directions in Psychological Science*, 12, 193–196.

Coyne, J. C., & Tennen, H. (2010). Positive psychology in cancer care: Bad science, exaggerated claims, and unproven medicine. *Annals of Behavioral Medicine*, 39, 16–26.

Coyne, J. C., Thombs, B. D., Stefanek, M., & Palmer, S. C. (2009). Time to let go of the illusion that psychotherapy extends the survival of cancer patients. *Psychological Bulletin*, 135, 179–182.

Craik, F. I. M., & Lockhart, R. (1972). Levels of processing: A framework for memory research. *Journal of Verbal Learning and Verbal Behavior*, 11, 671–684.

Cramer, P. (2000). Defense mechanisms in psychology today: Further processes for adaptation. *American Psychologist*, 55, 637–646.

Crews, F. (Ed.). (1998). *Unauthorized Freud: Doubters confront a legend*. New York: Viking.

Crits-Christoph, P., Wilson, G. T., & Hollon, S. D. (2005). Empirically supported psychotherapies: Comment on Westen, Novotny, and Thompson-Brenner (2004). *Psychological Bulletin*, 131, 412–417.

Crombag, H. S., & Robinson, T. E. (2004). Drugs, environment, brain, and behavior. *Current Directions in Psychological Science*, 13, 107–111.

Crowell, S. E., Beauchaine, T. P., & Linehan, M. M. (2009). A biosocial developmental model of borderline personality: Elaborating and extending Linehan's theory. *Psychological Bulletin*, 135, 495–510.

Crowell, S. E., Kaufman, E. A., & Beauchaine, T. P. (2014). A biosocial model of BPD: Theory and empirical evidence. In C. Sharp & J. L. Tackett (Eds.), *Handbook of borderline personality disorder in children and adolescents* (pp. 143–157). New York: Springer.

Crozier, W. R., & de Jong, P. J. (2013). *The psychological significance of the blush*. New York: Cambridge University Press.

Cruwys, T., Haslam, S. A., Dingle, G. A., Haslam, C., & Jetten, J. (2014). Depression and social identity: An integrative review. *Personality and Social Psychology Review*, 18, 215–238.

Cruz, V. T., Nunes, B., Reis, A. M., & Pereira, J. R. (2005). Cortical remapping in amputees and dysmelic patients: A functional MRI study. *NeuroRehabilitation*, 18, 299–305.

Culverhouse, R. C., Saccone, N. L., Horton, A. C., Ma, Y., Anstey, K. J., Banaschewski, T., Bierut, L. J. (2017). Collaborative meta-analysis finds no evidence of a strong interaction between stress and 5-HTTLPR genotype contributing to the development of depression. *Molecular Psychiatry*. doi:10.1038/mp.2017.44

Cumming, G. (2014). The new statistics: Why and how. *Psychological Science*, 25, 7–29.

Cumming, G., Fidler, F., Leonard, M., Kalinowski, P., Christiansen, A., Kleineg, A. ... Wilson, S. (2007). Statistical reform in psychology: Is anything changing? *Psychological Science*, 18, 230–232.

Cummings, E. M., & Davies, P. T. (2011). *Marital conflict and children: An emotional security perspective*. New York: Guilford Press.

Cummings, N. A., & O'Donohue, W. T. (2008). *Eleven blunders that cripple psychotherapy in America*. New York: Routledge/Taylor & Francis.

Cummings, N. A., & Wiggins, J. G. (2001). A collaborative primary care/behavioral health model for the use of psychotropic medication with children and adolescents. *Issues in Interdisciplinary Care*, 3, 121 – 128.

Cunningham, W. A., & Brosch, T. (2012). Motivational salience: Amygdala tuning from traits, needs, values, and goals. *Current Directions in Psychological Science*, 21, 54 – 59.

Curlik, D. M., & Shors, T. J. (2013). Training your brain: Do mental and physical (MAP) training enhance cognition through the process of neurogenesis in the hippocampus? *Neuropharmacology*, 64, 506 – 514.

Currie, J., DellaVigna, S., Moretti, E., & Pathania, V. (2009). The effect of fast food restaurants on obesity. Unpublished paper. Available at www.econ.berkeley.edu/~moretti/obesity.pdf.

Curtiss, S. (1977). *Genie: A psycholinguistic study of a modern-day "wild child."* New York: Academic Press.

Curtiss, S. (1982). Developmental dissociations of language and cognition. In L. Obler & D. Fein (Eds.), Exceptional language and linguistics. New York: Academic Press.

Cuthbert, B. N. (2014). The RDoC framework: Facilitating transition from ICD/DSM to dimensional approaches that integrate neuroscience and psychopathology. *World Psychiatry*, 13, 28 – 35.

Cypess, A. M., Lehman, S., Williams, G., Tal, I., Rodman, D., Goldfine, A. B., Kahn, C. R. (2009, April 9). Identification and importance of brown adipose tissue in adult humans. *New England Journal of Medicine*, 360, 1509 – 1517.

Czeipel, M., Boddeke, E., & Copray, S. (2015). Human oligodendrocytes in remyelination research. *Glia*, 63, 513 – 530.

Dadds, M. R., Bovbjerg, D. H., Redd, W. H., & Cutmore, T. R. H. (1997). Imagery in human classical conditioning. *Psychological Bulletin*, 122, 89 – 103.

Dahl, H.-S. J., H？glend, P., Ulberg, R., Amlo, S., Gabbard, G. O., Perry, J. C., & Christoph, P. C. (2016). Does therapists' disengaged feelings influence the effect of transference work? A study on countertransference. *Clinical Psychology and Psychotherapy*. doi: 10.1002/cpp.2015

Daley, T. C., Whaley, S. E., Sigman, M. D., Espinosa, M. P., & Neumann, C. (2003). IQ on the rise: The Flynn Effect in rural Kenyan children. *Psychological Science*, 14, 215 – 219.

Dalgliesh, T., Hauer, B., & Kuyken, W. (2008). The mental regulation of autobiographical recollection in the aftermath of trauma. *Current Directions in Psychological Science*, 17, 259 – 263.

Damasio, A. R. (2003). Looking for Spinoza: Joy, sorrow, and the feeling brain. San Diego: Harcourt.

Damasio, H., Grabowski, T. J., Frank, R., Galaburda, A. M., & Damasio, A. R. (1994). The return of Phineas Gage: Clues about the brain from the skull of a famous patient. *Science*, 264, 1102 – 1105.

Damon, W. (1995). *Greater expectations*. New York: Free Press.

D'Antonio, M. (2004, May 2). How we think. *Los Angeles Times Magazine*, pp. 18 – 20, 30 – 32.

Darley, John M. (1995). Constructive and destructive obedience: A taxonomy of principal agent relationships. *Journal of Social Issues*, 51, 125 – 154.

Darley, J. M., & Latane, B. (1968). Bystander intervention in emergencies: Diffusion of responsibility. *Journal of Personality and Social Psychology*, 8, 377 – 383.

Darwin, C. (1859/1964). *On the origin of species*. [A facsimile of the first edition, edited by Ernst Mayer, 1964.] Cambridge, MA: Harvard University Press.

Darwin, C. (1872/1965). *The expression of the emotions in man and animals*. Chicago: University of Chicago Press.

Dasse, M. N., Elkins, G. R., & Weaver, C. A. III (2015). Hypnotizability, not suggestion, influences false memory development. *Journal of Clinical Experimental Hypnosis*, 63, 110 – 128.

Daum, I., & Schugens, M. M. (1996). On the cerebellum and classical conditioning. Psychological Science, 5, 58 – 61.

Dautriche, I., Cristia, A., Brusini, P., Yuan, S., Fisher, C., & Christophe, A. (2014). Toddlers default to canonical surface-to-meaning mapping when learning verbs. *Child Development*, 85, 1168 – 1180.

Davelaar, E. J., Goshen-Gottstein, Y., Ashkenazi, A., Haarmann, H. J., & Usher, M. (2004). The demise of short-term memory revisited: Empirical and computational investigations of recency effects. *Psychological Review*, 112, 3 – 42.

Davey, D. A. (2013). Alzheimer's disease, dementia, mild cognitive impairment and the menopause: a 'window of opportunity'. *Women's Health*, 9, 279 – 290.

Davidson, R. J., Kabat-Zinn, J., Schumacher, J.,

Rosenkrantz, M., Muller, D., San? torelli, S. F., Sheridan, J. F. (2003). Alterations in brain and immune function produced by mindfulness meditation. *Psychosomatic Medicine*, 65, 564–570.

Davis, C. G., Nolen-Hoeksema, S., & Larson, J. (1998). Making sense of loss and benefiting from the experience: Two construals of meaning. *Journal of Personality and Social Psychology*, 75, 561–574.

Davis, J. I., Senghas, A., Brandt, F., & Ochsner, K. N. (2010). The effects of BOTOX injections on emotional experience. *Emotion*, 10, 433–440.

Davis, M., Myers, K. M., Ressler, K. J., & Rothbaum, B. O. (2005). Facilitation of extinction of conditioning fear by D-cycloserine. *Current Directions in Psychological Science*, 14, 214–219.

Davis, M. L., Powers, M. B., Handelsman, P., Medina, J. L., Zvolensky, M., & Smits, J. A. J. (2015). Behavioral therapies for treatment-seeking cannabis users: A meta-analysis of randomized controlled trials. *Evaluation and the Health Professions*, 38, 94–114.

Davison, G. C. (1976). Homosexuality: The ethical challenge. *Journal of Consulting and Clinical Psychology*, 44, 157–162.

Dawes, R. M. (1994). *House of cards: Psychology and psychotherapy built on myth*. New York: Free Press.

Dazzan, P., Arango, C., Fleischacker, W., Galderisi, S., Glenth j, B., Leucht, S., McGuire, P. (2015). Magnetic resonance imaging and the prediction of outcome in first-episode schizophrenia: A review of current evidence and directions for future research. *Schizophrenia Bulletin*, 41, 574–583.

de Araujo, I. E., Oliveira-Maia, A. J., Sotnikova, T. D., Gainetdinov, R. R., Caron, M. G., Nicolelis, M. A., & Simon, S. A. (2008). Food reward in the absence of taste receptor signaling. *Neuron*, 57, 930–941.

Deary, I. J., Weiss, A., & Batty, G. D. (2010). Intelligence, personality, and health outcomes. *Psychological Science in the Public Interest*, 11, 53–80.

Debove, S., Baumard, N., & André, J.-B. (2016). Models of the evolution of fairness in the ultimatum game: A review and classification. *Evolution and Human Behavior*, 37, 245–254.

Deci, E. L., Koestner, R., & Ryan, R. M. (1999). A meta-analytic review of experiments examining the effects of extrinsic rewards on intrinsic motivation. *Psychological Bulletin*, 125, 627–668.

Deci, E. L., & Ryan, R. M. (1985). *Intrinsic motivation and self-determination of human behavior*. New York: Plenum Press.

Deci, E. L. (2016). Intrinsic motivation: The inherent tendency to be active. In R. J. Sternberg, S. T. Fiske, & D. J. Foss (Eds.), *Scientists making a difference: One hundred eminent behavioral and brain scientists talk about their most important contributions* (pp. 288–292). Cambridge University Press.

De Dreu, C. K. W., Greer, L. L., Van Kleef, G. A., Shalvi, S., & Handgraaf, M. J. J. (2011). Oxytocin promotes human ethnocentrism. *Proceedings of the National Academy of Sciences*, 108, 1262–1266.

Deffenbacher, J. L., Deffenbacher, D. M., Lynch, R. S., & Richards, T. L. (2003). Anger, aggression, and risky behavior: A comparison of high and low anger drives. *Behaviour Research and Therapy*, 41, 701–718.

Deffenbacher, K. A., Bornstein, B. H., Penrod, S. D., & McGorty, E. K. (2004). A meta-analytic review of the effects of high stress on eyewitness memory. *Law and Human Behavior*, 28, 687–706.

de Gelder, B., de Borst, A. W., & Watson, R. (2015). The perception of emotion in body expressions. *Wiley Interdisciplinary Reviews: Cognitive Science*, 6, 149–158.

de Guzman, M. R. T., Do, K. A., & Kok, C. M. (2014). The cultural contexts of children's prosocial behaviors. In Laura M. Padilla-Walker & G. Carlo (Eds.), *Prosocial development: A multidimensional approach* (pp. 221–241). New York: Oxford University Press.

De Houwer, J., Teige-Mocigemba, S., Spruyt, A., & Moors, A. (2009). Implicit measures: A normative analysis and review. *Psychological Bulletin*, 135, 347–368.

DeLoache, J. S., Chiong, C., Sherman, K., Islam, N., Vanderborght, M., Tro? seth, G. L., Strouse, G. A., & O'Doherty, K. (2010). Do babies learn from baby media? *Psychological Science*, 21, 1570–1574.

Delton, A. W., Krasnow, M. M., Cosmides, L., & Tooby, J. (2011). Evolution of direct reciprocity under uncertainty can explain human generosity in one-shot encounters. *Proceedings of the National Academy of Sciences*, 108, 13335–13340.

Dement, W. (1978). *Some must watch while some must sleep*. New York: Norton.

Dement, W. (2005). History of sleep medicine. *Neurologic*

Clinics, 23, 945–965.

Denning, P., Little, J., & Glickman, A. (2004). *Over the influence: The harm reduction guide for managing drugs and alcohol*. New York: Guilford Press.

DePaulo, B. M. (1992). Nonverbal behavior and self-presentation. *Psychological Bulletin*, 111, 203–243.

DePaulo, B. (2013). The proliferation of life choices and the resistance that follows. *Analyses of Social Issues and Public Policy*, 13, 34–37.

de Ridder, D. T., Lensvelt-Mulders, G., Finkenauer, C., Stok, F. M., Baumeister, R. F. (2012). Taking stock of self-control: A meta-analysis of how trait self-control relates to a wide range of behaviors. *Personality and Social Psychology Review*, 16, 76–99.

de Rivera, J. (1989). Comparing experiences across cultures: Shame and guilt in America and Japan. *Hiroshima Forum for Psychology*, 14, 13–20.

Des Roches, S., Torresdal, J., Morgan, T. W., Harmon, L. J., & Rosenblum, E. B. (2013). Beyond black and white: Divergent behavior and performance in three rapidly evolving lizard species at White Sands. *Biological Journal of the Linnean Society*, 111, 169–182.

Desbonnet, L., Waddington, J. L., & O'Tuathaigh, C. M. (2009). Mutant models for genes associated with schizophrenia. *Biochemical Society Transactions*, 37, 308–312.

de Schotten, M. T., Cohen, L., Amemiya, E., Braga, L. W., & Dehaene, S. (2014). Learning to read improves the structure of the arcuate fasciculus. *Cerebral Cortex*, 24, 989–995.

D'Esposito, M., & Postle, B. R. (2015). The cognitive neuroscience of working memory. *Annual Review of Psychology*, 66, 115–142.

DeValois, Russell L., & DeValois, Karen K. (1975). Neural coding of color. In E. C. Carterette & M. P. Friedman (Eds.), *Handbook of perception* (Vol. 5). New York: Academic Press.

Devanand, D. P., Lee, S., Manly, J., Andrews, H., Schupf, N., Doty, R. L., Mayeux, R. (2015). Olfactory deficits predict cognitive decline and Alzheimer dementia in an urban community. *Neurology*, 84, 182–189.

Devlin, B., Daniels, M., & Roeder, K. (1997). The heritability of IQ. *Nature*, 388, 468–471.

de Waal, F. (2001). *The ape and the sushi master: Cultural reflections by a primatologist*. New York: Basic Books.

de Waal, F. (2002). Evolutionary psychology: The wheat and the chaff. *Current Directions in Psychological Science*, 11, 187–191.

DeWall, C. N., Gillath, O., Pressman, S. D., Black, L. L., Bartz, J. A., Moskovitz, J., & Stetler, D. A. (2014). When the love hormone leads to violence: Oxytocin increases intimate partner violence inclinations among high trait aggressive people. *Social Psychological and Personality Science*, 5, 691–697.

Dhar, A. K., & Barton, D. A. (2016). Depression and the link with cardiovascular disease. *Frontiers in Psychiatry*, 7. doi:10.3389/fpsyt.2016.00033.

Diamond, A, & Amso, D. (2008). Contributions of neuroscience to our understanding of cognitive development. *Current Directions in Psychological Science*, 17, 136–141.

Diamond, L. (2008). *Sexual fluidity: Understanding women's love and desire*. Cambridge, MA: Harvard University Press.

Diamond, L. M. (2004). Emerging perspectives on distinctions between romantic love and sexual desire. *Current Directions in Psychological Science*, 13, 116–119.

Dick, D. M., Aliev, F., Wang, J. C., Saccone, S., Hinrichs, A., Bertelsen, S., Goate, A. (2008). A systematic single nucleotide polymorphism screen to fine-map alcohol dependence genes on chromosome 7 identifies association with a novel susceptibility gene ACN9. *Biological Psychiatry*, 63, 1047–1053.

Dick, D. M., Meyers, J. L., Latendresse, S. J., Creemers, H. E., Lansford, J. E., Pettit, G. S., Huizink, A. C. (2011). CHRM2, parental monitoring, and adolescent externalizing behavior: Evidence for gene-environment interaction. *Psychological Science*, 22, 481–489.

Dien, D. S. (1999). Chinese authority-directed orientation and Japanese peer-group orientation: Questioning the notion of collectivism. *Review of General Psychology*, 3, 372–385.

DiFranza, J. R. (2008). Hooked from the first cigarette. *Scientific American*, 298, 82–87.

Dimberg, U., Thunberg, M., & Elmehed, K. (2000). Unconscious facial reactions to emotional facial expressions. *Psychological Science*, 11, 86–89.

Dinges, D. F., Whitehouse, W. G., Orne, E. C., Powell, J. W., Orne, M. T., & Erdelyi, M. H. (1992). Evaluating hypnotic memory enhancement (hypermnesia and reminiscence) using multitrial forced recall. *Journal of Experimental Psychology: Learning, Memory, and Cognition, 18, 1139 – 1147.

Dingfelder, S. F. (2010). A second chance for the Mexican wolf. APA Monitor, 41, 20.

Dion, K. L., & Dion, K. K. (1993). Gender and ethnocultural comparisons in styles of love. Psychology of Women Quarterly, 17, 463 – 474.

D'Hondt, F., Honoré, J., Williot, A., & Sequeira, H. (2014). State anxiety modulates the impact of peripherally presented affective stimuli on foveal processing. Journal of Affective Disorders, 152, 91 – 96.

Doering, S., Katzlberger, F., Rumpold, G., Roessler, S., Hofstoetter, B., Schatz, D. S., Schuessler, G. (2000). Videotape preparation of patients before hip replacement surgery reduces stress. Psychosomatic Medicine, 62, 365 – 373.

Dolnick, E. (1990, July). What dreams are (really) made of. The Atlantic Monthly, 226, 41 – 45, 48 – 53, 56 – 58, 60 – 61.

Domhoff, G. W. (1996). Finding meaning in dreams: A quantitative approach. New York: Plenum Press.

Domhoff, G. W. (2003). The scientific study of dreams: Neural networks, cognitive development, and content analysis. Washington, DC: American Psychological Association.

Domhoff, G. W. (2011). Dreams are embodied simulations that dramatize conceptions and concerns: The continuity hypothesis in empirical, theoretical, historical context. International Journal of Dream Research, 4, 50 – 62.

Donaldson, S. I., Dollwet, M., & Rao, M. A. (2015). Happiness, excellence, and optimal human functioning revisited: Examining the peer – reviewed literature linked topositive psychology. Journal of Positive Psychology, 10, 185 – 195.

Donlea, J. M., Ramanan, N., & Shaw, P. J. (2009). Use – dependent plasticity in clock neurons regulates sleep need in Drosophila. Science, 324, 105 – 108.

Dougherty, L. R., Klein, D. N., Rose, S., & Laptook, R. S. (2011). Hypothalamic-pituitary – adrenal axis reactivity in the preschool – age offspring of depressed parents: Moderation by early parenting. Psychological Science, 22, 650 – 658.

Dovidio, J. F., & Gaertner, S. L. (2008). New directions in aversive racism research: Persistence and pervasiveness. In C. Willis – Esqueda (Ed.), Motivational aspects of prejudice and racism. Nebraska Symposium on Motivation. New York: Springer Science + Business Media.

Dovidio, J. F., & Gaertner, S. L. (2010). Intergroup bias. In Fiske, S. T., Gilbert, D. T., & Lindzey, G. (Eds.), Handbook of social psychology (Vol. 2, 5th ed.). Hoboken, NJ: Wiley.

Dovidio, J. F., Pagotto, L., & Hebl, M. R. (2011). Implicit attitudes and discrimination against people with physical disabilities. In R. L. Wiener & S. L. Willborn (Eds.), Disability and aging discrimination: Perspectives in law and psychology, pp. 157 – 183. New York: Springer Science + Business Media.

Downing, P. E., Chan, A. W. – Y., Peelen, M. V., Dodds, C. M., & Kanwisher, N. (2006). Domain specificity in visual cortex. Cerebral Cortex, 16, 1453 – 1461.

Draguns, J. G. (2013). Cross – cultural and international extensions of evidence – based psychotherapy: Toward more effective and sensitive psychological services everywhere. Psychologia: An International Journal of Psychological Sciences, 56, 74 – 88.

Dresler, M., Sandberg, A., Ohla, K., Bublitz, C., Trenado, C., Mroczko Wsowicz, A., Repantis, D. (2013). Non – pharmacological cognitive enhancement. Neuropharmacology, 64, 529 – 543.

Duckworth, A. L., & Carlson, S. M. (2013). Self – regulation and school success. In B. M. Sokol, M. E. Grouzet, & U. Mulller (Eds.), Self – regulation and autonomy: Social and developmental dimensions of human conduct (pp. 208 – 230). New York: Cambridge University Press.

Duckworth, A. L., & Gross, J. J. (2014). Self – control and grit: Related but separable determinants of success. Current Directions in Psychological Science, 23, 319 – 325.

Duckworth, A. L., Kirby, T. A., Tsukayama, E., Berstein, H., & Ericsson, K. A. (2011). Deliberate practice spells success: Why grittier competitors triumph at the National Spelling Bee. Social Psychological and Personality Science, 2, 174 – 181.

Duckworth, A. L., & Quinn, P. D. (2009). Development and validation of the Short Grit Scale (Grit – S). Journal of Personality Assessment, 91, 166 – 174.

Duckworth, A. L., & Seligman, M. E. P. (2005). Self – discipline outdoes IQ in predicting academic performance of adolescents. Psychological Science, 16, 939 – 944.

Duckworth, A. (2016). Grit: The power of passion and perseverance. New York, NY: Scribner.

Duffy, J. F., Cain, S. W., Change, A. M., Phillips, A. J., Münch, M. Y., Gronfier, C., Czeisler, C. A. (2011). Sex difference in the near-24-hour intrinsic period of the human circadian timing system. *Proceedings of the National Academy of Sciences*, 108, 15602-15608.

Dully, Howard. (2008). *My lobotomy*. New York: Broadway Books.

Dumay, N. (2016). Sleep not just protects memories against forgetting, it also makes them more accessible. *Cortex*, 74, 289-296.

Dumit, J. (2004). *Picturing personhood: Brain scans and biomedical identity*. Princeton, NJ: Princeton University Press.

Dunbar, R. I. M. (2004). Gossip in evolutionary perspective. *Review of General Psychology*, 8, 100-110.

Duncan, L. E., & Keller, M. C. (2011). A critical review of the first 10 years of candidate gene-by-environment interaction research in psychiatry. *American Journal of Psychiatry*, 168, 1041-1049.

Dunkel, C. S., & Sefcek, J. A. (2009). Eriksonian lifespan theory and life history theory: An integration using the example of identity formation. *Review of General Psychology*, 13, 13-23.

Dunlosky, J., & Lipko, A. R. (2007). Metacomprehension: A brief history and how to improve its accuracy. *Current Directions in Psychological Science*, 16, 228-232.

Dunlosky, J., Rawson, K. A., Marsh, E. J., Nathan, M. J., & Willingham, D. T. (2013). Improving students' learning with effective learning techniques: Promising directions from cognitive and educational psychology. *Psychological Science in the Public Interest*, 14, 4-58.

Dunn, E. W., Gilbert, D. T., & Wilson, T. D. (2011). If money doesn't make you happy, then you probably aren't spending it right. *Journal of Consumer Psychology*, 21, 115-125.

Dunn, E. W., Wilson, T. D., & Gilbert, D. T. (2003). Location, location, location: The misprediction of satisfaction in housing lotteries. *Personality and Social Psychology Bulletin*, 29, 1421-1432.

Dunn, E., & Norton, M. (2013). *Happy money: The science of happier spending*. New York, NY: Simon & Schuster.

Dunn, M., Greenhill, S. J., Levinson, S. C., & Gray, R. D. (2011). Evolved structure of language shows lineage-specific trends in word-order universals. *Nature*, 473, 79-92.

Dunning, D., Johnson, K., Ehrlinger, J., & Kruger, J. (2003). Why people fail to recognize their own incompetence. *Current Directions in Psychological Science*, 12, 83-87.

Durisko, C., & Fiez, J. A. (2010). Functional activation in the cerebellum during working memory and simple speech tasks. *Cortex*, 46, 896-906.

Durrant, J., & Ensom, R. (2012). Physical punishment of children: lessons from 20 years of research. *Canadian Medical Association Journal*, 184, 1373-1377.

Dweck, C. S. (2006). *Mindset: The new psychology of success*. New York: Random House.

Dweck, C. S., & Grant, H. (2008). Self-theories, goals, and meaning. In J. Y. Shah & W. L. Gardner (Eds.), *Handbook of motivation science*. New York: Guilford.

Dyson, M. W., Olino, T. M., Durbin, C. E., Goldsmith, H. H., Bufferd, S. J., Miller, A. R., & Klein, D. N. (2015). The structural and rank-order stability of temperament in young children based on a laboratory-observational measure. *Psychological Assessment*, 27, 1388-1401.

Eagly, A. H., & Wood, W. (1999). The origins of sex differences in human behavior: Evolved dispositions versus social roles. *American Psychologist*, 54, 408-423.

Eagly, A. H., & Wood, W. (2013). The nature-nurture debates: 25 years of challenges in understanding the psychology of gender. *Perspectives on Psychological Science*, 8, 340-357.

Earl-Novell, S. L., & Jessup, D. C. (2005). The relationship between perceptions of premenstrual syndrome and degree performance. *Assessment and Evaluation in Higher Education*, 30, 343-352.

Eastwick, P. W., Finkel, E. J., Krishnamurti, T., & Loewenstein, G. (2008). Mispredicting distress following romantic breakup: Revealing the time course of the affective forecasting error. *Journal of Experimental Social Psychology*, 44, 800-807.

Ebbinghaus, H. M. (1885/1913). *Memory: A contribution to experimental psychology* (H. A. Ruger & C. E. Bussenius, Trans.). New York: Teachers College Press, Columbia University.

Eccles, J. S. (2011). Understanding women's achievement choices: Looking back and looking forward. *Psychology of Women Quarterly*, 35, 520-516.

Edmiston, P., & Lupyan, G. (2017). Visual experience disrupts visual knowledge. *Journal of Memory and Language*, 92, 281-292.

Egger, J. I., De Mey, H. R. A., Derksen, J. J. L., & van der Staak, C. P. F. (2003). Cross-cultural replication of the five-factor model and comparison of the NEO-PI-R and MMPI-2 PSY-5 scales in a Dutch psychiatric sample. *Psychological Assessment*, 15, 81-88.

Ehrensaft, M. K., Moffitt, T. E., & Caspi, A. (2006). Is domestic violence followed by an increased risk of psychiatric disorders among women but not among men? A longitudinal cohort study. *American Journal of Psychiatry*, 163, 885-892.

Eich, E., & Hyman, R. (1992). Subliminal self-help. In D. Druckman & R. A. Bjork (Eds.), *In the mind's eye: Enhancing human performance*. Washington, DC: National Academy Press.

Ekman, P. (2003). *Emotions revealed*. New York: Times Books.

Ekman, P., & Friesen, W. V. (1969). The repertoire of nonverbal behavior: Categories, origins, usage, and coding. *Semiotica*, 1, 49-98.

Ekman, P., Friesen, W. V., & O'Sullivan, M. (1988). Smiles when lying. *Journal of Personality and Social Psychology*, 54, 414-420.

Ekman, P., Friesen, W. V., O'Sullivan, M., Diacoyanni-Tarlatzis, I., Krause, R., Pitcairn, T., Tzavaras, A. (1987). Universals and cultural differences in the judgments of facial expression of emotion. *Journal of Personality and Social Psychology*, 53, 712-717.

Elfenbein, H. A. (2013). Nonverbal dialects and accents in facial expressions of emotion. *Emotion Review*, 5, 90-96.

Elis, O., Caponigro, J. M., & Kring, A. M. (2013). Psychosocial treatments for negative symptoms in schizophrenia: Current practices and future directions. *Clinical Psychology Review*, 33, 914-928.

Elliot, A. J., & McGregor, H. A. (2001). A 2 x 2 achievement goal framework. *Journal of Personality and Social Psychology*, 80, 501-519.

Ellis, A. (1993). Changing rational-emotive therapy (RET) to rational emotive behavior therapy (REBT). *Behavior Therapist*, 16, 257-258.

Ellis, A., & Ellis, D. J. (2011). *Rational emotive behavior therapy*. Washington, DC: American Psychological Association.

Elmquist, J. K., & Flier, J. S. (2004). The fat-brain axis enters a new dimension. *Science*, 304, 63-64.

Else-Quest, N. M., Hyde, J. S., & Linn, M. C. (2010). Cross-national patterns of gender differences in mathematics: A meta-analysis. *Psychological Bulletin*, 136, 103-127.

Else-Quest, N. M., Hyde, J. S., Goldsmith, H. H., & Can Hulle, C. A. (2006). Gender differences in temperament: A meta-analysis. *Psychological Bulletin*, 132, 33-72.

Emberson, L. L., Lupyan, G., Goldstein, M. H., & Spivey, M. J. (2010). Overheard cell-phone conversations: When less speech is more distracting. *Psychological Science*, 21, 1383-1388.

Engle, R. W. (2002). Working memory capacity as executive attention. *Current Directions in Psychological Science*, 11, 19-23.

Engstrm, M., Pihlsgrd, J., Lundberg, P., & Sderfeldt, B. (2010). Functional magnetic resonance imaging of hippocampal activation during silent mantra meditation. *The Journal of Alternative and Complementary Medicine*, 16, 1253-1258.

Epel, E. S., Blackburn, E. H., Lin, J., Dhabhar, F. S., Adler, N. E., Morrow, J. D., & Cawthon, R. M. (2004). Accelerated telomere shortening in response to life stress. *Proceedings of the National Academy of Sciences*, 101, 17312-17315.

Epley, N., Schroeder, J., & Waytz, A. (2013). Motivated mind perception: Treating pets as people and people as animals. In S. J. Gervais (Ed.), *Nebraska Symposium on Motivation*, 60, 127-152.

Erceg-Hurn, D. M., & Miosevich, V. M. (2008). Modern robust statistical methods. *American Psychologist*, 63, 591-601.

Erickson, K. I., Voss, M. W., Prakash, R. S., Basak, C., Szabo, A., Chaddock, L., Kramer, A. F. (2011). Exercise training increases size of hippocampus and improves memory. *Proceedings of the National Academy of Sciences*, 108, 3017-3022.

Ericsson, K. A. (2001). Attaining excellence through deliberate practice: Insights from the study of expert performance. In M. Ferrari (Ed.), *The pursuit of excellence in education*. Hillsdale, NJ: Erlbaum.

Erikson, E. H. (1950/1963). *Childhood and society* (2nd ed.). New York: Norton.

Erikson, E. H. (1982). *The life cycle completed.* New York: Norton.

Eriksson, M., Rikknen, K., & Eriksson, J. G. (2014). Early life stress and later health outcomes—findings from the Helsinki Birth Cohort Study. *American Journal of Human Biology*, 26, 111 – 116.

Ersche, K. D., Jones, P. S, Williams, G. B., Turton, A. J., Robbins, T. W., & Bullmore, E. T. (2012). Abnormal brain structure implicated in stimulant drug addiction. *Science*, 335, 601 – 604.

Eskreis – Winkler, L., Shulman, E. P., Beale, S. A., & Duckworth, A. L. (2014). The grit effect: Predicting retention in the military, the workplace, school and marriage. *Frontiers in Psychology*, 5, 36.

Evans, C. (1984). *Landscapes of the night.* New York: Viking.

Evans, G. W., Lepore, S. J., & Allen, K. M. (2000). Cross – cultural differences in tolerance for crowding: Fact or fiction? *Journal of Personality and Social Psychology*, 79, 204 – 210.

Evans, G. W., & Schamberg, M. A. (2009). Childhood poverty, chronic stress, and adult working memory. *Proceedings of the National Academy of Sciences*, 106, 6545 – 6549.

Ewart, C. K. (1995). Self – efficacy and recovery from heart attack. In J. E. Maddux (ed.), *Self – efficacy, adaptation, and adjustment: Theory, research, and application.* New York: Plenum Press.

Ewart, C. K., & Kolodner, K. B. (1994). Negative affect, gender, and expressive style predict elevated ambulatory blood pressure in adolescents. *Journal of Personality and Social Psychology*, 66, 596 – 605.

Exelmans, L., & Van den Bulck, J. (2016). Bedtime mobile phone use and sleep in adults. *Social Science and Medicine*, 148, 93 – 101.

Eyferth, K. (1961). [The performance of different groups of the children of occupation forces on the Hamburg – Wechsler Intelligence Test for Children.] *Archiv fur die Gesamte Psychologie*, 113, 222 – 241.

Fagot, B. I. (1993, June). Gender role development in early childhood: Environmental input, internal construction. Invited address presented at the annual meeting of the International Academy of Sex Research, Monterey, CA.

Fairchild, G., van Goozen, S. H. M., Calder, A. J., & Goodyer, I. M. (2013). Research review: Evaluating and reformulating the developmental taxonomic theory of antisocial behaviour. *Journal of Child Psychology and Psychiatry*, 54, 924 – 940.

Fairholme, C. P., Boisseau, C. L., Ellard, K. K., Ehrenreich – May, J. T., Barlow, D. (2009). Emotions, emotion regulation, and psychological treatment: A unified perspective. In A. M. Kring & D. M. Sloan (Eds.), *Emotion regulation and psychopathology.* New York: Guilford Press.

Fallon, J. H., Keator, D. B., Mbogori, J., Turner, J., & Potkin, S. G. (2004). Hostility differentiates the brain metabolic effects of nicotine. *Cognitive Brain Research*, 18, 142 – 148.

Fallone, G., Acebo, C., Seifer, R., & Carskadon, M. A. (2005). Experimental restriction of sleep opportunity in children: Effects on teacher ratings. *Sleep*, 28, 1280 – 1286.

Fantz, R. L. (1963). Pattern vision in newborn infants. *Science*, 140, 296 – 297.

Farrell, S., Oberauer, K., Greaves, M., Pasiecznik, K., & Lewandowsky, C. J. (2016). A test of interference versus decay in working memory: Varying distraction within lists in a complex span task. *Journal of Memory and Language*, 90, 66 – 87.

Fausto – Sterling, A. (1997). Beyond difference: A biologist's perspective. *Journal of Social Issues*, 53, 233 – 258.

Fauth – Bühler, M., Mann, K., & Potenza, M. N. (2016). Pathological gambling: A review of the neurobiological evidence relevant for its classification as an addictive disorder. *Addiction Biology*. doi:10.1111/adb.12378

Fay, N., Lister, C. J., Ellison, T. M., & Goldin – Meadow, S. (2014). Creating a communication system from scratch: Gesture beats vocalization hands down. *Frontiers in Psychology*, 5.

Fedewa, A. L., Black, W. W., & Ahn, S. (2015). Children and adolescents with same – gender parents: A meta – analytic approach in assessing outcomes. *Journal of GLBT Family Studies*, 11, 1 – 34.

Feeley, T., Fico, A. E., Shaw, A. Z., Lee, S., & Griffin, D. J. (2016). Is the door? in – the – face a concession? *Communication Quarterly*. doi:10.1080/01463373. 2016.1187186

Feeney, B. C., & Cassidy, J. (2003). Reconstructive memory related to adolescent – parent conflict interactions.

Journal of Personality and Social Psychology, 85, 945 - 955.

Fehr, B., Baldwin, M., Collins, L., Patterson, S., & Benditt, R. (1999). Anger in close relationships: An interpersonal script analysis. *Personality and Social Psychology Bulletin*, 25, 299 - 312.

Fehr, R., Gelfand, M. J., & Nag, M. (2010). The road to forgiveness: A meta - analytic synthesis of its situational and dispositional correlates. *Psychological Bulletin*, 136, 894 - 914.

Fein, S., & Spencer, S. J. (1997). Prejudice as self - image maintenance: Affirming the self through derogating others. *Journal of Personality and Social Psychology*, 73, 31 - 44.

Feinberg, A. P. (2008). *Epigenetics at the epicenter of modern medicine. Journal of the American Medical Association*, 299, 1345 - 1350.

Feinberg, M., Willer, R., & Keltner, D. (2012). Flustered and faithful: Embarrassment as a signal of prosociality. *Journal of Personality and Social Psychology*, 102, 81 - 97.

Feinstein, J. S., Adolphs, R., Damasio, A., & Tranel, D. (2011). The human amygdala and the induction and experience of fear. *Current Biology*, 21, 34 - 38.

Fellner, J. (2009). Race, drugs, and law enforcement in the United States. *Stanford Law and Policy Review*, 20, 257 - 291.

Feng, C., Luo, Y. - J., & Kruger, F. (2015). Neural signatures of fairness - related normative decision making in the ultimatum game: A coordinate - based meta - analysis. *Human Brain Mapping*, 36, 591 - 602.

Fennell, C, & Byers - Heinlein, K. (2014). You sound like mommy: Bilingual and monolingual infants learn words best from speakers typical of their language environments. *International Journal of Behavioral Development*, 38, 309 - 316.

Ferguson, C. J. (2007). The good, the bad and the ugly: A meta - analytic review of positive and negative effects of violent video games. *Psychiatric Quarterly*, 78, 309 - 316.

Ferguson, C. J. (2009). Media violence effects: Confirmed truth or just another X - file? *Journal of Forensic Psychology Practice*, 9, 103 - 126.

Ferguson, C. J. (2013). *Adolescents, crime, and the media: A critical analysis.* New York: Springer.

Ferguson, C. J., & Kilburn, J. (2010). Much ado about nothing: The misestimation and overinterpretation of violent video game effects in eastern and western nations: Comment on Anderson et al. *Psychological Bulletin*, 136, 174 - 178.

Ferri, S., Peeters, R., Nelissen, K., Vanduffel, W., Rizzolatti, G., & Orban, G. A. (2015). A human homologue of monkey f5c. *NeuroImage*, 111, 251 - 266.

Feshbach, S., & Tangney, J. (2008). Television viewing and aggression: Some alternative perspectives. *Perspectives on Psychological Science*, 3, 387 - 389.

Festinger, L., Pepitone, A., & Newcomb, T. (1952). Some consequences of deindividuation in a group. *Journal of Abnormal and Social Psychology*, 47, 382 - 389.

Festinger, L., Riecken, H. W., & Schachter, S. (1956). *When prophecy fails.* Minneapolis: University of Minnesota Press.

Fidler, F., & Loftus, G. R. (2009). Why figures with error bars should replace p values: Some conceptual arguments and empirical demonstrations. *Journal of Psychology*, 217, 27 - 37.

Field, T. (2009). The effects of newborn massage: United States. In T. Field et al. (Eds.), *The newborn as a person: Enabling healthy infant development worldwide.* Hoboken, NJ: Wiley.

Fielder, R. L., & Carey, M. P. (2010). Prevalence and characteristics of sexual hookups among first - semester female college students. *Journal of Sex and Marital Therapy*, 36, 346 - 359.

Fields, C. (2011). From "Oh, OK" to "Ah, yes" to "Aha!": Hyper - systemizing and the rewards of insight. *Personality and Individual Differences*, 50, 1159 - 1167.

Fine, C. (2010). From scanner to sound bite: Issues in interpreting and reporting sex differences in the brain. *Current Directions in Psychological Science*, 19, 280 - 283.

Fine, I., Wade, A. R., Brewer, A. A., May, M. G., Goodman, D. F., Boynton, G. M., Wandell, B. A., & MacLeod, D. I. (2003). Long - term deprivation affects visual perception and cortex. *Nature Neuroscience*, 6, 915 - 916.

Finkel, E. J., Eastwick, P. W., Karney, B. R., Reis, H. T., & Sprecher, S. (2012). Online dating: A critical analysis from the perspective of psychological science. *Psychological Science in the Public Interest*, 13, 3 - 66.

Finkel, E. J., Eastwick, P. W., Karney, B. R., Reis, H. T., & Sprecher, S. (2016). Dating in a digital world. *Scientific American*, 25, 104–111.

Finney, E. M., Fine, I., & Dobkins, K. R. (2001). Visual stimuli activate auditory cortex in the deaf. *Nature Neuroscience*, 4, 1171–1173.

Fins, J. J., Mayberg, H. S., Nuttin, B., Kubu, C. S., Galert, T., Sturm, V., Schlaepfer, T. E. (2011). Misuse of the FDA's humanitarian device exemption in deep brain stimulation for obsessive–compulsive disorder. *Health Affairs*, 30, 302–311.

Fischer, P., Krueger, J. I., Greitemeyer, T., Vogrincic, C., Kastenmüller, A., Frey, D., Kainbaucher, M. (2011). The bystander–effect: A meta–analytic review on bystander intervention in dangerous and non–dangerous emergencies. *Psychological Bulletin*, 137, 517–537.

Fischhoff, B. (1975). Hindsight is not equal to foresight: The effect of out-come knowledge on judgment under uncertainty. *Journal of Experimental Psychology: Human Perception and Performance*, 1, 288–299.

Fitzgerald, D. A., Arnold, J. F., Becker, E. S., Speckens, A. E., Rinck, M., Rijpkema, M., Fernández, G., & Tendolkar, I. (2011). How mood challenges emotional memory formation: An fMRI investigation. *NeuroImage*, 56, 1783–1790.

Fitzgerald, R. J., Oriet, C., & Price, H. L. (2015). Suspect filler similarity in eyewitness lineups: A literature review and a novel methodology. *Law and Human Behavior*, 39, 62–74.

Fivush, R., & Nelson, K. (2004). Culture and language in the emergence of autobiographical memory. *Psychological Science*, 15, 573–582.

Flavell, J. H. (1999). Cognitive development: Children's knowledge about the mind. *Annual Review of Psychology*, 50, 21–45.

Fleeson, W. (2004). Moving personality beyond the person–situation debate. *Current Directions in Psychological Science*, 13, 83–87.

Flynn, J. R. (1987). Massive IQ gains in 14 nations: What IQ tests really measure. *Psychological Bulletin*, 95, 29–51.

Flynn, J. R. (2013). The "Flynn Effect" and Flynn's paradox. *Intelligence*, 41, 851–857.

Flynn–Evans, E. E., Tabandeh, H., Skene, D. J., & Lockley, S. W. (2014). Circadian rhythm disorders and melatonin production in 127 blindwomen with and without light perception. *Journal of Biological Rhythms*, 29, 215–224.

Foer, J. (2011). *Moonwalking with Einstein: The art and science of remembering everything*. New York, NY: Penguin.

Fogassi, L., & Ferrari, P. F. (2007). Mirror neurons and the evolution of em? bodied language. *Current Directions in Psychological Science*, 16, 136–141.

Folkman, S., & Moskowitz, J. T. (2000). Positive affect and the other side of coping. *American Psychologist*, 55, 647–654.

Forbes, G., Zhang, X., Doroszewicz, K., & Haas, K. (2009). Relationships between individualism–collectivism, gender, and direct or indirect aggression: A study in China, Poland, and the US. *Aggressive Behavior*, 35, 24–30.

Forgas, J. P., & Bond, M. H. (1985). Cultural influences on the perception of interaction episodes. *Personality and Social Psychology Bulletin*, 11, 75–88.

Foulkes, D. (1962). Dream reports from different states of sleep. *Journal of Abnormal and Social Psychology*, 65, 14–25.

Foulkes, D. (1999). *Children's dreaming and the development of consciousness*. Cambridge, MA: Harvard University Press.

Foulkes, D., & Domhoff, G. W. (2014). Bottom–up or top–down in dream neuroscience: A top–down critique of two bottom–up studies. *Consciousness and Cognition: An International Journal*, 27, 168–171.

Fouts, R. S., & Rigby, R. L. (1977). Man–chimpanzee communication. In T. A. Seboek (Ed.), *How animals communicate*. Bloomington: University of Indiana Press.

Fouts, R. S. (with S. T. Mills) (1997). *Next of kin: What chimpanzees have taught me about who we are*. New York: Morrow.

Fox, K. R., Franklin, J. C., Ribeiro, J. D., Kleiman, E. M., Bentley, K. H., & Nock, M. K. (2015). Meta–analysis of risk factors for nonsuicidal selfinjury. *Clinical Psychology Review*, 42, 156–167.

Fox, M. K., Pac, S., Devaney, B., & Jankowski, L. (2004). Feeding infants and toddlers study: What foods are infants and toddlers eating? *Journal of the American Dietetic Association*, 104, 22–30.

Fox, N. A., Henderson, H. A., Marshall, P. J., Nichols, K. E., & Ghera, M. M. (2005a). Behavioral inhibition: Linking biology and behavior within a developmental framework. *Annual Review of Psychology*, 56, 235 – 262.

Fox, N. A., Nichols, K. E., Henderson, H. A., Rubin, K., Schmidt, L., Hamer, D., Ernst, M., & Pine, D. S. (2005b). Evidence for a gene – environment interaction in predicting behavioral inhibition in middle childhood. *Psychological Science*, 16, 921 – 926.

Fréchette, S., Zoratti, M., & Romano, E. (2015). What is the link between corporal punishment and child physical abuse? *Journal of Family Violence*, 30, 135 – 148.

Fraga, M. F., Ballestar, E., Paz, M. F., Ropero, S., Setien, F., Ballestar, M. L., Esteller, M. (2005). Epigenetic differences arise during the lifetime of monozygotic twins. *Proceedings of the National Academy of Sciences*, 102, 10604 – 10609.

Fraley, R. C., Vicary, A. M., Brumbaugh, C. C., & Roisman, G. I. (2011). Patterns of stability in adult attachment: An empirical test of two models of continuity and change. *Journal of Personality and Social Psychology*, 101, 974 – 992.

Frances, Allen. (2013). The new crisis of confidence in psychiatric diagnosis. *Annals of Internal Medicine*, 159, 221 – 222.

Frances, A. (2014). RDoC is necessary, but very oversold. *World Psychiatry*, 13, 47 – 49.

Frankl, V. E. (1955). *The doctor and the soul: An introduction to logotherapy*. New York: Knopf.

Frans, E. M., Sandin, S., Reichenberg, A., Lichtenstein, P., Lngstrm, N., & Hultman, C. M. (2008). Advancing paternal age and bipolar disorder. *Archives of General Psychiatry*, 65, 1034 – 1040.

Frasure – Smith, N., & Lespérance, F. (2005). Depression and coronary heart disease: Complex synergism of mind, body, and environment. *Current Directions in Psychological Science*, 14, 39 – 43.

Frasure – Smith, N., Lespérance, F., Juneau, M., Talajic, M., & Bourassa, M. G. (1999). Gender, depression, and one – year prognosis after myocardial infarction. *Psychosomatic Medicine*, 61, 26 – 37.

Frayling, T. M., Timpson, N. J., Weedon, M. N., Zeggini, E., Freathy, R. M., Lindgren, C. M., Hattersley, A. T. (2007, May 11). A common variant in the FTO gene is associated with body mass index and predisposes to childhood and adult obesity. *Science*, 316, 889 – 894.

Frazier, P., Keenan, N., Anders, S., Perera, S., Shallcross, S., & Hintz, S. (2011). Perceived past, present, and future control and adjustment to stressful life events. *Journal of Personality and Social Psychology*, 100, 749 – 765.

Freeman, E. W., Sammel, M. D., Lin, H., & Nelson, D. B. (2006). Associa? tions of hormones and menopausal status with depressed mood in women with no history of depression. *Archives of General Psychiatry*, 63, 375 – 382.

Frensch, P. A., & Rünger, D. (2003). Implicit learning. *Current Directions in Psychological Science*, 12, 13 – 18.

Freud, A. (1967). *Ego and the mechanisms of defense* (The writings of Anna Freud, Vol. 2) (rev. ed.). New York: International Universities Press.

Freud, S. (1900/1953). The interpretation of dreams. In J. Strachey (Ed.), *The standard edition of the complete psychological works of Sigmund Freud* (Vols. 4 and 5). London: Hogarth Press.

Freud, S. (1905a). Fragment of an analysis of a case of hysteria. In J. Strachey (Ed. and Trans.), *Standard edition of the complete psychological works of Sigmund Freud* (Vol. 7). London: Hogarth Press.

Freud, S. (1905b). Three essays on the theory of sexuality. In J. Strachey (Ed.), *The standard edition of the complete psychological works of Sigmund Freud* (Vol. 7). London: Hogarth Press.

Freud, S. (1920/1960). *A general introduction to psychoanalysis* (J. Riviere, trans.). New York: Washington Square Press.

Freud, S. (1923/1962). *The ego and theid* (J. Riviere, trans.). New York: Norton.

Freud, S. (1961). *Letters of Sigmund Freud*, 1873 – 1939. Edited by E. L. Freud. London: Hogarth Press.

Frick, P. J., & Viding, E. (2009). Antisocial behavior from a developmental psychopathology perspective. *Development and Psychopathology*, 21, 1111 – 1131.

Fridlund, A. J. (1994). *Human facial expression: An evolutionary view*. San Diego: Academic Press.

Fridlund, A. J., Beck, H. P., Goldie, W. D., & Irons, G. (2012). Little Albert: A neurologically impaired child. *History of Psychology*, 15, 302 – 327.

Friedler, B., Crapser, J., & McCullough, L. (2015). One is the deadliest number: The detrimental effects of social isolation on cerebrovascular diseases and cognition. *Acta Neuropathologica*, 129, 493 – 509.

Friedman, H. S., & Martin, L. R. (2011). The longevity

project. New York: Hudson Street Press.

Friedman, M. J., Resick, P. A., Bryant, R. A., & Brewin, C. R. (2011). Considering PTSD for DSM – 5. *Depression and Anxiety*, 28, 750 – 769.

Friedrich, W. N., Fisher, J., Broughton, D., Houston, M., & Shafran, C. R. (1998). Normative sexual behavior in children: A contemporary sample. *Pediatrics*, 101, 1 – 8.

Frijda, N. H., Kuipers, P., & ter Schure, E. (1989). Relations among emotion, appraisal, and emotional action readiness. *Journal of Personality and Social Psychology*, 57, 212 – 228.

Frome, P. M., & Eccles, J. S. (1998). Parents' influence on children's achievementrelated perceptions. *Journal of Personality and Social Psychology*, 74, 435 – 452.

Fromer, M., Pocklington, A. J., Kavanagh, D. H., Williams, H. J., Dwyer, S., Gormley, P., O'Donovan, M. C. (2014). De novo mutations in schizophrenia implicate synaptic networks. *Nature*, 506, 179 – 184.

Fu, X., Taber – Thomas, B. C., & Pérez – Edgar, K. (2017). Frontolimbic func? tioning during threat – related attention: Relations to early behavioral inhibition and anxiety in children. *Biological Psychology*, 122, 98 – 109.

Fulmer, C. A., Gelfand, M. J., Kruglanski, A. W., Kim – Prieto, C., Diener, E., Pierro, A., & Higgins, E. T. (2010). On "feeling right" in cultural contexts: How person – culture match affects self – esteem and subjective well – being. *Psychological Science*, 21, 1563 – 1569.

Gable, S. L., & Haidt, J. (2005). What (and why) is positive psychology? *Review of General Psychology*, 9, 103 – 110.

Gable, S. L., & Poore, J. (2008). Which thoughts count? Algorithms for evaluating satisfaction in relationships. *Psychological Science*, 19, 1030 – 1036.

Gable, S. L., & Gosnell, C. L. (2013). Approach and avoidance behavior in interpersonal relationships. *Emotion Review*, 5, 269 – 274.

Gabriel, A. S., Daniels, M. A., Diefendorff, J. M., & Greguras, G. J. (2015). Emotional labor actors: A latent profile analysis of emotional labor strategies. *Journal of Applied Psychology*, 100, 863 – 879.

Gaddy, M. A., & Ingram, R. E. (2014). A meta – analytic review of mood-congruent implicit memory in depressed mood. *Clinical Psychology Review*, 34, 402 – 416.

Gaertner, S. L., & Dovidio, J. F. (2012). *Reducing intergroup bias: The common ingroup identity model.* New York: Routledge.

Gagnon, J., & Simon, W. (1973). *Sexual conduct: The social sources of human sexuality.* Chicago: Aldine.

Gaither, S. E. (2015). 'Mixed' results: Multiracial research and identity explorations. *Current Directions in Psychological Science*, 24, 114 – 119.

Gaither, S. E., Remedios, J. D., Sanchez, D. T., & Sommers, S. R. (2015). Thinking outside the box: Multiple identity mind – sets affect creative problem solving. *Social Psychological and Personality Science*, 6, 596 – 603.

Gaither, S. E., & Sommers, S. R. (2013). Living with another – race roommate shapes whites' behavior in subsequent diverse settings. *Journal of Experimental Social Psychology*, 49, 272 – 276.

Gal, D., & Rucker, D. D. (2010). When in doubt, shout! Paradoxical influences of doubt on proselytizing. *Psychological Science*, 21, 1701 – 1707.

Galanter, E. (1962). Contemporary psychophysics. In R. Brown, E. Galanter, H. Hess, & G. Mandler (Eds.), *New directions in psychology.* New York: Holt, Rinehart & Winston.

Galatzer – Levy, I. R., & Bryant, R. A. (2013). 636, 120 ways to have a posttraumatic stress disorder. *Perspectives on Psychological Science*, 8, 651 – 662.

Galinsky, A. M., & Sonenstein, F. L. (2013). Relationship commitment, perceived equity, and sexual enjoyment among young adults in the United States. *Archives of Sexual Behavior*, 42, 93 – 104.

Gallese, V., Gernsbacher, M. A., Heyes, C., Hickok, G., & Iacoboni, M. (2011). Mirror neuron forum. *Perspectives on Psychological Science*, 6, 369 – 407.

Gallo, L. C., & Matthews, K. A. (2003). Understanding the association between socioeconomic status and physical health: Do negative emotions play a role? *Psychological Bulletin*, 129, 10 – 51.

Galotti, K. M. (2007). Decision structuring in important real – life choices. *Psychological Science*, 18, 320 – 325.

Galotti, K. M., Wiener, H. J. D., & Tandler, J. M. (2014). Real – life decision making in college students I: Consistency across specific decisions. *The American Journal of Psychology*, 127, 19 – 31.

Gan, Y., Gong, Y., Tong, X., Sun, H., Cong, Y., Dong, X., Lu, Z.. (2014). Depression and the risk of coronary heart disease: A meta - analysis of prospective cohort studies. *BMC Psychiatry*, 14, 371.

Gao, Y., Raine, A., Venables, P. H., Dawson, M. E., & Mednick, S. A. (2010). Association of poor childhood fear conditioning and adult crime. *American Journal of Psychiatry*, 167, 56 - 60.

Garbarino, J., & Bedard, C. (2001). *Parents under siege*. New York: Free Press.

Garcia, J., & Gustavson, C. R. (1997, January). Carl R. Gustavson (1946 - 1996): Pioneering wildlife psychologist. APS Observer, pp. 34 - 35.

Garcia, J., & Koelling, R. A. (1966). Relation of cue to consequence in avoidance learning. *Psychonomic Science*, 4, 123 - 124.

Garcia - Sierra, A., Rivera - Gaxiola, M., Percaccio, C. R., Conboy, B. T., Romo, H., Klarman, L., Ortiz, S., & Kuhl, P. K. (2011). Bilingual language learning: An ERP study relating early brain responses to speech, language input, and later word production. *Journal of Phonetics*, 39, 546 - 557.

Gardner, H. (1983). *Frames of mind: The theory of multiple intelligences*. New York: Basic Books.

Gardner, H. (2011). The theory of multiple intelligences. In M. A. Gernsbacher, R. W. Pew, L. M. Hough, & J. R. Pomerantz (Eds.), *Psychology and the real world: Essays illustrating fundamental contributions to society* (pp. 122 - 130). New York: Worth.

Gardner, R. A., & Gardner, B. T. (1969). Teaching sign language to a chimpanzee. *Science*, 165, 664 - 672.

Garmezy, N. (1991). Resilience and vulnerability to adverse developmental outcomes associated with poverty. *American Behavioral Scientist*, 34, 416 - 430.

Garry, M., Manning, C. G., Loftus, E. F., & Sherman, S. J. (1996). Imagination inflation: Imagining a childhood event inflates confidence that it occurred *Psychonomic Bulletin and Review*, 3, 208 - 214.

Garry, M., & Polaschek, D. L. L. (2000). Imagination and memory. *Current Directions in Psychological Science*, 9, 6 - 10.

Gasser, P., Kirchner, K., & Passie, T. (2015). LSD - assisted psychotherapy for anxiety associated with a life - threatening disease: A qualitative study of acute and sustained subjective effects. *Journal of Psychopharmacology*, 29, 57 - 68.

Gatz, M. (2007). Genetics, dementia, and the elderly. Current Directions in Psychological Science, 16, 123 - 127.

Gautam, P., Lebel, C., Narr, K. L., Mattson, S. N., May, P. A., Adnams, C. M., Sowell, E. R. (2015). Volume changes and brain - behavior relationships in white matter and subcortical gray matter in children with prenatalalcohol exposure. *Human Brain Mapping*, 36, 2318 - 2329.

Gauthier, I., Skudlarksi, P., Gore, J. C., & Anderson, A. W. (2000). Expertise for cars and birds recruits brain areas involved in face recognition. *Nature Neuroscience*, 3, 191 - 197.

Gazzaniga, M. S. (1967). The split brain in man. *Scientific American*, 217, 24 - 29.

Gazzaniga, M. S. (2000). Cerebral specialization and interhemispheric communication: Does the corpus callosum enable the human condition? *Brain*, 123, 1293 - 1326.

Gazzaniga, M. S. (2008). *Human: The science behind what makes us unique*. New York: Ecco/Harper Collins.

Geers, A. L., Wellman, J. A., & Lassiter, G. D. (2009). Dispositional optimism and engagement: The moderating influence of goal prioritization. *Journal of Personality and Social Psychology*, 96, 913 - 932.

Gelbard - Sagiv, H., Mukamel, R., Harel, M., Malach, R., & Fried, I. (2008). Internally generated reactivation of single neurons in human hippocampus during free recall. *Science*, 322, 96 - 101.

Gentile, B., Grabe, S., Dolan - Pascoe, B., Wells, B. E., & Maitino, A. (2009). Gender differences in domain - specific self - esteem: A meta - analysis. *Review of General Psychology*, 13, 34 - 45.

Gentner, D, Özyürek, A., Gürcanli, Ö., & Goldin - Meadow, S. (2013). Spatial language facilitates spatial cognition: Evidence from children who lack language input. *Cognition*, 127, 318 - 330.

Georgakis, M. K., Thomopoulos, T. P., Diamantaras, A. - A., Kalogirou, E. I., Skalkidou, A., Daskalopoulou, S. S., & Petridou, E. T. (2016). Association of age at menopause and duration of reproductive period with depres? sion after menopause: A systematic review and meta - analysis. *JAMA Psychiatry*, 73, 139 - 149.

George, L. G., Helson, R., & John, O. P. (2011). The "CEO" of women's work lives: How Big Five conscientiousness, extraversion, and openness pre? dict 50 years of work experiences in a changing sociocultural context. *Journal of Personality and Social Psychology*, 101, 812 - 830.

Gershoff, E. T. (2002). Parental corporal punishment and associated child behaviors and experiences: A meta-analytic and theoretical review. *Psychological Bulletin*, 128, 539–579.

Giachero, M., Calfa, G. D., & Molina, V. A. (2015). Hippocampal dendritic spines remodeling and fear memory are modulated by GABAergic signaling within the basolateral amygdala complex. *Hippocampus*, 25, 545–555.

Gibbons, R. D., Brown, C., Hendricks, H., Kwan, M., Sue, M., Bhaumik, D. K., Mann, J. J. (2007). Early evidence on the effects of regulators' suicidality warnings on SSRI prescriptions and suicide in children and adolescents. *American Journal of Psychiatry*, 164, 1356–1363.

Gibbons, R. D., Brown, C. H., Hur, K., Davis, J. M., & Mann, J. J. (2012). Suicidal thoughts and behavior with antidepressant treatment: Reanalysis of the randomized placebo-controlled studies of fluoxetine and venlafaxine. *Archives of General Psychiatry*, 69, 580–587.

Gibbons, R. D., Perraillon, M. C., Hur, K., Conti, R. M., Valuck, R. J., & Brent, D. A. (2015). Antidepressant treatment and suicide attempts and self-inflicted injury in children and adolescents. *Pharmacoepidemiology and Drug Safety*, 24, 208–214.

Gibbs, R. B. (2010). Estrogen therapy and cognition: A review of the cholinergic hypothesis. *Endocrine Review*, 31, 224–253.

Gibson, E., & Walk, R. (1960). The "visual cliff." *Scientific American*, 202, 80–92.

Gigerenzer, G., Gaissmaier, W., Kurz-Milcke, E., Schwartz, L. M., & Woloshin, S. (2008). Helping doctors and patients make sense of health statistics. *Psychological Science in the Public Interest*, 8, 53–96.

Gilbert, D. T. (2006a, July 2). If only gay sex caused global warming. Los Angeles Times, Comment section, M1, M6.

Gilbert, D. T. (2006b). *Stumbling on happiness*. New York: Knopf.

Gilbert, D. T., & Malone, Patrick S. (1995). The correspondence bias. *Psychological Bulletin*, 117, 21–38.

Gilbertson, M. W., Shenton, M. E., Ciszewski, A., Kasai, K., Lasko, N. B., Orr, S. P., & Pitman, R. K. (2002). Hippocampal volume predicts pathologic vulnerability to psychological trauma. *Nature Neuroscience*, 5, 1242–1247.

Gilchrist, A. L., & Cowan, N. (2012). Chunking. In V. Ramachandran (Ed.), *Encyclopedia of human behavior* (Vol. 1). San Diego: Academic Press.

Gilestro, G. F., Tononi, G., & Cirelli, C. (2009). Widespread changes in synaptic markers as a function of sleep and wakefulness in Drosophila. *Science*, 324, 109–112.

Gillath, O., Shaver, P. R., Baek, J-M, & Chun, D. S. (2008). Genetic correlates of adult attachment style. *Personality and Social Psychology Bulletin*, 34, 1396–1405.

Gilligan, C. (1982). *In a different voice*. Cambridge, MA: Harvard University Press.

Ginges, J., & Atran, S. (2011). Psychology out of the laboratory: The challenge of violent extremism. *American Psychologist*, 66, 507–519.

Gitler, A. D. (2011). Another reason to exercise. *Science*, 334, 606–607.

Gladwell, M. (2004, September 20). Personality plus. The New Yorker, pp. 42–48.

Gleaves, D. H. (1996). The sociocognitive model of dissociative identity disorder: A reexamination of the evidence. *Psychological Bulletin*, 120, 42–59.

Glenn, A. L., & Raine, A. (2014). Neurocriminology: Implications for the punishment, prediction and prevention of criminal behavior. *Nature Reviews Neuroscience*, 15, 54–63.

Glick, P., Fiske, S. T. (2012). An ambivalent alliance: Hostile and benevolent sexism as complementary justifications for gender inequality. In J. Dixon & M. Levine (Eds.), *Beyond prejudice: Extending the social psychology of conflict, inequality and social change* (pp. 70–88). New York: Cambridge University Press.

Glick, P., Fiske, S. T., Mladinic, A., Saiz, J. L., Abrams, D., Masser, B., López, W. (2000). Beyond prejudice as simple antipathy: Hostile and benevolent sexism across cultures. *Journal of Personality and Social Psychology*, 79, 763–775.

Godfrey, H. K., & Grimshaw, G. M. (2015). Emotional language is all right: Emotional prosody reduces hemispheric asymmetry for linguistic processing. *Laterality*, 27, 1–17.

Golden, R. N., Gaynes, B. N., Ekstrom, R. D., Hamer, R. M., Jacobsen, F. M., Suppes, T., Wisner, K. L., & Nemeroff, C. B. (2005). The efficacy of light therapy in the treatment of mood disorders: A review and meta-analysis of the evidence. *American Journal of Psychiatry*, 162, 656–662.

Golder, S. A., & Macy, M. W. (2011). Diurnal and seasonal mood vary with work, sleep, and daylength across diverse cultures. *Science*, 333, 1878 – 1881.

Goldin – Meadow, S. (2015). The impact of time on predicate forms in the manual modality: Signers, homesigners, and silent gesturers. *Topics in Cognitive Science*, 7, 169 – 184.

Goldstein, A. N., Greer, S. M., Saletin, J. M., Harvey, A. G., Nitschke, J. B., & Walker, M. P. (2013). Tired and apprehensive: Anxiety amplifies the impact of sleep loss on aversive brain anticipation. *Journal Neuroscience*, 33, 10607 – 10615.

Goldstein, J. M., Seidman, L. J., Horton, N. J., Makris, N., Kennedy, D. N., Caviness Jr., V. S., Faraone, S. V., & Tsuang, M. T. (2001). Normal sexual dimorphism of the adult human brain assessed by in vivo magnetic resonance imaging. *Cerebral Cortex*, 11, 490 – 497.

Goldstein, M., & Miklowitz, D. (1995). The effectiveness of psychoedu-cational family therapy in the treatment of schizophrenic disorders. *Journal of Marital and Family Therapy*, 21, 361 – 376.

Goldstein, N. J., Cialdini, R. B., & Griskevicius, V. (2008). A room with a viewpoint: Using social norms to motivate environmental conservation in hotels. *Journal of Consumer Research*, 35, 472 – 482.

Goldston, D. B., Molock, S. D., Whitbeck, L. B., Murakami, J. L., Zayas, L. H., & Hall, G. C. N. (2008). Cultural considerations in adolescent suicide prevention and psychosocial treatment. *American Psychologist*, 63, 14 – 31.

Golinkoff, R. M., & Hirsh – Pasek, K. (2006). Baby wordsmith: From associa? tionist to social sophisticate. *Current Directions in Psychological Science*, 15, 30 – 33.

Golub, S. (1992). *Periods: From menarche to menopause*. Newbury Park, CA: Sage.

Gómez – Ortiz, O., Romera, E. M., & Ortega – Ruiz, R. (2016). Parenting styles and bullying: The mediating role of parental psychological aggression and physical punishment. *Child Abuse and Neglect*, 51, 132 – 143.

Gomez – Pinilla, F., Vaynman, S., & Ying, Z. (2008). Brain – derived neurotrophic factor functions as a metabotrophin to mediate the effects of exercise on cognition. *European Journal of Neuroscience* 28, 2278 – 2287.

Gonsalves, B. D., & Cohen, N. J. (2010). Brain imaging, cognitive processes, and brain networks. *Perspectives on Psychological Science*, 5, 744 – 752.

Gonzaga, G. C., Turner, R. A., Keltner, D., Campos, B., & Altemus, M. (2006). Romantic love and sexual desire in close relationships. *Emotion*, 6, 163 – 179.

Good, C., Aronson, J., & Harder, J. A. (2008). Problems in the pipeline: Stereotype threat and women's achievement in high – level math courses. *Journal of Applied Developmental Psychology*, 29, 17 – 28.

Goode, E. (2003, May 6). Experts see mind's voices in new light. *The New York Times*, Science Times, pp. D1, D4.

Goodwyn, S., & Acredolo, L. (1998). Encouraging symbolic gestures: A new perspective on the relationship between gesture and speech. In J. Iverson & S. Goldin – Meadow (Eds.), The nature and functions of gesture in children's communication. San Francisco: Jossey – Bass.

Goplen, J., & Plant, E. A. (2015). A religious worldview: Protecting one's meaning system through religious prejudice. *Personality and Social Psychology Bulletin*, 41, 1474 – 1487.

Gopnik, A. (2009). *The philosophical baby*. New York: Farrar, Straus & Giroux.

Gopnik, A., Griffiths, T. L., & Lucas, C. G. (2015). When younger learners can be better (or at least more open – minded) than older ones. *Current Directions in Psychological Science*, 24, 87 – 92.

Goriely, A., McGrath, J. J., Hultman, C. M., Wilkie, A. O. M., & Malaspina, D. (2013). "Selfish spermatogonial selection": A novel mechanism for the association between advanced paternal age and neurodevelopmental disorders. *American Journal of Psychiatry*, 170, 599 – 608.

Gorka, A. X., Hanson, J. L., Radtke, S. R., & Hariri, A. R. (2014). Reduced hippocampal and medial prefrontal gray matter mediate the association between reported childhood maltreatment and trait anxiety in adult? hood and predict sensitivity to future life stress. *Biology of Mood and Anxiety Disorders*, 4. doi:10.1186/2045 – 5380 – 4 – 12

Gosling, S. (2009). *Snoop: What your stuff says about you*. New York, NY: Basic Books.

Gosling, S. D., Kwan, V. S. Y., & John, O. P. (2003). A dog's got personality: A cross – species comparative approach to personality judgments in dogs and humans. *Journal of Personality and Social Psychology*, 85, 1161 – 1169.

Gosling, S. D., Rentfrow, P. J., & Swann, W. B., Jr.

(2003). A very brief measure of the Big Five personality domains. *Journal of Research in Personality*, 37, 504–528.

Gotlib, I. H., Joormann, J., Minor, K. L., & Hallmayer, J. (2008). HPA axis reactivity: A mechanism underlying the associations among 5-HTTLPR, stress, and depression. *Biological Psychiatry*, 63, 847–851.

Gottesman, I. (1991). *Schizophrenia genesis: The origins of madness*. New York: Freeman.

Gottesman, I., Laursen, T. M., Bertelsen, A., & Mortensen, P. B. (2010). Severe mental disorders in offspring with 2 psychiatrically ill parents. *Archives of General Psychiatry*, 67, 252–257.

Gottfredson, L. S. (2002). g: Highly general and highly practical. In R. J. Sternberg & E. L. Grigorenko (Eds.), *The general intelligence factor: How general is it?* Mahwah, NJ: Erlbaum.

Gougoux, F., Zatorre, R. J., Lassonde, M., Voss, P., & Lepore, F. (2005). A functional neuroimaging study of sound localization: Visual cortex activity predicts performance in early-blind individuals. *PloS Biology*, 3, 324–333.

Gouin, J-P, Kiecolt-Glaser, J. K., Malarkey, W. B., & Glaser, R. (2008). The influence of anger expression on wound healing. *Brain, Behavior, and Immunity*, 22, 699–708.

Gould, S. J. (1987). *An urchin in the storm*. New York: W. W. Norton.

Gould, S. J. (1994, November 28). Curveball. [Review of The Bell Curve, by Richard J. Herrnstein and Charles Murray.] *The New Yorker*, 139–149.

Gould, S. J. (1996). The mismeasure of man (Rev. ed.). New York: Norton.

Grabe, S., & Hyde, J. S. (2006). Ethnicity and body dissatisfaction among women in the United States: A meta-analysis. *Psychological Bulletin*, 132, 622–640.

Grabe, S., Ward, L. M., & Hyde, J. S. (2008). The role of the media in body image concerns among women: A meta-analysis of experimental and correlational studies. *Psychological Bulletin*, 134, 460–476.

Graeber, M. B., & Streit, W. J. (2010). Microglia: Biology and pathology. *Acta Neuropathologica*, 119, 89–105.

Graf, P., & Masson, M. E. J. (2011). *Implicit memory: New directions in cognition, development, and neuropsychology*. New York, NY: Routledge.

Graff, K., Murnen, S. K., & Smolak, L. (2012). Too sexualized to be taken seriously? Perceptions of a girl in childlike vs. sexualizing clothing. *Sex Roles*, 66, 764–775.

Graham, J., Haidt, J., & Nosek, B. A. (2009). Liberals and conservatives rely on different sets of moral foundations. *Journal of Personality and Social Psychology*, 96, 1029–1046.

Grandin, T. (2010). *Thinking in pictures: My life with autism* (Rev. ed.). New York: Vintage.

Grant, F., & Hogg, M. A. (2012). Self-uncertainty, social identity prominence and group identification. *Journal of Experimental Social Psychology*, 48, 538–542.

Grant, H., & Dweck, C. S. (2003). Clarifying achievement goals and their impact. *Journal of Personality and Social Psychology*, 85, 541–553.

Grant, I., Gonzalez, R., Carey, C. L., & Natarajan, W. T. (2003). Nonacute (residual) neurocognitive effects of cannabis use: A meta-analytic study. *Journal of the International Neuropsychological Society*, 9, 679–689.

Graybiel, A. M., & Rauch, S. L. (2000). Toward a neurobiology of obsessive-compulsive disorder. *Neuron*, 28, 343–347.

Greely, H., Sahakian, B., Harris, J., Kessler, R. C., Gazzaniga, M., Campbell, P., & Farrah, M. J. (2008). Towards responsible use of cognitive-enhancing drugs by the healthy. *Nature*, 455, 702–705.

Green, J. P., & Lynn, S. J. (2010). Hypnotic responsiveness: Expectancy, attitudes, fantasy proneness, absorption, and gender. *Clinical and Experimental Hypnosis*, 59, 103–121.

Greenberger, E., Lessard, J., Chen, C., & Farruggia, S. P. (2008). Self-entitled college students: Contributions of personality, parenting, and motivational factors. *Journal of Youth and Adolescence*, 37, 1193–1204.

Greenough, W. T. (1984). Structural correlates of information storage in the mammalian brain: A review and hypothesis. *Trends in Neurosciences*, 7, 229–233.

Greenough, W. T., & Black, J. E. (1992). Induction of brain structure by experience: Substrates for cognitive development. In M. Gunnar & C. A. Nelson (Eds.), *Behavioral developmental neuroscience*: Vol. 24. Minnesota Symposia on Child Psychology. Hillsdale, NJ: Erlbaum.

Greenwald, A. G., Banaji, M. R., & Nosek, B. A. (2015). Statistically small effects of the Implicit Association Test can have societally large effects. *Journal of Personality and Social Psychology, 108, 553 – 561.

Greenwald, A. G., McGhee, D. E., & Schwartz, J. L. K. (1998). Measuring individual differences in implicit cognition: The Implicit Association Test. Journal of Personality and Social Psychology, 74, 1464 – 1480.

Greenwald, A. G., Poehlman, T. Andrew, U., Eric, L., & Banaji, M. R. (2009). Understanding and using the Implicit Association Test: III. Meta – analysis of predictive validity. Journal of Personality and Social Psychology, 97, 17 – 41.

Gregg, L., & Tarrier, N. (2007). Virtual reality in mental health: A review of the literature. Social Psychiatry and Psychiatric Epidemiology, 42, 343 – 354.

Gregory, R. L. (1963). Distortion of visual space as inappropriate constancy scaling. Nature, 199, 678 – 679.

Greitemeyer, T. (2015). When bystanders increase rather than decrease intentions to help. Social Psychology, 46, 116 – 119.

Griffin, D. R. (2001). Animal minds: Beyond cognition to consciousness. Chicago: University of Chicago Press.

Griffin, M. J., & Chen, E. (2006). Perceived control and immune and pulmonary outcomes in children with asthma. Psychosomatic Medicine, 68, 493 – 499.

Griffiths, R. R., Richards, W. A., Johnson, M. W., McCann, U., & Jesse, R. (2008). Mystical – type experiences occasioned by psilocybin mediate the attribution of personal meaning and spiritual significance fourteen months later. Journal of Psychopharmacology, 22, 621 – 632.

Griggs, R. A., & Whitehead, G. I. III (2015). Coverage of recent criticisms of Milgram's obedience experiments in introductory social psychology textbooks. Theory and Psychology, 25, 564 – 580.

Grimshaw, G. M., Kwasny, K. M., Covell, E., & Johnson, R. A. (2003). The dynamic nature of language lateralization: Effects of lexical and prosodic factors. Neuropsychologia, 41, 1008 – 1019.

Griskevicius, V., Haselton, M. G., & Ackerman, J. M. (2015). Evolution and close relationships. In M. Miculincer, P. R. Shaver, J. A. Simpson, & J. F. Dovidio (Eds.), APA handbook of personality and social psychology: Volume 3. Interpersonal relations (pp. 3 – 32). Washington, DC: American Psychological Association.

Grob, C. S., Danfroth, A. L., Chopra, G. S., Hagerty, M., McKay, C. R., Halberstadt, A. L., & Greer, G. R. (2011). Pilot study of psilocybin treatment for anxiety in patients with advanced – stage cancer. Archives of General Psychiatry, 68, 71 – 78.

Gross, J. J. (1998). The emerging field of emotion regulation: An integrative review. Review of General Psychology, 2, 271 – 299.

Grossman, M., & Wood, W. (1993). Sex differences in intensity of emotional experience: A social role interpretation. Journal of Personality and Social Psychology, 65, 1010 – 1022.

Groves, R. M., Mosher, W. D., Lepkowski, J., & Kirgis, N. G. (2009). Planning and development of the continuous National Survey of Family Growth. National Center for Health Statistics. Vital Health Statistics, 1,. Available from www.cdc.gov/nchs/data/series/sr_01/sr01_048.pdf.

Grucza, R. A., Norberg, K. E., & Bierut, L. J. (2009). Binge drinking among youths and young adults in the United States: 1979 – 2006. Journal of the American Academy of Child and Adolescent Psychiatry, 48, 692 – 702.

Guilford, J. P. (1988). Some changes in the structure – of – intellect model. Educational and Psychological Measurement, 48, 1 – 4.

Gur, R. E., Maany, V., Mozley, P. D., Swanson, C., Bilker, W., & Gur, R. C. (1998). Subcortical MRI volumes in neuroleptic – naive and treated patients with schizophrenia. American Journal of Psychiatry, 155, 1711 – 1717.

Gur, R. C., Gunning – Dixon, F., Bilker, W. B., & Gur, R. E. (2002). Sex differences in temporo – limbic and frontal brain volumes of healthy adults. Cerebral Cortex, 12, 998 – 1003.

Gustavson, C. R., Garcia, J., Hankins, W. G., & Rusiniak, K. W. (1974). Coyote predation control by aversive conditioning. Science, 184, 581 – 583.

Güth, W., & Kocher, M. G. (2014). More than thirty years of ultimatum bargaining experiments: Motives, variations, and a survey of the recent literature. Journal of Economic Behavior and Organization, 108, 396 – 409.

Guthrie, P. C., & Mobley, B. D. (1994). A comparison of the differential diagnostic efficiency of three personality disorder inventories. Journal of Clinical Psychology, 50, 656 – 665.

Guthrie, R. (1976). Even the rat was white: A historical view of psychology. New York: Harper & Row.

Guzman – Marin, R., Suntsova, N., Methippara, M., Greiffenstein, R., Szymusiak, R., & McGinty, D.

(2005). Sleep deprivation suppresses neurogenesis in the adult hippocampus of rats. *European Journal of Neuroscience*, 22, 2111-2116.

Hacking, I. (1995). Rewriting the soul: Multiple personality and the sciences of memory. Princeton, NJ: Princeton University Press.

Hafer, C. L., & Rubel, A. N. (2015). Long-term focus and prosocial-antisocial tendencies interact to predict belief in just world. *Personality and Individual Differences*, 75, 121-124.

Hagberg, B., & Samuelsson, G. (2008). Survival after 100 years of age: A multivariate model of exceptional survival in Swedish centenarians. *Journals of Gerontology: Series A (Biological Sciences and Medical Sciences)*, 63, 1219-1226.

Hager, J. C., & Ekman, P. (1979). Long-distance transmission of facial affect signals. *Ethology and Sociobiology*, 1, 77-82.

Hahn, A., Judd, C. M., Hirsh, H. K., & Blair, I. V. (2014) Awareness of implicit attitudes. *Journal of Experimental Psychology: General*, 143, 1369-1392.

Hahn, J., Wang, X., & Margeta, M. (2015). Astrocytes increase the activity of synaptic GluN2B NMDA receptors. *Frontiers in Cellular Neuroscience*, 9. doi:10.3389/fncel. 2015.00117

Hahn, R., Fuqua-Whitley, D., Wethington, H., Lowy, J., Crosby, A., Ful? lilove, M., Dahlberg, L. (2007). Effectiveness of universal school-based programs to prevent violent and aggressive behaviour: A systematic review. *Child: Care, Health, and Development*, 33, S114-S129.

Haidt, J. (2012). *The righteous mind: Why good people are divided by politics and religion*. New York: Pantheon Books.

Haier, R. J., Jung, R. E., Yeo, R. A., Head, K. & Akire, M. T. (2005). The neuroanatomy of general intelligence: sex matters. *NeuroImage*, 25, 320-327.

Haimov, I., & Lavie, P. (1996). Melatonin—A soporific hormone. *Current Directions in Psychological Science*, 5, 106-111.

Hale, J., Thompson, J. M., Morgan, H. M., Cappelletti, M., & Kadosh, R. C. (2014). Better together: The cognitive advantages of synaesthesia for time, numbers, and space. *Cognitive Neuropsychology*, 31, 545-564.

Halim, M. L., Ruble, D. N., Tamis-LeMonda, C. S., Zosuls, K. M., Lurye, L. E., & Greulich, F. K. (2014). Pink frilly dresses and the avoidance of all things "girly": Children's appearance rigidity and cognitive theories of gender development. *Developmental Psychology*, 50, 1091-1101.

Hall, C. (1953a). A cognitive theory of dreams. *Journal of General Psychology*, 49, 273-282.

Hall, C. (1953b). *The meaning of dreams*. New York: McGraw-Hill.

Hall, E. T. (1976). *Beyond culture*. New York: Anchor.

Hall, E. T. (1983). *The dance of life: The other dimension of time*. Garden City, NY: Anchor Press/Doubleday.

Hall, E. T., & Hall, M. R. (1990). *Understanding cultural differences*. Yarmouth, ME: Intercultural Press.

Hall, G. S. (1899). A study of anger. *American Journal of Psychology*, 10, 516-591.

Hallion, L. S., & Ruscio, A. M. (2011). A meta-analysis of the effect of cognitive bias modification on anxiety and depression. *Psychological Bulletin*, 137, 940-958.

Halpern, D. F. (2014). *Thought and knowledge: An introduction to critical thinking*. New York: Psychology Press.

Halpern, S. (2008, May 19). Virtual Iraq. The New Yorker, pp. 32-37.

Hamamura, T., & Heine, S. J. (2008). The role of self-criticism in self? improvement and face maintenance among Japanese. In E. C. Chang (Ed.), *Self-criticism and self-enhancement: Theory, research, and clinical implications*. Washington, DC: American Psychological Association.

Hamby, S. L., & Koss, M. P. (2003). Shades of gray: A qualitative study of terms used in the measurement of sexual victimization. *Psychology of Women Quarterly*, 27, 243-255.

Hamilton, D. L. (2015). *Cognitive processes in stereotyping and intergroup behavior*. New York: Psychology Press.

Hamilton, J. L., Stange, J. P., Abramson, L. Y., & Alloy, L. B. (2015). Stress and the development of cognitive vulnerabilities to depression explain sex differences in depressive symptoms during adolescence. *Clinical Psychological Science*, 3, 702-714.

Hamlin, J. K., Wynn, K., & Bloom, P. (2007). Social evaluation by preverbal infants. *Nature*, 450, 557-559.

Hammen, C. (2009). Adolescent depression. *Current Directions in Psychological Science*, 18, 200-204.

Haney, C., Banks, C., & Zimbardo, P. (1973). Interpersonal dynamics in a simulated prison. *International Journal* of *Criminology and Penology*, 1, 69-97.

Haney, C., & Zimbardo, P. (1998). The past and future of U. S. prison policy: Twenty-five years after the Stanford Prison Experiment. *American Psychologist*, 53, 709-727.

Hanson, J. L., Knodt, A. R., Brigidi, B. D., & Hariri, A. R. (2015). Lower structural integrity of the uncinate fasciculus is associated with a history of child maltreatment and future psychological vulnerability to stress. *Developmental Psychopathology*, 27, 1611-1619.

Hardie, E. A. (1997). PMS in the workplace: Dispelling the myth of cyclic function. *Journal of Occupational and Organizational Psychology*, 70, 97-102.

Harding, C. M. (2005). Changes in schizophrenia across time: Paradoxes, patterns, and predictors. In L. Davidson, C. Harding, & L. Spaniol (Eds.), *Recovery from severe mental illnesses: Research evidence and implications for practice* (Vol. 1). Boston: Center for Psychiatric ehabilitation/Boston University.

Hardy, J., & Singleton, A. (2009). Genome wide association studies and human disease. *New England Journal of Medicine*, 360, 1759-1768.

Hare, R. D. (1965). Temporal gradient of fear arousal in psychopaths. *Journal of Abnormal Psychology*, 70, 442-445.

Hare, R. D. (1996). Psychopathy: A clinical construct whose time has come. *Criminal Justice and Behavior*, 23, 24-54.

Hare, W. (2009). What open-mindedness requires. *Skeptical Inquirer*, 33, 36-39.

Haritos-Fatouros, M. (1988). The official torturer: A learning model for obedience to the authority of violence. *Journal of Applied Social Psychology*, 18, 1107-1120.

Harlow, H. F. (1958). The nature of love. *American Psychologist*, 13, 673-685.

Harlow, H. F., & Harlow, M. K. (1966). Learning to love. *American Scientist*, 54, 244-272.

Harlow, H. F., Harlow, M. K., & Meyer, D. R. (1950). Learning motivated by a manipulation drive. *Journal of Experimental Psychology*, 40, 228-234.

Harmon-Jones, E., & Harmon-Jones, C. (2015). Neural foundations of motivational orientations. In G. H. Gendolla, M. Tops, & S. L. Koole (Eds.), *Handbook of biobehavioral approaches to self-regulation* (pp. 175-187). New York: Springer.

Harrington, D. M., Martin, C. K., Ravussin, E., & Katzmarzyk, P. T. (2013). Activity related energy expenditure, appetite and energy intake: Potential implications for weight management. *Appetite*, 67, 1-7.

Harris, C. (2003). Factors associated with jealousy over real and imagined infidelity: An examination of the social-cognitive and evolutionary psychology perspectives. *Psychology of Women Quarterly*, 27, 319-329.

Harris, J. R. (2006). *No two alike: Human nature and human individuality.* New York: Norton.

Hart, A. J., Whalen, P. J., Shin, L. M., McInerney, S. C., Fischer, H., & Rauch, S. L. (2000). Differential response in the human amygdala to racial out-group vs. ingroup face stimuli. *NeuroReport*, 11, 2351-2355.

Haruno, M., Kimura, M., & Frith, C. D. (2014). Activity in the nucleus ac? cumbens and amygdala underlies individual differences in prosocial and individualistic economic choices. *Journal of Cognitive Neuroscience*, 26, 1861-1870.

Harvey, A. T., Silkey, B. S., Kornstein, S. G., & Clary, C. M. (2007). Acute worsening of chronic depression during a double-blind, randomized clinical trial of randomized antidepressant efficacy: Differences by sex and menopausal status. *Journal of Clinical Psychiatry*, 68, 951-958.

Hasin, D. S., Saha, T. D., Kerridge, B. T,. Goldstein, R. B., Chou, S. P., Zhang, H., Jung, J., Pickering, R. P., Ruan, W. J., Smith, S. M., Huang, B., & Grant, B. F. (2015). Prevalence of marijuana use disorders in the United States between 2001-2002 and 2012-2013. *JAMA Psychiatry*, 72, 1235-1242.

Haslam, N., & Loughnan, S. (2014). Dehumanization and infrahumanization. *Annual Review of Psychology*, 65, 399-423.

Haslam, S. A., Jetten, J., Postmes, T., & Haslam, C. (2009). Social identity, health and well-being: An emerging agenda for applied psychology. *Applied Psychology: An International Review*, 58, 1-23.

Haslam, S. A., & Reicher, S. (2003). Beyond Stanford: Questioning a rolebased explanation of tyranny. *Society for Experimental Social Psychology Dialogue*, 18, 22-25.

Hasnain, S. S. (2016). Obesity, more than a 'cosmetic' problem: Current knowledge and future prospects of human obesity genetics. *Biochemical Genetics*, 54, 1-28.

Hassett, J. M., Siebert, E. R., Wallen, K. (2008). Sex differences in rhesus monkey toy preferences parallel those of children. *Hormones and Behavior*, 54, 359-364.

Hatfield, E., & Rapson, R. L. (1996/2005). *Love and sex: Cross-cultural perspectives.* Boston: University Press of America.

Haut, J. S., Beckwith, B. E., Petros, T. V., & Russell, S. (1989). Gender differences in retrieval from long-term memory following acute intoxication with ethanol. *Physiology and Behavior*, 45, 1161-1165.

Hawkins, E. H., Cummins, L. H., & Marlatt, G. A. (2004). Preventing substance abuse in American Indian and Alaska Native Youth: Promising strategies for healthier communities. *Psychological Bulletin*, 130, 304-323.

Hay, D. F., Mundy, L., Roberts, S., Carta, R., Waters, C. S., Perra, O., van Goozen, S. (2011). Known risk factors for violence predict 12-month-old infants' aggressiveness with peers. *Psychological Science*, 22, 1205-1211.

Hayashi, H., & Shiomi, Y. (2015). Do children understand that people selectively conceal or express emotion? *International Journal of Behavioral Development*, 39, 1-8.

Hayes, S. C. (2004). Acceptance and commitment therapy and the new behavior therapies: Mindfulness, acceptance, and relaitonship. In S. C. Hayes, V. M. Follette, & M. M. Linehan (2004). *Mindfulness and acceptance: Expanding the cognitive-behavioral tradition.* New York: Guilford Press.

Hayes, S. C., Follette, V. M., & Linehan, M. M. (Eds.). (2004). *Mindfulness and acceptance: Expanding the cognitive-behavioral tradition.* New York: Guilford Press.

Healey, J., Lussier, P., & Beauregard, E. (2013). Sexual sadism in the context of rape and sexual homicide: An examination of crime scene indicators. *International Journal of Offender Therapy and Comparative Criminology*, 57, 402-424.

Healy, D. (2002). *The creation of psychopharmacology.* Cambridge, MA: Harvard University Press.

Healy, D. (2012). *Pharmageddon.* Berkeley: University of California Press.

Heath, A. C., Madden, P. A. F., Bucholz, K. K., Todorov, A. A., Nelson, E. C., & Martin, N. G. (2003). Genetic and genotype x environment interaction effects on risk of dependence on alcohol, tobacco, and other drugs: New research. In R. Plomin et al. (Eds.), *Behavioral genetics in the postgenomic era.* Washington, DC: APA Books.

Hedden, T., Ketay, S., Aron, A., Markus, H. R., & Gabrieli, J. D. E. (2008). Cultural influences on neural substrates of attentional control. *Psychological Science*, 19, 12-17.

Hegarty, M., & Waller, D. (2005). Individual differences in spatial abilities. In P. Shah & A. Miyake (Eds.), *The Cambridge handbook of visuospatial thinking.* New York: Cambridge University Press.

Heijmans, B. T., & Mill, J. (2012). Commentary: The seven plagues of epigenetic epidemiology. *International Journal of Epidemiology*, 41, 74-78.

Heilig, M. (2008). Molecular biology teases out two distinct forms of alcoholism. The Scientist, 22. Available at www.the-scientist.com/article/display/55237/.

Heine, S. J. (2015). *Cultural psychology: Third international student edition.* New York: WW Norton & Company.

Heinrichs, R. W. (2005). The primacy of cognition in schizophrenia. *American Psychologist*, 60, 229-242.

Held, S. D. E., & Spinka, M. (2011). Animal play and animal welfare. *Animal Behaviour*, 81, 891-899.

Helson, R., Roberts, B., & Agronick, G. (1995). Enduringness and change in creative personality and the prediction of occupational creativity. *Journal of Personality and Social Psychology*, 69, 1173-1183.

Helzer, J. E., Wittchen, H-U, Krueger, R. F., & Kraemer, H. C. (2008). Dimensional options for DSM-V: The way forward. In J. E. Helzer, H. C. Kramer, & R. F. Krueger (Eds.), *Dimensional approaches in diagnostic classification: Refining the research agenda for DSM-V.* Washington, DC: American Psychiatric Association.

Henggeler, S. W., Schoenwald, S. K., Borduin, C. M., Rowland, M. D., & Cunningham, P. B. (1998). *Multisystemic treatment of antisocial behavior in children and adolescents.* New York: Guilford Press.

Hennenlotter, A., Dresel, C., Castrop, F., Baumann A. O. C., Wohlschlager, A. M., & Haslinger, B. (2009). The link between facial feedback and neural activity within central circuitries of emotion—new insights from botulinum toxin-induced denervation of frown muscles. *Cerebral Cortex*, 19, 537-542.

Hennessy, M. B., Schiml-Webb, P. A., & Deak, T. (2009). Separation, sickness, and depression. *Current Directions in Psychological Science*, 18, 227-231.

Henrich, J., Boyd, R., Bowles, S., Camerer, C., Fehr, E., Gintis, H., & McElreath, R. (2001). In search of Homo Economicus: Behavioral experiments in 15 small scale societies. *American Economics Review*, 91, 73–78.

Henrich, J., Heine, S. J., & Norenzayan, A. (2010). The weirdest people in the world? *Behavioral and Brain Sciences*, 33, 61–83.

Hepper, E. G., Wildschut, T., Sedikides, C., Ritchie, T. D., Yung, Y. F., Hansen, N. ... Zhou, X. (2014). Pancultural nostalgia: Prototypical conceptions across cultures. *Emotion*, 14, 733–747.

Herbert, A., Gerry, N. P., McQueen, M. B., Heid, I. M., Pfeufer, A., Illig, T., Christman, M. F. (2006). A common genetic variant is associated with adult and childhood obesity. *Science*, 312, 279–283.

Herculano-Houzel, S. (2009). The human brain in numbers: A linearly scaled-up primate brain. *Frontiers of Human Neuroscience*, 3, https://doi.org/10.3389/neuro.09.031.2009

Herdt, G. (1984). *Ritualized homosexuality in Melanesia.* Berkeley: University of California Press.

Heron, W. (1957). The pathology of boredom. *Scientific American*, 196, 52–56.

Herpertz, S. C., Werth, U., Lukas, G., Qunaibi, M., Schuerkens, A., Kunert, H. J., Sass, H. (2001). Emotion in criminal offenders with psychopathy and borderline personality disorder. *Archives of General Psychiatry*, 58, 737–745.

Hertzog, C., Kramer, A. F., Wilson, R. S., & Lindenberger, U. (2008). Enrichment effects on adult cognitive development: Can the functional capacity of older adults be preserved and enhanced? *Psychological Science in the Public Interest*, 9, 1–65.

Herz, R. S., & Cupchik, G. C. (1995). The emotional distinctiveness of odorevoked memories. *Chemical Senses*, 20, 517–528.

Hess, U., Adams, R. B., Jr., & Kleck, R. (2005). Who may frown and who should smile? Dominance, affiliation, and the display of happiness and anger. *Cognition and Emotion*, 19, 515–536.

Hess, U., & Thibault, P. (2009). Darwin and emotional expression. *American Psychologist*, 64, 120–128.

Hewlett, S. A., Luce, C. B., & Servon, L. J. (2008). Stopping the exodus of women in science. *Harvard Business Review*. Available at https://hbr.org/2008/06/stopping-the-exodus-of-women-in-science.

Heyman, G. M. (2009). *Addiction: A disorder of choice.* Cambridge, MA: Harvard University Press.

Heyman, G. M. (2011). Received wisdom regarding the roles of craving and dopamine in addiction. *Perspectives on Psychological Science*, 6, 156–160.

Hibbing, J. R. (2005). Are political orientations genetically transmitted? *American Political Science Review*, 99, 153–167.

Hilbert, A., Pike, K. M., Goldschmidt, A. B., Wilfley, D. E., Fairburn, C. G., Dohm, F. A., Walsh, B. T., & Striegel, W. R. (2014). Risk factors across the eating disorders. *Psychiatry Research*, 220, 500–506.

Hilgard, E. R. (1986). *Divided consciousness: Multiple controls in human thought and action* (2nd ed.). New York: Wiley.

Hill-Soderlund, A. L., & Braungart-Rieker, J. M. (2008). Early individual differences in temperamental reactivity and regulation: Implications for effortful control in early childood. *Infant Behavior and Development*, 31, 386–397.

Hilts, P. J. (1995). *Memory's ghost: The strange tale of Mr. M. and the nature of memory.* New York: Simon & Schuster.

Hinney, A., Kesselmeier, M., Jall, S, Volckmar, A. L., Föcker, M., Antel, J., Hebebrand, J. (2016). Evidence for three genetic loci involved in both anorexia nervosa risk and variation of body mass index. *Molecular Psychiatry*, doi:10.1038/mp.2016.71

Hinzen, W. (2014). The future of universal grammar research. *Language Sciences*, 46, 97–99.

Hirsh, J. B., Galinsky, A. D., & Zhong, C-B. (2011). Drunk, powerful, and in the dark: How general processes of disinhibition produce both prosocial and antisocial behavior. *Perspectives on Psychological Science*, 6, 415–427.

Hirst, W., Phelps, E. A., Meksin, R., Vaidya, C. J., Johnson, M. K., Mitchell, K. J., Olsson, A. (2015). A ten-year follow-up of a study of memory for the attack of September 11, 2001: Flashbulb memories and memories for flashbulb events. *Journal of Experimental Psychology: General*, 144, 604–623.

Hobson, J. A. (1988). *The dreaming brain.* New York: Basic Books.

Hobson, J. A. (1990). Activation, input source, and modulation: A neurocognitive model of the state of the brain mind. In R. R. Bootzin, J. F. Kihlstrom, & D. L. Schacter (Eds.), *Sleep and cognition*. Washington, DC: American Psychological Association.

Hobson, J. A, Sangsanguan, S., Arantes, H., & Kahn, D. (2011). Dream logic: The inferential reasoning paradigm. *Dreaming*, 21, 1–15.

Hochschild, A. R. (2003). *The managed heart: Commercialization of human feeling* (2nd ed.). Berkeley: University of California Press.

Hoekstra, H. E., Hirschmann, R. J., Bundey, R. A., Insel, P. A., & Crossland, J. P. (2006). A single amino acid mutation contributes to adaptive color pattern in beach mice. *Science*, 313, 101–104.

Hofmann, S. G., Asnaani, A., Vonk, I. J. J., Sawyer, A. T., & Fang, A. (2012). The efficacy of cognitive behavioral therapy: A review of meta-analyses. *Cognitive Therapy and Research*, 36, 427–440.

Holden, G. W., Brown, A. S., Baldwin, A. S., & Croft Caderao, K.. (2014). Research findings can change attitudes about corporal punishment. *Child Abuse and Neglect*, 38, 902–908.

Holden, G. W., & Miller, P. C. (1999). Enduring and different: A metaanalysis of the similarity in parents' child rearing. *Psychological Bulletin*, 125, 223–254.

Hollon, S. D., Thase, M. E., & Markowitz, J. C. (2002). Treatment and prevention of depression. *Psychological Science in the Public Interest*, 3, 39–77.

Holt-Lunstad, J., Smith, T. B., & Layton, J. B. (2010). Social relationships and mortality risk: A meta-analytic review. *PLoS Medicine*, 7, e1000316.

Hoogsteder, L. M., Stams, G. J. J. M., Figge, M. A., Changoe, K., van Horn, J. E., Hendriks, J., & Wissink, I. B. (2015). A meta-analysis of the effectiveness of individually oriented cognitive behavioral treatment (CBT) for severe aggressive behavior in adolescents. *Journal of Forensic Psychiatry and Psychology*, 26, 22–37.

Hopper, K., Harrison, G., Janca, A., & Sartorius, N. (2007). *Recovery from schizophrenia: An international investigation*. New York: Oxford University Press.

Horn, E. E., Turkheimer, E., Strachan, E., & Duncan, G. E. (2015). Behavioral and environmental modification of the genetic influence on body mass index: A twin study. *Behavior Genetics*, 45, 409–426.

Horn, J. L., & Cattell, R. B. (1966). Refinement and test of the theory of fluid and crystallized general intelligences. *Journal of Educational Psychology*, 57, 253–270.

Horney, K. (1926/1973). The flight from womanhood. The International Journal of Psycho-Analysis, 7, 324–339. Reprinted in J. B. Miller (Ed.), *Psychoanalysis and women*. New York: Brunner/Mazel, 1973.

Hornung, R. W., Lanphear, B. P., & Dietrich, K. N. (2009). Age of greatest susceptibility to childhood lead exposure: A new statistical approach. *Environmental Health Perspectives*, 117, 1309–1312.

Horwitz, A. V., & Grob, G. N. (2011). The checkered history of American psychiatric epidemiology. *The Milbank Quarterly*, 89, 628–657.

Houben, K., Wiers, R. W., & Jansen, A. (2011). Getting a grip on drinking behavior: Training working memory to reduce alcohol abuse. *Psychological Science*, 22, 968–975.

Houdek, P., Polidarová, L., Nováková, M., Matěj?, K., Kubík, S., & Sumová, A. (2015). Melatonin administered during the fetal stage affects circadian clock in the suprachiasmatic nucleus but not in the liver. *Developmental Neurobiology*, 75, 131–144.

Houston, D. M., & Jusczyk, P. W. (2003). Infants' long-term memory for the sound patterns of words and voices. *Journal of Experimental Psychology: Human Perception and Performance*, 29, 1143–1154.

Houts, A. C. (2002). Discovery, invention, and the expansion of the modern Diagnostic and Statistical Manuals of Mental Disorders. In L. E. Beutler & M. L. Malik (Eds.), *Rethinking the DSM: A psychological perspective*. Washington, DC: American Psychological Association.

Howard, G. S. (1991). Culture tales: A narrative approach to thinking, cross-cultural psychology, and psychotherapy. *American Psychologist*, 46, 187–197.

Howe, M. L. (2000). *The fate of early memories: Developmental science and the retention of childhood experiences*. Washington, DC: American Psychological Association.

Hrdy, S. B. (1994). What do women want? In T. A. Bass (Ed.), *Reinventing the future: Conversations with the world's leading scientists*. Reading, MA: Addison-Wesley.

Hrdy, S. B. (1999). *Mother nature*. New York: Pantheon.

Hrdy, S. B. (2009). *Mothers and others*. Cambridge, MA: Belknap Press of Harvard University Press.

Hu, H., Real, E., Takamiya, K., Kang, M. G., Ledoux, J., Huganir, R. L., & Malinow, R. (2007). Emotion enhances learning via norepinephrine regulation of AMPA – receptor trafficking. *Cell*, 131, 160 – 173.

Hu, W., Saba, L., Kechris, K., Bhave, S. V., Hoffman, P. L., & Tabakoff, B. (2008). Genomic insights into acute alcohol tolerance. *Journal of Pharmacology and Experimental Therapeutics*, 326, 792 – 800.

Huang, C. M., Polk, T. A., Goh, J. O., & Park, D. C. (2012). Both left and right posterior parietal activations contribute to compensatory processes in normal aging. *Neuropsychologia*, 50, 55 – 66.

Huang, S., Deshpande, A., Yeo, S.-C., Lo, J. C., Chee, M. W. L., & Gooley, J. J. (2016). Sleep restriction impairs vocabulary learning when adolescents cram for exams: The need for sleep study. *Sleep*, 39, 1681 – 1690.

Hubel, D. H., & Wiesel, T. N. (1962). Receptive fields, binocular interaction and functional architecture in the cat's visual cortex. *Journal of Physiology (London)*, 160, 106 – 154.

Hubel, D. H., & Wiesel, T. N. (1968). Receptive fields and functional architecture of monkey striate cortex. *Journal of Physiology (London)*, 195, 215 – 243.

Hugdahl, K., & Westerhausen, R. (2010). *The two halves of the brain: Information processing in the cerebral hemispheres*. New York: MIT Press.

Huggins, M. K., Haritos-Fatouros, M., & Zimbardo, P. G. (2003). *Violence workers: Police torturers and murderers reconstruct Brazilian atrocities*. Berkeley, CA: University of California Press.

Hunsley, J., Lee, C. M., & Wood, J. (2015). Controversial and questionable assessment techniques. In S. O. Lilienfeld, S. J. Lynn, & J. M. Lohr (Eds.), *Science and pseudoscience in clinical psychology*. (2nd ed., pp. 42 – 82) New York: Guilford Press.

Hunt, J. M. (1938). An instance of the social origin of conflict resulting in psychoses. *American Journal of Orthopsychiatry*, 8, 158 – 164.

Hupka, R. B., Lenton, A. P., & Hutchison, K. A. (1999). Universal development of emotion categories in natural language. *Journal of Personality and Social Psychology*, 77, 247 – 278.

Hutcherson, C. A., Seppala, E. M., & Gross, J. J. (2015). The neural correlates of social connection. *Cognitive, Affective and Behavioral Neuroscience*, 15, 1 – 14.

Hutton, P., Wood, L., Taylor, P. J., Irving, K., & Morrison, A. P. (2014). Cognitive behavioural therapy for psychosis: Rationale and protocol for a systematic review and meta-analysis. *Psychosis: Psychological, Social and Integrative Approaches*, 6, 220 – 230.

Hwang, H., & Matsumoto, D. (2015). Evidence for the universality of facial expressions of emotion. In A. Awasthi (Ed.), *Understanding facial expressions in communication: Cross-cultural and multidisplinary perspectives* (pp. 41 – 56). New York: Springer.

Hwang, W. C. (2006). The psychotherapy adaptation and modification framework: Application to Asian Americans. *American Psychologist*, 61, 702 – 715.

Hyde, J. S. (2007). New directions in the study of gender similarities and differences. *Current Directions in Psychological Science*, 16, 259 – 263.

Hyman, I. E., Boss, S. M., Wise, B. M., McKenzie, K. E., & Caggiano, J. M. (2010). Did you see the unicycling clown? Inattentional blindness while walking and talking on a cell phone. *Applied Cognitive Psychology*, 24, 597 – 607.

Iacoboni, M. (2008). *Mirroring people: The new science of how we connect with others*. New York: Farrar, Strauss & Giroux.

Imada, T., & Ellsworth, P. C. (2011). Proud Americans and lucky Japanese: Cultural differences in appraisal and corresponding emotion. *Emotion*, 11, 329 – 345.

Impett, E. A., Gable, S., & Peplau, L. A. (2005). Giving up and giving in: The costs and benefits of daily sacrifice in intimate relationships. *Journal of Personality and Social Psychology*, 89, 327 – 344.

Impett, E. A., Henson, J. M., Breines, J. G., Schooler, D., & Tolman, D. L. (2011). Embodiment feels better: Girls' body objectification and well-being across adolescence. *Psychology of Women Quarterly*, 35, 46 – 58.

Innocenti, G. M., & Price, D. J. (2005). Exuberance in the development of cortical networks. *Nature Reviews Neuroscience*, 6, 955 – 965.

Ito, T. A., & Urland, G. R. (2003). Race and gender on the brain: Electrocortical measures of attention to the race and gender of multiply categorizable individuals. *Journal of Personality and Social Psychology*, 85, 616 – 626.

Izard, C. E. (1994). Innate and universal facial expressions: Evidence from developmental and cross-cultural research. *Psychological Bulletin*, 115, 288 – 299.

Izard, V., Sann, C., Spelke, E. S., & Streri, A.

(2009). Newborn infants perceive abstract numbers. *Proceedings of the National Academy of Sciences*, 106, 10382 – 10385.

Jack, F., & Hayne, H. (2010). Childhood amnesia: Empirical evidence for a two – stage phenomenon. *Memory*, 18, 831 – 844.

Jack, R. E., Garrod, O. G. B., Yu, H., Caldara, R., & Schyns, P. G. (2012). Facial expressions of emotion are not culturally universal. *Proceedings of the National Academy of Sciences* 109, 7241 – 7244.

Jackson, D. C., Mueller, C. J., Dolski, I., Dalton, K. M., Nitschke, J. B., Urry, H. L., Davidson, R. J. (2003). Now you feel it, now you don't: Frontal brain electrical asymmetry and individual differences in emotion regulation. *Psychological Science*, 14, 612 – 617.

Jackson, R. L., Hoffman, P., Pobric, G., & Ralph, M. A. L. (2016). The semantic network at work and rest: Differential connectivity of anterior temporal lobe subregions. *Journal of Neuroscience*, 36, 1490 – 1501.

Jacob, M. L., & Storch, E. A. (2015). Computer – aided psychotherapy technologies. In N A. Dewan, J. S. Luo, & N M. Lorenzi (Eds.), *Mental health practice in a digital world: A clinician's guide* (pp. 57 – 80). New York: Springer.

Jacobs, A. J. (2012). *Drop dead healthy: One man's humble quest for bodily perfection*. New York, NY: Simon & Schuster.

Jacobs, T. L., Epel, E. S., Lin, J., Blackburn, E. H., Wolkowitz, O. M., Bridwell, D. A., Saron, C. D. (2011). Intensive meditation training, im? mune cell telomerase activity, and psychological mediators. *Psychoneuroendocrinology*, 36, 664 – 681.

Jacobsen, P. B, Bovbjerg, D. H., Schwartz, M. D., Hudis, C. A., Gilewski, T. A., & Norton, L. (1995). Conditioned emotional distress in women receiving chemotherapy for breast cancer. *Journal of Consulting and Clinical Psychology*, 63, 108 – 114.

James, W. (1890/1950). *Principles of psychology* (Vol. 1). New York: Dover.

James, W. (1902/1936). *The varieties of religious experience*. New York: Modern Library.

Jamison, K. (1992). *Touched with fire: Manic depressive illness and the artistic temperament*. New York: Free Press.

Janak, P. H., & Tye, K. M. (2015). From circuits to behaviour in the amygdala. *Nature*, 517, 284 – 292.

Janis, I. L. (1982). *Groupthink: Psychological studies of policy decisions and fiascoes* (2nd ed.). Boston: Houghton – Mifflin.

Janis, I. L. (1989). *Crucial decisions: Leadership in policy-making and crisis management*. New York: Free Press.

Jardri, R., Pouchet, A., Pins, D., & Thomas, P. (2011). Cortical activations during auditory verbal hallucinations in schizophrenia: A coordinatebased meta – analysis. *American Journal of Psychiatry*, 168, 73 – 81.

Jayne, M., Valentine, G., & Gould, M. (2012). Family life and alcohol consumption: The transmission of "public" and "private" drinking cultures. *Drugs: Education, Prevention, and Policy*, 19, 192 – 200.

Jenkins, J. G., & Dallenbach, K. M. (1924). Obliviscence during sleep and waking. *American Journal of Psychology*, 35, 605 – 612.

Jensen, A. R. (1998). *The g factor: The science of mental ability*. Westport, CT: Praeger/Greenwood.

Jeon, L., Buettner, C. K., & Hur, E. (2014). Family and neighborhood disadvantage, home environment, and children's school readiness. *Journal of Family Psychology*, 28, 718 – 727.

Jersakova, R., Moulin, C. J. A., & O'Connor, A. R. (2016). Investigating the role of assessment method on reports of déjà vu and tip – of – the tongue states during standard recognition tests. *PLoS One*, 11. doi:10.1371/journal.pone.0154334

Jetten, J., & Hornsey, M. J. (2014). Deviance and dissent in groups. *Annual Review of Psychology*, 65, 461 – 485.

Jin, W., Xu, S., Wang, H., Yu, Y., Shen, Y., Wu, B., & Jin, L. (2012). Genomewide detection of natural selection in African Americans pre – and postadmixture. *Genome Research*, 22, 519 – 527.

Jobe, T. H., & Harrow, M. (2010). Schizophrenia course, long – term outcome, recovery, and prognosis. *Current Directions in Psychological Science*, 19, 220 – 225.

Johanek, L. M., Meyer, R. A., Friedman, R. M., Greenquist, K. W., Shim, B., Borzan, J., Ringkamp, M. (2008). A role for polymodal C – fiber afferents in nonhistaminergic itch. *Journal of Neuroscience*, 28, 7659 – 7669.

Johns, M., Schmader, T., & Martens, A. (2005). Knowing is half the battle: Teaching stereotype threat as a means of improving women's math performance. *Psychological Science*, 16, 175 – 179.

Johnson, M. K., Mitchell, K. J., & Ankudowich, E. (2012). The cognitive neuroscience of the true and false memories. In R. F. Belli (Ed.), *True and false recovered memories: Toward a reconciliation of the debate* (Nebraska Symposium on Motivation, Vol. 58, pp. 15 – 52). New York: Springer.

Johnson, M. K., Raye, C. L., Mitchell, K. J., & Ankudowich, E. (2011). The cognitive neuroscience of true and false memories. In R. F. Belli (Ed.), *True and false recovered memories: Toward a reconciliation of the debate* (Vol. 58). New York: Springer.

Jones, A. P., Laurens, K. R., Herba, C. M., Barker, G. J., & Viding, E. (2009). Amygdala hypoactivity to fearful faces in boys with conduct problems and callous – unemotional traits. *American Journal of Psychiatry*, 166, 95 – 102.

Jones, E. E. (1990). *Interpersonal perception*. New York: Macmillan.

Jones, J., & Mosher, W. D. (2013, December). Fathers' involvement with their children: United States, 2006 – 2010. *National Health Statistics Reports*, 71.

Jones, M. C. (1924). A laboratory study of fear: The case of Peter. *Pedagogical Seminary*, 31, 308 – 315.

Jones, M. L., & Galliher, R. V. (2015). Daily microaggressions and ethnic identification among Native American young adults. *Cultural Diversity and Ethnic Minority Psychology*, 21, 1 – 9.

Jones, S. P., Dwyer, D. M., & Lewis, M. B. (2016). The utility of multiple synthesized views in the recognition of unfamiliar faces. *Quarterly Journal of Experimental Psychology*. doi:10.1080/17470218.2016.1158302

Joormann, J., & Gotlib, I. H. (2007). Selective attention to emotional faces following recovery from depression. *Journal of Abnormal Psychology*, 116, 80 – 85.

Joormann, J., Levens, S. M., & Gotlib, I. H. (2011). Sticky thoughts: Depression and rumination are associated with difficulties manipulat? ing emotional material in working memory. *Psychological Science*, 22, 979 – 983.

Joormann, J., Siemer, M., & Gotlib, I. H. (2007). Mood regulation in depression: Differential effects of distraction and recall of happy memories on sad mood. *Journal of Abnormal Psychology*, 116, 484 – 490.

Jordan, A. H., Monin, B., Dweck, C. S., Lovett, B. J., John, O. P., & Gross, J. J. (2011). Misery has more company than people think: Underestimating the prevalence of others' negative emotions. *Personality and Social Psychology Bulletin*, 37, 120 – 135.

Jordan – Young, R. M. (2010). *Brainstorm: The flaws in the science of sex differences*. Cambridge, MA: Harvard University Press.

Jost, J. T., Nosek, B. A., & Gosling, S. D. (2008). Ideology: Its resurgence in social, personality, and political psychology. *Perspectives on Psychological Science*, 3, 126 – 136.

Judge, T. A. (2009). Core self – evaluations and work success. *Current Directions*, 18, 18 – 22.

Jung, C. (1967). *Collected works*. Princeton, NJ: Princeton University Press.

Jusczyk, P. W. (2002). How infants adapt speech – processing capacities to native – language structure. *Current Directions in Psychological Science*, 11, 15 – 18.

Kabat – Zinn, J. (1994). *Wherever you go, there you are: Mindfulness meditation in everyday life*. New York: Hyperion.

Kagan, J. (1989). *Unstable ideas: Temperament, cognition, and self*. Cambridge, MA: Harvard University Press.

Kagan, J. (1997). Temperament and the reactions to unfamiliarity. *Child Development*, 68, 139 – 143.

Kahneman, D. (2003). A perspective on judgment and choice: Mapping bounded rationality. *American Psychologist*, 58, 697 – 720.

Kahneman, D. (2011). *Thinking, fast and slow*. New York: Farrar, Straus & Giroux.

Kammers, M. P. M., de Vignemont, L., Verhagen, L., & Dijkerman, H. C. (2009). The rubber hand illusion in action. *Neuropsychologia*, 47, 204 – 211.

Kandel, E. R. (2001). The molecular biology of memory storage: A dialogue between genes and synapses. *Science*, 294, 1030 – 1038.

Kane, M. J., Brown, L. H., McVay, J. C., Silvia, P. J., Myin – Germeys, I., & Kwapil, T. R. (2007). For whom the mind wanders, and when: An experience – sampling study of working memory and executive control in daily life. *Psychological Science*, 18, 614 – 621.

Kanter, R. M. (2006). Some effects of proportions on group life: Skewed sex ratios and responses to token women. In J. N. Levine & R. L. Moreland (Eds.), *Small groups: Key Readings in Social Psychology*. New York: Psychology Press.

Karasek, R., & Theorell, T. (1990). *Healthy work: Stress,*

productivity, and the reconstruction of working life. New York: Basic Books.

Karg, K., Burmeister, M., Shedden, K., & Sen, S. (2011). The serotonin transporter promoter variant (5-HTTLPR), stress, and depression metaanalysis revisited: Evidence of genetic moderation. *Archives of General Psychiatry*, 68, 444-454.

Karlsgodt, K. H., Sun, D., & Cannon, T. D. (2010). Structural and functional brain abnormalities in schizophrenia. *Current Directions in Psychological Science*, 19, 226-231.

Karney, B., & Bradbury, T. N. (2000). Attributions in marriage: State or trait? A growth curve analysis. *Journal of Personality and Social Psychology*, 78, 295-309.

Karni, A., Tanne, D., Rubenstein, B. S., Askenasy, J. J., & Sagi, D. (1994). Dependence on REM sleep of overnight improvement of a perceptual skill. *Science*, 265, 679-682.

Karpicke, J. D. (2012). Retrieval-based learning: Active retrieval promotes meaningful learning. *Current Directions in Psychological Science*, 21, 157-163.

Karpicke, J. D., & Aue, W. R. (2015). The testing effect is alive and well with complex materials. *Educational Psychology Review*, 27, 317-326.

Karpicke, J. D., Butler, A. C., & Roediger, H. L. III. (2009). Metacognitive strategies in student learning: Do students practise retrieval when they study on their own? *Memory*, 17, 471-479.

Karpicke, J. D., & Roediger, H. L. III. (2007). Repeated retrieval during learning is the key to long-term retention. *Journal of Memory and Language*, 57, 151-162.

Karpicke, J. D., & Roediger, H. L. III. (2008). The critical importance of retrieval for learning. *Science*, 319, 966-968.

Kashdan, T. B., Goodman, F. R., Mallard, T. T., & DeWall, C. N. (2015). What triggers anger in everyday life: Links to the intensity, control, and regulation of these emotions, and personality traits. *Journal of Personality*. doi:10.1111/jopy.12214

Kassin, S. M. (2015). The social psychology of false confessions. *Social Issues and Policy Review*, 9, 25-51.

Kassin, S. M. (2016). False confessions: From Colonial Salem, through Central Park, and into the twenty-first century. In C. Willis-Esqueda & B. H. Bornstein (Eds.), *The Witness Stand and Lawrence S. Wrightsman, Jr.* (pp. 53-74). Springer: New York, NY.

Kaschak, M. P., Kutta, T. J., & Jones, J. L. (2011). Structural priming as implicit learning: Cumulative priming effects and individual differences. *Psychonomic Bulletin and Review*, 18, 1133-1139.

Katigbak, M. S., Church, A. T., Guanzon-Lapeña, M. A. Carlota, A. J., & del, P. (2002). Are indigenous personality dimensions culture specific? Philippine inventories and the Five-Factor model. *Journal of Personality and Social Psychology*, 82, 89-101.

Kato, T. (2014). A reconsideration of sex differences in response to sexual and emotional infidelity. *Archive of Sexual Behavior*, 43, 1281-1288.

Kawakami, N., & Yoshida, F. (2015). How do implicit effects of subliminal mere exposure become explicit? Mediating effects of social interaction. *Social Influence*, 10, 43-54.

Kawashima, R., Okita, K., Yamazaki, R., Tajima, N., Yoshida, H., Taira, M., Sugimoto, K. (2005). Reading aloud and arithmetic calculation improve frontal function of people with dementia. *Journals of Gerontology: Series A (Biological Sciences and Medical Sciences)*, 60, 380-384.

Kazdin, A. E. (2008). Evidence-based treatment and practice: New opportunities to bridge clinical research and practice, enhance the knowledge base, and improve patient care. *American Psychologist*, 63, 146-150.

Kazdin, A. E. (2012). *Behavior modification in applied settings* (7th ed.). Longrove, IL: Waveland Press.

Kazdin, A. E. (2015). Technology-based interventions and reducing the burdens of mental illness: Perspectives and comments on the special series. *Cognitive and Behavioral Practice*, 22, 359-366.

Keel, P. K., & Klump, K. L. (2003). Are eating disorders culture-bound syndromes? Implications for conceptualizing their etiology. *Psychological Bulletin*, 129, 747-769.

Keizer, K., Lindenberg, S., & Steg, L. (2008). The spreading of disorder. *Science*, 322, 1681-1685.

Kemeny, M. E. (2003). The psychobiology of stress. *Current Directions in Psychological Science*, 12, 124-129.

Kemp, D. E. (2014). Managing the side effects associated with commonly used treatments for bipolar depression. *Journal of Affective Disorders*, 169, S34-S44.

Kendall, K. L. (1999). Women in Lesotho and the (Western) construction of homophobia. In E. Blackwood & S. E. Wieringa (Eds.), *Female desires: Same-sex relations and transgender practices across cultures*. New York: Columbia University Press.

Kendler, K. S., Eaves, L. J., Loken, E. K., Pedersen, N. L., Middeldorp, C. M., Reynolds, C., Gardner, C. O. (2011). The impact of environmental experiences on symptoms of anxiety and depression across the life span. *Psychological Science*, 22, 1343-1352.

Kendler, K. S., Kuhn, J. W., Vittum, J., Prescott, C. A., & Riley, B. (2005). The interaction of stressful life events and a serotonin transporter polymorphism in the prediction of episodes of major depression. *Archives of General Psychiatry*, 62, 529-535.

Kennair, L. E. O., Grntvedt, T. V., Mehmetoglu, M., Parriloux, C., & Buss, D. M. (2015). Sex and mating strategy impact the 13 basic reasons for having sex. *Evolutionary Psychological Science*, 1, 207-219.

Kenny, D. A., Snook, A., Boucher, E., & Hancock, J. T. (2010). Interpersonal sensitivity, status, and stereotype accuracy. *Psychological Science*, 21, 1735-1739.

Kenrick, D. T., Sundie, J. M., Nicastle, L. D., & Stone, G. O. (2001). Can one ever be too wealthy or too chaste? Searching for nonlinearities in mate judgment. *Journal of Personality and Social Psychology*, 80, 462-471.

Kenrick, D. T., & Trost, M. R. (1993). The evolutionary perspective. In A. E. Beall & R. J. Sternberg (Eds.), *The psychology of gender*. New York: Guilford Press.

Kern, M. L., Della Porta, S. S., & Friedman, H. S. (2014). Lifelong pathways to longevity: Personality, relationships, flourishing, and health. *Journal of Personality*, 82, 472-484.

Kessler, R. C., Chiu, W. T., Jin, R., Ruscio, A. M., Shear, K., & Walters, E. E. (2006). The epidemiology of panic attacks, panic disorder, and agoraphobia in the National Comorbidity Survey Replication. *Archives of General Psychiatry*, 63, 415-424.

Khan, A., Detke, M., Khan, S. R., & Mallinckrodt, C. (2003). Placebo response and antidepressant clinical trial outcome. *Journal of Nervous and Mental Diseases*, 191, 211-218.

Khan, C. M., Rini, C., Bernhardt, B. A., Roberts, J. S., Christensen, K. D., Evans, J. P., Henderson, G. E.. (2014). How can psychological science inform research about genetic counseling for clinical genomic sequencing? *Journal of Genetic Counseling*, 24, 193-204.

Khodaverdi-Khani, M., & Laurence, J. R. (2016). Working memory and hypnotizability. *Psychology of Consciousness: Theory, Research, and Practice*, 3, 80-92.

Khoury, B., Lecomte, T., Fortin, G., Masse, M., Therien, P., Bouchard, V. Hofmann, S. G. (2013). Mindfulness-based therapy: A comprehensive meta-analysis. *Clinical Psychology Review*, 33, 763-771.

Khoury, J. E., Gonzalez, A., Levitan, R., Masellis, M., Basile, V., & Atkinson, L. (2016). Infant emotion regulation strategy moderates relations between self-reported maternal depressive symptoms and infant hpa activity. *Infant and Child Development*, 25, 64-83.

Kibbe, M. M., & Leslie, A. M. (2011). What do infants remember when they forget? Location and identity in 6-month-olds' memory for objects. *Psychological Science*, 22, 1500-1505.

Kida, T. (2006). *Don't believe everything you think: The 6 basic mistakes we make in thinking*. Amherst, NY: Prometheus Books.

Kiecolt-Glaser, J. K., Page, G. G., Marucha, P. T., MacCallum, R. C., & Glaser, R. (1998). Psychological influences on surgical recovery: Perspectives from psychoneuroimmunology. *American Psychologist*, 53, 1209-1218.

Kim, H. S., Sherman, D. K., & Taylor, S. E. (2008). Culture and social support. *American Psychologist*, 63, 518-526.

Kim, H. J., Kim, N., Kim, S., Hong, S., Park, K., Lim, S. Cho, G. (2012). Sex differences in amygdala subregions: Evidence from subregional shape analysis. *Neuro-Image*, 60, 2054-2061.

King, A. E., Austin-Oden, D., & Lohr, J. M. (2009). Browsing for love in all the wrong places. *Skeptic*, 15, 48-55.

King, M., & Woollett, E. (1997). Sexually assaulted males: 115 men consulting a counseling service. *Archives of Sexual Behavior*, 26, 579-588.

King, P. M., & Kitchener, K. S. (1994). *Developing reflective judgment: Understanding and promoting intellectual growth and critical thinking in adolescents and adults*. San Francisco: Jossey Bass.

King, P. M., & Kitchener, K. S. (2002). The reflective judgment model: Twenty years of research on epistemic cognition. In B. K. Hofer & P. R. Pintrich (Eds.), *Personal epistemology: The psychology of beliefs about knowledge and knowing. Mahwah, NJ: Erlbaum.

King, P. M., & Kitchener, K. S. (2004). Reflective judgment: Theory and research on the development of epistemic assumptions through adulthood. *Educational Psychologist*, 39, 5–18.

King, S., St-Hilaire, A., & Heidkamp, D. (2010). Prenatal factors in schizophrenia. *Current Directions in Psychological Science*, 19, 209–213.

Kinsey, A. C., Pomeroy, W. B., & Martin, C. E. (1948). Sexual behavior in the human male. Philadelphia: Saunders. Kinsey, Alfred C., Pomeroy, Wardell B., Martin, Clyde E., & Gebhard, Paul H. (1953). Sexual behavior in the human female. Philadelphia: Saunders.

Kirsch, I. (2004). Conditioning, expectancy, and the placebo effect: Comment on Stewart-Williams and Podd (2004). *Psychological Bulletin*, 130, 341–343.

Kirsch, I. (2010). *The emperor's new drugs: Exploding the antidepressant myth*. New York: Basic Books.

Kirsch, I., Deacon, B. J., Huedo-Medina, T. B., Scoboria, A., Moore, T. J., & Johnson, B. T. (2008). Initial severity and antidepressant benefits: A meta-analysis of data submitted to the Food and Drug Administration. *PLoS Medicine*, 5, e45.

Kirsch, I., Silva, C. E., Carone, J. E., Johnston, J. D., & Simon, B. (1989). The surreptitious observation design: An experimental paradigm for distinguishing artifact from essence in hypnosis. *Journal of Abnormal Psychology*, 98, 132–136.

Kissileff, H. R., Thornton, J. C., Torres M. I., Pavlovich, K., Mayer, L. S., Kalari, V., Leibel, R. L., & Rosenbaum, M. (2012). Leptin reverses declines in satiation in weight-reduced obese humans. *American Journal of Clinical Nutrition*, 95, 309–317.

Kitchener, K. S., Lynch, C. L., Fischer, K. W., & Wood, P. K. (1993). Developmental range of reflective judgment: The effect of contextual support and practice on developmental stage. *Developmental Psychology*, 29, 893–906.

Klauer, S. G., Dingus, T. A., Neale, V. L., et al. (2006). The impact of driver inattention on near-crash/crash risk: An analysis using the 100-car naturalistic driving study data [pdf]. Performed by Virginia Tech Transportation Institute, Blacksburg, VA, sponsored by National Highway Traffic Safety Administration, Washington, DC DOT HS 810 594.

Klein, D. N., Schwartz, J. E., Santiago, N. J., Vivian, D., Vocisano, C., Castonguay, L. G. ... Keller, M. B. (2003). Therapeutic alliance in depression treatment: Controlling for prior change and patient characteristics. *Journal of Consulting and Clinical Psychology*, 71, 997–1006.

Klein, R., & Armitage, R. (1979). Rhythms in human performance: 1 1/2-hour oscillations in cognitive style. *Science*, 204, 1326–1328.

Kleinke, C. L., Peterson, T. R., & Rutledge, T. R. (1998). Effects of self-generated facial expressions on mood. *Journal of Personality and Social Psychology*, 74, 272–279.

Kleinman, A. (1988). *Rethinking psychiatry: From cultural category to personal experience*. New York: Free Press.

Kluft, R. P. (1987). The simulation and dissimulation of multiple personality disorder. *American Journal of Clinical Hypnosis*, 30, 104–118.

Knapp, M. L., Hall, J. A., & Horgan, T. G. (2014). Nonverbal communication in human interaction (8th ed.). Belmont, CA: Wadsworth.

Knoerl, R., Smith, E., Lavoie, M., & Weisberg, J. (2016). Chronic pain and cognitive behavioral therapy: An integrative review. *Western Journal of Nursing Research*, 38, 596–628.

Kochanska, G., Brock, R. L., Chen, K-H, Aksan, N., & Anderson, S. W. (2015). Paths from mother-child and father-child relationships to externalizing behavior problems in children differing in electrodermal reactivity: A longitudinal study from infancy to age 10. *Journal of Abnormal Child Psychology*, 43, 721–734.

Kochanska, G., Forman, D. R., Aksan, N., & Dunbar, S. B. (2005). Pathways to conscience: Early mother-child mutually responsive orientation and children's moral emotion, conduct, and cognition. *Journal of Child Psychology and Psychiatry*, 46, 19–34.

Kochanska, G., & Knaack, A. (2003). Effortful control as a personality characteristic of young children: Antecedents, correlates, and consequences. *Journal of Personality*, 71, 1087–1112.

Koenen, K. C., Moffitt, T. E., Poulton, R., Martin, J., & Caspi, A. (2007). Early childhood factors associated with the development of post-traumatic stress disorder:

Results from a longitudinal birth cohort. *Psychological Medicine*, 37, 181 – 192.

Koh, J. B. K., & Wang, Q. (2012). Self – development. *Wiley Interdisciplinary Reviews: Cognitive Science*, 3, 513 – 524.

Kohlberg, L. (1964). Development of moral character and moral ideology. In M. Hoffman & L. W. Hoffman (Eds.), *Review of child development research*. New York: Russell Sage Foundation.

Köhler, W. (1925). *The mentality of apes*. New York: Harcourt, Brace.

K? hler, W. (1929). *Gestalt psychology*. New York: Horace Liveright.

K? hler, W. (1959). *Gestalt psychology today*. Presidential address to the American Psychological Association, Cincinnati. Reprinted in E. R. Hilgard (Ed.), American psychology in historical perspective: Addresses of the presidents of the American Psychological Association, 1892 – 1977. Washington, DC: American Psychological Association, 1978.

Kok, B. E., Catalino, L. I., & Fredrickson, B. L. (2008). The broadening, building, buffering effects of positive emotions. In S. J. Lopez (Ed.), *Positive psychology: Exploring the best in people* (Vol 2). Westport, CT: Praeger/Greenwood.

Kok, B. E., Coffey, K. A., Cohn, M. A., Catalino, L. I., Vacharkulksemsuk, T., Algoe, S. B., Brantley, M., & Fredrickson, B. L. (2013). How positive emotions build physical health: Perceived positive social connections account for the upward spiral between positive emotions and vagal tone. *Psychological Science*, 24, 1123 – 1132.

Kolla, B., P., & Auger, R. R. (2011). Jet lag and shift work sleep disorders: How to help reset the internal clock. *Cleveland Clinic Journal of Medicine*, 78, 675 – 684.

Koller, K., Brown, T., Spurgeon, A., & Levy, L. (2004). Recent developments in low – level lead exposure and intellectual impairment in children. *Environmental Health Perspectives*, 112, 987 – 994.

Komarraju, M., & Cokley, K. O. (2008). Horizontal and vertical dimensions of individualism – collectivism: A comparison of African Americans and European Americans. *Cultural Diversity and Ethnic Minority Psychology*, 14, 336 – 343.

Kong, A., Frigge, M. L., Masson, G., Besenbacher, S., Sulem, P., Magnusson, G., Stefansson, K. (2012). Rate of de novo mutations and the importance of father's age to disease risk. *Nature*, 48, 471 – 475.

Konrath, S. H., Chopik, W. J., Hsing, C. K., & O'Brien, E. (2014). Changes in adult attachment styles in American college students over time: A metaanalysis. *Personality and Social Psychology Review*, 18, 326 – 348.

Koocher, G. P., Goodman, G. S., White, C. S., Friedrich, W. N., Sivan, A. B., & Reynolds, C. R. (1995). Psychological science and the use of anatomi? cally detailed dolls in child sexual – abuse assessments. *Psychological Bulletin*, 118, 199 – 222.

Koocher, G. P., McMann, M. R., & Stout, A. O. (2014). Controversial therapies for children. In C. A. Alfano & D. C. Beidel (Eds.), *Comprehensive evidence based interventions for children and adolescents* (pp. 31 – 42). New York: Wiley.

Kopelman, P. G., Caterson, I. D., & Dietz, W. H. (Eds.). (2009). *Clinical obesity in adults and children* (3rd ed.). New York: Wiley – Blackwell.

Kornell, N. (2009). Metacognition in humans and animals. *Current Directions in Psychological Science*, 18, 11 – 15.

Kornum, B. R., Faraco, J., & Mignot, E. (2011). Narcolepsy with hypocretin/orexin deficiency, infections and autoimmunity of the brain. *Current Opinion in Neurobiology*, 21, 897 – 903.

Kosfeld, M., Heinrichs, M., Zak, P. J., Fischbacher, U., & Fehr, E. (2005). Oxytocin increases trust in humans. *Nature*, 435, 673 – 676.

Koss, M. (2011). Hidden, unacknowledged, acquaintance, and date rape: Looking back, looking forward. *Psychology of Women Quarterly*, 35, 348 – 354.

Kosslyn, S. M. (1980). *Image and mind*. Cambridge, MA: Harvard University Press.

Kosslyn, S. M., Thompson, W. L., Costantini – Ferrando, M. F., Alpert, N. M., & Spiegel, D. (2000). Hypnotic visual illusion alters color processing in the brain. *American Journal of Psychiatry*, 157, 1279 – 1284.

Kosslyn, S. M., Ganis, G., & Thompson, W. L. (2001). Neural foundations of imagery. *Nature Reviews Neuroscience*, 2, 635 – 642.

Kostović, I., & Judaš, M. (2009). Early development of neuronal circuitry of the human prefrontal cortex. In M. Gazzaniga et al. (Eds.), *The cognitive neurosciences* (4th ed., pp. 29 – 47).

Kounios, J., & Beeman, M. (2009). The aha! moment: The cognitive neuroscience of insight. *Current Directions in Psychological Science*, 18, 210–216.

Kraepelin, E. (1896). Psychiatrie: Einlehrbuch fur studeirende und aertze. Funfte, vollstndig umgearbeitete auflage. Leipzig.

Kraft, T. L., & Pressman, S. D. (2012). Grin and bear it: The influence of manipulated facial expression on the stress response. *Psychological Science*, 23, 1372–1378.

Krantz, D. S., Olson, M. B., Francis, J. L., Phankao, C., Bairey, M. C. N., Sopko, G., Matthews, K. A. (2006). Anger, hostility, and cardiac symptoms in women with suspected coronary artery disease: The women's ischemia syndrome evaluation (WISE) study. *Journal of Women's Health*, 15, 1214–1223.

Krassner, A. M., Gartstein, M. A., Park, C., Dragan, W. L., Lecannelier, F., & Putnam, S. P. (2016). East–west, collectivist–individualist: A cross–cultural examination of temperament in toddlers from Chile, Poland, South Korea, and the U. S. *European Journal of Developmental Psychology*. doi: 10. 1080/17405629. 2016. 1236722

Kraus, M. W., Côté, S., & Keltner, D. (2010). Social class, contextualism, and empathic accuracy. *Psychological Science*, 21, 1716–1723.

Krebs, D. L. (2008). Morality: An evolutionary account. *Perspectives on Psychological Science*, 3, 149–172.

Krendl, A. C. (2016). An fMRI investigation of the effects of culture on evaluations of stigmatized individuals. *NeuroImage*, 124, 336–349.

Krimsky, S. (2003). *Science in the private interest*. Lanham, MD: Rowman & Littlefield.

Kring, A., & Gordon, A. H. (1998). Sex differences in emotion: Expression, experience, and physiology. *Journal of Personality and Social Psychology*, 74, 686–703.

Kross, E., & Ayduk, O. (2011). Making meaning out of negative experiences by self–distancing. *Current Directions in Psychological Science*, 20, 187–191.

Krueger, A. B. (2007). *What makes a terrorist: Economics and the roots of terrorism*. Princeton, NJ: Princeton University Press.

Krueger, R. F., Hicks, B. M., & McGue, M. (2001). Altruism and antisocial behavior: Independent tendencies, unique personality correlates, distinct etiologies. *Psychological Science*, 12, 397–402.

Krupenye, C., Rosati, A. G., & Hare, B. (2015). Bonobos and chimpanzees exhibit human–like framing effects. *Biology Letters*, 1, 20140527.

Kruötzen, M., Mann, J., Heithaus, M. R., Connor, R. C., Bejder, L., & Sherwin, W. B. (2005). Cultural transmission of tool use in bottlenose dolphins. *Proceedings of the National Academy of Sciences*, 102, 8939–8943.

Krystal, J. H., Rosenheck, R. A., Cramer, J. A., Vessicchio, J. C., Jones, K. M., Vertrees, J. E., Stock, C. (2011). Adjunctive risperidone treatment for anti-depressant–resistant symptoms of chronic military service–related PTSD: A randomized trial. *Journal of the American Medical Association*, 306, 493.

Kuhl, P. K., Williams, K. A., Lacerda, F., Stevens, K. N., & Lindblom, B. (1992). Linguistic experience alters phonetic perception in infants by 6 months of age. *Science*, 255, 606–608.

Kuncel, N. R., Hezlett, S. A., & Ones, D. S. (2004). Academic performance, career potential, creativity, and job performance: Can one construct predict them all? *Journal of Personality and Social Psychology*, 86, 148–161.

Kuster, F., Orth, U., & Meier, L. L. (2012). Rumination mediates the prospec? tive effect of low self–esteem on depression: A five–wave longitudinal study. *Personality and Social Psychology Bulletin*, 38, 747–759.

Kutchins, H., & Kirk, S. A. (1997). *Making us crazy: DSM. The psychiatric bible and the creation of mental disorders*. New York: Free Press.

Laan, E., & Both, S. (2008). What makes women experience desire? *Feminism and Psychology*, 18, 505–514.

LaBerge, S. (2014). Lucid dreaming: Paradoxes of dreaming consciousness. In E. Cardeña, S. J. Lynn, & S. Krippner (Eds.), *Varieties of anomalous experience: Examining the scientific evidence* (2nd ed., pp. 145–173). Washington, DC: American Psychological Association.

Lacasse, J. R., & Leo, J. (2005). Serotonin and depression: A disconnect between the advertisements and the scientific literature. *PloS Medicine*, 2: e392.

LaFrance, M. (2011). *Lip service*. New York: Norton.

Lai, V. T., & Boroditsky, L. (2013). The immediate and chronic influence of spatio–temporal metaphors on the mental representations of time in English, Mandarin, and Mandarin–English speakers. *Frontiers in Psychology*, 4. https://doi.org/10.3389/fpsyg.2013.00142

Lanaj, K., Chang, C–H, & Johnson, R. E. (2012).

Regulatory focus and work-related outcomes: A review and meta-analysis. *Psychological Bulletin*, 138, 998–1034.

Landrigan, C. P., Fahrenkopf, A. M., Lewin, D., Sharek, P. J., Barger, L. K., Eisner, M., Sectish, T. C. (2008). Effects of the Accreditation Council for Graduate Medical Education duty hour limits on sleep, work hours, and safety. *Pediatrics*, 122, 250–258.

Landrine, H. (1988). Revising the framework of abnormal psychology. In P. Bronstein & K. Quina (Eds.), *Teaching a psychology of people*. Washington, DC: American Psychological Association.

Lang, A. J., Craske, M. G., Brown, M., & Ghaneian, A. (2001). Fear-related state dependent memory. *Cognition and Emotion*, 15, 695–703.

Langer, E. J., Blank, A., & Chanowitz, B. (1978). The mindlessness of ostensibly thoughtful action: The role of placebic information in interpersonal interaction. *Journal of Personality and Social Psychology*, 36, 635–642.

Laska, K. M., Gurman, A. S., & Wampold, B. E. (2014). Expanding the lens of evidence-based practice in psychotherapy: A common factors perspective. *Psychotherapy*, 51, 467–481.

Latremoliere, A., & Woolf, C. J. (2009). Central sensitization: A generator of pain hypersensitivity by central neural plasticity. *Journal of Pain*, 10, 895–926.

Lau, H., Alger, S. E., & Fishbein, W. (2011). Relational memory: A daytime nap facilitates the abstraction of general concepts. *PloS One*, 6, e27139.

Lavie, P. (2001). Sleep-wake as a biological rhythm. *Annual Review of Psychology*, 52, 277–303.

Lazarus, R. S., & Folkman, S. (1984). *Stress, appraisal, and coping*. New York: Springer.

Lazell, E. W., & Prince, L. H. (1929). A study of the causative factors in dementia praecox. The influence of the blood and serum on embryological cells. A preliminary communication. U. S. *Veterans Bureau Medical Bulletin*, 5, 40–41.

LeDoux, J. E. (1996). *The emotional brain*. New York: Simon & Schuster.

LeDoux, J. (2012). Rethinking the emotional brain. *Neuron*, 73, 653–676.

Lee, I. S., Yoon, S. S., Lee, S.-H., Lee, H., Park, H.-J., Wallraven, C., & Chae, Y. (2013). An amplification of feedback from facial muscles strengthened sympathetic activations to emotional facial cues. *Autonomic Neuroscience*, 179, 37–42.

Lee, J., Ahn, J-H, & Park, B. (2015). The effect of repetition in Internet banner ads and the moderating role of animation. *Computers in Human Behavior*, 46, 202–209.

Lee, S. J., & McEwen, B. S. (2001). Neurotrophic and neuroprotective actions of estrogens and their therapeutic implications. *Annual Review of Pharmacology and Pharmacological Toxicology*, 41, 569–591.

Lee, T.-H., Baek, J., Lu, Z. L., & Mather, M. (2014). How arousal modulates the visual contrast sensitivity function. *Emotion*, 14, 978–984.

Lee, Y-T, McCauley, C., & Jussim, L. (2013). Stereotypes as valid categories of knowledge and human perceptions of group differences. *Social and Personality Psychology Compass*, 7, 470–486.

Legrenzi, P., & Umiltà, C. (2011). *Neuromania: On the limits of brain science*. New York: Oxford University Press.

Leibenluft, E., & Rich, B. A. (2008). Pediatric bipolar disorder. *Annual Review of Clinical Psychology*, 4, 163–187.

Leinbach, M. D., Hort, B. E., & Fagot, B. I. (1997). Bears are for boys: Metaphorical associations in young children's gender stereotypes. *Cognitive Development*, 12, 107–130.

Lemieux, R., & Hale, J. L. (2000). Intimacy, passion, and commitment among married individuals: Further testing of the Triangular Theory of Love. *Psychological Reports*, 87, 941–948.

Lent, R., Azevedo, F. A. C., Andrade-Moraes, C. H., & Pinto, A. V. O. (2012). How many neurons do you have? Some dogmas of quantitative neuroscience under revision. *European Journal of Neuroscience*, 35, 1–9.

Leo, R. A. (2008). *Police interrogation and American justice*. Cambridge, MA: Harvard University Press.

Leonard, K. M. (2008). A cross-cultural investigation of temporal orientation in work organizations: A differentiation matching approach. *International Journal of Intercultural Relations*, 32, 479–492.

Lepore, S. J., Ragan, J. D., & Jones, S. (2000). Talking facilitates cognitive emotional processes of adaptation to an acute stressor. *Journal of Personality and Social Psychology*, 78, 499–508.

Leppnen, J., & Nelson, C. A. (2012). Early development of fear processing. *Current Directions in Psychological Science*, 21, 200–204.

Lepper, M. R., Greene, D., & Nisbett, R. E. (1973). Undermining children's intrinsic interest with extrinsic rewards. *Journal of Personality and Social Psychology*, 28, 129–137.

Leproult, R., Van Reeth, O., Byrne, M. M., Sturis, J., & Van Cauter, E. (1997). Sleepiness, performance, and neuroendocrine function during sleep deprivation: Effects of exposure to bright light or exercise. *Journal of Biological Rhythms*, 12, 245–258.

Lereya, S. T., Samara, M., & Wolke, D. (2013). Parenting behavior and the risk of becoming a victim and a bully/victim: A meta-analysis study. *Child Abuse and Neglect*, 37, 1091–1108.

Lerner, M. J. (1980). *The belief in a just world: A fundamental delusion*. New York: Plenum Press.

Lester, B. M., LaGasse, L. L., & Seifer, R. (1998). Cocaine exposure and children: The meaning of subtle effects. *Science*, 282, 633–634.

Levenson, J. C., Shensa, A., Sidani, J. E., Colditz, J. B., & Primack, B. A. (2016). The association between social media use and sleep disturbance among young adults. *Preventive Medicine*, 85. doi:10.1016/j.ypmed.2016.01.001Levenson, R. W., & Miller, B. L. (2007). Loss of cells—loss of self. *Current Directions in Psychological Science*, 16, 289–294.

Levine, J. A., Eberhardt, N. L., & Jensen, M. D. (1999). Role of nonexercise activity thermogenesis in resistance to fat gain in humans. *Science*, 283, 212–214.

Levine, J. (2003). *Harmful to minors*. Minneapolis: University of Minnesota Press.

LeVine, R. A., & Norman, K. (2008). Attachment in anthropological perspective. In R. A. LeVine & R. S. New (Eds.), *Anthropology and child development: A cross-cultural reader*. Malden, MA: Blackwell.

Levine, R. V. (2003). The kindness of strangers. *American Scientist*, 91, 227–233.

Levine, R. V., Norenzayan, A., & Philbrick, K. (2001). Cross-cultural differences in helping strangers. *Journal of Cross-Cultural Psychology*, 32, 543–560.

Levy, D. A. (2010). *Tools of critical thinking: Metathoughts for psychology* (2nd ed.). Long Grove, IL: Waveland.

Levy, J., Trevarthen, C., & Sperry, R. W. (1972). Perception of bilateral chimeric figures following hemispheric deconnection. *Brain*, 95, 61–78.

Levy, R. I. (1984). The emotions in comparative perspective. In K. R. Scherer & P. Ekman (Eds.), *Approaches to emotion*. Hillsdale, NJ: Erlbaum.

Lewin, K. (1948). *Resolving social conflicts*. New York: Harper.

Lewis, M. D. (2011). Dopamine and the neural "now": Essay and review of Addiction: A disorder of choice. *Perspectives on Psychological Science*, 6, 150–155.

Lewontin, R. C. (1970). Race and intelligence. *Bulletin of the Atomic Scientists*, 26, 2–8.

Lewontin, R. C., Rose, S., & Kamin, L. J. (1984). *Not in our genes: Biology, ideology, and human nature*. New York: Pantheon.

Lewy, A. J., Lefler, B. J., Emens, J. S., & Bauer, V. K. (2006). The circadian basis of winter depression. *Proceedings of the National Academy of Sciences*, 103, 7414–7419.

Li, M., Deater-Deckard, K., Calkins, S. D., & Bell, M. A. (2016). Getting to the heart of personality in early childhood: Cardiac electrophysiology and stability of temperament. *Journal of Research in Personality*. http://dx.doi.org/10.1016/j.jrp.2016.07.010

Li, Y. J., Johnson, K. A., Cohen, A. B., Williams, M. J., Knowles, E. D., & Chen, Z. (2012). Fundamental (ist) attribution error: Protestants are dispositionally focused. *Journal of Personality and Social Psychology*, 102, 281–290.

Liberman, M. C., Epstein, M. J., Cleveland, S. S., Wang, H., & Maison, S. F. (2016). Toward a differential diagnosis of hidden hearing loss in humans. *PLoS One*, 11. doi:10.1371/journal.pone.0162726

Lichtenstein, E., Zhu, S-H, & Tedeschi, G. J. (2010). Smoking cessation quitlines: An underrecognized intervention success story. *American Psychologist*, 65, 252–261.

Lieberman, J. A., Stroup, T. S., McEvoy, J. P., Swartz, M. S., Rosenheck, R. A., Perkins D. O., Hsiao, J. K. (2005). Effectiveness of antipsychotic drugs in patients with chronic schizophrenia. *New England Journal of Medicine*, 353, 1209–1223.

Lien, M-C, Ruthruff, E., & Johnston, J. C. (2006). Attentional limitations in doing two tasks at once: The search for exceptions. *Current Directions in Psychological Science*, 16, 89–93.

Liepert, J., Bauder, H., Wolfgang, H. R., Miltner, W. H., Taub, E., & Weiller, C. (2000). Treatment-induced cortical reorganization after stroke in humans. *Stroke*, 31, 1210 – 1216.

Lilienfeld, S. O. (2007). Psychological treatments that cause harm. *Perspectives on Psychological Science*, 2, 53 – 70.

Lilienfeld, S. O. (2014). The Dodo Bird verdict: Status in 2014. *The Behavior Therapist*, 37, 91 – 95.

Lilienfeld, S. O., & Lynn, S. J. (2015). Dissociative identity disorder: A contemporary scientific perspective. In S. O. Lilienfeld, S. J. Lynn, & J. M. Lohr (Eds.), *Science and pseudoscience in clinical psychology* (2nd ed., pp. 113 – 152). New York: Guilford Press.

Lilienfeld, S. O., Lynn, S. J., Kirsch, I., Chaves, J. F., Sarbin, T. R., Ganaway, G. K., & Powell, R. A. (1999). Dissociative identity disorder and the sociocognitive model: Recalling the lessons of the past. *Psychological Bulletin*, 125, 507 – 523.

Lilienfeld, S. O., Lynn, S. J., & Lohr, J. M. (2015). *Science and pseudoscience in clinical psychology.* (2nd ed.) New York: Guilford Press.

Lilienthal, L., Hale, S., & Myerson, J. (2016). Effects of age and environmental support for rehearsal on visuospatial working memory. *Psychology and Aging*, 31, 249 – 254.

Lim, J., & Dinges, D. F. (2010). A meta – analysis of the impact of short – term sleep deprivation on cognitive variables. *Psychological Bulletin*, 136, 375 – 389.

Lindquist, K. A., & Barrett, L. F. (2008). Constructing emotion. *Psychological Science*, 19, 898 – 903.

Lindsay, D. S., Hagen, L., Read, J. D., Wade, K. A., & Garry, M. (2004). True photographs and false memories. *Psychological Science*, 15, 149 – 154.

Linton, M. (1978). Real – world memory after six years: An in vivo study of very long – term memory. In M. M. Gruneberg, P. E. Morris, & R. N. Sykes (Eds.), *Practical aspects of memory.* London: Academic Press.

Linton, S. (1998). *Claiming disability: Knowledge and identity.* New York: New York University Press.

Linton, S. (2006). *My body politic.* Ann Arbor, University of Michigan Press.

Linville, P. W., Fischer, G. W., & Fischhoff, B. (1992). AIDS risk perceptions and decision biases. In J. B. Pryor & G. D. Reeder (Eds.), *The social psychology of HIV infection.* Hillsdale, NJ: Erlbaum.

Lionetti, F., Pastore, M., & Barone, L. (2015). Attachment in institutionalized children: A review and meta – analysis. *Child Abuse and Neglect*, 42, 135 – 145.

Lisman, J., Yasuda, R., & Raghavachari, S. (2012). Mechanisms of CaM-KII action in long – term potentiation. *Nature Reviews Neuroscience*, 13, 169 – 182.

Lissner, L., Odell, P. M., D'Agostino, R. B., Stokes III, J., Kreger, B. E., Belanger, A. J., & Brownell, K. D. (1991). Variability of body weight and health outcomes in the Framingham population. *New England Journal of Medicine*, 324, 1839 – 1844.

Little, K., Olsson, C. A., Youssef, G. J., Whittle, S., Simmons, J. G., Yücel, M., Allen, N. B. (2015). Linking the serotonin transporter gene, family environments, hippocampal volume and depression onset: A prospective imaging gene × environment analysis. *Journal of Abnormal Psychology*, 124, 834 – 849.

Liu, K., Chen, D., Guo, W., Yu, N., Wang, X. Ji, F., Yang, S. (2014). Spontaneous and partial repair of ribbon synapse in cochlear inner haircells after ototoxic withdrawal. *Molecular Neurobiology*, 52, 1680 – 1689.

Lloyd – Richardson, E. E., Bailey, S., Fava, J. L., Wing, R., Tobacco Etiology Research Network (TERN). (2009). A prospective study of weight gain during the college freshman and sophomore years. *Preventive Medicine*, 48, 256 – 261.

Lobar, S. L. (2015). DSM – V changes for Autism Spectrum Disorder (ASD): Implications for diagnosis, management, and care coordination for children with ASDs. *Journal of Pediatric Health Care.* doi:10.1016/j. pedhc. 2015. 09. 005LoBue, V., & DeLoache, J. S. (2008). Detecting the snake in the grass. *Psychological Science*, 19, 284 – 289.

LoBue, V., & DeLoache, J. S. (2011). What's so special about slithering serpents: Children and adults rapidly detect snakes based on their simple features. *Visual Cognition*, 19, 129 – 143.

Locke, E. A., & Latham, G. P. (2006). New directions in goal – setting theory. *Current Directions in Psychological Science*, 15, 265 – 268.

Loehlin, J. C., Horn, J. M., & Willerman, L. (1996). Heredity, environment, and IQ in the Texas adoption study. In R. J. Sternberg & E. Grigorenko (Eds.), *Intelligence: Heredity and environment.* New York: Cambridge University Press.

Loftus, E. F. (2011). Intelligence gathering post – 9/11. *American Psychologist*, 66, 532 – 541.

Loftus, E., & Guyer, M. J. (2002). Who abused Jane Doe? *Skeptical Inquirer*. Part 1: May/June, 24 – 32. Part 2: July/August, 37 – 40.

Loftus, E. F., Miller, D. G., & Burns, H. J. (1978). Semantic integration of verbal information into a visual memory. *Journal of Experimental Psychology: Human Learning and Memory*, 4, 19 – 31.

Loftus, E. F., & Palmer, J. C. (1974). Reconstruction of automobile destruction: An example of the interaction between language and memory. *Journal of Verbal Learning and Verbal Behavior*, 13, 585 – 589.

Loftus, E. F., & Pickrell, J. E. (1995). The formation of false memories. *Psychiatric Annals*, 25, 720 – 725.

Longo, M. R., & Haggard, P. (2012). What is it like to have a body? *Current Directions in Psychological Science*, 21, 140 – 145. Lonner, W. J. (1995). Culture and human diversity. In E. Trickett, R. Watts, & D. Birman (Eds.), *Human diversity: Perspectives on people in context*. San Francisco: Jossey – Bass.

Lonsdorf, T. B., Weike, A. I., Nikamo, P., et al. (2009). Genetic gating of human fear learning and extinction: Possible implications for geneenvironment interaction in anxiety disorder. *Psychological Science*, 20, 198 – 206.

López, S. R. (1995). Testing ethnic minority children. In B. B. Wolman (Ed.), *The encyclopedia of psychology, psychiatry, and psychoanalysis*. New York: Holt.

Lorber, M. F. (2004). Psychophysiology of aggression, psychopathy, and conduct problems: A meta – analysis. *Psychological Bulletin*, 130, 531 – 552.

Lövdén, M., Bächman, L., Lindenberger, U., Schaefer, S., & Schmiedek, F. (2010). A theoretical framework for the study of adult cognitive plasticity. *Psychological Bulletin*, 136, 659 – 676.

Löw, A., Lang, P. J., Smith, J. C., & Bradley, M. M. (2008). Both predator and prey: Emotional arousal in threat and reward. *Psychological Science*, 19, 865 – 873.

Lozano, A. M., Mayberg, H. S., Giacobbe, P., Hamani, C., Craddock, R. C., & Kennedy, S. H. (2008). Subcallosal cingulate gyrus deep brain stimulation for treatment – resistant depression. *Biological Psychiatry*, 64, 461 – 467.

Lu, C. Y., Zhang, F., Lakoma, M. D., Madden, J. M., Rusinak, D., Penfold, R. B., Soumerai, S. B. (2014). Changes in antidepressant use by young people and suicidal behavior after FDA warnings and media coverage: Quasi – experimental study. *BMJ*, 348, g3596.

Lu, L. (2008). The individual – oriented and social – oriented Chinese bicultural self: Testing the theory. *Journal of Social Psychology*, 148, 347 – 373.

Luber, B., & Lisanby, S. H. (2014). Enhancement of human cognitive performance using transcranial magnetic stimulation (TMS). *Neuroimage*, 85, 961 – 970.

Lucas, R. E., Le, K., & Dyrenforth, P. S. (2008). Explaining the extraversion/positive affect relation: Sociability cannot account for extraverts' greater happiness. *Journal of Personality*, 76, 385 – 414.

Luczak, S. E., Wall, T. L., Cook, T. A. R., Shea, S. H., & Carr, L. G. (2004). ALDH2 status and conduct disorder mediate the relationship between ethnicity and alcohol dependence in Chinese, Korean, and white American college students. *Journal of Abnormal Psychology*, 113, 271 – 278.

Luczak, S. E., Yarnell, L. M., Prescott, C. A., Myers, M. G., Liang, T., & Wall, T. L. (2014). Effects of ALDH2 - 2 on alcohol problem trajectories of Asian American college students. *Journal of Abnormal Psychology*, 123, 130 – 140.

Luders, E., Narr, K. L., Thompson, P. M., Rex, D. E., Jancke, L., Steinmetz, H., Toga, A. W. (2004). Gender differences in cortical complexity. *Nature Neuroscience*, 7, 799 – 800.

Luo, Y., & Baillargeon, R. (2010). Toward a mentalistic account of early psychological reasoning. *Current Directions in Psychological Science*, 19, 301 – 307.

Luria, A. R. (1980). *Higher cortical functions in man* (2nd rev. ed.). New York: Basic Books.

Luszczynska, A., Horodyska, K., Zarychta, K., Liszewska, N., Knoll, N., & Scholz, U. (2016). Planning and self – efficacy interventions encouraging replacing energy – dense food intake with fruit and vegetable: A longitudinal experimental study. *Psychology and Health*, 31, 40 – 64.

Lutz, C. (1988). *Unnatural emotions*. Chicago: University of Chicago Press.

Lykken, D. T. (1995). *The antisocial personalities*. Hillsdale, NJ: Erlbaum.

Lykken, D. T. (1998). *A tremor in the blood: Uses and abuses of the lie detector*. New York: Plenum Press.

Lynn, S. J., & Green, J. P. (2011). The sociocognitive and dissociation theories of hypnosis: Toward a rapprochement. *Clinical and Experimental Hypnosis*, 59, 277 – 293.

Lynn, S. J., & Kirsch, I. (2015). Hypnosis, suggestion, and suggestibility: An integrative model. *American Journal of Clinical Hypnosis*, 57, 314–329.

Lynn, S. J., Krackow, E., Loftus, E. F., Locke, T. G., & Lilienfeld, S. O. (2015). Constructing the past: Problematic memory recovery techniques in psychotherapy. In S. O. Lilienfeld, S. J. Lynn, & J. M. Lohr (Eds.), *Science and pseudoscience in clinical psychology* (2nd ed., pp. 210–244). New York: Guilford Press.

Lynn, S. J., Lilienfeld, S. O., Merckelbach, H., Giesbrecht, T., & van der Kloet, D. (2012). Dissociation and dissociative disorders: Challenging conventional wisdom. *Current Directions in Psychological Science*, 21, 48–53.

Lynn, S. J., Rhue, J. W., & Weekes, J. R. (1990). Hypnotic involuntariness: A social cognitive analysis. *Psychological Review*, 97, 69–184.

Lytton, H., & Romney, D. M. (1991). Parents' differential socialization of boys and girls: A meta-analysis. *Psychological Bulletin*, 109, 267–296.

Ma, N., Dinges, D. F., Basner, M., & Rao, H. (2015). How acute total sleep loss affects the attending brain: A meta-analysis of neuroimaging studies. *Sleep: Journal of Sleep and Sleep Disorders Research*, 38, 233–240.

Ma, W. J., Husain, M., & Bays, P. M. (2014). Changing concepts of working memory. *Nature Neuroscience*, 17, 347–356.

Macklin, M. L., Metzger, L. J., Litz, B. T., McNally, R. J., Lasko, N. B., Orr, S. P., & Pitman, R. K. (1998). Lower precombat intelligence is a risk factor for posttraumatic stress disorder. *Journal of Consulting and Clinical Psychology*, 66, 323–326.

Makridakis, S., & Moleskis, A. (2015). The costs and benefits of positive illusions. *Frontiers in Psychology*, 6, doi:10.3389/fpsyg.2015.00859

Maass, A., Cadinu, M., Guarnieri, G., & Grasselli, A. (2003). Sexual harass? ment under social identity threat: The computer harassment paradigm. *Journal of Personality and Social Psychology*, 85, 853–870.

MacArthur Foundation Research Network on Successful Midlife Development. (1999). Report of latest findings. Available at http://midmac.med.harvard.edu/.

Maccoby, E. E. (1998). *The two sexes: Growing up apart, coming together.* Cambridge, MA: Belknap Press/Harvard University Press.

Maccoby, E. E. (2002). Gender and group process: A developmental perspective. *Current Directions in Psychological Science*, 11, 54–58.

Mack, A. (2003). Inattentional blindness: Looking without seeing. *Current Directions in Psychological Science*, 12, 180–184.

Mack, M. L., & Preston, A. R. (2016). Decisions about the past are guided by reinstatement of specific memories in the hippocampus and preirhinal cortex. *NeuroImage*, 127, 144–157.

Macrae, C. N., & Bodenhausen, G. V. (2000). Social cognition: Thinking categorically about others. *Annual Review of Psychology*, 51, 93–120.

Madsen, K. M., Hviid, A., Vestergaard, M., Schendel, D., Wohlfahrt, J., Thorsen, P., Olsen, J., & Melbye, M. (2002). A population-based study of measles, mumps, and rubella vaccination and autism. *New England Journal of Medicine*, 347, 1477–1482.

Madsen, H. B., & Kim, J. H. (2016). Ontogeny of memory: An update of 40 years of work on infantile amnesia. *Behavioural Brain Research*, 298, 4–14.

Maguire, E. A., Valentine, E. R., Wilding, J. M., & Kapur, N. (2003). Routes to remembering: The brains behind superior memory. *Nature Neuroscience*, 6, 90–95.

Mahncke, H. W., Connor, B. B., Appelman, J., Ahsanuddin, O. N., Hardy, J. L., Wood, R. A., ... Merzenich, M. M. (2006). Memory enhancement in healthy older adults using a brain plasticity-based training program: A randomized, controlled study. *Proceedings of the National Academy of Sciences*, 103, 12523–12528.

Malhi, G. S., Tanious, M., Das, P., Coulston, C. M., & Berk, M. (2013). Potential mechanisms of action in lithium in bipolar disorder: Current understanding. *CNS Drugs*, 27, 135–153.

Mallan, K. M., Lipp, O. V., & Cochrane, B. (2013). Slithering snakes, angry men and out-group members: What and whom are we evolved to fear? *Cognition & Emotion*, 27, 1168–1180.

Mancuso, L. E., Ilieva, I. P., Hamilton, R. H., & Farah, M. J. (2016). Does transcranial direct current stimulation improve healthy working memory: A meta-analytic review. *Journal of Cognitive Neuroscience*, 28, 1063–1089.

Mandrusiak, M., Rudd, M. D., Joiner Jr., T. E., Berman, A. L., Van Orden, K. A., & Witte, T. (2006).

Warning signs for suicide on the Internet: A descriptive study. *Suicide and Life – Threatening Behavior*, 36, 263 – 271.

Manning, C. A., Hall, J. L., & Gold, P. E. (1990). Glucose effects on memory and other neuropsychological tests in elderly humans. *Psychological Science*, 1, 307 – 311.

Manto, M., Bower, J. M., Conforto, A. B., Delgado – Garcia, J. M., da Guarda, S. N., Gerwig, M., Timmann, D. (2012). Consensus paper: Roles of the cerebellum in motor control—the diversity of ideas on cerebellar involvement in movement. *Cerebellum*, 11, 457 – 487.

March, J. S. (2011). The preschool ADHD Treatment Study (PATS) as the culmination of twenty years of clinical trials in pediatric psychop harmacology. *Journal of the American Academy of Child and Adolescent Psychiatry*, 50, 427 – 430.

Marcus, D. K., O'Connell, D., Norris, A. L., & Sawaqdeh, A. (2014). Is the dodo bird endangered in the 21st century: A meta – analysis of treatment comparison studies. *Clinical Psychology Review*, 34, 519 – 530.

Marcus, G. (2004). *The birth of the mind: How a tiny number of genes creates the complexities of human thought*. New York: Basic Books.

Marcus, G., Pinker, S., Ullman, M., Hollander, M., Rosen, T. J., & Ku, F. (1992). Overregularization in language acquisition. *Monographs of the Society for Research in Child Development*, 57, 1 – 182.

Marcus – Newhall, A., Pedersen, W. C., Carlson, M., & Miller, N. (2000). Displaced aggression is alive and well: A meta – analytic review. *Journal of Personality and Social Psychology*, 78, 670 – 689.

Margolin, G., & Gordis, E. B. (2004). Children's exposure to violence in the family and community. *Current Directions in Psychological Science*, 13, 152 – 155.

Mari?n, P., Ackermann, H., Adamaszek, M., Barwood, C. H. S., Beaton, A., Desmond, J., Wolfram, Z. (2014). Consensus paper: Language and the cerebellum: An ongoing enigma. *The Cerebellum*, 13, 386 – 410.

Mariotti, P., Di Giacopo, R., Mazza, M., Martini, A., & Canestri, J. (2015). Rapid eye movement sleep behavior disorder: A window on the emotional world of Parkinson disease. *Sleep: Journal of Sleep and Sleep Disorders Research*, 38, 287 – 294.

Markus, H. R., & Kitayama, S. (1991). Culture and the self: Implications for cognition, emotion, and motivation. *Psychological Review*, 98, 224 – 253.

Marlatt, G. A., & Rohsenow, D. J. (1980). Cognitive processes in alcohol use: Expectancy and the balanced placebo design. In N. K. Mello (Ed.), *Advances in substance abuse* (Vol. 1). Greenwich, CT: JAI Press.

Maron, D. F. (2015). Early puberty: Causes and effects. Scientific American. Retrieved from http://www.scientificamerican.com/article/early puberty – causes – and – effects/

Martensson, B., Pettersson, A., Berglund, L., & Ekselius, L. (2015). Bright white light therapy in depression: A critical review of the evidence. *Journal of Affective Disorders*, 182, 1 – 7.

Martin, C. L., & Dinella, L. M. (2012). Congruence between gender stereotypes and activity preference in self – identified tomboys and nontomboys. *Archives of Sexual Behavior*, 41, 599 – 610.

Martin, C. L., & Ruble, D. (2004). Children's search for gender cues. *Current Directions in Psychological Science*, 13, 67 – 70.

Martin, C. L., Ruble, D., & Szkrybalo, J. (2002). Cognitive theories of early gender development. *Psychological Bulletin*, 128, 903 – 933.

Martin, G., & Pear, J. (2014). *Behavior modification: What it is and how to do it* (10th ed.). New York: Psychology Press.

Maruta, T., Colligan R. C., Malinchoc, M., & Offord, K. P. (2000). Optimists vs. pessimists: Survival rate among medical patients over a 30 – year period. *Mayo Clinic Proceedings*, 75, 140 – 143.

Masand, P. S. (2000). Side effects of antipsychotics in the elderly. *Journal of Clinical Psychiatry*, 61, 43 – 49.

Maslach, C., Schaufeli, W. B., & Leiter, M. P. (2001). Job burnout. *Annual Review of Psychology*, 52, 397 – 422.

Maslow, A. H. (1970). *Motivation and personality* (2nd ed.). New York: Harper & Row.

Maslow, A. H. (1971). *The farther reaches of human nature*. New York: Viking.

Maslow, C. B., Caramanica, K., Welch, A. E., Stellman, S. D., Brackbill, R. M., & Farfel, M. R. (2015). Trajectories of scores on a screening instrument for PTSD among world trade center rescue, recovery, and clean – up workers. *Journal of Traumatic Stress*, 28, 198 – 205.

Mason, M. P. (2008). Head cases: Stories of brain injury and its aftermath. New York: Farrar, Straus, & Giroux.

Masten, A. S. (2001). Ordinary magic: Resilience processes in development. American Psychologist, 56, 227 – 238.

Masters, W. H., & Johnson, V. E. (1966). Human sexual response. Boston: Little, Brown.

Mather, J. A., & Anderson, R. C. (1993). Personalities of octopuses (Octopus rubescens). Journal of Comparative Psychology, 197, 336 – 340.

Mather, M., Clewett, D., Sakaki, M., & Harley, C. W. (2016). Norepinephrine ignites local hot spots of neuronal excitation: How arousal amplifies selectivity in perception and memory. Behavioral and Brain Sciences. doi: http://dx.doi.org/10.1017/S0140525X15000667

Mathews, A., & MacLeod, C. (2005). Cognitive vulnerability to emotional disorders. Annual Review of Clinical Psychology, 1, 167 – 195.

Mathy, F., & Feldman, J. (2012). What's magic about magic numbers: Chunking and data compression in short-term memory. Cognition, 122, 346 – 362.

Matlin, M. (2012). The psychology of women (7th ed.). Belmont, CA: Cengage.

Matsumoto, D. (1996). Culture and psychology. Pacific Grove, CA: Brooks Cole.

Matsumoto, D, & Hwang, H. (2013). Cultural similarities and differences in emblematic gestures. Journal of Nonverbal Behavior, 37, 1 – 27.

Matthews, G., Zeidner, M., & Roberts, R. D. (2003). Emotional intelligence: Science and myth. Cambridge, MA: MIT Press/Bradford Books.

Matthews, G., Zeidner, M., & Roberts, R. D. (2012). Emotional intelligence: A promise unfulfilled? Japanese Psychological Research, 54,, 105 – 127.

Mauas, V., Kopala-Sibley, D. C., & Zuroff, D. C. (2014). Depressive symptoms in the transition to menopause: the roles of irritability, personality vulnerability, and self-regulation. Archives of Women's Mental Health, 17, 279 – 289.

Mayer, J. (2009). The dark side: The inside story of how the war on terror turned into a war on American ideals (reprint edition). New York: Anchor.

Mayer, J. D., & Salovey, P. (1997). What is emotional intelligence? In P. Salovey & D. Sluyter (Eds.), Emotional development and emotional intelligence: Implications for educators. New York: Basic Books.

Mayou, R. A., Ehlers, A., & Hobbs, M. (2000). Psychological debriefing for road traffic accident victims. British Journal of Psychiatry, 176, 589 – 593.

Mazza, J. J., & Reynolds, W. M. (1999). Exposure to violence in young innercity adolescents: Relationships with suicidal ideation, depression, and PTSD symptomatology. Journal of Abnormal Child Psychology, 27, 203 – 213.

Mazzoni, G. A., Loftus, E. F., & Kirsch, I. (2001). Changing beliefs about implausible autobiographical events: A little plausibility goes a long way. Journal of Experimental Psychology: Applied, 7, 51 – 59.

Mazzoni, G. A., Loftus, E. F., Seitz, A., & Lynn, S. J. (1999). Changing beliefs and memories through dream interpretation. Applied Cognitive Psychology, 13, 125 – 144.

McAdams, D. P. (2006). The redemptive self: Stories Americans live by. New York: Oxford University Press.

McAdams, D. P., & Guo, J. (2015). Narrating the generative life. Psychological Science, 26, 475 – 483.

McAdams, D. P., & Manczak, E. (2015). Personality and the life story. In M. Mikulincer, P. R. Shaver, L. M. Cooper, & R. J. Larsen (Eds.), APA handbook of personality and social psychology: Volume 4. Personality processes and individual differences (pp. 425 – 446). Washington, DC: American Psychological Association.

McAdams, D P., & McLean, K C. (2013). Narrative identity. Current Directions in Psychological Science, 22, 233 – 238.

McCabe, D P., & Castel, A D. (2008). Seeing is believing: The effect of brain images on judgments of scientific reasoning. Cognition, 107, 343 – 352.

McClearn, G. E., Johanson, B., Berg, S., Pedersen, N. L., Ahern, F., Petrill, S. A., & Plomin, R. (1997). Substantial genetic influence on cognitive abili? ties in twins 80 or more years old. Science, 176, 1560 – 1563.

McClelland, J. L. (2011). Memory as a constructive process: The parallel? distributed processing approach. In S. Nalbantian, P. Matthews, & J. L. McClelland (Eds.), The memory process: Neuroscientific and humanistic perspectives. Cambridge, MA: MIT Press.

McCord, J. (1989). Another time, another drug. Paper presented at a conference on Vulnerability to the Transition from Drug Use to Abuse and Dependence, Rockville, MD.

McCrae, R. R. (1987). Creativity, divergent thinking, and openness to experience. Journal of Personality and Social

Psychology, 52, 1258 – 1265.

McCrae, R. R., & Terracciano, A. , (2005). Universal features of personality traits from the observer's perspective: Data from 50 cultures. *Journal of Personality and Social Psychology*, 88, 547 – 561.

McDaniel, M. A. , Argarwal, P. K. , Huelser, B. J. , McDermott, K. B. , & Roediger, H. L. III. (2011). Test – enhanced learning in a middle school science classroom: The effects of quiz frequency and placement. *Journal of Educational Psychology*, 103, 199 – 414.

McDaniel, M. A. , Roediger, H. L. III, & McDermott, K. B. (2007). Generalizing test – enhanced learning from the laboratory to the classroom. Psychonomic Bulletin & Review, 14, 200 – 206.

McDonald, R. I. , & Crandall, C. S. (2015). Social norms and social influence. *Current Opinion in Behavioral Sciences*, 3, 147 – 151.

McDougle, S. D. , Bond, K. , M. , & Taylor, J. A. (2015). Explicit and implicit processes constitute the fast and slow processes of sensorimotor learning. *Journal of Neuroscience*, 35, 9568 – 9579.

McEwen, B. S. (2000). Allostasis and allostatic load: Implications for neuropsychopharmacology. Neuropsychopharmacology 22, 108 – 124.

McEwen, B. S. (2007). Physiology and neurobiology of stress and adaptation: Central role of the brain. *Physiological Review*, 87, 873 – 904.

McFadden, D. (2008). What do sex, twins, spotted hyenas, ADHD, and sexual orientation have in common? *Perspectives on Psychological Science*, 3, 309 – 322.

McFarlane, J. , Martin, C. L. , & Williams, T. M. (1988). Mood fluctuations: Women versus men and menstrual versus other cycles. *Psychology of Women Quarterly*, 12, 201 – 223.

McFarlane, J. M. , & Williams, T. M. (1994). Placing premenstrual syndrome in perspective. *Psychology of Women Quarterly*, 18, 339 – 373.

McGaugh, J. L. (2015). Consolidating memories. *Annual Review of Psychology*, 66, 1 – 24.

McGee, H. (2010, April 13). Cilantro haters, it's not your fault. *New York Times*. Available at www. nytimes. com/2010/04/14/dining/14curious. html.

McGeown, W. J. , Venneri, A. , Kirsch, I. , Nocetti, L. , Roberts, K. , Foan, L. , & Mazzoni, G. (2012). Suggested visual hallucination without hypnosis enhances activity in visual areas of the brain. *Consciousness and Cognition*, 21, 100 – 116.

McGoldrick, M. (2005). Irish families. In M. McGoldrick, J. Giordano, & N. Garcia – Preto (Eds.), *Ethnicity and family therapy* (3rd ed.). New York: Guilford.

McGue, M. , Bouchard, T. J. , Jr. , Iacono, W. G. , & Lykken, D. T. (1993). Behavioral genetics of cognitive ability: A life – span perspective. In R. Plomin & G. E. McClearn (Eds.), *Nature, nurture, and psychology*. Washington, DC: American Psychological Association.

McHugh, P. R. (2008). *Try to remember: Psychiatry's clash over meaning, memory, and mind*. New York: Dana Press.

McHugh, P. R. , Lief, H. I. , Freyd, P. P. , & Fetkewicz, J. M. (2004). From refusal to reconciliation: Family relationships after an accusation based on recovered memories. *Journal of Nervous and Mental Disease*, 192, 525 – 531.

McLaughlin, K. A. , Conron, K. J. , Koenen, K. C. , & Gilman, S. E. (2010). Childhood adversity, adult stressful life events, and risk of past – year psychiatric disorder: A test of the stress sensitization hypothesis in a population – based sample of adults. *Psychological Medicine*, 40, 1647 – 1658.

McKemy, D. D. , Neuhausser, W. M. , Julius, D. (2002). Identification of a cold receptor reveals a general role for TRP channels in thermosensation. *Nature*, 416, 52 – 58.

McMullin, D. , & White, J. W. (2006). Long – term effects of labeling a rape experience. Psychology of Women Quarterly, 30, 96 – 105.

McNally, R. J. (2011). *What is mental illness?* Cambridge, MA: Harvard University Press.

McNally, R. J. , Bryant, R. A. , & Ehlers, A. (2003). Does early psychological intervention promote recovery from posttraumatic stress? *Psychological Science in the Public Interest*, 4, 45 – 79.

McNulty, J. K. (2011). The dark side of forgiveness: The tendency to forgive predicts continued psychological and physical aggression in marriage. *Journal of Family Psychology*, 24, 787 – 790.

McNulty, J. K. , & Fincham, F. D. (2012). Beyond positive psychology? Toward a contextual view of psychological processes and well – being. *American Psychologist*, 67, 101 – 110.

Medeiros – Ward, N., Cooper, J. M., & Strayer, D. L. (2014). Hierarchical control and driving. *Journal of Experimental Psychology: General*, 143, 953 – 958.

Mednick, S. C., Cai, D. J., Shuman, T., Anagnostaras, S., & Wixted, J. T. (2011). An opportunistic theory of cellular and systems consolidation. *Trends in Neuroscience*, 34, 504 – 514.

Mednick, S. C., Nakayama, K., Cantero, J. L., Atienza, M., Levin, A. A., Pathak, N., & Stickgold, R. (2002). The restorative effect of naps on perceptual deterioration. *Nature Neuroscience*, 5, 677 – 681.

Mednick, S. A. (1962). The associative basis of the creative process. *Psychological Review*, 69, 220 – 232.

Medvec, V. H., Madey, S. F., & Gilovich, T. (1995). When less is more: Counterfactual thinking and satisfaction among Olympic medalists. *Journal of Personality and Social Psychology*, 69, 603 – 610.

Mehr, S. A., Song, L. A., & Spelke, E. S. (2016). For 5 – month – old infants, melodies are social. *Psychological Science*, 27, 486 – 501.

Meeus, W. H. J., & Raaijmakers, Q. A. W. (1995). Obedience in modern society: The Utrecht studies. *Journal of Social Issues*, 51, 155 – 175.

Mehl, M. R., Vazire, S., Ramírez – Esparza, N., & Pennebacker, J. W. (2007). Are women really more talkative than men? *Science*, 317, 82.

Meijer, E. H., & Verschuere, B. (2015). The polygraph: Current practice and new approaches. In P. A. Granhag, A. Vrij, & B. Verschuere (Eds.), *Detecting deception: Current challenges and cognitive approaches* (pp. 59 – 80). New York: Wiley – Blackwell.

Meindl, J R., & Lerner, M. J. (1985). Exacerbation of extreme responses to an out – group. *Journal of Personality and Social Psychology*, 47, 71 – 84.

Meltzoff, A N., & Gopnik, A. (1993). The role of imitation in understanding persons and developing a theory of mind. In S. Baron – Cohen, H. Tager-Flusberg, & D. Cohen (Eds.), *Understanding other minds*. New York: Oxford University Press.

Melzack, R. (1992). Phantom limbs. *Scientific American*, 266, 120 – 126.

Melzack, R. (1993). Pain: Past, present and future. *Canadian Journal of Experimental Psychology*, 47, 615 – 629.

Melzack, R., & Wall, P. D. (1965). Pain mechanisms: A new theory. *Science*, 13, 971 – 979.

Mendell, L. M. (2014). Constructing and deconstructing the gate theory of pain. *Pain*, 155, 210 – 216.

Mendoza – Denton, R., & Page – Gould, E. (2008). Can cross – group friendships influence minority students' well – being at historically white universities? *Psychological Science*, 19, 933 – 939.

Mennella, J. A., Lukasewycz, L. D., Castor, S. M., & Beauchamp, G. K. (2011). The timing and duration of a sensitive period in human flavor learning: A randomized trial. *American Journal of Clinical Nutrition*, 93, 1019 – 1024.

Menting, B., Van Lier, P. A. C., Koot, H. M., Pardini, D., & Loeber, R. (2016). Cognitive impulsivity and the development of delinquency from late childhood to early adulthood: Moderating effects of parenting behavior and peer relationships. *Development and Psychopathology*, 28, 67 – 183.

Mercer, J., Sarner, L., and Rosa, L. (2003). Attachment therapy on trial. Westport, CT: Praeger.

Merikle, P. M., & Skanes, H. E. (1992). Subliminal self-help audiotapes: A search for placebo effects. *Journal of Applied Psychology*, 77, 772 – 776.

Merskey, H. (1992). The manufacture of personalities: The production of MPD. *British Journal of Psychiatry*, 160, 327 – 340.

Mesquita, B., & Frijda, N. H. (1992). Cultural variations in emotions: A review. *Psychological Bulletin*, 112, 179 – 204.

Meston, C. M., & Buss, D. M. (2007). Why humans have sex. *Archives of Sexual Behavior*, 36, 477 – 507.

Mesulam, M – M. (2000). *Principles of behavioral and cognitive neurology* (2nd Ed). Oxford: Oxford University Press.

Metcalfe, J. (2009). Metacognitive judgments and control of study. *Current Directions in Psychological Science*, 18, 159 – 163.

Meyer, A. (1910 – 1911). *The nature and conception of dementia praecox*. Journal of Abnormal Psychology, 5, 274 – 285.

Mgode, G. F., Wetjens, B. J., Nwrath, T., Cox, C., Jubitana, M., Machang'u, R. S., Kaufmann, S. H. (2012). Diagnosis of tuberculosis by trained african giant pouched rats and confounding impact of pathogens and microflora of the respiratory tract. *Journal of Clinical Microbiology*, 50, 274 – 280.

Michael, R. B., Garry, M., & Kirsch, I. (2012). Suggestion, cognition, and behavior. *Current Directions in Psychological Science*, 21, 151 – 156.

Michel, M., & Lyons, L. C. (2014). Unraveling the complexities of circadian and sleep interactions with memory formation through invertebrate research. *Frontiers in Systems Neuroscience*, 8, https://doi.org/10.3389/fnsys.2014.00133

Mieda, M., Willie, J. T., Hara, J., Sinton, C. M., Sakurai, T., & Yanagisawa, M. (2004). Orexin peptides prevent cataplexy and improve wakefulness in an orexin neuron – ablated model of narcolepsy in mice. *Proceedings of the National Academy of Sciences*, 101, 4649 – 4654.

Miklowitz, D. J. (2007). The role of the family in the course and treatment of bipolar disorder. *Current Directions in Psychological Science*, 16, 192 – 196.

Mikulincer, M., & Shaver, P. R. (2007). *Attachment in adulthood: Structure, dynamics, and change*. New York: Guilford Press.

Mikulincer, M., Shaver, P. R., & Horesh, N. (2006). Attachment bases of emotion regulation and posttraumatic adjustment. In D. K. Snyder, J. A. Simpson, & J. N. Hughes (Eds.), *Emotion regulation in couples and families: Pathways to dysfunction and health*. Washington, DC: American Psycho? logical Association.

Milan, S., Zona, K., & Snow, S. (2013). Pathways to adolescent internalizing: Early attachment insecurity as a lasting source of vulnerability. *Journal of Clinical Child and Adolescent Psychology*, 42, 371 – 383.

Milgram, S. (1963). Behavioral study of obedience. *Journal of Abnormal and Social Psychology*, 67, 371 – 378.

Milgram, S. (1974). *Obedience to authority: An experimental view*. New York: Harper & Row.

Miller, G. A. (1956). The magical number seven, plus or minus two: Some limits on our capacity for processing information. *Psychological Review*, 63, 81 – 97.

Miller, G. E., Chen, E., & Parker, K. J. (2011). Psychological stress in childhood and susceptibility to the chronic diseases of aging: Moving toward a model of behavioral and biological mechanisms. *Psychological Bulletin*, 137, 959 – 997.

Miller, G. E., Lachman, M. E., Chen, E., Gruenewald, T. L, Karlamangla, A. S., & Seeman, T. E. (2011). Pathways to resilience: Maternal nurtur? ance as a buffer against the effects of childhood poverty on metabolic syndrome. *Psychological Science*, 22, 1591 – 1599.

Miller, I. J., & Reedy, F. E. (1990). Variations in human taste bud density and taste intensity perception. *Physiology and Behavior*, 47, 1213 – 1219.

Milner, B. (1962). *Physiologie de l'hippocampe*. In P. Passouant, ed. (pp. 257 – 272). Paris: Centre National de la Recherche Scientifique.

Mineka, S., & Zinbarg, R. (2006). A contemporary learning theory perspective on the etiology of anxiety disorders: It's not what you thought it was. *American Psychologist*, 61, 10 – 26.

Minkel, J., Moreta, M., Muto, J., Htaik, O., Jones, C., Basner, M., Dinges, D. (2014). Sleep deprivation potentiates HPA axis stress reactivity in healthy adults. *Health Psychology*, 33, 1430 – 1434.

Minuchin, S. (1984). *Family kaleidoscope*. Cambridge, MA: Harvard University Press.

Mischel, W. (1973). Toward a cognitive social learning reconceptualization of personality. *Psychological Review*, 80, 252 – 253.

Mischel, W. (2014). *The marshmallow test: Mastering self – control*. New York: Little, Brown.

Mischel, W., & Shoda, Y. (1995). A cognitive affective system theory of personality: Reconceptualizing situations, dispositions, dynamics, and invariance in personality structures. *Psychological Review*, 102, 246 – 268.

Mischel, W., Shoda, Y., & Rodriguez, M. L. (1989). Delay of gratification in children. *Science*, 244, 933 – 938.

Mistry, J., & Rogoff, B. (1994). Remembering in cultural context. In W. J. Lonner & R. Malpass (Eds.), *Psychology and culture*. Needham Heights, MA: Allyn & Bacon.

Mitchell, D. B. (2006). Nonconscious priming after 17 years: Invulnerable implicit memory? *Psychological Science*, 17, 925 – 929.

Mitchell, K. J., & Johnson, M. K. (2009). Source monitoring 15 years later: What have we learned from fMRI about the neural mechanisms of source memory? *Psychological Bulletin*, 135, 638 – 677.

Mitte, K. (2008). Memory bias for threatening information in anxiety and anxiety disorders: A meta – analytic review. *Psychological Bulletin*, 134, 886 – 911.

Mitterer, H., & de Ruiter, J. P. (2008). Recalibrating color categories using world knowledge. *Psychological Science*,

19, 629 – 634.

Miyamoto, Y., Nisbett, R. E., & Masuda, T. (2006). Culture and the physical environment: Holistic versus analytic perceptual affordances. *Psychological Science*, 17, 113 – 119.

Mnookin, S. (2011). *The panic virus: A true story of medicine, science, and fear*. New York: Simon & Schuster.

Modigliani, A., & Rochat, F. (1995). The role of interaction sequences and the timing of resistance in shaping obedience and defiance to authority. *Journal of Social Issues*, 51, 107 – 125.

Moffitt, T. E. (1993). Adolescence – limited and life – course – persistent antisocial behavior: A developmental taxonomy. *Psychological Review*, 100, 674 – 701.

Moffitt, T. E. (2005). The new look of behavioral genetics in developmental psychopathology: Gene – environment interplay in antisocial behaviors. *Psychological Bulletin*, 131, 533 – 554.

Moffitt, T. E., Arseneault, L., Belsky, D., Dickson, N., Hancox, R. J., Harrington, H. L., Caspi, A.. (2011). A gradient of childhood self – control predicts health, wealth, and public safety. *Proceedings of the National Academy of Sciences*, 108, 2693 – 2698.

Moghaddam, F. M. (2005). The staircase to terrorism: A psychological exploration. *American Psychologist*, 60, 161 – 169.

Mohr, C. D., Armeli, S., Tennen, H., Carney, M. A., Affleck, G., & Hromi, A. (2001). Daily interpersonal experiences, context, and alcohol consump? tion: Crying in your beer and toasting good times. *Journal of Personality and Social Psychology*, 80, 489 – 500.

Moll, H., Kane, S., & McGowan, L. (2016). Three – year olds express suspense when an agent approaches a scene with a false belief. *Developmental Science*, 19, 208 – 220.

Moncrieff, J. (2001). Are antidepressants overrated? A review of methodo? logical problems in antidepressant trials. *Journal of Nervous and Mental Disease*, 189, 288 – 295.

Moncrieff, J. (2013). *The bitterest pills: The troubling story of antipsychotic drugs*. New York: Palgrave Macmillan.

Monroe, S. M., & Reed, M. W. (2009). Life stress and major depression. *Current Directions in Psychological Science*, 18, 68 – 72.

Monteiro, C. A., Moubarac, J. C., Cannon, G., Ng, S. W., & Popkin, B. (2013). Ultra – processed products are becoming dominant in the global food system. *Obesity Reviews*, 14, 21 – 28.

Montemurro, B., & Gillen, M. M. (2013). How clothes make the woman immoral: Impressions given off bysexualized clothing. *Clothing and Textiles Research Journal*, 31, 167 – 181.

Monto, M. A., & Carey, A. G. (2014). A new standard of sexual behavior? Are claims associated with the 'hookup culture' supported by General Social Survey data? *Journal of Sex Research*, 51, 605 – 615.

Montoya, R. M., & Horton, R. S. (2013). A meta – analytic investigation of the processes underlying the similarity – attraction effect. *Journal of Social and Personal Relationships*, 30, 64 – 94.

Moore, M. N., Salk, R. H., Van Hulle, C. A., Abramson, L. Y., Hyde, J. S., Lemery – Chalfant, K., & Goldsmith, H. H. (2013). Genetic and environ? mental influences on rumination, distraction, and depressed mood in adolescence. *Clinical Psychological Science*, 1, 316 – 322.

Moore, T. E. (1992). Subliminal perception: Facts and fallacies. *Skeptical Inquirer*, 16, 273 – 281.

Moore, T. E. (1995). Subliminal self – help auditory tapes: An empirical test of perceptual consequences. *Canadian Journal of Behavioural Science*, 27, 9 – 20.

Moors, A., Ellsworth, P. C., Scherer, K., & Frijda, N. (2013). Appraisal theories of emotion: State of the art and future development. *Emotion Review*, 5, 119 – 124.

Moreno, C., Laje, G., Blanco, C., Jiang, H., Schmidt, A. B., & Olfson, M. (2007). National trends in the outpatient diagnosis and treatment of bipolar disorder in youth. *Archives of General Psychiatry*, 64, 1032 – 1039.

Morewedge, C. K., & Norton, M. I. (2009). When dreaming is believing: The (motivated) interpretation of dreams. *Journal of Personality and Social Psychology*, 96, 249 – 264.

Morgan III, C. A., Hazlett, G., Baranoski, M., Doran, A., Southwick, S., & Loftus, E. (2007). Accuracy of eyewitness identification is significantly associated with performance on a standardized test of face recognition. *International Journal of Law and Psychiatry*, 30, 213 – 223.

Morozova, T. V., Mackay, T. F., Anholt, C., & Robert, R. H. (2014). Genetics and genomics of alcohol sensitivity. *Molecular Genetics and Genomics*, 289, 253 – 269.

Morton, N. W., & Polyn, S. M. (2016). A predictive

framework for evaluating models of semantic organization in free recall. *Journal of Memory and Language*, 86, 119 – 140.

Moscovitch, M., Cabeza, R., Winocur, G., & Nadel, L. (2016). Episodic memory and beyond: The hippocampus and neocortex in transformation. *Annual Review of Psychology*, 67, 105 – 134.

Moscovitch, M., Winocur, G., & Behrmann, M. (1997). What is special about face recognition? Nineteen experiments on a person with visual object agnosia and dyslexia but normal face recognition. Journal of Cognitive Neuroscience, 9, 555 – 604.

Moskowitz, J. T., Hult, J. R., Bussolari, C., & Acree, M. (2009). What works in coping with HIV? A meta – analysis with implications for coping with serious illness. *Psychological Bulletin*, 135, 121 – 141.

Most, S. B., Simons, D. J., Scholl, B. J., Jimenez, R., Clifford, E., & Chabris, C. F. (2001). How not to be seen: The contribution of similarity and selective ignoring to sustained inattentional blindness. *Psychological Science*, 12, 9 – 17.

Moyer, C. A., Donnelly, M. P. W., Anderson, J. C., Valek, K. C., Huckaby, S. J., Wiederholt, D. A., Rice, B. L. (2011). Frontal electroencephalographic asymmetry associated with positive emotion is produced by brief meditation training. *Psychological Science*, 22, 1277 – 1279.

Mozell, M. M., Smith, B. P., Smith, P. E., Sullivan, R. L., & Swender, P. (1969). Nasal chemoreception in flavor identification. Archives of Otolaryngology, 90, 367 – 373.

Mroczek, D. K., & Spiro, A. (2005). Changes in life satisfaction during adult? hood: Findings from the veterans affairs normative aging study. *Journal of Personality and Social Psychology*, 88, 189 – 202.

Mueller, P. A., & Oppenheimer, D. M. (2014). The pen is mightier than the keyboard: Advantages of longhand over laptop note taking. *Psychological Science*, 25, 1159 – 1168.

Muise, A., Impett, E. A., & Desmarais, S. (2013). Getting it on versus getting it over with: Sexual motivation, desire, and satisfaction in intimate bonds. *Personality and Social Psychology Bulletin*, 39, 1320 – 1332.

Mukamal, K. J., Conigrave, K M, Mittleman, M. A., Camargo Jr., C. A., Stampfer, M. J., Willett, W. C., & Rimm, E. B. (2003). Roles of drinking pattern and type of alcohol consumed in coronary heart disease in men. *New England Journal of Medicine*, 348, 109 – 118.

Mu? ller, C. P., & Schumann, G. (2011). Drugs as instruments: A new framework for non – addictive psychoactive drug use. *Behavioral and Brain Sciences*, 34, 293 – 310.

Mu? ller, C. P., & Homberg, J. R. (2015). The role of serotonin in drug use and addiction. *Behavioural Brain Research*, 277, 146 – 192.

Mu? oz, R. F., Lenert, L. L., Delucchi, K., Stoddard, J., Perez, J. E., Penilla, C., & Pérez – Stable, E. J. (2006). Toward evidence – based Internet interven? tions: A Spanish/English Web site for international smoking cessation trials. *Nicotine and Tobacco Research*, 8, 77 – 87.

Munsch, S., & Jansen, A. (2014). Obesity. In S. G. Hofman, D. J. Dozois, W. Rief & J. A. Smits (Eds.), *The Wiley handbook of cognitive behavioral therapy* (pp. 593 – 617). New York: Wiley – Blackwell.

Murray, C. (2008). *Real education: Four simple truths for bringing America's schools back to reality.* New York: Crown Forum.

Myrtek, M. (2007). Type A behavior and hostility as independent risk factors for coronary heart disease. In J. Jordan et al. (Eds.), *Contributions toward evidence – based psychocardiology: A systematic review of the literature.* Washington, DC: American Psychological Association.

Na, J., & Kitayama, S. (2011). Spontaneous trait inference is culture – specific: Behavioral and neural evidence. *Psychological Science*, 22, 1025 – 1032.

Nakamoto, T. (2015). Olfactory interfaces. In R. R. Hoffman, P. A. Hancock, M. W. Scerbo, R. Parasuraman, & J. L. Szalma (Eds.), *The Cambridge handbook of applied perception research* (Vol. I, pp. 408 – 423). New York: Cambridge University Press.

Nakaya, N., Tsubono, Y., Hosokawa, T., Nishino, Y., Ohkubo, T., Hozawa, A., Hisamichi, S. (2003). Personality and the risk of cancer. *Journal of the National Cancer Institute*, 95, 799 – 805.

Nash, M. R. (1987). What, if anything, is regressed about hypnotic age regression? A review of the empirical literature. *Psychological Bulletin*, 102, 42 – 52.

Nash, M. R. (2001). The truth and the hype of hypnosis. *Scientific American*, 285, 46 – 49, 52 – 55.

Nash, M. R., & Barnier, A. J. (2007). *The Oxford handbook of hypnosis*. Oxford, UK: Oxford University Press.

Nash, M. R., & Nadon, R. (1997). Hypnosis. In D. L. Faigman, D. Kaye, M. J. Saks, & J. Sanders (Eds.), *Modern scientific evidence: The law and science of expert testimony*. St. Paul, MN: West.

Nathan, D. (2011). *Sybil exposed: The extraordinary story behind the famous multiple personality case*. New York: Free Press.

Neal, D. T., & Chartrand, T. L. (2011). Embodied emotion perception: Amplifying and dampening facial feedback modulates emotion perception accuracy. *Social Psychological and Personality Science*, 2, 673–678.

Neher, A. (1996). Jung's theory of archetypes: A critique. *Journal of Humanistic Psychology*, 36, 61–91.

Neisser, U., & Harsch, N. (1992). Phantom flashbulbs: False recollections of hearing the news about Challenger. In E. Winograd & U. Neisser (Eds.), *Affect and accuracy in recall: Studies of "flashbulb memories."* New York: Cambridge University Press.

Nelson, C. A., Zeanah, C. H., Fox, N. A., Marshall, P. J., Smyke, A. T., & Guthrie, D. (2007). Cognitive recovery in socially deprived young children: The Bucharest early intervention project. *Science*, 318, 1937–1940.

Nelson, E. E., & Panksepp, J. (1998). Brain substrates of infant–mother attachment: Contributions of opioids, oxytocin, and norepinephrine. *Neuroscience and Biobehavioral Reviews*, 22, 437–452.

Neria, Y., DiGrande, L., & Adams, B. G. (2011). Posttraumatic stress disorder following the September 11, 2001, terrorist attacks. *American Psychologist*, 66, 429–446.

Nesse, R. M., & Ellsworth, P. C. (2009). Evolution, emotion, and emotional disorders. *American Psychologist*, 64, 129–139.

Nevins, A., Pesetsky, D., and Rodrigues, C. (2009). Pirahã exceptionality: A reassessment. *Language*, 85, 355–404.

Nevler, N., & Ash, E. L. (2015). TMS as a Tool for Examining Cognitive Processing. *Current neurology and neuroscience reports*, 15, 1–11.

Newcombe, N. S., Lloyd, M. E., & Balcomb, F. (2012). Contextualizing the development of recollection: Episodic memory and binding in young children. In S. Ghetti & P. J. Bauer (Eds.), *Origins and development of recollection: Perspectives from psychology and Neuroscience*. New York: Oxford University Press.

Newland, M. C., & Rasmussen, E. B. (2003). Behavior in adulthood and during aging is affected by contaminant exposure in utero. *Current Directions in Psychological Science*, 12, 212–217.

Nichols, M. P. (2012). *Family therapy: Concepts and methods* (10th ed.). Upper Saddle River, NJ: Pearson.

Nickerson, Raymond S. (1998). Confirmation bias: A ubiquitous phenomenon in many guises. *Review of General Psychology*, 2, 175–220.

Nielsen, J. A., Zielinski, B. A., Ferguson, M. A., Lainhart, J. E., & Anderson, S. (2013). An evaluation of the left–brain vs. right–brain hypothesis with resting state functional connectivity magnetic resonance imaging. *PLOS One*, 8, e71275.

Nielsen, T. A., Zadra, A. L., Simard, V., Saucier, S., Stenstrom, P., Smith, C., & Kuiken, D. (2003). The typical dreams of Canadian university students. *Dreaming*, 13, 211–235.

Nieuwdorp, W., Koops, S., Somers, M., & Sommer, I. E. C. (2015). Transcranial magnetic stimulation, transcranial direct current stimulation and electroconvulsive therapy for medication–resistant psychosis of schizophrenia. *Current Opinion in Psychiatry*, 28, 222–228.

Nisbett, R. E. (2009). *Intelligence and how to get it: Why schools and culture count*. New York: Norton.

Nisbett, R. E., Aronson, J., Blair, C., Dickens, W., Flynn, J., Halpern, D. F., Turkheimer, E. (2012). Intelligence: New findings and theoretical developments. *American Psychologist*, 67, 130–159.

Nitsche, M. A., Cohen, L. G., Wassermann, E. M., Priori, A., Lang, N., Antal, A., Pascual–Leone, A. (2008). Transcranial direct current stimulation: State of the art 2008. *Brain Stimulation*, 1, 206–223.

Nock, M. K. (2010). Self–injury. *Annual Review of Clinical Psychology*, 6, 339–363.

Nolan, S. A., Flynn, C., & Garber, J. (2003). Prospective relations between rejection and depression in young adolescents. *Journal of Personality and Social Psychology*, 85, 745–755.

Nolen–Hoeksema, S. (2004). Lost in thought: Rumination and depression. Paper presented at the National Institute on the Teaching of Psychology, St. Petersburg, Florida.

Norman, D. A. (1988). *The psychology of everyday things*.

New York: Basic.

Norman, D. A. (2004). *Emotional design: Why we love (or hate) everyday things*. New York: Basic Books.

Norrman, G., & Bylund, E. (2015). The irreversibility of sensitive period effects in language development: Evidence from second language acquisition in international adoptees. *Developmental Science*, 19, 513-520.

Norton, A. R., Abbott, M. J., Norberg, M. M., & Hunt, C. (2015). A systematic review of mindfulness and acceptance-based treatments for social anxiety disorder. *Journal of Clinical Psychology*, 71, 283-301.

Nosek, B. A., Greenwald, A. G., & Banaji, M. R. (2007). The Implicit Association Test at 7: A methodological and conceptual review. In J. A. Bargh (Ed.), *Social psychology and the unconscious*. New York: Psychology Press.

Nyberg, L., Habib, R., McIntosh, A. R., & Tulving, E. (2000). Reactivation of encoding-related brain activity during memory retrieval. *Proceedings of the National Academy of Sciences*, 97, 11120-11124.

Ochsner, K. N., & Gross, J. J. (2008). Cognitive emotion regulation: Insights from social cognitive and affective neuroscience. *Current Directions in Psychological Science*, 17, 153-158.

O'Doherty, D. C. M., Chitty, K. M., Saddiqui, S., Bennett, M. R., & Lagopoulos, J. (2015). A systematic review and meta-analysis of magnetic resonance imaging measurement of structural volumes inposttraumatic stress disorder. *Psychiatry Research: Neuroimaging*, 232, 1-33.

Offit, P. A. (2008). *Autism's false prophets: Bad science, risky medicine, and the search for a cure*. New York Columbia University Press.

Ofshe, R. J., & Watters, E. (1994). *Making monsters: False memory, psychotherapy, and sexual hysteria*. New York: Scribners.

Ogden, J. (2012). *Trouble in mind: Stories from a neuropsychologist's casebook*. New York: Oxford University Press.

Ogden, J. A., & Corkin, S. (1991). Memories of H. M. In W. C. Abraham, M. C. Corballis, & K. G. White (Eds.), *Memory mechanisms: A tribute to G. V. Goddard*. Hillsdale, NJ: Erlbaum.

O'Hanlon, B. (1994). The third wave. *Family Therapy Networker*, 18, 18-26.

Öhman, A., & Mineka, S. (2001). Fears, phobias, and preparedness: toward an evolved module of fear and fear learning. *Psychological Review*, 108, 483-522.

Oliveira, P. S., Fearon, R. M. P., Belsky, J., Fachada, I, & Soares, I. (2015). Quality of institutional care and early childhood development. *International Journal of Behavioral Development*, 39, 161-170.

Olson, M. A. (2009). Measures of prejudice. In T. Nelson (Ed.), *The handbook of prejudice, sterotyping, and discrimination*. New York: Psychology Press.

Olsson, A., Nearing, K. I., & Phelps, E. A. (2007). Learning fears by observing others: The neural systems of social fear transmission. *Social Cognitive and Affective Neuroscience*, 2, 3-11.

Olujic, M. B. (1998). Embodiment of terror: Gendered violence in peacetime and wartime in Croatia and Bosnia-Herzegovina. *Medical Anthropology Quarterly*, 12, 31-50.

Ong, A. D. (2010). Pathways linking positive emotion and health in later life. *Current Directions in Psychological Science*, 19, 358-362.

Ongley, S. F., & Malti, T. (2014). The role of moral emotions in the development of children's sharing behavior. *Developmental Psychology*, 50, 1148-1159.

Open Science Collaboration. (2015). Estimating the reproducibility of psychological science. *Science*, 349, aac4716. doi: 10.1126/science. aac4716

Opitz, P. C., Lee, I. A., Gross, J. J., Urry, & H. L. (2014). Fluid cognitive ability is a resource for successful emotion regulation in older and younger adults. *Frontiers in Psychology*, 5. https://doi.org/10.3389/fpsyg.2014.00609

O'Rahilly, R., & Müller, F. (2001). *Human embryology and teratology*. New York: Wiley.

Oriña, M. M., Collins, W. A., Simpson, J. A., Salvatore, J. E., Haydon, K. C., & Kim, J. S. (2011). Developmental and dyadic perspectives on commitment in adult romantic relationships. *Psychological Science*, 22, 908-915.

Ortigue, S., Bianchi-Demicheli, F., Patel, N., Frum, C., & Lewis, J. W. (2010). Neuroimaging of love: fMRI meta-analysis evidence toward new perspectives in sexual medicine. *Journal of Sexual Medicine*, 7, 3541-3552.

Ortman, J. M., Velkoff, V. A., & Hogan, H. (2014, May 14). An aging nation: The older population in the United

States. Population Estimates and Projections Current Population Reports, U. S. Census Bureau. Available at www.census.gov/prod/2014pubs/p25 – 1140. pdf.

Osland, T. M., Bjorvatn, B., Steen, V. M., & Pallesen, S. (2011). Association study of a variable – number tandem repeat polymorphism in the clock gene PERIOD3 and chronotype in Norwegian university students. *Chronobiology International*, 28, 764 – 770.

Ostrovsky, Y., Andalman, A., & Sinha, P. (2006). Vision following extended congenital blindness. *Psychological Science*, 12, 1009 – 1014.

Ostrovsky, Y., Meyers, E., Ganesh, S., Mathur, U., & Sinha, P. (2009). Visual parsing after recovery from blindness. *Psychological Science*, 20, 1484 – 1491.

Oswald, F. L., Mitchell, G., Blanton, H., Jaccard, J., & Tetlock, P. E. (2013). Predicting ethnic and racial discrimination: A meta – analysis of IAT criterion studies. *Journal of Personality and Social Psychology*, 105, 171 – 192.

Otto, M., Behar, E., Smits, J. A. J., & Hoffmann, S. G. (2009). Combining pharmacological and cognitive behavioral therapy in the treatment of anxiety disorders. In M. M. Antony & M. B. Stein (Eds.), *Oxford handbook of anxiety and related disorders*. New York: Oxford University Press.

Otto, M., & Smits, J. A. J. (2012). *Exercise for mood and anxiety*. New York: Oxford University Press.

Ouellet, V.. Labbé, S. M., Blondin, D. P., Phoenix, S., Guérin, B., Haman, F., Carpentier, A. C. (2012). Brown adipose tissue oxidative metabo? lism contributes to energy expenditure during acute cold exposure in humans. *The Journal of Clinical Investigation*, 122, 545 – 552.

Ougrin, D., Tranah, T., Stahl, D., Moran, P., & Asarnow, J. R. (2015). Therapeutic interventions for suicide attempts and self – harm in adolescents: Systematic review and meta – analysis. *Journal of the American Academy of Child and Adolescent Psychiatry*, 54, 97 – 107.

Overeem, S., van Nues, S. J., van der Zande, W. L., Donjacour, C. E., van Mierlo, P., & Lammers, G. J. (2011). The clinical features of cataplexy: A questionnaire study in narcolepsy patients with and without hypocretin – 1 deficiency. *Sleep Medicine*, 12, 12 – 18.

Overstreet, M. F., Healy, A. F., & Neath, I. (2015). Further differentiating item and order information in semantic memory: Students' recall of words from the 'CU Fight Song,' Harry Potter book titles, and Scooby Doo theme song. *Memory*. doi:10.1080/09658211.2015.1125928

Owen, A. M., Hampshire, A., Grahn, J. A., Stenton, R., Dajani, S., Burns, A. S., Ballard, C. G. (2010). Putting brain training to the test. *Nature*, 465, 775e778.

Oyserman, D., & Lee, S. W. S. (2008). Does culture influence what and how we think? Effects of priming individualism and collectivism. *Psychological Bulletin*, 134, 311 – 342.

Özgen, E. (2004). Language, learning, and color perception. *Current Directions in Psychological Science*, 13, 95 – 98.

Packer, Dominic J. (2009). Avoiding groupthink: Whereas weakly identified members remain silent, strongly identified members dissent about collective problems. *Psychological Science*, 20, 619 – 626.

Padmala, S., & Pessoa, L. (2008). Affective learning enhances visual detec? tion and responses in primary visual cortex. *The Journal of Neuroscience*, 28, 6202 – 6210.

Pagel, J. F. (2003). Non – dreamers. *Sleep Medicine*, 4, 235 – 241.

Pan, B., Hembrooke, H., Joachims, T., Lorigo, L., Gay, G., & Granka, L. (2007). In Google we trust: Users' decisions on rank, position, and relevance. *Journal of Computer – Mediated Communication*, 12, 803 – 823.

Paoletti, J. (2012). *Pink and blue: Telling the girls from the boys in America*. Bloomington: University of Indiana Press.

Parada, M., Corral, M., Mota, N., Crego, A., Rodríguez Holguín, S., & Cadaveira, F. (2012). Executive functioning and alcohol binge drinking in university students. *Addictive Behaviors*, 37, 167 – 172.

Pardini, D. A., Raine, A., Erickson, K., & Loeber, R. (2014). Lower amygdala volume in men is associated with childhood aggression, early psychopathic traits, and future violence. *Biological Psychiatry*, 75, 73 – 80.

Park, D., & Gutchess, A. (2006). The cognitive neuroscience of aging and culture. *Current Directions in Psychological Science*, 15, 105 – 108.

Parlee, M. B. (1994). The social construction of premenstrual syndrome: A case study of scientific discourse as cultural contestation. In M. G. Winkler & L. B. Cole (Eds.), *The good body: Asceticism in contemporary culture*. New Haven, CT: Yale University Press.

Parrish, A. E., Evans, T. A., & Beran, M. J. (2014). Defining value through quantity and quality—chimpanzees (pan troglodytes) undervalue food quantities when items are broken. *Behavioural Processes*, 111, 118–126.

Pascoe, E. A., & Richman, L. S. (2009). Perceived discrimination and health: A meta-analytic review. *Psychological Bulletin*, 135, 531–554.

Pascual-Leone, A., Amedi, A., Fregni, F., & Merabet, L. B. (2005). The plastic human brain cortex. *Annual Review of Neuroscience*, 28, 377–401.

Pastalkova, E., Itskov, V., Amarasingham, A., & Buzsàki, G. (2008). Internally generated cell assembly sequences in the rat hippocampus. *Science*, 321, 1322–1327.

Paterson, H. M., Whittle, K., & Kemp, R. I. (2015). Detrimental effects of post-incident debriefing on memory and psychological responses. *Journal of Police and Criminal Psychology*, 30, 27–37.

Patrick, C. J., Fowles, D. C., & Krueger, R. F. (2009). Triarchic conceptualization of psychopathy: Developmental origins of disinhibition, boldness, and meanness. *Development and Psychopathology*, 21, 913–938.

Patterson, D. R., & Jensen, M. P. (2003). Hypnosis and clinical pain. *Psychological Bulletin*, 129, 495–521.

Patterson, F., & Linden, E. (1981). *The education of Koko*. New York: Holt, Rinehart & Winston.

Paul, A. M. (2004). *The cult of personality*. New York: The Free Press.

Paul, R. W. (1984). Critical Thinking: Fundamental to Education for a Free Society. *Educational leadership*, 42, 4–14.

Paunonen, S. V., & Ashton, M. C. (2001). Big Five factors and facets and the prediction of behavior. *Journal of Personality and Social Psychology*, 81, 524–539.

Pavlov, I. P. (1927). *Conditioned reflexes* (G. V. Anrep, trans.). London: Oxford University Press.

Peele, S. (2010). Alcohol as evil – Temperance and policy. *Addiction Research and Theory*, 18, 374–382.

Peele, S., & Brodsky, A. (with M. Arnold). (1991). *The truth about addiction and recovery*. New York: Simon & Schuster.

Peier, A. M., Moqrich, A., Hergarden, A. C., Reeve, A. J., Andersson, D. A., Story, G. M., Patapoutian, A. (2002). A TRP channel that senses cold stimuli and menthol. *Cell*, 108, 705–715.

Pennebaker, J. W. (2002). Writing, social processes, and psychotherapy: From past to future. In S. J. Lepore & J. M. Smyth (Eds.), *The writing cure: How expressive writing promotes health and emotional well-being*. Washington, DC: American Psychological Association.

Pennebaker, J. W. (2011). *The secret life of pronouns: What our words say about us*. New York: Bloomsbury.

Pennebaker, J. W., Colder, M., & Sharp, L. K. (1990). Accelerating the coping process. *Journal of Personality and Social Psychology*, 58, 528–527.

Pennebaker, J. W., Kiecolt-Glaser, J., & Glaser, R. (1988). Disclosure of traumas and immune function: Health implications for psychotherapy. *Journal of Consulting and Clinical Psychology*, 56, 239–245.

Pennycook, G., Cheyne, J. A., Barr, N., Koehler, D. J., & Fugelsang, J. A. (2015). On the reception and detection of pseudo-profound bullshit. *Judgment and Decision Making*, 10, 549–563.

Peplau, L. A. (2003). Human sexuality: How do men and women differ? *Current Directions in Psychological Science*, 12, 37–40.

Peplau, L. A., Spalding, L. R., Conley, T. D., & Veniegas, R. C. (2000). The development of sexual orientation in women. *Annual Review of Sex Research*, 10, 70–99.

Pepperberg, I. M. (2002). Cognitive and communicative abilities of grey parrots. *Current Directions in Psychological Science*, 11, 83–87.

Pepperberg, I. M. (2008). *Alex and me*. New York: HarperCollins.

Perera, F. P., Wang, S., Rauh, V., Zhou, H., Stigter, L., Camann, D., Majewska, R. (2013). Prenatal exposure to air pollution, maternal psychological distress, and child behavior. *Pediatrics*, 132, e1284–e1294.

Perera, S., Eisen, R., Bhatt, M., Bhatnagar, N., de Souza, R., Thabane, L., & Samaan, Z. (2016). Light therapy for non-seasonal depression: Systematic review and meta-analysis. *British Journal of Psychiatry Open*, 2, 116–126.

Perilloux, C., Duntley, J. D., & Buss, D. M. (2014). Blame attribution in sexual victimization. *Personality and Individual Differences*, 63, 81–86.

Perry, G. (2013). *Behind the shock machine: The untold story of the notorious Milgram psychology experiments*. New York: The New Press.

Perry, J. C., & Metzger, J. (2014). Introduction to "Defense mechanisms in psychotherapy." *Journal of Clinical Psychology*, 70, 405.

Peterson, L. R., & Peterson, M. J. (1959). Short-term retention of individual verbal items. *Journal of Experimental Psychology*, 58, 193–198.

Peterson, Z. D., & Muehlenhard, C. L. (2011). A match-and-motivation model of how women label their nonconsensual sexual experiences. *Psychology of Women Quarterly*, 35, 558–570.

Petkova, V. I., & Ehrsson, H. H. (2008). If I were you: Perceptual illusion of body swapping. *PLoS One*, 3: e3832.

Pettigrew, T. T., & Tropp, L. R. (2006). A meta-analytic test of intergroup contact theory. *Journal of Personality and Social Psychology*, 90, 751–783.

Petty, R. E., & Briol, P. (2014). The elaboration likelihood and metacognitive models of attitudes. In J. W. Sherman, B. Gawronski, & Y. Trope (Eds.), *Dual-process theories of the social mind* (pp. 172–187). New York: Guilford.

Petty, R. E., & Cacioppo, J. T. (1986). *The elaboration likelihood model of persuasion*. New York: Springer.

Pflum, S. R., Testa, R. J., Balsam, K. F., & Goldblum, P. B. (2015). Social support, trans community connectedness, and mental health symptoms among transgender and gender nonconforming adults. *Psychology of Sexual Orientation and Gender Diversity*, 2, 281–286.

Pfungst, O. (1911/1965). *Clever Hans (the horse of Mr. Von Osten), a contribution to experimental animal and human psychology*. New York: Henry Holt.

Phinney, J. S. (2006). Acculturation is not an independent variable: Approaches to studyingacculturation as a complex process. In M. H. Bornstein & L. R. Cote (Eds.), *Acculturation and parent-child relationships: Measurement and development* (pp. 79–95). Mahwah, NJ: Erlbaum.

Piaget, J. (1929/1960). *The child's conception of the world*. Paterson, NJ: Littlefield, Adams.

Piaget, J. (1952). *Play, dreams, and imitation in childhood*. New York: Norton.

Piaget, J. (1984). Piaget's theory. In P. Mussen (Series Ed.) & W. Kessen (Vol. Ed.), *Handbook of child psychology: Vol. 1. History, theory, and methods* (4th ed.). New York: Wiley.

Pica, G., Bélanger, J. J., Pantaleo, G., Pierro, A., & Kuglanski, A. W. (2015). Prejudice in person memory: Self-threat biases memories of stigmatized group members. *European Journal of Social Psychology*. doi: 10.1002/ejsp.2140

Pierce, W. D., Cameron, J., Banko, K. M., & So, S. (2003). Positive effects of rewards and performance standards on intrinsic motivation. *Psychological Record*, 53, 561–579.

Pika, S., & Mitani, J. (2006). Referential gesture communication in wild chimpanzees (Pan troglodytes). *Current Biology*, 16, 191–192.

Yong P. E., Laplante, D. P., Elgbeili, G., Hillerer, K. M., Brunet, A., O'Hara, M. W., & King, S. (2015). Prenatal maternal stress predicts stress reactivity at 26 years of age: The Iowa Flood Study. *Psychoneuroendocrinology*, 56, 62–78.

Ping, E. Y., Laplante, D. P., Elgbeili, G., Hillerer, K. M., Brunet, A., O'Hara, M. W., King, S. (2015). Prenatal maternal stress predicts stress reactivity at 2 years of age: The Iowa Flood Study. Psychoneuroendocrinology, 56, 62–78.

Pinker, S. (1994). *The language instinct: How the mind creates language*. New York: Morrow.

Pinker, S. (2002). *The blank slate: The modern denial of human nature*. New York: Viking.

Piper, A., & Merskey, H. (2004). The persistence of folly: A critical examination of dissociative identity disorder. Part I: The excesses of an improb? able concept. *Canadian Journal of Psychiatry*, 49, 592–600.

Pitcher, D., Gold B. T., Duchaine, B., Walsh, V., Kanwisher, N. (2012). Two critical and functionally distinct stages of face and body perception. *Journal of Neuroscience*, 32, 15877–15885.

Pitman, R. K., Rasmusson, A. M., Koenen, K. C., Shin, L. M., Orr, S. P., Gilbertson, M. W., Liberzon, I. (2012). Biology of posttraumatic stress disorder. *Nature Reviews Neuroscience*, 13, 769–787.

Pittenger, D. J. (1993). The utility of the Myers-Briggs Type Indicator. *Review of Educational Research*, 63, 467–488.

Pittenger, D. J. (2005). Cautionary comments regarding the Myers-Briggs Type Indicator. *Consulting Psychology Journal: Practice and Research*, 57, 210–221.

Plomin, R. (1989). Environment and genes: Determinants of behavior. *American Psychologist*, 44, 105–111.

Plomin, R. (2011). Commentary: Why are children in the same family so different? Non-shared environment three decades later. *International Journal of Epidemiology*, 40,

582 – 592.

Plomin, R. (2013). Child development and molecular genetics: 14 years later. *Child Development*, 84, 104 – 120.

Plomin, R., DeFries, J. C., & Knopik, V. S. (2013). *Behavioral Genetics* (6th ed.). New York: Worth.

Plotnik, J. M., de Waal, F. B. M., & Reiss, D. (2006). Self – recognition in an Asian elephant. *Proceedings of the National Academy of Sciences*, 103, 17053 – 17057.

Pl? tner, M., Over, H., Carpenter, M., & Tomasello, M. (2015). Young children show the bystander effect in helping situations. *Psychological Science*, 26, 499 – 506.

Pobric, G., Mashal, N., Faust, M., & Lavidor, M. (2008). The role of the right cerebral hemisphere in processing novel metaphoric expressions: A transcranial magnetic stimulation study. *Journal of Cognitive Neuroscience*, 20, 170 – 181.

Polaschek, D. L. L. (2014). Adult criminals with psychopathy: Common beliefs about treatability and change have little empirical support. *Current Directions in Psychological Science*, 23, 296 – 301.

Ponitz, C. C., McClelland, M. M., Matthews, J. S., & Morrison, F. J. (2009). A structured observation of behavioral self – regulation and its contribution to kindergarten outcomes. *Developmental Psychology*, 45, 605 – 619.

Poole, D., Bruck, M., & Pipe, M. E. (2011). Forensic interviewing aids: Do props help children answer questions about touching? *Current Directions in Psychological Science*, 20, 11 – 15.

Pope Jr., H. G., Poliakoff, M. B., Parker, M. P., Boynes, M., & Hudson, J. I. (2007). Is dissociative amnesia a culture – bound syndrome? Findings from a survey of historical literature. *Psychological Medicine*, 37, 22533.

Popkin, B. M. (2009). *The world is fat: The fads, trends, policies, and products that are fattening the human race*. New York: Avery (Penguin).

Portenoy, R. K. (1994). Opioid therapy for chronic nonmalignant pain: Current status. In H. L. Fields & J. C. Liebeskind (Eds.), *Progress in pain research and management: Pharmacological approaches to the treatment of chronic pain: Vol. 1*. Seattle: International Association for the Study of Pain.

Posada, G., Lu, T., Trumbell, J., Kaloustian, G., Trudel, M., Plata, S. J., Lay, K. L. (2013). Is the secure base phenomenon evident here, there, and anywhere? A cross – cultural study of child behavior and experts' definitions. *Child Development*, 84, 1896 – 1905.

Posner, M. I., & Rothbart, M. K. (2011). Brain states and hypnosis research. *Consciousness and Cognition*, 20, 325 – 327.

Posthuma, D., De Gues, E. J., Baaré, W. F., Hulshoff Pol, H. E., Kahn, R. S., & Boomsma, D. I. (2002). The association between brain volume and intelligence is of genetic origin. *Nature Neuroscience*, 5, 83 – 84.

Potter, W. J. (1987). Does television viewing hinder academic achievement among adolescents? *Human Communication Research*, 14, 27 – 46.

Poulin, M. J., Holman, E. A., & Buffone, A. (2012). The neurogenetics of nice: Receptor genes for oxytocin and vasopressin interact with threat to produce prosocial behavior. *Psychological Science*, 23, 446 – 452.

Poulin – Dubois, D., Serbin, L. A., Kenyon, B., & Derbyshire, A. (1994). Infants' intermodal knowledge about gender. *Developmental Psychology*, 30, 436 – 442.

Powell, E., & Popkin, B. M. (2013). Trends in intakes of added sugars in the United States, 1977 – 2010. *American Journal of Clinical Nutrition*, 97.

Powell, R. A., Digdon, N., Harris, B., & Smithson, C. (2014). Correcting the record on Watson, Rayner and Little Albert: Albert Barger as "Psychology's Lost Boy." *American Psychologist*, 69, 600 – 611.

Poythress, N. G., Edens, J. F., Skeem, J. L., Lilienfeld, S. O., Douglas, K. S., Wang, T. (2010). Identifying subtypes among offenders with antisocial personality disorder: A cluster – analytic study. *Journal of Abnormal Psychology*, 119, 389 – 400.

Prasser, J., Schecklmann, M., Poeppl, T. B., Frank, E., Kreuzer, P. M., Hajak, G., Langguth, B. (2015). Bilateral prefrontal rTMS and theta burst TMS as an add – on treatment for depression: A randomized placebo controlled trial. *World Journal of Biological Psychiatry*, 16, 57 – 65.

Premack, D., & Premack, A. J. (1983). *The mind of an ape*. New York: Norton.

Prendergast, B. J., & Zucker, I. (2016). Ultradian rhythms in mammalian physiology and behavior. *Current Opinion in Neurobiology*, 40, 150 – 154.

Presnell, K., Bearman, S. K., & Stice, E. (2004). Risk factors for body dissatisfaction in adolescent boys and girls: A prospective study. *International Journal of Eating Disorders*, 36, 389 – 401.

Pressman, S. D., & Cohen, S. (2012). Positive emotion

word use and longevity in famous deceased psychologists. *Health Psychology*, 31, 297 – 305.

Prete, G., Laeng, B., Fabri, M., Foschi, N., & Tomassi, L. (2015). Right hemisphere or valence hypothesis, or both: The processing of hybrid faces in the intact and callosotomized brain. *Neuropsychologia*, 68, 94 – 106.

Price, D. D., Finniss, D. G., & Benedetti, F. (2008). A comprehensive review of the placebo effect: Recent advances and current thought. *Annual Review of Psychology*, 59, 565 – 590.

Primack, B. A., Silk, J. S., DeLozier, C. R., Shadel, W. G., Dillman Carpentier, F. R., Dahl, R. E., & Switzer, G. E. (2011). Using ecological momentary assessment to determine media use by individuals with and without major depressive disorder. *Archives of Pediatrics and Adolescent Medicine*, 165, 360 – 365.

Pronin, E. (2008). How we see ourselves and how we see others. *Science*, 320, 1177 – 1180.

Pronin, E., Gilovich, T., & Ross, L. (2004). Objectivity in the eye of the beholder: Divergent perceptions of bias in self versus others. *Psychological Review*, 111, 781 – 799.

Proulx, M. J., Ptito, M., & Amedi, A. (2014). Multisensory integration, sensory substitution and visual rehabilitation. *Neuroscience and Biobehavioral Reviews*, 41, 1 – 2.

Punamaeki, R – L, & Joustie, M. (1998). The role of culture, violence, and personal factors affecting dream content. *Journal of Cross – Cultural Psychology*, 29, 320 – 342.

Puterman, E., Lin, J., Krauss, J., Blackburn, E. H., & Epel, E. S. (2015). Determinants of telomere attrition over 1 year in healthy older women: Stress and health behaviors matter. *Molecular Psychiatry*, 20, 529 – 535.

Pyter, L. M., Pineros, V., Galang, J. A., McClintock, M. K., & Prendergast, B. J. (2009). Peripheral tumors induce depressive – like behaviors and cytokine production and alter hypothalamic – pituitary – adrenal axis regulation. *Proceedings of the National Academy of Sciences*, 106, 9069 – 9074.

Qin, Y., Zhang, W., & Yang, P. (2015). Current states of enndogenous stem cells in adult spinal cord. *Journal of Neuroscience Research*, 93, 391 – 398.

Qiu, L., Lin, H., Ramsay, J., & Yang, F. (2012). You are what you tweet: Personality expression and perception on Twitter. *Journal of Research in Personality*, 46, 710 – 718.

Quinn, P. C., & Bhatt, R. S. (2012). Grouping by form in young infants: Only relevant variability promotes perceptual learning. *Perception*, 41, 1468 – 1476.

Quoidbach, J., Dunn, E. W., Hansenne, M., & Bustin, G. (2015). The price of abundance: How a wealth of experiences impoverishes savoring. *Personality and Social Psychology Bulletin*, 41, 393 – 404.

Radel, R., & Clément – Guillotin, C. (2012). Evidence of motivational influences in early visual perception: Hunger modulates conscious access. *Psychological Science*, 23, 232 – 234.

Radford, B. (2010). The psychic and the serial killer. *Skeptical Inquirer*, 34, 32 – 37.

Radford, B. (2011). Holly Bobo still missing: Psychics hurt investigation. *Skeptical Inquirer*, 35, 9.

Raffaelli, M., Crockett, L. J., & Shen, Y. (2005). Developmental stability and change in self – regulation from childhood to adolescence. *Journal of Genetic Psychology*, 166, 54 – 75.

Rahman, Q., & Wilson, G. D. (2003). Born gay? The psychobiology of human sexual orientation. *Personality and Individual Differences*, 34, 1337 – 1382.

Raine, A., Lencz, T., Bihrle, S., LaCasse, L., & Colletti, P. (2000). Reduced prefrontal gray matter volume and reduced autonomic activity in antisocial personality disorder. *Archives of General Psychiatry*, 57, 119 – 127.

Raine, A., Meloy, J. R., Bihrle, S., Stoddard, J., LaCasse, L., & Buschbaum, M. S. (1998). Reduced prefrontal and increased subcortical brain functioning assessed using positron emission tomography in predatory and affective murderers. *Behavioral Science and Law*, 16, 319 – 332.

Raine, A. (2013). *The Anatomy of Violence: The Biological Roots of Crime*. Pantheon.

Rainville, P., Duncan, G. H., Price, D. D., Carrier, B., & Bushnell, M. C. (1997). Somatosensory cortex pain affect encoded in human anterior cingulate but not somatosensory cortex. *Science*, 277, 968.

Raja, S. (2008, May 8). From poppies to pill – popping: Is there a "middle way?" Paper presented at the annual meeting of the American Pain Society, Tampa, FL.

Raley, S., Bianchi, S. M., & Wang, W. (2012). When do fathers care: Mothers' economic contribute and fathers' involvement in child care. *American Journal of Sociology*, 117, 1422 – 1459.

Raloff, J. (2011). Environment: Chemicals linked to kids' lower IQs: Studies identify effects from pesticides still used on farms. *Science News*, 179, 15.

Ram, N., Shiyko, M., Lunkenheimer, E. S., Doerksen, S., Conroy, D. (2014). Families as coordinated symbiotic systems: Making use of nonlinear dynamic models. In S. M. McHale, P. Amato, & A. Booth (Eds.), *Emerging methods in family research* (pp. 19–37). New York: Springer.

Ramachandran, V. S., & Altschuler, E. L. (2009). The use of visual feedback, in particular mirror visual feedback, in restoring brain function. *Brain*, 132, 1693–1710.

Ramachandran, V. S., & Blakeslee, S. (1998). *Phantoms in the brain*. New York: William Morrow.

Ramachandran, V. S., Krause, B., & Case, L. K. (2011). The phantom head. *Perception*, 40, 367–370.

Randall, D. K. (2012). *Dreamland: Adventures in the strange world of sleep*. New York: Norton.

Randolph, J. F., Zheng, H., Harlow, S. D., Avis, N. E., & Greendale, G. A. (2014). Masturbation frequency and sexual function domains are associated with serum reproductive hormone levels across the menopausal transition. *Journal of Clinical Endocrinology and Metabolism*, 100, 258–266

Rangmar, J., Hjern, A., Vinnerljung, B., Str? mland, K., Aronson, M., & Fahlke, C. (2015). Psychosocial outcomes of fetal alcohol syndrome in adulthood. *Pediatrics*, 135, e52–e58.

Rasch, B., Büchel, C., Gais, S., & Born, J. (2007). Odor cues during slowwave sleep prompt declarative memory consolidation. *Science*, 315, 1426–1429.

Raser, J. M., & O'Shea, E. K. (2005). Noise in gene expression: Origins, consequences, and control. *Science*, 309, 2010–2013.

Rauschecker, J. P. (1999). Making brain circuits listen. *Science*, 285, 1686–1687.

Rauthmann, J. F., Sherman, R. A., Nave, C. S., & Funder, D. C. (2015). Personality-driven situation experience, contact, and construal: How people's personality traits predict characteristics of their situations in daily life. *Journal of Research in Personality*, 55, 98–111.

Ravindran, A. V., Balneaves, L. G., Faulkner, G., Ortiz, A., McIntosh, D., Morehouse, R. L., Ravindran, L., Yatham, L. N., Kennedy, S. H., Lam, R. W., MacQueen, G. M., Milev, R. V., Parikh, S. V., & the CANMAT Depression Work Group. (2016). Canadian Network for Mood and Anxiety Treatments (CANMAT) 2016 clinical guidelines for the management of adults with major depressive disorder: Section 5. Complementary and alternative medicine treatments. *Canadian Journal of Psychiatry*, 61, 576–587.

Raz, A., Fan, J., & Posner, M. I. (2005). Hypnotic suggestion reduces conflict in the human brain. *Proceedings of the National Academy of Sciences*, 102, 9978–9983.

Raz, A., Kirsch, I., Pollard, J., & Nitkin-Kamer, Y. (2006). Suggestion reduces the Stroop effect. *Psychological Science*, 17, 91–95.

Raz, M. (2013). *The lobotomy letters: The making of American psychosurgery*. Rochester, NY: University of Rochester Press.

Redd, W. H., Dadds, M. R., Futterman, A. D., Taylor, K., & Bovbjerg, D. (1993). Nausea induced by mental images of chemotherapy. *Cancer*, 72, 629–636.

Redelmeier, D. A., & Tversky, A. (1996). On the belief that arthritis pain is related to the weather. *Proceedings of the National Academy of Sciences*, 93, 2895–2896.

Redick, T. S., Shipstead, Z., Harrison, T. L., Hicks, K. L., Fried, D. E., Hambrick, D. Z., Kane, M. J., & Engle, R. W. (2012). No evidence of intel? ligence improvement after working memory training: A randomized, placebo-controlled study. *Journal of Experimental Psychology: General*, 142, 359–379.

Reedy, F. E., Bartoshuk, L. M., Miller, I. J., et al. (1993). Relationships among papillae, taste pores, and 6-n-propylthiouracil (PROP) suprathreshold taste sensitivity. *Chemical Senses*, 18, 618–619.

Reese, E., Jack, F., & White, N. (2010). Origins of adolescents' autobiographical memories. *Cognitive Development*, 25, 352–367.

Reid, C. A., Green, J. D., Wildschut, T., & Sedikides, C. (2015). Scent-evoked nostalgia. *Memory*, 23, 157–166.

Reinhart, R. M. G., & Woodman, G. F. (2014). Causal control of medial-frontal cortex governs electrophysiological and behavioral Indices of performance monitoring and learning. *The Journal of Neuroscience*, 34, 4214–4227.

Reisner, S. L., Greytak, E. A., Parsons, J. T., & Ybarra, M. L. (2015). Gender minority social stress in adolescence: Disparities in adolescent bullying and substance abuse by gender identity. *Journal of Sex Research*, 52, 243 –256.

Remick, A. K., Polivy, J., & Pliner, P. (2009). Internal and external moderators of the effect of variety on food intake. *Psychological Bulletin*, 135, 434 –451.

Repantis, D., Schlattmann, P., Laisney, O., & Heuser, I. (2010). Modafnil and methylphenidate for neuroenhancement in healthy individuals. A systematic review. *Pharmacological Research*, 62, 187 –206.

Repetti, R. L., Taylor, S. E., & Seeman, T. E. (2002). Risky families: Family social environments and the mental and physical health of offspring. *Psychological Bulletin*, 128, 330 –366.

Rescorla, R. A. (1988). Pavlovian conditioning: It's not what you think it is. *American Psychologist*, 43, 151 –160.

Rescorla, R. A. (2008). Evaluating conditioning of related and unrelated stimuli using a compound test. *Learning and Behavior*, 36, 67 –74.

Resnik, K., Bradbury, D., Barnes, G. R., & Leff, A. P. (2014). Between thought and expression, a magnetoencephalography study of the "tip – of – the – tongue" phenomenon. *Journal of Cognitive Neuroscience*, 26, 2210 –2223.

Reuter, C., & Oehler, M. (2011). Psychoacoustics of chalkboard squeaking. *Journal of the Acoustical Society of America*, 130, 2545.

Reyna, V., & Farley, F. (2006). Risk and rationality in adolescent decision making. *Psychological Science in the Public Interest*, 7, 1 –44.

Reynolds, A. J., Temple, J. A., Ou, S – R., Arteaga, I. A., & White, B. A. B. (2011). School – based early childhood education and age 28 well – being: Effects by timing, dosage, and subgroups. *Science*, 333, 360 –364.

Reynolds, B. A., & Weiss, S. (1992). Generation of neurons and astrocytes from isolated cells of the adult mammalian central nervous system. *Science*, 255, 1707 –1710.

Reynolds, K., Lewis, B., Nolen, J. D., Kinney, G. L., Sathya, B., & He, J. (2003). Alcohol consumption and risk of stroke: A meta – analysis. *Journal of the American Medical Association*, 289, 579 –588.

Rhoades, L., & Eisenberger, R. (2002). Perceived organizational support: A review of the literature. *Journal of Applied Psychology*, 87, 698 –714.

Richards, M. A., Rothblum, E. D., Beauchaine, T. P., & Balsam, K. F. (2016). Adult children of same – sex and heterosexual couples: Demographic "thriving." *Journal of GLBT Family Studies*, 13, 1 –15.

Richardson, J. T. E. (Ed.). (1992). *Cognition and the menstrual cycle*. New York: Springer – Verlag.

Richardson – Klavehn, A., & Bjork, R. A. (1988). Measures of memory. *Annual Review of Psychology*, 39, 475 –543.

Richeson, J. A., & Sommers, S. R. (2016). Toward a social psychology of race and race relations for the twenty – first century. *Annual Review of Psychology*, 67, 439 –463.

Rieber, R. W. (2006). *The bifurcation of the self*. New York: Springer.

Rieckmann, A., Fischer, H., & B?ckman, L. (2010). Activation in striatum and medial temporal lobe during sequence learning in younger and older adults: Relations to performance. *Neuroimage*, 50, 1303 –1312.

Rietveld, C. A., Esko, T., Davies, G., Pers, T. H., Turley, P., Benyamin, B., Koellinger, P. D. (2014). Common genetic variants associated with cognitive performance identified using the proxy – phenotype method. *Proceedings of the National Academy of Sciences*, 111, 13790 –13794.

Rilling, J. K, & Young, L. J. (2014). The biology of mammalian parenting and its effect on offspring social development. *Science*, 345, 771 –776.

Risch, N., Herrell, R., Lehner, T., Liang, K. Y., Eaves, L., Hoh, J., Merikangas, K. R. (2009). Interaction between the serotonin transporter gene (5 – HTTLPR), stressful life events, and risk of depression: A meta? analysis. *Journal of the American Medical Association*, 301, 2462 –2471.

Ritchey, M., Dolcos, F., Eddington, K. M., Strauman, T. J., & Cabeza, R. (2011). Neural correlates of emotional processing in depression: Changes with cognitive behavioral therapy and predictors of treatment response. *Journal of Psychiatric Research*, 45, 577 –587.

Ritterband, L. M., Thorndike, F. P., Ingersoll, K. S., Lord, H. R., Gonder-Frederick, L., Frederick, C., Quigg, M. S., Cohn, W. F., & Morin, C. M. (2016). Effect of a web – based cognitive behavior therapy for insomnia intervention with 1 – year follow – up: A randomized clinical trial. *JAMA Psychiatry*. doi: 10. 1001/jamapsychiatry. 2016. 3249

Rizzo, A., Cukor, J., Gerardi, M., Alley, S., Reist, C., Roy, M., Rothbaum, B. O., & Difed, J. (2015a). Virtual reality exposure for PTSD due to military combat and terrorist attacks. *Journal of Contemporary Psychotherapy*, 45, 255–264.

Rizzo, A., Difede, J., Rothbaum, B. O., Buckwalter, J. G., Daughtry, J. M., & Reger, G. M. (2015b). Update and expansion of the virtual Iraq/Afghan? istan PTSD exposure therapy system. In M. P. Safir, H. S. Wallach, & A. Rizzo (Eds.), *Future directions in post-traumatic stress disorder: Prevention, diagnosis, and treatment* (pp. 303–328). New York: Springer Science + Business Media.

Rizzolatti, G., & Sinigaglia, C. (2010). The functional role of the parieto-frontal mirror circuit: Interpretations and misinterpretations. *Nature Reviews Neuroscience*, 11, 264–274.

Ro, T., Farné, A., Johnson, R. M., Wedeen, V., Chu, Z., Wang, Z. J., Hunter, J. V., & Beauchamp, M. S. (2007). Feeling sounds after a thalamic lesion. *Annals of Neurology*, 62, 433–441.

Roberson, D., Davidoff, J., Davies, I. R. L., & Shapiro, L. R. (2005). Color categories: Evidence for the cultural relativity hypothesis. *Cognitive Psychology*, 50, 378–411.

Roberson, D., Davies, I., & Davidoff, J. (2000). Color categories are not universal: Replications and new evidence in favor of linguistic relativity. *Journal of Experimental Psychology: General*, 129, 369–398.

Roberts, A. (2015). Terrorism research: Past, present, and future. *Studies in Conflict and Terrorism*, 38, 62–74.

Roberts, B. W., Caspi, A., & Moffitt, T. E. (2001). The kids are alright: Growth and stability in personality development from adolescence to adulthood. *Journal of Personality and Social Psychology*, 81, 670–683.

Roberts, B. W., Edmonds, G., & Grijalva, E. (2010). It is developmental me, not generation me: Developmental changes are more important than generational changes in narcissism. *Perspectives on Psychological Science*, 5, 97–102.

Roberts, B. W., & Mroczek, D. (2008). Personality trait change in adulthood. *Current Directions in Psychological Science*, 17, 31–35.

Roberts, B. W., Walton, K. E., & Viechtbauer, W. (2006). Patterns of meanlevel change in personality traits across the life course: A meta-analysis of longitudinal studies. *Psychological Bulletin*, 132, 1–25.

Roberts, J. V. (2000). Changing public attitudes towards corporal punishment: The effects of statutory reform in Sweden. *Child Abuse and Neglect*, 24, 1027–1035.

Roberts, R. O., Christianson, T. J. H., Kremers, W. K., Mielke, M. M., Machulda, M. M., Vassilaki, M., Petersen, R. C. (2016). Association between olfactory dysfunction and amnestic mild cognitive impairment and Alzheimer disease dementia. *JAMA Neurology*, 73, 93–101.

Robins, L. N., Davis, D. H., & Goodwin, D. W. (1974). Drug use by U. S. Army enlisted men in Vietnam: A follow-up on their return home. *American Journal of Epidemiology*, 99, 235–249.

Robinson, O. C., & Wright, G. R. T. (2013). The prevalence, types and perceived outcomes of crisisepisodes in early adulthood and midlife: A structured retrospective-autobiographical study. *International Journal of Behavioral Development*, 37, 407–416.

Robinson, T. N., Wilde, M. L., Navracruz, L. C., Haydel, K. F., & Varady, A. (2001). Effects of reducing children's television and video game use on aggressive behavior: A randomized controlled trial. *Archives of Pediatric and Adolescent Medicine*, 155, 13–14.

Rocchetti, M., Crescini, A., Borgwardt, S., Caverzasi, E., Politi, P., Atakan, Z., & Fusar-Polli, P. (2013). Is cannabis neurotoxic for the healthy brain? A meta-analytical review of structural brain alterations in non-psychotic users. *Psychiatry and Clinical Neurosciences* 67, 483–492.

Rodrigues, H., Figueira, I., Lopes, A., Gonalves, R., Mendlowicz, M. V., Coutinho, E. S., & Ventura, P. (2014). Does d-cycloserine enhance exposure therapy for anxiety disorders in humans? A meta-analysis. *PLoS One*, 9, e93519.

Roediger, H. L. (1990). Implicit memory: Retention without remembering. American Psychologist, 45, 1043–1056.

Roediger, H. L., & Karpicke, J. D. (2006). Test enhanced learning: Taking memory tests improves long-term retention. *Psychological Science*, 17, 249–255.

Rogers, K. H., & Biesanz, J. C. (2014). The accuracy and bias of interpersonal perceptions in intergroup interactions. *Social Psychological and Personality Science*, 5, 918–926.

Rogge, R. D., Cobb, R. J., Lawrence, E., Johnson, M. J., & Bradbury, T. N. (2013). Is skills training necessary for the primary prevention of marital distress and dissolution? A 3 - year experimental study of three interventions. *Journal of Consulting and Clinical Psychology*, 81, 949 - 961.

Rose, N. S., Craik, F. I. M., & Buchsbaum, B. R. (2015). Levels of processing in working memory: Differential involvement of frontotemporal networks. *Journal of Cognitive Neuroscience*, 27, 522 - 532.

Rosenthal, R., & Fode, K. L. (1963). The effect of experimenter bias on the performance of the albino rat. Systems Research and Behavioral Science, 8, 183 - 189.

Rosin, H. (2012). The end of men: And the rise of women. New York: Riverhead Books.

Ross, H. E., Freeman, S. M., Spiegel, L. L., Ren, X., Terwilliger, E. F., & Young, L. J. (2009). Variation in oxytocin receptor density in the nucleus accumbens has differential effects on affiliative behaviors in monogamous and polygamous voles. *Journal of Neuroscience*, 29, 1312 - 1318.

Ross, J., Yilmaz, M., Dale, R., Cassidy, R., Yildirim, I., & Zeedyk, M. S. (2016). Cultural differences in self - recognition: The early development of autonomous and related selves? *Developmental Science*. doi:10.1111/desc.12387

Ross, M., Xun, W. Q. E, & Wilson, A. E. (2002). Language and the bicultural self. *Personality and Social Psychology Bulletin*, 28, 1040 - 1050.

Rothbaum, F., Morelli, G., & Rusk, N. (2011). Attachment, learning, and coping: The interplay of cultural similarities and differences. In M. J. Gelfand, C. Y. Chiu, & Y. Y Hong (Eds.), *Advances in culture and psychology* (Vol. 1, pp. 153 - 215). New York: Oxford University Press.

Rothbaum, F., Weisz, J., Pott, M., Miyake, K., & Morelli, G. (2000). Attachment and culture: Security in the United States and Japan. *American Psychologist*, 55, 1093 - 1104.

Rotter, J. B. (1990). Internal versus external control of reinforcement: A case history of a variable. *American Psychologist*, 45, 489 - 493.

Roughgarden, J. (2004). *Evolution's rainbow: Diversity, gender, and sexuality in nature and people*. Berkeley: University of California Press.

Rouw, R., & Scholte, S. S. (2007). Increased structural connectivity in grapheme - color synesthesia. *Nature Neuroscience*, 10, 792 - 797.

Roy, M. P., Steptoe, A., & Kirschbaum, C. (1998). Life events and social support as moderators of individual differences in cardiovascular and cortisol reactivity. *Journal of Personality and Social Psychology*, 75, 1273 - 1281.

Rozin, P., Kabnick, K., Pete, E., Fischler, C., & Shields, C. (2003). The ecology of eating: Smaller portion sizes in France than in the United States help explain the French paradox. *Psychological Science*, 14, 450 - 454.

Rozin, P., Lowery, L., & Ebert, R. (1994). Varieties of disgust faces and the structure of disgust. *Journal of Personality and Social Psychology*, 66, 870 - 881.

Rudolph, K. D., Troop - Gordon, W., Lambert, S. F., & Natsuaki, M. N. (2014). Long - term consequences of pubertal timing for youth depression: Identifying personal and contextual pathways of risk. *Development and Psychopathology*, 26, 1423 - 1444.

Roediger, H. L., III, McDermott, K. B., & McDaniel, M. A. (2011). Using testing to improve learning and memory. In M. A. Gernsbacher, R. Pew, L. Hough, & J. R. Pomerantz (Eds.), *Psychology and the real world: Essays illustrating fundamental contributions to society* (pp. 65 - 74). New York: Worth.

Roediger, H. L., III, Putnam, A. L., & Smith, M. A. (2011). Ten benefits of testing and their applications to educational practice. In J. Mestre & B. Ross (Eds.), *Psychology of learning and motivation: Cognition in education*. Oxford, UK: Elsevier.

Roepke, S. K., & Grant, I. (2011). Toward a more complete understanding of the effects of personal mastery on cardiometabolic health. *Health Psychology*, 30, 615 - 632.

Rof, Y. (2008). Does repression exist? Memory, pathogenic, unconscious and clinical evidence. *Review of General Psychology*, 12, 63 - 85.

Rogers, C. (1951). *Client - centered therapy: Its current practice, implications, and theory*. Boston: Houghton - Mifflin.

Rogers, C. (1961). *On becoming a person*. Boston: Houghton - Mifflin.

Rogers, R. W., & Prentice - Dunn, S. (1981). Deindividuation and angermediated interracial aggression: Unmasking regressive racism. *Journal of Personality and Social*

Psychology, 41, 63 – 73.

Rogers, T. T., & McClelland, J. L. (2014). Parallel distributed processing at 25: Further explorations in the microstructure of cognition. *Cognitive Science*, 38, 1024 – 1077.

Rogoff, B. (2003). *The cultural nature of human development*. New York: Oxford University Press.

Rojstaczer, S., & Healy, C. (2012). Where A is ordinary: The evolution of American college and university grading, 1940 – 2009. *Teachers College Record*, 114, 1 – 23.

Romanczyk, R. G., Arnstein, L., Soorya, L. V., & Gillis, J. (2003). The myriad of controversial treatments for autism: A critical evaluation of efficacy. In S. O. Lilienfeld, S. J. Lynn, & J. M. Lohr (Eds.), *Science and pseudoscience in clinical psychology*. New York: Guilford Press.

Romans, S. E., Kreindler, D., Asllani, E., Einstein, G., Laredo, S., Levitt, A., Stewart, D. E. (2012). Mood and the menstrual cycle. *Psychotherapy and Psychosomatics*, 82, 53 – 60.

Rosch, E. H. (1973). Natural categories. *Cognitive Psychology*, 4, 328 – 350.

Rosen, G. M., Glasgow, R. E., Moore, T. E., Barrera, M. Jr. (2015). Self – help therapy: Recent developments in the science and business of giving psychology away. In S. O. Lilienfeld, S. J. Lynn, & J. M. Lohr (Eds.), *Science and pseudoscience in clinical psychology* (2nd ed., pp. 245 – 274). New York: Guilford Press.

Rosenthal, R. (1966). *Experimenter effects in behavioral research*. New York: Appleton – Century – Crofts.

Rosenthal, R. (1994). Interpersonal expectancy effects: A 30 – year perspective. *Current Directions in Psychological Science*, 3, 176 – 179.

Rosin, H. (2012). *The end of men: And the rise of women*. New York: Riverhead Books.

Ruggerio, V. (2011). *Beyond feelings: A guide to critical thinking* (9th ed.). New York: McGraw – Hill.

Rumbaugh, D. M. (1977). *Language learning by a chimpanzee: The Lana project*. New York: Academic Press.

Rumbaugh, D. M., Savage – Rumbaugh, E. S., & Pate, J. L. (1988). Addendum to "Summation in the chimpanzee (Pan troglodytes)." *Journal of Experimental Psychology: Animal Behavior Processes*, 14, 118 – 120.

Rumelhart, D. E., McClelland, J. L., & the PDP Research Group. (1986). *Parallel distributed processing: Explorations in the microstructure of cognition* (Vols. 1 and 2).

Cambridge, MA: MIT Press.

Ruschel, J., Hellal, F., Flynn, K. C., Dupraz, S., Elliott, D. A., Tedeschi, A., Bradke, F. (2015). Systemic administration of epothilone B promotes axon regeneration after spinal cord injury. *Science*, 348, 347 – 352.

Ruse, M. (2010). Is Darwinism past its "sell – by" date? The origin of species at 150. *European Review*, 18, 311 – 327.

Rushton, J. P., & Jensen, A. R. (2005). Thirty years of research on race differences in cognitive ability. *Psychology, Public Policy, and Law*, 11, 235 – 294.

Rutter, M., O'Connor, T. G., & the English and Romanian Adoptees (ERA) Study Team. (2004). Are there biological programming effects for psychological development? Findings from a study of Romanian adoptees. *Developmental Psychology*, 40, 81 – 94.

Ryan, R. M., Chirkov, V. I., Little, T. D., Sheldon, K. M., & Timoshina, E. (1999). The American dream in Russia: Extrinsic aspirations and well – being in two cultures. *Personality and Social Psychology Bulletin*, 25, 1509 – 1524.

Ryckman, N. A., & Lambert, A. J. (2015). Unsuccessful suppression is associated with increased neuroticism, intrusive thoughts, and rumination. *Personality and Individual Differences*, 73, 88 – 91.

Rymer, R. (1993). *Genie: An abused child's flight from silence*. New York: HarperCollins.

Sabattini, L., & Crosby, F. (2009). Work ceilings and walls: Work – life and "family – friendly" policies. In M. Barreto, M. Ryan, & M. Schmitt (Eds.), *The glass ceiling in the 21st century: Understanding barriers to gender equality*. Washington, DC: American Psychological Association.

Sack, R. L. (2010). Jet lag. *The New England Journal of Medicine*, 362, 440 – 447.

Sacks, O. (1985). *The man who mistook his wife for a hat and other clinical tales*. New York: Simon & Schuster.

Sacks, O. (1998). *The man who mistook his wife for a hat: And other clinical tales*. New York: Simon and Schuster.

Sageman, M. (2008). *Leaderless jihad: Terror networks in the twenty – first century*. Philadelphia: University of Pennsylvania Press.

Sahley, C. L., Rudy, J. W., & Gelperin, A. (1981). An analysis of associative learning in a terrestrial mollusk: 1. Higher – order conditioning, blocking, and a transient US preexposure effect. *Journal of Comparative Physiology*, 144, 1 – 8.

Saka, B., Kaya, O., Ozturk, G. B., Erten, N., & Karan, M. A. (2010). Malnutrition in the elderly and its relationship with other geriatric syndromes. *Clinical Nutrition*, 29, 745 – 748.

Sakaluk, J. K., Todd, L. M., Milhausen, R., & Lachowsky, N. J. (2014). Dominant heterosexual sexual scripts in emerging adulthood: Conceptualization and measurement. *Journal of Sex Research*, 51, 516 – 531.

Saks, E. (2007). *The center cannot hold: My journey through madness.* New York: Hyperion.

Saletan, W. (2011, November). Sex on the brain: Are boys' brains different from girls' brains? Scientists debate the question. *Slate*. Available at www.slate.com/articles/health_and_science/human_nature/2011/11/boys_brains_girls_brains_how_to_think_about_sex_differences_in_psychology_.html.

Salovey, P., & Grewal, D. (2005). The science of emotional intelligence. *Current Directions in Psychological Science*, 14, 281 – 285.

Salthouse, T. A. (2006). Mental exercise and mental aging: Evaluating the validity of the "use it or lose it" hypothesis. *Perspectives on Psychological Science*, 1, 68 – 87.

Salthouse, T. A. (2012). Does the level at which cognitive change occurs change with age? *Psychological Science*, 23, 18 – 23.

Sameroff, A. J., Seifer, R., Barocas, R., Zax, M., & Greenspan, S. (1987). Intelligence quotient scores of 4 - year - old children: Social - environmental risk factors. *Pediatrics*, 79, 343 – 350.

Sampson, R. J, Sharkey, P., & Raudenbush, S. W. (2008). Durable effects of concentrated disadvantage among verbal ability of African - American children. *Proceedings of the National Academy of Sciences*, 105, 845 – 853.

Sams, M., Hari, R., Rif, J., & Knuutila, J. (1993). The human auditory sensory memory trace persists about 10 sec: Neuromagnetic evidence. *Journal of Cognitive Neuroscience*, 5, 363 – 370.

Samuel, L. R. (2013). *Shrink: A cultural history of psychoanalysis in America.* Lincoln: University of Nebraska Press.

Sana, F., Weston, T., & Cepeda, N. J. (2013). Laptop multitasking hinders classroom learning for both users and nearby peers. *Computers and Education*, 62, 24 – 31.

Sandin, S., Lichtenstein, P., Kuja - Halkola, R., Larsson, H., Hultman, C. M., & Reichenberg, A. (2014). The familial risk of autism. *Journal of the American Medical Association*, 311, 1770 – 1777.

Sarbin, T. R. (1991). Hypnosis: A fifty - year perspective. *Contemporary Hypnosis*, 8, 1 – 15.

Sasnett, S. (2015). Are the kids all right: A qualitative study of adults with gay and lesbian parents. *Journal of Contemporary Ethnography*, 44, 196 – 222.

Saucier, D. M., & Kimura, D. (1998). Intrapersonal motor but not extrapersonal targeting skill is enhanced during the midluteal phase of the menstrual cycle. *Developmental Neuropsychology*, 14, 385 – 398.

Savage - Rumbaugh, S., & Lewin, R. (1994). *Kanzi: The ape at the brink of the human mind.* New York: Wiley.

Savage - Rumbaugh, S., Shanker, S., & Taylor, T. (1998). *Apes, language and the human mind.* New York: Oxford University Press.

Savin - Williams, R. C. (2006). Who's gay? Does it matter? *Current Directions in Psychological Science*, 15, 40 – 44.

Saxena, S., Brody, A. L., Maidment, K. M., Smith, E. C., Zohrabi, N., Katz, E., Baker, S. K., & Baxter Jr., L. R. (2004). Cerebral glucose metabolism in obsessive - compulsive hoarding. *American Journal of Psychiatry*, 161, 1038 – 1048.

Scalera, G. (2002). Effects of conditioned food aversions on nutritional behavior in humans. *Nutritional Neuroscience*, 5, 159 – 188.

Scarpa, A., White, S. W., & Attwood, T. (Eds.). (2013). *CBT for children and adolescents with high - functioning autism spectrum disorders.* New York: Guilford Press.

Scarr, S. (1993). Biological and cultural diversity: The legacy of Darwin for development. *Child Development*, 64, 1333 – 1353.

Scarr, S., Pakstis, A. J., Katz, S. H., & Barker, W. B. (1977). Absence of a relationship between degree of white ancestry and intellectual skill in a black population. *Human Genetics*, 39, 69 – 86.

Scarr, S., & Weinberg, R. A. (1994). Educational and occupational achievement of brothers and sisters in adoptive and biologically related families. *Behavioral Genetics*, 24, 301 – 325.

Schachter, S., & Singer, J. E. (1962). Cognitive, social, and physiological determinants of emotional state. *Psychological Review*, 69, 379–399.

Schacter, D. L. (2001). *The seven sins of memory: How the mind forgets and remembers*. Boston: Houghton-Mifflin.

Schacter, D. L., Benoit, R. G., De Brigard, F., & Szpunar, K. K. (2015). Episodic future thinking and episodic counterfactual thinking: Intersections between memory and decisions. *Neurobiology of Learning and Memory*, 117, 14–21.

Schacter, D. L., Chiu, C., & Ochsner, K. N. (1993). Implicit memory: A selective review. *Annual Review of Neuroscience*, 16, 159–182.

Schaeffer, C. M., & Borduin, C. M. (2005). Long-term follow-up to a randomized clinical trial of multisystemic therapy with serious and violent juvenile offenders. *Journal of Consulting and Clinical Psychology*, 73, 445–453.

Schafer, R. (1992). *Retelling a life: Narration and dialogue in psychoanalysis*. New York: Basic Books.

Schaie, K. W., & Willis, S. L. (2002). *Adult development and aging* (5th ed.). Upper Saddle River, NJ: Prentice Hall.

Schaie, K. W., & Zuo, Y-L. (2001). Family environments and cognitive functioning. In R. J. Sternberg & E. Grigorenko (Eds.), *Cognitive development in context*. Hillsdale, NJ: Erlbaum.

Schedlowski, M., Enck, P., Rief, W., & Bingel, U. (2015). Neuro-bio-behavioral mechanisms of placebo and nocebo responses: Implications for clinical trials and clinical practice. *Pharmacological Reviews*, 67, 697–730.

Schellenberg, E. G. (2004). Music lessons enhance IQ. *Psychological Science*, 15, 511–514.

Schenck, C. H., & Mahowald, M. W. (2002). REM sleep behavior disorder: Clinical, developmental, and neuroscience perspectives 16 years after its formal identification in SLEEP. *Sleep*, 25, 120–138.

Schoenfeld, E. A., Bredow, C. A., & Huston, T. L. (2012). Do men and women show love differently in marriage? *Personality and Social Psychology Bulletin*, 38, 1396–1409.

Schneider, B. W., Glover, J., & Turk, C. L. (2016). Predictors of family satisfaction following a child's disclosure of sexual orientation. *Journal of GLBT Family Studies*. doi: 10.1080/1550428X.2016.1164648

Schuckit, M. A., & Smith, T. L. (2006). An evaluation of level of response to alcohol, externalizing symptoms, and depressive symptoms as predictors of alcoholism. *Journal of Studies on Alcohol*, 67, 215–227.

Schulze, C., & Tomasello, M. (2015). 18-month-olds comprehend indirect communicative acts. *Cognition*, 136, 91–98.

Schulze, L., Schmahl, C., & Niedtfeld, I. (2016). Neural correlates of disturbed emotion processing in borderline personality disorder: A multimodal meta-analysis. *Biological Psychiatry*, 79, 97–106.

Schwartz, B. (2004). *The paradox of choice: Why more is less*. New York: Ecco Press.

Schwartz, J., Stoessel, P. W., Baxter, L. R., Martin, K. M., & Phelps, M. E. (1996). Systematic changes in cerebral glucose metabolic rate after successful behavior modification treatment of obsessive-compulsive disorder. *Archives of General Psychiatry*, 53, 109–113.

Schwartz, S. J., Zamboanga, B. L., Luyckx, K., Meca, A., & Ritchie, R. A. (2013). Identity in emerging adulthood: Reviewing the field and looking forward. *Emerging Adulthood*, 1, 96–113.

Scott, R. M., & Baillargeon, R. (2013). Do infants really expect agents to act efficiently: A critical test of the rationality principle. *Psychological Science*, 24, 466–474.

Seabrook, J. (2008, November 10). Suffering souls: The search for the roots of psychopathy. *The New Yorker*, pp. 64–73.

Seara-Cardoso, A., Viding, E., Lickley, R. A., & Sebastian, C. L. (2015). Neural responses to others' pain vary with psychopathic traits in healthy adult males. *Cognitive, Affective, and Behavioral Neuroscience*, 15, 578–588.

Sears, P., & Barbee, A. H. (1977). Career and life satisfactions among Terman's gifted women. In J. C. Stanley, W. C. George, & C. H. Solano (Eds.), *The gifted and the creative: A fifty-year perspective*. Baltimore: Johns Hopkins University Press.

Seddigh, A., Berntson, E., Platts, L. G., & Weserland, H. (2016). Does personality have a different impact on self-rated distraction, job satisfaction, and job performance in different office types? *PloS One*, 11, e0155295.

Seery, M. D., Leo, R. J., Lupien, S. P., Kondrak, C. L., & Almonte, J. L. (2013). An upside to adversity: Moderate cumulative lifetime adversity is associated with resilient responses in the face of controlled stressors. *Psychological Science*, 24, 1181 – 1189.

Segal, J. (1986). *Winning life's toughest battles*. New York: McGraw – Hill.

Segal, Z. V., Teasdale, J. D., & Williams, J. M. G. (2004). Mindfulness based cognitive therapy: Theoretical rationale and empirical status. In S. C. Hayes, V. M. Follette, & M. Linehan (Eds.), *Mindfulness and acceptance: Expanding the cognitive – behavioral tradition*. New York: Guilford Press.

Segall, M. H., Campbell, D. T., & Herskovits, M. J. (1966). *The influence of culture on visual perception*. Indianapolis, IN: Bobbs – Merrill.

Segall, M. H., Dasen, P. P., Berry, J. W., & Poortinga, Y. H. (1999). *Human behavior in global perspective* (2nd ed.). Boston: Allyn & Bacon.

Segerstrom, S. C., & Miller, G. E. (2004). Psychological stress and the human immune system: A meta – analytic study of 30 years of inquiry. *Psychological Bulletin*, 130, 601 – 630.

Seidenberg, M. S., MacDonald, M. C., & Saffran, J. R. (2002). Does grammar start where statistics stop? *Science*, 298, 553 – 554.

Sekuler, R., & Blake, R. (1994). *Perception* (3rd ed.). New York: Knopf.

Seligman, M. E. P., & Csikszentmihaly, M. (2000). Positive psychology: An introduction. *American Psychologist*, 55, 5 – 14.

Seligman, M. E. P., & Hager, J. L. (1972, August). Biological boundaries of learning: The sauce – béarnaise syndrome. *Psychology Today*, 59 – 61, 84 – 87.

Senghas, A., Kita, S., & Özyürek, A. (2004). Children creating core properties of language: Evidence from an emerging sign language in Nicaragua. *Science*, 305, 1779 – 1782.

Senko, C., Durik, A. M., & Harackiewicz, J. M. (2008). Historical perspectives and new directions in achievement goal theory: Understanding the effects of mastery and performance – approach goals. In J. Y. Shah, & W. L. Gardner (Eds.), *Handbook of motivation science*. New York: Guilford Press.

Serpell, R., & Haynes, B. P. (2004). The cultural practice of intelligence testing: Problems of international export. In R. J. Sternberg & E. L. Grigorenko (Eds.), *Culture and competence: Contexts of life success* (pp. 163 –

185). Washington, DC: American Psychological Association.

Shaffer, R., & Jadwiszczok, A. (2010). Psychic defective: Sylvia Browne's history of failure. *Skeptical Inquirer*, 34, 38 – 42.

Shakin, M., Shakin, D., & Sternglanz, S. H. (1985). Infant clothing: Sex labeling for strangers. *Sex Roles*, 12, 955 – 964.

Shapiro, J. R., Williams, A. M., & Hambarchyan, M. (2013). Are all interventions created equal? A multi – threat approach to tailoring stereotype threat interventions. *Journal of Personality and Social Psychology*, 104, 277 – 288.

Shariff, A. F., & Tracy, J. L. (2011). What are emotion expressions for? *Current Directions in Psychological Science*, 20, 395 – 399.

Sharma, M., Saleh, E., Deogaonkar, M., & Rezai, A. (2015). DBS for obsessive – compulsive disorder. In B. Sun & A. De Salles (Eds.), *Neurosurgical treatments for psychiatric disorders* (pp. 113 – 123). New York: Springer Science + Business Media.

Sharman, S. J., Manning, C. G., & Garry, M. (2005). Explain this: Explaining childhood events inflates confidence for those events. *Applied Cognitive Psychology*, 19, 16 – 74.

Shaver, P. R., & Hazan, C. (1993). Adult romantic attachment: Theory and evidence. In D. Perlman & W. H. Jones (Eds.), *Advances in personal relationships* (Vol. 4). London: Kingsley.

Shaver, P. R., Wu, S., & Schwartz, J. C. (1992). Cross – cultural similarities and differences in emotion and its representation: A prototype approach. In M. S. Clark (Ed.), *Review of Personality and Social Psychology* (Vol. 13). Newbury Park, CA: Sage.

Shaw, P., Greenstein, D., Lerch, J., Clasen, L., Lenroot, R., Gogtay, N., Giedd, J. (2006). Intellectual ability and cortical development in children and adolescents. *Nature*, 440, 676 – 679.

Sheldon, K. M. (2011). Integrating behavioral – motive and experiential requirement perspectives on psychological needs: A two process model. *Psychological Review*, 118, 552 – 569.

Schlossberg, N. K., & Robinson, S. P. (1996). *Going to plan B*. New York: Simon & Schuster/Fireside.

Schlösser, T., Dunning, D., Johnson, K. L., & Kruger,

J. (2013). How unaware are the unskilled? Empirical tests of the "signal extraction" counterexplanation for the Dunning - Kruger effect in self - evaluation of performance. *Journal of Economic Psychology*, 39, 85 - 100.

Schmelz, M., Schmidt, R., Bickel, A., Handwerker, H. O., & Torebjrk, H. E. (1997). Specific C - receptors for itch in human skin. *Journal of Neuroscience*, 17, 8003 - 8008.

Schmidt, F. L., & Hunter, J. (2004). General mental ability in the world of work: Occupational attainment and job performance. *Journal of Personality and Social Psychology*, 86, 162 - 173.

Schmidt, L. A., Fox, N. A., Perez - Edgar, K., & Hamer, D. H. (2009). Linking gene, brain, and behavior: DRD4, frontal asymmetry, and temperament. *Psychological Science*, 20, 831 - 837.

Schmidt, S. D., Myskiw, J. C., Furini, C. R. G., Schmidt, B. E., Cavalcante, L. E., & Izquierdo, I. (2015). PACAP modulates the consolidation and extinction of the contextual fear conditioning through NMDA receptors. *Neurobiology of Learning and Memory*, 118, 120 - 124.

Schmitt, D. P. (2003). Universal sex differences in the desire for sexual variety: Tests from 52 nations, 6 continents, and 13 islands. *Journal of Personality and Social Psychology*, 85, 85 - 104.

Schmitt, D. P., Jonason, P. K., Byerley, G. J., Flores, B. E., Illbeck, K. N., OLeary, A. Q. (2012). A re-examination of sex differences in sexuality: New studies reveal old truths. *Current Directions in Psychological Science*, 21, 135 - 139.

Schnable, P. S., Ware, D., Fulton, R. S., Stein, J. C., Wei, F., Pasternak, S., Wilson, R. K. (2009). The B73 maize genome: Complexity, diversity, and dynamics. *Science*, 326, 1112 - 1115.

Schnell, L., & Schwab, M. E. (1990). Axonal regeneration in the rat spinal cord produced by an antibody against myelin - associated neurite growth inhibitors. *Nature*, 343, 269 - 272.

Schofield, P., Ball, D., Smith, J. G., Borland, R., O'Brien, P., Davis, S., Joseph, D. (2004). Optimism and survival in lung carcinoma patients. *Cancer*, 100, 1276 - 1282.

Schuckit, M. A., Smith, T. L., Pierson, J., Danko, G. P., Allen, R. C., & Kreikebaum, S. (2007). Patterns and correlates of drinking in offspring from the San Diego Prospective Study. *Alcoholism: Clinical and Experimental Research*, 31, 1681 - 1691.

Schuckit, M. A., Smith, T. L., Trim, R., Heron, J., Horwood, J., Davis, J. M., & Hibbeln, J. R. (2008). The performance of elements of a "level of response to alcohol" - based model of drinking behaviors in 13 - year - olds. *Addiction*, 103, 1786 - 1792.

Schuckit, M. A., Smith, T. L., Trim, R. S., Allen, R. C., Fukukura, T., Knight, E. E., Cesario, E. M., & Kreikebaum, S. A. (2011). A prospective evalu? ation of how a low level of response to alcohol predicts later heavy drinking and alcohol problems. *American Journal of Drug and Alcohol Abuse*, 37, 479 - 486.

Šikl, R., Šimeček, M., Porubanová - Norquist, M., Bezděek, O., Kremláček, J., Stodůlka, P., Fine, I., & Ostrovsky, Y. (2013). Vision after 53 years of blindness. *i - Perception*, 4, 498 - 507.

Shamay - Tsoory, S. G., & Abu - Akel, A. (2016). The social salience hypothesis of oxytocin. *Biological Psychiatry*, 79, 194 - 202.

Sharp, C., & Fonagy, P. (2015). Practitioner review: Borderline personality disorder in adolescence—recent conceptualization, intervention, and implications for clinical practice. *Journal of Child Psychology and Psychiatry*, 56, 1266 - 1288.

Sheldon, K. M., Elliot, A. J., Kim, Y., & Kasser, T. (2001). What is satisfying about satisfying events? Testing 10 candidate psychological needs. *Journal of Personality and Social Psychology*, 80, 325 - 339.

Shepard, R. N., & Metzler, J. (1971). Mental rotation of three - dimensional objects. *Science*, 171, 701 - 703.

Sherif, M. (1936). *The psychology of social norms*. Oxford, England: Harper.

Sherif, M., Harvey, O. J., White, B. J., Hood, W. R., & Sherif, C. W. (1961). *Intergroup conflict and cooperation: The Robbers Cave experiment*. Norman: University of Oklahoma Institute of Intergroup Relations.

Sherif, M. (1958). Superordinate goals in the reduction of intergroup conflicts. *American Journal of Sociology*, 63, 349 - 356.

Sherman, L. J., Rice, K., & Cassidy, J. (2015). Infant capacities related to building internal working models of attachment figures: A theoretical and empirical review. *Developmental Review*, 37, 109 - 141.

Sherry, J. L. (2001). The effects of violent video games on aggression: A meta-analysis. *Human Communication Research*, 27, 409–431.

Sherry, S. B., & Hall, P. A. (2009). The perfectionism model of binge eating: Tests of an integrative model. *Journal of Personality and Social Psychology*, 96, 690–709.

Shields, D. C., Asaad, W., Eskandar, E. N., Jain, F. A., Cosgrove, G., Flaherty, A. W., Dougherty, D. D. (2008). Prospective assessment of stereotactic ablative surgery for intractable major depression. *Biological Psychiatry*, 64, 449–454.

Shields, S. A. (2002). *Speaking from the heart: Gender and the social meaning of emotion*. New York: Cambridge University Press.

Shields, S. A. (2005). The politics of emotion in everyday life: "Appropriate" emotion and claims on identity. *Review of General Psychology*, 9, 3–15.

Shih, M., Pittinsky, T. L.; & Ambady, N. (1999). Stereotype susceptibility: Identity salience and shifts in quantitative performance. *Psychological Science*, 10, 80–83.

Shin, L. M., Davis, F. C., Van Elzakker, M. B., Dahlgren, M. K., & Dubois, S. J. (2013). Neuroimaging predictors of treatment response in anxiety disorders. *Biology of Mood and Anxiety Disorders*, 3. doi:10.1186/2045-5380-3-15

Shin, L. M., Bush, G., Milad, M. R., Lasko, N. B., Handwerger Brohawn, K., Hughes, K. C., Pitman, R. K. (2011). Exaggerated activation of dorsal anterior cingulate cortex during cognitive interference: A monozygotic twin study of posttraumatic stress disorder. *American Journal of Psychiatry*, 168, 979–985.

Shin, L. M., Lasko, N. B., Macklin, M. L., Karpf, R. D., Milad, M. R., Orr, S. P., Pitman, R. K. (2009). Resting metabolic activity in the cingulate cortex and vulnerability to posttraumatic stress disorder. *Archives of General Psychiatry*, 66, 1099–1107.

Shorter, E., & Healy, D. (2008). *Shock therapy: A history of electroconvulsive treatment in mental illness*. New Brunswick, NJ: Rutgers University Press.

Shwalb, D. W., & Shwalb, B. J. (2015). Fathering diversity within societies. In L. A. Jensen (Ed.), *The Oxford handbook of human development and culture: An interdisciplinary perspective* (pp. 602–661). New York: Oxford University Press.

Sidanius, J., Pratto, F., & Bobo, L. (1996). Racism, conservatism, affirmative action, and intellectual sophistication: A matter of principled conservatism or group dominance? *Journal of Personality and Social Psychology*, 70, 476–490.

Siegel, R. K. (1989). *Intoxication: Life in pursuit of artificial paradise*. New York: Dutton.

Siegler, R. S. (2006). Microgenetic analyses of learning. In D. Kuhn & R. S. Siegler (Eds.), *Handbook of child psychology: Vol. 2. Cognition, perception, and language* (6th ed.). New York: Wiley.

Simcock, G., & Hayne, H. (2002). Breaking the barrier: Children fail to translate their preverbal memories into language. *Psychological Science*, 13, 225–231.

Simons, D. J., Boot, W. R., Charness, N., Gathercole, S. E., Chabris, C. F., Hambrick, D. Z., & Stine-Morrow, E. A. (2016). Do "brain-training" programs work? *Psychological Science in the Public Interest*, 17, 103–186.

Simonton, D. K., & Song, A. (2009). Eminence, IQ, physical and mental health, and achievement domain. *Psychological Science*, 20, 429–434.

Simpson, J. A., Collins, W. A., Tran, S., & Haydon, K. C. (2007). Attachment and the experience and expression of emotions in romantic relationships: A developmental perspective. *Journal of Personality and Social Psychology*, 92, 355–367.

Simpson, J. A., & Overall, N. C. (2014). Partner buffering of attachment insecurity. *Current Directions in Psychological Science*, 23, 54–59.

Simpson, J. A., & Rholes, W. S. (2015). *Attachment theory and research: New directions and emerging themes*. New York: Guilford Press.

Simpson, J. A., & Rholes, W. S. (2017). Adult attachment, stress, and romantic relationships. *Current Opinion in Psychology*, 13, 19–24.

Sims, E. A. (1974). Studies in human hyperphagia. In G. Bray & J. Bethune (Eds.), *Treatment and management of obesity*. New York: Harper & Row.

Sinaceur, M., Heath, C., & Cole, S. (2005). Emotional and deliberative reactions to a public crisis: Mad cow disease in France. *Psychological Science*, 16, 247–254.

Singer, M. T. (2003). *Cults in our midst* (rev. ed.). New York: Wiley.

Sitzmann, T., & Ely, K. (2011). A meta-analysis of self-regulated learning in work-related training and educational attainment: What we know and where we need to go. *Psychological Bulletin*, 137, 421 – 442.

Skeem, J. L., Polaschek, D. L. L., Patrick, C., & Lilienfeld, S. O. (2011). Psychopathic personality: Bridging the gap between scientific evidence and public policy. *Psychological Science in the Public Interest*, 12, 95 – 162.

Skinner, B. F. (1938). *The behavior of organisms: An experimental analysis.* New York: Appleton – Century – Crofts.

Skinner, B. F. (1948/1976). Walden Two. New York: Macmillan.

Skinner, B. F. (1956). A case history in the scientific method. *American Psychologist*, 11, 221 – 233.

Skinner, B. F. (1972). The operational analysis of psychological terms. In B. F. Skinner, *Cumulative record* (3rd ed.). New York: Appleton – Century – Crofts.

Skinner, B. F. (1990). Can psychology be a science of mind? *American Psychologist*, 45, 1206 – 1210.

Skinner, E. A. (1996). A guide to constructs of control. *Journal of Personality and Social Psychology*, 71, 549 – 570.

Skoog, T., Özdemir, S. B., & Stattin, H. (2016). Understanding the link between pubertal timing in girls and the development of depressive symptoms: The role of sexual harassment. *Journal of Youth and Adolescence*, 45, 316 – 327.

Slater, M., Antley, A., Davison, A., Swapp, D, Guger, C., Barker, C., Pistrang, N., & Sanchez – Vives, M. V. (2006). A virtual reprise of the Stanley Milgram obedience experiments. *PLoS One*, 1, e39.

Slevec, J., & Tiggemann, M. (2011). Media exposure, body dissatisfaction, and disordered eating in middle – aged women: A test of the sociocultural model of disordered eating. *Psychology of Women Quarterly*, 35, 617 – 627.

Sloane, S., Baillargeon, R., & Premack, D. (2012). Do infants have a sense of fairness? *Psychological Science*, 23, 196 – 204.

Slotema, C. W., Blom, J. D., Hoek, H. W., & Sommer, I. E. (2010). Should we expand the toolbox of psychiatric treatment methods to include repetitive transcranial magnetic stimulation (rTMS)? A meta – analysis of the efficacy of rTMS in psychiatric disorders. *Journal of Clinical Psychiatry*, 71, 873 – 884.

Slovic, P., & Peters, E. (2006). Risk perception and affect. *Current Directions in Psychological Science*, 15, 322 – 325.

Slyne, K., & Tolin, D. F. (2014). The neurobiology of hoarding disorder. In R. O. Frost & G. Steketee (Eds), *The Oxford handbook of hoarding and acquiring* (pp. 177 – 186). New York: Oxford University Press.

Small, G. (2008). *iBrain: Surviving the technological alteration of the modern mind.* New York: Collins Living.

Smith, A. R., Chein, J., & Steinberg, L. (2014). Peers increase adolescent risk taking even when the probabilities of negative outcomes are known. *Developmental Psychology*, 50, 1564 – 1568.

Smith, G. D. (2011). Epigenetics for the masses: More than Audrey Hepburn and yellow mice? *International Journal of Epidemiology*, 40, 303 – 308.

Smith, G. D. (2012). Epidemiology, epigenetics and the "gloomy prospect": Embracing randomness in population research and practice. *International Journal of Epidemiology*, 40, 537 – 562.

Smith, J. F., & Kida, T. (1991). Heuristics and biases: Expertise and task realism in auditing. *Psychological Bulletin*, 109, 472 – 489.

Smith, M. A., Riby, L. M., van Eekelen, A. M.. & Foster, J. K. (2011). Glucose enhancement of human memory: A comprehensive research review of the glucose memory facilitation effect. *Neuroscience and Biobehavioral Reviews*, 35, 770 – 783.

Smith, M. E., & Farah, M. J. (2011). Are prescription stimulants "smart pills"? The epidemiology and cognitive neuroscience of prescription stimulant use by normal healthy individuals. *Psychological Bulletin*, 137, 717 – 741.

Smith, P. J., Blumenthal, J. A., Hoffman, B. M., Cooper, H., Strauman, T. A., Welsh – Bohmer, K., Sherwood, A. (2010). Aerobic exercise and neurocognitive performance: A meta – analytic review of randomized controlled trials. *Psychosomatic Medicine* 72, 239e252.

Smith, S. S., Rouse, L. M., Caskey, M., Fossum, J., Strickland, R., Culhane, J. K., & Waukau, J. (2014). Culturally tailored smoking cessation for adult American Indian smokers: A clinical trial. *The Counseling Psychologist*, 42852 – 886.

Smyth, J. M., Pennebaker, J. W., & Arigo, D. (2012). What are the health effects of disclosure? In A. Baum, T. A. Revenson, & J. Singer (Eds.), *Handbook of health psychology* (2nd ed., pp. 175 – 191). New York: Psychology Press.

Snapp, S., Lento, R., Ryu, E., & Rosen, K. S. (2014). Why do they hook up?: Attachment style and motives of college students. *Personal Relationships*, 21, 468–481.

Snodgrass, S. E. (1992). Further effects of role versus gender on interpersonal sensitivity. *Journal of Personality and Social Psychology*, 62, 154–158.

Snowdon, C. T. (1997). The "nature" of sex differences: Myths of male and female. In P. A. Gowaty (Ed.), *Feminism and evolutionary biology*. New York: Chapman and Hall.

Snyder, C. R., & Shenkel, R. J. (1975, March). The P. T. Barnum effect. *Psychology Today*, 52–54.

Snyder, H. R., Kaiser, R. H., Warren, S. L., & Heller, W. (2015). Obsessive-compulsive disorder is associated with broad impairments in executive function: A meta-analysis. *Clinical Psychological Science*, 3, 301–330.

Sobraske, K. H., Boster, J. S., & Gaulin, S. J. (2013). Mapping the conceptual space of jealousy. *Ethos*, 41, 249–270.

Solms, M. (1997). *The neuropsychology of dreams*. Mahwah, NJ: Erlbaum.

Sommer, I. E., Aleman, A., Somers, M, Boks, M. P., & Kahn, R. S. (2008). Sex differences in handedness, asymmetry of the planum temporale and functional language lateralization. *Brain Research*, 1206, 76–88.

Sommers, S. R. (2011). *Situations matter: Understanding how context transforms your world*. New York: Riverhead.

Sommerville, J. A., Woodward, A. L., & Needham, A. (2005). Action experience alters 3-month-old infants' perception of others' actions. *Cognition*, 96, B1–B11.

Sonoda, H., Kohnoe, S., Yamazato, T., Satoh, Y., Morizono, G., Shikata, K., Maehara, Y. (2011). Colorectal cancer screening with odour material by canine scent detection. *Gut*, 60, 814–819.

Soto, C. J., John, O. P., Gosling, S. D., & Potter, J. (2011). Age differences in personality traits from 10 to 65: Big Five domains and facets in a large crosssectional sample. *Journal of Personality and Social Psychology*, 100, 330–348.

Souza, A. S., & Oberauer, K. (2015). Time-based forgetting in visual working memory reflects temporal distinctiveness, not decay. *Psychonomic Bulletin and Review*, 22, 156–162.

Spanos, N. P. (1991). A sociocognitive approach to hypnosis. In S. J. Lynn & J. W. Rhue (Eds.), *Theories of hypnosis: Current models and perspectives*. New York: Guilford Press.

Spanos, N. P. (1996). *Multiple identities and false memories: A sociocognitive perspective*. Washington, DC: American Psychological Association.

Spanos, N. P., Burgess, C. A., Roncon, V., Wallace-Capretta, S., & Cross, P. (1993). Surreptitiously observed hypnotic responding in simulators and in skill-trained and untrained high hypnotizables. *Journal of Personality and Social Psychology*, 65, 391–398.

Spanos, N. P., Burgess, C. A., Roncon, V., Wallace-Capretta, S., & Cross, P. (1993). Surreptitiously observed hypnotic responding in simulators and in skill-trained and untrained high hypnotizables. *Journal of Personality and Social Psychology*, 65, 391–398.

Spanos, N. P., Menary, E., Gabora, N. J., DuBreuil, S. C., & Dewhirst, B. (1991). Secondary identity enactments during hypnotic past-life regression: A sociocognitive perspective. *Journal of Personality and Social Psychology*, 61, 308–320.

Spanos, N. P., Stenstrom, R. J., & Johnson, J. C. (1988). Hypnosis, placebo, and suggestion in the treatment of warts. *Psychosomatic Medicine*, 50, 245–260.

Spear, L. P. (2000). The adolescent brain and age-related behavioral manifestations. *Neuroscience and Biobehavioral Review*, 24, 417–463.

Spearman, C. (1927). *The abilities of man*. London: Macmillan.

Specht, J, Egloff, B, & Schmukle, S. C. (2011). Stability and change of personality across the life course. *Journal of Personality and Social Psychology*, 101, 862–882.

Spellman, B. A. (2015). A short (personal) future history of revolution 2.0. *Perspectives on Psychological Science*, 10, 886–889.

Spencer, S. J., Logel, C., & Davies, P. G. (2016). Stereotype threat. *Annual Review of Psychology*, 67, 415–437.

Sperling, G. (1960). The information available in brief visual presentations. *Psychological Monographs*, 74, 1–29.

Sperry, R. W. (1964). The great cerebral commissure. *Scientific American*, 210, 42–52.

Sperry, R. W. (1982). Some effects of disconnecting the cerebral hemispheres. *Science*, 217, 1223–1226.

Spitz, H. H. (1997). *Nonconscious movements: From mystical messages to facilitated communication*. Mahwah, NJ: Erlbaum.

Sprecher, S., Regan, P., & Orbuch, T. (2016). Who does the work? Partner perceptions of the initiation and maintenance of romantic relationships. *Interpersona*, 10, 13–27.

Spring, B., Chiodo, J., & Bowen, D. J. (1987). Carbohydrates, tryptophan, and behavior: A methodological review. *Psychological Bulletin*, 102, 234–256.

Squier, L. H., & Domhoff, G. W. (1998). The presentation of dreaming and dreams in introductory psychology textbooks: A critical examination with suggestions for textbook authors and course instructors. *Dreaming*, 8, 149–168.

Squire, L. R., & Zola-Morgan, S. (1991). The medial temporal lobe memory system. *Science*, 253, 1380–1386.

Squire, L. (2004). Memory systems of the brain: A brief history and current perspective. *Neurobiology of Learning and Memory*, 82, 171–177.

Srivastava, A., Locke, E. A., & Bartol, K. M. (2001). Money and subjective well-being: It's not the money, it's the motives. *Journal of Personality and Social Psychology*, 80, 959–971.

Srivastava, S., Tamir, M., McGonigal, K. M., John, O. P., & Gross, J. J. (2009). The social costs of emotional suppression: A prospective study of the transition to college. *Journal of Personality and Social Psychology*, 96, 883–897.

Sroufe, L. A. (2005). Attachment and development: A prospective, longitudinal study from birth to adulthood. *Attachment and Human Development*, 7, 349–367.

Staats, C. K., & Staats, A. W. (1957). Meaning established by classical conditioning. *Journal of Experimental Psychology*, 54, 74–80.

Stanciu, I., Larsson, M., Nordin, S., Adolfsson, R., Nilsson, L.-G., & Olofsson, J. K. (2014). Olfactory impairment and subjective olfactory complaints independently predict conversion to dementia: A longitudinal, population-based study. *Journal of the International Neuropsychological Society*, 20, 209–217.

Stanovich, K. (2010). *How to think straight about psychology* (9th ed.). Boston: Allyn & Bacon.

Stanton, S. J., Mullette-Gillman, O, A., & Huettel, S. A. (2011). Seasonal variation of salivary testosterone in men, normally cycling women, and women using hormonal contraceptives. *Physiology and Behavior*, 104, 804–808.

Stanwood, G. D., & Levitt, P. (2001). The effects of cocaine on the developing nervous system. In C. A. Nelson & M. Luciana (Eds.), *Handbook of developmental cognitive neuroscience*. Cambridge, MA: MIT Press.

Stattin, H., & Magnusson, D. (1990). *Pubertal maturation in female development*. Hillsdale, NJ: Erlbaum.

Steele, C. (2010). *Whistling Vivaldi: How stereotypes affect us and what we can do*. New York: W. W. Norton.

Steele, C., & Aronson, J. (1995). Stereotype threat and the intellectual test performance of African-Americans. *Journal of Personality and Social Psychology*, 69, 797–811.

Steffens, S., Veillard, N. R., Arnaud, C., Pelli, G., Burger, F., Staub, C., Mach, F. (2005). Low dose oral cannabinoid therapy reduces progression of atherosclerosis in mice. *Nature*, 434, 782–786.

Stein, D. J., Chiu, W. T., Hwang, I., Kessler, R. C., Sampson, N., Alonso, J., Nock, M. K. (2010). Cross-national analysis of the associations between traumatic events and suicidal behavior: Finding from the WHO World Mental Health surveys. *PLoS One*, 5, e10574.

Stein, L. J., Cowart, B. J., & Beauchamp, G. K. (2012). The development of salty taste acceptance is related to dietary experience in human infants: A perspective study. *American Journal of Clinical Nutrition*, 95, 123–129.

Steinberg, L. (2007). Risk taking in adolescence. *Current Directions in Psychological Science*, 16, 55–59.

Steinberg, L., & Scott, E. S. (2003). Less guilty by reason of adolescence. *American Psychologist*, 58, 1009–1018.

Steiner, J. E. (1973). The gustofacial response: Observation on normal and anencephalic newborn infants. *Symposium on Oral and Sensory Perception*, 4, 254–278.

Steiner, R. A. (1989). *Don't get taken!* El Cerrito, CA: Wide-Awake Books.

Stel, M., Blascovich, J., McCall, C., Mastop, J., van Baaren, R. B., & Vonk, R. (2010). Mimicking disliked others: Effects of a priori liking on the mimicry-liking link. *European Journal of Social Psychology*, 40, 867–880.

Sternberg, R. J. (1988). *The triarchic mind: A new theory of human intelligence*. New York: Viking.

Sternberg, R. J. (2004). Culture and intelligence. *American Psychologist*, 59, 325–338.

Sternberg, R. J. (2012). The triarchic theory of successful intelligence. In D. P. Flanagan & P. L. Harrison (Eds.), *Contemporary intellectual assessment: Theories, tests, and issues* (3rd ed.). New York: Guilford Press.

Sternberg, R. J., Forsythe, G. B., Hedlund, J., Horvath, J. A., Wagner, R. K., Williams, W. M., Snook, S. A., & Grigorenko, E. (2000). *Practical intelligence in everyday life*. New York: Cambridge University Press.

Sternberg, R. J., Wagner, R. K., Williams, W. M., & Horvath, J. A. (1995). Testing common sense. *American Psychologist*, 50, 912–927.

Stevenson, H. W., Chen, C., & Lee, S. (1993). Mathematics achievement of Chinese, Japanese, and American children: Ten years later. *Science*, 259, 53–58.

Stevenson, H. W., & Stigler, J. W. (1992). *The learning gap*. New York: Summit.

Stevenson, R., Oaten, M., Case, T., & Repacholi, B. (2014). Is disgust prepared: A preliminary examination in young children. *Journal of General Psychology*, 141, 326–347.

Stewart, J. (2011). *Why noise matters*. Oxford, UK: Routledge.

Stewart-Williams, S., & Podd, J. (2004). The placebo effect: Dissolving the expectancy versus conditioning debate. *Psychological Bulletin*, 130, 324–340.

Stice, E., Spoor, S., Bohon, C., & Small, D. M. (2008, October 17). Relation between obesity and blunted striatal response to food is moderated by TaqIA A1 allele. *Science*, 322, 449–452.

Stiles, C., Murray, S., & Kentish-Barnes, C. (2011, October 28). Udderly Robotic [Radio Broadcast]. *Country Life*. Wellington: Radio New Zealand National.

Stoch, M. B., Smythe, P. M., Moody, A. D., & Bradshaw, D. (1982). Psychosocial outcome and CT findings after gross undernourishment during infancy: A 20-year developmental study. *Developmental Medicine and Child Neurology*, 24, 419–436.

Strack, F., Martin, L. L., & Stepper, S. (1988). Inhibiting and facilitating conditions of the human smile: A non-obtrusive test of the facial feedback hypothesis. *Journal of Personality and Social Psychology*, 54, 768–777.

Strayer, D. L., & Drews, F. A. (2007). Cell-phone-induced driver distraction. *Current Directions in Psychology*, 16, 128–131.

Strayer, D. L., Drews, F. A., & Crouch, D. J. (2006). A comparison of the cell phone driver and the drunk driver. *Human Factors*, 48, 381–391.

Streissguth, A. P. (2001). Recent advances in fetal alcohol syndrome and alcohol use in pregnancy. In D. P. Agarwal & H. K. Seitz (Eds.), *Alcohol in health and disease*. New York: Marcel Dekker.

Strickland, B. R. (1989). Internal-external control expectancies: From contingency to creativity. *American Psychologist*, 44, 1–12.

Striegel-Moore, R. H., & Bulik, C. M. (2007). Risk factors for eating disorders. *American Psychologist*, 62, 181–198.

Stunkard, A. J., Berkowitz, R. I., Schoeller, D., Maislin, G., & Stallings, V. A. (2004). Predictors of body size in the first 2y of life: A high-risk study of human obesity. *International Journal of Obesity*, 28, 503–513.

Suddendorf, T., & Whiten, A. (2001). Mental evolution and development: Evidence for secondary representation in children, great apes, and other animals. *Psychological Bulletin*, 127, 629–650.

Sue, D. W. (2010). *Microaggressions in everyday life: Race, gender, and sexual orientation*. Hoboken, NJ: Wiley.

Sue, D. W., Capodilupo, C. M., Torino, G. C., Bucceri, J. M., Holder, A. M., Nadal, K. L., & Esquilin, M. (2007). Racial microaggressions in everyday life: Implications for clinical practice. *American Psychologist*, 62, 271–286.

Suedfeld, P. (1975). The benefits of boredom: Sensory deprivation reconsidered. *American Scientist*, 63, 60–69.

Suinn, R. M. (2001). The terrible twos—Anger and anxiety. *American Psychologist*, 56, 27–36.

Sukhodolsky, D. G., Bloch, M. H., Panza, K. E., & Reichow, B. (2013). Cognitive-behavioral therapy for anxiety in children with high-functioning autism: A meta-analysis. *Pediatrics*, 132, e1341–e1350.

Suls, J., Martin, R., & Wheeler, L. (2002). Social comparison: Why, with whom, and with what effect? *Current Directions in Psychological Science*, 11, 159–163.

Super, C. M., & Harkness, S. (2013). Culture and children's sleep. In A. R. Wolfson & H. E. Montgomery-Downs (Eds.), *The Oxford handbook of infant, child, and adolescent sleep and behavior* (pp. 81–98). New York: Oxford University Press.

Surowiecki, J. (2004). *The wisdom of crowds*. New York: Doubleday.

Suzuki, T., & Uchida, H. (2014). Successful withdrawal from antipsychotic treatment in elderly male inpatients with schizophrenia—Description of four cases and review of the literature. *Psychiatry Research*, 220, 152–157.

Swartz, J. R., Knodt, A. R., Radtke, S. R., & Hariri,

A. R. (2015). A neural biomarker of psychological vulnerability to future life stress. *Neuron*, 85, 505–511.

Swartz, M. S., Perkins, D. O., Stroup, T. S., Davis, S. M., Capuano, G., Rosenheck, R. A., CATIE Investigators. (2007). Effects of antipsychotic medications on psychosocial functioning in patients with chronic schizophrenia: Findings from the NIMH CATIE study. *American Journal of Psychiatry*, 164, 428–36.

Sweatt, J. D. (2016). Neural plasticity and behavior—sixty years of conceptual advances. *Journal of Neurochemistry*. doi:10.1111/jnc.13580.

Swenson, C. C., Henggeler, S. W., Taylor, I. S., & Addison, O. W. (2005). *Multisystemic therapy and neighborhood partnerships: Reducing adolescent violence and substance abuse.* New York: Guilford Press.

Swinkels, A. (2009, August). Man's best friend is a good boy: Sexist language in pet books. Paper presented at the annual convention of the American Psychological Association, Toronto.

Sylvers, P. D., Brennan, P. A., & Lilienfeld, S. O. (2011). Psychopathic traits and preattentive threat processing in children: A novel test of the fearlessness hypothesis. *Psychological Science*, 22, 1280–1287.

Symons, D. (1979). *The evolution of human sexuality.* New York: Oxford University Press.

Szalma, J. L., & Hancock, P. A. (2011). Noise effects on human performance: A meta-analytic synthesis. *Psychological Bulletin*, 1137, 682–707.

Szumowska, E., & Kossowska, M. (2017). Motivational rigidity enhances multitasking performance: The role of handling interruptions. *Personality and Individual Differences*, 106, 81–89.

Tajfel, H., Billig, M. G., Bundy, R. P., & Flament, C. (1971). Social categorization and intergroup behavior. *European Journal of Social Psychology*, 1, 149–178.

Tajfel, H., & Turner, J. C. (1986). The social identity theory of intergroup behavior. In S. Worchel & W. G. Austin (Eds.), *Psychology of intergroup relations.* Chicago: Nelson-Hall.

Talarico, J. M. (2009). Freshman flashbulbs: Memories of unique and first-time evens in starting college. *Memory*, 17, 256–265.

Talarico, J. M., & Rubin, D. C. (2003). Confidence, not consistency, characterizes flashbulb memories. *Psychological Science*, 14, 455–461.

Talbot, M. (2008, May 12). Birdbrain: The woman behind the world's chattiest parrots. *The New Yorker.*, pp. 64–75.

Talge, N. M., Neal, C., & Glover, V. (2007). Antenatal maternal stress and long-term effects on child neurodevelopment: how and why? *Journal of Child Psychology and Psychiatry*, 48, 245–261.

Tallis, R. (2011). *Aping mankind: Neuromania, Darwinitis, and the misrepresentation of humanity.* Durham, UK: Acumen.

Talmi, D., Grady, C. L., Goshen-Gottstein, Y., & Moscovitch, M. (2005). Neuroimaging the serial position curve: A test of single-store versus dual-store models. *Psychological Science*, 16, 716–723.

Tang, Y.-Y., Hözel, B. L., & Posner, M. I. (2015). The neuroscience of mindfulness meditation. *Nature Reviews Neuroscience*, 16, 213–225.

Tangney, J. P., Wagner, P. E., Hill-Barlow, D., Marschall, D. E., & Gramzow, R. (1996). Relation of shame and guilt to constructive versus destructive responses to anger across the lifespan. *Journal of Personality and Social Psychology*, 70, 797–809.

Tanner, W. P., Jr., & Swets, J. A. (1954). A decision-making theory of visual detection. *Psychological Review*, 61, 401–409.

Tarbox, S. I., & Pogue-Geile, M. F. (2008). Development of social functioning in preschizophrenia children and adolescents: A systematic review. *Psychological Bulletin*, 34, 561–583.

Tavris, C. (1989). *Anger: The misunderstood emotion* (rev. ed.). New York: Simon & Schuster/Touchstone.

Tavris, C., & Aronson, E. (2007). *Mistakes were made (but not by me).* Orlando, FL: Houghton Mifflin Harcourt.

Taylor, A. K., & Kowalski, P. (2004). Naïve psychological science: The prevalence, strength, and sources of misconceptions. *Psychological Record*, 54, 15–25.

Taylor, S. E., & Lobel, M. (1989). Social comparison activity under threat: Downward evaluation and upward contacts. *Psychological Review*, 96, 569–575.

Taylor, S. E., & Master, S. L. (2011). Social responses to stress: The tend-and-befriend model. In R. J. Contrada, & A. Baum, (Eds.). *The handbook of stress science: Biology, psychology, and health* (pp. 101–109). New York: Springer.

Taylor, S. E., Repetti, R. L., & Seeman, T. (1997). Health psychology: what is an unhealthy environment and how does it get under the skin. *Annual review of psychology*, 48, 411–447.

Terhune, D. B., Tai, S., Cowey, A., Popescu, T., & Kadosh, R. C. (2011). Enhanced cortical excitability in grapheme–color synesthesia and its modulation. *Current Biology*, 21, 2006–2009.

Terman, L. M., & Oden, M. H. (1959). *Genetic studies of genius*: Vol. 5. *The gifted group at mid–life*. Stanford, CA: Stanford University Press.

Terracciano, A., & McCrae, R. R. (2006). "National character does not reflect mean personality traits levels in 49 cultures": Reply. *Science*, 311, 777–779.

Thaler, L., Arnott, S. R., & Goodale, M. A. (2011). Neural correlates of natural human echolocation in early and late blind echolocation experts. *PLoS One*, 6, 1–16.

Thomas, J. J., Vartanian, L. R., & Brownell, K. D. (2009). The relationship between eating disorder not otherwise specified (EDNOS) and officially recognized eating disorders: Meta–analysis and implications for DSM. *Psychological Bulletin*, 135, 407–433.

Thomée, S., Härenstam, A., & Hagberg, M. (2012). Computer use and stress, sleep disturbances, and symptoms of depression among young adults—A prospective cohort study. *BMC Psychiatry*, 12. DOI: 10.1186/1471–244X–12–176

Thompson, C. (1943/1973). Penis envy in women. *Psychiatry*, 6, 123–125. Reprinted in J. B. Miller (Ed.), *Psychoanalysis and women*. New York: Brunner/Mazel.

Thompson, C. (2011, November 1). Why kids can't search. Wired. www.wired.com/magazine/2011/11/st_thompson_searchresults/.

Thompson, J. K., & Cafri, G. (Eds.). (2007). *The muscular ideal*: *Psychological, social, and medical perspectives*. Washington, DC: American Psychological Association.

Thompson, P. M., Cannon, T. D., Narr, K. L., van Erp, T., Poutanen, V. P., Huttunen, M., Toga, A. W. (2001). Genetic influences on brain structure. *Nature Neuroscience*, 4, 1253–1258.

Thompson, P. M., Vidal, C. N., Giedd, J. N., Gochman, P., Blumenthal, J., Nicolson, R., Toga, A. W., & Rapoport, J. L. (2001). Mapping adolescent brain change reveals dynamic wave of accelerated gray matter loss in very early–onset schizophrenia. *Proceedings of the National Academy of Sciences*, 98, 11650–11655.

Thompson, R. F. (1983). Neuronal substrates of simple associative learning: Classical conditioning. *Trends in Neurosciences*, 6, 270–275.

Thompson, R. F. (1986). The neurobiology of learning and memory. *Science*, 233, 941–947.

Thompson, R. F., & Kosslyn, S. M. (2000). Neural systems activated during visual mental imagery: A review and meta–analyses. In A. W. Toga & J. C. Mazziotta (Eds.), *Brain mapping*: *The systems*. San Diego: Academic Press.

Thompson, R., Emmorey, K., & Gollan, T. H. (2005). "Tip of the fingers" experiences by deaf signers. *Psychological Science*, 16, 856–860.

Thompson, T. L., & Kiang, L. (2010). The model minority stereotype: Adolescent experiences and links with adjustment. *Asian American Journal of Psychology*, 1, 119–128.

Thorndike, E. L. (1898). Animal intelligence: An experimental study of the associative processes in animals. *Psychological Review Monograph Supplement*, 2.

Thorndike, E. L. (1903). *Educational psychology*. New York: Columbia University Teachers College.

Tiefer, L. (2004). *Sex is not a natural act, and other essays* (rev. ed.). Boulder, CO: Westview.

Tiefer, L. (Ed.) (2008). The New View campaign against the medicalization of sex. Special issue (12 articles). Feminism and Psychology, 18.

Tiernan, K., Foster, S. L., Cunningham, P. B., Brennan, P., & Whitmore, E. (2015). Predicting early positive change inmultisystemic therapy with youth exhibiting antisocial behaviors. *Psychotherapy*, 52, 93–102.

Timmers, M., Fischer, A. H., & Manstead, A. S. R. (1998). Gender differences in motives for regulating emotions. *Personality and Social Psychology Bulletin*, 24, 974–985.

Tinti, C., Schmidt, S., Sotgiu, I., Testa, S., & Curci, A. (2009). The role of importance/consequentiality appraisal in flashbulb memory formation: The case of the death of Pope John Paul II. *Applied Cognitive Psychology*, 23, 236–253.

Tobaldini, E., Costantino, G., Solbiati, M., Cogliati, C., Kara, T., Nobili, L., & Montano, N. (2017). Sleep, sleep deprivation, autonomic nervous system and cardiovascular diseases. *Neuroscience and Biobehavioral Reviews*, 74, 321–329.

Tolin, D. F., Stevens, M. C., Villavicencio, A. L., Norberg, M. M., Calhoun, V. D., Frost, R. O., Pearlson,

G. D. (2012). Neural mechanisms of decision making in hoarding disorder. *Archives of General Psychiatry*, 69, 832 – 841.

Toll, B. A., Martino, S., O'Malley, S. S., Fucito, L. M., McKee, S. A., Kahler, C. W., Cummings, K. M. (2015). A randomized trial for hazardous drinking and smoking cessation for callers to a quitline. *Journal of Consulting and Clinical Psychology*, 83, 445 – 454.

Tolman, E. C. (1938). The determiners of behavior at a choice point. *Psychological Review*, 45, 1 – 35.

Tolman, E. C., & Honzik, C. H. (1930). Introduction and removal of reward and maze performance in rats. *University of California Publications in Psychology*, 4, 257 – 275.

Tomasello, M. (2003). *Constructing a language: A usage – based theory of language acquisition*. Cambridge, MA: Harvard University Press.

Tomasello, M. (2008). *Origins of human communication*. Cambridge, MA: MIT Press.

Tomasello, M. (2014). *A natural history of human thinking*. Cambridge, MA: Harvard University Press.

Tomlinson, M., Cooper, P., & Murray, L. (2005). The mother – infant relationship and infant attachment in a South African peri – urban settlement. *Child Development*, 76, 1044 – 1054.

Tomppo, L., Hennah, W., Miettunen, J., Järvelin, M – R, Veijola, J., Ripatti, S., Ekelund, J. (2009). Association of variants in DISC1 with psychosis – related traits in a large population cohort. *Archives of General Psychiatry*, 66, 134 – 141.

Tourangeau, R., & Yan, T. (2007). Sensitive questions in surveys. *Psychological Bulletin*, 133, 859 – 883.

Tracy, J. L., & Robins, R. W. (2007). Emerging insights into the nature and function of pride. *Current Directions in Psychological Science*, 16, 147 – 151.

Tracy, J. L., & Robins, R. W. (2008). The nonverbal expression of pride: Evidence for cross – cultural recognition. *Journal of Personality and Social Psychology*, 94, 516 – 530.

Trainor, L. J., Wu, L., & Tsang, C. D. (2004). Long – term memory for music: Infants remember tempo and timbre. *Developmental Science*, 7, 289 – 296.

Tranquillo, N. (2014). *Dream consciousness: Allan Hobson's new approach to the brain and its mind*. Cham, Switzerland: Springer.

Trauer, J. M., Qian, M. Y., Doyle, J. S., Rajaratnam, S. M. W., & Cunnington, D. (2015). Cognitive behavioral therapy for chronic insomnia: A systematic review and meta – analysis. *Annals of Internal Medicine*, 163, 191 – 204.

Trenholm, C., Devaney, B., Fortson, K., Quay, L., Wheeler, J., & Clark, M. (2007). *Impacts of Four Title V, Section 510 Abstinence Education Programs Final Report*. Mathematica Policy Research, Princeton, NJ.

Triandis, H. C. (1996). The psychological measurement of cultural syndromes. *American Psychologist*, 51, 407 – 415.

Trivers, R. (1972). Parental investment and sexual selection. In B. Campbell (Ed.), *Sexual selection and the descent of man*. New York: Aldine de Gruyter.

Trivers, R. (2004). Mutual benefits at all levels of life. [Book review.] *Science*, 304, 965.

Tronick, E. Z., Morelli, G. A., & Ivey, P. K. (1992). The Efe forager infant and toddler's pattern of social relationships: Multiple and simultaneous. *Developmental Psychology*, 28, 568 – 577.

Tucker – Drob, E. M. (2012). Preschools reduce early academic – achievement gaps: A longitudinal twin approach. *Psychological Science*, 23, 310 – 319.

Tulving, E. (1985). How many memory systems are there? *American Psychologist*, 40, 385 – 398.

Turiel, E. (2014). Morality: Epistemology, development, and social opposition. In M. Killen & J. G. Smetana (Eds.), *Handbook of moral development* (2nd ed., pp. 3 – 22). New York: Psychology Press

Turkheimer, E., & Horn, E. E. (2014). Interactions between socioeconomic status and components of variation in cognitive ability. In D. Finkel & C. A. Reynolds (Eds.), *Behavior genetics of cognition across the lifespan* (pp. 41 – 68). New York: Springer Science + Business Media.

Turner, C. F., Ku, L., Rogers, S. M., Lindberg, L. D., Pleck, J. H., & Sonenstein, F. L. (1998). Adolescent sexual behavior, drug use, and violence: Increased reporting with computer survey technology. *Science*, 280, 867 – 873.

Turner, E. H., Matthews, A. M., Linardatos, E., Tell, R. A., & Rosenthal, R. (2008). Selective publication of antidepressant trials and its influence on apparent efficacy. *New England Journal of Medicine*, 358, 252 – 60.

Turner, M. E., Pratkanis, A. R., & Samuels, T. (2003). Identity metamorphosis and groupthink prevention: Examining Intel's departure from the DRAM industry. In A. Haslam, D. van Knippenberg, M. Platow, & N. Ellemers (Eds.), *Social identity at work*: Developing theory for organizational practice. Philadelphia: Psychology Press.

Turvey, B. E. (2008). Serial crime. In B. E. Turvey (Ed.), *Criminal profiling*: An introduction to behavioral evidence analysis (3rd ed.). San Diego: Elsevier Academic Press.

Tustin, K., & Hayne, H. (2010). Defining the boundary: Age-related changes in childhood amnesia. *Developmental Psychology*, 46, 1049–1061.

Tversky, A., & Kahneman, D. (1973). Availability: A heuristic for judging frequency and probability. *Cognitive Psychology*, 5, 207–232.

Tversky, A., & Kahneman, D. (1981). The framing of decisions and the psychology of choice. *Science*, 211, 453–458.

Twenge, J. M. (2009). Change over time in obedience: The jury's still out, but it might be decreasing. *American Psychologist*, 64, 28–31.

Twenge, J. M. (2013). The evidence for Generation Me and against Generation We. *Emerging Adulthood*, 1, 11–16.

Twenge, J. M., & Foster, J. D. (2010). Birth cohort increases in narcissistic personality traits among American college students, 1982–2009. *Social Psychological and Personality Science*, 1, 99–106.

Twenge, J. M., Konrath, S., Foster, J. D., Campbell, W. K., & Bushman, B. J. (2008). Egos inflating over time: A cross-temporal meta-analysis of the Narcissistic Personality Inventory. *Journal of Personality*, 76, 875–901.

Tyrer, P., Oliver-Africano, P. C., Ahmed, Z., Bouras, N., Cooray, S., Deb, S., Crawford, M. (2008). Risperidone, haloperidol, and placebo in the treatment of aggressive challenging behaviour in patients with intellectual disability: a randomised controlled trial. *Lancet*, 371, 57–63.

U. S. Food and Drug Administration. (2011). Executive Summary Prepared for the January 27–28, 2011 meeting of the neurological devices panel to discuss the classification of electroconvulsive therapy devices (ECT). Available online at www. fda. gov/downloads/AdvisoryCommittees/CommitteesMeetingMaterials/MedicalDevicesAdvisoryCommittee/neurologicalDevicesPanel/UCM240933. pdf.

Uchino, B. N. (2009). Understanding the links between social support and physical health: A life-span perspective with emphasis on the separability of perceived and received support. *Perspectives on Psychological Science*, 4, 236–255.

Ullian, E. M., Chrisopherson, K. S., & Barres, B. A. (2004). Role for glia in synaptogenesis. *Glia*, 47, 209–216.

ünal, E., Pinto, A., Bunger, A., & Papafragou, A. (2016). Monitoring sources of event memories: A cross-linguistic investigation. *Journal of Memory and Language*, 87, 157–176.

Urry, H. L., & Gross, J. J. (2010). Emotion regulation in older age. *Current Directions in Psychological Science*, 19, 352–357.

Urry, H. L., Nitschke, J. B., Dolski, I., Jackson, D. C., Dalton, K. M., Mueller, C. J., Davidson, R. J. (2004). Making a life worth living: Neural correlates of well-being. *Psychological Science*, 15, 367–372.

Uttall, W. R. (2001). *The new phrenology*: The limits of localizing cognitive processes in the brain. Cambridge, MA: MIT Press/Bradford Books.

Vaillant, G. E. (1992). *Ego mechanisms of defense*. Washington, DC: American Psychiatric Press.

Vaillant, G. E. (2012). *Triumphs of experience*: The men of the Harvard grant study. Cambridge, MA: Belknap Press of Harvard University Press.

Valenstein, E. (1986). *Great and desperate cures*: The rise and decline of psychosurgery and other radical treatments for mental illness. New York: Basic Books.

Valentine, T., & Mesout, J. (2009). Eyewitness identification under stress in the London dungeon. *Applied Cognitive Psychology*, 23, 151–161.

Van Baaren, R., Janssen, L., Chartrand, T. L., & Dijksterhuis, A. (2009). Where is the love? The social aspects of mimicry. *Philosophical Transactions of the Royal Society of London, B*: Biological Sciences, 364, 2381–2389.

Van Cantfort, T. E., & Rimpau, J. B. (1982). Sign language studies with children and chimpanzees. *Sign Language Studies*, 34, 15–72.

Vandello, J. A., & Bosson, J. K. (2013). Hard won and easily lost: A review and synthesis of theory and research on precarious manhood. *Psychology of Men and Masculinity*, 14, 101–113.

Vandello, J. A., & Cohen, D. (1999). Patterns of individualism and collectivism across the United States. *Journal of Personality and Social Psychology*, 77, 279–292.

Vandello, J. A., Cohen, D., & Ransom, S. (2008). U. S. Southern and Northern differences in perceptions of norms about aggression: Mechanisms for the perpetuation of a culture of honor. *Journal of Cross-Cultural Psychology*, 39, 162–177.

Vandenberg, B. (1985). Beyond the ethology of play. In A. Gottfried & C. C. Brown (Eds.), *Play interactions*. Lexington, MA: Lexington Books.

Van der Heijden, P. T., Rossi, G. M. P., van der Veld, W. M., Derksen, J. J. L., & Egger, J. I. M. (2013). Personality and psychopathology: Higher order relations between the five factor model of personality and the MMPI-2 Restructured Form. *Journal of Research in Personality*, 47, 572–579.

van der Pol, L. D., Groeneveld, M. G., van Berkel, S. R., Endendjik, J. J., Hallers-Haalboom, E. T., Bakermans-Kranenburg, M. J., & Mesman, J. (2015). Fathers' and mothers' emotion talk with their boys and girls from toddlerhood to preschool age. *Emotion*, 15, 854–864.

van der Toorn, J., Tyler, T. R., & Jost, J. T. (2011). More than fair: Outcome dependence, system justification, and the perceived legitimacy of authority figures. *Journal of Experimental Social Psychology*, 47, 127–138.

van de Werken, M., Giménez, M. C., de Vries, B., Beersma, D. G. M., & Gordijn, M. C. M. (2013). Short-wavelength attenuated polychromatic white light during work at night: Limited melatonin suppression without substantial decline of alertness. *Chronobiology International*, 30, 843–854.

Van Dongen Hans, P. A., Maislin, G., Mullington, J. M., & Dinges, D. F. (2003). The cumulative cost of additional wakefulness: Dose-response effects on neurobehavioral functions and sleep physiology from chronic sleep restriction and total sleep deprivation. *Sleep*, 26, 117–126.

Van Emmerik, A. A., Kamphuis, J. H., Hulsbosch, A. M., & Emmelkamp, P. M. G. (2002). Single session debriefing after psychological trauma: A meta-analysis. *Lancet*, 360, 766–771.

van IJzendoorn, M. H., & Sagi-Schwartz, A. (2008). Cross-cultural patterns of attachment: Universal and contextual dimensions. In J. Cassidy & P. R. Shaver (Eds.), *Handbook of attachment: Theory, research, and clinical applications* (2nd ed., pp. 713–734). New York, NY: Guilford Press.

Van Horn, J. D., Irimia, A., Torgerson, C. M., Chambers, M. C., Kikinis, R., & Toga, A. W. (2012). Mapping connectivity damage in the case of Phineas Gage. *PLoS One*, 7 e37454.

van IJzendoorn, M. H., Juffer, F., & Klein Poelhuis, C. W. (2005). Adoption and cognitive development: A meta-analytic comparison of adopted and nonadopted children's IQ and school performance. *Psychological Bulletin*, 131, 301–316.

Van Laar, C., Levin, S., & Sidanius, J. (2008). Ingroup and outgroup contact: A longitudinal study of the effects of cross-ethnic friendships, dates, roommate relationships and participation in segregated organiza? tions. In U. Wagner, L. R. Tropp, G. Finchilescu, & C. Tredoux (Eds.), *Improving intergroup relations: Building on the legacy of Thomas F. Pettigrew*. Malden, MA: Blackwell.

Van Orden, K. A., Lynam, M. E., Hollar, D., & Joiner Jr., T. E. (2006). Perceived burdensomeness as an indicator of suicidal symptoms. *Cognitive Therapy and Research*, 30, 457–467.

Van Schaik, C. (2006). Why are some animals so smart? *Scientific American*, 294, 64–71.

van Tilburg, M. A. L., Becht, M. C., & Vingerhoets, A. J. J. M. (2003). Self-reported crying during the menstrual cycle: Sign of discomfort and emotional turmoil or erroneous beliefs? *Journal of Psychosomatic Obstetrics and Gynecology*, 24, 247–255.

Västfj? ll, D., Peters, E., & Slovic, P. (2014). The affect heuristic, mortality salience, and risk: Domain-specific effects of a natural disaster on riskbenefit perception. *Scandinavian Journal of Psychology*, 55, 527–532.

Verhulst, B., Neale, M. C., & Kendler, K. S. (2015). The heritability of alcohol use disorders: A meta-analysis of twin and adoption studies. *Psychological Medicine*, 45, 1061–1072.

Verweij, K. J. H., Mosing, M. A., Ullén, F., & Madison, G. (2016). Individual differences in personality masculinity-femininity: Examining the effects of genes, environment, and prenatal hormone transfer. *Twin Research and Human Genetics*, 19, 87–96.

Vita, A. J., Terry, R. B., Hubert, H. B., & Fries, J. F. (1998). Aging, health risks, and cumulative disability. *New England Journal of Medicine*, 338, 1035–1041.

Voigt, B. F., Kudaravalli, S., Wen, X., & Pritchard, J. K. (2006). A map of recent positive selection in the human genome. *PLoS Biology*, 4, e72.

Volker, S., & Vasey, P. L. (2006). *Homosexual behaviour*

in animals: An evolutionary perspective. New York: Cambridge University Press.

Volkow, N. D., & Baler, R. D. (2012). To stop or not to stop? Science, 335, 546–548.

Volkow, N. D., Chang, L., Wang, G-J., Fowler, J. S., Leonido-Yee, M., Franceschi, D., Miller, E. N. (2001). Association of dopamine transporter reduction with psychomotor impairment in methamphetamine abusers. American Journal of Psychiatry, 158, 377–382.

Volkow, N. D., & Morales, M. (2015). The brain on drugs: From reward to addiction. Cell, 162, 712–725.

Vorona, R. D., Szklo-Coxe, M., Wu, A., Dubik, M., Zhao, Y., & Catesby Ware, J. (2011). Dissimilar teen crash rates in two neighboring southeastern Virginia cities with different high school start times. Journal of Clinical Sleep Medicine, 7, 145.

Vorria, P., Ntouma, M., & Rutter, M. (2015). Vulnerability and resilience after early institutional care: The Greek Metera study. Development and Psychopathology, 27, 859–866.

Vorria, P., Ntouma, M., Vairami, M., & Rutter, M. (2015). Attachment relationships of adolescents who spent their infancy in residential group care: The Greek Metera study. Attachment and Human Development, 17, 257–271.

Voss, J. L., Federmeier, K. D., & Paller, K. A. (2012). The potato chip really does look like Elvis! Neural hallmarks of conceptual processing associated with finding novel shapes subjectively meaningful. Cerebral Cortex, 22, 2354–2364.

Vrij, A., Granhag, P. A., Mann, S., & Leal, S. (2011). Outsmarting the liars: Toward a cognitive lie detection approach. Current Directions in Psychological Science, 20, 28–32.

Vrij, A., Granhag, P. A., & Porter, S. (2010). Pitfalls and opportunities in nonverbal and verbal lie detection. Psychological Science in the Public Interest, 11, 89–121.

Vukasović, T., & Bratko, D. (2015). heritability of personality: A meta-analysis of behavior genetic studies. Psychological Bulletin, 141, 769–785.

Vul, E., Harris, C., Winkielman, P., & Pashler, H. (2009). Puzzlingly high correlations in fMRI studies of emotion, personality, and social cognition. Perspectives on Psychological Science, 4, 274–290.

Vul, E., & Pashler, H. (2008). Measuring the crowd within. Psychological Science, 19, 645–647.

Vygotsky, L. (1962). Thought and language. Cambridge, MA: MIT Press.

Wade, C. (2006). Some cautions about jumping on the brain-scan bandwagon. APS Observer, pp. 19, 23–24.

Wagner, U., Gais, S., Haider, H., Verieger, R., & Born, J. (2004). Sleep inspires insight. Nature, 427, 352–355.

Wahlstrom, K. (2010). School start time and sleepy teens. Archives of Pediatrics and Adolescent Medicine, 164, 676–677.

Wai, J., & Putallaz, M. (2011). The Flynn Effect puzzle: A 30-year examination from the right tail of the ability distribution provides some missing pieces. Intelligence, 39, 443–455.

Wakefield, J. (2006). Are there relational disorders? A harmful dysfunction perspective: Comment on the special section. Journal of Family Psychology, 20, 423–427.

Wakefield, J. (2012). The DSM-5's proposed new categories of sexual disorder: The problem of false positives in sexual diagnosis. Journal of Clinical Social Work, 40, 213–223.

Walasek, L., & Stewart, N. (2015). How to make loss aversion disappear and reverse: Tests of the decision by sampling origin of loss aversion. Journal of Experimental Psychology: General, 144, 7–11.

Walker, D. L., Ressler, K. J., Lu, K-T, & Davis, M. (2002). Facilitation of conditioned fear extinction by systemic administration or intra-amygdala infusions of D-cycloserine as assessed with fear-potentiated startle in rats. Journal of Neuroscience, 22, 2343–2351.

Walker, E., & Tessner, K. (2008). Schizophrenia. Perspectives on Psychological Science, 3, 30–37.

Wallace-Wells, B. (2009, February 5). Bitter pill. Rolling Stone, pp. 56–63, 74–76.

Wallbott, H. G., Ricci-Bitti, P, & Bnninger-Huber, E. (1986). Non-verbal reactions to emotional experiences. In K. R. Scherer, H. G. Wallbott, & A. B. Summerfield (Eds.), Experiencing emotion: A cross-cultural study. Cambridge, UK: Cambridge University Press.

Wallen, K. (2001). Sex and context: Hormones and primate sexual motivation. Hormones and Behavior, 40, 339–357.

Walton, G. M., & Cohen, G. L. (2011). A brief social-belonging intervention improves academic and health outcomes of minority students. Science, 331, 1447–1451.

Walum, H., Westberg, L., Henningsson, S., Neiderhiser,

J. M., Reiss, D., Igl, W., Lichtenstein, P. (2008). Genetic variation in the vasopressin receptor 1a gene (AVPR1A) associates with pair-bonding behavior in humans. *Proceedings of the National Academy of Sciences*, 105, 14153-14156.

Wang, R., & Bianchi, S. (2009). ATUS fathers' involvement in childcare. *Social Indicator Research*, 93, 141-145.

Wang, S., & Blazer, D. G. (2015). Depression and cognition in the elderly. *Annual Review of Clinical Psychology*, 11, 331-360.

Wang, Y., Jackson, T., & Cai, L. (2016). Causal effects of threat and challenge appraisals on coping and pain perception. *European Journal of Pain*, 20, 1111-1120.

Wansink, B. (2016). *Slim by design: Mindless eating solutions for everyday life*. Carlsbad, CA: Hay House.

Watanabe, S. (2001). Van Gogh, Chagall and pigeons: Picture discrimination in pigeons and humans. *Animal Cognition*, 4, 1435-9448.

Watanabe, S. (2010). Pigeons can discriminate "good" and "bad" paintings by children. *Animal Cognition*, 13, 75-85.

Waters, F., & Bucks, R. S. (2011). Neuropsychological effects of sleep loss: Implication for neuropsychologists. *Journal of the International Neuropsy chological Society*, 17, 571-586.

Watkins, E. R. (2015). An alternative transdiagnostic mechanistic approach to affective disorders illustrated with research from clinical psychology. *Emotion Review*, 7, 250-255.

Watkins, L. R., & Maier, S. F. (2003). When good pain turns bad. *Current Directions in Psychological Science*, 12, 232-236.

Watson, E., Milhausen, R. R., Wood, J., & Maitland, S. (2016). Sexual motives in heterosexual women with and without sexual difficulties. *Journal of Sex and Marital Therapy*. doi:10.1080/0092623X.2015.1124303

Watson, J. B. (1925). *Behaviorism*. New York: Norton.

Watson, J. B., & Rayner, R. (1920). Conditioned emotional reactions. *Journal of Experimental Psychology*, 3, 1-14.

Watters, E., & Ofshe, R. (1999). *Therapy's delusions*. New York: Scribner.

Watts, B. V., Schnurr, P. P., Mayo, L., Young-Xu, Y., Weeks, W. B., & Friedman, M. J. (2013). Meta-analysis of the efficacy of treatments for posttraumatic stress disorder. *The Journal of Clinical Psychiatry*, 74, e551-e557.

Watts, S. E., Turnell, A., Kladnitski, N., Newby, J. M., & Andrews, G. (2015). Treatment-as-usual (TAU) is anything but usual: A meta-analysis of CBT versus TAU for anxiety and depression. *Journal of Affective Disorders*, 175, 152-167.

Wechsler, D. (1955). *Manual for the Wechsler Adult Intelligence Scale*. New York: Psychological Corporation.

Wegner, D. M. (2011). Setting free the bears: Escape from thought suppression. *American Psychologist*, 66, 671-680.

Wegner, D. M., & Gold, D. B. (1995). Fanning old flames: Emotional and cognitive effects of suppressing thoughts of a past relationship. *Journal of Personality and Social Psychology*, 68, 782-792.

Wehr, T. A., Duncan Jr., W. C., Sher, L., Aeschbach, D., Schwartz, P. J., Turner, E. H., Postolache, T. T., & Rosenthal, N. E. (2001). A circadian signal of change of season in patients with seasonal affective disorder. *Archives of General Psychiatry*, 58, 1108-1114.

Wei, Z., Belal, C., Tu, W., Chigurupati, S., Ameli, N. J., Lu, Y., & Chan, S. L. (2012). Chronic nicotine administration impairs activation of cyclic AMP-response element binding protein and survival of newborn cells in the dentate gyrus. *Stem Cells and Development*, 21, 411-422.

Weil, A. T. (1974b, July). Parapsychology: Andrew Weil's search for the true Geller: Part II. The letdown. *Psychology Today*, pp. 74-78, 82.

Weiner, B. (1986). *An attributional theory of motivation and emotion*. New York: Springer-Verlag.

Weinstein, N., Ryan, W. S., DeHaan, C. R., Przybylski, A. K., Legate, N., & Ryan, R. M. (2012). Parental autonomy support and discrepancies between implicit and explicit sexual identities: Dynamics of self-acceptance and defense. *Journal of Personality and Social Psychology*, 102, 815-832.

Weinstein, T. A., Capitanio, J. P., & Gosling, S. D. (2008). Personality in animals. In O. P. John, R. W. Robbins, & L. A. Pervin (Eds.), *Handbook of personality: Theory and research*. New York: Guilford Press.

Weisberg, R. W. (2015). Toward an integrated theory of insight in problem solving. *Thinking and Reasoning*, 21, 5-39.

Weisbuch, M., Pauker, K., & Ambady, N. (2009). The

subtle transmission of race bias via televised nonverbal behavior. *Science*, 326, 1711–1714.

Weiss, A., Bates, T. C., & Luciano, M. (2008). Happiness is a personal(ity) thing. *Psychological Science*, 19, 205–210.

Wellman, H. M., Cross, D., & Watson, J. (2001). Meta-analysis of theory-ofmind development: The truth about false belief. *Child Development*, 72, 655–684.

Wells, G. L., & Olson, E. A. (2003). Eyewitness testimony. *Annual Review of Psychology*, 54, 277–295.

Wenzlaff, R. M., & Wegner, D. M. (2000). Thought suppression. *Annual Review od Psychology*, 51, 59–91.

Werner, E. E. (1989). High-risk children in young adulthood: A longitudinal study from birth to 32 years. *American Journal of Orthopsychiatry*, 59, 72–81.

Wertheimer, M. (1923/1958). Principles of perceptual organization. In D. C. Beardslee & M. Wertheimer (Eds.), *Readings in perception*. Princeton, NJ: Van Nostrand.

West, T. V., Magee, J. C., Gordon, S. H., & Gullett, L. (2014). A little similarity goes a long way: The effects of peripheral but self-revealing similarities on improving and sustaining interracial relationships. *Journal of Personality and Social Psychology*, 107, 81–100.

Westen, D., Gabbard, G. O., & Ortigo, K. M. (2008). Psychoanalytic approaches to personality. In O. P. John, R. W. Robins, & L. Pervin (Eds.), *Handbook of personality: Theory and research* (3rd ed., pp. 61–113). New York: Guilford Press.

Westen, D., Novotny, C. M., & Thompson-Brenner, H. (2004). The empirical status of empirically supported psychotherapies: Assumptions, findings, and reporting in controlled clinical trials. *Psychological Bulletin*, 130, 631–663.

Westen, D., & Shedler, J. (1999). Revising and assessing axis II, Part II: Toward an empirically based and clinically useful classification of personality disorders. *American Journal of Psychiatry*, 156, 273–285.

Westermeyer, J. (1995). Cultural aspects of substance abuse and alcoholism: Assessment and management. *Psychiatric Clinics of North America*, 18, 589–605.

Westen, D. (1998). The scientific legacy of Sigmund Freud: Toward a psy-chodynamically informed psychological science. Psychological Bulletin, 124, 333–371.

Westling, E, Andrews, J A., & Peterson, M. (2012). Gender differences in puberty timing, social competence, and cigarette use: A test of the early maturation hypothesis. *Journal of Adolescent Health*, 51, 150–155.

Wethington, E. (2000). Expecting stress: Americans and the "midlife crisis." *Motivation and Emotion*, 24, 85–103.

Whaley, A. L., & Davis, K. E. (2007). Cultural competence and evidence-based practice in mental health services. *American Psychologist*, 62, 563–574.

Wheelan, C. (2013). *Naked statistics: Stripping the dread from the data.* New York: Norton.

Wheeler, M. E., & Fiske, S. T. (2005). Controlling racial prejudice: Socialcognitive goals affect amygdala and stereotype activation. *Psychological Science*, 16, 56–63.

Whitaker, R. (2010). *Anatomy of an epidemic.* New York: Crown.

Whiting, B. B., & Edwards, C. P. (1988). *Children of different worlds: The formation of social behavior.* Cambridge, MA: Harvard University Press.

Whiting, B., & Whiting, J. (1975). *Children of six cultures.* Cambridge, MA: Harvard University Press.

Whitlock, J. R., Heynen, A. J., Shuler, M. G., & Bear, M. F. (2006). Learning induces long-term potentiation in the hippocampus. *Science*, 313, 1093–1098.

Whorf, B. L. (1956). *Language, thought and reality.* Cambridge, MA: MIT Press.

Wickens, C. D., Hutchins, S. D., Laux, L., & Sebok, A. (2015). The impact of sleep disruption on complex cognitive tasks: A meta-analysis. *Human Factors*, 57, 930–946.

Wicks-Nelson, R., & Israel, A. C. (2003). *Behavior disorders of childhood* (5th ed.). Upper Saddle River, NJ: Prentice Hall.

Widen, S. C., & Russell, J. A. (2010). Differentiation in preschoolers' categories of emotion. *Emotion*, 10, 651–661.

Widman, L., & McNulty, J. K. (2010). Sexual narcissism and the perpetration of sexual aggression. *Archives of Sexual Behavior*, 39, 926–939.

Widom, C. S., DuMont, K., & Czaja, S. J. (2007). A prospective investigation of major depressive disorder and comorbidity in abused and neglected children grown up. *Archives of General Psychiatry*, 64, 49–56.

Wiech, K., & Tracey, I. (2009). The influence of negative emotions on pain: Behavioral effects and neural mechanisms. *Neuroimage*, 47, 987–994.

Wiederhold, B. K., & Wiederhold, M. D. (2000). Lessons learned from 600 virtual reality sessions. *CyberPsychology and Behavior*, 3, 393–400.

Wilhelm, I., Diekelmann, S., Molzow, I., Ayoub, A., Mölle, M., & Born, J. (2011). Sleep selectively enhances memory expected to be of future relevance. *Journal of Neuroscience*, 31, 1563–1569.

Wilkinson, N., Paikan, A., Gredebäck, G., Rea, F., & Metta, G. (2014). Staring us in the face? An embodied theory of innate face preference. *Developmental Science*, 17, 809–825.

Williams, J. E., Paton, C. C., Siegler, I. C., Eigenbrodt, M. L., Nieto, F. J., & Tyroler, H. A. (2000). Anger proneness predicts coronary heart disease risk. *Circulation*, 101, 2034–2039.

Williams, K. D. (2009). Ostracism: Effects of being excluded and ignored. *Advances in Experimental Social Psychology*, 41, 279–314.

Williams, L. A., & DeSteno, D. (2009). Pride: Adaptive social emotion or seventh sin? *Psychological Science*, 20, 284–288.

Williams, N. M., Franke, B., Mick, E., Anney, R. J., Freitag, C. M., Gill, M., Faraone, S. V. (2011). Genome-wide analysis of copy number variants in attention deficit hyperactivity disorder: the role of rare variants and duplications at 15q13.3. *American Journal of Psychiatry*, 169, 195–204.

Williams Jr., R. B., Barefoot, J. C., & Shekelle, R. B. (1985). The health consequences of hostility. In M. A. Chesney & R. H. Rosenman (Eds.), *Anger and hostility in cardiovascular and behavioral disorders*. New York: Hemisphere.

Willis, S. L., Tennstedt, S. L., Marsiske, M., Ball, K., Elias, J., Koepke, K. M., Wright, E., ACTIVE Study Group. (2006). Long-term effects of cognitive training on everyday functional outcomes in older adults. *JAMA*, 296, 2805–2814.

Willmott, L., Harris, P., Gellaitry, G., Cooper, V., & Horne, R. (2011). The effects of expressive writing following first myocardial infarction: A randomized controlled trial. *Health Psychology*, 30, 642–650.

Wilson, E. O. (1975). *Sociobiology: The new synthesis*. Cambridge, MA: Belknap/Harvard University Press.

Wilson, E. O. (1978). *On human nature*. Cambridge, MA: Harvard University Press.

Wilson, S. J., & Lipsey, M. W. (2007). School-based interventions for aggressive and disruptive behavior: Update of a meta-analysis. *American Journal of Preventive Medicine*, 33, S130–S143.

Wilson, T. (2011). *Redirect: The surprising new science of psychological change*. New York: Little, Brown.

Wilson, T., & Gilbert, D. (2005). Affective forecasting: Knowing what to want. *Current Directions in Psychological Science*, 14, 131–134.

Wiltermuth, Scott S., & Heath, C. (2009). Synchrony and cooperation. *Psychological Science*, 20, 1–5.

Winick, M., Meyer, K. K., & Harris, R. C. (1975). Malnutrition and environmental enrichment by early adoption. *Science*, 190, 1173–1175.

Wisp., L. G., & Drambarean, N. C. (1953). Physiological need, word frequency, and visual duration thresholds. *Journal of Experimental Psychology*, 46, 25–31.

Witkiewitz, K, & Marlatt, G. A. (2004). Relapse prevention for alcohol and drug problems: That was Zen, this is Tao. *American Psychologist*, 59, 224–235.

Witkiewitz, K., Walthers, J., & Marlatt, G. A. (2013). Harm reduction in mental health practice. In V. L. Vandiver (Ed.), *Best practices in community mental health: A pocket guide* (pp. 65–82). Chicago: Lyceum Books.

Wittman, M., Dinich, J., Merrow, M., & Roenneberg, T. (2006). Social jetlag: Misalignment of biological and social time. *Chronobiology International*, 23, 497–509.

Witvliet, C. V. O., Ludwig, T. E., & VanderLaan, K. L. (2001). Granting forgiveness or harboring grudges: Implications for emotions, physiology, and health. *Psychological Science*, 12, 117–123.

Witvliet, C. V., Mohr, A. J. Hofelich, H., Nova, G., & Knoll, R. W. (2015). Transforming or restraining rumination: The impact of compassionate reappraisal versus emotion suppression on empathy, forgiveness, and affective psychophysiology. *Journal of Positive Psychology*, 10, 248–261.

Wolf, S. A., Melnik, A., & Kempermann, G. (2011). Physical exercise increases adult neurogenesis and telomerase activity, and improves behavioral deficits in a mouse model of schizophrenia. *Brain, Behavior, and Immunology*, 25, 971–980.

Wolpe, J. (1958). *Psychotherapy by reciprocal inhibition*. Palo Alto, CA: Stanford University Press.

Wood, J. M., Nezworski, M. T., Lilienfeld, S. O., & Garb, H. N. (2003). *What's wrong with the Rorschach?* San Francisco: Jossey-Bass.

Wood, J. V., Michela, J. L., & Giordano, C. (2000).

Downward comparison in everyday life: Reconciling self-enhancement models with the moodcognition priming model. *Journal of Personality and Social Psychology*, 79, 563-579.

Wood, W., Lundgren, S., Ouellette, J. A., Busceme, S., & Blackstone, T. (1994). Minority influence: A meta-analytic review of social influence processes. *Psychological Bulletin*, 115, 323-345.

Woodward, A. L. (2009). Infants' grasp of others' intentions. *Current Directions in Psychological Science*, 18, 53-57.

Woody, E. Z., & Sadler, P. (2012). Dissociation theories of hypnosis. In M. R. Nash, M. Nash, & A. Barnier (Eds.), *The Oxford handbook of hypnosis: Theory, research, and Practice*. New York: Oxford University Press.

Wright, O., Davies, I. R. L., & Franklin, A. (2015). Whorfian effects on colour memory are not reliable. *Quarterly Journal of Experimental Psychology*, 68, 745-758.

Wu, S., & Keysar, B. (2007). The effect of culture on perspective taking. *Psychological Science*, 18, 600-606.

Wynne, Clive D. L. (2004). *Do animals think?* Princeton, NJ: Princeton University Press.

Wyrobek, A. J., Eskenazi, B., Young, S., Arnheim, N., Tiemann-Boege, I., Jabs, E. W., Evenson, E. (2006). Advancing age has differential effects on DNA damage, chromatin integrity, gene mutations, and aneuploidies in sperm. *Proceedings of the National Academy of Sciences*, 103, 9601-9606.

Xie, L., Kang, H., Xu, Q., Chen, M. J., Liao, Y., Thiyagarajan, M., Neder? gaard, M. (2013). Sleep drives metabolite clearance from the adult brain. *Science*, 342, 373-377.

Xu, J., Yu, L., Stanford, T. R., Rowland, B. A., & Stein, B. E. (2015). What does a neuron learn from multisensory experience? *Journal of Neurophysiology*, 113, 883-889.

Xue, S., Tang, Y. Y., & Posner, M. I. (2011). Short-term meditation increases network efficiency of the anterior cingulate cortex. *Neuroreport*, 22, 570-574.

Yalom, I. D. (1989). *Love's executioner and other tales of psychotherapy*. New York: Basic Books.

Yamawaki, N., Spackman, M. P., Parrott, W. G. (2015). A cross-cultural comparison of American and Japanese experiences of personal and vicarious shame. *Journal of Cognition and Culture*, 15, 64-86.

Yang, C-F, Gray, P., & Pope Jr., H. G. (2005). Male body image in Taiwan versus the West: Yanggang Zhiqi meets the Adonis Complex. *American Journal of Psychiatry*, 162, 263-269.

Yang, Y., & Raine, A. (2009). Prefrontal structural and functional brain imaging findings in antisocial, violent, and psychopathic individuals: A meta-analysis. *Psychiatry Research: Neuroimaging*, 174, 81-88.

Yehuda, R., Engel, S. M., Brand, S. R., Seckl, J., Marcus, S. M., & Berkowitz, G. S. (2005). Transgenerational effects of posttraumatic stress disorder in babies of mothers exposed to the World Trade Center attacks during pregnancy. *The Journal of Clinical Endocrinology and Metabolism*, 90, 4115-4118.

Yehuda, R., Hoge, C. W., McFarlane, A. C., Vermetten, E., Lanius, R. A., Nievergelt, C. M., Hyman, S. E. (2015). Posttraumatic stress disorder. *Nature Reviews*, 1. doi:10.1038/nrdp.2015.57

Yoo, S.-S., Hu, P. T., Gujar, N., Jolesz, F. A., & Walker, M. P. (2007a). A deficit in the ability to form new human memories without sleep. *Nature Neuroscience*, 10, 385-392.

Yoo, S.-S., Hu, P. T., Gujar, N., Jolesz, F. A., & Walker, M. P. (2007b). The human emotional brain without sleep—A prefrontal amygdala disconnect. *Current Biology*, 17, R877-R878.

Yoshimura, S., Okamoto, Y., Onoda, K., Matsunaga, M., Okada, G., Kunisato, Y., Yamawaki, S. (2014). Cognitive behavioral therapy for depression changes medial prefrontal and ventral anterior cingulate cortex activity associated with self-referential processing. *Social Cognitive and Affective Neuroscience*, 9, 487-493.

Young, C., Majolo, B., Heistermann, M., Schu? lke, O., & Ostner, J. (2014). Responses to social and environmental stress are attenuated by strong male bonds in wild macaques. *Proceedings of the National Academy of Sciences*, 111, 18195-18200.

Young, T., Finn, L., Peppard, P. E., Szklo-Coxe, M., Austin, D., Nieto, F. J., Stubbs, R., & Hla, K. M. (2008). Sleep-disordered breathing and mortality: Eighteen-year follow-up of the Wisconsin Sleep Cohort. *Sleep*, 31, 1071-1078.

Yu, M-S, & Stiffman, A. R. (2007). Culture and environment as predictors of alcohol abuse/dependence symptoms in American Indian youths. *Addictive Behaviors*, 32, 2253-2259.

Yuan, S., & Fisher, C. (2009). "Really? She blicked the baby?" Two-year-olds learn combinatorial facts about verbs by listening. *Psychological Science*, 20, 619–626.

Yzerbyt, V. Y., Corneille, O., Dumont, M., & Hahn, K. (2001). The disposi? tional inference strikes back: Situational focus and dispositional suppression in causal attribution. *Journal of Personality and Social Psychology*, 81, 365–376.

Zabrusky, K. M., Moore, D., Angler, L. -M. L., & Cummings, A. M. (2015). Students' metacomprehension knowledge: Components that predict comprehension performance. *Reading Psychology*, 36, 627–642.

Zadra, A., Desautels, A., Petit, D., & Montplaisir, J. (2013). Somnambulism: Clinical aspects and pathophysiological hypotheses. *Lancet Neurology*, 12, 285–294.

Zajonc, R. B. (1968). Attitudinal effects of mere exposure. *Journal of Personality and Social Psychology*, 9, 1–27.

Zapolski, T. C. B., Pedersen, S. L., McCarthy, D. M., & Smith, G. T. (2014). Less drinking, yet more problems: Understanding African American drinking and related problems. *Psychological Bulletin*, 140, 188–223.

Zentner, M., & Eerola, T. (2010). Rhythmic engagement with music in infancy. *Proceedings of the National Academy of Sciences*, 107, 5768–5773.

Zhang, T-Y, & Meaney, M. J. (2010). Epigenetics and the environmental regulation of the genome and its function. *Annual Review of Psychology*, 61, 439–466.

Zhu, L. X., Sharma, S., Stolina, M., Gardner, B., Roth, M. D., Tashkin, D. P., & Dubinett, S. M. (2000). Delta-9-tetrahydrocannabinol inhibits antitumor immunity by a CB2 receptor-mediated, cytokine-dependent pathway. *Journal of Immunology*, 165, 373–380.

Zone, N., Sue, S., Chang, J., Huang, L., Huang, J., Lowe, S., Lee, E. (2005). Beyond ethnic match: Effects of client-therapist cognitive match in problem perception, coping orientation, and therapy goals on treatment outcomes. *Journal of Community Psychology*, 33, 569–585.

Zosuls, K. M., Ruble, D. N., Tamis-LeMonda, C. S., Shrout, P. E., Bornstein, M. H., & Greulich, F. K. (2009). The acquisition of gender labels in infancy: Implications for gender-typed play. *Developmental Psychology*, 45, 688–701.

Zou, Z., & Buck, L. (2006). Combinatorial effects of odorant mixes in olfactory cortex. *Science*, 311, 1477–1481.

Zur, Ofer, & Nordmarken, M. A. (2008). DSM: Diagnosing for status and money. *National Psychologist*, p. 15.